タイ事典

日本タイ学会=編

日タイ修好一二〇周年記念事業実行委員会助成
財団法人日本タイ協会助成

めこん

❶

❷

❸

❹

国旗の変遷

アユッタヤー王朝のナーラーイ王時代(1656〜88年)になると、交易船の所属表示や来訪が始まった外国からの要人の歓迎儀礼のために、国旗の必要性が検討され、「赤旗」を使用することになった(❶)。ラッタナコーシン王朝に入り、民船と公船の区別が問題となり、赤旗の中央にチャックラ(武器の一種)や白象をあしらった旗を公船に掲揚したこともあった。とりわけ、通商が盛んとなったラーマ4世期には、白象入り赤旗が好まれた(❷)。6世王は国旗に固執し、1917年1月には玉座に乗る白象を赤旗の中央に置いた旗を国旗として布告したが(❸)、直後の同年9月には新しく「三色旗」国旗(❹)を定め、現在に至っている。

はじめに

　グローバル時代を迎えたとはいえ、日本にとってアジア諸国との関係はますます重要になってきている。「近隣」という地政学的条件は、いつの時代であれ、何よりも明確で大きく動かせない社会変動の変数である。おそらくは、政治経済や安全保障の面のみならず、学術・文化面などを含めたアジアとの総合的関係が、今後の日本のあり様を大きく規定するであろう。私たちは、これまでもアジアへの関心を高め、アジア理解への努力を重ねてきたが、これからも相互交流の更なる増進を基本に置きながら、アジアの隣人との付き合いを深めていかねばならない。

　日本とアジア諸国の間の二国間関係を取り上げてみると、日タイ関係は飛び抜けて長い友好の歴史を有していることがわかる。19世紀半ばころからアジア地域がおしなべて西欧諸国の植民地と化した中で、両国とも独立を維持し国家として存続してきたことをその背景として指摘できるかもしれない。実際、日タイ両国民は2007年には「日タイ修好120周年」を相互に祝い合い、これまでの友好を確認し、未来に向けた更なる友好の増進を誓い合ったのである。こうした二国間関係は稀有であり、日本にとってタイはそれだけ特異な存在であるとも言えよう。

　そのタイを研究対象とする日本で唯一の学会が、「日本タイ学会」である。日本タイ学会は、1999年（設立総会は98年7月）に発足し今年でちょうど創立10周年を迎えるが、その前身である「タイ・セミナー」研究集会時代を加えると、20年近い歴史を有する。現在では200名を超える様々な分野のタイ研究者が集う中心に成長し、研究誌『年報タイ研究』を刊行するなど、わが国における「タイ学（Thai Study）」の水準の向上に努力している。

　本書の刊行は、その日本タイ学会の創立10周年記念事業として企画された。研究者のみならず、タイに関心を持つ一般の方々を対象にしたタイ理解促進のための事典を刊行し、ここ10年間の学会の成長を世に問おうという意図である。実は、この類のものとしては、「東南アジアを知るシリーズ」の1つとして刊行された『タイの事典』（石井米雄監修、石井米雄＋吉川利治編集、同朋舎出版、1993年）があり、その大幅な改訂出版を考えたが、出版元が存在しないということで、新しい出発となった。もちろん、この先達による事典をずいぶん参考にさせていた

だいた。この場を借りて、謝意を表する次第である。

　本書の編集にあたっては、赤木攻(代表)、柿崎一郎(編集主務)、遠藤元、加納寛、北原淳、櫻井義秀、佐藤康行、玉田芳史、平田利文、三上直光、吉野晃からなる『タイ事典』編集委員会を設置し、採用項目や執筆者の選定、原稿チェック作業などを行なった。当然のことながら、編集の基本方針は、タイにおけるここ約20年の間のあらゆる分野の大きな変革の反映に置かれた。基本的情報は網羅した上で、とりわけ変動が著しい政治、宗教、教育、環境、経済(工業)、農村、日タイ関係などの分野に特別な配慮を払い、ポップカルチャーなどの若者文化も取り入れ、かつ文学分野などの充実を図った。執筆者も、可能な限り広く専門家を求め、分野によっては学会員以外の方にもご協力をお願いした。また、1990年から2008年までの間に出版された書籍を中心に所収した「文献案内」は、吉田千之輔さんと柏原邦彦さんの労作である。

　現代社会の変革・変動の流れは、非常に速い。実際、2007年に編集作業を始めてからのタイにおける政権交代は4回を数える。この事典に収められた情報は2008年12月を最終時点としているが、刊行される時期には、もう古いデータとなっているものも予想される。ご寛恕いただきたい。

　この事典の企画段階から、多くの方々にお世話になった。特に、日タイ修好120周年記念事業実行委員会および財団法人日本タイ協会には出版助成をいただき、心から感謝する次第である。助成支援がなければ、この企画はありえなかった。アジアに関する書籍の出版に精進されている㈱めこんの桑原晨さんに、面倒な仕事を引き受けてもらった。また、玉稿を寄せていただいた1人1人の方にお礼を申し上げるとともに、編集者の立場から、手を加えた場合があることもお詫びしなければならない。もし、不備があるとしたら、編集者の責任である。タイに関して、あれを知りたい、これが気になるといった時、身近にあってすぐに利用できる事典として役に立つとすれば、それにまさる喜びはない。

2009年6月24日
日本タイ学会『タイ事典』編集委員会
代表　赤木　攻

目次

はじめに……1
凡例……4

総説 …… 5

項目編 …… 43

主要統計 …… 427

資料 …… 455

文献案内 …… 483

索引 …… 512

執筆者・図版資料協力者……552
図版出所一覧……553

凡例

1 ● 本事典は、各分野を概観する「総説」、50音順に配列した「項目編」の2部から構成され、巻末にタイに関する基本情報として「主要統計」、「資料」、「文献案内」を掲載してある。

2 ● タイ人の人名は原則としてタイでの慣用に従って名・姓の順で記載し、名を基準に配列してあるが、外国人の場合は姓・名もしくは姓のみを記載し、姓を基準に配列してある。官位・欽賜名の場合は、官位ではなく欽賜名を基準に配列してある(例:アヌマーンラーチャトーン,プラヤー)。なお、文中で欽賜名という語を用いる際は、官位も含むものとする。

3 ● タイ語のカタカナ表記については、原則として長母音と短母音の区別を行なっているが、民族名の場合など長母音と短母音の区別を行なっていない場合もある。表記は理論上の発音に近い音をカタカナで表しているため、声調はもちろんのこと、有気音・無気音の差異など、区別されていない音もある。以下に若干の例を示す。

อำนาจเจริญ	アムナートチャルーン	กาญจนบุรี	カーンチャナブリー
งานทอดกฐิน	ガーン・トートカティン	เชียงราย	チエンラーイ
นครศรีธรรมราช	ナコーンシータムマラート	ภาสกรวงศ์	パーサコーラウォン
บ้านเอื้ออาทร	バーン・ウアアートーン	พุ่มพวง ดวงจันทร์	プムプワン・ドゥワンチャン
แพร่	プレー	ป๋วย อึ๊งภากรณ์	プワイ・ウンパーコーン

4 ● バンコク、メコン川のように日本語で広く通用している語については、タイ語の発音よりも日本語での通称を優先してある。

5 ● タイ文字の表記は、原則として人名、地名、機関・組織名などの固有名詞のみ記載してあるが、項目によっては普通名詞についても表記している。

6 ● 項目として採用した名称以外にも一般的に用いられる名称がある場合は、「見よ項目」として項目を立ててある。
　　　例:チュラーロンコーン(王)→ラーマ5世を見よ

7 ● 索引中の太字の語は項目として採用されていることを示し、そのページは太字で最初に記載してある。索引は「総説」「項目編」を対象に、網羅的に作成したが、該当ページが多すぎる場合には、項目や総説の掲載ページ、もしくは重要なもののみに絞り込んだ。

総説

- 地理
- 歴史
- 民族
- 言語
- 政治
- 行政
- 経済
- 産業
- 社会
- 宗教
- 文化
- 美術
- 文学
- 教育
- 観光
- 交通
- 国際関係
- 日タイ関係

総説

地理

【地域区分】タイの国土はインドシナ半島の中央部とマレー半島の北部からなり、その大半は熱帯に属する。しかし詳しく見れば、地理的な地域差も少なくなく、それが地域ごとの生活様式や産業の多様性の基盤になっている。そこで最初にタイの地域区分について説明しておこう。

　国土は伝統的に、首都バンコクを中心とする「中部」、コーラート（ナコーンラーチャシーマー）やコーンケンを中心とする「東北部」、チエンマイを中心とする「北部」、ナコーンシータムマラートやソンクラーを中心とする「南部」の4つに大別される。この地域区分は、統計局による現在の区分でも概ね踏襲されている。ただし北部の範囲については、伝統的な区分と現行の統計上の区分との間に大きな違いがある。北部は、歴史的に見れば、現在の王朝とは別系統のラーンナー・タイ王国がかつて栄えた地域とほぼ重なり、地形的に見ても、チャオプラヤー川の支流に沿って沖積平野地帯が発達する中部とは明確に区別が可能な、山地を中心とした地域である。しかし現在、統計局の地域区分では北部の範囲が大幅に拡大され、この沖積平野地帯の真ん中に位置するウタイターニー県とナコーンサワン県より北、すなわち伝統的区分で言う中部の北半分までを含むものとされている。以下では、特にことわりのないかぎり、統計局の地域区分に従う。

【気候】北緯5度36分から北緯20度28分に位置するタイの気候は、季節風（モンスーン）の影響を強く受ける。1年は南西季節風の影響を受ける雨季（5月後半〜10月）と北東季節風の影響を受ける乾季（11月〜5月前半）に大別できる。乾季の後半にあたる3月から5月は、日中の気温が40度を越えることも珍しくなく、「暑季」とも呼ばれる。学校はこの時期が夏休みとなり、その真っただ中の4月13日にタイ正月（ソンクラーン節）を迎える。ただし、乾季の強弱には地域差がある。北部と東北部、そして中部の大半は明白な乾季が見られる熱帯モンスーン気候であるのに対し、中部の一部（中部を細区分した場合の東部）と南部は乾季にもある程度の降雨が見られる。

【地形】地形的に見ると、北部上部（伝統的な北部）は主に山地で、山地と山地の間を縫って流れる河川に沿って盆地が点在する。盆地では古くから灌漑が発達し、労働集約的な水田稲作が見られる。チャオプラヤー川の4大支流、すなわち、ピン、ワン、ヨム、ナーンの4河川も北部の山間部を水源とする。これらの河川が南流し、北部下部から中部にかけて広大な沖積平野を形成してきた。特に中部に広がるデルタ地帯は、東南アジア最大級の水田稲作地帯になっている。

　東北部は、平均の標高が150m程度の高原地帯である。コーラート高原とも呼ばれるこの高原は、東端でラオスとの国境をなすメコン川にかけて緩やかに下る。東北部の主要河川であるムーン川とその支流のチー川は東流してメコン川に注ぎ込む。そのためメコン川は、近代国家が成立して国境が明確に定められるまでは、むしろ東北部と

6

ラオスの人々を結びつける主要航路として機能してきた。

マレー半島部に位置する南部は、中央部を縦断する山脈によって東海岸地域と西海岸地域に分断されている。東海岸には平野が点在するが、西海岸ではリアス式海岸が発達し平野は少ない。水田適地が限られているので、国内の他地方に比べて稲作の比重は著しく低く、代わりにゴムやココヤシなどの農園が広がる。

【人口と工業の分布】地域差が最も明確に現れるのは、人口と工業の分布であろう。首都バンコクへの人口集中度の高さは国際的に見ても際立っている。2000年人口センサスによると、バンコクの人口は635万人強で、タイの全人口の10.4％、都市人口の33.5％を占める。一国内の最大都市の人口が第2位以下の都市とはかけ離れて多い時、その都市を「首位都市（プライメートシティ）」と言うが、タイのバンコクはその典型例である。実際の都市域はバンコクを越えて周辺県にまで広がっているため、事実上の首都圏人口はこれより更に多い。

人口が首都バンコクおよびその周辺に集中する主要な原因の1つは、この地域に工業およびそれを支援するサービス産業が集中していることである。特に製造業は07年現在、国内総生産（GDP）の4割を占め、産業別で最大の部門となっており、その分布状況は国民経済にとってきわめて重要な意味を持つ。

主な工業地帯は、1970年代まではバンコクとその近郊に限定されていたが、80年代から首都圏5県へ、更に80年代末に始まる投資ラッシュ以降、その外縁地域にまで拡大した。とりわけ、チョンブリーとラヨーンの2県を中心に広がる東部臨海地域には大規模工業団地が続々と設立され、タイ最大の工業地帯として発展している。それ以外に、工業の地方分散化政策の一環として、北部のラムプーン県、東北部のナコーンラーチャシーマー県、南部のソンクラー県などにも工業団地が設立され一定の成功を収めているが、面的な広がりを持つ段階には至っていない。その結果、国内総生産（GDP）の製造業部門を地域別に見ると、バンコク首都圏（バンコクをはじめサムットプラーカーン、パトゥムターニー、ノンタブリー、サムットサーコーン、ナコーンパトムの1都5県）だけで全国の47.6％を占め、チョンブリーとラヨーンの2県を中心とする東部まで含めると、その比重は71.7％に達する（07年）。

以上のように、タイはチャオプラヤー川とその支流が形成する沖積平野を主要舞台とする農業中心の社会から、バンコク首都圏と東部臨海地域を主要舞台とする工業中心の社会へと変貌を遂げつつある。

（遠藤 元）

歴史

【北から南への王朝の交代史】タイ国の歴史は「タイ族の世紀」(D.Wyatt)と呼ばれる13～14世紀に始まる。このころ、雲南省の南西部、ビルマのシャン州、タイ北部等の各地で、相次いでタイ族の小国家群が成立する状況の中で、最も南に位置したのがスコータイであった。アンコールのクメール帝国の西北隅にあったスコータイは、長くクメールの支配下にあったが、ジャヤヴァルマン7世没後のクメールの衰退に乗じて反乱を起し、独立を達成しことが、20世紀初頭以来解読の進んだタイ語碑文によって知ることができる。14世紀の中葉に至り、チャオプラヤー川下流部にアユッタヤーが成立されると、スコータイ王国はやがてこれに吸収されてその一州となった。そのアユッタヤー王国は、1767年ビルマによって滅ぼされる。ビルマの支配はやがて駆逐され、更に下流のトンブリーに都が定められた。15年後、トンブリー王朝はクーデタによって覆され、82年、現バンコク王朝（ラッタナコーシン王朝）が成立した。このように、タイ国の歴史は、北から南へ向かっての王朝の交代史として語られる。

【年代記に基づく歴史】タイには「ポンサーワダーン」の名称で知られる数種類の「年代記」がある。これらの「年代記」はいずれも西暦1351年にあたる小暦712年のアユッタヤー建設に筆をおこしている点で一致している。それ以前の歴史については、たとえば「北国年代記（ポンサーワダーン・ヌア）」のように、「年代記」と呼ばれるもののその内容は神話伝説の集成であり、歴史資料として利用するには限界がある。しかし19世紀後半以降相次いで発見された碑文の解読が進むにつれ、13世紀には現在のタイ国内であるスコータイに、既にタイ族国家が成立していたことが知られるようになると、歴史家ダムロン親王は、1924年に「スコータイを首都とする時代」、「アユッタヤーを首都とする時代」という流れで歴史を整理した。この単線史観は定説となって今日に至っている。

【都市国家の再評価】こうした定説に対しチット・プーミサックは、小暦712年という年次の存在が「思考の壁」となってそれ以前のアユッタヤーの歴史研究の進展を妨げていると重要な提言を行なった。この提言を受けて開始された試行の1つに、「海からか、陸からか」という新しい視点が提唱されるようになった。従来歴史の中心は陸域に置かれることが多かった。しかしブローデル(Fernand Braudel)によって海域の重要性が指摘されると、これを受けて海域史観に基づく歴史の見直しが一斉に開始されるに至った。これをタイ史について見ると、タイ湾の沿岸に成立した複数の港市国家群の歴史の再評価が挙げられる。沖積平野の海岸線は、時代の推移とともに徐々に海に向かって前進することから、現在では内陸に位置している都市の場合でも、河川を媒介して港市機能を果たすことができる。こうした視点から、スパンブリー、ペッチャブリー、アユッタヤーなどの再評価が行なわれるようになっている。かなり内陸に位置するロブリーでさえ、かつてはより海岸に近かった可能性のあることは、漢文史料の羅斛の

条に「海を煮て塩をとる」とあることからも推定できる。

【アユッタヤー王朝】港市国家として成立したアユッタヤーは、当初スパンブリー王家とロップブリー王家の権力抗争が行なわれたが、最終的にはスパンブリーが勝利した。アユッタヤーは、後背地に向かって次第に勢力を拡大し、やがてスコータイ、アンコール等近隣の諸国を吸収するに至る。トライローカナート王(在位1448〜88年)の治世に至り、サクディナー制度など国家制度の整備が進んだ。しかし、1569年にペグー(バゴー)の侵攻を受けて滅亡する。独立再建に成功したのはナレースワン大王である。

　アユッタヤー王朝の経済的基盤の1つは、王室貿易のもたらす富である。琉球史料の『歴代宝案』によれば、1420年代以降、交易のためにアユッタヤーを訪れた琉球船の報告によるとアユッタヤーには「官売買」という貿易統制制度がしかれ、交易のもたらす利潤はすべて王庫に吸い上げられていたという。17世紀に入ると、日本からの御朱印船、唐船、オランダ東インド会社(VOC)の商船が頻繁にアユッタヤーに出入港を繰り返していた。アユッタヤーからの主な輸出品は、後背地の水田で生産される余剰米、公租として徴収される森林生産物などであった。

　独立回復以後のアユッタヤー王朝は、プラサートトーン王家、バーンプルールアン王家と交代し、1767年ビルマのコンバウン王朝軍の攻撃を受けて壊滅し、416年に及ぶ歴史の幕を閉じた。

【ラッタナコーシン王朝】その後、1代15年で消滅したタークシン王のトンブリー王朝を経て、1782年現ラッタナコーシン王朝が成立する。同王朝の3代目の王ラーマ3世まで、対外関係は管理貿易制度によって限定的なものにとどまっていたが、ラーマ4世の時代に至って開国に転じ、バウリング条約を始めとする通商航海条約の締結によって国際法秩序に編入されることとなった。しばしば明治天皇と比較されるラーマ5世チュラーロンコーン王は、多くのお雇い外国人を招聘する一方、留学生を欧米に派遣し、タイの近代化に努めた。1932年の「立憲革命」によって絶対王政は倒れ、立憲君主のもとに民主主義の確立に向かって現在に至っている。

(石井米雄)

民族

【民族分類の指標としての言語】民族(ethnic group)は当事者の帰属意識(アイデンティティ)が決定的要素となっており、客観的な言語や文化の差異が直接的に民族の差異に結びつくわけではない。それゆえ、動物種や植物種を扱うように民族を扱うわけにはゆかない。アイデンティティは変化するものであり、複数のエスニシティを使い分ける事例もある。このように民族事象ははなはだ流動的で複雑であるので、本書に記されている民族別の人口もおおよその目安である。厳密に言えば言語集団＝民族ではないが、言語はそれぞれの文化を密接に規定しており、アイデンティティの規準となりがちなので、便宜的に言語を民族の分類の1つの指標とする。

【タイ語系統の言語を話す人々】大陸東南アジアは、多様な民族が移動し交錯するフィールドであった。それは今も変わりない。したがって、一定の土地に固着した「民族」という像で考えるのは誤りである。歴史文献において、タイ語系の言語を話す人々が現タイ王国の領域内に姿を現すのは、13世紀以降であった。タイ・カダイ語族カム・タイ語派(13ページのタイ・カダイ語族系統図参照)に属するタイ語系統の言語を話す人々は現在タイ王国のマジョリティを形成しており、大陸東南アジアと中国に広がるタイ系の民族の中では南西タイ諸族のグループに分類される。カム・タイ語派の言語が中国南部から東南アジア大陸部に広く分布しているのを見てもわかるように、モンやクメールが優越であった時代にも移動を続けてその分布域を広げ、タイ系民族が主体となった王国を形成するに至ったのである。

タイ系諸民族とはいえ、言語としてはシャム語(中部タイ語)、ユワン語(カム・ムアン語、北部タイ語)、ラオ語(イサーン語)、パック・ターイ語(南部タイ語)、シャン語(タイ・ヤイ語)などの差異がある。これらの言語を母語とする集団は、北部のタイ・ユワン、タイ・ルー、タイ・ヤイ、東北部のラオ人(ラーオ・イサーン)、南部のパック・ターイなどである。

【オーストロアジア語系の言語を話す人々】現在のタイ王国の領域において、タイ系の民族が勃興する以前に、王国を形成するなど歴史的に顕著な動きを見せていたのは、オーストロアジア語族の言語を話す人々であった。モン(Mon)、クメールなどの民族がそれぞれの王国を形成し、特にクメールは大陸東南アジア南部に広大な支配領域を持つ王国を作っていた。オーストロアジア語族の言語を話す民族は、モン、クメールの他、ヴェトナム人、中部にニャークール(Nyahkur、別称チャーオボンChaobon、約3000人)、北部にカム、ラワ、ティン、ムラブリ、パローン(Palaung、約2300人)、東北部にソー(So、約3万人)、クイなどがいる。

【シナ・チベット語系およびモン・ミエン語系の言語を話す人々】華人が話す漢語はシナ・チベット語族に分類される。同語族のチベット・ビルマ語派の言語を母語とする民族はカレン、アカ、リス、ラフなどがいる。この4民族は、いずれも山地で焼畑耕作を行なってき

た民族である。カレンはミャンマーから18世紀ころに、アカ、リス、ラフはミャンマーとラオスから19〜20世紀にタイの領内に移住してきた。同様に19世紀以降焼畑耕作に伴ってタイへ移住してきた民族にモン(Hmong)とユーミエンがいる。これらの民族はモン・ミエン語族の言語を話す。オーストロネシア語族の言語を話す人々は、南部のマレー人、モーケンの他、チャム(Cham、約4000人)がいる。このほか、インド人が古くから交易や労働者としてタイに定住している。

【生業から見た分布】生業から見ると、タイ系諸民族、クメール、モン(Mon)などが主に山間盆地や平地における水稲耕作に従事してきたのに対し、カレン、アカ、リス、ラフ、モン(Hmong)、ユーミエン、ラワ、ティンなどの諸民族は北部の山地で焼畑耕作を行なっていた。商人あるいは労働者として古くからタイへ移住してきた民族には華人やインド人がいる。チャムはラッタナコーシン王朝に船舶技術者として重用された。ごく少数ながら、モーケンは移動漁撈、ムラブリは狩猟採集を行なってきたことに特色がある。

【チャート】タイの場合、アイデンティティに基づく文化集団としての民族と紛らわしい用語に「チャート」がある。これはしばしば「民族」と訳されるが、ここで扱っている民族とは異なる。「チャート・タイ」は、文脈によってはタイ民族の意味で用いられることもあるが、集合名詞としての「タイ国民」を表すことが多い。　　　　　　　　（吉野　晃）

言語

　タイは多様な言語が混在する多言語国家である。主要民族のタイ族によって話されるタイ諸語のほかに、それとは系統の異なる言語が数多く存在する。その中で国語の地位を獲得しているのは、バンコクが位置する中部のタイ語方言を基盤とした標準タイ語である。標準タイ語は唯一の公用語としてタイ全土に普及し、通用度はきわめて高い。

【タイ諸語】タイの人口の圧倒的多数はタイ諸語を母語とする人たちである。タイ諸語は、タイ・カダイ語族に属する言語群で、その分布はタイ諸族の広範囲にわたる移動を物語るように、中国南部からヴェトナム北部、ラオス、タイ、ミャンマーのシャン州、インドのアッサム州に及ぶ。李方桂によれば、タイ諸語は更に北方タイ諸語、中央タイ諸語、南西タイ諸語の3つのグループに分かれ、タイ語やラオ語をはじめインドシナ半島の大部分のタイ諸語は南西タイ諸語に分類される。タイ諸語は言語間の相違が比較的小さいことで知られるが、その中で標準タイ語とラオ語は音の史的変化や言語の政治性などの点で他と異なっている。

　タイ語は一般に、北部方言、東北部方言、中部方言、南部方言の4つの地域方言に区分される。それぞれの方言を特徴づけるものは、主に音韻(特に声調)と語彙である。北部方言は、かつてチエンマイを中心に栄えたラーンナー・タイ王国の地域に分布する方言で、カム・ムアン、ラーンナー語、ユワン語などとも呼ばれ、独立の言語として扱われることもある。中国雲南やミャンマーのタイ諸語との類似性が強い。東北部は主要な住民がラオ族であり、東北部方言はラオスのラオ語に近く、ラオ語と呼ぶのがより正しい。南部方言には2音節語の1音節語化といった特徴的な現象が見られる。

　上記方言区分の対象とならないタイ諸語は主として北部や東北部に分布する。タイ語北部方言の周辺地域では、雲南やミャンマーを本拠地とするシャン語(タイ・ヤイ語)、ルー語、クン語などモン(Mon)文字系の文字を持つ言語が、そして東北部ではプー・タイ語、ヨー語、プアン語、セーク語などが話されている。

【非タイ系諸語】タイの各地には、タイ系に属さない言語も数多く散在している。北部ではチベット・ビルマ系のカレン語、ラフ語、アカ語、リス語、モン・クメール系のティン語、ラワ語、カム語、モン・ミエン(ミャオ・ヤオ)系のモン(Hmong)語(ミャオ語)、ヤオ(ミエン)語など、一括してチャーオ・カオ(山地民)と呼ばれる少数民族の言語が山岳地帯を中心に分布する。その多くは、雲南、ラオス、ミャンマーなど、タイ国外から話し手の移動によりもたらされたものである。東北部では、カンボジアと国境を接する県でモン・クメール系のクメール語やクーイ語(スワイ語)が話されている。同じくモン・クメール系に属するモン(Mon)語も中部のいくつかの県に残存する。クメール語やモン語は、インドシナ半島にタイ族が南下移動をしてくる以前に、広く居住していた先住民族の言語で、タイ語に多大な影響を与えた。ヴェトナム語も東北部に話者

を有する。南部のマレーシア国境に近い4県では、マレー語を母語とするマレー系イスラーム教徒が過半数を占める。彼らは独自の文化を保持するために、タイ文化への同化に強く抵抗している。このほか、都市部を中心に華人やインド人がいる。華人が話す中国語方言には、出身地別に潮州語を筆頭に、客家語、海南語、広東語、福建語などがあるが、タイ社会への同化が進み、若い世代では中国語を理解する者は少ない。

【標準タイ語と少数民族言語】タイのこれまでの憲法は、国語や公用語を規定する条項を設けていない。このことが含意することは明らかである。標準タイ語が優位性を維持してきた背景には、主要民族がタイ族であること、植民地化されたことがなく、外国語にも脅かされることがなかったことに加えて、他民族に対する同化政策の一環とし

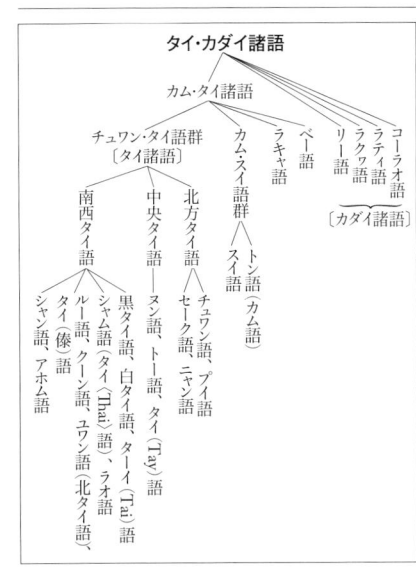

タイ・カダイ語族系統図

て標準タイ語による一言語主義がとられてきたことがある。標準タイ語の普及は国家の統合と安定に寄与する一方で、少数民族言語更にはタイ語地域方言の衰退を招くことにもなる。国民化政策によって少数民族言語が消滅に向かうのは世界的な傾向であり、タイとて例外ではない。タイでは、北部で狩猟採集生活を送るムラブリ（ピー・トーンルアン）族の言語のほかにも、10を超える言語が消滅の危機に瀕していると言われる。文字を持たない言語については、一部、タイ文字による表記法を使って記録がなされているものもある。

（三上直光）

総説

政治

【絶対王政から立憲君主制へ】19世紀後半以後に国王主導で近代国家の形成が行なわれ、国王の権力が強化される一方、憲法や国会は導入されなかったため、20世紀初頭にはタイ歴史上初めて絶対王政が成立した。先進国でも植民地でも、民主主義やナショナリズム、更に社会主義がわきおこる時代のことであり、国際情勢に通じたタイ人エリート層にとっては時代遅れの政治体制であった。1920年代末の世界恐慌の深刻な影響が及ぶと、留学経験者を中心とする人民党が32年に立憲革命を行ない、立憲君主制へ移行した。

【国民主権と国王主権】以後の政治は、国民主権と国王主権を1つの対立軸として展開されてきたが、3つの大きな転機があった。1つは、陸軍が勤王派と結んで、選挙で勝利していたプリーディー体制を打倒した47年クーデタである。王室の復権への重要な一歩であり、クーデタという違法行為が王室によってお墨付きを与えられるパターンが以後繰り返されることになる。裁判所がクーデタへの違憲判断を避けたという意味でも重要であった。2度目はサリットが立憲民主主義を否定した58年のクーデタである。軍事独裁政権は王室からのお墨付きと開発によって正当化を図った。3度目は73年の10月14日事件である。この政変には、軍事政権への依存から脱却した国王の意向が反映されていた。このため、民主化の促進者という国王イメージが広まった。

【政治の民主化】以後は政治の民主化が進んできた。1970年代の民主政治は、左翼勢力への恐怖心ゆえに、76年に一度幕を閉じた。しかし、70年代末から再民主化が始まった。80年代には、軍隊と王室に加えて、政党の支持を得られる軍人プレームが首相になった。軍隊から政党へ権力を委譲するかのように、88年には政党政治家チャートチャーイが首相に就任した。80年代には2度のクーデタが失敗に終わっており、しかも80年代後半からは経済の高度成長が始まっていたため、クーデタはもはや起きないと多くのものが考えていた。ところが、チャートチャーイと衝突すると、軍は91年2月にクーデタを成功させた。しかし、クーデタの指導者スチンダーが翌年首相に就任すると、退陣要求集会が開かれ、そこへ軍隊が発砲して多数の死傷者を出す惨事になった。「暴虐の5月」と呼ばれるこの政変は政治を大きく変えた。第1に、政変直後の憲法改正で首相は民選議員に限定された。第2に、軍隊が政治からの撤退を余儀なくされた。この2つの要因ゆえに、政治は政党を中心として展開されるようになった。民主化である。この結果、国王の政治関与の余地が減った。第3に、地方分権が始まった。第4に、中間層が政治への発言力を高めた。

【政治改革】政党政治には、政権の不安定と体制の安定という特色があった。選挙では第1党といってもせいぜい4割、たいていは3割程度の議席しか獲得できず、連立政権が組まれた。与党間あるいは与党内部の争いゆえに、首相は指導力が弱く、4年の下院任期満了を待たずに解散総選挙へ追い込まれた。与党第1党は必ず負けて、政権交代が実現

し、政治への不満がずいぶんと緩和された。こうした特色は1970年代からほぼ一貫していた。しかし、90年代に首相が民選議員に限定されると、選挙結果が重みを増すようになり、多数派の支配力が強まった。下院の多数派は総人口の7割を占める農村部の代表である。このことへの反発ゆえに、政権の不安定や汚職の横行といった問題の是正を謳い、都市部住民や官僚などの支持を得て、政治改革が90年代半ばに実施された。92年以後政治への発言力を高めた中間層(新中間層)が強い応援団になった。その成果が97年憲法であり、起草は経済危機が勃発する直前に終わっていた。国民が起草に参加した画期的な憲法であったが、都市部住民と農村部代表では受け入れ方に温度差があった。

【タックシンの登場】1997年憲法に基づく最初の総選挙が2001年に行なわれると、タックシンが率いる政党(愛国党)が第1党になった。タックシンは経済を回復させ、人気のある政策を実施して、4年後には4分の3の議席を獲得する圧勝をおさめた。与党でも国会でも内閣でもタックシンの指導力は群を抜いており、政権は著しく安定した。不安定な政権と弱体な首相という政治が、安定した政権と強力な首相という政治へと一変した。タックシンの強引な政権運営に不満を抱く勢力が、マス・メディアや知識人と結んで政権批判を繰り返し、政権打倒を目指しても、民主的な選挙では実現困難であった。そこで彼らは、選挙で政権担当者を決めるという民主政治体制に異議を唱えるようになった。政権の安定は体制の不安定につながったのである。06年に議会政治の枠外から政権打倒を目指す運動が本格的に始まった。大規模集会を開いて首相に退陣を要求し、総選挙をボイコットし、ついにはクーデタに訴えた。タックシンが強弁する民主的正当性に対抗するため、王室を正当性として掲げた。しかし、彼らがタックシン派の勝利を阻止するための新憲法を起草し、07年12月に総選挙を実施したにもかかわらず、タックシン派が勝利してしまった。このため、反タックシン派はタックシン否定から民主政治否定へと踏み出した。しかし、選挙や世論調査の結果が示すように、国民の多くは選挙による政治を支持しており、民主政治の否定は困難である。　　(玉田芳史)

行政

【行政官僚制の起源】タイの近代行政制度の起源は、ラーマ5世王（在位1868～1910年）時代まで遡る。19世紀後半までタイは明確な国境線を持たず、周囲に多くの朝貢国を従えていた。国王の権力も突出しておらず、有力貴族との連合政権という色合いが濃かった。こうした伝統的な政治体制に大きな変化をもたらしたのがラーマ5世である。ラーマ5世は1892年、機能分化した省庁制度の基礎を作った。行政改革の中心は地方統治制度の確立である。内務大臣に任命された異母弟のダムロン親王（在任1892～1915年）は、州─県─郡─区（タムボン）─村という階統的な地方行政制度（テーサーピバーン制）を導入し、州総督、県知事、郡長を地方に派遣した。1914年に制定された「地方行政法」は、多くの改訂を経ながら現在も使用されており、中央集権的なタイ国家の連続性を物語っている。

絶対王政期における官僚制は厳密な意味で業績主義に基づいておらず、究極的には国王との関係が重要であった。業績主義に基づく近代官僚制の導入は、32年立憲革命を待たねばならない。翌33年には「国家行政組織法」が制定され、今日に至る中央行政の機能分担の骨格が定められた。同法はまた、国家行政を「中央行政」、「地方行政」、および「地方自治」に3分割した。「中央行政」は中央の省庁府局を、「地方行政」は県と郡を指すものとされ、内務省から派遣される県知事と郡長が出先機関の指揮命令を担うものとされた。「地方自治」も国家行政の重要な一部として、初めて法的に位置づけられた。同年には「文民規則法」も制定され、翌年から公務員採用における競争試験の原則が導入された。とはいえ、実際の昇進にあたっては上司との親分・子分関係が重要であり、業績主義は簡単には浸透しなかった。軍事政権が続く中、文民官僚制は軍と共生し、官僚出身者がしばしば大臣職を襲った。こうして、親分・子分関係に基づく官僚制が長く続いたのである。

【民主化と地方分権化の影響】1990年代以降進展した民主化は、行政に2つの大きな影響を与えた。1つは、民主化の進展で大臣職を職業政治家が占めるようになったことで、政治家は人事権を盾に官僚の人事異動に介入することが増えた。政策の遂行で官僚が政治家と良好な関係を取り結ぶことが重要になった。地方自治でも97年憲法以降、県知事や郡長など内務官僚が自治体の執行職を兼任することが禁止され、自治体への関与は縮減した。もう1つは、住民が行政に対して異議申し立てする制度が充実した点である。従来、住民が行政に対して異議申し立てを行なうことは制度的にきわめて困難で、住民は集団的示威行動に訴えることで政治家や行政の注意を喚起し、温情的な対応を引き出すことが多かった。しかし、96年に「行政手続法」や「公務員違法責任法」が制定され、99年には「行政裁判所設置・行政事件手続法」が制定されると、行政に対する異議申し立てが制度的に容易になった。

90年代に入って地方分権化が進められ、自治体の数や役割、自立性は確かに増大し

たが、国家行政全体に占める中央行政と地方行政の重みは依然大きい。財政的には、中央行政と地方行政の両方で歳出全体の4分の3を占め、地方歳出は4分の1を占めている。ところが文民公務員の数を比べると、前者が約111万人であるのに対し、後者は14万人にすぎない（2006年）。予算、業務、および人的リソースの配分はバランスを欠いている。とはいえ、農村部の区レベルまで地方自治が浸透してきた意味は無視されるべきではないだろう。95年以降の区自治体設置で影響を受けたのは、ラーマ5世王時代より地方名望家層を代表してきた区長（カムナン）と村長であった。区長と村長は92年以降、5年毎に住民によって選挙で選ばれることになっていたが、2007年に「地方行政法」が改正され、10年毎の業績審査や60歳定年で退職しない限り、選挙を経なくてもよくなった。

【行政の抱える問題】タイの行政制度は確かに中央集権的だが、このことは必ずしも各部局間の調整が円滑であることを意味しない。セクショナリズムの問題は肥大した官僚制共通の課題であるが、タイは極端なケースに属する。法人格が省庁府のレベルだけでなく局にも与えられており、多くの省で局が自律的単位となっている。内務省、農業・協同組合省、教育省などの主要ライン官庁では、局を超えた人事異動は稀であり（局長・副局長レベルでようやく行なわれる）、局毎に県や郡に出先機関が設けられている。県知事と郡長がこれら出先機関への指揮命令権を持つが、実際には中央の省庁局の意向が優先されている。歴代内閣による行政改革の目的の1つは、この弊害解決にあったが、抜本策は打ち出せていない。「小さな政府」を目指した地方分権もこの点を意識していたが、中央・地方間の移動はほとんど進まず、有効ではなかった。

（永井史男）

経済

【コメ中心経済から経済ナショナリズムへ】1855年にイギリスと締結したバウリング条約以後、タイ政府は次々と通商条約を欧米諸国や日本と結び、20世紀初頭にはコメ、チーク材、錫の3つ、とりわけコメが輸出金額の8割を占めるモノカルチャー経済が定着した。他方、通商条約は輸入関税を3％に据え置く不平等条約であったため、コショウ、砂糖、織物などの在来産業が衰退しいく。この過程でヨーロッパ人商会が貿易、精米、製材、海運、倉庫、保険を独占したが、その後、精米とコメ輸出には華僑・華人が台頭し、ライスビジネス全般に大きな力を行使した。一方、32年の立憲革命に参加し、38年に首相に就任したピブーン元帥は、「タイ人のためのタイ経済」をスローガンに、華僑・華人の経済活動を抑制し、国家が精米、コメ輸出、国内流通に直接関与する政策をとった。その後、太平洋戦争期の経済混乱をはさんで、48年に首相に復帰したピブーンは、50年代を通じて国営・公企業を軸とする経済政策を実施。国家経済振興公社(NEDC)を持株会社として、糖業その他の製造会社をその傘下に収め、経済統制を強めた。

【工業化の本格化と最初の経済不況】1958年10月のクーデタで実権を握ったサリット陸軍司令官は、ピブーン政権の国家主導型とは対照的に、民間資本と外資を優遇する工業化政策を開始する。サリット首相は、軍による利権確保（銀行、鉱山など）を続ける一方で、世界銀行調査団の政策提言を受け入れ、経済開発計画の導入、予算制度の整備、義務教育の拡充、国家統計の作成、科学技術の振興など、「国の開発」を進めた。同時に、62年には「商業銀行法」を改定して地場銀行の近代化と外国銀行の規制を指示し、他方では輸入関税の引き上げや「投資奨励法」の制定を通じて、輸入代替産業の育成を図った。その結果、60年代にタイは第1次経済ブームを経験。石油危機が勃発した72年以降も、コメ、砂糖、天然ゴムなどの国際価格の上昇を通じて、引き続き輸出の拡大を実現した。タイが最初の不況に直面したのは、79年の第2次石油危機とその後の世界不況の時である。インフレ、輸出不振、債務累積に直面したプレーム政権（1980〜88年）は、81年から83年にIMFと世界銀行から資金協力を受け、その見返りとして国際機関が要求する「構造調整」を実施した。タイ湾で発見された天然ガスを利用する東部臨海工業開発計画（重化学工業化路線）は一時棚上げとなり、第5次開発5ヵ年計画（1981〜86年）では、政策の重点を経済成長からマクロ経済の安定、所得格差の是正、農村開発にシフトさせた。

【経済ブームから通貨・金融危機へ】1985年のプラザ合意は、経済不況にあえぐタイに「外国投資ラッシュ」をもたらし、これが未曽有の建設ブーム、次いで株式ブームを引き起こした。この第2次経済ブーム期に、GDPの年実質成長率は10％を、輸出の伸びは年20％をそれぞれ超え、1人あたりGDPは88年の1120ドルから96年には2960ドルと、中進国並みの水準に達した。この時期に一時棚上げにされていた東部臨海工業開発計画が再

開され、石油化学、鉄鋼、自動車組立などへの投資が本格化し、90年代初めに重工業が軽工業の付加価値を超えた。また、就業人口構成を見ても、85年から95年の間に農業が69%から47%に低下した一方で、専門職や管理職、事務職など「都市中間層」の比重は20%を超え、これが90年代の民主化運動を支える基盤となった。しかし、93年を境にタイ経済はバブルに転じる。株価指標は、86年の207からピーク時の93年には1683まで急上昇を遂げ、不動産取引も投機が中心となった。96年にはバブル経済の崩壊と通貨不安が生じ、97年7月の管理フロート制への移行(バーツの大幅な下落)が引き金となって、通貨・金融危機が発生した。政府は80年代初めに続き、IMFと世界銀行から巨額の融資を受け(172億ドル)、見返りとして厳しい金融引き締めと財政支出の削減を断行した。危機克服を目指す政府は、一方で銀行が保有する不良債権の処理、銀行・金融会社の統合・再編など金融制度改革を実施し、他方で上場企業に対する企業ガバナンスの強化や国営企業の民営化などに着手した。

【タックシン政権のデュアル・トラック政策とその後】2001年に登場したタックシン政権は、長引く経済不況に対応するために、緊急経済社会対策を実施した。村落基金、農民負債の元利返済の猶予、一村一品運動(OTOP)の推進、30バーツ医療制度の導入など一連の政策がそれである。その一方、03年には食品、自動車、ファッション、観光など外資を含む大企業を対象とする「国家競争力計画」の策定も指示した(いわゆる「車の両輪政策(dual track policy)」)。タックシン首相は、「首相は国のCEO(最高経営責任者)」をスローガンに、トップダウン方式の政策決定方式を導入し、首相・政党主導の経済運営を断行した。これに対して、06年9月のクーデタ後に発足したスラユット政権は、経済運営を従来の官僚主導方式に戻し、農村・地方経済の振興、外資の規制を掲げたものの、政治不安、原油価格の高騰、バーツ高のもとで経済成長は鈍化を示し始めた。そのため、08年に登場したタックシン首相に近いサマック政権は、財政支援、減税、外資優遇を梃子に、「修正版・車の両輪政策」に着手したが、財政赤字、インフレ、賃金上昇など経済の不安定性が強まりつつある。　　　　　　　　　　　　　　　　(末廣　昭)

産業

　産業には広狭の定義がありうるが、ここでは製品生産、各種サービスの部門を広く含むこととする。その概況は部門別のGDP額、就業者数、輸出額等で示される。

【第1次産業】農業のGDP比率は減少し、9.9%だが(1988年価格)、就業者比率は38.6%、輸出額比率は18.4%と、食糧生産や就業上では重要な役割を担う(2005年)。生産額では、コメ、ゴム、サトウキビ、キャッサバ、メイズ(トウモロコシ)、パーム油、パイナップル、竜眼、ドリアン、ココナッツの順である。コメの作付面積は耕地の約半分を占め、灌漑施設により2期作、3期作も可能で、総収穫面積1万ha、収穫量2500万〜3000万トン、輸出量600万〜700万トン(精米)である。ただし、肥料、農薬、耕耘機、大型トラクター、コンバイン、灌漑ポンプ等の利用(委託を含む)が標準化し、専業米作農業は大規模でないと採算がとれず、バンコク周辺では非米作近郊農業への転換も多い。上記の農業就業者比率は兼業人口をも含むだろう。コメと同様、ゴム、サトウキビ、キャッサバ、メイズの生産量も横ばい傾向にある。果実は国内消費が主だが、パイナップルは世界一の輸出量である。

　畜産業では、かつては農耕用の牛、水牛、肉用の豚が主な飼畜だったが、最近では肉用の牛、豚、鶏の飼育が大規模化、企業化し、特に冷凍鶏肉、鶏肉加工品の半分は日本への輸出である。林業は、戦前の重要輸出品のチーク材が枯渇し、1990年代には、線引き主体の「森林法」のもとで森林資源が減少し、他の樹木も枯渇し、77年以降は木材純輸入国となった。

　水産業は、沿岸漁業はトロール船による乱獲が進み、危険の多い操業は外国人労働者が多い。ツナ(マグロ)缶輸出は世界一だが、国産原料はわずかである。エビ養殖業と輸出量は減少傾向にある。鉱業では、昔の南部は錫の特産地だったが、現在はタイ湾の天然ガスが有名である。

【第2次産業】食品加工では、近代の精米業は代表的製造業だったが、現在は地方でも不振である。パン食の普及で製粉業は増え、小麦輸入量も100万トンを超えた。製糖業は精米業よりも古い歴史を持つが、最近、稼働率が低い。缶詰はパイナップル缶、ツナ缶の輸出量が抜群で、世界一である。繊維産業(紡織品、縫製品)は従業者比が全製造業の約2割を占めるが、中国製品の競争が厳しく停滞気味である。

　縫製業は、ミャンマー国境やラオス国内に移転し、近隣国の低賃金労働力を利用して、8割弱を欧米に輸出する。

　家電生産は、外資系関連企業がタイをASEAN、世界市場の供給拠点とする戦略を立て、政府もFTA推進等でこれに乗って、テレビ、冷蔵庫、エアコン、電子レンジ等の白物製品輸出が堅調である。

　電子機器は、携帯、PC、HDD(ハードディスク・ドライブ)・部品、半導体等の生産、輸出が伸びている。

自動車生産は、現在、乗用車と商用車の比率が約3：7で、農村部に需要の多いピックアップ・トラックの国産化が進む。家電製品と同様、最近ASEAN域内での関税引下げ、水平分業、部品交換が実行され、組立車、部品供給両部門の相互補完の分業体制が進行中である。最近は通貨危機の打撃から回復し、2005年は総販売が70万台、生産量が100万台を超えた。特に日系企業の乗用車のシェアは高く、提携部品産業も増えた。オートバイは05年に生産量が200万台、保有台数が1500万台を超え、庶民の生活必需品となっている。

　鉄鋼部門では、高炉一環製鉄所がなく、原料を輸入し鋼材を生産するが、ブリキ、家電・自動車部品、建築資材の素材となる鋼板類が多い。

　化学工業では、セメントは国内生産の半分を輸出する主産業であり、ポリエステルも国産化され、石油化学が東部の天然ガスを原料に展開して、内外需も好調と言われる。

　建設業の総生産額は、1980年代後半から伸び始めて、90年代のバブル景気に急成長し、97年の通貨危機以後激減したが、21世紀に入り、不動産業の回復を受けて回復基調にある。最近、マンション、戸建、オフィスの建設と供給が増加し、空室率が低下傾向にある。

【第3次産業】小売業は、百貨店、ハイパーマーケット、コンビニ等の近代小売業が発展し、旧来の公私設生鮮市場、市街小売店等が衰退しながら残り、それから外れたインフォーマルな屋台、露店が浮沈を伴い持続する、という3層構造で、ハイパーマーケットや生鮮市場等を典型に卸売機能をも兼ねる。地方都市郊外の国道沿いにハイパーマーケットが進出し、周辺農村雑貨店の仕入先となり、市街地小売商店を衰退させた。

　商業銀行は、通貨危機後の不良債権処理で淘汰整理され、2004年以降は支店の無制限開行ができるようになって、資本金50億バーツ以上の7大銀行、およびフルブランチの外資系銀行等を中心とする。

　金融業では他にファイナンス会社、リーテール産業がある。また証券・債権市場も成長中である。

（北原　淳）

社会

　経済発展やグローバル化の影響によって、都市と農村は一体化が進んでいる。従来は都市と農村を区別して、地域社会を論じてきた。農村には人々が助け合う共同体が残っているが、都市にはお互いに知らない人が住んでいるといった議論である。確かに、農村と比べると、バンコクや地方大都市における隣近所の人々との付き合いは希薄で、隣近所の子供同士で遊んだことがない地域も見られると言われた。しかし、こうした農村と都市を区別してタイ社会を論じる時代は過ぎたように思われる。

【人の移動】かつては農村から都市への一方的な出稼ぎの流れが注目されたが、現在では、人の移動は双方的であり、その理由も家族員の出稼ぎによる農家収入の補填だけではない。農村から移動した都市定住者は増えているが、Uターン者もいる。1997年および最近の経済危機の際は、労働者として都市に定住したが失業して、帰村した人も多い。しかし、それとは別に、自らの意思で進んで帰村して、都市での労働や生活の経験を生かして、起業に成功した人も少なくない。また、近年の農村では外国人も増えている。欧米人を含む外国人が地元民と結婚し、そのまま定住するケースも増えた。都市民には、定住者と移動者がいる。首都・地方大都市の公務員、会社員などの新中間層には、遠距離の転勤移動の可能性がある。地方都市の新中間層には、地方都市間移動もある。下層住民には建設業、零細自営業などの不安定な仕事を求めてスラム的住環境を移動するケースも多い。地域的に見ると、首都圏や地方大都市の通勤可能圏内の近郊農村の場合は、若年層の移住や出稼ぎ労働による人口減少はない。しかし、通勤兼業が不可能な遠隔地農村の場合は、未婚の若者はもちろん、親夫婦もまた通年的出稼ぎを行ない、留守宅で祖父母が孫の面倒を見る家族も多く、若者がほとんど見られず、総人口も減少している場合が多い。今後の過疎化が心配される。

【メディアの発達】人の移動だけでなく、メディアの発達が人々の生活を根底から変えている。たとえば、テレビやインターネット、漫画、携帯電話などのメディアによって、若者が発信する文化が全国に普及し、サブ・カルチャーとなった。その例として、ロックミュージックやポップスなどの音楽文化やファッションなどがある。国民文化を画一的に描くことができなくなり、モー・ラムやソムタムなど東北部の伝統文化の全国版的なアレンジ、リバイバルもある。都市では、デパート、映画館、カラオケ、酒場などのエンターテイメント産業が発達し、中間層を中心にして、消費文化が興隆している。

　携帯電話は、市場に出始めた1990年代はまだ高価だったが、2000年代半ばには誰でも手に入るくらいまで廉価になったため、爆発的に増加し、今では田舎の農民が農作業の中休みに使うのもよく見かける風景である。携帯電話の普及は、遠くにいる家族や友人と連絡を取り合うのに便利なこと、固定電話よりも購入代、使用料が安いことなどの利点による。携帯電話は、人の移動が激しくなった時代にあって、人々の絆を

支えている。

【国境を越える問題】1990年代から、タイもグローバル化の影響を大きく受けている。その結果、これまでのように、国民国家の内側だけで社会的な空間を考えられなくなってきた。現在の社会問題の多くは、グローバル的に対応しなければならない課題である。たとえば、感染症の問題がある。エイズ・HIVは、84年に初めて感染が報告されて以来、感染者数が急激に増大したが、90年代後半から政府は抗HIV薬の廉価な配布を行ない、感染者数は次第に減少した。これに次いで、鶏インフルエンザウイルス（SARS）の感染と防御が話題となった。こうした感染症は簡単に国境を越えるため一国では解決できない。また、隣接国からの移民、難民の問題もある。ミャンマーの軍事政権がカレン族などの民族自立・反政府闘争に対して弾圧を強めたため、タイへの亡命者や難民が増大した。タイ、ミャンマー、ラオスなどの国境を越えて居住、移動する少数民族の問題もある。カンボジアともクメール遺跡の領有問題などで紛争の種を抱えている。

【山積する社会問題】国内では、都市・農村間で貧富の拡大が進んだ。1990年代を通じて、農民は政府に対して、土地の所有・利用、負債返済延期などを要求し、海外から支援を受けて貧民フォーラムなどのNGOを作って政府へ抗議活動を展開した。また、環境問題も人類が抱える大きな問題である。特に1960年代以降は、森林の伐採や入植によって森林破壊が進んだ。そのため植林事業も行なわれたが、時の政治状況に左右された。ユーカリ植樹促進策のように保守的政権が自らの権益で進めた場合もあり、民主的政権が保全森林への不法入植者の権利を認める場合もあった。バンコクの大気汚染問題はいまだに解決されておらず、地方都市でも排気ガスによる大気汚染が進んでいる。近隣諸国からの移民労働者の処遇をめぐる人権問題もある。

　タイは経済的には中進国の仲間入りをしつつあるが、こうした社会問題を解決し、社会的に成熟するにはしばらく時間がかかるだろう。

　高齢化社会への移行も問題である。乳幼児死亡率の低下、医療の高度化などにより、高齢化率が、2005年には7.1%だったが、25年には13.3%、50年には21.4%に高まると推計され、速いペースで高齢社会に突入することが予想される。しかし、高齢者福祉制度が不十分であり、その整備が急務である。

（佐藤康行）

宗教

【タイの宗教構成】国民の9割以上が仏教徒であることと、憲法に国王は仏教徒でなければならないと定められていることからも、タイにおける仏教の影響力がわかる。第2の宗教勢力がイスラームであるが、南部4県(サトゥーン、ナラーティワート、ヤラー、パッターニー)ではマレー系ムスリムが多数派であるほか、全国にモスクがある。キリスト教徒はバンコクの華人系タイ人とプロテスタントの宣教活動が盛んであった北部に多い。ヒンドゥー教と儒教は印僑・華僑としてタイに帰化した人々のエスニック宗教であるため、きわめて少数である。1980年のセンサスデータと比較してみると、この20年間でムスリム人口、キリスト教徒、ヒンドゥー教徒の増加が顕著である。これはムスリムが郡部に居住している割合が仏教徒より高いために郡部の出生率の高さがそのまま信者増につながったのではないかと考えられる。他方、キリスト教徒の増加は宣教活動によって新たに信者となったものがいること、ヒンドゥー教の場合はインド人の移住者の増加と共に、インド系タイ人がヒンドゥー教徒として報告する件数が増加した可能性が考えられる。

【公共宗教としての上座仏教】タイの仏教は「上座仏教」と言われ、出家者たる僧侶たちは解脱を目指してパーリ語経典の学習と止観行を行なう。在家の人々は仏法僧に帰依することで徳を積み、現世や来世の幸福を願う。理念型では現世外禁欲の宗教なのだが、宗教制度と社会は密接に関わっている。

第1に、タイ仏教は社会の公共的な領域に介入する力がある。タイサンガの大僧正がクーデタを起こした軍部の挨拶を受けるように、サンガは国家による統治を道徳的に正統化する役割を果たしてきた。また、僧侶たちは道徳を人々に積極的に説いて人間社会のいきすぎた資本主義化に反対し、スラック・シワラックやプラウェート・ワシーのような知識人は仏教的な理念を基礎とした社会づくりを市民社会の範型として提言する。政教分離の世俗化が進んだ日本とは、宗教制度の果たす役割が異なるのである。

第2に、タイ仏教は現在も社会生活に大きく関わっている。タイの年中行事やタイ人の冠婚葬祭において、僧侶を招請せずに行なうことができる儀礼はほとんどない。勤め人が今ほど多くない時代に男子は比丘となることが通過儀礼でもあったし、尊属親や王族の菩提を弔うための出家もよく行なわれた。僧侶は人々の相談を受け、寺院はコミュニティセンターの機能を果たしてきた。現在でも宗教の社会的役割は大きい。

これほど仏教の社会的影響力が圧倒的であると、タイ国家、タイ社会と仏教は不可分とみなされる。その結果、タイでは道徳教育がほぼ仏教教育で代替され、宗教的マイノリティへの配慮に欠けるきらいがある。そのため南部ムスリムは公教育に加えてポーノと呼ばれるイスラーム寄宿舎学校で学び、イスラーム諸国へ留学するものも少なくない。

なお、タイの仏教には公共宗教としての政治・社会的側面だけが強調されるべきでは

ない。タイ系民族固有の精霊崇拝や守護霊祭祀と共存したり、仏教と民俗宗教が混淆したりすることで、地域社会への影響力をも拡大したことも北部や東北部では慎重に観察すべきである。

【新しい宗教運動】急激に近代化・都市化するタイ社会では、宗教が世俗化せずに、むしろ人生や社会の在り方への指針を求めたり、ストレスを癒したりする宗教的需要がかえって高まり、伝統仏教に飽き足らない僧侶や人々の実践としての新しい動きが各処で見られる。

農村部や地方における開発僧やカリスマ僧の出現の背景には、宗教に社会発展を期待せざるをえないほどの地域間経済格差があり、近年は都市民が地方の僧侶の人徳・威徳に帰依することも多い。

福祉政策が取りこぼした人々(たとえばエイズ患者やメンタルヘルス上の問題を抱えた人々)を支援する寺院が各地に現れており、NGOや市民による支援活動も出てきている。

都市のタムマカーイ寺院は特異な瞑想実践と人々の大量動員により社会的耳目を集め、地方ではサンティ・アソークが仏教に基づいた農村コミューンを形成している。

また、メー・チー(10の戒律を守る)となって心の平安を求める女性が増え、子供や女性支援中心の社会事業をなすメー・チー・サンサニーのような人物も現れた。彼女の講話と庭園に市民が憩いを求めて集まり、社会事業や子供の教育活動を支援している。また、比丘尼を認めないタイサンガに対するフェミニズムの批判も出てきている。

(櫻井義秀)

文化

　一般に文化の範囲は広いが、ここでは衣、食、住、娯楽といったタイの人々の日常生活文化を概観してみたい。

【衣】かつてはパー・チョーンクラベーンやパー・シン、パー・カーオマーなどといった腰衣が用いられたが、現在では、男女ともにシャツにズボンやスカートといった現代的な洋装が一般的である。私生活ではジーンズも愛用されている。

　近年、国王在位60周年を祝って黄色のシャツが大流行したが、これはプーミポン国王の誕生日である月曜日の色にちなんだ黄色を使ったものである(タイでは曜日を表す色がある)。その後も国王80歳記念などの機会が続き、黄色シャツの流行は続いている。

　また、児童生徒・学生や、国会議員や教員を含む公務員には制服が定められている。路線バスや急行船の乗務員も、階級章を付した制服を着用していることが多い。

　民族衣装としては、1962年にシリキット王妃によって絹織物を用いた女性用の服装が制定されたが、これは筒型スカート状の絹のパー・トゥンに各種の上衣を合わせたものであり、様々な公式行事に着用される。

【食】タイの主食はコメである。東北部や北部上部(旧ラーンナー・タイ王国)の人々はモチ米を好み、北部下部(チャオプラヤー川中流域)以南の人々はウルチ米を好む。ウルチ米を主食とする場合にはスプーンとフォークが用いられるが、モチ米を主食とする場合は素手で食することが多い。ウルチ米はカレーをかけたり、スープのトム・ヤムなどとともに食したりする。モチ米は、パパイヤ・サラダのソムタムや、挽肉料理のラープなどとともに食される。粥もあり、豚肉やレバーなどの具がふんだんに入った砕米粥のチョークは、朝食として好まれる。揚げパンのパートンコーも、豆乳とともに朝食として食される。

　タイには麺類も多く、米粉麺クイティオが好んで食される。ほかにも小麦粉麺バミーや、米粉麺にカレーをかけて食すカノム・チーン、あんかけ麺のラートナー、炒め麺のパット・タイ、カレー汁麺のカーオソーイも昼食や間食として人気がある。麺類は中国の影響を受けたものが多い。鍋料理のスキー(タイスキ)も広東からもたらされ、全国各地にチェーン店が展開して夕食時には家族客で賑わっている。

　一般に、タイの料理では香辛料やハーブが多用され、味付けが豊かである。魚などを発酵させて作る魚醤ナム・プラーや、小エビなどを発酵させたペースト状のナム・プリックが多用されることも特徴である。料理にはココナッツ・ミルクが入れられることもあり、味をまろやかにしている。ドリアンをはじめ様々な果物や甘い菓子類も豊富である。都市部では、料理を自炊することは少なく、市場の惣菜屋で購入してきて食すことが多い。

【住】農村では、高温多湿の気候に合った高床式住居が多いが、近年では階下の空間に

壁を設けて2階屋として使用する例が増加している。

　都市部では、一軒家を建てる土地の確保が経済的に難しいことから、アパートやコンドミニアムが発達している。1室30㎡前後であることが多く、ワン・ルームにシャワーとトイレ、ベランダが付属する。台所は通常付属していない。アパートは賃貸が基本である。コンドミニアムは、日本ではマンションと呼ばれるものであり、購入が基本であるが賃貸も行なわれている。コンドミニアムには守衛が常駐しており、駐車場も完備され、プールが付属している場合も多く、都市中産層（新中間層）のニーズに合っている。アパートやコンドミニアムの1階には、雑貨屋や食堂、洗濯屋などが入っていることも多い。商店や食堂を営んでいる人々の場合は、1階が店舗で2階以上が生活空間になっている棟割のショップハウスに居住していることが多い。

　郊外には建売住宅が次々に建設されている。また、建売住宅に近いものとして、2～4階建ての連棟住宅であるタウンハウスも多い。ともに都市中産層が居住している。

【娯楽】かつて宮廷では舞踊劇などの舞台芸術が盛んで、王自ら劇を演じたり戯曲を作ることもあり、演劇や音楽、詩作は宮廷人の娯楽であると同時に嗜みでもあった。一般の人々にとっても、村めぐりのリケーなどの芝居や、東北部の即興民謡であるモー・ラムなどを鑑賞することは娯楽であった。映画がもたらされると、村々を巡回する青空興行映画も現れた。音楽に合わせて踊ることも、若い男女を中心に好まれてきた。現在でも、寺院の祭りなどではリケーや歌謡ショーなどが催され、移動遊園地も開かれて家族連れで賑わう。若者にはディスコも人気がある。

　しかし現在の娯楽としては、テレビを欠かすことはできない。カラーテレビの普及率は2004年の段階で90％を超えており、多くの家庭でテレビ・ドラマが視聴されている。近年はビデオ・デッキに代わってVCDデッキの普及が目覚ましく、カラオケや映画を安価なVCDで楽しめるようになった。また、最近は各地に小規模なインターネット屋が次々に開業し、子供達は屋外での遊びをやめてコンピュータ・ゲームに没頭するようになっている。休日には、最新設備の映画館を備えた大型ショッピング・センターが賑わいを見せている。

（加納　寛）

美術

【タイ美術の体系】タイ美術は、通常「タイ族が移住してくる前の美術」と「タイ族の美術」の2段構えで語られる。こうしたアプローチは1967年の芸術局によるバンコク国立博物館の展示室構成で取り入れられて以来、全国の国立博物館の展示の基本になっており、教育も同じ流れに沿って行なわれている。タイ族の移住前の美術は、タイ国内で発見された外国起源の美術遺品や古代ヒンドゥー神像に始まり、モン(Mon)族のドヴァーラヴァティ美術を古代美術の大輪の花とし、シュリーヴィジャヤ(シーウィチャイ)美術を横に抱えて、クメール美術に続く。タイ国内で出土したクメール美術の遺品は、国立博物館ではロップリー美術という名称でまとめられているのは国民感情への配慮と言うか、ナショナリズムからであろう。その後はタイ族の歴史が始まり、スコータイ時代の美術が中心となり、前後して北部のチエンセーン美術がある。そしてアユッタヤー美術、バンコク美術があまり強い自己主張もなしに続き、1つのタイ美術という体系が形成されている。

【インド文明の影響】こうした分類法には幾つかのルーツがあるが、古代と中世美術に関しては、19世紀半ば既に知られていたインド美術史が基礎となっている。タイはインド文明圏の一部とされ、国内で発見された古代遺品はインド美術の各時期との比較で位置づけられていく。ナコーンチャイシー古代遺跡は、既に19世紀の半ばに僧籍に長かったラーマ4世によりアショーカ王が仏教使節を送ったスワンナプームと関係づけられた。ラーマ4世、5世、6世と歴代のラッタナコーシン王朝の王たちにより修復された遺跡外の大塔周辺が、最初の(パトム)王都(ナコーン)＝ナコーンパトムとして新生するのもそうした流れの中であった。ジョルジュ・セデスの「インド化された国家」の理念の紹介は、その歴史の闇に光を投げ、編年をするとともに、古代仏教社会への回帰の夢そのものには理論的裏付けを与えた。幻の古代国家ドヴァーラヴァティの人気と結びつき、タイ族到来以前のチャオプラヤー川下流域のインド文明に影響された古代美術に脚光が集まった。現在バンコク国立博物館のアジア室展示の中心となり、タイ国美術史という語り物の序説となるタキアン・ローマン(ローマ風ランプ)のメークローン川畔ポントゥック遺跡からの発見もセデスによるものである。

【スコータイ美術】セデスにより強調されたもう1つのタイ美術期は、スコータイである。招かれてタイ国立図書館の館長を勤め、タイ教育省版タイ国の歴史編纂にインスピレーションを与えたセデスはスコータイ碑文を解読し、歴史の暁スコータイというイメージ確立に寄与した。かくて、古代美術ではドヴァーラヴァティ、タイ族の美術の中心としてはスコータイ美術というタイ美術史の大筋が決まる。セデスの『インドシナ文明史』に明らかなように、碑文学者セデスはタイ近世以降の歴史叙述については、がらりと方法を変えて、アユッタヤー王朝年代記に頼った。近世美術の遺品はインド美術史の知識だけでは解明できない。そうした中で貢献したのは、タイ社会の中で伝統的

に培われてきた美術分類である。仏教国タイでは、王族、貴族、僧界、あるいは市井の仏像研究者、収集家、好事家の間で仏像鑑賞とその分類が発達していた。今日残るチエンセーン仏、ウートーン仏などの名称と定義はそうした仏像コレクターの中で長年育まれたものである。仏塔、寺院建築についてもしかり。すんころく、ベンチャロンなどの器のコレクターたちの知識体系もタイ美術史形成に貢献した。

【タイ美術史の見直し】このようにつぎはぎ細工として出来上がったタイ美術史に、新たに1ページが加わったのはヴェトナム戦争に機を得た1960～70年代の東北部開発の際である。コーラート高原北部のウドーンターニー県で発見されたバーンチエン土器と青銅器は、一時は東南アジアで最古の文明とまで騒がれ、出土した青銅器彩色土器は高値で売買されたが、およそ40年を経た今、その価値はまだ定まっていない。タイ美術を見直す動きはある。ピリヤ・クライルック博士の古代モン（Mon）文化、特にアヴァーダナ寓話とプラパトム仏塔の漆喰画の研究は上座仏教の聖地としてのナコーンパトムの位置づけに疑問を投げた。今後、ラオ系住民の織物など「山の民」の美術工芸、中国文明の影響、タイ・イスラーム文化の研究が進めば、タイ美術史もインド文明の影響一辺倒とアユッタヤー王朝年代記の木に竹を接いだような組み合わせから脱することができるかもしれない。

　しかし、国民に刷り込まれたタイ美術史という物語、歴史の曙スコータイの美術が一番というイメージを変えることができるであろうか？　第2次世界大戦中にピブーン元帥が鋳造した像を始めとして、歴代の首相が寺に寄進した仏像や、今日普通の市民が寄進する仏像の大多数はチンナラート仏などスコータイ美術の仏像の写しである。タイにおいて美術史はナショナリズムとともに育った。その理想とする美に疑問を投げかける者にタイ国民であることを疑うような声があがる風潮があるのは嘆かわしいことである。

【クメール美術】その一方で変革は進行しつつある。ヴェトナム戦争中にブリーラム県の同神殿から持ち去られた「サーシャ蛇の上で宇宙の夢を見るヴィシュヌ神」の図像を刻んだタブリン（リンテル）が1980年代後半にシカゴで見つかり、全国民を巻き込んだ返還運動になったことは記憶に新しい。この運動はタイ国内におけるクメール美術の存在の大きさをタイ国民に啓蒙するのに役立ち、運動中に起こったプラーチーンブリー県（現サケーオ県）カオ・ノーイ遺跡の7世紀のリンテル盗難事件解決の糸口をつけた。ブリーラム、スリン、シーサケート県で人口の50％以上を占めるクメール人の美が認められたのである。これをまだロップリー美術と呼ぶ人々がいることは事実であるが、それもまた変わっていくであろう。2007年7月に武力衝突を迎えたタイ＝カンボジア国境の神殿カオ・プラウィハーン（プレア・ビヒア）をめぐる紛争も、タイ国民が共有するタイ美術史という物語をどのように変えていくのであろうか注目される。

　　　　　　　　　　　　　　　　　　　　　　（レーヌカー・ムシカシントーン）

総説

文学

【近代文学黎明期】タイにおける散文小説の始まりは19世紀初の『三国志演義』など中国小説の翻訳である。その後、イギリスとのバウリング条約（1855年）を契機にタイには西洋文物が流入、翻訳・翻案小説を載せる雑誌や新聞の発行が相次いだ。中でも若い世代に新しい知識を教える週刊誌『ダルノーワート』、諸外国のニュースや実務知識、娯楽物を掲載した月刊『ワチラヤーン』、外国文学の翻訳や短篇を多く載せた週刊『ワチラヤーン・ウィセート』などが知られる。職業作家はまだ生まれておらず、編集者が記事も小説も書くことが多かった。

最初の翻訳小説はメーワンが1901年に『ラック・ウィッタヤー（知識の剽窃）』に掲載した19世紀末のイギリス小説『復讐』（マリー・コレリー作）である。文学通で知られ、シェイクスピア劇の翻訳もあるラーマ6世は、西欧列強の包囲網の中、民族主義を昂揚させる『戦士の心』など多くの戯曲を書いた。

【タイ近代小説の歩み】タイ近代小説を担った初期の作家は、『人生のドラマ』で青春の挫折を描いたアーカートダムクーン・ラピーパット殿下、『彼女の敵』で西洋とタイ伝統の相克を描いたドークマイソット、『男児』で新興市民階級の意気込みを訴えたシーブーラパーである。特にタイ近代文学の巨匠と称されるシーブーラパーは作家集団「スパープ・ブルット（紳士）」を設立し、文学雑誌や新聞を発行して若手作家を支援する一方、文学を通じた社会正義の実現を目指した。小説が「ナワニヤーイ」と呼ばれ出すのはこの頃からである。

1932年の立憲革命の後まもなく成立した軍部政権による言論弾圧が始まると、創作活動は制限と停滞を余儀なくされた。『われらが大地』のマーライ・チューピニット、ビルマ（ミャンマー）英雄王を描いた『十方勝利者』のヤーコープなど多くの作家が断筆し、反体制詩人のナーイ・ピーは地下に潜った。獄中でタイ近代文学の最高峰と言われる『未来を見つめて』を書いたシーブーラパーは、1958年に文化使節団長として訪問中の中国で亡命した。他方、大衆作家マイ・ムアンドゥームは『傷あと』で過去のタイへの郷愁を綴り、タイ最初の女性職業作家となったコー・スラーンカナーンは社会の底辺に生きる女性に目を向けた『売春婦』を発表した。ウィチットワータカーンは戯曲『スパンの血』で国家主義的な文化政策に貢献した。小説の題材が制限される中、「ナム・ナオ（腐った水）」と呼ばれる恋愛小説が数多く登場し、現在も活躍中の女性作家を多く生み出したのもこの時代である。

戦後になると、セーニー・サオワポンが旧支配階級への決別宣言とも言える『妖魔』を書き、社会主義リアリズムを掲げるチット・プーミサックは、大衆に訴える詩や小説のほか言語学や歴史学の分野でも豊かな才能を発揮した。このほか、西欧的知性に仏教道徳を加味した小説を得意とする王族のククリット・プラーモートは歴史長篇『王朝四代記』を完結させた。生涯に1000を超える短篇を残したと言われるマナット・チャン

ヨンが活躍したり、短編作家アーチン・パンチャパンが知識人向け雑誌『ファー・ムアン タイ』を創刊したのもこの時代である。

【現代文学】タイ現代文学は学生などの民主化要求運動で独裁体制が倒された1973年に始まる。この時期の小説は「民衆のための文学」を志向する「ルンマイ（新世代）」と呼ばれる若手作家による社会参加型の作品が多い。文芸誌『本の世界』や短篇賞の創設などで文学の発展に努めた編集者スチャート・サワッシーの評価は高い。労働者出身の女性作家シーダーオルアンなど多くの新人作家を発掘したのも彼である。この時期に農村の実情をリアルに描いた作家に『タイ人たち』その他で後に国民芸術家賞（1986年創設）を受賞したラーオ・カムホームがいる。農村作家にはほかに『東北タイの子』のカムプーン・ブンタウィー、『農村開発顛末記』のニミット・プーミターウォーン、『田舎の教師』のカムマーン・コンカイがいる。『東北タイの子』は、1979年にアセアン諸国の文学の発展と文化交流を目的にオリエンタル・ホテルほかの拠出する基金によって創設された「東南アジア文学賞」の第1回目の受賞作となった。

現代小説がイデオロギー偏重から脱し、人間の内面に鋭く迫る作品が登場するのは経済発展が進みつつあった80年代半ばである。その典型をニコム・ラーイヤワーの『ヨム河』とチャート・コープチッティの『裁き』に見ることができる。両作品は民衆を必ずしも純粋無垢の存在ではなく、弱者を蹂躙することもある生活者として描く点で共通する。シラー・コームチャーイは都市の中間階層に焦点を合わせた『道路上の家族』など、従来のタイ小説にはなかったジャンルを切り拓いた。このほか、現在活躍中の作家に、幻想的なイメージを得意とするアッシリ・タムマチョート、山岳民族を描くマーラー・カムチャン、仏教の危機を訴えるウィモン・サイニムヌワン、大学教師でもあるパイトゥーン・タンヤー、南部を愛し幻想小説も書いたカノックポン・ソンソムパンがいる。また女性作家では『生み捨てられた子供たち』のシーファー、『その名はカーン』のスワンニー・スコンター、『金箔の塑像』のクリッサナー・アソークシン、『メナムの残照』のトムヤンティー、『タイからの手紙』のボータンなどが大衆的人気を博している。

詩人には、人間と自然の和合を歌うアンカーン・カンラヤーナポン、『密かな動き』以降の詩集で国民詩人の呼び声高いナオワラット・ポンパイブーン、過去への郷愁を綴るパイワリン・カーオガームなどがいて、いずれも東南アジア文学賞や国民芸術家賞を受賞している。

若手としては、『インモラル・アンリアル』などで表現技法の挑戦を続けるウィン・リョウワーリン、『鏡の中を数える』でポストモダン作家との評判の高いプラープダー・ユンの今後の活躍が期待される。

（宇戸清治）

教育

【教育の近代化】国民の9割以上が仏教徒であり、東南アジア諸国の中では唯一独立を保ったタイでは、19世紀末から20世紀初頭にかけて仏教と教育は密接な関係を持ちながら、教育の近代化が進んだ。

1921年の初等教育令の公布による義務教育の施行、32年の立憲君主制への移行、60年代の経済発展のための教育などにより、教育整備が進んだ。77年の学制改革では、それまでの7年間の義務教育を6年間とし、小学校6年、中学校3年、高校3年の6・3・3制となった。

教育内容では、特に小学校では、従来の教科を(1)基礎技能、(2)生活経験、(3)人格教育、(4)作業経験の4グループに再編統合し、世界的に見てもユニークなカリキュラムを編成した。中等教育では、知識と職業能力を身に着けさせることを目標とし、中学校の教科は「言語」、「理科・数学」、「社会科」、「人格教育」、「仕事教育」という、アカデミックな教科と職業教科からなる5グループに編成された。また、高校では教科制をとり、国語、社会、保健体育、理科、基礎職業教育などの必修教科と自由選択教科が提供された。

高等教育では、チュラーロンコーン大学創設(17年)以来、都市部と地方に国立大学がいくつか設立され、更に私立大学やオープン・ユニバーシティの設置などにより、高等教育は拡大した。

90年に初・中等教育カリキュラムが改訂され、91年に中学校が義務化され、92年には国家教育計画が改定された。これらの改革は、社会の変化に対応するためであった。タイが更に経済成長を続ける中、グローバリゼーションの波が押し寄せ、96年前後には矢継ぎ早にグローバル化対応の教育政策が打ち出された。

【国家教育法の誕生】しかし、1997年の経済危機により、タイは国家存亡の危機に直面する。この危機はタイの政治、経済、社会、文化、教育などのあらゆる面での改革を迫った。97年に新憲法が公布され、多くの教育条項が盛り込まれた。これを受け、99年にはタイ史上初の教育基本法である「国家教育法」が誕生した。

この教育法では、教育を通じて、タイ人を身体、精神、知性、知識、道徳、すべての面において完全な人間に形成し、生活していく上での倫理や文化を身に着け、他者と幸福に共生することができるようになることが明示された。これにより、教育行政改革、教育の権利・義務の法制化、カリキュラム改革、教員養成改革、教育の質の保証制度の導入など、広範多岐にわたる抜本的改革が行なわれた。

まず、教育行政改革では、2003年には、旧大学庁と旧国家教育委員会(総理府所管)が教育省に統合された。01年制定の基礎教育カリキュラムは、従来の初等・中等教育段階の区分を廃止して、12年間を一貫した基礎教育段階ととらえることになった。また、すべての基礎教育機関は03年度から法人化した。

【基礎教育の改革】この基礎教育カリキュラムは、次の5つの基本要素から成る。
(1)タイ人であることと同時に国際性に重点を置く国家統一のための教育。
(2)社会が教育に参加し、すべての国民が平等かつ同等に教育を受ける、万人のための教育。
(3)学習者本位を旨とし、学習者が自らの潜在能力を引き出し、生涯にわたって継続的かつ自発的に学習するよう奨励する教育。
(4)学習内容、学習時間、学習の提供方法の各面で弾力的な構造を持つ教育。
(5)学校外の学習集団を対象としたあらゆる形態の教育。

上の5つの特色は、タイ人としてのアイデンティティ強化による国家統一、学習者中心主義、弾力的カリキュラム編成という点である。

12年間の基礎教育段階を第1ステージ(小学校1〜3年)、第2ステージ(小学校4〜6年)、第3ステージ(中学校1〜3年)、第4ステージ(高校1〜3年)というように、4つのステージに分けている。第1〜3ステージが「義務教育」、第1〜4が「基礎教育」である。4つの各ステージで、(1)タイ語、(2)数学、(3)理科、(4)社会科・宗教・文化、(5)保健体育、(6)芸術、(7)仕事・職業・テクノロジー、(8)外国語の8つのグループの学習が行なわれる。カリキュラムは「教育機関カリキュラム」と呼ばれ、国が7割、学校が3割の内容を決めることになった。

基礎教育段階の地方での受け皿として、従来の県や郡の教育事務所を廃止して「教育地区」が組織された。中央にあった人事、予算、一般行政に関する権限が教育地区に委譲された。現在、全国に178の教育地区が置かれている。

教育の権利・義務については、国民は無償で質の高い教育を受ける権利と機会を持ち、国は基礎教育を提供する義務を負うとされる。学校のみならず、民間、地方自治体、宗教施設、企業なども基礎教育を側面的に支援する。

教育の質を保証するためには、小学校から大学まで、すべての教育機関は自己評価に基づき、5年に1度、外部評価を受けることとなった。

【高等教育の改革】高等教育の改革については、国立大学は自治大学化(日本の場合の「独立法人化」とほぼ同じ)し、大学評議会の監督下に置かれて、独自の管理運営システムにより効率的運用を図ることになった。また、2004年から教員養成期間が4年から5年に延長され、実践的指導力の強化が期待されている。

以上のように、現在のタイの教育は、「1999年国家教育法」の下で数々の改革が推進され、21世紀を生き抜く国民の育成が図られている。　　　　　　　　　　(平田利文)

観光

【観光立国タイ】タイは、他の東南アジア諸国と比較して、それほど観光資源に恵まれているわけではない。しかしながら、2007年の観光客数は1446万人に達し、観光産業はGDPの約5％、就業人口の約15％を占め、年間観光収入は150億ドルを超えている。その意味では、まさに観光立国と言ってもよい。しかも、観光業がもたらす収入は特定の階層や分野に集中せず、比較的広く分布すると言われているから、なおさらである。

タイが観光立国である理由は何だろうか。まず考えられるのは、タイの置かれた地理的位置で、全域が熱帯または亜熱帯に属する温暖性であろう。熱帯特有の果物をはじめとした産品は魅力的であるし、様々な素材を使用し香辛料を効果的に生かしたタイ料理は多くのものを虜にする。陽光がふんだんに注ぐ海岸や島はリゾート地としては抜群である。プーケット島はその代表であろう。各地に存在する国立公園の豊かな自然も見事である。また歴史的遺産も、古都であるチエンマイやアユッタヤー、更には東北部各地のクメール遺跡などけっこう多い。シーサッチャナーライの街に散在する窯跡は、散策にはもってこいである。首都バンコクも古さと新しさの両方を備えた味があり、「水の都」と呼ばれた往時を彷彿させる。バンコクの周辺には数多いゴルフ場があり、週末ゴルフを楽しむ日本からのツアー客も多い。

しかし、観光立国の要件は、そうした観光資源がいかに豊富であっても満たされない。より大事なのは、治安の良さであり、観光資源を支えるソフトやインフラである。タイの場合、その最たるものは、オープン性ではなかろうか。本来的に多民族国家であるタイは、都市を中心にコスモポリタン的雰囲気がある。他民族や他者に対してオープンであり、寛容である。他者や異者を包み込んでしまう空気が存在する。その空気こそが、「微笑み」という言葉で形容されているのである。

【観光政策】その「微笑み」の上に、1960年代から展開された観光政策が花を咲かせたが、その中心となったのは、サリット政権下の60年3月に設置された「タイ国観光振興機構」であった。タイの「開発」を志向したサリットは観光の重要性を認識し、国家政策のテーブルに乗せるためにこの組織を設置したのであった。その年の外国人観光客は8万1340人であったが、その数を増やすべく、タイ国観光振興機構は14人の職員で出発した。タイ国内の観光地、ホテルやレストランなどの施設、交通（道路）などの基本調査が行なわれ、英語月刊誌 *Holiday Time in Thailand.* など各種宣伝媒体も開発された。ホテルやレストランの質の向上に向けた指導を行なうとともに、スリンの象祭りなど特別イベントの開発にも乗り出した。パッタヤーがリゾートビーチとして本格的に売り出されたのも、60年代後半であった。65年には海外事務所がニューヨークにオープンし、6年後には東京にも設置された。こうした努力が実り、73年には観光客数が100万人を突破し、タイは一躍観光国として知れ渡るようになった。79年5月、同機構は昇格し、「タイ国政府観光庁Tourism Authority of Thailand（TAT）」となる。82年には観

光警察制度が発足した。1997年の通貨危機後の観光促進キャンペーン"Amazing Thiland 1998-1999"も功を奏して、2001年には観光客数は1000万人を突破し、その後も鶏インフルエンザ（SARS）が流行った03年に前年比で約7.3％の減となったのを除けば、着実に増加している。

【アジアの十字路】2007年の統計によると、タイを訪れた観光客数の約55％を東アジアの国々が占めている。タイ南部と接しているマレーシアが1位で155万人、次が日本で125万人、以下韓国、中国と続いている。西欧では、イギリス、アメリカ、ドイツが比較的多い。また、ここ数年で伸びているのは、サウジアラビア、ロシア、エジプトである。滞在期間が長いのは西欧系で、1日あたりの支払い額の多いのはアジア系であるという興味深い傾向もある。ちなみに、タイ人が訪れる国のほとんどはアジア諸国で、マレーシアが1位、以下、ラオス、中国、シンガポール、香港、日本、台湾という順になっている。

　もとよりアジアの十字路として離着陸の多いバンコクであったが、06年9月にはスワンナプーム新空港が完成して空港能力は一段とアップし、タイ政府観光庁は観光客のみならず国際会議や映画のロケの召致などにも力を入れ、新たな観光産業の育成により一層の努力を傾けようとしている。08年には、"Amazing Thailand"を超えたキャンペーンを行なうために、タイの魅力を7つのキーワードにまとめて発表した。それは、Thainess（タイらしさ）、Treasure products（歴史・文化遺産）、Beaches（ビーチ）、Nature（自然）、Health and Wellness（健康と癒し）、Trendy（流行）、Festivities（祭典）である。こうした基本コンセプトの上に様々な企画をまとめ、更なる観光促進を図ろうとしている。ただし、08年の12月には、政争のためバンコクのスワンナプームおよびドーンムアンの両空港が反政府勢力により数日間占拠されるという事件が生じ、タイの国際的イメージがダウンしてしまった。この政局不安は、観光客数の85万人程度の減少につながるのではないかと危惧されている。　　　　　　　　　　　　　　　（赤木　攻）

交通

【伝統的な交通手段】タイの伝統的な交通手段は、河川や沿岸での水運や家畜を用いた陸上輸送であった。しかし陸上輸送は輸送条件が悪かったことから、水運の補完的役割を担うにすぎず、たとえばバンコクから周縁部へ行く場合は可能な限り水運を用い、東北部や北部などの山越えや川の上流部の航行が困難な個所に限って陸上輸送が用いられた。内陸部へは所要時間もかかり、バンコクから北部や東北部へ行くには最低でも1ヵ月程度必要だったが、沿岸水運を利用できる南部へは相対的に所要時間は短く、更に19世紀後半からの蒸気船の導入も水運の時間短縮に貢献した。輸送コストの面でも水運と陸上輸送の格差は非常に大きく、割高な陸上輸送に依存しなければならない地域では、商品流通の大きな妨げとなっていた。

【近代的交通手段の導入】陸上輸送の改善に貢献したのが、19世紀末から導入された鉄道である。タイにおける鉄道の出現は1893年と周辺諸国と比べて遅れたが、タイは鉄道による列強の権益獲得を警戒し、官営主義による鉄道整備を行なった。その路線はバンコクから放射状に北、東北、東、南へと延びるものであり、バンコクと周縁部の輸送条件を改善し、タイの経済的統合に大きな役割を果たした。1932年の立憲革命までに全国に約3000kmの路線網が建設され、現在の鉄道網の大半が完成した。

20世紀に入って自動車が出現したことで、自動車用の道路整備の重要性も高まったが、当初道路の建設は非常に限定されており、鉄道の補完的機能しか与えられなかった。立憲革命後に、政府は全国道路整備計画を策定し、バンコクと各地を結ぶ道路網の整備に着手するが、整備される道路は低規格の未舗装道路でしかなく、輸送条件の改善にはあまり役立たなかった。しかし、58年に開通したタイで最初の高規格道路「ミットラパープ路」を契機とし、「開発」の牽引車としての舗装道路の整備が急速に進められた。90年代からは国道の拡張や自動車専用道路（高速道路）の整備も進み、立派な道路網が全国津々浦々に至るまで到達し、村々を結ぶ村道の舗装化も近年急速に進んでいる。道路の整備に合わせて自動車の登録台数も急増しており、2005年末の自動車登録台数（2輪車除く）は約1000万台となり、過去15年間で3倍に増えた。こうして、タイの交通の中心は急速に自動車輸送へと移り、自動車依存型社会が出現することとなった。

空の交通手段である飛行機も、20世紀初頭にタイに出現した。1915年にドームムアン空港が開港し、タイでも飛行機が本格的に利用されるようになったが、当初は鉄道の代替として郵便輸送用の航空機が鉄道の終点から奥地へ（たとえばコーラートからウボンへ）と就航した。それが商業航空に移行するのは30年代になってからである。同じ頃ヨーロッパと東南アジアやオーストラリアを結ぶ航空路線がバンコクを経由するようになり、国際航空輸送も始まった。戦後はタイの航空会社も国際路線に参入し、数社の並存時期を経て、フラッグキャリヤ（当該国を代表する航空会社）は「タイ国際航

空」に統一された。タイは東アジアやオーストラリアとヨーロッパを結ぶ南回り航空路の中継点であったことから、乗り入れる航空会社も多く、外国人観光客の増加に大きく貢献した。国内線の需要は陸上交通の整備に伴い頭打ちであったが、2000年代に入ってから規制緩和によってローコストキャリア(格安航空)が参入し、国内線の利用者も増加している。

【交通の現状】2005年の国内貨物輸送における各手段の輸送量(トンキロベース)を比較すると、道路1041.64億トンキロ(91%)、沿岸水運47.72万トンキロ(4%)、鉄道30.02億トンキロ(3%)、内陸(河川・運河)水運23.23億トンキロ(2%)、航空0.34億トンキロ(1%)となっており、道路輸送のシェアが突出している。タイは石油資源に乏しく、自動車への依存度が高いと交通部門のエネルギー消費が過度になるため、1980年代以降の経済社会開発計画において常に鉄道や水運への転換が謳われてきたものの、実効性はなかった。近年の急速な原油価格の高騰は、再びこのモーダルシフト(輸送手段の転換)議論を浮上させており、最近流行の「ロジスティクス(物流)」の側面からも鉄道や水運の活用が論議されている。

　また80年代後半からの経済ブームと周辺諸国との関係改善の中で国際交通の重要性も高まってきた。94年に開通した第1タイ=ラオス友好橋がその出発点となり、メコン圏の経済回廊を構成する道路網整備も急速に進んでいる。タイも国境から近隣諸国に延びる道路の整備に積極的に取り組み、ラオス、カンボジア、ミャンマー各国にそのための無償資金や借款を供与している。特にメコン圏の東西回廊が完成すれば、タイはヴェトナムのダナン港やミャンマーのモーラミャイン港など新たな外港へのアクセスを得ることになるので、国外市場への新たなルートを確保して地方に新規産業を育成しようという思惑がある。道路整備に比べて遅れてはいるが、国際輸送のソフト面での施策も推進されており、2006年末に開通した第2タイ=ラオス友好橋と東西回廊(ラオスの国道9号線)を通って、既にコンテナを積載したタイのトレーラーがラオス経由でダナンまで直行している。

【都市交通の課題】タイの交通を考える際には、都市交通の問題も忘れることはできない。バンコクの交通渋滞は世界に悪名高いものとなり、住人を悩ませ続けてきた。政府とバンコク都は基本的には道路網の拡張のみでこの問題に対処してきており、1980年代以降は都市高速道路も整備されたが、急増する自動車の前には抜本的な対策とはならなかった。更に、バスを中心とする公共交通手段の水準も低く、中高所得者層の自家用車への依存度を高めることとなった。90年代に入りようやく都市鉄道の整備が始まり、99年末に最初の都市鉄道がバンコクに出現した。路線も限られることから直ちに交通問題の解決とはならないものの、今後は都市鉄道を中心とした公共交通手段の整備が進められ、自動車依存型都市からの脱却が進められるであろう。チエンマイでも新たな都市交通手段の導入が検討されており、まだ都市規模は小さいものの今後成長が見込まれる地方の中核都市においても、都市交通の整備が重要な課題となるはずである。

(柿崎一郎)

国際関係

【反共親米路線】タイの近隣国際関係を歴史的に規定してきた構造は、ヴェトナムおよびビルマとのライバル関係と、ラオス、カンボジアとの影響力強化・反発関係である。戦後の冷戦時代のタイ外交は、これを基本構造としてアメリカの反共世界戦略の枠組の中で展開された。すなわち、タイはアメリカの反共政策に深く依存することで、ヴェトナムに対抗し、ラオスやカンボジアへの影響力を行使しようとした。1947年11月のクーデタによりプリーディーが排除されると、タイは反共親米路線へと外交を転換させていき、50年の朝鮮戦争ではアメリカを支持した。62年のラオス危機によってアメリカへの依存を深めたタイは、64年からヴェトナム戦争が本格化するとアメリカ軍の駐留を進め、アメリカの同盟国としてヴェトナムと敵対した。しかし、75年4月にヴェトナム戦争でアメリカが敗退すると、タイはインドシナ諸国や中国などとの国交正常化を図り、76年には米軍を完全に撤退させた。

【カンボジア紛争】1978年12月にヴェトナム軍がカンボジアに侵攻しカンボジア紛争が勃発すると、タイ政府はタイの安全保障とASEANの安全保障は一体であるという「前線国家」論を展開した。タイはインドシナに支配権を及ぼすヴェトナムに対して強硬姿勢を崩さず、反ヴェトナム姿勢でASEANの団結を強めるとともに、国際社会にヴェトナムの脅威を訴えた。他方で、タイは既に頼ることのできないアメリカの代わりに、反ヴェトナムという点で利害が一致する中国に接近した。

【戦場から市場へ】1988年8月に経済勢力を代表して首相になったチャートチャーイは「インドシナを戦場から市場へ」というスローガンの下に、周辺諸国との経済関係を優先させるために、日本とも協力しながらヴェトナム敵対政策を放棄し、カンボジア和平に向けてイニシアティブをとった。その結果、今日までその基本構造が変わっていないタイをめぐる新しい東南アジア国際関係が成立した。その第1は、ASEAN10に象徴される東南アジア地域主権国家システムの構築である。カンボジア和平後、95年にヴェトナム、97年にラオスとミャンマー（ビルマ）、99年にカンボジアがそれぞれASEANに加盟することで、ASEAN方式である主権の尊重、領土保全、内政不干渉原則がこれらの諸国と合意された。第2は、この安定的な国際関係を前提条件とした大陸部東南アジア諸国との経済関係の強化である。特にチャワリット陸軍司令官（当時）は、80年代末に、タイを中心とする豊かな大陸部東南アジアを意味する「スワンナプーム（黄金の地）」を建設することをスローガンに掲げた。これに対して、ラオスやカンボジアは40年前後のピブーンやウィチットの「大タイ主義」の復活だと批判し、シンガポールとインドネシアは東南アジアを大陸部とそれ以外に分断する行為だと不快感を示した。

【タックシン政権の地域主義経済外交】2001年2月に首相に就任したタックシンは自ら情報通信社を営む実業家であり、経済外交を重視した。彼は基本的にはチャートチャーイと同じ路線をとり、タイ経済の競争力強化のために、アジア地域の重層的な地域経済

協力圏構築と自由貿易協定（FTA）締結を推進した。02年6月、アジア協力対話（ACD）の第1回会議がタイのチャアムで開催され、ビルマ（ミャンマー）を除くASEAN諸国、日本、中国、韓国、インドなど計17ヵ国の外相が出席した。03年11月には、タイのイニシアティブの下に、カンボジア、ラオス、ビルマとの間の経済協力戦略（ACMECS）の第1回首脳会議がビルマのパガンで開催された。更に、04年7月、東南アジアと南アジア7ヵ国によるBIMST経済協力会議の第1回首脳会議がバンコクで開催された。FTA締結にも積極的であり、中国とは03年6月に、ニュージーランドとは05年4月に、ペルーとは05年11月にそれぞれ調印した。日本とは同様の経済連携協定を日タイ修好120周年にあたる07年に調印した。

　他方、タイ政府は、01年9月のアメリカの同時多発テロに際しては、国内外のイスラーム社会に配慮してアメリカとは一定の距離をとり、イラク攻撃が03年3月に開始されても軍事行動への不参加を表明した。しかし、03年5月末にジェマー・イスラミヤの国内での活動が確認されると、アメリカの反テロ戦争支持に転じ、9月にはイラクに派兵した。04年以降、タイの最南部のイスラーム地域でのテロ事件が深刻の度を増しており、マレーシアとは、イスラーム問題で協力することに合意した。06年9月のクーデタでタックシン政権は崩壊するが、それ以後も、タックシン政権が着手した地域協力や経済優先外交、ビルマ内政への不干渉（建設的関与政策）など、タイ外交政策に大きな変更はない。08年7月以降、タイとカンボジア両国の政局も絡み、カオ・プラウィハーン（プレアビヒア）をめぐって両国が対立したように、隣国との個別の紛争は依然あるが、80年代末までと比較するならば、現在のタイをめぐる国際関係の基本構造は一定の安定状態にあると言える。　　　　　　　　　　　　　　　　　　（髙橋正樹）

日タイ関係

【交易の時代】日本とタイの二国間関係は長い歴史を有しており、おおよそ600年以上と言われている。ただし、14世紀後半頃に始まるその関係は、19世紀後半の明治時代頃までは交易関係にほぼ限られた。王国が栄えていた琉球（沖縄）を中継地としていた時代、江戸幕府が朱印状を発行し鎖国令が出る1636年まで続いた朱印船貿易時代、その後の中国船に託しての交易時代である。とりわけ朱印船時代にあってはアユッタヤーには日本人町が作られ、1000人以上の日本人が住んでいたと言われている。また、1621年にはアユッタヤーから使節団が江戸を訪れている。おそらくは、明治以前では最も両国関係が栄えた時代であったと言えるであろう。

【明治時代＝ラーマ5世時代】両国関係が本格化かつ多様化してくるのは、やはり明治時代＝ラーマ5世時代を待つ必要があった。西欧列強からの開国（通商の自由）要求または植民地化の脅威への対応という同じ課題を背負った両国であるが、富国強兵政策のもと江戸時代に蓄積した総力を近代化に向けた日本と、身近に迫った植民地への脅威に領土譲渡に応じながら近代化を進めたタイとでは大きな差があり、日本が一歩先を歩んだと言えよう。そのため、「修好条約締結方ニ関スル日暹宣言書」の調印（1887年）や「日本暹羅修好通商航海条約」の締結（98年）のほかに、タイが日本に範を求めようとする動きが見られた。その好例が、司法顧問として刑法の起草に関わった政尾藤吉、ラーチニー女学校を創設し女子教育の先鞭をつけた安井てつ、東北部の養蚕業の開発に尽力した外山亀太郎等の養蚕専門家の活躍であった。その他にも、水産など多くの分野で日本へ留学生が派遣され、帰国後活躍した。

【世界大戦の時代】1941年12月に始まる戦争期の日タイ関係は、両国関係が最も緊張した4年間であった。東南アジアにおける英米との戦争のための基地としてタイを利用しようとする日本と、圧倒的な戦力を誇る日本軍の進駐と圧力のもと自国の利益と生き残りを模索するタイは、攻守同盟を結んだものの相互に疑心暗鬼的状況に置かれた。この期に生じた「特別円」、シャン州の占領、「自由タイ運動」、ピブーン政権からクワン政権への交替、「大東亜会議」、「バーンポーン事件」などの諸事が、その状況を如実に物語っている。日本の存在がタイの内政にも深く関わった時期であった。

【日本の経済進出の時代】戦後しばらくは静かであった両国関係は、1952年に国交が回復されるや、再び活性化した。経済至上主義を掲げ経済復興に邁進した日本は、60年代になると東南アジアへ市場を求めて進出した。戦争時の「特別円」問題解決（61年）に基づく日本からの返済という形での巨額の経済協力（援助）が実施されたのを契機に、タイが準備した「産業投資奨励法」による外資導入政策とあいまって、日本企業の大進出が始まった。この進出は日本経済のオーバー・プレゼンスとなり、学生のナショナリズムを呼び起こし、70年代初期の反日運動の原因となった。その後、外資の出資比率制限、貿易不均衡の是正努力により反日気運は沈静化したが、80年代に入るとタイの輸

入代替工業政策から輸出指向型工業政策への転換が行なわれ再度外資導入が奨励されるや、第2次の日本の経済進出が始まった。とりわけ、プラザ合意(85年)後、日本は急激な円高とドル安を受けて、生産拠点を東南アジア、特にタイへ移していったこともあり、タイ経済は急速に工業化を遂げた。97年にタイを襲った外資流出という金融危機も数年間で克服されたが、日系企業の協力もあったという。

2008年12月30日現在、バンコク日本人商工会議所加盟会員数は1200社を超えている上に、未加盟社も相当数にのぼると言われており、ほとんどの主要企業が進出していると推測される。このように、戦後の日タイ関係は経済一色と言ってもよい。しかもその関係は日本側からの協力、援助、進出といった形で、あくまでも日本優位に終始してきた。70年代に生じた日本商品不買運動や反日運動は、そうした不均衡関係の反映であろうが、87には日タイ修好100周年を、2007年には同120周年を相互に祝い合える関係に成長した。こうした二国間の友好関係は、きわめて稀で貴重であると言えよう。

【多様な交流の時代】経済関係に基底された日タイ関係も、21世紀を迎え、変化しつつある。音楽や映像などの文化、技術、観光、スポーツ、学術などの経済以外の分野でも多様な交流が活発になり、更には交流の担い手も一般市民やNGOなどに拡大していっており、それらが新しい関係の構築を予測させる。しかも、2001年に登場したタックシン首相は「イコール・パートナーシップ」を標榜したが、おそらくは将来のあるべき姿への言及であろう。

周知のように、日本の皇室とタイの王室の関係は、平成天皇が即位後に最初に訪問したのがタイであったように、きわめて緊密である。しかも、双方の往来は頻繁であり、両国の友好関係増進に大きく寄与している。　　　　　　　　　　（赤木 攻）

項目編

あ行

あ

あいこくとう 愛国党
พรรคไทยรักไทย

実業家のタックシンが1997年憲法に基づく総選挙に備えて、98年7月14日に結成した政党。政治家、実業家、学者、NGO活動家などを動員して、有効な選挙対策を練った。初めて臨んだ国政選挙の2001年総選挙で500議席中248議席を獲得した。特定の政党が過半数の議席を獲得した先例は1957年の1度しかなく、これは記録的な圧勝であった。下院の任期4年を満了後に実施された2005年総選挙では、実に377議席を獲得した。主たる勝因は、資金力を生かして中小政党の併合や他党からの議員引き抜きを進めたこと、選挙公約通りに人気のある政策を実現したこと、他党の無為無策にあった。06年4月総選挙では、勝ち目のない野党が選挙の不成立を狙ってボイコットした。他方与党は、選挙違反を犯してまで選挙を成立させようとした。愛国党政権打倒を狙う勢力は、総選挙の無効と選挙管理委員会の失職という裁判所判決を引き出したものの、選挙をやり直せば愛国党の勝利が確実なため06年9月にクーデタを行なった。07年5月には前年の選挙違反が憲法に違反するとして解党させられ、幹部111名は参政権を停止された。所属議員の多くは新党(国民の力党)に移り、07年12月総選挙で勝利をおさめて政権を握った。その後継政党も、選挙違反を理由に08年12月に解党させられ、議員は別の新党(タイ貢献党)に移籍した。

（玉田芳史）

あいさつ 挨拶

1933年にチュラーロンコーン大学教授によって提唱された「サワッディー」(繁栄と幸福でありますように)は、出会いと別れの際に用いられる代表的な挨拶表現である。しかし、親しい者同士では「パイ・ナイ(どこへ行くの)」などと声をかけるのがごく普通の挨拶である。「コープクン」(ありがとう)、「コートート」(すみません)、「マイペンライ」(どういたしまして、大丈夫です)といった挨拶表現も頻用される。いずれの表現も微笑みを伴うのがより礼儀正しいとされ、合掌(ワーイ)をすれば敬意を表すこととなる。頭を下げて手を合わせる位置を高くするほど敬意は深まる。

（宮本マラシー）

挨拶

アイティーさんぎょう IT産業

タイのIT産業は、特に1992年にNational IT Committeeを設立してから発展した。現在、IT 2010(2001～10年)の国策フレームワークにより、eソサエティー、e教員、e政府、eコマース、e産業という5分野の開発目標を定め、ITの普及を推進中である。2007年末時点で、タイのコンピュータ利用者は1600万人、インターネット人口は900万人を数えるに至った。そのうちバンコクがコンピュータ

利用者とインターネット人口のそれぞれ40.2%、29.9%を占める。タイのIT市場は、07年で2045億バーツ規模に達し、セクター別では、政府と企業が77.6%、一般家庭が22.4%の割合である。ハードウェア市場は2007年現在687億バーツで、60%がデスクトップ型パソコンとノート型パソコンの販売である。ソフトウェア産業は07年現在572億バーツで、業務向けソフトウェアが512億バーツを占め、うち383億バーツが業務効率強化を目的とし、次いで政府部門利用が139億バーツである。　　　　　　　　（中嶋知義）

アカ
อาข่า

北部のチエンラーイ、チエンマイ県などの高地に暮らす民族。言語はチベット・ビルマ語派ロロ語群に属する。人口は4万人台から8万人台まで諸説ある。ミャンマー（ビルマ）からタイに移ってきた。従来、陸稲を中心とする焼畑農耕を行なってきたが、近年はトマトやコーヒーなど高地に適した商品作物を多く栽培するほかに、水稲耕作も見られる。また、祖先崇拝や精霊信仰が盛んだったが、現在はキリスト教諸派をはじめとする様々な宗教が広まっている。若年層を中心に、学業、就業等で山地を離れて恒常的に都市部に暮らす者も多い。　　（清水郁郎）

あかつきのてら　暁の寺→アルン寺を見よ

アーカートダムクーン・ラピーパット（殿下）
ม.จ.อากาศดำเกิง รพีพัฒน์（1905～32）

タイ近代文学の先駆者の1人。ラーチャブリー親王の第6王子。テープシリン旧制中学校を卒業。同窓の作家にシーブーラパーがいる。イギリスとアメリカに留学して法律を学ぶが、学位を得たかは不明。1928年に帰国後、内務省勤務を経て執筆活動に入る。『人生のドラマ』（1929年）、『白い肌、黄色い肌』（30年）、『夢破れて』（31年）はいずれも異国情緒を漂わせた物語。タイ社会の根強い身分意識や

アーカートダムクーン・ラピーパット殿下

古い価値観への批判が見え、経済的にも社会的にも不遇をかこった作家のペシミズムが色濃く表れている。マラリアに罹患し、滞在先の香港で客死。自殺説もある。　　　　　　　　　　　　（宇戸清治）

アクメクス　ACMECS

エーヤーワディ・チャオプラヤー・メコン経済協力戦略（Ayeyawady-Chao Phraya-Mekong Economic Cooperation Strategy: ACMECS）は、2003年4月にバンコクで開催された特別ASEANサミットにおいて、タイのタックシン首相の提案に基づき、2003年11月にミャンマーのパガン（バガン）で第1回会合が開催されたことに始まるタイのイニシアティブによる近隣諸国への南南協力の1つである。参加国はタイ、ミャンマー、カンボジア、ラオス、ヴェトナムの5ヵ国。07年11月にタイのバンコクで第2回会合が開催された。ACMECSは、インドシナ半島部における地域経済活性化と経済格差の是正のため域内貿易および投資の拡大、農工業の振興、流通などインフラ整備、観光・人的資源の共有を主な目的としている。　（青木伸也）

アグロインダストリー

農水産物・畜産物の加工業を指し、原料の集荷、製品の製造と加工、倉庫やサイロの経営、販売・輸出の一部もしくは全部の担当部門をアグリビジネス（Agribusiness）と呼ぶ。天然資源に恵まれたタイでは、戦前からコメ、天然ゴムなどの輸出を行ない、戦後は砂糖、タピオカがこれに加

わった。ところが、第4次5ヵ年開発計画（1976〜81年）で、政府が輸出向けアグロインダストリーを投資奨励業種に指定したため、新しい製品が次々と生まれた。パーム油、ブロイラー、養殖エビ、冷凍野菜や果実、水産缶詰（イカ、貝類、ツナなど）などがそれで、その輸出は1970年代末から80年代半ばの国際不況の中で、輸出を支える重要品目として、「農業関連工業新興国」(NAIC)タイの発展を支えた。アグロインダストリーを担うグループは、伝統的な農産物輸出商と異なり、大量の原料確保に必要な資金調達力、その貯蔵を可能にするサイロの建設、新規の市場開拓能力という3要素を備え、農産物の総合輸出商のスンフアセン（順和成）、キャピタル・ライス、ブロイラーや養殖エビのCP、ブロイラーのベタグロ、レームトーンサハカーン、果実缶詰のTIPCO、ツナ缶詰のタイユニオンフローズン(TUF)、などのグループが次々と登場した。　　　　　　　　　　（末廣 昭）

アジアたいへいようけいざいしゃかいいいんかい　アジア太平洋経済社会委員会→ESCAPを見よ

アセアン　ASEAN
【発足】東南アジア諸国連合（Association of South-East Asian Nations: ASEAN）は、東南アジア10ヵ国（2008年末現在、東ティモールが未加盟）の加盟する地域協力組織で、2015年のASEAN共同体創設をめざしている。ASEANは1967年8月にバンコクで開催された東南アジア5ヵ国（インドネシア、マレーシア、フィリピン、シンガポール、タイ）の外相級会議の宣言（ASEAN宣言、バンコク宣言）により設立された。これにより、外相級のASEAN閣僚会議(AMM)が最高意志決定機関として毎年開催されることになった。既に、マレーシア、フィリピン、タイの3ヵ国が参加する東南アジア連合(ASA)という組織が存在したが、インドネシアの参加を可能にするために新組織を設立することになり、ASAは翌年に解散した。ASEAN設立にあたっては、タイ外相のタナット・コーマンの外交手腕が大きな役割を果たした。
【目的】ASEANに参加するにあたっては各国がおのおのの思惑を持っていたが、タイにとっては地域の安定（域内諸国の善隣関係と共産ゲリラ活動への有効な対処）であった。すなわち、当時激化していたヴェトナム戦争が飛び火してこないことであり、アメリカ主導の反共の砦となるべき東南アジア条約機構(SEATO)が実際には防火帯の機能が果たせない状況で、タイ国内はもちろん半島部や島嶼部が混乱して東南アジアが冷戦構造に巻き込まれることを避けようと様々な外交努力をしていた。ASEANは、タイを不安定で戦場となったインドシナと切り離すとともに、善隣友好関係を構築して国内問題（経済開発）に集中することを可能にするための組織であった。タイ以外のASEAN参加国もおのおのの事情を抱え、各自の思惑からASEANの設立に参加したが、そのような同床異夢的な参加目的の全体としての最大公約数は、相互不信を減らして善隣友好関係を確立することであった。この目的は、76年2月にASEAN 5ヵ国の首脳が署名した東南アジア友好協力条約(TAC)として結実した。この条約は、内政不干渉などの国際関係の原則に則りつつ、加盟国相互の紛争を平和的に解決することを謳ったものである。東南アジア5ヵ国が締結したTACは、この5ヵ国がASEANを設立した目的を具体的に表したということのために、ASEANの基本理念を明記した条約として扱われるようになる。
【停滞期】TACが締結されたのは第1回ASEAN首脳会議の時であり、ASEANの協力の全体像が明記されたASEAN協和宣言が採択された他、ASEAN事務局の設置、ASEAN経済閣僚会議の公式化など、21世紀に入って変わる（後述）までのASEANの骨格がだいたい作られた。ASEANは経済協力を本格化させるはず

だったが、実際には利害対立から進展しなかった。また、共産化したインドシナ諸国との関係改善も実現せず、更にはヴェトナムのカンボジア侵攻とそれに続くカンボジア内戦をめぐってもASEAN内部の捉え方は割れてしまい、ASEANの域内協力は80年代を通じて停滞してしまった。他方で、西側先進工業国(日本、アメリカ、カナダ、オーストラリア、ニュージーランド、ヨーロッパ共同体)と域外対話を制度化し、70年代末からAMM直後に域外対話相手の外相級閣僚を招いてのいわゆるASEAN拡大外相会議(PMC)を開催して、ASEANの存在を国際社会に印象づけるようになった。

【転換期】80年代後半タイをはじめとするASEAN諸国は経済成長を速め、80年代末から90年代初めにかけて冷戦構造が崩壊する中で、ASEANは転換期を迎える。まず、ASEAN自身が大きく変化していく。すなわちASEAN統合の深化と拡大である。前者の中核は、91年6月にタイのアーナン・パンヤーラチュン首相が提唱した構想が基礎になったASEAN自由貿易地域(AFTA)の創設である。これは域内関税を原則として5％以下に下げるもので、当初は15年計画であったが、10年計画に前倒しされ、2003年に実現した。また、1995年からはASEAN首脳会議を毎年開催することになった。後者の拡大については、ASEAN加盟を希望する国はまずTACに加入してASEANの基本理念を受け入れ、ASEANのオブザーバーになってASEAN協力の文化に習熟し、その後に本加盟するという道筋が付けられた。もっともASEAN拡大は大方の予想よりはるかに速いペースで実現し、95年にヴェトナム、97年にラオスとミャンマー、99年にカンボジアが加盟して20世紀末にASEAN10が実現した。

【地域協力の中核】ASEANの変化のもう1つの大きな側面は、広域の地域協力の中核にASEANがなっていったことである。89年に設立されたAPEC(アジア太平洋経済協力)の閣僚会議にASEAN諸国も参加することになるが、その過程でASEAN協力の文化(コンセンサスによる決定、非公式協議の重視など)を先進諸国などに受け入れさせた。94年からは、アジア太平洋の安全保障についての外相級の対話・協力の場となるASEAN地域フォーラム(ARF)を毎年主催するようになった。97年には、ASEANと日中韓3ヵ国(ASEAN＋3)の首脳会議をASEAN首脳会議にあわせて開催することになる。また、首脳級のアジア・ヨーロッパ会議(ASEM)の開催(初回は96年バンコクで)や閣僚級の東アジア・ラテンアメリカ協力フォーラム(FEALAC)の開催にもASEANはイニシアティブをとった。

【課題】21世紀に入ると、ASEANは更なる変身を遂げ始める。まず2003年には第2ASEAN協和宣言を採択して、政治、安全保障、経済、社会文化の3本柱からなるASEAN共同体の創設に合意した。当初は20年に実現する計画だったが、後に15年に前倒しされた。そして07年には、初めてのASEANの基本条約となるASEAN憲章を締結した。09年から憲章に明記されているようにASEANの組織と運営方式を変えていくことになっている。しかしASEANはミャンマーの人権抑圧や域内経済格差など様々な問題を内部に抱えており、新しいASEANが、従来の国家のASEANから人民のASEANに変容するには多くの解決・改善すべき課題が前途に横たわっている。　　　　(山影 進)

あそび　遊び

大人が日常的に好む遊びは、「将棋」、「闘鶏」、「闘魚」、籐製の鞠を蹴る競技「タクロー」などである。真夏(3月〜4月)には、雄凧「チュラー」と雌凧「パックパオ」の空中戦が人気がある。祭りの時には「ラム・タット」(即興歌問答)を楽しむ。子供の遊びは、身近にあるものを巧みに取り入れ、バラエティに富んでいる。たとえばバナナの葉柄を用いて馬を作ったり、竹馬を作ったりする創作遊び、ボールを蹴ったり、バスタオルなど

の布を使って遊ぶ「ハンカチ落とし」、目隠しして人の名前を当てさせる遊び、ビー玉、コマ回し、縄跳び、輪投げ、ままごと、果物の種を紙のスプーンで掬ったり、小石を用いての「お手玉」などの道具を使用する遊び、騎馬戦、影踏み、地面に描いた図形の中を跳んで進む遊び、そして「かごめ」のような歌いながら遊ぶものもある。屋内よりも屋外の遊びの方が多い。また、その地域特有の物を使い、その地域でしか行なわれていない遊びもある。たとえば、東北部ではモチ米を球状にして遊んだり、南部ではヤシやゴムの種を用いて遊んだりする。遊びの名前にはそれぞれの遊びの主な動きや用いる道具、そして、猿、ワニ、馬、虎、蛙、など動物の名前が含まれているもの多く見られる。たとえば、「リン・チン・ラック(サルの杭取り)」がそうである。

(宮本マラシー)

アーチン・パンチャパン
อาจินต์ ปัญจพรรค์(1927〜)

作家。チュラーロンコーン大学工学部在学中に第2次世界大戦のため大学が閉鎖され2年で中退。パンガー県の鉱山で一労働者として働く。後にバンコクのテレビ局に転職し、シナリオ作家、作詞家、テレビドラマ監督としてデビュー。この頃から週刊誌で鉱山生活に題材をとった短篇の連載を始め、後に雑誌『タイテレビ』の編集長を務める。69年には週刊誌『ファー・ムアンタイ』を創刊、88年の廃刊まで知識人の間で人気を博した。200ほどの作品中、代表作に『合冊版 鉱山1、2』(2002年)がある。1991年国民芸術家賞、92年シーブーラパー賞を受賞。

(宇戸清治)

アッシリ・タムマチョート
อัศศิริ ธรรมโชติ(1947〜)

作家。プラチュアップキーリーカン県生まれ。高校卒業後、国家統計事務所での短期の仕事を経てチュラーロンコーン大学マスコミ学部卒業。週刊誌『プラチャーコーン』を皮切りに、『プラチャーチャート』、『サヤームラット』などの編集部に勤務。現在は『サヤームラット』の編集長とコラムニストを兼ねる。処女短篇は学生時代の『老人の内省』(1970年)。最初の短篇集『クントーン、お前は暁に戻るだろう』(81年)が東南アジア文学賞を受賞した。掌篇のような簡潔な物語を詩的情感を持って書くことを得意とする。現在までに10冊以上の短篇、長編等を発表。

(宇戸清治)

アーチン・パンチャパン

アッシリ・タムマチョート

あつりょくしゅうだん　圧力集団
突出した圧力集団は、「カナ」と呼ばれる私的政治集団であり、軍部を含む官僚層内に形成され、ほとんどの時代にあって政治権力を掌握してきた。「カナ」に対抗し成長してきた公的政治集団は「政党」であるが、組織基盤が弱く、本格的国民政党が登場したのは2000年代に入ってからである。圧力集団が群発するのは社会が大きく変動した1970年代以降で、その典型は学生団体の「タイ全国学生センタ

ー」であった。農民の組織化も進み、74年には「タイ農民連合」が発足した。95年には、零細貧農を成員とする「小農民会議」も生まれている。経済界でも、「商工会議所」が全国におよび、「タイ工業連盟」や「タイ銀行協会」などが活発な活動を行なっている。また、労働組合は75年の「労使関係法」の成立後軒並みに増加し、中央労働団体としては「タイ国労働会議」や「タイ国労働同盟」などがある。また、新しい傾向としては、NGOの成長が顕著である。現在では、2008年にサマック政権とソムチャーイ政権への反対運動を強力に繰り広げた「民主主義のための国民同盟」のように、諸々の圧力集団と政党の連携関係構築も進み始めているが、組織原理は依然としてきわめて伝統的な親分＝子分の二者関係である。また、その集団の成り立ちが官製か否かという視点が重要である。　　　　　　　　　　（赤木 攻）

アーナンタマヒドン（王）→ラーマ8世を見よ

アーナン・パンヤーラチュン
อานันท์ ปันยารชุน（1932〜 　）
外交官、企業家、元首相。1932年8月9日バンコク生まれ。祖父は国防次官、父は教育次官、アーナン本人は外務次官と3代にわたって次官を生んだ名家出身。12人兄弟の末子。親族には官界や財界の名士のほか、王族も多い。16歳でイギリスに留学しケンブリッジ大学法学部卒業。1955年帰国して外務省入省。国連大使、駐米大使などを経て76年事務次官。76年クーデタ後に成立したターニン反共主義政権下の77年に容共の咎で休職処分。復職後駐西ドイツ大使を最後に78年に勇退、民間の大企業サハユニオン社へ（副社長79〜90年、社長92〜02年）。財界団体の工業会議所会長（90〜91年）。91年2月23日のクーデタ後、暫定政権の首相。92年3月総選挙後退陣するが、同年の「暴虐の5月」事件後9月まで再び首相を務め、持ち前の国際社会への発信能力を生かしク

▶あぬまーんらーちゃとん，ぷらやー

アーナン・
パンヤーラチュン

ーデタや流血事件の後のイメージ回復に大きく貢献した。2度の政権では、その効率や清廉さを高く評価される。97年憲法の起草で草案起草委員長として活躍したほか、国家経済社会顧問会議議長（2001〜05年）、TDRI理事長（1992〜2008年）、サイアム商業銀行理事長（07年〜）など官民の多くの役職についている。勤王主義リベラルの立場から発言することが多い。　　　　　　　　　　（玉田芳史）

アヌ（王）
เจ้าอนุ（1767〜1829）
ヴィエンチャン王国の王。在位1804〜28年。1779年ヴィエンチャン王国がシャムの属国となったため、人質として青年期をバンコクで過ごした。1804年即位すると王国の再建に努め、27年シャムに兵を進めた。シャムへ強制移住させられたラオ人を連れ戻すためとも、欧米列強がシャムに門戸開放の圧力をかけている時期を狙い独立を回復しようとしたためとも言われている。シャムの反撃にあい、いったんヴェトナムに逃れた。翌28年再び攻撃を試みたが捕らえられ、バンコクで処刑された。これによりヴィエンチャンは徹底的に破壊され、王家も廃絶させられた。ラオスでは民族独立を求めた英雄とされている。　　　　　　（菊池陽子）

アヌマーンラーチャトン，プラヤー
พระยาอนุมานราชธน（1888〜1969）
人文学者、著述家。旧名ヨン・サティエンコーセート。プラナコーン県（現バンコ

プラヤー・アヌマーンラーチャトン

ク）の華人家系に生まれる。幼少時より英語等に秀でるが、アサンプション校5年に進級したところで家庭の事情で中退せざるをえず、オリエンタル・ホテルなどで働いた後、関税局事務員となる。36歳の時に局長補佐に昇進し、同時にプラヤーの称号を下賜される。立憲革命の影響を受け、一度職を離れるが、当時のルアン・ウィチットワータカーン芸術局長によって再び呼び戻され、のち同局長となる。学者・教育者としても活躍し、王立学士院会長、初代タイ・ペンクラブ会長、サイアム・ソサイエティ会長、外国語の語彙をタイ語に選定する委員長など、主要な人文学組織の要職を歴任。大学でも教授し、チュラーロンコーン大学（文学）とシンパコーン大学（考古学）から名誉博士号を得る。文筆家としての業績は、民俗学の分野などで膨大な著述があり、今でも多くの研究者にとっての必須の文献となっている。また、文学方面でも、インドの古典『ヒトパーデーシャ』や『アラビアン・ナイト』のタイ語訳が次世代の作家に多くの影響を与え、近日復刊された『文芸視点からの文学研究』も文学テキストとして不朽のものとなっている。　（平松秀樹）

アピシット・ウェーチャーチーワ
อภิสิทธิ์ เวชชาชีวะ（1964～　）

首相。民主党党首。イギリスで生まれ、イートン校を経てオックスフォード大学にて政治学、経済学を学ぶ。1992年総選挙から連続当選。民主党のホープとして総理府相など要職をこなして成長し、99

アピシット・ウェーチャーチーワ

年に副党首、2005年には党首に就任し、タックシン体制に対抗した。名門の出自で高学歴の故に政界のプリンスと称され、国民の間でも高い人気があり、08年12月第27人目の首相に就任した。ただし、その育ちと穏健さ、更には若さが手練手管に満ちたタイ政界で通用するか否か、衆目を集めている。チュラーロンコーン大学教官である夫人ピムペンとの間に1男1女。　　　　　　　　（赤木　攻）

アピチャートポン・ウィーラセータクン
อภิชาติพงศ์ วีระเศรษฐกุล（1970～）

映画監督。バンコク生まれ。コーンケン大学を卒業後、シカゴ芸術学院で映画制作を学ぶ。ドキュメンタリー性とフィクション性の交差する最初の長篇『真昼の不思議な物体』（2000年）が、従来の映画技法を超越する実験映画として一躍世界の注目を集める。その後も、ミャンマー人不法労働者とタイ人女性の感情をプロットに優先させた『ブリスフリー・ユアーズ』（02年）、人が虎に変身する民間伝承

アピチャートポン・ウィーラセータクン

を描いた『トロピカル・マラディー』(04年)を発表。その先進性ゆえに国内での評価はまだ低い。『世紀の光』(06年)は検閲のせいでタイ国内では上映されていない。　　　　　　　　　（宇戸清治）

アフタ　AFTA
ASEAN自由貿易圏(ASEAN Free Trade Area: AFTA)は、ASEAN(東南アジア諸国連合)内で関税を0%〜5%程度に引き下げ、EU(欧州連合)や北米自由貿易協定(NAFTA)に匹敵する自由貿易地域を作ろうという構想である。AFTAは、1992年1月の第4回ASEAN首脳会議(於シンガポール)において正式に合意され、93年から2008年までの15年間でAFTAを実現することで合意した。1993年1月より、AFTA実現のためのメカニズムである共通有効特恵関税(Common Effective Preferential Tariff: CEPT)スキームが開始され、その後、CEPTの最終関税率(0%〜5%)実現目標年は累次前倒しが行なわれている。関税撤廃の最終実現は原加盟国が2010年、新規加盟国が15年となっている。　　　　　　　　　（青木伸也）

アヘン
ฝิ่น
神経作用を沈静化する麻薬の一種。ケシ(*Papaver somniferum L.*)の散花した後の蒴果に切り傷を付け、滲出した液体が乾燥してペースト状になったものをそぎ取ったものがアヘンである。煙草とは異なり、アヘン自体には点火しないので、アルコールランプなどで外から加熱して、蒸散した煙を専用のパイプで吸引する。アヘンを精製したものがヘロインやモルフィネである。標高1000mをアヘン線(opium line)と言うように、ケシは冷涼な気候の許によく生育するので、標高が高い所に居住するモン(Hmong)、ユーミエン、ラフ、リス、アカなどの山地民によって栽培され、アヘンが採取されてきた。タイでアヘンが非合法化されたのは1958年のことであるが、実質的な取り締まりが始まったのは70年代以降である。チエンラーイ県の黄金の三角地帯にあるアヘン博物館は、一見の価値がある。
　　　　　　　　　（吉野　晃）

アムナートチャルーン
อำนาจเจริญ
バンコクの北東585kmに位置する東北部の県。県の北東部でメコン川に接し、ラオスとの国境を成す。かつては南隣のウボンラーチャターニー県に属していたが、1993年に同県の北部が分割され、県庁所在地の置かれたアムナートチャルーンが県名に採用された。19世紀半ばにラオスから移住した人々がムアンを築いたのがその起源であり、やがて南北、東西に整備された国道の交点である現在地に移動した。東北部の典型的な農村地帯に位置し、県北部はプー・パーン山脈の南西端にあたる。県内にはプー・サドークブア国立公園やメコン川の早瀬ケン・ヒンカンなどの名勝地が存在する。（柿崎一郎）

アユッタヤー
พระนครศรีอยุธยา
中部に位置する県で、正式名は古都にちなんだプラナコーン・シー・アユッタヤー。チャオプラヤー川の下流でバンコクより76kmの距離にあるアユッタヤー市が県庁所在地である。地形的には、雨季は氾濫原となる平地、低湿地がほとんどで、その76%は農地に分類される。市は県中央部のロップリー、パーサック、チャオプラヤーの3つの河川の合流地点に島状に位置する。1351〜1767年の間アユッタッヤー王朝の首都として栄えた東西の大海につながる国際貿易港都市である。しかし、ビルマ(ミャンマー)軍の破壊により、昔の首都部の多くが遺跡となった。山田長政が主導した日本人町の存在、琉球王国の那覇港との貿易等、日本とも関係が深い。コメ生産は57.5万トンと、チャイナート県(58万トン)に並ぶタイの主産地である。ただし、近年は製造業のGPP比率も82.6%(2006年)に達し、

あゆったやーいせき▶

サムットサーコーン県(83.6%)、サムットプラーカーン県(76.8%)、チャチューンサオ県(74.6%)等と並び、バンコク周辺100kmメガ都市圏の主要工業県でもある。全国のGPP順位は76県中5位。バーンパイン離宮、日本人町跡、歴史記念館などの観光施設もあり、バンコクからは日帰りも可能である。　　　（北原　淳）

アユッタヤーいせき　アユッタヤー遺跡
เมืองเก่าอยุธยา

1351年から1767年までの417年間、王朝の都として、34人の王がここに君臨した。アユッタヤーは北から流れるチャオプラヤー川、ロップリー川、パーサック川の合流点にあり、アユッタヤーの歴代の王は川に囲まれた島に都を構えてい

アユッタヤー遺跡

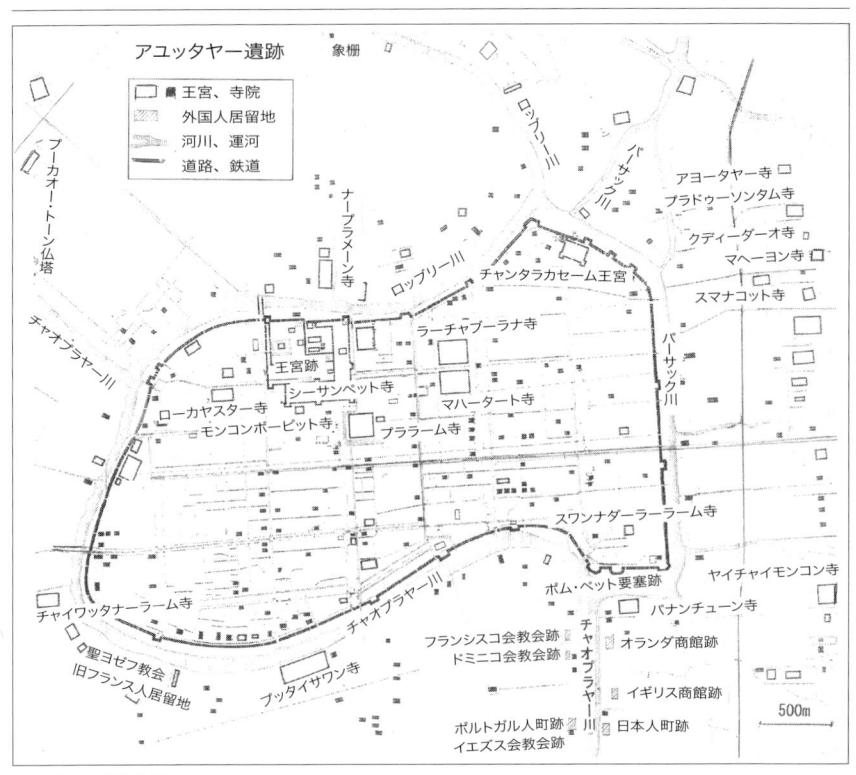

アユッタヤー遺跡 地図

た。島はかつて城壁で囲まれていたが、今は環状道路となっている。旧王宮は島の西北にチャオプラヤー川に面してあったが、基壇だけが残って、ほとんど何もない。ただ構内南側に3つの仏塔を擁したシーサンペット寺が現在も存在感を示し、寺院を擁する王宮配置はバンコク王宮の範型となっていることがわかる。旧王宮の配置模型や当時の玉座はアユッタヤー歴史研究センター内で見ることができる。島内には、廃墟となって、あるいは修復されて信仰を集めている多くの寺院が存在する。旧王宮の南側には高さ約17mの大仏を安置したモンコンボーピット寺がある。島の中央にラーマ池があり、その東に廃墟のままのマハータート寺、ラーチャブーラナ寺が並んでいる。両寺院は規模も境内の配置も非常によく似ている。両寺院にあるプラーン塔の地下室から発掘された仏舎利を入れた入れ子型仏塔のミニチュア、黄金製の仏像、仏塔、象などのミニチュアは、ラーマ池の南のチャオサームプラヤー国立博物館に展示されている。島の東南にあるポム・ペット要塞はパーサック川とチャオプラヤー川の合流点にあたり、アユッタヤーに渡来する外国船などが停泊して交易を行なう要衝であった。その近くのスワンナダーラーラーム寺は現王朝ラーマ1世の父がアユッタヤー末期に建立した寺院として知られ、壮麗な本堂と布薩堂には多くの参拝者が訪れる。王宮の西側には巨大な涅槃仏が横たわるローカヤスター寺、ビルマ(ミャンマー)との戦闘で戦死したスリヨータイ王妃を祀る黄金の供養塔がある。

　島の外には外国人居留地がチャオプラヤー川の両岸に並んであった。東岸には日本人町、イギリス商館、オランダ商館があった。現在、日本人町跡は整備され観覧できる。その対岸にはポルトガル人町があり、キリスト教会跡の墓地が発掘され見学できる。アユッタヤー建都より建立の時期が古いパナンチューン寺院は華僑街のあった所に建つ。華人たちはこの本尊を「鄭和の遠征」の鄭和になぞらえて「三宝公」と呼んでいる。境内には中国式の廟がある。その東側に92mの高さの大仏塔を擁するヤイチャイモンコン寺があり、涅槃仏とともに有名である。この寺院の仏塔がアユッタヤー東のランドマークとすると、西のランドマークが90mの高さのプーカオ・トーン仏塔である。島の南を流れるチャオプラヤー川沿いにはカンボジアのアンコール・ワットを真似て建立したチャイワッタナーラーム寺、アユッタヤー最初の王宮があったと言われる地区にはプッタイサワン寺がある。この寺院の周囲には様々な外国人の居留地があり、フランス人居留地跡にはカトリックの聖ヨゼフ教会、その隣にはムスリムの集落がある。島外の東側アヨータヤー地区はアユッタヤー建都より1世紀早い頃から栄えていたと言われ、マヘーヨン寺、クディーダーオ寺、アヨータヤー寺など、島中とは異なる趣きのある廃墟が並ぶ。島外の北側ロップリー川の近くには野性の象を追い込んで捕獲し、馴象へと訓練する象を選んでいた象柵が復元されている。1997年に象狩りの儀式をここで行なったことがある。

(吉川利治)

アユッタヤーおうちょう　アユッタヤー王朝
ราชวงศ์อยุธยา
チャオプラヤー川下流部の港市アユッタヤーに成立した王国。年代記によればその成立は1351年に遡る。16世紀にビルマ(ミャンマー)軍の侵略を受けて1度滅亡するが、その後反撃に転じて独立を回復、1767年、再びビルマ軍の侵入を受けて最終的に壊滅、王朝が滅亡するまで416年にわたって繁栄した。その間、ロップリー(ウートーン)、スパンブリー、スコータイ、プラーサートトーン、バーンプルールアンという5王家出身の34人の国王が立っている。王国の名称は通常アユッタヤーであるが、16世紀までの国名は同時代の刻文により「アヨータヤー」であることが知られている。アヨータヤーとは「ラーマーヤ

ナ」の主人公ラーマの生誕の地アヨーダヤーのタイ訛音である。これに対し「アユッタヤー」とは、「不敗」を意味するパーリ語「アユッダヤー」に由来する。「アヨーダヤー」から「アユッタヤー」への名称変化は、16世紀末、ビルマの侵入軍を撃退して独立を回復した時期に起こったとする有力な説が提唱されている。また中国史料に見える「暹」は、かつてスコータイに比定されていたが、現在ではこれをアユッタヤーとタイ湾沿岸の港市群(スパンブリー、ナコーンシータムマラートなど)の総称であるとする説が有力である。

『島夷志略』には、至正己丑夏5月(1349年)ロップリーにあたる「羅斛」が「暹」を下して「暹羅斛」になったとある。これに対し『年代記(ポンサーワダーン)』によれば、アユッタヤー王国の成立は、小暦712年5月白分第6日金曜日(1351年3月4日)であった。『年代記』の叙述によれば、初期の王朝は、ロップリー王家とスパンブリー王家の奪権抗争によって彩られる。当初はロップリーが優勢であったが、1409年、スパンブリー王家が勝利を占めるに至った。漢文史料に「羅斛」が「暹」を下し『暹羅斛』とあるのは、初期における王家間の抗争の歴史の反映と見られよう。

アユッタヤーの後背地の低平な沖積平野では水稲が多量に生産され、コメは主要な輸出品の1つとなった。アユッタヤーはまた、後背地の森林で調達した蘇木、安息香などを集め、中国、日本等海外諸国に輸出した。アユッタヤーは、東は南シナ海に通じるとともに、西はマレー半島横断路を介してインド洋と結ばれるという交易上絶好の位置を占めるという典型的な港市国家であった。

アユッタヤーは、こうした有利な地理的条件を生かして国富を増大させた。対外交易は、「プラクラン」という政府機関によって統制され、王家に独占的な利潤をもたらした。琉球史料に見える「官売買」がそれにあたる。対中交易は「朝貢」の形で実施され、明の洪武帝の31年間と永楽帝の22年間に、それぞれ36回、21回にわたって朝貢船が派遣されたが、これは「三年一貢」の規定をはるかに上回る数で、アユッタヤーの対中交易重視策を示している。15世紀から16世紀にかけて行なわれた対琉球貿易においても、アユッタヤーへの派船は他の東南アジア諸港への派船をはるかに上回った。同様の傾向は、本邦から派遣された御朱印船についても見られる。

こうしたアユッタヤーの対外交易重視策の結果、多くの外国人が渡来した。あるフランス人は、全盛期のアユッタヤーには34の諸国人が居住していたと証言している。首都の内外には日本人町、ポルトガル人町、オランダ人町など、多くの外国人居留区が発展した。これらの外国人居留区はそれぞれ自治を許され、責任者にはタイの称号と階級の上下を示す位階田が与えられていた。たとえばタイ語史料には山田長政の名前は見られず、オークヤー・セーナーピムックというタイの称号で現れる。注目されるのは、時代を経るとともに、居留外国人の中にタイの官僚機構で重要な位置を占める者が現れたことである。たとえば17世紀に渡来したペルシャ人の末裔が、仏教徒に改宗し、ブンナーク一族として権力の中枢を占めるにいたったのがその一例である。

アユッタヤーの社会組織は、トライローカナート王の定めた「サクディナー(位階田)制」によって規定されていた。すなわち国王、官僚貴族、僧侶をのぞく一般庶民「プライ」は「ムーンナーイ」と呼ばれる長の管理下に置かれ、年間一定期間の徭役に徴発され、遠隔地の居住者には物産の貢納を義務づけていた。

国王は仏法に従って民を治める「正法王(タムマラート)」である一方、「神王(テーワラート)」として専制的な権力を行使した。

港市国家として出発したアユッタヤーは、後背地に向かって次第にその勢力を拡大した。東方に向かっては1432年にアンコールを占領し、クメール人をメコン

川下流域に逐った。北方のラーンナー・タイは併合するにいたらなかった。西方に向かっては、下ビルマのモン人との抗争を続け、1569年、これに敗れ独立を喪失した。17世紀を過ぎてからは、マレー半島西海岸の港市タヴォイ（ダウェー）、メルギー（ベイッ）、テナッセリムを制圧下に置き、インド洋交易の拠点確保に成功した。しかし1767年、領土の拡大を図るビルマのコンバウン王朝軍の攻撃を受けて破れ、首都は壊滅し、アユッタヤー王朝は滅亡した。　　　　　　　　（石井米雄）

アランヤプラテート
อรัญประเทศ

バンコクの東287kmに位置する中部のサケーオ県の郡。県最東端のカンボジア国境に接する郡で、都市規模は県庁所在地のサケーオより大きい。1907年のバッタンバン、シェムリアップのフランス領化に伴いカンボジアとの国境となり、以後一貫してタイ＝カンボジア間の最重要国境ゲートとして機能してきた。75年のポル・ポト政権の樹立後国境は閉鎖されたが、その後カンボジア問題の発生により多数のカンボジア難民が押し寄せてきた。98年に再び国境が開かれると、国境を越えるヒトやモノは急増し、現在はカンボジア側のポイペットに乱立したカジノを訪問するタイ人ばかりでなく、バンコクから陸路でアンコール・ワットを目指す外国人も多数往来する。（柿崎一郎）

アルコールいんりょう　アルコール飲料
伝統的アルコール飲料としては、薬草を漬けたラオ・ヤーとコメで造った焼酎のラオ・ローンがある。前者は滋養強壮のためのタイ方医学の一部門、後者はいわゆる庶民の蒸留酒であり、沖縄の泡盛の原型となったものである。近代以後はビールやウィスキーなどの洋酒が主流となった。ビールは老舗のシン（獅子印）、チャーン（象印）など、洋酒はコメとサトウキビを原料とした一種のラム酒であるメコン、ホントーン、セーンソーム、ブランデーのリージェンシーなどの銘柄がある。近年ワインや日本酒もタイで製造されるようになっている。　　（山田　均）

アルン（寺）
วัดอรุณ

バンコク都のトンブリー側、チャオプラヤー川をはさんでポー寺の対岸に位置する1等王立寺院。タイにおける最も公的格式の高い6寺院の1つである。アユッタヤー時代の創建であるが詳細は不明。トンブリー時代にはワット・チェーンと呼ばれ、現在のプラケーオ寺と同じように王宮寺院として、様々な修復を受け、エメラルド仏像が安置されていた。ラッタナコーシン時代になってからも、王宮寺院の地位は外れたものの、王室の崇敬は現在に至るまで非常に厚い。特にラーマ2世王は本尊仏を自ら作り、1820年に布薩堂、仏堂などに大がかりな修復を行なった後、ワット・アルン（暁寺院）の名を与えている。現在、この寺院のシンボルとも言うべきプラーン型仏塔も、ラーマ2世王期に以前の小規模な仏塔を修復する形で着工されたもので、ラーマ3世王期の42年に完成し、当時の中国貿易を物語るかのように中国製の陶器片で飾られている。ラーマ4世も布薩堂の本尊仏を修復した際に、父王であるラーマ2世の遺骨をその台座に安置している。布薩堂の建築はアユッタヤー後期の様式を伝えている貴重なものである。内部には仏伝、ジャータカなどを題材にした壁画が描か

アルン寺

れている。　　　　　　　（山田　均）

アンカーン・カンラヤーナポン
อังคาร กัลยาณพงศ์（1927〜）
詩人。ナコーンシータムマラート県生まれ。シンラパコーン大学に学ぶ。在学中、後に女性作家として頭角を現すスワンニー・スコンターらと共に芸術家クラブを結成し、同人誌に詩を発表。ニューフェイスとして早くから注目を集めた。チャンタラックと呼ばれる伝統的な韻律詩の形式にこだわらず、世界を構成する生命体と無生物の一切に存在価値と意味を認め、時間の流れを自然と結合させる詩を作る。その魂の深部には、仏教の宇宙観が強く認められる。代表作は、『詩人の願い』（1986年東南アジア文学賞）、『ナコーンシータムマラート紀行詩』など。89年度国民芸術家賞受賞。　（宇戸清治）

アンカーン・カンラヤーナポン

アンチャン
อัญชัน（1952〜）
作家（女性）。本名アンチャリー・ウィワッタナチャイ。トンブリー生まれ。かつて安井てつが校長を務めた女子校から分派したラーチニー・ボン女子校出身で、チュラーロンコーン大学文学部卒業、ニューヨーク市立大学（TESL科）修士課程修了。短篇『お母さん』（1985年）を雑誌に載せデビュー。最初の短篇集『人生の珠玉』（89年）で翌年の東南アジア文学賞を受賞して話題を呼ぶ。抑圧された女性の苦難などを描いた多くの短篇や、近年は性同一障害の女性を主人公にした作品など

アンチャン

で評価を得ている。ニューヨーク在住。
　　　　　　　　　　　　（平松秀樹）

アーントーン
อ่างทอง
バンコクの北105kmに位置する中部の県。広さは全国76県中71位と小さい。土地は農地が多く（77％）、地形的にほぼ平野である。歴史的には、市は古都アユッタヤー北境の戦略地点で、ビルマ（ミャンマー）軍がアユッタヤー攻撃をした際は攻防拠点となり、同軍に抵抗した2人の英雄の銅像も立つ。コメの生産は23万トン（2006年）で、GPP比率では農業（17％）が主要産業だが、最近は農村工業も盛んである。製造業のGPP比率は約15％に増えたが、隣接のサラブリー、ロップリー、シンブリー諸県と比べてまだ低い方である。　　　　　　　　　　（北原　淳）

い

イサーン→東北部を見よ

イスラーム→ムスリムを見よ

イスラームきょういく　イスラーム教育
マレー系ムスリム多住地域である深南部には、ムスリム・コミュニティが独自に発展整備させた伝統的なイスラーム教育の体系がある。とりわけ、初級イスラームの学識を身に付けた青少年を受け入れる

ポーノ(マレー語ではポンドック)と称される宗教寄宿塾は、パタニ王国の伝統を色濃く残すマレー・イスラーム世界で強い求心力を維持している。1965年以降、ポーノは「私立イスラーム学校」へと順次改編され、タイ語や普通教育の履修によって中等教育修了資格も得ることが可能となった。私立イスラーム学校には、宗教教育と普通教育の両方を学ぶ課程と宗教教育のみの課程とがあるが、今日では前者が主流となりつつある。同時に、モスク等に付設の学齢児童のためのタディカーやポーノといったノン・フォーマル教育施設も今日に至るまで維持されており、複線的な教育体系が残されている。なお、80年代初頭より深南部の国立小学校・中等学校においてタイ語によるイスラーム教育開講が認可された。その後、90年代後半以降は全国の国立学校でイスラーム教育が実施可能となるとともに、国立学校でのイスラーム服の着用も認められるようになり、女子の学校選択の幅が広がることとなった。高等教育におけるイスラーム教育は立ち遅れていたが、89年に国立イスラーム・カレッジが開講されて以降、私立イスラーム大学も設立され、次第に整備されつつある。　　(鈴木康郎)

いちば　市場

日常生活に不可欠な食品や日用品の売買の場である市場は、都市・農村を問わず、現在でもタイ全国の至る所で見られる。タイ語ではタラート・ソット(生鮮市場)、一般には略してタラートと呼ばれる。歴史的に見れば、初期のバンコクでは、主な交通路であった河川・水路に沿って市場が発達した。タラート・ターティアンは、当時のバンコクで最大の水上マーケットである。19世紀半ば以降、西洋人の進出に伴い道路交通が盛んになると、市場の立地も陸上の商業地区に移っていった。とりわけサムペン街のタラート・サムペン(別名タラート・カオ=「旧市場」)には中国から種々の商品が集まり、大いに賑わった。現在、生鮮食品の分野では、タラート・タイ(パトゥムターニー県)、タラート・パーククローン(バンコク)、タラート・マハーチャイ(サムットサーコーン県)などが事実上、中央卸売市場の機能を果たしている。取引の方法は、せり(オークション)ではなく、相対が中心である。主要卸売市場のうち、1995年に不動産事業家によって開設された「タラート・タイ」は青果物を中心とした巨大市場で、500ライの広大な敷地に商品分野ごとに別々の取引所が設けられ、1日あたり1万5000トンの取引量、4億～5億バーツの現金取引額を誇る(2008年現在)。一方、小売市場は、近年ハイパーマーケットやスーパーマーケットなど近代小売業が台頭する中、近代化を図って堅固に存続している市場と旧態依然のままで売上げ低迷に陥る市場に二極化しつつある。また、常設の市場とは別に定期市(タラート・ナット)も各地で見られる。1978年に開設されたチャトゥチャック市場には、週末、多くの買い物客が訪れる。　　(遠藤　元)

いながきまんじろう　稲垣満次郎
(1861～1908)

初代駐タイ公使。長崎県平戸生まれ。父は平戸藩士。藩立学校維新館、鹿児島私学校等を経て、1882年東京大学文学部に入学。卒業後、旧松浦藩の松浦厚に同行して1885年ケンブリッジ大学に入学。ゴンヴィル・アンド・キーズ・カレッジに籍を置きシーリー(Sir John Robert Seeley)教授に師事した。稲垣の卒業論文は、"Japan and The Pacific:A Japanese View of The Eastern

稲垣満次郎

Question." と "A History of The Migration of Centres of Commercial and Industrial Energies of The World." である。彼は、前者をJapan and The Pacific and A Japanese View of The Eastern Question.として1890年にロンドンのFisher Unwin社から出版した。この著書によって当時の欧米人に稲垣の名は知られることになる。91年に帰国後、学習院大学で教鞭をとり、また、ケンブリッジ大の卒業論文を邦訳、加筆して、『東邦策(第一編)』、『東邦策(第二編)』を出版した。これらは版を重ね、稲垣は「東邦策士」と呼ばれ、政界のみならず一般人からも注目された。91年設立の東邦協会において活動し、自らの外交政策論を展開した。92年日本各地を巡る演説旅行を実施。また同年、オーストラリア、インドネシア、マカオ、台湾を視察し、その内容を機関紙『東邦協会報告』に掲載した。こうして彼の膨張主義者、南進論者としての立場が鮮明になっていった。95年に同協会の幹事長に就任。タイ政府が日本と通商条約を締結する意志があるかを明らかにするため、稲垣は94年にバンコクを非公式に訪問した。この時稲垣は、テーワウォン外相と会談し、日暹通商条約締結の内諾を得た。この模様について、彼は詳細な報告書を外相大隈重信に提出している。

97年稲垣は駐タイ弁理公使に任命されバンコクに赴任、日タイ通商航海条約を締結させた。1903年特命全権公使となる。政尾藤吉、外山亀太郎、安井てつなどの日本人顧問の採用は、稲垣のタイ政府への進言により実現した。02年ラーマ6世が訪日した折、稲垣は同王を迎えるために帰国し、駐日タイ公使の賛同を得て日タイ協会の設立を提案した。05年稲垣はタイ特命全権公使の任を解かれ帰国した。その2年後、駐スペインおよびポルトガル特命全権公使に任命されたが、着任して約1年半後の08年11月25日、サン・セバスチャン病院で逝去。　　（飯田順三）

いなさく　　稲作→水稲栽培を見よ

いりょう　　医療

1888年にタイで最初の恒久的官立病院としてシリラート病院が設立され、これをきっかけに近代医療の制度化が始まった。中央レベルの施設治療および医学教育カリキュラムにおいて近代医療が主流化する中で、伝統医療は徐々に周縁化していったが、地方では伝統医療がその後も残存した。近代医療ベースの施設治療の地方普及が政策として打ち出されるのは立憲革命直後の1934年のことであるが、これは県レベルに限定された。地方の郡部に近代医療が本格的に普及するようになるのは70年代に入ってからのことである。現在、県レベルの一般病院(ベッド数150～500)が70、郡レベルのコミュニティ病院(ベッド数10～150)が730、区(タムボン)レベルの保健所が9762、村(ムーバーン)レベルのプライマリ・ヘルスケア・センターが6万9331存在する。また、1万7396の民間クリニック、344の民間病院(入院設備あり)が存在する。タイでは病院の株式会社化が認められており、現在タイ証券取引所(SET)に13の医療機関が上場している。タックシン政権下ではタイの医療ハブ化政策が打ち出され、先進国や中東産油国からの患者は年間140万人に達する。またバンコクの中上層もこうした民間医療機関を選好する傾向が強く、技術的設備的に発展したバンコクの民営医療と、それと対極にある地方の官営医療という、「医療の二元化」が深刻になってきている。こうした状況を打開するため、政府は30バーツ医療制度の導入(2002年)によって、地方農村部のコミュニティ病院や保健所への予算配分を相対的に強化する政策をとるようになってきている。地域格差の是正について、東北部の医療従事者数に対するバンコクのそれの倍率の時系列変化(1998年から2005年)を見ると、医師では10.8倍から8.1倍に、歯科医では14.7倍から3.6倍に、薬剤師では13.1倍から3.6倍に、看護師では5.9

倍から3.4倍に、それぞれ改善している。
健康保険制度は、公務員・国営企業労働者医療保障制度(CSMBS、対象人口470万人)、民間事業所従業員を対象とする社会保障基金(SSS、対象人口880万人)、農民やインフォーマルセクターなどを対象とする30バーツ医療制度(UC、対象人口4700万人)の3本柱で成り立っており、その他小規模の制度を含めてカバー率は96.5%と、ほぼ皆保険を達成している。
(河森正人)

いわもとちづな　岩本千綱(1858〜1920)
士官学校出身の中尉の立場にありながら、自由党党員と交流していたため軍を免職させられる。1893年のフランスよるタイ植民地化の「シャム危機」に慷慨してバンコクに渡ったが、時既に遅くタイはメコン左岸をフランスに割譲していた。バンコクで農相や文相の知遇を得て、日本からタイへの農業移民計画を試みたが失敗。その当時の見聞を『暹羅国探検実記』にまとめている。その後バンコクで留学中の山本鋲介を伴い、バンコクで出家し僧の身となって96年12月から約100日かけて東北部を通過し、ラオスを縦断してヴェトナムのハノイへ向けて旅行を試みた。山本はハノイで客死するが、岩本は帰国後の97年に『シャム・ラオス・安南三国探検実記』を出版している。フランス語のできる岩本は行く先々でフランス人に会い、ラオスのフランス人総督にその身分を見破られているが、フランス領になったばかりのラオスで活動するフランス人を観察し、19世紀末の東北部とラオスの農村と住民のくらし、上座仏教の実態が語られて興味深い。　(吉川利治)

岩本千綱

インターネット
タイの大学間ネットワークは1987年頃に稼働を始め、92年にはTCP/IPに移行した。90年代の半ばには、経済成長の流れに乗った民間セクターの参入により、タイのインターネットは爆発的に拡大した。98年に67万人に達したネット使用人口はその後も順調に伸び、2007年の時点で1300万人を超えた。大学などにおける学生向けネット環境の整備も手伝って、特に若年層はインターネット使用に積極的である。ただし、電話回線などの設備基盤の貧弱さや高コストにより全体の普及率はけっして高くなく、ASEAN諸国中3位の20%強にとどまる。(市野澤潤平)

インタノン, ドーイ(山)
ดอยอินทนนท์
チェンマイ県メーチェーム郡とサンパートーン郡の境目にある標高2465mのタイ最高峰。別名はアーンカー・ルアン。気候は1年中涼しく、平地にはないバラ、コケ等の植物の珍種もある。本峰を含めて、その周囲一帯はドーイ・インタノン国立公園に指定され、地形、森林、野生動物が保全されている。一部に少数民族の居住集落もあるが、山頂まで自動車道路も整備され、休日には見物の観光客が多い。チェンマイ市の周辺の著名な観光地の1つで、中間層向きの宿泊施設も多い。
(北原　淳)

インドじん　インド人
แขก
タイでは通常「ケーク」と呼ぶ。ケークは

インドを含む南アジア諸国、アラブ諸国の諸民族、北アフリカ人、マレー人などを指すが、他に一般の「客」の意味もある。古くから遠隔地貿易に従事し、20世紀初頭からは移民労働者（天然ゴム）、戦後は繊維商などとして来タイした。タイ在住のインド人の大半は南インド出身のシーク教徒。貿易、繊維、金融、不動産業に従事し、辻占い師も多い。2004年、タイ・インド自由貿易協定に合意したあと貿易や投資が活発になり、インド最大のタタ財閥の傘下にあるタタ鉄鋼会社やタタ・モーターズ社が進出を開始している。人口センサスからインド人の人数は判明しない。警察局（04年）の発表では、外国籍の住民25万7600人中、インド国籍は6570名であったが、インド系の住民の数は10万人を超えると言われている。一方、インドからタイへの観光客数は、2000年の20万3000人から07年の50万6000人へと急増している。　　　　　　　（末廣　昭）

インフォーマルけいざい インフォーマル経済
発展途上地域に広範に見られる露天商や行商人、バイク・タクシーやサーム・ロー（三輪タクシー）運転手、廃品回収人、日雇い労働者、売買春従事者、家事労働者や家内工業従事者など、社会保障や課税の対象にならず、政府にも登録されていない職業を表す概念である。これらの職業の生産活動は、マクロ統計でも把握されていない場合が多い。開発経済学では、これらの職種は、発展途上地域に見られる過渡的現象であり、工業化・産業化が進展すればいずれ縮小、消滅していくと考えられていた。ところが、著しい経済成長および工業化を経験した現代のタイにおいても、インフォーマル経済は依然として広範に存在している。バイク・タクシーや露天商などの職業が広く観察され、一部の職業に関しては、グローバル化や都市化の進展と共に、むしろ拡大を見せている。一方で、グローバル化の進展のもと、新しい傾向も顕著となってきた。従来、フォーマル経済とされてきた雇用労働の非正規化（インフォーマル化）、つまり短期契約労働者や臨時労働者の増大である。先進国諸国で顕著となっているこのような傾向は、タイにおいても急速に観察されるようになってきている。タイにおいては、新旧の諸現象がまさに共存しているのである。

国際的には、1970年代に都市における「働いているのに貧しい人々（ワーキング・プア）」、いわゆる都市雑業層は「都市インフォーマル・セクター」として概念化されてきたが、世界的に雇用労働の非正規化が顕著となるにつれて、フォーマル・インフォーマル間の「分断」を連想しやすい「セクター」という用語よりも、「エコノミー（経済）」が使われるようになってきている。02年のILOによる推計によると、非農業従事者におけるインフォーマル経済従事者は、アジア全体で65％、サブサハラ（サハラ以南）アフリカで72％、ラテンアメリカで51％となっている。アジア各国の数値を見ると、タイ51％、インド83％、インドネシア78％である（1994〜2000年）。また非農業部門に限定してGDPに対する貢献度を見ると、アジアでは31％となっており、けっして小さい数字ではない。

タイにおいて初めてこの概念が導入されたのは、1980年代後半の第7次国家経済社会開発計画時であった。更に、2000年代のタックシン政権以降、「制度外経済」、「制度外労働」というタイ語が登場し、一般的にもこの概念が浸透するようになった。現在、幾つかの政府機関が定義を発表している。たとえば、統計局（NSO）は、1994年に最初のインフォーマル経済に関する公式統計書を発表した。そこでは、「フォーマル・セクター」を、「規律を持った経営・管理システムを有し、少なくとも10人以上を雇用する公的もしくは民間企業体」とし、「インフォーマル・セクター」を、「小規模かつ組織化のレベルが低い経営形態や、低賃金もしくは不確実な賃金、社会厚生や保障の不適用などに規定される企業体」としている。

2002年からは、「1人以上を雇用する事業所」に関しては社会保障の提供が義務付けられたため、05年に発表された統計では事業規模の規定は外され、「社会保障制度が適用されていない」労働者が「インフォーマル・セクター」であるとされているとされている。この定義によると、05年時点では、全国で62.1％の労働者が「制度外」であるとされる（農業従事者を含む）。参考までに労働省とILOが04年に実施した合同調査を参照すると、社会保障のカバー率は、労働力人口全体の27.5％であった。インフォーマル経済を、職業地位別に具体的に区分すれば、社会保障の適用外である賃金労働者（日雇い労働者を含む）、自営業者、内職労働者が該当する。内職労働者に関しては、02年の統計局の調査では、全国で約60万人であるとされている。

インフォーマル経済とされる職業に対する政策的対応は時代と共に変化してきた。初期の政策は主に撤去・排除が中心であった。たとえば、1960年代のサリット政権時代には、サーム・ローを前近代的交通の象徴として禁止する政策が打ち出された。屋台・露天商に関しても、80年代前半に町並みの美化や衛生、交通を妨害する原因として撤去の方針がとられた。しかし、90年代以降、スラム対策や都市貧困政策の中で、貧困者の社会経済的側面、特に「職業」に対する支援の重要性が認識されるようになるにつれ、政策的対応も、支援・促進へと変化してきた。タックシン政権では、課税や登録制度の強化という視点からも関心が高まり、バイク・タクシーや露天商の登録制度が導入された。バイク・タクシーは、80年代後半、バンコクにおける交通渋滞を背景に登場した職業である。都市の成長と密接に絡み合いながら拡大し、2005年の登録制度導入時には、約11万人が登録したという。なお、政策的議論の中で特に注目されているのは、従来からインフォーマル経済として捉えられてきた自営業などの職種である。

インフォーマル経済従事者と貧困層、スラム住民は必ずしも同義ではないが、スラムの住民の中にはインフォーマル経済に従事している者も多い。学歴で分断されたタイの労働市場の中では、人々の側から見れば、インフォーマル経済はけっして過渡的な職業ではなく、むしろライフワークであることも少なくない。インフォーマル経済の中でも大部分を占める自営業者は、様々なリスクや不安定性を抱えてはいるが、一方で、一定の事業規模を確保することに成功すれば、都市下層民が従事する被雇用労働職種（たとえば警備員や清掃人、メッセンジャーなど）と同程度、もしくはそれ以上の所得を得ることが可能である。そのために、都市下層民の稼得機会として重要な機能を担っている。ただし、経済後退期には、参入容易な職種ほど、競争が激化する傾向があり、また近隣アジア諸国からの出稼ぎ労働者の参入とその劣悪な労働条件が問題となっており、検討すべき課題も多い。

（遠藤 環）

う

ウィークエンド・マーケット→チャトゥチャック市場を見よ

ウィシット・サーサナティエン
วิศิษฏ์ ศาสนเที่ยง（1964～）
映画監督、脚本家。シンラパコーン大学

ウィシット・サーサナティエン

を卒業後、広告代理店でCMディレクター。大学時代の同級生であったノンシー・ニミブット監督の『1956年デーン・バイレーとチンピラ』(1997年)と『ナーンナーク』(98年)の脚本を担当。初監督作品『怪盗ブラックタイガー』(2000年)をタイ映画として初めてカンヌ国際映画祭『ある視点部門』に正式出品したことで一躍注目を浴びる。アクション、コメディー、悲劇などの伝統的なタイ映画のスタイルにこだわりつつ、テクニカラーや芝居がかった演技、様々な特殊効果などに独特な映像センスを見せる。ほかに『シチズン・ドック』(05年)がある。　(宇戸清治)

ウィチットワータカーン, ルアン
หลวงวิจิตรวาทการ(1898〜1962)

寺子屋教育が生んだ稀有の知識人。家庭が貧困で10歳から20歳まで沙弥として寺院教育を受けたが、その異才は外国語学習に発揮され、パーリ語はもとより英語、フランス語、ドイツ語を習得した。語学力が買われ、1918年外務省に入る。ヨーロッパの在外公館勤務中も勉学にいそしみ、代表作『世界史』(1929年)など多数の著作を著した。人民党革命後はその博学ゆえに芸術局長に迎えられたが、国家主義を唱道する文化政策を推進した。『スパンの血』など小説や戯曲を含む膨大な著作により「タイ民族」を国民の頭に刷り込んだのみならず、ピブーンおよびサリットの両政権では政策そのものに参加し、近代国家「タイ」の創成に奔走した。終戦時には、駐日大使として在日。(赤木 攻)

ルアン・ウィチットワータカーン

ウィチャイチャーンふくおう
ウィチャイチャーン副王
กรมพระราชวังบวรวิชัยชาญ(1838〜85)

プラ・ピンクラオ副王の第3子、ラーマ5世の従兄弟。1868年に摂政に推されて副王に就くが、王弟ないし王子以外が副王となった点において異例の人事であった。70年代にラーマ5世が行政制度や身分制度の改革を開始すると、既得権益の喪失を恐れた副王との間に軋轢を生んだ。副王は配下の武装を強化し、ついに74年末に王宮の失火事件を引き金に保護を求めてイギリス総領事館に逃げ込む。イギリスの調停によって内乱の危機は回避されたが、改革の進展を鈍らせた。副王の死とともに、王権の不安定要因となった副王制度は廃止された。

(川口洋史)

ウィチャイチャーン副王

ウィッタヤコーン・チエンクーン
วิทยากร เชียงกูล(1946〜)

作家、評論家、大学教員。サラブリー県生まれ。タムマサート大学経済学部卒業。オランダ・ハーグ社会科学研究所で修士号取得。雑誌の編集者を経てチエンマイ大学で教鞭をとり、ランシット大学で学部長・副学長などを務める。『だから私は意味を求める』(1971年)は73年政変当時の学生たちに多大な影響を与え、当時の「ルンマイ」(新世代)の旗手として活躍した。また同作品に収められている『この途は死へと通ず』(68年)は「意識の流れ」を導入したタイ初の実存主義的作品とされる。執筆数は多く、現在もタイの社会・経

ウィッタヤコーン・チエンクーン

済問題の評論に健筆をふるっている。
（平松秀樹）

ウィモン・サイニムヌワン
วิมล ไทรนิ่มนวล（1955〜）
作家。ナコーンパトム県生まれ。シーナカリンウィロート大学プラサーンミット校教育学部卒業。10年間小学校で教職に就いた後、編集の仕事をするとともに、執筆活動を行なう。短篇などを多く著していたが、悪徳僧侶および形骸化した信仰に固執する民衆を批判的に描いた最初の長編小説『蛇』（1984年）で注目を浴びる。クローン科学技術の時代に臓器移植など不死を求める人間のエゴを冷静に描いた『不死』（2000年）で作家としての力量を更に示し、同年の東南アジア文学賞を受賞した。
（平松秀樹）

ウィモン・サイニムヌワン

ウィン・リォウワーリン
วินทร์ เลียววาริณ（1956〜）
ソンクラー県生まれ。チュラーロンコーン大学建築学科を卒業後、シンガポールで3年間建築の仕事に携わる。その後アメリカに渡り、仕事とともにグラフィックデザインを学ぶ。帰国後広告業界に入り、勤めながら同時に執筆活動もこなし、またタムマサート大学でマーケット学修士を取得する。立憲革命から1992年の流血事件までの政治事件に題材をとった長編小説『平行線上の民主主義』94年）が東南アジア文学賞を受賞（97年）。この作品は一部マス・メディアにおいて小説は歴史事実に忠実であるべきか否かというタイ版「歴史小説論争」を引き起こし、渦中に巻き込まれて一層の注目を浴びた。

短篇集『人と呼ばれる生き物』（99年）で2度目の東南アジア文学賞を受賞して、新進作家としての地位を不動のものとした。グラフィックデザイン等を巧みに取り込んだ作品は、幅広い層の読者を獲得し、今までになく商業的にも成功した作家となった。内容的にも、歴史的事実や科学的データを厳密に調べた上で創造力を織り交ぜ、次々と斬新かつ実験的な手法を駆使してタイ文学の新しい分野を切り開いていく姿は「文学界のイノベーション」とも評されている。（平松秀樹）

ウィン・リョウワーリン

ウェステンガード
Jens Iverson Westengard（1871〜1918）
外国人顧問。シカゴ生まれ。1898年ハーバードロースクール修了。99年から同スクール助教授。当時、国際法教授であったストローベルの誘いを受け、1903年総務顧問補として、妻子をアメリカに残しバンコクに着任。ストローベルと二人三

ウェステンガード（左から2人目）

脚でタイの近代化に尽力した。ストローベルの死後、条約改正交渉を引き継ぐ。09年総務顧問。同年イギリスとの条約改正を導く。対アメリカ条約改正に着手したが第1次世界大戦のため頓挫。15年帰国後、ハーバードロースクール国際法教授。アメリカに留学するタイ留学生の育成にも尽力した。プラヤー・カンラヤーナマイトリーの称号を授かっている。

（飯田順三）

ヴェトナムじん　ヴェトナム人

タイ側史料に現れるヴェトナム人のタイ移住の波は、4回ある。まず、アユッタヤー朝期後半にヴェトナム南部で迫害されたキリスト教徒が移住する。2度目はバンコク（ラッタナコーシン）王朝初期である。内戦を逃れた兵士団や職能集団がバンコク近郊サームセーンに移住を許された。3度目は第1次世界大戦後である。仏領インドシナとの国境メコン川沿いの非武装非関税域にヴェトナム人が多数移住した。タイ側は人材補充や領土拡張の思惑もあり、移住者を温情的に受け入れてきた。その子孫は「ユワン・カオ（古参のヴェトナム人）」と称され、タイ国民として暮らしている。4度目の最大の波は第2次世界大戦直後である。1940年の日本軍のインドシナ侵攻期にヴェトナム北部農民が多数戦禍を逃れ、メコン川流域のラオス側沿岸の街に移ったが、45年にこれらの街がフランス軍の攻撃に曝され、6万から7万人がメコン川を渡った。当初、タイ側は、彼ら「ユワン・マイ（新参ヴェトナム人）」に寛容であったが、その後の歴代政権は冷戦状況下、「ヴェトナム人難民（ユワン・オッパヨップ）」として、抑圧政策に転じる。しかし、92年に難民第1世代には外国人登録証、第2世代以降にはタイ国籍を認める方針が打ち出される。タイ国籍を取得し「ヴェトナム系タイ人」となった彼らの多くは、東北部のメコン川沿いの諸県市街部に住み、中小規模の商業自営業をなりわいとしている。ヴェトナム系の人々に関する公式人口統計はなく、10数万から20万人台と推定される。

（高井康弘）

ヴェトナムせんそう　ヴェトナム戦争

タイはインドシナ共産主義者の侵略からの自衛を理由にラオス内戦に干渉し、次いで米軍にインドシナへの爆撃基地を提供した。タイ・アメリカ両政府は1967年3月、米軍がタイの基地を利用して北ヴェトナムを爆撃していることを公式に認めた。戦争の泥沼化の中で、同年タイ政府は南ヴェトナムへ志願軍派兵を開始。また、在タイ米軍は68年に5万人に達した。ニクソン政権下、戦争の「ヴェトナム化」が進み、タイの基地の重要性は高まった。タイの志願軍は南ヴェトナムから撤退したが、CIAのタイ人傭兵部隊がラオスに派遣された。これらの見返りであるアメリカの軍事・経済援助はタイの開発を促進し、ヴェトナム特需は経済成長を支え、新興ブルジョワを生んだ。とりわけ土建業、帰休兵を含む米兵相手のサービス業者は潤った。貨幣経済は農村にも浸透し、経済成長によるインフレの結果、農民は仕事を求めて都市に移動し、スラムを形成した。米軍基地周辺はアメリカ文化が急速に広まり、また売春婦、アメラジアン、性病患者、麻薬中毒者が急増した。これらはタイの文化・価値観と衝突し、反米感情を醸成した。仏教界からも風俗の乱れに対する批判が強まった。ヴェトナム戦争と世界的な反戦運動はタイ人のナショナリズムを刺激し、また民主化運動

に影響を与えた。　　　（高橋勝幸）

ウタイターニー
อุทัยธานี

バンコクの西北219kmに位置する北部下部の県。アユッタヤー時代以来の歴史があり、1902年にチャイナート県から分離した。土地面積は森林49%、農地32%等で、地形的には県西部はターク県に続く山地で、その山麓から県東境部を南下するチャオプラヤー川までの空間が同デルタにつながる平地となっている。農業がGPPの37%（2006年）を占め、米生産（25.8万トン）、トウモロコシ、サトウキビ、キャッサバ等の畑作物生産が多い農業県で、県人口は固定化の傾向にある。
（北原　淳）

ウッタラディット
อุตรดิตถ์

バンコクの北491kmに位置する北部上部の県。東はラオスと国境を接する。水田稲作をはじめ、サトウキビ、トウモロコシ、マメ類などの畑作のほか、交通の要衝であることから商業も盛んである。県北部にはタイ最大級のシリキット・ダムがある。歴史的には、トンブリー王朝時代にビルマ（ミャンマー）軍がこの地を攻撃した際（1772～73年）、プラヤー・ピチャイ・ダープハックが活躍して撃退したことで知られる。県庁所在地であるウッタラディット市はラーマ4世時代にナーン、プレーなどとの河川交易の中継地として建設され、俗にター・イット（中国語で「程逸」）と呼ばれる。　（遠藤　元）

ウートーン
อู่ทอง

スパンブリーの西南26kmに、「ウートーン公の国」と呼ばれる遺跡がある。1901年にダムロン親王は、アユッタヤー朝の初代王ウートーンはここにいたが、疫病を避けてアユッタヤーに遷都したという伝説を紹介した。30年に同遺跡を調査したセデスは、ドヴァーラヴァティーの王都

ウートーン遺跡

説を提唱し、王立学術院も発掘調査を開始した。57年にイシャナヴァルマン王の名を付した銅板が出土する。64～65年の芸術局発掘調査では、多基の仏塔、礼拝堂基壇が出土した。ボワスリエは先史時代からの居住跡、建築装飾から扶南時代の重要なセンターであった可能性を示唆した。出土仏像の調査から、9～10世紀には大乗仏教が盛んであったが、都を囲む川の水位が落ち、交易港市としての求心性を失った過程が明らかになる。1998～2001年の調査によって12世紀以降の村落居住の物証を否定され、14世紀建都のアユッタヤーの王と民がこの地出自との説は崩れた。
（レーヌカー・ムシカシントーン）

ウートーン（王）
พระเจ้าอู่ทอง（1314?～69）

アユッタヤー王朝を創設した初代の王。在位1351～69年。王の出自については諸説あるものの、西のスパンブリー、北東

ウートーン王像

のロップリーの領主の王女と婚姻関係を持ったウートーン王が、1351年に両者の中間とも言えるアヨータヤー（現アユッタヤー）の地に都を置いて即位したことで、この後400年にわたって続くこととなるアユッタヤー朝が始まった。スパンブリーとロップリーの権威を借りて成立したことから、当初はチャオプラヤー川下流域の有力ムアンの連合体的性格が強かった。王子のラーメースワンをロップリーに、義兄弟パグワ（後のボーロムマラーチャー1世）をスパンブリーの領主に任命したが、この後ロップリー（ウートーン）王家とスパンブリー王家の間で勢力争いが発生する。 （柿崎一郎）

ウドーンターニー
อุดรธานี

バンコクの北東564kmに位置する東北部の県。通称ウドーン。1993年に西隣のノーンブアラムプー県が分離して現在の県域となった。県庁所在地は当初マークケン村と呼ばれる小村であったが、1893年の「シャム危機」後にメコン川右岸25km地帯からタイの官憲が退却せざるをえなくなったことから、メコン川畔のノーンカーイに置かれていたラーオプアン州庁がこの村に本拠地を移したのが、行政の中心地としての起源である。1907年に周辺のムアンを統合する形で、ウドーンターニーというムアンが成立し、ラーオプアン州を改称したウドーン州の州都として成長した。41年にはバンコクからの鉄道も到達し、その後60年代にはミットラパープ路も開通して、ヴェトナム戦争中に米軍基地が置かれたこともあって、東北部上部の拠点として急成長した。ウドーンターニー空港はラオスの首都ヴィエンチャンに最も近いタイ領内の空港で、便数面、運賃面ともに有利なウドーンターニー経由でバンコクとヴィエンチャンを往復する人も多い。大規模な病院やハイパーマーケットも多数立地し、ヴィエンチャンとの間の人の往来が盛んである。県東部にある世界遺産に指定された先史時代の遺跡バーンチエンが有名。
　　　　　　　　　　　　（柿崎一郎）

ウボンラーチャターニー
อุบลราชธานี

バンコクの北東629kmに位置する東北部の県。通称ウボン。東はメコン川とパノム・ドンラック山脈がラオスとの国境をなし、南はパノム・ドンラック山脈がカンボジアとの国境となる。県西部でムーン川とチー川が合流し、ムーン川はそのまま東に流れてコーンチアムでメコン川に合流する。かつては北西のヤソートーン県、北のアムナートチャルーン県を含む大きな県であった。東北部の要衝の1つで、現在もバンコクから延びる鉄道の終点であり、空港もある。

　ウボンラーチャターニーは1779年にムーン川北岸の現在地に設立されたムアンを直接の起源とし、その後ヤソートーン、アムナートチャルーンなど多くのムアンを擁する大規模なムアンに成長し、ラーマ5世王期には新設されたイサーン州の州都となった。1930年に鉄道が到達したが、駅はムーン川南岸のワーリンチャムラープ郡に設置されたことから、ワーリンの都市規模も拡大し、ムーン川をはさんで双子都市の様相を示すようになった。戦後はヴェトナム戦争時に米軍基地が置かれ、米軍特需に沸いた。1990年には国立ウボンラーチャターニー大学も設立された。

　ウボンラーチャターニーはムーン川下流域に位置しており、水田面積も広く、2005年度のコメ生産量も96万トンに達している。鉄道開通前は自家消費分のコメしか作られていなかったが、鉄道開通後はバンコク方面への輸送が可能となり、商品作物としての稲作も拡大した。ムーン川はメコン川との間を回遊する淡水魚の宝庫であったが、1994年に完成したパークムーン・ダムがそれを遮断することとなり、大規模な反対運動が発生した。またパノム・ドンラック山脈の東端付近に位置するチョン・メック峠はラオス

との国境であり、ラオス南部の要衝パークセーにも近いため貿易量も多い。近年はチャムパーサックのワット・プーやコーン滝を訪問する観光客の往来も増えている。2006年はじめからはウボンとパークセーの間の直通バスも運行を開始した。

県内には3000～4000年前のものと言われるパー・テム絶壁の壁画、メコン川とムーン川の合流地点コーンチアム、ムーン川の早瀬ケン・タナなど風光明媚な観光名所も多い。更に、ラオス、カンボジア両国と接するという地の利を生かして、3国の国境が交わるチョン・ボック峠付近を、タイ、ラオス、ミャンマーの国境が交わる北部の「ゴールデン・トライアングル（黄金の三角地帯）」に対比させて「エメラルド・トライアングル」と命名して観光開発する案も浮上している。

（柿崎一郎）

ウボンラット（王女）
ทูลกระหม่อมหญิงอุบลรัตนราชกัญญา สิริวัฒนาพรรณวดี（1951～）

プーミポン国王とシリキット王妃の第1子として1951年4月5日にスイスで誕生。幼少より活発でスポーツ好きの利発な女性との定評があり、マサチューセッツ工科大学に留学し理学を専攻する。72年に学友のPeter Ladd Jensen氏と結婚し王籍を離れる。1男2女をもうけるが85年に離婚し、その後は子供とタイに居住する。王族に準じた扱いを受けているが、あまり表に出ず、自ら主演して映画を製作する他、少数民族支援などの社会福祉活動に専念している。2004年末、一家でプーケットに滞在中津波に遭い、長男が死去した。

（赤木 攻）

ウボンラット王女

うみつばめす　ウミツバメ巣
ウミツバメ（海燕）が集めた海草を自らの唾液で固めて作り、そこに卵を産んで子育てをする巣で、タイ語の通称は「ラン・ノック（鳥の巣）」。高級中華料理スープの素材で、高価な滋養食の1つとして珍重されている。古来、ウミツバメが巣をかけるマレー半島南部地方の海辺部崖状地形の特産地で採取され、朝貢＝冊封時代の貿易商品として中国に輸出された。アユッタヤー時代から燕巣は採取権を入札で請け負う専売事業の1つであり、業者は華人系の人々が独占してきた。現在でも希少で高価な食材の1つで、輸出も多い。

（北原　淳）

うんが　運河
運河はクローンと呼ばれ、自然のクローンも多く、一部地域では農業用の灌漑用水だったが、むしろ平地では人々が舟で行き来する交通路であり、沿岸に家を建て、集落を作り、水浴、洗濯などに使用する生活インフラでもあった。19世紀後半から20世紀前半にかけて、コメが重要な輸出品となり、水田の開拓が進むと、人工的な運河の建設・維持管理が一般的となった。人工的運河は、盆地平野部や盆地・平地の周辺傾斜地では灌漑用水路として掘削された。とりわけ、水田開発や集落形成が進むチャオプラヤー・デルタでは、まず舟に乗って無主地の多い沿岸荒蕪地に接近し、入植して水田とするための必須のルート、インフラであった。定着後は、他地域との交流のために舟に乗って往来し、天災、人災（盗賊など）の際には、旧地、新地へと避難するルートでもあった。同デルタは、氾濫原的な平地、低湿地が多かったため、通常の道路の建設は基本的に不可能であり、官民による各種規模の運河掘削事業が必須となった。19世紀後半の主要運河は、当初は

担当運河局の公費による掘削だったが、徐々に沿岸土地の分譲希望者から掘削資金を集めて掘削費を賄う方式となり、その公的業務と並んで、民間請負掘削業者にこれを請け負わせる方式、サイアム運河水路掘削会社のように掘削許可を下賜する方式等が混在した。20世紀になって官庁組織が整備されると、公的な運河掘削が基本となり、また灌漑用水の運河建設も実行段階に入り、公的な生産・生活インフラとなった。　　　　　　（北原　淳）

え

えいが　映画

【初期の映画】仏のリュミエール兄弟が発明した映画（シネマトグラフ）は、2年後の1897年には早くもS・G・マルコフスキーによってタイに持ち込まれ、外国人による映画興行が始まった。1904年に日露戦争が起きると、日本人の渡辺知頼は実況フィルムをバンコクで上映し、翌年には常設映画館を設けた。これら日本人による映画興行の貢献に対し、王室はロイヤル・ジャパニーズ・シネマトグラフと名乗る勅許を与えた。タイにはもともと「ナン」（皮革）と呼ばれるマラヤ伝来の影絵芝居があったのだが、映画も類似した原理であり、また庶民の間では日本人が映画を持ち込んだと認識されていたことから、この後しばらくは映画一般を指して「ナン・イープン」（日本の影絵芝居）と呼ぶようになった。ラーマ6世時代は映画館建設ラッシュで、クルンテープ映画社とパッタナーコーン映画社が全国の映画館をほぼ二分した。初めて映画撮影を行なったタイ人はサッパサートスッパキット親王である。22年にはカムペーンペット親王が鉄道局にニュース映画部を立ち上げ、ラーマ7世がサイアム・アマチュア映画協会を創設するなど、初期のタイ映画界における王族の関与には顕著なものがある。最初の劇映画は『ミス・スワン』（1923年）で、米人マックレーによって制作された。タイの純国産映画は、ワスワット一族による『二重の幸運』（27年）を嚆矢とする。4夜連続の総入場者数は1万2000人を数えたと言われる。30年代までは大多数が16ミリの無声映画で、弁士が活躍した。その後、映画制作は拡大の一途をたどり、確たる産業の地位を築きつつあった30年には、今日もなお有効な映画法が制定されている。

【全盛期】タイ最初のトーキー映画は、シークルン・トーキー映画社制作の『道に迷って』（1932年）である。しかし1939年の第2次世界大戦の勃発によって、タイ映画産業は停滞を余儀なくされた。この時期に摂政プリディーのイニシアチブで制作された『白象王』（41年）は、英語版のみの国策映画で、ビルマ（ミャンマー）の侵略に抗したナレースワン王の治績を元に、侵略とは戦うが自らは外国を攻めないというメッセージを諸外国に訴えたものであった。

タイ映画の全盛期は、戦後の50～60年代である。世界の映画界が35ミリ時代を迎えていたのに背を向けて、戦後のタイ映画政策は費用が安価な16ミリにとどまっていた。16ミリ総天然色無声映画の『怪盗紳士スアタイ』（49年）が従来の興行成績をすべて塗り替えたのを契機に、50年代には年間60本近くの映画が作られるようになった。戦後に設立された映画会社は13社に及ぶ。ミット・チャイバンチャーやペッチャラー・チャオワラートなどのスーパースターが登場するラブロマンス映画が一世を風靡したのもこの時代である。ハヌマーン映画社の『サンティとウィーナー』（54年）は戦後初めての35ミリ映画で、東京開催の東アジア映画祭で優秀監督賞ほかを受賞した。時のピブーン首相も産業振興政策の一環として、世界標準の35ミリ映画の普及を後押ししたが、サリット政権の誕生により、一時的な停滞を余儀なくされた。60年代までの映画はタイにおける娯楽の王様の

位置にあり、国中に大きな映画看板がひしめき合った。どのようなジャンルの映画であろうと、「恋愛」、「人生との格闘」、「悲劇」、「コメディ」、「アクション」の5要素が要求された。しかし小資本による安易な作りの映画は次第に飽きられ、多くのファンがアメリカ、台湾、香港映画に流れていった。そうした状況を一変させたのが、35ミリ映画『ルークトゥン慕情』と『トーン』(共に70年)である。これらの大ヒットによって、以降は35ミリ映画の全盛時代となった。76年に映画の関税が引き上げられると、外国映画の輸入は激減し、タイ映画制作本数が急進した。年間の映画制作本数としては78年の168本が最高である。

【社会派映画とニューウェーブ】1973年の学生革命と民主化の動きは、チャートリーチャルーム・ユコン監督の『ホテルの天使』(74年)、『タクシー・ドライバー』(77年)、スラシー・パータム監督の『田舎の教師』(78年)、ユッタナー・ムックダーサニット監督の『バー21の天使』(78年)など、社会的テーマを持つ映画を誕生させるきっかけとなった。一方では、急激な経済発展によって失われた農村共同体への郷愁を誘う、チュート・ソンシー監督の『傷あと』(77年)も大ヒットしている。その後、テレビの普及やハリウッド映画の席巻で退潮傾向にあったタイ映画が息を吹き返したのは、広告業界出身の新人監督ノンシー・ニミブット監督の『1956年デーンバイレーとチンピラ』(97年)で、タイ映画史上最高の興行収入を記録した。同年にはやはり新人監督のペンエーク・ラッタナルアン監督が『ファン・バー・カラオケ』でベルリン映画祭正式出品を果たしている。タイ映画批評界ではこの2作品をもってタイ映画のニューウェーブ時代の幕開けとしている。ノンシーの怪奇映画『ナーン・ナーク』は前作の2倍の興行成績を上げるなど、タイ映画は完全に復活を果たした。その後21世紀をまたぐ形で、『レイン』(99年)、『怪盗ブラックタイガー』(99年)、『アタック・ナンバーハーフ』(2000年)、『スリヨータイ』(01年)、『わすれな歌』(01年)、『The Eye』(02年)、『Blissfully Yours』(02年)、『マッハ』(03年)、『フェーンチャン』(03年)、『地球で最後の2人』(03年)、『風の前奏曲』(04年)、『トム・ヤム・クン』(05年)など、世界市場や国際映画祭をターゲットにしたタイ映画の躍進は続いている。(宇戸清治)

エイズ
1984年9月にタイでエイズ症例が始めて報告された。初期のHIV感染は主に男性とセックスする男性(MSM)間であったが、静注薬物乱用者(IDU)、女性セックスワーカー、その客、その配偶者へと拡大した。2005年度末にHIVとともに生きる成人および児童の数は、およそ58万人と推定された。成人(15〜49歳)のHIV感染率は1.4%と推定され、アジアで最も高い。ただし、「100%コンドーム・キャンペーン」等の予防対策効果から新規HIV感染者は減少している。また、抗レトロウイルス療法を必要とする感染者50%以上への同療法提供が成功している。しかし、05年新規感染件数の約3分の1が低感染リスクとみなされていた既婚女性であることは憂慮すべき問題である。HIV感染率は、IDUで過去15年間30〜50%と高く、バンコクではMSMで17%(03年)から28%(05年)に上昇している。(笠井直美)

エーカートッサロット(王)
สมเด็จพระเอกาทศรถ(1560〜1610)
アユッタヤー朝第21代の王。在位1605〜10年。父はマハータムマラーチャー王。ナレースワン大王の弟。兄王と多くの戦役を共にし、ナレースワン大王没後の1605年に即位した。別名プラサンペット3世王。王の治世は大きな戦役もなく比較的穏やかであり、オランダ、イギリス、中国、日本といった諸外国との交易が拡大した。08年タイで初めてヨーロッパへの使節を派遣している。また、関税、売上税、市場税、相続税などの税制を整備した。10年に崩御。その後、王位継承を

えこつーりずむ▶

めぐって混乱が生じた。　　（加納　寛）

エコツーリズム

近年タイでは、自然環境の保全と観光の両立を目指す、エコツーリズムと呼ばれる観光実践が活発化している。これには、都市中間層を中心とした環境保護への関心の高まりが背景にあり、エコツーリズムの名のもと、自然環境が観光消費の対象として新たに資源化されると同時に、農山漁村の生活文化もまた、急速化する都市部での消費社会に対するアンチテーゼとして「再発見」されてきた。これに対して、一部の農村社会では、NGO等と協働で、地域コミュニティが中心となって観光開発・運営を行なうといった、新たな取り組みも広まっている。　（須永和博）

エスキャップ　ESCAP

国連の経済社会理事会の下にある経済委員会の1つであるアジア太平洋経済社会委員会(Economic and Social Commission for Asia and the Pacific: ESCAP)は、アジアと太平洋地域の経済・社会開発のための協力組織で、バンコクに本部を置く。最高意志決定機関は閣僚級のESCAP総会で、毎年開催されている。1947年3月にアジア極東経済委員会（ECAFE）として設立され、74年にESCAPに改称された。対象となる地域はトルコ、カフカス諸国、イラン以東のアジアから太平洋島嶼国までに広がり、53の本加盟国と9の準加盟メンバー、そして域外のアメリカ、イギリス、フランス、オランダから構成されている（2008年9月現在）。貧困削減、グローバル化への対応、社会問題対策などで地域協力を進めている。　（山影　進）

エヌジーオー　NGO

タイでは非営利・非政府団体のうち、開発過程で生じる問題や民主化推進に積極的に取り組む団体をNGOと呼ぶのが普通である。2003年版のNGO名録によると、その数おおよそ600ほど。非営利・非政府団体は民法上の協会または財団として法人格を得ることができるが、非法人の任意団体として活動するNGOも少なくない。タイでは19世紀末から王族貴族、あるいは宗教団体、同郷集団により民間慈善団体が作られたが、開発過程で起きる構造的問題に取り組む団体としては、TRRM（タイ国農村復興財団、1967年設立、農村開発）やCredit Union（65年設立、都市貧困者の福祉）が嚆矢とされる。とりわけTRRMはその活動方法や人材が、後のNGOに大きな影響を与えた。開発に伴う問題が顕著に表れだした70年代、NGOは急増した。70年代後半の強権政治復活でNGOの活動は一時、停止、抑制を強いられたが、抑圧が緩んだ80年頃から再び活発化し、85年までに100を超えるNGOが設立された。最も多いのは農村やスラムで活動するNGOであるが、他にも子供、女性、公衆衛生、人権など様々な分野でNGOが作られた。80年代後半に環境問題が顕在化すると、これに取り組むNGOも増えた。NGO活動家の多くは、70年代の政治運動で挫折し、個別具体的な社会問題に新たな活動の場を求めた青年たちであった。NGOの資金源はもっぱら外国のNGOや公的機関であったが、組織を立ち上げ、現場で活動したのはタイ人である。85年に、NGOは連合体を作り、連携して活動するようになる。こうしてNGOは1つの社会的カテゴリーとして認知され、政治的な力を持つに至った。また農村開発NGOの中から、「コミュニティ文化論」と呼ばれる一種の社会思想が生み出され、政治的にも一定の影響力を持つようになった。90年代になると、NGOは政治改革や資源管理をめぐる民衆の抵抗運動に積極的に関与した。そのためNGOは一種の政治団体と見なされるようになっている。政府は90年代に入って、いくつかの分野でNGOを協力者として認知するようになり、資金を提供する場合も出てきた。しかし一方では政治的事柄で両者が激しく対立することもある。現在のNGOは単に活動分野が多様というだけでなく、政治活動関与への積極

度、政治的立場という点でも多様になっている。　　　　　　　　（重冨真一）

エビ
エビ類は、タイでは「クン」と総称される身近な魚介類である。タイを代表するスープ「トム・ヤム・クン」など、その名がつく料理も多く、炒め物や揚げ物、カレー、サラダなど、様々な調理法により賞味される。タイで特に水産上重要とされるエビ類には、海産のクルマエビの仲間（クルマエビ科）と淡水性のオニテナガエビ（テナガエビ科）とがある。前者には、大型で体に黄色と黒の縞模様が入るウシエビや、そうした模様のないバナナエビ、インドエビ、ヨシエビなどが含まれる。これらクルマエビ類は、大きさや色合いこそ異なるが、体の格好はいずれも日本のクルマエビによく似ている。中でもウシエビは全長33cmにも達する大型種であり、市場価値も高い。日本にも輸入され、「ブラックタイガー」をいう名で多量に流通するエビが、本種である。成長が早く種苗の入手も容易なことから、東南アジア各地では広く盛んに池中養殖が行なわれている。その他のクルマエビ類は普通、大きくとも全長20cm前後と小型で、その地味な色合いとも相まって、ウシエビに比べるとやや見劣りがする。タイ湾では古くから伝統漁法で漁獲されてきたが、1962年以降トロール漁業が導入されて漁獲が急増し、こちらも重要な輸出品目となった。

　オニテナガエビはテナガエビ類の最大種で、成長すると、大きなものでは全長30cmを超す。更に鋏脚（はさみ脚）が非常に長く伸びるため、それも含めると大型の雄では80cmほどになるものもいるという。テナガエビの仲間（テナガエビ属）ではあるが、その体軀の大きさに加えて鋏脚が青色や紺色に染まるなど、日本のテナガエビとは雰囲気はかなり異なる。非常に見栄えのするエビ類であり、街なかのレストランなどで活魚水槽で生かしたまま店先に並べられていることも多い。河川の下流や河口近くの汽水域で見られる種だが、少なくとも発生初期には汽水域や海といった塩分濃度の高い場所を必要とする。本種もタイでは養殖が盛んに行なわれている。こうした水産重要種以外にも、特に地方の市場などでは、近くの水路や池沼から集めてきたのだろうか、小魚やカエルなどとともに金だらいに山盛りにされた小型の川エビを見かけることがある。　　　　（渋川浩一）

エフティーエー　FTA
自由貿易協定（Free Trade Agreement: FTA）は、物品の関税、その他制限的な通商規則、サービス貿易の障壁等、通商上の障壁を取り除く自由貿易地域の結成を目的とした2国間以上の国際協定。これに対し、経済連携協定（Economic Partnership Agreement: EPA）は、FTAの要素を含みつつ、ただ単に通商上の障壁を取り除くだけではなく、締約国間で経済取引の円滑化等を含む対象分野の幅広い協定。タイは、FTAを含むEPAの締結を積極的に推進しているが、この主な目的は、タイの外国投資環境の整備にある。なお、日本との経済連携協定（JTEPA）は2007年に締結された。　　　　　　（青木伸也）

エメラルドじいん　エメラルド寺院→プラケーオ寺を見よ

えんげき・ぶよう　演劇・舞踊
北部のフォーン、東北部のスーンをはじめ、タイ各地には多彩な民俗舞踊芸能の伝統がある。農耕儀礼ほか、様々な機会に踊り演じられたそれら民衆の芸能が土台となり、やがて「ナータシン」と総称される高度に洗練された舞踊／演劇表現が育まれていった。

【ナータシンの多義性】ナータシンにはインドの影響が強く見られるが、マレー系やクメール系など、様々な要素を吸収しつつ、タイ独自の様式が形成された。その歴史はスコータイ朝時代の13世紀頃まで遡れると言われている。特定の機会に

演じられた集団舞踊をラバム、手の動きを中心とした舞踊をラム、足の動きを中心とした舞踊をテンと言うが、古い時代の舞踊が実際にどのようなものだったのか、詳しいことはわかっていない。ナータシン文化はアユッタヤー朝期に発展し、ボーロムマコート王（在位1732〜58年）の時代に大きく開花した。ラコーン（舞踊劇）とコーン（仮面舞踊劇）が、その2大ジャンルである。1767年、アユッタヤーがビルマ（ミャンマー）に滅ぼされると、ラコーンやコーンはトンブリー朝を経て、ラッタナコーシン朝へと継承された。また多くの楽人や舞踊家がビルマに連行されたため、アユッタヤーのナータシンは、ビルマの宮廷芸能に大きな影響を与えた。演者は、数多くのメー・ター（＝メー・ボット、基本の所作）やパーサー・ター（所作言語）と呼ばれる身体表現法を習得しなければならない。また、ある種の儀礼的な楽曲とその所作は、強い霊力を持った聖なるものと見なされている。ナータシンは、今日私たちが抱いている演劇や舞踊といった概念に収まりきらない。それは、演劇、舞踊、音楽、更に文学、宗教、倫理、政治、教育など、様々な要素が不可分の一体をなすトータルな行為である。こうした多義的なパフォーミング・アーツ（体現芸術／芸能）は、世界各地の伝統的な文化にしばしば見られる。

【王権との関わり】ナータシンを考える時、王権との関わりはきわめて重要である。アユッタヤー朝の王は、クメール経由で伝来したインド起源の宗教儀礼によって神格化された。こうした儀礼が、コーンの形成に関わっていたと考えられている。コーンの厳めしい出で立ちと動き、戦いの物語は、アユッタヤー朝の軍事的性格を映し出していた。またラコーンが、宮廷内で演じられるラコーン・ナイ（内劇）と宮廷外で演じられる民間向けのラコーン・ノーク（外劇）に分化したのも、神としての王と平民との間に存在した絶対的な差異を反映したものと考えられる。コーンやラコーンは、特別の言語や衣装や儀礼などとともに、王の神格を表現し強化する役割を果たした。ラッタナコーシン朝では、芸術的才能に恵まれたラーマ2世（在位1809〜24年）がナータシンの近代化に大きく貢献し、現在上演されているような洗練されたラコーンやコーンの様式が整えられた。ラーマ6世（ワチラーウット王、在位1910〜25年）は、シェークスピアの『ベニスの商人』などをタイ語に訳し、また多くの戯曲を自ら書いた。王の手になるラコーン・プート（会話劇）やコーンには、西洋列強の脅威に対抗する強い愛国心を喚起し、弱体化してきた絶対王政への忠誠心を回復しようという政治的意図が込められていた。また、ナリット親王（1863〜1947年）もナータシンの近代化に努めた。

【近代国民国家の中で】立憲革命後の1933年、教育省芸術局が設置されると、ナータシンは王権から切り離されて同局の管轄下に入り、近代国民国家という新たな条件の下に置かれることになった。38年末に成立したピブーン政権は、海外列強諸国からの脅威に対抗して国家の独立を維持しようと、近代化を急ぎ、独自の文化政策を強力に推進した。その中でナータシンもまた国家主義キャンペーンに利用された。ピブーン政権の文化政策を支えていた重要人物、ルアン・ウィチットワータカーンが脚本を書き上演した愛国主義的なラコーンは評判となり、その劇中歌は広く人口に膾炙した。ピブーン首相は、民衆のダンスであるラム・ウォン（輪踊り）の歌にも愛国的なメッセージを盛り込ませ、国民統合に利用した。50年代には、民衆向けの芝居リケーが反共産主義キャンペーンに利用されるようになった。また、ルアン・ウィチットの助言により、34年には楽舞研究学院が設立された。同校は、後に国立舞台芸術高等専門学校へと発展した。現在は、こうした高等教育機関を頂点として、青少年に対するナータシンの教育・訓練が行なわれている。今日、ナータシンは、タイ国民が

尊重すべきタイ民族の輝かしいシンボルという役割を担っている。　　　（松村　洋）

えんじょ　援助→外国援助を見よ

お

おうえ　黄衣
ไตรจีวร
托鉢や説法で肩からかける正装衣（サンカーティ）、上着として着用する上衣（チーウォーン）、下着に相当する内衣（サボン）の三衣（トライ・チーウォーン）を指す。上衣の下に肩から襷状にかける一枚布（アンサ）は、三衣に含まれず、上半身を隠すためのもので、サンガに比丘尼がいた頃の名残である。新しく入手した三衣は、衣の隅に3つの黒点を書き込み着用が許される（点浄、ピントゥカップ）。森林派僧侶の中には律に則り三衣を自分で裁縫し、ジャックフルーツの木片や種々の自然樹で染色する僧もいる。（泉　経武）

おうきゅう　王宮
俗界と聖界（仏教界）を統治する中心という思想的空間である。バンコクの王宮は1782年から3年をかけ、現王朝ラーマ1世がアユッタヤーの王宮を模してチャオプラヤー川畔に建立した。その後に次々と建造物が増築され、面積21万8400㎡の矩形の城壁内に、宮殿や寺院仏閣が建ち並んでいる。北側には神聖な宗教権威の象徴として、エメラルド仏像を安置する布薩堂（プラケーオ寺、エメラルド寺）がある。止住する僧侶を持たない王家の菩提寺である。その北隣に一段と基壇を高くして、現王朝の歴代の国王像を安置したプラテープビドーン神殿があり、王朝の祖先を祭祀する。その隣にはラーマ1世が僧を集めて結集させた三蔵経を収納する経蔵庫、そしてスリランカから招来した仏舎利を収める黄金の仏塔が同じ高さ

王宮

で並んで屹立している。その間にはアンコール・ワットの模型が配置されている。20世紀初めまでカンボジアのアンコール地区はシャム領であった。壮麗なアンコール・ワットを移築させたかったが、余りにも巨大なのでラーマ4世が模型を作製させたのである。プラケーオ寺とこれらの建造物を取り囲む回廊には『ラーマーヤナ』（タイ語『ラーマキエン』）の物語が178の場面で描かれている。ヴィシュヌ神の権化として現世を統治するラーマ王はタイの王朝にとって理想の国王であり、ラーマ王の発する威光を受け継ぐ「神王思想」を表現している。

中央部には歴代の国王が住まい、謁見や儀式などの公式行事を執り行なってきた宮殿が建ち並んでいる。ラーマ1世が建造した一番古い宮殿が西側のドゥシット（兜率）宮殿である。この宮殿は、東西南北に出っ張りのある、アユッタヤー時代以来の伝統的宮殿スタイルになっている。尖塔の下にはナーガを掴んで引っ張るガルーダ、屋根の破風にはヴィシュヌ神を乗せたガルーダ像の浮き彫りなどがあり、「神王思想」を表現する。ラーマ1世が逝去した時に遺骸を安置して以来、国王や高位王族の遺骸を安置する場となっている。チャックリー宮殿は、ラーマ5世の命により20世紀初頭に完成した、ルネッサンス様式の洋館にタイ風の屋根を乗せた折衷様式になっている。現在も、国王が外国大使を謁見し、国王に奉呈する信任状を受け取る公式儀礼の場として用

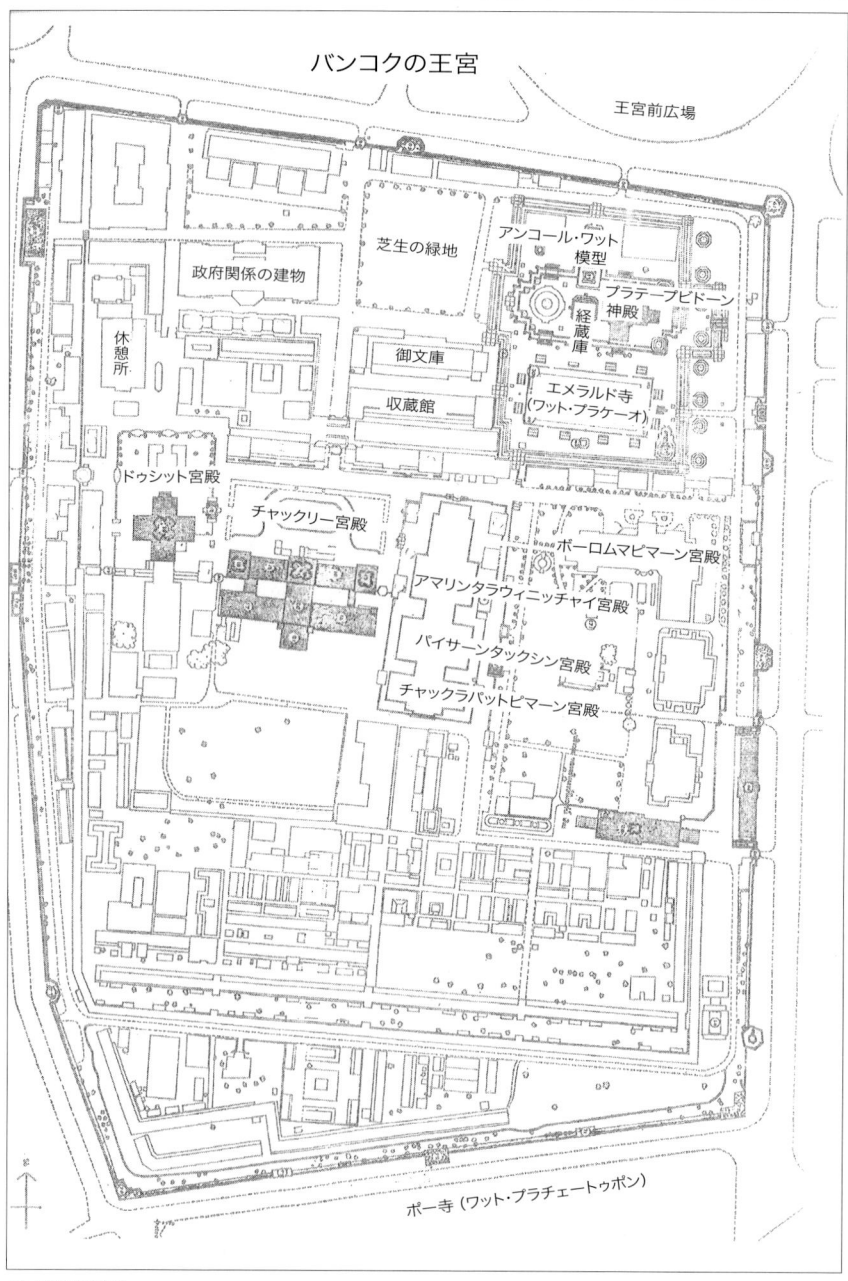

おうきゅう ▶

バンコクの王宮

王宮前広場

芝生の緑地
政府関係の建物
アンコール・ワット模型
プラテープビドーン神殿
経蔵庫
休憩所
御文庫
収蔵館
エメラルド寺（ワット・プラケーオ）
ドゥシット宮殿
チャックリー宮殿
ボーロムマピマーン宮殿
アマリンタラウィニッチャイ宮殿
パイサーンタックシン宮殿
チャックラパットピマーン宮殿

ポー寺（ワット・プラチェートゥポン）

バンコク王宮地図

いられている。
　アマリンタラウィニッチャイ宮殿は歴代の国王の謁見の間であった。ここには2脚の玉座が安置されている。9層の傘蓋の下に置かれた玉座はインド神話の世界の中心、「須弥山」を表現し、上部に合唱する神々、ガルーダ像、獅子足を浮き彫りにし、四隅には山麓の木々を表現する金樹・銀樹が立ち、その頂上に座る国王は「神王」を意味する。ラーマ4世はこの玉座に座ってイギリスの使節ジョン・バウリングを謁見していた。アマリンタラウィニッチャイ宮殿の南には、パイサーンタックシン宮殿、チャックラパットピマーン宮殿が連なる。パイサーンタックシン宮殿は国家安泰を祈願するシャム神王像が安置されている公務の間であった。イチジクの木で作製された八角形の玉座は、王の即位式に住民の代表が献上する各地の聖水を八方から受ける儀式に用いられる。チャックラパットピマーン宮殿は居室・寝室として用いられた。東隣のボーロムマピマーン宮殿は洋風建築の2階建てで、1897〜1903年の建設である。これらの宮殿の南側が王妃、王女、側室、女官たちの館で、男子禁制の内局であった。
　今上陛下はドゥシット地区にあるチットラッダー宮殿を御所としておられる。旧副王宮が国立博物館に利用されていたり、アナンタサマーコム宮殿がかつて国会議事堂として利用されていたように、バンコク市内には、王族の宮殿が官庁の建物として利用されている。また、北部チエンマイにプー・ピン離宮、東北部サコンナコーンにはプー・パーン離宮、南部ナラーティワートにはタックシン離宮が建設されていて、王家が地方住民と接するための拠点としている。　　　（吉川利治）

おうきゅうまえひろば　王宮前広場
สนามหลวง
バンコクの王宮北側に位置する広場。ラッタナコーシン朝の初期から存在し、かつては「トゥン・プラメール（火葬台原）」

王宮前広場での凧揚げ

と呼ばれ、国王や王族の遺体を火葬するのに用いられた。王室田が設けられたこともある。ラーマ4世期に「サナーム・ルアン」と改称され、ラーマ5世期には競馬場やゴルフ場としても用いられた。1958年から82年まではウィークエンド・マーケットとして賑わい、また隣接するタムマサート大学と並んで反政府運動の場ともなった。現在も、王室の葬儀や春耕式などの各種式典や政治集会に用いられている。ここで凧揚げをする人も多い。
　　　　　　　　　　　　　（加納　寛）

おうけん　王権
タイ国に対する最も高い関心の1つは、王制であろう。政治制度としての王制は、今日なお世界の多くの国で採用されているが、タイの王制がきわめて独自性が強いからである。とりわけ、王制（国王）と政治の関係に衆目が集まっている。1973年の「10月14日事件」や1992年「暴虐の5月」の過程では、国王が対立勢力の間に入り仲裁の役を見事に果たし、事態を鎮静化し国民の喝采を浴びたのであった。なぜ、タイでは国王は政治に関与することができるのか。その答えは、王権（思想）にある。
　まずは、伝統的国王観である。タイ族は13世紀頃に現在の版図を中心に各地にムアンと称する小国家を形成したが、「父なる国王」、「生命の主」、「土地の主」といった土着的国王観が見られた。しかし、ほぼ前後して、この地域に仏教が伝

播し始め、タイ族の信仰や文化に大きな影響を与えた。アユッタヤー時代になると、クメールとの密な接触によりヒンドゥー・バラモン教文化が入り込み、「神なる国王」概念が生まれ、国王名や儀式にその名残が見受けられるが、伝統的国王観の基本は仏教である。仏教が教える国王観の要点は、2つある。1つは「(選出された)代表としての王、指導者たる王」であり、もう1つは「正法王」、「転輪聖王」であるという考えである。前者の考えはラッタナコーシン王朝においてより顕著になったと言える。たとえば、血統原理によればラーマ4世王は本来3世王になるところを1代遅れて即位している。それは、周囲の支持がなく即位が遅れたためである。また、立憲革命後にあっても、新国王の就任は国会で承認することになっており、「国民の代表により選出された」との形式を踏襲している。また、後者の国王はダルマを備え倫理的に優れた存在であるとの考えは、王たるものが守るべきとされる布施、忍耐、努力などの10の徳目を集成した「王者の十徳」に表現されている。この2つの考えを統合したところにタイにおける伝統的国王観があるといえる。

以上の伝統的国王観を基盤として王権は存在している。より具体的には、まず法律が定めている国王の立場と権限を見てみよう。憲法が定めている法的立場は、元首、神聖な地位、仏教徒、宗教の擁護者、国軍の総帥である。国王個人に付与されているのは、枢密院顧問官、摂政、王位継承者、王室公務員の任命権、および皇室典範改正権である。また、特筆される権限としては、憲法改正案および法律案に対する不同意権ないしは差し戻し権がある。国会で承認された法律案などを、国王は差し戻しないしは無視することができる。ラーマ7世王は退位した国王としても有名であるが、その退位の理由の1つは在位時代の差し戻し権の行使にあったと言われている。その他、法律と同等の効果を有する緊急勅令を発布する権限も有している。また、立法、行政、司法の幹部クラスの任命、位階勲等の決定も、形式的とはいえ、国王に権限がある。国王の部分的な政治関与は法的にも認められていると言えよう。

更に重要なのは、慣習上の王権である。法的には効果はないのであるが、現在の国民の国王観を実際に左右しているのは、慣習によるラーマ9世(プーミポン国王)の日常的実践である。最も著名なのは、国王の考えから生まれた「王室プロジェクト」と呼ばれる社会開発プロジェクトである。灌漑、有機農業、治水、医療などなどきわめて広い範囲にわたるこのプロジェクトは3000件以上に及び、全土で展開されている。また、一般の国民が生活の苦しみなどを直接国王に訴える「訴苦」の慣習がある。具体的な内容はわからないが、この慣習の底には「父なる国王」思想が流れている。「プロジェクト」にしろ「訴苦」にしろ、法的に認められた権限による実践ではないが、国民が国王の「慈悲」を感じる有力なチャネルとなっている。加えて、王権の権威を高めているプーミポン国王の実践として、「国民への語らい」をあげねばなるまい。誕生日、新年といった契機にかなりの時間を使って諸問題について自ら思うままに語るのが普通である。国民をうなずかせる内容が秘められていることが多い。1997年の金融危機の際に、「ほどほどの経済」論を展開し、国民に冷静な態度を求めたことはよく知られている。

王権とは、以上のような国王観、法律、慣習などの総体である。今日ほど王権が高まりを呈している時代はない。また、タイ政治社会の安定と政治的民主化に、70年代以降王権が大きく貢献したのもまちがいない。しかし、2000年代に入り国会で与党が絶対多数を占める強力なタックシン政権の登場は新しい状況を生みつつある。それは、行政と王権の守備範囲の変更である。主として王権の守備範囲であった農民や貧困層へのタックシン政権の多彩なポピュリズム政策がこ

れまでの均衡を崩しつつある。また、王権のあり様がその時々の国王の倫理性に大きく関わっていること、および今上陛下の高齢を考えれば、ポスト・プーミポンにおける王権の行方が注目される。

（赤木　攻）

おうごんのさんかくちたい
黄金の三角地帯
สามเหลี่ยมทองคำ

原語を直訳すると「黄金の三角(golden triangle)」である。もともとは、タイ、ラオス、ミャンマーの国境をなすメコン川と支流のサーイ川の合流する地点を指す(狭義)。この語が拡張されて、3国の国境が接する広い地域を意味するようになった(広義)。1960年代にトルコでケシ栽培が大幅に規制されると、アヘンやヘロインの最大の産地として「黄金の三角地帯」が大きく取り上げられるようになり、広義の用法が定着した。ケシは冷涼な気候に適し、この地域の山地がその条件に適合していたため、海抜1000m前後の標高に居住するモン(Hmong)、ユーミエン、アカ、リス、ラフなどの焼畑耕作民族がケシを栽培し、アヘン採取に携わっていた。この地域では、主にラオス内戦やミャンマー内戦の資金源としてアヘンやヘロインが生産・取引されていたが、タイでは70年代以降ケシ栽培の規制が進められた。90年代以降は、メコン川の物流の進展や観光化などによる経済開発の対象地域として新たに着目されており、中国の雲南を加えた「黄金の四角地帯」という語もできている。なお、アヘンの栽培や取り引きの歴史をビジュアルに展示したアヘン博物館は、一見の価値がある。

（吉野　晃）

黄金の三角地帯（手前がタイ、奥がミャンマー、右がラオス）

おうしつぼうえき　王室貿易

国王の官吏が一方的に輸出入価格を決定（先売買特権）し、その収益を王庫に納入する貿易の形態。琉球史料ではこれを「官売買」と呼んでいる。アユッタヤーにおける「官売買」の記録は永楽17年(1419年)に遡る。この年琉球中山王の使者が交易のためアユッタヤーに赴いた時、「所在の官司」は琉球船の持参した磁器の分量が少ないとしてこれを「官買」する一方、琉球船が購入を希望した蘇木については一般商人の「私売」を許さず、「官売」品の購入が強制されたため、商売は欠損となった。そこで琉球船は貨物の量を増やしてアユッタヤー港を訪れ続けたが、アユッタヤーは「官買」を止めなかったと記録されている(『歴代宝案』)。17世紀の記録では、この輸出入統制を担当する役職は「プラクラン」、その長は「チャオプラヤー・プラクラン」と呼ばれ、ポルトガル人はこれをbarcalonと写していた。漢文史料の「大庫」がこれにあたる。1623年に酒井忠世に宛てられた書簡の差出人「握雅西潭麻喇大庫」は「オークヤー・シータムマラート・プラクラン」の意味であろう。外国船の乗組員との交渉を担当する通訳には、中国語、オランダ語、フランス語、英語などがあったが、600から300というかなり高い「位階田(サクディナー)」が与えられていた。

　このような輸出入の統制によって得られる利潤に加え、アユッタヤー王室自身もまた「唐船(サムパオ・チーン)」を利用して交易を行なっていた。鎖国時代、長崎に入港した「唐船」からの聞き書き『唐船風説書』に「暹羅屋形仕出しの船」とあるのは、タイ王室の貿易投資の実行者である交易船を指している。「唐船」の乗務員はすべて唐人であったが、船中での役

割に従いそれぞれ「位階田」が与えられ、形式的にはタイの役人として扱われていた。『三印法典』の「文官位階田表」には、「船主（チュンチュ、ナーイ・サムパオ）」400、「大船の航海士（トンホン、ドゥターン・サムパオ・ヤイ）」200から「雑役夫（チャップカタオ）」25まで、30近い役職とそれぞれの位階田が記録されている。

王室貿易は、1855年のバウリング条約の締結によってタイが国際法秩序の中に組み込まれ、貿易が自由化されるまで400年以上にわたって続き、王庫に莫大な収入をもたらしていたと考えられる。

（石井米雄）

おうぞく　王族
ราชวงศ์

王族の範囲および階層はたいそう複雑で、理解しにくい。最大の理由は、ラッタナコーシン王朝のラーマ5世までの妻と子の数が夥しいことから、主として国王の妻のタイプや地位による階層を設け、それが子孫に及ぶ制度であることによる。ちなみに、子の数は、1世42人、2世73人、3世51人、4世84人、5世96人である。原則として、妻には5つのタイプがあるが、それにより、その子や孫の地位と呼称が異なってくる。たとえば、国王と王妃（妻）の子は「チャオ・ファー」と称せられるが、同じチャオ・ファーでも王妃自身が国王の子であるか孫であるか王族一般であるかなどにより呼称が微妙に違う。また、国王が特別に取り立てて叙すチャオ・ファーも存在した。チャオ・ファーの次は「プラオン・チャオ」と称せられ、国王と平民である妻の子、副王の子、国王の孫（父がチャオ・ファーで母が王族である者の子、父母がともにプラオン・チャオである者の子）などが相当する。その次が「モーム・チャオ（M.C.）」で、チャオ・ファーと平民の間の子で、場合によっては特別に叙せられたプラオン・チャオの子の場合もある。ここまでが王族である。

王族の尊称は、いわゆる通常の呼称とは異なる上に、絶対王政下では成年に達すると授けられる官位（クロム・プラヤー、クロムマ・プラ、クロムマ・ルアン、クロムマ・クン、クロムマ・ムーン）や官職名と一体化していたため、通常長めである。また、昇進などにより変更することも度々である。モーム・チャオの子孫は平民となるが、社会的には、王族と認められ、氏名の前にその尊称を付して広く使用されている。つまり、モーム・チャオの子が「モーム・ラーチャウォン（M.R.W.）」であり、その子が「モーム・ルアン（M.L.）」である。更に、モーム・ルアンの子孫で完全な平民であるにもかかわらず、王族の血筋であることを示すために、氏名の後に「ナ・アユッタヤー」を付す慣習がある。「アユッタヤー王朝の血を引く」といった意味であろうか。この慣習は6世が考案したが、当初は「ナ・クルンテープ」であったのを1925年に変更したという。さて、5世の時代を中心とした近代国家へ向けた行財政改革を「チャックリー改革」と呼ぶことがあるが、それはまさにチャックリー王家一族の政治的リーダーシップの下に推進された近代化過程であった。立憲革命後も、9世が国民統合の上で果たした役割は大きいのに加えて、官界、教育界、経済界などでも要職にある王族が多く、今日でも血筋を背景とする社会勢力として一定の影響力を維持している。

（赤木 攻）

おうりつがくしいん　王立学士院
ราชบัณฑิตยสถาน

学術の振興、諸学問分野の交流促進、公的機関の学術支援を目的として、1933年に旧来の王立学士会議を改変して設置された独立機関。名誉会員、会員、准会員からなる。大きくは、人文・社会科学、自然科学、および言語・芸術の3領域からなり、細目は65の分野に分かれている。『百科事典』や『地理学事典』の刊行、更には学術用語のタイ語化などの多くの事業を展開しているが、最も著名なのは、タイ語辞典の編纂刊行である。50年に初めて発刊され、82年および99年に改訂版が出さ

れている。この辞典に収録された語彙およびその綴りが「正しいタイ語」とみなされている。
（赤木 攻）

オキサイド・パン、ダニー・パン（兄弟）
ออกไซด์ แปง, แดนนี่ แปง (1965〜)
映画監督、脚本家。香港生まれの双子の兄弟で、テレシネでカラーリストをしていたオキサイドが、1992年タイへ先に渡る。『タイムリセット 運命からの逃走』（1997年）でスラワディー賞を受賞。タイ映画に香港映画の切れ味の良い編集をミックスさせた『レイン』（99年）で初めて共同監督、世界各国で絶賛される。ピーター・チャンがプロデュースしたサイコサスペンス『the EYE』（02年）シリーズはアジア諸国で大ヒットを記録。トム・クルーズが権利を取得してハリウッドでリメイクされた。ほかにアレックス・ガーランド原作の『テッセラクト』（03年）がある。
（宇戸清治）

オキサイド・パン

おしょく　汚職
政治腐敗は時代や政治体制を問わず生じてきた。王族、軍首脳、政党政治家、その補佐役となる行政官、こうした権力者の多くはいつも腐敗してきた。権力のあるところには汚職はつきものであった。19世紀末からの近代国家形成期に公私の区別が確立されなかったことに一因がある。権力者側は汚職に由来する利益を分配して権力基盤の維持拡大に用いるため、内部告発が行なわれにくく、摘発や処罰が行なわれることは稀である。贈賄側にとっては、贈賄は利害を政治に反映させる手段の1つであり、タイの場合には収賄側が同時に複数存在しているという多元性、競合性が観察されることが多い。

政府が対策を講じ、メディアや国民が批判しても、汚職が撲滅されない大きな理由として、社会一般として贈賄に寛大なことを指摘しうる。刑法では贈賄側の刑罰が5年以下の懲役または罰金または両方であるのに対して、収賄側の刑罰は5年〜終身の懲役かつ罰金または死刑となっている。批判をもっぱら収賄側に向けるという発想を改めないと、政治腐敗の削減は難しい。
（玉田芳史）

おしょくぼうしいいんかい
汚職防止委員会
คณะกรรมการป้องกันและปราบปรามการทุจริตแห่งชาติ, คณะกรรมการป้องกันและปราบปรามการทุจริตภาครัฐ

汚職取締の常設機関として、1975年に総理府に官界汚職不正防止取締委員会事務所が設置されたが、摘発例は少なく、有力者が対象となることはきわめて稀であった。また、政治の民主化につれて政党政治家への批判が強まったことを受けて、97年憲法に基づく独立機関の1つとして99年に国家汚職防止取締委員会が設置された。政治家や行政幹部の汚職に目を光らせているが、委員の陣容に応じて取り締まりに差が出るという政治性の払拭が課題である。2008年には中堅以下の行政職員の汚職を監視するために法務省に政府汚職防止取締委員会が新設された。
（玉田芳史）

オートップ　OTOP
หนึ่งตำบลหนึ่งผลิตภัณฑ์
One Tambon One Productの頭文字をとったもので、日本の一村一品運動をモデルとした地方産品の生産・販売奨励政策のこと。2001年からタックシン政権が実施し、2008年時点でOTOP対象商品は3万点を超える。その多くは土産、装飾、工

芸品で、生産者は地域住民組織の他、地方の中小企業など。政府は大規模な展示即売会開催の他、全国に販売店を設け、また輸出振興も行なっている。農村手工業の振興政策は以前よりあったが、政府によるマーケット創出に力点を置いたところがOTOPの特色と言える。

（重冨真一）

オープン・ユニバーシティ

無試験入学制大学のこと。タイには1971年設立のラームカムヘーン大学（RU）、78年設立のスコータイ・タムマティラート大学（STOU）の2校がある。これらは、高等教育へのアクセス要求に応えるために設立された。RUは教室での授業に加え、放送による授業も行なう。STOUの方は、いわゆる放送大学で、原則は放送による授業である（分野によってどうしても必要な場合は対面授業）。RUは、(1)高い質と倫理観を備えた卒業生を送り出すこと、(2)経済、テクノロジー、社会文化の変化に対応し国際水準のカリキュラムを提供すること、(3)地方の人たちにも平等に教育を提供することをミッションとする。10の学部と大学院（修士および博士プログラム）、その他研究所などから成る。2008年現在の学生数は、約43万人（学部生40万、大学院生3万5000人）である。また、STOUは主に社会人を対象とし、(1)個人や社会のニーズに応じて知識を獲得する機会を提供するために高度でアカデミックかつ専門的なコースを促進、(2)知識の発展と国の発展のための研究に従事、(3)国民の生活の質を改善するために知識を普及することにより社会に奉仕、(4)文化を守りタイのアイデンティティを保持することを目的とする。STOUは10の学部と9の大学院（修士課程）を持つ。学生数は約32万人である（08年）。なお、両大学の学生数を合わせると、全高等教育人口の30％以上を占める。

（平田利文）

おまもり　お守り

小仏像をネックレスのようにして身に付けている人をよく見かける。お守り（プラ・クルアン、プラ・クルアンラーン）である。一般に、仏法僧は聖なるもの（シン・サックシット）であり、加護力があるとされる。僧が施す入魂儀礼を経た小仏像は、護身や招運に役立つと言われる。特に呪術に優れた僧が作成した小仏像を持っていれば、銃弾も貫通しないと言う。お守りのおかげで宝くじを引き当てたという話もしばしばある。極端な効力には懐疑的だが、気分が落ち着くので身に付けると話す人も多い。神祇や高僧のメダルも同様のお守りである。自動車の運転席周辺にもお守りは並べてある。相談に行った先の僧からお守りを授かったりするのみならず、市場や街角でも小仏像やメダルを並べた露天商からも入手することもある。お守りは取引の対象でもある。ただし、これらを「売る、買う」とは言わず、「貸す、借りる」と表現する。由緒あるお守りは高値で取引され、その写真を満載したマニア向け雑誌が数種ある。時々特定のお守りの人気が過熱することもある。たとえば、最近では、ナコーンシータムマラートの仏塔の守護神として祀られていたチャトゥカーム・ラーマテープのメダルの効力が話題になり、ブームになっている。呪医が紙や布などに呪文や図柄を描いて作る護符（ヤン）もよく壁などに貼られている。薄い金属片の護符を丸めて筒状にしたタクルットも、紐を通

お守り（プラ・クルアン）

してお守りとして身に付ける。呪文などの刺青もお守りと言えなくもない。

(高井康弘)

おやといがいこくじん　お雇い外国人→外国人顧問を見よ

オルターナティブなかいはつ・はってん
オルターナティブな開発・発展

オルターナティブな（もう1つの）開発・発展をめざす理論は、とりわけ1985年のプラザ合意以降のタイの資本主義的発展、換言すれば世界システムへの包摂により生じた様々な問題を指摘し、その解決への道を探るというのが原点であった。オルターナティブな開発をめざす動きは、70年代にスウェーデンのダグ・ハマーショルド財団の研究者によって提唱された。タイにおいてはガンジーの自力更生の思想、スリランカのサルボダヤ運動、シュマッハーの「スモール・イズ・ビューティフル」などの影響を受けたプッタタート僧とスラック・シワラックがオルターナティブな発展の理論の支柱となり、参加を強調するスリチャイ・ワンケーオと、自助努力を強調するプラウェート・ワシーが、タイのオルターナティブな発展の実践的方策に大きな影響を与えた。更に不平等化の是正や社会の公正を強調したサネー・チャーマリックや消費主義の広がりに警告を与えた開発僧と呼ばれる僧侶たち、地域文化の復興を強調したチャッティップ・ナートスパー、環境問題を強調したプリチャー・ピエムポンサーンなど多くの論者が、資本主義的発展すなわち世界システムへの包摂による商品化がもたらした問題に対するオルターナティブな方策を提示した。一方でナーン僧、マハーユー僧、ウィブーン村長などオルターナティブな開発・発展の実践者が著名となった。オルターナティブな開発・発展の流れは国王の提唱した「ほどほど（もう十分な）の経済」や、近年の農村の市民社会形成の動きにも影響を与えている。

(鈴木規之)

おんがく　音楽

インドからジャワやマレーを経由し、アンコール朝（9〜15世紀）に伝わった音楽と、現在の中国あたりから雲南などを通じて伝えられた音楽が、タイの伝統音楽の基礎だろうと考えられている。タイは西洋の植民地にならなかったのでキリスト教音楽の影響はほとんどなく、仏教との深い関係があることなどが、タイ音楽の特徴と言える。

【古典音楽・地域の音楽】古典音楽は、宮廷の庇護のもと、舞踊劇ラコーン、仮面舞踊劇コーン、人形劇フン、影絵芝居ナン、あるいは南部の舞踊劇マノーラーなどの伴奏として発展したものだ。楽器の編成は時代により違いはあるが、次の3種類に分けられる。ピー・パート編成は、舞踊劇の伴奏のほか様々な儀式でも演奏されるもので、ダブルリードのオーボエのような楽器ピーと、コーン・ウォン（環状に並べたゴング・セット）、チン（シンバル）、ラナート（木琴）、タポーン（樽型締太鼓）といった打楽器で合奏する。弦楽器中心なのがクルアン・サーイ編成で、結婚式などめでたい席で演奏されることが多い。使用楽器は、ソー（二胡）、チャケー（三弦琴）、クルイ（縦笛）、ラムマナー（片面枠太鼓）、トーン（片面太鼓）、チン（シンバル）など。ピー・パートとクルアン・サーイを合わせた大編成のものが、マホーリー編成である。

地域の音楽としては、中部にラム・タットがある。片面枠太鼓であるラムマナーでリズムをとり、男女の掛け合いで歌われる芸能で、のちに歌謡曲ルークトゥンの基礎の1つとなる。東北部の音楽といえば、モー・ラムが代表的な存在である。東北部からの出稼ぎ者などによりタイ全土に移住者が広がり、今日ではタイ大衆音楽の巨大なジャンルに成長している。東北部の下部、カンボジアと国境を接する地域に、カンボジア系タイ人（クメール人）の音楽カントゥルムがある。北部には、ソー（二胡）やスン（ギターに似た四弦楽器）を伴奏にして歌うことから楽器名

が芸能名になったソーなど、様々な民俗芸能がある。そのほか、少数民族の音楽や、イスラーム教徒の音楽などもある。

伝統音楽は、程度の差はあれ仏教と深い関係があるが、釈迦の前世の物語ジャータカの1つマハーチャート（大生経）を節つけて詠唱するレーは、歌謡コンサートでも歌われるほど広く親しまれている。

【大衆音楽】西洋音楽との本格的な出会いは、19世紀末のお雇い外国人によるものだろう。ドイツ人音楽教師とタイ人女性の子としてバンコクで生まれたプラ・チェーンドゥリヤーン（1887〜1968年。この名は欽賜名）は、子供のころから父について音楽を学び、王室の学校や軍で教師となった。一般的にはタイ国歌の作曲者として知られるが、1940年代から50年代の映画音楽の作曲でも大活躍している。7等分平均律に基づく様々な5音階を使うタイ音楽を、西洋楽器でどう演奏するかを工夫したプラ・チェーンドゥリヤーンの研究を引き継いだのが、教え子であるウア・スントーンサナーン（1910〜1981年）である。ウアが率いたスンタラーポーン楽団は、40〜60年代の大衆音楽の中心にいた。ピブーンの第1期首相時代（1939〜44年）には、政府広報局所属の楽団として、愛国歌謡の創作と演奏に努めた。

大衆音楽に大きな変化が現れるのは、60年代である。スンタラーポーン楽団が演奏するプレーン・タイ・サーコン（西洋風タイ歌謡）と呼ばれていた音楽は、ラジオやテレビの普及や、バンコクへの出稼ぎ労働者の増加といった社会構造の変化で、好まれる音楽も階層によって2つに分かれた。上流階級や都会の比較的裕福な階層に好まれたプレーン・タイ・サーコンは、60年代前半になると、プレーン・ルーククルン（都会っ子の歌）とも呼ばれるようになり、それとは対照的に労働者や地方出身者に好まれる歌をプレーン・ルークトゥン（田舎者の歌）と呼ばれるようになった。

60年代は、タイの音楽シーンにとって、ヴェトナム戦争の休暇兵を相手にする飲食店のコピーバンドの時代だったが、70年代にはオリジナル曲を演奏するバンドも生まれた。レコードからカセットテープの時代になり、ラジカセの普及とともに、バンコクで作られた音楽がタイ全土に広がっていった。若者だけが聞くロックやポップスなど総称して、ストリングと呼ぶ。現在、ラジオやテレビで放送される音楽は、このジャンルが多い。アメリカのフォークソングの影響を強く受けて、70年代に生まれたのが、プレーン・プア・チーウィット（生きるための音楽）と呼ばれるジャンルで、社会性のある曲が多く、「カーラーワーン」と「カーラーバーオ」は、タイを代表するバンドとして国外でも有名である。　　　（前川健一）

オンブズマン

憲法上の独立機関の1つ。1997年憲法により創設された。上院の助言に基づき、国王が任命する。定数3人。任期6年。私人の申し立てにより、公務員等の違法・権限踰越行為、または違法か否かを問わず、不当に損害を与える行為・不作為につき、調査・審査を行ない、関係機関への勧告、刑事告発等の措置をとる。法令に違憲の疑いがある時は、憲法裁判所、行政裁判所にその審査を請求することができ、私人が憲法裁判所の判断を求める重要な経路となった。2007年憲法により、公務員の倫理規程の遵守を監視する役割が加えられた。　　　　　　　　（今泉慎也）

か 行

か

かいが 絵画

ウボンラーチャターニー県コーンチアム郡パー・テム国立公園のメコン川畔絶壁に残るメコンオオナマズ（プラー・ブック）や象などの絵は、教育省芸術局によれば先史時代に埋葬地荘厳のために描かれた。東北部コーラート高原上には岩壁に描かれた同類の絵が複数の地に残っている。

仏教伝来以降、絵画は仏塔や講堂など寺院建築物の壁面荘厳に用いられた。識字が普及していない社会では、絵画は「絵解き」を通し、仏法普及の媒体ともなった。スコータイのシーチュム寺仏閣墜道天井の本生話線刻画、シーサッチャナーライのチェットテオ寺境内仏塔の線描き画は、13世紀スリランカ美術の影響を示している。ラーチャブリーのマハータート寺仏塔内房（推定15世紀後半）には彩色の過去仏、アユッタヤーのラーチャブーラナ寺仏塔地下室には朱に金の花鳥図が残る。経本に記され、僧侶が説く本生話や仏伝、仏教宇宙を絵画の形に変えて表現した「変文画」が布薩堂や講堂の壁面に描かれるのは、説経が盛んになる17世紀以降である。18世紀初のチョンノンシー寺（バンコク）の本生話変文画は、生き生きとした筆つかいが色も鮮やかに残っている。18世紀後半の動乱の時代を生き抜いた庶民の活力は「トンブリー派」の自由闊達な画風に表現されるが、代表作はラカン寺（バーンコークノーイ）経堂板壁に描かれた仏教宇宙と本生話で、1980年代にファ・ハリピタックにより、補修され、蘇った。

ラッタナコーシン朝に入り、インドシナの覇王をめざしたラーマ3世の時代は交易も盛んで、中国、インド以西と交易する特恵を得た交易船主たちは競って寺院を補修、人気絵師に壁画を描かせ、王に捧げた。宮廷舞踊劇の影響を受けた身振りと華麗な衣装、西洋の遠近法を用いた風景、中国風花鳥風月、盛花、果物鉢など、舶来の新奇な風物から物流の盛んな時代背景が窺われる。

西欧列強による周辺諸国の植民地化はタイの寺院壁画にも青空白雲、天使に見紛う天人たちなどの新古典派モチーフを出現させた。バウリング条約後に、北部各地にタイ・ヤイ族材木商人が寄進した寺院やナーン県のタイ・ルー族風の寺院の壁画は、仏伝や本生話をエキゾチックな民俗とテーマ、技法で表現し、タイ絵画に新しい魅力を加えた。時代の新しい潮は描かれる対象にも達し、タムマユット派の僧クルワ・インコーンは仏法の抽象的表現を試た。代表作「大輪の花を咲かせる仏法」はボーウォーンニウェート寺院大講堂内で見ることができる。

高温多湿の風土の中で壁画保存には特別の手だても施されず、剥がれればその上に新しい絵を描くというサイクルが繰り返されたが、1970年代後半、バンコク国立博物館ボランティアたちがタイ実業界の協力、ユネスコの協賛を得て行なった壁画保存運動はその流れを変えた。タイの古刹には仏画幡が伝世され、年中行事儀式に用いられる。出安居の日に披露される釈尊三十三天降下図を描いた幡、ウェートサンドーン本生話の変文画幡が「ジム・トンプソン屋敷」に常設展示されている。説経の際に用いられたコーイ紙経本には仏教宇宙や本生話、因果応報図などの挿絵が描かれ、海外では高く評価され、収集の対象となっているが、なかでもニューヨーク公立図書館のスペンサー・コレクションは収集本の数から最大

現代絵画の技法はイタリアから帰化したビーラシー芸術（シンラパコーン）大学教授とその生徒たちにより普及されたが、その主題は人物画をのぞいては仏教と仏教美術から離れなかった。代表的な画家としては、詩的な主題を繊細なデッサンで描いたアンカーン・カンラヤーナポン、荒々しいタッチで地獄を描写し仏教界に糾弾されたタワン・ダッチャニー、光と闇のコントラストで仏教建築空間の静寂さを描いたスラシット・サオコン、壁や大きなキャンバスに明るいタッチで楽しげに仏教宇宙を描いたチャルームチャイ・コーシットピパットなどがいる。80年代後半からの経済成長とそれに続く高層建築ブームは、新しい機会をタイ絵画市場に与えた。事務所や住宅の白壁を埋める室内デザイン上の必要から、静物画、風景画、花画などの需要が出てきたのである。ウアブ・サーナセーンなどの静物画シリーズはこんな背景から生まれた。現在は山や草原、森林などの風景画とともにカラーコンビネーションが美しく、装飾性の高い抽象絵画が好まれている。

（レーヌカー・ムシカシントーン）

がいこくえんじょ　外国援助

1949年にタイは世界銀行に加盟し、50年に初めて借款を受け入れた。また同年にアメリカと経済技術協力協定を締結し、以後アメリカと世界銀行が対タイ援助の主たる国・機関となった。アメリカの援助は、近隣諸国の共産国化への対応という政治的色合いが強く、特に国境を接する東北部や北部を対象に、道路を中心とする輸送インフラの整備、治安強化の観点から農村開発が集中的に進められた。ただし、70年以降は、ヴェトナム戦争関与についてのアメリカ国内での批判が高まりに合わせ、援助も縮小し、その内容も経済社会開発から人道的なものを主とするものへと変化した。

その後、アメリカに代わって、日本が対タイ援助の主役となった。日本からの援助は、コロンボ計画に加盟（54年）した翌55年からスタートし、69年からは円借款が始まった。特に78年の福田首相が掲げた東南アジアとの相互信頼の基づく援助（いわゆる「福田ドクトリン」）とODA倍増計画を背景に、日本の対タイ援助も拡大期に突入した。援助分野も電力、上下水道などインフラ整備だけでなく、灌漑工事など農業開発や教育を含めた人材育成へと多様なものとなった。また、79年にカンボジア紛争が勃発したことを受けて、タイへの援助は東南アジアの安全保障上で重要なものと位置づけられた。

85年のプラザ合意以降、タイ経済が高成長期に入ると、日本の対タイ援助も見直しが議論されるようになった。援助内容については、それまでのタイ政府からの要請に基づくもの（要請主義）から開発政策や援助内容について双方の認識の合致を前提とする「政策協議」方式が導入された。他方で、「無償協力」は93年に事実上打ち切られた。タイを中心とした近隣諸国への協力（南南協力）もこの時期にスタートした。

90年代以降、日本の対タイ援助は縮小傾向にある。しかし例外的に、97年に発生した通貨危機によりタイの経済社会が混乱に陥ったため緊急支援を実施した。経済構造改革支援などに22億5900万円を無償、他方宮澤構想の下に98年は2994億円を有償資金協力として供与した。また産業再建のために「水谷ミッション」を派遣し、産業構造改善事業計画や中小企業支援などを支援してきた。

2000年に入り経済社会が安定を取り戻すと、タックシン政権下では、「タイは被援助国から援助国へ」という方針を示し、日本からの借款の受け入れは一時拒否された。他方で03年には近隣諸国（カンボジア、ラオス、ミャンマー）への援助を目的にECS（Economic Cooperation Strategy: 経済協力戦略）を提唱した。後にミャンマーのパガン（バガン）で開催された第1回首脳会議でACMECS（エーヤーワデ

ィ・チャオプラヤー・メコン経済協力戦略）に改称され、現在も周辺諸国に対する援助を行なっている。04年にはヴェトナムが正式にこれに加盟し、05年、その資金協力を強化するためにNECF（近隣諸国経済開発基金）をNEDA（近隣諸国経済開発協力機構）に改組した。

　03年に日本がODA大綱を見直したことに加え、タイが中進国化してきたこともあって、日本の対タイ援助は新しい段階に入っている。06年に策定された対タイ援助計画では、基本方針として、(1)援助国対被援助国という関係からパートナーシップに基づく「新しい協力関係への移行」、(2)NGO、NPO、民間企業や大学など「多様な主体との連携」、(3)複数の案件を一体化した「プロジェクト間および援助手法間の連携」が示された。また、中進国化したタイが抱える課題として「持続的成長のための競争力強化」や「社会の成熟化に伴う問題への対応」を重視する一方、貧困撲滅や難民救済、人身売買防止などの「人間の安全保障」に関わる問題の解決や「第三国に対する共同支援」を引き続き強化する意向である。近年の借款事業としては、第2バンコク国際空港（スワンナプーム空港）の建設や都市鉄道の新路線への融資などがある。

　06年までの援助累計額は2兆4071億円で、うち円借款が2兆447億円、無償資金協力が1591億円、技術協力が2032億円となっている。　　　　　　　（大泉啓一郎）

がいこくごきょういく　外国語教育

　小学校での英語教育は、1996年に1年生の第2学期より必修教科として初めて実施された。現行の2001年基礎教育カリキュラムでは、外国語学習内容グループとして小1より12年間必修とされている。国際競争力強化のため英語能力向上を目指すタイだが、英語運用能力試験TOEFLの結果を見てもアセアン内で6位にとどまり（07年）、多くの課題を抱えている。なお、1998年より私立を中心に一部の学校でEnglish Program、すなわち英語を教

授用語とする授業の実施が就学前教育段階より認可された。中国語教育に関しては、経済面での中国語需要が高まり、華人系学校に対する規制が92年に緩和され、小1から中国語教育が許可された。日本語教育については、81年に高校の第2外国語として正式に日本語が加えられ、中国語に次いで人気が高い。

　　　　　　（スネート・カンピラパープ）

がいこくじんこもん　外国人顧問

　19世紀後半から20世紀前半の約100年間、タイの近代化を指導し支えていたのは、のべ約1000人の外国人顧問たちであった。タイは1866年には既にイギリス、アメリカ、デンマーク、ドイツ、ロシアから84名の顧問を雇っており、1907年にはイギリス人126名、北欧（3ヵ国）人39名、ドイツ人36名、イタリア人12名、オランダ人11名、日本人9名（ほとんどが蚕業顧問）、フランス人5名、ベルギー人5名、アメリカ人4名の合計247名がいた。その後16年にはイギリス人131名、イギリス籍アジア系人37名、ドイツ人47名、デンマーク人29名、イタリア人27名、フランス人17名、アメリカ人8名、ポルトガル人7名、日本人2名、オランダ人2名、オーストリア人2名、スウェーデン人2名、ベルギー人1名の312名となっており、全般的にはイギリス人が最も多かった。

　とりわけ総理大臣役を務める政府総務顧問は、治外法権撤廃や条約改正の外交交渉、法制改革、内政改革、省庁の管理監督など、外交と内政の国家の根幹に関わる問題を解決しなければならなかった。19世紀末には東からフランス、西からはイギリスがタイの植民地化を目論む折から、どの国の人物を雇用するかがタイの命運を左右していた。タイは領土的野心を持たない中立国ベルギー出身の国際法学者で国会議長を歴任したロラン・ジャックマンを採用した。独立の危機は切り抜けられたものの、ベルギーはヨーロッパの小国であり、列強相手に及ぼす影響力は乏しく、情報が漏れたりした。

体調を崩して帰国したロラン・ジャックマンの後任には、アメリカ人ストローベルを採用した。ストローベルは、アメリカを後ろ盾に英仏と渉り、不平等条約の改正、英仏の保護民問題解決を手がける外交力を発揮し、民法の改正、国家開発など内政改革にも着手した。次いで1908年にウェステンガードが起用された。16年に総務顧問は外務顧問に格下げされるが、セイヤーら、帝国主義的野心のないアメリカ人顧問8名が40年まで担っていた。

各分野の顧問採用にあたっては、最初の人選はタイ側が主体的に決めていたが、実権を握った外国人顧問は、その後任や部下の専門家には同国人を優先的に採用したため、各機関に特定国の専門家が集中する傾向が生まれた。1916年には財務省顧問19名のうちイギリス人は13名を占め、農業省もイギリス人が多く、海軍と警察はデンマーク人、宮内省はイタリア人、郵政・鉄道関係はドイツ人が多かった。
（吉川利治）

がいこくじんろうどうしゃ　外国人労働者
1980年代を境に、タイは労働力の過剰国から不足国に変化した。かつて国内の東北部、北部など農村出身の出稼ぎ労働者が従事していた3K的職種および労働集約的業種（縫製、雑貨、農業、林業、漁業、鉱業、建設、家内労働など）は、今ではほとんど周辺諸国の外国人労働者が代行する。ミャンマー、カンボジア、ラオスの順に隣接国からの流入が多く、労働者の合計は200万人以上と推定される。タイは1992年から、これら3国と労働許可協定を結び、通常の入国査証とは異なる短期（1年以内）の労働＝滞在許可証を交付し始め、1997年経済危機の回復後の2004年からは、まず、身分証明書を発行して短期滞在を許し、これに基づいて労働許可証を発行するようになった。店員、家内労働、サービス業は女性が多いが、その他は男性単身、若年層の比率が高く、タイ国内での子供の就学が困難なため、家族連れは少ない。タイ国内への移動は、ラオス、カンボジアは容易だが、ミャンマーは母国の軍事独裁、少数民族弾圧等の政治的背景によりやや厳しい。最も多いミャンマー国籍労働者は、北西部の陸上ルートと南部の海域ルートを経由するが、前者にはカレン族、シャン族等の分離独立運動の亡命・避難者も含まれる。
（北原　淳）

かいすいぎょ　海水魚
海水魚は、かつては海岸地方での消費が主であったが、保蔵・輸送システムの発達に伴い、現在ではタイ全土に流通している。ただし、内陸部では淡水魚の人気がやはり根強く、乾干物などの加工品を除くと、市場で扱われる魚の中での海水魚の割合は今もなおそれほど高くはない。一方、海に近い地方の市場では、アカメ科のミナミアカメやハタ科、アジ科、サバ科、イトヨリダイ科、ツバメコノシロ科、フエダイ科、マナガツオ科のものなど、色とりどりの多種多様な海水魚が鮮魚として並ぶ。タイ湾側とアンダマン海側とでは生息する魚種がやや異なることが知られているが、たとえばバンコク周辺の大規模な市場では、その両地域から運ばれてきたものが鮮魚として同様に市場に並んでいることもよくある。サケ科魚類やタイセイヨウサバなど、国外からの輸入鮮魚もよく見かける。調理法は魚種により様々だが、スープや蒸し物、塩焼き、炒め物、干物、空揚げなどにして賞味されることが多い。タイの魚醤であるナム・プラーの多くはイワシの仲間を主原料として作られる。食用以外にも、アンダマン海のプーケットやタイ湾のタオ島など各地のダイビングスポットでは海水魚は重要な観光資源となっている。
（渋川浩一）

かいはつえんじょ　開発援助
開発援助を担当する機関については、技術協力を扱う経済技術協力局（Department of Technical Cooperation: DTEC）が1950

年に設置され、1959年には国家経済開発庁（National Economic Development Board: NEDB、後に国家経済社会開発庁 National Economic Social Development Board: NESDB）が設置された。NESDBは主に経済開発計画を策定する機関であり、1961年に第1次経済開発6ヵ年計画を策定した。DTECは1963年から近隣諸国を対象とした援助活動を行なうようになり、省庁再編で外務省へ移管された後、2004年にはタイ国際開発協力機構（Thailand International Cooperation Agency: TICA）が創設された。また、資金協力援助機関として財務省から2005年に独立法人化した近隣諸国経済開発協力機構（National Economic Development Agency: NEDA）があり、このTICAとNEDAがタイの援助実施機関となっている。

（青木伸也）

かいはつそう　開発僧
พระนักพัฒนา

開発僧（プラ・ナック・パッタナー）とは、1980年代の東北部において住民参加型の開発（地方村落における道路や貯水池などのインフラ整備、森林保全、寺院の整備、農業・医療・教育への支援、職業訓練や精神的な指導など）に取り組み、地域住民への精神的な指導（ウィパッサナー瞑想の修行）なども行なっている僧侶に対して、研究者や地域開発NGOが付けた名称である。開発僧出現の背景としては、60年代に実施されたサリットの東北部開発政策や、それに協力したサンガが青年僧を地方に派遣して地方僧侶と村人に開発言説を含めた教化活動を行なったことと、80年代になって地域開発NGOが内発的発展のキーパーソンとしての僧侶と協働しはじめたことが考えられる。90年代以降、タイが経済成長し、政府が実質的な農村開発に着手するようになると、僧侶は開発の指導者から相談役に退く例が増え、地域住民も僧侶には宗教的な指導者の役割を期待する声が強くなった。ただし、貧困層が多く不利な条件に置かれている地域では開発僧への期待感が依然残っており、開発僧たちも「仏法による開発連合」というネットワークを形成して地域の社会問題解決に尽力している。研究者やNGO活動家はその様を見て、アジアの社会参加型仏教（Engaged Buddhism）の復興という脈絡で開発僧を評価し、日本にも紹介している。しかしながら、仏教による社会開発もまたタイで主流をなす政治的ディスコースに絡め取られる可能性もあり、研究者は冷静にタイ上座仏教の文化伝統と地域社会との関係を見すえた上で開発の実践を評価する必要がある。

（櫻井義秀）

かいりつ　戒律
ศีล

戒（シーラ）と律（ヴィナヤ）の合成語でサンガの修行規範を示す。戒は自主、自律に基づき修行を推進する精神である。不殺生、不偸盗、不淫、不妄語、不飲酒が5戒で、在家信者には不淫の代わりに不邪淫が説かれる。メー・チーや熱心な在家信者はこの5戒に3項目（装身具を身に付けない、床に寝る、決まった時間以外に食べない）を加えた八斎戒をワン・プラに守る。戒の違反に罰則はない。227条の戒律には、比丘個人の修行規則（波羅提木叉）とサンガの統制規則（羯磨）の2種があり、罰則を伴う他律的な規則である。　（泉 経武）

カーウィラ（王）
พระเจ้ากาวิละ（1742～1816）

ラーンナー・タイ王国の王でカーウィラ王家の創始者。ビルマ（ミャンマー）王朝の宗主権下で平民からラムパーン国主となった祖父パヤー・チャイソンクラーム（パヤー・スラワルーチャイ）、父チャオファー・チャーイケーオの後継者としてラムパーンに生まれた。ビルマ支配に反抗して1775年、叔父のチエンマイ長官チャーバーンとともにシャムのトンブリー王朝軍に帰順し、ラーンナー地域のシャム国家への従属的な関係の端緒を開いた。82年ラッタナコーシン朝のラーマ1世王に

よりチェンマイ王に叙任されたが、96年にチェンマイの再建事業に着手するまではパーサーンに在って、戦乱で荒廃した地域の復興のために外征による入植政策を遂行した。カーウィラとカーウィラを補佐した6人の弟たちは合わせて「七殿下」と呼ばれ、この一族の人々が近代シャム国家に統合されて王族支配が廃絶されるまで、チェンマイ、ラムパーン、ラムプーンの諸国を治めた。　　（飯島明子）

カオサーイ・ギャラクシー
เขาทราย แกแล็คซี่（1959〜）

プロボクサー。1959年5月15日ペッチャブーン県生まれ。本名スラ・セーンカム。国際式ボクシング元WBA世界ジュニアバンタム級（現スーパーフライ級）チャンピオン。世界初の双子の世界チャンピオンであり、兄のカオコーもWBA世界バンタム級チャンピオンであった。ムアイ・タイ（タイ式ボクシング）の選手から国際式ボクシングに転向後、強打で頭角を現した。引退後もタイの国民的な英雄であり、タレントとしてテレビや映画なども出演している。日本人女性と結婚したこともあるが離婚し、現在はタイ女性と結婚して大型レストランを経営するなど事業家として活躍している。　　（菱田慶文）

カオサーイ・ギャラクシー

カオ・プラウィハーン（遺跡）
ปราสาทหินเขาพระวิหาร

シーサケート県東部カンタララック郡のパノム・ドンラック山脈中に位置する大規模な山上のクメール神殿遺跡である。

カオ・プラウィハーン遺跡

カンボジア名プレア・ビヒア。バプーオンとアンコール・ワット様式で9世紀後半から12世紀半ばにかけて建立され、シヴァ神が祭られている。造営中王位にあったのはヤショヴァルマン1世、スールヤヴァルマン1世、ジャヤヴァルマン5世、同6世、スールヤヴァルマン2世である。山頂に向かう斜面に約850mの参道が主祠堂へと続き、途中4ヵ所に楼門が建つ。主祠堂は屋根が崩れかなり荒廃しているが、高低差120mの傾斜を生かしたスケールの大きい設計と、背後の高さ500mの断崖から見渡すカンボジアの大パノラマはすばらしい。神殿はカンボジア側にあるが入口はタイ側にしかなく、帰属をめぐって紛争が絶えなかったが、国際司法裁判所は1962年にカンボジア領と判定した。カンボジアの内戦時代にはポル・ポト派の拠点となっていたが、90年代にカンボジアに平和が戻るとともに一般にも開放され、タイ側からの観光客も増えていった。2008年に世界文化遺産に登録されたが、それを機に領有問題が再燃して閉鎖され、現在も再開のめどは立っていない。　　（梶原俊夫）

かきょう・かじん　華僑・華人
【中国人移民とその後続世代】一般には、華僑が移民当時のままの中国国籍であり外国人扱いされるのに対して、華人は居住国の国籍を取得していることによって区別される。しかし、「華人」が中国からの移民やその後続世代一般を指して使用され

る場合もある。なお、ここで言う「中国人」は、中華民国あるいは中華人民共和国の国籍を有する者のみを指すのではなく、主として華南を中心とした地域や台湾の出身者を含む漢民族一般を指す。

中国人移民の子孫は一般に華人・華裔と呼ばれるが、他民族との通婚も見られる。移民4世代以降になると、中国系としてのアイデンティティの喪失も珍しくない。タイ語で「ルークチーン（中国の子という意味）」と呼ばれる人々は、タイ国内で中国人を父親として出生した者である。中国人は父系出自主義を取るから、父親が中国人である限り、母親がタイ人であってもその間に生まれた子は中国人とみなされる。したがって、タイ国内の出生であれば、両親とも中国人である子と父親のみ中国人である子の双方が、ルークチーンに含まれる。中国語では「僑生、華裔」と呼ばれる。なお、中国人とタイ人という異なるエスニシティを有する両親の間に生まれた混血児（Sino-Thai）には、上述の場合とは逆に、タイ人の父親と中国人の母親の間に生まれた子がいるが、この混血児はルアット・パソムと呼ばれてタイ人とみなされる。

【中国人移民の現地化と国籍】華僑の子孫やルークチーンの国籍については、出生時期のタイ国の国籍法によって以下のように異なるが、概ねタイ国籍者と言えよう。タイで国籍法が初めて成立した1913年から52年までは完全な出生地主義であったので、タイ国内で生まれたすべての子は、親の国籍のいかんを問わずに、タイ国籍が取得可能であった。しかし、53年にこの国籍法に改定が加えられ、少なくとも両親のうちの1人をタイ国籍者とする子のみが、出生地を問わず、タイ国籍を取得できることになった。この結果、中国籍の両親のもとに生まれた第2世代は、タイ国籍を拒否されたため結果的に中国人としてのアイデンティティを強めることになり、中国人の同化を促進しようとするタイ政府側の意図に反することになった。このため、この国籍法は56年には再度改定された。すなわち、すべてのタイ国内出生者には国籍取得が可能となり、出生地にかかわらず父親がタイ国籍者の子、および国外出生者の場合でも母親がタイ国籍ならば、父親が非タイ国籍者であってもタイ国籍が取得可能となった。このようにごく短期間の出生者を除けば、華僑の子はタイで生まれた場合、タイ国籍が取得可能であった。

中国からタイに入国した移民の第1世代はタイ語では「コンチーン」、中国語では「新客」と呼ばれたが、帰化によりタイ国籍を取得して華僑から華人になり、第2世代のタイ国籍取得を容易にした。また中国に共産党政権が発足した後、中国からの新規移民が規制されて極端に減少した結果、エスニシティは中国人であるが国籍がタイである人々すなわちタイ華人が増加した。ちなみに中国籍の華僑の人口は60年には約41万人、70年には約31万人、87年には約18万人と年々減少しているのに対して、タイ国籍を有する中国人（華人）の推定人口は87年には約600万人と言われる（タイ国の総人口5130万人の約11.7％）。ただし、この推定値は中国の統計であり、多めに見積もられている。400万人という統計もある。

【華人のエスニシティ】アユッタヤー朝には既に中国人街が形成されていたように、中国人の定住には長い歴史があり、またトンブリー朝以来の王室にも中国人の血統が認められるほど両民族の融合は深い。しかし、20世紀に限って言えば、1932年の立憲革命、第2次世界大戦の前後のタイと中国（中華民国政府）の外交関係、国内外の共産主義運動などを契機とするタイのナショナリズムの影響によって、中国人としてのアイデンティティの持ち方は強弱さまざまである。また、家庭内における移民世代の有無やその影響力によっても、後続世代のエスニシティは異なる。80年代以降の中国（中華人民共和国政府）の改革開放政策後に、中国とタイ国の経済的関係が強まるにつれ、華人団体を中心にして中国的文化表象の再度

の顕在化も見られようになった。たとえば、ヤオワラート路のロータリーに中華門が新設されたことは記憶に新しい。なお、この門にはシリントーン王女の墨跡で国王の長寿を祝う言葉がタイ中両国語で書かれていることも注目される。

中国文化の伝統に誇りを持ちこれを維持してきた家庭では、旧暦正月・春秋の墓参などの中国的年中行事を行ない、結婚式や葬儀には中国様式が色濃く見られる。姓名や家庭での使用言語がタイ化していても、中国姓や中国語方言との併用がしばしば見られる。宗教に関しても、中国伝来の民衆宗教である徳教などの勢力増大がある。タイ上座仏教の慣習に従って出家経験を持ちながらも、中国仏教（大乗仏教）と道教の混交した教義を有する徳教組織の代表を勤める者さえいる。中国人アイデンティティの程度は、学校教育における中国語教育に関わる制度と政策に大きく影響されてきたが、それだけによって決定されるわけではなく、故国と居住国であるタイ国の関係にも影響を受ける。
（吉原和男）

がくせいうんどう　学生運動
1960年代の開発政策が大学と学生数を急増させた結果、学生運動は70年代に全盛期を迎えた。68年6月憲法が10年ぶりに公布されると、学生デモが行なわれ、物価高騰に反対すると共に、タイ軍の南ヴェトナム派兵とアメリカ帰休兵受け入れの中止を求めた。続いて学生は選挙監視グループを結成、15大学から約3000人が69年2月総選挙に貢献した。この活動は70年2月タイ全国学生センター（NSCT）発足に結実した。各大学には政治討論グループが結成され、言論活動を展開した。外国でヴェトナム反戦運動に参加したタイ人留学生も国内紙誌に寄稿し、学生運動に影響を与えた。国会運営が煩わしくなったタノーム首相は71年11月クーデタを決行、憲法と国会を廃止した。独裁への不満がくすぶる中、NSCTは72年11月日貨不買運動を成功させた。73年10月憲法要求のビラを配布し逮捕された13人の学生らの釈放を求める学生運動が50万人に上るデモに発展し、軍内部の対立と国王の支持もあって、10月14日独裁政権は崩壊する。その後、左翼出版物が奔出した。学生運動は農民と労働者の運動の発展に寄与した。NSCTは76年3月米軍撤退を要求するデモを組織、7月米軍は撤退する。しかし、学生運動の急進化とインドシナ3国の社会主義化は、軍と右翼集団による10月6日の弾圧を招来、学生の一部は共産党に合流した。その後、90年代に入って学生数も急激に増加したが、学生運動そのものは極めて低調である。
（高橋勝幸）

がくれきしゃかい　学歴社会
タイではことのほか学位信仰が強く、学歴によって職業や社会的地位が決定され、しかも工業化が進むにつれて、学歴の重要度が増し、学歴社会の度合いが強まってきた。1980年代後半から、国私立大学の急増や地方の中学、高校の拡充が進み、本格的な学歴社会へ突入した。現在、有名大学や難易度の高い大学の卒業生を優遇する雇用慣行が進み、大学間格差が拡大している。同時に、高学歴者と見なされる大学への入学や有名進学中高校入学のための受験競争が加熱化し、受験産業の伸展や受験・教育をめぐる首都－地方間格差および経済格差が大きな社会問題となっている。なお、現憲法においては国会議員の立候補資格条件に学士であることが規定されている。
（野津隆志）

かげえしばい　影絵芝居
中部のナン・ヤイと南部のナン・タルンがある。前者はカンボジア、後者はジャワ伝来というが詳細は不明。ナン・ヤイはアユッタヤー時代には上演されていたようである。いずれも水牛や牛の皮（ナン）をなめして型をとり、彫ったあとに彩色を施し、棒を取り付けて作った人形を使用する。ヤイは「大きい」という意味である

影絵芝居（ナン・タルン）

が、タルンの語源には諸説ある。中でも、ラーマ3世時代にパッタルン県の一座がバンコクで上演し、ナン・パッタルンと呼ばれたものがナン・タルンと呼ばれるようになったという説が有力である。ナン・ヤイの人形は大型で腕の動きがなく、複数の人形遣いが白幕の前も使って演じ、語り手は別にいる。ナン・タルンの人形は小型で腕の動きがあり、白幕の後ろで1人の語り手が複数の登場人物の声色を使い分けながら人形も操る。更に一座は、ナン・ヤイはピー・パート合奏団、ナン・タルンは民族楽器の演奏者で構成されるが、後者の場合エレキギターなども加えた編成もある。ナン・ヤイは「ラーマキエン」のみを演じる。ナン・タルンは「ラーマキエン」のほかに「ジャータカ」、「クライトーン」やオリジナルな話題を盛り込んだ演目を演じることもある。（野津幸治）

かけごと　賭け事

タイ人と賭博は切り離せないものである。タイ人がスポーツ観戦している所では、必ずと言ってよいほど賭博をしているのを見かける。1935年に政府公認の競馬を除くすべての賭博が禁止されているが、警察署から許可証を発行されている賭博場で行なわれる1日以内の賭博は例外的に許可されている。代表的な賭博の対象は、ムアイ・タイ、ボートレース、闘鶏、闘魚、闘虫（カブト虫、コオロギなど）、サイコロ賭博、トランプ賭博などである。宝くじは、政府が発行している合法宝くじと地下組織による非合法のヤミ宝くじがある。近年流行っている賭博は、非合法のサッカー賭博である。サッカー賭博は、インターネットなどの通信機器を利用して賭けが行なわれるため、公務員や大学生など、その操作に慣れた若者の間に人気がある。2006年に行なわれたワールドカップでは約1600人の逮捕者を出している。他方、伝統的に賭博が行なわれているムアイ・タイなどは、通信機器などは不要で1対1で手軽にできる賭博であるため、田舎からの出稼ぎ労働者などに人気がある。（菱田慶文）

かじんコミュニティ　華人コミュニティ

コミュニティと呼ばれるものが実在するのではなく、中国語を生活用語の少なくとも1つとする人々が華人団体とその関連組織やそこでの活動に主体的に参加する時、そこに華人のネットワークの存在を見出すことができる。いわゆる中国人街はヤオワラート路を中心とした地区とされるが、中国語の看板が他地区よりも目立ち、中華門が近年に建造されたにすぎない。華人団体の会所はバンコクに散在し、バンコク自体が華人系市民の多い都市であるから、地理的なコミュニティは実在感が薄い。

華人の方言別人口は、華人コミュニティの基盤がかつては方言によって明確に分節化されていたことを示す。タイ語以外に日常的に使用される中国語方言の1955年の人口構成比は、スキナーによれば、潮州系が最大で56%、続いて客家系が16%、海南系12%、広東系・福建系が各7%、その他が2%である。トンブリー王朝の創始者であるタークシン王の父親が潮州人であったため、潮州系の移民人口が増えて経済分野で支配的になり、家庭や仲間内で潮州方言を使用しアイデンテ

ィティを持つ潮州人は、潮州会館や県や郷村単位の同郷会、同姓団体を結成してきた。会館が管轄する培英学校、普智学校、彌博中学およびその卒業生が組織する校友会は、同業団体と並んで潮州人のネットワーク構成に重要な役割を果たしている。寺廟のほか共同墓地は越隆潮州山荘のほか、バンコク郊外に3ヵ所あり、中国伝統社会の世界観を髣髴させられる。ソンクラーやハートヤイなど地方都市にも潮州会館や同郷会と同姓団体があり、バンコクの関連団体との交流が維持されている。　　　　　　　　（吉原和男）

かじんしゅうきょう　華人宗教

華人宗教には、中国から伝えられた仏教や道教を教義・儀礼の中心とするものがある。寺廟は創建された当時には、建造費負担者である華僑の出身地の宗教文化を明白に表示していた。たとえば1875年に結成された瓊州公所（第2次大戦後に海南会館と改称）が管轄する水尾聖娘廟、泰華娘廟、昭応英烈廟はすべて故郷の海南島で篤い信仰を集めていた神格である。海上渡航の安全祈願や異文化環境下における神仏への加護祈願や同郷出身者間の相互扶助の拠点となったのが寺廟であった。寺廟から世俗的な会館組織や慈善団体へ発展した例もある。広東省東部の潮州地方からの出身者によって1910年に創建された大峰祖師廟は、故郷で架橋工事など社会事業を熱心に行なって信仰を集めた仏僧を祀るが、その後に潮州

華人宗教（徳教の廟・紫真閣）

会館とは別に慈善事業に特化した報徳善堂を発展させて、華人以外からも支持を得ている。この組織は身元不明死体の収容活動でよく知られる。華人の慈善団体は宗教組織が母体になったものが他にも幾つかある。霊媒による宗教儀礼や独自の慈善活動に重点を置く徳教会も潮州地方に起源を持ち、2008年現在では全国の88組織が泰国徳教慈善総会を結成している。徳教がタイに伝えられたのは第2次大戦直後であった。1950年代から組織が結成されはじめたが、当時は共産党の活動が警戒されたために、華僑の団体結成が容易ではなく、慈善団体や仏教研究団体の体裁をとって当局の認可を受けていた。しかし、徳教世覚善堂紫微閣のように、前近代中国で慈善事業を行なう組織が用いた「善堂」という語を組織名称に使っているのは、徳教が広東省潮州で生まれた当時の事情を伝えていて興味深い。　　　　　　　　　（吉原和男）

かじんだんたい　華人団体

華人社会の最上位機構は財界団体である泰国中華総商会（以下、機構名称からは「泰國」を省略、また旧字は新字表記とする）であるが、それとは別に中華会館がある。前身は孫文が来タイした1907年に中国同盟会を結成した折に発足した中華会所である。47年に在タイ華僑の指導者が協議して親睦・教育・公益事業・泰中親善の促進を目的に掲げて中華会館と改称した。台湾に中華民国成立後は関係が強化された。中国語教育の充実に力を入れている。

　中華総商会の工商委員会には各業界の代表がほぼ網羅されている。草創期より精米・コメ輸出業界の経営者の勢力が大きいが、彼らはすべて潮州系である。特定の業界団体と中国大陸における祖籍・出身地の特定の会館ないし同郷会との結びつきは現在でも残存している。潮州会館の成立年は、他の方言集団よりも遅く1938年である。会館成立以前には、1896年創設の大峯祖師廟が会所としての役割

を果たした。会館成立後の重要な事業は、米穀業者のギルド組織を設立してタイ米を潮州に安価に輸出することであった。潮州地方の各県同郷会の代表によって役員会が構成される。それらは潮安、潮陽、大埔、掲揚、普寧、澄海、豊順、饒平の各同郷会である。他の方言別の会館は、海南、福建、客属、広肇、江浙、廣西、雲南の各会館である。海南会館の前身団体の1つである瓊州公所は1875年に成立し、その後に創立された昭応廟、育民学校、越敦瓊州山荘(共同墓地)などを吸収・統合して、1946年に海南会館となる。福建会館は、1872年創立の順興宮を会所として福建公所が成立し、1911年に福建公所を改組して成立。客属会館は、三奶夫人廟、関帝廟、本頭公廟、漢王廟、観音宮などの管理にかかわる客家人によって1862年に集賢館が成立したが、その後1910年に暹羅客属会所として再編された。6年後に設立された新会所には関帝廟と進徳学校が併設された。広東省梅県出身者が多い。広肇会館は1877年に開設された廣肇別墅が前身であり、広東省の三邑人、四邑人が中心となり組織した。廣肇山荘、廣肇医局(後に廣肇医院)が付属していた。1909年には華益学校が創立され、後には30年代までに創立された他の5校と共に46に廣肇学校(小学校)として統合される。65年には廣肇中学を開設した。50年代中期より毎年8月に山荘にて盂蘭節を挙行している。江浙会館は、江蘇省と浙江省出身者により、23年成立した。これ以前には同郷者により江浙山荘が開設されていた。会員には木工業者が多かった。廣西会館は81年成立である。83年に会所が完成。雲南会館は上述の諸会館とは異なり、雲南省からの移民(国民党兵士など亡命者)によって65年に結成された会館であり、また台湾の国民党と密接な関係を持つ。以上の団体の他、同姓者によって結成された宗親会や宗親総会が出身地や職業を横断して華人社会のネットワークを構成している。

(吉原和男)

かぞく・しんぞく 家族・親族

家族を示すタイ語は「クロープ・クルア」、親族は「ヤート」と呼ばれる。クロープ・クルアは世帯と同義語で、住居と家計を共にする生活単位を指す。家族の内部は、親世代や子世代など複数の世代から構成されることが多い。

【家族構成】家族の現状を端的に提示する要素であり、ここには家族形態と家族成員とが含まれる。2000年の人口・住宅センサスから全国の世帯家族の比率を見ると、単独世帯(10.1%)、核家族(60.3%)、直系家族(23.9%)、合同家族(複数のきょうだいの家族から構成、1.8%)、直系・合同家族(両親と1人の子供の家族以外に他の子供やその家族あるいは孫などから構成、4.0%)となっている。このように、核家族が6割と優位にあり、直系家族がそれに次いでいる。しかし、核家族の規範性は弱い。直系家族も結果として末子(末娘が多い)との同居となることが多いが、どの地位や性の子と同居しなければならないという系統性や規範性は弱い。家族成員については、着実に減少している。平均世帯員数は、1980年の5.2人が2000年には3.8人になった。これは、工業化の進展している地域(都市)への移住による単身者の増加や家族計画の成果、乳児死亡率の減少などの反映と見られる。しかし、世帯員数は減少しているのに、1980年と比べて、単純な親族構成の家族形態(核家族)は減少し、複雑な家族形態(あとの2形態)が大幅に増加するという結果になっている。

【婚姻・居住制】これらは家族の成立に関わる要素である。まず婚姻については、自由な恋愛が認められているので、恋愛結婚が制度化されているかというと、必ずしもそうとは言えない。むしろ結婚の決定に至る過程には、双方の親や親族が関わり、結納金(シン・ソート)などもその折に決まるから、協定結婚的な面が強く残る。夜間男子が女子の家を訪ねるレン・サーオ慣習が強かった時代では、村内婚が多く見られた。最近では、オートバイの

所有や遠隔地での就業も増加しているため、通婚の範囲は拡大している。婚姻後の新夫婦の居住については、選択的と言われる。しかし、地方差があり、北部や東北部では妻方＝母方居住の傾向が強い。中部では新居制が理想であったり、夫方居住が優位になる。歴史的には妻方居住が慣行となっていた。妻方居住制であっても、息子のみの場合や、男子と女子の階層差が大きい場合には、夫方居住も生じうる。婚姻と居住制の組み合わせから、屋敷地共住集団が形成される。ここでの生活を通じて形作られた行動様式や規範が、上記の家族形態にも反映されていると見られる。

【相続・扶養】親子の世代間がどのように連続するかを見る要素である。タイの相続規範は子供間の均分相続制とされる。しかし農業中心の場合には、村に残るほうが不動産の相続では優先されることが多い。そのため、妻方居住制の地方では姉妹が農地や屋敷地の相続では優遇され、婚出する兄弟は動産の分配のみということがよく見られる。しかし夫婦間の相続では、婚姻以前の持参財産は別財、以後の共通財産は共有である。夫婦関係のタイ的特徴でもある。老親の扶養についても、特定の子に義務付けることはないが、結果として屋敷地に共住したり隣接地に居住する子供、すなわち娘間での扶養が多くなる。特に末娘は親とずっと同居するので、最終的な扶養担当者にもなる。タイは既に高齢化社会を迎えているが、老人扶養は政策的にも依然として家族の役割が期待されている。

【親族】タイの親族構造は双系制というのが通説である。確かに村内婚が多いところでは村内に父方・母方の親族（キンドレッド＝親類）網が張り巡らされている。これは自己を中心に組織化されたものである。世代を超え親族を組織化する出自集団は、北部の母系の祖霊崇拝組織以外には見られない。また母方あるいは母系を象徴するものは、祖霊祭祀や病気（霊の祟り）の看護など、普段見えないものに潜在

化している。屋敷地に共住している娘たちの家族の姓は異なるのが通常である。逆に兄弟は結婚後も姓が変化しなかったので、父系の同姓親族（トラクーン）に親族的な一体感が生じたりもする。したがって、弱いながらも出自意識を認識させる芽は存在しているが、集団化させる社会・経済的な契機は欠けている。親族を強く認識させるのは、生活の相互援助であり、親・子、オジ・オバ、甥・姪、イトコは近いヤートとして、結びつきが強い。

（竹内隆夫）

かぞくけいかく　家族計画
国家政策として、1970年から開始。背景には、47年以降、この間の人口増加率が3％を上回り、20年余りで人口が倍増したことがある。人工妊娠中絶への法規制の厳しさとは対照的に、家族計画の実施手段は、医師以外の医療従事者にも教育・訓練の後、処方や施術が許容された。圧倒的に女性が家族計画の実行主体となっており、家族計画は女性の役割とも言える。その結果、合計特殊出生率は、60年代後半の6.3人から急激に低下し、20世紀末には人口置換水準以下になり、2005〜06年では1.5人になっている。　（竹内隆夫）

かちく・かきん　家畜・家禽
タイにおいて見られる主な家畜は、水牛、牛、豚、鶏である。近年ではかつての少頭羽数飼育から商業的な家畜飼育やこれに付随した畜産物加工産業が急速に発展してきている。タイの水牛は沼沢水牛と呼ばれる種類である。かつてはバンコク近辺においても使役のために飼われており、チャオプラヤー川の風景の1つになっていたが、1990年以降は農業の機械化に伴い急速に数が減り、近年都市部で見かけることはあまりない。牛は、乳用牛と役肉用牛が飼養されている。乳用については、ホルスタインとゼブ系の交雑種（タイ・フリーシアン）が乳量も多くタイの気候に適応しやすいことから主流である。役肉用は、抗病性は高いが生産性が

低いインド系牛の影響を受けた小型在来種である。一方、アメリカ産のアメリカンブラーマン等、増体高率がよくタイの自然環境に順応できる種類を導入して在来品種との交雑種が作られおり、それらが肉用専用種として増加している。豚は、80年代後半から発展した大型専業養豚場において、ランドレース、ラージホワイト、バークシャーなどの交雑種が飼育されている。また頭数は多くないが、在来豚も主として都市部以外で飼育されている。タイで飼養されている鶏は、産肉用のブロイラー系品種、産卵用品種、そしてそれ以外の目的で飼われている在来品種に大別することができる。数としては海外輸出用の産肉品種が最も多い。実用鶏以外の種類では、原種とされる赤色野鶏に酷似した地鶏や闘鶏に用いられる直立型の種類も全土で見ることができる。なお、日本の直立型品種であるシャモはタイ（シャム）にその名を由来すると言われている。　　　　　　　（秋篠宮文仁）

カティナさい　カティナ祭
งานทอดกฐิน

雨安居明けの旧暦11月黒分から1ヵ月、特別な木枠で作られブッダが僧に着用を許した僧衣をカティナ衣と言う。この期間に行なわれるカティナ衣の献上（カティナ祭）は1寺院で年に1度行なわれ、タイ人にとって大きな功徳を積む（タム・ブン）機会とみなされている。王立寺院では王族によるカティナ衣の寄進が行なわれる。近年は、遠方の寂れた寺院を地方出稼ぎ者から聞きつけ、カティナ衣の寄進主になることをのぞむ都市住民の姿が見られる。祭りではカティナ衣の他に、寺院で必要となる種々の生活物資の寄進が行なわれる。　　　　　　　　（泉　経武）

カティナ祭

カトゥーイ
กะเทย

「第2の女性」などとして言及されるが、女性的に振る舞う男性などを含むMtF（男性から女性への）トランスジェンダー一般を指す幅広い語である。厳密に対応する西洋の概念はなく、英語ではレディーボーイという造語で表現される。欧米におけるトランスジェンダーに比べて社会的な受容度は高いとされるが（仏教的価値観が理由とされるが、根拠は薄い）、それは差別がないことを意味するものではない。性別適合手術を受ける者も多く、その一部は娯楽産業や性産業へと就業の場を求める。　　　　　　　（市野澤潤平）

カノックポン・ソンソムパン
กนกพงศ์ สงสมพันธุ์（1966〜2007）

作家、詩人。南部パッタルン県生まれ。高校在学時の1984年、文学同人「クルム・ナコーン」を結成して詩と短篇の創作を手がけ、雑誌や新聞に投稿する。ソンクラーナカリン大学中退後、出版社勤務を経て、職業作家に転じる。南部における政府軍とイスラム武装集団との戦闘に翻弄される民衆を描いた『落ちた橋』（1989年）がチョー・カーラケート短篇賞

カノックポン・
ソンソムパン

かへいせいど▶

を受賞。その後も開発の犠牲になった男を描いた『サーラマーンの小さな世界』(96年)など南部に生きる人々の生活を見つめた作品を次々と発表した。短篇集『他の大地』が96年の東南アジア文学賞を受賞。所収の8つの短篇には、たとえば『滝』のように、現実と虚構の区別が曖昧化し、過去と現在を繋ぐモメントとして幻想や夢が多く登場する。非物語的な筋運びと共に、作者の世紀末的不安感が読み取れよう。97年から2年間、当時、タイ唯一の文芸雑誌であったWriter Magazineの編集長を務めたこともある。短篇集に『落ちた橋』(91年)、『周囲を回る世界』(05年)、『四方の村々の周り』(06年)、『国の物語』(06年)、『小さい人』など全部で6冊、詩集に『渓谷で』(06年)など2冊、その他にエッセイ集がある。07年に肺炎をこじらせ死去。　　　　　　　(宇戸清治)

かぶしきしじょう　株式市場→証券市場を見よ

かへいせいど　貨幣制度
昔の貨幣・金の度量単位は、2ソーロット(半文)＝1アット(文)、2アット＝1パイ(厘)、4パイ＝1フアン(半銭)、2フアン＝1サルン(銭)、4サルン＝1バーツ(銖)＝1ティカル(Tical)、100サタン(士丹)＝1バーツ、4バーツ＝1タムルン(両)、20タムルン＝1チャン(斤)であった。このうち、アットからサルンまでは中央財政の金額表示として、ラーマ5世王期まで実際に使用された。現在はサタンとバーツで表示するが、サタンは関税や付加価値税などの計算に主に使い、25サタンと50サタンの2種類が硬貨として流通している。タイで最も古い貨幣はビアと呼ばれる貝殻通貨で、アユッタヤー朝期にはくるみの実を小さくしたような粒銀や豆銀を使用し、チャクラ(法輪)の印章を刻印した。ラーマ4世王期に入ると銀貨・金貨が鋳造され、ラーマ5世期には、1904年に粒銀を回収して銀貨などの硬貨に統一した。08年に銀本位制を廃止、金本位制に転換。紙幣の本格的な使用は、02年の「紙幣法」に遡る。その後、12回の大規模な紙幣の変更がなされている。第3回目(ラーマ7世期)からは、現在のように歴代の国王の肖像を表に印刷するようになった。紙幣の印刷はイギリスのThomas de La Rue社などに依頼していたが、68年から中央銀行自身が製版・印刷している。流通している紙幣は10バーツ、20バーツ(69年)、50バーツ(85年)、100バーツ(68年)、500バーツ(75年)、1000バーツ(92年)であり、2003年から05年にかけて、10バーツ以外のすべての紙幣のデザインを一新した。　　　　　　　　　　(末廣　昭)

カム
ขมุ
中国南西部からヴェトナム北部(4万3000人、1989年)、ラオス北部(61万4000人、2005年)、タイ北部にかけて居住し、言語的には北方モン・クメール諸語クム語派に属する民族。タイでは9の「山地民」グループの1つとして分類されており、ナーン県を中心に約1万2000人(2002年)の人口を擁する。自称はクムー(Khmu)など。ラオスではラオに次ぎ第2位の民族人口で、かつては奴隷を表す「カー」と呼ばれることがあった一方、王権神話ではラオの王兄として登場する。精霊崇拝に基づく宗教観を持ち、主生業である焼畑陸稲栽培でも稲魂を祀る儀礼が執り行なわれる。　　　　　　(園江　満)

カムプーン・ブンタウィー
คำพูน บุญทวี (1928～2003)
作家。現在のヤソートーン県サーイムーン郡(元はウボンラーチャターニー県に所属)生まれ。高校を出て東北部やバンコクで様々な職を経験した後、南部で教員試験に合格し11年間勤めた。その後刑務所の看守となる。東北部の人々や獄中の人の生活などを多く描く。東北部で貧困に負けることなく自然とともにポジティブに生きる少年を主人公に描いた小説『東北タイの子』で第1回東南アジア文学

カムブーン・
ブンタウィー

賞を受賞（1979年）。同作品は映画化もされて有名になる。2001年には国民芸術家賞（文芸部門）の栄誉を受けた。(平松秀樹)

カムペーンペット
กำแพงเพชร

バンコクの北北西358kmに位置する北部下部の県。県西部は山岳地帯で平地の比率が低いが、農業は盛んである。とりわけ、サトウキビ、トウモロコシ、ダイズなど畑作物の生産量が多い。1970年代から90年代にかけて、畑作の拡大とともに他県からの人口流入が大量に見られた。また、山間部でホタル石が採れるほか、1983年には県東部で石油が発見された。県庁所在地であるカムペーンペット市は、チャオプラヤー川の支流の1つであるピン川の左岸に立地する。「ダイヤモンドの城壁」を意味するカムペーンペットという地名は、スコータイ時代に政治的、軍事的に重要な都市であったことに由来する。　　　　　　　　　（遠藤 元）

カムマーン・コンカイ
คำหมาน คนไค（1937〜）

作家。本名ソムポーン・パラスーン。ウボンラーチャターニー県生まれ。師範学校を出て故郷で教職に就いた後、プラサーンミット教育大学や、アメリカのコロラド州立大学修士課程で学ぶ。視学官など一貫して政府関連の教育畑を歩む。定年退職後は、国家教育委員会の顧問や大学で非常勤講師を務めるなどしている。作家としては、早くから雑誌などにルポル

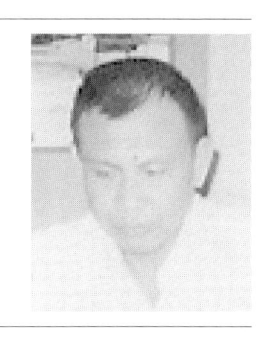

カムマーン・コンカイ

タージュなどを載せて注目されていたが、一般には、東北部の小学校に赴任した若き教師がそこにはびこる役人や地方商人の不正と闘う姿を描いた映画『田舎の教師』（1978年）の原作者として有名。
（平松秀樹）

かめんぶとうげき　仮面舞踏劇→コーンを見よ

カーラシン
กาฬสินธุ์

バンコクの北東519kmに位置する東北部の県。カーラシン市の南約10kmには約1200年前のドヴァーラヴァティ時代の環濠集落ムアン・ファーデートスーンヤーンの遺構があり、かつては東北部の要衝の1つであったが、現在の町の直接の起源は18世紀末に設立された同名のムアンである。20世紀に県となったが、1932年から47年まではマハーサーラカム県に統合されていた。1968年に完成したラムパーオ・ダムからの灌漑のため、天水田の多い東北部では珍しく2期作の比率が高い。更に、近年では県内で1.5億年前の恐竜の骨が発見されたことから、「恐竜の町」としての観光開発を目論んでいる。　　　　　　　　（柿崎一郎）

カレン
กะเหรี่ยง, ยาง

チベット・ビルマ語族に属し、カレン語系言語を母語とする山地民の1つ。タイ族に先んじ北部から西部に分布したとさ

れ、17世紀にはラーンナー・タイの年代記に登場する。現在ミャンマー側に300万人以上、タイ側では「チャーオ・カオ（山地民）」に数えられる人々のうち最大の38万人強が居住する。主たる下位言語集団スゴー、ポー、ブウェ、トンスーなどが共有する自称がなく、ビルマ（ミャンマー）語のカインを英語化したカレンの総称を充てられる。北部でヤーン、中部でカリエンと呼ばれる。分布域はタイのチャオプラヤー川以西、北はチエンラーイから南はプラチュアップキーリーカン県で、山地や山間盆地が中心。近年は都市への移住者も増加している。ミャンマーでは国境からデルタまで、山地平地を問わず広く分布する。　　　　（速水洋子）

かわせせいど　　為替制度
タイの為替の所管は、財務省が為替管理の最終的責任と監督権限を持ち、タイ中央銀行が財務大臣より為替管理の運用実務を委任されている。為替管理は、1942年制定の「外国為替管理法」、54年財務省省令により、運用に関する詳細は財務省告示、中銀告示・命令により定められている。タイは90年5月のIMF8条国加盟を契機に為替管理の緩和を行ない、更に97年7月のバーツ危機により米ドルにリンクしたドルペッグ制から変動相場制へ移行した。現在、近隣諸国へのバーツ現金持ち出し枠、海外株式取得枠、海外子会社への貸し出し枠等の拡大、外貨持ち出しおよび銀行の非居住者向け貸し出しの自由化等規制緩和が進んでいる。更に、2006年以降のバーツ高傾向の中バーツ買いを抑制する狙いから08年2月にはそれまで規制の多かった外貨預金（米ドルや日本円建て等）の取り扱いについても大きく緩和された。外国為替管理法上で、海外との取引において受け取り・支払いともに指定通貨の制度はなく、決済通貨に指定はないが、実需に基づかない取引やタイ居住者間の外貨での取引は依然規制されている。タイにおける外国投資は、直接投資、資産運用投資のいずれも自由である。非居住者の居住者に対する外貨での貸し付けに制限はなく、資本や貸し付けは自由に国内に持ち込める。また、投資資金の本国への送金や海外からの借入金の返済は、証明書類の提出を条件に自由に送金できる。　　　（中嶌知義）

かんがい　　灌漑
灌漑のほとんどが水田灌漑である。2003年には、全水田およそ1000万haのうち半分以上が灌漑面積に入る。いわゆる井堰灌漑は、集水域が大きい北部山間盆地に限られる。それ以外の地域では、何らかの貯水ダムを作り、その水門と水路によって配水することが多い。地形が平坦なデルタでは、堤防、運河、水門等によって、必要な期間だけ人工的に湛水状態を作り出すが、これは低地水制御とでも呼ぶべきものである。低い大河川に流れ落ちた水を動力機械ポンプで汲み上げる方式による灌漑面積は、全灌漑面積の4%に達する。なお乾季作の面積は、全灌漑面積の30%近くになる。　　　（福井捷朗）

かんきょうもんだい　　環境問題
タイにおける環境問題への取り組みは、1960年代から主に公害・廃棄物分野を中心に行政的整備が進んだ。初期の環境行政は、環境問題（公害・廃棄物分野）と資源問題を概念的に切り離し、それぞれに関わる法律制定・計画の策定・実務を管轄する省庁の部局や公的組織が分散し、政策的調整が困難だったとされる。

　公害分野では、61年にサリットが排気ガス・産業公害問題の政府委員会を立ち上げたことを皮切りに、陸運局による排ガス規制（64年）、「工場法」改定（69年）などの施策がとられた。また73年と74年にメークローン川で大規模な水質汚染問題が発生したのを機に、75年にタイ初の「国家環境の質保全向上法」が施行され、同年、国家環境委員会も設置された。環境アセスメント制度はその直後の78年に導入されている。しかし、70年代に国際的潮流に則った環境関連法を整備した

にもかかわらず、実態上は資源・環境に負荷をかける経済政策や開発の推進が進んだ。資源面では、61年に国土の53.5%、およそ1億7100万ライ（1ライ＝1600㎡）を占めた森林面積が、98年の25.6%まで減少し続け、森林保護や植林を続ける中、2004年に32.6%台を回復するにとどまっている。また不十分な土壌管理・汚染処理のままに農業・土地開発が進んだ結果、土壌が劣化し、2005年時点で土壌浸食が見られる土地に分類された面積は1億887万ライにのぼる。

公害面では、主要河川のチャオプラヤー、ターチーン、メークローン、バーンパコン川流域などで水質汚染が進み、定期的な水質モニター検査が行なわれるようになった。更にバンコク首都圏の大気汚染は健康被害や視野の悪化をもたらし、基準値を超える粉塵や排ガス問題が深刻化している。ただし、大気中の鉛濃度は、1994年前後にバンコクで無鉛ガソリンへの移行が成功したことから低下しつつある。有害廃棄物を含む廃棄物の総量は年を追って増大し、96～2004年の平均値で年間総量1460万トンのペースで増えている。開発が進むにつれて、タイの生活環境はまずバンコク首都圏で悪化した。更に、1980年代後半から90年代の経済成長期には、全国規模で生活環境の変化や資源環境の悪化が進んだ。企業進出や土地開発・公共事業が進む中、地方で資源の目減りや土地開発による経済的打撃を被った貧困層が環境紛争の主体となり、90年代に数多くの抗議活動が首都を中心に展開された。

こうした実態や紛争の激化を受けて、タイの環境問題への取り組みは、90年代と2002年に転機を迎えた。公害問題と資源問題をより統合的に管轄し、地方レベルに資源環境管理の主体を移す政策的枠組みが準備されつつある。第1の転機は、「92年国家環境の質保全向上法」の抜本改定であり、公害管理局ほか環境関連部署の権限が大幅に強化された。更に97年憲法では、コミュニティや自治体に資源・環境問題を自主管理できる権限が付与された。また97年には、2016年までの20年間にわたる長期国家環境計画が策定され、資源環境の持続的かつ包括的な維持・管理の重要性が強調された。もう1つの転機は02年の省庁再編による天然資源・環境省の創設である。従来は分散して資源・環境問題を管轄していた複数の局を1省に組織統合した。これと時期を同じくして中央省庁が管轄していた資源・環境関連の業務が自治体に委譲され始め、今後、自治体がどの程度環境管理に役割を果たせるかが問われている。05年版環境白書によれば、現在、対策を要する環境課題として天然資源・環境省が重視しているのは、旱魃と水不足、有害廃棄物問題、河川の水質汚染、気候変動と野焼き問題などである。

06年版環境統計に要約されたタイの環境問題の概況は、次のとおりである。タイ全土の平均気温は1996～2005年の変遷を見ると上昇傾向にあり、特に中部地域の気温上昇が他地域よりも目立っている。また同時期の年間雨量ならびに降水日数は減少傾向にあり、水需要が増える中、水不足が生じ始めている。大きな被害を生む自然災害では、04年末の津波のほか、旱魃・洪水・森林火災が毎年のように生じている。大気汚染を示す値は、04年のCO_2（二酸化炭素）排出量が1866億トン、CO（一酸化炭素）が303万トン、NOx（窒素酸化物）86.5万トン、SO_2（二酸化硫黄）37.7万トンである。またバンコク内の数地点における10マイクロン以下の粉塵測定値は基準値を超え、年々増加している。住民からの苦情件数が最も多い騒音問題も、バンコク首都圏の04年測定値は基準値を超える71デシベル（24時間値）を記録した。土壌問題では、農業に不適とされる2億984万ライのうち、6427万ライの土壌が酸性化し、2170万ライには塩害が見られる。

水資源については、水道水の需要、河川からの水需要が年々増大し、清潔な水資源の確保と公平な分配策が問題となっ

ている。河川からの水使用量（生活利用・工業用水を含む）は中部が最も多く、次いで東部、北部の順に多い。河川の水質は、大都市周辺と工業地域の流域で汚染レベルが高く、廃棄物、汚染物質、生活排水が3大原因とされる。バンコクの16運河では02～06年の比較で水質は改善傾向にあり、一部を除けばDO（溶存酸素）の上昇とBOD（生物化学的酸素要求量）減少が観測されている。数少ないながら汚水処理場が都市部に整備されはじめ、流域ごとの水質管理体制の整備と地方自治体への水質モニター業務の移管が進行中である。

森林資源では、1997～2004年に外材の輸入増加とともに国内の木材消費量が減った。加えて植林の努力などから全国の森林面積は増加傾向にある。廃棄物分野では、年々増大する一般ゴミ、産業廃棄物、有害廃棄物の適切な処理が焦眉の課題である。ゴミ処理を担当する全国自治体の報告によると、自治体レベルの一般ゴミ処理の方法は、焼却が90.6%、次いで埋め立て式処理39.4%が主流を占める。今後の課題は、有害廃棄物の適切な把握と処理、一般ゴミの肥料化やリサイクルなどである。

タイの担当各局に住民が寄せた環境関連の苦情は、総件数で1995年の5961件から2003年には1万1033件へと急増した。うち大気汚染・騒音への苦情（74%）と水質汚染への苦情（15.8%）が合わせて9割を占める（03年）。今後、地方自治体が環境・資源管理において重要な役割を担う制度が整えられる中、全国の環境・資源状況を把握し、問題を統括する中央―地方間の行政的整備が急がれている。

（船津鶴代）

かんしょうこく　緩衝国

シャム危機によるメコン左岸の獲得後もフランスの領土拡張の野心は減退しなかったことから、1896年にフランスとの衝突やタイでの経済的権益の喪失を憂慮したイギリスが、フランスとの間でチャオプラヤー川流域に限定してタイを緩衝国として保全することに合意した。ただし、緩衝地帯外のマレー半島とメコン川流域はそれぞれイギリス、フランスが権益を確保することが了承された。これがタイの独立維持の最大の要因となったとの見方もあるが、実際には緩衝地帯外の大半をタイは維持できたことから、チャックリー改革などタイの主体的な近代化の歩みをむしろ重視すべきであろう。

（柿崎一郎）

カーンチャナブリー
กาญจนบุรี

バンコク西北128kmに位置する中部の県。面積、人口規模とも大きく、GPP順位23位（2006年）等と各種指標でも上位を占める大県である。土地面積は森林60%、農地16%で、地形的には、西側のミャンマー国境地帯へと広がる山地が大半を占め、平野部は、国境から山地を南下するクウェー・ヤイ、クウェー・ノーイ両河川の合流点から下流のメークローン川の流域平野のみである。ただし、県庁所在地に近い同合流点から南のラーチャブリー県境までの平野部の土壌は肥沃で、上流の2大ダム（ワチラーロンコーン、シーナカリン）にも恵まれ、コメの平均収量はライあたり539kgである。GPP製造業比率も22%近くに達して農業比率を超え、工業化による農村就業者の兼業化も進行中である。歴史的には、古くからモーラミャイン、ダウェー（タヴォイ）等のミャンマーの主要都市に通ずるルートとして、クウェー・ノーイ川に沿って、三仏塔峠を越える道路（スリーパゴダ・ルート）があり、戦闘、通商、人の移動の重要ルートだった。第2次大戦中に日本軍が欧米捕虜6万5000人を含む数十万人の労働者を動員して建設した「泰緬鉄道」もほぼこのルートに沿う。ハリウッド映画"The Bridge over the Kwai（戦場にかける橋）"や多くの書物で、鉄道建設における欧米人捕虜やロームシャの酷使ぶりが非難された。同鉄道は現在も途中のナムト

ックまで運行され、カーンチャナブリーはクウェー川鉄橋、戦争記念館等を含む有名観光地となっている。　　（北原　淳）

かんりょう　官僚

19世紀末に近代的な官僚制の整備が始まり、教育を受けた人々に門戸が開かれて以後官僚はあこがれの職業であり続けてきた。それと同調するように、高等教育機関は官庁への人材供給に主眼をおいてゆっくりと整備された。大方のタイ人にとっては、英語力を磨いて外資系企業に就職しない限り、給与所得者として現実的に可能性があるのはもっぱら官僚に限られていた。1960年代以後、民間企業の雇用機会が増加し、同時に大学の卒業生数が官庁の需要を大きく上回ると、官庁以外に就職する大卒者が増えてきた。80年代以後には給与の官民格差が拡大し、官庁から民間企業への頭脳流出が増えた。しかしながら、官僚の待遇が劣悪になったというわけではない。何よりもまず官僚は職業というよりも身分である。官僚は国民全員が携帯を義務づけられるIDカードを作る必要がない。官僚は身分証明書で代替しうるのであり、一般国民とは別のカテゴリーとなっている。このことは社会保障にもてきめんに反映されている。医療費、子供の教育費補助、退職金・恩給などの点で優遇されている。また、官僚の身分は手厚く保護されている。給与や人事制度は行政公務員委員会（人事院に相当）が管轄している。採用、昇進、職務内容などは官庁ごとに実施されるものの、給与体系は、警察官、裁判官、検察官などの特定の職種を除くと、官庁を問わず同一である。2001年に設置された行政裁判所では、官僚は被告として不当行為を訴えられる可能性があるものの、原告となって処遇の不満を訴えることもできる。

　国家公務員には統一採用試験はない。官庁ごとに実施している。一度特定の局に配属されると、通常は、局長就任までほかの局へ移ることはない。局長になると、同格のポストであるほかの局の長、あるいは事務次官事務所で局長と同格の副事務次官か監査官に横滑りするか、事務次官に昇格するしかない。不正や失敗がない限り60歳の定年まで在職し、定年前の勇退慣行がないため、たとえばある人物が55歳で事務次官に就任すると、同期と後輩4期分からは次官を出せないことになる。天下りは一般的ではない。国営企業の理事は現職官僚の兼任ポストであり、官庁退職と同時に退かねばならない。辞めたらただの人である。退職者を受け入れる外郭団体や公益法人はない。民間企業も、退職者が官庁に影響力を持たないことを熟知しているため、退職者自身に格別の能力がある場合を除いては再雇用の受け皿にならない。数少ない例外はNGOや政界である。90年代以後地方分権が進んで地方自治体職員が増えてきたものの、公務員の9割ほどは国家公務員である。国家公務員の人数が多い一因は、初等や中等の学校教員が国家公務員だからである。しかしそればかりではなく、ほとんどの官庁が全国に出先事務所を構えて多数の職員を地方に派遣している。地方勤務者の多い学校教員を除いても、国家公務員のうちほぼ7割以上は地方勤務であり、数年ごとの全国転勤を繰り返している。

　官僚政体という表現を用いて、官僚の政治的な役割が大きいと主張されることが多い。組閣が選挙結果を反映する必要のない非民主政の場合には、局長や事務次官が多数入閣してきた。クーデタ直後の政権はその典型である。また、タイ語で権力を意味する言葉「アムナート」が職務権限を指しており、それが官僚に備わるのは自明であるため、官僚には権力があると理解されがちである。しかし、政治を支配してきたのは行政官僚ではない。王政、軍政、民主政を問わず、官僚制は支配者にとって不可欠な補佐役である。この役割のゆえに、政治から一定の自律性を保ち、補佐役たりうる能力を維持してきた。　　　　　　（玉田芳史）

かんりょうせいたい　官僚政体

1960年代中期にリッグス(F. Riggs)は、タイ政府の閣僚のほとんどが官僚出身である点に注目し、軍部を含む官僚制の他に政治勢力がなく官僚が政府を自らの利益実現の道具として利用する政治システムを官僚政体(Bureaucratic polity)と呼んだ。これはタイ政治研究に大きな影響を与えたが、80年代以降の経済成長の結果、官僚制以外にも社会勢力が誕生したので、それはもう相応しくないという主張がなされた。しかし、そもそもこの概念は官僚制の背景となるより広い政治経済構造を軽視し、文化決定論と政策決定論を重視したために、歴史的変化を分析対象にできないという批判がある。

（高橋正樹）

き

きこう　気候

タイは国土の全域が熱帯モンスーン気候区に属し、南西季節風が卓越する夏の雨季と北東季節風が卓越する冬の乾季を持つ地域が大部分である。気温は平野部での年平均気温が約25～28℃で全般に温暖である。南北および海岸と内陸での差は大きく、北部の内陸部では冬の月平均最低気温は12℃程度となる一方、4月の月平均最高気温は35℃にもなる。タイの人々は、気温が1年で最も高くなる雨季入り直前の4～5月を暑期(夏)とみなしている。年平均降水量は、全般に1200～2000mm程度との湿潤気候で、南西部のミャンマー国境付近と南東部のカンボジア国境付近では特に多く、4000mmを超える。夏の南西モンスーンは、5月の上旬に南部から北上を始め、5月中には全域が支配下に入り本格的な雨季を迎える。9月中旬には冬の北東モンスーンが吹き始め、10月末にはほぼ全域がその支配下に入る。降水量はモンスーンの交替期に多く、その間の6月から7月にかけては若干減少し、9月に最も多くなる地域が多い。ただし、南部のマレーシア国境に隣接するマレー半島東岸部では、冬のモンスーンに伴う降水量が多く、11月が最多降水月となる。

（松本　淳）

きそきょういく　基礎教育

学校教育制度における高等教育レベル以前の段階の教育を指し、初等教育および中等教育を含む。Basic Educaitonの訳語として、1980年代後半から教育政策文書に散見されはじめ、90年にチョームティエンで開催された「万人のための教育世界会議」(ユネスコ・世界銀行などが主催)を機に普及定着した用語。97年憲法において、国民の教育を受ける権利として、最低12年間の無償で良質な基礎教育を受ける権利が規定され(第43条)、12年間一貫のものとして再構築された。「1999年国家教育法」においても、同様に基礎教育を12年間とし、平等な教育機会を提供する義務を政府に課した(第10条)。2001年には12年一貫の基礎教育カリキュラムが告示され、03年には次のように基礎教育行政組織が改革された。教育省に基礎教育委員会が置かれ、その事務局が基礎教育行政を一括して担当することとなった。従来の国家初等教育委員会事務局、普通教育局、学術局などが再編統合されたものである。「1999年国家教育法」では、地方への権限委譲の原則を示しており(第9条の2)、全国に175の教育地区が設置され(2003年当時の数)、国公私立の基礎教育機関(初等学校・中等学校)を管轄している。同時に、すべての基礎教育機関には法人格が付与された。この改革の理念は、(1)グローバリゼーション・経済危機への対応として、タイ人らしさを保ちつつ国際競争力を身に付けたタイ人の育成をめざしていること、(2)民主化の流れの中で長期的な視野に立った市民社会の形成を課題としていること、(3)グローバリゼーションの弊害からの脱却をめざし、「ほどほどの経済」原則による

開発、中道主義を求めていること、(4)学習者中心主義に立った教育観を貫くことの4点に求められる。

他方、義務教育は、改革以前は「初等教育法」の規定により、初等教育の6年間と定められていたが、「1999年国家教育法」および「2002年義務教育法」によって、前期中等教育までの9年間に拡大された。1990年代を通じて前期中等教育の義務化のために教育機会拡大政策がとられてきたものが、法制度上は結実した。ただし、義務教育段階で約36万人の学齢児が不就学とされており(2006年)、9年間の義務教育完成に向けては困難な課題がある。04年にはホームスクールおよび企業立学校の省令告示があり、基礎教育機関設置者の弾力化が始まり、多様な教育機会拡大がめざされている。　　　（森下　稔）

きぬ　絹

伝統的に東北部は養蚕が盛んで、農家は多化性伝統種を使って年間4回の孵化を行ない、自ら繭を繰って絹糸に紡ぎ、厚手の絹地に織ってきた。近年の地場作業場では、縦糸は機械紡績の絹糸を使い、横糸は手繰りの絹糸を使って手織りした製品が多かった。しかし、最近は、手繰り横糸の生産量が減って手織り製品もなくなり、機械紡績の糸を動力織機で織る機械製品が増えた。伝統的絹織物を改良し、「タイ・シルク」の名で欧米に広めたジム・トンプソンは現在も有名ブランドである。なお、日本政府は20世紀初頭と1970年代の2度にわたって日本式の養蚕、紡績、織布の技術援助をしたが、いずれも失敗した。　　　　　（北原　淳）

キャッサバ
มันสำปะหลัง

マニオク、タピオカ、イモノキとも称される。学名は*Manihot esculenta*。トウダイグサ科の高さ4mになる草本性低木で、葉や茎に傷をつけると白い乳液を出す。熱帯アメリカ原産の重要な食用作物。地下に澱粉を20〜30%含んだ10〜15個の大きな塊根（いも）を形成する。この澱粉をタピオカ、またはタピオカ澱粉と言う。塊根は青酸配糖体を多く含む苦味種とそれが少ない甘味種に区別され、前者は澱粉加工用、後者は生食用にされるが、中間的な品種群もある。澱粉採取目的ため広大な面積で栽培されるとともに、自給食糧源として家屋周辺などにも植えられる。幹（茎）を30cm程度に切断し、地中に差し込んでおくだけで根付くなど、栽培が容易で、乾燥にも耐え、また収穫期が特にないことなど、有利な側面がある。収量はヘクタールあたり約10トンとされる。収穫後は早急に乾燥させないと腐敗するため、生での貯蔵はできない。澱粉に加工するため、乾季に入って収穫、すぐにチップにして乾燥させるが、きわめて臭い。タイでは澱粉加工用は主として東北部で栽培されるが、国際価格が大きく変動し、これに影響されて栽培面積や生産量が変動する。澱粉を小さな球状

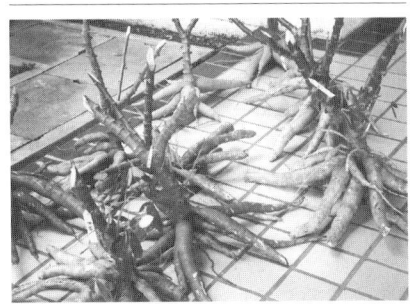

絹（糸繰りのための繭煮）

キャッサバの塊根（いも）

にしたタピオカ・パールはお菓子に加工される。若い葉を野菜としても食べる。
　　　　　　　　　　　　　　（渡辺弘之）

きょういくかいかく　教育改革

タイでは、伝統的に仏教寺院（ワット）が各地方における学習と文化の中心となり、僧は王子から農民まですべての人にタイ文字、仏教倫理、簡単な医学などを教えた。特に多くの少年が寺子として僧の身のまわりの世話をしつつ、仏教教義やタイ文字を習った。ただし、彼らに対する教育は組織的に整備されていなかった。19世紀後半から近代国家の確立に伴い近代的な学校が設立され、徐々に普及するようになった。ラーマ5世チュラーロンコーン王は官吏養成のために王宮学校を創設するとともに、基礎教育のための学校を設立して、庶民への普及を図った。しかし、校舎や教員の不足から普及が困難であったため、寺院の利用を試みた。1898年に「地方教育整備に関する布告」を公布して、教育近代化を図った。そこでは、すべての寺院を教育の場とすること、僧や少年僧が教員になることなどが規定された。しかし、サンガにとって教育の仕事は過重負担であり、教育監督僧を探すことが困難であるといった理由から寺院の利用は止め、内務省の地方組織に管理が委ねられた。1921年には「初等教育法」が制定され、義務教育の実施（7〜14歳）が図られた。しかし、障害者、伝染病患者、学校から3.2km以上遠くに住んでいる者などへの就学免除規定もあり、就学者は容易に増加しなかった。

1932年の立憲革命以降、政府は33年に国民教育計画を発表し、教育機会の拡充とともに国の文化を振興する教育を強調した。35年に「初等教育法」が改正され、教育振興は国家の責任であり、初等教育は無償とした。農村部における地方学校は増加したが、脱落者は依然多かった。戦後の主な教育改革としては、60年、77年、92年、2002年に公布された4つの国家教育計画があげられる。いずれの計画も当時の国家経済社会開発計画の影響を受けていた。60年の国家教育計画は、学校制度を4-3-2制から7-3-2制に改革した。また、サリット政権は国家経済開発優先の政策により農村開発の遅れを克服しようと、農村教育拡充に力を入れた。教育内容は、アメリカの影響から、徳育、知育、体育および技能教育のバランスを重視した。「ボーイスカウト（ルークスア）法」が64年に制定され、全国的組織が整備された。そして、義務教育段階においてボーイスカウト活動を課外活動として行なうことが必修となった。特に、集団活動、奉仕活動の実践とともに、「ラック・タイ（民族、宗教、国王）」を重視し、国家アイデンティティの強化を目指した。77年の国家教育計画には、73年10月に軍事独裁政権を打倒した学生革命の影響を受けた平等主義と、76年にクーデタで誕生した軍事政権であるターニン内閣の反共主義の2つの要素が併存していた。78年の改正カリキュラムを見ると、前者の側面として生活経験の重視、農村における教育振興が、後者の側面として国王を元首とする民主的政体の保持やタイの文化・伝統などが強調された。初等教育レベルの就学率が80年に98.2％に達するとともに、このカリキュラムの普及により、国家アイデンティティを植え付ける国民教育が進展した。85年には、前述のボーイスカウト活動が小学校から高校までにおいて必修とされた。また、カリキュラムや教育活動では、国民の義務、感謝、報恩が強調されているが、言論・出版・結社の自由、人権、異文化理解などは取り上げられていない。92年の国家教育計画では、義務教育の質の向上、中等教育までの無償教育の提供が課題とされた。その他、コミュニケーション能力、外国語習得、国際・文化交流など、情報化社会、国際化社会への対応が考慮された。

第7次および第8次国家経済社会開発計画（1992〜2001年）において、地方分権化が課題とされた。それとともに注目されるのは97年憲法と最初の「国家教育

法(99年)」である。前者の第42条では「個人は、最低12年間の無償で良質な基礎教育を受ける権利を有する」と規定されている。後者の特徴には、学習者中心の教育重視(第22条)、初等・中等教育を管理する基礎教育委員会の設置(第32条)、地方分権化を推進する教育地区の設立(第37条)などがある。加えて、教育の質と基準の向上のために評価制度を定めることにした(第47条～49条)。実際、03年に制定された「教育組織法」により、これらの改革案が具体化されている。たとえば、教育地区は、03年に全国175地区に設置された。01年に制定された基礎教育カリキュラムは、12年間一貫の教育課程とし、全国共通のコアカリキュラムと各学校が工夫する学校カリキュラムを設け、おのおの7:3の割合で分けた点で画期的である。　　　　　　　　　　(村田翼夫)

きょういくカリキュラム　教育カリキュラム
カリキュラムとは、教育目的・目標を達成するために、選択された教育内容を配列し組織した計画のことである。タイにおける国家としての教育目的・目標は、「国家教育計画」の中で示されてきたが、「1999年国家教育法」によって法制化された。同法により、初等教育と中等教育が「基礎教育」として12年間一貫とされ、義務教育期間が6年から9年へ拡大されたことを受けて、「2001年基礎教育カリキュラム」が告示された。各基礎教育機関(学校)は児童生徒やコミュニティの状況・ニーズを把握した上で、学校を基盤とするカリキュラム開発に取り組む。同カリキュラムはその編成方法と枠組みおよび12年間の到達目標を示している。その基本原理の特色は、(1)タイ人らしさと国際性のバランスをとった国家統一のための教育、(2)社会が教育参加する万人のための教育、(3)学習者中心主義、(4)基準の大綱化、(5)多様な学習経験の互換性、である。目標では、グローバル時代への対応を図り、民主主義的な市民社会形成を目的とし、節度ある中道主義の

原則の下、国際的な競争力を維持しつつ、伝統的文化や愛国心を身に付けた人間の形成がめざされている。

カリキュラム構造は、「タイ語」、「数学」、「理科」、「社会科・宗教・文化」、「保健・体育」、「芸術」、「仕事・職業・テクノロジー」、「外国語」の8学習内容グループおよび「学習者発達活動」からなり、3学年を単位として12年間を4ステージに分け、年間授業時間(初等:800～1000、前期中等:1000～1200、後期中等:1200以上)の範囲で、各学校は独自のビジョンや児童生徒に求める望ましい資質を設定した上で、教科編成を構築する。統合的な教科編成が奨励され、独自の教科や発展的教科も認められており、学習者ニーズに柔軟に対応できる。

同カリキュラムは、02年に全国2000校で試行開始、03年からすべての学校で小1、小4、中1、中4(高1)から学年進行で実施された。当初、準備期間の短さ、専門的支援の不足もあって現場では混乱が生じ、特に小規模学校では過重な負担となった。そこで教育省は2003年の告示で、中央カリキュラム70%、地方カリキュラム30%とし、学校が自主編成する負担を軽減した。地方カリキュラムの実状を見ると、地元の教材を活用した地域学習を展開している例もあれば、中央カリキュラムの発展的な内容を行なっている例、地方カリキュラムを全く編成していない例もある。　　　　　　(森下　稔)

きょういくきょうりょく　教育協力
世界的にも、「万人のための教育」達成に関する教育協力が課題となっている。日本のタイに対する教育協力では、留学生・就学生に加えて技術や経営のノウハウを学ぶ研修生の受け入れも増えている。タイ人留学生の受け入れ数は、2006年に1734人であった。タイでは教育の普及が進み、1999年制定の「国家教育法」の規定により基礎教育を12年の無償教育とした。このようにタイの教育が発展したため、2000年以降、ラオス、カンボジア

等周辺諸国に協力援助する「南南教育協力」が実施されつつある。たとえば、留学生の受け入れ、ラオス、カンボジアの教員に対する理数科や保健分野の研修、カンボジアにおける中等学校設立などである。　　　　　　　　　（村田翼夫）

きょういくけいかく　教育計画

タイ政府が定める政策としての教育計画の起源は1898年に遡る。王室主導の近代国家形成期にあって、国民形成のための庶民を対象とした体系的な教育制度を構想した。以後、1992年国家教育計画まで9次にわたって発布された（1902年、13年、21年、32年、36年、51年、60年、77年）。内閣が国王に奏上し勅諭として発布され、法令ではなかったが、期限を定めず、教育目的、理念、制度、政策を内容としており、実質的には教育基本法の機能を果たした。教育が人的資源開発論によって国家開発の重要な柱となった60年代最初のサリット政権期以降は、総合的な国家社会経済開発計画の中でも教育について多く触れられるようになるとともに、国家教育委員会による5ヵ年計画としての国家教育開発計画が策定されるようになり、第8次計画（97〜2001年）まで策定された。この時期、教育省による教育宗教文化開発計画、大学庁による高等教育開発計画など省庁部局別の5ヵ年計画も策定された。

1997年憲法第81条で、国家の教育基本法を整備することが規定され、「99年国家教育法」が施行された。これまで国家教育計画が担ってきた機能を法律としたことにより、たとえ政権交代があっても法改正の手続きをとらなければ変更できないものとなった。同法は、教育改革を推進するための法律としての性格も併せ持ち、教育制度改革、省庁統合と教育行政の地方分権、学習者中心主義への転換、教育の質的保証制度の導入、教員免許制度の導入、大学の自治化、教育財政改革、教育テクノロジーの奨励など多岐にわたる。世界的に見てもきわめて大胆で抜本的な改革である。同法により、総理府から教育省に統合された国家教育委員会は教育審議会に名称を改められたが、統合直前に国家教育計画（2002〜16年）を発表した。従来の5ヵ年計画のすべてを一本化した上で、15年間の長期計画とした。同計画では、「ほどほどの経済」原則に則り、「国家教育法」第6条に定める教育目的の実現を図り、学習改革を推進することが謳われている。　　　（森下　稔）

ぎょうせいかいかく　行政改革

行政効率の改善を目的とした行政改革は新しい概念ではなく、歴代首相の施政方針演説の中でも頻繁に取り上げられている。しかし、軍事クーデタの頻発や官僚機構の抵抗で、抜本的な改革は容易ではなかった。だがタックシン政権期（2001〜06年）に実施された行政改革は、その範囲、規模、影響などの点で近年にない大規模なものである。政策は政治家が決め、官僚機構はその実施に専念するという考えのもと、ニュージーランドやイギリスで実施されたNPM（ニュー・パブリック・マネジメント）を参考に、結果重視型行政評価システムが導入された。その司令塔を担ったのが、総理府に新設された行政改革委員会事務局である。政府の各部署で戦略や実施計画を策定し、その達成度が評価対象となった。地方行政でもCEO型（統合型）県知事が導入され、中央省庁局の各出先機関の調整を円滑にするため、県知事の人事権増強や開発予算増大が図られた。こうした結果重視の姿勢は従来の手続き重視の官僚制に一定の影響を与えたが、タックシン政権後は県知事の予算や権限が弱められたり、中央省庁局直属の地方出先機関が増加したりするなど、行政改革に逆行した現象も見られる。　　　　　　　　　（永井史男）

ぎょうせいさいばんしょ　行政裁判所

私人と行政機関との間、または行政機関間の法律上の争訟を扱う裁判所。主としてフランスの制度をモデルに、1997年憲

法により新設され、2000年から活動を開始した。既存の司法裁判所からは完全に独立し、裁判官は独自の試験・手続きで選ばれる。第1審行政裁判所と最高行政裁判所の2審制をとる。国民が政府の施策を裁判で争う動きを生み、その判決が政策形成に影響を与える事例が出ている。証拠収集等を裁判所が主導する職権主義の採用や、低額な訴訟費用が国民の利用を促す要因となっている。　　（今泉慎也）

きょうどうさぎょう　共同作業
農村では、一般に家族を単位として稲作を中心とした農業が行なわれている。農民は、足りない労働力を互いに助け合って補充していた。中でも、「ロンケーク」と呼ばれている共同労働（労働交換）の形態は古くから見られる。たとえば、耕作をしてもらいたい人がタバコなどを持ってロンケークに来てくれないかと知人に頼みに行く。耕作当日は、農作業をしてもらった人に食事や酒を振る舞う。ロンケークは対等の報酬を期待しないおおらかな仕組みであり、タイ農村の文化的特徴をよく示しているが、近年では日雇いの増加や機械化が進み、廃れる傾向にある。　　　　　　　　　　　　（佐藤康行）

きょうどうたいふっこううんどう　共同体復興運動
タイの工業化、都市化が進展し、農家が脱農化、兼業化した1980〜90年代に、このような流れを批判し、対抗しようとした都市中間層の知識人、活動家の間に流行し、関連情報出版物も数多く現れた反近代的、ポピュリズム的な言説、および、それを普及しようとした啓蒙活動の総称。その趣旨は、都市中心の工業化は農村には及ばず、農村共同体（コミュニティ）は太古の昔から伝統的な文化、社会、農業を持続してきたので、これを復元すれば、農村は工業化、都市化の悪影響を受けず、タイ社会全体も明るい将来が展望できる、というものである。欧米のアナーキズムやポピュリズムと同様、現実上の近代化社会を批判し、想像上の「自立的・自治的な農村」にユートピア的夢を求める思想、イデオロギーである。関連の言説・情報類が表現する農村は、眼前の農村と農民の客観的な事実を描写したものではない。実際は、この頃から農民の脱農化、兼業化と出稼ぎ労働が大きな流れとなり、農村の生活インフラ（電気、水道等）と生活様式（耐久消費財等）も近代化し、若年層の農村流出者も増えた。関連する言説・情報類では「土地の知恵」を持つリーダーだとされた人物も、農村で生まれ育ち一生を終える地付きの人ではなく、都市の労働や生活の経験があり、農村が外部の官庁、業者等と交渉する際、良い成果を導く渉外力に優れた人が多かった。要するに、その言説類は、農村の客観的な描写や分析の代わりに、反近代的な思想・イデオロギーを表明し、それに基づく理想的な農村開発運動を提言、実行した。そして、その思想や意義について、出版物を通じて都市中間層に対して啓蒙活動を行なったわけである。

その後、このような言説は、現実の農村開発、地域開発の政策、運動の理念や方針に採用、実行され、啓蒙活動の段階を終えたように見える。たとえば、第8次国家経済社会計画（1997〜2001年）の「ほどほどの経済（足るを知る経済）」、住民参加型のボトムアップ的な開発、第10次国家社会開発計画（2007〜11年）のコミュニティ中心の地域開発などの国家政策の理念やプロジェクトに表現され、更に、多くのNGO組織の農村、少数民族を対象とする開発・救済運動でも、その目標として強調されている。この点で、その理念は政策、運動による実現の段階に入った、あるいは少なくとも、知識人・運動家以外の広い国民の開発意識の改革に貢献中だと言えるが、NGOが抱える問題は現実生活者に対し説得性のある論理に乏しい点であろう。　　　　　　（北原　淳）

ぎょぎょう　漁業→水産業を見よ

キリストきょう　キリスト教

カトリック布教は16世紀初めアユッタヤー朝よりポルトガル人が布教権を得て布教を開始し、17世紀にはフランス人も加わった。フランシスコ会、イエズス会、ドミニコ会が宣教活動を行なうが、布教対象は在留異邦人や少数民族であった。現在では、2大司教区を含む10司教区が置かれている。華人系、ヴェトナム系およびカレンを中心とする山地民族の信者が多い。プロテスタント伝道は、1828年にドイツ人医師ギュッツラフとイギリス人トムリンによって開始された。その後、長老派を中心に北部やバンコクの華人系、のちにアメリカ・バプテスト教会を中心に山地民族の間で布教活動が活発に展開された。1934年に長老派を中心に統合組織Church of Christ in Thailandが創設された。90年に山地少数民族系のバプテスト教会が参加して構成が一変し、現在プロテスタント最大の組織に成長し、会員数は13万にのぼる。カトリックまたはプロテスタントを問わず、仏教徒一般の間での布教は成果が乏しかったが、教育、医療、技術(特に印刷の普及)などの分野でタイの近代化に大きく貢献した。都市部では福音派やペンテコスト派が多く、69年に設立されたEvangelical Fellowship of Thailandがこれらを統合した。現在タイのキリスト教人口は全人口の0.7%で、数の上のみならずその信者の多くが非タイ系のヴェトナム系、華人系、山地民族であることからも、マイノリティの宗教であると言えよう。　　　　(速水洋子)

ぎんがけいせいたい　銀河系政体

東南アジアの伝統的な政治空間に見られた、1つの権力核心を中心として構成される分権的で点的権力のまとまりをコスモロジカルに表現した概念。伝統的な仏教教義に基づく王権や権力関係が現実の歴史の中でどのような意味を持ったかに関心を持ったタンバイア(S.J.Tambiah)が、政治権力の理念と現実の統合をうまく表現する概念として、これを提示した。この銀河系政体(The Galactic Polity)は、中央権力と地方権力の権力関係、および国王と臣下といった主従関係の行政機構という2つのレベルに分けて考えられる。それによれば、アユッタヤー朝の中央地方関係は、政治単位の原型である諸ムアン(町、国)が1つの核心ムアンを中心に階層的に関係づけられたものである。他方、行政機構は、分散的、重複的、人格的な権力関係である。すなわち、そこでの権力は家産官僚制で、複合的、分権的、個人的に行使されるために機能分化されていないが、総合的な機能を持つ。更にこの2つのレベルにおいて、銀河系政体は財政的、法的支配よりは、朝貢的な関係によって維持されているという。タンバイアは小集団を核にするこのバラバラな権力構造が近代化された現代タイ国家にも残存しているのではないかと指摘する。　　　　(高橋正樹)

きんこう　金行

金融制度が未発達な時代、金は重要な価値交換手段となり、金を売買する金行は発達を遂げた。タイには約7000の金行が現在存在し、多くは中国系タイ人の経営所有となっている。著名な金行はバンコク市内の中華街ヤオワラート路に位置し、この通りのシンボルになっている。金行で販売される金には装飾品と延べ棒の2種類がある。装飾品はネックレス、リング、およびチェーンなどがある。金行で販売される延べ棒と装飾品は96.5%の

金行

金を含まなければならず、96.5%未満の金含有量のものを販売すると5万バーツ以内の罰金か6ヵ月以内の禁固の罪となる。タイの金行では金の重さを計る単位としてバーツを使用し、装飾品の場合は1バーツ＝15.16グラム、延べ棒の場合は1バーツ＝15.244グラムとされている。タイ金行協会が延べ棒と装飾品の日々の販売価格を毎日発表している。　　（中嶌知義）

ぎんこう　銀行→金融を見よ

キンマ
กินหมาก

東南アジアに広がる伝統的嗜好品の一種。ビンロウジ（ビンロウの実の核、マーク）を薄切りにして、キンマ（コショウ科のプルー）の葉に赤く染めた石灰を塗ったものに包んで嚙む。渋く、口がしびれる感じがする。嚙んで出る赤い汁や嚙みカスを捨てる壺と、ビンロウジとキンマを乗せた盆は、かつてはどの家庭にもあったくつろぎの基本アイテムであり、文学作品にも頻出し、優れた工芸品としても制作された。日本の漆芸でキンマという部門があるのはこれに由来する。1940年代にピブーン政権が禁止してからのち急速に廃れた。　　（山田　均）

キン・ムアン
กินเมือง

キン・ムアンとは、旧来のムアンの統治システムのことを意味し、「食国制」と訳されることもある。「キン（食べる）」と「ムアン」を合わせた語であり、直訳すれば「ムアンで食べる」、すなわちムアンから経済的利益を得るという意味であり、「ムアンを治める」、「チャオ・ムアン（領主）となる」という意味でも用いられる。中央集権化される前の地方統治システムでは、各ムアンの領主は自らの統治するムアンから得られる経済的利益によって自立するする必要があった。このため、住民からの徴用や税などの形で自らのムアンから得られる富を糧として自らの生計を立てムアンを運営してきたが、中央によるムアンの監督に限界があることから、チャックリー改革の一環としての地方統治改革によってキン・ムアン制は終焉した。
　　　　　　　　　　　（柿崎一郎）

きんゆう　金融

【金融セクター】タイの金融セクターの主要部分を占める銀行セクターは、戦前期には19世紀末に進出した欧米銀行支店、中国本土に拠点を置く華僑系銀行の支店、およびタイ知識人層や華人系商人によって設立された地場商業銀行が存在した。戦後の銀行セクターは、戦中期から終戦直後に相次いで設立された主に華人系の商業銀行によって構成される。1950年代には欧米銀行のシェアは急減し、60年代には地場15～16行の体制が形成された。62年に「商業銀行法」の公布とともに金融行政が確立すると、新規参入が規制され、70年代にかけてバンコク銀行など一部主要行による強い寡占市場が形成される。一方で、60年代までに銀行業への参入を得なかった商業資本は、金融セクターの第2層として、預金類似商品を発行する金融会社を形成した。また、60年代に萌芽を見せていた地方の金融活動は、バンコクに拠点を置く商業銀行の支店網に取り込まれていったと言われている。60年代に形成されたこのような体制は、概ね97年の通貨危機まで維持されてきた。

政策金融機関は、60年代以降、政府貯蓄銀行、農業・農協銀行、政策金融公社などが特定のセクターに対する機能を果たしてきた。80年代以降には中小企業金融機関が緩やかに整備されている。

タイ証券取引所は75年に設立されている。当初は上場企業数も少なく活動が低調であったが、92年に関連法制が整理され、上場基準が緩和されると急速に活発化し、通貨危機以前には最大で454社、株式時価総額356万バーツにまで至っている。通貨危機後、証券市場における取引はいったん停滞し、2003年頃から回復

傾向にある。しかし、上場企業数や時価総額から見て、証券市場における金融取引はいまだ小規模なものに留まっていると見られる。

【金融規制と金融自由化】1962年の「商業銀行法」は、健全性を保つために銀行融資に対する強い規制を定めている。各種の貸出総額規制によって銀行あたりおよび企業あたりの貸出上限が決められてきた。また預金金利、貸出金利とも80年代末まで上限規制がしかれてきた。これに加え、70～80年代には、農業・農村地域への対策として資金フローの地域外移転規制と農業分野への貸出割当が行なわれてきた。

タイが金融自由化に着手するのは80年代後半になってからである。金融自由化は、当初は預金金利規制と貸出金利規制の緩和として始まったが、90年代には金融業務規制の大幅緩和、証券市場改革、そして海外資金の導入規制緩和（93年にはバンコク・オフショア市場が設立）といった全般的な自由化の様相を呈してきた。こうした金融規制緩和、特に海外資金の大幅な導入によって90年代半ばまでには国内景気が過熱し、97年の通貨危機につながったと言われている。

【金融部門の主要な変動】1950年代は、商業銀行の勃興期的な成長が、軍を中心とする政治的派閥の抗争に巻き込まれる形で進んできたことが明らかにされている。この時期には、設立直後の商業銀行の存在がクローズアップされる一方で、金融深化の水準は停滞している。このような政争を背景とし、サリット派の体制が確立した60年代に、金融セクターが再編されることになる。

70年代半ばの時期は、開発体制下の高成長のもとで広がった経済格差を背景に、財閥などへの批判が強まっていた。75年の証券取引所の成立は、株式所有の分散によって、集中した富の分配のシステムを試みるという側面を持つものであり、これは78年の「公開株式会社法」や翌年の「改正商業銀行法」などと並行するものである。これによって商業銀行は原則として証券取引所に上場することが義務づけられた。

80年には、大手金融会社のラーチャー・ファイナンスの破綻をきっかけとして、中小規模の商業銀行3行が金融不安に陥った。このうちアジア信託銀行（84年以降サヤーム銀行）は最終的に国営商業銀行（クルンタイ銀行）に吸収合併され、他の2行は中央銀行の管理の後、再建された。この危機を契機として、中央銀行に金融機関再建開発基金（FRDF）が設立された。金融システムが回復したのは80年代後半になってからである。

固定相場制のもとで金融自由化による海外資金の大幅導入が顕著であったが、97年初頭から通貨バーツが海外からの投機売りの対象となり、7月にはついに固定相場制が放棄されるに至り、通貨の急落を招いた。これを契機に国内企業、銀行の破綻が相次ぎ、実物経済も極端な不況に陥った。この通貨危機はアジア全般に広がる通貨危機の契機となっている。この経済混乱の過程で、15行の商業銀行のうち実に10行が外資への身売りまたは国有化を余儀なくされ、銀行セクターは大きな変動を経験している。2000年代には、国内銀行の新規参入や、外国銀行の一時的な撤退やと再参入など変容が著しく、現在も、再編の過程にある。

（三重野文晴）

く

クーイ
กุย

タイ国の東北部下部に多く居住するクメール系民族の1つ。「クワイ人」とも言う。彼らが話すクーイ語は、オーストロアジア語族モン・クメール語派に属し、文字を持たない。今日では、ラオ人やクメール人、クーイ人などは民族に関係なく通婚しており、各民族の人口を正確に算出す

るのはますます困難な状態にあるが、その数は、1994年の時点で27万人余と推計されている。クーイ人は、17世紀にラオスのチャムパーサック地方から移住してきたという伝承があり、タイ国外では今でも主にカンボジア北部やラオス南部などにも住んでいる。また、クーイ人を、俗称で「スワイ」と呼ぶことがあるが、これはアユッタヤー王朝時代の地方からの現物税を指している。クーイ人は象使いとして有名で、スリン県タークラーン村が観光地として知られている。クーイ人は大きいトカゲをカミとして祀るなど、自然の中にのみ霊を見出している点が特徴的であり、クメール人やタイ人のような天霊(テーワダー)信仰を昔は持っていなかった。

(佐藤康行)

くじちたい　区自治体
องค์การบริหารส่วนตำบล

タムボン自治体(TAO)とも呼ばれる、農村部の基礎的自治体。1956年から71年にかけて一時期サパー・タムボン(タムボン議会)が設置されたが、その流れを汲む現在の区自治体は95年以降に設置されたものである。区自治体は議会と執行部からなり、設置当初は選出議員の他に村長も議員として参加し、執行委員長はカムナン(区長)が務めた。97年憲法以降、議員は選出議員に限られ、執行委員長も議員の互選で選ばれ、2003年末以降区自治体長は住民が直接選んでいる。区自治体の主な役割はインフラ整備と雇用促進だが、財政規模が小さく、行政の非効率や汚職が批判されている。

(永井史男)

くだもの　果物

熱帯アジアは主要な果樹の起源地であり、市場を覗いても、多種多様な果物が売られ、それも乾季と雨季では大きく異なる。果物の王様と言われるドリアン(トゥリアン)、女王と言われるマンゴスチンをはじめ、バナナ、パラミツ(ジャックフルーツ)、フトモモ、マンゴー、ランサ、ランブータン、リュウガン(竜眼)、レイ

果物(ドリアン)

シ(茘枝)、レンブ、ゴレンシ(スターフルーツ)、ザボン、インドナツメなどは熱帯アジア起源のもの、パパイヤ、サポジラ、アボガド、グアバ、バンレイシ(シャカトウ)、チェリモヤ、パイナップル、パッションフルーツ、ピタヤ(ドラゴンフルーツ)などは熱帯アメリカ起源のもので、ブドウ、カキ、スイカ、メロンなど温帯起源のものもある。バナナやマンゴーにも大きさ、色、形の違う多様な品種がある。タイではマンゴー、フトモモ、ザボン、グアバなどにトウガラシ、砂糖、塩を混ぜたものをつけて食べる。ドリアンは最近ではモーントーン、カーンヤーオ、チャニーなどにおいが少なく、種子のないものが好まれ、市場ではこれらがほとんどを占めるようになった。果肉をようかんのように筒状にしたトゥリアン・クワンや暖かいモチ米にドリアン、ココナッツ・ミルクをかけたカーオニオ・トゥリアンも好まれる。

(渡辺弘之)

クックリット・プラーモート
ม.ร.ว. คึกฤทธิ์ ปราโมช(1911〜95)

第13代首相。王族で多芸多才、文筆家や政治家として多大な功績を残す。名門スワンクラープ校を卒業後イギリスに留学し、Trent Collegeを経てオックスフォード大学(経済学)に学んだ。帰国後は銀行に勤務していたが、政治活動に関心を示し、1932年の「革命」以来実権を握ってき

クックリット・
プラーモート

た人民党派に反対する同志を結集して45年に政党「進歩党」を結成すると、ほぼ同時に政界に入る。その傍ら、マスコミに関心を示し、50年に新聞社を設立し、『サヤームラット』紙を発行した。同紙は、バンコクを中心とした知識人や都市在住者の間で愛読者を獲得し、クオリティ・ペーパーとしての地位を確立した。また、本人もコラム欄を利用して評論を執筆したが、つとに著名なその毒舌は冴え、結果として民主制をひろく社会に広めた。また、63年には映画"The Ugly American"に俳優として出演し、世間を驚かせた。

74年には社会行動党の党首となり、翌年少数党ながら連立政権を組み首相に就任した。わずか1年間ほどの在位であったが、内政では農村に援助金を直接交付する画期的な「農村資金還流計画」を実施、外交では中国との国交樹立を成功に導くなどの成果をあげた。

他方、小説執筆にも精力を注ぎ、51〜52年にわたり『サヤームラット』に連載した長編『王朝四代記』は、王宮を中心とした慣習や儀礼、人間関係を歴史的事件と絡ませて展開させ、ラーマ5世からラーマ8世までの時代を丁寧に描いており、歴史小説の最高傑作と評され、外国語にも翻訳されている。他にも、『幾多の人生』(53年)や『赤い竹』(55年)などの多くの読者を獲得した小説がある。自由で闊達な気風とユーモアを備えた語りくちは、広い知識とあいまって人を魅了した。「タイの心」と言われるぐらいタイ文化を背負い、それを様々な形で表現した生涯

を送ったと言えるかもしれない。同じく首相を務めたセーニー・プラーモートは実兄。90年には福岡アジア文化賞創設特別賞を受賞。

(赤木 攻)

クーデタ
รัฐประหาร, ปฏิวัติ

軍事クーデタは1932年6月24日を皮切りとしてたびたび発生してきた。成功したものだけでも、2006年までに11回を数える。未遂や失敗に終わったものも少なくない。成功したものを概観しておくと、初回の1932年は憲法の制定、国会の開設により、国王主権の絶対王政に代えて国民主権の民主主義体制を樹立することを狙った立憲革命であった。担い手は人民党である。2回目の33年6月20日は保守派による巻き返しから民主主義体制を守るために人民党が行なった。3回目の47年11月8日は軍隊が勤王派と協力して、人民党文官派の指導者で戦時中は抗日運動の指導者でもあったプリーディーの体制を打倒した。4回目の51年11月29日は軍隊が勤王派の勢力を削ぐために行なった。5回目の57年9月16日は、軍隊内部の勢力争いが発端で、サリットが対立派閥を打破した。6回目の58年10月20日はサリットが民主主義を否定するために実行した。7回目の71年11月17日は軍事政権が緊迫する国際情勢の中で、69年総選挙で誕生した国会を廃止するために実行した。8回目の76年10月6日は議会政治を止めて左翼勢力弾圧を行ないやすくするために実行した。9回目の77年10月20日は過剰な反共主義で左翼の勢力伸長を助ける政権を倒した。10回目の91年2月23日は軍に敵対的な政党政権を打倒するために実行した。11回目の2006年9月19日は選挙では倒せない政党政権を葬り去るために実行した。サリットが1958年クーデタを革命と称したため、革命がクーデタの通称になった。

クーデタにはお決まりと言えるパターンがある。首都中心部で政府官邸や国防省といった拠点を制圧し、ラジオやテレ

ビの放送でクーデタの実行を宣言する。国王から裁可を得ることにより、反乱の違法性が阻却され、正当性が付与される。既存の憲法を破棄し、国会を解散する。官選議会を設置し、暫定政権を任命する。官選議会設置までの間は立法府が不在となるため、クーデタ評議会が発する布告が国会の議を経た法律と同じ効力を付与される。民選議会では可決困難で、官選議会での審議情報が流布すれば世論の反発を招きかねない法律が、この手法で制定されることがある。暫定政権のもとで新憲法を起草し、公布施行後に総選挙を実施する。やがて再びクーデタが生じる。

クーデタの理由はたいていが軍自体にある。第1は、軍が政府と激しく対立して、政権を追放しようとする場合である。第2は、軍内部の勢力争いに起因し、ある派閥が別の派閥を駆逐しようとする場合である。第3は、軍事政権が政権運営に行き詰まり、局面打開のために政府に権力を集中しようとする場合である。第4は、軍の外部からの要請に基づいて実行する場合である。政治や経済が著しく混乱し、国民やエリートが軍に事態打開を願う場合である。

クーデタの決行には成功の見込みが必要である。クーデタの成否を左右する重要な要因は、軍内部の反クーデタ勢力の存否と国王の裁可である。対抗勢力が弱いほど、裁可の可能性が高いほど、成功の見込みは大きくなる。実行しようとすれば、対抗勢力を弱体化しておかねばならない。クーデタの主力部隊は陸軍の地上部隊であり、実行場所である首都とその近辺に駐屯する兵力である。その兵力は地方の部隊を凌駕しているため、地方の部隊がクーデタに相乗りすることはあっても、抵抗することはまずない。海軍や空軍の地上部隊も陸軍には対抗できないため、荷担することはあっても、抵抗することはない。かくして、重要なのは首都圏の陸軍である。人事権を握る陸軍総司令官はクーデタの決行だけではなく、阻止のためにも、首都圏の部隊を支持派に委ねようとする。総司令官は、通常、最大派閥を率いているため、彼が指導者になったクーデタは失敗したことがない。対抗勢力が弱いほど、決起する部隊は少数で足りる。多くの場合、勝敗は事前に決しており、戦闘が生じないので、流血になることもない。

総司令官の人事権には制約要因がある。支持派の形成には時間がかかる。軍の将官の人事異動は原則として年に1回、10月に実施される。4月にも小規模な異動が行なわれる。定期外の異動は難しい。しかも、軍内部には勢力争いがあるため、戦闘能力に打撃を与えかねないほど強引な異動を慎む必要がある。このため、総司令官の在任年数が重要になる。70年代以後は定年間際の就任が常態となって在職年数が短くなった。派閥形成を強引に進めようとすると、首相や国防相といった政治からの支援が必要である。ところが、90年代以後は政治の民主化ゆえに権力の獲得や維持に軍を必要とする政治家がいなくなったため、政治家は強い軍指導者を嫌い、強い派閥形成に否定的になった。この結果、強い軍指導者が登場せず、軍内部は派閥に分裂するのが普通になった。

2006年クーデタは強い指導力の産物ではなく、王室からの裁可の見込みが高く、抵抗すれば逆賊になりかねないことに成功理由があった。しかし、軍は冷戦が終わった時代にはクーデタが先進国から厳しい批判を招くことを改めて痛感させられた。また、自ら政権を担当する能力はなく、タックシン支持勢力根絶という目的の達成にも失敗した。それゆえ、強い要請が外部から働かない限り、軍が再びクーデタを実行する可能性は低い。

（玉田芳史）

クメール
เขมร

かつてクメール人は、インドシナ半島でクメール帝国を築いていた。クメール帝国はアンコール王朝（802〜1431年）時代

と想定されているが、クメール人が現在のタイ国領内に住むようになったのは、アンコール王朝成立より早い7世紀頃からと考えられている。クメール帝国は13世紀にタイに起こったスコータイ王朝との抗争に敗れて現在のカンボジア領内へ撤退し、1431年に崩壊して終焉を迎えた。現在クメール人はタイ東北部下部のほか、カンボジア、ヴェトナム、ラオスなどに住んでおり、中でもカンボジアでは主要な民族を成している。1994年の時点で、タイ国内に居住するクメール人はおよそ131万人と推計されている。クメール語はオーストロアジア語族モン・クメール語派に属しているが、タイ語やラオ語などはタイ・カダイ語族に属しており、発音や語彙などまったく異なる。タイでは、クメール人はコーム人、クメール文字はコーム語と呼ばれてきた。

(佐藤康行)

クメールいせき　クメール遺跡

タイ国内各地に残るクメール遺跡は、以下の5つに大別できる。(1)初期遺構：セデスによればアンナン山脈を越えてメコンを渡ったクメール族はパノム・ドンラック山脈の北のコーラート高原に移住し、後に陸真臘と呼ばれる小国家群を作った。その南端のブリーラム、スリン、シーサケート県では県民の半分以上が古代クメール人の末裔で、いまだに古代クメール語を話す。こうした地で見つかる初期遺構の特徴は煉瓦積みの独房型で、砂岩製リンテルは真臘美術の面影を残している。サケーオ県アランヤプラテートのカオ・ノーイ遺跡、スリン県のプームポン遺跡など。(2)中部のクメール帝国初期建築物：ロップリーのサーン・スーン、マハータート寺など。王都アンコール美術の影響がクメール帝国衰退後も地方文化として残った。(3)コーラート高原の建築：10～11世紀に青銅と塩の交易で潤ったコーラート高原に群雄割拠したクメール諸侯国が富と権力の証に建てた建造物で、砂岩張りが多い。ピマーイ、パノム・ルン遺跡など。後にアンコール・ワットで完成する流線形塔が出現する。バプーオン様式装飾の特徴は深彫りによる古典美の追求であり、土着モン(Mon)美術との融合も見られる。(4)交易路沿いの建造物：12世紀末の大制覇王ジャヤヴァルマン7世時代に建造されたもので、ピマーイからアンコールへの沿道に点在する巡礼宿、施療所、ペッチャブリーのカムペンレーン寺、カーンチャナブリーのクウェー・ノーイ川畔のムアン・シン遺跡など。ラテライトと漆喰製で、バヨン様式である。(5)パノム・ドンラック山脈上のカオ・プラウィハーン(プレアビヒア)遺跡：王都アンコールからはるか遠くありながら王家と特別の精神的絆を持つ神殿に、歴代のアンコールの王たちは建物や橋、柱などを寄進した。境内には王都の各美術様式を示す建築物が残る。ラオスのワット・プーも同じ範疇に属する。

(レーヌカー・ムシカシントーン)

クラちきょう　クラ地峡
คอคอดกระ

クラ地峡は、南部のマレー半島が最も狭まっているチュムポーン、ラノーン県にあり、地峡の最も狭いところでは60kmあまりしかない。タイ、中国など地峡の東側諸国とインド、中東など西側諸国との交易でも、一部はこの地峡を陸路で横断することが行なわれていた。近代になり、インド洋から南シナ海への航路の短縮やマラッカ海峡通過の安全性の問題から、運河建設が19世紀以降何度も話題にのぼってきた。スエズ運河を掘削したレセップスによる掘削計画もあったが、海峡植民地シンガポールの繁栄を考えるイギリスの利害と衝突したこともあり、実現しなかった。第2次世界大戦中には、日本軍が泰緬鉄道の補完としてクラ地峡横断鉄道を建設した。現在では、運河掘削自体には過去のような技術的な問題はないが、いまだ実現に至っていない。スエズ運河やパナマ運河のように、大きく航行距離を短縮する利点がなく、ロンボク海

峡やスンダ海峡などの他のルートで、多少運行距離は増えるが、代替航路も選択できるからである。ただし、現在もマラッカ海峡の渋滞緩和、原油タンカーの大型化によるマラッカ海峡通過の困難性解消、海賊の被害回避などを理由に、クラ地峡における運河掘削やパイプライン敷設は検討されている。クラ地峡からかなり南に下ったルートも候補にあがっているが、専門家は運河掘削よりもパイプラインを施設するほうが安価で現実的であるとの見解を示している。

(山本博史［茨城大学］)

クラビー
กระบี่

バンコクの南814kmに位置する南部の県。人口の4割弱はマレー系のイスラーム教徒である。県庁所在地であるクラビー市は、クラビー川の河口の西側に広がっている。県の産業は、天然ゴム、果物栽培、パーム油、漁業、ウミツバメ巣の採取などである。農産物の中でも特にパーム油はこの県の特産として有名で、生産も多い。クラビー県はアンダマン海側に長い海岸線を持っており、美しい海岸や島々が観光資源となっている。ピーピー島、ランター島などはダイビングスポットとして注目を集め、海洋リゾートの開発も近年急速に進んでいる。

(山本博史［茨城大学］)

クリエンサック・チャマナン
เกรียงศักดิ์ ชมะนันทน์(1917～2003)

軍人、元首相。サムットサーコーン県生まれ。1939年陸軍士官学校卒業。国軍最高司令部に長く勤務。陸軍大将。74年陸軍参謀長、75年国軍最高司令官補佐、76年国軍副最高司令官。同年10月6日クーデタを敢行した国家統治改革団の書記長。77年国軍最高司令官、同年10月20日革命団書記長としてクーデタに参加。ターニン政権を打倒して首相に就任。前政権の反共主義に基づく硬直した政策を改めて、柔軟な内外政策を打ち出した。近

クリエンサック・チャマナン

隣のインドシナ諸国との関係改善、76年10月のタムマサート大学流血事件関係者に対する恩赦など、国内外の緊張緩和をめざした。ドーンムアン空港の拡張工事、高速道路建設、タイ湾の天然ガス開発、科学技術省設置、スコータイ・タムマティラート大学設立などを進める。しかし、電力・石油料金の引き上げに対する議会や世論の反発に直面し、80年2月退陣。首相辞任後、国家民主党を結成、党首となって国会議員に当選し政界で活躍を続けていたが、85年9月のクーデタ未遂事件に連座して逮捕され、88年5月には同党を解散した。

(加藤和英)

クリッサナー・アソークシン
กฤษณา อโศกสิน(1931～)

作家(女性)。本名スカンヤー・チョンスック。バンコク生まれで、タムマサート大学商学部中退。1968年『人間の船』、72年『落日』がともに当時のSEATO文学賞を受賞したほか、タイ図書週間優秀作品賞の受賞作も多い。欲望に翻弄される人間、

クリッサナー・アソークシン

崩壊した家族とその再生など、社会に普遍的に見られるテーマを流麗な文体とドラマチックな筋運びで描くのを得意とする。ジェンダー問題や地球環境保護などをすばやく物語に取り入れるなど、時代の思潮にも敏感である。仏教的人生観が顕著で、読者に心地よいカタルシスを与える。88年に国民芸術家賞（85年設立）を受賞。　　　　　　　　　　（宇戸清治）

クルーバー・シーウィチャイ
ครูบาศรีวิชัย（1878～1938）

僧侶。ラムプーン県の貧農に生まれ、18歳で沙弥として出家し、終生を比丘として活動する。北部各地を訪れて寺院再建などを手がけ、山地民族を含め多くの民衆から信望を得た。チェンマイ西方に位置する山上の名刹ドーイ・ステープ寺への約12kmの参道建設を1943年11月に着工し、信徒の協力により5ヵ月と22日で完成させたことで有名。北部仏教の伝統と齟齬する「サンガ統治法（1902年～）」に従わず、数回にわたり違反を指摘され係争となった。遺骨は北部の6つの寺院に分骨されている。　　　（矢野秀武）

クルーバー・
シーウィチャイ

クルンテープ・マハーナコーン　→バンコクを見よ

クローファード　John Crawfurd
（1783～1868）

スコットランド生まれ。エジンバラ大学で医学を修め、20歳でインドの北西辺境州（現インド北部ウッタルプラデシュ州）に赴任し、医務官として5年間滞在。1808年ペナンに転勤し、そこでマレー文化に興味を持つ。11年、英国がジャワを占領したのち行政官となるが、東南アジア島嶼部に興味を広げ、17年英国に帰国した際に執筆し、のちに刊行された*History of the Indian Archipelago*, 3 vol.（1820年）は当時オランダ語とフランス語に翻訳された。20年インドに戻り、21～22年に外交使節としてタイとヴェトナムに派遣される。その際の報告書*Journal of an Embassy to the Courts of Siam & Cochin China.*（1828年）の史料価値は大きい。23年、第2代シンガポール弁務官。　　　（飯田順三）

クロントゥーイ（港）
ท่าเรือคลองเตย

バンコク港の通称であり、バンコクの海の玄関口である。それまでバンコクには港湾設備はなく、チャオプラヤー川に停泊するかシーチャン島から艀に積み替えて輸送していたが、バンコク初の近代的な港湾として1938年に着工され、48年に完成した。タイの経済発展に伴い設備の拡張を続けてきたが、河川港のために船舶の大型化に対応できず、91年にチョンブリー県にレームチャバン港が開港してからはその首位の座を譲り渡した。2007年の貨物取扱量は約1800万トン、コンテナ取扱数は約156万TEUである。未利用の港湾用地を利用して出現したスラムはバンコク最大の規模となり、港よりもむしろスラムで有名となった。（柿崎一郎）

クワン・アパイウォン
ควง อภัยวงศ์（1902～68）

元首相。ラーマ1世期以来カンボジア西部を統治した貴族の家系で、バッタンバン生まれ。フランス留学中にプリーディーやピブーンと親交を結んだ。立憲革命での役割は電話線切断程度だが、人民党議員として頭角を現す。在任期間は短いものの、首相を4期経験。ピブーン内閣辞職後の1944年8月首相に選ばれ、持ち前の磊落な性格で対日関係を改善、終戦を

クワン・アパイウォン

迎えた。46年4月民主党結成に参加し、初代党首に就任し生涯務める。プリーディー派政権の失政を追及することで、47年11月のクーデタ・グループによって首相に迎えられ、上院を王党派で固めた。しかし翌年4月に辞職を強制され、ピブーンの首相復活に道を開いた。　（高橋勝幸）

クワンぎれい　クワン儀礼
สู่ขวัญ

遠方へ出立する時や、子供の誕生、得度式、結婚式等の人生の節目において、身体に宿るクワン（魂）が抜け出して病気になったり、不測の事態に陥ったりしないように、原綿糸を手首に巻き付け（プーク・クワン）、クワンを留め置く。人の外部にある霊（ピー、ウィンヤーン）を祓除し、守護霊や仏法の力により招福する儀礼と対照的に、この招魂儀礼（スー・クワン）は自己の生命力やモラルを強化することに特徴がある。儀礼の実利的効用は別として、年長者が年少者に、僧侶が在家信徒に糸を結んでやる行為は、社会関係の維持に象徴的な意味を持つ。

（櫻井義秀）

ぐん　軍

軍は1932年立憲革命以降頻繁にクーデタを行なって政治に介入し、このクーデタ実行能力のゆえに、92年までは最強の政治勢力であった。軍の支持を得ずして政権を維持することはきわめて困難であった。このため、32年以降の60年間はほとんどの期間にわたって軍人が首相を務めており、文民首相が統治を行なった期間はわずか7年余りでしかなかった。しかし、92年5月の流血事件（暴虐の5月）を契機として軍の政治力は著しく低下した。一方で、政治の表舞台からの撤退が、冷戦の終焉で国際的に強く要請されるようになっていた上に、流血の惨事の責任を問われて、不可避となった。他方で、92年に憲法の改正が行なわれて首相が民選議員に限定されると、首相はもっぱら下院を支持基盤とするようになり、政権維持を軍からの支持に依存することがなくなった。だが、こうした民主化を嫌う勢力が政党政権打倒のために軍を利用しようとする動きが2006年以後目立つようになってきた。

組織の面では、軍を管轄するのは国防省である。首相が選任する国防大臣のもとに現役将校の国防次官がおり、その下に国軍最高司令部が置かれる。3軍はこの国軍最高司令部の下に置かれる。しかしながら、3軍に対する国防省や国軍最高司令部の実質的な統制力はあまり強くはない。国軍最高司令官あるいは国軍参謀長に全軍の指揮権を与えようとする改革がこれまでに何度か試みられたものの、成功したことがない。部隊の指揮権を握る3軍の総司令官が実権を握っている。

3軍の中では陸軍が傑出している。海軍は元来軍事力において陸軍にさほど劣ってはおらず、第2次世界大戦直後を中心に政治的にも重要であったが、1951年6月クーデタ（マンハッタン号反乱）を起こして陸軍に敗北し、兵力を壊滅的なほど削減された。これによって、海軍に対する陸軍の優位は決定的となった。他方、空軍は3軍のうち最も新しく37年の誕生であり、空軍に対する陸軍の優位は当初から明らかであった。軍がクーデタを行なう場合には、陸軍のみならず、海軍、空軍、警察も参加することが多いが、実際の主導権は陸軍にあり、他の3つは補助的に参加しているにすぎない。クーデタとの関連においては、海軍や空軍でも

地上部隊が政治的には重要である。

陸軍の実戦部隊は管区で見ると、第1管区（管轄地域：中部地方、司令部所在地：バンコク）、第2管区（東北地方、ナコーンラーチャシーマー）、第3管区（北部地方、ピッサヌローク）、第4管区（南部地方、ナコーンシータムマラート）の4地方管区のほか、特殊戦争部隊（司令部所在地：ロッブリー）と防空部隊（司令部所在地：バンコク）がある。第1管区には第1歩兵師団、第2歩兵師団、第9歩兵師団、第2騎兵師団、第2管区には第3歩兵師団、第6歩兵師団、第3管区には第4歩兵師団、第1騎兵師団、第4管区には第5歩兵師団、特殊戦争部隊には第1特殊戦争師団、防空部隊には砲兵師団、対空砲師団がある。

政治的に重要なのはクーデタで役割を果たしうるかどうかであり、首都とその近辺の部隊である。第1管区の3つの歩兵師団、第2騎兵師団、対空砲師団、ロッブリーの特殊戦争師団、砲兵師団といったところである。連隊や大隊では、第1師団の第1、11、31歩兵連隊、第2歩兵師団の第12、21歩兵連隊、第2騎兵師団の第4騎兵大隊といった部隊が重要である。こうした部隊の司令官を経験したものは出世コースに乗ることになるため、そうしたポストの争奪戦が軍内部の政治となる。

軍隊の政治的役割の低下は不可逆的に進行している。軍が主導権を握ってきた近隣諸国外交においては、関係改善に伴い安全保障よりも通商を重視する傾向が強まり、軍の役割は縮小した。政府予算に占める軍事費の割合は、80年代前半に国内の共産主義ゲリラ勢力が壊滅したため、90年代の冷戦終焉を待つことなく、既に80年代後半から減少し始めた。それにもかかわらず、首相は90年代以後も軍への統制維持に細心の注意を払い、国防大臣には信頼しうる退役軍人を任命するか、文民の首相自身が兼任するかのどちらかを選び、政党政治家の国防相任命を避けてきた。政党政治家が軍を政治権力闘争に巻き込むことを、首相も軍首脳も懸念したからである。その背景には軍が政治への介入能力を低下させても、喪失したわけではなかったという事情があった。実際のところ、軍は2006年9月にはクーデタを成功させた。ただし、軍の主流派はクーデタや政治介入に対する先進国からの批判の厳しさを十分に知っており、クーデタ後も政権担当には及び腰である。一部政治勢力からの介入要請がなくなれば、再び政治の舞台から退く可能性が高い。政治関与に代えて、アメリカやシンガポールなどとの合同軍事演習や国際平和維持活動への派兵といった軍事面での活動が重要になっている。

（玉田芳史）

け

けいざいかいろう 経済回廊
メコン圏（GMS）の対象国・地域を縦横に結び、脱国家的な経済発展を志向する回廊計画。2002年のGMSサミットにおいて採択されたものであり、南北回廊（昆明～バンコク、昆明～ハノイ～ハイフォン間）、東西回廊（モーラミャイン～メーソート～ムックダーハーン～ダナン間）、南回廊（バンコク～プノンペン～ホーチミン～ヴンタオ間）の3回廊からなる。その後、南回廊は海岸経由のバンコク～ナムカン（ヴェトナム）間、北回りのバンコク～クイニョン（ヴェトナム）間が追加され、後者は近年第2東西回廊と呼ばれるようになった。更に、05年に広西壮族自治区がメコン圏に加わったことで、昆明～南寧～ハノイ間も南北回廊に加わった。いずれの経済回廊においても経済発展の基盤となる交通路の整備、特に道路整備が推進されており、南北回廊（昆明～バンコク間）は08年のラオス経由ルートの完成で残るはタイ＝ラオス間のメコン川架橋のみとなり、東西回廊は06年末の第2タイ＝ラオス友好橋の開通に伴ってミャンマー区間以外が完成し、当初の南

回廊もほぼ全区間完成している。南北回廊のミッシングリンク解消のため、メコン川上流部の早瀬や岩礁が爆破されてタイ=中国間の水運が1990年代末から利用されている。タイにとってはモーラミャインやダナンなど新たな外港へのアクセスが可能となることで、地方への新たな産業を育成することや、周辺諸国との貿易拡大や投資拡大などのメリットがあるが、逆に中国商品の流入を警戒する向きもある。　　　　　　　　（柿崎一郎）

けいざいナショナリズム　経済ナショナリズム

タイにおいて経済ナショナリズムの議論が本格化したのは、立憲革命以後であった。庶民を含む様々な階層のタイ人が政治、経済政策への提言を行なった。中でも注目されるのが、1932～34年に提出された5つの総合経済計画案である。立案者は中国系商人のマンコーン・サームセーン、人民党員の文官派リーダーのプリーディー・パノムヨン、経済大臣のプラ・サーラサート、首相のマノーパコーン、絶対王政下において財務大臣・経済大臣を歴任したコー・マーラークンであった。これらの計画案には社会主義や自由主義のイデオロギー性、自給自足の思想や反外資・反中国人の経済ナショナリズム、協同組合の拡充、輸入代替、タイ人による精米所の設立・運営またはサイロの推進、政府か民間かの計画の実行主体の選択、国立銀行の設立の必要性の有無など多くの論点が掲示され、国会や経済会議、閣議などで検討された。33年起草のプリーディー案は急進的な内容から一大論争になり、同年3月の閣議で否決された。

タイ人主体の経済運営の構想においては、いかに財源を確保していくかが課題であり、経済計画案とは別に中央銀行の設立案やそれに関する建議が提出された。この背景には、イギリスの影響の強い財務省をタイ人のための財務省にしたいという願望があった。絶対王政下および立憲革命以後も経済専門家として活躍した官僚のプラヤー・スリヤーヌワットは、34年に発券銀行と政府の銀行を強く意識した具体的な中央銀行構想案を発表した。35年には中国系商人で経済会議のメンバーであるキムポン・トーンタットが国立銀行の必要性について建議し、これは閣議、各関係省庁で幾度も検討された。タイ人の経済ナショナリズムを論争の場に持ち込んだのは欧米列強の外国人アドバイザー、特に財務省のイギリス人ファイナンシャルアドバイザーであった。イギリスの権益保護と専門家の地位保全から、また経済合理性の観点から中央銀行の不必要性を主張し続けた。

38年末からのピブーン政権下で展開された「タイ人のための経済運営」では、国家が主導してコメの流通を担うタイライス社など次々と国営企業を設立し、かつ協同組合を急速に拡大し、経済ナショナリズム政策が積極的に実施された。金融機関では財務大臣プリーディーが主導しタイ中央銀行(42年)の前身にあたるナショナル・バンキング・ビューローが40年に設立された。　　　　（南原　真）

けいさつ　警察

1922年以降内務省の1つの局であったが、98年10月17日に省庁に属さない首相直属の局となっている。警察官は文官である。ただし、陸軍と同様の階級がある。地方自治体警察は存在せず、すべて国家警察である。

本部は首都中心部のパトゥムワンに所在する。ここには長官(大将)以下、副長官(大将4名)、長官補佐(中将8名)などの高官のもとスタッフ組織が置かれている。首都には、入国者管理部(2006年の副司令官数4名)、中央捜査(11名)、麻薬取締(4名)、公安(3名)、国境(7名)などがある。中央捜査警察司令部には犯罪取締部、鉄道警察、森林警察、国道警察、水上警察、観光警察などが所属している。犯罪取締部は首都警察や地方警察では対処できない重要事件や、各地の警察が真剣に捜査を行なおうとしない事件の捜査や取

り締りにあたる。国境警察には軍と同様の4つの管区がある。地域別には、首都警察司令部(9名)のほか、全国に9つの地区司令部(5名前後)が置かれている。地区司令部のもとには県警察本部や郡警察署がある。　　　　　　　　（玉田芳史）

げいのうさんぎょう　芸能産業

タイのコンテンツ産業は成長段階にあり、音楽、映画等の芸能産業もまた近年、実質GDP成長率を越えた成長を見せている。商務省等の政治機関が、たとえば映像処理作業を低コスト・高技術で提供しうる点などをセールスポイントに外国企業の誘致に尽力する等、周辺地域における芸能産業センターの役割を担うことを目指した政府レベルでの振興策もとられつつある。タイにおいて"go-inter"の語で表現されるタイ人歌手の外国進出、また台湾、韓国、日本等の歌手のタイでのコンサート開催等、海外、特に東アジアの芸能産業との連携は、国境を越えたアイドル作りなどの点で、政府のコンテンツ産業策のあり方、芸能産業側の戦略、内外の消費者のニーズ等に左右されつつ発展する可能性がある。一方こういった芸能の国際化の枠に収まりきらない、寺院での祭り等での演歌歌手の旅公演、コメディアンカフェ等の小興行もまた、タイ人の生活に深く根を下ろした芸能産業の一側面である。こういった比較的身近な場での芸能人にせよ、全国的な人気を獲得したアイドルにせよ、公演前後の会場での交流など、芸能人はファンに対し一種の親戚づきあいに近い身近な距離をとることを期待される存在である。
（増田えりか）

ケシ

学名 *Papaver somniferum*。ケシ科ケシ属の西アジア、地中海沿岸地域原産とされる薬用・鑑賞植物。開花後、直径5cmにもなる球形の果実(芥子坊主)をつける。未熟なうちに表面に傷をつけると乳白色の粘液が出る。これを集めて乾燥したものがアヘン(阿片)、主成分はモルヒネやコデインを主とするアルカロイドで催眠・鎮痛作用がある。モルヒネからヘロインが合成される。タイ、ミャンマー、ラオスの国境地帯、いわゆる黄金の三角地帯(ゴールデン・トライアングル)での山地民による栽培が知られていたが、国際的な批判、タイ政府によるきびしい取り締まりにより、タイ国内でのケシの栽培はほとんど消滅した。北部山地ではこのケシ栽培に代えて高原野菜や花卉栽培などへの転換が進められている。（渡辺弘之）

けっかい　結界

サンガの秩序や聖性を維持するために、ある一定の区域を限ること。境界標識として石(結界石、シーマー)や木が用いられる。通常、得度式や布薩などのサンガ儀礼を行なう場所を指すが、僧侶が居住し宗教活動を行なう範囲全般を指すこともある。区域の限定方法は律に則り、その上で宗教局の審査を経て国王の認可を受ける必要がある。それによって正式な寺院となる。結界は4つあるいは8つの結界石によって囲まれ、その地下に円球石(ルークニミット)が埋められる。芸術的価値のある結界石が古刹にはよく見られる。　　　　　　　　　（泉　経武）

結界石

けっこん　結婚

タイ語で「結婚」は「テン・ガーン」であるが、伝統的にこの語は儀式を伴う正式な婚姻を意味しており、事実婚の多かっ

た庶民階層では、「アウ・プア（亭主をもらう）」、「ユー・キン・ルアムカン（同棲する）」といった表現が用いられていたようである。男性側からのトーン・マン（婚約金）、シン・ソート（結納金）、カー・ルアンホー（新居代）の支払いを伴う「テン・ガーン」は、もっぱら富裕層を中心に行なわれたが、プロセスにおいて最も重要とされたのは「カン・マーク」と呼ばれる婚約の儀式であった。1935年の民法改正まで、タイでは一夫多妻制が認められていたが、複数の妻がいる場合、「カン・マーク」儀礼を経た妻（ミア・カンマーク）は主妻（正式な婚姻儀式を経た女性あるいは王族から下賜された女性）とみなされ、そうでない妻と区別された。夫の死に際し、主妻はより多くの相続分を得ることができた。また、若者の恋愛活動として北部の「エーオ・サーオ（嫁探し、中部タイ語では「レン・サーオ」）」「ウート・サーオ（言葉の掛けあいゲーム）」が有名であるが、富裕農の多い中部農村では、大人同士が取り決める結婚も少なくなかったようである。
（橋本（関）泰子）

ケナフ

学名 *Hibiscus cannabinus*。アオイ科フヨウ（ハイビスカス）属の高さ4mにもなる1年生直立草本。ハイビスカスに似た大きな花をつける。熱帯・亜熱帯アフリカ原産とされ、熱帯から温帯まで世界各地で広く栽培されるが、熱帯や亜熱帯で栽培される南方型と温帯で栽培される北方型がある。生育は速く、播種後4～5ヵ月で収穫できる。刈り取った茎を10～20日間、水に漬け、腐らせたあと剝皮する。剝がれた樹皮部から柔軟白色の繊維を取り、ロープや麻袋を作った。製紙原料にも利用できる。1960年代には東北部での栽培が盛んで、剝皮のため水路に漬けられた茎が腐り、ひどい悪臭を出していた。しかし、ナイロンなど合成品の出現により、栽培はほとんどなくなった。種子に20%ほどの油が含まれ、食用・灯用として用いられた。ジュート（ツナソ）（*Corchorus capsularis*）と混同されるが、ジュートはシナノキ科の1年生草本で、同様に繊維から麻袋を作った。
（渡辺弘之）

ケーマラート
เขมราฐ

バンコクの北東733kmに位置する東北部のウボンラーチャターニー県の郡。ウボンから100km程度北東のメコン川畔に接し、ラオスとの国境を成す。19世紀初頭に設立されたムアンであり、一時は東のアムナートチャルーンも配下に置くムアンに成長したが、1909年に郡に降格された。ケーマラートは古くからメコン川の早瀬で知られていた。多数の早瀬が連続することから、メコン川を遡上する際にはコーン滝に次ぐ航行の難所であった。対岸はラオスのサワンナケート県ソーンコーン郡であり、国際ゲートはないがメコン川を挟んだ住民の往来が見られる。
（柿崎一郎）

げんごせいさく　言語政策

タイの憲法には国語の規定はないが、標準タイ語が学校教育、官公庁、マスコミなどあらゆる公的場面で使用される唯一の共通語である。国民国家形成期以来、政府は一貫して一言語主義の言語政策をとり、国内の多種多様な民族や対立する地方勢力を統合したり排除したりしてきた。標準タイ語は中部のバンコク方言を基として作られたもので、タイ語の表記も中部のタイ文字のみが正式とされる。王立学士院版のタイ語辞典が規範的表記とされ、造語委員会が外国語の訳語を作るなど標準タイ語の整備を行なう。地方文字による出版は禁止された時代があり、地方の言語文化は衰退した。また少数民族の言語が正規の学校教育で取り上げられたことはない。タイ語の読み書きができる者のみがタイ国民であるとされ、タイ語ができないと先住民でも国籍を取得できない。同化に抵抗する南部の先住民マレー系ムスリムの宗教学校や、移民の子孫である中国系の学校は弾圧さ

れてきた。近年、タイの工業化に伴う経済発展は少数民族の同化を促進し、地方文化復興の動きもある。言語政策も緩和されてはいるが、言語的統一による国民統合という基本理念は今後も変わらないものと思われる。　　　　（坂本比奈子）

けんじちたい　県自治体
องค์การบริหารส่วนจังหวัด

バンコク都を除く各県に1ヵ所ずつ設置された自治体。PAOとも呼ばれる。1955年にテーサバーンなどを除く農村地域を管轄する自治体として設置された。独自の議会も持つが、97年まで執行委員長は内務省官僚である県知事が兼任し、事務方も内務官僚が務めていた。97年に法改正で県自治体は法域全体を管轄する広域自治体となり、それに伴い首長も議員の互選で選ばれ、2003年以降は住民の直接選挙で選ばれている。主な役割はインフラ整備、廃棄物処理などだが、下位自治体と業務が重複する点などが問題視されている。　　　　　　　　　　（永井史男）

げんだいぶんがく　現代文学

一般にタイ文学史においては、1929年頃のドークマイソット、アーカートダムクーン、シーブーラパーという3人の作家の登場をもって本格的な現代文学が成立したとみなされている。当時のテーマは、新旧階級の価値観の対立、「クルム・トゥン・チョン」（袋かぶせ）と呼ばれる旧式の結婚制度から脱した自由な恋愛結婚への希求などであった。後続の作家たちは、そうした社会意識を引き継ぎ、文学が作家の責務や社会正義について大いに論じられる場となっていき、50年代にはセーニー・サオワポン『妖魔』などが誕生する。一方で同時期に、ククリット・プラーモートの『王朝4代記』のように保守的な価値観をよしとする作品も現れた。73年頃を契機として、それまでにタイになかった新しい外国文学の移入が積極的に進められ、その結果としてチャート・コープチッティ『裁き』のような内面を深く描く作品を生むこととなる。90年代以降はウィン・リョウワーリンのように斬新な手法を駆使した作品や、プラープダー・ユンのようにポップカルチャーの影響を受けた文学も誕生している。またこうした流れに対して、トムヤンティに代表されるような「恋愛物」の系譜も形を変えながら滔々と現在まで続いている。いずれの作家にせよ、かつ現代文学といえども、作品に強く仏教的な香りがするのがタイ文学の特徴と言えよう。　　　（平松秀樹）

けんぽう　憲法

1932年6月の立憲革命後、初の憲法が公布されて以来、現行の2007年憲法までに付表に見る通り18篇もの憲法が施行され、17回に及ぶ憲法改正が行なわれている。このように頻繁な憲法の制定・改廃が行なわれたのは、47年クーデタ以降、クーデタによる憲法廃止、これに伴う暫定憲法制定、その後の恒久憲法制定という政治サイクルが繰り返されたことによる。クーデタ敢行集団の布告により憲法が廃止されたのちに、一定期間は憲法が存在しない。その期間は多くの場合1ヵ月未満の短期間であったが、中には3ヵ月以上に及ぶ場合（58年10月クーデタ後から59年1月の暫定憲法制定まで）もあった。しかし、すべての憲法がクーデタによる廃止に伴い制定されたわけではない。46年憲法は、憲法改正という手続きにより、立憲革命の成果である32年憲法をより民主的なものとするために制定され、立法機関を直接選挙による人民代表議会（下院）と任命制の上院の2院制とすることや政党結成の自由などが規定された。74年憲法は、73年10月14日事件（「学生革命」）に至る恒久憲法制定を求める学生運動を受けて制定された。また、97年憲法は、92年5月の「暴虐の5月」後の政治の民主化、連立政権の不安定や政治的腐敗の解消をめざしての政治改革を求める声の高まりを受けて、憲法改正という手続きにより制定された。

　タイの憲法は、憲法制定の経緯に着目

すれば、(1)クーデタ後に暫定的に統治機構を定めた暫定憲法(統治憲章)、(2)暫定憲法制定後に一定の憲法起草手続きを経て制定された恒久憲法、(3)「民主化」・「改革」運動の高まりを背景に憲法改正という手順により新たに制定された恒久憲法、の3つに分類できる。

90年代初めまでのタイ憲法は、国家権力の行使を抑制し、国民の市民的自由や権利を擁護することに主眼があったわけではなかった。また憲法の数の多さの割にその内容は必ずしも多様ではなかった。その違いは、首相の資格(下院議員であるかどうか、官僚である軍人の首相就任を認めるかどうか)、行政府と立法府との関係、立法府の構成と議員選出方法など政治制度に関わるものであった。特に選挙で選出される議員で構成される下院の政治過程への参加をどのように認めるかという点に憲法の違いが見られた。憲法は、憲法主義や立憲政府の根拠となる最高法規というよりも、むしろ政治勢力の力関係によって内閣と議会の間の制度上の関係を調整する役割を果たしてきており、次の3つの形態の憲法制度を見ることができる。

(1)民主的憲法(選挙で選出された議員、政党が政治過程において重要な役割を果たし、首相は主要政党党首であり、任命制の上院の役割は限定的)、(2)半民主的憲法(選挙で選出される議員で構成される下院が一定の役割を果たすも、必ずしも首相は政党政治家ではなく、軍の指導者など官僚が就任)、(3)非民主的憲法(政党の活動は禁止され、立法府はすべて任命された議員で構成、首相には軍の指導者など官僚が就任)。

このような3つの形態の憲法がクーデタを節目として周期的に制定されてきたのは、憲法が、政治勢力の参加と競争を統制するという政治規範としてではなく、むしろ権力を掌握した政治勢力の政治行動に合法性を付与するための道具として使用されてきたためである。しかし、クーデタで権力を掌握した軍部も民主主義のイデオロギーの正当性を否定することができないため、民選議会である下院、政党、選挙民の政治参加拡大の方向で進まざるをえず、その結果、政治勢力の政治過程への参加の許容度によって異なる憲法が制定されたのである。

90年代のタイ政治の民主化、政治改革を求める声の高まりの中で制定された97年憲法は、「人民による憲法起草」をスローガンに起草過程において国民の広範な参加を得て制定された。政治の安定と透明性・公平をめざした規定が盛り込まれ、従来の憲法とは大きく異なり、権力行使の抑制と国民の政治参加拡大という側面が強調されている。国家権力行使の審査・統制のための機関・メカニズム、従来官選議員で構成された上院の初めての公選制導入、人権保障、地方分権の促進、国民の法案発議権などの規定が盛り込まれ、全336条という長文の憲法である。この97年憲法は2006年9月クーデタで廃止され、06年暫定憲法を経て、恒久憲法として07年憲法が制定され現在に至っている。

現行の07年憲法は、クーデタ敢行集団が指名した政権の下で起草された憲法であるという手続きに対する批判、憲法裁判所をはじめとする司法権の内閣や下院に対する抑制機能が過剰であり、「裁判官の憲法」であるとの批判がある。他方「人民の憲法」と称される97年憲法をベースに検討、制度上の改善を図ったものであり、国民の政治参加拡大についても97年憲法と同様に規定され、憲法草案に対する国民投票という手続きを経ている点で、従来のクーデタ後に暫定憲法を経て制定された憲法とは内容的に性格が異なっている。　　　　　　　　(加藤和英)

けんぽうさいばんしょ　憲法裁判所
法律や国家機関の行為の合憲性審査、憲法解釈、大臣・議員の資格、政党等による反憲法的な行為の審査等を行なう裁判所。1997年憲法により創設された。従来の憲法裁判委員会(憲法院)と比べて、そ

の判決の政治・行政への影響が顕著である。裁判官は9人（2007年憲法）で、司法裁判所・行政裁判所の裁判官、法律学・政治学等の有識者から選ばれる。任期9年。事件の付託は、国会、内閣、裁判所、憲法上の独立機関等が行なう。07年憲法は、人権侵害の救済のため、一定範囲で私人の申し立てを認めた。　　　（今泉慎也）

こ

こうぎょう　工業

タイの本格的な工業化は、開発の父と言われるサリット首相の政権期に始まった。世界銀行の勧告を受けて、政府は国営企業の事業運営から産業インフラの整備へと役割を転換し、民間企業が主導する工業化をめざした。国家経済開発庁や投資委員会の経済官僚が中心となって、政治や軍部の介入を排除する枠組みが整えられたのである。「産業投資奨励法」により民間企業への税制上の恩典が付与され、工業省が過剰供給を防ぐために企業参入や設備拡張を規制し、財務省が工業製品の輸入関税を引き上げて、多くの製造業で輸入代替型の工業化が開始された。1960年代には、食品や繊維では国内民間資本が、家電や自動車では日系企業が主に最終消費財を製造して、国内市場向けに販売した。

70年代に入り高揚したナショナリズムの影響を受けて、工業化でも国産化政策が推進された。「外国人事業法」により外国人が従事できる事業分野が規制され、合弁企業では外国側は原則として50％以上の出資ができなくなった。また輸入代替工業化の過程で、最終消費財生産に投入する中間財や原材料の輸入が急増して貿易赤字が拡大したため、家電や自動車では部品国産化比率を段階的に増やすよう義務づけられた。

タイの輸出製品は、コメや天然ゴムなどの伝統的農産物、続いて砂糖やタピオカなどの商品作物およびその加工品が大きな割合を占めていたが、70年代半ば以降は、繊維・衣類や宝石などの労働集約型軽工業製品の輸出が急速に伸びた。更に80年代に入ると、ブロイラー、養殖エビ、水産缶詰などのアグロインダストリーの輸出の伸びがめざましかった。アグロインダストリーは、原材料を主に国内で調達でき、国内民間資本がその加工を担って発展したため、韓国や台湾などの新興工業国（NICs）型発展とは違った、もう1つの工業化として当時は注目を浴びた。しかし生産に高度な技術を必要とはせず、後発国が容易に参入できるので、現在は競争が激化している。

80年代前半にタイは経常収支赤字が拡大し、対外債務の増大に直面したため、世界銀行から構造調整融資を受けている。また輸入代替工業化で製造された最終消費財は、国内市場が狭隘のため販売量を拡大できず、規模の経済が働かないため生産コストが低下しないという悪循環を招いていた。そこで製品輸出企業に対して、一連の輸出振興措置が実施された。製造に使用した原材料の輸入関税を還付し、低利の輸出金融を供与している。また工業団地には輸出加工区が設けられ、投資委員会は輸出企業を対象に外資規制を緩和したため、外資100％の企業設立も可能となった。

タイで実際に輸出指向工業化が進んだのは、G5プラザ合意による国際通貨調整の後、日本や台湾の企業がタイに直接投資を増やし、第3国向け輸出を行なった80年代後半からである。電機・電子製品を中心に輸出が急激に伸び、88～90年は2桁の経済成長率を達成した。消費者の購買力が上昇して、国内市場が急速に拡大し、輸入代替型産業においても規模の経済が働くようになった。政府はそこで従来の保護育成政策から自由化政策へ転換し、工業省が実施してきた参入制限は撤廃され、財務省は工業製品の輸入関税を段階的に引き下げた。その結果、電機・

電子や自動車産業において企業の投資競争が展開され、これらに素材を供給する石油化学や鉄鋼産業でも企業の投資が活発となり重化学工業化が進んだ。

90年代後半には、通貨危機の発生により産業競争力の低下が明らかとなった。そこで生産性の向上や技術の改善を図るために産業構造改善事業を実施している。また官民合同で産業競争力の向上に取り組む機関として、産業別に産業振興機構が設立された。中小企業の支援にも着手し、中小企業金融の制度が整備されて企業診断士の養成が図られた。

2001年にタックシン政権が登場して、政府の競争力強化に関する方針が根本的に変わり、製品の付加価値を高めるだけでなく、新たな価値を創造することに重点が置かれた。すなわち結果重視の経済成長からイノベーションによる成長へ、資源制約による収穫逓減から知識豊富化による収穫逓増へ、既存知識の充実から変化への対応力へと、転換を求めている。またニッチ市場における優位性確立をめざして、クラスター戦略が構想された。ただし実態を見ると、この知識集約産業化の試みは構想の域を出ていない。

1985～95年の10年間に、製造業の付加価値額は実質（88年価格）で年平均13.2％増加し、GDPに占める割合（名目）は21.9％から28.4％へ上昇した。この間サービス業その他の割合は約60％と変化がないので、農業の減少分だけ製造業が増加したことになる。製造業の中では、電機、輸送機器の伸びが顕著である。2005年には、製造業の割合が34.7％と更に高まる一方、サービス業他の割合は55％に低下し、先進国のようにサービス化は進展していない。また産業別の就業者割合を1995年と2005年で比較すると、製造業の割合は13.8％から15.8％に上昇したにすぎず、労働生産性が高いことがわかる。

（東 茂樹）

こうぎょう　鉱業

タイで産出する鉱物は40種類以上ある。タイの主な鉱物資源は、アンチモン、重晶石、ベントナイト、銅、珪藻土、白雲石、長石、ホタル石、金、石膏、鉄鉱石、陶土、鉛、石灰岩、マンガン、泥灰土、燐鉱、カリウム、水晶、岩塩、珪砂、錫、タングステン、亜鉛等である。このうち特に珪藻土、白雲石、石膏、陶土、石灰岩、泥灰土、カリウム、および珪砂は、比較的豊富である。エネルギー資源には、天然ガス、原油、石炭がある。天然ガスの70％以上はタイ湾内で採取される。

（中嶌知義）

こうぎょうだんち　工業団地

工業省の管轄下にあるタイ工業団地公団（IEAT）が開発、運営管理する工場地区を指す。海外からの直接投資を促進し、工業製品の輸出を拡大する目的で設立された。最初の開発プロジェクトは、バンコクに立地するバーンチャン工業団地で、1971年に完成した。2008年現在、38の工業団地が存在し、うちIEAT直轄の工業団地が12、IEATと民間企業の合弁事業の工業団地が26である。工業団地全体の投資額は約547億ドルにのぼり、3142ヵ所の事業所が操業し、雇用者の数は44万5237人に達するが、事業所のほとんどは外資または外資との合弁事業である。外国の投資額は、日本41.4％、アジア諸国27.3％、ヨーロッパ諸国15.1％、アメリカ10.7％の順である。産業クラスターを形成する工業団地もある。たとえば、自動車産業は、東部のラヨーン県ヘーマラート・イースタン工業団地、チョンブリー県レームチャバン工業団地などが集積地である。なお、IEAT管理の工業団地とは別に、インダストリアル・ゾーン、インダストリアル・パーク等、民間企業の開発した工業団地も存在する。

（上田曜子）

こうくう　航空

バンコク国際空港は空路の要衝に位置し、就航路線の多様性と、以遠路線の中継地、メコン圏（GMS）諸国への玄関口として、東南アジアの代表的なハブ空港で

ある。後背地の観光資源にも恵まれ、航空業は観光立国タイの重要な産業である。航空会社は、フラッグキャリヤであるタイ国際航空(Thai Airways International)、バンコク航空(Bangkok Airways)などのほかローコストキャリア(LCC)3社を含め7社。空港は6ヵ所の国際空港と29ヵ所の地方空港からなる。2006年にドンムアン国際空港の混雑解消と機能強化のため、バンコクの東約30kmにスワンナプーム国際空港が開港した。民間航空の歴史は古く1932年に遡る。戦後何回かの合併を経て、51年タイ航空(Thai Airways)が誕生。59年にスカンジナビア航空(SAS)と合弁でタイ国際航空を設立、国際線業務を移管した。その後SAS持分を買い戻し、88年タイ国際航空がタイ航空を吸収合併し今日に至る。国際線では、70年代にエアサイアム社という競合会社も存在したが、タイ国際航空の独占状態が長く、90年代に入り、政府も競争促進政策へ転換した。バンコク航空の観光路線を除き、97年まで国内線でのタイ国際航空との競合路線は禁止されていた。タックシン首相の主導により、2001年12月参入規制は完全撤廃され、03年10月には外資規制も49％に緩和された。04年以降運賃の下限が撤廃され、タイの国内市場にLCC3社が参入し、低価格を武器に大きな伸びを示している。　　　　　　（吉田千之輔）

こうげいひん　工芸品

タイの工芸品は数多いが、チエンマイなどで盛んな金銀細工、ナコーンシータマラートで盛んなニエロ細工、仏像などの鋳物、国内産出の宝石加工、陶芸、東北部などで盛んな絹織物、影絵人形などを作る皮革細工、「キンマ漆器」に代表される漆細工、家屋や家具の装飾に用いる木彫、カラカサなどの紙細工、籠などを編む籐細工などが有名である。こうした工芸については、OTOP運動によって地場産業も振興されている。また、シリキット王妃の工芸振興事業は有名であり、アユッタヤー県バーンサイには工芸センターが開設されている。　　　　　（加納　寛）

こうしんりょう　香辛料

飲食物に芳香や風味を付加する植物を言う。世界の4大香辛料はコショウ（胡椒）、シナモン（桂皮）、チョウジ（丁子）、ニクズク（ナツメグ）（肉豆蔲）とされる。このうちタイで生産されるのは東部や南部のコショウのみである。タイ料理にはショウガ、ナンキョウ（カー）、ウコン、ショウズク（カルダモン）類をよく使い、更に、辛味を出すトウガラシ、インドナガコショウ、香りを付けるレモングラス、シトロネラ、ニオイタコノキ、コリアンダー（パックチー）、酸味を出すタマリンド、ライム、コブミカン、ミロバランなど多様な香辛料が利用される。　　（渡辺弘之）

香辛料（コショウ）

こうとうきょういく　高等教育

高等教育の歴史は、第1期：近代化時代における萌芽期（1889～1931年）、第2期：立憲革命後の成長期（31～49年）、第3期：経済成長のための拡大期（50～99年）、第4期：グローバル化対応の改革期（99年～）に区分できる。

　第1期は、近代化を推進するため、官吏養成が主たる目的であった。第2期は、立憲君主制の下で更なる政治的指導者や官吏の養成が目的であった。第3期は経済発展計画を支えた。1970年代にはオープン・ユニバーシティが設立され、90年代

には国立大学の自治大学化(いわゆるタイ版の法人化)がスタートする。第4期では「99年国家教育法」により高等教育の様相が一変した。高等教育は12年間の基礎教育段階に続く教育段階と位置づけられ、個人の生活の向上を目指し、知識、批判的思考、能力、社会的責任感など、人間としての発達を目的とするとともに、科学と社会の発展のための研究と、高度な職業人の養成を重視している。加えて、高等教育の質的向上をはじめ、語学教育の強化、インターナショナル・プログラムの促進、学術協力ネットワークの構築などに見られるように、グローバル化対応を強く意識している。特に、高等教育の質的向上に関しては、基礎教育機関と同様に、内部評価と外部評価を義務付け、結果を公開することで質を保証することになった。外部評価は、政府の独立機関である「国家教育基準評価事務局(Office for National Education Standards and Quality Assessment: ONESQA)」によって行なわれる。

教育省の高等教育委員会事務局が管轄する高等教育機関数は、2008年現在、国立大学78校(うち自治大学は13校)、私立大学68校、コミュニティカレッジ19校となっている。2006年現在の学生数は約210万人、うちオープン・ユニバーシティの学生数は67万人であった。就学率は05年には48.3%となり(オープン・ユニバーシティを除く)、いわゆるマスの段階(15〜50%)に入った。かつては、大学に行くものはわずか数%であり、大学はまさに官吏養成のためのエリート養成機関であったが、オープン・ユニバーシティやラーチャパット大学の設置などにより、タイの高等教育はめざましい発展を遂げ、大衆化時代に入りつつあると言えよう。

高等教育の課題としては、(1)グローバル化時代における国際競争力をいかにつけるか、(2)卒業生の労働市場とのミスマッチをどう解消するか、(3)問題解決能力をいかに育成するか、(4)言語能力・IT対応能力・異文化理解能力をいかに育成するか、などが指摘されている。
(平田利文)

こうぼく　香木
香料に利用する白檀、沈香等の樹木の材部を言う。ビャクダン科のビャクダン(白檀)(*Santalum album*)は常緑の中高木で東チモールの原産とされるが、インドネシア、インド、オーストラリアなどの乾燥地で植栽される。中でもインド、マイソール州が有名である。仏像、彫刻、小箱、扇子、数珠などに加工され、薫香、線香に用いる。材を蒸留してビャクダン油を採り、薬用・化粧品の賦香料とする。ジンチョウゲ科のジンコウ(チンコウ)(沈香)(*Aquilaria agallocha*)や、シャムジンコウ(*A. crassana*)などジンコウ属の木材は燃やすと特有の芳香を放ち、宗教儀式、薫香、線香、更には薬用とする。(渡辺弘之)

こうりぎょう　小売業→流通を見よ

こうれいか　高齢化
タイにおける高齢者は60歳以上の者を指し、国際基準(65歳以上)とは異なる。2005年時点の60歳以上の人口比率は9.4%であり、08年に国家経済社会開発庁(NESDB)が作成した人口推計によれば、15年に14.2%、30年には25.1%に達する見込みである。今後、タイの高齢化は加速する。高齢化のスピードは、一般的に65歳以上の人口比率が7%を超えた社会(高齢化社会)から14%を超えた社会(高齢社会)に移り変わるのに要した年数で示されるが、タイは05年に「高齢化社会」に入り、国連の人口推計(中位推計)では27年に「高齢社会」に移行するとされており、それまでに22年しかかからないことになる。ちなみに、フランスは115年、イギリスは47年、ドイツは40年を要した。近年、政府は高齢社会対策に本腰を入れている。1997年制定憲法では「高齢者の権利保護」と「政府の施策義務」が明記され、99年からは民間企業の被雇用者を対象に年金のための積み立てを義務

付けた。更に2001年からは所得が生活に不十分と認められる高齢者に月300バーツの手当てが給付されることになった。03年には「高齢者に関する法律」が制定され、高齢者の権利が具体化されるとともに、それ以降、高齢社会対策の大筋は首相を委員長とした国家高齢者委員会が作成し、具体的な政策立案と実施は社会開発・人間安全保障省の傘下の高齢者支援局が担当することになった。

（大泉啓一郎）

こうれいしゃふくし　高齢者福祉

近年の医療環境、栄養状態の改善に伴って国民の平均寿命は伸長し、60歳以上の人口も増加した。1950〜55年の平均寿命は52歳であったが、2000〜05年には69歳となった。また、05年の高齢化率は7.1%であり、「高齢化社会」に入っている。82年以降、60歳以上の者をプー・スーン・アーユ（高齢者）と名づけ、医療・福祉サービスの対象と位置づけた。「知恵の伝承者」のニュアンスを持つ「コンタオ・コンケー」の語で呼ばれてきた老人は、支援の対象としての意味合いを持つ「プー・スーン・アーユ」に分類されたのである。

82年に「国家高齢者委員会」が設けられ高齢者支援が開始されるが、実際の担い手は、地域・家族であり、この構造は、基本的にその後も変化していない。97年憲法に、高齢者を含む弱者の生存権、社会権が記載され、政府は、「タイ高齢者宣言」（99年）の公布を行ない、高齢化が社会問題と位置づけられた。しかしながら、政府の直接支援の対象は、低収入の者や自立が困難な高齢者であり、「高齢者法」（2003年）発布ののちも、高齢者支援の担い手は家族と地域社会とされた。その一方で、高齢者を単に保護するのではなく、高齢者の経験や知識を社会の資産とみなし、社会参加を通じて自立を促すという方針が出される。1999年民間部門に「老齢年金基金」が設立され、タックシン政権下でその拡大を含む国民皆年金制度の設立が構想されたが、結局断念された。このことが示すように、国家財政的にも地域や家族に期待せざるをえない状況がある。現在、コミュニティでの年金基金の創設、区（タムボン）健康基金、区ごとに受給される老人生活扶助など、コミュニティ・レベルでのセーフティネットができつつあり、家族・地域支援の役割を果たしている。また全国高齢者協議会（89年設立）は各県に支部を持ち、各県支部は郡、区、村の各レベルに設置される高齢者クラブ（チョムロム・プー・スーン・アーユ）を統括し、葬式扶助、高齢者の知恵を生かした伝統文化の奨励などの活動が進められている。高齢者政策が地域・家族に依存しつつ進められているが、それ故に、コミュニティ独自の活動が促されている側面も存在している。また、近年、タイに移住する日本人高齢者も多く、こうした海外からの移住者に対する介護などの問題も、タイにおける高齢者福祉の問題の1つと考えられる。

（馬場雄司）

ごがつりゅうけつじけん　5月流血事件→
暴虐の5月を見よ

こくえい・こうきぎょう　国営・公企業

タイの国営企業はその設立根拠と企業形態に基づき、(1)特別法・閣議決定により設立され、特定省庁が管轄する国家直営事業体(state enterprise、ラッタウィサーハキット)、(2)特定の事業を遂行するために法律で設立される公社・公団(オンカーン)、(3)会社法に基づき設立され、政府が出資する政府系企業、の3つに分類される。これらを合わせて国営・公企業と呼ぶ。1985年当時、国営・公企業は68社、株式の過半を超えない政府系企業を含めると156社を数えた。このうち68社が雇用する人数は25万人、資産合計額は4600億バーツに達する。2007年現在、国営・公企業として予算書に計上されている企業は61社。

国営・公企業の業種的分布は、(1)電力・水道：タイ発電公団(EGAT)設立72年、首都圏水道事業公団(MWWA)67年

ほか、(2)運輸・通信：タイ国有鉄道(SRT)51年、タイ港湾公団(PAT)47年、タイ電話電信公団(TOT)54年ほか、(3)エネルギー関係：タイ国石油公団(PTT)79年ほか、(4)鉱工業：タバコ工場39年ほか、(5)商業・サービス業、(6)農林水産業：冷凍倉庫公団58年ほか、(7)金融：クルンタイ銀行66年、農業・農協銀行66年ほか、(8)その他。以上の分布からわかるように、事業基盤は公益事業に限定されておらず、その時々の政府の産業振興政策や経済への介入度合いの違いによって分野を拡大してきた。

　国営・公企業は、38年に成立したピブーン政権のもとで多数設立され、50年代の第2次ピブーン政権時代に、「タイ人のためのタイ経済」を目標にいっそう本格化した。サリット政権のもとでは、民間企業主導の工業化が基本となり、製造業は対象外となったものの、産業インフラを中心に国営・公企業の新設がなされた。また、タイ湾の天然ガスの開発や重化学工業化に取り組んだ70年代末以降も事業分野を拡大し、従業員数(92年30万人)、総資産額(同1兆5000億バーツ)とも、大きく数字を伸ばした。ところが、90年代の金融・産業投資の自由化の進展の中で、国営・公企業の事業見直しと民営化、もしくは株式の一般公開が始まり、特に証券市場の活性化を目指すタックシン政権時代に本格化し、TOTとPTTが特別法人として株式上場を果たしている。ただし、EGATやPATが示すように、従業員側の抵抗も強く、2006年にはEGATの民営化方針に対して違憲判決がなされている。　　　　　　　　(末廣　昭)

こくさいけっこん　国際結婚

タイ人は外国人との婚姻を忌諱しないように見え、国際結婚の比率は高い。2007年国籍別の資料によれば、日本ではタイ人と日本人との婚姻は中国、フィリピン、韓国・朝鮮、アメリカ合衆国に次いで5番目で3.8%(タイ人が夫の場合68組、タイ人が妻の場合が1475組、合計1543組)となっている。このように、日本人とタイ人との国際結婚は96%がタイ人が妻であり、日本人男女のミスマッチ、地方における嫁不足を補完するものとして、タイ人との国際結婚が行なわれている場合も多いと思われる。一方タイ国内では最近、西洋人と結婚したタイ女性がミア・ファランと呼ばれ、主に欧米人退職者と結婚したカップルが東北部や北部に住んでいる例が増えている。結婚斡旋業者を介した花嫁あっせん業も盛んである。

(山本博史[茨城大学])

こくさいしゅうし　国際収支

海外との経済取引、すなわち国内居住者と非居住者の間の財、サービスの取引、資本の支払い、受け取りを集計したもの。タイでは国際収支統計を、タイ中央銀行が国際通貨基金の基準に従って作成し、四半期ごとに公表している。

　アジア通貨危機以前のタイは、主に貿易赤字の増加により経常収支の赤字が拡大していたが、それを上回る資本流入により経済成長を続けていた。しかし輸出競争力が低下して1996年に輸出が減少に転じ、経常収支赤字がGDP比-7.9%に達したため、資本が一気に流出して対外債務の借り換えができなくなった。タイ政府は約38億ドルの外貨準備を保有していたが、為替相場を維持するために市場介入を行ない、外貨準備の枯渇を招いて通貨危機が発生した。通貨危機以降、経常収支は黒字基調であるが、2004年からそのGDP比は低下し、資本収支が黒字となった。また外貨準備は06年末に67億ドルに達している。

　貿易収支は通貨危機をはさんで赤字から黒字に転じており、貿易財の構成も大きく変化した。1996年と2006年を比較すると、輸出では農林水産品が16.2%から9.6%、労働集約製品が16.8%から8.5%へ低下する一方で、技術集約製品が49.0%から64.3%へ増加し、高付加価値化が進んだ。また輸入では原油は8.7%から19.5%に増加したが、工業機械などの

資本財が32.8％から26.8％に減少して輸入代替化しつつある。サービス収支は一貫して黒字であり、旅行収支の大幅な黒字が寄与している。他方で所得収支は一貫して赤字で、赤字額も拡大しており、貿易・サービス収支の黒字により、経常収支が黒字となっている。

資本収支は金融の自由化が進んだ1990年代前半に大幅な黒字となった。証券投資（株式、債券）、その他貸付（非居住者バーツ建て預金）の流入が巨額に上ったためである。通貨危機以降は流出超過であったが、2004年から流入超過に転じた。また外国直接投資が経済回復に伴い、01年から拡大している。　（東　茂樹）

こくせき　国籍

国籍にまつわる最初の法律の制定は、1911年の「ラッタナコーシン暦131年国籍変更法」にまで遡る。その後、13年には出生地主義をベースとした正式な国籍法として「1913/14年国籍法」が定められるが、この一連の動きは当時の清における「大清国籍条例」(1909年)の制定に呼応してもいた。清朝が、父系血統主義に基づき清国外生まれの華人を清国民として包摂しようとしたのに対し、タイ政府は、タイ生まれの華人に国籍を認めることで対抗したのである。第2次大戦後には、「52年国籍法」、「65年国籍法」(現行法)が順次制定されていくが、タイ政府はその間も出生地主義の原則を貫いた。ただし、72の「革命団布告第337号」により風向きが若干変わる。タイ国内で生まれたものであっても、両親もしくはそのどちらかが不法入国者であるか、合法に入国したものでも一時居留者である場合には、国籍を与えないことが定められたのである。その後同布告は92年に廃止され、同年、「両親がともに非タイ国民であるとき」のみタイ国内出生者への国籍付与を認めないというかたちで国籍法の修正がなされ、現在に至る。

多くの国々と国境を接するタイは、近隣諸国からの入国管理法の枠外での移民や難民の法的処遇についても長年苦慮してきた。内務省は、国籍法とは別枠での特化法を発布しつつ、旧国民党軍関係者、ヴェトナム難民、北部の山地少数民族などに対処することが多かったが、近年、そうした特化法を上位法たる国籍法との齟齬を起こさないようなかたちで整備しなおそうとする動きが顕著である。2004年、内務省は「タイ国籍非保持者カードの発行に関する中央登録事務所規定」を発布し、チエンマイ県内で「タイ国籍非保持者カード」の試験的配布を始めた。様々な国籍非保持者の錯綜した法的ステータスを一元化するのが狙いだが、在タイ歴の長い国籍取得の有資格者と新規の移民が同じカテゴリーに入れられてしまうことへの危惧や批判もあり、混乱は今なお続いている。　（綾部真雄）

こくないそうせいさん　国内総生産

タイでは国民経済計算（Gross Domestic Product: GDP）統計を、国家経済社会開発庁（NESDB）国民会計課が国際連合の基準に従って作成し、四半期ごとに公表している。タイの2006年の名目GDPは7兆8413億バーツであり、生産面から産業構造を見ると、第1次産業の割合が10.7％、第2次産業が41.3％、第3次産業が48.0％となる。1970年代後半には第1次産業と第2産業の割合がともに約25％であったが、第2次産業は工業化の進展につれて上昇し、2000年以降も増加が続いている。第1次産業は減少していたが、90年代半ば以降は10％前後で推移し、第3次産業は80年代、90年代は約52％で続いてきたが、2003年から50％を下回った。GDPに海外からの所得を加えて固定資本減耗分を除き、更に間接税を控除して補助金を加えた5兆6461億バーツが要素費用表示の国民所得で、雇用者報酬などの分配を構成している。

GDPを支出面から見ると経済主体の需要構造を表し、06年は民間消費が55.8％、総資本形成（投資）が28.0％、財・サービスの輸出が73.7％（マイナス項目

となる輸入を差し引いた純輸出は3.5%)を占める。「東アジアの奇跡」として注目された1990年代前半と比較すると、消費の割合は約55%と変わらないが、投資が約40%から低下する一方で、輸出が約38%から急激に拡大した。アジア通貨危機以降、タイ経済は外需への依存を高めており、投資が伸び悩んでいる。国内の貯蓄と投資の差額は経常収支の黒字であり、アジア通貨危機以前のタイでは、投資が貯蓄を上回っていた。資金循環表によれば2006年の名目GDP比は、貯蓄が29.9%、投資が28.6%である。経済主体別に見ると、家計と政府が貯蓄超過で、企業が投資超過となっている。

経済成長率とは、通常実質GDP(基準年は1988年)の成長率をさす。タイの1987〜96年の年平均成長率は9.5%に達したが、通貨危機により97年は-1.4%、98年は-10.5%に落ち込んだ。2001〜06年は5.1%に回復している。国際比較をするためにタイの名目GDPをドル換算すると07年は2458億ドルとなり、世界第33位である。しかし人口が多いため、1人あたり総国民所得では3025ドルとなり、世界第113位に下がる。また為替レートの変動要因を取り除いて購買力平価でGDPを比較すると5194億ドルで世界第23位となり、1人あたりでは7880ドルで世界第101位となる(世界銀行統計より)。

(東　茂樹)

こくみんそうせいさん　国民総生産(GNP)
→国内総生産を見よ

こくみんとうごうきょういく　国民統合教育
国家領域に居住する多様で異質な集団の言語や文化を統合し、最終的には国家への帰属や忠誠の意識を持った成員(国民)を形成するための教育。学校は国民統合を達成するための主要な国家装置である。タイでは20世紀初頭に民族、宗教、国王を三位一体とする国家原理(ラック・タイ)に基づく国民統合の理念が確立した後、学校で国語や道徳などの教科学習、仏教儀式やルークスア(ボーイスカウト)活動などを通して国家原理の浸透を目指す国民統合教育が始まった。1960年代からは、活発化する社会主義勢力に対抗し、国民統合を強化するため、タイ国内の中華系民族学校、南部のイスラーム教徒居住地域、北部の山地民族などを対象に、タイ語、仏教、国家への忠誠心育成のための教育が強力に展開された。78年にはラック・タイをすべての学校活動に明確に位置づけた学校カリキュラムが完成し、タイの学校における国民統合のための教育は現在も受け継がれている。しかし、90年代からの少数集団の権利擁護の動向、地域文化や少数言語の復興運動、近隣諸国からの移民労働家族の流入など多様な要因が、従来の同化主義的な国民統合教育とは異なる多文化主義的教育の実現を促している。

(野津隆志)

こくりつこうえん　国立公園
1961年の「国立公園法」によって指定される政府直轄の保護区の一種。2007年現在、タイ全国に103ヵ所あり、その総面積は国土の10%以上に及ぶ。02年の省庁再編時には、森林局から分離独立した国立公園・野生動物保護局が誕生し、国立公園を含む保護区を直轄するようになった。近年の環境保護ブームの追い風を受けて国立公園は増加の一途をたどってきたが、他方では、国立公園内における居住や資源利用が法的に認められていない数万とも言われる人々が、国立公園の中で居住や耕作を続けているという矛盾もある。

(佐藤　仁)

こくりつとしょかん　国立図書館
หอสมุดแห่งชาติ
1905年にラーマ5世によって設立されたワチラヤーン図書館を起源とするタイ最大の図書館。33年に新設された芸術局の配下に置かれて国立図書館との名称を付与され、66年に現在地であるサームセーン路のターワースックリーに移転した。全国17ヵ所に支館が存在する。日本の国

会図書館と同じく、タイの出版物は必ずここに所蔵されることになっており、90万冊程度の蔵書があるとされているが、実際に閲覧可能なものはけっして多くはない。新聞類やラーマ4世期までの古文書の利用価値は高いが、ラーマ5世王期以降の公文書は同じ敷地内に立地する国立公文書館に所蔵されている。

（柿崎一郎）

こくりつはくぶつかん　国立博物館
พิพิธภัณฑสถานแห่งชาติ

文化省芸術局に所属する博物館群。中部（東部含む）に21ヵ所、北部に8ヵ所、東北部に7ヵ所、南部に7ヵ所の計43ヵ所が存在する。ラーマ4世が収集した考古資料や美術品をラーマ5世が1874年に「ミュージアム」と名づけた建築物に展示したのが国立博物館の始まりとされる。副王制度廃止後の87年に、旧副王宮殿に博物館が移設され、現在のバンコク国立博物館となった。タイ史展示室や先史室、各美術様式展示室のほか、金工、陶磁器、象牙細工、武具、織物、楽器、碑文など分野別展示室が設けられている。

（加納　寛）

国立博物館（バンコク）

ごじゅきょうてん　護呪経典
พระปริตร

種々の儀礼において、幸福を求め災厄から免れることを願う一種の呪文として唱えられる三蔵経内の経典や偈。護呪経典の誦唱はスリランカで始まり、4世紀に『バーナヴァーラ』として編纂され、その後他の地域に広まっていった。タイでは護呪経典をプラ・パリットと呼び、即位式などの王室諸儀式のみならず、一般の新築祝いや誕生祝いなど多様な儀礼に際し、僧侶によって誦唱される。護呪経典の聖なる力は、僧侶による誦唱と、この儀礼で使用する聖水や聖糸などを通して、参集者に伝わるとされている。

（矢野秀武）

コー・スラーンカナーン
ก. สุรางคนางค์（1912～99）

タイ最初の女性職業作家。本名カンハー・キエンシリ。トンブリーの官僚の家庭に生まれ、ラーチニー女学校を卒業後、母校の教師を務める。出版社や新聞社の経営、編集に関わり、短篇『マーリニー』（1931年）で小説界にデビュー。売春婦をテーマとした小説『悪い女』（37年）は、虐げられた不幸な女性に目を向け、世間の注目を引いた。300編近い作品のほとんどが、『サーイトーンの家』（50年）に代表される恋愛小説や家庭小説で、幅広い読者層を持つと同時に、後進の女性作家の手本ともなる。仏教道徳やヒューマニズムを表現する小説を開拓した。86年国民芸術家賞を受賞。

（宇戸清治）

コー・スラーンカナーン

コー・ソー・ロー・クラープ
ก.ศ.ร. กุหลาบ（1835～1913）

啓蒙的知識人。平民出身で寺院教育により育つが、語学に秀で、外国系の会社に勤務して、外国人との交際および外国旅

コー・ソー・ロー・
クラープ

行を経験することにより、外から自国を批判的に見る眼を獲得した。55歳ころから雑誌に興味を抱き、1897年に月刊総合誌『サヤームプラペート』を独力で発刊し、王朝史中心ではない歴史などの提供に挑戦した。また、パロディを駆使し、当時としては可能な限りの体制批判を行ない、旧習の排除を主張した。当時は王族支配が徹底していたこともあり、異常者として懲役に処せられた。科学的知識の一般への開放と支配層へのささやかな抵抗を試みた知識人として貴重な存在である。　　　　　　　　　　　（赤木 攻）

こっか　国歌

国歌は近代国家にとって重要な象徴であるが、君主のための歌ではなく国民の歌という意味での国歌の誕生は、1932年の立憲革命を待たねばならなかった。革命時、人民党内では新生の国民国家タイを唱道するためにも国歌が必要と考えられ、作曲プラ・チェーンドゥリヤーン、作詞クン・ウィチットマートラーによる国歌ができあがった。しかし、公的手続きがとられていないとの理由で、34年国歌公募委員会が設置され、再度検討が行なわれた。結局、旋律はもとのままで、歌詞に修正が加えられ発表されたが、36年に演奏時間の規定も加えられ、国歌が正式に完成した。なお、国歌とよく間違えられる国王賛歌は、ラーマ5世時代に作られたものである。　　　　　　（赤木 攻）

▶こっかいぎじどう

こっかい　国会

国会がタイで初めて登場するのは、1932年の立憲革命時である。以降、今日に至るまで、クーデタによる国会廃止から任命官選議員による国会発足までの一時期など除けば、基本的には存在してきた。常に問題とされたのは、1院制と2院制、民選議員と官選議員、議員定数、議員選出方法であり、変遷を重ねてきた。もちろん、国会は立法機関で民主主義制度の根幹であるとの理解は一般に存在しているが、国会が政治運営の中心になったことはほとんどなく、権力的地位は相対的に低い。国会議員の多くは利権を手に入れることや大臣になることを目的としており、行政府の監督や国政調査などの本来的政治活動にはとかく不熱心である。もっとも、留学経験などを有し新しい意識を持つ世代も育ってきている。現2007年憲法によれば、下院（人民代表院）と上院からなり、下院の議員定数は480名で、内訳は選挙区制選出議員400名、比例代表制選出議員80名である。上院は、定数150名で、その内の民選は1県1名で、残りは上院議員選出委員会が選出することになっている。上院議員は学士以上の学歴を必要とするのが異色である。下院議長が国会議長であり、下院に先議権がある。　　　　　　　　　　（赤木 攻）

こっかいぎじどう　国会議事堂

国会が発足した当初から、ラーマ6世時代に迎賓館として建てられたルネッサンス風大理石建築アナンタサマーコム宮殿が、相当長い間議事堂として使用された。1970年代に入り、宮殿の北寄りに3棟（それぞれ、3階、7階、2階）からなる国会議事堂が完成し、74年9月から使用が始まった。会議場、国会事務局、議長副議長室、国会印刷局などからなっている。ただし、開会式をはじめ国家的儀礼は、現在でも宮殿で行なわれている。また、現在宮殿の一部は博物館となっている。なお、2008年7月には新議事堂の建設が閣議決定され、より北のチャオプラヤー川

畔が候補地となっている。　（赤木 攻）

こっかけいざいしゃかいかいはつけいかく
国家経済社会開発計画
แผนพัฒนาเศรษฐกิจและสังคมแห่งชาติ

タイ国が定める5ヵ年の経済社会開発の基本計画。国家経済社会開発庁（NESDB）が計画を策定し、内閣がそれを承認して、政府諸機関によって実施される。サリット首相の下で1961年度（60年10月予算年度開始）に第1次国家経済計画（6年間）が初めて策定され、国家主導による経済開発が進められた。67年度からの第2次計画以降は、社会開発も含む包括的な国家経済社会開発計画となり、2007年度からは第10次国家経済社会開発計画が実施されている。

50年タイ政府は、経済統計整備や経済分析を行なう機関として国家経済会議（NEC）を設けた。その後、57年世界銀行経済調査団が訪タイし、タイ側の世界銀行経済調査団協力委員とともにタイの経済調査を総合的に行ない、国家経済計画の策定を提言した。これを受けて、59年サリット首相は開発計画の専門機関として、国家経済開発会議委員会と国家経済開発庁（NEDB）を設置した。

第1次国家経済計画（第1期61～63年度：第2期64～66年度）は、世界銀行の提言を受け、国家経済開発庁が策定し、「経済開発」政策が重視された。ただし、国営企業ではなく、民間投資が重視され、その投資を誘発するため、道路網や灌漑網の整備、ダムや発電所の建設等のインフラ整備が進められた。第2次国家経済社会開発計画（67～71年度）は、計画に「社会」開発の内容が加わり、資本や技術を活用した農業の生産性向上や人材の開発を重視しつつ、農業、工鉱業、交通・運輸、電力、商業、保健、教育等の分野別開発計画が具体的に定められた包括的なものとなった。

第3次国家経済社会開発計画（72～76年度）では、72年には国家経済開発庁が国家経済社会開発庁に改編され、社会開発が開発計画の重要な柱として位置づけられた。投資の一巡した輸入代替工業化から輸出指向工業化への転換が進められると同時に、社会的公正や社会正義の実現が重視された。雇用対策、教育、住居、水道などの社会サービスの充実、所得格差の縮小、更には家族計画等による人口増加率の抑制が掲げられ、社会開発重視の姿勢が明確になった。しかし、石油ショックなどによるインフレの進行により実態経済は低迷した。第4次国家経済社会開発計画（77～81年度）は、73年10月14日事件（学生革命）から76年10月6日事件後の政治・社会的混乱の中で、第3次計画を踏襲する形で策定され、景気の回復、農業増産、輸出指向工業への転換、所得増大、地方産業の振興に加えて、土地、水、鉱物などの自然資源保全なども重視された。第5次国家社会経済計画（82～86年度）は、70年代から続く、原油価格高騰、第1次産品の価格低迷、国際収支の赤字などの影響を受け、「経済の再構築」を掲げて実施された。82年のIMF救済融資、82年と83年の世界銀行の「構造調整融資」を一部活用しながら、東部臨海工業地帯等の地方開発拠点の設置や輸出志向工業の振興と同時に、所得分配の改善、農村の貧困解消などが進められた。

第6次国家社会経済計画（87～91年度）は、80年代前半の景気低迷の中で策定され、経済の回復、社会開発、自然資源や環境の保全、情報通信技術の発達、国営企業改革などが示された。しかし、計画実施直後から、プラザ合意後のドル安円高を背景にした日本など諸外国からタイへの「直接投資ラッシュ」が起き、同計画中は、経済成長率が年平均10.5％となった。第7次国家社会経済計画（92～96年度）は、80年代後半以降の経済ブームを背景に策定され、金融・資本市場の整備、農業の高付加価値化、更には自動車・石油化学・衣類等の重点産業化を通じた、経済成長の持続が強調された。同時に、所得格差の縮小や、地域格差の解消を進め、人的資源開発や自然環境の保全など、生

活の質や社会的公正の実現も掲げられた。第8次国家社会済計画（97〜2001年度）は、調和のある安定した経済の成長を目指しつつも、開発の中心課題は経済成長だけではなく人間の開発にあるという立場を明確にした。貧困解消、国民の心身の健康増進、初等中等教育拡大、森林保全など自然環境保護の重要性も強調された。しかし、計画実施中に拡大したアジア通貨・経済危機の中、当初の経済成長率目標を8.0％から4.2％に下方修正するなど部分的に改訂を余儀なくされた。

第9次国家社会経済計画（02〜06年度）は、第8次国家経済社会計画に引き続き、人間の開発を重視しつつ、プーミポン国王（ラーマ9世）の「ほどほどの経済（足るを知る経済）」を国家開発の基本哲学と定めた。この計画策定に際しては、全国で100回以上のセミナーが開催され、1997年憲法に基づく国家計画策定への国民参加が促進された。この計画は、「足るを知る経済」を基本に、持続可能で安定した経済の成長、社会保障制度の整備による生活の質の向上、公的部門の効率化によるグッド・ガバナンスの実現、貧困の解消、自然資源の管理と保全、科学技術の強化などが定められた。なお、2001年1月下院選挙で成立したタックシン政権は、第9次計画を尊重しつつも、30バーツ医療制度、一村一品運動（OTOP）などの貧困対策・地域振興とFTAの推進など、政権独自のいわゆる「デュアル・トラック政策」を進めた。第10次国家社会経済計画（07〜11年度）は、第9次計画に続き、プーミポン国王の「ほどほどの経済」を基本原則としつつ、国内の「経済」、「社会」、「自然資源・環境」の資源を最大限発展させ、活用するとし、次の目標を掲げた。(1)国民の心身、知識、能力の向上、家族・共同体・社会の強化、(2)地方共同体や地方自治体の強化、地方投資機会の拡大、貧困解消、(3)工業・農業生産の成長、インフレ抑制、公的債務抑制、持続可能な経済の実現、(4)森林・保護林の保全、農業用灌漑面積の拡大、水資源の管理、大気汚染の防止、生物多様性の保持、(5)政府機関の公正な業務実現、国民の権利・義務の認識、民主主義・社会的公正への理解、社会的公正の実現。

なお、05年6月の国家経済社会開発庁年次総会で、当時のタックシン首相は、実施中の第9次計画について、変化の激しい世界の中では、現在および将来にわたって妥当であるとは限らないとし、第10次計画についても、国家は時代に即応してダイナミックに変化し競争力を高めるべきであるとして、国家経済社会開発庁に対して変化への迅速な対応を求めた。

こうした計画の位置づけをめぐる議論があるにせよ、国家経済社会開発計画は、インフラ整備や工業化等の経済成長戦略のみならず、社会開発、人間開発、自然環境の保全、更には第9次計画以降、「ほどほどの経済」の原則が盛り込まれるなど、包括的な開発計画として発展してきた。各時代の政治経済社会の変化に対応しながら、国家開発の基本原則を明示し続けてきたその歴史的意味は大きい。

（宮田敏之）

こっかざいせい　国家財政
タイの財政年度は、前年の10月から9月であり、たとえば2009年度予算とは、08年10月から09年9月までを期間とする。予算案については、総理府の予算局（The Bureau of the Budget）が各省庁からの予算要求を検討・調整した上で作成するが、予算案の大枠は、NESDB（開発計画に基づいた投資支出計画）、財務省（予算規模や対外借入枠）、中央銀行（歳入不足の補塡手段）と協議する。予算案は閣議に提出され、閣議の承認を受けて国会に提出される。国会での予算案の審議については、07年憲法第166条から第170条で規定されている。これによれば、下院議会がその提出から155日以内に、上院議会は20日以内に審議し、採択しなければならない。その後、国王の署名を受けて、予算法令として公布される。

歳入では税収が約9割を占めており、そのほかに国営企業の利益の繰り込みなどがある。税収の内訳は、たとえば06年度では、法人税が税収全体の32.7%と最も多く、以下、付加価値税(21.9%)、物品税(20.3%)、個人所得税(12.5%)、輸入関税(7.4%)の順となっている。直接税と間接税の比率は4:6と、間接税の割合が高い。直接税では法人税が主たる源泉である。法人税率は原則、課税所得の30%となっており、中小企業や上場企業、BOI(投資委員会)が認可した企業に対しては減免措置がある。また、個人所得税は年間課税所得10万バーツ超の個人を対象に累進課税方式を採用している(最高税率は年間課税所得400万バーツ超で37%)。間接税では、1990年代初頭には税収の20%以上を占めていた輸入関税がその後の貿易自由化の進展に伴い2006年は7.4%へ低下し、他方、1992年に導入された付加価値税が2006年には21.9%に上昇するなどの主役の交代が見られる。これらの税は歳入局、物品税局、関税局によって徴収される。

税金のほとんどは国税であり、地方税には土地家屋税、土地開発税などがあるが、その規模は小さい。したがって地方自治体の支出は中央からの交付金に依存しており、これがタイ政府の中央集権化を支える基盤となってきた。1997年憲法では、地方分権を進めるとの方針が示され、99年の「地方分権法」では中央政府の歳入の35%を地方自治体へ移転する数値目標が掲げられた。しかしその後実現は困難と判断され、2006年クーデタ後の法改正で目標が引き下げられている。歳出を機能別に見ると、教育関連支出が最も多く全体の約20%を占める。近年は、国防関係支出が91年の16.0%から08年に8.6%へ低下し、社会保障関連支出が同期間に3.1%から6.9%へ増加する傾向が見られる。機構別では、省庁への配分枠が縮小され、政府が機動的に活用できる中央予算比率を引き上げるなどの動きがある。

タイでは、1950年代後半に発足したサリット政権以降、民間企業主導の経済体制を基本とし、政府の役割はインフラストラクチャーの整備などに限定する「小さな政府」を志向してきたため、中央政府の歳出と歳入のGDP比は概ね15〜20%と規模は小さく、またほとんど変化なく推移してきた。ちなみに2006年の世界平均がGDPの27〜28%である。また歳入に見合った歳出を基本とする「保守的」、「均衡主義的」な運営を行なってきたため財政赤字が問題になったのは、第2次石油ショックを受けた80年代前半と、通貨危機・経済危機の後遺症処理のための90年代末だけである。

通貨危機、経済危機では、財政赤字が拡大したことに加えて、金融機関の不良債権処理のための公的資金注入から公的債務が急増した。これに対し政府は、公的債務管理事務所(PDMO)を「局」に格上げするなどして債務管理を強化してきた。その結果、2001年に2兆3917億バーツ、GDP比で57.6%に達していた公的債務残高は、08年7月末には3兆3300億バーツと金額では増加したものの、GDP比では35.4%へ圧縮されている。

ただし、今後も健全な財政運営が継続するかは不明である。たとえば、近年、公的性質の強いサービス支出について、財政以外の資金を活用しようとする動きがある。タックシン政権下では、地域経済の活性化や低所得層の救済を目的とする、政府貯蓄銀行(GSB)などの政府金融機関の貸し出しが促進された。これら貸し出しは、返済不能になれば、財政が補填すべき性質を持つため、「予算外支出(オフバジェット)」と呼ばれ、大衆迎合的なバラマキ財政として批判されている。そのほか、大規模インフラ整備(メガ・プロジェクト)などの資金確保のために国際的な民間入札、国営企業の株式化、国家資産の証券化などの手法を導入している点も特徴と言える。この動きは、その後サマック政権、ソムチャーイ政権でも引き継がれている。今後のタイでは高齢

化の進行に伴う社会保障費の増加が不可避であることを考えると、財源確保のため、相続税や固定資本税などの導入を含む税収構造の改革がなされる時期に来ていると言える。　　　　　　（大泉啓一郎）

こっき　国旗
国家概念が未発達のアユッタヤー時代にも貿易船などは紅色の布を掲げてアユッタヤー所属の船であることを示してきたこともあり、ラッタナコーシン朝時代に入っても、紅色旗を基本に中央に白色の法輪をまたはその法輪の中に更に象をかたどった旗が使用された。本来的国旗の概念は、やはり、1855年のバウリング条約を契機として生まれ、しばらくは赤地に白象をあしらった旗が使用されたが、第1次世界大戦参加を機に6世王は1917年まったく新しい3色旗を国旗として定め、現在に至っている。赤が民族、白が宗教、紺が国王と、タイの国家原理（ラック・タイ）を視覚的に象徴している。
　　　　　　　　　　　　　　（赤木 攻）

こっきょうぼうえき　国境貿易
タイはミャンマー（ビルマ）、ラオス、カンボジア、マレーシアの4ヵ国との間で5500kmの国境を接し、各地方に合計70ヵ所余りの税関（臨時施設も含む）が設置されている。税関を通過する正規の国境貿易は近年拡大傾向にあり、貿易額（輸出額＋輸入額）は1997年の880億バーツから2007年の5514億バーツへと10年間に6倍以上に増大した。貿易品目は相手国に応じて異なるが、タイからは主に機械類、農産物、農産物加工品などを輸出し、隣国からは電子部品、燃料、鉱物、水産物、木材などを輸入している。このうちマレーシアとの国境貿易額が最大で、07年は3681億バーツに上った。これは両国間の貿易全体の65％を占める。その他の隣接国についても2国間貿易に占める国境貿易の比重は大きく、80％前後に達する。ただし、マレーシアを除けば絶対額は小さく、たとえばタイ北部の税関を通過した貿易（07年）の内訳を見ると、ミャンマーとの国境貿易額は、ラムプーン県にある北部工業団地内の特設税関を通過した貿易額（空路利用）の6分の1にも満たない。また、国境は接しないものの、メコン川の舟運などを利用して行なわれる中国・雲南省との貿易も広義の国境貿易に分類され、近年増大傾向にあるが、07年はまだ66億バーツにすぎない。そもそも国境貿易は、これまでも隣国との政治的緊張や国境付近の政情不安が原因で急激に縮小するなど不安定であった。なお、正規の国境貿易とは別に密輸が横行している。たとえば、小型家電製品を中心に低価格で低品質の密輸品が中国から相当量流入し、タイ国内市場をかく乱しているとの報告もあるが、密輸全体の詳細は不明である。　　　　　　　　（遠藤 元）

こてんぶんがく　古典文学
【定義】英語のLiteratureに該当するタイ語の訳語は「ワンナカディー」と「ワンナカム」の2語がある。前者はラーマ6世が1914年に設立した「ワンナカディー・サモーソーン（文芸協会）」で初めて用いられ、韻文で書かれた詩、戯曲、物語、エッセイなど文芸協会の定めた基準に合致する作品だけが指定された。協会条例の第7条にはワンナカディーの条件として、良い内容で政治に影響を与えず、タイ語の正書法に則って外国語の影響を受けていない作品を協会が選定し、国王の裁可を経て認定すると明記されており、多くは宮廷文学がそれに合致した。それに対し、ワンナカムは32年に「芸術文芸保護法」が制定された時に作られ、文字で書かれたすべての著作を指した。ワンナカディーの用語制定の背景には、近代国家への脱皮を図るタイが西欧文化に対抗して自国の文化的営為を誇示しようとする民族主義的な意図が認められる。20世紀に入るとイギリスの大衆小説が翻訳紹介され、翻案小説を含めて「ナンスー・アーン・レン（すさびに読む本）」と呼ばれていたが、20年代半ばからはタイ独自の社

会風土を背景とする「ナワニヤーイ（文学）」が主流となった。

【時代区分と主要作品】タイ文学史は一般的には4時代、7期に区分される。スコータイ時代(1257頃～1379年頃)の作と言われるのは、平易な仏教論を説いた『トライプーム・カター（三界経）』、『スコータイ王金言集』、『ノッパマート女訓』など少ない。アユッタヤー初期(1351頃～1529年)には『リリット・オンカーン・チェンナーム（誓忠飲水呪詞）』、仏陀の前世物語である『マハーチャート・カムルアン（大生経）』、戦記『リリット・ユワン・パーイ（チエンマイ敗退）』、王族の悲恋物語『リリット・プラロー』、布施行を推奨し人口に膾炙した『マハーウェートサンドーン・チャードック（布施太子本生経）』などがある。

アユッタヤー時代中期(1620～88年)のナーラーイ王時代は国内の政情が安定し、ルイ14世王朝のフランスとも交流するなど文芸が盛んとなり、古典文学第1期の黄金時代となった。『サムッタコート・カムチャン』、『カーウィー』、『チンダーマーニー（宝珠篇）』、『シープラート悲歌』、『タワー・トッサマート（12ヵ月遊詩）』、『ハリプンチャイ遊詩』などのほか、チャートリー劇、宮内劇、宮外劇、ノーラー・チャートリー劇などのラコーン（劇）が全盛を迎えた。

ビルマ（ミャンマー）との戦乱などによる混乱期を経たアユッタヤー時代後期(1732～67年)には、『マノーラー』、『サントーン』、『ニラート・プラバート（仏足跡遊詩）』、『カープ・ヘー・ルア（御座船歌）』がある。短期に終わったトンブリー時代(1767～82年)には『ラーマキエン』、『イナオ・カムチャン』、『広東遊詩』などがあるが、実りが多かったとは言えない。

ラッタナコーシン時代初期(1782～1868年)では、『ラーマキエン』、翻訳文学『サームコック（三国志演義）』、ビルマの英雄王を描いた『ラーチャーティラート（王中の王）』、仏教説話『マハーウェートサンドーン・チャードック（布施太子本生経）』があり、特に古典文学第2期の黄金時代と言われるラーマ2世時代には『イナオ』、『カーウィー』などの宮内劇、民間口承文学を発展させた2世作の『クライトーン』、民間説話『セーパー・シータノンチャイ・シェンメン』、タイの詩聖と言われるスントーンプーも執筆に加わった『セーパー・クンチャーン・クンペーン』、単独による創作としては最長のスントーンプーの『プラ・アパイマニー』、アユッタヤー中期にビルマからの独立を果たした英雄ナレースワン大王を讃えたパラマーヌチッティノーロット親王の戦記『リリット・タレーン・パーイ（ビルマ敗退）』などの傑作が生み出された。

西洋文物の移入によって韻文が廃れていく近代文学への過渡期(1868～1925年)では、ラーマ5世の散文『クライバーン（故郷遙かに）』、南部の民間伝承を美しい人間讃歌に仕立てた同王の『ゴ・パー』、ラーマ6世の論考『ラーマキエンの淵源』や多くの脚本がある。19世紀後半までは韻文学の方が散文学を量的に圧倒していた。19世紀の散文学で有名なのは『三国志演義』など中国翻訳小説である。また、反体制的な内容で焚書処分を受けたティム・スックヤーンの『ノーンカーイ紀行』があることも忘れてはならない。

【形式とジャンル】タイの詩形は「チャンタラック」と総称されている。これは諸種の詩形に関する伝統的な指南書の意味で、古典時代には学芸18般の1つとして習熟が要求された。インドに由来することから詩形の名称にはサンスクリット語やパーリ語が多く使われている。ラーイ、クローン(Khlong)、カープ、チャン、クローン(Klon)、クローン(Khlong)とラーイを組み合わせたリリットに大別される。セーパーはクローン(Klon)の下位分類。第2期黄金時代のスントーンプーが市井の語彙を駆使し、押韻も易しい「八言クローン(Klon)」形式を創造し、王侯貴族の専有物であった作詩を大衆化した功績は大きい。タイの古典文学は常に外国文学の影響を受けてきたが、古くはインドの『ラーマーヤナ』や『マハーバーラタ』および『ジ

ャータカ』などの仏教説話が伝えられ、近隣の民族からはジャワからの『イナオ』、ビルマのモン（Mon）からの『ラーチャーティラート』、アラビアからの『千夜一夜物語』、18世紀からは中国の『三国志演義』などの歴史小説が大量に翻訳されている。ジャンル的には、宗教、戦争、王侯貴族の恋愛、冒険、紀行詩、歌、劇詞、格言・金言、民間伝承、外国文学の翻訳、論攷など多岐にわたるが、末期には戦争物や「チャックチャック・ウォンウォン」と総称される王子王女の恋愛物語が主流となり飽きられた。翻訳物を含むこれらの19世紀までの名作を古典文学としている。　　　　　　　　　　（宇戸清治）

ゴム（天然ゴム）

【歴史】タイにおける天然ゴム栽培は、1900年頃にトラン県知事のプラヤー・ラッサダーヌプラディット（中国名　許心美）が英領マラヤから持ち込んだ種子を県内で植えたものが嚆矢とされる。生産と輸出が本格化するのは20年頃で、戦後まもなくコメに次ぐ重要輸出品目となり、50年代には輸出額の2～3割を占めるまでになった。80年までタイの輸出量はマレーシアやインドネシアの半分にも満たなかったが、その後急増し、91年にタイは世界最大のゴム輸出国となった。タイのゴム栽培は、これまで高温多雨という気象条件を満たす南部と東部湾岸地域にほぼ限定されていたが、最近は東北地方にも広がりつつある。

【生産】タイでは天然ゴム農園の9割以上が小農（スモールホールダー）で、その比重は他の主要生産国と比べても高い。ただし小規模農場でもゴム液の採取労働者（タッパー）を住み込みで雇用し、収穫物を分けあう場合がかなりある。こうしたタッパーの多くが東北部からの出稼ぎ労働者であった。ゴムのみを栽培する農家はむしろ少数で、多くはコメや果樹とゴムを組み合わせている。農園では未明からゴム樹に傷を付け（タッピング）、日の出前に樹液受けカップに集まった樹液を集める。それを液体状（ラテックス）で出荷する場合もあるが、多くは蟻酸などで固めてシート状（非燻煙シート、USS）に伸ばした上で出荷する。最近ではカップなどで固まった状態（カップランプ）での出荷も増えている。

政府は60年代初頭からゴムの植え替え奨励政策を行なってきた。ゴムの輸出量に応じた賦課金（CESS）を輸出業者から徴収してゴム植え替え基金とし、改良品種を新たに植える農園主には、苗、農薬、肥料およびゴムが採取可能になるまで（6～7年）の労賃を補助した。これにより植え替えられたゴム園面積は、80年代末に全体の半分に達した。ゴムの平均収量は80年代半ばから急速に高まり、10年間で2倍になった。これがこの時期以降の輸出伸張を生産面で支えた。現在タイのゴム樹はそのほとんどが高収量改良品種である。

工場に集められたゴムは工業製品の原料として、ラテックス、燻煙シート（RSS）、ブロックラバー（TSR＝技術的格付けゴム）などに加工される。RSSはUSSを燻煙したもので、TSRはラテックス、USS、カップランプを熱処理して作られる。輸出の主要形態はもともとRSSを約111kgの梱包にしたものであったが、取り扱い容易なTSRが開発されると、マレーシアやインドネシアは80年代からTSRに生産の比重を移していた。これに対しタイは90年代末までRSSが中心で、ようやく近年TSR（タイではSTR＝Standard Thai Rubberと呼ぶ）の生産が急増し、2004年にRSSを上回った。

【流通】天然ゴムの原料・製品はほとんど（約9割）が輸出に向けられる。農園から工場までもっぱら中間商人を媒介にして運ばれ、工場で加工された後、工場を所有する企業自身が輸出する。主な取引相手は外国のタイヤメーカーや商社である。工場兼輸出商の多くは福建系の華人資本で、30以上ある輸出商のうち大手5社ほどが総輸出量の半分を扱う。ゴムは相場商品でもあり、世界の政治情勢など

にも影響を受けやすく、価格はしばしば大きく動く。そのため輸出商の盛衰が激しく、1970年代～80年代に不動の第1位であったテクビーハン(Teck Bee Hang)社すら98年に経営危機に陥り、大幅に生産規模を縮小した。

タイの天然ゴム生産は日本を主な輸出先として発展してきた。欧米タイヤメーカーがマレーシア、インドネシアのエステートと長期契約してゴムを仕入れていたのに対し、日本のタイヤメーカーは目視格付けによるRSSを嗜好し、またその時々の相場で輸出商から購入していた。そのため相場が輸出商に不利な時には、輸出商の経営危機回避行為が製品の品質劣化につながる傾向があった。そこで80年代の半ばから、大手タイヤメーカーとゴムを扱う商社が連携して、燻煙工場に技術指導すると同時に、基準を満たした工場から優先的に買い付けるようにした。これによりタイのRSSの品質は急速に改善され、その後の輸出伸張と欧米市場への販路拡大につながった。

90年代後半以降、タイの天然ゴム産業は大きく変わりつつある。輸出先として中国が台頭し、2003年に最大の輸出先となった。その中国はTSRの形でゴムを買い付けており、日本も最近はTSRに比重を移している。日本のタイヤメーカーや商社が自社工場を産地に持つようになった。農協や農民グループが小規模の燻煙工場を作り成功した事例も出てきた。政府は価格の安定化のためUSSの中央市場を作って、価格下落時には買い支えも行なう。また農産品先物市場(AFET)が開設され、04年からゴムが取引されている。　　　　　　　　　　（重冨真一）

コメ

タイは、1980年代初頭以降、世界第1位のコメ輸出国である。2007年も精米換算で約950万トンを輸出し、世界のコメ輸出量約2900万トンの30％強を占めている。05年から07年の平均で見ると、輸出先は、アフリカが約340万トン、アジアが約230万トン、中東が約130万トンで、1970年代以降市場開拓してきたアフリカや中東の比重が高い。また、2007年の世界全体のコメ生産は籾換算で約6億5000万トンであったが、タイは2900万トンを生産し、世界第6位に位置している。1910年代、タイのコメ生産は、籾ベースで約400万トンにすぎなかったが、65年には約950万トンとなり、タイ農業省による高収量品種の奨励、高級香り米カーオ・ドーク・マリ105の栽培拡大、灌漑の整備や乾季作の拡大により、2007年には約2900万トンとなった。コメ輸出量も1910年代に約85万トン、65年には190万トンとなり、その後、アジアだけではなくアフリカや中東の市場を開拓し、2007年には950万トンを超えた。タイのコメ輸出額は、タイの輸出総額に占める割合で見ると、1910年代に78％であったが、2007年にはわずか2％となった。しかし、コメの輸出額自体は1910年代の約8840万バーツから、2007年には1231億5800万バーツに増加し、この100年で1300倍となった。

タイで栽培されるコメは多種多様である。在来種は1920年代には800種があったという。第2次世界大戦後、こうした在来種の総合的な収集とその活用による食糧増産を目的として、コーネル大学ハリス・H・ラブ教授ら専門家を招いて、当時のタイ農業省がアメリカ政府と共同でコメの在来種収集を全国的に行なった。その後、純系選抜や品種改良を続け、政府推奨米を農民に積極的に配布し、1959年から2007年まで政府が推奨した品種は、農業・協同組合省の記録では95種類に及ぶ。そのうち、雨季作のみ作付けされる(1)感光性品種は40種類で、ウルチ米が香り米のカーオ・ドーク・マリ105など31種、モチ米はコー・コー6(Ko.Kho.：米穀局Krom Kan Khaoの略)など9種類である。また、(2)非感光性品種は32種類で、乾季作米生産の約30％を占めるスパンブリー1などのウルチ米が26種、モチ米が6種である。これら以外に、(3)陸稲7

種、(4)深水稲6種、(5)浮稲5種、(6)ジャポニカ米2種、(7)赤色香り米2種類となっている。政府推奨米が普及した一方で、在来品種の栽培の割合は低下しており、たとえば2007年の雨季作のコメ生産に占める在来品種の割合は8.7%で、1991年の31.2%から大きく低下した。

タイのコメ生産は、雨季作と乾季作に大別される。雨季作は5月頃に籾を撒き、11月頃までに刈り取る稲作である。乾季作は、灌漑が整備された地域で、雨季作の収穫が終わる12月頃から翌年の8月くらいまでの間に、1回から多いところで2回作付けを行なう。07年の農業・協同組合省統計で見ると、タイ全国860万haで雨季作が行なわれ、籾米2300万トンの生産があった。東北部が最大の490万haであった。しかし、灌漑、土壌、高収量品種の導入が比較的進んでいる北部と中央部の単収が高い。雨季作の主たる品種は、ウルチ米の高級香り米カーオ・ドーク・マリ105、モチ米のゴーコー6などである。特に、カーオ・ドーク・マリ105は、東北部で栽培されるものの香りや形状が良く、タイの全生産量の約80%が東北部に集中している。乾季作は160万haで行なわれ、非感光性・高収量品種の栽培が盛んで、コメ生産量は籾ベースで約680万トンであった。

輸出段階のコメの品種・等級は、栽培段階のコメの品種分類がそのまま適用されているわけではない。輸出米規格の第1の特徴は、精米過程で生ずる完全な白米(丸米)と砕米を分別した上で、丸米のみのものを白米100%とし、丸米に対し砕米を混入したものをその混入割合に従って白米5%、白米10%、白米15%などと定めている点である。また、砕米自体もその大きさによって区別される。更に、第2の特徴は、タイで輸出行政を担当する商務省が輸出米基準を定め、以下の3種に輸出用タイ米を分類している点である。(1)タイ・ホーム・マリ米(Thai Hom Mali RiceまたはThai Jasmine Rice)、(2)タイ・パトゥムターニー香り米(Thai Pathumthani Fragrant Rice)、(3)普通米。

この3種類のコメの2007年の輸出量は、タイ・ホーム・マリ米が約290万トン、タイ・パトゥムターニー香り米が約34万トン、普通米が約625万トンであった。また、07年の年平均輸出価格で見ると、タイ・ホーム・マリ米の最上白米価格が1トンあたり578.4ドル、タイ・パトゥムターニー香り米が421.0ドル、また普通米の最上白米100% Aが371.8ドルで、タイ・ホーム・マリ米と普通米の価格は1.6倍の開きがある。

高価格のタイ・ホーム・マリ米に分類される品種は、独特の香りを持つタイ産香り米品種のカーオ・ドーク・マリ105またはその改良品種のKo.Kho.15のみで、輸出時に商業省指定の商標が付される。こうした輸出基準は、01年10月にタイ商務省が、これら香り米品種の品質を保証するために定めた。また、タイ・パトゥムターニー香り米に分類される米は、タイ農業・協同組合省が開発し、2000年から政府推奨米になった、非感光性・高収量の新しい香り米パトゥムターニー1という品種である。この輸出基準は、04年に商務省がカーオ・ドーク・マリ105とやや香りが弱く価格の低いこのパトゥムターニー1との混入を防ぎ、輸出基準を厳格化するために定めた。これら香り米以外のコメは、輸出基準においてはすべて普通米に分類されるが、その上で、ウルチ米、モチ米、籾を蒸した後に精米するパーボイルド・ライス(Parboiled Rice)、カルゴ米(玄米を含む)、籾に区別されて取引される。

なお、国内の小売は、伝統的な市場では笊に分けた量り売りであるが、スーパー等では、精米業者や輸出業者等が数キロの袋詰めにして、其々のブランドを付した香り米、ウルチ米、モチ米を販売している。

2008年前半タイは世界コメ市場におけるその重要性を改めて示すこととなった。原油高騰、旱魃・洪水の頻発、バイオ燃料としての穀物需要の変化を背景に上

昇してきたタイの米価は、インドやヴェトナムの輸出規制の影響を受けて、08年前半には史上最高値を記録した。たとえば香り米タイ・ホーム・マリ米は、07年平均価格が1トンあたり約580ドルであったが、08年5月の平均は約1205ドルとなった。その後、10月には820ドルとなったが、前年同月の1.5倍であった。タイは、世界一のコメ輸出国として、コメ供給地としての存在感を見せたが、乱高下する国際米価格に翻弄される不安定な側面を持つことも明らかとなった。　（宮田敏之）

こよみ　暦→暦年を見よ

コーラート　→ナコーンラーチャシーマーを見よ

コーラートこうげん　コーラート高原→東北部を見よ

コリアンダー　→パックチーを見よ

コーン
โขน

伝統的な仮面舞踊劇。古い武術が起源とも言われる。影絵芝居ナン・ヤイとも密接な関係がある。演目はインド伝来の叙事詩『ラーマーヤナ』のタイ版『ラーマキエン』で、弁士（コン・パーク）が詩句を朗唱し、台詞を語り、ピー・パート合奏が付く。演者が着ける仮面は神聖視されている。所作は足や胴の力強い動きを中心としたものだが、19世紀にラコーン・ナイ（内劇）の要素が取り入れられ、本来の荒々しい表現が後退した。立憲革命以降は女優の参加が認められた。1970年代には、クックリット・プラーモートがタマサート大学コーン劇団を組織し、伝統の継承に貢献した。　　　　　（松村　洋）

コーンケン
ขอนแก่น

バンコクの北449kmに位置する東北部の県。県庁所在地コーンケン市はチー川とポーン川の合流地点に近くに位置する。
【歴史】県内には古い時代の痕跡が多数ある。たとえば、県西部チュムペー郡にはドヴァーラヴァティ時代の遺跡があるし、県南部プアイノーイ郡のクー・トーンや県北部ナム・ポーン郡のクー・プラパーチャイはクメール時代の遺跡である。

しかしながら、現在の県庁所在地コーンケン市につながる集落ができたのは比較的新しい。18世紀後半に、ヴィエンチャンを逃れてきた王族が300人ほどの農民を引き連れてチー川流域一帯に定着し、ナコーンラーチャシーマー侯に服属を誓ったのが契機とされている。中心となる集落は当初、現在のバーンパイ市近くにあった。その後、19世紀を通じ、現在のマハーサーラカーム県コースムピサイ郡、現在のローイエット県スワンナプーム郡、現在のコーンケン市近郊のいくつかの場所を転々とした。この間に、寺以外の場所でタイ文字を教える学校が、東北部でも最も早い1892年に設立されている。中心となる集落が現在の場所に定着したのは、1901年のトゥン・サーン沼建設を契機としてであった。16年にはここを県庁所在地としてコーンケン県が設置された。その当時、バーンパイが道路交通網の要衝としての役割を果たしていたが、33年までにナコーンラーチャシーマー～コーンケン間の鉄道が開業したことで、コーンケン市はイサーン地方北部からバンコクへのターミナルとなった。

1965年には、ナコーンラーチャシーマーからコーンケンを通ってノーンカーイに至るミットラパープ路が開通し、62年にはサリット政権による東北地方開発政策が開始する中で、コーンケンは開発のモデル都市となっていく。64年には、飛行場が市北西部に移設拡張され、跡地には県庁の現庁舎が設けられた。66年には、飛行場に至る広大な敷地に、国立コーンケン大学が工学部と農学部を中心として設置された。同年ナム・ポーン川をせき止めたウボンラット・ダムが竣工した。

以上の開発政策により爆発的に人口が増大し、60年代から70年代にかけ、2万人前後の都市から10万人以上の都市に拡大した。最近では、昆明とバンコクを結ぶルートと98年から計画が進められてきた東西回廊(モーラミャイン～ダナン)が交差する地点となったことや、2005年コーンケン空港の新ターミナル開業に表されるように、「メコン圏」全体の拠点都市となりつつある。

【経済】農業に関しては、「モチ米圏」に属し、米作の中のモチ米の比重が高い(75%、2004年)ものの、2期作目ではウルチ米が多い(89%)。その他の作物には、サトウキビ(589万トン)やタピオカ(44万トン)といった工業用農産物の生産額が多いことにも特徴がある。工業に関しては、農業関連分野が、工場数で見て圧倒的に多い(75%)が、中小の工場が多いため生産額としては多くない(4%)。工業生産額の中で特に多いのは紙製品である(22%)が、これは、県内に国内で最大のパルプ製紙工場があることによる。

観光に関しては、タイ人観光客の数は、ナコーンラーチャシーマー県には及ばないものの、ウドーンターニー県やウボンラーチャターニー県と並んで多い(140万人、03年)。更に、外国人観光客については2000年代に入ってこれらの県が伸び悩むのとは対照的に、急速に数が増えている(4万2000人、03年)。観光地としては、上記の諸遺跡、ウボンラット・ダムとダム湖畔リゾートのほか、恐竜公園、亀の村、蛇の村、水牛の村などがある。

農業に関しては、いわゆる「モチ米圏」に属し、コメ作りにおけるモチ米の比重が高い(75%、04年)ものの、2期作目ではウルチ米が多い(89%、04年)ことも特徴である。その他の作物には、サトウキビ(589万トン、04年)やタピオカ(44万トン、04年)といった工業用農産物の生産額が多いことにも特徴がある。

【社会】文化行事としては、「ケーン奏者の土地」という県の別名を象徴する「ケーン祭り」が4月に行なわれている。6月には、地名の由来とされるカームケーンの仏塔を記念した祭りが催される。また、11月末から12月初めにかけては絹祭りが行なわれる。これは、古い集落であるチョンナボット郡(県南西部)のタイ・シルクが有名であったためである。

環境に関しては、東北部開発の中心であるため、問題が多い。たとえば工場排水による河川の水質汚染、住宅・病院・工場からの有害廃棄物と土壌汚染、自動車交通の要衝であることによる騒音と大気汚染などの問題が、深刻になっている。

なお、コーンケン県は、ラオスやヴェトナムからの移住者が相当数住んでいることもあり、東北部の中ではナコーンラーチャシーマー県に次いで外国人居住者の多い県となっている(2072人、05年)。

(尾中文哉)

コーンチアム
โขงเจียม

バンコクの北東708kmに位置する東北部のウボンラーチャターニー県の郡。ウボンから80km程度東のメコン川畔に接し、タイで最東端の郡である。19世紀初頭に設立されたムアンであり、その後郡に降格され、一時その名称は消えたが、1971年に旧バーンダーン郡が改称されて復活した。コーンチアムはメコン川とムーン川の合流点に位置し、通称でパークムーン(ムーン川河口)とも呼ばれる。郡内にはパー・テム絶壁の壁画、ムーン川の早瀬ケン・タナなどウボン県を代表する景勝地が数多く存在するが、94年に完成したパークムーン・ダムはムーン川の生態系や住民の生業に大きな影響を与えた。

(柿崎一郎)

こんちゅうしょく　昆虫食

東北部、北部を中心に広く様々な昆虫が食べられている。市場や露店で販売され、バンコクでも屋台の昆虫料理売りが見かけられる。コク、脂っこさ、芳香が好まれ、おかず、酒やビールのつまみとして人気がある。

こんちゅうしょく▶

昆虫食（市場で売られている昆虫）

　主な食用昆虫に、イナゴ、コオロギ、クツワムシ、トノサマバッタ、ケラなどのバッタ目の成虫、カブトムシ、フン虫、タマムシ、ゾウムシなどの陸生の甲虫成虫、ゲンゴロウ、ガムシなどの水生の甲虫成虫、タガメ、カメムシ、タイコウチなどカメムシ目の成虫、フンコロガシの幼虫・サナギ、セミの幼虫・成虫、ツムギアリやスズメバチなどのハチ目の幼虫・サナギ・成虫、タガメ、トンボの幼虫（ヤゴ）、カイコのサナギ、タケツトガの幼虫などがある。

　スープ、焼く、炒める、揚げる調理方法が多く、香辛料と搗き合わせたペーストにも用いられる。多くの昆虫類は集落や水田、畑地、農耕地周辺の池、野原、林地で捕獲される。市場向けには、紫外線灯で夜間に昆虫を寄せ集めて大量に捕獲される。家庭用小型紫外線灯も出回っている。都市化や開発等で昆虫の生息が少なくなり、コオロギやタガメの養殖が盛んになっている。カンボジアなど近隣国からの輸入も増えている。（野中健一）

さ行

さ

サイアムセメント・グループ
タイ最古の地場製造企業であるサイアムセメント社を核とし、セメント、石綿、タイルなどの建設資材、石油化学、紙・パルプを事業基盤とする国内最大の製造業コングロマリット。最大の出資者（35%）は王室財産管理局。1913年12月に、王族1名、貴族5名、デンマーク人2名の発起人で設立され、資本金100万バーツのうち50%を王室が出資した。設立以来4名のデンマーク人が社長を務め、74年にタイ人（ブンマー、財務官僚）がようやく社長に就任した。同社は、セメント製造を基盤としつつ、38年石綿セメント、52年コンクリート製品、66年鉄鋼と事業を拡大し、クラフト紙に進出した76年を転機に、紙パルプ、機械機器、電機電子、コンピュータ、セラミック、石油化学、不動産などへ積極的な多角化を図ると同時に、近隣アジア諸国への海外投資も進めた。しかし、97年の通貨危機を契機に、事業基盤と経営体制の抜本的な見直しを迫られ、チュムポン・ナ・ラムリエン社長の指揮のもとで大胆な機構改革と経営建て直しを実施。同グループの悲願であった「タイ国産車構想」を断念し、建設資材、石油化学、紙パルプの3つをコア産業に指定。重化学工業化の担い手として、現在も発展を続けている。　　　（末廣　昭）

サイアム・ソサイエティ
สยามสมาคม
最も伝統を有する学術団体。ラーマ5世治世の末期である1904年に歴史学、考古学、碑文学のタイ人および外国人の著名学者が中心となって創立された。会員は、約50ヵ国から1700名。タイを中心とした東南アジア関係論文が掲載される紀要 *The Journal of the Siam Society.*（JSS、1904年発刊）および *Natural History Bulletin.*（NHB、13年発刊）は、国際的にも定評がある。出版活動に加え、研究会、研究ツアー、講演会、展示会、セミナーなどを頻繁に開催。約2万5000冊の貴重なタイ文献、洋書を収蔵する図書館も有名である。北部の伝統民家を利用したミニ博物館も併設されている。名誉副総裁に、秋篠宮殿下が就任している。　　　（赤木　攻）

ざいにちタイじんしゃかい　在日タイ人社会
正確な統計はないが、1990年代以降在日タイ人の数は特に増加したと言われている。その背景には、経済を中心とする日タイ関係の進展と、「働けば高賃金が得られる」というステレオタイプとしてのタイ人の日本社会観を指摘できるであろう。日本で暮らしているタイ人の総数は、6万人を下らないであろう。2007年末現在で、在日タイ大使館に在留届を出している数だけでも4万1000人にのぼる。地域的分布では、栃木、埼玉、茨城、千葉、神奈川、埼玉、群馬、長野、新潟の諸県に多い。都市では、宇都宮が最多であり、場所によってはタイ人村と呼ばれている。職業は、日本人男性と結婚した女性（主婦）が最も多く、その他には一般サラリーマンや農業従事者、日雇いが目立つ。学生は約2000人強で、大学院で学ぶ者が約半分であるが、私費学生が半分以上を占める。一般には、パヤオ、チエンラーイ、サコンナコーン、ウドーンターニーなど圧倒的に北部および東北部の諸県を出身地とするものが多い。日本に来る契機としては、先に来ている知人の誘いが多く、同じ村や地域から来た者が近接居住しているケースもある。集団性を嫌う

せいか、「タイ人会」といった組織は存在しない。留学生会やアドホックな小さなサークルは存在するが、概して永続的ではない。

在日タイ人社会の最大の精神的中心地は、千葉県成田市に所在するパークナーム寺院日本別院で、一般には「タイ寺」と呼ばれ、1990年代後半に完成した（タイ式の本堂の竣工は、2005年）。様々な年間行事も用意されており、多くのタイ人が集まってくる。大使館が主催する国王誕生日祝賀会なども、在日タイ人にとっては楽しい機会である。また、名古屋の日泰寺や鎌倉の大仏も、タイゆかりの地として有名である。ただし、日本人社会へ入り込むのは容易ではなく、悩むタイ人も多いという。タイ人同士ないしは日本人との間に生じるトラブルも後を絶たないが、最も厄介な問題は、相当数にのぼる不法滞在者である。売春や麻薬などをめぐる犯罪に関係する者や強制送還となる者も、多くはこの不法滞在者であるという。実際、彼らが病気を患ったり、職を失ったりした場合、なんらのセイフティー・ネットも期待できず、悲惨な環境に追いやられざるをえない。膨大な数にのぼる在日タイ人社会であるが、ヨコやタテに結ぶ組織やネットに乏しく、日本人社会との交流もままならない状況にあると言えよう。　　　　　　　（赤木　攻）

ざいばつ　財閥

【財閥の定義と分類】財閥とはファミリービジネスの発展形態の1つである。個人企業は特定家族が所有と経営を支配し、更に世代を超えて事業が継承されると「家族・同族支配企業」になる。この企業の事業規模が大きくなり、事業分野が多角化したものが「財閥型」である。他方、複数の家族が所有と経営を支配する場合は「パートナーシップ型企業」になり、これが事業を拡大し多角化したものを「ネットワーク型」と呼ぶ。タイの場合、「ネットワーク型」は1950年代のビジネスブロックなどに見ることができるが、多くは「財閥型」として発展してきた。タイの財閥の特徴は、(1)王室が所有するサイアムセメント・グループやインド人系などを除くと、所有主家族の大半が華人か華人系タイ人であること、(2)農産物輸出から製造業、不動産開発、電気通信に至るまで、多様な業種に事業基盤が広がっていること、(3)国内外の経済環境の変化の中で新陳代謝を繰り返しながら、経営改革を進めることで発展を続ける事例が少なくないことなどである。

【財閥の系譜と発展パターン】戦前のタイに登場した財閥は、精米やコメ輸出を中心に据え、これと関連する損害保険、海運、倉庫などライスビジネスに事業を多角化していった「コメ財閥」である。1920年代から30年代半ばにかけて、ワンリー家の「鼉利行」、ブラスック家の「裕隆行」、ブーラクン家の「振盛行」、イエムシー家の「光興利行」、ラムサム家の「廣源隆行」の5家が有名である。戦争中のピブーン政権によるコメの国家管理と、戦争によるアジア域内貿易の崩壊で、彼らの事業はいったん大打撃を受けるが、戦後はそれぞれ復興を果たしている。戦後になると、政府は再度経済介入を行ない、華僑・華人は政府や軍と協力しながら、自らの経済利害を守る体制を講じた。その結果、銀行、金融、保険、貿易、建設請負などの分野で、複数の有力商人たちがパートナーシップを組み、「ビジネスブロック」と呼ばれるネットワーク型グループを形成していった。陳弼臣、陳振剛、林伯岐などの「亜洲信託」、鄭午楼、余子亮、廖公圃などの「泰華」、王慕能、丘細見、楊錫坤などの「大城」、張蘭臣などの「聯合」がそれであった。

ところが、60年代以降になると、それぞれのグループの中核銀行において、特定の家族が株式保有を増大させ、同時に事業を拡大していく。バンコク銀行のソーポンパニット家、バンコクメトロポリタン銀行（BMB）のテーチャパイブーン家（鄭姓）、アユッタヤー銀行のラッタナラック家（李姓）、タイ農民銀行のラムサ

ム家の4つがそれであり、彼らは「金融コングロマリット」を形成し、90年代半ばまで絶大な経済力を誇った。60年代以降に登場した第2のグループは、政府の産業振興政策のもとで、日本など外国資本と提携しながら輸入代替産業に進出した「製造業グループ」である。彼らは政府の保護政策のもとで、自動車組立、繊維、家電、鉄鋼2次製品、化学肥料などの事業分野で成功を収めた。第3のグループはアグロインダストリーに基盤を置くグループである。特に70年代後半からの政府の投資奨励策に呼応して、砂糖、飼料・ブロイラー、養殖エビ、水産缶詰などの分野で、多数のグループが誕生し、彼らはのち幅広く事業を多角化していく。

【事業の多角化と通貨危機後の再編】1987年から始まる未曾有の経済ブームと重化学工業化、経済のサービス化は、外国企業の進出ラッシュを招くと同時に、新興財閥の登場と既存財閥の事業多角化を促す格好の契機となった。重化学工業化は石油化学、鉄鋼(SSP、SSG、NTS)、自動車部品を、建設・不動産ブームは建設請負(ITD、Ch. Karnchang)と近代的な不動産開発(Land and Houses、Bangkok Land)を、経済のサービス化は電気通信(Shin、UCOM)、近代小売業(Central、The Mall)、芸能コンテンツ産業(BEC World、Grammy)を、それぞれ事業基盤とする新興グループを誕生させ、同時にサイアムセメント、CPグループなど既存財閥の重化学工業分野への進出を促した。しかし、これらの急速な事業拡大は、株式ブームによる資金調達やドル建ての海外借入に頼っていたため、バブル経済の崩壊と97年の通貨危機を契機に、彼らは巨額の為替差損、有利子負債、国内不況という三重苦に直面する。更に政府の金融制度改革や証券市場改革が追い討ちをかけ、これに対応できない多数の財閥が事業閉鎖か縮小に追い込まれた。通貨危機後に存続したグループは、「選択と集中」の戦略をとってコア産業を明確にし、事業再編を進めたグループか、企業ガバナンスの改善と専門経営者の導入に積極的なグループであった。売上高上位100社をとると、97年と2004年の間に財閥型ファミリービジネスに所属する大企業は51社から19社へ、売上高合計に占める彼らの比率も48%から12%に激減し、代わりに外国企業の数が30社から55社へ増加したことが、この間の変化を如実に物語っている。

（末廣 昭）

サオ・チンチャー
เสาชิงช้า

バラモン教の儀礼に用いられたブランコの支柱。バンコク都プラナコーン区サオ・チンチャー地区に立つ。南にスタット寺、北にバンコク都庁があり、周囲にはバラモン教の宗教施設もある。周辺は仏具屋街として名高い。1784年に建造された後、移築や修復を経て現在に至っている。高さ21m。ブランコ儀礼は、バラモン教の正月とされる旧暦2月白分7日朝と白分9日夕に、シヴァ神とヴィシュヌ神を迎えるために行なわれた王室儀礼であったが、1934年に廃止された。

（加納 寛）

サオ・チンチャー

さかな
魚→海水魚、淡水魚を見よ

サクディナー
ศักดินา

サクディナーは「サクディ」すなわち「権

力、地位」と「ナー」即ち「水田」の合成語で、社会的地位を水田の面積で表現したもの。アユッタヤー王朝のボーロマトライローカナート王の制定した制度である。『三印法典』(1805年)に収録されている「文官位階田表」と「武官・地方官位階田表」には「副王(マハーウッパラート)」のナー10万から「奴隷(タート)」のナー5に至るまでの「位階田」が詳細に規定されている。かつてはそれぞれの数字は水田面積単位であるライ(1600㎡)を示し、前近代のタイを封建主義と規定する考え方もあったが、数字はあくまでも社会的上下関係の相対的指標であり、現実に土地が与えられた証拠ではないことは、奴隷や乞食まで「サクディナー」が定められていたころからも明らかである。

　前近代のタイ社会には、「良民(プーディー)」と「庶民(プライ)」別があった。「プライ」は更に「プライ・フアガーン」ナー30、「プライ・ミークルア(世帯持のプライ)」ナー25、「プライ・ラープ(平民)」ナー20、「プライ・レーオ(劣民)」ナー10に分かれ、別々の位階田が与えられていた。注目されるのは国王に対する位階田の規定がないことであるが、これは「国土の主(チャオ・ペーンディン)」とされる国王は、ナーの面積による規定を絶する存在であることを意味している。

　社会生活の中における「位階田」の重要性は、訴訟に関するものである。すなわち「位階田」の上位者は、被害者または被害者の両親に対して、下位者に科せられるより高額の賠償金(プラップ・マイ)を払わなければならなかった。国から科される罰金(ピナイ)についても同様で、位階田上位者にはより高額の罰金が科された。こうした歴史的事実から離れて、「サクディナー」は、克服されるべき「前近代の遺制」という意味で使われるようになっている。この現象は、1973年以降に発生した「学生革命」とそれに次ぐ「民主化」の流れの中で顕著に表れ、「サクディナー」は非民主的「反動」と同義として用いられ、しばしば攻撃の対象に浴びせかけられる言葉であった。　(石井米雄)

サケーオ
สระแก้ว

バンコクの東237kmに位置する中部(東部)の県。東はカンボジアと国境を接し、サンカムペーン山脈の南麓に位置する。県内にはタイ湾に注ぐバーンパコン川とメコン川支流の水系の分水界があり、県の東側はカンボジアと同じくメコン川流域に属する。サケーオは1901年に準群として設立され、東隣のプラーチーンブリー県に属していたが、93年にプラーチーンブリー県の東部を分県する際に県庁所在地に選ばれたことから、サケーオ県が誕生した。県内で最も都市規模が大きいのは、カンボジア国境に位置するアランヤプラテートである。サトウキビ、キャッサバなどの畑作物栽培や乳牛、肉牛の飼育も盛んで、農産物加工業も見られる。
(柿崎一郎)

サケート(寺)
วัดสะเกษราชวรวิหาร

バンコク都内オーンアーン運河の東側にある2等王立寺院。アユッタヤー時代に創建され、ラーマ1世によって修復再興された。布薩堂はラーマ1世王期の建築で、バンコクの寺院建築の中でも最も古いものの1つである。プーカオ・トーン(金の山)と呼ばれる人工の築山は高さ約80m。ラーマ3世期に着工され、難工事の末、1865年に完成した。頂上の仏塔中には、98年にインドから将来した仏舎利が安置されている。城壁のあった時代には火葬場ないしは処刑場として名高く、現在でも何となく不吉で恐ろしい場所としてとらえている向きもある。12月の例祭が有名である。　(山田　均)

サコンナコーン
สกลนคร

バンコクの北東647kmに位置する東北部の県。プー・パーン山脈の北麓に位置し、市街地の北東にはノーンハーン湖が広が

る。サコンナコーンは歴史の古い都市であり、11〜12世紀頃のものと思われるクメール式の遺跡や橋の跡が現在でも残っている。鉄道は到達しなかったが、ウドーンターニーからの道路が整備され、空港も設置された。ノーンハーン湖はタイで第2位の広さを持つ淡水湖で、淡水魚の重要な漁場として機能するだけでなく、周辺の水田への灌漑用水としても重要である。風光明媚なプー・パーン山脈中にはプー・パーン離宮があり、東北部では唯一の存在である。 　　　　　（柿崎一郎）

サックシリ・ミーソムスープ
ศักดิ์สิริ มีสมสืบ（1957〜）

詩人、作家。本名キッティサック・ミーソムスープ。チャイナート県生まれ。父の経営する私立学校を経て、国立美術工芸学校卒業。画家、詩人として著名なチャーン・セータンから美術や詩作について個人的な手ほどきを受けた。ナコーンサワン県の学校で美術教師をしながら、詩集『砂に描いた人形』（1983年）、『星を摘む人』（85年）、『その手は白い』（92年東南アジア文学賞）を出す。伝統的な韻律詩を踏まえつつも、のびやかな旋律やリズムを重視する。詩集にはすべて自ら描いた絵や挿絵が添えられている。ほかに、短編集『死すべし』（02年）などがある。
　　　　　（宇戸清治）

サックシリ・
ミーソムスープ

ざっし　雑誌

経済発展につれてタイにおける雑誌の発行点数・部数は年々増加しており、多種多様な雑誌が発行されている。また、そのジャンルは細分化しつつあり、全体像を把握することは困難である。最も売上が多いのは女性誌、ファッション誌で、雑誌総売上ベスト10の過半数を占めている。また、タイでは新聞のラジオ・テレビ欄が充実していないため、テレビ番組の情報誌に対する需要も高く、これらの雑誌群が出版部数の多くを占めている。伝統的な言論・ジャーナリズム雑誌である『週刊マティチョン』、『週刊サヤーム・ラット』は現在も一定の影響力を有している。更に、仏教関連の雑誌や実業界・官界などを対象とした少部数の専門誌も数多く出版されている。

タイらしい雑誌としては『アーチャヤーカム（犯罪）』をはじめとした犯罪専門誌がある。これらの雑誌は事件やその死体写真を記事にしたもので、世界に類を見ない雑誌である。また、プラ・クルアン（仏像や僧侶を象ったタイ独特のお守り）の専門誌もタイ独特の雑誌として特筆できる。高僧が刻まれたものや来歴のあるプラ・クルアンは高値で取引され、コレクターも多いことから、情報誌としての一定の需要があるものと思われる。なお、タイの出版企業の団体としてはThe Magazine Association of Thailand（TMAT）があるが、参加社はそれほど多くない。
　　　　　（岩佐淳一）

サッタヒープ（港）
ท่าเรือสัตหีบ

中部（東部）チョンブリー県最南端に位置するサッタヒープ郡に置かれたタイ最大の軍港。チョンブリー市街からは南85kmに位置している。バンコク湾への入口にあたる航行の要衝。島々が点在する風光明媚な土地であり、20世紀初頭までは小規模な漁村にすぎなかったが、1920年代から軍港として整備され始めた。現在では、タイ海軍艦隊司令部や海兵隊司令部などが置かれ、タイ唯一の航空母艦チャックリーナルベートもサッタヒープ港を母港としている。近隣には海軍航空隊が

さとうきび ▶

置かれているラヨーン県ウータパオ空港がある。
（加納 寛）

サトウキビ

サトウキビの起源はパプアニューギニアとされ、日本の研究者による調査ではタイ国内には多くのサトウキビ野生原種の存在が確認されている。タイ語で砂糖は「パルメラ椰子の水」の意であるから、ヤシから取れる樹液を煮詰めた砂糖の方が一般的であったと思われる。タイの砂糖産業はアユッタヤーにまで遡ることができ日本への重要な輸出品であった記録が残っている。19世紀に入ると、華僑系の人々による輸出産業としてサトウキビを原料とする砂糖産業が大規模に営まれるようになり、19世紀中頃にはタイの輸出の中で第1位の輸出品目となった。タイを開国させたイギリスのバウリング卿はタイ糖の品質の良さに驚き、開国後は重要な輸出品となるであろうとの記述を残している。しかし、西洋の植民地化により技術優位のある砂糖産業が植民地諸国で展開された結果、タイの砂糖貿易は1885年前後に輸入に転じ、1960年に自給を達成するまで主にジャワ糖を中心とした輸入超過であり続けた。60年以降砂糖は輸入品から輸出品となり、タイ糖輸出は次第に規模を拡大し、今日では世界の主要輸出国となっている。現在日本が消費する砂糖の3分の1はタイからの輸入であり、タイ国内の砂糖工場が認可制である中で日系のみが唯一外資として営業しており、日本とも関係が深い。
（山本博史［茨城大学］）

サトゥーン
สตูล

バンコクの南973kmに位置する南部の県。主要産業は稲作、天然ゴム栽培、椰子栽培、漁業などである。県庁所在地であるサトゥーン市は西海岸の都市では最もマレーシアに近く、10km程度でマレーシアとの国境となる。住民の4分の3がムスリムで、モスクも多い、イスラーム色の強い町であるが、ムスリム人口の多い南部4県（サトゥーン、ナラーティワート、ヤラー、パッターニー）の中では、原理主義的な反政府運動は他の3県ほどは盛んではないとされる。
（山本博史［茨城大学］）

サナーム・ルアン　→王宮前広場を見よ

サハ・グループ

タイの主要財閥の1つで、日用品・加工食品をはじめ、衣服、ファッション関連商品、化粧品の製造販売を主要事業とする。創業者は中国広東省出身の華僑、李福表。中国への送金代行業などで初期の資本蓄積を果たしたあと、サムペン地区に食品の卸売店を開いた。第2世代のティエム・チョークワッタナー（李興添、1916〜91年）が1941年に独立し、同地区にSaha Pathanapibul社（以下、SP社）の前身、協成昌有限公司を開業（52年、SP社に改組・改称）。日用品・食品の輸入販売業を手掛ける。60年代の輸入代替工業化政策の下で、日本の企業との合弁事業などにより製造業に進出。合弁相手にライオン（67年）、ワコール（70年）などがある。ただし、SP社はあくまでも販売会社であり、製造部門はそれぞれ別会社を設立していった。タイの即席麺市場で圧倒的シェアを誇る「マーマー」は、グループ傘下のThai President Foods社（72年）の主力製品。

サハ・グループは現在、日用品・加工食品販売のSP社をはじめ、衣服・ファッション関連商品販売のI.C.C. International社（66年）、化粧品販売を中心とするO.C.C.社（73年）の3大販売会社を中核会社とし、グループ内に300社以上の製造（販売）子会社・関連会社を有する一大企業集団を形成している。グループの急速な事業拡大と多角化を統括・調整するため、72年に家族持株会社のチョークワッタナー社と投資・持株会社のSaha Pathana Investment社（現社名Saha Pathana Inter-holding社）が設立された。ただし、この両社とともに先の3大販売会社も持株会

社としての機能を兼務しており、グループ内の所有関係は錯綜としている。

(遠藤 元)

サハット・マハークン（張蘭臣）
สหัท มหาคุณ（1895〜1961）

実業家。広東省潮安県出身の潮州系華僑。父張隋賢とともにナコーンパトム県に移り、建築資材の販売を始める。1941年に建設請負の源聯泰有限公司（Mahaguna Co.,Ltd.）を設立。東北部の鉄道、ドーンムアン空港、中央郵便局の建設などを手がけた。メコン・ウィスキーの製造・販売、銀行業、保険業も傘下に収め、サリット元帥に近い実業家として権勢をふるった。40年から42年、48年から61年まで泰国中華総商会主席に就任。ほかに潮州会館、潮安同郷会の主席をつとめ、華人社会の指導者として活躍した。長男スッパシット（張卓如）が事業を継承し、孫のエーカチャイはワインの輸入業を営む。

(末廣 昭)

サマック・スンタラウェート
สมัคร สุนทรเวช（1935〜）

元首相。1935年6月13日にバンコクに生まれる。タムマサート大学法学部卒業後、民間会社に勤務する傍ら、新聞や週刊誌に寄稿した。68年に民主党に入党し、71年にバンコク都議員に当選したのを機に政界に入り、75年下院議員となる。以後79年にはタイ市民党を結成し党首に就任したほか、歴代内閣で副大臣や大臣、更には副首相をも務め、政治家として成長した。76年の10月6日事件では、内務大臣でありながら学生側を罵倒し物議を醸したのをはじめ、その権威主義的体質から繰り出される虚言まがいの毒舌ぶりはつとに有名だった。2000年にはバンコク都知事に出馬。その弁舌で100万票を超える得票を得て人々を驚かせたが、4年間の就任期間には消防車の購入など汚職の噂が絶えなかった。閑居中の08年1月、タックシンに老練政治家としての腕を買われ第25人目の首相に抜擢された。しかし、傀儡政権から脱け出せない上に、「10月6日事件（1976年）での死者はただ1人」などの発言でも不評を買い、「民主主義のための国民連合」に官邸を占拠される倒閣運動の中、9月に副業収入違反で憲法裁判所から失格を命じられ、退陣した。

(赤木 攻)

サーマネーン
สามเณร

沙弥で具足戒を受ける前の男性出家者を言う。ネーンと略称される。「不殺生、不偸盗、不淫、不妄語、不飲酒」の5戒と「装身具を付けない、床で寝る、決まった時間以外に食べない、歌舞を楽しまない、金銀を受けない」の計10ヵ条の戒を保ち、僧に従って修行に努める。ネーンは通常20歳前の男性だが、成人男性に対し僧侶として具足戒を受戒する前にネーンとしての修行期間を課す寺院もある。また、出家せずに寺院で生活する子供や青年をデック・ワットと言う。僧は金銭に触れることができず、寄進された食事を直接口にできない律があるゆえに、金銭の授受や食事の配膳など、僧の身辺の世話役としてデック・ワットの働きが必要となる。ネーンにしても、デック・ワットにしても、経済的理由で子弟の進学を断念せざるをえない家族にとっては、彼らにサンガ内で教育の機会を与える道ともなっている。その一方で、過剰な雑用が課せられるゆえに、子弟を寺院に預けることに抵抗感のある地方もある。都市部では小中学生の仏教離れが顕著になり、夏

サマック・スンタラウェート

期休暇にサーマネーンとして短期出家する研修に力を入れる寺院も見られる。

(泉 経武)

サムイ（島）
เกาะสมุย

マレー半島西海岸のプーケット島と並び、タイ南部観光の中心となっている島。1897年に郡となり、スラートターニー県に属している。県庁所在地のスラートターニー市から東へ80kmに位置し、人口は4万9000人（2007年）。バンコクからは、陸路スラートターニーを経由してドーンサック港まで行き、フェリーで1時間30分、空路はバンコクから1時間20分である。北西部にある最大の町ナートーンは古い歴史のある港町だが、その他にはビーチと共に発展した小さな町があるだけである。チャウェーン、ラマイ、メーナーム、ボープットなど20以上のビーチには、数百円で泊まれる宿から1泊数万円の高級リゾートホテルまで多様な宿泊施設が整っている。島民はもともと漁業とココヤシ栽培で生計を立てていたが、現在では観光によるサービス業が島の中心産業となっており、他県から来ている人の大多数は観光部門に就業している。観光シーズンは波の穏やかな乾季の2月から6月である。島の西側には1980年に国立公園に指定された43の島からなるアーントーン諸島がある。 (山本博史[茨城大学])

サムットサーコーン
สมุทรสาคร

バンコクの南西36kmに位置する中部の県であり、タイ湾に面するバンコク首都圏内の工業県。アユッタヤー期に軍事目的で作られ、その後中国のジャンク船の貿易港となり、サーコーンブリーあるいはターチーン（華港）と呼ばれ、ラッタナコーシン王朝ラーマ3世期に要塞も築かれた。市内を流れタイ湾に注ぐターチーン川も軍事・貿易面の重要ルートだった。19世紀後半、東西方向にデルタ下流域の諸地域をつなぐ運河網が掘られて、コメ、サトウキビ等の産地となり、マハーチャイ漁港等の魚介類生産も増えた。近年は製造業のGPP比率が83.9%（2006年）となり、マハーチャイ工業団地もあって、日系企業を含む各種工場が進出し、工場地帯に変わった。

(北原 淳)

サムットソンクラーム
สมุทรสงคราม

バンコクの南西72kmに位置し、タイ湾に面する、面積最小、人口75位の中部の小さな県。北方カーンチャナブリー県から下るメークローン川の河口に位置する。ラーマ3世期には東岸に要塞が築かれ、「戦いの海」の地名の語源とも言う。農地面積は44%で、塩田の塩、果樹園の果樹、浜辺の漁業で有名だった。近年はGPPの製造業比率が21%（2006年）と、農業の約2倍に達し、南部へのバイパスである国道35号線沿線を中心に各種工場も移転して、湾岸の東方諸県から西接ラーチャブリー県、南接ペッチャブリー県に広がるタイ湾沿岸工業地帯に巻き込まれつつある。

(北原 淳)

サムットプラーカーン
สมุทรปราการ

バンコクの南方29kmに位置する中部の県。チャオプラヤー川河口に位置し、小面積だがGPP順位では全国3位の県。古くは地形通りパークナーム（河口）と呼ばれ、輸出入のための大型船はここで投錨し、荷物を積み替えて、チャオプラヤー川を約40km上流のバンコク港まで航行した。この港は近世ラッタナコーシン王朝主導のアジア貿易時代から近代欧米主導の国際貿易時代まで、貿易、通商、軍事の重要な拠点都市だった。拠点はラーマ2世期に西岸から東岸に移され、6要塞が築かれた。ラーマ5世期までプラクラン（財務卿）の支配下にあり、地方行政改革以降はバンコク州に組み入れられた。1893年、2隻のフランス軍艦がここで停泊の後バンコクに遡り、メコン左岸（現ラオス）を割譲するよう、国王に最後通牒を

つきつけた。これが有名な「パークナーム事件（シャム危機）」である。現在はGPP製造業比が76.8％（2007年）と、プラプラデーン等を含む工業地帯となり、進出日系企業も多い。ワニ園、歴史公園（ムアン・ボーラーン）などの観光施設も有名である。　　　　　　　　　　（北原　淳）

サムペンがい　サムペン（三聘）街
สำเพ็ง

バンコクの旧市街地南東に位置する、華人系タイ人の商業地区。1782年のトンブリーからの遷都に伴い、城壁の外であるこの地に華僑・華人を移動させたのが始まりである。それ以後、20世紀半ばにかけて対外貿易と国内流通の拠点として重要な役割を果たした。地区の中心であるサムペン通りの両側には店舗が密集し、拡幅が困難だったため、ラーマ5世王時代に同通りと平行して北側にヤオワラート路が、南側にソンワート路がそれぞれ建設され、タイ最大の中華街を形成した。しかし、サムペンの歴史のある繊維・布地関連の問屋街はアクセサリーや小間物の商店に次々に取って代わられ、かつての面影を失いつつある。　　　　（遠藤　元）

サーム・ロー
รถสามล้อ

3つの車輪（サーム・ロー）を有する車を意味し、通常三輪自転車タクシー（輪タク）と自動三輪タクシー（トゥックトゥック）の2種類に分けられる。輪タクは1930年代頃からバンコクで出現し、それまでの人力車の役割を代替していったが、「開発」の時代にバンコクの美化を名目として59年末限りで禁止され、現在は地方に残存するものの、その数は減りつつある。代わりにバンコクに登場したのが自動三輪タクシーであり、4輪車のタクシーが急増した現在においても観光客や市場などからの荷物輸送に活躍している。2007年の登録台数はバンコクに約9000台、地方に1万5000台となっており、1990年代の約5万台から減少している。（柿崎一郎）

サラブリー
สระบุรี

バンコクより北東107kmに位置する中部の県。県庁所在地のサラブリー市はパーサック川沿いにある。歴史的にはアンコールと地方を結ぶクメール帝国の重要な幹線上の要衝であった。バンコクから北部へ向かう国道1号（パホンヨーティン路）はサラブリーの町をそのまま北上し、ここで東に分岐した国道2号（ミットラパープ路）はドンパヤーイェン山脈を越えて、東北部の入り口であるナコーンラーチャシーマーへ向かう。この県は石灰石資源が豊富でセメント産業が盛んである。観光地としてはプラプッタバート寺が有名。　　　（山本博史［茨城大学］）

サリット・タナラット
สฤษดิ์ ธนะรัชต์（1908～63）

軍人、元首相。『カンボジア王朝年代記』の翻訳で著名なルアン・ルアンデートア

ナン少佐の次男。バンコク生まれ。3歳の時、母親の故郷である東北地方のムックダーハーンへ転居し、4年間を過ごす。7歳でバンコクに戻り、小学校を卒業した後、1919年11歳で陸軍士官学校幼年部入学。28年士官学校卒業。46年バンコク駐屯の第1歩兵連隊長。47年11月クーデタに参加、翌年陸軍少将となり第1師団長に就任。49年2月王宮反乱(プリーディー元首相と一部の海軍グループが起こした反乱)の鎮圧に活躍し、その直後第1軍管区司令官就任。50年陸軍中将。51年陸軍司令官補佐。同年6月海軍の旗艦マンハッタン号反乱の鎮圧で重要な役割を果たした。同年11月のクーデタに参加して国防副大臣就任。52年陸軍副司令官となり陸軍大将に昇進。54年陸軍司令官。56年には47歳で元帥。57年3月国防大臣就任。同年9月クーデタを敢行し、ピブーンソンクラーム政権を打倒。クーデタ後、陸軍司令官と国軍最高司令官兼任。しかし、暫定政権の首班にはポットSEATO(東南アジア条約機構)事務局長をあて、同年12月の総選挙後も、自らは病身であったため首相に就任せず、側近のタノームに政権を委ねてアメリカ、イギリスでの治療に専念した。

体調が回復した後、58年10月20日に「革命団」と自称するグループを組織し、軍事クーデタを敢行した。翌59年1月全文わずか20条の暫定憲法を公布し、首相に就任。63年12月病死するまでの在任中、首相に政治権力を集中する強権的支配体制を構築した。サリット政権の時代はしばしば「開発独裁」や「権威主義体制」などと位置づけられ、次の3つの特徴を有している。

第1に、政治面において「タイ式民主主義」の概念を導入したことである。50年代にピブーンソンクラーム首相がその導入を試みた西欧型議会制民主主義を否定し、タイ社会に合致した民主主義制度の構築を試みた。タイ固有の統治原理である「ポークンの政治」に訴え、国の父たる王(ポークン)が臣民たる子(ルーク)を温情的に統治する政治体制が適切であると主張した。その結果、タイ式民主主義が権威主義的な政治体制を正当化する重要な根拠となった。

第2に、ラーマ6世王によって定式化された「民族、宗教、国王」の3原則(ラック・タイ)を国家建設、国民統合の中心的イデオロギーとして全面的に打ち出したことである。民族の繁栄は、仏教と王室の繁栄を通じて実現されるので、国家建設と国民統合は仏教と国王に対する尊敬と信頼の醸成から開始する必要があるとして、王室の威信回復と高揚が積極的に図られるとともに、仏教のサンガ組織の改革が進められた。サリット政権の下で、タイ社会における国王の役割が復活され、国王の地方巡幸、カティナ儀礼、春耕節儀式などの式典への出席、国王による卒業証書授与、王室によるチャリティ、福祉活動への参加などが制度化されていった。仏教界については、「62年サンガ法」を制定し、中央集権的なトップダウン方式の組織体制を構築した。

第3に、「開発」(パッタナー)という概念を導入し、「開発体制」を推進したことである。工業化だけでなく「清潔さ・規律・整然さ」を追求する「国の清掃」から地方開発や教育開発などを含めた国家建設を「開発」として捉えたところに特徴がある。国の清掃とは、景観や秩序を重視する考え方で、麻薬密売や売春の取締強化、サーム・ロー(人力三輪車)や路面電車(市内軌道)の廃止を打ち出している。開発の柱としての工業化政策については、それまでの国家主導型の経済発展政策を放棄し、民間主導型の経済発展をめざした。政府の役割をインフラストラクチャーの整備に限定し、産業投資奨励措置を講じて、外資の積極的な導入や国内民間資本の育成による工業化を図った。59年に経済開発計画を立案する国家経済社会開発庁(NESDB)および投資奨励を統括する投資委員会(BOI)を設置、60年には「新産業投資奨励法」を制定し、特に経済計画や投資政策の策定には欧米留学組の経済テ

クノクラートを積極的に登用した。また道路網、灌漑設備、多目的ダム、保健所、学校建設推進などの農村地域の開発や、初等教育の充実や高等教育の地方への拡充など教育の改善にも力を入れた。

サリットのこうした積極的な開発政策がもたらす目覚ましい経済成長は、政権を支える重要な基盤となった。彼の死後も、強権的な支配体制と経済発展政策はほぼそのままタノーム政権に継承されたが、長期的には国王の政治権力の強化と着実な経済成長およびそれに伴う実業家層の政治の台頭の中で、サリットの主張したタイ式民主主義に基づく権威主義体制は綻びを見せることになった。

（加藤和英）

さんいんほうてん　三印法典
กฎหมายตราสามดวง

1805年にラーマ1世の指示により、ビルマ（ミャンマー）との戦禍から逃れたアユッタヤー時代の法令と同王が制定した法令を集めて編纂された法典の通称である。三印法典の名称の由来は、タイ全土を3つに分割して支配する顕官である、民部、兵部、港務大臣の官印が正本に押印されていたことによる。正本として作成されたのは3部のみであり、御殿、御文庫、裁判所に各1部ずつ保管された。それらの複写は禁止されていたので、人民に内容を知らしめる性格のものではなかったが、国王により印刷の許可がされた後は容易に知ることができるようになった。三印法典の規定内容は、公法・私法の双方の分野を含む幅広いものであり、それゆえ、アユッタヤー時代の社会、経済、政治を知る上で貴重な資料である。しかし、編纂の過程において、残存していた法令の修正、改変が行なわれているため、そのままの内容をもってアユッタヤー時代のものと理解することはできず、記載されている年代も含めて、内容については慎重な吟味が必要である。三印法典は、チャックリー改革による近代法の導入によって取って代わられるまで、実際の裁判規範として利用された。（西澤希久男）

サンガ
คณะสงฆ์

仏教における出家者集団。世俗を離れ、出家者としての戒律を持し、仏陀の教えを継承伝授し、修行生活を行なう集団。現在の上座仏教のサンガにおける正規構成員は、227条の戒律を持する比丘（ピック）、10条の戒律を持する沙弥（サーマネーン、20歳以下の見習僧）のみである。比丘尼サンガは11世紀のスリランカで消滅している。近年の比丘尼復興運動により、タイでも2003年に上座仏教の比丘尼が生まれたが、既存サンガからは正規構成員とはみなされていない。サンガは仏教において尊崇すべき三宝（仏・法・僧）の「僧」にあたり、超俗の聖性を帯びたサンガへの寄進は功徳を生む善行とされている。またこのような在家者からの寄進により、生産活動に従事しないサンガの経済的基盤が維持されている。タイ・サンガ成員の行為は、戒律以外に、国法の「サンガ統治法」によっても規定されている。最初のサンガ統治法は1902年に制定され、その後42年、62年に「新サンガ法」が制定されている。現行の「92年サンガ統治法」（62年サンガ統治法の改訂版）においては、マハーニカーイとタムマユットの両派総合の最高議決機関として大長老会議を置き、国王が任命するサンカラートがその最高権威者と定められている。

（矢野秀武）

さんがいきょう　三界経
ไตรภูมิกถา, ไตรภูมิพระร่วง

タイ語散文によって仏教的な世界観を示した書。「トライプーム・プラルワン」もしくは「トライプーム・カター」と呼ばれる。スコータイ朝のリタイ王が様々な経典をもとにして著したとされるが、アユッタヤー時代に多くの手が加えられたものと考えられている。内容は欲界、色界、無色界からなる三界の構造を説明し、衆生が輪廻転生する地獄や畜生、餓鬼、阿修

羅、人間、極楽といった世界の様子を活写したものである。このうち特に地獄の描写は詳細で生々しい。様々な自然現象や、世界の終滅とその後の新世界の生成についても、仏教的な世界観による説明がなされている。一切の煩悩が消滅した涅槃の世界についての記述もある。三界経の内容は寺院壁画などに描かれることによって視覚化され、因果応報による輪廻転生の観念とともに人々の間に広く浸透していった。また、三界経の内容を図示した画本には、仏教的世界観に基づいた地図も含まれており、前近代タイ人の地理認識を知るための貴重な資料となっている。　　　　　　　　　　（加納　寛）

サンカラート
สมเด็จพระสังฆราช

上座仏教圏においてサンガの長に対し国王が授ける僧位をサンガラージャ（法王）と呼び、古くは12世紀のスリランカでサンガラージャの任命が行なわれていた歴史がある。タイ語では「サンカラート」と呼び、スコータイ時代よりこの呼称が用いられていたが、いくつかの重要都市にそれぞれのサンカラートがいたようである。現行の1992年サンガ統治法（62年サンガ統治法の一部改訂版）においては、サンカラートは1名のみであり、国王が任命し、タイ国サンガの最高議決機関である大長老会議の最高権威者であり、サンカラート法令を布告すると規定されている。　　　　　　　　　　（矢野秀武）

さんじゅうばーついりょうせいど　30バーツ医療制度

農民やインフォーマルセクターなど4700万人（人口の75％）を対象とした、租税を財源とする医療保障制度であり、タックシン政権下の2002年に完全導入された。国民健康保障事務局（NHSO）の管掌である。疾病の診断・治療（心臓病などの高額治療も含む）、出産（2回以内）、入院時の食費・室料、歯科治療、国家基本薬剤リストに沿った薬剤、医療機関からのリファーラル（送致）などのサービスがカバーされる。当初、診察1回あたり30バーツの手数料を徴収したが、2006年9月クーデタ後の11月から無料となった。
　　　　　　　　　　（河森正人）

さんぞうきょう　三蔵経
พระไตรปิฎก

上座仏教の聖典。タイ語でプラ・トライピドックと言う。戒律やサンガの運営規則などが記されている『律蔵』、仏陀や弟子たちの言行録が記されている『経蔵』、教えを様々な形で分類・分析している『論蔵』から構成されている。また蔵外典籍として数多くの注釈文献があり、これらも聖典に次いで重視されている。仏教は仏陀入滅後100年頃から多数の部派に分かれ、それぞれの三蔵経を保持していった。タイを含む上座仏教圏における三蔵経は、西インド地方からスリランカに伝わりマハーヴィハーラ派として形成された系統のものであり、現存する上座仏教は国や宗派を問わず同一内容の聖典を教えの基盤としている。三蔵経には仏陀没後から結集と呼ばれる校訂作業が施されてきた。タイ仏教史においては、インド、スリランカに引き続き、1477年（第8結集・チェンマイ）、1788年（第9結集・バンコク）と、合計9回の結集が行なわれたとされている。

　三蔵経はもともと口承によって伝えられてきたが、紀元前1世紀頃スリランカにて書写されるようになった。パーリ語によって書写されるが、パーリ語には固有の文字はなく、各地域の文字が使用されてきた。伝統社会で三蔵経は貝葉に刻記されてきたが、タイでは1888年から書籍形態の三蔵経が作成され、1940年からタイ語訳（書籍版）が刊行されている。現在は、電子化された三蔵経がCD-ROMやインターネットを通じて利用できる。
　　　　　　　　　　（矢野秀武）

さんちみん　山地民

「山地民」には2つのカテゴリーがある。

(1)学術的な用語として、タイに限らず東南アジア大陸部における諸民族を生態適応によって平地民／山地民と分類する時の用語であり、多くは平地の水稲耕作民に対する山地の焼畑耕作民の意味で使われる。単に山地に居住する民族の意味で使う場合もある。(2)「チャーオ・カオ」の訳語として使われる。もともとはカレン、メオ(モンHmong)、ヤオ(ユーミエン)、アカ、リス、ラフ、カム、ラワ、ティンの9民族を含んだカテゴリーであったが、後にムラブリも含むようになった。北部の山地において焼畑耕作あるいは採集狩猟を行なってきた、タイ系でない民族のことを指す。この山地民というカテゴリーは、北部国境地域の治安問題と麻薬問題に対応して、北部の山地に住む非タイ系民族を国民として統合するために、福祉政策と開発政策の対象として設定された。それ故に、内務省および後に内務省から独立した労働社会福祉省(後に社会開発・人間安全保障省に改称)の公共福祉局の担当とされてきたカテゴリーである。したがって、山地に住んでいても、タイ・ヤイやホーなどは山地民のカテゴリーに入らない。このチャーオ・カオという言葉は、一般的な語彙としては差別的な含意を持つので、最近では、チャーティパン・ティースーン(高地民族)やチャーオタイ・プーカオ(山のタイ人)といった言葉が使われることもある。

(吉野 晃)

サンティ・アソーク
สันติอโศก

1973年に僧侶のポーティラック師によって創設された上座仏教系の団体。団体名は「憂いなき平安」を意味する。都市新中間層に信徒が多い。出家者は護符や儀礼による守護力への信仰に批判的な立場をとり、戒律を厳格に実践している。在家信徒においては、消費社会の趨勢から距離を取り、菜食や8戒を持する質素な生活を営み、勤労による精神修養を通じて社会に貢献することが重視されている。熱心な在家信徒は農村で自給自足のコミューン生活を営み、有機農法を基盤とした農作業を通じて、自己修養などの宗教実践を行なっている。またコミューンにはサンティ・アソークの高校や大学も設置されている。他僧の戒律実践の不十分さに対して強い批判を展開していたポーティラック師は、サンティ・アソークを設立後、タイ国サンガを離脱した。その後無資格で僧侶を得度させた件などが取り沙汰され、89年にサンガの大長老会議により強制還俗させられる。現在サンティ・アソークは、上座仏教に属さない独自の宗教集団として活動している。この団体は、政治活動にも積極的で、中核信徒の元バンコク都知事のチャムローン・シームアンの選挙支援活動に携わり、また2006年のタックシン元首相に対する退陣運動にも参加している。(矢野秀武)

托鉢中のサンティ・アソーク僧

さんぶっとうとうげ　三仏塔峠
ด่านเจดีย์สามองค์

中部(西部)カーンチャナブリー県北西部のミャンマーとの国境にある峠。国境線近くに小さな仏塔が3つ並んでいるので、「三仏塔峠」と呼ばれている。標高が300mに満たない平坦な盆地地形である上、チャオプラヤー・デルタとエーヤーワディー・デルタの下流部の中心地を結ぶ最短の陸路上に位置するため、古来から往来があった。第2次世界大戦中に日本軍が建設した泰緬鉄道もこの峠を通っていた。1990年代以後増えてきたミャンマ

ーからタイへの出稼ぎ労働者にとっても主要な入国ルートの1つとなっている。

(玉田芳史)

サンヤー・タムマサック
สัญญา ธรรมศักดิ์ (1907〜2002)

裁判官、元首相。プラヤー・タムマサーラウェートウィセートパクディーの息子としてトンブリーに生まれる。1928年法務省法律学校を卒業して判事となり、53年法務省事務次官、63年最高裁判所長官、68年タムマサート大学法学部長、71年同大学学長を歴任。73年10月14日タノーム政権崩壊後、国王から首相に任命され、75年まで混乱した政局の収拾、新憲法の制定にあたった。敬虔な仏教徒で、清廉潔白なことで有名。国王の信頼が厚く、75年12月から98年9月まで枢密院議長を務めた。

(加藤和英)

サンヤー・タムマサック

し

しあとう　SEATO

東南アジア条約機構(Southeast Asia Treaty Organization: SEATO)は、1954年9月8日に調印された東南アジア集団防衛条約(マニラ条約)によって設立された東南アジアの反共集団防衛組織。加盟国は、タイ、フィリピン、パキスタン、オーストラリア、ニュージーランド、フランス、イギリス、アメリカの8ヵ国で、本部をバンコクに置き、初代事務総長にはタイのポット・サーラシンが就任した。60年代初め、ラオスで左・中立派と右派の内戦が激化すると(ラオス危機)、タイはSEATOの介入を要請したが実現されなかったため、その同盟機能に強い不信感を持った。ヴェトナム戦争の終結という東南アジア国際情勢の変化に伴い、77年に解散された。

(高橋正樹)

じいん　寺院
วัด

布薩堂(ボート)、仏堂(ウィハーン)、僧房(クティ)、集会所(サーラー)、仏塔(チェーディー)などが布置される。全国で3万あまりの寺院(ワット)は、王室指定の王立寺院、寺院用地を国王から賜わった寺院、まだ賜わっていない寺院に分けられる。正式な結界のないところでもワットを名乗ることがある。タイの仏教寺院のうち、約95%がマハーニカーイ派で、残りがタムマユット派である。その他に、中国系寺院(17ヵ所)やヴェトナム系寺院(16ヵ所)などがある。行事の際には、寺院内に出店や伝統芸能、野外映画が催され、寺院は社交・娯楽の空間にもなる。かつて寺院が担った学校・病院・簡易法廷・集会所・宿舎などの機能は、近代化とともに社会諸制度が代替しているが、地方農村を見る限り寺院の重要性は減少していない。近年、村落社会の再生・再編と市民社会の基盤形成のために、寺院の社会的役割が開発僧や社会活動家によって再評価されている。宗教施設としてのみならず、社会施設としての寺院の価値が再検討され、地域社会の拠点として変容することが寺院と僧侶に課せられ、そのための研修が各地で実施されている。

(泉 経武)

シーインタラーティット(王)
ขุนศรีอินทราทิตย์ (?〜1270頃)

スコータイ王朝を創設した初代の王。在位1240頃〜70年頃。チャオプラヤー川中

流域に出現したタイ族の小ムアンのうち、バーンヤーン（現スコータイ付近）のバーンクラーンハーンとラート（現ウッタラディット付近）のパームアンの2人が勢力を拡大させ、協調して当時クメール帝国の北の拠点であったシーサッチャナーライとスコータイのクメール勢力を駆逐することに成功し、前者がシーインタラーティットとして即位したとされている。これにより、スコータイの地に新たな都が置かれることなり、現在のタイ領におけるタイ族最初の王国の成立となった。 （柿崎一郎）

シエオ・フットセン・シーブンルアン（蕭佛成）

เชี่ยวฮุดเส็ง สีบุญเรือง（1863〜1939）

ジャーナリスト。マラッカ出身の福建系華僑商人の家に生まれる。タイで精米業を開始した父に同行し、独学でタイ語を学び、文学を志す。孫文の革命運動に共鳴し、革命同盟会のタイ支部を設立。タイ最初の華語・タイ語新聞『華暹新報（Chino Sayam Walasap）』を編集・発行し、孫文思想の紹介に務めた。次女アモンの夫ウィラート・オーサタノンは人民党の中心メンバーの1人。弟シエオ・クンリュン（蕭慶蓮）は実業家として、兄の政治運動を支援し、タイ商業会議所の設立メンバーの1人となった。 （末廣　昭）

シエオ・フットセン・シーブンルアン（蕭佛成）

ジェンダー

タイは世界有数の共働き社会であり、女性の能力に対する広い社会的容認の下、全階層的に女性の労働力率は非常に高い。職種は農業、商業から公務員、教員、ジャーナリスト、医師など多方面に及ぶ。女性の高い就労率、弱い父（夫）権、そして高い離婚率は、近代化の産物と言うより、明らかに伝統的男女規範の存続を示すものであろう。タイは「双系」的家族親族制度をその伝統とする社会であり、女性の役割や家族の集団性、関係性は父系制社会とは大きく異なる特徴を帯びる。それは第1に妻方居住によって強化されるような親と娘間の婚後も続く強い絆であり、第2に子供たち間の財産の男女均分相続であり、そして第3に夫婦別財システムである。このような制度の下、家庭内における男女間の空間的分離や性分業役割は少なく、女性の妻・母役割が強調されず、離婚や再婚もタブー視されなかった。しかし、ジェンダー研究者の中には、仏教教義における男女不平等性や、20世紀まで存続した一夫多妻制や姦通罪を理由に、タイ女性は歴史的に低い地位にあったとする意見もある。また、近年の学歴社会化に伴い、子供への早期教育等を理由に専業主婦化する女性も出現し、一部の女性のライフコースやジェンダー関係に新しい変化が見られる。

（橋本（関）泰子）

しお　塩

塩は、海塩（海水から生産される）と岩塩（地下塩水から生産される）の2つに大別され、タイでは前者がタイ湾沿岸、後者

塩田での製塩

が東北部で生産されている。海塩は、サムットサーコーン県近辺の塩田で乾季にあたる11月〜5月に生産される。製法は入浜式塩田で、海水を引き入れて塩田に汲み上げ、太陽熱と風で水分を蒸発させて作られる。岩塩は、伝統的には乾季に地表に吹き出した塩を土砂とともに水に混ぜ、それを煮詰めて塩を取り出す製法であるが、工業的には地中の岩塩層に水を注入し、汲み出した塩水を精製することで作られる。タイの塩の公式な生産量は、岩塩が113.5万トン（2007年）。海塩については、そのままエビ養殖に使用されて一般に流通しない部分などがあり公式なデータはないが、年間70万トン程度の生産量と言われている。　　（中嶌知義）

しかんがっこう　士官学校
โรงเรียนนายร้อยพระจุลจอมเกล้า,
โรงเรียนนายเรือ, โรงเรียนนายเรืออากาศ,
โรงเรียนนายร้อยตำรวจ

創設は陸軍が1887年、海軍が98年、空軍が1953年、警察が01年。陸士は34年から45年にかけて警察士官学校を併合、技術士官学校を別個に設置していた。48年に創設者である5世王の名を取って「プラチュンラチョームクラオ士官学校」（チョー・ポー・ローと略称される）と改称。49年アメリカにならったカリキュラムを導入、同年入学者から新たに1期生と数えられる。58年に士官学校の予科が設置された。予科1期生は陸士12期生、空士8期生となる。86年にナコーンナーヨック県へ移転。　　　　　　　　（玉田芳史）

しこうひん　嗜好品
タイ人の嗜好品のうち、アルコール飲料とキンマについてはそれぞれの項目を参照していただくこととし、ここではそれ以外について述べる。タバコはアユッタヤー時代からもっとも広く親しまれている嗜好品の1つである。酒とは違い、僧侶にも許されている。安いものではワンダー（33バーツ）など、一般品でクローンティップ（45バーツ）やメンソールのサーイフォン（45バーツ）など、高級品は外国ブランドでマルボロ（63バーツ）などが知られているほか、日本タバコもマイルドセブン（74バーツ）が都市部で人気がある。しかし、90年代からの嫌煙ブームによって、特に都市部の高学歴・高所得層では、女性はもちろん、男性でも喫煙者は著しく少なくなっている。現在では法律によって公共の空調のある建物内での喫煙が禁止され、タバコのパッケージの横には肺がんの病巣写真が印刷されて嫌気を誘うなど、禁煙運動は国を挙げて盛んである。

飲む嗜好品としては、ペプシコーラなどの炭酸清涼飲料が非常に大量に消費されていることが特徴である。炭酸飲料は食事の際の飲み物としても広く受け入れられている。一方、お茶は中国系の人々のほか、あまり飲まれていないが、近年ペットボトル入りの甘いお茶が登場してコンビニを中心に人気を博している。南部では濃く入れた紅茶に大量の砂糖とコンデンスミルクを合わせたマレー風の飲み方も行なわれている。屋台などではコーヒーをドリップ式に濃く入れて、同じように甘くして飲むのも「古式コーヒー」の名でリバイバルしてきた。これらはパンを蒸してカスタードクリームに絡めて食べるカノムパン・サンカヤーや、揚げパンのパートンコーなどのスナックを食べる際には定番の飲み物となっている。飲み物では、このほかにラムヤイを砂糖水に漬けたナム・ラムヤイ、スダチを漬けたナム・マナーオなどの伝統ジュース、焼いたタマリンドの粉を使って淹れるコーヒー風の冷飲料オーリエン（漢字で書けば「烏涼」）などがある。

地方色のある嗜好品としては蒸したお茶の葉を発酵させ、岩塩やニンニクを巻き込んで噛む、北部のミエンが有名である。また、キンマ以外の伝統的嗜好品としてはヤーナットがあげられる。U字型の小さな金属製のパイプに石灰などの薬味を入れて、パイプの片方を口にくわえ、もう片方を鼻の穴に入れ、薬味を吹き入

れるというものであるが、嗜む人は少なくなった。
（山田 均）

シーサケート
ศรีสะเกษ

バンコクの北東571kmに位置する東北部の県。南のパノム・ドンラック山脈がカンボジアとの国境となっている。かつてはクカン県と呼ばれていたが、1938年に現県名に変更された。伝統的に稲作が主要な産業であるが、戦後はケナフやキャッサバの栽培も増加した。東のスリン、ブリーラムと同じくクメール系住民が多い。国際司法裁判所での判決によってカンボジア領となったものの、事実上シーサケート最大の観光地と化しているカオ・プラウィハーン遺跡を始め、数多くのクメール遺跡が存在する。近年はパノム・ドンラック山脈のチョン・サガム峠がカンボジアとの新たな国境ゲートとして脚光を浴び、タイの支援でカンボジアのシェムリアップとを結ぶ道路が整備中である。
（柿崎一郎）

シーサッチャナーライ
ศรีสัชนาลัย

バンコクの北494kmに位置する北部下部スコータイ県の郡。ヨム川の難所ケン・ルアン（ルアンの早瀬）の近くに発達し、13世紀に同河流域にあった50余りの大小のタイ族のムアンの中では、およそ35km下流の王都スコータイと並び称され、その王位継承者が治めた特別な都だった。

ヨム川右岸に細長く続く都の城壁は、スコータイと違い、煉瓦積みの簡単な造りで、城壁内には瓢箪型の2つの山の上とその南に仏塔や大講堂、布薩堂などが集まっている。15世紀にアユッタヤーに併合後に建造された寺もある。1976年、第4次国家社会経済発達計画の一環として、ユネスコや日本政府の支援を得て、歴史公園として整備された。更に91年、「古都スコータイと周辺の歴史都市群」として世界遺産に登録された。北の城門からヨム川辺を15km遡ったコ・ノーイ窯跡は近世史上著名な輸出陶器すんころく焼（宋胡碌焼）の産地とされ 川堤に登り窯跡が点々と続く。
（レーヌカー・ムシカシントーン）

シースリヤウォン，ソムデットチャオプラヤー・ボーロム・マハー
สมเด็จเจ้าพระยาบรมมหาศรีสุริยวงศ์
（1808～82）

貴族官僚。本名はチュワン・ブンナーク。ソムデットチャオプラヤー・ボーロム・マハープラユーラウォンの子。ラーマ2世および3世に小姓として仕え、また外国人宣教師から英語を学ぶ。ラーマ4世が即位すると南部の統治を担当するクロム・カラーホーム（兵部局）に移り、父が1855年に死去すると跡を襲って同省の大臣に就任した。バウリング条約締結などの外交折衝においてもラーマ4世をよく補佐し、諸外国からは宰相と目されるほどの権力を掌握していた。4世の死後、ラーマ5世を王位に擁立し、自らは摂政

シーサッチャナーライ遺跡

ソムデットチャオプラヤー・ボーロム・マハー・シースリヤウォン

となり、王が成人する73年まで国政を執った。　　　　　　　　　　（川口洋史）

シーダーオルアン
ศรีดาวเรือง（1943～）
作家（女性）。ピッサヌローク県生まれ。本名ワンナ・サワッシー。貧しい幼少時を過ごし、家庭の事情により小学校を4年で辞める。その後バンコクに出て工場の工具や外国人家庭のメイドとして働く。1973年、勤め先の工場の会合で、当時一般的に行なわれていた労働者に対する民主主義の啓蒙のために来ていた作家・編集者のスチャート・サワッシーと出会い（後に結婚）、彼女の才能を見抜いたスチャートの薦めで本格的に執筆を開始する。ガラス工場での事故の見聞をもとに労働者の苦難を描いた短篇『一粒のガラス』（75年）で文壇にデビュー。名を伏せて登場したため、その存在が話題になった。代表作に、僧侶の偽善を描いた『黄衣の男』などがある。本格的な社会批判をテーマとする彼女の作風は、メロドラマ風の恋愛小説を多く著すタイの女性作家の中にあっては異色と評されている。近年では単に彼女を進歩派の作家として評価するのではなく、フェミニズム的視点から作品を捉えようとする見方もある。
　　　　　　　　　　　　　（平松秀樹）

シーダーオルアン

しっちかいふくふんそう　失地回復紛争
第2次大戦でフランスが1940年6月ドイツに降伏すると、タイは04年と07年にフランスへ割譲した「失地」の回復に動く。日本軍の仏印進駐後まもない9月11日に、タイは不可侵条約批准を条件にメコン川を国境とすることと、仏印の主権が移転する場合ラオス、カンボジアをタイに返還することを提案したが、フランスは拒否した。ピブーン首相は学生らを動員して失地回復要求デモを組織したが、プリーディー学長はタムマサート大生にデモによる威嚇より国際法廷に訴えるべきだと主張した。11月28日仏軍機がナコーンパノムを攻撃し、武力紛争が勃発する。陸戦では戦果を挙げたが、政府発表とは裏腹にタイ軍の戦局は不利に展開した。41年1月21日に日本はタイを武力南進基地として利用するために調停に乗り出し、1月31日には停戦協定締結が合意された。東京で調停交渉が行なわれ、3月11日調停条項が仮調印された。交渉中、日本軍によるタイの軍事利用については言及されなかったが、日本に不利な協定を第3国と締結しないことが確認された。5月9日にタイ仏講和条約が調印され、タイはラオスのメコン川右岸（ルアンパバーン、チャムパーサック）、カンボジア西部（バッタンバン、シェムリアップ）を回復した。ただし、タイは割譲前になかった鉄道、道路等の代償を支払うことになった。失地一部回復により戦勝記念塔建設の運びとなり、ピブーンは陸軍少将から元帥に昇格した。第2次世界大戦後、タイは回復した領土をフランスに返還し、国連加盟を果たす。　（高橋勝幸）

シップソーンパンナー
สิบสองปันนา
ラオス、ミャンマー（ビルマ）両国と国境を接する中国雲南省最南端の2万km²ほどの地域には、1950年代までシップソーンパンナーと呼ばれる政治統合体があった。ここでは、その地を貫流するメコン川（瀾滄江）とそこに流れ込む支流によって、山地のところどころに盆地が形成されている。シップソーンパンナーは盆地単位に成立した小国ムン（ムアン）の連合体であり、20世紀前半には大小合わせて

二十数個のムンを含んでいた。シップソーンパンナーの支配者一族および盆地・谷間の平地に住む住民のほとんどはタイ(Tai)族で、タイ・ルー語を話していた。各ムンにはツァオ・ムン(チャオ・ムアン)と呼ばれる首長がおり、その親族が中心となってムンを統治した。シップソーンパンナーのほぼ中心の、メコン川沿いにあるムン・ツェンフン(チエンルン)の首長は、ツァオ(チャオ)・ペンディンと呼ばれ、シップソーンパンナー全体を治める立場にあって、明・清代には宣慰使の職も与えられていた。16世紀半ば以降、シップソーンパンナーはビルマ王朝へも朝貢した。またラーンナー・タイ王国との関係も深かった。

50年にはシップソーンパンナーのほとんどは中華人民共和国に組み入れられ、56年にはそれまでの政治社会制度が廃止された。現在そこは西双版納(シップソーンパンナーの漢語音訳)傣族自治州となっており、州都は景洪(ツェンフンの漢語音訳)である。92年以降は観光開発が進み、中国の観光客ばかりでなく、国外からも多くの人々が訪れるようになった。シップソーンパンナーはまた、茶の産地としても有名である。

この区域のタイ族の占める割合は、53年末には約54%であったが、その後、大量の漢族移民流入などもあり、2005年には約34%になっている。タイ族以外には、ハニ族(アカ族)、プーラン族、ヤオ族、チノー族、ラフ族、イ族などが主に山地に居住している。　　　　　　(加藤久美子)

じどうしゃさんぎょう　自動車産業

1960年代後半に外国自動車メーカーが輸入代替工業育成政策に協力して、組立生産を始めた。その後20年間は、年間3万～10万台の小市場で、義務的な国産化率の引き上げ、品質管理、部品メーカー育成、販売サービス網整備等の努力が重ねられた。87～95年は高度経済成長(年平均10%弱)により国内市場は大幅に拡大したが(96年59万台)、97年のアジア通貨危機の際は急激に縮小した(98年14万台)。この当時既に市場拡大に対応して工場増設やアジアン・カーの生産を始めていた日系メーカーは、タイを世界の重要生産拠点とする戦略を立て、1トン・ピックアップ・トラック生産を日本から移転するなどして、国産化率の向上、技術移転、品質管理、人材育成などに努力した。99年以降、タイ国内市場は順調に回復し、2007年の国内販売台数は63万台に達した。ASEAN、中近東、豪州などへの輸出も急増し、同年の輸出台数は69万台であった。なお、同年の総生産量は129万台に達し、世界14位に躍進した。小型乗用車、1トン・ピックアップ・トラックの国産化率は80～90%に及び、ロボット導入による自動化や排ガス検査などの先端技術も導入されるなど、自動車は基幹産業に成長し、タイ経済社会の発展に大きく貢献している。　　　　(佐藤一朗)

じどうろうどう　児童労働

「1998年労働保護法」第44条で満15歳未満を雇用禁止とし、ILOの180号「最悪の状態による児童労働の禁止および即時廃絶」条約を2001年に批准した。04年の「児童保護法」で、暴力的な扱いからの児童の保護が定められる。統計局のデータによると、1988年には11歳～12歳児童が約18.9万人以上、13歳～14歳児童が約98.8万人、2000年には13歳～14歳児童約16.8万人が児童労働に従事していた(11歳～12歳はデータなし)。統計に表れない非合法なケースも入れると、約200万の児童労働者がいると言われている。うち約80万の男女の児童が売春をさせられている。特に東北部出身やバンコクのスラムの児童が、工場、売春宿などへブローカーの斡旋で売られ、低年齢層が非合法的に劣悪な環境で働かされている。街角の花売りなどの行商、屋台、住み込みのメイドなど、職種は様々である。ILO、ユニセフ、NGO等が児童労働廃絶と教育などを結びつけた活動を行なっている。(中園優子)

ジナカーラマーリー
ชินกาลมาลีปกรณ์

チェンマイの僧ラッタナパンヤー長老の著したパーリ語の史書(1528年)。3部より成り、第1部は全編の半分を占めるインド・スリランカ仏教史、第2部はハリプンチャイ(旧ラムプーン)への仏教渡来史(660～1296年)、第3部はチエンラーイ、チェンマイの仏教史(1260～1527年)である。G.セデスの仏訳(1925年)、セーン・マナウィトゥーンのタイ語訳(1958年)、ジャヤウィクラマの英訳(1968年)のほか、H.ペントによる詳細な索引兼注釈(1994年)がある。スコータイ刻文史料を補完する重要文献である。　(石井米雄)

しーぴーグループ　CPグループ

チャールーン・ポーカパン(Charoen Pokphand Group、正大農業集団、卜蜂集団)の略称。ブロイラー、養殖エビなどのアグロインダストリーと電気通信業を事業基盤とする東アジアを代表する財閥。1921年に澄海県出身の潮州系華僑である謝易初と謝少飛の兄弟が、香港からの野菜種子の輸入とタイからの鶏卵の輸出を目的に設立した「正大荘行」(Hang Chia Tai Chun)が、事業の出発である。戦後は飼料の輸入を手がけ、67年に政府の投資奨励を受けて飼料生産に進出。その後、ブロイラー種鶏の製造(米企業と合弁、71年)、ブロイラーの解体処理(73年)、最終製品の加工と輸出(日本の商社と提携、73年)に事業を次々と拡大し、養鶏農民の組織化も含めて、徹底した垂直統合型事業を展開した。この垂直統合方式は、養殖エビ(三菱商事と合弁)、養豚事業にも適用したが、コメの直営農場経営は失敗した。80年代末から、石油化学、電気通信、近代小売業、不動産などにも進出し、同時に中国本土で大規模な海外事業を展開。しかし、97年アジア通貨危機を契機に事業の見直しを迫られ、9つの事業部をアグロインダストリー(CPF)、電気通信(TelecomAsia、のちTrue Corp. PLC)、近代小売業(C.P. Seven Eleven、07年にC.P. All PLC)の3つの分野に再編。同時に、ロシア・東欧諸国での海外事業を新規に開始した。事業はグループの持株会社であるCharoen Pokphand Group Co., Ltd.を頂点に、ピラミッド型組織を形成し、グループ総帥は謝易初の4男・謝國民(ターニン・チアラワーノン、39年生まれ)が、傘下グループの電気通信はターニンの3男スッパチャイ(67年生まれ)が、中国における海外事業は長男ナロンと次男スッパキットが、それぞれ担当している。
(末廣　昭)

シーファー
สีฟ้า(1930～)

作家(女性)。本名シーファー・マハーワン。チュラーロンコーン大学を卒業後、教師生活を経て作家となる。学生時代に文芸誌『シーサップダー』に寄せた『暗い塔』が処女作。恋愛小説のほか、社会問題、社会の底辺に住む人をテーマとするなど大衆小説家として広い分野をカバーする。『人生の曲がり角』(1972年)が全国

CPグループ
(ターニン・チアラワーノン)

シーファー

図書館協会賞。ジャンルや題材によってペンネームを使い分け、シーファーは社会的テーマを描く場合に用いられる。代表作に、ヴェトナム戦争の落とし子である混血児の苦闘を扱った『生み捨てられた子供たち』(73年)、メオ(モンHmong)の恋愛を描いた『青い空の下で』(77年)がある。　　　　　　　　　　（宇戸清治）

シープラート
ศรีปราชญ์(1653頃～83頃)
アユッタヤー王朝中期ナーラーイ王時代の詩人。タイ語文法書『チンダーマーニー』を書いたとされるプラ・ホーラティボディーの息子。幼少より詩才を認められ、シープラートの名を与えられて王宮に仕えた。宮中の側室と恋仲になり南部に放されたが、流刑地へ赴く船で歌った『シープラート悲歌』(別名『ナコーンシータムマラート遊詩』)は愛する女性への絶ちがたい思いが溢れた名作。流刑先でも太守夫人と密通したとの噂が元で処刑された。その際、無実を訴える辞世の詩を砂の上に足の指で残したという逸話が残る。ほかに『アニルット・カムチャン』がある。　　　　　　　　　　（宇戸清治）

シープラート像

シーブーラパー
ศรีบูรพา(1905～74)
作家。本名クラープ・サーイプラディット。幼少時に父と死別し、小さな洋裁店を営む母親の手で育てられた。上流階級の子弟が通うテープシリン校在学中に小説を書き始める。卒業後は『セーナースッ

クサー』(軍事研究)など複数の新聞社に勤務し、記事、評論、小説を執筆。新興市民階層の希望を描いた最初の長篇『快男児』で世に知られ、若手作家集団「スアープ・ブルット」(紳士)を創設する。立憲革命後、政治の世界に誘われたが、ジャーナリスト、作家の道を貫くためにこれを固辞。ドストエフスキーの『貧しき人々』に影響された『人生の闘い』などを発表する一方、政府による国民議会の解散を批判するなど民主主義と自由な言論のための論陣を張った。1935年には朝日新聞社の招きで来日、戦後はメルボルン大学で政治を学ぶ。それらの体験は長篇『絵の裏』、『また会う日まで』に生かされている。52年、政府捏造の平和反乱事件で逮捕されたが、5年後に特赦。文化交流使節団の団長として中国滞在中の57年、サリット元帥によるクーデタと知識人の逮捕の報に接し、亡命を決意。74年、北京で死亡。遺骨は現在タイに返されている。88年にシーブーラパー文学賞が創設され、生誕100年にあたる2005年には、ユネスコによって世界の偉人の1人として顕彰された。　　　　　　　　　（宇戸清治）

しほうせいど　司法制度
近代的な司法制度の発展は、1891年の司法省設置から説き起こされるのが通例である。それまで様々な省や局が設けていた裁判所を司法省の下に統合し、現在の司法裁判所へと再編したからである。その後、100年余りにわたって司法裁判所による一元的な司法が続いた。しかし、

1997年憲法は、政治・行政に対するチェック機能を強化するという観点から、司法裁判所とは完全に独立の行政裁判所と、合憲性審査機関である憲法裁判所を新設し、タイの司法はより多元的なものへと変化した。また、最高裁判所には、大臣・議員など「政治職」にある者の刑事事件を専門に扱う裁判部が設けられた。一連の改革は、司法が政治過程や政策形成に対してその影響を強める制度的な要因となった。他方、国王と司法との関係について、憲法の基本原則に変化は見られない。第1に、主権は国民に由来し、国王が、国会、内閣、裁判所を通じてこれを行使し、第2に、裁判所は、法律上の争訟を、憲法と法律に従い、「国王の御名」において裁判する。裁判官、検察官は、司法試験に合格し弁護士資格を有する者の中から、それぞれ別の試験で選出され、国王により任命される。司法の独立を確保するため、裁判官の任免・懲戒等は、司法裁判所、行政裁判所それぞれの司法委員会(裁判官と有識者で構成)の承認を要する。

司法裁判所は、民事、刑事、および法律が定める他の事件を扱う裁判所である。第1審裁判所、控訴裁判所、最高裁判所の3審制をとる。第1審裁判所には、バンコクにある民事裁判所、刑事裁判所のほか、各県に1または複数置かれる県裁判所、主要都市に置かれる簡易裁判所(サーン・クウェーン)がある。更に、専門性を要する一定の種類の事件を迅速に処理するため、①少年家庭裁判所、②労働裁判所、③租税裁判所、④知的財産国際取引裁判所、⑤破産裁判所がある。これら専門裁判所は第一審裁判所とされるが、その判決に対する上訴は、①を除き、最高裁判所のそれぞれに対応する裁判部に直接行なわれる。①②④については、外部の有識者・専門家が補助裁判官として裁判に加わる。

南部国境4県の県裁判所においては、イスラーム教徒間の家族・相続事件について民商法典の代わりにイスラーム法の適用が認められる。イスラーム法の問題を裁定する「ダト・ユティタム」が、中東諸国等でイスラーム法を学んだ者の中から選ばれ、通常の裁判官と共に裁判を行なう。

(今泉慎也)

しみんしゃかいろん　市民社会論

タイにおいても1992年の「暴虐の5月」以降、市民社会(プラチャーサンコム)について議論が盛んになってきた。セーリー・ポンピットによれば、市民社会とは一般的には政府、企業、家族・親族とは異なった人々の社会的な集まり・組織と考えられ、更に人々の集まり方の形式とも考えられるようになってきた。もともとタイ社会は、ヨーロッパと違ってパトロン=クライエント関係と呼ばれる上の人に依存する関係が強かったので、ティーラユット・ブンミー(73年学生革命の指導者)のようにタイ社会にこの概念はふさわしくないという論者もいた。彼は、市民については、「社会開発の主体としての認識と自覚により、積極的に地域社会に関心を持ち、自らができることを考え、行動できる者」と定義した上で、自発的に互いに人々が力を合わせ、自分たちの地域が抱える問題を自分たちの力で解決できる地域のことをタイ社会に固有な「強固な社会」(サンコム・ケムケン)と呼ぶべきだとしていた。民主的な社会開発を行なう際には、市民社会的な下からの組織(プラチャーコム=タイ語では人々の集まり、小グループを指す)が必要であると論じたのはタイのマヒドン大学医学部の教授で、タイの社会についてオルターナティブな開発・発展の視点から発言をしているプラウェート・ワシーである。彼は特に、プラチャーコムが内発的である場合の、プラチャーコムのネットワークの形成が促される過程に注目し、市民社会の定義を「何らかの問題がある時に、問題に関係のある人が集まり自分たちの意見を出しあって相談し、問題を解決するような社会である」とした。

90年代末以降、タイにおいては民主

化、地方分権化を通じて社会のあり方が変わり、NGOなどの様々な組織も、それまでの貧農フォーラム（サマッチャー・コンチョン）のような「抗議」、「批判」型の「運動」から「協働」、「コミュニケーション」へと重点を移し、自発的な「活動」を行なうようになってきた。このような状況は、ハーバーマス的な市民社会——コミュニケーションを通して成立する公共圏——に近い。ティーラユット・ブンミーも、近年では市民社会を論じる際、ハーバーマスの論議に依拠し、市民社会概念を国家への対抗関係においてではなく、コミュニケーションを通しての公共圏の成立として設定している。すなわち、タイの市民社会の議論の中でもグラムシ型からハーバーマス型へと変化してきたのである。このようなハーバーマス型の市民社会形成のプロセスについては、タイの社会学者たちの関心を集め、どのようなプラチャーコムが市民社会形成の基盤となるかが研究の中心になってきた。特に、タックシン政権下で村落基金、一村一品運動（OTOP）などのために上からの政策によるプラチャーコム形成が進行した中で、コーンケン県ウボンラット郡トゥンポーン村で見られるような、地域社会（チュムチョン）に根ざした草の根的な内発的プラチャーコムの形成により人々が自ら行なう社会開発の実践や、他の内発的なプラチャーコムとのネットワーキングが注目を集めている。

しかし、2006年からの「民主主義のための国民連合（PAD）」と呼ばれる市民団体の一派による反タックシンの抗議運動や、同年9月19日の軍によるクーデタ、08年11月のPADによるバンコク新国際空港の占拠やその後のタックシン派の抗議運動は、タイの市民社会形成のあり方を再考させることとなった。このような状況でタイの市民社会について議論できるのかというジレンマが研究者の間で生じたが、マクロ（中央）での政治の動きがどうであってもミクロ（地域）での市民社会形成の試みと実践は確実に存在しているのである。 　　　　　　（鈴木規之）

しゃかいうんどう　社会運動

【1970年代——学生運動と農民運動】タイにおいて社会運動が明示的かつ強い影響力を持って現れたのは、1970年代の学生運動が最初であろう。それに刺激される形で、タイの農民たちも組織的だって政治的要求を出すようになる。74年から中部や北部地方の農民が頻繁に上京し、政府に土地の所有権、耕作権、地代などをめぐる紛争への政策的対応を求めた。74年11月には初の全国組織であるタイ農民連合が結成され、150万の農民世帯が加入したとも言われる。しかし運動の活発化に伴い、農民リーダーが襲われ命を奪われる事件が続いた。こうした弾圧もあって、76年までに農民運動はほぼ壊滅した。学生運動も76年10月6日事件でほぼ鎮圧される。

【1980年代——NGOの活躍】1970年代末になって政府の抑圧が緩和されると、社会問題に関心を持つ青年等は非政府組織（NGO）を作って活動を始めた。彼らは草の根での活動に力を注ぎ、国レベルの政治から距離を置こうとする志向が強かったが、その中で生まれたコミュニティ主義思想は、多くの社会活動家に共有され、国家の制度や政策に影響を及ぼすようになる。一方、少数ながら、70年代から人権や政治的抑圧問題を扱うNGOも存在した。これら人権NGOは国家権力の作為で生存権を脅かされている人々の救済、支援活動を行ない、また同時に政治的な事柄にも積極的に発言した。80年代後半になると環境NGOが増加し、環境問題を引き起こす国家プロジェクトや政策に対して地域住民とともに反対運動を行なった。

【1990年代——社会運動の興隆と多様化】軍事クーデタで民選政府を倒したスチンダーが1992年に首相に就任すると、その退陣を要求する集会に連日多数の市民が集まるようになった。70年代の学生運動と異なり、集会には新中間層が多く集まり、

またリーダーの中には政治家やNGO活動家がいた。反政府集会は、軍の発砲による流血の惨事で終わる。国家エリート（政治家、官僚、軍人）の威信は大きく傷つき、事件後の政府は政治改革を最重要課題として掲げ、しかもその過程に非国家主体の参加を認めざるをえなかった。まず政府はボランティアによる選挙監視組織を作り、その県別組織には地方の新中間層が数多く参加した。更に憲法の起草作業が始まると、そのヒアリングが県ごとに行なわれ、多くの市民がそうした場を組織したり、議論に参加したりした。第8次経済社会開発5ヵ年計画の策定では、担当政府機関のNESDB（国家経済社会開発庁）がNGOの連合組織に地方公聴会開催を委託した。こうして市民が国レベルの政治に直接参加する機会が頻繁に与えられた。この過程でNGOは草の根の開発援助にとどまらず、マクロの政治に積極的に参加するようになる。一方、これまで未組織だった市民も公共的議論の場に登場するようになった。彼らの多くは地方都市の新中間層（公務員や専門職、ビジネスマンなど）である。97年の経済危機後に行なわれた社会投資基金（SIF）プログラムは、こうした地方の市民活動家に自らを組織化する機会を与えた。こうしてNGOとも草の根の住民組織とも異なるアイデンティティを持った新しい市民グループが、地方開発と関わる公共的事柄に組織的持続的に関わるようになっている。

　草の根の民衆も新たな組織を作り、自らの要求を直接政府に突きつけるようになった。90年代初頭の公共地からの強制立ち退き事業（コー・チョー・コー）などを契機に、東北地方の農民が、東北部小農民連盟（SSFAI）を結成したのである。当初はNGOの指導的役割が大きかったが、間もなく農民リーダー自身が運動の主導権を握り、東北地方からバンコクへ向かう幹線道路を徒歩で行進するなどの集合行動を行なって、要求のいくつかを勝ち取った。しかしその後SSFAIはリーダーの方針対立から分裂していく。そのうちの1つが貧民フォーラム（AOP）である。AOPにはパークムーン・ダム反対住民などが参加し、それをNGOや研究者等が支援した。97年には総理府前で99日間の座り込みを行なって、注目を集めた。

【運動の成果とタックシン政権後の状況】社会運動はコー・チョー・コーの中止、農民復興基金設立、「コミュニティ林法」制定など、いくつかの政策に影響を及ぼした。また政策形成や実施過程に非国家主体が参加する機会は、1990年代以前と比べて明らかに増えている。2001年に成立したタックシン政権は、国家資源を直接草の根に配分することで民衆の強い支持を得て国会で圧倒的多数を占め、批判勢力を押さえ込もうとした。このようなタックシン政権の姿勢およびその後に生じた06年クーデタをめぐって、運動家の間で評価が真っ向から対立する状況が生まれている。
　　　　　　　　　　　　（重冨真一）

しゃかいほしょう　社会保障
公務員に対しては古くから社会保障制度があるが、それ以外の者に対する制度は「1990年社会保障法」によってようやく導入された。これは民間企業の被雇用者を対象に、医療手当て、出産手当て、養育手当てを給付するもので、被雇用者と雇用者、政府の3者が社会保障基金（SSO）に積み立てる。当初は従業員数20人以上の事業所に義務付けられ、以後、93年に10人以上の事業所、2002年にはすべての事業所を対象とした。また、1999年に老齢年金の積立がこれに加わった。しかし、社会保障基金の対象者は、2007年末時点で就業者3780万人のうち918万人と少なく、多くの自営業や農家の人々は社会保障制度の枠外にある（制度外と呼ばれる）。これら制度外に位置する人々に対する制度としては、タックシン政権が導入した30バーツ医療制度がある。これは、自営業や農家を対象に30バーツの支払いを条件とし、上限1500バーツ程度の医療サービスが受けられる制度である。他

方、老齢年金については社会保障基金の拡充を計画していたが、財政上の持続性がないとして部分的にしか行なわれていない。近年ではむしろチュムチョン（共同体）に積立基金を設置し、地域福祉と両輪の高齢社会政策を模索している。

（大泉啓一郎）

ジャータカ
ชาดก

ブッダが菩薩であった前世における善行を集めた物語。日本では本生経や本生譚と訳され、タイ語では「チャードック」と呼ぶ。インドで伝承されてきた民話や物語に仏教の教えを加味してできたと考えられている。パーリ語三蔵には、547の物語が収められている。タイ仏教徒はこのジャータカの最後の話「ウェートサンドーン・チャードック」（布施太子本生経）が、最重要であるとみなす。これは菩薩としての最後の偉大な過去世（マハーチャート）における十波羅蜜の実践を示す物語であり「マハーチャードック」（大ジャータカ）と呼ぶ。この物語から『マハーチャート・カムルアン』などの古典文学作品が生まれた。タイ仏教徒は1日で「ウェートサンドーン・チャードック」のすべてを聴くと大きな功徳が得られると信じ、雨安居期を終えると「テート・マハーチャート」あるいは東北部で「ブン・パウェート」と称する聴聞行事を行なう。パーリ語三蔵のジャータカとは別にチエンマイの僧侶が編纂した「パンヤーサ・チャードック」（50ジャータカ）も普及している。ジャータカは文学以外にも演劇や壁画など道徳的芸術作品の題材として取り上げられ、タイ人の業に関する価値観に影響を及ぼしている。

（野津幸治）

ジャパナイゼーション

2003年頃より「緑茶」が大きなブームとなり、タイ人の好みに合うような味のさまざまな製品が販売された。「緑茶」のブームはスナック菓子やシャンプー、果ては生理用品にまで及んでいる。パッケージには消費者には理解できない日本語が踊り、絵や表示などでも「日本」であることが強調されている。東南アジアで最もジャパナイゼーションが進行しているのはタイであると言われている。近年では「欧米」よりも「日本」のものがよいという認識がタイ社会全体に広まって日本ブームと言ってもよい状況にあり、05年には『ジャパナイゼーション』という書物も出版された。

1960年代以降、日本企業がタイに進出し、「トヨタ」、「ソニー」、「味の素」などのブランド名がタイ社会に浸透した。次第にタイでの現地生産に変わっていったが、72年には学生らによる日本商品不買運動が起こった。「花王」のシャンプー、「グリコ」のチョコレートなど日本製品ばかりに囲まれて暮らすタイ人の生活を皮肉った歌も流行した。85年のプラザ合意以降、日本を中心とした外国からの投資や製品の輸入が急増した。この時期には、マクドナルドやKFCなどのアメリカ文化とともに「おしん」、「ドラえもん」、「すばる」などのドラマやアニメ、歌などもタイ人の心をとらえ、ポップカルチャーへの日本の影響力が強まってきた。このように、ジャパナイゼーションは物質的側面から非物質的側面へ、換言すれば生活様式から価値観へと影響の側面が広がり、とりわけ若者への影響は著しい。そして、都市の富裕層の子女を中心にJ-POPのファンや、ゴスロリ・ファッション、コスプレなどのいわゆるオタク文化までも流入しつつある。

（鈴木規之）

しゃむ　沙弥→サーマネーンを見よ

シャム
สยาม

現タイ王国の旧称。シャム（Siam）はマレー語Siyamからまずポルトガル語に入る。16世紀のポルトガルの史家João de BarrosはDécadas da Asia.（1552年）でアユッタヤー王国をReyno de Siãoと呼び、詩人Camõesは大叙事詩Os Lusiadas（1572年）

でSyāoを使っていることから、近代ヨーロッパ諸語のSiam, le Siamはこれらに由来するものと考えられる。日本では新井白石が『西洋紀聞』(1725年)の中で「スイヤム」を使い、「シャムまたはシャムロともいふ」と注記している。中国語では『島夷志略』(1349年)に見える「暹xian」がこれにあたる。ビルマ(ミャンマー)のShanも同様。シャムの語源は古く、セデスによれば、既に1050年のポーナガルのチャム語碑文に現れているという。パガン(バガン)のビルマ語碑文(1120年)にも見える。タイ国内では「サヤーム」の形で使われた。タイ語辞書はこの語の初出をラーマ4世時代とするが(Matichon Dic., 2004年)、既に『三印法典』(1805年)所収の「プラタムマサート」に「シャム国(サヤーム・プラテート)」、「シャム語(サヤーム・パーサー)」とあり、また「サンガ布告第8」(1789年)にも「シャム・タイ語(サヤーム・パーサー・タイ)」の形で用いられていることからすると、この説は信じがたい。

　ピブーン首相が制定した「国家信条(ラッタニヨム)第1号」(1939年9月28日)によって国名としての「シャム」は廃止され、「タイ」が用いられるようになった。理由の1つに「シャム」の語源が「黒い」を意味するサンスクリットのŚyamaとする民間語源説がある。同時に、この国名変更は、周辺諸国に散在するタイ系諸民族を包含する「大タイ主義」を目指しているともとらえられていた。そのため、第2次大戦後ピブーン首相が下野すると、国名を「シャム」に戻すべきか「タイ」を続けるべきかについて議会での論争が始まったが、57～58年の2度のクーデタによって政権の座についたサリット首相が、最終的に「タイ」と決定して現在に至っている。しかし有力新聞の1つ『サヤームラット』では依然として「サヤーム」が使われ続けており、学術団体サイアム・ソサイエティもある一方、少数派ながらスラックなど一部の知識人の間に、「シャム」を残すべきという意見も残っている。

〔石井米雄〕

シャムきき　シャム危機

1893年にタイがフランスと衝突した事件であり、「パークナーム事件」または「ラッタナコーシン暦112年(1893年)事件」などとも呼ばれている。88年にシップソーンチュタイを獲得後もフランスの領土拡張への野心は止まらず、既に獲得したヴェトナムが持っていた宗主権を根拠として、タイにメコン左岸から撤兵するよう要求した。タイではイギリスが牽制してくれるであろうと期待する向きもあったが、イギリスは逆にメコン左岸を獲得すればフランスは満足するであろうとこれを静観した。93年4月にフランスはメコン川流域に進軍を始め、バンコクに軍艦を派遣した。7月にチャオプラヤー川河口(パークナーム)の要塞を強行突破した軍艦は、バンコク港を封鎖して最後通牒を突きつけた。結局タイはフランスの全要求を受け入れることとなり、300万フランの賠償金の支払って、メコン左岸の割譲、メコン右岸25km地帯とカンボジア北西部の非武装化、そしてそれらが完全に履行されるまでの担保としてチャンタブリーをフランスが占領することを認めた。これはタイが直面した最大の危機であり、ラーマ5世に与えた打撃も大きかったものの、以後もチャックリー改革は滞りなく進められ、他方でフランスの拡張主義を見過ごせなくなったイギリスもタイの緩衝国化を模索することになる。

〔柿崎一郎〕

シャムわん　シャム湾→タイ湾を見よ

じゅうがつじゅうよっかじけん　10月14日事件
14 ตุลาฯ

1958年に始まり独裁を長い間弄んできた軍事政権が、73年10月14日に崩壊し、タイ政治の民主化が大きく進んだ事件。「学生革命」とも呼ばれるように、表面的には学生による大規模請憲デモが大きな役割を果たしたと見えるが、実際には、軍、王室との協同の産物であった。同年

10月1日に交代したばかりの新任の陸軍総司令官は、10年間にわたるタノーム政権下での人事停滞などに不満を感じていた。国王は、軍事政権下の15年間に成長して独り立ちしようとしていた。学生は、憲法制定要求に対する軍事政権の対決姿勢に反発を強めていた。学生による反政府デモが統制できなくなった時、陸軍は政府の鎮圧命令を拒否し、国王は政府に退陣を促した。ティーラユット・ブンミーのように、当時の学生活動家は、後に「10・14世代知識人」として政治的発言力を持つようになる。　　　　（玉田芳史）

じゅうがつむいかじけん　10月6日事件
6 ตุลาฯ

1973年の「10月14日事件」後に始まった民主政治の時代に終止符を打った事件。73年に軍事政権が崩壊した後、学生、農民、労働者の民主化運動が活発になった。75年1月の総選挙では左翼政党も議席を獲得した。更に、同年4月にはインドシナのベトナム、ラオス、カンボジアの3国で共産党が内戦に勝利をおさめた。国内ではタイ共産党が中国ならびにインドシナ諸国の支援を受けて農村部で勢力を拡大していた。左傾化が進む中、保守勢力は巻き返しのために軍、内務省、王室などが関与して右翼大衆組織ナワポンなどを立ち上げ、反共産主義活動に力を注いだ。その攻撃は、活動家の殺害や集会の襲撃といった具合に激しさを増していった。タムマサート大学構内で学生が演じた寸劇が王室への不敬行為に当たるとのデマ情報を流して憎悪を煽った上で、76年10月6日に国境警察や右翼大衆組織が同大学を包囲した後、構内に突入して多数の学生や活動家を殺害した。首都中心部における白昼堂々の蛮行に混乱を極める中、同日夕方に軍が事態収拾を名目としてクーデタを実行し、国王側近の法律家ターニンを首相とする政権を樹立した。事件以後、王室賛美キャンペーンの強化と共産党の勢力拡大が表裏一体で進んだ。　　　　　　　　　　　（玉田芳史）

じゅうきょ　住居

タイの伝統的な住居の形式は、湿気や洪水、蚊などの害虫や獣から人々の暮らしを護るために床を地面から持ちあげた木造の高床式住居である。床下は家畜の飼育や休憩空間、また農作業を初めとする様々な日常作業を行なう多目的な空間として利用されていた。高床式住居の形式は立地する地域の風土に応じて、屋根の形状や装飾、構法に違いや類似点が見られる。北部の住居は、一般的に切妻屋根を持つが、多様な民族が共存するためその装飾は多様である。中には破風の先端にカレーと呼ばれる、日本の千木によく似た妻飾りを持つ住居もある。中部の住居は、日中の熱気や雨季の降雨に備えて急勾配の切妻屋根を持ち、魚の尾ひれを模したり、両端が立ち上がったりした破風板が特徴である。東北部の住居は、屋根形状や構法に北部や中部の住居との類似点が多いが、その装飾は他地域に比べ

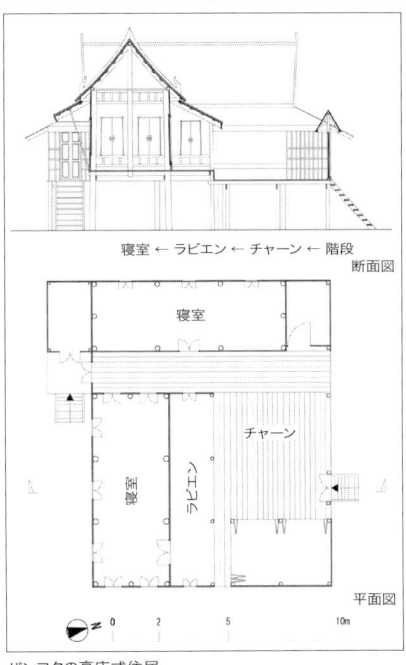

バンコクの高床式住居

簡素である。主に稲作を生業とする東北部では、敷地内に米倉を持ち、それも高床である。南部の住居では、他地域の住居が柱を地面に直接埋め立てるのに対して、地面に基礎を置きその上に柱を立てるという構法的な特徴がある。これは1年を通して雨が多い南部では床下が湿りやすいので、湿気による床下柱の腐食を避ける工夫である。タイの住居では他所で住居を部材単位で製作し、現場で組み立てる独自のプレハブ構法が発展してきたことも大きな特徴である。このプレハブ構法は解体をも容易にし、住居の移築も頻繁に行なわれてきた。

　住居は一般的に寝室や台所の機能を持った複数の棟から構成される。中部の住居では、階段からチャーンと呼ばれる露台へ、更にラビエンと呼ばれる庇下の半屋外空間を通り、寝室や仏間に至るという空間構成を持つ。チャーンとは棟と棟を繋ぐ人工地盤の役割を持っている。ラビエンとはチャーンより20〜40cm高くなった建物の前面に配置された庇のある空間である。ラビエンでは、冠婚葬祭から日常生活に至る様々な行為が行なわれる。各空間の配置や呼称には地域差がある。屋根材は、ヤー・カー（チガヤ）と呼ばれるイネ科の植物やニッパ椰子といった自然材で葺かれることが一般的であったが、現在では葺き替えの手間や費用を考慮して、トタンへと取り替えられたものが多い。また、現在では建材にコンクリートや煉瓦を用いた高床式住居や直接地面に床を張った住居も多く建設されている。

　　　　　　　　　　　（岩城考信）

しゅうきょうきょういく　宗教教育

タイは、公教育においてある特定の宗教の立場に立つ宗派教育を認めている。すべての小学校・中等学校で用いられる基礎教育カリキュラムでは「社会科・宗教・文化」が必修であり、仏教、イスラーム、キリスト教など、自身が信仰する宗教の教えを学び、それを行動につなげることが目標として示されている。実際に、学校の教壇に僧侶が立つことも珍しくない。高等教育段階では仏教大学やイスラーム大学・カレッジが整備されている。他方、ノン・フォーマル教育でも、日曜仏教教育センターやタディカー（モスク付設の学習施設）に多くの学齢児童生徒が参加しており、その需要の大きさを裏付けている。

　　　　　　　　　　　（鈴木康郎）

じゅうたいうんどう　自由タイ運動
ขบวนการเสรีไทย

第2次世界大戦下、タイ国内およびアメリカやイギリスなどで組織・展開されたタイ人による抗日運動。タイ国内では、摂政プリーディーを指導者とする高官を中心とした「X.O.グループ」が結成され、チャムカット・プラーンクーンを中心として結成された「救国団」と合同しながら、警察網などを筆頭に行政組織を中心とした組織化が進み、日本軍に対する隠れた妨害工作を展開する一方で、連合国との連絡を試みた。特に1944年8月にピブーン政権が崩壊すると、その行動は活発化した。アメリカでは、42年春に駐米公使セーニー・プラーモートのもとで、在米の外交官やタイ人留学生を中心に抗日組織が結成された。セーニーを中心とする公使館員らが運動の計画や資金調達、アメリカ政府との連絡にあたり、留学生らは戦略局（Oversea Strategic Service: OSS）のもとでタイ情報を米軍に提供し、タイ散布用伝単やタイ向けラジオ放送を用いた心理戦展開に協力した。43年には重慶にも自由タイの拠点が設置され、タイ国内の情報収集にあたった。また、タイ国内潜入のため、42名の在米タイ人留学生らが42年6月から米軍による軍事訓練を受けた。彼らは44年1月に中国・雲南省の思茅に拠点を設置し、一部はタイに潜入して連合軍との無線連絡に成功した。しかし、このようなタイ人協力者には正規の米軍兵士の資格は与えられず、運動資金には在米凍結タイ資産の一部が使用された。

　一方イギリスでは、アメリカでの自由

タイ運動に影響を受けた留学生らを中心に、42年に夏54名の抗日グループが結成され、アメリカと連絡を取りながら軍事班や宣伝班に分かれて抗日運動に参加した。この中には亡命中のラーマ7世王妃も含まれていた。軍事班の留学生らは42年8月から英軍の軍事訓練を受けて正規軍将校に任官し、インドにおいて特務作戦執行部（Special Operation Executive: SOE）指揮下に入って「白象隊」を名乗り、44年3月からタイ国内に空挺降下してタイ国内の抗日勢力との接触を図り、また日本軍の情報を収集し英軍に打電した。

45年に入ると、内外の抗日運動は盛り上がり、タイ国内の日本軍を襲撃する武装蜂起計画が練られたが、米英側の支持を得られず頓挫した。45年8月16日、プリーディーはタイの対米英宣戦無効を宣言し、45年9月25日には連合軍の命令によってバンコクで自由タイの解散式が挙行された。自由タイ運動は一枚岩ではなく、全国的な国民運動というより官製運動的性格を有していたが、戦後のタイ社会では自由フランス運動と同様の救国運動として評価されている。　（加納 寛）

じゅうみんそしき　住民組織

農村では、「地方行政法」に基づき、末端単位には村（行政集落、ムーバーン）がある。村では村長、副村長、近隣組（クルム）の組長、相談役などで構成される村委員会（カナカムマカーン・ムーバーン）で、様々な事柄が議論される。その下の各部会は、行政部会、保安部会、職業開発促進部会、財政部会、文教部会、社会福祉部会、保健部会等だが、実際は活動していない場合が多い。一方、都市部では末端の組織としては住宅密集地などにチュムチョン（地区）が設置され、地区委員会（カナカムマカーン・チュムチョン）がある。末端組織の村委員会や地区委員会は毎月、委員会を開き、行政からの連絡事項を伝達している。村長や地域委員は住民の選挙で選ばれる。

農村では行政指導により、村の下部組織として近隣組（クルム）が設けられ、組ごとに共同作業によって道路や施設などの生活インフラを作っている。1970年代から80年代には、行政指導で区ごとに婦人会や青年会も作られた。住民が比較的自発的に結成したものには、寺院委員会、寺院食事寄進集団、灌漑組合などがある。寺院委員会は寺院の運営について話し合う。灌漑組織は北部に多い。一般的に村落全員が参加する組織や集団はなく、住民の自由参加によって一部が構成する組織、集団が多く、これら住民組織は一律に加入を強制されるものではない。80年代から90年代にかけて、行政指導やNGO・NPOの支援によって、郡単位で農協、精米所などが、また、区単位でコメ銀行、貯蓄組合、生協、葬式講などの住民組織が組織されているところも多い。

都市の地域委員会の活動は、郊外や新興住宅地、マンション、市街地、スラムなどにより地域差がある。都市に多い老人会は健康増進活動などを行なっているが、一部の婦人会では職業訓練や青少年の行動監視など特異な活動をしている。共同で道路の清掃をしたり、葬式時の香典を集める等の諸活動を行なう地域もある。地域委員会は地域住民を代表して、行政と住民とをつなぐパイプの役割を果たしていると言えよう。　（佐藤康行）

じゅうみんとうろく　住民登録

タイにおける住民登録制度を規定しているのは、「1993年住民登録法」である。出生、結婚、住所移転、姓名変更、養子縁組、死亡など人に関する基本情報は、都市部の場合はバンコク都内の区役所とテーサバーン（市）役所、農村部の場合は郡役所の住民登録部を結んだ住民登録ネットワークに蓄積されている（本部は内務省地方統治局中央住民登録部）。いわゆるIDカード（身分証明証）の情報も、この住民登録情報に基づくものである。タイの住民登録は、姻戚関係のないメンバーも同じ世帯に記載されている。　（永井史男）

しゅうらく　集落

タイの集落景観には地方による違いがあり、東北部や北部上部では集村が、中部のチャオプラヤー・デルタやその周辺地域では数戸のかたまりが散在する散村や、運河や道路沿いに家々が続く列状村が多く見られる。20世紀初頭、行政村が設置された際に、政府は住民の自然な集まりを単位とする方針だったので、東北部や北部の集村は多くがそのまま行政村になった。ところが中部ではそうした地理的まとまりが見えにくく、集落が複数の行政村に分けられることも多かった。こうした成り立ちの違いは社会単位としての集落の性格にも反映する。東北部や北部では集落として精霊を祀る意識が生まれ、集落の寺が造られて、そこに自治の公的な仕組みも与えられることになった。一方、中部の散村や列状村では、個人間の社会関係が集落と無関係に広がる。同じ寺に通う住民の居住域と集落とは必ずしも一致しないし、また行政村の範囲とも異なることが多い。こうした違いは住民による組織的農村開発の方法にも影響し、東北部や北部では集落のまとまり意識と行政村の制度を利用する場合が、中部では個人や寺を介するネットワークに依拠するケースがよく見られる。

（重冨真一）

じゅけんせんそう　受験戦争

学歴信仰が強い社会である上に、経済発展と少子化が進むタイでは、教育への関心が高まり費やす時間と費用は急速に伸びている。日本と同様に、幼稚園から「お受験」が始まる。2006年に高校3年生数人の1年間を密着取材したドキュメンタリー映画『Final Score 365日』が劇場公開されると、共感を得た高校生たちが押しかけた。家庭や学校での猛勉強、サイアム・スクエアにある予備校での模擬試験、偏差値を確かめた上での志望校選択、新築の真新しい予備校ビル1階のフードコートでくつろぐ受験生、土・日曜日の早朝から中高生が列を成しビルに吸い込まれていくといった風景は、タイの受験戦争そのものと重なっている。

（阪口秀貴）

しゅっけ　出家
ขวด

家庭生活を捨て修業生活に入ることを意味する。タイでは一時的に寺院で出家生活を送ることが社会的な慣習として認知されている。そもそも出家期間の長短は出家の条件ではない。生涯を寺院で過ごす者もいれば、3日で還俗（スック）するものもいる。出家は当人にとって大きなタム・ブンであるばかりでなく、息子をサンガの一員に加入させた両親、特に母親の功徳となり両親への最高の恩返しとみなされる。雨安居期の出家を重視し、寺院では雨安居直前に出家者数が急増する。長期と短期の出家者を区分けする指標はなく、僧侶間で序列はあるものの、在家信徒からは同じ待遇を受ける。結婚前の成人男性の社会的条件とされてきた出家の慣行にも、最近は変容が見られる。都市部では形式化した寺院での出家生活よりも日常生活の中での精神的な修行実践に価値が置かれて、出家経験者の数が減少し、地方農村では式費用の調達や農閑期の出稼ぎなどの経済的な理由で、たとえ短期出家であっても時間的余裕のないものが増えている。比丘（ピック）や沙弥（サーマネーン）になること以外にメー・チーになることも出家と称する。メー・チーの出家に向けられた従来のマイナスの評価を払拭するための活動

出家

が近年見られる。　　　　　（泉　経武）

シュリーヴィジャヤ
ศรีวิชัย

7〜11世紀にマラッカ海峡地域に栄えた港市国家。サンスクリット語で「吉祥なる栄光」を意味し、タイではシーウィチャイと言う。7世紀末スマトラのパレンバンを中心に交易帝国に発展し、8世紀後半にはジャワのシャイレーンドラ王家の支配下に入った。10〜11世紀にはナコーンシータムマラート、パッターニーなどとともにジャーヴァカ（マレー半島中部からマラッカ海峡地域、漢籍では三仏斉）諸国の1つであった。タイでは8〜13世紀にマレー半島で栄えた南方系（ジャワ、スマトラ系）の美術様式をシーウィチャイ美術と呼ぶ。大乗仏教が盛んであったが、ヒンドゥー教の遺品も少なくない。

（深見純生）

しょうがいしゃふくし　　障害者福祉

障害者（視覚障害、聴覚障害、身体障害、精神障害）の数は定義の変更などで不備もあるが、人口の1.7% 110万人の障害者がいるとされている（2002年）。管轄官庁は、保健省、社会開発・人間安全保障省である。1991年に「障害者リハビリテーション法」が制定され、2007年の改正で「障害者の生活の質の向上および開発に関する法律」となった。これは障害者に対して、治療・恵みを与える「医療モデル」から、障害者の権利に基づきエンパワーメントを促す「自立支援モデル」に進んだことを意味する。この法律には、コミュニティレベルでの自立援助やリハビリプロジェクト、職業訓練や自営業の補助での自立促進、社会のバリアフリー化の推進、情報やコミュニケーション支援などが盛り込まれた。また障害者が教育を受ける権利、事業者に対する雇用の義務（正規職員の0.5%）に関する法律も同時に制定された。02年の調査では、15歳以上の障害者の就業率は18.5%（自営業が47.5%、家業手伝いが29.0%、民間企業が19.4%）である。障害者手帳の支給を受けると、基本医療は無料になるが、アクセス等には問題がある。重度障害者には、月500バーツの年金の生活費補助がある。当事者団体として、盲人協会、聾者協会、肢体不自由者協会、自閉症家族会、精神障害者家族会、知的障害者家族会があるほか、NGOなどの民間団体も活動している。障害者福祉予算の地方自治体へのシフトに合わせ、各県レベルでのプログラムが増えている。

（松薗祐子）

しょうぎょう　　商業→流通を見よ

しょうけんしじょう　　証券市場

民間グループによる株式取引所が1962年に開設されたが、取引少なく70年代前半に取引停止となった。その後タイ政府は、69年に世界銀行からの証券市場育成の提案を受け、「74年タイ証券取引所法」を制定し、75年4月タイ証券取引所（SET）を設立した。SETには、メインボード（上場銘柄：株式、投資信託、社債など）と中小企業育成目的市場のMarket for Alternative Investment（MAI、99年設立）の2つ市場がある。2007年12月時点のメインボード株式上場数475社、MAI株式上場数48社。株式上場基準は、SETが資本金3億バーツかつ事業継続3年以上、MAIが資本金2000万バーツかつ事業継続2年以上となっている。立会時間は、月〜金（除祝祭日）前場10:00〜12:30 後場14:30〜16:30。取引形態は、普通取引と信用取引で、値幅制限は、前日終値比上下30%となっている。SETの監視機構としては、「1992年証券取引法（SEA）」により、証券取引監視委員会（SEC）が設立されている。

　株式市場動向は、86年から94年にかけて市場は急拡大し、時価総額で750億バーツから3兆5640億バーツ、年間売買高も250億バーツから1兆5340億バーツに増加し、SET指数（75年4月末を100）は、207ポイント（p）から1682pまで伸び、94年1月4日に1753pの史上最高値を記録した。しかし、97年のバーツ危機で暴落、

98年9月には、200pを割り込むところまで低下した。その後の経済回復でSET指数は、2007年12月末で858pとなった。

外国人取引については、外国人投資家間売買のフォーリンボード（FB）がある。外国人の持ち株上限は、一般的に49％で議決権はない。FBは、値幅制限ないが流動性が低い。外国人は、国内投資家市場（ローカルボード）での売買は可能であるが、議決権、配当金はない。2000年に外国人取引向けの無議決権預託証書（NVDR）制度がローカルボードに導入され、議決権はないものの配当金受け取りが可能となった。外国人投資家に対する課税は、配当金に10％の源泉徴収となる。キャピタルゲイン課税は、外国法人投資家に対して15％源泉徴収で、個人投資家は免税である。債券投資からの収益に対しては、15％源泉徴収となる。海外からSETへの投資資金の外貨送金規制はない。投資資金の海外への送金は、銀行に証券売却の証拠呈示義務あり。債券市場は、1998年の7637億バーツから2005年には、3兆1230億バーツと規模が拡大した。取引銘柄は、政府系企業債が約75％、民間企業約25％。公募、私募にかかわらず、原則タイの格付機関の格付が必要である。デリバティブ取引は、06年にタイ先物取引所（TFEX）が開設されている。　　　　　　　　（大野　浩）

しょうごう　称号

博士号を持つことが官界での高給と昇級につながり、学問的業績以外に過大に評価されたりする称号好みはタイの一般的性向であるが、タイで最も権威ある称号は、国王から下賜される称号である。伝統的に（1）王族（チャオナーイ）、（2）官僚（クンナーン）、（3）僧侶に与えられてきた。（1）王族には国王との血縁関係により生得的に受ける称号が定められている。王子が「チャオファー」、王孫「プラオンチャオ」、モームチャオ（タイ語の略号M.C.）、モームラーチャオン（M.R.W.）、モームルアン（M.L.）と、世代を経る毎に王族の階級が下がり、ついには称号のない平民となる「出自降下の法則」が、かつてはハーレムから輩出されていた王族の増大に制限を加える役割を果たしてきた。（2）官僚の称号は1932年の立憲革命により廃止されたが、官位「バンダーサック」と欽賜名「ラーチャティンナナーム」から成り立っていた。一般的には、チャオプラヤー、プラヤー、プラ、ルアン、クン、ムーンの位階勲等に欽賜名が続く。日本人では20世紀初頭に政府司法顧問の地位にあった政尾藤吉が「プラヤー・マヒトーンマヌーパコーンコーソンクン」という称号を下賜されている。またナーライ王以前のアユッタヤー時代には、オークヤー、オークプラ、オーククン、オークルアンの爵位があり、山田長政は「オークヤー・セーナーピムック」の称号を与えられていた。現代では女性の社会的栄誉を顕彰する「クンイン」、「タンプーイン」の称号がある。これらの官等と欽賜名は一代限りで世襲されることなく、また別人が継承することがあった。（3）「サマナサック」と呼ぶ出家者に下賜する称号は今も続いている。上座仏教の高僧のみならず、タイ国内の中華仏教会、安南仏教会などの大乗仏教界の高僧、マレーシアなど外国のタイ系寺院に駐在する高僧にも下賜されている。　　（吉川利治）

しょうこうかいぎしょ　商工会議所→タイ国商業会議所を見よ

じょうざぶっきょう　上座仏教
พุทธศาสนา นิกายเถรวาท

【歴史と伝播】紀元前6世紀から前5世紀頃にインドで形成された仏教は、仏陀入滅の約100年後に上座部・大衆部に分かれ、その後更にいくつもの部派に分かれていった。上座仏教は、これら部派の中で唯一現存する僧団を中心とした仏教である。上座仏教（テーラヴァーダ）とは長老の教説を意味し、古くからの戒律を保守する伝統教団であり、紀元前3世紀にスリランカに伝わって、そこで形成されたマハーヴィハーラ（大寺）派の伝統だけが

現在伝わっている。上座仏教の中心圏は、スリランカ、ビルマ（ミャンマー）、タイ、ラオス、カンボジアであり、タイでは人口の約93％が仏教徒である。またこれらの地域の周辺（インド、バングラデシュ、中国の雲南省、ヴェトナム南部、マレーシアの半島北部、インドネシア）にも、少なからぬ上座仏教徒が生活を営んでいる。インドからアジア南部に広まったため「南伝仏教」とも呼ばれることがある。タイに上座仏教が伝わったのは13世紀中頃からである。ラームカムヘーン王が南部ナコンシータムマラートから経文やサンカラートなる大長老を招請したことが、スコータイ第1碑文に記されている。更に14世紀中頃には、スリランカから僧侶や仏舎利や菩提樹を招来している。1767年のアユッタヤー朝崩壊に際してはサンガも衰退したが、その後トンブリー朝で復興され、ラッタナコーシン朝のラーマ1世王時代には結集も行なわれて仏教再興が果たされた。ラーマ3世時代には、出家生活にあった後のラーマ4世王によってタムマユット派が形成され、ラーマ5世時代に1902年に「ラッタナコーシン暦121年サンガ統治法」が制定されて、タイ全土のサンガの組織統一が行なわれた。70年代からの著しい経済成長の時代には、タムマカーイ寺やサンティ・アソークなど新たな仏教集団が形成され、都市新中間層を中心に広まった。

【教義・集団・実践】上座仏教における至高の目標は、仏陀が示した四諦・八正道の教えに即し、自ら実践することを通じて苦を滅し、輪廻の存在を超克した涅槃に達することにある。戒・定・慧の三学が実践の基本となり、戒律の遵守は実践の基本として重視される。更に瞑想修行や三蔵経の学習を通じて、智慧を深めていく。上座仏教では、出家者と在家者の区分が厳格に維持されている。この区分の指標となるのが戒律である。出家者である比丘は227条の戒律、沙弥（20歳以下の見習僧）は10条の戒律、在家者は一般に5戒・8戒を授かる。また上座仏教圏には、正式な比丘尼ではないが剃髪し白色や薄桃色の修行衣を着用して8戒や10戒を持している女性出家修行者もいる。タイでは白衣を着用したこれらの女性修行者を「メー・チー」と呼んでいる。

在家信者は、厳格な戒律実践によって超俗性を保つ僧侶集団に対し、寄進や労働力提供などの善行により、自ら功徳を積む。タイ語ではこの積徳行為を「タム・ブン」と言う。タム・ブンは執着を取り除く修行であり、また一般的には自身の将来や来世の幸福につながる善行とされる。更に、亡くなった親類縁者や生きている他者への功徳の回向も行なわれている。得度することもタム・ブンであり、とりわけ両親が功徳を得るとされている。

中部・東北部では比丘として、北部では沙弥として、一時出家を行なう慣行がある。在家者においては、自らの善行から得られる善果を求める功徳志向の信仰実践の他に、僧侶の持戒・聖典誦唱・瞑想修行に由来する守護的な聖なる力への信仰も見られる。僧侶が護呪経典を唱え聖水を散布し聖糸を巻くといったパリット儀礼や、僧侶による厄落とし儀礼などである。加えて、タイでは「プラ・クルアン」と呼ばれる、僧侶が聖なる力を込めた小仏像の護符なども配布されている。

【サンガと王権・社会】出家者集団であるサンガはまた、王権とも深いつながりを持ってきた。上座仏教圏の伝統社会では、王は仏教経典にも見られる十王法に即した統治を行なう正法王として、また寺院建立や祭礼への支援などサンガへの経済的支援者として統治の正統性を得てきた。また王は経典校閲の結集を後援し、時には破壊僧の排斥などを行なって、サンガの統制に関わってきた。タイでは、スコータイのリタイ王のように自ら得度した国王もおり、現在のラーマ9世王も一時出家を行なっている。タイの現行憲法において、「国王は仏教徒であり、宗教の至高の擁護者である」とされている。

超俗性がサンガの基本的特質であるが、一方で世俗的な役割も担ってきた。

伝統社会において僧侶は教師、相談役、医師でもあり、寺院は集会所、学校、病院、養老院、美術館でもあった。現代タイの公教育においても、仏教を中心に宗教教育・道徳教育がなされている。また冷戦時代には、タイ政府プロジェクトとして、サンガは山地少数民族の同化政策や反共活動にも関わっていた。1970年代以降には住民参加型の地域開発と精神的指導に関わる開発僧と呼ばれる僧侶や、社会福祉活動に携わる僧侶も現れている。
（矢野秀武）

しょうしか　少子化

2008年のタイの合計特殊出生率（1人の女性が生涯を通じて出産する子供の数）は全国で1.6、バンコクでは1.0を下回ったとも言われる。タイで少子化が急速に進展した背景には、国家家族計画プログラム（1970年～）の「成功」、女性の自律性の高さ、女性の社会経済活動への参加度の高さ、仏教的価値観、教育費負担の重さ、学歴偏重の傾向、晩婚・非婚化、保育所の数・質の問題などがある。あらゆる階層で子育て負担が増大する中、就業意欲の高いタイ女性たちが安心して子育てを楽しめるような環境の整備が切望されている。
（江藤双恵）

しょうじょうぶっきょう　小乗仏教→上座仏教を見よ

しょうすうみんぞく　少数民族

「少数民族」に相当するタイ語として頻繁に用いられるものに、チョン・クルム・ノーイ（少数者集団）、クルム・チャーティパン（エスニック集団）、コン・チャーイ・コープ（周縁者）、チョンパオ・プーン・ムアン（先住民）というニュアンスを違える4種の表現があるが、現在、少数民族自身はIndigenous Peoples（先住民）の新訳語であるチョンパオ・プーン・ムアン（略称チョンパオ）を好んで自称している。2007年9月の「先住民族の権利に関する国連宣言」と前後し、またそれに呼応するかたちで、タイの少数民族（先住民）は活発な動きを展開していったが、その起点となったのは北部のチエンマイに拠点を置くIMPECT（タイ国汎山地民教育・文化協会）を中心とする諸団体である。IMPECTらは1990年代半ばを機に徐々に拡張を始め、北部のみならず、全国の少数民族関連諸団体、アジア地域の諸先住民組織、国連系諸機関等との連携を深めていった。2008年8月にはUNDEF（国連民主主義基金）等の協賛のもと「タイ国先住民大フェスティバル」がチエンマイで開催され、各地方から24の少数民族ネットワークの代表団が招聘されている。その多くは、カレン、カム、カチン、パローン、ムラブリ、モン（Hmong）、ユーミエン、ラワ、ラフ、リス、アカといった北部の山地民系の諸集団であったが、その他にも、タイ系少数民族としてタイ・クーン、タイ・ソン・ダム、タイ・ヨーン、タイ・ルー、タイ・ヤイ、タイ・ヤーなど、また南部の海民としてモーケンやウラック・ラワイなどが参集した。
（綾部真雄）

しょうひ　消費

1980年代末から90年代半ばにかけて、タイのGDP（国内総生産）は実質で年率8～10％の高成長を実現した。その間、出生率は2％前後の低水準にとどまったため、1人あたりGDPも急速に増大した。その後、1997年の通貨危機を契機に1人あたりGDPも一時的に低迷したが、2000～01年に危機以前の水準にまで回復し、06年には、本格的な消費社会の到来の目安とされる3000ドルを突破している。その結果、タイの経済社会には、生産面にとどまらず消費面でも大きな変化が生じている。たとえば、政府の社会経済調査によると、家計の消費支出に占める食料・飲料費の割合、いわゆるエンゲル係数は、1970年代半ばに50％前後だったのが、90年代半ばに40％を切り、2006年には約30％まで低下した。この点から見ると、タイの消費構造は先進国型に近づいていると言える。しかし、国内の消費市場は同

質的に拡大したわけではなく、地域間・所得階層間の格差は依然として非常に大きい。すなわち、タイの消費市場を見る際に、経済急成長期の消費を牽引したとして都市中間層に注目が集まることが多いが、都市中間層の購買力だけを強調するのは片手落ちとなる。実際の所得分配状態は複雑に入り組み、消費市場がモザイク状の構造をなしているというのが、タイの消費市場の特徴である。　（遠藤 元）

しょくぎょうきょういく　職業教育
学校教育およびノン・フォーマル教育の形態で実施されており、前者としては後期中等教育から高等教育段階の国立・私立の教育機関で提供されている。後期中等教育からの準学士課程のカリキュラムは、教育省職業教育委員会事務局により、工業、商業・経営、芸術、家政、農業、漁業、観光業、織物、IT、上級職業教育教員資格の10分野において全国統一的に定められている。また、全履修期間のうち、少なくとも1学期間（約4ヵ月間）の実務訓練に取り組むことに加えて、企業との連携による教育訓練も部分的に行なわれている。　（牧 貴愛）

しょくしゅうかん　食習慣
食事は基本的には、朝、昼、晩の3回で、朝と昼が軽く、晩がもっとも重い。とはいえ、それはあくまで基本的な傾向にすぎず、食に関して強い規範は存在しないと言って過言ではない。一家揃って食べなければならないということはなく、同時に決まった挨拶をして食べ始めるということも、反対に食べ終わる際の挨拶というものもない。食にまつわる様々な礼儀作法もゆるやかである。1年の区切りに特別な食事が出るということも、通過儀礼的な一生の区切りに特別な食事がきまっているということもない。一般に、普段の食事は社会的な行為ではなく、個人的な行為であると感じられているため、1人で食事をとることは珍しくないが、社会的なネットワークを作る際に食事をともにするのはごくポピュラーなことである。多人数で食べる場合、自分の食器は飯皿とスプーン、フォークのみであり、副食物は共有の食器に盛られたものをそれぞれが自分の皿にとって食べるが、その際に使うスプーンは自分のものではなく、共有のものを使うのが普通である。また、外食、間食が多いことも大きな傾向である。　（山田 均）

しょせき　書籍
タイでは「ポケットブック」と呼ばれるペーパーバックが書籍の大多数を占めており、小説やノンフィクションを中心にたくさんのポケットブックが出版されている。近年の特徴は、若い新世代の書き手が登場してきたこと、海外の翻訳小説、SF、ファンタジーものが多数翻訳されて、店頭に並べられていることである。これらポケットブック最大の消費者は若者である。大学書店では1ヵ月で1万部以上売れるとベストセラーと見なし、売行の判断材料にしている。また、日本の漫画の翻訳本もタイに完全に定着している。学術書・専門書の発行部数は少ないが、大学の数の増加によって、需要は増えており、主に大学出版局を中心として出版活動が行なわれている。

　タイにおいては伝統的に宗教（その多くは仏教）に関する書籍や説教集、王室に関連した本の出版が多いが、中でも特筆すべきは、いわゆる葬式本（ナンスー・チェーク：頒布本）の存在である。これは故人の葬儀の際、参列者に配布されるもので、生前の故人の事績などを記した本である。出版するのは遺族であるが、高い社会的地位にある人の場合は遺族以外の個人や団体によって複数の葬式本が出版されることもある。著名政治家の葬式本は学問的資料としての価値が高く、タイ政治研究において重要な研究資料と見なされている。　（岩佐淳一）

しょとくかくさ　所得格差
1960年代にはタイの所得格差は大きく

はなかった。むしろ東南アジアの中では平等な方であった。しかし、70年代から80年代にかけて経済成長とともに格差は拡大し、90年代に入ると東南アジアの中でも最も格差の大きな国の1つとなった。所得格差の大きさを示すジニ係数は、2006年には0.515という高い値を示している。

タイの所得格差が大きい理由は、地域間格差の大きさによるものと思われがちである。たとえば、1人あたり地域総生産（Gross Regional Product: GRP）では、バンコクと東北部の間には2005年の時点で8.87倍の格差がある。これは1970年代半ば以降、ほとんど変わっていない。この数字は、東北部がいかに貧しいかを強調する時によく使われる。しかし、この数字は生産に関するものであって、人々の所得を表すものではなく、この数字が東北部の「貧しさ」を示していると考えるのは間違っている。

もし「貧しさ」や「豊かさ」を比較したいのであれば、家計調査から得られる世帯所得を用いる方がよい。2006年の1人あたり世帯所得（月額）は、バンコクの1万1656バーツに対して東北部では3336バーツであり、その格差は約3.5倍でしかない。この数字も他の国に比べれば大きな格差ではあるが、それでも先に示した8.87倍という格差がいかにおかしな数字かがわかる。国内の移動が厳しく制限されたような国でなければ、そのような大きな格差が長期にわたって続くわけがない。

地方の「平均世帯所得」を単純に比較するのも厳密に言えば間違っている。世帯所得は、その世帯構成員の能力、学歴、職歴、職種、業種などの違いによって様々な影響を受ける。地域間格差を厳密に推計するためには、このような様々な要因の影響を取り除かなければならない。そうすると、地域間格差はもっと小さくなるはずである。ここでは単に職種が近い世帯同士の間で地域間格差を見ることによって、そのおおよその大きさを示すに留める。東北部の農業従事者と比較すべきは、バンコクの同等の職種（一般労働者など）である。両者の格差は、1.7～2.3倍でしかない。東北部の農業従事者が、バンコクに働きに行った時に得られる所得は、農業で得られる所得の約2倍程度だということである。しかし、更にバンコクの物価水準が高いことを考慮すると、実質所得格差はもっと小さくなる。つまり、学歴などの個人の様々な要因と地方の物価水準の差の影響を取り除いてしまえば、地域間格差はほとんどないということである。

人々の移動が頻繁に行なわれるところでは、所得格差はやがて解消されていく。地方間の移動が頻繁に行なわれれば、地方間の格差は縮小していく。交通網が地方まで整備されたタイで地方間格差が大きいままに留まるとは考えにくい。タイではすべての職種について地方間の所得格差が安定しており、どの職種でも、地方間で均衡に近い状態にあることを示唆している。

人々の移動が困難なのは、職種を越えた移動である。たとえば、農業従事者や一般労働者が簡単に経営者や管理職になれるわけではない。だから職種間の所得格差は大きいままに残される。地域間格差の大きさは、このような職種間の所得格差の大きさに加えて、職種構成が地方によって大きく異なることから生じている。バンコクの平均所得を大きく引き上げている原因は、所得水準の高い「経営者、専門職、技術職、管理職」などの職種の割合が他の地方に比べてずっと高いということである。つまり、タイの大きな所得格差をもたらしているのは、これらの高所得層と農民を含む一般労働者の間の格差であり、伝統的なマルクスの構図に従うものと見ることもできる。地域間格差を強調するということは、この構図から焦点を逸らすことになる。

所得格差の要因分析を行なってみると、地域間格差や職種間格差は、所得格差全体のほんの一部分を説明するにすぎ

ない。本当は、地域や職種といったグループに分割した時に、それぞれのグループの中の格差が非常に大きいのである。所得格差を地域間格差だけでとらえようとするのはあまりにも単純な議論である。それにもかかわらず、タイの政治を分析する場合、依然として「貧しい東北部」と「豊かなバンコク」という構図で語られることが多い。その捉え方は資本家・労働者という対立から目を逸らし、ますます地域間の対立を煽ることになる。所得格差の研究が、政治的に利用され、国家を分裂させるようなことに利用されたとすれば、残念なことである。地域の多様性を無視して、平均所得という単一の指標で地域間格差を論じるような雑な思考を止めるべき時に来ている。(池本幸生)

シラー・コームチャーイ
ศิลา โคมฉาย (1952～)

作家。本名ウィナイ・ブンチュワイ。ナコーンシータムマラート県生まれ。ラームカムヘーン大学法学部在学中の1976年に起きた軍事クーデタに抗して辺境での武装闘争に5年間参加した経歴を持ち、『真実の証言 ラームカムヘーン大学初期の学生運動』(1988年)など当時を追憶したエッセイ集も多い。短編集『自由の束縛』(89年)、『虎の道』(89年)を経て、『道路上の家族』で93年東南アジア文学賞を受賞。ほかに76年の10月6日事件を題材とする中編『魔手の中で』(93年)がある。作詞、作曲を手がける音楽家の面もあり、武装闘争の聖地を歌った『プー・パーンの赤い星』は有名。 (宇戸清治)

シーラーチャー
ศรีราชา

バンコクの南東105kmに位置する中部(東部)チョンブリー県の郡の1つ。バンコク湾に面し、チョンブリー市から南に24km、国道3号線(スクムウィット路)が郡を南北に貫いている。東部臨海開発計画によって郡内にレームチャバン工業団地やチョンブリー工業団地が設置され、1991年には日本の援助を得てレームチャバン商業港が完成した。レームチャバン港は水深が浅いバンコク(クロントゥーイ)港では対応できなかった大型コンテナ船の入港が可能であり、90年代後半にはコンテナ貨物取扱量がバンコク港に代わって国内最大となった。世界的に見ても、コンテナ取扱量は20位以内にランキングされており、今後更なる取り扱い能力の向上が見込まれている。近年、工業団地等に勤務する日本人やその家族がシーラーチャー市街地に多く居住するようになったため、「チョンブリー・ラヨーン日本人会」の事務局も置かれ、2009年4月には日本人学校も開校した。海浜や島、森林など、観光資源も豊富である。
(加納 寛)

シリキット(王妃)
สมเด็จพระนางเจ้าสิริกิติ์ พระบรมราชินีนาถ (1932～)

ラーマ9世王妃。1932年8月12日生まれ。本名はM.R.W.シリキット・キティヤーコーン。両親とも王族で裕福な家庭に育ったが、幼少期は立憲革命直後から第2次世界大戦にあたり、加えて父が外交官で外国赴任も多かったこともあり、2歳半ころまでは父母との一緒の生活は少なかった。4歳になり名門のラーチニー校の幼稚園部に入ったが、すぐにセント・フランシスザビエル・コーンウェン校に転校し、中等教育まで進んだ。英語とフランス語も学習したが、ことのほか音楽(ピアノ)が得意であった。46年に父のイギリ

しりんとーん ▶

シリキット王妃

ス赴任に同行し、ヨーロッパ生活が始まった。その後、デンマーク、フランスと赴任地は変わったが、英語とピアノの学習は続けられた。そのころ、即位したばかりのプーミポン国王（ラーマ9世）一家はスイスに滞在中であり、両家の交際が始まった。国王も音楽が好きであったことから親しさが増し、48年10月の国王の交通事故による入院にともなう介護がロマンスを生んだと言われている。50年4月の成婚後、新婚生活をしばらくはスイスで過ごしたが、52年には揃って帰国した。以後、国王の外国訪問に随行し国際親善に尽くすなど、王妃としてプーミポン国王を支え今日に至っている。56年には国王が出家し不在となったため、その間摂政を務めたが、その有能ぶりの一端が発揮されたという。タイ赤十字社総裁として福祉活動に尽力しているが、独自の活動も多方面にわたっている。最も力を入れたのは、貧困対策であり、とりわけ76年には地方の貧困層の救済を目的とした工芸と職業の振興財団（副業と関連技術振興のための基金）を立ち上げ、工芸技術を教育する訓練学校や工芸品製作工場を建設して、職業教育と伝統工芸の保存に大きく貢献した。また、周辺諸国からの難民や少数民族の支援事業にも取り組んだほか、2004年以降はテロによって多数の犠牲者を出している南部の民生の安定にきわめて熱心である。現代の名君と評されるプーミポン国王の補佐役として大きな役割を果たし、タイ王制を支えてきた。アジアはもとより、世界のトップレディーの1人として国際的知名度も高い。誕生日である8月12日は「母の日」とされている。　　　　　（赤木　攻）

シリントーン（王女）
สมเด็จพระเทพรัตนราชสุดา เจ้าฟ้ามหาจักรี สิรินธร รัฐสีมาคุณากรปิยชาติสยามบรมราชกุมารี（1955〜）

1955年4月2日、ラーマ9世王とシリキット王妃との間に次女として生まれる。58年にチットラダー校の幼稚園部に入り高等学校部まで過ごす。73年にはチュラーロンコーン大学文学部歴史学科に好成績で入学し、古典音楽演奏クラブでも活躍するなど、王室では初の国内大学入学として注目を浴びる。卒業後、シンラパコーン大学およびチュラーロンコーン大学でそれぞれ修士号を得る。更にシーナカリンウィロート大学博士課程に学び、86年に高校生へのタイ語教育に関する論文で博士号を受ける。地方巡幸などへの同行や王室プロジェクトへの協力などにおける父王へのサポートを通して、次第にその聡明さが知られるようになり、持ち前の気さくさと明るさとがあいまって、国民の敬愛を浴びる存在となる。また、その博学ぶりは有名で、タイの学術・文化のシンボル的存在として、その振興のため東奔西走している。プーミポン国王は皇太子と同等の序列を含んだ欽賜名を与えており、女性を王位継承者と認める憲法条文との関連が注目されている。多忙な中、士官学校の歴史学科主任をも務めている。未婚。　　　　　（赤木　攻）

シリントーン王女

しんグループ　SHINグループ

タックシン元首相とその一族が所有・経営していたタイ最大の電気通信グループ。タックシン警察少将がまだ警察局統計処理センターの所長時代の1983年に、コンピュータのレンタル会社として設立したShinawatra Computer社が出発点。同社は90年に上場し、翌91年にShinawatra Computer & Communications社に改名。99年Shin Corporations社、2001年にShin Corporation社に改名した。コンピュータのレンタル事業から、84年無線呼出し電話、86年携帯電話（Advanced Info Service（AIS）社）、89年ケーブルテレビ（IBC社）、90年データ通信、93年通信衛星THAICOMの打ち上げ成功と、次々と関連事業に進出し、97年の総資産合計額は1184億バーツ（90年は58億バーツ）に達した。ドル箱の携帯電話は65％のシェアを誇った。90年代半ばまでは、タックシン本人、夫人ポッチャマーン、夫人の兄バンナポットが経営に直接関与していたものの、98年にShin社の機構改革を実施し、同社を持株会社に転換すると同時に、元タイ通信公団（CAT）国際通信局長のブンクリー・パランシリ（93年入社）をグループCEOに任命し、所有と経営を完全に分離した経営者企業に改組。この時グループの事業を、（1）本社統括、（2）携帯電話、（3）通信衛星、（4）メディア・広告の4事業部門に再編している。2006年1月に、タックシンは一族が保有するすべての株式をシンガポールのテマセク社に730億バーツ（2200億円）で売却した。金額が巨額であったこと、売却先がタイ企業でなかったこと、売却益を非課税としたことなどから、国民の間に強い批判が生まれ、その後の反タックシン運動の引き金となった。

（末廣　昭）

じんこうどうたい　人口動態

タイの最も古い人口センサスは1902年に実施されたもので、その時点での人口はわずか749万人であった。その後の人口の推移をセンサスから見ると、11年が827万人、19年が921万人、29年が1151万人、37年が1446万人、47年が1744万人、60年が2626万人、70年が3440万人、80年が4482万人、90年が5696万人、2000年が6092万人となっている。2000年の地域別人口構成はバンコクが684万人（全体の10.4％）、中部が1422万人（同23.3％）、北部が1143万人（同18.8％）、東北部が2083万人（同34.2％）、南部が809万人（同13.3％）となっている。

タイの人口は1960年代から70年代にかけて急増した。たとえば60～65年の人口の年平均増加率は3.1％と高水準にあった。これは出生率が高止まりする中、衛生、医療、栄養の改善により死亡率が急速に低下した結果であり、人口転換モデルでは「多産少死」の局面と呼ばれる。70年代は急増する人口の経済社会に及ぼす影響が世界的に議論され、タイにおいても第2次経済社会開発計画に人口抑制策として家族計画が盛り込まれた。その後、合計特殊出生率（女性が生涯に出産する子供の数）は、75～80年の4.0から2000～05年には1.9に急速に低下した。このような出生率の急速な低下の背景には、家族計画の普及に加え、子供の労働力として価値の低下、学歴社会の浸透による子供の養育費の増大、また初婚年齢の上昇、未婚率の上昇など、家族や結婚に対する価値観の変化などがある。タイでは出生率の低下が都市だけでなく所得水準の低い地方でも見られる点で特徴的である。2000年の人口センサスでは、バンコクの出生率は1.4と最も低いが、そのほか75県中で合計特殊出生率が既に人口安定に必要な水準、2.1を下回っている県は59県に達した。

タイは人口動態では「多産少死」から「少産少死」の局面へ移行している。2000～05年の人口の年平均増加率は0.8％と低い。この急速な出生率の低下は、タイの経済成長を促す基盤となった。たとえば出生率の低下は、家計や社会の養育負担を軽減し、貯蓄増加を促進したと考えられる。また子供1人あたりの教育・医療サ

ービスを増加させる余地を作った。他方、生産年齢人口（15〜64歳）の比率の上昇は、労働力投入量を増加させ、経済だけでなく社会に活力を与える存在になった。このような開発途上国において出生率の低下が成長を促す潜在力となるという考え方は「人口ボーナス（Demographic Dividend）」と呼ばれる。

しかし出生率の低下はその後高齢化が加速する原因となる。国連の人口推計では高齢者人口（65歳以上）比率は2005年の7.8％から25年に14.9％、50年に23.3％へ上昇すると見込まれている。また人口も35年頃から減少に転じる。生産年齢人口が15年頃から減少に転じるため労働投入量が減少し、貯蓄率も低下に向かう可能性があることに加え、高齢社会の負担（医療や年金）が増加し、経済成長は抑制される。つまりタイは所得水準が低いうちに高齢社会に突入する可能性が高い。これは先進国に比べ、財源、人材、制度が不備なままで、高齢社会を迎えることにほかならず、「先進国の高齢化」とは異なった「開発途上国の高齢化」と捉えるべきである。

このような人口動態に加え、国内の人口移動も経済社会に影響を及ぼす。タイの人口移動といえば、1960年から70年にかけて農村からバンコクがその主体であった。その結果、2000年時点でバンコクに住む人口の37.3％は他の県で生まれた人々から構成されている。都市への人口移動は続いており、都市人口の比率は1950年の16.5％から75年に23.8％、2005年には32.3％へ上昇した。今後もこの傾向が続く見込みで、国連の人口推計では2025年に42.2％、50年には60.0％になる。ただし、1990年頃からバンコクは人口の受け入れ地から出し手に転じており、現在はバンコク周辺の県や地方の中堅都市が農村からの人口の受け入れ先となっている。このような農村から都市への若年人口の移動が続けば、都市では出生率が低いものの高齢化の進展が緩慢で、地方や農村では出生率が高いものの高齢化が急速に進むことになる。つまり、タイにおいて高齢化が所得の低い地域で深刻化する可能性がある。たとえば、08年にNESDB（国家経済社会開発庁）の作成した人口推計では、バンコクを含む首都圏の高齢人口比率が25年に12.1％となるのに対し、北部や東北部ではそれより高い16.6％、13.3％となると見込みである。

（大泉啓一郎）

じんしんばいばい　人身売買（人身取引）

人身売買（Trafficking in persons）は、現代のタイ社会の重要課題の1つである。タイは、タイ出身者が欧米や日本、台湾、韓国などの東アジア、中東諸国や南アフリカなどの国々で被害に遭う人身売買の「送出国」であり、そしてメコン圏諸国（GMS）や東欧諸国出身者がタイで被害に遭う人身売買の「受入国」であるほか、タイを経由してGMS出身者がマレーシアやシンガポールへ、また南米から日本へ移送されて人身売買が発生する人身売買の「中継国」の立場でもある。こうした人身売買の複雑な展開に対して、タイではより効果的な人身売買撲滅対策が求められている。

女性と子供の人身売買問題に対処するため、1997年に「女性と子供の人身売買禁止および取締に関する法律」が成立した。2003年以降は、同法の下で人身売買被害者支援、加害者取締をより効果的に行なうために、国内外で複数の協定書（Memorandum of Understanding: MOU）が締結された。国内では政府機関と民間団体（NGO）の間の機関・団体間のMOUや北部9県など地域間のMOUである。更に被害者の帰国および帰国後の支援連携を図る目的で2国間協定（MOU）がタイとカンボジア（03年）とタイとラオス（06年）との間で締結されている。その他、GMS6ヵ国の間で人身売買被害者の帰国や支援連携に関する各国大臣級の地域協力の合意COMMIT（Coordinating Mekong Ministerial Initiatives against Trafficking）が04年に実現した。なお、08年に

は加害者の罰則を厳格化し、被害者支援の対象を男性やトランスジェンダーにも拡大し、外国籍や無国籍の被害者支援をより充実させた内容を盛り込んだ包括的な「人身売買防止および制圧法」が施行されている。

人身売買は、買売春、移住労働および密入国などと混同されやすく、しかも被害者自身が犯罪者扱いされ被害者として認知されにくいなど、被害者の認定は容易ではない。現在、国際社会では人身売買の定義は、2000年に国連で採択された国際組織犯罪防止条約を補足する人身売買禁止議定書（国際組織犯罪防止条約人身取引議定書）の第3条（人身売買の目的は搾取、手段は勧誘、移送、取引などを行ない、形態は性的搾取、強制労働、臓器売買などであること）を採用している。「08年人身売買防止および制圧法」は、同議定書を遵守し、批准に向けた国内法整備として位置づけられる。（齋藤百合子）

しんちゅうかんそう　新中間層

一般的に、農業社会から産業社会への転換期にある階層構造では、「中間層」（チョンチャン・クラーン）の職が増加し、この階層の役割や文化への関心が高まる。社会学の定義上、「中間層」は上層（資本家や大規模事業の専門経営者、伝統的権威に基づくエリートなど）と下層（非熟練労働者・農民・雑業層など）の間に位置し、産業社会に適した知的訓練や中小規模の資本を基盤に職を営む階層である。「中間層」は大別すると、非農業の都市自営業者である「旧中間層」と、ホワイトカラー職従事者（専門・経営・事務職）である「新中間層」とに分かれる。中でも「新中間層」は、資本家層に次ぐ都市の中核の階層に位置づけられ、タイが農業中心から産業中心の社会へ転換する1980年代後半から90年代にかけて、その文化や消費スタイル、政治的役割に注目が集まった。90年代のタイ政治・社会研究では、「新中間層」を主要な政治アクターの1つと捉え、この階層と民主化の関連について盛んに議論が展開された。しかし2000年代に入ると、この階層の紐帯の弱さや政治的分裂が顕在化し、その政治的役割への関心は薄れてきた。とはいえ、政権や軍は、新聞の論調や世論調査、都市部の選挙などを通じて、常に「新中間層」の政治的動向の把握に努めている。

1990年代以降のタイ「新中間層」の代表的職業には、専門職であるジャーナリストや大学教員、司法関係者、テクノクラート、NGOリーダーなどがあげられる。このほか、資本所有者でない被雇用者で、専門的スキルや経営ノウハウを持つビジネス従事者も「新中間層」に該当する。タイの「新中間層」は、都市のホワイトカラー職が量的に少ないタイの階層構造において、相対的に少数の新興エリートに位置づけられ、資本家層に次ぐ高い威信を誇っている。その威信の源泉は、もっぱら「新中間層」の大多数が保持する高学歴（とりわけ大卒学歴）にある。タイに根強い学歴信仰（高学歴を身に付けた者は能力も見識も兼ね備えるとされる）を背景に、「新中間層」は労働市場においても、給与面や昇進の機会などで恵まれた地位を享受してきた。

タイの「新中間層」を量的に把握すると、就業者全体に占める専門・経営・事務職の割合は、90年の7.63%、2000年の11.11%、06年の19.36%へと大幅に増加している。この3職種の従業者数の実数も、中等以上の教育機会が広がり、高学歴者の労働市場が拡大したことから、1990年の値から2006年には2.9倍に伸びている（*Labor Force Survey*. 各年版の推計値に基づく）。ただし、こうした「新中間層」の量的拡大から、今後この階層の威信や労働市場における待遇は低下していく可能性がある。

1994年のバンコク階層移動調査によれば、出自から見たバンコクの「新中間層」は、農民出身者が少なく、親世代からの都市居住者が6割を占めている。タイの「新中間層」の過半は、既に父世代から自営業者や労働者としてバンコクに定着

した都市生活者であった。こうした都市性を最大の特徴とする背景から、タイ「新中間層」には地方出身者や農民の地位を低く見る社会意識が根付いていると指摘されてきた。特に都市「新中間層」と農村部住民との間の国政選挙をめぐる対立は根が深く、90年代からタイには中間層と農民の「2つの民主主義」があることが議論されてきた。実際、90年代に国政選挙が定着し、農村票を基盤に地方ビジネス出身の議員や政党が政権を握ると、ジャーナリストや活動家・専門職をリーダーとするバンコクの政治団体は、地方出身議員が牛耳る政治への嫌悪感を露わにした。これらの政治団体やNGOは、汚職や農村への予算ばらまき策などを理由に、新聞や集会などを通じて地方出身議員の閣僚更迭や議会解散を迫る圧力行動を日常化させている。しかし、政治・経済の動向に敏感で政治的階層とされてきた「新中間層」も、2006年9月のタックシン元首相の国外追放後は、マジョリティを占める地方住民の意向を反映した民主政治の是非をめぐって、同じ階層内でも考えの相違や亀裂を表面化させるようになっている。またグローバル化の深化とともに外資依存型のタイ経済の先行きは不透明化しており、都市の政治を市民的地位と秩序に基づき安定させる役割を期待された「新中間層」の階層的地位も、脆弱化の兆しを見せつつある。　　　（船津鶴代）

シンブリー
สิงห์บุรี

バンコクの北方142kmに位置する中部の県。最近の人口はやや減少気味で、人口規模の最も小さい4県の1つである。県庁所在地のシンブリー市近くをチャオプラヤー川が南下し、その西方20km幅でほぼ並行して支流のノーイ川が流れている。流域はほとんどが平地で、土地の8割が農地である。かつて米作、養魚等が盛んだったが、最近はGPPの製造業比率が27.5%（2006年）と、農業の16.8%を超え、工場進出による工業化も進行中である。

歴史的起源は、アユッタヤー初期にミャンマー軍攻撃の防御地として建設された北方国境のムアンであり、バーンラチャンにはビルマ（ミャンマー）軍を迎え討った住民の銅像が立つ。　　　（北原 淳）

しんぶん　新聞

タイの近代新聞は自生的に作られたものではなく、西洋人の手によって始められた。その嚆矢は1844年にアメリカの牧師、D.ブラッドレー（Bradley）が創刊した*Bangkok Recorder.*と言われている。この最初の新聞は政府によってすぐに発禁処分とされ、わずか1年間しか発行されなかった。また74年にはタイ最初の日刊紙『ダルノーワット』が創刊されている。ほぼ同じ時期、ラーマ4世によって王室新聞『ラーチャキッチャーヌベークサー（Royal Gazette）』（1858年）が創刊されている。この新聞はラーマ5世王にも引き継がれ、王室の官報的な役割を果たした。新聞を世論操作の道具として利用しようとしたのはラーマ6世である。6世王はペンネームを用いて、さかんに自説を開陳し、新聞を国王の代弁メディアとした。1932年の立憲革命以降は、新聞は政府のオピニオンの伝達媒体として、また政府に反対する勢力の意見表明媒体として、タイの代表的なマス・メディアとして長らく機能してきた。しかし、新聞の主たる読者層は都市の中間層以上の富裕な住民であり、地方への新聞普及は大きく遅れた。

新聞は各国の歴史・政治・文化的事情を背景として、それぞれユニークな特徴を持っている。西欧の新聞は社会階層に応じて、少数のエリート層を読者として世論形成を促す高級紙と、大衆向けの大衆紙に二分される。アメリカではタウンミーティングの伝統から、全国紙ではなく、地方紙が主流である。日本では第2次世界大戦期に確立した1県1紙体制がそのまま残り、首都圏や関西圏では大部数を発行する全国紙が、地方ではそれぞれの地方紙が有力であり、それらが競合状態

にある。それに対して、タイの新聞の特徴は有力な日刊紙のバンコク一極集中である。大部数を発行するタイ字日刊紙はすべてバンコクに集中しており、それらが全国に配送体制を確立、タイ全国の人々の出来事の認知に大きな影響力を持っている。一方、地方紙は紙数こそ多いものの、日刊紙はチエンマイなど全国で4紙のみで、他は月1回～2回程度の発行にとどまり、発行部数もきわめて少なく、地域社会への影響力は少ない。その原因は(1)新聞を支える購買人口がタイの地方に少なかったこと、(2)新聞の発行を支える経済マーケットが地方に欠如していたこと、(3)地方住民のリテラシー水準、文字よりも映像情報を好む性向などの理由が考えられる。1984年にタイ政府によって行なわれた新聞調査で、新聞を定期的に読むと答えた世帯は全国平均で34.7%、東北部では25.1%にすぎなかったことはこのことの証左である。

タイでは2008年現在、日刊紙20紙(専門紙を含む)が発行されている。10万部以上の発行部数を有しているタイ字全国紙は『タイラット』、『デーリーニウ(デイリーニュース)』、『カーオソット』、『マティチョン』の4紙である。またネイションマルチメディアグループが発行している『コム・チャット・ルック』も4紙に追随している。英字日刊紙は*Bangkok Post*、*The Nation*の2紙が存在する。華字日刊紙は6紙、タイ字地方紙(非日刊紙)は481紙に上る(07年)。地方紙のうち発行部数が最も多いのは北部(132紙)で、東北部(122紙)がそれに次ぐ。一方、南部は38紙と少なく、タイの新聞を発行部数という視点から見ると、北高南低となっていることがわかる。また専門紙も数多く発行されている。経済紙、業界紙、スポーツ紙、娯楽紙、芸能紙など多彩な新聞が発行されている。

タイの新聞業界には多様な団体・組織が存在する。代表的なものとしてはThai Press Association、Thai Journalist Association、Confederation of Thai Journalistなどがあるが、16もの団体が林立し、新聞業界としての強固なまとまりは有していない。これらの団体の機能は研修、教育、交流、親睦などで、政府に対する圧力団体的な色彩は弱い。団体の運営は各社の負担金、経済界からの寄付、独自の出版活動などで賄われている。また地方紙にもタイ地方紙協会、タイ地方紙記者協会といった組織があるが、加盟は任意で、地方紙としての強固なまとまりはない。このようにタイの新聞は独立独歩の色彩が強く、業界全体での統合力は弱いと言える。　　　　　　　　　　(岩佐淳一)

じんみんとう　人民党
คณะราษฎร

1927年2月、欧州に留学中のプリーディー、プレーク・キータサンカ(ピブーンソンクラーム)中尉、プラユーン・パモンモントリー中尉ら7名が、パリで5日間にわたる会合を開き、立憲革命を目的とした秘密結社を結成した。これが人民党(カナ・ラーサドーン)の起源である。会合では革命6原則やクーデタによる権力奪取の方法を謀議し、帰国後このグループは軍幹部の中に同志を探した。31年末から32年初めに、別に革命を計画していたプラヤー・パホン、プラヤー・ソンスラデートらと合流し、革命計画は急速に具体化した。32年6月24日早朝のクーデタ敢行以前に115名の同志が集められた。その後政権を握った人民党は、正式の当初党員数を115名としている。32年8月25日に当初党員全員を発起人とした人民党協会(サマーコム・カナ・ラーサドーン)が、タイ最初の公認政党として登録された。しかし、33年2月16日の閣議でプラヤー・マノーパコーン内閣は人民党から現役官僚を脱党させることを決定し、同年4月22日人民党協会は、政治目的を持たない親睦団体人民党クラブ(サモーソン・カナ・ラーサドーン)に名称・組織が変更され、政党としては消滅した。　　(村嶋英治)

しんりん　森林

【森林植生】タイのほとんどの地域が、極相としては熱帯林であると言われる。気候や土壌などの自然条件によって多様な植生が見られるが、概して、モンスーンの影響によるところが大きい。マレー半島に連なる南部には熱帯多雨林、それ以外の地域ではモンスーン林やサバンナ林が広がる。面積的にはわずかながら、北部や東北部の山地では熱帯山地林、東南部から南部にかけての沿岸ではマングローブ林も見られる。タイでは、熱帯多雨林とマングローブ林以外の森林植生を、「乾燥常緑林」、「乾燥フタバガキ林」、「混交落葉林」に大別することが多い。このうち、乾燥フタバガキ林は東北部、混交落葉林は北部にそれぞれ多い。乾燥常緑林は南部以外の全国で見られるが、東部、中部、西部に多く広がる。このほか、マツ林や灌木林が、北部と東北部の標高の高い土地を中心にごくわずかに見られる。

【森林消失】かつては広大な熱帯林が広がっていたタイだが、特に開発が始まった1960年代以降、急激な森林の消失を経験した。木材の商業伐採と、その跡地に伐採道路を伝って入り込んだ開拓農民により、商品作物栽培のために開墾されたことが直接的な原因である。タイでの商業的な木材伐採は、19世紀半ばに、イギリス企業による北部でのチーク伐採に始まるが、1960年代ごろには既に天然チーク林資源の枯渇もあり、生産量は微々たるものになっていた。代わりに、チーク以外の木材が、北部以外の地域でも本格的に伐採の対象にされるようになり、全国のほとんどの森林に伐採権が設定された。このような森林開発とともに、ケナフ、トウモロコシ、キャッサバといった輸出用換金作物の栽培を奨励する政策がとられた。こうした政策が、水田に不適だった土地の活用を可能とし、伐採跡地の開墾を後押しした。結果として、60年には国土の約60％あった森林が、80年代後半には約25％程度にまで落ち込むという急激な森林消失に至ったのである。このほか、沿岸地域のマングローブ林では、従来木炭の生産が行なわれていた程度だったが、80年代より輸出用エビ養殖池に置き換えられ、急速に破壊が進んだ。汚泥や水質汚染が問題となり、90年を境に急速に生産量は落ち込んできている。

【森林と人々のつながり】このように、タイの森林は経済発展の原資として破壊されていったが、農村の人々の暮らしは、いろいろな側面で森林に依存したものだった。キノコ、タケノコ、樹木野菜、カエル、トカゲ、昆虫類のほか、イノシシなど大型哺乳類に至る多様な食物や、建材や生活用具に用いるタケ材などの類、染料や伝統薬になる植物などといった多様な生活物資を森林から得ていた。北部など伝統的に灌漑を行なってきた地域では、水源林を村人が共同で保護してきた。また、村の中には守護霊の森があり、域内では樹木を切ることがタブーとされたり、死者を葬る埋葬林があったり、村の外の原生林は悪霊が住む魑魅魍魎の世界と考えられるなど、森林は宗教的にも多様な意味を持つ場であった。しかし、森林の急激な減少と近代化の進展もともない、こうした森林と人々との生業面や文化的なつながりも変化してきている。村では食物の多くは市場で購入するようになった。稀少になった野生のキノコなど一部の野生の食材は、バンコクに出荷され高値で販売されている。また、埋葬林を廃止した村や、一部の村人によって守護霊の森が耕地化されてしまった村もある。

【法制度】一方、森林管理の制度面を見ると、法律上は、植生に関係なく、私人の権利が存在しない土地はすべて森林とされる。森林は原則として国有であり、国家が独占的に管理してきた。ラーマ5世王期以降、行政の中央集権化の一環として、それまで地方領主の所有物だった森林も、中央政府が一元的に管理するようになり、森林局や法制度が整備されていった。1941年の「森林法」、64年の「国家保全林法」など木材生産とともに森林の「土地」そのものを面的に管理するための

制度に加え、国立公園や野生動物保護区といった自然保護のための制度も60年代までに整えられた。しかし、森林管理の中核であった国家保全林制度は有名無実なものだった。既存の農地や集落を含んだ国家保全林の指定を行ない、指定後の維持管理体制も不十分だったため伐採跡地の不法開墾も野放しにされた。その結果、国家保全林の多くが実際は農地であるという矛盾が広がった。70年代から、事後追認的に耕作権を付与しそれ以上の不法開墾を防止するプログラムや、荒廃林地での植林も行なわれたが、森林減少の歯止めにはならなかった。森林破壊の進行に伴い、80年代後半には北部などで伐採反対運動が起こった。88年の南部の大洪水が森林消失によるものだとされ政府の無策が非難されたこともあり、89年には天然林の商業伐採が全面禁止された。最終的には93年に、荒廃した林地を国家保全林から切り離し農地改革事務所に移管された。国土の約25%程度になった残された森林について、一方で生物多様性保全や水源涵養のため、国立公園や野生動物保護区に指定し保護が強化され、住民との軋轢を生み、他方で地域住民が管理・利用するコミュニティ林のあり方が模索され始めた。保護と利用のバランスをめぐる長い議論の末、2007年に「コミュニティ林法」が成立し、国立公園などの保護区を含む森林で、コミュニティ林の設立が認められることになった。同法は、既存の行政組織とは別系統の、官民合同で、地域住民代表も参加する意思決定の仕組みをも定めている。今後、残り少なくなった森林を持続的に利用してゆくために、政府、住民、NGO、研究者などが連携を強めてゆくことが期待される。

(藤田 渡)

しんりんそう　森林僧
พระธุดงค์

20世紀の中頃まで、タイ、ラオス、ビルマ（ミャンマー）の僧侶は瞑想修行の師を求めて国境を越えて頭陀行に励んでいた。タイの僧団（サンガ）の中心は都市の学僧や高位の僧侶で占められるが、東北部ではウィパサナー瞑想によりアラハンの域に到達したと信じられた森林の苦行僧、とりわけマン師と高弟の僧侶に対する庶民の信仰が根強い。1980年代の高度経済成長以降、森林僧達の寺院を詣でるツアーや僧侶の事蹟顕彰が盛んになり、政治家や富裕層までもがタム・ブンを競い合い、寺院一式を寄進して権力や財力を宗教的徳に転換するようなことも見られた。森林僧が地域開発や精神修養の指導により開発僧とみなされることもある。

(櫻井義秀)

しんりんもんだい　森林問題

FAOが統計を取り始めた1961年以降を例に取れば、タイは東南アジアの中でも最も森林率を低下させてきた国だ。その下げ幅は60年代〜70年代にピークを迎え、その後、縮小してはいるものの、今も完全に収束するまでには至っていない。森林率低下の直接の要因をあげれば、天然林の合法・違法な伐採（合法は89年に中止）、道路やダムなどのインフラ建設、森林火災、造林の失敗の4つである。同様に間接的な要因をあげれば、人口の増加、耕地の外延的拡大を伴う農民の土地利用慣行、商品作物の普及、内戦の影響の4つである。こうした低下傾向に対処するため、これまで2つの施策が実行されたり、構想されたりしてきた。森林を土地ごと囲い込み、法およびその強制力をもって領域を保全・保護しようというものと、農山村住民を組み入れる形で森林の管理・再生を図ろうというものである。この2つは概念的には正反対だが、構図的には類似の政治的理由でそれぞれ十分に機能を果たせずにきた。森林局や軍が法や強制力を行使した時には、コミュニティ開発系NGOや占有民が抵抗し、同NGOや占有民組織が主導権を握る形で「コミュニティ林法」成立に向け運動した際には、森林保護系NGOや軍が阻止に動いた。

(倉島孝行)

す

すいうん　水運

タイの水運は沿岸水運と河川・運河水運に二分される。沿岸水運はかつてバンコクと東部や南部を結ぶ重要な役割を果たしていたが、戦後の道路整備の進展によりその比重を低下させた。現在はシーラーチャーの製油所からの石油輸送がその主流となっており、モーダルシフトの一環としてレームチャバンと南部の間のフェリー運行も計画されている。一方、河川・運河水運はかつてバンコクへのコメ輸送を中心に内陸部の貨物輸送の主役であったが、現在はバンコクへの建築資材の輸送などに利用されているにすぎない。他方で、メコン圏の南北回廊の道路整備の遅れから、1990年代末からメコン川を利用したタイ～中国間の水運が脚光を浴び、中国籍の船が農産物やゴム製品などを積載してチエンセーンと景洪などの間を活発に往来している。一時は衰退したものの、道路混雑の悪化に伴いバンコクでの旅客輸送面での水運の役割が再評価されてきた。古くから重要な役割を果たしてきたチャオプラヤー川の渡船のみならず、71年に運航を開始したチャオプラヤー川の急行船や、90年に開業したセーンセープ運河の急行船が、陸上交通を補完する重要な役割を担っており、2007年の利用者数は1日平均でチャオプラヤー川渡船約17万1000人、チャオプラヤー川急行船約3万2000人、セーンセープ運河約4万9000人となっている。　（柿崎一郎）

すいさんぎょう　水産業

「田には米、水には魚」と表現されるように、魚介類はタイ人の食生活に不可欠であり、1人1日あたりの消費量は76グラムと推計される。タイの年間漁業生産量は350万～400万トン台で推移し、世界第10位前後、水産物輸出額は中国、ノルウエーに次ぎ世界第3位である（2005年）。戦前から商業的な漁獲漁業が盛んで、塩干魚はコメとともに重要な輸出品目だった。戦後の漁業生産は二重構造となり、一方ではトロール・まき網漁法などの大規模な海洋漁業が発展し、他方では零細な沿岸漁業が衰退している。魚種は、トロール漁船で水揚げされた多種多様な底魚類、特に経済的価値の低い「くず魚」が多いが、アジ類の漁獲も多い。零細な沿岸漁業は規制が不十分で乱獲が進み、資源の減少・枯渇が深刻である。1980年代以降はエビ養殖が爆発的に増えたが、そのためマングローブ伐採が進み、沿岸域環境の破壊が問題となった。アカメ、ハタなどの魚の養殖も盛んである。タイはツナ缶詰に代表される輸出指向型の水産加工業の発展もめざましく、中国と並んで、輸入原魚を高次加工し再輸出する水産食品製造業の世界的拠点となりつつある。　（山尾政博）

すいとうさいばい　水稲栽培

東南アジアでは紀元前2000年紀には稲が栽培されていたが、水稲栽培を経済基盤とした社会の成立は紀元前1000年紀の中頃以降と考えられる。タイの水稲栽培の展開の特徴は、低湿地利用の拡大の方向、および河川上流から下流への進出、という2つの動きがあったことである。まず前者の動きは、最初は自然の小規模湿地で水稲を栽培しながら多様な作物、自然産物も入手するため、平野周辺部の環境を好んだが、そのうちに環濠、溜池、土堤、輪中、運河などを構築し、品種、栽培法を改良し、生活基盤・水制御を充実させて、平野部低地に稲作を展開するようになった。後者の動きは、北部の山間盆地で最初は河川上流部に小規模の井堰灌漑施設を作って稲作を行ない、その後、井堰規模を大規模にして下流へと向かった。こうした両者の動きは、13世紀のスコータイで初めて交差したと言えるかもしれない。そして最後に残った大規模低地の平野、チャオプラヤー・デルタが開発されたのは19世紀後半以降だった。

19世紀以降のタイの稲作は、耕地拡大による生産増を特徴としてきた。19世紀半ばの水田面積は100万ha未満だったが、1世紀半の間におよそ10倍に増加した。水田開拓はチャオプラヤー流域を含む中央部から全国にも及び、輸出米生産はタイ経済を支える重要な柱となり、また、急激な増加人口に対して食糧を供給し、労働人口のほとんどが水稲栽培主体の農業部門に吸収された。

中央平野の輸出米生産の拡大、他地域の自給米生産の拡大というパターンは、20世紀末に大変化を遂げた。まず第1に、水田拡大が終焉を迎えた。水田の外縁部で進んだ畑地の拡大も1980年代末にはほぼ止み、農業のフロンティアは消滅した。第2に、それまで自給米生産を主としていた東北部のコメ生産が商業化した。

東北部は、砂質土壌と寡雨とによりコメの生産性が低く、灌漑面積も限られ、運輸交通の便も悪く、市場価値が低いモチ米を主食としていたため、コメの商品化が遅れていた。しかし、モチ米の優秀品種（RD6）、および、旱魃抵抗性が強く高品質のウルチ品種（香り米）が導入され、施肥の普及、機械化の効果と相まって、急速にコメの商品作物化が進行した。今日、東北部は、水田面積、コメ生産量の上で中部を上回り、タイの穀倉地帯と言うべき地域となった。　　　（福井捷朗）

スガイコーロック
สุไหงโกลก

バンコクから南1219kmに位置する南部ナラーティワート県の郡。マレー半島東海岸の主要な国境の町で、タイ国鉄の最南端駅があり、マレーシアのランタウパンジャンと接する。地名は国境を流れる川の名に由来する。この川はマレー語ではスンガイゴロッと呼ばれ、「山刀川」を意味する。主な産業は漁業だが、マレーシアから燃料や電化製品がタイのコメと交換で小型ボートにより密貿易されている。マレーシア向けの売春宿の存在でも知られており、1989年の調査では900名の性産業従事者が80ヵ所で働いていたとの記録がある。　　　（益田　岳）

スクムウィット（路）
ถนนสุขุมวิท

バンコクからタイ湾東岸沿いにトラートに至る総延長約400kmの国道3号線であり、かつての道路局長の名を採用している。立憲革命後にバンコク～サムットプラーカーン（パークナーム）間の建設が始まり、1960年代初めまでに全通した。バーンセーン、パッタヤーなど沿道に多くの観光地を抱えるほか、東部臨海工業地帯の開発に伴って産業道路としての役割も高まった。現在はバーンナー～トラート路（国道34号線）などのバイパスや、チョンブリーまでの高速道路、パッタヤーまでの自動車専用道路（国道7号線）も存在する。バンコク都内の区間はかつて高級住宅街が形成されたが、現在は高層ビルが建ち並ぶ都心となり、日本人を始め多くの外国人が居住生活する。（柿崎一郎）

スコータイ
สุโขทัย

バンコクの北427kmに位置する北部下部の県。県の大部分は低湿な平野であるが、県内北部と西部には高原も広がる。平野部を北から南に貫流するヨム川は、ナコーンサワン県でナーン川、更にピン川と合流してチャオプラヤー川となる。13世紀中頃、タイの歴史上最初のタイ人国家であるスコータイ王朝が興ったのが、この地である。1279年に即位したラームカムヘーン王の制作とされる碑文には「水に魚あり、田に稲あり」と謳われており、この地域が豊穣な土地であったことを今に伝えている。スコータイ市街近郊にある同王朝の遺跡は史跡公園として保存され、周辺の遺跡とあわせてユネスコの世界遺産に登録されている。現在は、この遺跡に基づいた観光関連産業が発達するほか、平野部を中心に農業が盛んであり、稲作をはじめ、タバコ、サトウキビ、ダイズなどの畑作やミカンなどの果樹栽培

が行なわれている。また高原部では、大理石、石灰岩、アンチモン、白陶土、マンガン、ホタル石、および宝石類の鉱物資源に恵まれ、鉱業も盛んである。

(遠藤 元)

スコータイ(遺跡)
เมืองเก่าสุโขทัย

ヨム川右岸の氾濫原を東に、西北の山地を背にして立つスコータイ遺跡は、古代モン人の居住地に始まり、13世紀にはクメール帝国支配下の駅市、14世紀にはタイ族のムアン群の大きな星であった。15世紀にアユッタヤーに併合され、北と南のタイ族ムアン間の戦い、ビルマ(ミャンマー)軍の侵略に翻弄され、18〜19世紀にはラッタナコーシン王朝に帰属した。20世紀に皇太子ワチラーウット(ラーマ6世)の遺跡調査を先鞭として、スコータイはタイ族の歴史の曙の地として脚光を浴びる。

ヨム川に注ぐ川べりのトゥリエン窯跡で鉄絵のスコータイ焼の破片に混じり、稀に見つかるベージュ、緑の陶片は、先住のモン人たちが焼いた皿の片である。クメール帝国時代の建造物としては、ヒンドゥー神殿である城壁内のサーン・パーダーン、クメール・バヨン期仏教美術建築である城壁外北のプラパーイルアン寺院境内奥のラテライト造りの3塔があり、城壁内のシーサワイ寺はアユッタヤー時代に修復・拡張された。

スコータイ遺跡の中心は、3重の堀と土手に囲まれた四角の都である。東西1.6km、南北1.8kmの城壁の建造はリタイ王の業績とされる。この王の治世にスリランカから上座仏教が招来され、森林部寺院と都市部寺院の僧院が建てられた。都の西北の山麓に残る森林部寺院には洞窟を模した石積みの塔(タム・ヒープ寺など)が残り、故郷と同じ修行生活を続けたスリランカ僧たちの姿が偲ばれる。山上に立ち畏無印を示す大仏像(サパーンヒン寺)は インドから飛来した超人としての仏陀に寄せた当時の人々の信仰の証である。南インド式の溜池など外来の僧侶たちが伝えた水利も、タイ族伝統の水利法「ファーイ」とともに森林部地域に残っている。都市部寺院の中でも都の中央に位置するマハータート寺は王室守護寺院で、王族の遺骨を納めた仏塔が様々な様式を見せて並んでいる。中央の儀礼用盛飯型(蓮蕾型)仏塔に対して直角の位置に大講堂があり、如来像前での読経や説教に重きを置いた当時の礼拝方式が見てとれる。大きな境界石が聖域を結界する布薩堂は、スコータイ時代にはまだ小さく伽藍の隅に置かれている。

1438年にアユッタヤーに併合された後も鉄絵の魚や花文様、白濁釉や青磁の器は続けて生産され、アユッタヤーの港から海外に輸出された。遺跡内に残る16〜17世紀スタイルの寺院荘厳、漆喰像などはスコータイがアユッタヤーの一地方として繁栄したことを物語っている。その後ラーマ1世は約1000体の仏像を新都バンコクに運び、現在遺跡公園内に残る仏像はどれも漆喰像のみである。マハータート寺に安置されていた2体の青銅仏が筏に載せられバンコクに運ばれてしまい、古都スコータイの寺院群は本尊を失った廃寺となった。大仏チンナラートが残るピッサヌロークのプラシーラッタナ・マハータート寺が今日でも参拝客が絶えぬ「生きた寺院」であることを思うと、感慨は尽きない。

1976年、ユネスコの提唱を受け、第4次国家経済社会開発計画にスコータイ、

スコータイ遺跡

シーサッチャナーライ、カムペーンペット遺跡の歴史公園化が組み入れられ、スコータイ遺跡は大きな変貌を遂げる。77年からユネスコ、タイ国家予算、日本政府の援助で公園整備が始まり、住民立ち退きと移住、整地、遺跡補修、ランドスケーピング、電気、水道など歴史公園インフラ整備を終えて、82年に入場料を徴収する歴史公園として開園した。「古都スコータイと周辺の歴史都市群」は、91年世界遺産に登録された。

〈レーヌカー・ムシカシントーン〉

スコータイおうちょう　スコータイ王朝
ราชวงศ์สุโขทัย

タイ国最古の王朝(1240?～1438年)。その家父長制的国家形態は、しばしば次代の専制国家アユッタヤー王朝に対比される。

雲南南西部から徐々に南下したタイ族は、13世紀ごろまでにはチャオプラヤー川中流域に到達し、各地に土侯国を形成して、アンコール帝国に服属していた。ジャヤヴァルマン7世の死後、クメールの軍事力が弱体化すると、これらのタイ族土侯国に独立の機運が高まった。1220年ころ、ラートのパームアンとバーンヤーンのバーンクラーンターオという2人の土侯が同盟してアンコールの支配に反乱し、クメール人太守を放逐して独立を宣した。パームアンは、アンコール帝国から与えられていたシーインタラーティットという称号を盟友バーンクラーンターオに与えて、彼に王位を譲り、最初の首都をヨム川流域の双子都市スコータイ・シーサッチャナーライに定めた。

スコータイは、第3代の王ラームカムヘーンの時その版図を拡大し、西は下ビルマのペグー(バゴー)、東はメコン川流域のヴィエンチャン、北はプレー、ナーン、南はスパンブリーからマレー半島東岸のナコーンシータムマラートにまたがる広大な地域にその勢力を及ぼすに至った。ペグーのモン王はラームカムヘーンの王女と婚姻関係を結び、スコータイに服属している。「スコータイ第1碑文」(ラームカムヘーン王碑文)は、同王が定めた文字で書かれたタイ語最古の文献で、その内容は「水に魚すみ、田に稲みのる」など、同王朝の経済的繁栄を具体的に記しており、初期スコータイ時代の歴史資料として貴重である。

第4代スコータイ王となったラームカムヘーンの息子ルータイ(在位1298～1346年)は、父王から継いだ広大な版図を維持できなかった。まず北方のウッタラディットがスコータイの支配から離脱したのを手始めに、1319年にはペグーのモン(Mon)王はスコータイの服属を離れ、続いて21年までにタークもまた北部のラーンナー・タイの勢力下に入った。南方に向かってはスパンブリー、ペッチャブリーなどチャオプラヤー川下流域の港市国家もスコータイの支配から離れていった。このように政治的には弱体化したものの、ルータイの治世は仏教文化の隆盛期として知られている。南部のナコーンシータムマラートを経由してスリランカから伝えられた上座仏教は、ルータイ王の40年にわたる治世下に最盛期に達した。この伝統はその息子リタイ(在位1346～1374年)にも継承されている。彼は王子時代に仏教的宇宙論『三界経』(トライプーム・プラルアン)を著したことで知られ、王位に就くとマハータムマラーチャー1世(正法王)を号した。仏法に従って支配する王の意味である。仏教はスリランカから移入されたにもかかわらず、スコータイ仏は特殊タイ的な相貌を示している。

スコータイは、マレー半島部のナコーンシータムマラートを経由してスリランカ文化の、西方ペグーと北方ハリプンチャイからはモン(Mon)文化の、東南方からはクメール文化の影響をそれぞれ受けた。こうした複合的な文化的影響はスコータイとその周辺に建築された仏教建造物に顕著に現れている。たとえばスコータイ最古とされるラテライト造りの仏塔サンパーデーンはジャヤヴァルマン7世期のクメール建築そのものであり、壁龕

に仏像を配した階段状の四角な仏塔はハリプンチャイのプラタート寺のそれを彷彿させる。また、尖頂のある立法形のモンドップは、明らかにモン時代のパガン（バガン）の影響を受けている。更にスリランカの仏塔を特徴づける鐘状の仏塔は、シーサッチャナーライのチャーンローム寺にその姿をとどめる。そしてスコータイの中心部にあるマハータート寺は、諸々の文化的影響を総合したタイ独自の芸術的表現と見ることができる。スコータイ仏教美術の独自性が最も明瞭に示されているのが仏像である。瞑想する楕円形の穏やかな顔つきは、なだらかな身体の曲線とともにスコータイ仏独自の美しさを表し、周辺各地の文化に見られない芸術性を示している。

仏教芸術と並んでスコータイ美術を特徴づけるもう1つのジャンルに、「すんころく焼（宋胡録、寸胡録）」の名称で江戸時代初期の日本でも珍重された古陶がある。寸胡録とはスコータイからヨム川を遡ったサワンカロークの訛音で、宋代に発展した中国の技術を導入して生まれた陶業の中心地を指す。特に14世紀後半以降に著しく発展した。

1351年に南方のチャオプラヤー川下流部に港市国家アユッタヤーが成立し、次第に後背地に向かってその勢力を拡張し始めると、スコータイは首都をナーン川沿いのピッサヌロークに移す。しかしアユッタヤーはその後も勢力の拡張を続け、東南方に向かっては1432年、アンコール帝国を滅ぼしてクメールをトンレサップ川河口部に追った。スコータイに対しては、インタラーチャー（在位1409〜24年）と次代のボーロムマラーチャー2世（在位1424〜48年）によってスコータイの併合策が進められ、38年にはついにこれをアユッタヤーの一州とするに至った。ボーロムマラーチャー2世王は、王子のラーメースワンをピッサヌロークの太守に任じている。

（石井米雄）

すず 錫

タイの錫鉱脈は、タイとミャンマー国境に沿い、南部から北部に分布しているが、このうちアンダマン海沿いのプーケット県、パンガー県、ラノーン県が有名な錫鉱床である。錫は、鉄鋼業の一分野で、ブリキ材を保護塗装する原料に用いられ、中でも加工食品の缶詰が重要な製品であり、タイでは年間20万〜30万トンのブリキが生産される。また、錫は合金金属の重要な化合物として、青銅（錫と銅の合金）、はんだ（錫と鉛の合金）、活字版（錫、鉛、アンチモンの合金）などにも使われる。錫鉱業は、多くの労働力と多額の設備投資を必要とするため、かつて錫鉱業は南部の経済を担っていた。タイでは錫の生産は1870年頃に始まり、20世紀の初めには世界で有数の錫産出国となり、1976〜82年の間は世界第2位の生産国だった。しかし、85年頃世界の錫鉱業に著しい変化が起きた。ブラジル、中国等の新興国でより低いコストで錫が産出されるようになって、タイの錫鉱業は厳しい競争にさらされ、錫産出は急激に減少して、錫鉱山の多くが操業を停止した。2007年時点でタイには87の錫鉱山があるが、そのうち11鉱山だけが操業している。1985年以前には年間4万トン以上の錫鉱石を産出し、ピークの79年には4万6364トンの産出を記録したが、その後の衰退により、2007年には年間2万7542トンにまで減少した。現在、錫を製錬する会社は1社しかなく、Thailand Smelting & Refinery Co.,Ltd.が2万3000〜2万6000トンの精錬能力を持っている。世界有数の錫鉱石の産地としての地位は失ったが、錫製品の輸出は盛んで、07年には年間2万1564トンの錫製品を日本、韓国、マレーシア、シンガポール、ベルギーやオランダに輸出している。1985年以来、錫鉱業が急激に衰退したため、タイは錫の純輸入国となり、年間1万5000〜2万トンの錫鉱石を、コンゴ、ナイジェリア等から輸入している。

（中嶌知義）

スタット(寺)
วัดสุทัศนเทพวราราม

バンコク旧市街の中心部に位置する1等王立寺院。1807年にラーマ1世王の命により着工、ラーマ3世王期の47年に完成した。仏堂はアユッタヤーのモンコンボーピット寺旧仏堂にかたどった大規模なもので、ラッタナコーシン時代初期を代表する建築である。仏堂内に描かれた三界経の壁画はラーマ2世王期から3世王期にかけての作品で、高い美術的価値を持つ。仏堂内の本尊は、スコータイ朝リタイ王が1366年に建立し、スコータイのマハータート寺に安置してあったプラ・シー・サーカヤムニー。幅6m余りの巨像である。　　　　　　　　（山田　均）

スチャート・サワッシー
สุชาติ สวัสดิ์ศรี (1945〜)

作家、評論家、編集者。アユッタヤー県生まれ。タムマサート大学教養学部卒業。『社会科学評論』や『ロ一ク・ナンスー』などの著名雑誌の有能な編集長として、数多くの若手作家を世に送り出した。またサルトルやカミュなどの外国文学のタイでの受容においても中心的役割を果たし、実作家としても『嘔吐』の影響を受けた『壁』(1969年)を書くなど、73年の民主化世代の「ルンマイ」(新世代)の一翼を担った。現在も雑誌『チョー・カーラケート』を主宰し、新人を育て続けている。配偶者は作家のシーダーオルアン。90年国民芸術家賞(文芸部門)受賞。　（平松秀樹）

スチャート・サワッシー

スチンダー・クラープラユーン
สุจินดา คราประยูร (1933〜)

軍人、元首相。1933年8月6日ナコーンパトム県生まれ。父親は国鉄職員。81年陸軍作戦局次長、82年作戦局長(少将)、85年参謀長補佐(中将)、86年副参謀長、87年総司令官補佐(大将)、89年副総司令官。90年3月総司令官就任。91年2月23日クーデタの実質的指導者。91年10月国軍最高司令官兼任。陸軍士官学校を58年に卒業した陸士5期生の指導者で、海軍や空軍の首脳とも密接な関係を保ち、大きな勢力をふるった。92年3月総選挙後、首相に就任しないとの前言を翻して4月に首相に就任。翌5月に退陣要求運動への鎮圧で流血の惨事を招き、辞任に追い込まれた。　　　　　　　（玉田芳史）

スチンダー・クラープラユーン

ストローベル　Edward Henry Strobel
(1855〜1908)

法律家、外交官、外国人顧問。アメリカ南カロライナ州生まれ。1877年ハーバードカレッジ卒業、82年ハーバードロースクール修了。3年間の弁護士活動ののち、米国公使館書記官としてスペインに赴任。その後、米国第3国務次官補(93〜94年)、駐エクアドル米国公使(94年)、駐チリ米国公使(94〜97年)を歴任。98年からハーバードロースクール国際法教授。1903年タイ政府総務顧問として赴任。その職務に専念するため06年同スクールを退職。1893年のシャム危機以降、悪化していた対フランス関係の改善に尽力。1904年フランスとの新協約によって、チ

ストローベル

ャンタブリーからフランス兵を撤退させることに成功。07年の条約交渉では、バッタンバン、シェムリアップ、シーソーポンをフランスに譲渡するよう国王に進言。フランス保護民問題の解決と領事裁判権の撤廃にも道筋をつけた。一方、イギリスに南部のクダ、トレンガヌ、クランタン、ペルリスを譲渡する代わりに、南部鉄道建設資金の低利借款を認めさせる外交策を上奏。最終的に彼の提案は許可されたが、条約改正を見ずに08年1月15日バンコクで逝去。条約改正交渉は後任のウェステンガードに引き継がれた。

(飯田順三)

スパンブリー
สุพรรณบุรี

バンコクの北西107kmに、国道304号線に沿って位置する中部(西部)の県。旧名をスパンナプームとも言う。県北西部と西部は山がちで、県央を南北にターチーン川が流れ、流域に平野が広がっている。西部では新石器時代以来人類が生活していた痕跡が見られる。主要産業は稲作で、北西部には錫やタングステンの鉱山もある。ウートーンの町は古くから栄え、ドヴァーラヴァティ時代の中心的な都市の1つであり、アユッタヤー朝成立以前のタイ中部における政治上の中心であったとされる。スパンブリーの町はアユッタヤー時代にターチーン川沿いに建設され、堀や城壁が現在も残っている。スパンブリーはアユッタヤー時代初期には特に重視され、ビルマ(ミャンマー)からの攻撃に備える重要な拠点であった。県内のドーンチェーディー郡は、1592年にナレースワン大王がビルマ軍を破った騎象戦の地として知られ、それを記念して建立された大仏塔が残る。スパンブリー市内にはパーレーライ寺などの名刹があり、国立タイ農民博物館が設置されている。スパンブリーはまた、ラーマ2世期の長編詩物語『クンチャーン・クンペーン』の舞台でもある。

(加納 寛)

スポーツ

遊びの要素を含むものが多い。水泳やバドミントンなど主に肉体を使うものと、タイ将棋(マークルック・タイ)やチェスなど主に頭脳を使うものに分かれる。古くからあるスポーツにはムアイ・タイ、棒術や対戦凧揚げなどがある。また、河川で行なわれる舟漕ぎ競争も人気がある。実践、観戦とも最も人気があるのはサッカーである。野球をする人もいるが、まだ一般には知られていない。タイ人は、スポーツに参加することに意味があると考え、過剰に勝敗にこだわらない。試合後、選手が感情的になったり涙を見せたりすることはタブーとされる。(中島マリン)

スマトラおきじしん・つなみさいがい
スマトラ沖地震・津波災害

2004年12月26日に起こったスマトラ沖地震は、世界史上最悪の津波災害を惹き起こした。インドネシア、スマトラ沿岸北西部において現地時間午前7時58分発生したマグニチュード9.3の地震が、インド洋を跨ぐ津波を発生させ、東ではタイ、マレーシア、西では、スリランカ、インド、モルジブ、およびアフリカ各国を襲い、25万人に及ぶ死者と100万人を超える被災者を出した。この甚大な被害は、世界規模で津波に対する意識を喚起する契機となった。タイにおける被害は、被災者が多い県順に、パンガー、クラビー、プーケット、ラノーン、トラン、サトゥーンとなっており、公式統計で死者は5395人、負傷者は8457人となっている。

特徴として、被災地域がアンダマン海沿岸の観光地と重なったため、死者の3分の1以上が外国人であったこと、漁村民、少数民族、移民労働者、観光関係者に被害が集中したことがあげられる。経済的な被害総額は約21億USドルに達し、05年のGDP成長率を0.4%押し下げた。この津波被害拡大の背景として、過度な観光開発や天然資源開発による影響が指摘されている。災害援助や復興過程においても多くの課題を残した。　　　（中須　正）

スラサックモントリー，チャオプラヤー
เจ้าพระยาสุรศักดิ์มนตรี(1851～1931)
軍人、貴族官僚。本名はチューム・セーンチュートー。父はプラヤー・スラサックモントリー（セーン・セーンチュートー）。国政の実力者シースリヤウォン（チュワン・ブンナーク）の下で実務を学び、ラーマ4世のマハートレック・ルアン（王の近習）、ラーマ5世のタハーン・マハートレック（近習軍）少尉となり、1887年戦略局司令官、90年から92年まで陸軍総司令官、92年から97年3月まで農商務省の初代大臣を務めた。この間、83年スパンブリーの騒乱を平定し、85年と87年ラオスのホー族の反乱、88年東部と92年北部の騒乱には総司令官として、その平定を指揮した。96年高官位のチャオプラヤーになり、1915年陸軍元帥に昇進した。ラーマ5世とラーマ6世の枢密院顧問官も務めた。農商務省大臣のころ、同国を訪問した岩本千綱らと日本人移民事業に着手するが失敗する。　　　　　　（宮田敏之）

チャオプラヤー・スラサックモントリー

スラチャイ・チャンティマートーン
สุรชัย จันทิมาธร(1948～)
音楽家。1974年に結成され89年に解散をしたカーラーワーン・バンドのリーダー（カーラーワーンは英語のキャラバン）。カーラーワーン・バンドは73年の学生民主化運動に参加したメンバーで構成され、全国の大学や農村をまわって民主化運動の急先鋒となった。しかし軍部や右翼に狙われ、76年の軍事クーデタ後はラオス国境へ逃れて、やむなく共産ゲリラと合流した。メンバーは散り散りになったが、その後バンコクへ戻り、82年再結成された。小室等や豊田勇造と交流があり、83年には初来日してコンサートを行ない、30周年記念で再来日するなど、日本にも根強いファンがいる。（阪口秀貴）

スラチャイ・チャンティマートーン

スラック・シワラック
สุลักษณ์ ศิวรักษ์(1933～)
現代タイの代表的知識人。1933年バンコクに生まれる。名門アサンプション校を卒業後、52年イギリスに留学。軍部独裁

スラック・シワラック

政権下に帰国するや、雑誌『社会科学評論』を創刊し(63年)、当時の社会に知的覚醒を促す。以後、野にあって評論活動を続ける。あらゆる権威を恐れない辛辣な言論には定評があるが、不敬罪に何度も問われている。敬虔な仏教徒で、近年は、Seeds of Peaceの発行などを通して、仏教的価値の世代間継承を目指した青少年研修や非暴力主義に立った平和運動を、アジアを中心に国際連帯を求めて展開している。膨大な量の著作がある。(赤木 攻)

スラートターニー
สุราษฎร์ธานี

バンコクから南644kmに位置する南部の県で、県庁所在地のスラートターニー市は南部最大の河川であるターピー川の河口に位置している。南部では最大の面積を誇る県である。北のターチャナ郡から南のチャイブリー郡までプーケット山脈が南北に走り、県のほぼ半分が山岳地となっている。中部のスラートターニー市とプンピン郡は平野である。タイ湾には、サムイ島、パガン島、タオ島、アーントーン諸島などの美しい島が点在し、タイ有数のリゾート観光地である。南部はイスラーム教徒が多いが、スラートターニー県はマレーシア国境からは離れており、住民の95%以上が仏教徒でイスラーム教徒は少ない。産業は1次産業の占める割合が高く、重要な農産物は天然ゴム、パーム油、ココヤシ、ランブータン、ドリアン、コーヒーなどである。

チャイヤー郡には1200年の歴史を持つと言われる名刹プラボーロムマタート・チャイヤー寺やウィエン寺など、シューリーヴィジャヤ王朝期のものと見られる貴重な寺院が残っており、この地域が同王朝期における重要な拠点の1つであったことが窺える。また、チャイヤーは「仏法社会主義」で名高く、タイで最も尊敬を集めた僧侶の1人、プッタタート・ピックがスワンモークという修行所を開いた地であり、現在でもプッタタートの教えが実践されている。(山本博史[茨城大学])

スラナーリー
ท้าวสุรนารี

ナコーンラーチャシーマー副領主夫人。王朝年代記では、ラオスのヴィエンチャン王アヌがバンコクのラーマ3世に謀反し、1826年にナコーンラーチャシーマー(コーラート)を通過してバンコクを攻撃しようとした時、領主および副領主は不在であったが、ナコーンラーチャーマー副領主のモー夫人は、機転を利かせ、地元住民と連携しアヌ王の軍を撃退した。モー夫人はその功績でラーマ3世からターオ・スラナーリーの称号を得た。

その約1世紀後の1932年、絶対王政に反対する革命政府がバンコクに樹立されたが、ナコーンラーチャシーマーに駐屯する部隊がボーウォーラデート殿下の率いる王党派となり、革命政府に謀反してバンコクへ攻撃に向かうという事件が起きた。この王党派の反乱は平定されたが、この時、中央政府から派遣された県知事と方面軍司令官の発案により、剣を手にするスラナーリーの銅像が建設された。これは王党派の反乱軍を送りだしたナコーンラーチャシーマーのイメージを払拭するのが目的で、王侯貴族出身ではない平民女性が敵を撃退し、国家に尽くすことができるという革命政府の意向に沿う新時代のヒロインとしてスラナーリー像が創出されたのである。平民が銅像になったのはこれが最初であった。市民の浄財で建てられたスラナーリーの銅像は多く

スラナーリー像

のレプリカが生産され、今では街の守護女神像として崇められている。こうした政治的背景から生まれた銅像であるとの説を唱えた研究者に対して、地元の市民は反発している。アユッタヤーのスリヨータイ、プーケットのテープクラサットリー・シースントーン姉妹と共に、タイの4大女傑の1人として崇められている。

(吉川利治)

スラム

「スラム」は英語の呼称であり、かつてはタイでもそう呼ばれ、「頽廃地域」という訳語もあてられた。しかし、1982年4月の内閣の決議により、当該地域に居住している人々の感情面に配慮して、「過密地区(チュムチョン・エーアット)」という語が新たに用いられるようになった。

2008年7月のコミュニティ組織開発機構(Community Organizations Development Institute: CODI)の報告書によると、過密もしくは不衛生な物理的状態の低所得地区は、全国に6334ヵ所、163万447世帯あり、そのうち特に居住面で困窮問題を抱える世帯は72万8639世帯ある。深刻なのはバンコク都で、クローントゥーイ区に最も多く、地方都市のサムットプラカーン、コーンケン、ソンクラーなどでも増加している。政府は、2003年1月にCODIを実施機関として、低価格住宅供給計画「バーン・マンコン・プログラム(安定の家計画)」を開始した。このプログラムは生活環境の向上と土地の購入や長期借入を都市計画に組み込み、住民が、地方自治体、専門家、大学、NGOなどと協同して参画する。

バンコク都は、「過密地区」を「家屋が密集し、無秩序で朽ちて損壊している所に人々が居住しており、危険な事件が起こるかもしれず、居住者の健康・衛生・安全が脅かされる環境にあり、家屋の密集の基準は1ライ(1600㎡)あたり少なくとも15戸」と定義する。08年11月のバンコク都の住民登録を基礎とした過密地区数は803ヵ所、18万6552世帯あり、都人口の約13.5％にあたる77万24人が居住している。その多くは、運河や線路沿い、高速道路の高架下、寺院の近辺などに立地し、農村から流入した人々がトタン板と木材を用いたバラックの家屋を建てて住むようになり、形成された。当初は、国や民間の土地を不法占拠した場合が多く、水道や電気が未整備で、家屋間の板張りの通路の下には汚水がたまっている状態であった。しかし、その後徐々にインフラが整備され、通路もコンクリートで舗装された。食料品や雑貨を売る店もあり、生活の場として機能をしている。託児所や高齢者サービスセンターが設置されていることもある。「1991年地区(チュムチョン)委員に関するバンコク都条例」の布告によって、地区委員会(カナカムマカーン・チュムチョン)を中心とした住民の組織化がなされてきており、委員長は行政などの外部との連絡調整にあたる。居住者への融資は、低利での借り入れが可能な、貯蓄組合、村落基金、地区銀行などがある。その他の支援策には、委員長が嘆願した国会議員や都議会議員による就業および職業訓練、保健省による健康センターの設置、都によるゴミ処理と清掃などがある。

概ね第1世代が地区内で世帯を持ち、その地で出生した第2世代、第3世代も既に労働人口となって、数世代家族や個別世帯をなす点で、日本の野宿者や寄せ場労働者とは異なる。職種は、中高年層は屋台商や清掃業に従事するが、若年層は外資系スーパーマーケットやショッピングモールなどサービス業での就労者が多いなど、世代間で違いがある。大きな問題は、麻薬や盗難・傷害・暴行事件などの犯罪の温床となっていることである。

(新見道子)

スラユット・チュラーノン
สุรยุทธ์ จุลานนท์ (1943〜)

元首相。軍人。枢密院顧問官。1943年8月23日生まれ。65年陸軍士官学校を卒業する。第2軍管区司令官などを歴任し、98

すりよーたい ▶

スラユット・チュラーノン

年には陸軍司令官、2003年には国軍最高司令官に就任する。敬虔な仏教徒で、03年退官後には3ヵ月の出家生活を送る。枢密院顧問官を務めていたが、06年9月の軍事クーデタによるタックシン政権崩壊後、その温厚な性格からか第24人目の首相に抜擢され、新憲法（07年）の制定を行なって民政復帰への道筋をつけた。08年4月以降は枢密院顧問官に復帰している。ちなみに、父パヨームも軍人であったが、1948年の反乱に参加後共産党に入党して反政府地下運動に加わり、中国で客死している。
（赤木 攻）

スリヨータイ（王妃）
พระสุริโยทัย（？～1549）

アユッタヤー王朝の第17代チャックラパット王の王妃。1549年にビルマ（ミャンマー）軍がアユッタヤーを攻撃した際に、窮地に立ったチャックラパット王を救うために男装して息子と共に出陣し、王の危機を救ったものの戦死した。ナコーンラーチャシーマーのスラナーリー、プーケットのテープクラサットリー・シースントーン姉妹と共に、タイの4大女傑の1人として崇められている。1999年には、この話をモデルとして総額2億バーツを投じて作成されたチャートリーチャルーム・ユコン監督による史上最大の歴史映画『スリヨータイ』が公開され、大きな反響を呼んだ。
（柿崎一郎）

スリン
สุรินทร์

バンコクの北東457kmに位置する東北部の県。パノム・ドンラック山脈でカンボジアと国境を接している。また、西にブリーラム県、東にシーサケート県と接しているが、この両県を含む東北部下部3県にはクメール人とクーイ人が多く住んでいる。クーイ人の族長パックディーがスリンの初代領主（チャオ・ムアン）であり、スリン市内にスリンタラパックディーの像が建てられている。サンカ郡にはタイ国内のクメール遺跡最古のプームポン遺跡があるほか、県内にはシーコーラプーム遺跡やバーン・プルアン遺跡など多くのクメール遺跡がある。クーイ人は象使いに長けていることで有名で、タートゥーム郡にはクーイ人の象の村バーン・タクラーンがあり、毎年11月にはスリン市で象祭りが開催されている。

スリン県の名産には香り米のカーオ・ホームマリがある。これはタイで一番美味と言われている。美酒もあり、スリン県は1人あたりの酒の消費量が全国1である。ターサワーン村の絹織物も有名で、ASEANプラス3の会議が2004年にラオスのヴィエンチャンで開催された時、この村の絹織物が各国首脳の衣服に用いられた。
（佐藤康行）

スワンナプーム（空港）
ท่าอากาศยานนานาชาติสุวรรณภูมิ

バンコクの中心部から約30km東方のサムットプラーカーン県に位置するバンコクの新空港。「開発」の時代に新たな商業空港の建設が計画され、現在の位置が候

スリヨータイ王妃像

補地として選ばれたのが起源であり、長らく地名を採ってノーングーハオ空港計画と呼ばれていた。タックシン政権時代の2002年に着工され、06年9月のクーデタ直後に開港した。過密化したドームアン空港を代替し、アジアのハブ空港としての機能を維持するべく開港した新たなバンコクの空の玄関口であるが、突貫工事や不正のため開港後に様々な不備が露呈し、07年3月に急遽ドームアン空港を再開し、国内線の一部を戻す事態となった。ちなみにスワンナプームとは、「黄金の土地」を意味するサンスクリット語起源の語であり、国王によって下賜された名称である。　　　　　　（柿崎一郎）

スワンニー・スコンター
สุวรรณี สุคนธา（1932～84）
1960～70年代の代表的作家（女性）。ピッサヌローク県生まれ。シンラパコーン大学卒業後、教師の傍ら小説挿絵や短編を書き始め、最初の長編小説『愛の炎は消えず』で一躍名声を博する。豊かな感性と繊細な観察力で自然と現実社会を描く筆致は卓越し、70年SEATO文学賞『その名はカーン』、72年全国図書協会文学賞『愛の翼で』、76年同最優秀賞『蒼い月』のほか、ピブーン首相時代の政治、社会、地方生活などを材料としたユーモアを織り交ぜて大自然の摂理を描いた『動物園』（邦訳『サーラピーの咲く季節』76年）などの名作を残す。　　　　　　（吉岡みね子）

スワンニー・スコンター

すんころくやき　すんころく焼
สังคโลก
14～16世紀にスコータイ周辺で生産された陶磁器の総称。白釉や青磁などの盤や皿、鉢、碗、合子、壺、瓶、人形があり、釉下に鉄絵が施されているものも多い。特徴的な文様には魚文や草花文がある。スコータイやシーサッチャナーライに窯跡があり、「トゥリエン窯」と呼ばれている。タイでの呼称「サンカローク焼」は、スコータイ県内の地名サワンカロークに因むとされる。桃山時代から江戸時代初期にかけて日本にもたらされ、「すんころく（宋胡録）焼」として茶人に珍重された。また、日本国内でもこれを模した陶磁器が生産された。　　（加納 寛）

すんころく焼の
トゥリエン窯の跡

スンタラーポーンがくだん　スンタラーポーン楽団
วงดนตรีสุนทราภรณ์
作曲家ウア・スントーンサナーンが率いたビッグバンド。1939年代結成。楽団名はウアの名と妻の名アーポーンを組み合わせたものである。ウアは日本で言えば中山晋平と山田耕筰と服部良一を合わせたような存在で、西洋古典音楽からジャズやラテン、そしてタイの民謡などを組み込んだ曲を作り、楽団で演奏した。政府広報局所属の楽団として、政府の各種式典での生演奏のほか、開局したばかりのラジオ番組でも演奏した。全盛期は60

年代あたりまでなので、都会で育った中高年にはこの楽団の曲はナツメロでもある。　　　　　　　　　（前川健一）

スントーンプー
สุนทรภู่（1786〜1855）

タイの詩聖。ラッタナコーシン王朝成立後まもない時代に、平民の父と貴族の血を引く母の間に生まれた。従来の難解な作詩法チャンタラックを採らず、平易な市井の言葉を用いた「8言クローン（Klon）」という詩形式を生み出した。離婚した母が乳母として王宮に仕えたことに伴い小姓として出仕したが、禁令であった宮中女性との恋愛で投獄され、放免後は一時故郷のラヨーン県に身を寄せた。ラーマ2世に才能を認められ、クン・スントーンウォーハーンの地位を得た。酔うと流れるように詩が口をついて出たというほどの酒好きで、結婚と離別を繰り返す波乱に満ちた人生を送った。タイ固有の物語『クンチャーン・クンペーン物語』の創作者の1人である。この作品には心理描写などに近代文学の要素がある。ラーマ3世時代には疎まれて流浪も経験したが、ラーマ4世時代に再登用されて、宮廷詩人プラ・スントーンウォーハーンに昇格した。冒険物語『プラ・アパイマニー物語』は、1人の手になる古典文学としては最長で、タイ最初のフィクションとしても評価が高い。『仏足跡遊詩』、『スパンブリー遊詩』など紀行詩が多いが、教訓詩なども残している。故郷であるラヨーン県クレーン郡の公園には、スントーンプーの創作中の姿を模した銅像がある。（宇戸清治）

スントーンプー像

せ

せいさんぎょう　性産業
タイにおける性産業の起源は明らかではないが、少なくともアユッタヤー期には、売春が大規模かつ組織的に展開されていたとされる。中国人移民や後には欧米人を主な対象として、バンコクの性産業は順調に拡大した。外国人相手の性産業は、政府による観光促進政策を追い風に、ヴェトナム戦争での米兵慰安所から国際観光の目玉へと役割を変えつつ、バンコク、パッタヤー、プーケットなどの主要観光地において現在に至るまで繁栄を続けている。ただし、タイの性産業全体を見れば、主要な顧客はタイ人男性である。売買春は違法であるにもかかわらず、全土に娼館が多数点在し、性産業は多種多様な形態において地域経済に浸透している。女性の性産業への参入要因としては、貧困（貧富の差）、女性に対して家族への経済的貢献を求める価値観、男性のみに婚外性交渉を容認する性の二重基準などを指摘できる。かつて性産業で働く女性の多くは人身売買の被害者であり、職業選択の自由を持たなかった。現在も、性的サービスに従事する女性の労働者としての権利は、守られているとは言い難い。また、女性を性産業に押しやる社会・文化・経済的構造が、ほぼ温存されていることを忘れてはならない。　（市野澤潤平）

せいし　聖糸
สายสิญจน์

僧侶が読経する時に手に持つ、三宝を意味する3または9の生成りの綿糸を寄り合わせた糸。仏像と結んだ聖糸を人、家屋、水碗のまわりに張り巡らし、その一端を僧侶が把持してパリット（護呪経）を唱える。読経によって生じた力は、聖糸を伝わって付与され災厄を祓い平安をも

聖糸

たらす。東北部で陰暦7月に行なわれる村の除祓儀礼（ブン・ブーク・バーン）では、聖糸が全家屋に張り巡らされる。村人は、僧侶の読経によって浄化された小石を全家屋の屋根の上に投げ置き、聖水を飲み、最後に精霊への供物を村の外に捨てることによって、病気や災禍の原因となる悪霊を祓うのである。(加藤眞理子)

せいすい　聖水
น้ำมนต์

タイ語では、聖水のことを「ナム・モン」と言う。「モン」はサンスクリット語マントラ（真言）のタイ語訛音である。僧侶がロウソクの蠟を水面に垂らしながらパリット（護呪経）を唱え、浄水に厄除けの力を吹き込んで作る。祝福をもたらす水として、人や物などに振りかけたり、飲んだり、浴びたりする。様々な仏教行事の中で僧侶が聖水を作り、聴衆に振りかける。聴衆も病気治癒や幸運探しに効果がある

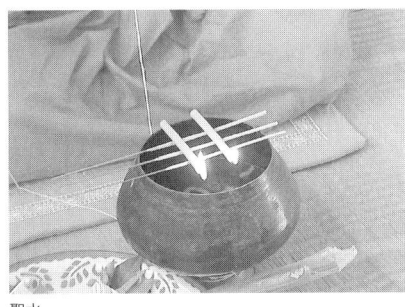

聖水

ものとして聖水を争うように求める。僧侶以外にも儀礼専門家の多くが同じような手法で聖水を作り、これもナム・モンと呼ばれることがある。　　　　(加藤眞理子)

ぜいせい　税制

タイの租税には、(1)法人所得税、(2)付加価値税、(3)個人所得税、(4)特定事業税、(5)石油所得税、(6)印紙税、(7)関税、(8)物品税、(9)天然資源税、(10)固定資産税、(11)看板税、の11種が存在する。上記のうち、(1)から(8)は財務省が所管し、関税(関税局)、物品税(物品税局)を除く他の税は国税局が所管している。財務省の税制の基本法令は「歳入法典」による。

法人税は一部の上場企業および中小企業等の軽減措置を除き通常30％が適用される。納税は年2回、事業年度央に行なう中間申告と確定申告として決算日以降に申告納付がある。中間申告が決算後の確定申告の課税所得より25％以上下回っているとペナルティーが課せられる。税務上の欠損金は、5事業年度の繰り越しが認められており、当該期間の課税対象利益と相殺できる。

付加価値税(VAT)は1992年に導入され、日本の消費税に相当しタイ国内における物品の販売やサービスの提供および輸入に対して課税される。税率は7％。付加価値税の納税は、毎月末締めで翌月の15日までに申告・納税を行なう。付加価値税の取り扱い方法は、納税義務者が取引ごとのタックスインボイスを用いて、販売した物品の額およびそれに相当する付加価値税を表示する。タックスインボイスは販売先の仕入れの証憑としても使用される。もし仕入の付加価値税が売上の付加価値税より大きい場合には、その差額分は還付請求か翌月以降に繰り越すことができる。輸入についてはCIF価格に関税・物品税等を加えた価格に7％課税され、輸出についてはゼロ税率が適用される。

個人所得税は、課税年度が暦年(1月1

日より12月31日）であり、毎年の確定申告を翌年の3月までに、各個人が行なうことになっている。課税所得は総所得から各基礎控除や経費控除を差し引いたものに対して0～37％の累進課税となる。また、日本と同様な給与所得に対する個人所得税に関して源泉徴収制度がある。

特定事業税は金融機関、証券、保険、不動産販売業などの特定事業に課税される。一般企業でも土地の譲渡を行なった場合や貸付金の金利を受領した場合にはこの税金を課される。税率は業種により0.1％～3％。

石油所得税は「石油所得税法」に基づく税金で石油会社の所得に対して課される。

印紙税は特定の事業目的の文書に課せられる。税率は取引内容と取引金額により変わる。

物品税は特定の商品やサービスに対して課される。主な課税対象としては、酒、タバコ、清涼飲料、自動車、エアコン、ナイトクラブ、マッサージパーラー、宝くじ、ゴルフのグリーンフィー、競馬の馬券などがある。

固定資産税は不動産の所有者に課され、評価額によって変動する。また、所有者が自分で住むための土地は非課税である。

看板税は看板の面積に応じて課され、言語により税率が異なる。タイ語の看板の方が税率は低い。

また、タイは日本と二重課税の回避や脱税の防止のために日タイ租税条約を締結している。源泉税率は配当金10％、利息15％、ロイヤリティ15％で、金融機関への利息支払については租税条約により10％に軽減される。租税条約に基づく二重課税排除の目的で、タイにおいて課税された税額は日本において納付すべき法人税額から控除される外国税額控除制度がある。

（中嶌知義）

せいとう　政党

ラーマ6世が考え出した「ドゥシットターニー」と称する西欧議会制の実験都市には、赤組、青組という政党が作られたという。また、1932年に立憲革命を成功させた「人民党」は、もともと秘密結社であり、革命後には公的な政治集団として認められた時期もあったものの、本来的政党には至らなかった。クックリット・プラーモートを中心に結成されたパック・カーオナー（前進党）は、政党結成の自由を保証した初めての憲法である46年憲法に則った最初の政党であった。なお、非合法であるが、70年代の社会変動に影響を与えたタイ国共産党は42年に設立されている。ただし、この時も、政党法が準備されておらず、公的に登録された政党ではなかった。政党法が施行され本格的な政党設立が始まるのは、「55年政党法」の制定を契機とした。58年のサリットによるクーデタで政党は解散させられるが、わずかな期間に、当時の首相ピブーンが与党としてセーリー・マナンカシラー党を結成したのをはじめ、約30に及ぶ政党が登録された。以後、政局に左右されながら、政党は政党法とともに興亡を繰り返し、今日に至っている。

2006年9月のクーデタ後に制定された現行の「07年政党法」下で実施された07年12月の総選挙では、実に31にのぼる政党が登録された。クーデタや軍事政権により政党活動が阻害されてきたとはいえ、政党を基盤とした政治活動が活発化してきているのは確かである。しかし、政党そのものは組織としては依然として未熟であり、それがタイ政治の民主化の速度が遅い原因の1つとも言えよう。まず、社会組織一般の特徴を反映して、党内の人間関係がある特定の人物に集中し、党首ないしは首脳陣による寡頭制が貫徹している。実際には名目だけの党員が多く、地方支部の活動も概して低調である。しかも、共通の政治理念の実現よりも個人的利権の獲得を目的とする傾向が強いため、党員の所属意識は弱く、離合集散が激しい。よほどの権益がもたらされない限り、より好ましい政党があれ

ば容易に転党する。最初から単独による政権獲得ではなく、連立政権にうまく入り込み、利権を獲得することを目的としている政党も多い。また、当選が確実な有力議員の政党間による争奪戦も日常化している。新しい党を立ち上げるのに必要な資金はおおよそ10億〜50億バーツと言われ、しかも有力議員を引き留めておくために月10万バーツ程度の手当を支給するのが普通である。政党法によれば、政党設立にはまず15人以上の者が集まり設立集会を開催しなければならないが、実際に最も必要なのは資金力であるとされ、1980年代以降にあっては、経済発展に支えられ台頭してきた資本家による政党が増加してきている。

　ところで、タイ現代政治史の中で注目すべき政党としては、民主（プラチャーティッパット）党をまずあげねばなるまい。同党は、タイの政党の中で最も長い歴史を有する政党であり、多くの党が改廃の憂き目にあっているのに対し、46年4月に創立以来今日まで存続している。現在の党員は約280万人と言われているが、バンコクを中心に全国に及び、地方では南部が地盤となっている。これまで、クワン・アパイウォン、セーニー・プラーモート、チュワン・リークパイと3名の首相を輩出し、2008年12月に首相に選出された弱冠44歳のアピシット・ウェーチャーチーワは、4人目の同党出身首相となった。また、もともと同党に所属し、その後他党に移籍した者や新党を結成した者は枚挙にいとまがない。同党の長期にわたる比較的安定した存在は、それでなくても不安定なタイ政治を安定させ、かつ民主化の方向へ導いてきたとの評価がある。おそらくは、主としてバンコクなど都市の知識人や中間層の支持の上に存立してきたと言えよう。

　しかし、政治のアリーナがほぼ全国に拡大してきた今日、同党がリーダーシップを発揮するには、あらたな政策と戦略が求められている。この民主党と対極にある党が新興の愛国党（タイ・ラック・タイ党）であろう。従来は政党間の政策の違いも少なく、小党乱立で大規模政党は生まれにくい傾向にあった中で、タックシン・チンナワットが1998年に設立した愛国党が2005年の総選挙で単独過半数の議席を獲得したのは、きわめて異例で、新しい政党の誕生を意味した。その異例さは、独自の公約を掲げるなどすぐれた選挙戦を繰り広げたこともあるが、タックシンの経済力の大きさがいかほどであったかをも示している。この愛国党は強力なタックシン政権を生み出し、地方や貧困層に手厚い政策を実施したが、汚職や不正選挙に問われ、07年憲法裁判所により解党を命じられた。その後釜として設立したパラン・プラチャーチョン党（国民の力党）も、08年12月に不正選挙容疑で解党となり、党員はプア・タイ党（タイ貢献党）に所属換えしたため、愛国党そのものは過去のものとなった。いずれにせよ、同党は新しい特徴を備えた資本家政党であり、今後の政党のあり方に影響を与えるであろう。　　　　　（赤木　攻）

せいふかいはつえんじょ　政府開発援助（ODA）→外国援助を見よ

せいまいぎょう　精米業
タイの精米業は、農民等から籾を購入し、その籾を白米に精米し、そのプロセスで生じる籾殻、糠、砕米、米粉を分別し、白米とともにそれらを販売するというビジネスである。精米所は、バンコクの輸出価格を参考に、農民等から運び込まれた籾のサンプルをもとに、籾の重量に占める白米の丸米重量の割合、白米の水分量、白さ、硬さ、砕米の大小等を検査し、買い取り価格を決定する。精米所の主な工程は、籾を玄米にする籾摺り、玄米を白米にする精米、およびこれらの工程で生ずる籾殻、糠、砕米、米粉の分別、用途に応じた白米・砕米のブレンド・調整であるが、1990年代以降は、玄米・白米に混入している着色粒や異物を除去するために、日本の機械メーカー㈱サタケ等のセ

ンサー技術を基に、コンピュータ制御の光選別も行なわれている。また、籾殻を利用した発電も拡大している。タイの近代的蒸気精米所は、1858年のアメリカン・スチーム・ライスミル社に始まるとされ、以後、バンコクのチャオプラヤー川沿いに欧米系および華僑系精米所が設立されたが、19世紀末以降は、国内米流通ネットワークを持つ華僑系精米所が籾殻燃料によるコスト削減も実現し、優勢となった。1920年代のコメ輸出拡大を受けて、籾の調達と異種米の混入を防ぐために、搬送に便利な鉄道沿線を中心に、地方に多くの精米所が設立され、29年にはバンコクの精米所が40に対し、中央部468、北部10、東北部27、南部28となった。第2次世界大戦後、交通網の発展等により、地方の精米所は更に増加し、1951年にはバンコクの37に対し、中央部578、東北部123、北部56、南部56となり、小規模の精米所を含めると全国で1000を超えた。2006年の商務省統計で見ると、精米所数は1793に増加している。

(宮田敏之)

せいめい　姓名

1912年に「姓名法」が発布されて以来、一般の人も姓を持つようになった。ただし、姓(ナームサクン)を作る場合、王、王妃の名前、既に登録されている姓と同じものにしてはいけないという規定がある。また2003年から、妻が夫の姓を使わなくてもよくなっている。ただし、タイ人には姓を呼ぶ習慣がない。家族や親しい仲間では愛称(チュー・レン)が一般的に用いられる。愛称は、動物の名前(たとえば、「ムー(豚)」)や身体の特徴(たとえば、「ウアン(太っちょ)」)を表す言葉を使った1音節の言葉が普通である。名(チュー)は、ラーマ6世以後、複音節のサンスクリット語を用いるのが主流で、時代や流行によって変わるが、文字と生まれた曜日を基準にするのが一般的である。また、子供(男の子は「デック・チャーイ」、女の子は「デック・イン」)、15歳以上の男女(男性は「ナーイ」、未婚女性は「ナーン・サーオ」、既婚女性は「ナーン」)のように、名前に付す敬称が異なる。ただし、08年からは、女性も婚姻の有無にかかわらず敬称を自由に選択できるようになっている。

(宮本マラシー)

セイヤー　Francis Bowes Sayre
(1885〜1972)

法律家、政治家、外国人顧問。ペンシルバニア州生まれ。1909年ウィリアムズ大学卒。12年ハーバードロースクール修了。翌年ウッドロウ・ウイルソン大統領の娘と結婚。17年からハーバードロースクールで教える。同スクール学院長ロスコウ・パウンドからタイ政府外交顧問の話があり、これを受けて23年11月にバンコクに渡る。条約改正交渉のために欧州各国を歴訪。ウェステンガードに続いて、プラヤー・カンラヤーナ・マイトリーの称号を授かる。25年駐タイ米大使。32年ハーバード大学刑事法研究所所長。米国務次官補(33〜39年)、アメリカ領フィリピン高等弁務官(39〜42年)。　(飯田順三)

せいれいしんこう　精霊信仰

精霊やカミにあたる様々な超自然的存在を、タイ語で「ピー」と呼ぶ。この呼称は、北部、東北、中部のタイ語に共通だが、その様態は多様である。特定の空間や自然物、道具や人間に宿るものもあれば、地上にとどまる死者の霊もピーである。

　守護霊としての性格の強いのが、社会空間や祖先の霊である。土地、家、集落、国などの空間の守護霊として、共同体の利益を守り、道徳的価値と関わるピーがある。共同体の霊はチャオ・ポー(敬愛する父)などと呼ばれ、ムラの守護霊であればムラの境界などに祠を建てて祀られる。最大単位のものが、ピー・ムアン(国の霊)である。政治単位としてのムアンを表象し、王国を支配する王(チャオ・ムアン)によって祀られた。境界などに建つ祠に対し、村や国の中央には柱(村ならラック・バーン、国ならラック・ムアン)が建て

られ、空間の統合のシンボルとなる。一方北部のピー・プーニャーは祖先の霊で、母系子孫を守護する霊とされる。いずれも定期的な供応の儀礼（リエン・ピー）が祭司役や霊媒によって行なわれるが、祭祀を怠ったり、無秩序状態になると、あるいは祖霊の場合は性的侵犯などの道徳的な反則があると（ピット・ピー）、守護霊の怒りを買い、災厄がもたらされると信じられている。このように、守護的なピーの力は人間社会の秩序と無秩序の境界で作用する。

　自然に宿る諸霊は、気まぐれに人に災厄をもたらす。田畑の霊（ピー・ライ、ピー・ナー）などは、田畑の所有者に限らず、通りかかりの人間などに、脈絡もなく害をもたらし、山の霊、木の霊などの自然の諸霊は旅人に危害を加える。これら自然の霊は、攻撃を加え人間の霊魂（クワン）をおびき出す。そのため長旅に出る前にクワンを呼んで体にとどめる。人は人体の要所に宿るとされるクワンを惑わす精霊と良好な関係を保って、自らの生活の安寧を守る。そのために精霊を招いて供応し、慰撫する。心身の不調があれば占い師や呪医に相談し、ピーとの取引でクワンを取り戻したのち、体内にとどめるスー・クワン儀礼を行なう。人の統制の及ばない自然との接点にピーの力が作用する。

　他方、人間に宿って危害を加える悪霊もある。地上に残る死者の霊は、さまよって生者の日常を脅かす。異常死（暴力、突然の疫病や病）を遂げた人の霊魂は、ピー・ターイホーンと化して、人間に宿って危害を加える。産褥死で亡くなった女性の胎内にあって生まれることのなかった子はピー・プラーイと言って怖れられる。ピー・ポープ（北部ではピー・カ）は生き霊の妖術霊で、本人の意志と無関係に他人に憑いて危害を加える。被害者の治療には、悪霊祓い師を呼んで霊をおびき出し、霊に宿主を名乗らせる。名指された宿主およびその家族は、差別や排除の対象となる。呪術師が呪文を使用する上で守るべきタブーを守らなかったり、その力を悪用した場合には、その呪文がピー・ポープとなると言われる。攻撃の対象は女性や子供であることが多く、ヒステリーなどの症状を招く。人の生に直接関わり、生死や対人関係の統制を超えたところで作用する力である。ピーは両義的な力である。守護するにせよ危害をもたらすにせよ、ピーとは超自然的な力の表象である。一方で人間や共同体を守護し安寧をもたらすが、他方で災厄や危害をもたらす。病や災厄が続くと、占いによって導き出された対処法にふさわしい専門家が呼ばれる。

　ピーに関わる治療、処置を行なう人々はモー・ピーと総称されるが、その対処法も様々である。治療師も、儀礼的所作によりピーに対峙する祭司役から、呪文などを用いる呪術師、そして自ら霊媒として憑依によって治療に関わるものなどまで、種々様々である。手段もピーとの取引によるものから、圧倒的な別の力を用いてピーを追放するものもある。日常から外れる無秩序状態がピーの怒りを呼ぶと同時に、ピーは無秩序の力の表現とも言える。社会生活のルールや日常の秩序状態を外れた場合に、しかも多くは社会の弱い所にピーの力が作用する。したがってピーに対処することは個人の心身の秩序や、家やムラ、国などの社会空間の秩序を取り戻す行為でもある。ピーを操作することで現世の幸福を追求するが、その力は常に統制をはずれて気まぐれに作用する危険をはらむ。これを別の力をもって制する。

　精霊信仰に対しておさえる力を有すると認識されている仏教も、精霊信仰と不可分である。また精霊信仰が現世の生活における安寧を求めるのに対し、仏教は本来禁欲によりそのような現世の追求を否定し来世に期待をする。それゆえ信者にとっては、仏教と精霊信仰は相互排除的ではなく、相互補完的で両立しうる。市場経済、近代的な都市的な生活、教育や医療が普及した現代のタイにあって、精

霊儀礼の多くはもはや行なわれることがない一方で、憑依儀礼は都市部で隆盛を見せ、日常的なスー・クワン儀礼も廃れることがない。また、公的な場面で、空間祭祀の対象としてのムアンの守護霊が再活性化される事例も少なくない。

（速水洋子）

せきゆ　石油

タイ国防省は、1963年チエンマイの北にあるファーンの陸上油田を生産開始し、2007年も日量5000バレル規模で生産している。その後、1981年にシェルがカムペーンペット県でシリキット油田を発見し、生産を開始した。現在はPTT Exploration and Production（PTT石油開発）社が保有し、2007年に日量2万バレル生産した。一方、1973年のエーラワンガス田の発見に伴い、随伴産物のコンデンセートも生産されるようになった。天然ガスの生産量が増加するにつれてコンデンセートの生産量も増加、その後、海上油田も発見された。2007年にタイ国内で原油日量13万バレル、コンデンセート日量8万バレルを生産している。　（福田 升）

セークサン・プラスートクン
เสกสรรค์ ประเสริฐกุล（1949〜）

大学教員、思想家、文筆家。1949年3月28日にバーンパコン川沿いの漁村に生まれる。家庭は貧しく、デック・ワットとして教育を受ける。タムマサート大学政治学部在学中に学生運動に関与し、73年の「10月14日事件」に参加するが、挫折を感じ、75年北部のタイ国共産党の基地に入り反体制運動に身を投じる。しかし、運動方針に疑義を持ち、80年に基地を離れてコーネル大学に留学する。後にタムマサート大学政治学部で教鞭をとり、93〜95年学部長を務める。評論、短編、エッセイの執筆を通して、社会問題を鋭く衝く活動を続けている。2003年シーブーラパー賞を受賞。夫人チラナンは、学生運動時代からの知己で、小説家。（赤木 攻）

セデス　George Coedès（1886〜1969）

フランスの東洋学者。パリ生まれ。タイの国立図書館長（1918〜26年）、ハノイのフランス極東学院長（29〜46年）などを歴任。東南アジア諸国の碑文や写本などの史料の研究を数多く発表し、同地域の歴史の再構成に多大な貢献をした。碑文の解読とローマ字転写を含む『シャム碑文集』2巻（24、29年）と『カンボジア碑文集』8巻（37〜54年）はそれぞれ、タイとカンボジアの古代史研究の基礎を築く先駆的業績であり、主著『インドシナとインドネシアのインド化された諸国』（48年、改訂増補版64年）は東南アジア古代史研究の重要な概説書である。　（三上直光）

セデス

セーニー・サオワポン
เสนีย์ เสาวพงศ์（1918〜）

作家、元外交官。本名サックチャイ・バムルンポン。サムットプラーカーン県生まれ。政治法科大学（現タムマサート大学）卒業。在学中より新聞社でジャーナリストとしての経験を積み、のち外交官試験

セーニー・サオワポン

に合格し入省。ビルマ(ミャンマー)大使などを務めた。1950年代既に、社会変革を促し、未来へ理想を求める青年たちを主人公に『ワンラヤーの愛』や『妖魔』を著していたが、73年の民主化運動時代の学生・知識人たちによって再評価され、賞賛された。また作品はタイで初めて女性に自立的価値を持たせたとも評される。90年国民芸術家賞(文芸部門)受賞。現在『マティチョン』紙顧問団代表。 (平松秀樹)

セーニー・プラーモート
ม.ร.ว. เสนีย์ ปราโมช(1905〜97)

元首相。警察局長を務めたカムロップ親王の息子で、ラーマ2世王のひ孫にあたる。ナコーンサワン県に生まれる。父の転勤とともに各地の小学校、中学校を転々とした後、15歳でイギリスへ留学。オックスフォード大学で法律学を修め、イギリスの弁護士資格を持つ。1929年帰国し、2年間法律学校で学んだ後、判事となり、38年には32歳の若さで控訴院判事に任命される。同時にタムマサート大学法学部で教鞭をとった。40年駐米公使に任命され、アメリカで第2次世界大戦開戦を迎える。戦時中、本国政府の対米宣戦布告に反対してこれをアメリカに伝えず、抗日地下運動組織である自由タイのアメリカにおける指導者となって、連合国に協力した。連合国側と終戦交渉をするのに最適な人物であったため、45年9月に帰国して首相に就任。米英その他連合国側との国交調整、フランスとの国境問題、国際連合加盟問題など困難な終戦処理を行なったのちに、辞任した。46年民主党結成に参加し、副党首に就任。クワン・アパイウォンの民主党政権(47〜48年)で外務大臣、法務大臣、教育大臣を歴任する。その後法曹界に戻るが、サリット首相の求めに応じて、62年カオ・プラウィハーン(プレア・ビヒア寺院)の帰属をめぐるカンボジアとの係争に関する国際司法裁判所の審理におけるタイ弁護団代表を務める。その後、クワン・アパイウォンの死去に伴い68年民主党党首に就任する。75年2月におよそ29年ぶりに首相に就任するも、過半数の議席を確保する連立工作が実現できなかったため、翌3月施政方針演説に対する国会の信任が得られず辞任。76年4月の総選挙後、再び首相に就任する。しかし、国会で自党議員から攻撃されるなどの閣内確執や、73年10月事件以降国外に出国していたタノーム、プラパート両元帥の帰国問題をめぐる政治的対立が高まる中で、辞任する。同年9月首相に再任されるが、組閣翌日の10月6日クーデタにより退陣させられる。79年党首から退いた。実弟でやはり首相を務めたクックリットがオックスフォード大学で政治学などを学び政治的手練手管に長けていたのに対して、法曹家セーニーにはそうした清濁併せのむ器量が弟より乏しかったと評される。 (加藤和英)

セーニー・プラーモート

せんいさんぎょう　繊維産業
1960年代の輸入代替を目的とする工業化政策の中で、最も目覚ましい発展を遂げたのが、繊維産業である。合成繊維の

素材(ポリエステルの短繊維と長繊維、ナイロン)、テキスタイル(紡績、織布、染色加工)、衣類(縫製とニット)が含まれる。合成繊維の素材は東レ(63年)、帝人(67年)が導入し、テキスタイルの導入にも東洋紡、東レ、鐘紡、クラ紡などの日本企業と丸紅、三井物産、伊藤忠など総合商社が大きな役割を果たした。70年代以降はスックリー、サハユニオンなど地場企業も成長したが、97年の通貨危機以後、再び日本をはじめとする外国企業が優位を占める。工業省は、71年に国内の設備過剰を理由に紡織企業の新設を禁止し、その後規制の強化と緩和を繰り返したが、91年6月には全面的自由化に踏み切った。繊維製品の輸出は87年にコメを抜いて第1位となり、95年までトップの地位を占め続け、95年には64億ドル(輸出金額の12%)を稼いだ。しかしその後、中国などの競争相手の登場、賃金の上昇、バーツ高が重なって輸出が伸び悩み、2005年の生産設備も、紡績360万錘(95年400万錘)、織機13万台(同13万台)、ミシン76万台(同78万台)、合繊素材90万トン(同52万トン)と、合繊素材以外は停滞している。　　　　　　　　　　(末廣 昭)

せんきょ　選挙

1990年代以後、国政の民主化と地方分権が進んだため、選挙の機会が大幅に増えた。80年代までは、下院議員、県会議員、ならびに市会議員もしくは村長しかなかった。しかし今日では、国政では下院議員と上院議員、地方政治では県自治体長と県会議員、都市部では市長と市会議員、農村部では区自治体長ならびに議員、更に村長の選挙が住民の直接投票によって行なわれる。知事の直接選挙が実施される特別な自治体となっているバンコクでは、都議会と区議会の選挙が行なわれる。

下院議員選挙は32年立憲革命後に始まった。最初の33年は間接選挙であったものの、2度目の37年以後は直接選挙となり、38年、46年、48年、52年、57年2月、57年12月、69年、75年、76年、79年、83年、86年、88年、92年3月、92年9月、95年、96年、2001年、05年、07年と、60年代の軍政期を除くと数年ごとに、計22回実施されてきた。憲法は最初の1932年から数えて現行の2007年憲法が18番目という具合にたびたび改正されてきたものの、選挙制度が大きな争点になったのは1990年代以後にすぎない。それまでは、国会や内閣に注意が払われていた。1院制議会の議員の半数や2院制議会の上院議員を政府任命の官選議員にする、首相を民選議員に限定しないといった工夫を凝らして、選挙結果が国政に反映されることを最小限にとどめようとしていた。しかし、92年に首相が民選議員に限定され、選挙結果で首相が決まるようになると、選挙結果に大きな影響を与える選挙制度への関心が強まった。

97年の憲法改正では、下院はそれまでの中選挙区制400名弱が小選挙区400名と比例代表制100名に変更された。97年憲法に基づく国政選挙が2001年、05年、06年に実施されると、選挙結果に革命的な変化をもたらされた。それまでの総選挙では特定の政党が過半数の議席を獲得したことは57年2月の1度だけであった。それ以外は第1党といってもせいぜい下院議席の4割、たいていは3割にも達しなかった。政権はいつも連立政権であり、第1党の党首が首相になるとは限らなかった。ところが、01年には第1党はほぼ過半数に迫る勝利をおさめ、05年には4分の3を占める圧勝をおさめた。

劇的変化の一因は、大規模政党に有利な小選挙区制にあった。選挙区では候補者は自力当選を求められ、フア・カネーンと呼ばれる運動員を活用してきた。地方分権が進んだ1990年代以後は地方政治家のポストが激増し、運動員から地方政治家に転身するものが増えた。有力な政治家の中には、一族や仲間で、下院議員、上院議員、県自治体長、市長を独占する者も出てきた。自力当選能力を高めた政治家をまとめあげる時に鍵になるのは利権や資金である。この状況でタイ有数の

富豪タックシンが愛国党を結成して、惜しみなく資金を投入し、有力候補者や弱小政党を自党に取り込んだ。

もう1つの理由は、97年憲法が得票率5％以上の政党にのみ議席を配分する比例代表制を導入し、選挙が政権選択の機会となったことである。同憲法は比例区議員の入閣を想定し、政党は首相をはじめとする入閣候補者を比例区候補者名簿に掲げて選挙に臨んだ。第1党の党首が首相になる可能性が高いため、有権者にすれば首相選択選挙となった。タックシンはメディアを通じて有権者への訴えかけに力を注いだ。また、各党は比例区では政策を掲げて戦ったため、政策選択選挙でもあった。愛国党は資金力だけではなく、具体的でわかりやすく魅力的な選挙公約を掲げて政策の点でも他党を圧倒していた。

タックシンは2006年に退陣要求に直面すると、国会を解散して民意を問おうとした。しかし、野党は勝ち目がないため選挙をボイコットして、裁判所による総選挙無効判決を引き出した。それでも選挙をやり直せば、厚い支持基盤を誇る愛国党の勝利が確実であった。そこで、反タックシン派は06年9月にクーデタを決行、憲法改正と愛国党の解体に着手した。重要な争点は選挙制度であった。特定の政党の大勝につながりやすい小選挙区を中選挙区に戻した。比例代表制は1997年憲法では全国区であったため、首相が与党の得票を首相への投票と読み替えて国民から選ばれたと主張するのを許した。下院からの支持という議員内閣制型の正当性と国民からの支持という大統領的な正当性を兼ね備えた首相の登場を助ける選挙制度であった。それを阻止するために、全国区を8地区に分割した。また、民主化に逆行するという批判をものともせず、反タックシン派を国会に送り込むため、上院議員のほぼ半数を任命に戻した。しかも民選上院議員の定数を各県1名とした。定数不均衡問題とはほぼ無縁であったタイでは斬新な仕組みであり、多人口県で強い愛国党に不利、少人口県で強い野党の民主党に有利な改正であった。

愛国党を解体し、タックシンの資産を凍結して、2007年12月総選挙に臨んだものの、愛国党の後継政党が過半数近い議席を獲得した。このため、反タックシン派は08年に入ると、選挙が候補者による有権者買収にすぎず、政治倫理を乱すばかりであると主張し、選挙を否定するキャンペーンに力を入れた。知識人やメディアの中にはそれに賛同する論陣をはるものが少なくなかった。　　　（玉田芳史）

せんきょかんりいいんかい　選挙管理委員会
คณะกรรมการการเลือกตั้ง
1997年憲法に基づいて、独自の事務局や予算を持つ常設の独立機関として設置された。内務省に代わって担当することで、公明正大な選挙の実現が期待された。地方自治体選挙も担当し、首都の中央委員会のほかに、県ごとに委員会が設置される。政党の監督や政治家の資産公開なども担当する。当選確定後にも、県委員会が選挙違反を調査し中央委員会が当選を取り消すことがあるため、政治家にとっては委員の選出が焦眉の的となった。中央の委員5名は2007年憲法で裁判官主導の選出に変更された。　　　（玉田芳史）

せんしじだい　先史時代
最古の居住の痕跡はラムパーン県の70万年前の前期旧石器である。前1万〜前4000年頃には、打製石器と骨角器を持つ狩猟採集民のホアビニアンがカーンチャナブリー県（サイヨーク洞穴など）、メーホンソーン県（スピリット洞穴など）などで栄えた。前4000〜前2500年には、土器と磨製石器を持ち、狩猟採集漁労を主とする文化（ノーンノー遺跡など）がチョンブリー県にあった。前2500〜前1100年に、稲作農耕文化が全域で発展した（バーンカオ遺跡、バーンチエン遺跡など）。前1100〜前500年には青銅器文化、前500年

以降、鉄器文化が発展した(バーンチエン遺跡、バーンナーディー遺跡など)。
（新田栄治）

せんしょうきねんとう　戦勝記念塔
อนุสาวรีย์ชัยสมรภูมิ

フランス領インドシナとの失地回復紛争（1940年11月28日～41年1月31日）の勝利を祝し、政府の威信とナショナリズム感情を高めるために、バンコクの北部郊外に建設された。41年6月24日にプラヤー・パホンポンパユハセーナー大将が定礎し、42年6月24日ピブーン首相が除幕式を主宰した。中心に銃剣の刃がそびえ立ち、陸海空各軍、警察、文民の戦士のブロンズ像5体がそれを囲んでいる。台座には失地回復紛争の他に、第2次大戦、朝鮮戦争での戦死者の氏名が刻銘されている。現在は交通の要としてロータリーを形成し、市内バスが多く発着している。
（高橋勝幸）

戦勝記念塔

セーンセープ（運河）
คลองแสนแสบ

ラーマ3世期1837年に、カンボジア領有権の帰属をめぐってヴェトナムと抗争したタイが兵力・兵站の輸送ルートとして建設に着手し、40年に完成した運河。正確にはバンコクのフアマーク付近から東方へ延びてバーンパコーン川のバーン・カナークへ至る幅3m、全長54kmの運河

セーンセープ運河

であるが、一般的にはパドゥンクルンカセーム運河からフアマークまでの区間（バーンカピ運河）もセーンセープ運河と認識されている。20世紀に入り、その一部は灌漑施設が付置され、灌漑用水となったが、現在は放置されて、歴史的遺跡と化した部分もある。バンコク側では近年通勤輸送のための急行船が運航され、混雑する道路交通の代替機能も担っている。
（北原　淳）

セントラル・グループ

タイ最大の小売業グループ。創業者の鄭汝常（タイ語名ティエン・チラーティワット、1904～68年）は中国海南島出身の華僑。27年に来タイし、雑貨店を営む。47年にティエンは長男サムリット（鄭有華、25～92年）と共同で輸入販売事業のCentral Trading商店を設立した。当初の取扱商品は洋書が中心だったが、まもなく外国製の衣服や化粧品などにも手を広げていった。56年にはサムペン街の西に隣接するワンブーラパーにセントラル百貨店1号店を開業した。同店はタイで初めて正札による定価販売制を採用するなどタイの百貨店の原型となった。同グループはその後も百貨店の多店舗化に力を注ぐ一方で、衣服製造（Central Garment Factory社、72年設立）、不動産開発（Central Pattana社、80年。旧社名はCentral Plaza社）、ホテル・リゾート開発（Central Plaza Hotel社、80年）など、小売業関連事業にも手を広げていった。創業者ティエンに

は先妻、後妻、後々妻との間に長男サムリット以下26人の子供があり、第2世代にあたる彼(彼女)らがそれぞれグループの重要な役割を担った。グループの事業拡大と多角化を更に推し進めたのが、90年代半ばに行なわれた、外資との合弁をてことする流通新業態の導入とタイ百貨店業界2番手のロビンソングループの吸収合併である。しかし、97年の通貨危機を契機にグループ事業の再編を余儀なくされ、ハイパーマーケットやコンビニエンスストアなど流通新業態の一部を外資に売却。業績が回復基調に戻った2001年頃からは、グループの中核事業である百貨店とショッピングセンターの新規開設を中心に再び積極的な事業展開を図り、06年以降はアジアの近隣諸国を中心に海外展開にも乗り出している。(遠藤 元)

せんねんおうこくうんどう　千年王国運動
千年王国論とは、元来、ヨハネ黙示録に描かれる、神が最後の審判を下す前に地上に再臨したキリストが1000年間この世を幸福に統治するというキリスト教的教説を言うが、様々な宗教の救世思想と結びついた運動についても「千年王国運動」という概念が適用されるようになった。タイの東北部では、世界に危機が訪れる時、神通力を持った「プー・ミー・ブン(功徳ある人)」が現れて人々を苦難から救う道を示すという伝説があったという。弥勒仏やプー・ミー・ブンを名乗る人物は、東北部ではしばしば出現し、呪術の心得を駆使して病気治癒などの奇跡を行なったが、時には迫りくる大異変を予言して人々を奇妙な行動に駆り立て、あるいは東北部を中央の支配から解き放つための運動を組織し、政権から「反乱」と見なされることもあった。特に1900年代初頭には近く大異変が起こるという噂が広まり、東北部各地でプー・ミー・ブンを名乗る人々が出現してそれぞれ大きな集団を形成した。群衆の異常な行動や集団の拡大を危険視した当局に対して信者集団は武力で立ち向かったが、当局は彼らを「ピー・ブン(功徳の化け物)」と呼んで徹底的に弾圧した。このような「反乱」は20世紀後半にも生じ、世間を驚かせた。
(加納 寛)

そ

そう　僧
พระ, ภิกษุ
タイ語では「プラ(原義「尊い」)」または「ピック(原義「乞食者・出家者」)」と言う。漢訳の僧は僧伽(サンガ)の略で、後にサンガの構成員である個々の比丘を意味するようになった。僧となるためには、得度式を経なくてはならない。出家志願者を「ナーク」と呼ぶ。ブッダの弟子でありながら、人間でなかったがゆえに出家できなかったナーガ(龍)伝説に因む。ナークは僧侶から得度式の進展や式で用いるパーリ文言を習い、一言一句違わず暗記しなければならない。式当日は水浴びをし、参列者と僧侶に剃髪され白衣を纏う。香華を手に布薩堂に向け行進し、右回りに3巡する。入堂後、戒和上(ウパチャー)に10戒を請い、それを授与されることでナークから沙弥となる。その後僧になるための条件に不備がないかを僧10人の合議によって確認され、僧となることを正式に認可される。現代のタイサンガの僧は、出家法である227条の戒律の他に世俗法である「1962年サンガ法」の法令によっても行動規定されている。サンガ内の役職やパーリ語試験の結果によって位階が与えられ、政府からは月々の手当てが支給され、徴兵制度の優遇措置も受けている。
(泉 経武)

ぞう　象
現在、地球上に棲息する象はアフリカ象とアジア象の2グループに大別され、タイの象はアジア13国に棲むアジア象の一群である。タイ以外の国では野生象が

多いが、タイでは約1300〜1500頭の野生象に対して、その倍以上、3800頭ほどの飼育象がいるという特徴がある。タイの飼育象のほとんどは象キャンプなどの観光施設で飼われており、かつての主な仕事であった森林での木材運搬は失われている。きわめてまれに発見される「白象」は釈迦の前身であるとして崇められ、国王に捧げられる。野生象の生存は危機に瀕しており、保護策の強化が望まれている。　　　　　　　　　　　　　（不二牧駿）

象祭り

そうしき　葬式

葬儀の式次第や司式は地域や民族によって異なる。厚葬の回避を意図してきた初期仏教からの伝統を継承する現在のタイ仏教において、葬式儀礼への関与やその意味付けに積極的な働きかけは確認できない。死者供養では、死者の霊に対する民俗的価値世界が繁栄している。死者の霊に対する世界観と儀礼としての仏教を結びつけたのが業（カルマ）の世界観と功徳（ブン）の観念である。死者の霊の他界における安堵と来世の再生が、業の世界観に基づく積徳行（タム・ブン）によって可能となり、葬儀において仏教寺院と僧の関与が生じ、葬儀が一般に仏教儀礼として認知されるに至った。地方農村部では自然死が火葬、異常死が土葬の葬制に二分される。火葬までの日程は、概ね7日、50日、100日であるが、近年は3日、5日と短期化している。王族や高僧の葬儀は遺体安置期間が1年以上になることが多い。故人が著名人や社会的業績を残した人、またその家族の場合、故人の略歴や業績、追悼文が掲載された「葬式本」が葬儀参列者に配布される。故人の記録だけでなく、巻末に有益な古書文献が印刷されることが多く、歴史資料的価値を持つ葬式本も少なくない。　（泉　経武）

ぞうまつり　象祭り

象祭りは1955年に初めてスリン県タートゥーム郡で開催されて以降、毎年11月にスリン市で開催されている。日程は象祭り実行委員会が決定しており、現在では11月中旬の土日が多い。祭りでは、アユッタヤー王朝時代の対ビルマ（ミャンマー）戦における象戦闘などを再現するほか、象によるサッカーやゴルフ、ダーツ、綱引きなどのショーが演じられる。タイを代表する観光事業となっており、海外からの観客も多い。　（佐藤康行）

ソー・セータブット

สอ เศรษฐบุตร（1904〜70）

タイ社会で最も普及した本格的『タイ英辞典』、『英タイ辞典』の編著者。スワンクラーブ校を好成績で卒業し、1921年国王奨学金を得てイギリスへ留学。26年に帰国するが、33年のボーウォーラデート親王反乱に加担し終身刑の身となる。バーンクワーン、タルタオ島、タオ島と政治犯として悲惨な生活を送る中で、こつこつと辞典編纂に取り組む。友人の援助で40年に *The New Model English-Thai Diction-*

ソー・セータブットの『英タイ辞典』

ary. が出版される。44年に保釈された後も *The New Model Thai-English Dictionary.* を完成させ、60年代の英語ブームを支えた。　　　　　　　　　　（赤木　攻）

ソット・クーラマローヒット
สด กุรมะโรหิต（1908〜78）
作家。テープシリン旧制中学校に学ぶ。同校の先輩にシーブーラパーやアーカートダムクーン殿下がいる。北京大学に留学し、1946年までタイ教育省の視学官。38歳で職を辞すと、新聞『エーカチョン』、『スワン・アックソーン』などの編集に携わり、のちに作家に転身。晩年は「タイ農園」と命名したチョンブリー県シーラチャー郡の農地で農耕に従事しつつ、創作活動を続けた。北京での体験を元にした小説『追憶の北京』（1943年）、官僚の腐敗や不公正を告発した啓蒙的小説『ラヤー』55年）が有名なほか、『チャタレー夫人の恋人』の翻訳、テレビドラマ脚本などがある。　　　　　　　　　　（宇戸清治）

ソット・クーラマローヒット

ソット・チャンタサロー
สด จนฺทสโร（1884〜1959）
僧侶。タムマカーイ式瞑想の創始者。バンコクのトンブリー側に位置するパークナーム寺の元住職であったため、一般にはルアンポー・パークナームと呼ばれていた。最終的な僧位名はプラモンコン・テープムニー。ソット師の創始したタムマカーイ式瞑想は、水晶や光の球を媒介に、法の身体（法身＝タムマカーイ）なるものを内観する独自のものである。タムマカ

ソット・チャンタサロー

ーイ式瞑想を実践している団体としては、パークナーム寺の一部の集団、ルアンポー・ソット寺、そしてタムマカーイ寺などがある。　　　　　　　　（矢野秀武）

ソムチャーイ・ウォンサワット
สมชาย วงสวัสดิ์（1947〜）
元首相。1947年8月31日ナコーンシータムマラート県生まれ。1970年タムマサート大学法学部卒業、73年法曹資格取得。74年法務省入省、判事補。76年から83年までチエンマイに勤務した時に、後に首相になるタックシンの妹ヤオワパーと結婚、1男2女がいる。地裁判事から高裁判事を経て、99年11月法務事務次官。同一職には4年以内という原則の特例として2006年3月まで6年半にわたって在職し、06年3月に労働省事務次官に転じて同年9月に退職。07年総選挙で愛国党の後継政党パランプラチャーチョン党の比例区候補者として下院議員当選。サマック政権に教育大臣として入閣。08年9月首相に就任したが、同年12月に失脚した。（玉田芳史）

ソムチャーイ・ウォンサワット

それいさいし　祖霊祭祀

タイ北部における祖先の霊ピー・プーニャーは、祖先そのものというより母系の祖先から継承される守護霊である。母方の霊を共有する母系の子孫(ピー・ディオカン)が集まって祀る。母系の主幹の系(カオ・ピー)を守る家(フアン・カオ)の敷地に祠(ホー・ピー)があり、祭主(コン・カオピー)は母から末娘へ継承される。これ以外の家々の主寝室の北東または南東に設えた棚には、家の女性が家の霊(ピー・フアン)を祀り、これはカオ・ピーの母系に連なるとされる。祖霊祭祀は女性が司る儀礼であり、女性の関心事と言われ、男性は母方の儀礼に参加する場合と妻の儀礼に参加する場合と両方が報告されている。結婚後の居住形態に妻方傾向があるため、同一の祖霊の系列にあたる人々が同一村に多数居住し、彼らを中心に数世帯～数十世帯の人々が儀礼に集まる。参加者はそれぞれ祭主である女性との関係によって連なるものの、何らかの機能的な集団を形成するわけではない。定期的な儀礼(リエン・ピー・プーニャー)は供犠儀礼で、人々はトリや豚あるいは魚の他、ご飯、酒、水、枕やござなどを供える。また、結婚時には花嫁花婿双方の祖霊の許可を乞う儀礼、そして何らかの違反や侵犯の際には潔斎の儀礼が行なわれる。ピー・プーニャーは、女性のセクシュアリティを保護・統制する。具体的には未婚の男女が接触した場合「ピット・ピー」と言い、男性側が制裁金を支払い、ピー・プーニャーの儀礼を行なう。儀礼を怠った場合、霊がピー・カと呼ばれる妖術霊と化して特に女性に憑くとされ、他人に危害を及ぼす。ピー・プーニャーの儀礼の中には、霊が子孫の体に入って踊る憑霊舞踏(フォーン・ピー)を伴って盛大に行なうものもある。ピー・モットあるいはピー・メン(メンはモン・クメール系のモン(Mon)族)と呼ばれる場合もある。定期的なもののほかに、個人の病気快癒などの祈願成就に際してスポンサーとなって行なうものもある。憑依されるのは霊のマーキー(乗馬)と呼ばれる。いずれも参加者は母系子孫に限定されず、都市や都市近郊農村で盛大に行なわれる。

タイ北部と類似の親族組織と妻方居住傾向を持つカレン社会でも、母系に継承される祖先霊(ブガ)の祭祀が行なわれ、スゴー・カレン語でオヘ(ポー・カレン語でアウンへ)と言う。やはりトリや豚を供犠し、共食する。夫婦から母系に連なる人々が集まって行なう。カレンの場合、儀礼を行なうことは霊を継承する女性の再生産能力と、その直接の子や孫たちからなる家の繁栄と関わる。　(速水洋子)

ソンクラー
สงขลา

バンコクの南950kmに位置する南部の県。タイ湾に面しており、北はナコーンシータムマラート県、西はパッタルン県、東はパッターニー県に接し、南部はマレーシアのペルリス、クダ州に接する。歴史的にソンクラーはタイ最大の湖ソンクラー湖の開口部に位置する港市として知られ、15世紀以来 漢籍、日本史料、アラブ・インド史料に、孫古羅、そんくわら、宋卞、Singora, Sinqurなどの名で記録されている。東西交易路がシャムとジャワを結ぶ航路と交差する要衝にあり、ナコーンシータムマラート(リゴール)、パッターニー(パタニ)と競合する港市であった。また上座仏教圏とイスラーム圏の境域にあり、現在の北部サティンプラには多くの仏教遺跡が存在する一方、パッターニーに近い東南部のサバーヨーイ、ナータウィー、チャナ、テーパーは元パタニ王国領で、多くのマレー系ムスリムが住む。

18世紀後半、福建省海澄県出身の華僑呉譲が頭角を現してタークシン王から領主に抜擢され、ラッタナコーシン朝のもとで首都直属の華人政権として勢力を伸張し、積極的に華人の入植、鉱山開発を行なって、南北に領地を拡大した。呉氏一族は1836年にレームソン岬に華人色の濃い城壁都市計画を特徴とする新市街を建設し、これが現市街の基礎となって

いる。19世紀後半、チャックリー改革に伴い、呉氏政権は8代で引退した。ソンクラー市街からクダへの半島横断陸路はマレーからタイへの朝貢道路として古くから存在し、サイブリー路と呼ばれるが、この交易路は華人、ムスリム商人、タイ人やマレー人農民が往来し、クダを経由して福建系華人の多いペナンへ通じる。現在もアジアハイウェイの一部として整備され、タイとマレーシアの国境を縦貫する。タイ＝マレーシア国境はタイ側がサダオ、マレーシア側がブキットカユヒタムで、トラック輸送や一般旅客が最も集中する主要幹線道路である。

現ソンクラー市は行政機関が集中するが、ソンクラーの南西約30kmにあるハートヤイが20世紀初頭に鉄道の分岐点として建設され、南部随一の商業センターとして発展を遂げた。戦前のソンクラーの日本領事館は情報収集基地でもあり、サミラー岬は1941年12月8日に日本軍の上陸地となった。ソンクラーには、南部東海岸唯一の深水港があり、石油備蓄基地を擁する。たびたびタイ湾とマラッカ海峡を結ぶ石油パイプライン敷設の計画が持ち上がり、経済拠点としての期待が寄せられている。　　　　（黒田景子）

ソンクラー（湖）
ทะเลสาบสงขลา

南部ソンクラー県とパッタルン県に位置するタイ最大の湖で、面積1040km²、長さ80km、北側のタレー・ノーイ、中央部のタレー・ルアン、タイ湾に注ぐ南側のタレーサープ・ソンクラーからなる。海水の流入により一部は汽水域であるが、モンスーン気候下で季節による塩分濃度、水位、水深、湖の面積は大きく変動する。タレー・ノーイ周辺には広大な湿地帯があり、多様な水生植物や水鳥が見られる。タレー・ルアン、タレーサープ・ソンクラーでは、多種多様な小規模漁業が営まれている。ここには絶滅危惧種のイラワジイルカが生息する。湖周辺では水田稲作、果樹栽培、エビ・ナマズ養殖などが盛んである。　　　　（秋道智彌）

ソンクラーナカリン（親王）
สมเด็จพระราชบิดา เจ้าฟ้ามหิดลอดุลยเดช กรมหลวงสงขลานครินทร์（1892〜1944）

現国王ラーマ9世の父君。マヒドン親王とも称される。1892年ラーマ5世の第69子として誕生。12歳でイギリスに留学した、更にドイツで軍事学を修めるが、医学に関心を移し、1916年から3年間ハーバード大学に学ぶ。留学仲間の看護婦サンワーンと結婚。その後、シリラート医学校で教鞭をとり、医学一筋の教育研究生活を続け、タイの医学の発展に寄与する。29年37歳の若さで逝去。「タイ医学の父」と言われる。医学部を基礎として総合大学に発展したマヒドン大学は、親王の名に因んでいる。　　　　（赤木　攻）

ソンクラーナカリン親王

ソンスラデート，プラヤー
พระยาทรงสุรเดช（1892 〜 1944）

軍人。陸軍中尉を父としてバンコクに生まれる。陸軍士官学校に入り、14歳から

プラヤー・ソンスラデート

22歳までドイツに留学し、工兵学を学ぶ。1924年から立憲革命まで陸軍教育部軍事学校教官長。立憲革命のための軍事作戦立案の責任者。革命成功後、陸軍司令官補として陸軍の編成を大改革した。人民党若手の経済計画には反対した。陸軍内に、多数の信奉者を持っていたことから、若手のピブーンにライバル視され、様々な妨害を受けた。ピブーン政権成立後、反乱罪の嫌疑をかけられ、カンボジアへの出国を強制された。戦争中もピブーンに代わる指導者候補と目されていたが、プノンペンで急死した。（村嶋英治）

ソンタム（王）
สมเด็จพระเจ้าทรงธรรม（1591～1628）

アユッタヤー王朝の第23代目の王。在位1610～28年。別名イントラーチャーティラート王。父はエーカートッサロット王。母は側室であった。父王の没後、正室から生まれた異母兄が処刑されたことにより即位した。当初は政局の混乱が尾を引き、一部の日本人の反乱もあったが、その事態を収拾したのが山田長政であったと言われる。その後、山田長政は王の治世下で「オークヤー・セーナピムック」の官にまで昇った。ラーンサーン、ビルマ（ミャンマー）、カンボジアとの交戦では、22年にはタヴォイ（ダウェー）を奪われ、カンボジアとチエンマイが属国の地位から脱したが、国内情勢は比較的平穏であり、ポルトガル、オランダ、日本や、新たに参入してきたイギリスといった諸外国との交易も拡大して経済的に潤った。また、欽定布施太子大生経（マハーチャート・カムルワン）が平易な言葉で編集され直し、三蔵経も編纂され、23年にはサラブリーで仏足石が発見されるなど、仏教が隆盛した。なお、裁判制度も整備された。28年に王が没すると、王位継承をめぐって混乱が生じた。（加納 寛）

ソーン・テオ
รถสองแถว

トラックの荷台に2列（ソーン・テオ）の

ソーン・テオ

ロングシートを装備したトラックバス。1910年代に運行が始まった地方のバスがその起源と思われ、現在もタイ全土で活躍している。ピックアップトラックを改造した小型車と1～2トントラックを改造した中型車があり、同様の座席を設けた自動三輪車（サーム・ロー、トゥックトゥック）や軽トラックを改造したシー・ロー（四輪車）も仲間である。バンコクでも80年代まで目抜き通りを走行していたが、現在は小路（ソーイ）を中心に運行している。地方では短・中距離バスで用いられることが多く、村々を結ぶものは旅客輸送のみならず米袋や農作物、雑貨など貨物輸送の面でも重要な役割を果たしている。（柿崎一郎）

そんらくこうぞう　村落構造
【地方統治と地方自治】タイの地方行政区は、「地方統治法」により内務省直轄の県・郡に属する区（タムボン）、村（ムーバーン）という中央集権的な地方統治機構と、県、郡、区レベルの各自治体法により限定的な自治権を与えられた地方自治体とから成り立つ。農村では、95年の「区自治体（TAO）法」の施行以前は、区長（カムナン）、村長（プーヤイ・バーン）は、内務省直轄の末端単位である郡長の配下の半官僚的な立場にあった。彼らは郡長の招集を受けて月例会議、重要会議のために郡庁（郡役所）に集結し、指示された必要事項を村落に伝達し、実行したが、役場となる事務所はなく、自宅で必要な会議や

事務を行ない、内務省から月給よりかなり低い手当の支給を受けていた。

95年に区自治体法が施行され、区には区自治体長と各村から選出委員からなる執行部が集結し、大卒を含む事務局員が常勤する役場的な事務所が設置されて、その意思決定はまだ限定的だが、自治的機能を持つようになった。区自治体の開設初期は区長が区自治体長を兼任したが、現在は別途の選挙によって選出される。そして、現在は、旧内務省系列の区・村長、執行委員および新自治体の区自治体長・執行委員という2系列が並存し、たがいに協力しながら、村落行政を行なっている。

60年代以前の区長の地位は名誉職的であり、実質的な行政業務も少なく、執行部や委員会等の行政組織は存在しなかった。60年代の開発の時代には、区や村にも執行部や各種委員会が組織されはじめたが、当初は区長や村長の補佐役に近かった。しかし、70年代後半に農村開発計画の地方分権化が始まり、末端の行政村単位でも農村開発予算が認められ、その事業内容を審議する必要性が生ずると、村落レベルの委員会も、区評議会(サパー・タムボン)を筆頭にして、実質的行政機能を担うようになった。そして、95年以降、区評議会が廃止され、区自治体がそれに代替し、区開発予算の事業内容の審議決定等に限定されるが、地方行政は徐々に住民参加型に変わりつつあると言えよう。

【村落の範囲】寺院、小学校、集落、行政区の範域は一致しない場合もあるが、ほぼ重なり合う傾向がある。確かに親族、近隣集団、仲間、派閥等は個人差があるため、アニミズム的なむら守護霊儀礼、シャーマニズム的な霊媒師儀礼、仏教寺院の各種儀礼、小学校の行事・運営、行政区の集会・年中行事等は、特定の儀礼・行事ごとに、その関係者や集団は異なる。しかし、その範囲はほぼ集落レベルにおさまり、コミュニティ的な機能を果たしている場合が多い。

【村委員会】内務省的な村役系列の末端の村では、村長、複数の副村長、書記や会計などが行政機能を務めている。村長は住民選挙によって選ばれる。彼らを執行部として、組長、相談役、各種部会長などが加わり、村委員会が作られる。村委員会の下には、財政部会、行政部会、文教部会、社会福祉部会、保健部会、村落開発・職業促進部会、保安部会などの各種部会が設けられ、これらの部会が分担して事業を実施する建前である。しかし、村によってその実態は様々で、主要な役員が構成する区委員会だけが動き、各種部会は何もしない村も少なくない。

住民の行政的な全体集会は年1回程度であり、住民の出席率も高くなく、そこで実質的に方針を決定する行政区は少ない。むしろ執行部、主要役員からなる区委員会を毎月開催して、そこで村の行政の議題を諮り、方針を決定する傾向がある。また、結束力の弱いルースな村落では、形式的な全体集会や委員会よりも、村長を中心とした特定の個人、取り巻き、派閥などによって、実質的な意思決定がなされる傾向もある。

【近隣組】村はいくつかの近隣組(クルム)に分かれるが、この組の設置は政府・行政の指導によるものである。村の生活や文化のインフラ整備のための共同作業は、生活・農業道路、休憩所、火葬場、共同儀礼施設の建設などでは比較的よく行なわれるが、村民全員参加を義務づけるような規範は弱い。東北部や北部と比べると、村落結合がルースな中部デルタでは特にこの規範は弱く、また共同作業の機会も少ないようである。

【村落の財産】1980年代から政府・行政は村落共有の資金を設けるよう指導しているので、村落基金のある村も存在した。この村落基金を用いて寺院へ寄付をしたり、村の公共の施設などを建設してきた。タックシン政権が2001年に100万バーツ復興基金を全村に提供して以降は、すべての村において村落基金の維持が義務付けらら、基金を使った個人融資も始まった。

(佐藤康行)

た行

た

たいヴェトナムかんけい 対ヴェトナム関係
タイとヴェトナムは歴史的、地政学的に大陸東南アジアでライバル関係にあった。戦後、プリーディーはホーチミンの反仏闘争を支援し、1947年にヴェトナムとともに反植民地勢力の同盟である「東南アジア連合」をバンコクで結成した。しかし、冷戦に巻き込まれるとタイは反共親米色を鮮明にし、米軍の後方基地としてヴェトナム（北ヴェトナム）への敵対的な態度を明確にした。75年4月にヴェトナム戦争が終結すると、クックリット政権は76年8月にヴェトナムとの国交正常化を果たした。ところが、78年12月にヴェトナム軍がカンボジアに侵攻し、ヴェトナム軍のカンボジア駐留を推し進めると（カンボジア紛争）、タイはヴェトナム勢力の拡大を恐れ、ヴェトナムへの敵対的な政策をとるようになった。しかし、88年に就任したチャートチャーイ首相は「インドシナを戦場から市場へ」という政策によってヴェトナムとの関係改善を進め、ヴェトナム軍が89年にカンボジアから撤退し、91年にカンボジア和平が実現すると両国間の障害は取り除かれた。更に、ASEANにヴェトナム（95年）、ラオス（97年）、カンボジア（99年）が加盟することでASEANとインドシナの対立が解消され、戦後初めて安定的なタイとヴェトナム関係を保障する「1つの東南アジア」が構築された。　　　（高橋正樹）

たいがいさいむ　対外債務
通貨危機が発生した1997年のタイの対外債務残高は1092億ドルに達し、債務返済比率（DSR＝債務返済額／輸出額）は15.7％となった。DSRは98年に21.4％へ上昇し、80年代半ばにDSRが20％を超えて債務累積問題が発生した時以来の規模である。80年代半ばと90年代半ばでは、対外債務の内容が大きく異なっている。85年は公的債務が61％、長期債務が82％を占めており、政府がインフラプロジェクトを実施するために対外借入に依存したのが原因であった。95年は民間債務が84％、短期債務が52％を占め、企業が調達コストの低い短期の外貨を借り入れたのが主因である。バブル経済が崩壊して企業の資産価値が減価し、通貨危機により為替が下落するとバーツ換算の債務が膨らんで、企業は過剰債務の処理問題に直面した。

通貨危機に陥ったため政府はIMF等から救済融資を受け入れ、97～2000年に公的債務残高が増え、2001～03年に公的債務の返済が増えているが、経済回復に伴い06年の対外債務残高は596億ドル、DSRは11.3％に改善している。公的債務に関しては財務省が債券の発行や借り換えを行なって、その規模も管理しており、01年以降は対外債務を抑制して、国内債務が増加している。公的債務の対GDP比は、01年度末の57％から06年度末には41％に低下した。　　　　　（東　茂樹）

たいカンボジアかんけい　対カンボジア関係
タイのカンボジアへの基本的姿勢は、ヴェトナムとの潜在的ライバル関係を基底とし、カンボジアへの影響力強化にある。冷戦時代、カンボジアはシアヌーク指導の下、中国寄りの中立政策をとったが、親米路線を強めるタイはそれに反発を強めた。また、カオ・プラウィハーン（カンボジア名：プレアビヒア）寺院問題では、1962年6月に同寺院はカンボジアの主権

下にあるとの判決が国際司法裁判所から下され、両国関係は悪化した。78年12月にヴェトナム軍がカンボジアに侵攻し親越政権を樹立しヴェトナム軍を駐留させると、ヴェトナムの強大化を警戒するタイは、タイ国境に逃れたポル・ポト派を支援しヴェトナムと敵対した（カンボジア紛争）。88年に就任したチャートチャーイ首相は「インドシナを戦場から市場へ」というスローガンの下、カンボジア和平に積極的に取り組んだ。91年のカンボジア和平後はカンボジアとの経済関係は深まっているが、領土をめぐってナショナリズムが衝突することもある。たとえば、2003年1月、タイの女優が「アンコールワットはタイのもの」と発言したという報道が原因でプノンペンのタイ大使館が焼き打ちされ、一時関係が悪化した。また、08年7月のカンボジアのカオ・プラウィハーンの世界遺産登録をめぐって、両国軍隊がにらみ合う事態に発展した。

〈高橋正樹〉

たいけいみんぞく　タイ系民族

【タイ系民族の分布と歴史・文化】タイ・カダイ語族に属する言語を話す集団は一般にタイ系民族と呼ばれ、北方タイ諸語（中国南部のプイ族、チュワン〈壮〉族など）、中央タイ諸語（ヴェトナム北部のヌン族、タイー族など）、南西タイ諸語（雲南南部、東南アジア大陸部、インドのアッサム州にかけて広く分布）を話す集団に分類される（李方桂の3分類）。南西タイ諸語を話す集団の多くはタイを自称としている。南西タイ諸語を話す集団は、メコン、タンルウィン（サルウィン）、エーヤーワディー（イラワジ）などの水系に分布し、先住のモン・クメール民族の文化を吸収しつつ、13世紀以後、タイ系諸王国（スコータイ、ラーンナー・タイ、ラーンサーン、シップソーンパンナー、ケントゥン、セーンウィー、アホムなど）を形成した。これらの王国の多くは、ムアン（山間盆地を基盤とした政治的単位）の連合という形態をとったが、更に南下して、アユッタヤー朝やラッタナコーシン朝のようにチャオプラヤー川下流域の平野部に形成された国家もあった。現在、南西タイ諸語を話す集団は複数存在するが、その多くは、前近代のタイ系王国に出自をたどることができる。スコータイ朝、アユッタヤー朝の系譜を引くとされる中部タイ人は、タイ・サヤーム（シャム族）とも呼ばれ、現在のタイ国家の中核をなす。北部タイ人（タイ・ユワン）はラーンナー・タイ王国を、雲南のタイ・ルーはシップソーンパンナー王国を出自とし、ラオスおよびタイ東北部のラオはラーンサーン王国を、ビルマ・シャン州のタイ・クーンはケントゥン王国を出自としている。また、南部のパック・ターイと呼ばれる集団は、ナコーンシータムマラート王国を出自とするという。

これらのタイ諸族は、言語をはじめとして文化的に多少の差異が見られるものの、多くが、河川流域で水稲耕作に従事し、ピーなどと呼ばれる精霊を崇拝するとともに上座仏教を信仰し、双系親族組織を持つなど、社会・文化の諸側面で共通点を持つ。ただし、ヴェトナムで西北部のターイ族（黒タイ、白タイなど）は、北方タイ・中央タイグループと同様、父系親族組織を持ち、アホムなどインド・アッサム州のタイ諸族にも父系親族組織が見られる。またアホムは、ヒンドゥー教による王国を形成した。

【タイ民族意識の形成】ラーンナー・タイ王国（タイ北部）、ケントゥン王国（ミャンマー・シャン州）、シップソーンパンナー王国（中国雲南省西双版納）は、共通した仏教文化圏にあり、共通の文字が用いられてきた（タム文字文化圏）。また、中国雲南省徳宏とミャンマー・シャン州の多くのタイ系民族は、ビルマ系統の仏教文化で結ばれていた。インド・アッサム州のアホム王国は、現在のミャンマー・中国国境に位置するムン・マオの王であったスーカーファーが移住して建てたとされる。彼らは徳宏地方のタイ族（タイ・ヌー、タイ・マオ）と同系統の文字を用いている。

タイ系民族が分布する地域を分割する国境は、19世紀の英仏による植民地分割の産物であり、前近代には、以上のような、現在の国境を越えたタイ系民族による複数の文化圏が存在したのである。

広い地域に分布するタイ系民族が互いに同胞意識を持つようになったとすれば、それは近代になってからのことである。そうした意味で、「タイ族は近代史の中で作られた」と言われることがある。これは、西洋のキリスト教宣教師や言語学者の調査によりタイ系諸言語の分布・実態が明らかとなったことが1つの契機とされるが、とりわけドッドの著作『タイ族(Tai Race)』(1923年)が大きく影響を与えたとも言われる。こうした意識の高まりは、タイ民族を糾合しようとした1930年代を中心とするタイ国の大タイ主義へもつながっていった。

【文化復興運動】近代国家の中に分散したタイ系民族は、今日、それぞれ属する国家とのかかわりで「タイ族」意識を高めている。インドのアッサム州ではアホムをはじめとするタイ系民族は、文字をはじめとするタイ系文化復興運動を行なっており、ミャンマーのタイ民族(シャン)も文字文化復興運動を行なっている。これらは自治権拡大要求などが背後にあり、国民国家と対立するものでもある。また、中国、ヴェトナム、ラオスなど社会主義国では、1980年代からの対外開放政策のもとでの民族文化の見なおし政策が、文化復興を促している。この動きは、更に冷戦後のグローバリゼーションとも関わっている。たとえば80年代から始まった中国雲南省西双版納の仏教復興のため僧侶がタイに仏教を学びに行くなどの動きが見られた。また、タイのような、タイ系民族が多数民族である国家においても、中部の諸王朝の担い手であったシャム族の他にも複数のタイ系民族が存在し、自らの文化の独自性を主張している。北部のタイ・ユワンは、ラーンナー・タイ王国以来の文化のアピールを行ない、ラオスのシエンクワーン地方を故地とするタイ・プアンや中国雲南省西双版納タイ族自治州を故地とするタイ・ルーなど、タイ国外から移住したタイ系民族は、協会を作って国内の同胞の連携そして故地との連携を図ったりしている。しかしながら、以上の動きは、国家からの分離を指向するものではなく、近年の地方文化の重視の流れに位置付けられるもので、あくまでタイ国の一部としての地方文化と考えられている。　　　　　(馬場雄司)

タイご　タイ語

タイ語(Thai)という名称は、タイの国語および公用語である標準タイ語を指すこともあれば、4つの地域方言(あるいはそのいくつか)を総称して用いられることもある(【文字】以降の記述は、標準タイ語に関するものである)。

【系統】タイ・カダイ語族中のタイ諸語(Tai)のうち、李方桂の分類による南西タイ諸語に属する。

【方言】方言は地域的に、北部方言、東北部方言、中部方言、南部方言の4方言に区分される。このうちバンコクを中心に話される中部方言が標準タイ語の基盤となっている。方言間の違いは主に音韻と語彙の面に見られ、文法にはほとんど及んでいない。

【文字】現代タイ語の表記に用いられるタイ文字は、13世紀頃のクメール文字(南インド系表音文字)を手本にして作られたスコータイ文字に由来するもので、子音字、母音字、声調記号で音節を表記する表音文字である。

【類型特徴】タイ語の類型特徴は、語形変化がなく、文法関係が語順によって表される孤立語であり、一単語(より正しくは、一形態素)が一音節から成る単音節言語であり、また各音節が声調を伴う声調言語である。

【音韻】音節構造は、頭子音＋韻(母音＋末子音)と声調からなる。頭子音は/p, t, c, k, ʔ, ph, th, ch, kh, b, d, m, n, ŋ, f, s, h, r, l, w, y/の21種と/pr, pl, phr, phl, kr, kl, kw, khr, khl, khw, tr, thr/の12種の子音結合である。母

音は/i, e, ɛ, ɯ, ə, a, u, o, ɔ/の9種とそれぞれの長母音および3種の二重母音/ia, ɯa, ua/がある。声調は平声（記号なし）、低声（`）、下声（^）、高声（´）、上声（ˇ）の5種が区別される。例：maa「来る」、máa「馬」、mǎa「犬」。
【語形成】複合（compounding）が主な手段である。例：phɔ̂ɔ mɛ̂ɛ（父・母）「両親」、nám taa（水・目）「涙」、dii cay（よい・心）「うれしい」、cay dii（心・よい）「心の優しい」。
【文法】基本語順は「主語＋述語（動詞／形容詞＋補語）」、「被修飾語＋修飾語」を原則とする。述語は複数個の動詞の連続から成ることもある（pay súɯ khɔ̌ŋ maa（行く・買う・物・来る）「買い物に行って来た」）。タイ語は、一見日本語とは異質の言語に見えるが、日本語との類似を示す現象も少なくない。そのいくつかを挙げると、(1)情報構造上は、主題（topic）を文頭に置いて、その後に叙述（comment）を続けて文を構成する主題卓越型言語であり、目的語なども文頭に現れうる。(2)日本語ほど生産的ではないが、二重主語文がある。例：cháaŋ ŋuaŋ yaaw（象・鼻・長い）「象は鼻が長い」。(3)日本語の助数詞に似た類別詞がある。例：mɛɛw sɔ̌ɔŋ tua（猫・2・類別詞）「猫2匹」、sôm sǎam lûuk（みかん・3・類別詞）「みかん3個」。タイ語の類別詞は数詞がなくても用いられる。例：mɛɛw tua níi（猫・類別詞・この）「この猫」、sôm lûuk yày（みかん・類別詞・大きい）「大きいみかん」。類別詞の重要な機能は個別化である。(4)話し手のムード（心的態度）を表現する方法のひとつとして、日本語の終助詞のように文末に付ける語がある。例：男性が用いるkhráp、女性が用いるkhâ?、khá?（「です、ます」と同じように叙述内容を丁寧にする）。(5)人を呼ぶことばが多様で（人称代名詞、親族名称、名前（特にニックネーム）、職業名、地位名など）、その選択が性別や相手との関係（年齢・地位の上下関係、親疎の度合いなど）によって決まる。親族名称は親族関係のない人に対しても広く用いられる（タイ語では弟・妹や子など、目下の親族名称も呼称に用いられる）。(6)表現および解釈におけるコンテクスト依存度が高い。主語、目的語なども含めて、あえて表現する必要のない要素は省略される。また、過去、現在、未来などの時も規則的に表現されない。
【語彙】本来のタイ語のほかに、膨大な数の借用語がある。なかでもインド文化の影響によってもたらされたインド系語彙（サンスクリット語、パーリ語）は、日本語における漢語と同じように、教養語彙として重要な役割を果たしている。タイ人の名前にも好んで用いられる。王族や僧侶の身体部位や動作を表す特別の語彙（王語、僧語）には、主としてインド系語彙とクメール語が当てられる。借用語は他に、中国語、英語などからのものがある。また、最近では、略語が多用される傾向にあり、新聞紙面などでも踊っている。
【表現】sawàt diiは代表的な挨拶言葉で、時間帯を問わず、出会いの時にも、別れの時にも用いられる。日常多用されるmây pen ray「何でもない、構わない、どういたしまして」は、タイ人の精神態度をよく表していると言われる。　　　　　（三上直光）

タイこうぎょうれんめい　タイ工業連盟
สภาอุตสาหกรรมแห่งประเทศไทย

有力企業の多くが加盟する財界団体。1967年に設立されたタイ工業協会が前身。タイ工業協会はプレーム政権下で「経済問題解決のための官民合同委員会」の主要メンバーとして経済政策に対する影響力を増した。87年に「タイ工業連盟法」が制定され、より確固とした法的地位を持つタイ工業連盟に改組。産業分野ごとに組織された36の部会があり、各部会は業界団体としても機能している。92年のスチンダー政権崩壊直後には軍の再決起の動きを牽制する声明を出し、2008年には連盟会長がサマック首相に退陣を求めるなど政局に影響を与えることもある。
　　　　　（浅見靖仁）

タイこくきょうさんとう　タイ国共産党
1960年代半ばから80年代初頭まで唯一

の反政府武装勢力。中国共産党に追従し、タイ社会を半植民地半封建制と認識、独裁と米帝国主義に反対し、搾取なき平等な社会を目指した。ホーチミンが30年に在タイ越僑、華僑共産主義者を結集し、設立したシャム共産党に起源を持つ。日中戦争以来、抗日運動を展開。第2次大戦後、労働者、学生、農民を組織した。ヴェトナム戦争中は、米軍駐留に反対する。76年の学生運動弾圧により活動家が共産党に合流、党勢は最大になるが、党内論争を生む。79年の中越戦争によりインドシナの避難地を失い、更に中国の支援打ち切りにより孤立。政府の投降者に対する「特赦」政策が奏功し、同党は消滅に向かった。　　　　　　　　（高橋勝幸）

たいこくしょうぎょうかいぎしょ　タイ国
商業会議所
หอการค้าไทย

前身は、1932年12月にプラヤー・ピロムパックディー、レック・コーメート、サーティット・カンナスート、キムライ・キエンシリなどタイ人、華人により設立されたSiamese Chamber of Commerce（設立時の会員は46名）。第1次大戦後、日本やヨーロッパからの製品の輸入、国内の河川運輸、保険、電力・映画事業などの事業で成長した新興資本家たちが中心となり、コメなどの輸出とアジア域内のネットワークに依存する既存の華僑・華人商人の中華総商会とは、会員も活動も一線を画した。46年にはチューリン・ラムサムを新会長に据え、役員も一新したが、影響力を行使できなかった。66年の「商業会議所法」に基づき法人組織に改組。その活動が注目されるのは、80年にプレーム政権が「経済問題解決のための官民合同連絡調整委員会」（JPPCC）の創設により、タイ商業会議所連合（BOT）、タイ銀行協会（TBA）、タイ国産業連盟（FTI）と共に、民間代表機関として政府の政策決定過程に参加するようになってからである。同組織はその後、バンコクの各外国商業会議所との連携、ASEAN商業会議所（ASEAN-CCI）への加盟などを通じて活動を国際化させ、タックシン政権期には、県商業会議所を動員して、地方経済の振興や近隣諸国との経済交流の活性化のための担い手となった。　（末廣　昭）

タイこくちゅうかそうしょうかい　タイ国
中華総商会
หอการค้าไทย-จีน

英語名 Chinese Chamber of Commerce of Siam（Thailand）（旧称）、Thai-Chinese Chamber of Commerce。1910年に、高學修（高暉石、当時最大の精米・米輸出グループ「元發盛行」總帥）、陳立梅（ワンリー家、「陳釁利行」總帥）、伍佐南（ラムサム家）、伍辰屏（シンガポール華僑の指導者）などによって設立され、地縁組織（九属組織：廣肇、福建、潮州、客属、上海江浙、海南、台湾、雲南、廣西）、血縁組織（各姓による宗親総会）、同業公会（火礱公会、火鋸公会、五金公会など）を横断する組織。戦前はタイ在住の華僑・華人の経済利害を守ると同時に、中国本土の抗日運動や共産主義運動との複雑な関係で、蟻光炎、陳守明など主席が政治的な対立で暗殺された。戦後は、政治に関与せず、華人組織の頂上団体として活動している。88年のチャートチャーイ政権成立後、中国との交流が活発化し、2001年の朱鎔基首相のタイ訪問などでは、同会が大規模な歓迎会を組織した。1995年にサートーン路の旧中華総商会の木造家屋を近代的なビルに改築（『泰國中華総商会成立八十五週年紀年特刊』を刊行）。98年に華語・タイ語の両表記による季刊誌『華商 Hua Shang』を刊行し、華人の中国向け投資の紹介に努めると同時に、中国本土の各種団体との経済・文化交流の受け皿にもなっている。

歴代の主席は次のとおり。高學修（1910～13年、18～23年）、陳立梅（タンリップブアイ・ワンリー、14～15年）、陳澄波（16～17年）、廖葆册（リエウシエンスン・セータパックディー、24～25年）、周焯輝（26～27年）、黃慶修（28～29年）、

馬立群(マーラップクン・ブーラクン、30〜31年)、陳守明(タンシウメン・ワンリー、32〜35年、43〜45年。45年8月に暗殺)、蟻光炎(ヒアクアンイエム・イエムシー、35〜39年)、張蘭臣(サハット・マハークン、40〜42年、48〜61年)、馮爾和(コーソン・パーシーウォン、46〜47年)、林伯岐(パーキット・ウィスートティワット、47〜48年)、黄作明(アムポン・ブーラパック、62〜85年)、鄭明如(ブンソン・シーフアンフン、86年から現在)。68年に、それまでの組織を抜本的に変更し、同年新届役員(49名)を選出。その後、88/89年71名、94/95年99名、2006/07年141名と拡大し、役員の要職はかつての名望事業家の2代目や3代目が継承している。『1999年版会員名録』によると、永久法人会員1614社、永久個人会員1072人。　　(末廣　昭)

たいこくにほんじんかい　泰国日本人会
สมาคมญี่ปุ่นในประเทศไทย

20世紀に入りタイとの人的交流が進み、1913年9月、バンコクに暹羅国日本人会(初代会長は三谷足平医師)が設立され、以後在留邦人社会の中核になる。敗戦により在留邦人は残留許可の146人を除き、ほぼ全員引き揚げ、組織は自然消滅した。戦後は早く(48年)から、日タイ貿易が再開、邦人の渡航が認められると、53年5月、在留者と戦後の駐在員を中心に泰国日本人会(会員約100名)として再発足した。戦後は反日運動を省みて、タイへの社会貢献活動に活発に取り組む。2003年に創立90周年を迎えた。08年3月現在、会員数8761名、賛助会員697社。機関誌『クルンテープ』を1968年以降発行している。課題は、日本人社会の急速な拡大と情報過多がもたらした会員数の減少である。　　(吉田千之輔)

タイこくもとにほんりゅうがくせいきょうかい　タイ国元日本留学生協会
สมาคมนักเรียนเก่าญี่ปุ่น

1951年9月15日に設立された、日本留学経験者を中心とした同窓親睦会。略称OJSAT(Old Japanese Students' Association, Thailand)。日本在学歴が1年以上であれば会員になれる。現在の会員数は約3000名。スポーツ大会や旅行などの行事を実施しているほか、在タイ日本国大使館など日本の出先機関と協力し、日本文化の紹介にも努めている。また、日本語学校を経営し、日本語の普及に貢献している。日本語能力検定試験、私費外国人留学生の統一試験、日本留学フェアなどにも協力している。ASCOJA(ASEAN Council of Japan Alumni)の一員として、東南アジアの他の同種の機関と交流を重ねている。　　(赤木　攻)

ターイサ(王)
พระเจ้าท้ายสระ(1678? 〜 1733)

アユッタヤー王朝第32代の王。在位1709〜33年。池の端(ターイサ)にある宮殿を居所とし、釣りを好んだとされるプーミンタラーチャー王を指す。虎王の長子。王朝年代記が泰平の世と伝える王の統治期は、対外交易における対中交易の比重の高まりによっても知られ、清朝の要請により22年に官輸出の形で開始した対清米輸出に関しては漢文史料に詳しい。交易に中心的役割を果たしたと思われる華人官僚の宮廷における台頭は、欧州商人によっても印象深く記録されている。
　　(増田えりか)

タイしきみんしゅしゅぎ　タイ式民主主義
タイ式民主主義は、1958年10月のサリットによるクーデタ後、60年代に軍部が体系化を図った概念である。32年の立憲革命以降、タイに導入された西欧の議会制民主主義は、社会に腐敗と混乱を招き、共産主義の勢力拡大さえ引き起こしたので、タイの歴史文化を踏まえつつ、国情や特殊事情に相応しい民主主義制度を構築する必要があるとの主張に基づく。特に60年代の開発の時代には、政治の安定と国家開発、社会秩序と君主制の擁護が重視され、選挙や議会政治を否定し、サリットおよびその後継者による権威主義

的政治体制を容認する概念として構築された。タック・チャルームティアラナはサリットの政治を「独裁的温情主義」と呼んだが、独裁的な指導者であっても徳をもって国民を指導する「ポークンの政治」がタイ式民主主義であると主張された。今日、タイ式民主主義は、76年憲法以来、憲法条文に明文化されるようなった「国王を元首とする民主主義」という概念とも結びつけられているが、具体的な憲法上の規定や統一した解釈があるわけではない。票の買収や汚職に満ちているとする政党政治に対する不信感、その裏返しとして権威主義的政治を容認する議論とも関連して、枢密院の政治関与、国民の政治意識の度合いに応じた政治制度、行政効率を重視した政治制度などの要素をタイ式民主主義の特色とする議論がある。反面、地方住民の政治参加を期待しない「エリート民主主義」であるとか、クーデタという非合法手段を正当化する口実になっているとの批判がある。

(加藤和英)

だいじょうぶっきょう　大乗仏教
พุทธศาสนา นิกายมหายาน

一般に「タイ仏教は上座仏教である」というステレオタイプ化された見方があるが、歴史的には菩薩の道を説く大乗仏教の信仰が皆無であるというわけではない。美術史の時代区分上、タイ族が政治的優勢を確立する以前の時期の各地の遺跡や遺物には、上座仏教やヒンドゥー教とともに大乗仏教信仰の形跡を残すものも多数存在する。チャイヤーで発見された青銅製観音菩薩像やプラボーロマートート・チャイヤー寺の仏塔などは8～9世紀頃と推定されるシュリーヴィジャヤ美術の代表例であり、大乗仏教信仰が存在したことを示している。一方、現在全国に約3万ある仏教寺院の中で、中国系とヴェトナム系の大乗仏教寺院は合計約30(まだ浄域を持たないサムナックソンを除くと25程度)しかない。しかしマンコーン寺(龍蓮寺)などバンコクの中華街にある大乗仏教寺院には、華人系住民を中心に多くの参詣者が訪れている。またプッタタート・ピックは上座仏教のサンガに属しながら『六祖壇経』や『伝心法要』をタイ語に訳すとともに、「空」の教えを取り入れた説教を説教集の形で次々に出版し、大乗仏教、特に「禅」の思想を上座仏教の僧侶および一般のタイ人にも知らしめた。

(野津幸治)

だいタイしゅぎ　大タイ主義

1930年代から40年代前半にかけて現れたタイの拡張主義。当初はルアン・ウィチットワータカーンがタイの喪失した領土の「回復」を主張したものであったが、40年に入るとピブーンがタイ国外に居住するタイ族の一致団結を求め、タイの「失地」に居住する住民すべてを「タイ人」とみなした。失地回復紛争によってタイは04年と07年に失った土地の大半を「回復」したが、ピブーンは英米への宣戦布告後に日本軍のビルマ(ミャンマー)進出と連携してシャンへの進軍を図り、更なる領土拡張を画策した。しかし、日本軍の劣勢に伴い大タイ主義は影を潜め、戦後大タイ主義によって獲得した「失地」はすべて英仏に返還された。

(柿崎一郎)

タイちゅうおうぎんこう　タイ中央銀行
ธนาคารแห่งประเทศไทย

タイ中央銀行設立の構想が実現したのは第2次大戦にタイが枢軸国側で参戦した1942年になってからである。39年に財務省内に銀行局が設置され、それを独立させる形で設立された。その基本的業務は、標準的な発券業務、国庫出納業務および財務省の代理人としての市中銀行監督業務である。中央銀行の根拠法たる「中央銀行法」は、42年に公布されたのち、80年代初頭の金融危機を踏まえて85年に改訂がなされ、また97年の通貨危機を機に、部分的な改訂がなされて今日に至っている。同行は、財務省の財政保守主義的な傾向に対応して、伝統的に抑制的な通貨政策を維持してきたとされる。その一方

で、為替安定化基金(55年設立)や金融機関再建開発基金(85年設立)を外局に抱え、大きな基金機能を保持してきた。97年の通貨危機を契機に、世銀等の国際機関からこのような組織上の肥大化や制度、独立性の不備が指摘されるようになっている。2000年には、より強い独立性を担保する制度基盤として金融政策委員会が設置されるとともに、変動為替制度への移行後の金融政策の基調としてインフレターゲット政策が採用されている。

(三重野文晴)

たいちゅうかんけい　対中関係

【冷戦の激化と中国との敵対関係】タイの中国に対する基本的姿勢は、1949年10月の中国の共産化以降、アメリカの反共世界戦略の枠の中での中国敵対政策であった。中国に不信感を抱いていたタイ政府は、55年のバンドン会議で、中国亡命中のプリーディーがタイでの反政府活動を準備していると中国への疑念を表明した。他方、同会議で中国の周恩来は、各国との平和と友好に重点を置く「平和勢力の結集」を目指し、タイ政府の警戒心を払拭することに努めた。それを受け、ピブーン首相はアメリカの援助で強大化したパオとサリットに対抗するために中国との交流を促進し、国内では左翼運動家を釈放し政党を認めた。その結果、両国の人的交流も盛んになり、57年のクーデタ直前には友好関係は頂点に達した。

しかし、サリット陸軍司令官が、2度目の58年のクーデタで軍事政権を樹立すると親米反共路線を明確にし、左翼政治家を逮捕し中立系新聞の発行を禁止した。更に59年1月、サリット政権は中国からの全面的輸入禁止を実施し、中国に対する敵対的な姿勢を明確にした。他方、中国は58年7月のイラクへの英米の派兵をきっかけに、周恩来の柔軟外交から、新たな「中間地帯論」に基づくアメリカ帝国主義を主敵とする強硬外交へと転換していった。59〜62年のラオスで左・中立派と右派が対立した「ラオス危機」でラオスにタイが介入すると、中国はこれを激しく批判した。更に、62年3月に、タイが共産主義の攻撃を受けた場合にはアメリカがタイを防衛するという内容の「ラスク・タナット共同声明」が発表されると、中国はタイを非難するとともに、中国共産党の影響が強いタイ国共産党のラジオ放送である「タイ人民の声」の放送を開始した。そして、64年8月のトンキン湾事件以降、アメリカがヴェトナム戦争に直接介入すると、65年8月7日、タイ国共産党は中国、ヴェトナム、ラオスの支援の下に東北部のナコーンパノム県で武装闘争を開始した。

【カンボジア紛争と中国への接近】しかし、1971年からの米中接近、更に75年4月のヴェトナム戦争終結によって、中国の反ソ、反越戦略に歩調を合わせる形でタイと中国は準同盟関係にまで発展した。すなわち、73年の民主化運動を背景に登場した文民宰相のクックリット首相は75年7月1日、中国との国交正常化を果たした。この国交正常化を土台に、78年12月にヴェトナム軍がカンボジアに侵攻し親越ヘン・サムリン政権を樹立すると、タイと中国は反ヴェトナムという点から急速に接近した。タイのヴェトナム囲い込み戦略は、ヴェトナム戦争中はアメリカの反共世界戦略の枠組みの中で展開したが、今度は中国の反ソ、反ヴェトナム戦略の枠組みの中で行なわれることになった。すなわち、反ヴェトナムであるポル・ポト派を軍事的に支援する中国は、タイ領内に活動の聖域を求め、軍事物資や生活物資の補給ルートを確保するために、タイの協力が必要であった。他方、タイにとってアメリカが去った今、ヴェトナムを軍事的に牽制してくれるのは中国以外に存在しなかった。ただし、中国がポル・ポト派を支援し続けることは東南アジアに中国の代理人を置くことになるとして反対するマレーシアやインドネシアに配慮して、タイは公式には中越対立には中立の立場を表明した。その一方で、タイは中国に対し、カンボジア紛争で協

力する代わりにタイ国共産党への軍事的支援をやめるよう要請し、中国がこれに応えた結果、タイ国共産党は80年代初めに急速に崩壊した。また、中国からの軍事協力として、タイへの無償軍事援助や低価格での武器の売却があった。

【冷戦崩壊後の経済関係の強化】インドシナが戦場から市場へと変わる1990年代以降は、タイは中国との経済的協力の下に大陸部東南アジア地域での中心的地位を確立しようとしている。すなわち、冷戦崩壊過程としての中国の改革開放政策、88年のチャートチャーイ政権の誕生、91年のカンボジア和平によって、タイと中国の関係は経済関係の強化という新たな段階を迎えた。92年のアジア開発銀行によるメコン圏（GMS）計画の提唱に対し、最も強い関心を示したのはタイと中国であった。特に両国は中国雲南省、ラオス、ビルマ（ミャンマー）、タイを結ぶ南北経済回廊計画による地域経済開発に熱心である。99年2月にタイと中国は「21世紀への共同宣言」を調印し、これは経済協力を柱に両国がより包括的な協力関係を築く基盤となった。2001年に就任したタックシン政権は中国との関係を重視し、01年5月に朱首相が訪タイし、8月にタックシン首相が訪中した。各国とのFTA締結に熱心なタックシン政権は、03年6月に中国とFTAを締結し、自由化の前倒し措置として野菜と果物116品目の関税を10月から撤廃した。これにより、中国からの農産物輸入が急増し、タイの農業を圧迫することにタイ国内では批判が高まったが、タイ政府は中国との経済関係の強化を優先させている。　　　　（高橋正樹）

だいにじせかいたいせん　第2次世界大戦
สงครามโลกครั้งที่ 2, สงครามมหาเอเชียบูรพา

【第2次世界大戦とタイ】タイにとっての第2次世界大戦は、当初はピブーンの大タイ主義を実現する千載一遇の好機となったが、やがて好機は帝国主義時代の植民地化の嵐に勝るとも劣らぬ危機へと変わったものの、最終的に「世渡り上手」な立ち回りを経て危機を脱却するに至った。タイでは一般的に第2次世界大戦の直訳である「ソンクラーム・ローク・クランティーソーン」と呼ばれるが、大東亜戦争という意味の「ソンクラーム・マハーエーチア・ブーラパー」が使われる場合もある。

1939年にヨーロッパで戦争が始まると、当初タイは第1次世界大戦の時と同じく中立を宣言し、英仏日と不可侵条約を結んだ。しかし、40年にフランスがドイツに破れ、ヴィシー傀儡政権が日本の仏印北部進駐を認めると、ピブーンの大タイ主義によってメコン川を両国の国境とするようタイが「失地」の回復を要求するに至り、ついに両国の間で紛争が発生した。タイを味方に付けたい日本がこれに介入し、41年にはタイに有利な形での「失地」回復を実現させた。日本はこれでタイを自らの側に引き寄せたと理解し、英米もタイが日本側に付いたとの疑念を深めたが、ピブーンはまだどちらに付くか決めかねていた。

【日本への協力】1941年12月8日未明に日本軍が南部のナコーンシータムマラートや中部のプラチュアップキーリーカンなどに上陸してタイは戦争に巻き込まれたが、タイ政府の協力への同意が得られぬままに戦争開始となったことで、双方が衝突して犠牲者が出た。ピブーンは当初日本軍の通過のみを認めたが、やがて日本と同盟条約を結び、42年1月には連合軍に対して宣戦布告を行なうなど、タイはようやく枢軸国側に立つことを明確にした。そして、大タイ主義の下でタイは日本軍と共同でのビルマ（ミャンマー）・シャン州への進軍を求め、5月から軍事行動を展開してタンルウィン（サルウィン）川以東のシャン州を占領した。

タイは汎タイ主義の実現のため、当初積極的に日本に対して協力した。タイは直接日本軍の戦闘地域にはならなかったが、マレー侵攻やビルマ戦線の後方基地として多くの部隊が駐留あるいは通過していった。その輸送のためタイの輸送手

段、特に鉄道は重用され、日本軍の軍用列車の運行がタイの商品流通を妨げた。輸送力不足のみならず、日本軍もまたタイの食料を多数調達したことから、物資の不足や物価の高騰も問題となっていった。日本軍の物資調達は特別円と呼ばれるタイ側からの貸付によって賄われ、その返済が戦後大きな問題となった。また、タイとビルマを結ぶ泰緬鉄道の建設に代表されるように、タイ人の労務者も日本側に多数重用され、双方の不理解からバーンポーン事件のような日タイが衝突するような事件も発生した。

【連合国側への接近】ところが、1943年に入って枢軸国側の劣勢が明らかとなると、タイは日本との距離を置きはじめ、反対に連合国側との関係を密接化していった。日本はタイが占領したシャン州東部のみならず、09年にイギリスに割譲したクダなどマレー4州もタイに譲ることを表明して状況を打開しようとしたが、ピブーンの大タイ主義はもはや反応せず、将来のイギリスとの関係悪化を憂慮するほどの状況であった。同年11月の大東亜会議への出席も拒み、ピブーンの日本離れは顕著となっていった。開戦直後も連合軍の爆撃はあったが、43年末からバンコクへの爆撃も本格化し、ピブーンは北部下部のペッチャブーンへの遷都を計画した。

他方で、英米にいた留学生らによって結成された自由タイが連合国側の支援の下で活動を開始し、43年までに一貫して反日を貫いたプリーディーなど国内の反日グループと連携をとることに成功した。日本の劣勢と反比例するが如く自由タイの勢力は拡大し、44年にピブーン退陣によって成立したクワン政権には自由タイの重鎮が入閣するまでに至った。連合軍の支援によって自由タイは反日武装蜂起を計画し、日本側もその動きを察知して警戒を強めたが、政府は最後まで親日の立場を崩さなかった。最終的には一触即発の危機を迎えたが、終戦が先に到来したことで武力衝突は回避された。

終戦後直ちにプリーディーが42年の宣戦布告に摂政たる自分の署名がないことを根拠にその無効宣言を行ない、敗戦国としての立場からの脱却を試みたが、アメリカは寛大にタイの主張を容認したものの、実質的な損害を被ったイギリスとフランスは冷淡であった。アメリカがイギリスへ圧力をかけたこともあって、マレー4州とシャン州東部の返還や、コメの無償供出などを条件に46年にはイギリスと平和条約を締結した。しかし、フランスの主張する「失地」の返還を拒んだことから合意が遅れたものの、国際社会への早期復帰を優先させて結局「失地」の返還に応じた。これにより、タイは同年末に旧枢軸国としては最初に国連に加盟し、事実上敗戦国の状況から脱却した。

（柿崎一郎）

たいにちこうぎょうだいがく 泰日工業大学
สถาบันเทคโนโลยีไทย-ญี่ปุ่น
英語でThai-Nichi Institute of Technology (TNI)、2007年バンコクに開校。「キット・ペン、タム・ペン（考える能力・創る能力）」を校是に、実践的技術者の育成を目指す日本型ものづくり大学。4年制の工学部（自動車工学、生産工学、コンピューター工学）、情報学部（情報工学）、経営学部（工業管理、日本語経営）と、2年制の大学院（工業管理、上級企業経営　MBA）、および社会人のための2年制学士コース（工業管理、情報工学、日本語経営）から成り、11年には学生3000人規模となる計画。大学設立の推進母体となったのは元日本留学生・研修生で、彼らは留学時から母国に「日本型のものづくり大学を」の夢を掲げ、その準備過程として、1973年に産業人材育成事業を目的とした泰日経済技術振興協会（TPA）を、（社）日・タイ経済協力協会を窓口として日本政府・経済界の支援のもとに創設した。その後、TPAが30年の年月をかけて、夢を実現したのが泰日工業大学であり、大学名の中に「泰日」と国名が入っている所以でもある。土地・建物はTPAが用意したが、盤谷日本

人商工会議所を始め産業界も機材や奨学金提供などで協力した。　　（佐藤正文）

タイ＝ビルマせんそう　タイ＝ビルマ戦争
16世紀半ばから19世紀初頭にかけタイとビルマ（ミャンマー）の間に行なわれた戦争。王都アユッタヤーは、1569年、1767年の2度にわたり陥落している。16世紀後半を中心とした戦役の背景にはベンガル湾沿いの商港都市の覇権争いがあり、タビンシュエティとその後継者はアユッタヤーの領土的支配を企図しなかったとされている。これに対し、18世紀半ばに始まるコンバウン朝の攻撃はアユッタヤーとその支配域の徹底的な破壊をもたらし、タイの政治エリートに甚大な精神的衝撃を与えた。現在流布する「宿敵ビルマ」のイメージは、この時期に初めて形成されたとの指摘がある。　（増田えりか）

たいべいかんけい　対米関係
【アジア冷戦と親米路線へ】1945年8月16日、プリーディー摂政は42年1月に出した英米への宣戦布告の無効宣言をし、アメリカは戦後のタイの反共の戦略的位置を重視しこれを容認した。しかし、アメリカのタイ支援が本格化するのは、49年の中国共産化などアジアの共産主義勢力の拡大が顕著になってからである。特に、50年に勃発した朝鮮戦争に、タイが兵士とコメを送ると、51年にアメリカはタイに初めて武器援助と軍事訓練を行なった。54年にはタイはマニラ条約を締結し、アメリカを中心とする反共組織であるSEATOに参加した。他方、55年のバンドン会議以降、ピブーン首相はアメリカの援助で強大化したパオ（警察）とサリット（陸軍）に対抗するために、中国との交流を促進し、国内では左翼運動家を釈放し政党を認めた。自由化された新聞や活動家がアメリカ批判を強めるなど、政治が不安定化すると、サリットは57年と58年のクーデタで軍事政権を樹立し、左翼政治家を逮捕し中立系新聞の発行を禁止した。更に、中国に対する敵対的な姿勢を鮮明にすると、アメリカのタイに対する援助は58年には前年の2倍に急増した。

【インドシナの不安定と同盟強化】1959年から62年のラオス危機では、タイはラオスの左派勢力排除のためにSEATOに軍事介入することを要求したが拒否された。これに不満を持ったタイは、62年3月6日、タイが共産主義者の攻撃に晒された場合は、アメリカがタイを防衛するという内容のラスク・タナット共同声明を発表するに至った。64年8月のトンキン湾事件を契機としてアメリカがヴェトナム戦争に直接介入すると、タイは全面的にアメリカを支援し、米軍の後方支援基地としての役割を明確にしていった。既に、61年からタイ国土の米軍基地化が進められ、64年2月にタイが米軍のタイ国内駐留を認めた結果、69年には、駐留米軍は兵士3万3500名と軍用機600機に膨れ上がっていた。他方、67年9月にはタイ政府は、2207名の義勇軍を初めて南ヴェトナムに派遣した。しかし、ヴェトナムからの撤退を決めた69年の「ニクソン・ドクトリン」やそれに続く米中接近、更に75年のヴェトナム戦争終結によって、タイの対米政策は大きく変化した。すなわち、73年の民主化運動を背景に登場した文民宰相のククリット首相は、就任直後の75年7月1日に中国との国交も正常化させた。更に、タイ政府は、軍部や保守層の反対を押し切って76年7月20日までに、タイ駐留米軍のうち軍事顧問団を残して、すべてを撤退させた。

【ヴェトナム戦争後の対米関係】ヴェトナム戦争後、タイはアメリカ一辺倒外交を放棄し、近隣諸国や中国などとの全方位外交を展開した。1976年の「10月6日事件」による民主化弾圧後のターニン政権は反共外交を標榜しアメリカの復帰を求めたが、アメリカは既に東南アジアへの戦略的関心を失っていた。そのアメリカの消極的な姿勢は、78年12月にヴェトナムがカンボジアに侵攻した際（カンボジア紛争）にタイがアメリカに支援を求めた時も同じであった。しかし、82年から両国

による陸海空のコブラ・ゴールド合同軍事演習が毎年、実施され、カンボジア紛争において、これはタイへのアメリカの支持を示す意味があった。

88年に誕生したチャートチャーイ政権はカンボジア和平と冷戦崩壊を先取りし、インドシナ諸国やビルマ（ミャンマー）との経済関係を重視し、対米関係の重要性は低下した。ただし、91年の湾岸戦争はタイでのクーデタによる軍部の政治への復帰と重なり、タイはアメリカの軍艦や軍用機の給油支援を行なった。しかし、92年の5月流血事件（暴虐の5月）に対して、アメリカは抗議の意思を示し、コブラ・ゴールド軍事演習を中止した。5月流血事件後は、タイは中国、インド、日本、アメリカのバランス外交を展開した。特に97年のアジア通貨危機では、アメリカは十分な救済をしないばかりか、IMFを通じた経済改革の要求を強めたため、タイ人の反米感情は高まった。

【タックシンと反テロ同盟】2001年2月に就任したタックシン首相はアジアとの経済外交重視を打ち出し、当初は対米関係をあまり重視しなかった。たとえば、01年9月11日のアメリカへの同時多発テロに対し、タックシン政権は国内外のイスラーム勢力の反発に配慮して、アメリカの対テロ戦争への支持を鮮明にしなかった。しかし、03年5月末にアルカイダ系と見られるジェマー・イスラミヤのタイでの活動が判明すると、対テロ対策でアメリカへの協力を打ち出した。更に、03年のイラク戦争への派兵要求に応え、タイはアメリカから「非NATO主要同盟国（MNNA）」として認められた。このタイ政府の行動に対し、イスラーム勢力は強く反発し、04年以降、南部ではイスラーム勢力とタイ政府との深刻な武装対立が生まれた。他方、タイのミャンマー軍事政権に干渉しない「建設的関与政策」に対して、アメリカは議会を中心に政策変更を求めたが、タイがイラク戦争や反テロ戦争でアメリカに協力すると、その批判の調子を緩めた。　　　　　　　　（高橋正樹）

たいへいようせんそう　太平洋戦争→第2次世界大戦を見よ

たいマレーシアかんけい　対マレーシア関係
タイとマレーシアは基本的には良好な関係にあるが、国境地帯をめぐる問題が顕在化することがある。冷戦時代、タイ南部を活動の聖域とするマラヤ共産党（MCP）とマレーシア領内から支援を受けるタイ南部のイスラム分離主義者への対応をめぐって、両国は対立と協力を繰り返した。2004年以降、タックシン政権がとった南部イスラーム勢力への強硬政策にマレーシアは反発した。タックシン政権崩壊後、両国は、タイ南部におけるイスラーム武装勢力との和平に両国が協力することに合意し、マレーシアとの関係は改善の兆しが出ている。（高橋正樹）

たいミャンマーかんけい　対ミャンマー関係
ビルマ（ミャンマー）では1947年1月の独立以来、カレン族などの少数民族がタイとの国境沿いで中央政府への武装闘争を続け、タイ政府は長い間、これら少数民族を支援しビルマ政府を牽制する「緩衝地帯外交」を展開していた。しかし、88年に就任したチャートチャーイ首相は、隣国との安定的な政府間関係と経済関係の強化を優先した。そのため、ミャンマーの軍事政権が88年9月以降、民主化運動を弾圧しても、タイは「建設的関与政策」によって内政干渉はしなかった。しかし、97年に成立した第2次チュワン政権は、欧米の要求の下、ミャンマー軍事政権に民主化を求める「柔軟関与外交」を展開したが、ミャンマーは国境を閉鎖しタイ人有力者への経済権益を停止して圧力をかけた。この時期、バンコクのミャンマー大使館占拠問題やミャンマー軍のタイ領内への越境などで両国関係は悪化した。他方、ミャンマーからタイに流入する麻薬に対して、タイ軍部はビルマ軍事政権に厳しい姿勢を示した。2001年に誕生したタックシン政権は、再び内政不干渉、

経済関係優先という建設的関与政策を採用した。06年のタックシン政権崩壊後も、建設的関与政策に従い経済関係を優先させているが、タイ国内に流れ込んだ200万人のミャンマー人労働者問題、民主化問題、国境問題、麻薬問題など課題は多い。
（高橋正樹）

たいめんてつどう　泰緬鉄道

第2次世界大戦中に、日本軍がタイ（泰）とミャンマー（ビルマ＝緬）との国境地帯415kmを結び、ミャンマー戦線への補給ルートとして建設した軍用鉄道。当初は「大東亜共栄圏」一貫輸送体制のために日本、朝鮮、満洲、中国、東南アジア各地域を結ぶ「アジア縦貫鉄道」の構想から出発したが、ミッドウェー海戦で多くの主力戦艦を失い、インド洋側の制海権を失ったため、ミャンマーで作戦中の日本軍約20万の生命線として、1942年9月から約1年をかけて日本軍鉄道隊と軍属（旧国鉄職員）約1万2500人を投入して急遽完成させた。その際、密林の伐開作業、泰緬鉄道敷設の労働力に、日本軍の捕虜となっていたイギリス、オーストラリア、オランダ、アメリカ等の将兵約6万名と、近隣諸国から集められたアジア人約22万名を労働力として用いた。高温多湿な熱帯雨林の中での苛酷な労働、非人道的な扱い、流行する疫病で、連合国捕虜の約2割、アジア人労務者のうち少なくとも3割が死亡した。戦後、日本軍関係者はBC級戦犯として、死刑を含む111名が処罰された。またデビット・リーン監督の映画『戦場にかける橋』で泰緬鉄道が有名になり、タイ側に残る130kmは観光用として、かつ地元の足として現在も運行されている。
（吉川利治）

泰緬鉄道

タイ・ヤイ
ไทยใหญ่

ミャンマー連邦シャン州を中心に居住するタイ系民族。推定人口約15万〜20万人（タイ国籍者）。狭義にはシャンのみを指すが、広義ではタイ・クーン、タイ・ルーなどを含むこともある。タイ・ヤイ（シャン）は平地に居住する水稲耕作民で、仏教実践や文字など文化的にはビルマ族からの影響を受けている。自称はタイ（Tai）もしくはタイ・ローン（Tai long）。かつてラーンナー地方ではギアオとも呼ばれていた。タイ国内では主に北部のミャンマーとの国境県チェンラーイ、チエンマイ、メーホンソーン、タークに居住する。近年タイ国内で増加している「ミャンマー人」労働者の中にも、多数のミャンマー出身のタイ・ヤイ（シャン）が含まれている。
（村上忠良）

タイ・ユワン
ไทยยวน

タイ北部地方のマジョリティで、自らを「コンムアン」と称するタイ系民族（推定約500万人）。「ユワン（タイ・ユワン）」とも呼ばれる。盆地平地部で水田稲作を営み、モチ米を主食とし、上座仏教に帰依してきた人々である。かつてラーンナー・タイ王国を形成した歴史を誇り、北部タイ語（カムムアン）やラーンナー・タイ文字に代表される独自の文化を持つ。これらの点で、彼らは周辺の山地民や中部タイ人と自らを区別している。なお、タイの人々はヴェトナム人を「ユワン」と呼ぶ。紛らわしいがタイ語の綴りは異なる。
（高井康弘）

たいラオスかんけい　対ラオス関係
タイのラオスへの基本的姿勢は、歴史的、地政学的背景から、ラオスへのヴェトナムの影響力の排除とタイとの友好関係の強化である。冷戦時代、タイはラオスへのヴェトナムの影響力拡大を警戒して、ラオスの国内政治に強い関心を示した。特に、1959～62年のラオス危機において、タイはラオスがヴェトナムの影響を受けた左派・中立派に支配されることを嫌い、右派を支援した。長い内戦の後、75年12月にラオス人民民主共和国が樹立されると、それを嫌う大量の難民がタイ側に流れたが、密接な経済関係を基盤に比較的安定した外交関係を維持していた。88年8月に誕生したタイのチャートチャーイ政権が「インドシナを戦場から市場へ」政策を打ち出すと、両国の経済関係は更に深まり、94年にはオーストラリアの援助によってタイのノーンカーイ県と対岸のラオスの間のメコン川を跨ぐ「タイ＝ラオス友好橋」が建設された。しかし、97年7月の金融危機ではラオスに投資していたタイ資本が引き揚げ、ラオス経済は大きな打撃を受けた。2000年6月のラオスでの爆発事件のようなタイに拠点を置く反政府テロをめぐって関係が悪化することもあるが、メコン圏計画やタックシン首相のACMECSなどの地域経済協力計画によって関係はいっそう深まっている。　　　　　　　　（高橋正樹）

タイ＝ラオスゆうこうきょう　タイ＝ラオス友好橋
สะพานมิตรภาพไทย-ลาว

タイとラオスを結ぶメコン川架橋計画は1950年代に浮上し、調査設計まで行なわれたものの、ラオスの政情不安やその後の共産化に伴い頓挫していた。「インドシナを戦場から市場への」スローガンの下で80年代末に架橋計画が再浮上し、オーストラリアの援助により94年にノーンカーイとヴィエンチャンを結ぶ最初の橋が開通し、タイ・ラオス友好橋と命名された。この橋は中国以南では最初のメコン

第1タイ＝ラオス友好橋（ノーンカーイ）

川を跨ぐ橋であった。その後メコン圏の一環として、東西回廊を構成するムックダーハーン～サワンナケート間に日本の支援による第2友好橋が2006年末に完成した。現在ナコーンパノム～ターケーク間の第3友好橋、チエンコーン～フアイサーイ間の第4友好橋が計画されている。　　　　　　　　　　（柿崎一郎）

だいりせきじいん　大理石寺院→ベンチャマボーピット寺を見よ

タイ・ルー
ไทลื้อ

中国雲南省西双版納傣族自治州を中心に分布するタイ系民族。タイ・ルー語話者人口は約13万人。16世紀以降、現在の西双版納を領域としたシップソーンパンナー王国の民を指す。王国は、新中国成立により自治州となる。シップソーンパンナーの住民は「タイ」を自称とし、19世紀を中心とする戦乱などによってタイ北部、ラオス北部、ビルマ（ミャンマー）・シャン州に移住した人々が、「ルー」を自称とする。シップソーンパンナーの別称ムアン・ルー（ルー国）がその由来とされる。タイ国内では、チエンラーイ、パヤオ、ナーンに多く居住し、チエンマイ、ラムプーン、ラムパーンにも分布する。　　（馬場雄司）

タイわん　タイ湾
อ่าวไทย

シャム湾とも言う。太平洋南シナ海にあ

る湾の1つで、メコン・デルタ南端とタイ＝マレーシア国境を結ぶ線より北の水域を指す。チャオプラヤー川河口が最北地点で、タイ湾全体の面積は32万km²にも及ぶと言われる。氷河期にはタイ湾は存在せず、その後の海面上昇に伴って湾が形成されたと考えられている。湾内の水深は非常に浅く平均45mで、最深部でも80mにすぎない。この浅さは湾内の水流を緩和し、またチャオプラヤー川をはじめとする大河川からの淡水の流入によって、塩分濃度がかなり低くなっているのが特徴である。湾内の水温は高く、珊瑚礁が発達しやすい。サムイ島周辺の美しい珊瑚礁はタイの主要な観光スポットとなっている。また、遠浅が続く沿岸部ではかつてマングローブが発達していたが、近年、養魚池やエビ養殖池としての開発が進み、生態系が大きく変貌している。タイ東部沿岸にはチョンブリー、ラヨーン両県を中心に臨海工業地帯が広がる。海底の油田や天然ガス田の開発も進められている。　　　　　　　　（遠藤　元）

タウィー・ブンヤケート
ทวี บุณยเกตุ（1904～71）

元首相。プラヤー・ロンナチャイチャーンユットの子としてトラン県に生まれる。イギリス、フランスに留学して農学士となり、1928年帰国し農業省入省。畜産関係の部門に勤務する。32年立憲革命に参加後、政治面では議会制度導入後最初の任命国会議員に任じられ、42年無任所大臣、44年教育大臣、戦後45年8月セーニー内閣成立までの中継ぎとして、わずか17日間首相に就任する。47年クーデタ後、一時ペナンに亡命するが、サリット時代以後は復活し、国会議長およびタイ工業協会会長として活躍した。（加藤和英）

たからくじ　宝くじ

一般にロッタリーと呼ばれる公営宝くじは一獲千金に夢を託す国民に人気がある。政府宝くじ局から購入した販売員が手数料を上乗せし販売するもので、抽選会は毎月1日と16日の2回だが、5月1日と1月1日は前後に振り替える。抽選会の模様はテレビで中継される。夕方には当選番号表が販売され、翌日の新聞にも掲載される。現在ではインターネットでも公表されている。公営くじの当選番号下数桁を賭ける私営くじは裏社会の資金源となるので、撲滅策とし自分で好きな数字を選ぶくじが販売されたが、法的な不備から中止されている。　　　（阪口秀貴）

宝くじ

タウィー・ブンヤケート

ターク
ตาก

バンコクの北北西426kmに位置し、西側でミャンマーに接する北部下部の県。南北に細長く、その距離は約300km。森林が78%、田地は10%程度で、山地森林が多い県。西側国境の町メーソートから国境ムーイ川対岸のミャワディーを通って西方モーラミャイン等のインド洋に至る道は、昔から商品、軍隊のルートだった。タークシン王の名も県名に由来し、県庁

構内には王の銅像がある。現在、メーソート郡に集積する繊維衣服工場や周辺郡一帯の米作畑作農業では、カレン族を含むミャンマー国籍の労働者が多いが、東接諸県と比べ、県のGPPの製造業比率はまだ低い。将来東西回廊が開通すると、タック県は商工業の国境拠点に浮上する可能性もある。　　　　　　（北原　淳）

タクシー

タイのタクシーは、世界共通のセダン型のものと、サーム・ロー（トゥックトゥック）と呼ばれる三輪タクシー、モーターサイと呼ばれるバイク・タクシーが存在する。セダン型タクシーは1920年代にバンコクで出現したようであるが、本格的に運行が始まったのは「開発」の時代であった。かつては、もちろん冷房のない古い車を使用していたが、メーターが付いていても使用せず、交渉で運賃を決める慣習があり、煩わしかった。80年代後半からメーター使用のタクシーが出現し、現在はバンコクのタクシーのほとんどがメーター付きである。2007年の登録台数はバンコク約7万8000台、地方で700台程度であり、1990年代以降急速にその数が増加し供給過剰となっている。（柿崎一郎）

タークシン（王）

สมเด็จพระเจ้าตากสินมหาราช（1734〜82）
1767年のビルマ（ミャンマー）によるアユッタヤーの破壊後ビルマ軍の撃退に立ち上がり、分裂した国土の再統一を進め82年4月まで統治した王。その統治期は、王の居所としたトンブリーの地からトンブリー時代と呼ばれる。

【出自など】救国の英雄として頭角を現すまでの履歴を記す同時代史料はほとんど存在せず、一般に流布する出自にまつわる逸話は不確かな伝承、あるいは後世の創作であることが多い。ただし、鄭姓の華人を父に、タイ人を母に生まれたという記述は、同時代のタイ語、ヴェトナム語、漢文、欧文等の史料に多く見出され、王の統治期にタイを訪れた外国人、周辺諸

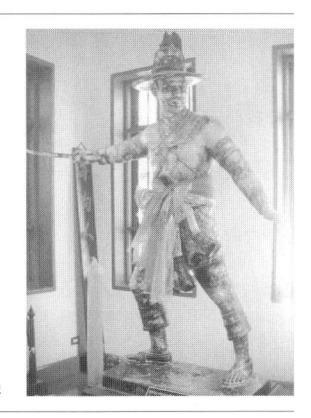

タークシン王像

国にも広く知れわたった事実であったと思われる。1769年に清朝にもたらされた報告においては、王の父は潮州府澄海県出身でタイに渡った鄭鏞と報告されている。アユッタヤーにおいて官僚貴族に出仕していたという説もあるが、定かな根拠はない。これに対し、タークの国主、プラヤー・タークの地位にあったことは同時代史料からも明らかであり、この経歴と呼び名のシンからタークシン王と通称されている。王は漢文史料中に鄭昭の名で登場するが、鄭新（中国語発音Zheng Xin）と記されている場合もあり、ヴェトナム語史料には鄭国英の名が見出せる。

【救国の英雄として】ビルマ軍の攻撃に対する防衛に明け暮れた治世を通じ、王は優れた戦略家としての才能をいかんなく発揮した。1767年アユッタヤーの陥落をもたらしたビルマ軍の攻撃に際し、王都の防衛を断念したプラヤー・タークが選択したのは、ビルマ軍の直接攻撃対象からはずれたタイ湾東海岸地方へ移動し兵力を調えるという戦略であった。途上、同調者を兵力に加えつつ、約5ヵ月をかけて東海岸地方の中心的コミュニティであったチャンタブリーを制圧すると、同年中にアユッタヤーからビルマ軍を撃退し、トンブリーに都を定めた。70年までに、ナコーンシータムマラート、ピッサヌローク、ナコーンラーチャシーマー（コーラート）などアユッタヤーの旧支配域

に混乱に乗じ割拠していた各勢力を平定すると共に、バッタンバン、シェムリアップ、パタニ（パッターニー）、トレンガヌなど周辺領域の制圧にも成功している。71年にはバーンプルールアン王家の2王子を戴き、タイの覇権を狙ったハティェン（ヴェトナム）の鄭天賜の政権に壊滅的な打撃を与えた。この間、またその後もビルマとの戦闘は継続され、ナコーンサワン、サワンカローク、ピチャイ、ターク、カムペーンペット等の北方諸国から敵軍を撃退し、またチエンマイをタイの影響下に取り戻した。治世末期には親征を止め、チャオプラヤー・チャックリー、チャオプラヤー・スラシー兄弟に主要な戦闘の任務を委ねた。兄弟は78年メコン川流域地方に派遣され、チャムパーサック、ナコーンパノム、ヴィエンチャンを服属させ、ルアンパバーンも帰順した。この頃、王によって必ずしも重用されていなかったアユッタヤーの旧貴族層の反感が次第に高まり、82年初めにタークシン王は精神異常であるとする反乱グループがトンブリーを包囲した。カンボジア遠征中のチャオプラヤー・チャックリーはこの知らせを受け急遽帰国、事態を収拾し、かねてから兄弟の支持に動いていた官僚貴族からの推戴を受け国王として即位した。タークシン王は同年4月初めに処刑された。

【人物と時代】アユッタヤーの支配体制が構造的に破壊される中、比較的短期間で復興への道筋を開いたタークシン王は、王都の陥落以降、ビルマ軍の撃退という目標を明確に掲げ実行に移した唯一の存在であった。チャンタブリーを兵力建て直しの拠点に選んだ戦略は、タイ湾・南シナ海交易に従事していた華人層を取り込み、戦略物資、食糧等を獲得する上でも功を奏した。王は自身と方言グループを同じくする潮州系華人を特に優遇したとする定説がある。しかし、人物本位で行なわれた王の人材登用のあり方を考える際、混乱の世にあって少しでも有利な状況、物資を提供し得る者が優遇されたと捉える方が現実に近いと思われる。18世紀初頭からシャムの対外交易は対中交易への圧倒的依存型に変化しつつあり、このことを背景としてタイ湾から中国南沿岸部を結んで形成されていった華人商人のネットワークとその経済的役割が、利用可能な戦力の1つとして王の視野内にも収められていたことがわかる。アユッタヤー壊滅後、対中朝貢の途絶を不審に感じた清朝が3度にわたって探索者をタイに派遣したこと、鄭天賜が清朝に対して王を簒奪者であると報告を行なったことなどから、タークシン王の統治期は対中関係の政治的側面に細心の注意を払うことを余儀なくされた時代でもあった。

（増田えりか）

たくはつ 托鉢
บิณฑบาต

托鉢を意味するタイ語「ビンタバート」の原義は乞食の意である。古代インドの修行者の風習が仏教に取り入れられ、今日の上座仏教圏に継承されている。托鉢の作法に関して律は、裸足で前方のみを見て無言で静かに歩を進めるよう規定している。布施を喜捨とみなすゆえに僧から在家信徒への返礼はない。金銭の授受に厳格な寺院では、托鉢時に僧が金銭に触れることを回避するためにデック・ワットを付き従えることがある。一般に森林派僧侶は遊行の際に日用品を入れ移動しなければいけないので一回り大きい鉢を用いる。

（泉 経武）

托鉢

ターチーン（川）
แม่น้ำท่าจีน

ウタイターニーとチャイナートの中間地点でチャオプラヤー川から西側に分岐する河川。チャオプラヤー川本流とほぼ並行しながら南下し、タイ湾に注ぐ。ターチーンは「華港」の意味。流路は変わったが、欧米との条約締結以前は、古代、中世にわたり貿易・軍事面の重要ルートだった。近代に入り、沿岸一帯がサトウキビ畑、精糖工場になった歴史もあり、米作では流域30万haの水田に灌漑用水を提供してきた。ターチーン川の流路が変わると、ドヴァーラヴァティ旧都に由来するナコーンパトムの町も現ナコーンチャイシーの地点に移ったが、ラーマ5世王が旧仏塔を修復して再び旧都地点へ戻し、ナコーンチャイシーは郡庁所在地になった。近年は国道4号線（ペットカセーム路）の沿線および外縁地域は、バンコク首都圏の主要工場地帯に変化し、繊維、家電等の日系工場も多い。　（北原　淳）

タックシン・チンナワット
ทักษิณ ชินวัตร（1949～）

実業家、元首相。1949年7月26日チェンマイ県サンカムペーン郡で、商家の第2子として生まれる。首都の軍予科学校に進学し（予科10期生）、その後警察士官学校へ進んだ。首席で卒業後、政府奨学金を得てアメリカに留学し、修士号と博士号を取得した。警察在職中にいろんな商売に手を出しては失敗した後、1983年にコンピュータの賃貸業で成功して、携帯電話、通信衛星などへ事業を拡大し、社名をチンナワット・コーポレーションへ変更。警察首脳の娘ポッチャマーンと結婚し、1男2女をもうける。94年にパランタム党の枠で外務大臣として入閣。95年パランタム党党首。既成政党では自由が乏しいことを痛感する。98年7月14日愛国党を結成し、97年憲法に基づく総選挙に備える。2001年総選挙で過半数に迫る議席を獲得し、安定多数の連立政権の首相に就任した。05年総選挙では、4分の3の議席獲得という前例のない圧勝をおさめ、単独政権を発足させた。首相在任中は非常に強い指導力を発揮した。その背景としては、愛国党が選挙で他党を圧倒し、しかもその愛国党内部で突出した地位を築いていたことがある。たとえば、愛国党を資金面で支えて与党議員を支配下に置き、毎週土曜日朝に国民向けのラジオ演説を行なうなどして与党や政府への支持調達に個人的に大きく寄与した。

06年9月19日渡米中にクーデタが発生し、そのまま事実上の亡命生活に入った。クーデタ政権はタックシンの政治生命を絶つために、その罪悪について非難を繰り返しつつ、汚職容疑の調査を進めた。憲法裁判所は、07年5月30日に愛国党を解散させ、同党幹部111名の参政権を5年間停止した。07年6月11日には政治資金を枯渇させるために、タックシンの資産を凍結した。しかし、タックシンは英国のサッカーチームを買収して、健在ぶりと資産凍結の無力さを誇示した。07年12月の総選挙で自党が勝利をおさめると、08年2月28日に帰国し、不正追及への巻き返しを図った。しかし夫人による親族間の株式譲渡に一審が脱税との判決を下したため、その後に予定される裁判での形勢の不利を予想して、08年8月にイギリスへ渡った。

経済の再生や前例のない恩恵を庶民にもたらした政策など首相在任中への高い評価、タックシンへの不正追及が強引すぎるという印象、タックシン自身の権力闘争継続意欲、対抗する政党の非力とい

った事情ゆえに、タックシンの政治的影響力は今後も維持されると予想される。
（玉田芳史）

タナット・コーマン
ถนัด คอมันตร์（1914～）

元外相。バンコクの生まれ。パリ大学卒業後、1940年外務省に入省する。国連代表部大使、駐米大使などを経て、59年から71年まで12年余り外務大臣を務めた。親米外交を堅持し、62年3月ラスク・タナット合意を締結してタイ・アメリカ同盟政策の推進者となり、アメリカから巨額の軍事援助を取り付けた。67年ASEAN（東南アジア諸国連合）創設に尽力する。セーニー・プラーモート元首相の後継として79年から82年まで民主党党首を務めた。80年プレーム内閣に副首相（82年まで）として入閣する。（加藤和英）

タナット・コーマン

ターニン・クライウィチエン
ธานินทร์ กรัยวิเชียร（1927～）

裁判官、元首相。バンコクの生まれ。タムマサート大学とロンドン大学で法律学を学んだ後、1955年法務省入省。一貫して法曹界を歩み、72年最高裁判事に任命される。『防共法の活用』、『民主政体』などを著し、反共主義者として有名だった。政治的にはまったく無名だったが、76年10月クーデタの後首相に就任。自らを軍という硬い殻に守られた貝の身にたとえたため、「貝の首相」と呼ばれる。硬直した統治は国民や軍の支持を得られず、77年10月のクーデタで政権を追われた。77

ターニン・クライウィチエン

年12月枢密顧問官に就任。カレン夫人はデンマーク出身。（加藤和英）

タノーム・キッティカチョーン
ถนอม กิตติขจร（1911～2004）

軍人、元首相。クン・ソーピットバンナラックの長男としてターク県に生まれる。1929年士官学校卒業。第2次世界大戦中以外はほとんどの期間を教官として勤務。46年陸軍士官学校教官となり、47年クーデタに参加した後、実戦部隊の指揮官となり、サリットの片腕として急速に出世した。第21歩兵連隊長、第11歩兵連隊長、第1師団長、第1軍管区司令官、ピブーンソンクラーム政権で協同組合副大臣、国防大臣を歴任、陸軍司令官補佐を経て、57年9月クーデタ後のポット政権で国防大臣に就任する。ポット辞任の後、病身のサリットに代わって58年1月首相に就任。同年10月サリットが再びクーデタを行なうと、首相ポストを譲り、副首相と国防大臣に就任する。63年12月サリットが病死すると、首相、国軍最高司令

タノーム・キッティカチョーン

官、陸軍司令官に就任した。64年陸軍司令官ポストをプラパートに譲り、自らは首相、国防大臣、国軍最高司令官のみの兼任となり、プラパートは副首相、内務大臣、陸軍司令官の兼任となった。こうして重要な官職を分け合うことによって権力の均衡を保ち、プラパートと二人三脚で長期にわたって政権を担当した。

タノーム政権の基本政策はサリット路線を継承した「開発体制」であったが、サリットが上からの社会改革を意識したのに対して、タノームは共産主義への対応という点を強調した。これは64年のトンキン湾事件を契機とするアメリカの北爆開始によるヴェトナム戦争の本格化と国内の政情不安悪化に対応するためであった。タイ国内基地の提供、ヴェトナム戦争へのタイ軍派遣など、アメリカに全面的に協力する一方、アメリカより莫大な額の軍事経済援助を受けた。政治的自由を厳しく規制する強権的な体制を維持する一方、テクノクラートの登用、道路網をはじめとするインフラストラクチャーの整備、外資の導入などの経済政策を強力に推進した結果、タイ経済は目覚ましい成長を遂げた。68年6月恒久憲法が制定され、同年10月政党法も公布されると、タノーム首相は、タイ国民連合（サハプラチャータイ）党を結成して党首に就任。69年2月の12年ぶりの総選挙を経て首相に再任されるが、国会を円滑に運営できず、71年11月クーデタを行なって強権的支配体制を復活させる。しかし、73年10月、憲法制定を要求する学生の運動が首都圏民衆の支持を集めて大規模な反政府デモへと発展し、退陣に追い込まれて亡命する（「10月14日事件」）。その背景には、長期政権に対する飽き、息子のナロン大佐をプラパートの娘と結婚させて政権の継承者としようとしたことやナロンの専横なふるまいへの反発、軍内部の結束が人事の滞りに起因して崩壊したことなどがあった。76年9月亡命先から帰国し、ボーウォーンニウェート寺にて出家した。
（加藤和英）

タバコ

学名 *Nicotiana tabacum*。ナス科の温帯では1年生、熱帯・亜熱帯では2～3年生の草本。原産地は熱帯アメリカで、コロンブス以降、急速に世界に広がったとされるが、各地にたくさんの栽培品種がある。葉にはニコチンを含む。一般には工場生産のシガレット（紙巻タバコ）、葉巻、刻みタバコでの喫煙用製品であるが、噛み煙草や嗅ぎ煙草もある。山地民などは太い竹に水を入れ、これをくぐらせた水キセルも使う。高温で比較的乾燥した気候を好み、タイでは北部、東北部のメコン川沿いで主として栽培され、産地には特徴あるタバコ乾燥小屋が建っている。
（渡辺弘之）

タバコ葉の乾燥

タピオカ →キャッサバを見よ

ダム

13世紀スコータイの碑文に「サリートポン」とあるのが、ダムの記録としては最古のものと思われる。近代的なダムは、1950年代以降の開発の時代に多数建設された。大規模なものは、発電、灌漑、洪水防御などの多目的ダムであった。現在、ダム建設候補地は枯渇状態に近く、費用便益比の高騰、水没地住民の補償、環境への影響の危惧などで、今後は大規模ダムが建設される見込みは小さい。しかし、たとえば東部工業地帯は慢性的な

水不足のため、中小規模のダム貯水池の建設が進行中である。今日、ダムへの関心は、近隣国の発電ダムからの電力供給や中国のメコン川上流ダムの影響等、外国のダムに向けられている。　（福井捷朗）

タム・ブン
ทำบุญ

功徳（ブン）を積む（タム）ことの意。実践宗教としてのタイ仏教の中核をなす観念である。タイ人仏教徒は、人の幸不幸はブンの多寡によると信じている。過去世から現時点までのブンの多寡が現在の幸不幸を決定し、現時点から残りの現世において積まれるブンの多寡が来世の幸不幸を決定すると考える。ブンは善行によって積まれる。布施、読経、瞑想など仏教実践に限らず、社会的弱者に向けられる寄付行為や人助けも含まれる。本来出家は現世的価値観の超越をめざすものであるにもかかわらず、現世的幸福であるブンを獲得する行為として位置付いている。獲得されたブンは、他への転送も可能である。タイ人にとって出家が両親への恩返しの意味を持つのは、本人から両親や祖霊へのブンの転送が可能だからである。転送・分与したブンが獲得したブンを減少させるのではなく、かえって増幅させ、ブンが他へ廻向転送されることでタム・ブンは完結すると考えられている。幸福を希求する行為者の内面的動機がタム・ブンの契機ではあるが、積んだブンを自らの幸福に結合させるには、他への転送・分与にまで及ぶことが宗教的に意味づけられている。　　　　　　（泉　経武）

タムマカーイ（寺）
วัดพระธรรมกาย

バンコク近郊のパトゥムターニー県に位置するマハーニカーイ派の一寺院。女性出家修行者のウバーシカー・チャン（1909〜2000）、およびタムマチャヨー師（1944〜）とタッタチーウォー師（1941〜）の2名の僧侶が中心となって1970年に修行所を形成。77年に寺院への昇格を

タムマカーイ寺

認可された。この寺の僧侶と在家信徒からなるタムマカーイ財団が、タムマカーイ寺と共同で組織的な活動を行なっている。これらの組織は活動開始当初から大学生など若者を中心に布教活動を展開している。都市新中間層の信徒が多いが、近年は他の階層にも広まりつつある。またタイ国内のみならず、欧米や日本を含むアジア諸国に支部が設立されている。この寺の活動の特色は、水晶や光の球を媒介として「法身（タムマカーイ）」と呼ばれる対象を観想する独特な瞑想実践、学生や若者を中心とした倫理実践、最新のメディアを利用した活発な広告と勧誘、大規模な宗教施設とイベント的な儀礼などである。法身を観想する独自の瞑想は、パークナーム寺の元住職プラモンコン・テープムニー（ソット・チャンタサロー）師に始まる。なお98年から99年にかけて、タムマカーイ寺の教義内容や資産管理について疑義が生じ、社会問題ならびに訴訟となったが、2006年には検察側が元住職への訴訟を取り下げている。

（矢野秀武）

タムマユットは　タムマユット派
ธรรมยุตินิกาย

即位前に出家生活にあったラーマ4世王が形成したタイ上座仏教の派閥。パーリ語三蔵経に即した戒律尊守の運動から始まり、1881年にはタイ・サンガ内における独立集団となった。タムマユット派に属している寺院は、タイ全国寺院の6%

弱、1987寺にすぎないが(2004年)、ラーマ9世王も同派で一時出家するなど王室に近い派であり、サンカラートは同派出身者が多く、在来派に匹敵する影響力を持つ。なおマハーマクット仏教大学はタムマユット派に属する。またマハーニカーイとタムマユットの2派構成はラオス、カンボジアにも伝わった(ラオスでは後に在来派と統合)。　　　（矢野秀武）

ダムロン(親王)
สมเด็จกรมพระยาดำรงราชานุภาพ(1862～1943)

ラーマ4世の第57子でラーマ5世の異母弟。内務大臣としてチャックリー改革の中で最も重要な課題であった地方統治改革を推進した立役者であり、テーワウォン親王と共にラーマ5世王期において最も重要な政治的役割を果たした王の側近でもあった。親王は王宮内でパーリ語や英語など様々な学問を学び、多くの外国人との交際によって教養を高めた。当初は軍職に就いたが、1887年に設立された教育局の局長に就任し、近代教育の導入に専心した。91年には特別使節としてロシアなどヨーロッパ諸国へ派遣され、各国との友好関係の強化に努めた。その後92年の省庁改革に伴って内務大臣に任命され、以後地方統治改革を中心とする内政改革を担当することとなった。テーサーピバーン制と呼ばれる地方統治の集権化を遂行し、従来チャオ・ムアン(領主)が有していた統治権限を、新たに派遣した州長を経由して内務省が掌握する形に改めた。その過程では、ラッタナコーシン暦121年反乱に代表されるような地方の反発も発生したが、親王の断固とした対応により、最大の懸案であった地方統治改革は着実に進んだ。頻繁に地方視察も行ない、各地の実情を見聞してその理解を深めようとした。ラーマ5世の信望も厚く、親王は内政面に限らず様々な政策課題について持論を展開し、多くの場合それが採用された。このため、内政に限らず、タイの進路を決める上で親王はきわめて重要な役割を果たした。

ラーマ5世の死後、1915年には内務大臣の職を辞して国立図書館の館長となり、政治の世界からは一時的に引退したが、23年にはラーマ6世の要請で御璽大臣に復帰する。次のラーマ7世王期には、最高顧問として他の有力王族4人と共に最高顧問会議を構成し、ラーマ7世への助言を行なう立場となった。32年の立憲革命による失脚後しばらくフアヒンで静養し、やがてペナン島に移った。その後マラヤが日本軍に占領された42年に帰国したが、翌年亡くなった。

ダムロン親王はタイの学問の発展に重要な役割を果たし、歴史、芸術、考古学などの多くの著作を残したばかりでなく、古い史料の収集、編纂や解題も行なったことから、「タイ歴史学の父」と称されている。現在も続いている葬式本という形での史料の復刻も、ダムロン親王がその基礎を築き上げたものであり、タイにおける出版文化の醸成に重要な役割を果たした。国立図書館や国立博物館の事実上の創設者としても、親王の果たした功績は大きい。現在学校教育の場で教えられているタイのナショナル・ヒストリーも、ダムロン親王の歴史観を色濃く反映したものであるが、近年その見直しも活発化している。　　　（柿崎一郎）

ダムロン親王

タムロンナーワーサワット, ルアン
หลวงธำรงนาวาสวัสดิ์(1901～88)

軍人、元首相。アユッタヤー県の生まれ。海軍将校(少将)であるが、法律学をも修

ルアン・
タムロンナーワーサワット

めた。1932年立憲革命に参加、議会の第2種議員、無任所大臣、内務大臣、法務大臣を歴任する。ラーマ8世王変死事件により辞任したプリーディーの後を受けて46年8月首相に就任。同年12月国連加盟を実現させるなど外交面での実績をあげる。国会における答弁のうまさに定評があり、マスコミから「黄金の舌の首相」というあだ名をつけられた。47年11月8日軍事クーデタにより首相の座を追われた。　　　　　　　　　　　（加藤和英）

たんすいぎょ　淡水魚
日本では食材としては海水魚の陰に隠れた感の強い淡水魚も、タイを含む東南アジアでは、その地位はきわめて高い。市場、特に朝市で驚くほど多種多様な淡水魚が文字どおり山のように売られている光景を目にすれば、淡水魚がいかに親しまれているかが実感できるだろう。漁獲が容易な淡水魚は、内陸部のみならずバンコク周辺でも古くから重宝され、海水魚の供給が増加した現在でも、淡水魚に対する嗜好性は衰えていない。市場で見られる淡水魚の多くはコイ科やナマズ目のものだが、キノボリウオやトゲウナギ科魚類、ナギナタナマズ科魚類など、日本では観賞魚として扱われるような魚も食用鮮魚として並ぶ。空気呼吸器官が発達しているキノボリウオやタウナギ、タイワンドジョウ科魚類は、少ない水の中でも長時間生きていられることから、市場ではふつう生かしたまま売られる。アフリカ原産のナイルティラピアをはじめ、近年では南米産カラシン科のレッドコロソマなど、海外から養殖あるいは鑑賞用として持ち込まれた魚も増えており、自然水域への影響が懸念されている。調理法は魚種により様々だが、スープや塩焼き、干物、空揚げなどにして賞味されることが多い。　　　　　　　（渋川浩一）

タムマサートだいがく　タムマサート大学
มหาวิทยาลัยธรรมศาสตร์
プリーディー・パノムヨン（初代学長）が民主主義を愛し守る人材を養成する目的で1934年6月27日に設立。「法政大学（マハウィッタヤーライ・ウィチャー・タムマサート・レ・カーンムアン）」として発足し、52年に「タムマサート大学（マハーウィッタヤーライ・タムマサート）」と改名。32年の立憲革命の理念を建学の精神とし、民主主義の砦としての伝統を誇りとし、言論の自由を重んじる気風を持つ。60年まではオープン・ユニバーシティとして無試験入学制をとった。タイで初めて教養教育を導入したことでも有名。法曹界、官界、政財界に優秀な人材を輩出してきた。73年10月には軍事政権を倒す学生運動の拠点にもなった。76年には、構内で発生した10月6日事件で多くの学生や市民が死傷した。2007年年次報告書によると、大きく変革するグローバル化時代に対応し、社会のニーズと期待に応えることをミッションとする。

タムマサート大学

キャンパスは、チャオプラヤー川岸のタープラチャンをはじめ、ランシット（86年設置）、パッタヤー（95年設置）、ラムパーン（96年設置）の4ヵ所。17の学部と5つのカレッジや研究所（タイ学研究所など）を擁する。学部やカレッジは大きく社会科学群、人文科学群、理工学群、医学群の4学群に編成されている。現在全部で256のアカデミックプログラムが開設されている。学生数は2007年現在学部・大学院を合わせ3万1876人（学部生約2万3000人、大学院生約9000人）。教職員数は5825人（教員約1500人、職員約4300人）。大学の自治化を準備中。

（平田利文）

ち

チー（川）
แม่น้ำชี

東北部を東流する河川であり、ラム・チーとも称する。延長765kmで、メコン川の支流ムーン川最大の支流である。水源はチャイヤプーム県のカオ・サリエンタート山（1242m）で、東北部の中央部を東から南東に向かって流れ、ウボンラーチャターニー県でムーン川に合流する。東北部ではムーン川に次ぐ規模を持つ河川であるが、蛇行が甚だしく雨季には毎年のように洪水が発生し、流域の住民や水田に被害を及ぼしている。またコーンケン付近に立地する工場の排水が流れ込んで漁業に影響が出るなど、水質汚染の公害が発生したこともある。（柿崎一郎）

チエンコーン
เชียงของ

バンコクの北898kmに位置する北部チエンラーイ県の郡。メコン川畔に位置し、対岸はラオスのボーケーオ県の県庁所在地フアイサーイとなる。北のチエンセーンと共に北部における対ラオス交易の拠点であり、一時は道路が先に到達したチエンセーン経由が主流であったが、1960年代にアメリカの支援でチエンコーンに道路が到達するとチエンコーン経由が脚光を浴びるようになった。75年のラオス共産化に伴い国境は閉鎖されるが、88年に再開されてからはメコン圏の南北回廊のラオスルートの中継点としても脚光を浴びることとなり、現在対岸のフアイサーイとの間の架橋計画が進行している。なお、プラー・ブック捕獲の地としても有名である。（柿崎一郎）

チエンセーン
เชียงแสน

バンコクの北843kmに位置する北部チエンラーイ県の郡。チエンラーイ市から北東へ約60kmに位置し、メコン川沿いにある古都の名称でもある。11世紀ごろから栄えたチエンセーン王国の都であったが、13世紀に出たマンラーイ王が南下政策をとり、やがてチエンマイを建設したことなどを契機として、次第にその地位を低下させた。町の東側を流れるメコン川の約10km上流には、タイ、ミャンマー、ラオスの3国の国境が接する「黄金の三角地帯（ゴールデン・トライアングル）」がある。ここはかつて、麻薬の原料となるケシの栽培の世界的中心であったが、タイ政府は1970年代にケシ栽培の駆逐を推し進め、今ではその名が残るばかりの観光地となっている。近年では中国との間のメコン川水運のタイ側の拠点としての機能も高まっている。（遠藤 元）

チエンセーンおうこく　チエンセーン王国
ราชอาณาจักรเชียงแสน

ラーンナー・タイ王国の創始者マンラーイ王の一家が支配してきたメコン川畔に位置するムアン。14世紀初めのマンラーイ王朝第3代のセーンプー王の時代に新たに環濠と城壁に囲まれた王都が作られ、チエンマイに代わり一時的にラーンナー・タイ王国の中心地として機能した。その後はラーンナー・タイの1ムアンの

地位に成り下がった。16世紀半ばにラーンナー・タイがビルマ（ミャンマー）の支配下に入ると、ビルマのラーンナー・タイ支配の拠点とされたが、19世紀初めのラーマ1世の時代にタイ軍が奪還し、城壁が壊されて、王都は廃墟となった。

（柿崎一郎）

チエンマイ
เชียงใหม่

バンコクの北方693kmに位置する北部上部の県。人口、面積ともに北部最大で、県北端はミャンマーと国境を接する。県庁のあるチエンマイ市は、都市機能の点でタイ第2の都市であるが、市域（テーサバーン管轄区域）面積が40km²と狭いこともあり、人口は15万1000人（2006年）にすぎない。気候はバンコクに比べて冷涼で、特に寒季（11月〜2月初め）には市内でも最低気温が10℃前後まで下がる日がある。チエンマイ（「新しい城壁都市」の意味）の歴史はバンコクよりもずっと古く、1296年にマンラーイ王が建設したことに始まる。つまり、メコン川沿いの王国（ムアン）チエンセーンの王であった同王が南下し、先住民族モン人国家のハリプンチャイ（現ラムプーン）などを征服した末、ピン川のほとりのこの地に新都を建設したのである。その後、王は更に版図を広げてラーンナー（「100万の水田」の意味）・タイ王国と呼ばれるようになり、チエンマイはその首都として繁栄した。14世紀から16世紀前半にかけて、プラシン寺、スワンドーク寺、ドーイ・ステープ寺、チェーディー・ルアン寺など現在にまで残る有名寺院が多数建立された。しかし、16世紀半ばにラーンナー・タイ王国はビルマ（ミャンマー）に敗北し、以後200年余の間、主にビルマ勢力の支配下に置かれた。その後、18世紀終わりにトンブリー王朝のタークシン王によるビルマ軍撃退に伴ってその属国となり、次いでトンブリー王朝に取って代わった現ラッタナコーシン王朝の下でも属国としての地位に甘んじた。もっとも、その時代まではチエンマイは自律的な統治形態が認められていたが、同王朝ラーマ5世王の治世下で地方行政改革が進められ、政治的には1894年に完全に現王朝に統合されるに至る。そして、立憲革命後の1933年にチエンマイ県となった。チエンマイ市は、同県県庁所在地の郡の一部である。

経済的には、バンコクを起点とする鉄道が22年にチエンマイまで開通したことに伴いバンコクとの結びつきが決定的に強まり、バンコクの華僑・華人商人との取引関係や人的ネットワークをてこにチエンマイでも華僑・華人商人が経済の主導権を握るようになった。更に、サリット政権（59〜63年）以降の地域経済開発の下で、幹線道路網とチエンマイ国際空港の建設・整備、タイ最初の地方国立大学であるチエンマイ大学の設立（64年）、中央行政機構の出先機関の集中的設置などの結果、チエンマイは経済的機能と政治・行政的機能の両面で北部における中心性をいっそう高めた。

80年代終わりから90年代半ばにかけてバンコク首都圏を中心に起こった投資ブームは地方都市にも波及し、とりわけチエンマイ市では高層コンドミニアム、高級ホテル、近代百貨店、ハイパーマーケットなどが乱立した。また、85年にチエンマイ市郊外（隣接するラムプーン県内）に工業団地が建設されたのをはじめ、主に幹線道路沿いに電子産業や食品加工業などの工場が設立されるようになった。このように近年、北部ではチエンマイ市にますます都市機能が集積し、それにともなってチエンマイ市およびその周辺では、交通渋滞、水質汚濁、ゴミ問題、地価高騰、歴史・文化遺産や景観の破壊など様々な都市問題も発生している。

もっとも、こうした都市化現象はチエンマイ市とその周辺に限定される。チエンマイ県全体として見ると、大半は田園地帯と山岳地帯とが広がる。灌漑施設が発達しているチエンマイ盆地では主に稲作が行なわれ、自給用のモチ米と換金用

のウルチ米の栽培が見られる。ダイズ、タマネギ、ニンニクなどの畑作、ラムヤイ（竜眼）をはじめとする果樹栽培なども盛んである。山岳地帯には様々な少数民族が居住し、焼畑耕作など粗放的な農業が行なわれている。

また、チエンマイは観光関連産業が発達していることも特筆すべき点である。上記のように、チエンマイはバンコクを中心とする現王朝とは別系統の歴史を持ち、芸術、寺院・仏塔、料理、服飾などの面において、タイとビルマの要素が融合した独自の文化を作り上げてきた。それらがチエンマイの重要な観光資源となっている。木彫り、銀細工、絵傘、絹織物、山地少数民族の織物などの工芸品も豊富である。市内のチャーンクラーン路で開かれるナイトバザールには毎晩多くの観光客が繰り出す。市外にも観光地は多く、東方郊外のサンカムペーン郡には工芸品の製造・販売店が集まり、北方郊外のメーリム郡にはメー・サー滝や象のキャンプ場、蘭園などが点在する。西方郊外のドーイ・ステープからはチエンマイ市内を一望できる。県南部にはタイ最高峰のドーイ・インタノン（インタノン山）がそびえる。山岳地帯の少数民族の村には、欧米人を中心に多くのトレッキング・ツアー客が訪れる。　　　　　　（遠藤　元）

チエンラーイ
เชียงราย

バンコクの北方829kmに位置するタイ最北端の県。県西部および東部は標高1500〜2000mの山岳地帯で、県の平均標高は416mである。北はビルマ（ミャンマー）、東はラオスとそれぞれ国境を接し、3国の国境がメコン川で接する地帯は、「黄金の三角地帯」（ゴールデン・トライアングル）と呼ばれる。

県庁所在地はコック川沿いのチエンラーイ市である。チエンセーンの王家に生まれ、後にラーンナー・タイ王国を創設するマンラーイ王によって、1262年にチエンラーイの町が建設され、69年にファーンに遷都されるまで王国の首都として機能した。現在、市内には王の記念像が立っている。チエンラーイは遷都後も、王族によって統治されていたが、1558年にラーンナー・タイ王国がビルマの攻撃を受けると、約200年にわたってビルマの統治下に置かれた。1786年にビルマの支配を脱し、その後はラーンナー・タイ王国の属国とされた。1910年にチエンラーイ市を中心とした地区がチエンラーイ県となった。

農業が主な産業で、農林業および漁業が県内総生産の3割弱を占める。主な農作物はコメのほか、トウモロコシ、茶、ダイズ、キャッサバ、コーヒー、タバコなどである。果物の栽培も盛んで、リンチー（茘枝）、ラムヤイ（竜眼）、ソムオー（ザボン）などが栽培されている。

2008年3月に、中国雲南省の昆明からラオスのボーケーオ県フアイサーイ、チエンコーンを経由し、バンコクまでつながる南北経済回廊を構築する道路が開通した。11年にはフアイサーイとチエンコーンを結ぶ橋も完成する予定で、大メコン川地域の交通拠点の1つとなっている。また、チエンコーンおよびチエンセーンには大型商業船が停泊できる港があり、中国、ミャンマー、ラオス、タイの4国の水上交易の要所でもある。一方で、商業航行路改善のための早瀬爆破や中国のダム建設などの開発による影響と見られる異常な水位変動や生態系の変化といった環境影響も報告されている。チエンコーンなどで捕獲されるプラー・ブック（メコンオオナマズ）は、世界最大の淡水魚として知られているが、近年の河川の環境変化で捕獲数は減少しており、絶滅が危惧されている。

県の人口の大半を占めるタイ族のほかに、アカ族、ユーミエン（ヤオ）族、ラフ族などの山岳民族が暮らし、多様な民族構成で知られる。県内には、エメラルド仏が最初にまつられていたと言われる寺院、「黄金の三角地帯」、チエンセーンの遺跡、メーファールアン植物園などの観

ちーく ▶

光名所がある。また、メーファールアン大学は、国立大学としては最も新しい。

（東　智美）

チーク

クマツヅラ科の広葉落葉樹で、学名 *Tectona grandis L.*。タイ語名は「マイ・サック」。インド、ミャンマー、タイ北部、ラオスに自生する。東南アジア大陸部のモンスーン林やサバンナ林を代表する樹種で、インドネシアのジャワ島でも古くから植林された。近年、マレー半島、ボルネオ島など、本来の自生地以外の熱帯多雨林でも植林され、タイでは北部や西部の混交落葉林タイプの森林にも見られる。チーク材は天然の油成分を含むため強度や耐久性に優れ、加工がしやすく、乾燥時にも反りにくく、木目がきれいで独特の香りがある。また、水、シロアリの虫害、菌類の腐食等にも強い。このような特徴から、古来様々な用途に重宝され、現在では世界で最高級の木材の1つである。タイでは古くから建材として利用され、北部には今も総チーク造りの古い寺院や民家が残る。バンコクのウィマーンメーク宮殿は世界一のチーク建造物として有名で、100年以上を経た現在も、その壮麗な姿が多くの観光客を引きつけている。家具や彫刻など木工品にも利用され、特徴のある大きな葉は屋根葺きにも使われる。近代のヨーロッパ諸国やその植民地では、船材や鉄道の枕木に使われてきた。

チーク材は、東南アジア大陸部の重要な交易品であった。タイで、近代的な森林開発技術を用いてチークの伐採が始まったのは19世紀以降、特に、1855年のバウリング条約以降であり、イギリスの会社が主体だった。英領インドの鉄道建設のため、インドやビルマ（ミャンマー）のチークを伐り過ぎたイギリスは、タイ北部のチークに目をつけた。もともとチークを含む森林はチエンマイ等の北部地方国の領主の私的な財産とされ、彼らがイギリス企業に伐採権を与えていたが、複数の企業に重複して伐採権を与えるなど問題も多かった。政治的な中央集権化と経済的価値の大きな資源の中央管理をめざして、中央政府は、チャックリー改革の過程で、北部の領主（チャオ・ムアン）たちから森林管理権を奪い、中央集権的森林管理体制に切り替えた。86年には森林局を設置し、伐採権の付与、伐採の監督、違法伐採の取り締まり等の中央政府主導の近代的森林管理を開始した。その局長は、初代局長スレードから3代目まで、英領インドから招聘し、チーク林の計画的な伐採管理を行ない、設立当初は森林局本部を地元チエンマイに置いた。なお、当時の建物は、保護林管理事務所として現在でも使われている。その後、乱伐により天然チーク材が急減し、1906年からチークの造林事業も始められた。多少の時期のずれをおいて、他の東南アジアの地域やインドでも同様に資源枯渇を踏まえて造林事業が開始された。第2次世界大戦ごろまで、チーク材はタイの主要輸出品だったが、その後、資源の枯渇と政府の輸出規制によって激減した。

現在、チーク材の主な輸出国はミャンマー、インドネシアで、タイは輸出ゼロである。タイではチークは禁伐種であり、天然もののチーク伐採は例外なく違法である。外国でも天然ものはきわめて稀少だが、人工造林ものと比べると木目が詰まって良質で、その需要は依然として根強い。タイの天然ものチークの違法伐採の摘発事件は後を絶たず、しかも、政治家や高級官僚の関与が指摘され、スキャンダルも多い。これまで、東南アジアでは長期的な視野に立つ造林は一般的でなかったが、持続的で良質な木材生産を行なうとすれば、チークは最も有望な樹種の1つだろう。しかし、ゴムの価格上昇、二酸化炭素排出削減や排出権取引の枠組等の条件下で、成長が速く炭素固定量が多い早成樹種の植林、バイオ燃料の需要増大による油ヤシの栽培なども生じており、現在の森林を取り巻く社会経済的環境をも考えざるをえない。（藤田　渡）

ちくさん　畜産→家畜・家禽を見よ

チット・プーミサック
จิตร ภูมิศักดิ์（1930～66）

文学者、思想家。プラーチーンブリー県に生まれる。トリエムウドム高等学校からチュラーロンコーン大学文学部に進学。当初から文才で名声を馳せ、後に強烈な社会批判の詩を書くようになり言論界で活躍。同時に、碑文や貝葉文書などの史料を駆使したタイで初めての唯物史観による歴史研究論文『タイ・サクディナー制の素顔』、言語学的大著『タイ族の歴史――民族名の起源から』などを残す。チットの作品は、多数の詩、文芸評論、翻訳、歴史書など広範にわたるが、根底にはすべてタイ社会の在り方を問うチットの思想が息づいている。その源泉は、言語の科学的研究の方法論、ピブーンの軍事独裁政権の腐敗、社会主義思想である。厳しい反共政策の時代に恐れを知らずに体制批判の論陣を張り、共産党員の嫌疑で退学、逮捕、投獄などの弾圧を受け続け、1965年にゲリラ活動に参加して翌年政府軍に射殺された。早すぎた死であるが、後年、学生たちに再発見されたチットの作品は熱狂的に支持され、その後の歴史研究に多大な影響を与えた。彼を知る人はみな、その情熱、勇気、勤勉さ、天賦の才を賞賛してやまない。（坂本比奈子）

チット・プーミサック

ちほうぶんけん　地方分権

地方分権は近代的な中央集権国家の成立が前提となるが、タイで最初の地方分権は立憲革命後に自治体（テーサバーン）を設置した1935年まで遡る。その後50年代に衛生区や県自治体、区自治体（旧）が設置され、70年代にはバンコク都やパッタヤー特別市が設置されるなどしたが、本格的な地方分権は90年代の民主化とともに進展した。特に重要なのは97年憲法で、国家の基本政策として地方分権を掲げ、内務官僚の自治体との兼職を禁止した。更に99年に制定された地方分権推進法は、地方分権委員会の設置、地方分権計画の策定、政府歳出に占める地方自治体歳出比率を2006年中に35％まで引き上げることなど、画期的内容を含んでいた。03年末以降は県自治体、テーサバーン、区自治体の首長が住民の直接選挙で選ばれている。地方分権はタックシン政権のもとであまり進展せず、地方歳出比率は07年で25％を達成したにすぎず、人材の移動もほとんど進んでいない。（永井史男）

ちゃ　茶

学名 *Camellia sinensis*。ツバキ科の常緑中高木。中国、西南部原産であるが、世界各地で栽培される。製茶法により発酵茶（紅茶）、半発酵茶（ウーロン茶）、非発酵茶（緑茶）ができる。発酵茶用には葉が大きく低温に弱いアッサム茶（*var. assamica*）が、非発酵茶用には葉が小さく芳香があり、低温に耐える中国茶（*var. sinensis*）が栽培される。このほか、茶葉を蒸すなど加熱処理をして、バナナの葉を敷いた竹かご・竹筒などに入れて発酵させたミ

茶（ミエン）

エン茶や漬物茶と呼ばれる茶がある。これは飲みものにはせず、ごはんのおかずや、お茶うけにする。北部山岳地で栽培され、北部の都市市場でも売られるが、需要は減っている。ミエン用の茶は天然林の中に植え込んでいることが多い。

（渡辺弘之）

チャイナート
ชัยนาท

バンコク北方194kmのチャオプラヤー・デルタの扇頂に位置する中部の県。県北部でチャオプラヤー川からターチーン川が分岐し、東に本流の同川、西に支流ターチーン川と、ほぼ並行して南下する。1766年、タークシン王がチャイナートに遠征し、ナコーンサワンに布陣したミャンマー軍を敗走させた歴史がある。20世紀初頭にオランダ人技師のハイデ（Van der Heide）がデルタ下流一円に灌漑用水を提供するダム建設を計画したが、ラーマ5世の反対で実現せず、1950年代に、世銀の援助でようやくチャオプラヤー・ダム（高さ18m、長さ253m）が建設され、56年に完成した。コメ生産58万4000万トン（2006年）、GPPの農業比率30.8%と農業県だが、その他部門の比重も62%で、兼業化も進展している。　　　（北原　淳）

チャイヤー
ไชยา

バンコクの南600km、マレー半島中ほどの東海岸に位置するスラートターニー県内の郡。4～5世紀頃から11世紀頃にかけて東西交易の拠点の1つとして栄え、交易帝国シュリーヴィジャヤの足跡を示す多数の遺跡や出土品が見つかっている。1915～16年にラーマ6世王がこの地を訪れた際、人々が道徳・仏教の教えに忠実で、その立ち居振る舞いが美しいことに感銘を受け、「モントン・スラートターニー」（美しい人々のクニ）と改称した。中心部の商業地域は、タイ系住民と通婚した中国系移民とその子孫が占める。チャイヤーが生んだ学僧プッタタートも、その一例である。　　　　　　　（伊藤友美）

チャイヤプーム
ชัยภูมิ

バンコクの北東342kmに位置する東北部の県。ペッチャブーン山脈の東麓に位置し、プー・パーン山脈の支脈も存在することから山地が多い。19世紀初めにヴィエンチャンからの移住者が金の鉱脈を発見して、ヴィエンチャンのアヌ王から領主として任ぜられ、その後ラーマ3世にも領主と認められて、20世紀に入って現在のチャイヤプーム県が成立した。県内は丘陵地や山地が多いことから開田はそれほど進まなかったが、1960年代以降トウモロコシ、キャッサバなどの畑作物の栽培が急増した。山地が多いことから洞窟、滝などの観光資源に恵まれており、国立公園に指定されている地域も多い。

（柿崎一郎）

チャオプラヤー（川）
แม่น้ำเจ้าพระยา

【地理的特徴】タイの国土を縦断する同国第1の河川。正確にはピン川とナーン川が合流するナコーンサワン以南の370kmの区間がチャオプラヤー川であるが、ナコーンサワン以北の支流も含めると総延長は約1200kmに達する。流域面積は国土の約25%を占め、中部と北部の大半の地域が含まれる。外国人には一般に「メナム川」という名で知られるが、「メナム（メーナーム）」は「川」という意味である。チャオプラヤーはかつての貴族（クンナーン）の最高の官位であり、「最高位の川」という意味となる。

源流は北部の山地で、東から順にナーン川、ヨム川、ワン川、ピン川の4大支流がほぼ並行して南流し、ヨム川がナーン川に、ワン川がピン川に合流した後に、最終的にナコーンサワンで1本にまとまる。その後チャオプラヤー・デルタの頂点となるチャイナート北方でターチーン川が西に分流し、更にチャイナート以南ではノーイ川が同じく西に分かれる。ター

チーン川はそのまま南流してサムットサーコーンでタイ湾に出るが、ノーイ川はアユッタヤー南方で再びチャオプラヤー川に合流する。チャオプラヤー川自体の最大の支流であるパーサック川は、ペッチャブーン方面からサラブリーを経由してアユッタヤーで合流する。アユッタヤー以南の流路はかつてかなり湾曲していたが、アユッタヤー時代に短絡運河を掘削して本流が直線化され、かつての本流はバーンコークノーイ、バーンコークヤイなどの運河と化している。バンコクから河口のサムットプラーカーン（パークナーム）までの間もかなり湾曲しており、かつて短絡運河（クローン・ラット）も掘削されたものの、汽水の逆流による塩害の拡大を防ぐために現在も本流の湾曲は残されており、この間の河川距離は約50kmと直線距離の約20kmに比べ大幅に長くなっている。

【チャオプラヤー川と歴史】タイの歴代王朝はすべてこの河川がもたらす農業生産力や交通の便を基盤に成立していた。タイ族最初の王朝と考えられているスコータイ王朝はヨム川流域のスコータイに成立し、14世紀半ばに出現したアユッタヤー王朝はチャオプラヤー川とパーサック川の合流点であるアユッタヤーに都を置いた。古都アユッタヤーは古デルタと新デルタの接合点に位置していたが、当時はそれより下流の新デルタは雨季に全域が水没する未開の地であり、内陸に位置するにもかかわらずアユッタヤーは外港としても機能していた。18世紀後半にアユッタヤー王朝はビルマ（ミャンマー）軍の侵攻により陥落したが、再びタイを統一したタークシンはチャオプラヤー川を更に南下したトンブリーを都に定め、その後「クーデタ」により権力を掌握したチャオプラヤー・チャックリー（ラーマ1世）が1782年に対岸のバンコクに都を移し、現在に至る。バンコクも河口からやや遡った内陸に位置しており、バンコクの海の玄関口クローントゥーイ港もチャオプラヤー川畔に位置する河川港となる。

チャオプラヤー・デルタは19世紀後半以降本格的に開発され、ランシット運河をはじめとする運河網建設と新田開発が急速に進められ、未開の地チャオプラヤー・デルタはアジア有数の穀倉地帯に変貌したが、その水利と輸送に貢献したのがチャオプラヤー川であった。ラーマ5世王期にハイデが打ち出した灌漑網の整備計画は直ちには実行されなかったが、第2次世界大戦後に大規模な灌漑水路網の建設が進められ、チャオプラヤー川がその取水源となった。チャイナートに建設されたチャオプラヤー・ダムが堰の役目を果たし、ここから導水路やノーイ川などの分流を用いてデルタ一帯への配水路網が整備されていった。更に1960年代に入ってピン川のプーミポン・ダム、ナーン川のシリキット・ダムが完成すると、雨季の間に蓄えた水を乾季に放水してチャオプラヤー・ダムで取水する形で、乾季における灌漑も可能となり、コメの乾季作の促進に大きな役割を果たした。

【変わる水運の機能】一方、チャオプラヤー川をはじめ、その支流やデルタ地帯に整備された運河網はコメの輸送にも重要な役割を果たし、多数のコメが積出港であるバンコクに向けて輸送された。そもそもチャオプラヤー川は伝統的に流域の重要な交通路として機能しており、雨季の増水時には北部のチエンマイやラムパーンまでも船が到達していた。20世紀に入って北部に鉄道が到達すると上流部での水運の役割は鉄道に代替されたが、北部からのチーク輸送は60年代にダムが建設されるまでチャオプラヤー川経由が主流であった。ナコーンサワン以南では鉄道開通後も水運が輸送の主役の座を維持し、戦前はバンコクに集まってくるコメの7割程度が水運で輸送されてきたものであった。「開発」の時代以降チャオプラヤー川の交通路としての機能は急速に拡大した道路輸送に代替されていったが、現在も建設資材の輸送などに用いられている。長距離の旅客輸送も完全に衰退したが、バンコクの道路交通の過密化にと

もなってノンタブリーとバンコクとを結ぶ急行船が都市交通として機能している。

(遠藤 元／柿崎一郎)

チャオプラヤー・デルタ

チャオプラヤー川下流域の広大なデルタ地帯であり、河口から200km程度のチャイナートを頂点とし、チャオプラヤー川と分流のターチーン川の流域からなる約1万2000km²の沖積平野である。デルタの地形は非常に平坦であり、頂点のチャイナートの海抜は16m、アユッタヤーで5m、バンコクで2.3mほどとなっている。デルタの南端はタイ湾に面しているが、かつて海岸線はより北方に位置し、ナコーンパトム、スパンブリー、アユッタヤー（アヨータヤー）などの古くからの都市の位置がそうであった。アユッタヤー時代でも、アユッタヤー以南のデルタは雨季に水没し乾季に砂漠化する荒蕪地帯であり、人間よりも猛獣のほうが多いような地域であった。

このデルタ地帯に開発の手が入るのは、19世紀半ばのバウリング条約締結後の急速なコメの商品化であった。王室独占貿易の廃止に伴う代替収入源の確保と、島嶼部での商品作物栽培の拡大に伴う米需要の拡大から、タイは急速にコメ輸出を拡大させていったが、その商品米の生産拠点として、不毛のデルタ地帯が脚光を浴びることとなった。運河の掘削によって導水と排水の便を向上させ、かつ船によるコメの搬出を可能とすることで、デルタは急速に水田へと変わり、ランシット運河地帯はその典型例であった。戦後チャイナートにチャオプラヤー・ダムが建設されると、ここで取水された水が新たに整備されたデルタ東縁、西縁の幹線導水路やチャオプラヤー川など既存河川を利用してデルタ各地へと配水されるようになった。更に、1960年代に完成した上流域のプーミポン、シリキットの各ダムで貯水した水で乾季の灌水が可能となったことから、乾季作の普及やそれに伴う稲作収量の増加にも大きく貢献した。

このようにチャオプラヤー・デルタはタイの米輸出国タイを支える重要な基盤となったが、同じくデルタ地帯に出現した首都バンコクの都市規模が拡大し、60年代から郊外の住宅地化や工業用地化が進められると、水田面積は減少に転ずることとなった。現在はバンコクの通勤圏は半径50km圏内にまで拡大し、幹線道路沿いに新たなニュータウンがかつての水田を侵食し続けている。工場の外延化は更に先進し、かつてのコメどころアユッタヤー付近にも工業団地が広がっている。かつてはチャオプラヤー・デルタといえば一面の水田が連想されたが、現在その景観は急速に変貌している。

(柿崎一郎)

チャオ・ポー
เจ้าพ่อ

本来は土地神を意味するが、今日ではある地域やある業界で影響力ないしは支配力を有する人物を意味する。とりわけ、賭博、麻薬、売春、密輸など違法行為などを通して獲得した経済力や暴力を基盤に諸権益を手に入れ、地域の政治に介入し、行政に対抗するほどの影響力を有する場合が多い。影響力を競って相対立し、殺し合うこともある。反面、地域住民へのばら撒きや面倒見により信望を得ている場合も多い。選挙の際にフア・カネーン（票頭）として活躍する者や自ら立候補し政治家となる者もいる。中央政府が非合法的存在として取り締まることもあるが、相互に利権が絡んでいる場合が多く、実効はあがっていない。

(赤木 攻)

チャオ・ムアン
เจ้าเมือง

チャオ・ムアンとは、ムアンを治める領主のことであり、ムアンの主（チャオ）を意味する。元来チャオ・ムアンは、そのムアンの政治権力を掌握した有力者であり、その地位が世襲的に相続される土着の権力者が主流であったが、アユッタヤー時

代には中央から派遣されてきた王族や貴族がチャオ・ムアンとなるムアンもあった。チャオ・ムアンと国王の間の二者関係が、銀河系政体あるいはマンダラ型国家と呼ばれる伝統的な国家における地方統治の基盤となった。ラーマ5世によるチャックリー改革で中央集権化が進み、チャオ・ムアンの役割は中央から派遣された州長や県知事によって代替され、チャオ・ムアンは姿を消した。　　（柿崎一郎）

チャチューンサオ
ฉะเชิงเทรา

バンコクの東方75km、国道304号線沿いに位置する中部（東部）の県。通称ペートリウ（北柳）で、バンコク都に接している。バーンパコン川が県央を流れ、平地が多く、稲作が盛んである。バンコクに近接していることもあり、工業化も進んでいる。この地は古くからタイ中部とカンボジアとを結ぶ拠点として重要であった。ラッタナコーシン朝初期、ラオス系やクメール系、モン（Mon）系の住民が数多く定住した。また製糖業も盛んで、中国人の移住も多かった。アユッタヤー時代後期建立のソートーン寺に安置されているソートーン仏が有名である。　（加納　寛）

チャックラパット（王）
พระจักรพรรดิ（1512?～69）

アユッタヤー王朝の第17代の王で、第15代チャイヤラーチャー王の王弟。在位1548～69年。1548年に即位するが、直前に勃興したビルマ（ミャンマー）のタウングー朝の拡張政策により、49年にはダビンシュエティー王の軍勢がアユッタヤーを襲ったものの、王妃スリヨータイの活躍もあり一旦はこれを食い止めることができた。しかし、次のバインナウン王は63年にピッサヌロークを制圧し、領主のマハータムマラーチャーを味方に付けた上で68年にアユッタヤーを攻撃し、ビルマ軍に囲まれた中で王は翌年死去する。王子のマヒンが王位を継承するものの、間もなくアユッタヤーは陥落し、スパンブリー王家は終焉した。　　（柿崎一郎）

チャックリーおうちょう　チャックリー王朝→ラッタナコーシン王朝を見よ

チャックリーかいかく　チャックリー改革

チャックリー改革とは、通常ラーマ5世王期の中央集権化や近代化のための諸改革のことを指す。日本では多用されているものの、英語でもタイ語でもこの語はあまり用いられていない。チャックリー改革に含まれる諸改革は多方面に及び、政治面に限らず、社会、経済、司法、教育、交通、公衆衛生など様々な改革が行なわれたが、それらに共通する特徴は中央集権化と欧米型の新システムの導入であった。中でも、政治面での中央および地方での統治改革は、銀河系政体（マンダラ型国家）から近代的な領域国家への脱却のためにも重要な施策であり、いずれも中央集権化を目指すものであった。

　従来は南部のムアンを管轄する兵部局（カラーホーム）、北部のムアンを統括する内務局（マハートタイ）の2大局が共に地方統治面を担当するなど、計6つの局が重複した機能を持っていたが、1892年に機能別の12省に再編され、ラーマ5世の弟を中心とした大臣を据えた。地方では、テーサーピバーン制と呼ばれる中央集権化を行ない、従来のムアンをまとめて地域ごとに州（モントン）を設置し、中央から派遣した州長の権限を強め、チャオ・ムアン（領主）の政治権力を奪った。一方、社会面では従来官僚や領主が所持していた平民（プライ）や奴隷（タート）の支配権を国王が獲得すること、すなわち政府が直接国民を支配できるシステムの導入が必須であり、奴隷制の漸進的廃止、平民への人頭税の導入、徴兵令の施行などによって、支配権の集権化を図った。この社会構造改革と統治改革が連動することで、中央でも地方でも国王を頂点とする垂直的な統治機構が整備され、領域国家の形成のための重要な基盤となった。

　これらの施策は主に中央集権化の側面

を持っていたのに対し、新規産業の育成、近代的法典の整備、近代教育機関の設置、鉄道の導入などは、欧米型システムの導入としての意味合いが強かった。すなわち、欧米の近代的技術を積極的に導入することで、中央集権化の進展で整いつつあった近代国家としての基盤を強化し、名実共に真の近代国家を創出する役割を持っていた。このため、タイは多数の外国人顧問を受け入れ、彼らの知識を有効に使用して様々な新技術を導入した。タイが独立を維持できた理由として、英仏による緩衝国化を強調する向きもあるが、実際にタイが維持した領域は緩衝地帯として英仏が合意した範囲（チャオプラヤー川流域）よりはるかに広かったことから、チャックリー改革による中央集権化や近代化も、少なからぬ役割を果たしたものと理解すべきであろう。

(柿崎一郎)

チャトゥチャック（市場）
ตลาดนัดจัดจักร

通称では英語表記の頭文字をとって「JJマーケット」と称される定期市。前身は、1948年に王宮前広場に開設されたサナーム・ルアン定期市である。82年にラッタナコーシン王朝200周年記念行事を王宮前広場で開催するために、都内のチャトゥチャック区内、パホンヨーティン路沿いのチャトゥチャック公園に隣接する地に移転した。最寄り駅は地下鉄カムペーンペット駅とチャトゥチャック公園駅、または高架鉄道（BTS）モーチット駅である。約70ライの広大な敷地に、衣服、アクセサリー、工芸品、古美術品、古本、食品、植木、ペットなどの店舗が1万5000店以上出店するが、大多数は土日の週末のみの営業である。週末は1日あたり20万〜30万人が訪れると言われ、タイ人だけでなく外国人観光客も多い。(遠藤 元)

チャート・コープチッティ
ชาติ กอบจิตติ(1954〜)

タイ現代文学の代表的作家。サムットプ

チャート・コープチッティ

ラーカーン県生れ。国立工芸専門学校卒業後も常に作家への道を希求、チョー・カーラケート賞短編『敗者』(1979年)で開花する。『勝利の道』(79年)、『袋小路』(80年)、『狂犬の血統』(88年)のほか、代表作として、疎外された一個人が非合理的な農村社会との精神的闘いで破壊されていく『裁き』(81年東南アジア文学賞)、死を待つ老人の内面世界を小説、演劇、映画の手法を用いて描いた『時』(94年同賞)があり、現代タイ社会の問題と人間の深い内面を衝いている。

(吉岡みね子)

チャートチャーイ・チュンハワン
ชาติชาย ชุณหะวัณ(1920〜98)

軍人、元首相。バンコクの生まれ。1947年クーデタの中心人物で、その後陸軍司令官となったピン・チュンハワン元帥の長男。40年陸軍士官学校を卒業後、アメリカの陸軍機甲学校に留学する。57年父親のピン元帥が副首相を務めるピブーン政権がサリットのクーデタで崩壊した後は、外交官に転じ、アルゼンチン、オー

チャートチャーイ・チュンハワン

ストリア、スイスなどの大使を歴任する。72年から75年まで外務副大臣、75年一族を中心に結成されたタイ国民党から下院議員に初当選、75年から76年まで外務大臣、また76年工業大臣に就任するが、同年10月クーデタ後、政界から財界に転身する。80年プレーム政権成立後、工業大臣として政界に復帰、86年義兄(姉婿)プラマーンよりタイ国民党党首の地位を譲られ副首相に就任する。88年総選挙において党首を務めるタイ国民党が最多議席を獲得、プレーム前首相が再任を辞退したため、連立内閣の首相として就任する。「インドシナを戦場から市場へ」のスローガンを掲げ、柔軟なインドシナ外交を展開する。91年2月のクーデタで失脚後、一時国外に避難した。(加藤和英)

チャートリーチャルーム・ユコン(殿下)
ม.จ.ชาตรีเฉลิม ยุคล (1942～)

現代タイを代表する映画監督。王族の伯父が映画人、両親もタイ映画が16ミリから32ミリへ移行する時代のアッサウィン映画会社オーナーという映画一家に育つ。アメリカのUCLAで映画学を学び、コッポラやポランスキーと知己になる。1972年に『闇と共に来た物体』でデビュー。タイ民主化時代には、青年医師の理想と挫折を描いたスワンニー・スコンターの小説『その名はカーン』を映画化するなど社会悪を告発する一連の映画を発表した。『ホテルの天使』(73年)はバンコクの売春窟に売られた女性の格闘をリアルなタッチで描いて衝撃を与え、彼の名を国際的なものとした。『タクシー・ドライバー』がカンヌ映画祭の話題をさらったほか、『まだ私を愛しているなら』で最優秀監督賞を受賞。80年代のタイ経済発展に伴ってその映画のテーマにも変化が見られだす。大胆な性描写に挑んだ『カーム』(78年)、森林破壊に警鐘を鳴らした『象使い』(90年)、麻薬・エイズ禍を扱った『ヘロイン』(91年)、『シアダーイ』(95年)などがある。アユッタヤー時代中期のタイとビルマ(ミャンマー)の戦いを描いた『スリヨータイ』(01年)はタイ映画史上空前の興行記録を樹立し、続いて制作された3部作の歴史大作『ナレースワン大王』(06年～)は前作を超えるスケールの国策映画となった。(宇戸清治)

チャムローン・シームアン
จำลอง ศรีเมือง (1935～)

軍人、政治家。1935年7月5日トンブリー生まれ。中国人の父親は幼少時に死亡、中国系タイ人の母親は国鉄職員と再婚した。60年陸軍士官学校卒業。プレーム政権誕生の原動力になった陸士7期生の1人で、81年に同期生がクーデタに失敗するまで首相書記官を務める。85年バンコク都知事選挙に立候補するため、少将の階級を授与されて退役。無所属で当選、88年総選挙直前にパランタム党を結成。90年に知事再選。2期目途中で辞職し、92年3月総選挙に立候補。同党は首都で35議席中32議席を獲得する圧勝をおさめた。92年5月のスチンダー首相退陣要求集会で中心的な役割を果たした。清潔さ

チャートリーチャルーム・ユコン殿下

チャムローン・シームアン

や高い行動力を評価され、マグサイサイ賞受賞。しかし、多数の死傷者が出た責任の一端を問われた。支持回復を狙って、96年に都知事選挙に立候補するが、敗北して政治の表舞台から去る。2006年2月にタックシン退陣要求が高まると、打倒運動に指導者の1人として加わった。06年クーデタ後には官選国会の議員に任命された。08年には再び政権打倒運動に加わり、総理府占拠を指導した。異端視される原理主義的仏教宗派サンティ・アソークの信者であり、この信徒仲間が政党政治でも街頭政治でも中核の支持勢力となった。　　　　　　　　（玉田芳史）

チャルーンクルン（路）
ถนนเจริญกรุง

バンコク都内の王宮南側からチャオプラヤー川に沿って南に延びる道路。ラーマ4世王期に西洋人が乗馬のできるような道路を求めたことから作られた道路で、1864年に全通した総延長8.6kmの当時としては最長の道路であった。トゥロン路（現ラーマ4世路）と共に最初の3環濠外へ延びる道路となり、途中のバーンラック付近には西洋人が多数居住するようになった。西洋人は「ニューロード」と呼ぶようになり、現在も通称として用いられている。88年にはバンコク初の市内軌道も開通し、バンコクの近代化の証とも言える存在となった。戦後も道幅が拡幅されることがなかったことから、当時の面影を残す古い建造物も多い。（柿崎一郎）

チャワリット・ヨンチャイユット
ชวลิต ยงใจยุทธ（1932～）

軍人、元首相。1932年5月15日バンコク生まれ。パンクルア夫人との間に1男2女がある。53年卒業の新制陸士1期生。79年にプレーム国防大臣の副官となり、プレーム政権下で出世。80年陸軍作戦部長、81年参謀長補佐、83年副参謀長、85年参謀長、86年総司令官、87年最高司令官を兼任。ハト派路線の共産主義対策で成果を上げ、タカ派からは容共主義者と

チャワリット・ヨンチャイユット

いう批判を浴びる。軍在職中から首相就任への意欲を示し、軍に支持基盤を固めてから90年3月勇退しチャートチャーイ政権に入閣。首相との対立から辞任し、新希望党を結成して総選挙を目指す。92年5月には、91年2月にクーデタを成功させて離反したかつての側近スチンダーの政権打倒に尽力。初当選の92年3月はノンタブリーで立候補。しかし確実な当選を求めて95年からは選挙区を父親がかつて市長を務めたことのあるナコーンパノムに移す。92年9月以後内相、労相、防相、副首相を歴任し、96年総選挙で第1党になって念願の首相就任を果たした。しかし、97年に勃発した経済危機の責任を取る形で11月に辞任。所属議員の多くは98年結成の愛国党に移籍し、タックシン政権発足後の2002年には残存勢力も同党に吸収合併された。政治への意欲や執着が強く、08年発足のソムチャーイ政権に副首相として入閣した。（玉田芳史）

チャーン（島）
เกาะช้าง

中部（東部）トラート県にあるタイ湾東海岸最大の島。人口は6000人あまり（2007年）。周辺にある47の島とともに1982年にチャーン諸島国立公園に指定されており、トラート県最大の海洋観光資源である。最近まで手つかずの自然が残っていたが、次第に海洋リゾートとして開発が進んできている。バンコクから300kmあまりの距離にある県庁所在地トラートまでは陸路で3時間、空路で1時間を要し、

島へはフェリーで約30分かかる。ハートサーイカーオなど島のビーチは西海岸に集中している。最近は日本からの観光客も増えている。　　　（山本博史［茨城大学］）

チャンタブリー
จันทบุรี

バンコクの南東245km、国道3号線（スクムウィット路）沿いに位置する中部（東部）の県。県の東北端はカンボジア国境に接する。県北は山地、県央は平野であり、南部はタイ湾に面している。森林資源が豊富である。1767年にアユッタヤーが陥落すると、タークシン軍が豊かで平穏なこの地に逃れ、ビルマ（ミャンマー）軍駆逐のための策源地となった。チャンタブリーは港市として栄えたが、1893年フランスとの間で国境紛争が生じると仏軍に占領され、1904年まで支配された。タイ湾に面したレームシン郡には、この時期の仏軍施設が現存している。果実、コショウ、宝石が有名。　　　（加納　寛）

ちゅうかんそう　中間層→新中間層を見よ

ちゅうぶ　中部

最近の地域分類によれば、バンコク都以外の「バンコク首都圏」（ナコーンパトム、ノンタブリー、パトゥムターニー、サムットプラーカーン、サムットサーコーンの各県）、「狭域中部」（チャイナート、アユッタヤー、ロップリー、サラブリー、シンブリー、アーントーンの各県）、「東部」（チャンタブリー、チャチューンサオ、チョンブリー、トラート、ナコーンナーヨック、プラーチーンブリー、ラヨーン、サケーオの各県）、「西部」（カーンチャナブリー、プラチュアップキーリーカン、ペッチャブリー、ラーチャブリー、サムットソンクラーム、スパンブリーの各県）の4地域、25県にわたる地域を指す。かつて、「中部」はこの「南半域」に加えて、「北半域」（現在の「北部下部」）の諸県をも含んだが、現在はこの25県に限定される。2005年現在人口約1540万人、全国人口比率24.3％（07年）を占め、1970年当時の約753万人、構成比21.9％と比べて、絶対値は倍増し、比率もやや増えた。地域面積は「バンコク首都圏」6193㎢、「狭域中部」1万6594㎢、「東部」3万6503㎢、「西部」4万3047㎢、合計10万2337㎢と全国上の約20％を占める。2006年の時価GDPの地域計は3兆3965億バーツ（各、1兆2174億バーツ、5569億バーツ、1億2960億バーツ、3262億バーツ）であり、バンコク都の2兆1347億バーツをしのぎ、GDP総額のほぼ43.4％を占める。域内地域別GDP額は、東部が筆頭でバンコク首都圏がそれに次ぐが、商業銀行の貯蓄額、融資額は、バンコク首都圏が筆頭で東部がそれに次ぐ。これらの数値は、工業地帯がバンコク首都圏から、更に東部（特にチャチューサオ、チョンブリー、ラヨーン等）に拡大していることを示す。最近の東部では、日系企業の進出が著しく、日本人も増えている。

地形的には各地域で特徴が違う。まず、「バンコク首都圏」はチャオプラヤー川下流域（および分流支線ターチーン川下流域）であり、チャオプラヤー・デルタの扇端部にあたる。かつて、この地域の自然景観は、雨季の洪水が溜まる氾濫原の中にある湿地帯、水田地帯であり、南端のタイ湾沿岸部にはマングローブ林が広がっていた。しかし、それは近代の農地開発の進展、そして現代の工業開発の進展につれて大きく変化した。たとえば、19世紀から20世紀にかけて、大規模な運河網が掘削され、有数の地主制米作地帯となったランシット運河地帯は、80年代には果樹、菜園、畜産等の近郊農業地帯に変わり、主要国道沿いには工場や新興住宅が現れたが、最近ではほぼ全域が工場地帯、新興住宅地へと変化した。こうした傾向はランシットからパトゥムターニーにかけての地域だけでなく同地の近郊農村にも一般的である。タイ湾岸から40～50km内陸部のパトゥムターニー、ノンブリー、ナコーンパトムでも、前2県は低湿地が多く、後者は西北に行くと微高

地も広がる差がある。タイ湾沿岸部のサムットプラーカーン、サムットサーコーンは工場地帯となり、かつての漁港、果樹園、マングローブ林等は消えつつある。

「狭域中部」は、チャオプラヤー川下流に位置し、バンコクから約80km遡った地点にあるアユッタヤーを中核都市とし、周辺部を氾濫原の湿地帯、平地、水田とする自然景観であった。大河チャオプラヤー川が流れるチャイナート、シンブリー、アーントーン、アユッタヤー等の各県は、地形的により低く、低地、湿地が多く、デルタ東端部の支流パーサック川流域のサラブリー、ロップリー等の各県はやや平地、微高地が多い。アユッタヤー近辺の氾濫原の湛水状態の低地では、洪水の水量で刻々と変わる水面にいつも穂を出している丈の長い浮稲が有名だった。現在は、アユッタヤーを中心に、サラブリー、ロップリー等で工業化が進み、地形や自然の差が見えにくくなりつつある。

「東部」は、チャオプラヤー・デルタからはずれた丘陵地、山地の地形が多く、平地が少ない。気候的に、南端部海岸はタイ湾南から吹く季節風の影響を受けて、熱帯雨林が多かった。近代の開拓と農地転換は、山地的な地形とアクセスの困難さにより、デルタ平野部よりも遅れ、畑地や果樹園地が多く、海岸部の水田はきわめてわずかである。近代はコショウ、ゴム、ルビー（チャンタブリー）等の産地であり、古くは中国貿易の中継港、特産物の輸出港として栄えた。国際観光都市のパッタヤー市は、ヴェトナム戦争のエスカレート期（1965～75年）には米軍兵士休養地として発展し、その南端のサッタヒープ港は数百km離れた東北部の空爆基地へ輸送する軍事物資が到着する軍事港だった。かつて、それ以外の海岸部はほとんどが漁村で、狭い沿岸平野部および山地畑地は農業村だった。しかし90年代からバンコク周辺の工場が進出し、海岸や沿岸平野の旧村落は労働集約業種から石油・ガス等重化学に至る業種の工場地帯に一変し、一部は山地畑地村地域にも広がりつつある。

「西部」は、デルタ西半部のターチーン川上流域のスパンブリー（農地62％、2001年）を除いて、その南のカーンチャナブリー、ラーチャブリーなどはデルタ末端部（扇端部）の西端に位置し、ミャンマー国境に続く山地面積が大きく、平地が少ない。クウェー川、メークローン川流域の山麓は小扇状地が多いが、それより南のマレー半島海岸部にはやや平地が増える。かつて、西部は平地の稲作、微高地の畑作、国境山地の林業、南部海岸の漁業等が主産業だった。しかし、泰緬鉄道のあるカーンチャナブリー、離宮のあるフアヒン等は数十年来の観光地であり、ラーチャブリー県等では工場も増え、自然景観も変化しつつある。　　（北原　淳）

チュート・ソンシー
เชิด ทรงศรี（？～2006）

映画監督。南部の生まれで、父親は影絵芝居の職人。師範学校卒業後、教師を経てタイ国鉄映画部が発行する映画誌の編集長となり、映画批評、脚本、主題歌などを一手に引き受ける。踊り子を描いた『ノーラー』（1966年）で監督デビュー。青春コミカル映画『やさ男』（73年）で大きな成功を収める。マイ・ムアンドゥーム原作の『傷あと』（77年）が従来の記録を塗り替える空前の大ヒットとなり、タイを代表する映画監督に。この作品は、時の首相からタイ精神奨励最高賞が授与され、98年にはロンドン映画博物館の収蔵

チュート・ソンシー

作品に選ばれた。映画誌『サイト・アンド・サウンド』では世界の傑作映画360作の1つに認定されている。続く『スパンの血』にはビルマ（ミャンマー）との戦いで全滅した村人を讃えるナショナリズムが見える。時代の潮流に迎合することを嫌い、美しい習慣や道徳を共有することのできた近代以前の農村への郷愁を誘う作品を多く作った。悲恋物語『プアンとペーン』（83年）、素朴な愛の讃歌『深海の宝石』（87年）、文明開化時代にタイムスリップする『アナザーワールド』（82年）、女性の権利獲得のために闘った19世紀の女性を描いた『ムアンとリット』（94年）、シーブーラパーの名作を映像化した『絵の裏』（2001年）などがある。　　　（宇戸清治）

チュムポーン
ชุมพร

バンコクの南方463kmに位置する南部の県。県庁所在地のチュムポーン市はマレー半島東海岸と西海岸両岸への道路が分岐する交通の要所であり、この県は南部への玄関口と称される。県の産業は1次産業が中心で、主要農作物としては天然ゴム、パーム油、コーヒー、ドリアンなどがあり、特に県南部のランスワンは果樹栽培が有名である。チュムポーンの南東のリー海岸には、タイ海軍の創設者チュムポーン親王の祠があり、多くの観光客が訪れる。　　（山本博史［茨城大学］）

チュラーポーン（王女）
สมเด็จพระเจ้าลูกเธอ เจ้าฟ้าจุฬาภรณ
วลัยลักษณ์อัครราชกุมารี（1957〜）

ラーマ9世王とシリキット王妃の間に生まれた3女。1957年7月4日生まれ。75年カセートサート大学に学び、有機化学を修める。その後も、マヒドン大学大学院で研究を深める。科学の振興に力を入れ、現在も活動の拠点となっているチュラーポーン研究所（CRI）を87年に設置した。化学、生物医学、環境毒物学、生物工学の4分野を中心に成果をあげ、2005年からはチュラーポーン大学院大学を発足さ

チュラーポーン王女

せ、留学生も受け入れている。1982年に空軍中尉と結婚するが離婚。その後再婚している。歌手としてテレビ出演したこともある。東京大学の学長評議会メンバー。　　　　　　　　（赤木　攻）

チュラーロンコーン（王）　→ラーマ5世を見よ

チュラーロンコーンだいがく　チュラーロンコーン大学
จุฬาลงกรณ์มหาวิทยาลัย

バンコク中心部のパトゥムワン地区に位置するタイ国最初の大学。約90年の歴史を誇る。ラーマ6世が、ラーマ5世（チュラーロンコーン大王）父王の業績をたたえ、近代化を推進するため、官吏養成の高等教育機関として1917年に設立。23年にはロックフェラー財団の援助により学士号プログラムが創設され、5年後に18人の第1期生が卒業、タイで最初の学位が授与された。現在、18の学部、11の研究所

チュラーロンコーン大学

を擁する総合大学である。2007年現在の学生数は約3万6000人（うち大学院生は約1万3000人、学生数の約36％）。08年2月には新大学法が告示され、ようやく自治化（いわゆる法人化）した。効率的な管理運営をめざし、教育・研究の質を保ち、変化する科学技術と労働市場のニーズに柔軟に対応することを意図している。大学法にはグローバル化への対応についても規定されている。そのための改革として、海外との学術協力、語学教育の強化、インターナショナル・プログラムの充実などを進める。交流協定は、07年現在37の国や地域と締結し、協定数も392に及ぶ。グローバル時代の競争的環境の中で生き残りをかけてタイの指導的大学として魅力ある大学づくりに取り組んでいる。

（平田利文）

チュワン・リークパイ
ชวน หลีกภัย（1938～）

元首相。1990年代に2度首相を務めた政党政治家。38年7月28日南部トラン県で9人兄弟の3子として生まれる。教員養成奨学金を得てバンコクに出て、寺院に寄宿しながら芸大の付属校に通う。実技以外の科目の成績優秀につき、陸士から派遣された教師の勧めで、芸大ではなく、タムマサート大学法学部に58年入学。同期に政治家のサマックがいる。62年卒業。64年法曹資格取得。弁護士となり、69年総選挙で民主党に所属してトラン県で初当選。75年以後たびたび入閣し、80年代のプレーム政権下で民主党南部派の指導者の地位を確立した。それは民主党が南部選出の下院議席を独占するようになる時期、南部派が党内の主導権を握る時期でもあった。91年1月26日に党首就任。92年9月総選挙後首相に就任。95年総選挙に敗北して下野するものの、97年通貨危機後の政局混乱の中で多数派工作に成功して同年11月から2001年2月まで再び首相を務めた。首相時代には、清廉さを高く評価される一方、職務遂行の遅さを批判されることが多かった。03年に党首を退いて党顧問会議議長になった。代議制民主主義堅持を強調してきたものの、プレーム系列の政党政治家の代表として、その看板に反する言動も見られた。

（玉田芳史）

ちょうぜいうけおいせいど　徴税請負制度

アユッタヤー時代末期から始まり、ラーマ3世、4世時代に最盛期を迎え、ラーマ5世時代の国家直接徴収制度の導入によって衰退した国税徴収の民間人請負制度。請負人は、国家の租税徴収業務および専売事業（酒、アヘン、賭博等）という2種の事業を入札制によって請負ったが、彼らのほとんどが華人系であった。まず、国家に収納する税の種類は、魚介税、樹園税、コショウ税、タバコ税、タイマツ税、商店・商品税などであり、請負人が国家に収納する額はその名目で徴収した税額の一部分であった。また、専売事業は、酒、アヘン、賭博の3大事業に代表される事業であり、収納額はやはり事業収益の一部であった。このように、通常、請負業者は以上の2種類の事業の約定収納額を入札で競り落とし、事業の現場では、それ以上の額を徴収し、その差額を収益金とした。そして、この余剰金を蓄積し、それを元手にして様々な経済活動、ビジネスを行なったと言われる。ただし、彼らが入札の際に競りで専売権を獲得し、現場で徴税や専売事業を行なうためには、しばしば自らの秘密結社や下請け地域ボスの策謀や暴力沙汰をも必要とした。そのため、その資本蓄積の方

チュワン・リークパイ

法は市場原理とはほど遠い「原始的蓄積」となった。1873年に国税局の前身の「国家収入院」が設立され、国家が直接に自ら租税徴収と専売事業を始めて以降、徴税請負制度は徐々に廃止された。(北原 淳)

ちょうみりょう　調味料

タイの調味料の最も基本的なものは、インドシナ半島の他の諸国と同様、魚醬(ナム・プラー)である。小魚を塩漬けにした時にできる汁を集め、熟成させたもので、タイ料理には1日も欠かすことのできない調味料である。エビやイカを使って作るものもある。魚を使った発酵系の調味料としては、南部には魚に塩をしてハイと呼ばれる土製の壺に密封し熟成させたナム・ブードゥーがあり、東北部には魚を塩と炒りぬかで漬けて発酵させたプラー・ラーがある。いずれも家庭で長期間かけて作るもので、いわゆる家庭の味のもとになっている。白コショウ、黒コショウ、ウイキョウなどは、粉にして味付けに使うほか、まだ熟しきらない実を料理の具としても使う。食堂や屋台には、テーブルの上に数種類の調味料が備え付けになっているのが普通である。砂糖、ナム・プラー、一味トウガラシ、お酢にぶつ切りの生トウガラシを漬けこんだナム・ソムが基本のラインナップである。化学調味料も大々的に用いられている。アジノモトはおそらくタイ人に最も膾炙した日本語であるが、実際には安価な中国製化学調味料も広く出回っている。

(山田 均)

ちょうりようぐ　調理用具

調理用具のありようは、食文化や生活と深く繋がる。一般家庭において多用されているものは、包丁やボール、しゃもじ、フライパン、鍋など、日本と共通するものが多い。タイに特徴的なものとしては、ココナッツの皮を剥いたり果肉を削いだりするクラターイや、ソムタムを作るためのパパイヤ削り、食材を潰したり和えたりするのに用いられるクロック(小石

調理用具(クラターイ)

臼)とすりこぎ、たこ焼き作り機に似たカノム・クロック作り機などがある。また、蒸し器も発達している。家庭では、ガスボンベを置いて煮炊きに用いることが多い。

(加納 寛)

ちょくせつとうし　直接投資(FDI)

【規定要因と政府の政策】直接投資は、海外から国内に向かう対内直接投資と、タイ資本が海外に向かう対外直接投資から成り、経営権の取得を伴う株式投資(equity investment)と1年以上の長期貸付(long-term loans)の2種類がある。直接投資の動向を決める要因としては、(1)投資受入国の政府の政策(投資奨励と規制、投資の自由化)、(2)受入国の為替と賃金水準、(3)国際環境の変化、(4)進出企業の地域戦略の4つがある。タイは1950年代まで外国資本の導入に差別的政策をとってきた。59年に投資委員会(Board of Investment: BOI)を総理府に設置し、「産業投資奨励法(60年)」の後、62年2月に「産業投資奨励法(62年)」を制定。この法律のもと、民間企業中心の工業化、税制の優遇措置と関税を使った輸入代替産業の保護と育成、外資の積極的導入を明確にした。次いで、72年に「投資奨励法」、「外国人事業法」、「外国人職業法」を制定し、輸出産業の重点的奨励と共に、外資を選別する政策に転じたが、77年の「改定投資奨励法」で再度外資の優遇措置をとった。80年代後半からは国内を3つのゾーンに分けた上で、奨励企業の地方分散、重化学

ちょくせつとうし ▶

工業の重点的育成を前面に出し、97年通貨危機以降は、自動車産業の奨励と共に、知識集約産業やイノベーションを伴う投資の奨励に重点を移行させている。

【直接投資のデータ】BOIのデータと中央銀行国際収支課のデータの2種類があり、それぞれ利点と欠点がある。BOIデータは、投資案件ごとに業種、国別の出資比率、投資金額、工場立地、雇用人数が詳しくわかる半面、対象は投資奨励業種のみであり、金融、商業、建設などを含まない。また申請、認可、操業の3段階があり、それぞれ数字は大きく異なる。通常は認可段階で外国人の出資が10%を超えるものを「外国投資」として集計する。2008年現在、主要国別に1960〜2005年のすべての投資案件の詳細データがBOIのHPに公開されている。他方、中央銀行のデータは全業種をカバーしており、国別に株式投資と長期貸付の「ネット」のデータが公表されている。ただし、株式投資は売却や撤退があればマイナスに、長期貸付も借入の返済がマイナスに計上されるため、グロスとネットの流入の間に金額の乖離が生じ、特に毎年返済がある長期貸付の場合、シンガポール、香港の役割が過小評価される欠点がある。また中銀データでは業種別分布は公表されるが、国別・業種別の動向は国際収支課の内部資料でしか把握できない。

【時期区分と実績】対内直接投資は大きく分けると、第1期：1960〜87年の第1次経済拡大期、第2期：88〜97年の第2次経済拡大期、第3期：98〜2001年の通貨危機に伴う経済不況期、第4期：02〜07年の第3次経済拡大期の4つに区分できる。BOIの外国登録資本金の年平均額で見ると、第1期の12億バーツ（日本37％、アメリカ11％、台湾12％）から、第2期の197億バーツ（日本46％、アメリカ9％、台湾8％）へと、16倍に伸びた。一方、認可投資金額の方は、第2期が2438億バーツ（日本40％、アメリカ16％、台湾9％、香港10％）、第3期が2091億バーツ（日本34％、アメリカ18％）、第4期が2380億バーツ（日本50％、アメリカ17％）で、通貨危機後の落ち込みが小さいこと、経済回復後日本の比重が上昇したことが判明する。これに対して、中銀のデータ（ネットベース）はBOI（グロス）と異なる傾向を示している。第1期（ただし65〜87年）の年平均投資額は91億バーツ（日本31％、アメリカ30％、香港10％）、第2期が546億バーツ（日本30％、アメリカ16％、香港15％）、第3期が1712億バーツ（日本29％、アメリカ17％、シンガポール19％）、第4期が2009億バーツ（日本42％、アメリカ5％、シンガポール28％）であった。第3期以降は、通貨危機や経済不況があったにもかかわらず、投資の自由化、負債処理のための財閥企業による株式売却、日本企業などの積極的なアジア進出が重なって、投資総額の急増と投資規模の大型化（自動車、電子など）が同時に進行し、国別では日本とシンガポールの比重が急速に高まった。

【対外直接投資】タイ資本の対外直接投資（中銀が株式投資のみ公表）は、1988年以降の経済ブーム期に開始された。「インドシナを戦場から市場へ」という政府の方針や中国経済の台頭、欧米向け輸出の拡大に伴って、第2期（87〜97年）のネットの年平均投資額は79億バーツ（アメリカ19％、香港16％、中国9％、インドシナのCLMV＝カンボジア、ラオス、ミャンマー、ヴェトナム11％）に達し、食品加工・電子などの製造業（37％）、金融、電気通信、不動産開発が中心を占めた。次いで第3期（98〜2001年）の経済不況期には、年平均66億バーツにやや低下したものの、第4期（02〜07年）には年平均165億バーツ（アメリカ7％、香港6％、中国9％、シンガポール53％、CLMV37％）へと再び増大した。とりわけ、金融、不動産が中心のシンガポール向け投資と、電気通信、木材、天然ガスなどが中心を占めるCLMV向け投資の伸びが目立っている。　　　（末廣　昭）

チョンブリー
ชลบุรี

バンコクの東南80km、国道3号線（スクムウィット路）沿いに位置する中部（東部）の県。県央を北東から南西にかけて山脈が横切っている。県の西側はバンコク湾に面しており、島々が点在する風光明媚な土地である。古くから港市として栄えたため、中国人が多く移住してきた。県最南端のサッタヒープには、タイ最大の海軍基地がある。1980年代の東部臨海開発計画によりチョンブリーは重点工業地域となり、多くの工業団地が建設された。輸出入のための港湾も整備されており、県央のシーラーチャーにはタイ最大の外貿港レームチャバン港がある。日系企業が多く進出したことにより日本人居住者が増加しており、「チョンブリー・ラヨーン日本人会」も結成されている。また県内には国際的に名高いパッタヤーをはじめとして海浜観光地も数多く、観光業も盛んである。名産品としてアーンシラーの石臼があり、モチ米を竹筒に詰めたカーオラームやサトウキビも有名である。

（加納 寛）

チラナン・ピットプリーチャー
จิระนันท์ พิตรปรีชา（1955〜）

学者、詩人（女性）。トラン県生まれ。チュラーロンコーン大学時代、1973年学生革命のリーダーの1人となる。同志であった思想家のセークサン・プラスートクンと結婚。3年後の軍事クーデタで夫と共に密林に逃れ、タイ共産党の指導する武装闘争に参加。仲間からは「木の葉の同志」のあだ名で呼ばれた。81年にプレーム政権の呼びかけに応じてタイ共産党と決別。詩集『塵埃』（81年）に続き、挫折感と未来への希望を歌った詩集『消えた木の葉』で89年東南アジア文学賞を受賞。その後、歴史研究をめざしてコーネル大学博士課程に進学。学術書に『19世紀における雲南貿易』（90年）がある。（宇戸清治）

チラナン・ピットプリーチャー

ちんぎん　賃金

学歴によって大きな賃金格差がある。大卒と高卒では、初任給に約2倍の差があるのが一般的である。高卒以下の勤労者の賃金に大きな影響を与えているのが、法定最低賃金である。法定最低賃金は、経営者団体代表委員、労働者団体代表委員、政府側代表委員からなる賃金委員会によって決定され、ほぼ毎年改訂される。インフォーマル・セクターでは最低賃金以下の賃金しか得ていない人が少なくないが、フォーマル・セクターでは最低賃金以下で働く人は少ない。しかし大手企業以外では、フォーマル・セクターであっても、最低賃金と同額、あるいはそれに通勤手当や扶養手当などの諸手当を加算した額の賃金で働く人が多い。最低賃金の改定は多くの未熟練労働者の賃金に影響を与えるので、毎年大きな注目が寄せられ、労働者団体と経営者団体の双方が様々な機会を利用して意見を述べ合う。2008年6月現在最低賃金が最も高いのはバンコクとその周辺5県で203バーツ、最も低いのはチャイヤプーム県で148バーツ。盤谷日本人商工会議所が07年に日系企業を対象に行なった調査によると、製造業大卒事務職の初任給の中央値は1万1000バーツで、35歳の製造業大卒事務職の賃金の中央値は2万3500バーツ。

（浅見靖仁）

チンダーマニー
จินดามณี

タイにおける最初のタイ語教本で、19世紀中葉まで用いられた。数種類の版本が

あり、そのうちアユッタヤー王朝のナーラーイ王の命により、1680年、詩人プラ・ホーラーティボディーが著したものが最も古い。綴字法と作詩法の解説がその主な内容であるが、読み書きの初歩を学習するためのものではなく、官吏や詩作を志す者を対象として編まれたとする見方がある。タイ語の規範を記した同書は、後の『ムーンラボット・バンパキット』などのタイ語教本にも影響を与えた。またナーラーイ王時代以降の韻文学の隆盛にも大きな役割を果たしたと言われる。

（三上直光）

つ

つうかきき　通貨危機

【背景と原因】1997年7月2日のタイ通貨の管理フロート制への移行と、それに伴って生じた為替の大幅な下落を端緒とし、アジア諸国に「伝染病」のごとく波及していった新世紀型の通貨・金融危機を指す。その後のアジア諸国の経済制度や企業経営に深甚な影響を与えた。その原因の説明には、(1)国際短期資金の急速な流入と流出を重視する「過剰流動性仮説」、(2)経常収支危機と資本収支危機の同時発生を重視する「ダブル危機説」、(3)IT不況を伴った輸出不振とその背後にある製造業の競争力低下を重視する「実物経済原因説」、(4)アジア諸国に共通していた金融制度の未発達や企業ガバナンスの脆弱性を重視する「アジア的やり方説」(Asian ways)の4つがある。IMFや世界銀行は特に(4)を強調し、危機発生のあと金融制度と企業経営を軸とする経済改革を各国政府に要求した。

【通貨危機のプロセス】1988年から始まる経済ブームの中で、タイ政府はそれまで抑制していた対外借入を全面的に開放し、重化学工業化や経済のサービス化を推進した。同時に90年代前半には、金融の自由化と産業投資（直接投資を含む）の自由化に乗り出し、これに伴って、直接投資ブーム、建設ブーム、株式ブームが踵を接して生じる。外国企業のタイ進出と財閥の事業拡大・多角化を資金的に支えたのが、国内株式市場からの資金調達、地場商業銀行による大量の短期資金の借入、海外シンジケートローンの利用であった。加えて、バンコクを「東南アジア大陸部金融センター」に発展させる野心的構想を持つ中央銀行は、93年にバンコク・オフショア市場（BIBF）を開設し、海外資金の取り入れを後押しした。この過程で企業のドル建て債務が急速に膨らみ、財務内容が悪化する。経済面でも93年から不動産市場と株式市場でバブル現象が明確になり、95年から金融当局はバブルの抑制と金融機関の無秩序な対外借入れの規制を開始した。

一方、中央銀行には大きなジレンマが発生する。過剰資金を吸収するためには金融引き締めと通貨の対ドル切り下げが不可欠であるが、金利の引き上げは海外資金の更なる流入を招き、為替引き下げはドル建て債務の返済負担を一挙に増加させるからである。その結果、中央銀行は為替相場の維持に努め、この間隙を縫って国際ヘッジファンドがバーツ売り・ドル買いを繰り返した。バーツ防衛のために巨額の手持ちドルを投入した結果、外貨準備（輸入の3ヵ月分180億ドルが必要）は、96年12月338億ドル、97年2月236億ドル、同年5月53億ドル、7月11億ドルと急速に減少し、7月2日に実質的なドル・リンク制から管理フロート制への移行を余儀なくされ、為替相場は1ドル24バーツから50バーツへと一挙に低下した。

【政府の対策とインパクト】通貨危機勃発のあと、8月にIMFと日本が中心となって救済融資172億ドル（IMF40億ドル、残りは世界銀行、9ヵ国の協調融資）を供与し、その見返りとして、IMFは従来の総需要管理政策（為替の安定、金融引き締め、財政支出削減）に加えて、「企業破産法」などの法整備や金融機関の改革を要請し、世銀

も金融制度の健全化、企業経営の改善、社会的安全網の拡充、行政改革などの「構造調整」を要求した。日本政府は今回の危機には機敏に対応し、宮澤構想や特別円借款を使って、アジア全体で800億ドルの資金供与を約束する。一方、97年11月に発足したチュワン政権は、ターリン財務大臣を中心に国際金融機関寄りの制度改革に着手した。銀行・金融会社の不良債権(98年末、融資残高の45％を占める)の処理、会計・監査法の改定、上場企業の企業ガバナンスの改善(独立役員の任命、監査委員会の設置、情報開示など)に乗り出し、日本と協力して中小企業支援も開始した。

通貨危機とその後の国内不況はタイ経済に大きな影響を与えた。金融会社91社のうち56社が閉鎖され、残り35社も合併や外資への売却を通じて23社(うち外資16社)に再編。地場商業銀行は14行のうち大手5行は存続したものの、残りの4行が外資に売却、5行が政府の管理下に置かれた。また、銀行は不良債権処理のために巨額の増資を行ない、既存の所有主家族の株式保有比率は大きく下がった。銀行と企業の間の自主的交渉により、民間銀行の不良債権比率は00年6月に22％まで下がったものの、国営・政府管理銀行のそれは57％と高く、01年に登場したタックシン政権は、タイ資産管理会社(Thai AMC)を設立し、公的資金を投入して最終的な処理を行なった。一方、経済ブーム期に事業を拡大した財閥は、例外なく過重債務に陥り、証券市場改革の圧力もあって、40以上のグループが事業閉鎖・縮小か外資への株式売却を迫られ、存続したグループも大掛かりな事業再編(選択と集中)を実施。代わりに株式を公開した国営企業(タイ石油公団など)や外国企業が、以前にも増して重要な役割を果たすようになっている。　　　　(末廣　昭)

つうかぎれい　通過儀礼

タイの従来の慣習では、誕生直後の新生児は霊(ピー)の子であり、数日してようやく人間の子とみなし、その魂(クワン)を保護、強化するスー・クワン儀礼をお披露目、祝福の意味も込めて施す。男児のうち何割かは10歳頃、見習い僧となる。チエンマイ地方では特にその得度式は盛大に行なわれる。男児はまず釈尊の故事にならって出家前の王子の姿の化粧を施され、白馬に乗せられて行列で練り歩き、その後、得度する。両親はこの行事に大金を費やす。20歳を過ぎた男子は227戒を守る僧侶として得度できる。見習い僧や僧侶経験者は還俗後も特定の接頭辞を付した尊称で呼ばれる。出家未経験者がコン・ディップ(未熟者)なのに対して、出家経験者はコン・スック(成熟者)と評価される。多くの人は数年で還俗する。王族から証書を授かる大学の学位授与式も重要である。結婚に際しては、北部では精霊に供応し夫婦生活を始める許しを得なければならない。その後、年輩者の祝福儀礼があり、人々を招いての披露宴となる。高床家屋の新築の際も落成披露の宴を催して祝う。一般にタイ仏教では葬儀は火葬であり、故人の霊魂(ウィンヤーン)が速やかに地上を離れ、輪廻転生できるよう遺族知人が功徳を回向する。
(高井康弘)

つうしんさんぎょう　通信産業

固定電話事業は、2002年に100％政府所有の株式会社となったTOT(旧タイ電話電信公団)およびCP系のTrueの2社が首都圏で、またTOTおよびTT&Tが地方で、それぞれ事業を行なっているが、固定電話需要が低迷し、インターネットなど他事業への展開を迫られている。携帯電話事業はAISやDTACなど全部で5社が行ない、そのほとんどが世界的主流であるGSM方式の900MHzないし1800MHzの周波数帯を利用しているが、CDMA方式を利用するのはCATテレコム(旧タイ通信公団)系1社である。携帯電話の普及率は、07年時で47.2％。
(河森正人)

て

ティエンワン
เทียนวรรณ (1842～1915)

絶対王政下の思想家、社会運動家。本名、ティエン・ワンナーポー。幼少のころは主として寺院で教育を受ける。18歳ころから船を使って商業をはじめ、国内はもとより、中国などとの交易に従事し見聞を広めた。20歳過ぎから4年間ほど名利ボーウォーンニウェート寺で出家し、多くの知己を得る。還俗後も事業の傍ら、読書や社会問題に関心を示す。30歳ころから奴隷廃止や汚職追放など社会改革を求めた論考を発表し始める。40歳の時、その過激性も手伝い17年間も投獄される。獄中にあっても執筆活動を続け、出獄後は啓蒙書『トゥン・ウィパーク・ポッチャナキット』や『シリ・ポッチャナパーク』などを刊行し、社会の革新を訴え続けた。後の人民党革命にも大きな影響を与えたと言われている。　　　　　（赤木 攻）

ティエンワン

ていかかくじゅうたくきょうきゅう　低価格住宅供給
โครงการบ้านเอื้ออาทร, โครงการบ้านมั่นคง

タックシン政権がデュアル・トラック政策の1つとして取った政策。低所得者に低価格で住宅を提供することを目的とした建設投資である。タイ語では「バーン・ウアアートン（慈悲の家）」と呼ばれる。これは建設を国営企業の住宅公団（NHA）が担当し、その資金は、政府貯蓄銀行や政府住宅銀行などの政策銀行と銀行が共同融資により供給するため、タックシン政権のバラマキ財政の1つとして批判されてきた。これと似たものに「バーン・マンコン（安定の家）」と呼ばれる低所得者向け住宅供給プロジェクトがある。これは、社会開発・人間安全保障省のコミュニティ組織開発機構（CODI）が担当するが、住宅建設のための組織化や計画立案、資金調達は住民が行なう自助開発の精神を基礎とするものである。　（大泉啓一郎）

ティーディーアールアイ　TDRI
สถาบันวิจัยเพื่อการพัฒนาประเทศไทย

タイ最大の民間シンクタンで、正式名称はタイ開発研究所（Thai Development Research Institute）。1984年にカナダの援助をもとに設立され、2008年までに800以上のプロジェクトに関与。マクロ経済、戦略・政策、計画・企画、組織改革、対外連携調査の5部署から成り、機関紙 *TDRI Quarterly.* を発行している。マクロ経済安定、農業振興のための政策提言や、産業構造調整、電気通信再編のマスタープランの作成を手がけ、チュワン政権などの経済政策に大きな影響を与えた。ただし、タックシン首相の政策を批判したため、同政権からは敵視される。06年9月のクーデタ後に成立したスラユット政権では、元所長のアンマーが経済顧問に、当時所長のチャローンポップが財務大臣に就任した。　　　　　　　（末廣 昭）

ティーラユット・ブンミー
ธีรยุทธ บุญมี (1950～)

大学教員、思想家。子供のころから本の虫で秀才。スワンクラープ校時代から理学に秀で、チュラーロンコーン大の工学部に入学するが、社会科学系に関心が移る。軍政下の1972年、タイ全国学生センター書記長に就任し、国産品愛用運動を展開。翌年、憲法要求グループとして請憲ビラを配布中に逮捕され、10月14日事件の発端となる。民主化運動に従事する

が、76年から約4年半反体制運動地下組織に加わる。その後、オランダのナイメケン大学で社会人類学を修める。85年に帰国、タムマサート大学で教職に就く。評論家としてタイ社会に警告を発している。　　　　　　　　　　　　（赤木 攻）

ティン
ถิ่น
タイ北部の山地に居住する民族。主としてナーン県のラオス国境近くの地域に分布し、人口は4万2657人（2002年）。ラオスにも居住する。「ティン（Htin）」は、オーストロアジア語族のカム語群に属するマル語集団とプライ語集団とを総称するタイ系民族からの他称であり、マル語話者はマルと自称する。従来、山腹部における定着的焼畑耕作で陸稲を耕作し、ミエン茶の栽培にも携わってきたが、水稲耕作も増えた。家族組織は母系的であり、妻方・独立居住婚と末女相続の慣習がある。出自集団はない。仏教徒が多いが、あわせてアニミズムの儀礼を保持している。　　　　　　　　　　（吉野 晃）

でかせぎ　出稼ぎ
バンコクは出稼ぎ労働者の町である。現金収入を求めて地方、とりわけ東北部から流入する出稼ぎ労働は恒常化している。中央駅（フアラムポーン）やバスターミナルには口入れ屋が跋扈し、出稼ぎ労働者たちはバンコクにソムタムなどの東北部の文化をもたらした。1997年の経済危機で彼らの多くは帰郷を余儀なくされたが、農村ではする仕事もなく、再びバンコクへと戻っているケースも多く見られる。このような国内での出稼ぎに対して、75年頃よりオイル・ダラーで潤った中東諸国へ男性労働者の出稼ぎが増えだした。急激な商品経済の浸透により現金収入の必要性が増したことがこの動きを加速させた。中東出稼ぎの多くは慢性的な農閑期の潜在的失業者を抱えていた東北部の出身者で、中でもウドーンターニー県が最も多かった。海外出稼ぎにはコミッションを支払う必要があったので、彼らの多くは国内の出稼ぎよりも階層としては上の人々であった。しかし、85年を境に原油価格が下落して中東での収入が減少すると、人々の関心は中東から遠ざかり、日本、台湾、シンガポール、香港へと向かっていった。88年からの約5年間は、日本に出稼ぎに行くことがタイ人の最大の関心事となり、日本大使館領事部の前にはヴィザを求める長蛇の列ができた。しかし、不正規滞在や資格外就労という日本でのタイ人労働者の劣悪な状況が知れわたった93年頃より、人々の関心は合法的に就労ができて比較的賃金の高い台湾へ移っていった。他方、タイ人資本家は経済成長や海外出稼ぎで不足した労働力を周辺のミャンマー、ラオス、カンボジア、中国から受け入れるようになった。　　　　　　　　　　（鈴木規之）

テーサバーン
เทศบาล
都市部に置かれた地方自治体で、市と訳されることが多い。立憲革命後の1933年に「テーサバーン法」が制定され、35年に最初の35ヵ所が設置された。99年には、衛生区（スカーピバーン）がテーサバーンに一斉に格上げされ、その数は現在、全国で約1300ヵ所に達する。テーサバーンは議会と執行部に分かれ、首長は長く議員の互選で選ばれていたが、2003年末以降は住民直接選挙で選ばれている。テーサバーンは、住民登録業務、小・中学校設置運営、基礎的保健サービス、廃棄物処理、上・下水道整備などの基本的住民サービスを行なっており、タイにおける自治体の原型とも言える。　　（永井史男）

てつどう　鉄道
【現在の路線網】タイの鉄道は、2008年現在タイ国有鉄道が管轄する在来鉄道4044 kmと、バンコク都および大量輸送電気鉄道（MRTA）が管轄する都市鉄道43.5 kmに分けられる。タイ国鉄の路線は軌間1000 mmのいわゆるメートル軌の非電化

路線であり、バンコク近郊の3線区間105km、複線区間178kmを除く大半の区間が単線である。一方、都市鉄道はどちらも標準軌（1435mm）を採用しており、第3軌条方式の複線電化線である。

タイ国鉄の路線はバンコクから放射状に延びる路線網が大半を占め、北部チェンマイ（バンコク起点751km）へ延びる北線、東北部のノーンカーイ（同624km）とウボン（同575km）への東北線、東部のカンボジア国境アランヤプラテート（同255km）までの東線、南部のマレーシア国境パーダンベーサー（同990km）、スガイコーロック（同1159km）までの南線が幹線となる。カンボジアの鉄道との直通は現在中止されているが、マレーシアの鉄道とは直通運転が行なわれている。またノーンカーイから第1タイ＝ラオス友好橋を経由してラオスのターナーレーンへ至る鉄道建設も行なわれ、2009年3月から直通列車が運行を開始した。

【鉄道建設の歴史】タイにおける鉄道整備は、東南アジア各国の中でも比較的遅く1890年代になって始まった。80年代半ばに浮上した英仏によるタイ領を通過する鉄道計画と、ホー征伐の際の物資輸送の困難さを教訓として、政府はバンコクと内陸部を結ぶ鉄道路線調査を行ない、バンコク～コーラート（ナコーンラーチャシーマー）間の鉄道から着手することになった。97年に最初のバンコク～アユッタヤー間が開通し、開通日の3月26日が鉄道記念日となっている。なお、タイで最初に開通した鉄道は93年に開通したバンコク～パークナーム（サムットプラーカーン）間の民営パークナーム鉄道であった。

コーラートへの東北線に次いでチェンマイへの北線、マレー半島を南下する南線が建設され、1920年代初めまでにそれぞれ全通した。20年代には更に東部や東北部での路線延伸が行なわれ、30年代初めまでにタイの鉄道網は約3000kmに達し、現在の路線網の大半が完成した。立憲革命後は道路整備が本格化し、それま

で存在しなかった鉄道と道路の競合が発生することになったが、道路状況が悪かったことから地域間輸送は50年代まで事実上鉄道の独壇場であった。ところが、58年にタイで最初の高規格道路であるミットラパープ路が開通したのを契機に、鉄道は急速にその役割を道路に奪われていくこととなった。東北線のバイパス線や東部臨海工業地帯関係の路線以外は新線建設も中止され、路線網の更なる拡張の余地はなくなった。

このため、鉄道輸送の重要性は低下し、2005年の国内貨物輸送に占めるシェアはトンベースで2.4％、トンキロベースでも2.6％にすぎない。05年の輸送量は旅客が4942万人、88億1400万人キロ、貨物が1176万トン、30億200万トンキロであった。旅客輸送は1990年代初めをピークにその後漸減傾向にあるが、貨物は通貨危機後一時漸減したものの、2000年代に入り輸送量は1000万トンを超えて再び増加傾向にある。その要因はレームチャバン港とバンコク東方のラートクラバン・コンテナターミナルの間を始めとするコンテナ輸送の増加であり、現在は総輸送量の過半数を占めるまでに成長している。

【現状と課題】国鉄は1973年から赤字が続き、バンコクのバス運行を担当するバンコク大量輸送公団（BMTA）とともに累積赤字問題が深刻化しており、上下分離方式による民営化も計画されている。最近は予算不足で車両や要員の不足が顕著であり、事故も多発している。90年代から始まったバンコク近郊の複線化や3線化計画はほぼ終了したものの、都内区間の高架計画（ホープウェル計画）が頓挫したこともあって列車本数は逆に減少しており、鉄道輸送の復権の兆しは見られない。それでも、近年は鉄道に対する物流コスト削減への期待が大きくなり、高速鉄道計画や標準軌への改軌、あるいは標準軌線の新設などが検討されている。

一方、都市鉄道はバンコクの都市交通問題を解決する目的で90年代から整備が開始された。そもそもバンコクには

1880年代末に市内軌道が導入され、アジアで最初の市内電車が導入されるなど、最盛期には総延長約50kmもの路線網が存在したが、自動車の急増に伴い1960年年代に全廃された経緯がある。民営鉄道として開通したパークナーム鉄道やメークローン鉄道も一時都市鉄道化を目指したものの、結局実現しなかった。その後軌道系輸送手段は不在であったが、80年代から本格的に都市鉄道の整備が計画され、紆余曲折の末99年末に最初の都市鉄道となった高架鉄道23.5kmが、2004年には地下鉄20kmが開業した。タックシン政権時代には総延長360kmにも及ぶバンコク都市鉄道整備計画が策定され、現在もそれを踏襲した計画に従って整備が進められているが、都民の大きな期待とは裏腹にその進展は緩慢としている。(柿崎一郎)

テナッセリム（山脈）
ทิวเขาตะนาวศรี

テナッセリムとはビルマ（ミャンマー）南部の地方名。英語ではBilauktaung Range、タイ語ではティウカオ・タナーオシー。ビルマとのタイ西部国境を形成する山脈で、1000mから1500mの峰々が連なっている。カーンチャナブリー県北西部国境にあるタイとビルマの通路である三仏塔峠（スリーパゴダ・パス）の西部から始まり、ラーチャブリー県、ペッチャブリー県、プラチュアップキーリーカン県、チュムポーン＝ラノーン県境へと至る。ソーンケーワ（1327m）、ガヤンニックユワクトーン（1513m）、パラーントーン（1425m）などが主峰である。

(山本博史〔茨城大学〕)

テープクラサットリー、シースントーン（姉妹）
ท้าวเทพกระษัตรี ท้าวศรีสุนทร（？～？）

アユッタヤー時代末期の南部タラーン（現プーケット）領主の長女（チャン）と次女（ムック）。タラーンをビルマ（ミャンマー）の侵攻から守った英雄と称される姉妹。ラーマ1世時代に入り、ビルマ軍はタ

テープクラサットリー・シースントーン像

イ南部各地に侵攻した。当時領主であった夫を亡くしたチャンは妹と協力し、的確な防衛作戦を指揮して、1785年ビルマ軍に撤退を余儀なくさせた。この功績が認められ、翌年ラーマ1世からチャンはターオ・テープクラサットリー、ムックはターオ・シースントーンの名を賜った。現在のタラーン郡に記念像が建てられ、1967年に記念式典が行なわれた。アユッタヤーのスリヨータイ、ナコーンラーチャシーマーのスラナーリーと共にタイの4大女傑として有名。　　　(野津幸治)

テレビ

タイの地上波テレビ放送は1955年、タイテレビ株式会社によって開始された。初代社長はパオ・シーヤーノンで、2000万バーツの資金を政府の諸機関が出資して置局された。その後、67年にはカラーテレビ放送が開始され、現在、テレビ放送はタイの基幹メディア、すなわち、ニュースや娯楽の主たる情報源・源泉として機能している。またタイ全体の広告費のうち約6割をテレビ広告が占める（トップ100企業ベース、2007年）など国内におけるその媒体価値は高い。

　タイのテレビ放送を規律する法律は「1955年ラジオ・テレビ放送法」、放送に関する「92年規制法」、「2000年電波法」の3つである。2000年電波法に基づき、放送行政はNBC（National Broadcasting Commission）が行なう予定であるが、いまだ未設置のため、現在、暫定的に総理府広報局（Public Relations Department）が放送行政を行なっている。

タイの地上波テレビ局は、（1）政府が直接統制する局、（2）前者から放送事業権をリースして放送している局に大別されるが、いずれのタイプの放送局も直接間接に政府の干渉を受ける素地を持っており、権力の逸脱を監視する（Watch-dog）働きは弱い。（1）に属するのはCH5（Royal Thai Army Television）、MCOT社（MCOT Company Limited、オーソーモートー）のModernine TV、総理府広報局所有のNBT（National Broadcasting Service of Thailand、旧CH11）の3局である。CH5は陸軍によって所有・放送されている放送局である。MCOT社は元々公団組織であったが、04年に公開株式会社となった。しかし、株式の大半は政府および政府関係機関が所有している。NBTは総理府広報局によって運営されている放送局である。（2）のタイプの放送局としてはBangkok Entertainment Co.LtdがMCOT社からの放送事業権のリースによって運営しているCH3、CH5からチャンネルをリースしているBangkok Broadcasting & TV Co.Ltdが運営するCH7がある。1995年に開局した民間UHF局iTVは政争と絡んで放送免許を取り消され、現在は公共放送局TPBS（Thai Public Broadcasting Service）となった。

番組内容を見ると、CH3、CH7はドラマや映画の割合が高く、CH5は情報番組、ワイドショー番組が多い。また、NBTはニュース、報道番組が多くなっている。テレビニュースを見ると、ヘッドラインニュース、国内政治・経済・海外ニュース・スポーツニュースなどと並んで、王室ニュースが独立したジャンルとして放送されていることがタイのテレビニュースの大きな特徴である。その放送時間量はプライムタイムに放送されるニュース番組全体の十数％にも及ぶこともあり、王室ニュースのプライオリティはきわめて高い。また朝8時と夕刻18時にはすべてのテレビ局が国歌を、テレビ放送終了時には国王賛歌を流している。このようにタイ国民はテレビを通じて、国王や王族の威徳、シンボルとしての国家（国歌）と毎日接触している。タイにおけるテレビはまさにラック・タイを体現する「装置」の1つなのである　　　　　（岩佐淳一）

テーワウォン（親王）
สมเด็จกรมพระยาเทวะวงศ์วโรปการ（1858～1923）

ラーマ4世の第42子でラーマ5世の異母弟。ラーマ5世王期からラーマ6世王期にかけて一貫して外務大臣を務め、帝国主義の嵐が吹き荒れる中でタイの独立維持を貫いた立役者であり、ダムロン親王と共にラーマ5世を支えた。王宮内で教育を受け、イギリス人から英語を学んだ。ラーマ5世は親王を重用し、1871年にはインド行幸に同行させ、78年には自らの秘書に任命して、外交問題を担当させた。その後85年に、辞任したブンナーク家のチャオプラヤー・パーヌウォンに代わって外務大臣に就任することとなった親王は、従来大臣の屋敷で執務していた執務方法を改め、新たに専用の執務所を設けて公私を分離し、更に任務に応じた組織を設置して行政の近代化を図った。87年にはイギリスのヴィクトリア女王戴冠50周年記念式典にタイ代表として出席するためにヨーロッパを訪問し、その帰路にはアメリカと日本を経由し、タイと日本の間の国交樹立となった「修好条約

テーワウォン親王

締結方ニ関スル日暹宣言書」に調印した。親王は各国の統治システムを視察してラーマ5世に統治改革に関する進言を行ない、これが大臣会議（閣議）の設置や省庁再編として具体化された。

テーワワォン親王が外務大臣を務めた時代は、タイの独立の維持が最も危機に瀕した時期であった。88年のシップソーンチュタイの割譲以後、93年のシャム危機に伴うメコン左岸の喪失と、タイは徐々にフランスのメコン流域への勢力拡大政策に屈していったが、外国人顧問の力も借りながら親王はタイが抱える外交問題を包括的に解決しようと試みた。フランスとの間で領土割譲と引き換えに懸案であったアジア系保護民の領事裁判権廃止を実現させると、イギリスに対しても同じ手法でこの問題の解決を試み、領事裁判権の廃止のみならず、マレー半島を縦貫する鉄道建設資金の借款も含めて領土（マレー4州）と交換することに成功した。ラーマ6世の時代には、第1次世界大戦への対応が最大の課題となった。タイが当初中立を宣言しながらも、国際社会での立場を好転させるために1917年に連合国側に立って参戦した背景には、テーワウォン親王の適切な判断が存在した。この参戦で戦勝国としての地位を獲得したタイは、戦後不平等条約改定のための交渉を各国と行なっていくが、その最中の23年に親王は66歳で死去した。「タイ外交の父」と称される親王であるが、占星学にも造詣が深く、従来の太陰暦に代わって1889年から採用された太陽暦を基準とする暦を作成したことはあまり知られていない。　　　　（柿崎一郎）

デーン・チュンラパン
เด่น จุลพันธ์（1978〜）

プロボクサー。1978年12月4日生まれ。国際式ボクシング第8代、11代WBC世界ミニマム級王者。タイの英雄であるカオサーイ・ギャラクシーに憧れ、16歳でアマチュアボクシングとムアイ・タイを始める。タイ国チャンネル7スタジアムのソ

デーン・チュンラパン

ムポップ・プロモーターに才能を見出され、ソーチラダージムで選手として活躍、タイで出会った日本人女性と結婚して日本に移住する。後に角海老宝石ジムの所属になり世界タイトルを奪取するが、2007年11月に母国タイでの王座防衛戦で敗れる。過去のリングネームは、イーグル赤倉、イーグル京和。角海老宝石ジムでの最終リングネームはイーグル・デーン・ジュンラパンである。　（菱田慶文）

でんとうほう　伝統法
チャックリー改革により近代法が導入される以前において適用されていた法律や慣習を指す。伝統法の中で最も有名なのが、1805年にラーマ1世の命により編纂された『三印法典』である。三印法典は、タイ全土を3つに分割して支配するそれぞれの統括官庁の印が写本上に押印されているためその名を有するが、これはタイの全土に対して適用されるべき法であることを表していた。しかし、実際には、ラッタナコーシン朝が三印法典編纂当時に現在のタイ全土を支配していたわけではないので、版図の拡大により、適用範囲が拡大することとなった。近年の研究により、様々な地域で様々な三印法典のテキストが発見されており、適用範囲の拡大を示している。チャックリー改革による近代法導入に取って代わられるまで効力を有したが、その廃止の過程におい

てんねんガス　天然ガス

タイ政府は、1968年以降国際石油会社に鉱業権を付与した。73年にChevronと三井石油開発㈱がタイ湾中部にエーラワンガス田を発見し、81年10月商業生産に入った。タイ政府は天然ガスの有効利用を図るためPTTを設立し、ガス販売契約を締結すると共に海底および陸上パイプラインを敷設した。2007年はタイ湾を中心に約2400mmcfd（原油換算約40万バレル）を国内生産している。天然ガスは、ガス分離プラントにてLPG等を生産後、発電および工業用燃料として使用されている。第1次エネルギーとして天然ガスの占める割合は07年に29％に達した。（福田　升）

てんねんゴム　天然ゴム→ゴムを見よ

でんりょく　電力

タイの最大の電力事業者はタイ発電公団（Electricity Generating Authority of Thailand: EGAT）で、1968年の「タイ発電公団法」により設立された。2003年12月の閣議決定によりEGATは、発電事業そのものだけではなく、独立発電事業者（IPP）や小規模発電事業者（SPP）および近隣国から独占的に電力を買い入れる権限を有している。EGATは、2つの発電事業子会社、EGCO（The Electricity Generating PCL.）とRATCH（Ratchaburi Electricity Generating Holding PCL.）を傘下に持ち、これらの子会社はタイ証券取引所に上場されている。EGCOが行なっているIPP事業には、REGCO（Rayong Electricity Generating Co.,Ltd.）とKEGCO（Khanom Electricity Generating Co., Ltd.）があり、その他に様々なIPPやSPPのプロジェクトに出資を行なっている。RATCHも、自身のIPPプロジェクト以外に、ラオスの発電プロジェクトにも出資を行なっている。タイの電力総量は、2007年9月時点で2万9030.86メガワットで、そのうちEGATが1万5794.6メガワット、RATCHが3645メガワット、EGCOが1993メガワット、IPP群が4543.5メガワット、SPP群が2414.8メガワット、残りがラオスなど他国から買電したものとなっている。タイの電力は、国家計画の"Power Development Plan 2007-2021（PDP2007）"により、21年までに原子力発電所の建設により9％程度の電力を賄う計画を持っている。タイの電力の分野別発電能力（08年）は、コンバインサイクルが最大で1万4443.4メガワット、次に火力が9274.2メガワット、水力が3764.2メガワット、コジェネレーションが1593メガワットの順となっている。近年、増加するタイの電力需要を賄うため近隣のラオスの水力発電所建設プロジェクトに投資を行ない、その電力を買電する動きが活発となっている。現在（08年11月）ラオスで建設ないしはプロジェクト進行中のタイ向け売電用水力発電所は8ヵ所で能力は4493.6メガワットになる。（中嶌知義）

と

ドーイ・ステープ（寺）
วัดดอยสุเทพ

チェンマイ市街から西方へ約20km、標高約1600mのドーイ・ステープ山の頂に立つ寺院。クーナー王の1419年にスコータイからスモン長老を招いた際に、将来された仏舎利を安置する仏塔を建てたのが始まりとされる。当初は高さ10m余りの小規模な仏塔であったが、次第に増築されて、高さ22m、四隅を角に切った八角の基壇を持つチエンセーン様式の仏塔となった。参道の階段は両側に7つの頭を

持つ龍がデザインされたもので、文献によれば306段あるというが、実際にはそれより少ない。1935年から翌年にかけて、北部の名僧クルーバー・シーウィチャイが人々に呼びかけて、わずか4ヵ月余りで14kmの道路を建設した。「チエンマイに来てドーイ・ステープに登らなければ、チエンマイに来たことにはならない」と言われ、城壁、カーオソーイ（麺類の1種）と並び称されるチエンマイ名物の1つである。毎年ウィサーカ・ブーチャー（仏誕節）の日には、市街から徒歩での参拝が行なわれる。　　　　（山田 均）

トイレ
タイのトイレはかつて農村部と都市部で異なっていた。農村部では周辺の農地や森の中に穴を掘り、また屋外に設置した小屋や床下の一部がトイレとして利用されていた。水辺ではそこがそのままトイレとなった。一方、バンコクなどの都市部では、おまるや公衆トイレも利用されていた。排泄物は河川や土中に廃棄されたり、また中国人の菜園では肥料として再利用されたりした。現在、農村部と都市部のトイレの多くは、汲取り式のものや排泄物を掘った穴に入れ土中に浸透させるもの、また微生物分解を行なう腐敗槽を持つもののいずれかである。

（岩城考信）

ドヴァーラヴァティ
ทวารวดี
チャオプラヤー川下流域に分布する古代交易都市群とその美術遺品。同河岸の台地に残るアモルファス（無定形）環濠都市からインド文明の影響を示す遺品、モン（Mon）文字刻文などが出土し、スリランカの史書『マハヴァンサ（大島史）』が記すアショーカ王の仏教使節が訪れたスワンナプームではないかとの仮説も出ていたが、19世紀後半にインド美術史の知識が西欧経由で到来すると、法輪、仏像、ヒンドゥー神像などの出土品は6〜9世紀の作で、東インドのグプタ美術、パーラ美術

ドヴァーラヴァティ
（ナコーンパトムのプラパトム仏塔）

の影響を示すことが判明する。また、フランス人学者たちの漢籍史料研究は唐の求法僧の旅行記に伊賞那補羅（イシャーナプラ）の西にあると記された堕羅鉢底をtalapotiと音訳し、それをセデスはサンスクリット語のDvaravatiと比定した。Dvaravatiはクリシュナ神の都名で古都アユッタヤーや王都バンコクの雅号にも含まれ、下ビルマ（ミャンマー）にも同名の地があることが判明。環濠都市群は幻の古代王国ドヴァーラヴァティと重ねられ、その中心と目されたナコーンパトムのナコンチャイシー遺跡、ウートーン遺跡、ロップリー遺跡の発掘が進んだ。1963年に「Dvaravati王 Sridvaravastivara」と刻んだ銀貨が2枚、ナコーンパトムとインブリー（シンブリー県）遺跡から発見され、仮説は裏付けを得た。この美術の遺品はコーラート高原上でも数多く発見されているが、東に進むにつれ、クメール美術プレ・アンコール期美術遺品と融合しており、2つの美術の比較は興味深い。67年バンコク国立博物館内に設けられたタイ国美術展示館にはドヴァーラヴァティ美術の展示室が2室ある。タイ語ではタワーラワディー。

（レーヌカー・ムシカシントーン）

ドゥワンチャイ
ดวงใจ（1943〜）
元大学教員、作家（女性）。本名プラトゥムポーン・ワッチャラサティアン。チュラ

ドゥワンチャイ

―ロンコーン大学政治学部卒業、ペンシルベニア大学国際関係科修士課程修了。チュラーロンコーン大学政治学部で教え、副学長なども務めた。政治事件を絡めながら筋を進める作風で、主な作品に1971年のクーデタに端を発した大学行政の動乱に巻き込まれる青年政治学者を描いた『業の罠』、75年の総選挙と中国との国交樹立に題材をとり女性を主人公に据えた『女性大臣』がある。女性の社会的活躍を描くものが多い。　　　（平松秀樹）

どうかせいさく　同化政策
20世紀前半には華僑を対象とした同化政策も、中国系タイ人の同化が進むと、山地少数民族および南部国境県のマレー系ムスリムへ移った。山地居住の少数民族は自国領内の秩序と資源を脅かし、仏教徒でもなくタイ語を母語とせず、国民意識の欠如した人々とされ、同化と排除は表裏一体で進められた。1960年代よりインフラ整備、教育や保健・医療の普及、農業開発そして仏教布教などが進んだ。現在では、むしろ民族文化や伝統を部分的に奨励している。南部ムスリムに対しても信教の自由を保障しつつ統制と同化を漸進的に進めてきており、これに不満を持つ武装集団による分離運動は今も続く。　　　　　　　　　（速水洋子）

とうけい　闘鶏
タイ庶民の間で人気がある。とりわけ、農村における闘鶏は盛んである。週末や祭りの時節には、激しく闘う鶏に男たちは興奮し、賭けや売買に紙幣が動く。彼らは強い有能な鶏を飼育することに全身全霊を傾け、闘鶏ほど奥が深いものはないと言う。大規模な闘鶏訓練学校も存在し、特別カリキュラムが用意されている。おそらくムアイ・タイが闘鶏からヒントを得て出来上がったとする説は正しいであろう。大型で背が高く、くちばしが鋭く、脚が太い特徴を持つ闘鶏を日本では、「シャモ」と称するが、タイの古い国名である「シャム」に起源がある。　（赤木　攻）

とうししょうれいほう　投資奨励法
投資奨励政策の基本方針を定めた法律で、現在は1977年法を適用している（91年と2001年に一部改正）。投資委員会（BOI）がその運用を担当し、経済状況に応じた投資奨励事業や税制上の優遇措置等恩典を決定して、それを適用する事業の審査と認可を行なっている。2000年のBOI布告で新たな投資奨励策が発表され、投資ゾーンごとの機械の輸入税減免、輸出製品用原材料の輸入税減免、法人所得税の減免とその期間、更に投資奨励業種や認可条件等が定められた。タイへの外国直接投資の多くはBOIの認可を受けて事業活動を行なっており、投資奨励法はタイの産業発展に大きな役割を果たしている。　　　　　　　　　（東　茂樹）

とうなんアジアじょうやくきこう　東南アジア条約機構→SEATOを見よ

とうなんアジアしょこくれんごう　東南アジア諸国連合→ASEANを見よ

とうぶりんかいこうぎょうちいき　東部臨海工業地域
チョンブリー県のレームチャバン工業団地、ラヨーン県のマープタープット工業団地を中心とするタイ東部の工業地域を指し、バンコク首都圏に次いで工場の集積や製造業の生産額が高い地域である。
　東部臨海開発計画は1973年にタイ湾で天然ガス田が発見されたことが契機と

なり、80年に発足したプレーム政権により進められた。政府は東部臨海地域開発委員会を設置して検討を行ない、80年代前半の当初案では、マープタープットに化学肥料、石油化学、ソーダ灰、鉄鋼など重化学工業を立地させ、工業用深水港を建設し、またレームチャバンに労働集約型軽工業、農産物加工型輸出産業を育成し、商業港を設置する計画であった。しかし80年代半ばのタイ経済は、貿易赤字、財政赤字、対外債務累積の三重苦に直面して、計画の多くは見直しを迫られた。

80年代後半にタイ経済が高度成長したのに伴い、東部臨海開発計画は追い風を受けて急速に進展した。計画は当初案から変更され、マープタープットは天然ガス分離プラント、オレフィンプラント、各種樹脂製品プラントなど、石油化学産業の上流部から下流部までの工場集積地区となった。またレームチャバンでは電気や自動車産業の工場が操業を始め、大型コンテナ船が入港できる港が建設された。これらの工業団地や港、更に鉄道、道路、送水管の建設には、日本の円借款を活用している。

東部地域のインフラが整備されるにつれて、チョンブリー県やラヨーン県の内陸部に民間開発業者による工業団地の造成が進み、自動車産業を中心に外資系企業の工場が建設された。タイが東南アジアにおける自動車産業の中心地として発展した90年代に、多くの自動車産業関連企業が東部地域に進出している。元は養鶏やキャッサバの栽培が盛んな地域であったが、製造業の雇用が創出されて人口が増加し、生産額が拡大した。

タイ政府が東部臨海開発計画を推進した目的は、日本や韓国にならって重化学工業の育成をめざしたことと同時に、バンコク首都圏の一極集中を是正するために、地方へ経済活動を分散して所得を分配する地方振興政策という側面があった。途中で計画の内容に変更があったものの、東部地域をバンコク首都圏となら

ぶ製造業の集積地とする当初の構想はほぼ実現している。現在は開発が進んだことによる生活インフラの未整備、水不足、公害などの弊害が現れてきており、今後は東部地域に代わる南部臨海工業地域建設などの構想があるが、具体的には進展していない。
　　　　　　　　　　　　（東　茂樹）

とうほくぶ　東北部
【地理的区分】全国を4つに分けた行政区分の1つであり、コーラート高原とその周辺の地方全域（1993年より現行19県）を指す。面積、人口ともに全国の3分の1以上を占める。この地方とその住民は「イサーン」と総称されるが、これは東北の方角を守護するシヴァ神を意味するサンスクリット語の「イーシャーナ」のタイ語訛音である。メコン川の西岸に広がる海抜高度150m〜200mのコーラート高原は、地下に数百メートルの岩塩層を保有し、乾季には塩が地表に析出して土壌の塩類集積が起こる。年間平均降水量は約1200mmと少なく、年ごとの降水量の変動も大きい。大規模な水源開発は困難であり、旱魃と洪水を交互に繰り返す土地柄である。主に天水依存の水稲耕作を行なうが、農業生産性が低く収量が不安定なため平均収入は他の地方より低い。台地の高所はキャッサバやケナフ等の換金作物栽培と、牛や水牛等の放牧地に用いられ、ほぼ極限まで開墾が進む。下部のスリン県周辺では重要な輸出品である香り米（ジャスミン米）も生産されている。住民の8割はタイ・カダイ諸語族のラオと呼ばれる人々であり、他に南部にクメール、クイ（スワイ）、北部にプー・タイ、カルン、ソー、ニョーなどが居住する。ラオ人の間だけでなく、異なる言語集団間で用いる共通語はラオ語またはイサーン語（パーサー・イサーン）と呼ばれる。上座仏教徒が大多数を占め、全国登録仏教寺院の約半数が集中し、僧侶数も最多の地方である。また、瞑想や呪術で名高い僧侶を多く輩出することでも知られている。
【国民統合・社会経済的変化】東北部は中部

のシャム人から見れば、長年、野蛮な異民族であるラオ人が住む辺境の地であり、旱魃と貧困に苦しむ農民が住む田舎であった。国民国家が成立する以前は、朝貢関係を維持する王権の狭間で小国が並立し、一種の政治的自律性が保たれていた。19世紀末、迫り来る植民地勢力の脅威の前に国家防衛の安定が急務であったシャム中央政府は、この地域の行政改革に着手し、ラオという言葉の使用を禁止するなど、国民の同一性と自国領であることを主張するようになった。1893年フランスとシャムとの条約により、シャムがメコン川東岸に対する領土権を放棄し、現在のラオスとタイの国家領域がほぼ定まると、メコン川西岸にタイの東北部が地理的に成立した。

地方行政制度の整備や土地登録の制度化、教育の普及などを通じて徐々に国民統合が進められたが、東北部に住む人々がイサーンという地域アイデンティティを持ち始めるのは、中央の政策と直結し、換金作物を通じて世界市場やメディアの影響を強く受ける地域となった1960年代以降のことである。周辺諸国が相次いで社会主義化する中、アメリカの反共政策と呼応する形で国家主導の開発計画が始まり、農村に様々な開発事業が投入されるようになった。共産党対策として、武力による鎮圧より貧困撲滅のための開発事業を行なうことを優先した政府は海外から資金援助を受け、共産党員が潜む森林を切り拓き、道路を建設し、田畑に転換して、土地なし農民を入植させた。反共政策は、80年恩赦による共産党投降をもって、ほぼ完結した。しかしその結果、60年代から80年代終わりまでに森林は3分の1に減少し、人口増加と相まって多くの人々は仕事を求めて都市部へ流出した。首都圏との人の移動は激しく、出稼ぎは常態化し、全国海外労働者数の半数以上は東北部出身者である。都会での生活経験やテレビなどのメディアを通じて得る情報は、東北部の人々の言語や生活習慣のタイ化を促進させた。このような社会経済的変化を経て東北部の人々は、一地方の住民としてのイサーン人を自称するようになった。

【変容する農村社会】1990年代以降、地方の文化復興政策や国内のエスニックブームを受けて、首都圏でも一部の地方文化がタイの国家文化として認知されることになった。東北部のソムタム（青いパパイヤのサラダ）といった料理やケーン（笙）の伴奏で歌われるモー・ラムなどの民族芸能がその代表である。それらは東北部で多数派のラオ人文化であるが、イサーン文化として、またタイ文化として海外にも発信されるようになった。映画やマスメディアの中では、経済発展や拝金主義の蔓延によって忘れかけていた「タイ人の心のふるさと」として東北部農村や敬虔な仏教徒である農民の姿が描かれ、それまでの国内における貧困や田舎者のイメージは変わりつつある。一方、東北部の村落では現金収入源が多様化し、村落の生業構造は大きく変化した。2003年の統計によれば、農業従事者の専業率は4割未満、農業所得のみに頼る世帯は2割を切った。1980年代以降、それまで親元を長期に離れることがなかった未婚女性の出稼ぎも増加した。また出稼ぎが長期化するに従い、老親に子供を預けて出稼ぎに行く者が増え、村落内に高齢者と子供が残されるようになった。全国的に高齢化と少子化が緩やかに進む中で、2004年の住民登録台帳によれば、東北部では全国平均よりも高齢者の比率が低く、15歳未満の比率が高い。女性や高齢者の村落社会における役割が変化し、農村の社会構造は根底から揺らぐ状況にある。

（加藤眞理子）

トウモロコシ

メイズ、コーン、トウキビ、ナンバンキビとも称される。学名 *Zea mays*。イネ科トウモロコシ属の大型1年生草本。コメ、コムギと並ぶ世界3大食用作物。原産地は中央・南アメリカとされる。世界生産量の約40％はアメリカだが、世界各地で栽

北部山地のトウモロコシ畑

培される。胚乳の澱粉の種類と分布により、フリント、スイート、デント、ホップ、ワキシー（モチ（糯））等の品種がある。熱帯では、単作もあるが、他の作物との混作も多い。栽培技術が容易なため、世界的需要の増大に伴い、タイでは北部・東北部の丘陵地・山岳地で輸出飼料用作物用の栽培が急増した。これは地域の森林消失の一大要因となったが、トウモロコシ飼料による養鶏が盛んになり、最近、「ベビーコーン（ヤングコーン）」と呼ばれる若い雌穂はサラダや中華料理の食材に利用されている。　　　　　（渡辺弘之）

どうろ　道路

【道路の分類】タイの道路は、道路局が管轄する国道・県道、村道局や地方統治局（県・郡）、区自治体などが管轄する村道、バンコク都やテーサバーン（市）が管轄する都道・市道、高速道路公団が管轄する高速道路に分類される。2005年の時点の総延長は、道路局の国道・県道が5万151km、村道局の村道が4万835km、都道4076km、高速道路公団の高速道路が171kmとなっている。道路局管轄道路のうち、未舗装の道路はわずか279kmにすぎず、上下車線が分離された片側複車線道路が約1万km、自動車専用道路（モーターウェイ）が146km存在する。主要な幹線はバンコクから四方へ延びる4本の国道であり、北部のチエンラーイへ至る国道1号線（パホンヨーティン路）、途中のサラブリーで分岐して東北部のノーンカーイへ至る国道2号線（ミットラパープ路）、タイ湾東海岸沿いに東部のトラートへ至る国道3号線（スクムウィット路）、南部マレーシア国境へ至る国道4号線（ペットカセーム路）となるが、現在はより短絡路となるバイパスが多数建設されている。

【道路整備史】そもそも、タイにおける道路の役割は非常に限定的であった。古くはアンコール時代にアンコールの都からパノム・ドンラック山脈の峠を越えて東北部に至る道路が存在したり、スコータイ時代に王都と近隣の要衝を結ぶプラルアン街道と呼ばれる道路が整備されたこともあったが、陸上輸送の輸送条件は水運に比べはるかに悪く、水運の補完的役割しか担っていなかった。このため、河川水運や沿岸水運が利用可能な中部や南部では道路の重要性は低く、バンコクから地方へ延びるような道路は存在せず、海、河川、多数掘削された運河が専ら交通路の役割を担っていた。他方で北部や東北部などでは水運が不便なことから陸上輸送への依存度は高くなり、山越えの区間などを中心に道路が存在し、家畜や牛車を用いた隊商が往来していた。

　20世紀に入るとタイでも自動車が導入され、道路は自動車用道路としての役割を付与されていったが、タイは鉄道整備を重視したため道路整備は相対的に遅れることとなった。1912年に道路局が設置され、20年代に道路整備はある程度進展していくが、鉄道の支線となるような道路しか建設されず、バンコクから地方へと延びる道路網は皆無であった。32年の立憲革命後に、政府は全国道路整備計画を策定し、全国津々浦々に至るまで自動車のみで到達できるような道路網の整備を画策した。これによってようやくバンコクから周縁部へ延びる幹線道路の整備も始まり、50年代末にようやくバンコクから各地域まで自動車で到達できるようになった。しかしながら、整備された道路網は規格の低い未舗装道路が大半であり、地域間輸送の主役は以前鉄道が担っていた。

【道路規格の向上】1958年に開通したミットラパープ路は、タイで最初の高規格道路であり、沿道の開拓が急速に進むなど、始まったばかりの「開発」の時代の象徴と捉えられた。このため、以後は高規格道路の整備が急ピッチで進むこととなり、自動車輸送は鉄道輸送を代替する役割も担って急速に成長した。70年代半ばまでに国道は大半が舗装化され、すべての県に舗装された高規格道路が到達した。また、「開発」の時代にはそれまでほとんど整備がなされなかった村々へ至る村道の整備も開始され、農村開発促進事務所(現村道局)などが中心となって未舗装ながら通年で通行可能な村道の整備を進めていった。この「開発」の時代からの急速な道路整備が、現在の自動車依存型社会を生み出すと共に、タイの自動車産業の育成に少なからず貢献することとなった。

80年代後半からの経済ブームは更なる自動車輸送の拡大をもたらし、93年にはバンコクから四方へ延びる幹線国道約2000kmの片側複車線化計画(4車線計画)が開始された。これによって、従来の対面通行の国道は上下車線が分離された高速道路に近いものとなり、更に交通量の多い区間では本道と側道を分離して片側5～6車線に拡幅された。96年からは計5000kmもの区間を対象とした第2次4車線計画も開始され、幹線道路を中心に片側複車線道路が急速に増加している。更に、97年には全国に4000kmもの自動車専用道路(モーターウェイ)を建設する都市間高速道路計画も開始され、バンコク～チョンブリー間とバンコク外環状道路(東側)が既に開通している。これまで高規格道路(舗装道路)、片側複車線道路と発展してきたタイの道路網であるが、今後は全国に到達する高速道路網が整備されることとなる。

【バンコクの道路】一方、かつて「東洋のベニス」と呼ばれたバンコクも、当初は道路が少ない都市であったが、19世紀後半から道路整備が推進されていった。1930年代に入ってバンコクと地方を結ぶ幹線道路が整備され始めて、ようやくバンコクの道路網が外界へと延びていくこととなり、市街地は道路沿いに拡大していった。戦後バンコクの拡大が進むと道路交通の過密化が問題となり、新道路の建設や既存道路の拡幅が行なわれていったものの、急増する自動車の前には不十分であった。82年にはバンコクで最初の都市高速道路が完成し、その後路線の拡張も行なわれていったが、悪名高いバンコクの交通問題を解決することはできなかった。現在も新たな道路整備は続いているが、交通問題の解決へ向けては都市鉄道への期待のほうが高まっている。(柿崎一郎)

トゥンヤイ・フアイカーケン
ทุ่งใหญ่ ห้วยขาแข้ง

1972年に野生動物保護区として登録され、91年に世界自然遺産となったターク県、ウタイターニー県、カーンチャナブリー県にまたがる自然豊かな地域。シカやトラなどの固有種に恵まれている。世界遺産登録にあたっては、自然保護に熱心でフアイカーケン野生動物保護区の所長であったスープ・ナーカサティエンの功績が大きいと言われる。90年9月1日にスープが謎に満ちた自殺を遂げるという衝撃的な出来事もあり、この保護区はタイの自然保護運動の象徴的な場所となっている。他方で、保護区の中や周辺に暮らすカレンの人々と当局との対立は今でも続いている。なお、タノーム軍事政権末期に、政府高官によるシカなどの密猟事件が発生したことでも有名である。(佐藤 仁)

とくどしき 得度式
อุปสมบท

仏教サンガが正式な結界(シーマー)の中で出家志願者(ナーク)を審査し、比丘として受け入れる儀式。出家志願者は『儀礼書』(モン・ピティー)を参考に式で用いるパーリ文言を暗記する。儀式には、出家志願者の修行に責任を持つ戒和上、出家志願者の資格を確認する教授師、儀式の進行役の羯磨師の3人の他に証人となる

得度式

7人の僧の立会いが必要である。儀式はすべてパーリ語で行なわれるが、戒和上が用いるパーリ文言は地域によって相違があり、また式でのパーリ文言はマハーニカーイ派とタムマユット派で差異が見られる。得度式の主催者は、通常出家志願者の両親である。　　　　（泉　経武）

とくべつえんもんだい　特別円問題
タイ特別円とは、第2次世界大戦中、タイに進駐していた日本軍の軍費その他の日タイ両国間の受払いの決済のために設定されたものであり、1942年7月日本銀行にタイ銀行名義の特別円勘定が開設され、終戦当時約15億円が日本側の債務として残った。このタイ特別円残高の処理については、タイ特別円残高の約15億円をいくらに換算するか日タイ両国間で決着せず、終戦後の日タイ間の懸案事項となっていた。55年3月にナラーティップ外相が来日し、難航の末約15億円の未支払債務は150億円とみなすこととなり、55年7月にバンコクにおいて「特別円問題の解決に関する日本国とタイとの間の協定」が調印された。同協定により、(1)54億円相当の英ポンドを5年間に分割して無償供与として支払う、(2)96億円は投資およびクレジットの形式で日本の資本財および日本人の役務で支払う、ことが規定された。しかしながら、タイ側は、この(2)にある96億円は無償供与であると主張して、両国間で対立が発生した。日タイ間の対立は、61年11月、バンコクにおける池田首相とサリット首相との会談において、日タイの友好関係、日タイ貿易促進という大局的見地から、96億円を8年分割払いで、タイ側は日本の生産物および役務の調達にあてる方式による無償供与で合意された。62年1月、バンコクにおいて「特別円問題の解決に関する日本国とタイとの間の協定のある規定に代わる協定」が調印された。　（青木伸也）

ドークマイソット
ดอกไม้สด（1905～63）
作家（女性）。バンコク生まれ。本名（モーム・ルアン）プッパー・ニムマーンヘーミン。父は王族の家系であったが、両親の離別により幼少期を叔母の世話で王宮で育てられ、そこで仏教の薫陶を受ける。13歳で家に戻り、セント・ヨセフ・コンベント校で中等教育8年（フランス語系）を卒業する。1929年『タイカセーム』紙に『彼女の敵』を載せ、小説家としてデビューする。作品数はそれほど多くはないが、仏教的色彩を持つ作風の中に、新旧の階級対立、見合い結婚から自由結婚への希求を描いた。タイ近代文学成立の旗手とされる。　　　　　　　　（平松秀樹）

ドークマイソット

とし　都市
タイにおける「都市」は、バンコク大都市圏と各県庁所在郡（アムプー・ムアン）のテーサバーンと定義できよう。タイにおける「都市」の特徴は、次の3点に要約できる。第1に、都市化率（都市人口比率）が1990年代に急上昇したという点。第2に、

バンコク都そのものの首位都市性は弱まったもののバンコク周辺にサブセンターが形成され、バンコク首都圏が成長を続けていること。第3に、地方都市が未発達であるという点である。なお、以下のデータは『世界人口年鑑』とセンサスによっている。

【低い都市化率】タイの都市化率は、1960年において11.8％であり、世界でも低い水準にあった。以後30年間の上昇も緩慢で90年に18.7％に達したにすぎなかった。しかし、90年代に急速に上昇し、2000年には31.1％となった。ただし、1990年の段階で既に70％を超えていたラテンアメリカ諸国と比較すると、依然として低い水準である。

【バンコク首都圏の形成】元来タイは、首都バンコクへの一極集中が顕著な国であった。バンコク都の人口が総市人口に占める比率は、1980年には61.5％に達し、突出した大都市を形成していた。しかし、その比率は90年57.6％、2000年33.6％と低下傾向にある。特に1990年代に大きく低減した。

以上のデータより、90年代以降における都市化率の上昇が、バンコク都への一極集中によるものではなく、他の都市の成長によって引き起こされたということがわかる。そこで、どのような都市が成長したのかを検討しよう。2000年センサスによると、バンコク都の人口は635万5000万人、第2の都市サムットプラーカーン市37万9000万人、第3の都市ノンブリー市29万2000人、第4の都市ナコーンラーチャシーマー市20万5000人、第5の都市チョンブリー市18万3000人である（「市」の人口として県庁所在郡のテーサバーンの人口を採用した）。注目すべきは、サムットプラーカーン市とノンブリー市はバンコクが成長し拡大する過程で形成されたサブセンターであるという点である。両都市はバンコク都に隣接し、バンコク都とともに一大都市圏を形成している。サムットプラーカーン県には工業地帯が立地し、ノンブリー県には一部の政府機関がバンコクから移転している。また後者はバンコク近郊の住宅地ともなっている。両都市はバンコクにおける混雑現象を緩和するために、バンコクの都市機能が移転されて形成された都市と位置付けられる。このようにバンコク都は周辺にサブセンターを形成しながら、大都市圏を拡大しつつある。バンコク都、サムットプラーカーン市、ノンブリー市の3都市が総市人口に占める比率は37.3％（2000年）に達し、タイはバンコク首都圏への一極集中が依然として強い国となっている。バンコク首都圏は、他都市の追随を許さない突出した近代的な大都市域である。地方とバンコクの格差は、所得のみならず、人々のライフスタイル、政治意識、文化、教育などあらゆる方面にわたっており、タイ国の中にバンコクという別の独立国が存在していると表現しても過言ではない。このように、バンコクは繁栄を極めた都市である一方で、深刻な大気汚染、水質汚染、交通渋滞など、途上国の大都市特有の病理を抱える都市でもある。

【新興工業都市と地方都市】第5位の都市、チョンブリー市は東部臨海地域（イースタン・シーボード）の中心都市である。東部臨海地域は、工業立地の地方分散と輸出指向の工業地区建設を目的に、政府により1980年代以降開発が進められた。80年代後半以降の経済成長と海外からの直接投資の急増により、現在、東部臨海地域は首都圏に次ぐ第2の経済圏となっている。チョンブリー市は政府の開発計画による工業化の進展および経済成長により近年、急成長した都市である。このように工業化の進展に伴って、90年代にバンコク首都圏が地理的に拡大し、チョンブリー市という新興工業都市が成長して都市化率が急上昇した。

その一方で、工業化が伝統的な地方の中核都市に及ぼした影響は相対的に小さい。90年以降の都市における人口増加率を見ると、最も高いのはサムットプラーカーン市やチョンブリー市などのバンコ

クのサブセンターや新興都市であり、東北部のナコーンラーチャシーマー市や北部のチエンマイ市、南部のソンクラー市などの地方の中核都市は人口が減少している。またバンコクと地方都市との人口規模の格差は依然として大きい。第4位の都市であるナコーンラーチャシーマー市の人口規模はバンコク都の人口を100とすると3.2（2000年）にすぎず、北部のチエンマイ市（17万4000人、2000年）と南部のスラートターニー市（人口11万1000人、同）は、それぞれ2.7、1.8という規模である。

　1960年代以降開始された工業化は、バンコク都への一極集中という現象を伴いながら進んできた。バンコク都における混雑現象がピークを迎え、バンコクの都市機能が近郊のサブセンターや東部臨海地域の新興工業都市に移転されていったのが、90年代以降のことであった。この中で、伝統的な地方都市の成長は伸び悩み、バンコクと肩を並べるような大都市は出現していない。タイの都市化は、バンコク首都圏の拡大という形を取って進行してきたのである。　　　　（上田曜子）

としけいかく　都市計画

タイの都市計画は、「都市計画法（1975年）」に基づき、バンコク都の都市計画局、その他の都市は内務省、公共事業・都市農村計画局が策定する。しかし、総合都市計画の各事業を担う部局が分散しインフラ整備等の都市計画の実効性を低下させている。1000万人を越える規模となったバンコク首都圏の都市計画は、世界規模のビジネスセンターとしての基盤整備と同時に、環境問題、都市貧困、格差是正の問題への対応も欠かせない。バンコクではこれまで大規模な拡大都市圏（メガシティ開発）を進めてきたが、第10次社会経済開発計画の構想に連動し、グローバルシティであると同時に、生活の質の向上、コミュニティの強化、市民参加など社会人間開発面が強調されるようになった。21世紀に目指すべき都市像としては、公共交通の整備に合わせた土地利用計画に基づく多角的都市構造への転換が提案されている。自動車交通への依存を減らすこと、業務空間と緑地農地との共生に加えて、中心部の文化遺産の保全として歴史への配慮が盛り込まれ、開発志向であった都市開発に変化が見られる。　（松薗祐子）

としてつどう　都市鉄道

タイの都市鉄道の歴史は浅く、2008年末時点では1999年末に開業したバンコク都の管轄するバンコク大量輸送システム社（BTS）の高架鉄道23.5kmと、2004年に開業した大量輸送電気鉄道（MRTA）が管轄する地下鉄20kmのみが存在し、1日60万人程度の利用者がある。都市鉄道計画は1970年代に浮上し、80年代には具体化に向けて進展が見られたが、結局実現しなかった。90年代に入り国鉄のホープウェル計画、バンコク都の高架鉄道、MRTAの地下鉄計画が具体化したものの、BOT（建設・運営・譲渡）方式のホープウェル計画は通貨危機の影響もあって頓挫し、後者2件はBTSがBOT方式、MRTAが上下分離型のBOT方式で実現した。94年には計262kmの路線網を整備する初の都市鉄道マスタープランが策定され、タックシン政権時代に計画路線網を計361kmに拡大されたものの、計画が二転三転してその後の進展は遅々として進まない。現在エアポートリンクと呼ばれるスワンナプーム空港～パヤータイ間（国鉄管轄）29kmとBTSの延伸線2線計7kmが建設中であり、2008年に成立したサマック政権は計424kmもの都市鉄道網の構築を打ち出したものの、その実現は容易ではない。　　　　　　　（柿崎一郎）

どじょう　土壌

熱帯のジャングルや稠密な人口を支えてきた水田農業を見る限り、湿潤熱帯の土壌肥沃度が温帯に比べて低いとは思えないかもしれない。しかし前者は、わずかな土壌養分を速い速度で地上と地下との間で回転させることによって何とか成立

しており、後者では、水田の位置する沖積地の土壌が定期的に更新されることによって可能となっている。湿潤熱帯土壌の肥沃度の低さは、主に残積性土壌で行なわれる畑作物栽培において最も顕著に現れる。とはいえ、残積性土壌のすべてが劣悪であるわけではない。火山噴出物、中性・塩基性岩などを材料とする特殊な土壌は畑作を十分可能ならしめるが、その分布は限定される。タイ国の畑作は20世紀後半になって顕著となった。トウモロコシ、ケナフ、キャッサバ、サトウキビなどを栽培し、世界の熱帯農業をリードするようになった。これを可能ならしめたのは、1つには中央高地の肥沃な残積性土壌である。この種の土壌の潜在力が発揮されたのは、輸出需要と道路網の整備による。しかし近年では、畑作物の普及は東北部の砂質土壌にも及んでいる。キャッサバ、サトウキビなど開花結実を要しない作物の土壌に対する要求度が低いためと思われる。　　（福井捷朗）

とちかいかく　土地改革

1974年11月に「小作料統制法」、75年2月に「土地改革法」と、地主＝小作関係を改善し、土地なし小作農民に土地を与える趣旨の法律が公布された。これは、73年10月政変以降の民主化の中で、各地の農民が借金担保農地の取り戻し運動、小作料引き下げ運動等を起こし、74年にはタイ農民連盟を結成した、という背景があった。土地改革法では農地50ライ以上、畜産地100ライ以上の買収と農民への再分配とを謳ったが、大臣の許可があれば1000ライまでの所有・経営は許される、という条件付きであった。実行主体の土地改革事務局は設置されたが、その権限は小さかった。76年10月以降の軍事政権の復帰などの政治状況もあって、結局、その実行面積は全農地の数％にとどまった模様である。その後、92年5月のバンコク流血事件（暴虐の5月事件）で軍事政権が倒れたあと、民主党チュワン政権のもとでは、国有森林地を慣例的に開拓し、居住していた農民に対して、その農地の利用・保有権を保証する政策が始まり、これが、70年代の農地改革に継ぐ「第2の農地改革」だとされた。しかし、肝心の大規模所有農地の再配分は行なわれなかった。90年代以降は、一部の専業農家を残して、大半の農家の脱農化、兼業化が強まり、土地なし農家も農地を欲しがらなくなり、「農地改革」の時代は去ったようである。　　（北原　淳）

とちしんし　土地神祠
ศาลพระภูมิ

土地神（プラプーム、チャオティー）、すなわち一定の土地に常駐しつつ、その土地と、その土地に関係する人々と事物を守護する神あるいは精霊を祀るための祠である。都市部や中部を中心に、民家や官庁、企業、学校など、様々な場所で見ることができる。祠全体の高さは人の背丈ほどで、1本柱の上に高床住居型や仏教寺院型などの祠堂を置く。祠堂の内部には、片手に剣を握ったプラチャイモンコン神の像が安置されていることが多いが、ブラフマーなどのヒンドゥー神像や仏像が安置されていることもある。

　　（加納　寛）

土地神祠

とちせいど　土地制度

近現代の土地制度は、私有地の所有権または保有権を付与する制度として、国有

地の公共用地・森林地を保全するもう1つの制度とセットになって、国土全体の利用・所有・保全を進めてきた。この意味で、国土の利用、所有に関する法律および政策の上で、土地制度と公共用地・森林地制度とは相互補完的な関係にある。更に、私有地の所有権を付与する土地制度は、近代タイで進行する荒蕪地・森林地の農地開発・開拓という事態を踏まえて、欧米的所有権とは異なるタイ独特の措置もとられた。

まず、通常の農地・土地に対しては、欧米的な所有権、つまり瞬時に絶対的排他的私有権を与える法的措置がとられた。しかし、無主荒蕪地・開拓地に対しては、申請者の現実の利用・耕作行為に基づいて、漸進的に保有権を承認し付与する法的措置がとられた。これは伝統的な慣習法の法制化と言ってよい。まず、1～3年間のチャップ・チョーン（無主地の一時的な先占と利用）を保証する一時的先占証書（バイ・チョーン）を交付し、一定期間の終了後に耕作・利用行為が確認された土地に対して保有権証書（トラー・チョーン）を交付する、という措置である。この保有権保証書は手続きを経れば、通常の地券に代えることも可能だった。このような無主荒蕪地の先取と耕作の行為度に応じて段階的、漸進的に所有権を付与するという措置は、欧米近代法にはない。更に、恒久的所有権を付与されたはずの地券も、その土地を9年以上連続して利用・耕作せずに放置した場合、私有権を剥奪し、無主荒蕪地（開墾地）に戻す、という規定もあり（「1916/17年地券交付法」第2部4条）、これも欧米的所有権の常識を破る。

以上のようなタイの特色を持つ土地所有権承認の法的措置がとられた背景は、19世紀末以降のコメ輸出の増加とそれに伴う米作地フロンティアの前進である。人々はフロンティア上に広がる水田適地を求めて、建前上は国王の土地、しかし事実上は「オープン・アクセス」の土地（無主荒蕪地）、に対して移動し、開墾し、水田、耕地に転換していった。こうした過程で国家は、不文律だった各種の慣習法を、近代法と調整しながら、整備したのである。このような経緯もあって、欧米的な近代的所有権を保証した「地券交付法第一部（1909年）」の公布・施行から、一定期間の無主荒蕪地の先占・利用権の保証、その間の利用・耕作行為に基づく所有権の保証、という段階的な所有権の保証を既定した「地券交付法第6部（36年）」の公布・施行までに、27年間も費やした。もっとも、同法第6部の原案は既に29年～30年に外国人専門家も加わり、法案委員会において何回も審議されたが、その時点では合意に至らなかった。地券交付法第6部の制定が遅れた理由は、やはり近代法では規定しつくせないオープン・アクセス地特有の利用方法があろう。

ラッタナコーシン王朝初期に、ミャンマーの進攻で散逸したアユッタヤー時代の法典を編纂し、実定法とした『三印法典』によれば、タイの国土は国王の所有物であり、人民（ラーサドーン）には所有権はなく、開墾・耕作の権利しか認められなかった。旧北部支配者の法的根拠とされる『マンラーイ法典』の農地関係の規定もほぼ同様である。しかし、現実に人民が定着した地域社会、コミュニティでは慣習的な保有権が認められ、他人への売買、子孫への相続など、人民間でも保有権の移転は行なわれていた。しかし、こうした人民の事実上の慣習的保有地に対して、国家の支配者が関与し法的な処分や判断をする場合、人民の事実上の保有権は否定された。近代化過程でも、19世紀末までは、土地関係の基本的証書は、保有・耕作農民に交付した地租納税証のみであり、所有権を保証する権利証書、つまり、近代的地券はなかった。

欧米との国際関係や、国内の市場経済が進展する中で、近代法の基礎である私的所有権の保証が課題となってきた。そこで、近隣諸国が採用していた「トーレンス・システム」をモデルにして、所有者の申請、地図官の区画設定、隣接所有者の

証言、測量と地籍図作成、登記簿記載、地券交付、といった手続きを踏む土地登記制度が導入され、私的所有権を保証することとなった。その最初の試行法が、1901年の「クルンカオ(アユッタヤー)州地券公布」である。09年に、対象地域を中部一円に広げて、地券公布法第一部が公布された。ただし、たとえば、王族が関係する特権的会社が掘削して、エリート層に土地を分譲したランシット運河地帯には、1890年代には測量による地券に近い保有権証書(トラー・チョーン)が交付されている。また、20世紀に入り、登記事務、測量技術の遅れを一因として、暫定保有証(トラー・チョーン・チュアクラーオ)という地券同等の効力を持つ証書も、中部北域等に交付された。戦前は、このように近代的地券相当の証書も2、3種あり、また正規の地券の交付地域も全国斉一ではなかった。戦後1954年の土地法が以上の地券公布法を再編して、地券と段階的証書(一時占有証書「ソー・コー1」、耕作済証明書「ノー・ソー3」の2種)に整理した。　　　　　　　　　　(北原　淳)

とばく　賭博→賭け事を見よ

トムマヤンティ
ทมยันตี(1937〜)

作家(女性)。バンコク生まれ。本名ウィモン・チエムチャルーン。タムマサート大学法学部に入学した後、商学部に転部。途中でセント・ヨセフ・コンベション校の教師となり大学を中退した。幼少時より母親に読書の手ほどきを受けるなどして文学的才能を育む。14歳の時より短編を書き、雑誌に載るなどした。19歳で初の長編小説を書き、その後教師を辞めて、本格的な職業作家への道へと入る。数多くの長編恋愛小説を出版しているが、代表作は、第2次世界大戦中のバンコクを舞台とした日本人将校とタイ人女性の悲恋を描いた『クーカム(メナムの残照)』であろう。かつて映画化もされた『クーカム』は今だに絶大な人気を誇り、近年も日本人俳優が主人公を演じるミュージカルがバンコクで再公演され話題を呼んだ。知名度に比して、文学界での評価は現在のところそれほど高いものではない。メロドラマ作家とする向きが一般的で、進歩的知識人からはかつて「腐った水(ナム・ナオ)の文学」と批判された。思想的にはきわめて保守的で、1976年の10月6日クーデタ時には学生運動を批判するスピーカー的役目を果たしたほか、国政改革評議会議員に任ぜられた。また保守派の婦人クラブの肝いりなどもこなし、2005年「クンイン」の称号を与えられた。
　　　　　　　　　　(平松秀樹)

とやまかめたろう　外山亀太郎
(1867〜1918)

農学博士、外国人顧問。東京帝国大学助教授の時に、シャム政府の蚕業顧問として、日本人専門家延べ10数名を率いバンコクに3年間滞在。シャム農業省に蚕業局が設けられて、外山は蚕の改良を手がけ、農学校を設けてタイ人専門家を養成

した。帰国後、バンコクでのカイコの交配実験結果をもとに、メンデルの『遺伝の法則』(1900年)をカイコで確認して、遺伝に関する研究で博士号を取得(06年)。1909年に『蚕種論』を発表、国際的著名な遺伝学者として、15年に野口英世らと同時に学士院賞を受けた。また「カイコの一代雑種」が優良生糸生産に有利であると提唱して、日本の生糸産業に一大革命をもたらした。　　　　　　　(吉川利治)

トライローカナート(王)
สมเด็จพระบรมไตรโลกนาถ(1431〜88)

アユッタヤー王朝の第9代目の王。在位1448〜88年。スパンブリー王家のサームプラヤー(ボーロマラーチャーティラート2世)王と、スコータイ王家出身の母との間に生まれる。1438年からピッサヌロークにあって北方の諸地域を統括していたが、48年に父王の後を継ぎ、スコータイ王家の血筋を引く者として初めてアユッタヤー朝の王位に就いた。63年に都をピッサヌロークに移し、スコータイ地域の領有権をめぐってチエンマイのティローカラート王との間に抗争を繰り広げる。その様子は、叙事詩『ユワン・パーイ』に描かれている。王位にある間にピッサヌロークのチュラーマニー寺で8ヵ月間出家し、仏教寺院の復興にも努めた。王の治世では、文武それぞれの最高官職としてサムハナーヨックとサムハカラーホームを置き、サムハナーヨックには首都、宮内、財務、農務を統括させ、サムハカラーホームには軍を統括させることで、行政制度を文武に分割して整備し、中央集権が強められた。また、王族から奴隷に至るまで身分の高低を水田面積をもって示すサクディナー制度が整備された。王の治世下、欽定布施太子本生経(マハーチャート・カムルワン)が編纂された。88年ピッサヌロークにて死去。　(加納 寛)

トライローカナート王像

とらおう　虎王
พระเจ้าเสือ, สมเด็จพระสุริเยนทราบดี (1663?〜1709)

アユッタヤー王朝第31代の王。在位1703〜09。残忍な性格と行動から「虎王」と通称されたスリイェンタラーティボディー王を指す。父のペートラーチャー王と共に、フォールコンの排斥とナーラーイ王からの王位簒奪に中心的な役割を果たした。登位にあたっては、ペートラーチャー王とナーラーイ王の王女の間に生まれた異母弟という強力なライバルの殺害を行ない、ナーラーイ王の血を引く主要な男子王族の排除を完成した。残虐な振る舞いが強調される一方、交易活動やトンブリー〜サムットサーコーン間を結ぶマハーチャイ運河開削の着工によっても知られている。　　　　　(増田えりか)

トラート
ตราด

バンコクの南東315kmに位置する中部(東部)の県。カンボジアとの東部国境をなしている。アユッタヤー時代にはこの地域は東西交易を中継する貿易港として重要で、華人系のコミュニティーがあった。アユッタヤー滅亡時にタークシン王がビルマ(ミャンマー)と戦うためにこの地からジャンク船を調達した史実も、交易の隆盛を裏付けることができる。タイは1893年のシャム危機で領土拡大を目論むフランスの砲艦外交に屈した。この県はチャンタブリーの返還後にフランス

軍に占領され、カンボジア北西部の割譲と引き換えに1907年になって返還された。山がちで稲作適地は少なく、キャッサバなどの畑地や果樹園が多い。漁業は盛んで魚醬の生産も多い。観光はチャーン島などの海洋リゾートが近年人気となっている。　　　　（山本博史［茨城大学］）

ド・ラ・ルベール　Simon de la Loubère
（1642～1729）

フランスの文人、外交官。1687年ルイ14世よってアユッタヤーへの全権使節に任命された。タイをカトリックに改宗させる環境を作り、マレー半島西海岸における交易港を確保し、既にアユッタヤーとの交易活動を開始していたオランダ、イギリス東インド会社の対抗者となることが期待された。既存の著書に自身のアユッタヤー滞在経験（1687～88年）を加えて執筆された*Du Royaume de Siam*（シャム王国誌）2巻（91年）は、英訳（93年）もあるが、タイ語同時代資料の乏しさの欠を補う重要文献である。後年タイ語にも翻訳され、広く利用されている。（石井米雄）

トラン
ตรัง

バンコクの南828kmに位置する南部の県。タイ南部では天然ゴムの栽培が盛んで多くの県で栽培されているが、これはトランの知事も務めた中国系タイ人許心美（コーシムビー・ナ・ラノーン）によってマレーシアから初めてこの県にもたらされたと言われている。それまでこの県で盛んに栽培されていたコショウやニクズクはほとんど栽培されなくなった。県の主要な産業は1次産業であり、中でも天然ゴム栽培の重要度は高く、農地面積の7割にも達している。観光地としては、海浜のハートチャオマイ国立公園が有名である。　　　（山本博史［茨城大学］）

とり　鳥

タイの鳥類は903種が記載され、12種が加わるであろうと予告されている。これは世界の鳥類のおよそ10%を擁していることになる。タイ（面積51万4000km²）の鳥類相の豊かさを知るには、他と比較してみるのが手っ取り早い。たとえば日本（面積37万8000km²）では542種が記載され、これに26種の外来種と現在検討中の34種（亜種）を加えても合計602種で、種数でタイの70%に満たず、面積を考慮しても80%程度である。日本では記録のないタイの科は、ヒレアシ、イシチドリ、ガマグチヨタカ、キヌバネドリ、サイチョウ、ゴシキドリ、ミツオシエ、ヒロハシ、コノハドリ、カンムリアマツバメ、チメドリ、エンビシキチョウ、ミヤマツグミ、サイホウチョウ、モズヒタキ、タイヨウチョウ、ハナドリなどの諸科である。このように、タイの鳥類相が豊富な理由の1つは、タイがチベット、ヒマラヤ、南西中国、インドネシア、マレーシア、大スンダ列島などに接する、東南アジアの「交差点」に位置することによるだろう。　　　　　　（山岸　哲）

どれい　奴隷
ทาส

シャムには20世紀初頭に至るまで、「身価」（カー・トゥア）を与えられた「タート」と称される人々がいた。『三印法典』に収められている「サクディナー」を定めた規程によれば、タートおよびタートの子はサクディナー5を与えられ、王族、役人、プライの下に位置づけられた。同法典中「タート法」は、財貨を以て贖回したタート、タートの子、父母に由来するタート、贈与されたタート、戦争捕虜のタートなど7種を定める。このうち中心を占めたとされるのが債務を負う形で贖われたタート（タート・シンタイ）である。このタートは更に、法定身価の最高額で贖われたタートと、法定身価未満で贖われた買い戻し条件付きタートの2種に区分される。後者においては金主のもとに起居し労働する形で債務を支払うケースと、現金等で支払うケースがあった。人がタートとなる契機が主として借金・債務や戦時に

おける捕虜であり、また前者はしばしば「身売り」(カーイ・トゥア)という言葉で表現されたため、タートはいわゆる「奴隷」とは異なるものの、特に19世紀中葉以降、欧米人により「奴隷」と訳されて批判を受け、文明化をめざすラーマ5世は1874年以降これを段階的に廃止していった。　　　　　　　　　　(小泉順子)

トンチャイ・メークインタイ
ธงไชย แมคอินไตย์(1958～)

バンコク生まれの歌手、俳優。愛称バード。姓はスコットランド系の父方の姓McIntyreに由来。1980年代初頭のグラミー社の設立は、メディアを有効に利用した音楽ビジネスの時代到来として画期的な出来事であったが、同社の創立期から看板スターとして国民的人気を獲得し、ショービジネスの発展に欠かせない役割を果たしてきた。映画、TVドラマ、舞台出演も多く、第2次大戦中のタイ人女性と日本人将校との悲恋を描いた『クーカム』のコボリ役は、日本人男性として見るにはかなり無理のある外貌にもかかわらず、当たり役の1つとなっている。
　　　　　　　　　　(増田えりか)

トンチャイ・メークインタイ

ドンパヤーイェン・カオヤイ
ดงพญาเย็น เขาใหญ่

ドンパヤーイェン・カオヤイは、サラブリー県、ナコーンナーヨック県など6県をまたいでカンボジア国境まで広がる東部の森林地帯で、1962年にカオヤイ国立公園として国の保護対象に指定された。インド象などの生息地としても知られ、2005年にタイで2番目の世界自然遺産に登録されている。エコツアーなどの流行によって公園を訪れる観光客も増加し、近年は毎年10万人以上の入園者を迎え入れている。他方で、リゾート開発などによって動物の生活領域にも圧力が加わり、自然と人間との共存のあり方が問われている地域でもある。　　(佐藤 仁)

トンプソン，ジェームズ
James H.W. Thompson(1906～67?)

アメリカ、デラウェア州出身。ジム・トンプソンの名前で知られる。ニューヨークで建築家として働いたあと陸軍に志願。1942年に米国戦略情報局(OSS、CIAの前身)に転属し、ノルマンディー上陸作戦に参加。その後、対日本軍の諜報活動に従事するためアジアに移動。戦争終結の45年、タイに留まる。オリエンタル・ホテルの経営に参加したあと、48年にThai Silk Companyを設立。タイのデザインを取り入れた絹製品は、映画『王様と私』の俳優の衣装に使用されるなど、王妃の伝統シルク復興の運動もあって、販売と輸出が伸びた。本人は67年3月23日、マレーシアのキャメロン・ハイランドの避暑地で忽然と姿を消し、自発的失踪、事故死、営利誘拐、政治的暗殺などの諸説が流れたが、生死を含めて真相は今も不明である。絹製品の方は、90年代以降は、ヨーロッパ人や日本人のデザイナーを積極的に採用し、品質の向上と国際ブランドの確立に努め、外国人観光客向けの土産品としての地位を不動にした。「ジム・トンプソン屋敷」はタイの美術品を収集した展示兼レストランとして、スラウォン路のブティック本店と並んで有名。松本清張の小説『熱い絹』のモデルにもなっている。　　　　　　　　　　(末廣 昭)

トンブリー
ธนบุรี

チャオプラヤー川を挟んだバンコクの東西両岸のうちファン・トン(トンブリー

側)と通称される西岸部を指す地名。トンブリーの歴史は、東岸部のファン・クルンテープ(バンコク側)と切り離して語ることはできない。チャオプラヤー川沿いの現在のバンコク都にあたる領域には、バンコクの地名の由来となった「バーンコーク(マコークの木の生える川辺の村の意)」と呼ばれる集落が遅くとも16世紀までには形成されていたと見られる。この集落は、もともと現在のバンコク側と地続きであった。チャイラーチャー王(在位1534～47年)の治世に、現在のバーンコークノーイ運河、バーンコークヤイ運河の入口を繋ぐ短絡運河が開削され、次第にこれがチャオプラヤー川の本流となったことより、バーンコークは現在のトンブリー側に位置する集落となった。バーンコークと周辺一帯は、チャックラパット王(在位1548～69年)の治世に「トンブリー・シーマハーサムット」と呼ばれるムアンとなり、ナーラーイ王(在位1656～88年)の治世末期にフランス軍が駐在したことで知られる要塞が築かれるなど、アユッタヤーとタイ湾を結ぶ水上交通の要所として発展を遂げていった。1767年アユッタヤーがビルマ(ミャンマー)軍の攻撃により焼尽すると、救国の英雄となったタークシン王(在位1767～82年)とその復興を継いだラーマ1世(在位1782～1809年)が王都として選んだのは、共にムアン・トンブリーであった。タークシン王は、アユッタヤー時代から既に集落が発展していた西岸に、ラーマ1世は低湿地で居住環境は劣るものの、チャオプラヤー川の湾曲部の凸部分にあたり、河流の北、西、南の三方を防衛線とできる東岸部に王の居所を置いた。タークシン王によって清朝に送られたタイとその周辺領域の地図には、タークシン王の都はバーンコークの呼称を指すと思われる望閣(中国語発音wang ge)城として表されている。アルン寺、ラカン寺、カンラヤーナミット寺等現在のトンブリーの寺院の多くは、アユッタヤー時代に歴史を遡れるものも多いが、当初の姿を残すものは少なく、多くがトンブリー、初期ラッタナコーシン時代に始まる修復、再建を経た姿で歴史の面影を伝えている。ビルマ軍から逃れた様々な民族が居住し、モン(Mon)人、イスラーム、ポルトガル人、華人などの集落が形成されていった歴史は、バーンコークヤイ運河を挟んで北に位置するモスク、南に位置するクディーチーン地域に隣りあって建つ仏寺、中国式廟、キリスト教寺院などに観察することができる。　　　　　　　(増田えりか)

トンブリーおうちょう　トンブリー王朝
ราชวงศ์ธนบุรี

1760年代に始まるビルマ(ミャンマー)の攻撃によりアユッタヤーが壊滅的な打撃を受けた後、ビルマを撃退し即位したタークシン王の在位期(1767～82年)を、王の居所としたトンブリーにちなみトンブリー時代、その王朝をトンブリー王朝と呼ぶ。王の統治期は、アユッタヤー時代の統治体制が根底から破壊され、まさに存亡の分かれ目となる時代であった。分断された王国に再び統一をもたらしたのは、アユッタヤーの陥落当時ターク国の国主をつとめたプラヤー・タークであった。タイ人の母と潮州系華人の父の間に生まれたプラヤー・タークは、67年4月、アユッタヤーがビルマの手に落ち徹底的に破壊されると、王都での交戦を諦め、自軍を率いてタイ湾東海岸地域へ移動、同調する各集団を各所で取り込み、チャンタブリーを占拠し兵力を整えた。同年中にはトンブリーを占拠、アユッタヤーからビルマ軍を撃退し、即位を宣言した。王はナコーンサワン、サワンカローク、ターク、カムペーンペットなど北方諸国からもビルマ軍を撃退し、チエンマイ、またカンボジア、ラオスの諸地方への影響力も強めることに成功した。ただし、アユッタヤーの旧支配者層とのつながりを持たず、自身も側近の多くも成り上がり者と見られた王の統治体制に対し、アユッタヤーの旧貴族層の不満が次第に高まり、最終的に82年初めに王に対

する反乱が発生した。タークシン王の官僚貴族のうち、戦役の司令官として台頭していたチャオプラヤー・チャックリーは、自身もその一隅を占めるアユッタヤー時代の貴族層の信望を集める存在となっていたが、事態を収拾し、王位についた。タークシン王は処刑され、その統一事業は未完成のまま終焉を迎えた。

旧来の支配者層の後ろ盾を持たないタークシン王の台頭を許したのは、王の優れた軍事的能力の他、政治的な混乱状態という歴史的条件によるところも大きい。また、タイ湾から南シナ海を経て、広州を中心とした中国南沿岸部をも視野に収めた王の戦略もまた、抜きん出た指導力の発揮につながった。いち早くチャンタブリーへ移動し、現地の華人系商人らを登用しながら、清朝と積極的に交渉を行ない交易の利を引き出そうとする戦略は、18世紀初頭以来進行しつつあったタイの対外交易における対中交易へ圧倒的依存の延長線上にあるとも読み取れる。対中関係を対外関係の主軸に置くタークシン王の方針は、王をタイ国王の伝統的規範に外れたとして退けたチャオプラヤー・チャックリーとその後継者にも引き継がれていった。　　　（増田えりか）

ドームアン（空港）
ท่าอากาศยานนานาชาติดอนเมือง

バンコクの中心部から約20km北方に位置する空港。1915年に軍用空港として開港したのをその起源とし、現在でも空軍との共用空港である。当初はドームアン空港と呼ばれていたが、55年にバンコク空港と改称された。増え続ける航空需要に対応して拡張を重ね、最終的に国際線ターミナル2ヵ所、国内線ターミナル、貨物ターミナルからなる大規模空港に成長した。2005年の発着便数は約26万5000本、旅客数は約3900万人であった。スワンナプーム空港開港後は航空機整備基地として活路を見出す予定であったが、スワンナプーム空港の欠陥が露呈したことから07年3月からドームアン空港として復活し、国内線の一部が発着している08年8月の反タックシン派による総理府占拠の後、一時的に総理府の機能が移された。　　　　　　　　　（柿崎一郎）

な行

な

ナーイ・ピー
นายผี（1918〜87）

「生きるための文学」を提唱した詩人。本名アッサニー・ポンラチャン。多くの筆名を持つ。タムマサート大学を卒業後に検察官となったが、権威におもねない性格であったため、地方裁判所をたらい回しされた。1952年に官職を辞す。その直後の、「平和反乱事件」による知識人弾圧を逃れて中国に亡命し、マルクス、レーニン主義を学ぶ。帰国直後の58年、独裁者サリットの共産主義者摘発が始まるとラオスに逃れた。『東北タイ』(52年)、『望郷(満月)』(59年)など350を超える詩、『プラロー物語：サクディナーの文学』(50年)など古典文学を批判した評論、『何のための医者』(52年)など20の短篇を残した。

（宇戸清治）

ナーイ・ピー

ナオワラット・ポンパイブーン
เนาวรัตน์ พงษ์ไพบูลย์（1940〜　）

詩人。カーンチャナブリー県生まれ。タムマサート大学法学部卒業。大学卒業後、帰郷して出家。出家期間中に頭陀行として、故プッタタート比丘で有名な南部のスワンモーク寺に赴き、そこで仏教を学ぶ。編集の仕事や大学でタイ語講師の仕事をした後、バンコク銀行に広報部の文化部門専門員として入り、のち付属の音楽舞踏センター所長となる。幼少期より詩作に親しんできたが、中等課程3年の時、父親が若かりし頃に書いた詩に出遭ったのに触発されて、より創作に目覚めたとされる。初期の詩風は甘い恋愛風のものであったが、民主化とその後の反動クーデタなどへ至る一連の1970年代の政治・社会の変動が詩の内容にも大きく影響を与えていった。73年前後に著した詩を編んだ詩集『密かな動き』が、80年度東南アジア文学賞を受賞(詩部門としては初回)。93年に国民芸術家賞(文芸部門)の栄誉を受けたほか、タイ・ペンクラブ副会長、タイ作家協会副会長を務めた。またタムマサート大学などから名誉博士号を授与されている。仏教や禅思想が詩作に反映しているともされ、偉大な詩人として「ラッタナコーシン詩人」との褒称を受ける。音楽の才能にも秀で、自作の詩に自身笛を奏で調べを添える。（平松秀樹）

ナオワラット・ポンパイブーン

ナコーンサワン
นครสวรรค์

バンコクの北方240kmに位置する北部下部の県。タイの主要河川チャオプラヤー

の支流であるピン川とヨム川、ナーン川の合流地点に位置し、古くから交通の要地であり、北部上部への玄関口でもあった。スコータイ時代にはムアン・プラバーンと呼ばれた。その後、ムアン・チョーンタワン、そしてナコーンサワンへと、時代が下るにつれて名称が変更されたが、アユッタヤー時代以来、地元では一般にパークナームポーと呼ばれている。パークナームポーという地名の起源には、ピン川、ヨム川、ナーン川がこの地に姿を現して合流するというところから来たという説と、その合流地点にあるポー寺付近の巨大な菩提樹（ポー）から来たという説がある。いずれにせよ、ナコーンサワンはこうした地理的利点を生かし、コメの集散地として、また北部や東北部への物資の流通拠点として発達した。また同県の大部分は農業に適した低地であり、チャオプラヤー川およびその支流が貫流することから稲作が盛んである。コメのほか、トウモロコシ、飼料用のヒエ、緑豆、大豆、落花生、サトウキビ、綿花、ゴマ、キャッサバなどが産出される。同県の県内総生産（GPP）に占める比重で見ると、農業よりも工業の方がやや大きいが、工業は主に農業関連産業であり、精米業、農機具修理業、食品加工業、製糖業などが大半を占める。また、交通の要地という立地を生かし、商業も盛んである。同県の中心都市、ナコーンサワン市には地元の老舗百貨店のほか、バンコクに本店を置く近代小売業が多数進出している。同市東方に、タイ国最大の沼沢地であるボーラペット池がある。（遠藤　元）

ナコーンサワン（親王）
สมเด็จเจ้าฟ้าฯ กรมพระนครสวรรค์วรพินิต
（1881 ～ 1944）

ラーマ5世と異母妹スクマーン妃との間の高位の王子。名はボーリパット。1895年から8年間イギリス、ドイツに留学。ドイツの士官学校、参謀大学を卒業。1901年クロムマクン・ナコーンサワンの欽賜名を与えられる。03年帰国後陸軍参謀長、

ナコーンサワン親王

10年海軍省創立とともに初代海軍大臣。6世王からは同格の有力王族として煙たがられる。7世王時代には26年国防大臣、28年内務大臣。同大臣時に立憲革命を迎える。革命後、ジャワに移住。元外務大臣のスクムパン・ボーリパットは孫。

（村嶋英治）

ナコーンシータムマラート
นครศรีธรรมราช

バンコクの南780kmに位置する南部の県。通称ラコーン。マレー半島東海岸のタイ湾に面し、マレー半島の脊梁山脈となるナコーンシータムマラート山脈が県の中央に南北に連なり、山脈の東側は海岸およびパークパナン川流域に、西側はスラートターニーでタイ湾に注ぐターピー川流域となる。パークパナン川流域はマレー半島では珍しく平地が広がり、南部有数のコメどころである。

　ナコーンシータムマラートの歴史は古く、古代よりマレー半島東海岸の要衝としてインド系の商人が到来していたと言われている。7世紀勃興したシュリーヴィジャヤ時代にはタンブラリンガと呼ばれており、中国の古書では「単馬令」と記された。13世紀にスコータイ朝が興るとその属国となり、アユッタヤー時代にはマレー半島一帯のムアンを支配する要衝として機能した。17世紀はじめには、王位継承争いに巻き込まれた山田長政が領主として派遣されたこともある。ラッタナコーシン朝に入ると南のソンクラーとマレー半島支配を分担することとなり、

ナコーンシータムマラートはアンダマン海側のムアンを管轄することとなった。ラーマ5世王期の地方統治改革でナコーンシータムマラート州が設置されるが、州庁舎はソンクラーに置かれた。第2次世界大戦時にはマレー半島における日本軍の上陸個所の1つとなり、タイ軍との間に衝突が発生した。

ナコーンシータムマラートは伝統的に南部東海岸一帯へのコメ供給地の役割を担ってきたが、1910年代に開通した鉄道によってアンダマン海側の西海岸にもコメが発送されるようになり、西海岸でのビルマ(ミャンマー)米への依存度を低下させた。鉄道開通後は沿線での錫鉱山の開発も進み、内陸部での天然ゴム園の開拓も進んだ。60年代にはナコーンシータムマラート山脈西麓のトゥンソン郡にセメント工場が建設され、南部のセメント産地として機能するようになった。90年代の南部臨海工業地帯計画では県北部のカノームとクラビー県アーオルックがそれぞれ東西両岸の新港予定地として想定され、両港を結ぶ国道も整備されたものの、その後の進展は見られない。

現在のナコーンシータムマラートは、経済的にはハートヤイに、政治的にはソンクラーに南部の中心地としての機能を奪われたが、その歴史性から文化的中心地としての地位は維持されている。市内のマハータート寺は、シュリーヴィジャヤ時代に建立された南部で最も重要な寺院の1つであり、年間を通して参拝者が後を絶たない。また、ニエロ細工をはじめ、銀細工、カヤツリグサの編細工、影絵芝居ナン・タルンの人形など独特の工芸品が数多く存在する。　　（柿崎一郎）

ナコーンナーヨック
นครนายก

バンコクの北東107kmに位置する中部(東部)の県。県北はドンパヤーイェン山脈に連なっており、サーリカー滝やナーンローン滝など、多くの景勝地がある。森林資源が豊かであったが、乱伐によって森林は減少した。県央と県南は平地が多く、稲作が盛んである。10世紀前後から人々が定住していったと見られ、ドン・ラコーンのような環濠集落遺跡も残っている。第2次世界大戦末期には日本軍の防御拠点となり、多くの部隊がこの地で終戦を迎えた。カオ・チャゴークには、1986年に陸軍士官学校がバンコク都心から移転してきた。　　（加納　寛）

ナコーンパトム
นครปฐม

バンコクの西56kmに位置する中部の県。ドヴァーラヴァティ時代起源の仏塔をラーマ5世が1873年に修復拡大した大仏塔寺院で有名。ラーマ6世が建てたサナームチャン宮殿もある。サームプラーンのバラ園(ローズガーデン)も有名な観光地である。バーンレーン、ナコーンチャイシー、サームプラーン等は美田が多く、良質米の産地(「ソムオー・ワーン、カーオサーン・カーオ、プーイン・スワイ(ザボンは甘く、米は白く、娘は綺麗)」と言われ、果樹栽培も盛んだった。現在はこれらの水田や果樹園も、特に主要国道沿いは、その大半が工業地帯へと変貌し、日系企業も進出している。ナコーンチャイシーでは農村部への工場進出も激しく、若年層の9割以上は労働者、サラリーマンである。一時は主婦や中高年齢層の間で流行った各種の自営雑業もすたれ気味である。農地は2001年センサスでは73万ライ、土地面積の54%だが、実質残るのは一部の水田と近郊園芸農地である。通常の専業農家は全戸数の数割程度の農村が多く、ここ30年間の農村部の変化は激しい。県全体でもGPPで見る製造業の比率は60%に近づいている。大学もいくつか移転し、バンコク100km圏におよぶメガ都市化に巻き込まれた広域首都圏内の典型的な県と言えよう。　　（北原　淳）

ナコーンパノム
นครพนม

バンコクの北東740kmに位置する東北部

の県。南北に長い県の東側はメコン川に接しており、ラオスとの国境をなす。南のムックダーハーン県が1982年に分離独立し、現在の県域となった。ナコーンパノムの前身はマルッカナコーンというメコン川対岸のターケーク(現ラオス)南方に位置するムアンであったが、18世紀に現在地に移転し、ナコーンパノムと呼ばれるようになった。20世紀に入るとバンコクからの鉄道と仏領インドシナのターケークへの支線が計画され、ナコーンパノムは国際鉄道の通過点となる予定であったが、どちらも実現しなかった。戦前から飛行場が存在し、現在もバンコクとの間に航空路線が開設されている。県庁所在地の50km南方には、メコン川両岸に分布するラオ人にとって最も重要な聖地の1つである仏塔タートパノムがあったが、1975年に突然崩壊し、現在の仏塔が再建された。また、ナコーンパノムはラオスを挟んでヴェトナムとの距離が最も近いことから、ヴェトナムとの関係も深い。現在はターケークから国道8号線経由でヴェトナムのヴィンに至るルートがタイとヴェトナム北部を結ぶ短絡ルートとして脚光を浴びており、ターケークとの間に第3タイ・ラオス友好橋が計画されている。　　　　　　　(柿崎一郎)

ナコーンラーチャシーマー
นครราชสีมา

バンコクの北東256kmに位置する東北部の県。1都75県の中で最大面積を持つ。県の西南部は中部と接し、東北部のゲートウェイと称される。古くから中部と東北部を結ぶ交通・運輸の要衝として栄えた地で、ナコーンラーチャシーマー市は古称に由来するコーラートの名で呼ばれることが多い。

【歴史】ナコーンラーチャシーマー市の歴史は古く、アンコール朝にまで遡る。当時、現在の市から南東へ31kmのところに、コーラート(またはコーラーカプラ)とセーマーという2つの繁栄した都市があった。その後、アユッタヤー王朝のナーラーイ王が両都市を統合し、現在の地に移して、ナコーンラーチャシーマーという都市を建設した。これが現在の市の始まりである。当時、ナコーンラーチャシーマーは国境に位置する要衝で、ナーラーイ王はこの都市の周囲に城壁と堀をめぐらせた。ラッタナコーシン王朝ラーマ4世の時代、市は東北部における商取引の中心地として栄えた。獣皮、犀角、ゴマ、絹など、バンコクに運ばれる東北部の物産の集積地であり、同時にバンコクから商品が持ち込まれて同市で売買され、東北部へ送られた。バンコクとの経済関係は1900年にバンコクからの鉄道が開通した後に更に強化され、東北部で産出されたコメがバンコクへ出荷されるようになった。

ヴェトナム戦争時には、ナコーンラーチャシーマーに米軍の空軍基地が置かれた。63年から75年まで米軍が駐屯し、経済が潤った。この時期、東北部全体の道路網が整備され、ナコーンラーチャシーマー市は交通の要地としての性格をいっそう強めることとなった。88年、同県を選挙区とするチャートチャーイ・チュンハワンが首相の座に就き、県はブームに沸いた。チャートチャーイ政権は、約2年半と短命に終わったが、地元でのEXPO開催を決定し、地方で初めての技術系大学であるスラナーリー技術大学を誘致するなど、地元の発展に貢献した。2007年には第24回東南アジア競技大会(Southeast Asian Games)が開催され、ナコーンラーチャシーマーはタイ国内ではバンコクとチエンマイに続き、同競技大会の第3番目の開催地となった。

【名所】ピマーイには、アンコール朝に建造されたクメール族による石造りの寺院遺跡が残されている。これらは11世紀から12世紀にかけて造られた。また、市内中央に立つスラナーリー像は、ナコーンラーチャシーマー副国主モー夫人の像である。1826年、モー夫人はヴィエンチャン王国のアヌ王がナコーンラーチャシーマーを占領した時に、不在であった夫の

副国主に代わってアヌ王の軍と戦い、撃退させたという。ラーマ3世は夫人の功績をたたえ、「ターオ・スラナーリー」の称号を与えた。その勝利を祝うターオ・スラナーリー祭が毎年開催されている。また、ナコーンラーチャシーマー県と周辺5県にまたがる広大な森林地帯であるドンパヤーイェン・カオヤイ森林地帯は2005年に世界遺産に登録された。

【民族・文化】コーラート系タイ人はナコーンラーチャシーマー県に住み、独自の文化を持つ民族で、特有の方言を話す。代表的な伝統文化としてはプレーン・コーラートがあげられる。これは男女が、伴奏の音楽なしに掛け合いで交替に歌うもので、ラッタナコーシン王朝初期において人気が高く、ターオ・スラナーリーも好んで聞いたとされる。人々がスラナーリー像に祈って願い事がかなった時には、プレーン・コーラートを像に対して演奏し感謝を表する。

【産業・経済】主要産業は製造業、農林業、商業で、県内総生産(GPP、2006年)のそれぞれ21.8％、17％、15.6％を占める。製造業としては精米、キャッサバの加工などがあり、また1989年に開設された民間の工業団地スラナーリー・インダストリアル・ゾーンには、タイ資本の工場の他、日本や台湾資本の工場が操業している。日系企業は自動車関連や電子部品などの工場である。2005年には同じく民間の工業団地ナワナコーン・インダストリアル・エステート・ナコーンラーチャシーマーが設立された。主要農産物は、コメ、サトウキビ、キャッサバ、トウモロコシなどである。県の特産品としては、パックトンチャイの絹織物、ダーンクウィエンの焼き物が有名である。県の1人あたり所得(1人あたりGPP、06年)は5万779バーツで、東北部の平均所得3万6492バーツより高いが、全国の平均所得12万37バーツと比べるとかなり低い。(上田曜子)

ナショナリズム

近隣諸国が西洋列強の植民地とされていく中で独立を保ち続けたタイにおいても、国民国家形成には長い時間を要した。19世紀後半、ラーマ5世は、国王親政のもとでチャックリー改革を推進し、専門官僚を育成するとともに近代的統治機構を整備した。また、奴隷制度を廃止し、平等な臣民を創出した。この時期には、従来曖昧であった国境線も画定され、近代的集権国家が建設された。ラーマ6世期には、国王への忠誠を謳うだけでは国家統合が不可能になり、「民族」の概念が登場して民族、宗教、国王への忠誠が説かれた。その一方、ラーマ6世は、華人をタイ国への忠誠心が弱いとして批判し、「タイ人」の民族意識の鼓舞に努めた。1932年の人民党による立憲革命によって、「民族=国民」の重要性は更に増した。ピブーン政権期には、国王に代えて国民に最高の価値が置かれるようになり、国民の一体感を醸成するための政策が展開され、国民国家形成が進んだ。57年のクーデタによってピブーンに代わってサリットが政権を握ると、民族、宗教、国王を核とする「ラック・タイ」がナショナリズムの中心的イデオロギーとして打ち出されたが、この方向性は現在でも堅持されている。

(加納 寛)

ナック・レーン
นักเลง

博徒や無頼漢。19世紀後半から急速に開墾が進んだ農村部では政府による治安維持能力が欠乏していた。他村では盗賊行為を働きつつも、自村ではそうした悪党からの防衛に当たるものが重宝された。自村や仲間の間では義侠心のある人物として頼りにされ、大物は虎(スア)と呼ばれた。内務省はそうした悪党を取り締まる一方、治安維持能力のゆえに村長に任命することが少なくなかった。商品経済の浸透とともに暴力と義侠心の兼備者の地位を、経済力も備えた都市部のチャオ・ポーに奪われていく。

(玉田芳史)

ナーラーイ（王）
สมเด็จพระนารายณ์มหาราช（1632～88）

アユッタヤー王朝第29代の王。在位1656～88年。プラサートトーン王を父に、ソンタム王の王女を母に誕生し、56年に父王が崩御すると、同年のうちに兄のチャオファー・チャイ、次いで叔父のスタムマラーチャーから王位を奪い即位した。王の統治期のアユッタヤーは、非ヨーロッパ支配の東南アジアの物資集散地の中では最高の繁栄を誇っており、ナーラーイ王の治世にアユッタヤーを訪れた外国人の多くが、世界中からもたらされた品々に溢れ、繁栄する首都の様子や王室独占交易により莫大な財と強大な権力を享受する王の姿を描写している。しかし、同じく独占交易を目指したオランダ東インド会社との間には常に緊張関係があり、武力対立が発生する事態も生じた。アユッタヤーは外国人居住者の多い都市であったが、王はこれら外国人の要人をアユッタヤーの官僚制度中の役職に登用し、取り込むことも珍しくなかった。こうした外国人官僚の多くが国王に直属し、軍事、通商などの面でタイ人官僚の持たない能力を発揮し、王権の強化に寄与した。その最たる例として、支配の末年に寵臣として国政を左右するほどの権力を握ったギリシャ人のフォールコンがあげられる。こういった外国人官僚の登用は、しばしばタイ人官僚層の利権を侵害する場合があり、フォールコンの場合も、その権勢を快く思わないタイ人官僚や外国人商人が不満を募らせていた。80年代に入り、王は当時内紛によって崩壊しつつあったペルシャ人グループに代わり、自己の権力強化に活用しうる外国人グループとして、ルイ14世の使者や宣教師団をアユッタヤーに送り込みつつあったフランス人に特権を与えることを企図した。フォールコンは王の親仏政策の推進者としてフランスとの交渉に積極的にあたった。王の改宗を期待したフランスは戦艦と兵力をタイに送り込んだため、その急激な突出ぶりに仏教僧やタイ人官僚は危機感を抱いた。象軍司令官のペートラーチャーは、これらの反フォールコン派の支持を得、88年王が死の床につくとフォールコンの排斥と王位の簒奪に成功した。

ナーラーイ王に対しては、文芸が栄え、交易によってアユッタヤーが富み栄えた時代の大王との称号が与えられているが、これは主として後世における評価の色彩が強く、実際には権力基盤の維持強化の多くを外国人集団の力に負うなど、その王権は不安定であり、必ずしも国民から広く慕われる大王ではなかったのではないかとの指摘がある。（増田えりか）

ナラーティワート
นราธิวาส

バンコクの南1149kmに位置する南部の県。ヤラー県とともにタイの最南端の県である。県の3分の2は山岳で、マレーシアとの国境線にはサンカーラーキーリー山脈が走っている。平野はサーイブリー川の流域と海に面した東北部に開けている。県の主要な産業は1次産業であり、主要な農産品は天然ゴム、コメ、ココヤシ、ローンコーン（果物の一種）で、中でも天然ゴムは農業面積の6割弱と大きな比率を占めている。マレーシアとの国境にはスガイコーロック市があって、鉄道も通り、マレーシアとの貿易で栄えている。イスラーム教徒の多い土地柄からくる様々な対立を融和する目的であると思わ

フランス使節団を謁見するナーラーイ王

れるが、国王の離宮が県庁所在地の東南約10kmのところに置かれ、一般にも開放され観光地となっている。県はイスラーム系の人口の割合が8割を超え、ヤラー、パッターニー両県とともに、分離独立運動など反政府活動のため政情が安定していない。　　　　　（山本博史［茨城大学］）

ナレースワン(大王)
สมเด็จพระนเรศวรมหาราช（1555～1605）

アユッタヤー王朝の第20代目の王。在位1590～1605年。父はマハータムマラーチャー王。1555年に父が治めていたピッサヌロークで出生。幼少期にピッサヌロークがビルマ（ミャンマー）の権力下に入ると、人質としてペグー（バゴー）に送られ、タウングー朝のバインナウン王のもとで育てられた。69年にアユッタヤーが陥落してビルマの属国となり、父がアユッタヤー王に即位すると、71年にアユッタヤーに戻され、副王としてピッサヌロークに赴いた。ペグーへは、ナレースワンの代わりに姉のスパンカンヤー王女が人質として送られた。81年のバインナウン王の死後、タウングー朝の支配力の衰えが明らかになると、84年にアユッタヤーの独立を宣言し、アユッタヤーを奪還しようと数次にわたって攻撃してきたビルマ軍を駆逐した。90年の父王の死によってナレースワンが即位した後もビルマからの攻撃は続いたが、92年、スパンブリー付近におけるビルマ副王との騎象戦の勝利によってビルマの侵攻を完全に退けたとされる。この戦闘があったとされるスパンブリー県ドーンチェーディー郡には、この勝利を記念して建立されたという大仏塔が残っている。また、騎象戦があったとされる1月18日は、タイ国軍記念日に指定されている。

ナレースワン大王の治世下では、タウングー朝の支配によって衰えていたアユッタヤーが国力を回復し、カンボジアを再び属国とし、チエンマイを服属させ、ビルマに侵攻してペグーをも包囲した。ポルトガルやスペイン、オランダといった諸外国との交流も盛んで、ポルトガル兵や日本兵も王の軍に参加した。1605年、外征中に病没。ビルマからの独立を獲得し、アユッタヤーの国力を回復・伸張させた功績により、「大王」の称号が贈られている。闘鶏好きで知られ、各地のナレースワン大王像には、セメント製の鶏像が数多く供えられている。また、2006年から上映されたタイ映画史上最大のスケールを誇った『ナレースワン』3部作は、国民意識を鼓舞し話題をさらった。　　　　　　　　　　（加納 寛）

ナーン
น่าน

バンコクの北668kmに位置する北部上部の県で、北側と東側でラオスと接する。山地が全県の9割を占め、稲作に適した平地は県央を流れるナーン川とその支流流域の3%だけである。住民の8割はタイ・ユワンで、多くが水稲耕作に従事し、モン（Hmong）、ユーミエン（ヤオ）、カム、ラワなどの民族が、主として山地における畑作で生活をしている。古くから現在のラオスのルアンパバーンと、また南はナーン川沿いにタイ中部へとつながる交通の要衝であった。アユッタヤー朝の配下に入ったのち、チエンマイのラーンナー・タイ王国に従属し、ルアンパバーンとも関係を持った。20世紀初頭、現王朝（ラッタナコーシン朝）のもと、ナーン県とな

ナレースワン大王像

った。冷戦後、国際交通路の開発が画策され、ナーンからルアンパバーンを経て中国雲南省に至るルートが整備されつつある。壁画で有名なプー・ミン寺や、チョンプー・プー・カーと呼ばれる珍しい花の咲くプー・カー山、ラオスとの国境で開かれるフアイコーンの市などの観光スポットがある。ムーラニティ・ハック・ムアンナーン(ナーンを愛する会)など住民組織のネットワークの活動でも知られる。

(馬場雄司)

ナーン(川)
แม่น้ำน่าน

タイ北部の河川。チャオプラヤー川の4大支流の1つ。北部上部のナーン県プア郡の山地を水源とする。同県の小規模な盆地群を縦断して南下し、ウッタラディット県、ピッサヌローク県、ピチット県を経て、ナコーンサワン県ムアン郡でピン川と合流し、チャオプラヤー川となる。全長740km、流域面積3万4330km²。途中、ウッタラディット県に設けられたシリキット・ダム(1972年竣工、総貯水容量90億トン)の貯水湖に流入する。 (遠藤 元)

なんしょうこく　南詔国
น่านเจ้า

8世紀中頃から10世紀初頭に今の中国・雲南地方を支配した政権。王都は現在の大理。唐と吐蕃が中国西南で角逐を演じる中で、8世紀初頭から同地方に政治権力が急速に発達し、両者を巧みに利用した蒙氏が統一を達成した。支配下にはタイ系を含む多様な民族がいたが、王族・重臣層はともにチベット・ビルマ系であり、かつての「南詔タイ族説」は否定されている。内陸交通路の重要拠点に軍鎮を置き、交通・交易ルートの支配によって栄えた。8世紀末に異牟尋が唐から南詔王に冊封され、盛んに朝貢して中国文化を受容したが、9世紀後半には数度にわたり安南、成都に軍事侵攻を行ない、唐朝を脅かした。 (林 謙一郎)

なんぶ　南部

南部とは、チュムポーン以南のマレー半島部分を指し、水と交易の世界であると言える。東北部が土地に広がり歴史的経緯が幾層にも重なる面の世界だとすると、南部は海上ルートの点と点をつないで展開するネットワークの世界である。半島部の中心には山地が走り、東西の陸路よりも南北の水上交通が重要であった。東西交通としては、チュムポーン〜クラブリー間、ナコーンシータムマラート〜トラン間、ソンクラー〜クダ間など何本もの半島横断ルートがある。歴史的にこれらのルートを支配する港市国家が栄えた。

【生業】半島の東海岸は白い砂州が発達し、小規模な沖積平野が広がっているが、西海岸はマングローブ湿地が続く。この地域は熱帯雨林気候に属していて、1年を通じて降雨があり、特に西海岸では年間降雨量は4000mmを超える。主な産品はゴムとココヤシで、特にゴムは現在のところその多くが南部で生産されているが、ここ数年は政府主導で北部や東北部にゴム栽培を広げる動きも出ている。また、錫は特に半島の西海岸で生産される。錫の大規模な生産が開始されたのは19世紀中ごろ以降で、中国人労働者を大規模に導入して労働集約的な生産が行なわれるようになった。しかし20世紀初頭には中国資本に代わって欧米資本が支配するようになり、労働集約的な生産方式は姿を消した。稲作は中部とは異なり、マレーと共通する特色を持つ。沿岸海域では小規模な漁業が行なわれていたが、1980年代からは沖合漁業も盛んとなった。また、80年代に中部沿岸部ではマングローブ林や水田をエビなどの養殖場に転換することによる環境破壊が問題となっていたが、90年代以降にはそれが南部にも広がっている。

【宗教・芸能】南部の文化的・宗教的特徴を一言で言うと、多様性という言葉で表すことができる。宗教では、4〜5世紀ごろからヒンドゥー教、大乗仏教の影響が見

られ、8世紀にはマレー半島中部に大乗仏教を奉ずるシュリーヴィジャヤの中心があったと考えられている。その後、13世紀にスコータイが下ビルマとマレー半島を経由して上座仏教を受容した。イスラーム化は13世紀末にスマトラ島北部沿岸で起こり、15世紀中葉にはマラッカ王国がイスラーム化することで、港市を中心にマレー半島のイスラーム化が進んだ。

華人の移住もアユッタヤー時代以来から引き続き、ラーマ3世から5世王期にかけて大規模な移住があり、現在ではタイ人と華人の間に明確な境界を引くことは難しい。都市部には華人系タイ人が多く居住し、農村部にはタイ仏教徒、およびムスリムが多く居住していると言われる。プーケットやトランの都市部では、現在でもキン・チェーと呼ばれる火渡りなど超人的なパフォーマンスを伴う華人の菜食儀礼が大々的に行なわれ、観光客を集めている。一方で、マレー語を話すムスリムが居住する南部国境県を除いて、各地域で差異はあるものの南部方言を話し、影絵芝居（ナン・タルン）やマノーラーといった芸能や、ターヤーイと呼ぶ祖先の崇拝を南部の共通する特色として捉えることも可能であろう。

【権力の歴史的推移】アユッタヤー、バンコクといった政治的な大中心と、その影響下にある小中心としての交易都市やマレー系諸国との関係と影響力の消長として南部の権力の推移を考えることができる。南部の仏教の中心であるナコーンシータムマラートは、14世紀にアユッタヤー朝に服属し、タイ湾を南シナ海、インド洋と結ぶ交易網の中継拠点として栄え、アユッタヤー朝以来南部の軍事防衛拠点としても期待されてきた。その南に位置するソンクラーは港市としてナコーンシータムマラートと競合関係にあった。一方、イスラームの中心は、マレー系朝貢国パタニである。パタニ王国は、14世紀後半から19世紀には現在のパッターニー県を中心として、中国〜インド交易路の重要な中継地点に位置し、名目的にクダやクランタンと同様にアユッタヤーの朝貢国であった。最盛期は16〜17世紀で、華人街や日本人町、西欧の商館があった。18世紀後半にタイのラッタナコーシン朝支配下に入った後も、タイ人支配者に対して大規模な反乱を起こしたが、地方統治改革の結果、1906年にモントン・パッターニー（パッターニー州）が設置され、名実ともに中央に統合されるに至った。仏教徒が多数派を占めるタイの国民統合に抗して、第2次大戦後もパッターニーは分離独立運動の拠点になってきた。2004年以降、この地において暴力的事件が頻発しているが、この原因については第2次大戦直後の時期とほとんど同様に、タイ政府のイスラームに対する理解不足、特にムスリムの生活や慣習、教育についての仏教徒の官吏の無理解があげられる。しかし、1960〜70年代と近年の事件の違いは、前者において中央政府の仏教徒官吏とローカルなマレー人との抗争に限定されていた相互不信が、後者においてはかつてない寺や僧への攻撃に見られるように、仏教徒とムスリムの相互不信につながる可能性をはらんでいるという点に見られる。このことが事態の深刻さを示しており、早急かつ長期的展望をもった対策が必要とされる。

（西井涼子）

なんみん　難民

タイは、1951年の難民の地位に関する条約（および61年の議定書）加盟国ではないが、70年代より庇護申請者に対し支援の手を差し伸べてきた。75年のインドシナ共産化後、ヴェトナム、ラオス、カンボジアからの難民が急増し、その数はそれぞれ100万人、170万人、30万人に及んだ。中でもカンボジアからの難民が70年代末のポル・ポト政権の崩壊後に大量に流入し、国境付近に大規模な収容所が設置された。

その後84年、ミャンマー軍がカレン国民戦線（KNU）に攻勢をかけ1万人の難民

がタイに流入して以来、ミャンマーからの難民が増え続け、94年には8万人に達した。95年1月、KNU本拠地のマネプローが陥落して更に難民の流入が続き、2007年3月31日時点で、14万人以上の難民がタイ緬国境付近の9つの難民キャンプに滞在しており、その6割以上はカレン族である。「タイにおける避難民に対するサービス調整委員会(CCSDPT: Committee for Coordination of Services to Displaced People in Thailand)」は、タイ内務省の要請に応じ、1984年当初から難民に対する人道支援を行なってきており、現在は20のNGOで構成されている。国連難民高等弁務官事務所(UNHCR: United Nations High Commissioner for Refugees)は、98年にタイ政府と覚書を締結し、バンコクに加えてメーホンソーン、メーソート、カーンチャナブリーに事務所を構え、難民の保護を担ってきている。2007年のCCSDPTおよびUNHCRの予算は約6600万ドルで、その半分近くが食糧配布と住居整備に費やされている。

難民は、キャンプ内で居住することを義務付けられており、雇用や教育、職業訓練等の機会が限定され、キャンプの外で捕まった場合は本国への送還や拘留の恐れもある。この状況は、移民労働者がタイ国内において様々な機会に恵まれていることと対照的である。こうした状況は、05年4月、CCSDPTおよびUNHCRがタイ政府に対し、難民の教育や技術訓練へのアクセス改善を要請して以来、徐々に改善し、06年には難民がキャンプの外で試験的に雇用機会を得られるようになった。また、06年以来、難民の第三国定住プログラムが開始され、06年だけで4500人以上の難民が、アメリカやオーストラリア、カナダ、北欧諸国等に新天地を求めて旅立っていった。ミャンマー本国への難民帰還が当面見込めない状況において、第三国定住は、難民問題解決の1つの選択肢として注目されている。

(岸守 一)

に

ニコム・ラーイヤワー
นิคม รายยวา (1944～)

作家。スコータイ県生まれ。タムマサート大学経済学部を卒業後、石油会社勤務を経て、現在は南部のクラビー県でヤシ園業に従事する。73年学生革命以前より作家・編集者スチャート・サワッシーや詩人ウィッタヤコーン・チェンクーンらも加わった同人「三日月」で創作活動を始めていたが、83年に発表した長編『大トカゲと朽木』で作家としての力量を認められる。自然や動物に関わる普通の生活者が、自己の生存のために時には弱者を蹂躙しつつも内面の感情や倫理観と格闘する姿を描いた『ヨム河』(原題『高い岸、重い丸太』88年)で東南アジア文学賞を受賞。　　　　　　　　　　(宇戸清治)

ニコム・ラーイヤワー

にっタイけいざいれんけいきょうてい
日タイ経済連携協定

我が国は、自由貿易協定(FTA)を柱とする経済連携協定(EPA)の締結を推進しており、関税・サービス貿易の削減・撤廃だけではなく、ヒト、モノ、カネの移動の自由化、円滑化を図るなど、投資や協力などを含む幅広い経済関係強化を目指している。日タイ両国間では、2003年12月、小泉・タックシン首相会談において、「日タイ経済連携協定」締結を目指した交渉開始に合意され、07年4月に締結された。

「日タイ経済連携協定」は、(1)物品の貿易、(2)サービス貿易、(3)人の移動、(4)投資、(5)関税手続き、(6)競争政策、(7)知的財産、(8)ビジネス環境整備、(9)二国間協力について取り決められ、要点は次のとおりとなっている。(1)物品の貿易：タイ側は、すべての自動車部品、鉄鋼製品等の関税を撤廃し、日本側は、ほぼすべての鉱工業品関税および大部分の農林水産品に係わる関税を撤廃する。(2)サービス貿易：規制のリストを作成する。(3)人の移動：日本側は、タイ調理人の入国・就労条件を緩和し、タイ側は、タイにおける日本人の滞在および労働許可取得に係わる条件を緩和する。(4)投資：内国民待遇、投資保護等を規定する。(5)関税手続き：両国間の情報交換・協力を推進する。(6)競争政策：自国における反競争行為への適切な措置、二国間協力を実施す る。(7)知的財産：知的財産権の適正な範囲の確保、権利の執行強化を行なう。(8)ビジネス環境整備：勧告権を有する官民による委員会を設置する。(9)二国間協力：貿易投資促進、人材養育等9分野における二国間協力を推進する。（青木伸也）

にっかはいせきうんどう　日貨排斥運動
→日本商品不買運動を見よ

にっけいきぎょう　日系企業
第2次大戦後いち早くタイに進出したのは、丸紅(1957年)、伊藤忠(58年)、三井物産(59年)、三菱商事(60年)などの総合商社であり、彼らはその後、多数の製造企業の出資パートナーにもなった。製造企業の本格的進出は60年の「産業投資奨励法」制定以降であり、当初は繊維、家電、自動車関連が多かった。72年と84年に日本企業のオーバープレゼンスを批判する「日貨ボイコット運動」が起き、政府は85年8月に「タイ日経済関係構造調整白書」を提出した。しかし、88年以降の経済ブームと産業投資の自由化の中で反日機運は沈静化し、自動車関連、鉄鋼、石油化学、電子などの企業進出ラッシュを迎えた。97年の通貨危機以後も、自動車、電子を中心に、「中国プラス・ワン」(一国集中リスクの分散)の投資先となっている。盤谷(バンコク)日本人商工会議所(54年設立)の会員数は、80年349社、90年793社、2000年1165社、08年4月1292社(うち製造業658社、商業・貿易213社、土木・建設213社、金融・保険48社など)。会員企業の従業員総数は42万人で、うち1万人以上の企業はミネベア、フジクラ、タイ矢崎、トヨタ自動車など。08年現在の実際の進出企業数は推計で7000社以上である。（末廣　昭）

にっせんせんげんしょ　日暹宣言書
1887年9月26日に締結された「修好通商ニ関スル日本國暹羅國間ノ宣言」のこと。これにより、日タイ間の公式の外交関係が樹立した。この宣言書は、87年ビクトリア女王即位50周年記念式典に参列したタイ外相テーワウォン親王がラーマ5世(チュラーロンコーン王)の親書を携え、帰国途中、日本を訪問した際に署名された。タイは同年12月18日に、明治政府は翌年1月20日にこれを批准した。宣言書は将来締結される通商条約までの過渡的性格を有していた。また、明治政府はその威圧的な対朝鮮政策とは対照的に、対等互恵精神をもってこの宣言書に調印した。（飯田順三）

にったいじ　日泰寺
覚王山日泰寺が正式名称であり、覚王は

日泰寺

釈尊を表す。所在地は愛知県名古屋市千種区法王町1-1。1898年にイギリスの考古学者が北インドの遺跡発掘中に舎利を納めた壺を発見し、文字の解読からこれが仏舎利としてタイに献上された。1900年にこの分骨がラーマ5世から大谷光演(東本願寺法主)、日置黙仙(曹洞宗)などを代表とする使節団に下賜された。04年に超宗派立の覚王山日暹寺が創建され、仏舎利が奉安される。49年に日泰寺と改称され、10万坪の敷地を有し、日タイ友好の象徴的寺院として今日に至る。

(櫻井義秀)

にっタイぶんかこうりゅう 日タイ文化交流
日本とタイとの文化交流史としては、戦前では、1900年のラーマ5世による仏舎利の日本への寄贈(名古屋の日泰寺に奉納)、刑法の起草に加わった政尾藤吉やタイの女子教育の礎を築いた安井てつなどの日本人のタイの近代化への貢献などをあげることができる。意外なところでは、タイで最初の映画館を経営したのは日本人であった。戦後になり、55年に文化協定が締結され、その促進を図るため57年に日本大使館に広報文化センターが設けられた。また、73年には国際交流基金のバンコク駐在員事務所が設置され、92年にバンコク日本文化センターに改組され、文化交流の促進に寄与している。

今日両国の文化交流は、広く民間レベルにも及び、隆盛を極めていると言えよう。その代表は料理文化かもしれない。バンコク都内には約900軒にのぼる日本料理店が存在していると言われており、日本食は完全にタイ社会に定着している。日本国内にもタイ料理店の数は多く、毎年、東京や大阪で開催される「タイ・フェスティバル」のタイ料理は高い人気がある。また、魚津市とチエンマイ市、秩父市とヤソートーン県、岐阜県揖斐川町とラムプーン県メーター郡ターカート、八千代市とバンコク都、福岡県とバンコク都など、自治体間の姉妹縁組も多い。中でも秩父市とヤソートーン県は、双方とも雨乞いの儀式である龍勢祭とロケット祭という共通の文化行事で繋がっており、異色である。加えて、漫画、アニメーション、ファッションおよびJポップ等、日本のサブ・カルチャーがタイの若者の間で根強い人気を誇っており、日本の音楽グループのカバー・ダンス大会やコスプレ大会も定期的に開催されている。

87年は日タイ修好宣言調印100周年の年にあたったが、日タイ双方にて約60件にのぼる記念祝賀行事が実施された。それから20年後の同120周年である2007年には、実に340件にのぼる多彩な交流行事が両国で催された。代表的なものとしては、タイ国内においては、和太鼓公演、雅楽公演、観世流宗家による能公演、家元によるお茶のレクチャーおよびデモンストレーション、沖縄舞踊公演、約3万人が参加した国立競技場での「日タイ・フェスティバル2007」が挙げられる。他方、日本国内においても、タイ・パビリオンが上野恩賜公園へ寄贈されたほか、地方でも様々な交流イベントが展開された。この年は、文化交流が双方向で大いに盛り上がり、相互理解が増進された年であった。1970年代初めに日本のタイへのオーバー・プレゼンス等により日本製品不買運動が起こった経緯を踏まえてのその後の両国間交流は良好な状態にあるが、それを支えているのは文化交流であると言えるであろう。

(柴田和夫)

ニッパーン
นิพพาน฿(1950〜)
作家。ソンクラー県生まれ。本名マクット・オーンルディー。ソンクラー教育大学卒業後、雑誌の仕事などを手がけ、子供向けの著作を多く出版する。作品は文章が美しいことで高い評価を得、2008年には美しいタイ語の使い手として国より表彰もされている。とりわけ南部を舞台に貧困にも負けず逞しく生きるムスリムの子供たちを描いた『蝶と花』(1978年)は名作とされ、多くの賞を得て映画化もされた。現在は自身も共同で創設した出版

ニッパーン

社で世界の名作をオリジナル言語からタイ語に訳す編集企画や、様々な大学に呼ばれて言語・文学の特別講義などを行なっている。
（平松秀樹）

にほんごきょういく　日本語教育
タイにおける日本育は、タムマサート大学、チュラーロンコーン大学に日本語講座が開設された1960年代の創成期から、高校での正規科目としての採用や日本語能力試験が開始された80年代を経て、90年代には多くの大学で主専攻としての設置やタムマサート、チュラーロンコーンの両大学での修士課程開設がなされ、質量両面での拡充が図られ、現在に至っている。2006年の国際交流基金調査によると、機関数385、教員数1153、学習者数7万1083となっており、韓国、中国、オーストラリア、イギリス、台湾、アメリカに次いで世界で7位となっている。その背景としては、日本との良好な歴史的関係を基盤に、80年代以降の日本からの経済投資や日本企業の進出、観光客の増大があるが、近年の若者の間における日本のポップスや漫画・アニメの流行があることも認められる。日本への留学生の増大等により、経済面だけではなく学術文化面において日本語学習が広がりを見せているが、それに伴って日本語教員の質量両面での不足、とりわけ専門機関で養成されたタイ人が官民給与格差等から日本語教員を志望しないことやタイ語による日本語教材の不足などが課題とされている。
（堀内　孜）

にほんしょうひんふばいうんどう　日本商品不買運動
1960年代後半の日本商品のタイ市場での氾濫とタイの内情が絡んで生じた。長期にわたる軍部独裁下で70年に発足したタイ全国学生センターは、まず反政府運動とは見えない国産品愛用運動から出発し、日本商品不買運動に高めていった。72年11月には日本首相に抗議文を送付し、日本商品の象徴であるタイ大丸百貨店にデモをかけた。唯一の評論誌『社会科学評論』が「黄禍」を特集するなど、反日運動が拡大した。この運動の成功が学生に自信を持たせ、73年の請憲運動（反軍部独裁運動）へと展開していったと言えよう。
（赤木　攻）

にほんじんかい　日本人会→泰国日本人会を見よ

にほんじんがっこう　日本人学校→バンコク日本人学校を見よ

にほんじんこもん　日本人顧問
1885年に上奏された建白書では近代化を進める日本を模範とすることが提案されるなど、当時、タイの日本に対する評価は高く、そのような背景から、様々な有名無名の日本人がタイ政府に雇用され活躍した。たとえば、92年大山兼吉（画工）、島崎千六（彫刻師）、伊藤金之助（同左）はタイ教育省で、98年田山九一（製図技師）は内務省土木局で勤務した。1901年には政尾藤吉が法律顧問として赴任し、02年に農商務省で外山亀太郎（蚕種改良家）が採用された。横田兵之助（養蚕技師）らはバンコクや東北部を中心に養蚕試験所や養蚕学校を設立して、タイ養蚕業の発展に貢献した。02年にはシリラート病院で藤井兼一（医師）と大重弥手次（同）が勤務。04年に教育顧問として安井てつが雇用され、助手の河野清子、中島富子とともに王族子女（ラーチニー）学校の設立に寄与した。06年に海軍省で安井勇次郎（製缶技師）が、11年に宮内省で三

木栄(漆細工専門家)が雇用された。32年の立憲革命後も、九州帝国大学助教授の伊藤兆司(東条英機夫人の実弟)がタムマサート大学で農業経済学を講義し、また、経済省で三原新三(綿花栽培家)が、内務省で東森蔵(土木技師)、稲垣茂樹(同)らが雇用された。　　　　　(飯田順三)

にほんじんしゃかい　日本人社会

タイにおける日本人社会は、ここ10年の間に進んだ「多様化」現象に直面し、悩みつつある。その最大の理由は、膨大な在住日本人数である。大使館に出されている在留届は約4万2000人であるが、実数は6万〜7万に上ると言われている。居住地域は従来のバンコク中心から東部臨海工業地帯など全国に拡大しつつあり、家族をバンコクに残し地方の工場に勤務する「単身赴任」型が急増している。また、駐在員の若年化傾向が見られ、30代後半から40歳前半の者が多い。近年日本人小学校の1年生と2年生が異常に増加しているのもそのためであろう。いわゆる「駐在員」とは異なる「現地採用」と呼ばれる雇用形態で働く者の数も着実に増えてきている。加えて、チェンマイやチェンラーイには、シルバーステイ(ロングステイ)族も多い。最も厄介なのは、ほぼ無目的で暮らしている者の存在である。留学と言いながら学校に行かずぶらぶらしている若者、日本での事業などに失敗しタイを逃避場所として活用している者などである。麻薬や売春などの犯罪に関係する者も後を絶たない。日本人同士の争いごとも生じてきている。日本から遠くなく、ホテルなどの施設が完備しているため、週末ゴルフ族をはじめ観光客は依然として年間100万人を超えている。にもかかわらず、2013年には100周年を迎える海外最古の日本人会は、会誌『クルンテープ』の発行、日本人納骨堂の世話など永年にわたって活動を続けてきたが、08年現在の会員数は8500人程度で、その減少と老齢化に頭を抱えている。　(赤木 攻)

にほんじんまち　日本人町
หมู่บ้านญี่ปุ่น

16〜17世紀にかけて東南アジア各地に形成された日本人居住区。朱印船貿易が盛んになると、貿易従事者のほか、日本国内の混乱で禄を失った浪人や日本で迫害されたキリシタンも流入し、日本人町も最盛期を迎えた。しかし、江戸幕府の鎖国政策が始まると、日本との交易は減少し、日本からの新たな人材の供給も断たれ、次第に衰退していった。アユッタヤーでは中心街の南、チャオプラヤー川東岸に日本人町が置かれた。近隣にはイギリス人町、オランダ人町、ポルトガル人町などがあった。日本人町は16世紀前半から形成されていったとされ、人口は最盛期に1500人程度であったと考えられている。居住した日本人は、交易に従事したり、アユッタヤー軍に参加したりした。日本人義勇隊の隊長には、他の外国人の頭領と同様にアユッタヤー朝の官位が授けられ、山田長政が著名である。日本人町は、山田長政の死後にプラーサートトーン王の命令で焼き払われた後も存続したが、18世紀前半には消滅した。ナーラーイ王の顕臣フォールコンの妻ターオ・トーンキープマーも日本人であったという。　　　　　　　　(加納 寛)

日本人町跡

にほんタイきょうかい　(財)日本タイ協会

日本・タイ両国の親交増進、文化交流ならびに経済関係の助長を図る目的で設立された民間団体で、長い歴史を有する。

1927年12月、両国の関係緊密化を背景に大倉喜七郎男爵の提唱で、東京に暹羅協会（総裁・秩父宮殿下、会長・近衛文麿）を設立された。その後35年5月に財団法人化され、39年国名改正に伴い、財団法人日本タイ協会と改称された。戦前は、タイ国事情の紹介、日本へのタイ国要人・留学生などの招致、接遇、暹羅国学生会館の運営など活発に活動し、人的交流に大きな役割を果たした。戦後は、タイ国との逸早い貿易活動の再開に合わせ、活動を再開した。67年4月に、財団法人タイ室と合併、機能を強化し今日に至る。

他方、財団法人タイ室は、35年11月、三井合名会社の池田成彬が日本とタイの親善のため、同社内に設置した三井暹羅室が前身である。40年8月三井合名会社から独立し、名称もタイ室東京事務局と改め、43年3月に財団法人化された。戦前においては各種の親善事業、多数のタイ関係事業調査、研究書籍を刊行した三井財閥系シンクタンクであった。戦後の講和条約以前、タイ国政府調達庁の在日本連絡事務局に任命され、日タイ貿易面で重要な役割を果たす。51年10月に財団法人タイ室と改称。67年4月財団法人日本タイ協会と合併した。　　（吉田千之輔）

にほんぶんか　日本文化
日本とタイは2007年に修好120年を迎え、日本文化は古くから受け入れられている。特に1960年代から多くの日本企業がタイに進出するとともに自動車、家電、食品などの日本製品が浸透し、戦後経済大国へと復興した日本への関心と憧れが広がった。若者の間では日本のファッション雑誌を読み日本の歌謡曲を聞くことがお洒落の1つになり、漫画や雑誌のひらがなやカタカナはかわいいと日本語学習がブームになった。日本食はファーストフード店から高級料理店まで存在し、スーパーマーケットでは日本食が販売されている。　　　　　　　　　（阪口秀貴）

ニミット・プーミターウォーン
นิมิตร ภูมิถาวร（1935〜81）
作家。スコータイ県生まれ。同県バーンライ村で小学校の教師として勤務するかたわら、貨幣経済の浸透によって変貌する農村を背景に多くの小説を書き残した。農村の四季の変化とそれに伴う農作業を細かく描写しながら、農村社会内部の権力構造、家族問題、若い男女の恋愛、自然との触れ合いなどを活写した。その後、バンコクに上京し、出版社に勤務のかたわら執筆生活を送るが、1981年交通事故で不慮の死を遂げた。邦訳されたものとして、『ソーイ・トーン』、『農村開発顛末記』などがある。（野中耕一）

ニミット・プーミターウォーン

ね

ねんちゅうぎょうじ　年中行事
タイでは仏教行事が国民的規模の年中行事である。その多くは旧暦15夜の満月の日に行なわれる。カレンダーには通常、西暦とタイ中部の旧暦が並記してある。たとえば、万仏節（マーカ・ブーチャー）は、釈尊から受戒した多数の比丘が集まるなど偶然4つのことが重なった四部集合を偲ぶ日であるが、旧暦3月（ほぼ2月）の満月の日がそれにあたる。仏誕節（ウィサーカ・ブーチャー）すなわち釈尊の降誕、成道、涅槃を記念する日は、旧暦6月（ほぼ5月）の満月の日である。また、初転

法輪日（アーサンハ・ブーチャー）は、釈尊が大悟後、五人衆に対して行なった初めての説法を偲ぶ日であり、旧暦8月（ほぼ7月）の満月の日である。その翌日に雨安居入りする（カオ・パンサー）。

雨安居は雨季（パンサー）に出家者が寺院にこもり、持戒などの修行に勤めたことに由来する。雨安居期間だけ出家する人も多い。この期間中は、人々はいつもより持戒に思いを馳せる。3ヵ月の安居期間を経て、旧暦11月（ほぼ10月）の満月の日に雨安居明け（オーク・パンサー）となる。また、各月の満月、下弦半月、新月、上弦半月の日は、持戒日（ワン・シン、ワン・プラ）であり、この日だけは5戒や8戒の遵守を心がける在家者も多い。持戒日前日は、ちまき作りなどで村の女性たちは忙しい。熱心な年輩者は、持戒日前夜を寺院講堂で過ごす。翌早朝には人々が寺に集まり、食べ物を布施する。これらの日には読経や説法などがタイ各地で同日のほぼ同時刻にいっせいに行なわれる。

結婚披露など多くの宴や祝祭は、通常、安居明けの収穫期以降に催される。カティナ祭（トート・カティン）は旧暦11月新月の日から旧暦12月の満月の日までの15日間の献上期間に、特別な僧衣であるカティナ衣をはじめ、様々な品を寺に献上する行事であり、人々にとって大きな布施行の機会の1つである。それぞれの寺がカティナ衣の献上を受けるのは、年に1団体のみと決まっている。そこで人々は早々に団体を組んで予約し、準備する。バンコクの裕福な人々が団体を組み、チエンマイなどの寺に観光気分のバスツアーで乗り付けたりする。献上を受ける寺の信徒たちの村はホストとして宴を催し、寺に大金を落としてくれる献上団を精いっぱい歓待する。カティナ衣献上は、出稼ぎ者たちが献上団を組み、故郷の寺に大金を布施し、錦を飾る機会にもなっている。黄衣献上祭（トート・パーパー）も同様の機会である。野ざらしの打ち捨てられた僧衣（パーパー）を初期仏教の僧が着用していたことにちなんで、僧衣（ただし新品）をはじめ、品々を献上団が寺院や僧侶に布施し、功徳を積む。仏教行事には上述した以外に、布施太子ジャータカの長時間の説法を聴聞し功徳を積むブン・マハーチャート（ブン・パウェート）の行事や、供物を受ける僧を籤引きで決める形式で布施行をするターン・サラーカパット（キン・クアイ・サラーク、ブン・カオ・サーク）の祭りなどもある。

年中行事（チエンマイのソンクラーン）

仏教以外の年中行事としては、まず、バラモン教起源のタイ正月（ソンクラーン、ピーマイ）がある。最暑期の4月13日から15日であり、人々は水を掛け合って新年を祝う。また、旧暦12月（ほぼ11月）満月の夜には、各地の大小の河川で灯籠流し（ローイ・クラトン）が行なわれる。タイの人々は仏教に帰依する一方、様々な精霊も祀る。街や村や親族レベルで、おのおのの慣行に従った定期的な守護霊儀礼があるし、農耕や漁撈など生業に関わる儀礼もある。

それぞれのエスニシティの人々は独自の暦に従って、その年中行事をこなしている。1月末から2月上旬頃には、中国正月である春節（トゥルット・チーン）がある。華人系資本の会社が休むので、他の関連会社も休みとなり、バンコク等への出稼ぎ者が里帰りする期間になっている。伝統の祭りの開催日を春節に合わせる村も多い。旧暦10月（9月上旬）の満月の日には華人系の人々は秋節（サート・チーン）を祝う。ヴェトナム系の人々も春節

と秋節を自らの慣行に従って祝う。

年中行事には、行政等の地域活性化や文化統合の意図を反映して観光イベント化し、行事内容や担い手や意味づけや機能が変質したものも多い。チエンマイの水かけ祭りやスコータイの灯籠流しなどは国際的に有名である。多様な宗教行事や慣行行事がこのように共存する一方で、全国民共通の国家祝祭日も多数設定されている。4月6日のチャックリー王朝記念日(ワン・チャックリー)、5月5日のラーマ9世即位記念日(ワン・チャットロモンコン)、8月12日のシリキット王妃誕生日(母の日、ワン・メー)、12月5日の国王誕生日(父の日、ワン・ポー)等の王室慶祝日は、前述した万仏節、仏誕節、初転法輪日、雨安居入り、雨安居明け等とともに公休日であり、公式行事が行なわれる。1月16日の教師の日(ワン・クルー)は大学以外の学校は公休である。(高井康弘)

の

のうきょう　農協(農業協同組合)

タイにおける協同組合は、1916年のピッサヌロークにおける農村信用組合から始まり、最高時の51年には全国で8680組合まで増加したが、村単位の小規模組合がほとんどで、貸付金回収が困難なものが多かった。43年に設立された協同組合銀行も、不良債権増加で経営破綻に陥った。68年に制定された「新協同組合法」によって合併が進められ、郡単位で販売・購買・信用の各事業を兼営する多目的農協が発展した。貸付業務が中心の農協であったが、組合員の貯金はわずかで、66年に協同組合銀行に代わって設立された農業・農協銀行(BAAC)に貸付原資を依存する「又貸し金融機関」としての性格が強かった。しかし、80年代後半以降は、組合員による貯金や出資金も増加、近年は農協資金による貸付割合も増加している。経済事業では、肥料供給と籾販売が大きな比重を占めてきたが、これも農協資金の充実とともに多様化している。郡レベルの単位農協が基本で、これを束ねる形で県および全国レベルの各連合会がある3段階制となっているが、連合会は精米事業中心で、まだ大きな役割は果たせていない。「統一協同組合法」のもと、農業・協同組合省の協同組合振興局(CPD)と協同組合監査局(CAD)が監督官庁である。　　　(山本博史[元東洋大学])

のうぎょう　農業

【農業地理】タイの農業を概観するには、(1)デルタとその北縁、(2)デルタの東西辺縁と東部・西部、(3)東北部、(4)北部山間地帯、(5)南部半島部に分けて見るとよい。チャオプラヤー・デルタは河口から250kmのナコーンサワンでも海抜25mという平坦な地形で、水田率が65%に達する。かつては河川の氾濫に従って成長する浮稲が栽培されていたが、今は灌漑が発達して水管理が可能になったため、短桿の新品種が普及し乾季稲作も行なわれる。この水田地帯はデルタの北、スコータイあたりまで続き、輸出米の一大生産地を形成している。デルタから東西にそれると、メイズ(トウモロコシ)、サトウキビ、キャッサバ、一部ではパイナップルなどの畑作地帯が広がる。東部、とりわけタイ湾岸では果樹園も多い。輸出向けブロイラーなど大規模畜産もこの地方に立地する。東北部は緩い起伏のある高台で、河川はメコン川に流れ込む。天水に依存する上、降雨が不安定で地味も悪いためコメの収量が低く、農家はまず自家消費分の確保を優先して稲作(モチ米)を行なう。加えて現金収入源としてキャッサバ、サトウキビなどが栽培されている。昔からの牛の供給地帯で、現在では酪農も盛んである。北部山間地帯では盆地と丘陵地斜面に水田が作られている。古くから農民自身による灌漑組織が作られ、乾季もタバコ、ニンニク、タマネギなどが作られる。ラムヤイ(竜眼)などの

果樹園も多い。南部半島部は平地が少なく樹園地(ゴム、油ヤシ、果樹)が農地の8割近くを占めている。タイの中で唯一コメが自給できない地域である。

【農業生産の担い手と生産要素】タイの農業生産を担うのは小農、つまり家族労働力に依拠する農業経営体である。農地比率で見ても企業経営は1%に満たない。パイナップルやゴムなど他の国では企業経営の多い作物でも、小農が圧倒的多数を占め、油ヤシで搾油工場の直営農場が目立つ程度である。農家の平均経営面積(2005年)は22.5ライ(約3.6ha)で、次第に減る傾向にある。経営面積階層別に見ると、次第に20ライ未満層が増えていることがわかる。農家戸数自体は増加傾向にあるから、農地が分割相続されているためであろう。農家の多くは自作農で、03年農業センサスによると農家の4分の3が自分の土地で農業を営む。比較的借地の多い中部や北部でも自作農率は6割を超える。また世帯主が自家農業専業あるいは主に自家農業に就く世帯は9割に近く、農業所得が農外所得と同じか、より多い世帯の割合は7割を超える。農家には1戸平均2人の農業就業者がおり、臨時雇用を入れつつ基本的には家族で農業経営を行なっていることがわかる。しかし20歳代世帯員のうち農業にもっぱら就業しているのは6割に満たず、バンコクや地方都市で就労していて農業労働力としてあてにできない者も多い。農業就業者は1989年をピークとして減少傾向にあり、2000年の農業就業者比率は5割ほどである。農業所得の比率が高いのも、農外就業機会が限られており、農外収入が少ないためであろう。投入財についてみると、農地面積あたりの化学肥料投入量は日本の半分ほど(窒素肥料)だが、それでも1970年代の5倍以上になった。機械化も進み、役牛は耕耘機にほぼ置き換えられた。大規模な養鶏や養豚経営では施設への投資金額が大きくなっている。こうして農業生産には資本が必要になり、それを自前で調達できない農家は、農業・農協銀行や農協などの金融機関から資金を借りている。

【農産物流通と政府の役割】農家が生産した農産物は、民間の流通業者・加工業者の手を通して最終消費者まで運ばれる。農協など生産者の協同組織が流通に占める割合はきわめて小さい。流通経路は農産物の種類によって様々であるが、基本的には、小規模の商人が農家を回って農産物を集め、それを産地の大手商人や加工業者へ売り、商人や工場がバンコクなど消費地/輸出港の企業へと売るというものである。最近では農家自身がトラックなど輸送手段を持つようになり、直接地方の加工業者や大手商人に農産物を販売することも多くなった。取引のほとんどは相対で、生産物と現金の引き渡しによって成立するが、養鶏や養豚あるいは特定仕様の野菜・果実などで加工企業との契約取引がある。またサトウキビは工場と生産農民の間に出荷量の取り決めがあり、価格は政府が決定する。タイはコメ、ゴム、タピオカ、砂糖、冷凍鶏肉、パイナップル缶詰などについて、世界有数の輸出国となっており、市場開拓や製品開発について地場系の民間企業(アグリビジネス)の果たす役割が大きい。

農業生産や農産物流通に対する政府の関与は間接的である。生産面ではインフラ整備といくつかの農産品で技術開発普及に寄与してきた。流通面では流通・加工業者への融資金供給などを通して農家庭先価格に影響を与えるという方法がとられることが多い。　　　　　(重冨真一)

のうぎょうかいはつ　農業開発

これまでタイの農業発展を特徴づけてきたのは、農地の外延的拡大である。水田面積は20世紀初頭に比べ5倍以上、畑地面積は1950年頃と比べ7倍以上になった。これを可能にしたのが交通インフラの整備である。20世紀初頭、バンコク北東のランシット地区に広大な水田が作られたが、これは運河の掘削を契機に開墾されたものである。60年代〜70年代には

道路網の整備に伴って、水田には不向きの土地も農地(畑地)に変えられていった。運河掘削や道路建設は必ずしも農業開発を目的としたものではなかったが、結果的に農地開墾と市場へのアクセスを可能にし、農業生産の拡大をもたらした。一方、農業開発を目的として早くから取り組まれた政策には、品種改良とその普及がある。20世紀初頭には農業省内に品種改良のための試験研究部局や試験場が作られ、これまでいくつかの作物で重要な成果を出してきた。稲ではIRRI系品種と在来種の交配で、短桿・高収量の新品種が開発され、69年から乾季作で普及した。メイズ(トウモロコシ)では60年代に高収量で病気耐性のある品種が開発され、その後のメイズ生産拡大を支えた。ゴムではマレーシアから導入した高収量品種への植え替えを奨励し、タイを世界一のゴム輸出国に押し上げた。

農民への技術指導はようやく60年代に始まる。農業省内に改良普及局が置かれ、その出先事務所と普及員が各郡に配置された。しかし90年でも普及員数は農家500戸に対して1人の割合で、奨励対象事業実施地でもないかぎり普及員の影は薄い。農地の土木的改良としては、基盤整備と灌漑事業がある。これまで実施された基盤整備面積は総農地面積の1%ほどにすぎず、灌漑開発の対象農地は全体の25%程度に留まっている。70年代まで大規模ダムによる水源開発で広範囲の農地が水利を受けたが、その後は小規模の水源開発が中心になり、生活用水としても使われるものが多くなった。投入財供給面では、これまで2度ほど国営の肥料工場が設立されたものの、生産量は少なく採算割れで製造中止に追い込まれた。近年政府は、間接的な方法で農業開発につなげようとする傾向がある。80年代後半にアグリビジネスとの契約農業を奨励し、90年代に将来性のある作目への転作を誘導した際にも、政府は奨励作目生産への利子補給を通じて農業発展の方向付けを図った。 (重冨真一)

のうぎょう・のうきょうぎんこう　農業・農協銀行

ธนาคารเพื่อการเกษตรและสหกรณ์การเกษตร

協同組合銀行の経営破綻の後、1966年に財務省を監督官庁として設立された政府系農業金融機関。略称BAAC。役員には農協代表も加わっている。農協や農会(普及局による技術指導のための農民組織)などへ貸付原資を提供する「卸売金融」と、農民組織未加入の個別農民への直接貸付を行なう「小売金融」の両方の役割を持っている。後者が、より高い利ざやを確保できることもあり、年々「小売金融」の比重を対象者・金額とも高めてきた。日本からの十数次にわたる円借款(ツーステップローン)のほか、81年から食糧増産援助(第2KR)による無償商品援助(肥料・農薬・農機)のタイ側窓口となったのを契機に、生産資材取扱も開始し、「銀行として不適切」とする批判に対し、90年には、個別貸付対象農家を組合員とする「BAAC顧客農協」を設立。BAAC各支店ごとに、既存農協を上まわる組合員を擁する独自の「農協」が生まれ、競合と混乱をもたらしている。農家・農協の資金不足を補完してきた歴史的役割は大きいものの、農民の自主的協同活動組織の発展、農業政策と農業金融政策の整合性、日本からのODA援助のあり方などと関連して、残された課題は多い。

(山本博史[元東洋大学])

のうこうぎれい　農耕儀礼

タイの場合、農耕儀礼とは稲作に即して稲魂の再生・成長を願い豊作を祈願する一連の儀礼を指す。稲には魂(クワン・カーオ)があるとされる。田植えの儀式としては、初苗(カーオ・ヘーク)を儀礼的に田に植え、村や地区の守護霊を祀った後に、村人各自が霊への供物(食べ物、生花、線香、ローソクなど)を田に運び、そこで土地霊に鍬を入れる許可を請う儀礼を行なう。タイ語ではこの田植え儀礼を「レーク・ナー」、北部では「ヘーク・ナー」と言う。北部の村では、「ターレーオ」

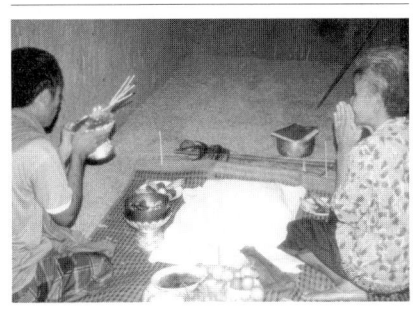

農耕儀礼(米倉での招魂儀礼)

と呼ばれる悪霊を払うための竹で作られた呪標を田に立てるところもある。その後、雨が少なく水不足の時には、人々は猫に水をかける雨乞い儀礼などを行なう。東北部ではブン・バンファイ(ロケット祭り)を雨乞い儀礼として行なうなど、雨乞い儀礼は地域によって相違する。11月には稲の刈り入れ、脱穀が行なわれる。脱穀作業をする場所で脱穀儀礼(セン・ヌアット・カーオ)を行ない、それから米倉に入れる。その後、村の守護霊祀りを行ない、その場で供物をみんなで分かち合い、それが終了した後に自宅に帰って米倉で招魂儀礼を行なう。この儀礼のことをタイ語では「リアック・クワン・カーオ」と言う。これは文字通り、稲魂を招来する儀礼である。来春には稲魂は米倉から田に移り豊作をもたらすとされる。稲魂が田と米倉を往復すると考えられており、農耕儀礼は稲魂を段階に応じて祀る儀礼から成っている。総じて農耕儀礼には仏教・僧侶が介在していない。タイ王室も王室儀礼として農耕儀礼「レーク・ナー」を春に行なっている。 (佐藤康行)

のうそんいりょう　農村医療

タイ政府は第4次国家経済社会開発計画(1976〜81年)においてプライマリー・ヘルスケアの事業を実施した。この事業では、区ごとに保健所を建設するとともに、村人が自分たちで保健部会委員と保健ボランティア(オー・ソー・モー)を選び、村ごとに保健の啓蒙活動と自助活動を行なっている。農村医療の中心は保健所(サターニー・アナーマイ)であり、医師はいないがボランティアや看護士が薬を与えたり血圧測定を行なったりしている。2002年から医療費が一律30バーツになったため(30バーツ医療制度)、村民は保健所を経由して郡の公立病院に通うようになった。医療が無料で受けられるこの制度は、ゴールドカード(バット・トーン)を所持している者のみに該当することから、通称バット・トーンと呼ばれている。なお、現在でも伝統医療も根強く残っており、具合の悪い村民がモー・ピー(呪医)にすがることもある。 (佐藤康行)

のうそんかいはつ　農村開発

【農村開発政策の制度作り】タイにおける国家政策としての農村開発は、1950年代後半から国全体の開発計画とともに準備された。内務省はビルマ(ミャンマー)、インドの農村開発を視察し、省内に地方開発委員会を設置(56年)した。これが60年に地方開発課となり、更に62年コミュニティ開発局(CDD)となって、現在に至る。CDDは郡を末端の出先機関として開発ワーカーを配置し、農村開発政策の実施体制を整えた。CDDの行なう農村開発事業には、(1)農村のインフラ整備、(2)農村住民の生産と生活の改善指導・補助、(3)住民組織化と担い手の研修、(4)調査研究などがある。農村開発政策は、一方で、共産主義対策としての意味合いも持った。政府は62年、国防省下に移動開発単位(MDU)を作って、軍人をリーダーとするチームにより農村でのインフラ建設や医療活動等を行なった。64年からは東北地方の国境地帯に重点を置いたプロジェクトを開始し、2年後に農村開発促進事務所(ARD)として、農村のインフラ整備事業を担わせた。

【農村資金環流計画とインフラ整備】1975年政権に就いたばかりのクックリット首相は、農村資金環流(回転)計画という大規模な農村開発プロジェクトを実施した。これは農村に2つの方法で資金を注入す

るものである。1つは民間金融機関に融資額の一定比率（5～13％）を農村セクターに回すことを強制するもの。もう1つは区（タムボン）に一定額（50万バーツ）の補助金をインフラ整備のために与えるもので、具体的な事業内容は住民自身に決定させた。しかしこのプロジェクトには、選挙・景気対策的な意図があり、発表から4ヵ月以内での事業完了を求めたため、事業の効果や効率性、透明性に疑問が呈されていた。プロジェクトは2年で終了したが、前者の方法は銀行の地方支店開設の条件付けとして、また後者の方法は農村雇用創出プロジェクトやタムボン開発プロジェクトとしてその後も継承された。

【国家農村開発委員会と住民組織化】1970年代、農村の政治不安で政府は農村開発の緊要性を強く認識した。プレーム首相は81年からの第5次経済社会開発5ヵ年計画のテーマを農村開発に置き、貧困農村開発計画を実施した。このために国家農村開発委員会（通称コー・チョー・チョー）を設置し、NESDBの農村開発部局を事務局として、農村開発に関わる省庁が連携して農村開発にあたる体制を作ろうとした。このプログラムでは、プロジェクト実施村落を特定し、そこで行なわれる内務省、農業・協同組合省、教育省、保健省のプロジェクトを国家開発委員会事務局が調整する。一方、住民にプロジェクトのメニューを提示し選ばせることで、住民側の要求と政府の方針を調整する。NESDBを事務局として国家レベルの農村・地方開発の委員会を置く体制はその後も続いたが、第6次計画以降、NESDBの調整は形骸化した。コー・チョー・チョーの中では、住民組織型のプロジェクトがいくつか行なわれた。このプロジェクトの特色は、住民自らが資源を出し合い共同管理することで相互扶助を行なう点にある。たとえば貯金組合の場合、会員が少しずつ貯金をし、貯まった資金を低利で会員に融資する。支払われた利子は会員の預金額に応じて配分される。こうしたプロジェクトは70年代半ばからCDDにより試みられ、次第に他の政府機関も奨励するようになった。

【NGOの農村開発】タイの農村開発では非政府組織（NGO）の役割を無視することはできない。タイにおけるNGOの嚆矢TRRMは、チャイナート県で1969年から農村開発プロジェクトを実施した。その後80年代前半まで、多くのNGOが農村開発に関わった。NGOの手法は、住民の自己組織化を通して開発を支援するというものであり、貯金組合やライスバンク（コメ銀行）など、政府の住民組織型プロジェクトも、元はNGOや住民リーダーが実践していたものである。またNGOは一種のコミュニティ主義イデオロギーを作り出した。それは農村や底辺住民の伝統的知識や価値観を評価する考えにつながり、政府の政策にも影響を与えた。

【ポピュリズム政策下の農村開発】1990年代以降、農村開発をめぐっていくつかの重要な変化があった。まず区自治体（TAO）が置かれ、行政村よりも大きな住民の自治単位が農村開発の企画と担い手となりうる条件を持つようになった。また経済危機を契機に社会投資資本（SIF）プログラムが実施され、多額の資金が非政府ルートで草の根の住民組織に配分された。SIF後も政府、非政府の中央機関が類似の方法で農村開発に関わるプロジェクトを行なっている。タックシン政権によるポピュリズム政策も重要な転機であった。同政権は農村への資源移転を意図的かつ大規模に行なったが、その政治的有効性が明らかになると、農村開発は中央政治の重要なイシューとなった。

（重冨真一）

のうそんこうぎょう　農村工業
1980年代から農村部でも大都市近郊や国道沿いには工場が進出し、工業化が始まったが、この動きが強まるにつれて、絹織物、壺焼、工具等の伝統業種が衰退し、外部の工業、企業とのリンケージを持つ業種が発展するようなった。農村工

業の主流も、都市的技術を用いて生産し、狭い地域を越えた広域に販路を広げる業種となった。農村住民の個人的・集団的自営業では労働集約的製品が多数派だが、一部に、外部大企業製品の工程を請け負うような技術集約的業種も現れている。縫製、宝石研磨、靴・履物製造、農産物加工などその対象も多岐にわたる。ただし、全業種、製品にわたり、外部とのリンケージが必須のため、その浮沈も激しく、製品・経営の持続性、生産・販売面での利益配分などが課題である。　　（北原　淳）

のうみん　農民

一般に農民という身分は国家とともに誕生したと言われ、タイの農民の歴史的起源も古いはずである。近代以前の自由身分の農民は、限られた一部の輸出商品の採取・生産の地域を除くと、地域の特色に応じて、狩猟採取、移動耕作、定着耕作などを組み合わせながら、比較的自給自足的な生活を送ったと見られる。19世紀以降になると、奴隷などの不自由身分だった農民たちも解放されて、農民は一律に自由身分となった。そして、国際的なコメ輸出ブームの中で水田開発が進み、稲作農家が増えて、水田開発地域は、最初の平野部の低地、湿原等から、徐々に、丘陵地・山地の荒蕪地、森林などへと拡大していった。この過程でゴム樹の栽培やメイズ（トウモロコシ）、キャッサバなど畑作に特化した地域もある。こうした条件の下で、商品化率や生活様式の違いを残しながら、各地域でそれぞれ特色のある生産や労働を行ない、村落・集落を形成し、宗教・行事等の文化を維持する農民層が形成された。

農業の形態もまた地形、土壌、水利などにより異なり、集落の形も地形、水利、治安状況などに応じて集村、散村などの違いがある。コメも東北部はモチ米、中部、北部、南部はウルチ米を主食とする。米作において、灌漑は北部、東北部のごく一部に限られ、その他の地域では天水依存の1期作が一般的だった。ランシット運河地帯などの新たな開拓地や、人口が増えて開拓地が消えた多くの農村では、小作農も生まれた。中部の農村は親族関係、集落の形や共同関係がルースで結束が弱いが、北部、東北部、南部はより結束が強い傾向がある。1960年代以前は、農民の職業は、小作農を含めて、農業が一般的だった。自家労働の不足する田植えや稲刈りの稲作労働ピーク時には、親族や近隣仲間で共同作業を行なった。米作は自家飯米が主目的であり、中部デルタ等の一部の商業的米作地帯を除くと、農家の市場販売米の割合（コメの商品化率）は低かった。

一般に政治や経済の面でも役人や商人との関係は限定されたが、国家は農民を「国の背骨」と称賛して、国家統合のシンボルに利用する側面もあった。60年代以降の農業・農村開発の中で、特に80年代以降は村道や灌漑など農業のインフラが整備され、新品種の開発、肥料・農薬の利用、機械化などが進み、2期作、3期作も可能となり、コメの土地生産性は倍増した。農業機械化の背景には、兼業化による農家労働力不足、農作業利便化などもある。最近は、農業所得だけでは生活できないため、兼業農家が一般的であり、専業農家は激減した。家族形態も、特に遠隔地農村では、夫婦が出稼ぎを行ない、留守宅で祖父母が孫を育てる隔世代家族が多い。生活様式も、Tシャツや携帯電話に典型的だが、地方的特色が消えて均一になった。しかし、各地域特有の方言と農民の文化や意識も存続しており、食事、歌謡などのイサーン農民文化がその典型である。　　（佐藤康行）

ノー・モー・ソー

น.ม.ส.（1876～1945）

文学者、詩人。ラーマ5世の第22王子ピッタヤーロンコーン親王のこと。ケンブリッジ大学留学から帰国後、財務省、商務省など官界で活躍する。ラーマ7世時代末期には国民議会創設を検討する枢密院メンバーとなる。1932年に王立学士院総

のーんかーい▶

ノー・モー・ソー

裁となったが翌年に辞職し、作詩や執筆に励む。新聞『ラック・ウィッタヤー』に評論『日露戦争について』が掲載されたこともある。文学では、インド文学をタイ語で紹介するなどの功績が大きい。代表作に韻律詩『プラノン・カムチャン』（16年）、『ウェーターン民話集』（18年）、『三都物語』（44年）がある。　　　（宇戸清治）

ノーンカーイ
หนองคาย

バンコクの北東615kmに位置する東北部の県。県の北側はメコン川に接しており、ラオスとの国境をなす。ノーンカーイの町はメコン川の南岸に位置し、通常メコン川を挟んでラオスの首都ヴィエンチャンの対岸の町と言われるが、正確にはヴィエンチャンはノーンカーイより更に上流に位置し、県庁所在地の西30km程度のところに位置するシーチエンマイ郡の対岸となる。

ノーンカーイはかつて単なる小村であったが、1826年のヴィエンチャンのアヌ王反乱の討伐によってヴィエンチャンが焼き払われ廃墟となったことから、翌年にヴィエンチャンの機能を代替させるべくノーンカーイというムアンが設立された。91年にはラーオプアン州を設置し、その本拠地をノーンカーイに定めたが、93年のシャム危機後にその機能は南のウドーンターニーに移り、ウドーン州と改称された。ラオスが植民地化されてからも、ノーンカーイはラオスの玄関口として機能し続けた。フランスはラオスとヴェトナムやカンボジアの関係を強化しようとしたが、ラオスの外港は依然としてバンコクであり、中でもノーンカーイ経由の貿易が最大であった。戦後ラオスが独立すると、アメリカが親米政権の維持に努め、ラオス向けの物資輸送ルートとしてバンコク〜ノーンカーイ間の交通路整備を援助した。これにより、ウドーンターニーで止まっていた鉄道が1955年にノーンカーイまで延伸され、65年にはバンコクと結ぶミットラパープ路（フレンドシップ・ハイウェー）も全通した。75年のラオス共産化によって対ラオス交易は一時的に衰退したが、80年代後半から再び活発化し、再びラオスの玄関口として機能するようになった。特に94年に開通した最初のメコン川を跨ぐタイ＝ラオス友好橋により、ノーンカーイとヴィエンチャンの間のヒトやモノの移動は着実に増加している。タイの支援で建設が進んでいた友好橋からターナーレーンまでの3kmのラオス初の鉄道も2009年3月に開通し、タイ＝ラオス間の国際列車が運行されるようになった。

ラオスへの玄関口としての繁栄を享受したいノーンカーイではあるが、都市機能としては、空港もあり大規模ショッピングセンターが数多く立地する南のウドーンターニーやコーンケンに比べて劣ることから、ヴィエンチャンからノーンカーイを素通りしてウドーンターニーやコーンケンを訪れるラオス人も増えている。04年にウドーンターニー・ヴィエンチャン間にバス運行が開始された際に、ノーンカーイの地位低下に拍車を掛けることを懸念した住民が反対運動を起こしたこともあった。　　　（柿崎一郎）

ノンシー・ニミブット
นนทรีย์ นิมิบุตร（1962〜）

映画監督。シンラパコーン大学でヴィジュアル・コミュニケーションを専攻。ウィシット・サーサナティエン監督とは同期。卒業後はCMやミュージック・ビデオの制作に関わる。初監督作品の『1956年デ

ノンシー・ニミブット

ーン・バイレーとチンピラ』(1997年)は、独裁下で暴力と金銭欲にまみれた明日なき若者の生態をリアルに描いた映画で、国内の映画賞を総なめにし、その年最高の興行成績をあげた。それまでの沈滞したタイ映画を刷新するニュー・ウェーブ映画の始まりでもあった。続く『ナーンナーク』(98年)では、過去に何度も映画化されたことのある怪奇物語を、運命的な夫婦愛に主軸をおいてリメイクしたもので、デビュー作の2倍の売り上げ記録を達成した。その映像の特徴は、CFで鍛え抜かれた映像美と綿密な時代考証、外国市場を念頭においた的確なマーケティング戦略である。自国の歴史に関心を抱く監督は、更に近代タイの実在の人物をモデルにした『チャンダラ』(2003年)で官能の世界を検閲すれすれの大胆な性描写で表現した。プロデューサーとして、オキサイド・パン兄弟の『レイン』、ウィシット・サーサナティエンの『怪盗ブラックタイガー』を世界に送り出している。

(宇戸清治)

ノンタブリー
นนทบุรี

バンコク都の北側に接する中部の県。バンコク都心からノンタブリー県庁までの距離は20km。大バンコク都市圏を構成する県の1つである。県央をチャオプラヤー川が南北に流れ、水路網も発達している。果樹栽培が盛んで、特にドリアンが有名である。バンコクのベッドタウンとして開発が進み、住宅地が急増している。中央官庁の庁舎も数多く移転してきており、都市鉄道をノンタブリー県に延伸する計画もあることから、首都の一部としての機能はますます高まるであろう。チャオプラヤー川の中州であるクレット島は、モン(Mon)族の陶器生産で名高い。

(加納 寛)

ノーンブアラムプー
หนองบัวลำภู

バンコクの北東577kmに位置する東北部の県。かつては東隣のウドーンターニー県に属する郡であったが、1993年に同県の西部を分割した際に県庁所在地が置かれてノーンブアラムプー県となった。プー・パーン山脈の支脈の西麓に位置し、その切れ目の侵食谷(横谷)をウドーンターニーと結ぶ国道が通っている。ノーンブアラムプーはかつてヴィエンチャンに属しており、ラーマ4世王期にはカムターサイと改称されたものの、ラーマ5世の時代に再びノーンブアラムプーという名称に戻った。山地が多いことから観光資源には恵まれているはずであるが、新しい県でもあることから知名度は低い。

(柿崎一郎)

ノン・フォーマルきょういく　ノン・フォーマル教育

学校教育(フォーマル教育)以外の場における組織的な教育活動を指す。教育省やNGO、僧侶などが、対象と必要に応じて、初等教育、宗教教育、識字教育、薬物教育、感染病の予防教育、職業(工業、商業、農業他)訓練、生活指導訓練などを実施している。教育省には、非組織的な教育活動を指すインフォーマル教育を総合的に管轄する部局がある。例として、日曜仏教教育センターにおける教育学習活動や、山地民を対象としたタイ語やタイ文化の教育、彼ら自身の言語や文化の教育、生活技術の教育などがある。

(圓入智仁)

は行

は

バイク・タクシー
มอเตอร์ไซค์รับจ้าง

タイで広く普及している2輪オートバイを用いたタクシー。1980年代以後、まずバンコクで急速に普及し、地方へも広がった。バスなどが利用できない狭い道路での短距離の輸送、ラッシュアワー時の渋滞を避けて行なう敏速な運搬、メッセンジャーや配達サービスなど、広く用いられている。後部席に客や荷物を載せる。バンコクでは固定的なルート（営業区域）がオーナーによって縄張り設定され、彼らに雇われたドライバーたちがグループで稼業していることが多いが、ドライバーたちが自主的に共同体を組織している場合もある。地方では自ら組合（チョムロム）を結成して運営するケースがよく見られる。現在、バンコクだけでも十数万台はあるとされ、路地の入り口などの待機場で、そろいのベストを着たグループの姿が見られる。　　　（不二牧　駿）

バイク・タクシー

パイトゥーン・タンヤー
ไพฑูรย์ ธัญญา（1956～）

作家、大学教師。パッタルン県生まれ。シーナカリンウィロート大学ソンクラー校を卒業後、同大学ピッサヌローク校で修士号を修得、地方で小学校教師をしていたこともあるが、現在はマハーサーラカム大学の准教授。本名のタンヤー・サンカパンターノンの名で『文芸批評』1996年）などの学術書もある。78年に南部の若手作家集団『ナーコーン』を立ち上げ、創作に励む。短編集『砂塔造り』で87年東南アジア文学賞を受賞。ほかに短編集『この道…故郷へ続く』（87年）、『子供時代の飛翔』（91年）、『天国の波』01年、英訳付き）、長編に『乾いた幽霊と朽ちた棺桶』（89年）、『火の雨の夜』（04年）がある。
　　　　　　　　　　（宇戸清治）

パイトゥーン・タンヤー

ばいよう　貝葉
ใบลาน

サンスクリット語で「葉」を意味するpattraを音写した貝多羅に由来する貝多羅葉を略した語で、南アジアや東南アジアで文字などを書き記したヤシの葉。貝葉制作に用いられるヤシにはタリポットヤシ（*Corypha umbraculifera*）とパルミラヤシ（*Borassus flabellifer*）の2種がある。東南アジア大陸部を中心としたタイ諸語圏で貝

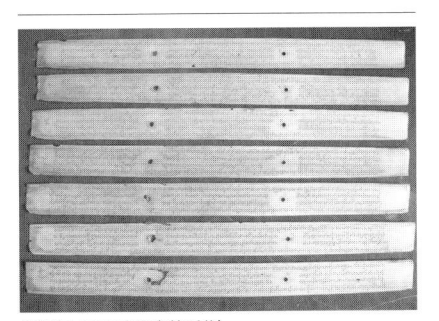

貝葉（ラオス国立図書館所蔵）

葉を表すバイラーンの語は「ラーンの樹葉」という意味だが、ラーンはビルマ（ミャンマー）語のぺーとともにタリポットヤシであり、インドネシアでロンタル（タルの樹葉）と呼ばれるのはパルミラヤシである。切り落としたヤシの葉を煮る、日に干す、竈でいぶす、磨くなどの工程を経て、長さ50～75cm幅4～8cmに整えて用いる。文字などは鉄筆で刻む（チャーンと言う）ように表裏に書き、刻み目に煤と油を混ぜたものを浸ませると黒い線刻が得られる。タイ語でしばしばカムピー・バイラーン（貝葉聖典）と言うように、貝葉の大半は仏教経典で、中部では主にクメール文字で書かれたが、タム文字を使用した北部や東北部では年代記、慣習法、薬学書など様々なジャンルの貝葉文献が知られている。　　　　　　　（飯島明子）

パイワリン・カーオガーム
ไพวรินทร์ ขาวงาม（1961～）

詩人。ローイエット県の農家に生まれる。少年時に出家し、寺院付属学校に学ぶ。ラームカムヘーン大学中退。チエンマイでの新聞社勤務を経て、1984年に上京。雑誌社、果物やアイスクリームの露天商などを経験した後、雑誌『スー・ファン』の編集部員となる。プラパンサーン出版社の編集長などを経て、現在はフリーのコラムニスト。処女詩集『放浪の詩』（85年）、『バナナの葉柄の木馬』（95年東南アジア文学賞）のほか6編の詩集、その他の短篇、評論がある。急激な経済発展に伴

パイワリン・カーオガーム

う人間と自然の離反への無念さと、詩人としての理想世界を情緒性豊かに歌い上げる詩を特徴とする。　　　（宇戸清治）

バウリング　Sir John Bowring
（1792～1872）

イギリスの文筆家、政治家、外交官。1855年シャム（タイ）のラーマ4世（モンクット王）を説いて、「英暹修好通商条約」（バウリング条約）の締結に成功したことによって知られている。この条約締結を契機として、シャムは、翌1856年同様の条約をアメリカ合衆国、フランスと結び、17世紀以来の王室独占貿易は一気に転換されて、西欧諸国との自由貿易関係に入ることとなった。同条約は、領事の交換のほか、英国臣民に対する治外法権、関税率の制限等を定めた不平等条約であったが、この条約の締結によりシャムは植民地化を免れ、近代化を推進させる契機となったとして評価されている。バウリングは2年後、シャムとの条約締結交渉の経験を著書 *The Kingdom and People of Siam*（1857

バウリング

年)にまとめて出版している。バウリングは20年代には雑誌の編集に従事し、30年代から40年代にかけては議員として活動、自由貿易の唱道者として知られていたが、49年外交官に就任し、広東領事、中国貿易監督官を経て、54年に香港総督に任命された。　　　　　（石井米雄）

バウリングじょうやく　バウリング条約
สนธิสัญญาเบาว์ริง

1855年にイギリスとの間で結ばれた修好通商条約。香港総督を務めていたジョン・バウリングがラーマ4世の王政政府と締結したタイで最初の不平等条約である。バウリングは事前にラーマ4世と文通しており、ラーマ4世も丁重にもてなしたことから交渉はスムーズに進んだ。この条約は、イギリスの治外法権を了承し、輸入関税を3％に設定することでタイ側の関税自主権を放棄させた不平等条約であった。この条約によって、バーネイ条約によって切り崩しが始まった王室独占貿易は完全に消滅し、銀河系政体（マンダラ型国家）の伝統的な歳入源は失われた。タイにとってはすこぶる不利な内容であったが、アヘン戦争で清がイギリスに敗れ、ビルマ（ミャンマー）では直前の第2次英緬戦争で下ビルマがイギリスに奪われる状況にあっては、他に選択肢はなかった。王室独占貿易による歳入を代替するため、タイは伝統的な林産品の輸出に加えて、植民地化の進展で拡大した島嶼部のコメ需要を満たすためのコメ輸出を拡大させていくこととなった。これにより、従来は手付かずであったチャオプラヤー・デルタの開拓が始まり、現在まで続くタイのコメ輸出大国化への契機となった。　　　　　（柿崎一郎）

パオ・シーヤーノン
เผ่า ศรียานนท์（1909～60）

軍人、政治家。プラ・パラーピラックセーニーの子。陸軍士官学校を卒業した後、第2次世界大戦中、ピブーンソンクラームの副官を務めた。1947年クーデタに参

パオ・シーヤーノン

加。警察へ移り48年警察長官補佐、51年警察長官（57年まで）。警察局をアメリカの援助も得て軍隊組織に近いものに改組し、陸軍を凌ぐのではないかと懸念されるほどに警察力強化を図った。サリットと並んで戦後のピブーン政権の支柱となって与党の運営にあたる一方、政敵を厳しく弾圧、パオ自身が構築した強力な警察力を背景にその実力はタイ政治を左右するほどと言われた。51年内務副大臣、54年財務副大臣、57年2月の総選挙では与党セーリー・マナンカシラー党幹事長、3月成立のピブーン政権で内務大臣に就任するが、政治的確執が取りざたされていたサリットによる57年9月クーデタの後、国外に脱出、亡命先のスイスで死亡。夫人はピン・チュンハワンの元帥の長女（クンイン・ウドムラック）。タイ国民党の結党資金には彼の遺産が用いられた。
　　　　　（加藤和英）

はか　墓

かつては村落周辺の林の中にある墓域「パー・チャー」に遺骨を放置するのが一般的であったが、現在では寺院内に小仏塔を建ててその中に遺骨を納めることも多い。遺骨を納めた小仏塔には、埋葬者の顔写真や氏名、生没年月日などを記した大理石のパネルが付せられる。また、寺院の塀の壁などに直方体の穴を穿って遺骨を納め、顔写真や氏名、生没年月日を記した大理石パネルを埋め込む形式の墓も多くなっている。華人は「風水」と呼ばれる亀殻墓に埋葬されることも多く、

寺院の塀に設けられた墓

チョンブリー県には華人墓地が集中している。　　　　　　　　　　（加納　寛）

パガン(島)
เกาะพะงัน

タイ湾西岸に位置する面積194km²の島。南部スラートターニー県に属し、同じく同県に位置するサムイ島の北15kmに位置する。島の中央には標高627mの山がそびえ、東側は崖、西側は平地が広がっている。南のサムイ島と同じくココヤシの栽培が盛んである。この島は歴代の国王も訪問されたターンサデット滝や、白砂の海岸などの自然環境に恵まれており、近年はサムイ島の観光開発が進んだことから、サムイ島経由で多数の外国人観光客が訪れる。毎月満月の夜に世界各国からの若者が集うハートリン海岸のフルムーン・パーティーは有名。　　（柿崎一郎）

はくぞう　白象
ช้างเผือก

古来、タイ社会では、象は物資輸送や戦闘に用いられ、非常に重要視されてきた。中でも白象(一定の身体的特徴が条件となっている)は特に神聖視され、国王の威徳や国の繁栄の象徴とされてきた。そのため、白象を確保することは国王にとってきわめて重要なこととされ、他国への白象譲渡要求は戦争を仕掛けるための口実としてしばしば利用された。白象の飼育は現国王ラーマ9世によっても行なわれている。白象の図柄はラーマ2世期以来、国王旗に用いられ、1917年まで使用された。現在でも軍旗や勲章には意匠として白象が使用されることがある。　（加納　寛）

パークナームじけん　パークナーム事件
→シャム危機を見よ

パーサコーラウォン，チャオプラヤー
เจ้าพระยาภาสกรวงศ์(1850～1920)

貴族官僚。実名はポーン・ブンナーク。父は改革以前の兵部卿、財務卿を勤めたブンナーク一族の大物。15歳でイギリスに留学し2年後に帰国して、まずラーマ4世に仕えた。その後、ラーマ5世期には、旧守派のブンナーク家出身でありながら、国王側近の改革派に属して改革を進める国王を補佐した。1887年に関税長官に就任し、88年に日本と国交を開く日タイ修好条約調印のために来日した。88～92年に農務大臣を務め、近代的地券交付制度の基礎を固めた。行政改革後は92～1902年に教育大臣を勤めた。　（北原　淳）

パーサック(川)
แม่น้ำป่าสัก

北部下部や中部の最東端を北から南へと流れる延長570kmのチャオプラヤー川の支流。水源はルーイ県のプー・クワーン山(1020m)であり、南流してペッチャブーン、ロップリー、サラブリーの各県を通り、アユッタヤーでチャオプラヤー川に合流する。サラブリー県以南ではセメント、土砂、メイズ(トウモロコシ)の水運に利用されてきたが、それより上流は古来より航行が難しい河川であった。中流のロップリー県内には1999年にパーサックチョンラシット・ダムが建設され、広大な畑作地が水没して貯水湖が出現した。　　　　　　　　　　（柿崎一郎）

ハジャイ　→ハートヤイを見よ

バス

タイのバスは、いわゆる通常のバスと、トラックの荷台を客席に改造したソーン・テオが存在する。前者は2007年には全国で約11万9000台登録されており、うち路線バスはバンコクに2万2000台、地方に5万9000台登録されている。1日約200万人が利用しているバンコクの市内バスはバンコク大量輸送公団（BMTA）が管轄しており、近年は冷房車と民間委託の路線が増えている。一方地方のバスは、バンコク発着の路線を中心にボー・コー・ソー（輸送会社）と呼ばれる公営企業が、県間や郡間の路線は民間企業がそれぞれ免許を得て運行しているが、ボー・コー・ソーの路線でも実際は民間委託が多い。鉄道の未発達なタイでは、バスは都市内、都市間輸送の両方で重要な役割を果たしてきたが、バンコクにおいては都市鉄道にその主役の座を譲りつつある。（柿崎一郎）

はたさく　畑作

タイ語（Thai）では畑地のことを「ライ」と呼ぶが、他のタイ系言語（Tai）と比較すると、この語は本来、水田の「ナー」に対して焼畑を含む陸稲栽培地を意味し、野菜類や自給的な畑作物の栽培地はもともと「スワン（園地）」と呼ばれていたと考えられる。タイの商業的畑作は、1930年代にワタを初の換金畑作物として始まったが、第2次世界大戦後には急速に衰退した。その後60年代には、まずケナフ、そして、続いて飼料用キャッサバが輸出用作物となり、畑作地面積が急速に拡大し、増産が進んだ。70年代後半以降は、中央平野の水田の転換地をも含むが、畑地のサトウキビ栽培が増え、更にフリント種トウモロコシが中部・東北部の平原地帯を中心に栽培が増え、一時は世界第2位の生産高を占めたキャッサバとともに、3大畑作物となった。また、野菜は、都市部の需要拡大に伴い、バンコク近郊の輪中地帯等での産地形成が進んだ。2004年の3大畑作物は、作付面積で、トウモロコシ704万ライ、サトウキビ701万ライ、キャッサバ676万ライ、生産量で、各422万トン、6497万トン、2145万トン。
　　　　　　　　　　　　（園江　満）

パタニおうこく　パタニ王国
รัฐปัตตานี

14世紀から18世紀にかけて現在の南部パッターニー県、ヤラー県、ナラーティワート県を中心とする領域に存在したマレー系の王国。半島の重要な交易拠点を占め、初期にイスラーム化したが、アユッタヤー朝に朝貢関係を強いられ、スルタンはシャムへの抵抗と服従を繰り返した。最盛期は17世紀で、華人、日本人、西欧人の根拠地も存在した。18世紀後半には多数のイスラーム学者を輩出し、小メッカと呼ばれた。1785年ラーマ1世によってシャムの領域に組み込まれた。分離主義派にとっては歴史シンボル的存在である。
　　　　　　　　　　　　（黒田景子）

パーダンベーサー
ปาดังเบซาร์

バンコクの南984kmに位置する南部ソンクラー県サダオ郡の国境の町。地元ではパダンブサールと呼ばれている。パダンブサールはマレー語で大きな平地を意味するが、実際にはなだらかな丘陵地帯である。鉄道と道路によりマレーシアとの国境をつないでいる。マレーシア側を同名の町と接しており、タイ側の町はマレー語でPekan Siam（タイの町）とも呼ぶ。住人にはマレー人が多い。日曜日には安価な米や日用品を買い求めるマレーシア側からの人々で国境の緩衝地帯に設けられた市場は混雑する。内密に複婚したいマレーシアのムスリムが越境し国際結婚する場所としても知られている。（益田　岳）

はちゅうるい　爬虫類

ワニは野生のものは絶滅寸前と言われる。ヘビ類は多く、コブラ、マムシ類、更には海洋性のエラブウミヘビの仲間など毒蛇は50種近くもいる。中でもキングコブラ（*Ophiophagus hannah*）は体長最大5.9m

爬虫類（トッケー）

パックチー

にも達するとされ、毒の量も多く、水牛や象も倒すとされる。無毒のヘビも約100種もおり、ニシキヘビ類もアミメニシキヘビ、ビルマニシキヘビなど3種が分布し、中でもアミメニシキヘビ（*Python reticulates*）は体長12.2 m、体重220kgにも達するとされる。食材として皮を剥かれたヘビが市場でも売られているし、ヘビ料理を出すレストランは各地にある。トッケーは体長30cmにもなる、うす汚い青褐色に黄色または赤の斑点模様のある気味の悪い大きなヤモリである。「トッケー、トッケー」と大きな声で鳴く。9回連続して鳴くのが縁起がいいとされる。漢方薬店でこれを干したものを売っている。スナトカゲ（*Leiolepis belliana*）は地中にトンネルを掘って隠れているが、東北部では市場にもレストランにも食材としてのこのスナトカゲがよく売られている。

（渡辺弘之）

パックチー
ผักชี

香菜、コリアンダー、コエンドロとも言う。学名*Coriandrum sativum*。地中海東部原産のセリ科コエンドロ属の1年生草本。未熟果を含め全草にカメムシにも似た特有のにおいがある。タイの有名なスープ、トム・ヤム・クンはもちろん、焼き飯、麺類、おかゆ、魚料理、サラダ等、ほとんどの料理にパックチーの生の葉が入っている。この香りは、個人的な好みや食文化の違いによって好き嫌いが激し

い。完熟果はレモンとセージを混ぜたような芳香を持ち、カレーなどに使われ、消化不良や健胃に効果があるとされる。

（渡辺弘之）

パッターニー
ปัตตานี

バンコクの南1055kmに位置する、南部マレー半島東海岸の県名。近県のヤラー県、ナラーティワート県、ソンクラー県の一部は旧パタニ王国に属し、マレー語パッターニー方言を日常語とするマレー系ムスリムが人口の80％近くを占め、総称して「パッターニー・ムスリム」と呼ばれることがある。パッターニー川内陸のヒンドゥー系王国ランカスカを前身とみなし、14世紀後半に河口部に成立した港市パッターニー（パタニ）はマレー半島で初期にイスラーム化した政権の1つである。東西交易、タイ～ジャワ間交易の拠点に位置することから、歴代タイ王朝にとってタイ湾の制海権に不可欠の地であった。16世紀後半～17世紀に最盛期を迎え、華人町や日本人町、西欧の商館があったが、19世紀後半以降交易拠点としては凋落した。ムスリム世界ではよく知られた教育拠点でもあり、18世紀後半には多くのウラマー（イスラム知識人）を輩出し、小メッカとも呼ばれた。イスラーム私塾、ポーノ（ポンドック）を多く抱え各地域からの学習者を集めている。仏教的価値観の優越するタイの国民統合の流れの中で、タイ化に対するムスリムの反発

が強く、分離運動の拠点ともなっている。
2004年から武装闘争が再燃している。

（黒田景子）

パッタヤー
พัทยา

バンコクの南東140kmに位置する、中部（東部）チョンブリー県の特別市。交通の便もよく、国際的な臨海観光地として名高い。1950年代末頃から米軍将兵の保養地として整備され始め、観光地として発展していった。78年には、タイ国内唯一の「特別市」に指定されている。年間600万人以上の観光客が訪れるが、そのうち3分の2は外国人である。近年は、ロシアや韓国、中国からの客が多い。パッタヤー湾に面した海岸を中心に開発されたが、峠を隔てて南に隣接するチョームティエン海岸にも多くのリゾートが開設されている。

（加納 寛）

パッタルン
พัทลุง

バンコクの南840kmに位置する南部の県。マレー半島東海岸に位置するが、海には面しておらず、東のソンクラー湖、西のナコーンシータムマラート山脈に挟まれて立地する。パッタルンの歴史は古く、1000年以上も前からムアンとして成立していたようであるが、その中心地は何度か移動しており、最終的に鉄道開通後の1924年に駅が設置された現在地に移転した。北のナコーンシータムマラートとともに古くから南部のコメどころである。ソンクラー湖の北に位置する湖タレー・ノーイは野生動物保護区に指定され、水鳥の繁殖地として有名である。

（柿崎一郎）

パトゥムターニー
ปทุมธานี

バンコクの北に隣接する首都圏の県。チャオプラヤー・デルタの中心部に位置し、同河川が県中央部を南北に貫流している。かつてトゥン・ルアンと称された東岸の荒蕪地は、19世紀末から20世紀初めにかけてのランシット運河掘削に伴い、広大な米作地帯として開発された。現在は、県中央部を南北に縦断するパホンヨーティン路沿いを中心に、アジア工科大学、タムマサート大学ランシット・キャンパスなどの高等教育機関と、タイ国立科学技術開発機構（NSTDA）をはじめ多数の国立研究所が集積する。また、ナワナコーン工業団地をはじめ県内各地に工場が進出しているほか、首都バンコクのベッドタウンとしても開発が進んでいる。

（遠藤 元）

パドゥンクルンカセーム（運河）
คลองผดุงกรุงเกษม

バンコクを都と定めたラッタナコーシン王朝が、王宮の西側は半環状的にチャオプラヤー川に遮断されて防衛されるので、王宮の東側にも半環状の防御運河を作って完全環濠都市にするという都市計画に従い建設した3つ目の環濠運河。年代順に、東側の半環状の運河は、クームアンドゥーム運河（ラーマ1世期）、バーンラムプー運河（1785年）、パドゥンクルンカセーム運河（1854年）と、王宮の外縁に拡大した。当運河は現在のクルンカセーム路に外接する運河で、王宮、ラーチャダムヌーン路の官庁街、ヤオワラート路商店街など、19世紀中葉バンコク都の政治経済構造を象徴する3大地域を囲む。しかし、その後のバンコクの都市機能と施設の拡大のため、ラーチャダムヌーン路も、王宮より東方に延びる「中（クラーン）区間」は環濠内だが、途中で曲がり北上する「外（ノーク）区間」は南半分しか含まない。その北半はこの運河で作られた環濠を超えて、ルークルアン、ピッサヌローク、シーアユッタヤーの3路と交差し、ラーマ5世騎馬像広場まで延びる。

（北原 淳）

ハートヤイ
หาดใหญ่

バンコクの南933kmに位置する、南部ソ

ンクラー県の郡。「ハジャイ」とも称される南部随一の商業都市である。県庁所在地のソンクラー市からは約30kmの位置にあり、バンコクと南部の諸都市とマレーシア北部のクダやペナンなどを結ぶ交通の拠点である。1909年にラーマ5世の南部鉄道敷設延長計画が発表されて、鉄道建設を請負った客家人の謝樞泗（Chua Kii Sii）が大規模な開発を進めるまでは荒野の低湿地であった。16年にペッチャブリーからソンクラーまでの鉄道が開通し、現ハートヤイの3km手前のウータパオに駅が設置されたが、その後洪水を避けて現在のハートヤイに駅が新設され、南部の鉄道の要衝となった。ハートヤイ市街はこの時作られた3本の並行する主要道路を中心に発展したが、謝自身が駅を中心とした大規模な開発を進め、道路や学校や病院などを建設し、福建、客家、広東華人の活動を中心とした商業都市に成長する基礎を作った。謝はゴム園や錫鉱山の開発をも行なって財を蓄え、後に広大な土地を寄付した。その功労により、ラーマ6世からニパット・チーンナコーンの名を賜り、タイ国籍に帰化した。ハートヤイは急速に発展し、南部の通商センターとなり人口も著しく増加した。

ハートヤイは建設時からの多くの華人系住民とマレーシア華商との通商関係が深く、華人色の強い都市である。産業としての錫やゴム、家畜、果樹などの他、海産物では貝柱、フカヒレ、燕巣が特産物である。また娯楽を求めるマレーシア、シンガポールからの観光客が多く、華人の観光地としても知られる。マレー半島からの華人観光客の典型的な観光コースは、バスで1時間半ほどのパッターニーの林姑娘廟、クルセ・モスク隣地の林姑娘墓公園、19世紀華人街の趣を残すソンクラー市街（バスで約30分）を訪れ、燕巣などの海産物を購入し、中華料理やマレーシアでは許されない娯楽に興じるというものである。観光の対象としては、ソンクラー市内の国立博物館やハートヤイ郊外のコ・ヨー島にある南部民俗文化研究所（タックシン大学）などもある。

バンコクからハートヤイまでは約950kmの距離があるが、マレーシア国境までは60km、ペナンまでは200kmである。一般に空路では、バンコクから1時間、陸路では13時間だが、ペナンからは陸路で約3時間と、交通の面からもマレーシアと関係が深い。鉄道はマレーシア東海岸に向かう路線とペナン方面の西海岸に向かう線に分岐する。道路網も整備され、現在では半島を縦貫するアジアハイウェイの一部として、ハートヤイとマレーシア国境を経てペナン、シンガポールへつながる高速道路が90年代に完成し、物流の流れはトラック輸送に変わりつつある。通商と観光の中心としてのハートヤイの発達は、華人系タイ資本への富の集中であり、対照的にパッターニー以下深南部のムスリム地域の経済的凋落を際立たせることにもなった。ハートヤイの駅や市街、空港は、時に過激なイスラーム分離主義組織の爆破テロの標的となることもある。　　　　（黒田景子）

パトロン＝クライアントかんけい　パトロン＝クライアント関係

タイ社会の個人主義的でルースな構造的特長を形作る個人的、二者関係的な親分＝子分関係。その上下的な二者関係は個人の地位、能力、権力、財力等の違いによって生じ、ルースとされる組織や集団の構造や機能を補完する役割を持つ。会社・官庁・仏教等の組織、家族・親族、地域コミュニティ等の集団など、すべての社会構成単位は集団主義的な規範、規律が弱く、そのため、一般にまとまりや結合に欠ける。しかし、個々の構成メンバーの間には上下的な二者関係のつながりがあり、トップの親分が力を発揮すると集団的な結合も強まり、親分がその力を失うと集団は分解する、という流動的傾向がある。つまり、親分に力があれば、その親分を頂点として、個々人の二者関係が連結し、派閥（Faction）集団を形成し、集団行動を行なうが、親分が死亡したり、

力を失ったりすると、派閥は解散する。離合集散の激しい政党組織、地域結合の弱い大都市の支道コミュニティ（スラム街を含む）、等は、この上下的二者関係の典型例だとされる。一般に他の社会組織・集団も個人的なコネ関係を中心に動く傾向がある。親族関係も、単系制（母系制、父系制）でなく、3代を超える結合が弱い双系制のため、まとめ役的な親分を必要とする。　　　　　　　　　（北原　淳）

はな　花
タイは熱帯から暖帯の恵まれた気候のもと、多彩な花の成育が可能で、鉢植えから公園や街路樹などに年中豊かな花が咲く。また、仏教と結びついた伝統的な花利用の文化が見られる。国花はマメ科の花木ナンバンサイカチ（*Cassia fistula L.*)で、タイではラーチャプルックと呼ばれる。2006年チエンマイで開かれたアジアで3番目の園芸博覧会はロイヤル・フローラ・ラーチャプルックと称された。その花は英名のgolden showerのように黄色い花がシャワー状に多数垂れ下がって咲く。

　タイでは芳香を持つ花が好まれる。代表的なものとしては、モクセイ科のジャスミンとマツリカ、モクレン科のギンコウボクとオオトキワレンゲ、ミカン科のゲッキツ、サガリバナ科のシクンシ、ショウガ科のジンジャ、香水に使われるバンレイシ科のイランイランなどと共にバラ、ハス、ランなどがある。特にジャスミンは花飾りに欠かせない。ランはデンファレ、コチョウラン、バンダやオンシジュウムなどの栽培が盛んで、日本などの海外に輸出される。北部のドーイ・トゥンにはタイで最も美しい花園メーファールアン庭園がある。　　　　（湯浅浩史）

バナナ
ミバショウ。学名*Musa acuminata*。バショウ科バナナ属の巨大な多年生草本。大きな葉をつけ、葉の基部で直径30cmを超える幹（偽茎）を作る。大きなものでは高さ15mにも達する。野生種は約40種あり、

バナナ（クルワイ・レットムーナーン）

インドからポリネシアに分布する。おいしく栄養価も高いこと、また1年を通じて果実をつけることから、最も頼りになる食べ物である。生食するものをバナナ、揚げる、蒸す、煮込むなどして食べるものをプランテン（Plantain）と言う。バナナチップスはこのプランテンを揚げたものである。果実を生食、干しバナナ、あるいは料理して食べるほか、花や幹（偽径）の芯を野菜として食べたり、家畜の飼料としたりし、葉は皿や包み紙代わりに利用する。花のきれいなもの、たくさんの小さな実がつくセンナリバナナ（*M. chiliocarpa*）など観賞用のバナナもある。
　　　　　　　　　　　　　（渡辺弘之）

バーネイ　Henry Burney（1792〜1845）
最初の英シャム条約の締結者。マレー語、ビルマ（ミャンマー）語、タイ語に堪能なバーネイは、1825年イギリス東インド会社の使節としてバンコクに赴き、隣国ビルマに対するイギリスの軍事的優越を背景に、粘り強く交渉した結果、17世紀末以来、西洋列強に対して警戒的姿勢を崩そうとしなかったシャム王国との間に、初めての条約締結に成功して、イギリスの対シャム交易の道を開いた。彼の日誌を集成した*The Burney Paper.*（1910〜14年）は、重要な基礎資料である。（石井米雄）

バーネイじょうやく　バーネイ条約
สนธิสัญญาเบอร์นีย์
1826年にイギリスとの間で結ばれたタ

イで最初の欧米諸国との間の二国間条約。イギリス東インド会社から派遣されたヘンリー・バーネイが、タイとの間の自由貿易の実現に向けて当時のラーマ3世の王政政府と交渉して締結した条約であり、不平等条約ではなく相互主義に基いた対等の条約であった。貿易面では、船幅税を導入する代わりに他の貿易に関する諸税を廃止することで、王室独占貿易の切り崩しの第一歩となった。タイ側は徴税請負制度の拡充などでこの条約による歳入減を補おうとしたが、イギリス側にとっては依然として不十分な内容であり、更なる圧力をかけることとなる。

（柿崎一郎）

パノム・ドンラック（山脈）
ทิวเขาพนมดงรัก

東北部とカンボジア、ラオスを隔てる山脈で、ほぼ全区間にわたり国境線となっている。西のチョン・タコー峠からチョン・ボック峠付近まではほぼ東西に伸びタイとカンボジアの国境を成し、そこから東北に向かってムーン川とメコン川の合流点までがタイとラオスの国境となる。東はサンカムペーン山脈、ドンパヤーイェン山脈に連なる。標高は300〜700m程度で、最高峰はカオ・ドンラック山の740m。コーラート高原とクメール低地の境界となる山脈であり、南麓は断崖絶壁が続く。山脈中に何ヵ所も存在する峠は、クメール帝国時代からコーラート高原とクメール低地を結ぶ重要な交通路であった。2008年に国境問題が再燃したカオ・プラウィハーン遺跡も、この山脈の断崖絶壁の上に位置する。 （柿崎一郎）

パノム・ルン（遺跡）
ปราสาทหินเขาพนมรุ้ง

ブリーラム県チャルームプラキアット郡の標高約380mの山上に建てられたシヴァ神を祭るクメール神殿遺跡。10世紀初頭から12世紀後半の建立で、建築中はジャヤヴァルマン6世、ダラニンドラヴァルマン1世、スールヤヴァルマン2世、ジ

パノム・ルン遺跡

ャヤヴァルマン7世が王位にあった。様式はバプーオン、バイヨン、アンコール・ワットである。アンコール都城からピマーイに至る王道のルート上にあり、設計には山の起伏が生かされている。特に祠堂正面入り口の「混沌の海に浮かぶ竜王アナンタの背で眠るヴィシュヌ神像」が彫刻された楣石（扉の上に水平に渡された石）は、まだ廃墟として放置されていた1960年代に盗掘にあってアメリカに持ち去られていたものを、国をあげての返還交渉で取り戻し、話題となった。遺構全体は20年以上をかけてほぼ元の姿に修復されている。毎年3月〜4月の夕方と、9月〜10月の明け方に、日光が神殿の東西をまっすぐに貫いて差し込む日があり、なんらかの天文学的な目的があったのではないかと推測されている。毎年4月のソンクラーン（タイ正月）にパノム・ルン祭があり、クメール風のパレードや、「光と音の歴史ショー」が行なわれる。

（梶原俊夫）

パホンポンパユハセーナー，プラヤー
พระยาพหลพลพยุหเสนา（1888 〜 1947）

プラヤー・パホン大佐の第5子としてバンコクで出生。本名ポット・パホンヨーティン。13歳で士官学校に入学。1904年に5年次の試験で第1位となってヨーロッパに官費留学し、10年弱滞在した。10年ドイツ士官学校卒業後、砲兵連隊で見習士

ぱほんよーてぃん ▶

プラヤー・パホンポンパ
ユハセーナー

官。13年デンマークでの工兵学を研修するが、中途で帰国命令を受ける。19年第2歩兵連隊長。20年初めから1年4ヵ月、日本から購入した大砲の検査受領官として在日した。上野公園の西郷像と風貌が似ていたことから、案内の日本人将校天辰長明大尉が暹羅の革命指導者になるだろうと予言したというエピソードがある。帰国後26年砲兵学校長、翌年には陸軍教育部軍事学教官長、28年大佐に昇進。30年6月砲兵監察総監。立憲革命の計画をプラヤー・ソンスラデートなどの同僚と開始する。31年に父親と同じプラヤー・パホンの欽賜名を受ける。32年に別にクーデタ計画をしていた若手のフランス留学グループと連携が成立。パホンら陸軍幹部の威信で軍隊の動員が可能となり、32年6月24日のクーデタが成功した。32年8月陸軍司令官に。33年6月退任するが、6月20日のクーデタで復帰し38年12月まで首相の地位に。42年4月、日タイ同盟慶祝使節団長として日本訪問。44年8月、ピブーン首相退陣後、軍を抑えることができる唯一の人物として最高司令官に迎えられ、45年11月まで在任した。なお、パホンヨーティン路は、彼に因んで命名されたものである。　　　（村嶋英治）

パホンヨーティン（路）
ถนนพหลโยธิน

バンコクから北上して北部のチエンラーイに至る総延長約1000kmの国道1号線であり、2代目首相であったプラヤー・パホンの名から付けられた名称である。一部区間は1920年代から整備され始めたが、バンコクから延びる区間は立憲革命後に着手され、56年に全通した。ナコーンサワン以北は鉄道のルートと異なり、ピン川、ワン川に沿ってターク経由となり、ラムパーンでチエンマイへの国道11号線に接続する。現在北部への主要ルートはバーンパイン～ナコーンサワン間のバイパスである国道32号線となっているが、サラブリーまでは東北部へのルートと重なるため交通量が多い。　（柿崎一郎）

パヤオ
พะเยา

バンコクの北691kmに位置する北部上部の県。1977年にチエンラーイ県から分離し、県に昇格。県北東部がラオスと国境を接する。概ね山岳地帯からなり平地は狭小であるが、県庁所在地付近にクワーン・パヤオと呼ばれる大沼（約17㎢）がある。パヤオの歴史は古く、11世紀後半よりムアン（プーカムヤーオ）として栄えた。13世紀後半のガムムアン王（1238～98）が、同時代に栄えたスコータイ王国のラームカムヘーン王およびラーンナー・タイ王国のマンライ王らと盟友関係にあったことでも知られる。15世紀末から16世紀初めにかけて建立されたシーコームカム寺は、旧ラーンナー・タイ王国最大の仏像を有する寺院である。現在の同県の主要産業は農業。山岳部にはユーミエン（ヤオ）、モン（Hmong）、リス、タイ・ルーなどの少数民族が居住する。
　　　　　　　　　　　　（遠藤 元）

バラモン・ヒンドゥーきょう　バラモン・ヒンドゥー教
ศาสนาพราหมณ์, ศาสนาฮินดู

古代インドの聖典ヴェーダに基づくバラモン教にインド地域の多様な神々への信仰が取り込まれた宗教が一般にヒンドゥー教と呼ばれている。しかし、タイの場合バラモン教と呼ばれていても古代のバラモン教ではなく、ブラフマー、ヴィシュヌ、シヴァといったヒンドゥー教の3

大神への信仰などヒンドゥー教の影響が強い。とはいえ、インド地域のヒンドゥー教がそのままタイに広まったわけではなく、ヒンドゥー教文化の断片的な影響が主なものであり、組織的な教義と実践を持つヒンドゥー教の団体はごく少数にすぎない。またタイ上座仏教徒の間に広まったバラモン・ヒンドゥー教は、インドのヒンドゥー教と異なり、ヴェーダへの信仰、カースト・ヴァルナ制度およびそれにまつわる食の禁忌など、中心的な思想や実践は根付かず、占星術、儀式、神話など叙事詩の部分的な知識が多様な形で広まったものである。更に上座仏教はバラモン・ヒンドゥー教よりも権威があり、タイの王室儀礼を司るバラモン僧も世襲の職を継ぐ前に仏教寺院で一時出家を行なう慣行がある。

タイへのバラモン・ヒンドゥー教の伝播はスコータイ時代から既に見られ、インドからだけでなくアンコール経由の影響も大きい。また仏教経典に現れるブラフマー（梵天）など、仏教化されたヒンドゥーの神々についての知識も伝わっており、それらがヒンドゥー教の神々についての知識と混在している場合もある。バラモン・ヒンドゥー教は、王室の諸儀礼にも組み込まれている。即位式で国王はシヴァ神・ヴィシュヌ神の化身となり、またサオ・チンチャーでは、かつて王室バラモン僧によるイスワン神（シヴァ神）、ナライ神（ヴィシュヌ神）の招請儀礼が行なわれていた。現王朝の歴代国王も、ヒンドゥー神話の英雄ラーマにちなんだ名称を用いている。民間儀礼にもバラモン・ヒンドゥー教文化は浸透しており、ソンクラーンやローイ・クラトンなどもそれに由来する。地方の仏教儀礼で守護を得るため神々を招請する専門家や、クワン（生霊）儀礼を行なう在家仏教徒など、バラモン（プラーム）と称される民間の宗教職能者もいる。また土地神の廟なども仏教やヒンドゥー教の影響があると言われており、更に近年ではブラフマー神などヒンドゥーの神々を祀った廟が大規模商業施設の敷地に建てられている。これらの他に、ラーマ5世王時代からインド系移民の宗教施設としてのヒンドゥー教寺院がバンコクに建立されている。（矢野秀武）

ハリプンチャイ
หริภุญชัย

チャオプラヤー川上流域のラムプーンに存在したモン族の国家であり、13世紀末にラーンナー・タイ王国の創始者マンラーイ王によって滅ぼされた。『ジナカーラマーリー』などの記述によると、7世紀頃ロップリーの王女チャーマテーウィーが、父王の命でこの地を訪れ創設したとされているが、考古学的な起源は11世紀頃までしか遡れないという。チャオプラヤー川下流域に隆盛したモン族のドヴァーラヴァティの流れを汲むものと考えられており、ビルマ（ミャンマー）のモン（Mon）族の王国とも関係性を持っていた。ラムプーンに残る仏塔は他に比類なき独自のスタイルであり、ハリプンチャイ様式という独自の美術様式が与えられている。

（柿崎一郎）

ハリプンチャイの仏塔

パルゴア　Denis-Jean Baptiste Pallegois（1805〜62）

フランス人神父。1830年以来32年間タイに滞在、出家中のラーマ4世（モンクット親王）との交友を通じてタイ文化について深く学ぶ。著書 *Grammatica Linguae Thai.*

パルゴア

（タイ語文法、1850年）、*Dictionarium Linguae Thai.*（タイ語大辞典、54年）、*Description du royaume de Thai ou Siam.*（タイ王国誌、54年）。他方、ラーマ4世に与えたパルゴアの影響の大きは、同王がパルゴアの死に際し、外国人に対しては異例なほどの感謝の念を表明しているという事実に示されている。　　　　　（石井米雄）

パンガー
พังงา

バンコクの南788kmに位置する南部の県。マレー半島西海岸にあり、アンダマン海に面する。19世紀初頭のラーマ3世の時代にムアンが設置されたのがパンガーの起源であり、1931年に北のタクアパー県が吸収されて現在の県域となった。かつてはタイ最大の錫の産地であり、天然ゴムや油ヤシ栽培も盛んである。67年のサーラシン橋の開通によってプーケット島と結ばれたことにより、プーケット経由でパンガーを訪問する観光客が増加した。近年ではアンダマン海側のカオラックやシミラン諸島も観光スポットとして脚光を浴びているが、カオラックは2004年末のスマトラ島沖地震による津波の被害が甚大であった。　　　（柿崎一郎）

バンコク
กรุงเทพมหานคร

タイの首都であり、通常「クルンテープ・マハーナコーン」あるいは「クルンテープ（天使の都）」と呼ばれる。正式名称はこの後に多数の飾り言葉を連ねた壮大なもので、世界の首都名の中で最も長いものとされている。当初はチャオプラヤー川東岸のみを指し、行政上はプラナコーン県と呼ばれていたが、1971年に西岸のトンブリー県を統合し、翌年バンコク都が出現し、現在では川を中心にその両岸に都域が広がっている。都内は50区に区分されており、2006年の人口は住民登録ベースで約570万人、近隣5県を含めたバンコク首都圏の人口規模は約1000万人となっており、タイ最大の都市であるばかりでなく、東南アジアでも有数の大都市である。

【バンコクの歴史】バンコクはチャオプラヤー川河口から約30km上流に位置しており、アユッタヤー時代から要塞が立地し、「バーンコーク（オリーブ系樹の村）」と呼ばれていたと言われている。1782年にチャオプラヤー・チャックリー（ラーマ1世）が西岸のトンブリーから都を移したのが首都としての起源であり、壮大な名称が付けられたものの外国人はその後も旧来の地名であるバンコクを通称として使用し続けた。このため、現在でも外国語ではいまだにバンコクという名称が用いられている。新たな王都の中心は、旧王宮の対岸で、トンブリー時代には華人系商人らの居住地であった。既に掘削されていたクームアンドゥーム運河とその外側に掘削されたロープムアン運河、およびチャオプラヤー川によって取り囲まれた環濠囲壁の王都が誕生した。環濠と川に沿って囲まれたこの範囲が、通常ラッタナコーシン島と呼ばれている。旧来の華人系住民は、サムペンなど環濠の東側に移住させられ、新たな中国人街が形成されていった。その後更に東側にパドゥンクルンカセーム運河が掘削され3重の環濠に囲まれた市街地が形成された。

【水の都から陸の都へ】当初のバンコクは「東洋のベニス」と称されるほどの水運に依存した都市であったが、19世紀後半から道路の整備が始まり、環濠を越えて市街地が拡大していくことになった。中でも1860年代に建設されたチャルーンクル

ン路(ニューロード)は、チャオプラヤー川沿いに南下する初の本格的な道路となり、川沿いに立地していた各国領事館や商館に陸上交通の便をもたらした。北部へはラーチャダムヌーン路が延伸され、ドゥシット地区に王族の宮殿が広まっていった。都市交通の導入も19世紀末から始まり、88年に馬車軌道が開業し、93年には電化されて東南アジア初の電気軌道となった。1930年代に入りバンコクから地方へ延びるパホンヨーティン路、スクムウィット路などの幹線道路網が建設され始めたことで、これらの道路沿いにバンコクが更なる拡大を見せることとなった。

戦後もバンコクの拡大は止まらず、トンブリー側も含め道路に沿って放射状に市街地が拡大していった。自動車が急増し、運河の埋め立てや市内軌道や鉄道の廃止により道路の拡幅が進められ、「東洋のベニス」の面影は急速に姿を消していった。「開発」の時代にはバンコク近郊への工場の立地も進み、地方からバンコクへの人口の流入も加速した。このため、バンコクの人口規模は47年の約60万人から70年には約190万人へと急増し、社会基盤整備が追いつかないことからスラム、大気汚染、水質汚濁、交通渋滞に代表される様々な都市問題が発生することとなった。バンコクの拡大によって西岸のトンブリーも一体化したことから、政府は71年に従来のプラナコーン県とトンブリー県を合併し、翌年バンコク都を設置して自治権を大幅に拡大させた。

【現在のバンコク】現在のバンコクは典型的なアジアの大都市の様相を見せており、3環濠の内部こそ寺院や古い低層の建物からなる伝統的景観がそれなりに残されているが、その外側は高層ビルが建ち並び、その間を高速道路や高架鉄道が延びる近代都市としての景観が広がっている。シーロム路からサイアム・スクエアを経てスクムウィット路にかけての一帯がいわゆる都心となり、オフィスやショッピングモールが集積している。郊外には外延的にニュータウンが連なり、バンコクへの通勤圏は今や都心より半径50km程度にまで広ろうとしている。

バンコクの抱える最大の問題は交通問題であり、これまで一貫して道路の拡幅や新道の建設を進め、1982年には最初の高速道路も開通させた。にもかかわらず、急増する自動車の前ではこれらの施策も世界で悪名高いバンコクの交通問題を解決させることはできず、70年代後半から自動車依存型の交通体系を改めるために都市鉄道の導入が検討され始めた。その実現は大幅に遅れ、99年にようやく初の高架鉄道が開通し、2004年には地下鉄も開通したが、08年現在でも都市鉄道の路線総延長は40km程度に限られており、更に路線網の拡張が計画されている。

バンコクは長らく港市としても機能しており、第2次世界大戦直前から整備されたクローントゥーイ港がタイの海の玄関口として機能してきたが、河川港のため船舶の大型化に対応できず、現在では1991年に開港したタイ湾東岸のレームチャバン港がバンコクの外港としての役割を果たしている。空の玄関口ドーンムアン空港も、2006年9月に開港した市街地の東方に位置するスワンナプーム空港にその役割を譲る予定であったが、スワンナプーム空港の欠陥が露呈したことから、依然として供用されている。(柿崎一郎)

バンコクおうちょう　バンコク王朝→ラッタナコーシン王朝を見よ

バンコクぎんこうグループ　バンコク銀行グループ

タイ最大の商業銀行バンコク銀行を中核とする金融コングロマリット。創始者のチン・ソーポンパニット(陳弼臣、1910～88年)は、トンブリー生まれの潮州系華僑である。戦前に文具のデパート(亜洲貿易)を設立。44年バンコク銀行設立の際、役員として参加。戦後は曼谷金銀貿易(46年)、亜洲聯合(47年、貿易・保険)、亜洲信託(49年、海外送金)。のちAsia Trust

Bank)などを潮州系華僑と共同で設立し、亜洲信託グループを形成した。52年にバンコク銀行支配人。以後、社長（〜77年）、会長（73〜83年）、名誉会長（83〜88年）を歴任し、同行をタイ最大の商業銀行に発展させた。79年に同行は地場銀行の預金の35％、総資産額の38％を1行で占めている。また、60年代以降の工業化に合わせて非金融部門にも進出し、90年当時は、銀行1社、金融・保険・リース業54社、製造業26社、商業・倉庫・サービス業25社の計106社と国外39社を傘下に収める一大金融コングロマリットを形成した。

バンコク銀行は、元財務大臣ブンチューが社長を務めた2年間（78〜79年）を除き、チンの次男チャートリー（陳有漢、33年生まれ）が副社長（74〜80年）、社長（80〜94年）、会長（94年〜）を、チャートリーの長男チャートシリ（陳智深、59年生まれ）が副社長（93〜94年）、社長（94年〜）を継承し、ソーポンパニット家が3代にわたって経営支配権を独占している。チンの息子たちが成長するに伴い、長男ラビン（陳有慶）が香港商業銀行グループを、次男チャートリー、4男チョート（陳永建、海外事業）がバンコク銀行を、3男チャーン（陳永徳）がUnion Financeを、5男チャイ（陳永名）が保険グループを、6男チャートチュー（陳永立）が投資信託を、末娘のチョットチョーイ（陳永立）が財団運営をそれぞれ分担する家族成員内分業体制をとったが、チンの死後、兄弟間対立が浮上した。97年の通貨危機はバンコク銀行グループを直撃する。経営不振に陥った金融会社を閉鎖するか、その株式を外国企業に売却し、多数の製造企業から撤退。更に本体のバンコク銀行の不良債権問題を処理するために巨額の増資を繰り返した。この過程でコングロマリットは解体し、家族と関連企業のバンコク銀行保有株式も10％以下に低下したが、会長・社長職を保持し、経営改革を進めることで同行は危機を乗り越え、現在も国内トップの地位を保持している。

（末廣 昭）

バンコクにほんじんがっこう　バンコク日本人学校
โรงเรียนสมาคมไทย-ญี่ปุ่น

正式には泰日協会学校。日本文部科学省海外教育施設認定校。沿革は、1926年創立の盤谷日本尋常小学校を前身とし、海外の日本人学校としては最長の歴史を有する。戦後は、56年に在タイ日本国大使館附属日本語講習会として生徒28名で発足した。その後、紆余曲折を経たが、70年代の日系企業の進出に伴う生徒数の急増を受けて、「タイ国私立学校法」の適用を受けた正規の学校とする必要が生じた。日タイの友好親善団体である泰日協会（35年設立）を母体として設置申請が行なわれ、74年7月に正式認可された経緯から、「泰日協会学校」と称する。学校の運営管理は、泰日協会学校理事会があたり、校長以下の教員のほとんどは日本の文部科学省から派遣されている。校訓は「広い心で　明るく　なかよく　たくましく」で、国際性に富んだ教育を目指している。その後も生徒数は増え続け、82年には現在の地に移転し、体育館、プール、グランドなどの整備が行なわれた。在籍生徒数は、小学部1967名、中学部557名の合計2524名で、教員（非常勤も含む）が136名、事務職員11名となっている（2008年4月現在）。なお、近年日本人が急増している東部臨海工業地域の中心であるチョンブリー県シーラーチャー市に、2009年4月「泰日協会学校シーラーチャー校」が開校した。

（赤木 攻）

ばんこくにほんじんしょうこうかいぎしょ
盤谷日本人商工会議所
หอการค้าญี่ปุ่น กรุงเทพฯ

第1次大戦以降日本企業のタイ進出が進み、1933年に暹羅実業協和会が設立される。36年発展解消し、暹羅日本商工会議所が設立された。第2次大戦中、タイは南方における日本軍の戦略物資の調達基地として日系企業も増加したが、敗戦による在留邦人の抑留・送還、および日本人資産の接収によりすべてを失った。戦後は

早期(48年)に日本との貿易が再開され、日本企業の再進出が始まる。53年5月タイ国日本人会の再発足に続き、日本商社の米や繊維の同業社団体を核に、54年9月盤谷日本人商工会議所(略称JCC、会員30社)設立。JCCの歴史は、日系企業が抱えた諸問題をタイ当局と交渉する窓口の歴史であり、60年前後から自由主義的な外資政策を維持したタイ経済の発展の歴史と表裏一体をなすとも言える。プラザ合意後の80年代後半から日系企業の集中的な進出で会員が急増し、現在その数は1291社(2008年3月現在)と世界最大級規模の在外日本人商工会議所に成長した。いくたびかの反日運動の教訓を踏まえ、近年は本来業務に加え、両国の文化交流、タイの教育向上支援、社会貢献活動など幅広い活動が特徴である。2004年9月には設立50周年記念式典を挙行した。機関誌『所報』は1968年、『タイ国経済概況』は65年より、それぞれ継続刊行中。
(吉田千之輔)

バーンチエン
บ้านเชียง

東北部ウドーンターニー県にある新石器時代〜鉄器時代のマウンド状居住・墓地遺跡。東南アジア考古学史上重要で、ユネスコ世界歴史遺産に指定されている。1960年代に発見、調査され、74〜75年に芸術局とペンシルヴァニア大学が調査を行なった。当初は前3600年の世界最古の金属器と彩文土器の発見と騒がれたが、間違いであった。前2500年頃から稲作農耕を伴う新石器時代に居住が始まり、前1100年頃に青銅器時代、前500年頃に鉄器時代と続き、7世紀以降のドヴァーラヴァティ時代から現在まで継続して人が居住していた。住居址は未発見である。新石器時代〜鉄器時代の伸展葬土壙墓が多数発掘されている。副葬品としては、土器、青銅器、鉄器、石製装身具、陶製ローラーなどが出土している。土器は新石器時代の黒色刻紋土器、青銅器時代の口縁に沈線紋と赤色紋で装飾した土器、鉄器時代に赤色顔料で渦巻き紋を描いた「バーンチエン彩文土器」と変化した。青銅器には斧、槍先などが、鉄器には斧、工具類、剣などがある。　(新田栄治)

バンディット・リッタコン
บัณฑิต ฤทธิ์ถกล(1951〜)

映画監督。アユッタヤー県生まれ。1971年にアッサムチャン商業学校を卒業後、ネーション新聞社に勤務し、映画評論や脚本の執筆を始める。助監督として4本の映画の制作に関わった後、『ローカル・ファイター』(84年)で監督デビュー。以来、ほぼ毎年1〜2本の映画制作を精力的に続け、中でも間抜けでお人好しの大学生を主人公とする『ブンチュー』(88〜2008年)は息の長い人気シリーズ。主要作品に、大女優チンタラー・スッカパットの地位を不動にした『クラスメート』(1990年)、青春映画『恋する年頃』(92年)、『ムーン・ハンター』(2001年)などがある。各種の映画賞を受賞。　(宇戸清治)

バーンチエン

バンディット・リッタコン

バーンパインりきゅう　バーンパイン離宮
พระราชวังบางปะอิน

アユッタヤーの南30kmのチャオプラヤー川の川中島にある。アユッタヤー時代に既に宮殿を建てていたが、現王朝に至ってラーマ4世、ラーマ5世の時代に整備され、西洋風の御殿や華僑の資産家が寄贈した中国風の天明殿など、優美な宮殿が建ち並び、観光地として解放されている。チュラーロンコーン王のスナンター王妃がここで舟遊び中に乗り舟が沈没し、妊娠中であった同王妃が溺死した。当時、下々の者が王族の身体に触れることが禁じられていたため救助できなかったのである。王がその死を悼んだ弔辞が石碑に残っている。　　　（吉川利治）

バーンパイン離宮

バーンパコン（川）
แม่น้ำบางปะกง

東部の北半部を東から時計状に逆周りに半周し、西でタイ湾に注ぐ主要河川。源流は東端チャンタブリー県の北部山地。北上しサケーオ県に入って、西北のプラーチーンブリー県に向かい、プラーチーンブリー市付近を北端として西南に向かう。西南県境で、西北から来たナコーンナーヨック川と合流し、チャチューンサオ県に入り、同県西部地域のチャチューンサオ市を通過して、時計状上半部の西端にあたるバーンパコン付近でタイ湾に注ぐ。下流域は、美米作、商品交易等の歴史があるが、現在はバンコクとチョンブリーの中間地点にある工場地帯に変化した。　　　　　　　　　　（北原　淳）

バンハーン・シンラパアーチャー
บรรหาร ศิลปอาชา（1932～）

元首相。1932年8月19日、スパンブリー県の中国系1世の商家に4男2女の3男として生まれる。49年バンコクに出て、56年にサハシーチャイ建設会社を創業。73年10月14日政変後の官選議会の議員に任命される。76年4月タイ国民党の副幹事長としてスパンブリー県から下院議員に初当選し、入閣。78年憲法で移民2世の立候補要件として高校卒業の学歴が必要とされたため、学歴不足との批判を受けて79年総選挙への立候補を見送る。この問題を回避するために81年にラームカムヘーン大学法学部に入学し、法学士と法学修士を取得。83年以後連続当選。立派な道路に代表される選挙区への利益誘導や、なりふり構わない政権参加努力が有名であり、利権確保に余念がない政党政治家の典型例とみなされてきた。80年タイ国民党幹事長、94年同党党首。農業、工業、運輸、内務、財務の大臣を経て、95年に首相就任。96年に不信任討論を受けて国会を解散し、選挙で敗れて下野。以後もタイ国民党党首にとどまり、長男や長女への世代交代を進めつつ、2001年に比例代表制が導入された後も、スパンブリー選挙区から立候補している。　　　　　　　　　　（玉田芳史）

バンハーン・シンラパアーチャー

バーンポーンじけん　バーンポーン事件
第2次世界大戦中の1942年12月18日に、

泰緬鉄道を建設する日本軍鉄道隊が建設の起点となったバンコクの西方約50kmのバーンポーンにおいてタイの地元警察と衝突した事件を言う。事の発端は、鉄道建設の労働者としてシンガポールから輸送されてきた連合軍捕虜に、タイ人の僧侶見習いの男がタバコを手渡したことである。見咎めた日本兵がその僧を殴ったことで、タイ人労働者が日本兵に抗議したところ、鉄道隊の日本兵が労働者の宿舎を襲い、更にバーンポーン警察署を襲撃した。双方に死者が出て、タイ側に事件糾明委員会が設けられ、日本側は翌年1月に中村明人中将をタイ駐屯軍司令官として派遣した。僧侶殴打は、タイ人にとっては最も崇拝する仏教に対する侮辱と受け止められていた。日本側は死者に対する賠償金8万バーツを要求したが、その賠償金を開戦時に戦死したタイ軍将兵の遺族に贈り、一方で駐屯日本軍は日本軍将兵の綱紀粛正を図った。

(吉川利治)

バーンラック
บางรัก

チャオプラヤー川の東岸に位置するバンコク都内の区。1864年に開通したチャルーンクルン路が南北に走り、かつては西洋の領事館や商館が建ち並び、最初の市内軌道が通るなど、バンコクで最も先進的な区域の1つであった。バンコクで最も評価の高いオリエンタル・ホテル旧館をはじめ、現在も当時の面影を残す建造物が多数存在する。バーンラックの名前の由来については諸説あるが、現在では愛(ラック)の町として知られており、毎年バレンタインデーには多数のカップルがバーンラック区役所を訪れ、婚姻登録をする。

(柿崎一郎)

ひ

ピアック・ポースター
เปี๊ยก โปสเตอร์(1932～)

映画監督。本名ソムブーンスック・ニヨムシリ。ラーマ6世時代に創設されたポチャン美術学校卒業。チャルームタイとキングスの2つの映画館の専属看板絵描きとなる一方、映画製作の現場に出入りする。監督デビュー作は『トーン』(1970年)。この作品は、ランシー・タッサナパヤット監督による『ルークトゥン慕情』(70年)と並んで当時の興行記録を塗り替える大ヒットとなったこと、35ミリ映画のスタートであったことでタイ映画の画期的な事件であった。その後、『ドゥアン』(71年)、『情夫』(72年)、『ゴ・パー』(80年)、『サーラシン橋心中』(87年)などで監督としての地位を不動にした。

(宇戸清治)

ピアック・ポースター

ピチット
พิจิตร

バンコクの北344kmに位置する北部下部の県。バンコクとチェンマイのほぼ中間に位置する。県内をナーン川とヨム川が南北に流れ、水利がよく、肥沃な平地を形成している。人口の9割が農業に従事する。稲作を主とし、果物栽培も多く見られる。淡水漁業や魚の養殖も盛んである。歴史は古く、11世紀半ばに建設されたと言われる。スコータイ時代にはサ・ル

ぴっさぬろーく ▶

アン(王の池)、アユッタヤー時代にはオーカブリー(水の溢れる町)と呼ばれた。県内には遺跡や寺院が多く点在する。民話「クライトーン」の舞台として知られる。ワニ園やボート競争も有名。

(松井智子)

ピッサヌローク
พิษณุโลก

バンコクの北377kmに位置する北部下部の県。北部下部の行政・経済の中心である。バンコクとチエンマイとを結ぶいわゆる南北回廊のほぼ中間点にあたり、東北部のコーンケンとミャンマーのモーラミャインを結ぶ東西回廊と交差する交通の十字路に位置する。空港も整備されており、世界遺産スコータイへの観光の国際的拠点ともなっている。

県の東北部は山地であり、ラオスに接している。かつて県内には広大な森林があったが、その面積は乱伐によって急速に減少した。県央から県南にかけては、ウッタラディットから流れ込むナーン川とスコータイから流れ込むヨム川の流域を中心に平地が広がっている。住民のほとんどは仏教徒である。タイ国内で最も美しい仏像とされるチンナラート仏が、市内のナーン川東岸に立地するプラシーラッタナ・マハータート寺(ワット・ヤイ)に安置されている。

ピッサヌロークの町は9世紀頃に築かれ、スコータイ時代には最重要の町の1つとされた。スコータイ朝末期には都も置かれている。アユッタヤー時代にトライローカナート王は都をピッサヌロークに移し、町の名を、2つの川を意味する「ソーンクウェー」から、「ヴィシュヌ神の世界」を意味する「ピッサヌローク」に改めた。王の死後、都はアユッタヤーに戻されたが、ピッサヌロークはアユッタヤー朝に重視され続け、副王など高位の王族が派遣されてこの地を治めた。救国の英雄ナレースワン大王もこの地で生まれ、また即位前にこの地を統治した経験を持つ。

ピッサヌローク市街の中心にはナーン川が流れ、川面に浮かぶ浮家が有名である。郊外には国立総合大学であるナレースワン大学があり、タイ北部全体の防衛を担当する陸軍第3方面軍司令部も置かれている。市内にあるタウィー曹長民俗博物館は、個人が設立した施設であるが、膨大な民具が収集・展示されていることで有名である。

(加納 寛)

ヒート・シップソーン
ฮีตสิบสอง

字義通りには12の慣習ないし規律。ラオスや東北部のラオ人の間で継承されている年中行事化された仏教儀礼の総称。陰暦の各月に村をあげて行なわれる集合儀礼である。各世帯から主に女性が仏教寺院に集まり、食事や黄衣などの寄進を通じて積徳する。稲魂信仰、祖霊供養や施餓鬼も重要な儀礼要素として組み込まれ、民族的な精霊信仰と融合した儀礼も見られる。一部の儀礼は衰退しつつあるが、ブン・パウェート(ジャータカ本生経祭)やブン・バンファイ(ロケット祭)のように、毎年饗宴を伴って盛大に催され多大な寄金を集める行事もある。

(加藤眞理子)

ピー・ノーン
พี่น้อง

ピー・ノーンという言葉は、狭い意味では家族内のキョウダイ、親族等のことであり、広い意味では同僚、仲間、同朋等のことである。家族内の実のキョウダイは、結婚し世帯を別にしても、屋敷地が広ければ同一の屋敷内に住む傾向があり、事情によって屋敷地や住所を別にしても、親族関係を保ち、生活上の共同や助け合いをし、親族関係、親族集団となる。他方で、ピー・ノーンという言葉は、物売り、村長、政治家などが非親族の相手、当事者に呼びかける時にも使われ、当事者たちを擬制的に親族的なキョウダイに結びつける表象作用をも有している。このような広い意味のピー・ノーンには、上

下の関係と平等の関係とがあるように見られる。前者の上下の関係は、年長者と年少者、親分と子分などのパトロン＝クライアント関係である。後者の平等な関係は、実のキョウダイ間の自己犠牲も伴う強い結合に見られる。労働力を安く提供したり、相場より安く土地を売ったり、貧しい家庭では、姉兄が進学せずに稼いで両親に仕送りし、弟妹たちの学費を捻出したりする。　　　　　（佐藤康行）

ピー・プー・ター
ผีปู่ตา

東北部では森林開拓により村落や田畑を切り開いてきたが、林の中に小さな家型の祠を建てて親族集団の祖霊を祀ってきた。森の中にある寺院境内にはピー（精霊）・プー・ター（祖父）の祠をよく見かける。この数十年にサンガや頭陀行僧による教化活動によって守護霊祭祀を含む精霊祭祀は周辺に押しやられた。しかし、個人の身体や共同体に侵入する外的な力の脅威を緩和しようとするタイ民族の心性は変わっておらず、儀礼の守護力が制度化された仏教の護呪経やプラ・クルアンの習俗に精霊祭祀が転換されただけと考えることもできる。　　　（櫻井義秀）

ピー・プー・ターの祠

ピブーンソンクラーム
แปลก พิบูลสงคราม（1897〜1964）

約15年間の長期にわたってタイの首相を務めた。本名は「プレーク・キータサンカ」と言ったが、その後欽賜名の「ピブーンソンクラーム」を姓とした。タイでは「チョームポン・ポー・ピブーンソンクラーム（ポー・ピブーンソンクラーム元帥、「ポー」はプレークの頭文字）」、国外では単に「ピブーン」と呼ばれることが多い。

ピブーンソンクラーム

1897年7月14日にバンコク北郊の果樹農家に生まれた。ノンタブリー県のワット・ケーマー小学校で学んだ後、1909年陸軍士官学校初等科に入校、15年陸軍士官学校本科卒業後、見習士官としてピッサヌローク駐屯の第7砲兵連隊に配属された。17年には少尉に任官してピッサヌロークの教師ライエットと結婚した。更に、近衛第1砲兵連隊長副官を務めていた中尉時代の21年には陸軍参謀学校に入校し、23年首席で修了するや、24年から27年まで研修のため官費でフランスに派遣された。フランス留学中、プリーディー・パノムヨンらと知り合い、7名のタイ人留学生で人民党を結成した。帰国後、大尉に昇任し、ルアン・ピブーンソンクラームの欽賜名を受けた。陸軍監察局付の少佐であった32年、パホン大佐やソンスラデート大佐らとともに人民党陸軍派を指導し、6月24日の立憲革命を成功に導いた。

立憲革命後、初代内閣の無任所相に任命されたピブーンは、徐々に陸軍の実権を掌握していき、33年にはクーデタによってマノー内閣を総辞職させ、パホン内閣を樹立した。同年10月のボーウォーラデート親王による反乱も鎮圧し、ピブーンは一躍政権の中枢を担うまでになり、1934年には国防相に任じられた。38年12

月、ピブーンはパホンの後継者として首相に任じられ、国防相、内相を兼務し、反対派を粛清して政権を確固たるものとした。ピブーンは一連のラッタニヨムを告示し、国号をシャムからタイに変え、タイ国民を民族共同体へと統合するための諸政策を独裁的に展開していった。特に服飾西洋化を含む様々な文化政策は、タイ人の記憶に深く刻まれることになった。これらの政策展開には、新聞、出版、ラジオ等の宣伝手段が利用された。また、ライエット夫人を中核とした女性の地位向上運動も展開された。

第2次世界大戦が勃発するとピブーン政権は当初中立政策をとったが、フランスの国力が衰えると大タイ主義を強調して仏領インドシナにおける失地回復に乗り出し、フランス軍との戦闘の後、日本の調停によって41年メコン川西岸および西部カンボジアの失地を回復した。これにより、ピブーンは民族共同体の「指導者」として国民の高い支持を獲得し、少将から元帥に昇任した。41年12月に日本軍がタイに進駐すると、ピブーンは最終的に日本軍のタイ領通過を認め、日本との間に同盟条約を結んで、42年1月には英米に対して宣戦布告を行なった。しかしピブーンは次第に日本離れを強め、日本の協力のもとで英領マライ4州とシャン2州を奪回したものの、43年に東京で開催された大東亜会議への出席を拒んだ。44年、ペッチャブーン遷都計画が国会で否決されると、ピブーン内閣は総辞職し、クワン・アパイウォン内閣が成立した。45年10月、ピブーンは戦犯容疑者として逮捕され、46年3月まで勾留された。

47年11月ピブーンは陸軍のクーデタによって陸軍司令官に復帰し、48年4月には首相に返り咲いた。しかし51年に海軍将校によるクーデタ事件（マンハッタン号反乱）が生じるなど、ピブーン政権の権力基盤は以前のように確固ではなかった。51年11月、ピブーンは共産主義の脅威を理由に自らクーデタを実施し（「静かなクーデタ」）、議会を解散して政党を廃止した。ピブーンは、国外的にはアメリカとの関係を強める一方、国内では陸軍の実権を握るサリット大将（56年に元帥）と警察を掌握したパオ警察大将の勢力均衡を保ち、政治的影響力を維持した。また、文化政策にも力を注ぎ、52年には文化省を設置して文化相を兼任した。57年2月ピブーン自らも出馬した総選挙が実施されたが、ピブーンが組織的に不正選挙を展開したことが明らかになり、ピブーン政権に批判的な世論が高まった。同年9月、サリット元帥によるクーデタによってピブーンは国を追われ、日本に亡命した。64年6月11日に相模原にて死去。
〔加納 寛〕

ピマーイ（遺跡）
ปราสาทหินพิมาย

ナコーンラーチャシーマー県ピマーイ郡にあるタイで最大のクメール遺跡。1964年から25年をかけて修復され、歴史公園として公開されている。11世紀後半から12世紀後半にかけてアンコール・ワットに先立って造営されたと言われ、様式はバプーオン、バイヨン、アンコール・ワットである。全体の敷地は幅670m、奥ゆき1000mあまりである。造営に携わった王はジャヤヴァルマン6世、ダラニンドラヴァルマン1世、スーリヤヴァルマン2世、ジャヤヴァルマン7世。当時ピマーイはビマプーラあるいはビマヤプーラと呼ばれ、クメール帝国西北部の要地だった。通常クメール神殿は東向きに建てられる

ピマーイ遺跡

のに対し、ほぼ南のアンコール都城の方角を向いていることと、外見はヒンドゥー神殿だが、実際には大乗仏教の寺院であることが大きな特徴である。そのほかに金剛薩埵や降三世明王と思われるレリーフも見られ、金剛乗仏教（いわゆる密教）の影響をも示すものと言われている。併設のピマーイ博物館は東北部最大の規模を誇る。毎年11月の2週目にピマーイ・フェスティバルが行なわれる。（梶原俊夫）

びょうき　病気
タイにはA型肝炎やB型肝炎、赤痢、コレラ、狂犬病、破傷風のほか、蚊が媒介するマラリアやデング熱などの風土病がある。近年では、中でもデング熱が流行している。デング熱は世界的な流行を見せていて、タイでもデング熱で毎年子供を中心に多くの死者が出ている。毎年定期的に、蚊を駆除する薬を噴霧器で全戸対象に散布している。1980年代後半から90年代にかけてエイズ・HIVが拡大し、最近では鳥インフルエンザ（SARS）が世界の注目を浴びた。こうした感染症は広域に拡大する特徴があり、世界的、地域的に解決に取り組む必要がある。近年、食事の欧米化に伴い国民のカロリー摂取量が過多になり、大人のみならず子供のあいだにも糖尿病が拡大していて、保健省もこれを重要な社会問題と受け止めている。そのため保健省は健康を増進するための法律を2007年に制定し、エアロビクスなどの運動を奨励している。病気になると保健所や病院に通うが、それでも治らない時は農村では併せて呪医（モー・ピー）による治療儀礼（悪霊払い）を受けることもある。（佐藤康行）

ピン（川）
แม่น้ำปิง
タイ北部の河川。チャオプラヤー川の4大支流の1つ。チエンマイ県チエンダーオ郡の山地を源とする。同県を南流し、ラムプーン県を経て、ターク県でワン川と合流する。その後、カムペーンペット県を貫流し、ナコーンサワン県でナーン川と合流してチャオプラヤー川となる。全長715km、流域面積3万3898km²。途中、ターク県内でプーミポン・ダム湖に流入する。1874年に英領インドとの間で締結した第1次チエンマイ条約以降、バンコクとの間の河川交易が盛んになったが、1922年に鉄道がチエンマイまで開通したことに伴い、舟運は急速に減少した。タイ最初の多目的大規模ダムであるプーミポン・ダム（64年完成）は、洪水制御、発電、灌漑に役立てられている。（遠藤　元）

ピンクラオふくおう　ピンクラオ副王
พระปิ่นเกล้าเจ้าอยู่หัว（1808～66）
幼名はチュターマニー。ラーマ2世の第50子。ラーマ3世の異母弟、ラーマ4世の実弟にあたる。1832年にクロム位に叙される。外国人宣教師から英語や数学を習得し、あわせてヨーロッパ式の軍事や科学技術を学び、砲兵部隊の長を務めた。51年、ラーマ4世の即位に合わせて副王の地位に就く。ラーマ4世は彼を第2王とし、従来の副王以上の権威を与えたが、官吏や西洋人からの人望も厚い副王とラーマ4世との関係は良好なものではなかった。王子をジョージ・ワシントンと命名するほど西洋文化に傾倒した。また詩文にも巧みであった。（川口洋史）

ピンクラオ副王

ひんこんもんだい　貧困問題
一般に貧困研究では、必要最低限のカロリー摂取量などから最低限必要な所得水準（「貧困線」と呼ばれる）が推計され、そ

れに達しない場合に貧困と定義される。1人あたりの月額（バーツ）で表示されるタイの貧困線は、1988年の633バーツから、790バーツ（92年）、953バーツ（96年）、1135バーツ（2000年）、1242バーツ（04年）、1386バーツ（06年）と推計されている。徐々に上昇しているのは、物価水準の上昇に伴って、貧困線も調整が行なわれるからである。このような「絶対的貧困」とは別に、経済発展が進むと生活水準の全体的な向上に伴って「必要最低限の生活」の内容も向上させる必要があり、貧困線は上方に改訂される。社会全体の生活水準に対して貧困が決まるため、「相対的貧困」と呼ばれる。

貧困者数は、1人あたり世帯所得が貧困線に達しない人の数を示している。1988年には2210万人であったのが、1580万人（92年）、850万人（96年）、1260万人（2000年）、700万人（04年）、610万人（06年）と減少してきた。全人口に占める貧困者の割合（貧困者比率）で見ても、1988年の42.2%から、28.4%（92年）、14.8%（96年）、21.0%（2000年）、11.1%（04年）、9.6%（06年）へと低下してきた。1990年代の経済成長によって、貧困削減が大きく進んだことを示している。貧困者数で見ても、貧困率で見ても、2000年に貧困が拡大しているのは1997年の経済危機の影響である。危機が起きた時、「多くの人々が貧困に陥った」と深刻そうに言われたが、危機による貧困の悪化はほんの数年前の状況に戻したにすぎなかった。

地域別では、所得水準の高いバンコクでは貧困者比率は1%以下であり、貧困はほとんど問題ではない。バンコクのスラムもこの観点からはほとんど問題にならない。地方別で最も貧困者比率が高いのはやはり東北部だが、その値は1998年の時点で23.2%で、88年の48.4と比べると半減している（2000年の統計局資料に基づいており、上述の統計数字とは比較できない）。貧困削減においても東北部は取り残された地域ではなかった。タイの中では東北部が貧しいとしても、隣国ラオスやカンボジアやヴェトナムに比べればずっと「豊かな地域」である。また南部の平均所得の高さに隠れて、南部のマレーシア国境近くの県では貧困者比率が上昇しているは見逃されがちである。

貧困層に着目することは開発を考える上で重要なことであるが、一方で貧困層に対する偏見をも生み出した。貧困地域であれ、スラムであれ、そこに住む人たちを「貧しい人たち」と見下す意識を持ってやってくる外部者は、「貧しい人たち」から受け入れられず、摩擦を引き起こす。一方、政府によって貧困と認定された人たちは、政府に頼ろうとするようになる。所得では本当の貧困を測ることはできない。それは人々の生活条件が多様であり、生き方も多様だからである。貧困は、現実の人々の暮らしに即して多元的に捉えるようになってきている。それが、「生活の質（Quality of Life）」であり、国連開発計画（UNDP）の「人間開発指数（Human Development Index：HDI）」や人間貧困指数（Human Poverty Index： HPI）であり、その理論的基礎となっているのが、アマルティア・センのケイパビリティ（潜在能力）という概念である。HPIによると、2004年のタイの貧困指数は世界で貧困の多い方から85位にランクされている。一方、1人あたりGDP（購買力平価で換算）の順位では所得の低い方から65位である。つまり、貧困削減では所得水準よりもいい成績を上げていることになる。所得水準が同じ時、所得分配が平等であれば貧困率も低くなる。アジアは平等社会として知られている。たとえば、スリランカ、インドのケララ州、ヴェトナムは社会主義的政策によって貧困層の生活改善が図られてきた。タイについても同様であり、貧困削減が進んでいる要因としては、15歳以上の識字率が高いことと、安全な水にアクセスできる人の割合が高いことが示されている。逆に、5歳以下の低体重児童の割合は高いことがマイナス要因として上げられている。しかし、タイの5歳以下の低体重児の割合は1980

年代前半から急激に減少し、大きな成果を示していた。ちょうど80年代前半はタイ経済が低迷していた時期であったにもかかわらず、成果を上げられたのは政府が保健活動を充実させていったからであり、経済成長が貧困削減の必要条件ではないことを示す例である。　（池本幸生）

ピン・チュンハワン
ผิน ชุณหะวัณ（1891～1973）

軍人、政治家。サムットソンクラーム県の生まれ。イサーン軍副司令官、パーヤップ軍副司令官を経て1945年2月に一度退官したが、47年11月ピブーンソンクラーム元帥を総司令官としてパオ、サリットらと共にクーデタを敢行。陸軍副司令官（47～48年）、陸軍司令官（48～54年）、副首相（51～56年）、国防副大臣（54～55年）、農林大臣（57年）などを歴任する。女婿パオ・シーヤーノン警察長官とともに政界の実権を掌握。51年には40年代末に発生した反乱などの政治的混迷を打開するためクーデタを敢行し、ピブーンソンクラーム政権の立て直しを図った。53年に元帥。実業活動に熱心であり、彼を総帥とするラーチャクルー・グループは57年まで政・財界において非常に大きな勢力を誇り、70年代にはタイ国民党の母体となった。女婿プラマーン・アディレークサーンが初代タイ国民党党首、長男のチャートチャーイ・チュンハワンが2代目党首を務めている。　（加藤和英）

ピン・チュンハワン

ヒンドゥーきょう
ヒンドゥー教→バラモン・ヒンドゥー教を見よ

びんろうじ
檳榔子→キンマを見よ

ふ

フア・カネーン
หัวคะแนน

直訳すれば票頭。特定候補者のためにまとまった数の票を集める人々。広義では選挙運動資金提供者や選挙運動員を含めることもある。日頃から有権者との間に、人柄、家柄、知識、奉仕活動、公的な地位、経済力、暴力などを通じて投票を左右できる関係を維持している。集める票数は村落レベルの数票から数県にまたがる数万票まで大小様々である。1990年代以後地方分権が進んで地方政治家のポストが増えたため、有力な国会議員は配下の運動員を自治体の首長や議員に当選させて、従来よりも安価に一段と安定した集票網を構築しつつある。　（玉田芳史）

フアヒン
หัวหิน

バンコクの南西190kmに位置する中部のプラチュアップキーリーカン県の郡。フアヒンはタイ湾西岸に位置しており、タイで最古の海浜リゾート地として発展してきたことから、県庁所在地のプラチュアップキーリーカンよりもはるかに人口規模が大きい。1911年に鉄道が到達すると、フアヒンは海岸の保養地としてバンコクの富裕層が訪問する場所となり、別荘、バンガロー、ゴルフ場（タイ初）などが建設された。鉄道局も初めての近代的なホテルを建設し、週末に臨時列車を運行するなど積極的に観光客の誘致に務めた。更に、ラーマ7世がクライカンウォン離宮を建設し、フアヒンはタイで最大の海浜保養地となった。戦後はパッタヤー

など他の海浜リゾートの出現に伴い斜陽化していたが、80年代に入り、北のチャアムに大規模なリゾートホテルが建設され始めると、フアヒンにも再び観光開発の波が到来するようになった。90年代のバブル期にはフアヒンにも高層ホテルやマンションが建設され、かつての伝統ある落ち着いた保養地のイメージはかなり損なわれたが、パッタヤーほど俗化されておらず、バンコクからも3時間程度で到達できることから内外からの観光客は多い。　　　　　　　　　　（柿崎一郎）

フアラムポーン
หัวลำโพง

バンコク駅およびその周辺の通称。1893年に開通したパークナーム鉄道のバンコク側のターミナルがパドゥンクルンカセーム運河とトゥロン路（現ラーマ4世路）の交点に設置され、その後97年に開通した官営鉄道も同地点を起点としたことから、バンコクの一大鉄道ターミナルとなった。当初は北線と東北線の起点であったが、1927年にラーマ6世橋が完成したことで南線の優等列車もこの駅を発着するようになり、名実共にバンコクのターミナル駅として機能するようになった。16年に完成した欧風のドーム型の駅舎は現在も使用されており、2004年には地下鉄も乗り入れるようになった。
　　　　　　　　　　（柿崎一郎）

フアラムポーン駅

フォールコン　Constantine Phaulkon
（1647〜88）

ナーラーイ王治世末期の宮廷において国王の寵臣となり、特に対外、交易政策に絶大な権力を振るったギリシャ人。イギリス東インド会社の職員として1678年アユッタヤーに到着し、比較的短期間にタイ語を習得するとプラクランに見出され、通訳、会計官としての任務を与えられた。その後ナーラーイ王に重用されプラクランの実質上の長として、交易活動を通じ自己と王室の富を増すことに腐心した。82年からは、当時極端な親仏策に傾きつつあったナーラーイ王に対し、フランスの求める王のキリスト教改宗を実現すべく働きかけ、またフランス軍駐留の許可を王から引き出した。これらのことは、王位の簒奪を企図する象軍司令官のペートラーチャーにより、フォールコンがタイをフランスの手に引き渡そうとしているとする攻撃の口実として利用された。88年フォールコンの専横とナーラーイ王の親仏政策に反発する国内諸勢力の支持を集めたペートラーチャーは、重病のナーラーイ王から王位を奪う過程において王位継承のライバルを退けると共に、国王というただ1人の後ろ盾を失ったフォールコンの追い落としに成功、同年6月にフォールコンは処刑された。なお、フォールコンの妻ターオ・トーンキープマーは、日本人であった。（増田えりか）

フォールコン

ふくしょく　服飾

前近代のタイ中央部では、男性は、腰衣の布端を棒状にして股の下を通し末端を背腰に挟み込むパー・チョーンクラベーンや、多目的に使える綿布パー・カーオマーを纏い、女性は上半身を服か胸布パー・サバイで覆い、下半身はパー・チョーンクラベーンや前面にプリーツを施したパー・チープを着用していたという。頭髪は男女ともに短髪が一般的であり、キンマを常用していたために歯は黒かった。外見上の男女差は、それほど大きくなかったと言える。ラーマ4世期以降、服飾にも欧米の影響が受容されるようになり、国王も自ら積極的に洋服を着用した。19世紀後半には、西洋式のズボンや上衣、靴、帽子が軍装として取り入れられ、また文官の間では5つボタン詰襟上衣にパー・チョーンクラベーンを着用する「ラーチャパターン」と呼ばれるタイ洋折衷の服飾型式が普及した。宮中の女性たちも、この時期に洋式上衣や靴、靴下の着用を始めたが、腰衣はパー・チョーンクラベーンのままだった。ラーマ6世は、女性に対して欧米風に髪を伸ばし歯を白く磨き、巻きスカート状のパー・シンを着用することを奨励したが、この動きは王宮内などのごく一部に留まった。パー・シンは、タイの北部や東北部の女性が着用していたものであった。

1930年代には都市在住の若い中産階級の間で洋装が盛んとなり、女性の長髪も一般化していった。ピブーン政権期には、パー・チョーンクラベーンの着用が禁止され、帽子着用が強制されたが、帽子着用の習慣はタイに根付かなかった。現ラーマ9世がデザインし、80年代を中心にヒットした半袖立て襟の男性用上着にチュット・プララーチャターン（恩賜服）がある。ノーネクタイで公式の場に出られることで、重宝された。現在、市街地では、男性はシャツにズボン、女性もシャツにズボンかスカートといった現代的な洋装が一般的である。ジーンズの愛用者も多い。近年では、国王在位60周年を祝って黄色のシャツが大流行した。

また、幼稚園児から大学生に至るまで制服が定められており、高校生までの男児は半袖白シャツに膝丈の紺ズボン、女児は半袖白シャツに紺スカート、大学生は男子が長袖白シャツに黒の長ズボン、女子が半袖白シャツに黒スカートといった装いが一般的である。公務員の場合も、軍人や警察官に限らず、国会議員や教員から役場の職員に至るまで階級章を付した制服が定められており、儀式等の際にはこれが着用される。民族衣装としては、62年にシリキット王妃によって絹織物を用いた女性用の服装が制定された。これは筒型スカート状の絹のパー・トゥンに様々な上衣を合わせたものである。

（加納　寛）

ふけいざい　不敬罪

国王や王妃などに対して不敬な行為を行なう罪。タイで初めて刑法の中に登場したのは1908年で、ラーマ5世王の時代である。27年に法改正が行なわれたが、現在の不敬罪の法的根拠は56年に施行された刑法典の第112条である。そこには、「国王、王妃、王位継承者、摂政を侮辱、軽蔑する行為は、3〜15年の禁固刑に処する」と規定されている。80年代までに最高裁判所で審議された不敬罪は4件にすぎず、頻繁に生じたわけではなかった。しかし、90年代以降増加の傾向にあり、2009年はじめの警察当局の発表によれば、32件の不敬罪容疑が進行中であり、その内の4件は起訴済みであるという。とりわけ、警察がここ数年手を焼いているのは、インターネット上のウェブサイトの中で生じている1万件以上に達するという王室関係への侮辱記事である。実際に逮捕に至った最近の案件としては、映画上映における国王賛歌演奏中の不起立（08年4月）、06年9月のクーデタおよび王族批判（08年6月）などがあるが、多くは政治運動における演説内容への容疑である。不敬罪で何度かの逮捕歴のある著名評論家スラック・シワラックの場合は、

最近では07年12月のコーンケン大学での講演内容に対する容疑で08年11月に逮捕されている。外国人では、オーストラリア人ジャーナリストに対する禁固3年の判決が09年に出ている。こうした状況に、本来の不敬罪の趣旨から外れて政争の具として利用ないしは濫用されており、見直しないしは廃止すべきとの意見が出てきている。プラポッククラオ(ラーマ7世王)研究所のボーウォーンサック・ウワンノー事務局長が、1人の法律学者として、タイの政治文化を基本にした論を展開し、濫用の防止を含む見直し意見を表明している。また、アメリカやオーストラリアを中心とする世界各地の50人以上の外国人研究者が、09年3月連名でアピシット首相宛に不敬罪の再検討を要請する書簡を送り、濫用は表現の自由の抑圧につながり、基本的に民主化を妨げることになるとの意見を表明した。国会も動き始め、上院に特別委員会が設けられ、不敬罪のあり方をめぐって本格的な議論が開始されたという。現ラーマ9世(プーミポン国王)が「国王も間違いを犯す」とか「王室批判も許される」と発言されていることも含めて、インターネットに代表される情報革命の中、人権という普遍的原理をタイの伝統文化にどう接合するかが注目されている。　(赤木　攻)

プーケット
ภูเก็ต

バンコクの南862kmに位置する南部の県。マレー半島西海岸に位置し、アンダマン海に浮かぶタイ最大の島であるプーケット島およびその周辺の小島から構成される。本土(パンガー県)とは約700m離れており、1967年に完成したサーラシン橋で結ばれている。プーケットは南部西海岸最大の都市であり、現在では海浜リゾート地として国際的にも知名度が高い。

【歴史】プーケット島の歴史は非常に古く、3～4世紀の歴史書にジャンクセイロンという名が現れており、これが現在のプーケットのことを指すものと考えられる。この名称は18世紀頃までの西洋人の旅行記に現れており、語源はマレー語の「ウジュン・サラーン」、すなわち「サラーン岬」から来たとする説もある。タイ側ではこの地に存在したムアンをタラーンと称しており、このサラーンと同じ語源と考えられる。18世紀末から19世紀初頭にかけてタラーンはビルマ(ミャンマー)による攻撃を2回受けており、1回目はタラーン領主の妻ターオ・テープクラサットリーとその妹ターオ・シーストーンの活躍でビルマ軍の撃退に成功したものの、2回目の攻撃の際にはタラーンの住人は現在のパンガーに一時避難した。その後タラーンは再興されたが、錫鉱山の開拓が相次ぎ、鉱脈の多かった島の東南部トゥンカーに新たな市街地が形成され、マレー語の「ブキット」(小山)に由来するプーケットと呼ばれるようになった。錫鉱山に従事する多数の中国人が流入し、プーケットの繁栄がタラーンを追い越すに至ったことから、1861年にはプーケットはタラーンの配下から独立し、94年にはタラーンは郡に格下げとなり、プーケット県の一部となった。更に、プーケットには州庁も置かれ、西海岸一帯を統括するプーケット州の中心ともなった。バンコクに流入した中国人は潮州系が多かったが、プーケットなどマレー半島西海岸では英領マラヤと同じく福建系が中心であった。

【南部西海岸の経済センターへ】プーケットの地名がマレー語起源のように、プーケットはマレー世界との関係性が強かった。特にイギリスがペナンを自由貿易港として開港してからは、プーケットを含むマレー半島西海岸一帯はペナンとの経済関係が強化され、プーケットからは錫鉱や20世紀以降栽培が普及した天然ゴムが輸出され、西洋からの工業製品がペナン経由で流入した。このため、バンコクの政治支配下に置かれながらも、経済的にはペナンの後背地としての機能が強かったが、1910年代に西海岸のトラン県まで鉄道が到達すると、鉄道の終点カンタン

との間に定期船が就航し、バンコク方面との貨物の往来も徐々に増加した。その後、戦中から戦後にかけては政治的影響によりマラヤとの経済関係は弱まり、「開発」の時代に建設されたタイで最初の錫精錬工場は伝統的な錫鉱のマラヤへの輸出を終焉させるなど、ペナンへの従属度は着実に減っていった。現在旧市街に残る中国とポルトガルの影響を受けたコロニアル様式の長屋が連なる景観は、ペナンなどマレーシアの主要都市のそれと同一であり、かつての強い関係を今に伝えている。

【海浜リゾートへの転換】かつては錫生産で繁栄したプーケットであるが、1980年代以降は錫の国際価格が低迷し、錫鉱山は次々に廃業していった。現在でも露天掘りの錫鉱山の跡地が、大きな穴や池として島内の随所に残っている。錫鉱山の代わりにプーケットの経済を支えたのが、観光産業であった。プーケットは四方を海に囲まれていることから、風光明媚な多数の砂浜が存在し、海浜リゾートとして開発するには格好の場所であった。戦前からバンコクとの間に航空路線も開設されており、航空の便が良かったことから外国人観光客の受け入れにも好都合であり、国内線のみならずプーケットに乗り入れる国際線も増加していった。タイの海浜リゾートとしてはかつてパッタヤーが有名であったが、90年代以降はプーケットがまさにタイの代表的な海浜リゾートとなり、東南アジアでもインドネシアのバリ島と並ぶまでに成長した。

しかしながら、急激な観光開発はプーケットの環境破壊や俗化を引き起こしている。主に島の西側に並ぶ砂浜海岸沿いには多数の宿泊施設や商店が建設され、中でもパートーン海岸にはかつてのパッタヤーを髣髴とさせるような繁華街も形成され、過去20～30年の間に景観は大きく変容した。プーケットの俗化に伴い、残された自然を求める観光客はプーケットから更に奥地のシミラン諸島、ピーピー島などに押し寄せるようになり、プーケットで起こった環境破壊や俗化現象が周辺の小島にも広まりつつある。また、2004年末にはインドネシアのスマトラ島沖を震源とする大地震が発生し、その津波によりプーケットでも多数の住民や観光客が犠牲となった。　　（柿崎一郎）

ぶっか　物価

物価の動きを示す代表的な指標の消費者物価指数(CPI)は、消費者が購入する財やサービスの価格の動きについて小売段階の変動を調査したものである。タイでは商務省次官事務局の経済取引指標課が毎月、物価統計を発表している。消費者物価指数は総理府統計局の家計社会経済調査の結果に従って、4年ごとに調査品目の内容とそのウェイト付けの見直しが行なわれる。なお天候や季節の影響により価格変動の大きい生鮮食品とエネルギーを除いた指数を「コア・インフレーション」と呼び、物価の趨勢的な動きを見るのに適している。タイ中央銀行は2000年5月から金融政策としてインフレーション・ターゲティングを採用し、コア物価上昇率0～3.5%をインフレの目標値と定めた。

タイの消費者物価上昇率（前年同期比）は、通貨危機直後の1998年前半に金融引き締めの影響で10%を超えたが、99年半ば以降は2%前後の落ち着いた動きを示していた。しかし2005年後半から06年前半および08年は、原油価格の高騰により5%を上回っている。商務省国内取引局は物価上昇に伴う便乗値上げなどから消費者を保護することを目的に、消費財36品目の価格を統制しており、メーカーによる値上げを許可制にしている。（東　茂樹）

ぶっきょう　仏教→上座仏教、大乗仏教を見よ

ぶつぞう　仏像

タイの地に仏教を伝えた人々は、仏像をたずさえてきたのだろうか？　タイ出土の仏像で最古とされるのは、旅人が念持仏

として持ち込んだと推定される石彫の小立像である。深い襞を斜めに幾筋も流した衣をまとった像は右肩をあらわし（偏だん右肩）、右手で衣の布端を握り、左手は説法印を結んでいる。南インド様式（1世紀）の仏像は他にも国内で出土しているし、マレー半島やジャワ島で発見されたものと同タイプである。

【ドヴァーラヴァティ仏】チャオプラヤー川下流域の古代環濠都市跡から出土する如来像には、2つの図像がある。1つは初転法輪印を結んだ椅像で、両足を蓮花を刻んだ丸座に置き、マンゴー樹の奇跡にちなんだ相とされる。もう1つは三十三天から降下する相の立像は両肩に衣をかけた通肩、両手は説法印を結ぶ。

2つの図像とも髪は螺髪、肉髻、円形の背光、襞なしの衣、肉薄の体躯のかすかな隆起、裳裾や首の衣端の強調などグプタ美術の特徴を示すが、作像はより平坦で表情は土俗風。石灰岩、緑泥岩製が多い。東北部から出土した青銅の弥勒仏は図像的にも身体特徴からいっても、中部で出土した石彫像に似ている。中部から出土したテラコッタ製観音菩薩像は、グプタ美術からパーラ美術まで長期にわたる東インド美術の影響を示している。

【シュリーヴィジャヤ仏】スラートターニー県チャイヤーを中心に出土した大乗仏教遺品は古代制海国家にちなみ、シュリーヴィジャヤ仏と呼ばれる。初期の代表的な図像は行者姿の観音菩薩で、王族の衣冠、高位カーストを示す聖紐を肩に、腰に虎や羚羊の皮をまとう。高く結った髪の中央に化仏、聖紐上には羚羊の頭が見える。作像はずんぐりとしたポスト・グプタ風から、チャイヤー出土の青銅観音トルソーのように装飾品や体躯のつくりからジャワ美術とみなされるものまで、出土品の数に比して多様である。後期には傘のついた台座に座る多羅菩薩など雑密教の青銅小像が、ウートーンなど中部のドヴァーラヴァティ遺跡で多数出土している。

【クメール仏】チャオプラヤー流域東部の古代遺跡で出土する仏像は図像的にはドヴァーラヴァティ美術と同じであるが、作像はより立体的でポスト・グプタ調である。この特徴はやがて10〜11世紀にコーラート高原上で盛んに制作されたクメール美術バプーオン期の仏像に継がれる。後頭部の張り出たバプーオン初期の石像、後期に盛んに鋳造された大青銅像は、クメール帝国内でもこの地方の特産であった。10世紀からのクメール帝国の西漸は、チャオプラヤー川流域に多くのクメール仏を残した。中でもコーラート高原のクメール土侯国遺跡からはあまり出土していない宝冠仏は、中部のロップリーからは多く出土している。12世紀末、アンコール再興をなしたジャヤヴァルマン7世のもとで、クメール帝国は更に拡張した。ロップリーとその周辺に残るクメール美術バヨン期の仏像は、雑密教系の像が多い。般若波羅密女と観世音菩薩を左右に従えナーガ蛇上に座る如来像は、その代表的図像である。

【スコータイ仏】スリランカ経由でスコータイに伝わったとするタイ教育省版上座部仏教伝播ルートとはうらはらに、スコータイ遺跡から出土した仏像は図像的にも、作像上もスリランカ風というよりはインド・パーラ美術の影響を強く表している。代表的図像は触地印、半跏趺坐の如来像、施無畏印の立像と遊行像。頭上に火炎状の宝珠光がつく。巨大な体躯、流れるような衣、大きく張った太股、鷲鼻に豊かな顎、刺状の螺髪渦先などの身体的特徴は超人的で、量感は圧倒的である。戦勝の霊験あらたかな仏像と評判が立つと各国間で奪いあいが起きたとシヒン仏縁起などに記されるのは、この期の仏像だけにまつわる現象である。北部のチエンセーン、チエンマイで造られた触地印座像の宝珠光は蓮蕾形で、それを伝播ルートと結びつけ、こちらの方が古いとする説もある。

【ウートーン仏】アユッタヤーを創立した伝説上の人物ウートーン王の名をつけた仏像群はどれもアユッタヤー初期の作で、アユッタヤー美術の特徴を示すというよ

り、ドヴァーラヴァティ、クメール、スコータイ仏の顔や体躯の特徴が渾然と融合した像と言えよう。その融合にもパターンはなく、1体ごとに割合とコンビネーションが違う。この仏像群をひとまとめにする形容詞は、「混沌」と「謎」である。タイ人コレクターの間では最も高い人気を持つ仏像群である。触地印の座像が多い。

【アユッタヤー仏】港市国家アユッタヤー美術固有の特徴を発達させた仏像の中で、初期の像はアユッタヤー建国以前に造営と銘のあるパナンチューン寺大仏に始まり、観光客の誰もが参拝するモンコンボーピット仏、ナープラメーン寺の大漆喰像と続く。どれも触地印の座像で、高みからあたりを睥睨するような目つきが特徴だ。ナープラメーン寺の像は17世紀に宝冠を頂き、王族の位階を示す宝飾品で飾られ、宝冠仏となったが、その目つきからすぐに初期像を改装したものと知れる。宝冠仏はクメール仏の流れを汲むものであるが、アユッタヤーでは固有の発展をとげ、冠が次第に細長くなり、耳飾りと一体となって、16世紀までにはアユッタヤー美術特有の頭部に密着した宝冠となった。17世紀には赤砂岩を彫ったパーツを3段に組み、漆を塗り、金箔を張った触地印座像が流行した。通肩姿で両手のひらを前に出し、争いを止める姿の立像は水争いを止める相、または海を静める相の像としてアユッタヤー文化圏内で広く流行した。

【バンコク美術】ヴィエンチャンからエメラルド仏を将来したチャックリー将軍が築いたラッタナコーシン王朝は、更に1000体以上の仏像を北部から運んだ。ラーマ2世時代に再開された造仏はラーマ3世治世に隆盛となり、宮廷人形のような雅やかな仏像が造られる。4世時代には西欧の新古典主義美術の紹介や、大英帝国のガンダーラ美術発見に影響され、黄金律に基づく8～10頭身、巻き毛、トンガ衣をまとった仏像が造られたが、人気は出なかった。20世紀に造られたタイの仏像は、第2次世界大戦中にピブーン元帥の命で鋳造された像をはじめとし、仏暦2500年記念に聖地プッタモントンにイタリアから帰化したピーラシー教授が作成した大遊行像など、どれもスコータイ仏の図像と作像法を基本にしている。善男善女が一般に寺に寄進したり、自宅で礼拝したりする像もスコータイ仏、特にピッサヌロークにまします必勝のチンナラート仏の「写し」が多い。

（レーヌカー・ムシカシントーン）

プッタタート・ピック
พุทธทาสภิกขุ（1906～93）

独自の宗教的営為に基づき、現代タイ仏教における思想・実践上の改革に貢献した学僧。従来、タイ一般民衆は、因果応報観を中心とした「世間の法」に基づき、道徳律の堅持と功徳の蓄積を行なっていた。これに対し、プッタタートは三蔵の中に万物の道理を悟り苦の克服へと導く「出世間の法」の教えがあることを再発見し、出家・在家を問わず、現代人の人生においてその教えを活用することを推奨した。上座仏教に伝わる伝統的な注釈書の経典解釈にとらわれず、経典に示された修行法を自ら実践・検証し、特に苦の克服という目的にかなった教理と修行法を重視した。更に、上座仏教の枠組みにとらわれることなく、禅やキリスト教など、異なる仏教諸派や他宗教の中にも苦の克服という目的に援用できる思想があることを見出し、宗派間・宗教間対話にも熱心であった。そのため、現代のアラハンと評される一方で、その思想を非正統的独

プッタタート・ピック

善的解釈として批判するものも存在する。その教えは、内省的宗教実践を志向するタイ国内外の仏教徒、またスラック・シワラックはじめ、仏教による社会貢献を志向する仏教徒知識人・活動家に影響を与えたとされる。　　　　　　（伊藤友美）

ぶとう　舞踏→演劇・舞踏を見よ

プー・パーン（山脈）
ทิวเขาภูพาน

東北部の中央にある山脈であり、コーラート高原の2つの盆地である北のサコンナコーン盆地、南のコーラート盆地の境界をなす。東はムーン川とメコン川の合流点付近のパータークデート山(354m)から北西方向に伸び、南北に位置する県の県境を構成しながらウドーンターニー県とコーンケン県の県境にあるプー・ワット山(620m)に至る。ここで山脈は2つの支脈に別れ、1つは南西に進んでペッチャブーン第1山脈に至り、もう1つは北西に進みメコン川に達する。標高は200〜1000mと高くはないが、2つの支脈には侵食谷（横谷）が多く、コーンケン県のウボンラット・ダムもこの山脈の切れ目の横谷を利用して建設された。なお、1970年代には、多数の左翼系反政府運動家が立てこもり、彼らの基地として利用された。　　　　　　　　　　（柿崎一郎）

ふびょうどうじょうやく　不平等条約

タイが最初に締結した不平等条約は、1855年ラーマ4世がイギリスと結んだ修好通商条約いわゆるバウリング条約である。これを皮切りにタイは56年にアメリカ、フランス、58年にデンマーク、59年にポルトガル、60年にオランダ、62年にプロシア、68年にスウェーデン、ノルウェー、ベルギー、イタリア、69年にオーストリア・ハンガリー、70年にスペイン、98年に日本、99年にロシアとそれぞれ同様の不平等条約を結んだ。98年の日タイ条約の議定書では、タイの近代法典つまり刑法、刑訴法、民法（家族・相続は除く）、民訴法、裁判所法が公布されるまで日本は領事裁判権を有すると規定された。

【領事裁判権の制限】1874年にタイはイギリスと第1次チェンマイ条約を締結した。これにより北部（チェンマイ他3地域）に派遣されたタイ側の裁判官が、イギリス臣民とタイ人との間の訴訟を担当した。これは、限定的ではあるがイギリスの領事裁判権が制限されたことを意味した。83年第2次チェンマイ条約では、「外国裁判所」が設置された。これはタイ政府が派遣した裁判官がタイ法を適用して審理する裁判所のことである。ただし、イギリス臣民が被告か被告人の場合は審理を領事裁判に移審する権利（移審権）がイギリスに認められた。1904年タイ＝フランス条約では、北部のフランス人およびそのアジア臣民と保護民を「国際裁判所」の下に置いた。これは1883年に設置された「外国裁判所」の新呼称である。続く07年タイ＝フランス条約では、タイ全土のフランス・アジア臣民と保護民のうち04年以前に登録していた者はすべて国際裁判所の下に置かれ、それ以降の者については移審権なしでタイの通常裁判所が管轄することになった。09年タイ＝イギリス条約は07年タイ＝フランス条約に倣い、イギリス臣民のうち09年以前に登録したすべての者は国際裁判所の下に置かれ、それ以降の者はタイの通常裁判所によって裁かれた。ただし、イギリス臣民が被告または被告人の場合、国際裁判所であろうと通常裁判所であろうと、それが第1審では1名の西欧人法律顧問が審理に同席することができた。このように、この時期、領事裁判権が一部制限される制度が登場したが、関税自主権の回復については進展が見られなかった。

【条約改正の好機】第1次大戦に兵を派遣したタイにとって、大戦後に条約改正へつながる転機が訪れた。1919年パリ講和会議の際、タイの使節団はアメリカ大統領ウィルソンと直接会談して条約改正を求め同大統領の共感を得ることに成功した。その後、幾度かの交渉会議を経て、

翌20年にタイ=アメリカ新条約が締結された。これにより、すべてのアメリカ人はタイの裁判所で裁かれることになった。ただし、タイの諸法典が公布されてから5年間は移審権が留保されることが議定書で規定された。関税自主権については、他国が関税自主権を撤廃することを約束したならば、アメリカは即座にこれを撤廃するというものであった。この内容に沿った日本との条約改正交渉も24年3月に妥結した。しかし、欧州諸国との条約改正は進展を見なかった。そこで、ラーマ6世は外交顧問セイヤーを欧州に派遣し、各国政府との直接交渉に出た。24年12月フランスとの条約交渉を開始、翌25年2月に新条約が署名された。新条約は20年タイ=アメリカ条約に倣ったものであったが、フランス・アジア臣民および保護民で07年以前に登録していた者は、タイの国際裁判所で審理され、07年以降の登録者は移審権なしでタイの通常裁判所で裁かれることになった。フランス人も通常裁判所で裁かれるが、諸法典公布後5年間は移審権が留保された。関税については20年タイ=アメリカ条約と同様の内容であった。次に、セイヤーはハーグに移動し、25年6月にオランダとの新条約が成立した。更に、ロンドンに渡ったセイヤーはチェンバレン外相と会談した。当時、タイの輸出の80%、輸入の67%が対イギリスであったので、タイのイギリス商人たちは条約改正に反対していたが、幾度かの会議を経てイギリス政府は20年タイ=アメリカ条約に倣い、タイ=イギリス条約を25年7月に署名した。フランス、イギリスという大国との条約改正に成功したタイは、スペインおよびポルトガルと25年8月に、デンマークと同年9月に、スウェーデンと同年12月に、イタリアと26年5月に、ベルギーおよびノルウェーと同年7月にそれぞれ新条約を締結することに成功した。こうして、まずタイの関税自主権が回復したが、裁判権については諸法典公布5年後に移審権が廃止されることになっていたので、

完全な裁判権の回復のために法典編纂を急がねばならなかった。しかし、すべての法典が公布されたのは35年であった。
（飯田順三）

プーミポンアドゥンラヤデート（王） →ラーマ9世を見よ

プーミポン・ダム
เขื่อนภูมิพล

チャオプラヤー川の支流ピン川に建設された多目的ダム。タ一ク県サームガーム郡に位置し、高さ154mのダムは12.2億m³の貯水能力を持ち、1961年に着工され1964年に完成した。計画当初はヤンヒー・ダムと呼ばれていたが、国王の名前をとってプーミポン・ダムと命名された。当時東南アジア最大の規模を誇ったこのダムは、タイで最初の大規模ダムであり、56万kmワットの発電能力を持つ水力発電所を備えて北部から中部にかけての36県へ配電するとともに、下流のチャオプラヤー・ダム経由でチャオプラヤー・デルタ地帯に供給する灌漑用水の確保や、雨季の洪水防止の役割も持つ。ダム湖の総延長は207kmに及び、チェンマイ県ホート郡まで延びている。　　（柿崎一郎）

プムプワン・ドゥワンチャン
พุ่มพวง ดวงจันทร์（1961～92）

「ルークトゥンの女王」と呼ばれる歌手。地方の貧困家庭に育つ。スローテンポで牧歌的だったルークトゥンをアップテンポなリズムで歌い、国民的な人気を博す

プムプワン・ドゥワンチャン

るが、30歳の若さで病死。その短い歌手人生で、タイ音楽の中にルークトゥンというジャンルとスタイルを確立した。今でも絶大な人気を誇り、彼女の曲を聞いて育った歌手たちによってリメイク版が歌われ続けている。代表曲には『プーチャーイ・ナイ・ファン』など。没後15年目の2007年、息子ペット・ソーラポップが歌手デビューした。　　　　　（阪口秀貴）

プライ
ไพร่

いわゆる王族や役人と、「タート」（奴隷）との間に位置づけられた「平民」（もしくは「タート」との対照から「自由民」）と理解される。国王に直属し毎年一定の期間徭役・兵役義務を負ったプライ・ルアン、王族や役人に所属し私的に使役されたプライ・ソム、および遠方に居住し徭役の代わりにスワイと称された物納税を納めたプライ・スワイに大別されたと言われる。しかし『三印法典』の「サクディナー」を定めた規程においては、このようなカテゴリーは確認できず、代わりにプライ・フアガーン、プライ・ミークルア、プライ・ラープ、プライ・レーオという4つが示され、それぞれにサクディナー 25、20、15、10が与えられている。　　　（小泉順子）

プラウェート・ワシー
ประเวศ วะสี（1932〜）

医者、社会批評家。1932年8月5日カーンチャナブリー県生まれ。マヒドン大学を首席で卒業。アーナンタマヒドン奨学金を得てアメリカ留学。マヒドン大学副学長時代の81年にマグサイサイ賞受賞。医療、農村開発、教育などの分野の多くの団体の役員を務める。環境、社会、政治といった分野の著作が多数ある。仏教用語を盛り込んで表明される思想は、穏健主義や勤王主義を特色とする。エリートからの信頼が厚く、医療関係者やNGOを中心とする知識人の尊敬を集め、世論形成への影響が強い。90年代の政治改革で重要な役割を果たした。　　（玉田芳史）

プラケーオ（寺）
วัดพระแก้ว, วัดพระศรีรัตนศาสดาราม

正王宮に付属する王宮寺院。正式名をワット・プラシーラッタナサーサダーラームと言う。なお、通称は、「ワット・プラケーオ（玉仏寺）」。寺院として正式な儀式を行なうための結界を備えているものの、僧が定住する僧院ではなく、国家的仏教儀式を行なうための王家の仏間という性格を持つ。国家による寺院の等級の埒外であり、別格の存在である。布薩堂の本尊「プラプッタ・マハーマニー・ラッタナ・パティマーコーン仏」が深緑色の碧玉製の像で、一般に「エメラルド仏」と呼ばれるところから、それが安置される寺という意味で「エメラルド寺院」とも呼ばれる。1872年ラーマ1世王によって王宮と同時に建設が開始されて以来、タイ国王とタイ国の仏教的権威の象徴として、代々の国王による修復、増築が重ねられて今日に至っている。国王や王子の出家に際しては、この寺院で得度式を済ませた後、指導僧の住む寺院に移り、修行生活を送るのが通例である。

本堂はラーマ1世王期の建築で、扉や窓の彫刻もタイ美術の粋を集めたものである。内部には四方に三界経や仏伝をテーマにした壁画が描きこまれ、きわめて密度の濃い仏教空間を形成している。本尊のエメラルド仏はもとタイ北部で造られた古仏で、チエンマイを経てヴィエンチャンにあったものを、トンブリー時代にのちのラーマ1世がラオスを攻略した

プラケーオ寺

際の戦利品として持ち帰ったものである。タイの仏像の中では別格の神聖性と権威を認められており、毎年3回の衣替えが国王の手によって行なわれる。本堂の内部が写真撮影厳禁であるのも、この別格の神聖性による。

境内をめぐる回廊には四方に7ヵ所の門が設けられており、その内6ヵ所の門には両側に門を守る高さ6mの鬼神の像が建てられている。回廊内側の壁面にはインドの叙事詩ラーマーヤナをタイ風にアレンジしたラーマキエン物語が、その冒頭から結末までの各名場面を選んで描かれており、絵に対応する物語の詩が回廊の柱1つ1つに刻まれている。本堂に並ぶように、ラーマ4世期に建てられた正方形のプラーンにクメール様式の塔をいただくプラテープビドーン堂、アユッタヤー様式の仏塔、アンコール・ワットの模型、ラーマ1世期に建てられた経蔵プラモントップ、20角形の周囲を20体の鬼神像で支えられた仏塔など、ラッタナコーシン（バンコク）王朝の各時代の美術工芸品が一堂に会する場所でもある。

（山田　均）

プラーサートトーン（王）
พระเจ้าปราสาททอง（1600～56）

アユッタヤー王朝の第26代の王。在位1629～56年。ソンタム王の治世にオークヤーの官位に昇った官僚であった。ソンタム王の正室の甥であったという説や、エーカートッサロット王の庶子であったという説もある。28年のソンタム王没後に権力を掌握し、チェーターティラート王と対立して王を処刑した。その後、王弟を即位させたが、これもすぐに廃して自分が即位した。この王を始祖とする王家をプラーサートトーン王家と言う。王と反目した山田長政は、ナコーンシータムマラートに送られ、30年に毒殺されたと言われる。日本人町は33年に焼き払われ、日本人のアユッタヤー宮廷内における影響力は減少した。王は、臣下の権力集中を防ぐため、兵部卿に南部諸地域を、内務卿に北部諸地域を管轄させるようにした。カンボジアは王の治世に属国となった。オランダとは、ベンガル湾におけるポルトガルの影響力を抑えようとする点で利害が一致し、比較的に良好な関係を保った。しかし、オランダが時にタイの法を軽視して緊張が高まったこともあった。王の治世では、仏像や仏塔の様式が新たな展開を見せ、アユッタヤー後期の代表的仏教美術とされる作品も残っている。

（加納　寛）

プラチャーティポック（王）　→ラーマ7世を見よ

プラチュアップキーリーカン
ประจวบคีรีขันธ์

バンコクの南281kmに位置する中部（西部）の県。略称プラチュアップ。マレー半島東海岸に位置し、タイ湾に面する。西のテナッセリム山脈がミャンマーとの国境となる。県は南北に細長く、特に中央部は山脈が東に偏ることから、海岸から国境までの距離は15km程度しかなく、マレー半島上のタイの領域がもっとも狭まる地点である。かつて北のペッチャブリー県に含まれていた時期もあったが、1906年にはプラーンブリー県として分離し、後にプラチュアップキーリーカン県と改称された。風光明媚な砂浜が多数存在し、中でも県北部のフアヒンはタイで最古の海浜リゾートであり、現在でもプラチュアップキーリーカンよりも都市規模が大きい。

（柿崎一郎）

プラーチーンブリー
ปราจีนบุรี

バンコクの東135kmに位置する中部（東部）の県。東半部のカンボジア国境を接する地域がサケーオ県として分離したため、現在は旧県の西半部のみとなり、プラーチーンブリー市が引き続き県庁所在地となっている。森林が31％、農地が40％（2001年）と、比較的森林に恵まれた県である。工業県となりつつあるチャチュー

ぶらっどれー ▶

ンサオ県に接し、チョンブリー、バンコク等からの道路アクセスも良いため、GPPの製造業比率は51.3％（06年）で、メガ・バンコク都圏の工業地帯に編入されつつある。カビンブリーは、かつて金山で有名だったが、現在は同市の北方、ナコーンラーチャシーマー県との県境のサンカムペーン山麓一帯の森林山地が国立公園に指定され、観光地となっている。
（北原　淳）

ブラッドレー
Dan Beach Bradley（1804〜73）
ニューヨーク州生まれの医師、福音主義者の伝道師。プロテスタントのAmerican Board of Commissioners for Foreign Missions（ABCFM）から派遣されて1835年にバンコクに到着し、その死までの32年間タイにとどまる。医療伝道の一環としてタイに近代的な印刷技術や医療技術をもたらしたが、タイ人対象の布教活動は禁止されていたため、タイでは「モー・ブラッドレー」として親しまれた。（黒田景子）

ブラッドレー

プラパート・チャールサティエン
ประภาส จารุเสถียร（1912〜1997）
軍人、政治家。プラヤー・パヤップピリヤキットの息子。ウドーンターニー県生まれ。1930年陸軍士官学校入学。第1歩兵大隊長、第1歩兵連隊長、第1歩兵師団長、第1軍管区司令官という陸軍のエリートコースを歩む。57年3月ピブーン政権の内務副大臣に就任。同年9月サリット元帥のクーデタに参加。ポット政権成立と

プラパート・チャールサティエン

ともに、内務大臣に就任。71年11月クーデタ直後の時期を除き、73年10月まで務めた。また58年1月から10月までタノーム政権の副首相に就任。更に63年12月サリット首相の死後、タノーム政権の下で副首相（〜73年10月）に再任され、タノーム首相と二人三脚で強権的な支配を行なった。57年陸軍中将、59年陸軍大将となり、63年国軍最高司令官、64年陸軍司令官（〜73年9月）を経て、73年元帥の地位が与えられた。72年からは警察長官も兼任する。73年10月14日事件（「学生革命」）で政治権力を失い、亡命を余儀なくされるまで、政界のみならず、経済界においても数十社の会社役員を兼ねるなど、実力者であった。71年6月プラパートは、72年に定年を迎えるタノーム元帥（国軍最高司令官）の1年間延長を提案、閣議決定させるなど、タノーム＝プラパート体制と言われるほどの支配体制を構築した。この体制を支えたもう1人がタノーム元帥の息子ナロン・キッティカチョーン（第11連隊長）であり、その配偶者がプラパートの3女スパーポンであったことなどから、軍が国軍ではなくタノーム、プラパートの一族のものになっているとの批判を受けるようになる。73年10月14日事件とタノーム政権崩壊に至る過程においては、学生の民主化要求運動の高まりのみならず、陸軍内部の対立も絡んでいたと言われる。事件直前にプラパートから陸軍司令官の職を引き継いだクリット・シーワラー陸軍大将が、陸軍内部の人事や利権をめぐってプラパートやナロンと

対立、学生・市民の反政府運動の鎮圧に先鋭部隊の投入を拒否し、むしろタノームたちを孤立させ、追放に手を貸すことになった。結局、事件後、「3暴君」と呼ばれたタノーム首相、プラパート元帥、ナロン大佐は国外へ出国、プラパートは台湾に滞在することとなった。76年帰国。

（加藤和英）

プラープダー・ユン
ปราบดา หยุ่น（1973〜）

作家、脚本家、アーティスト。バンコク生まれ。中学を卒業後アメリカに渡りニューヨークのThe Cooper Union for the Advancement of Science and Artsで学び美術を専攻。タイに徴兵のため帰国するまで、現地でグラフィックデザイナーの仕事なども手がける。帰国後は、週刊『ネーション』のコラムニストやテレビ番組の脚本もこなしている。多方面で既に多才ぶりを発揮していたが、29歳の時、短篇集『存在のあり得た可能性』により2002年度東南アジア文学賞を受賞し、文学界にもその地位を確立した。映画脚本には、日本人俳優が主演した『地球で最後の二人』や『鏡の中を数える』がある。新時代の言語芸術としての文学に挑戦した作風は、ポストモダン的とも評されている。村上春樹などにも詳しく、日本のポップカルチャーや映画に関する著作もあり、また学生時代より禅に興味を持つなど、一貫して日本に対する強い興味を示している。逆にタイのポップカルチャーを代表する若者として日本での知名度も高い。

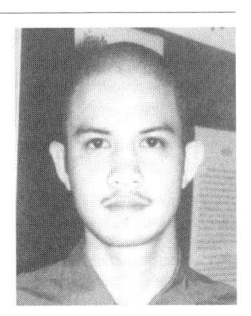

最近は、同じ新世代文学の担い手で、先輩格であるウィン・リョウワーリンとのe-mail往復書簡もシリーズで刊行されている。

（平松秀樹）

プラー・ブック
ปลาบึก

メコン水系のみに生息するナマズ目パンガシウス科の魚。学名 *Pangasianodon gigas*。タイ語の呼称と学名の双方が示すように、きわめて大きくなる魚で、全長約3m、体重250kgほどに達する。かつては、1m以下の個体が捕獲されなかったことから、他のパンガシウス科の魚が巨大化したものと考えられたこともあったが、1983年にタイ国水産局によって人工孵化が成功し、独立した種であることが確認された。毎年ソンクラーンの時期にチエンラーイ県チエンコーン郡のハートクライ村において捕獲開始のための儀礼が催され、マスコミでも大きく取り上げられている。しかし、その儀礼は村人によって催される本来の伝統儀礼とは別で、観光客目的に再演されている。生態がいまだに不明であることや伝承が多いことなど、生物学的にも民俗学的にも興味深い魚である。美味。　（秋篠宮文仁）

プラマーン・アディレークサーン
ประมาณ อดิเรกสาร（1913〜）

馬姓の華人。実業家、政党政治家。1950年代前半に権勢を誇ったピン・チュンハワン元帥・陸軍司令官の3女チャルーンと結婚。チャートチャーイ元首相（ピンの

プラープダー・ユン

プラマーン・アディレークサーン

長男)やパオ・シーヤーノン警察長官(長女の娘婿)とは義理の兄弟関係にあり、「ピン＝パオ派」を形成。繊維、運輸、不動産などで財をなし、51〜57年、運輸副大臣、工業大臣。80〜83年副首相、90年工業大臣。タイ国民党の有力幹部で党首。長男のポーンポンも国会議員で、外務大臣、副首相を歴任。次男ヨンヨット、3男ウィーラポン、孫のポーラポンも国会議員を務める。　　　　　　（末廣　昭）

プリッサダーン(親王)
พระองค์เจ้า ปฤษฎางค์(1852〜1938)
ラーマ3世の王子であるシーハウィクロム親王の子。1871年にシンガポールのラッフルズ学校に学ぶ。その後イギリスに派遣され、工学を学んだ。76年に帰国。翌年再びイギリスに渡り、土木会社に勤務して鉄道建設などの実務を学んだ。81年にヨーロッパ駐在公使に任命される。85年、駐英公使ナレート親王らとともに憲法制定、議会開設、行政改革を求めた上奏文を提出し、ラーマ5世の不興を買った。翌年に帰国した後は郵便電信局長を務めたが、90年に辞表を提出して失踪。96年にスリランカにて出家し、1911年に還俗して帰国するまで亡命生活を送った。　　　　　　　　（川口洋史）

プリッサダーン親王

プリーディー・パノムヨン
ปรีดี พนมยงค์(1900〜83)
1900年5月11日アユッタヤー古都遺跡を目前にするパノムヨン寺の脇、現在のプリーディー記念館建設地に父シエン、母

プリーディー・パノムヨン

ルークチャンの第2子として出生。曾祖父コックは、陳姓の潮州澄海(現汕頭市内)出身者で、1814年にアユッタヤーに移住した。彼はタークシン王と同郷である。父シエンは新田を開発して自作する以外にも小作に出したり、鉄道へ枕木を販売したり、あるいはバンコクの官僚貴族の小作地の差配を務めたりした。プリーディーの出生地はアユッタヤーの市場に近いが、背後に広大な水田地帯を控えており、農民の生活を身近に観察しながら成長した。地元およびバンコクで初等、中等学校を終え、1917年司法省の法律学校に入学。同時にフランス語の学習も開始した。19年に司法試験合格。20年9月司法省官費留学生としてフランスに留学。カーン大学にて法学士に合格後、27年3月にパリ大学にて法学博士(博士論文は「株主死亡の場合における人的会社の地位」)および経済学高等教育修了証を得る。24年タイ人留学生協会を組織、25年、26年には会長を務めた。この頃よりタイの立憲革命の方途を真剣に模索する。ヴェトナムからの留学生で革命家ズオン・ヴァン・ザオ(Duong Van Giao)らとも交流した。25年パリに来たプラユーン・パモンモントリーと革命を誓い合う。留学生協会でも会員の政治意識の啓発に努め、26年協会は駐仏公使チャルーンサック親王の留学生への不当に過少な給付金支給の是正を求めた。同公使は、留学生協会の活動を共産主義的であるとラーマ7世に訴え、責任者プリーディーの即時帰国を進言した。国王も即時帰国命令

に賛成したが、プリーディーの父が博士号取得までの在仏許可を請願したので許可した。帰国直前の27年2月に人民党を結成。帰国後、司法省法制局に勤務し、母校法律学校の教官も兼任。28年11月にルアン・プラディットマヌータムの欽賜名を受ける。

帰国後も革命同志の獲得に努め、立憲革命では文官派リーダーとして、憲法案の起草や革命後の統治体制の設計などで最も重要な役割を担う。革命後、プラヤー・マノーパコーン内閣の閣僚に任じられる。また32年12月に公布された恒久憲法起草委員の1人として、人民党を代表して10年間の人民党の権力独占を保証する経過規定条項の継続に努力する。33年3月、革命6原則の1つである経済計画が実施されないと革命は無意味であるとして、フランス仕込みの社会主義を基礎に農地の国家による買い上げと国家による農民の協同組合への組織化を骨子とする経済計画大綱を作成し、国会で審議に付すが、ラーマ7世やプラヤー・マノーパコーン首相から共産主義者であると非難される。33年4月1日閣僚を解任された後、同月12日研究出張の名目でフランスへの出国を強制された。6月20日クーデタの後、経済計画を棚上げして政府に協力すると約束して帰国が許される。この「共産主義者」の帰国は、同年10月のボーウォーラデート親王の乱の口実とされた。34年3月内務大臣に就任、地方自治育成の法律整備を行なう。また同年タムマサート大学を開学させる。36年1月欧米外遊の帰途、訪日。同年2月外務大臣に転じ不平等条約の改正に成功。38年12月からピブーン内閣の下で蔵相を務め、租税法典を完成させ人頭税を廃止した。日本軍のタイ進駐後、41年12月16日に、日タイ同盟政策に転じたピブーン首相により摂政に棚上げされる。摂政の地位を利用して、抗日の自由タイ運動を組織しタイが敗戦国となることを回避した。45年8月16日には平和宣言を発して、対英米宣戦布告は無効と声明。ラーマ8世が帰国すると摂政を辞したが、国王より元老の終身称号を与えられる。46年3月議会の圧倒的支持を得て首相に就任。しかし、同年6月9日国王怪死事件が生じ、首相を辞任するも再任。8月に首相を辞めるが、影響力は保持。専ら外交活動に傾注した。47年11月軍事クーデタで海外亡命。政権復帰のため国内に潜入して、49年2月26日、王宮反乱と言われる武装蜂起をするが失敗。この後70年まで中国に亡命。但し、中国当局の傀儡となることを拒否した。その後フランスに移り、83年5月2日に同地で死亡。

今日のタイではプリーディーは非の打ち所ないほど偶像化されている。これは悪の権化に近いピブーンと対照的である。しかし、彼が32年12月恒久憲法を廃して46年に新憲法を公布したことが、その後容易に憲法を廃止する伝統の出発点となったという事実があり、また、中国亡命中の同志たちから酷評されていることも事実である。今後、現実に即した評価が必要であろう。　　　　（村嶋英治）

ブリーラム
บุรีรัมย์

バンコクの北東410kmに位置する東北部の県。南のパノム・ドンラック山脈がカンボジアとの国境となる。トンブリー時代にはムアンペと呼ばれていたが、ラーマ5世王期に北のプッタタイソン、南のナーンローンなどを統合してブリーラム県が設置された。1925年に鉄道が到達し、バンコク方面へ米や木材が発送されるようになった。ブリーラムは古くから水不足で有名であり、かつては泥水から土を分離させるために木の棒で「水を叩く」までして飲料水を確保していたと言われている。県内には多数のクメール遺跡があるが、中でも市の南西50kmに位置するパノム・ルン遺跡は有名である。（柿崎一郎）

プレー
แพร่

バンコクの北551kmに位置する北部上部

の県。初期の歴史は不明であるが、少なくともスコータイ王国やラーンナー・タイ王国と同時期に存在し、その両国の影響下に置かれた。県の80％が山地で、残り20％程度の平地はチャオプラヤー川の4大支流の1つ、ヨム川沿いに点在する。かつてはチーク材産出の中心地の1つであった。農業は稲作のほか、ダイズ、トウモロコシ、葉タバコなどの畑作とミカンなどの果樹栽培が中心。工業は農産物加工業、木材加工業などが見られる。

（遠藤 元）

プレア・ビヒアいせき　プレア・ビヒア遺跡
→カオ・プラウィハーン遺跡を見よ

プレーム・ティンスーラーノン
เปรม ติณสูลานนท์（1920～）

軍人、元首相、枢密院議長、元老。1920年8月26日、南部のソンクラー県に生まれる。37年にスワンクラープ校から陸軍技術学校（陸軍士官学校の前身）に進み、41年卒業後少尉に任官。第2次大戦中は出兵し、主としてシャン州に駐屯。戦後はウッタラディットに勤務した後、52年にはアメリカに留学しケンタッキー州の陸軍機甲兵学校で指揮官課程を修める。74年には第2軍管区司令官に就任し、対共産ゲリラ鎮圧に柔軟な対応で成功を収め、名が知られる。78年陸軍司令官に昇進した。軍人としてよりも大きく評価されるのは政治的役割であろう。80年2月にクリエンサック政権が総辞職した際、国防大臣であったが、国会から次期首相として招聘され、同年3月第16人目の首相に就任した。以後、88年8月まで3期8年半にわたって首相を務めたが、身辺を清潔に保ち、軍部出身でありながら軍とは一線を画し、体力を付けはじめた政党や王室などの政治勢力に配慮し、相互の衝突を回避するという柔和で地味な政治姿勢は、権力欲の少ない首相像をもたらすとともに、政治的安定と民主化に大きく貢献したとされる。この間、軍部の政治介入を極力拒んだため、軍部の不満分子により81年4月および85年9月の2度にわたり倒閣クーデタが生じたが、いずれも失敗に帰したこと、および野望を抱くアーティット陸軍司令官の86年5月の解任は、タイ政治が一歩新たな段階に進んだことを内外に示した。首相在任中の功績が国王から高く評価され、88年8月には枢密院顧問官および元老に、更に10年後の98年8月には枢密院議長に任ぜられた。以降、国王補佐役として比較的静かな生活を送っていたが、2006年9月の「国王を元首とする民主主義体制改革団」によるタックシン追放クーデタで、突然脚光を浴びる。グローバル化を特徴とする世界情勢を背景として、国会における圧倒的勢力を背景に従来とはまったく異なった経済合理性に則った政治を強力に進めるタックシン勢力を一掃するクーデタの黒幕は、プレームであるとの噂が流布したからである。沈黙を守り通したが、07年7月には枢密院議長辞任要求デモが自宅まで押し寄せる始末であった。趣味はピアノ演奏、スポーツ観戦。（赤木 攻）

プレーム・ティンスーラーノン

フレンドシップ・ハイウェー　→ミットラパープ路を見よ

プワイ・ウンパーコーン
ป๋วย อึ๊งภากรณ์（1916～99）

タイを代表する知識人。経済学者。元国立銀行総裁。元タムマサート大学長。1917年3月9日、バンコクに7人兄弟の1人として生まれる。10歳の時、中国からの移民で魚の卸商を営んでいた父が死去、

▶ぶんちゅー・ろーちゃなさてぃえん

プワイ・ウンパーコーン

母の手で育てられる。アッサムチャン学院では、フランス語と数学に特に秀で、卒業後教員として採用される。34年創立直後のタムマサート大学に学び、38年には政府奨学生としてLondon School of Economics and Political Scienceに留学しハロルド・ラスキ教授らに師事。博士課程在学中の42年「自由タイ」運動に参加、英国軍将校としてインドで訓練を受け、44年3月にタイ国へパラシュート降下し潜入する。45年には再度イギリスでの研究生活に戻る。46年マーガレット・スミスと結婚。49年帰国し、56年まで財務省に勤務するが、インフラ整備のための外国からの借款獲得などに手腕を発揮した。53年からは国立銀行副総裁を兼任し、金融や財政を通じたタイ経済の改革に着手するや、抵抗勢力からの圧力もあり、副総裁を解任された。56年駐英タイ大使館経済顧問として転出するが、国際錫閣僚会議ではタフな交渉力でタイに有利な結果をもたらす。58年にはサリットに乞われ、予算局長に就任。59年から71年まで国立銀行総裁として、投資省令委員会の設立、「産業投資奨励法」の施行、国家経済開発庁の創立、基幹道路網の整備などに尽力した。ただし、60年代に入ると関心は経済発展のための環境整備から教育へ移っていった。つまり、究極は人材の養成であるとの確信であった。

64年から72年までタムマサート大学経済学部長を兼任し、経済学部の本格的改革に取り組む。73年の「10月14日事件」を機に左右対立が激化したが、75年のタムマサート大学長への就任は、まさに火中の栗拾いであった。76年の「10月6日事件」で身の危険を感じイギリスに逃れる。77年にはアメリカの議会で証言するなど、世界各地でタイ社会の真実を訴えるが、脳内出血で倒れる。長期療養生活に入るが、87年4月には一時帰国を果たし、国立銀行やタムマサート大学を訪れて、大歓迎を受ける。99年7月28日ロンドンで客死。翌8月には遺骨が帰国した。65年マグサイサイ賞受賞。戦後のタイの経済、教育および民主化の改革に大きく貢献した人物であるが、とりわけ高い倫理性に定評がある。兼職をした場合、低額の方の給与のみを受け取ったことで有名であるし、その質素な生活はつとに知られている。タムマサート大学には胸像が建っている。

（赤木 攻）

ブンカーン
บึงกาฬ

バンコクの東北745kmに位置する、東北部のノーンカーイ県東部に位置する郡。ノーンカーイ市街から212号線に沿って130kmの距離にある。北はメコン川に臨み、対岸はラオスのパークサンである。1918年にナコーンパノム県からノーンカーイ県に移管され、32年には郡名がチャイヤブリーからブンカーンに改称された。郡内は山がちであるが、メコン川流域の平地では農業が営まれている。入国管理事務所や税関も置かれ、ラオスとの往来が盛んである。現在、ブンカーン郡を含むノーンカーイ県の東半分（8郡）を、ブンカーン県として独立させる計画がある。

（加納 寛）

ブンチュー・ローチャナサティエン
（黄聞波）

บุญชู โรจนเสถียร（1921～2007）
実業家、政治家。1973年軍政の終結と共に、実業家の政界への進出が始まるが、その先駆けとなった。チョンブリー県生まれの僑生（海南系）。苦学してタムマサート大学を卒業。52年バンコク銀行に入

ぶんなーくけ▶

ブンチュー・
ローチャナサティエン

り、同行を東南アジア有数の銀行に育て、チンの後の頭取になる。75年国会議員（社会行動党）に当選。75～76年クックリット内閣の副首相兼財務大臣。その後、80～90年代前半に政財界に強い影響力を発揮し、2度にわたって経済担当副首相を歴任。2000年に政界を引退した。晩年はフアヒンで高級リゾートを経営し成功している。　　　　　　　（吉田千之輔）

ブンナークけ　ブンナーク家
ตระกูลบุนนาค

ブンナーク（チャオプラヤー・マハーセーナー、1738～1805年）とその正妻ヌワンを祖とする家系。ブンナークという姓は、その名に因んで1913年に下賜されたものである。遡れば、アユッタヤーに渡来したペルシャ人シェイク・アフマド（1543～1631年）にたどり着く。彼から5代目のセンまですべて大臣職を務め、一族はアユッタヤー朝において名門の家系となった。センの子ブンナークは即位以前からラーマ1世に従い、その功によって1787年に臣下としては最高位の兵部卿（サムハプラカラーホーム）となった。彼はラーマ1世の正妃の妹を正妻としており、かかる王家との姻戚関係が同家の権力基盤の1つであった。官界において同家は南部の行政を担当する兵部局（クロム・カラーホーム）に拠った。1782年から1892年までに就任した11名の兵部卿のうち、5名がブンナーク一族、5名がその姻戚である。また沿岸部の統治と外務を担当する財務局（クロム・プラクラン）や交易を担当する部局にも席を得ており、交易にも深く関わっていた。ブンナークの子ディット（ソムデットチャオプラヤー・ボーロム・マハープラユーラウォン、1788～1855年）は1822年に財務卿となり、更に30年から兵部卿を兼任、ラーマ4世を王位に推挙した。その弟タット（ソムデットチャオプラヤー・ボーロム・マハーピチャイヤート、1791～1857年）は財務や貿易を担当する部局の1つであるクロム・プラクラン・シンカーの長を務めた。ディットの子のチュワン（ソムデットチャオプラヤー・ボーロム・マハーシースリヤウォン、1808～82年）とカム（チャオプラヤー・ティッパーコラウォン、1813～70年）は、父の跡を襲ってそれぞれ兵部卿、財務卿に就任。重要なポストを一族で固めた同家の権勢はラーマ4世から5世王時代前期に頂点を迎えた。チュワンはラーマ5世を擁立し、摂政として73年まで国政を握った。王がようやく制度改革を本格化しえたのはチュワンの死後である。貴族が把握していた私民や奴隷は漸進的に国家の直接支配下に移され、同家の社会経済的基盤は解体されていった。92年に中央省庁が再編されると、チュワンの弟ポーン（チャオプラヤー・パーサコーラウォン、1849～1920年）が教育大臣となるが、大臣職12席のうち10席を王族が占め、政治権力はチャックリー王家へと移った。なお、19世紀半ばの系譜史料としては前述のカムの手になる『プラトムウォン・サクン・ブンナーク』がある。　　　　　　　　　（川口洋史）

ブン・バンファイ
บุญบั้งไฟ

「ブン」はラオ語で「祭り」の意味。長い竹筒製のロケット（バンファイ）を打ち上げる祭り。天空の神（ピーファー・ピーテーン）に雨乞いの願いを伝える祭事。タイの東北部や北部、ラオス、中国の雲南や広西地方のタイ系の人々の間で広く行なわれている。東北部では旧暦6月の慣行行事であり、村々でロケットを作る。それ

ブン・バンファイ

をきれいに飾って荷車に載せ、村内を練り歩き、広場に設営した発射台から打ち上げる。村々が合同し、ロケットの昇り方や滞空時間を競い合う形で行なわれることも多い。ボーンファイとも言う。東北部のヤソートーンが最も有名である。

(高井康弘)

ぶんりうんどう　分離運動

南部の旧パタニ王国領を中心とするマレー系ムスリム居住地域の独立あるいは自治を求める運動、その組織。パタニ王国は1909年のタイとマラヤ連邦の国境確定後もタイのマレー系朝貢国の中で唯一タイ領内にとどまった。しかしタイ語教育の義務化や極端なタイ化政策など、タイ中央政府のムスリム社会への無理解と仏教徒官吏、警察、軍への反発が強く、52年ムスリム指導者ハジスロンの逮捕と死を端緒とした騒乱、宗教学校(ポーノ)の国家統制への反発等から爆破テロなどの過激な活動を含む抵抗を繰り返している。50年代～70年代にかけて分離運動組織の数は50を越え、主要なものではパタニ民族解放戦線(BNPP)、パタニ統一解放機構(PULO)、パタニ共和国革命戦線(BRN)などがある。目的も、スルタン制の復活、イスラーム主義色の強い完全独立要求、地域の人道主義的自治要求など多様で、インドや中東の支援を受ける場合もある。タイ政府の武力による鎮圧と恩赦による同化政策で80年代～90年代には一時沈静化したが、2004年以降、武装闘争が復活し、タイ政府の対応への不信が再燃して解決への出口が見えなくなっている。

(黒田景子)

へ

ペッチャブリー
เพชรบุรี

バンコク西南方123kmに位置する中部(西部)の県。通称ペップリー。土地利用は森林53％、農地17％で、地形的にマレー半島の付け根に位置し、相対的に西側国境に続く森林山地が多く、タイ湾に接する平地が少ない。ドヴァーラヴァティ時代は交通、通商の要地であり、ビルマ(ミャンマー)の軍事支配が及んだほか、チャムパや中国などとの貿易があった。経済的にはかつては農林漁業生産の方が多い県だったが、近年、GPPの製造業比も21.3％(2006年)と農業の20.9％を超え、工業化が進行中である。海洋性気候である上に、風光明媚な海岸に恵まれ、チャームなどの観光地も人気がある。

(北原　淳)

ペッチャブーン
เพชรบูรณ์

バンコクの北346kmに位置する北部下部の県。県中央部を北から南へ貫流するパーサック川に沿って細長い平野が形成され、その両側を山地が取り囲むように南北に走る。県内に古代クメールが建設した町シーテープの遺跡がある。第2次世界大戦中の1944年にピブーン首相は空襲にあったバンコクから地形的に防衛に優れたこの地に遷都しようとしたが、議会で否決された。パーサック川沿いの平野は農業の適地で、50年代以降トウモロコシの産地として急成長し、周辺の県から大量の人口流入が見られた。(遠藤　元)

ペットカセーム（路）
ถนนเพชรเกษม

バンコクからマレー半島を南下してマレーシア国境のソンクラー県サダオに至る総延長約1260kmの国道4号線であり、かつての道路局長の名を採用している。一部区間は20年代から既に存在していたが、バンコクから延びる区間は30年代末から整備が始まり、全通したのは60年代後半であった。途中のチュムポーンまでは鉄道に沿っているが、チュムポーンからパッタルンまでの間は鉄道が東海岸を経由するのに対して、この道路は西海岸を経由する。このため、鉄道に比べ大幅な迂回路となり、現在はチュムポーン〜パッタルン間で鉄道に並行する国道41号線のほうが南部への幹線ルートとして機能している。

（柿崎一郎）

ペートラーチャー（王）
พระเพทราชา（1632?〜1703）

アユッタヤー王朝第30代の王。在位1688〜1703年。アユッタヤー最後の支配王家バーンプルールアン王家の祖。バーンプルールアンの名は、王の出身地であるスパンブリーの村名に因んで名づけられた。母はナーラーイ王の乳母。ナーラーイ王の宮廷に出仕し、象軍司令官の地位を得ていたが、治世末期に入り極端な親仏政策を打ち出したナーラーイ王と、その実質上の推進者であったフォールコンの排除を決意。息子のルアン・ソーラサック（虎王）と共に、ナーラーイ王のキリスト教改宗を目指すフランスに反発する僧侶、フォールコンの専横により利権を奪われていた官僚貴族らを取り込み、また民衆を巧みに煽動してフォールコン排撃の機運を盛り上げていった。88年に入り、ナーラーイ王の病状が悪化するとロップリーの王宮を占拠、6月にはフォールコンを処刑、翌月王が崩御するや即位の儀礼を行なった。11月にはバンコクの要塞に立てこもるフランス軍の国外退去に成功した。ペートラーチャーは排外主義者とは言えず、その究極的な目的は王位を得ることにあった。即位後は、簒奪者とみなされ、治世を通じてナーラーイ王の王弟や地方の指導者などによって王位への挑戦を受け続けたが、積極的に対外交易を進めたことが知られている。

（増田えりか）

ペンエーク・ラッタナルアン
เป็นเอก รัตนเรือง（1962〜）

映画監督。ニューヨークのプラット・インスティテュートで美術史と哲学を学ぶ。帰国後はアートディレクターやCM監督を務め、カンヌ国際広告祭で何度も入賞を果たす。バブル時代のバンコク人の刹那的な日常を描いたデビュー作『ファン・バー・カラオケ』（1997年）がベルリン映画祭で上映され、話題となる。『シックスティナイン』（2000年）は、バブル崩壊でリストラされたOLがタイの裏社会の騒動に巻き込まれる様子をコミカルかつシュールに描いた作品で、タイのヒッチコック、タランティーノの再来と評された。娯楽性が高く、大衆受けしたこともあって、国内外の多数の映画賞を受賞。ペンエークの映画は、農業社会を脱したばかりで足が地についていない浮遊感覚や不安感に包まれた新興中産階級の生活を、独特のアートセンスで描く点に特徴がある。演歌好きが高じて軍隊を脱走した青年の逃避行を描いた『わすれな歌』（02年）、若手作家プラープダー・ユンの脚本を元に浅野忠信を主演に起用し、ベネチア映画祭主演男優賞を受賞した5ヵ国合作映画『地球で最後の二人』（03年）、同じ

ペンエーク・
ラッタナルアン

スタッフによる『INVISIBLE WAVES』(06年)、倦怠を迎えた夫婦の奇妙な愛を描いた『プローイ』(07年)など創作意欲に衰えを見せない。　　　(宇戸清治)

ベンチャマボーピット(寺)
วัดเบญจมบพิตร
バンコク都内ドゥシットに位置する1等王立寺院。大理石寺院、マーブルテンプルなどの名でも呼ばれる。由来不詳の小さな寺院だったが、1829年にヴィエンチャンで起こったアヌ王の反乱の際に、首都防衛の兵站が置かれたことから、反乱が鎮圧されたのちに王族の後援を得るようになった。98年にラーマ5世がドゥシット宮殿を建てるにあたってこの寺院の土地を使ったため、その代替として翌年本格的な大寺院に建て替えられ、ベンチャマボーピット(第5の王)と命名された。当時の工芸・建築の粋を尽くして建てられた寺院で、ラーマ5世の遺骨は本尊仏の台座に納められている。ナリット親王の設計による布薩堂はタイの仏教建築中、最も均整のとれた美しさを持つと言われている。イタリアから輸入した大理石を使って建てられており、左右両側から4層の屋根が中央の破風に向かってせりあがっていく様はきわめて優美である。本尊はピッサヌロークのチンナラート仏をかたどったもの。回廊には世界各地の仏像が52体並べられている。また、教法の学習が盛んなことでも知られており、教法学校、図書館などが併設されている。

ベンチャマボーピット寺

いる。　　　　　　　　　(山田 均)

ほ

ポー(寺)
วัดโพธิ์, วัดพระเชตุพน
バンコク都内王宮の南にある1等王立寺院。もとワット・ポーターラームと称す。アユッタヤー時代の創建であるが、創建の時期や事情については不詳。トンブリー時代に王立寺院となり修復を受けた後、ラーマ1世王期に布薩堂、仏堂、回廊など全面的に大規模な新設・改修工事が進められ、タイ各地から集められた仏像が安置された。1801年に落慶法要が営まれ、ワット・プラチェートゥポンと改称された。ラーマ1世の寺院とされ、本尊の台座には王の遺骨が納められている。ラーマ3世王期にも32年から16年間をかけて大規模な新設や改修が行なわれ、現在も残る涅槃仏堂やラーマ1世、2世、3世に捧げられた仏塔などが建造されている。現在に至るまで王室の厚い崇敬を受ける寺院である一方、在家者にも開かれた学問寺院として、タイ詩文、歴史学、タイ式医学、薬学、体操術を伝える場所としても名高かった。現在も境内に按摩術講習所が置かれ、内外の学習者に基本技法を教えている。涅槃仏は全長46m、高さ15m、足裏に108の吉祥図をそなえた巨像で、タイを代表する観光スポットの1つとなっている。　　　　　　(山田 均)

ボーイスカウト
ลูกเสือ, เนตรนารี
男児のボーイスカウトで、タイ語ではルークスア。ちなみに、女児はネートナーリー(ガールスカウト)。ボーイスカウトはイギリスで1907年に始まった。イギリス留学後に即位したラーマ6世は、11年に成人の疑似的軍隊スアパーと、子供のルークスアを組織した。知識や技術によ

って進級する制度など、イギリスのボーイスカウトの方法論を導入しつつも、学校教育の一教科という独特の特徴を持つ。ルークスアの授業がある日、子供たちはルークスアの制服を着て登校する。学校での指導者は教員が務め、全国組織は教育省の一部局である。　（圓入智仁）

ぼうえき　貿易

タイの貿易は、コメや天然ゴムなどの1次産品の輸出から始まり、農産加工品を輸出し、資本財、消費財を輸入するNAIC（農業関連新興工業国）型工業化の過程を経て、現在は、機械・機器同士を取引する水平分業型の貿易構造を有するまでに至った。以下のように、大きく分けると4つの時期に区分することができる。

(1) 貿易黎明期（～1970年）。第1次国家経済開発6ヵ年計画（61年）が策定され、工業化が本格的にスタートした時期にあたる。この期の輸出は、コメ、ゴム、メイズ（トウモロコシ）、錫などの1次産品が中心であった。

(2) 第1次貿易拡大期（71～87年）。貿易テイクオフ期とも呼べる。この間の年平均輸出増加率は19.8％、同輸入増加率は17.3％と、輸出入ともに高い伸びを記録した。主要輸出品目に農水産加工品（冷凍エビ、缶詰、ブロイラーなど）が加わる。

(3) 第2次貿易拡大期（88～97年）。貿易収支赤字の拡大期にあたる。88年に1022億バーツだった貿易収支赤字は、96年に4176億バーツにまで拡大した。経済ブーム期と時を重ね、資本財、消費財の輸入が急増した。主要輸出品目にコンピュータ関連製品が加わる。

(4) 第3次貿易拡大期（98年～）。通貨危機（97年7月）による通貨切り下げの影響で、貿易収支は急速に黒字化した。以後、2005年に赤字を記録するものの、貿易収支は全体として黒字基調を維持している。主要輸出品目に自動車および自動車関連製品が加わり、コンピュータ関連製品を含めて、機械・機器が、07年には全輸出の47％（1998年は42％）を占めるまでになった。一方、コメや天然ゴムなどの1次産品は、大幅にその相対的地位を低下させたが、現在においてもなお、タイの重要な輸出品目となっている。
（宮島良明）

ボーウォーラデート（親王）
พระองค์เจ้าบวรเดช（1878～1953）

ラーマ4世の子である有力王族ナレート親王の第2子として生まれる。兄弟には優秀な人材が多い。10歳から22歳までイギリスに留学し、軍事学を修める。1903年ナコーンラーチャシーマー州軍司令官。09年駐仏公使、14年陸軍大臣補佐、16年パーヤップ州長官、26年陸軍参謀長、28年陸軍大臣等を歴任。33年10月、立憲革命後の政府を共産主義の政権と非難して蜂起するも敗退。サイゴンなどで亡命生活15年。　（村嶋英治）

ボーウォーラデート親王

ボーウォーンニウェートウィハーン（寺）
วัดบวรนิเวศวิหาร

バンコク旧市街北部バーンラムプー運河沿いに建つ1等王立寺院。1824年にラーマ3世王期の副王が創建し、その後、当時出家中だったラーマ4世が寺長となり、戒律厳守を唱えるタムマユット運動の中心となった。19世紀末から20世紀初頭にかけて、仏教教団内部の近代化を進めたワチラヤーン親王をはじめ、幾多の高僧、名僧、学僧を輩出した。王室との結びつきは特に強く、ラーマ4世王期以来、代々の国王を始め、王族の多くはここで出家するという慣習ができている。布薩堂の

建築、ピッサヌロークから招来した本尊プラ・プッタチンナシーなど文化財も多く所蔵している。（山田　均）

ぼうぎゃくのごがつ　暴虐の5月
พฤษภาทมิฬ

1991年2月クーデタの実質的指導者であった陸軍総司令官スチンダーが、前言を覆して92年3月の総選挙後に首相に就任したことに抗議する大規模集会が92年5月に開かれ、首相を支持する軍がそこへ発砲して多数の死傷者を出した事件。抗議運動の指導者はチャムローンであった。事件はその後の政治に大きな影響を与え、とりわけ民主化にとって画期的な意味を持った。第1に、事件直後に、選挙の洗礼を受けない軍人の首相就任を阻止するため憲法改正が行なわれ、首相は民選議員に限定された。このため、92年9月総選挙以後は下院の多数派の支持を受ける政党政治家が首相に就任するようになった。第2に、軍隊が責任を問われて政治からの撤退を余儀なくされた。民主化に伴い軍を支持基盤とする政治家がいなくなったため、軍は政治の舞台へ戻るのが難しくなった。第3に、軍に続いて行政官庁の力を削ぐために、中央集権的支配の打破を求める声が強まり、地方分権が始まった。第4に、都市中間層が抗議集会の主力とみなされて、政治的発言力を飛躍的に高め、世論を左右するようになった。中間層の代弁者を自任する知識人は政党政治の改革を求めるようになり、97年には憲法の全面改正が行なわれた。（玉田芳史）

ほうげん　方言

タイ系諸言語は、中国南部、雲南、ヴェトナム北部、ラオス、タイ、ミャンマー東部などに現在広く分布してはいるが、その分散が比較的近年のものであるため、これらの言語の間に見られる差異は言語学的に言って小さい。したがってタイ国内のタイ語の方言差も比較的小さく、主に音韻、語彙、文法的な付属語の面にとどまり、基本的な語順などの文法の根幹にまで及ぶようなものではない。

地域方言としてのタイ語の方言は、その地理的な位置によって、中部方言、北部方言、東北部方言、南部方言の4つに大きく分類されている。中部方言はバンコクを中心とする平野部を中心に、北部方言はターク～ウッタラディット以北、東北部方言はパーサック川からメコン川流域、南部方言はチュムポーン以南に分布する。タイ語では、声調と言って、母音を中心とした声のピッチの上昇、下降を単語の意味の区別に用いるが、それぞれの方言の区別の上で声調の数の違いは主要な特徴の1つである。

中部方言はいわゆるシャム族のシャム語であって、その音韻体系が国語である標準タイ語の母体となっている。中部方言は5つの声調を持っている。タイの政治的、文化的中心であるバンコクを中心にして話されているため、ほかの方言に比べると、新語や借用語などによる語彙の改新が活発である。北部方言はラーンナー・タイ語とも呼ばれ、古くからチエンマイを中心とするラーンナー・タイ王国の言語として、独自の文化的伝統を担っており、モン(Mon)文字から発展した独特の文字(ユワン文字またはラーンナー・タイ文字)とファック・カーム文字とを用いて書かれてきた。北部方言は6つの声調を持っており、ラーンナー・タイ文化圏の共通語としてその威信は高く、周辺の少数民族語に対して、カム・ムアン(都市のことば)とも呼ばれる。東北部はラオ文化圏に属しており、東北部方言はこの地域の主要な住民であるラオ族の言語で、ラオ語のヴィエンチャン方言にきわめて近いとされ、ラオ文字とほとんど同じタム文字、およびタイ・ノーイ文字で書かれてきた。東北部方言は6つの声調を持っている。南部方言の話されている地域は中部との歴史的結び付きが強く、文字も中央と同じタイ文字とコーム文字が使われてきた。南部方言の声調は7つの声調を持っている。その特徴としては、2音節語の第1音節の音節頭音と母音とが脱落

して1音節語化する現象が目につく。

　これらの地域方言は更にいくつもの下位方言に分類されうることが知られており、音韻および語彙の地理的分布を中心とした言語地理学的研究が近年盛んに行なわれている。このほかにも、タイ国内には多くのタイ系、あるいは非タイ系諸言語が少数民族言語として散在している。そのうち北部のタイ・ヨーン語、タイ・ヤイ語、タイ・クーン語、タイ・ルー語、東北部のプー・タイ語、セーク語、ヨー語などは、タイ系の少数民族語である。
〔峰岸真琴〕

ほうせいど　法制度

非西欧諸国の法制度は、歴史的文化的に独自に生成・発展してきたものであるから、これを近代西欧法の諸概念を基準に論じることは、その国の法文化を正確に知ることにつながらない。タイもスコータイ王朝期から特有の法文化を保ち発展させてきた。ラッタナコーシン朝初期まで、法とは伝統的な法体系における根本規範であるプラタムマサートに具現された尊厳なるものであり、国王ですらこれに変更を加えることはできないと信じられてきた。国王はただ、プラタムマサートの法原則に従う限りで法令を発布することができた。これらの法令や個別事件への判決は蓄積され、ラーチャサートと総称されるプラタムマサートの下位法となった。ラーマ4世時代には、西欧諸国との接触が増し、統治者も法を「創造」することができるという近代法思想がもたらされた。その結果、「法律（プララーチャ・バンヤット）」、「勅令（プララーチャ・カムノット）」やその他の国王による布告が「制定」され官報に登載されるようになった。もっとも、この時期、官報登載が法令施行の条件ではなかった。ラーマ5世期に入ると、上位法としての法律は大臣会議（ラッタモントリーサパー）の審議を経て王璽が捺印され公布される形式となった。この他、新たに各省が国王の許可を得て公布する「省令（コット・コーバンカップ）」と省内規則を定めた「大臣令（コット・セーナーボディー）」の形式をとる下位法が登場した。

【法令の種類】1932年の立憲革命によって、法律は人民代表院で審議され通過したのち、国王によって公布されることで発効する法形式となった。立憲革命以前に公布された法令については、憲法に反しない限り効力を有した。一方、「プララーチャ・カムノット（勅令）」は、今日、国家緊急事態の際に内閣が起草し国王が署名することにより発効するので、emergency decree（緊急勅令）と呼ばれる。これは、国会審議を経ずに公布されるため、国会の追認が必要とされるが、追認されない場合その緊急勅令は失効し、追認されれば法律と同等の効力を維持する。この他に、革命後の過渡期には、人民代表院の助言と承認があれば、国王はプララーチャ・クリッサディーガー（国王の布告）を発することができたが、32年憲法では、国王は法律に反しない限りこれを公布することができると規定された。今日これは、そのほとんどが依拠法に基づき内閣の助言と承認によって国王が署名する形式の法令であるので、我が国の政令とほぼ同じ概念である。一方、革命以前に法律と同格に位置づけられていた「国王令（プラカート・プラボーロムラーチャオンカーン）」は、今日では、政令の下位に置かれる法形式となっている。以上の他に、「革命団布告（プラカート・コーン・カナパティワット）」とは、クーデタによって全権を奪取した主体が公布する法令である。これらの布告の中には、法律と同格に扱われるものがあるほか、それ自身が政令と同等の効力を有する旨の条文を置いている場合がある。「省令（コット・クラスワン）」とは、法律を具体的に実施するため、首相ないし所轄大臣によって署名・公布される法令である。この省令と同格の法令として、各種国家委員会、たとえば、文民行政官委員会（カナカムカーン・カーラーチャカーン・ポンラルアン）が公布する「文民行政官委員会令（コット・コー・

ポー)」や教員委員会(カナカムマカーン・クルー)が発する「教員委員会令(コット・コー・コー)」などがある。これらは、一般国民を名宛人としているものではない。省令の下位法は、各省が発する「告示(プラカート・クラスワン)」である。これは官報に登載される。また、各種国家委員会も告示を発することがある。「規定(ラビアップ)」とは、法律に基づき各省庁が公布するもので、官報登載の必要はなく、所轄大臣などが署名することで発効する。「規則(コー・バンカップ)」も法律を実施するための具体的な細則である。その他の法令としては、「バンコク都条例」など行政組織が公布する条例がある。

【主要法令】タイでは1932年の憲法公布から数えて16の憲法が制定された(2008年現在)。これは主に、軍事クーデタや政変により憲法が新たに制定されたためである。また憲法の修正や増補を行なうための法律がしばしば公布されることがあるが、このように、憲法規定を柔軟に捉える態度もタイの憲法文化の特徴である。1956年に公布された刑法典は、旧刑法典(08年)の影響を受けている。民商法典については、第1編(総則)、第2編(法律行為・債務)が23年に、第3編(契約)は25年に、第4編(物・財産)は31年に、第5編(家族)、第6編(相続)は35年に公布された。財産法は、ドイツ法を継受した日本民法典をモデルに起草された。婚姻・相続分野ではタイの伝統的価値観が色濃く反映されている。「刑事訴訟法」および「民事訴訟法」も35年に公布された。以上の諸法典のうち、実体法は大陸法系に属するが、手続法では英米法の影響も受けている。なお46年の南部4県(パッターニー、ナラーティワート、ヤラー、サトゥーン)へのイスラーム法適用に関する法律により、家族・相続に関する訴訟では、原告・被告ともイスラーム教徒であればイスラーム法が適用される。　　　(飯田順三)

ほうせき　宝石

タイの宝石は豊富な鉱床を有し、国際的にもアメリカ、南アフリカ、ミャンマー、スリランカに次ぐ宝石産出国に数えられる。特にルビーとサファイアは、チャンタブリー、カーンチャナブリー、トラート県が主産地である。ただし、タイ国内の宝石産業の急速な発展により、国産の宝石だけでは供給が足りず、ミャンマー、スリランカ、南アフリカなどからも輸入される。これは、その宝石加工の高度な技術ゆえに、タイが世界の宝石交易の一中心地の役割を期待されているからでもある。宝石産業はタイの主要輸出産業として年1000億バーツ以上の輸出収入を生み出し、デザイン、組み付け、カット等の関連部門の雇用にも寄与している。
　　　　　　　　　　　　　(中嶌知義)

ほくぶ　北部

【行政的区分と文化的区分】行政区分上では北部は、南はナコーンサワン、ウタイターニーから北はチェンマイ、チェンラーイまでの17県からなる。北部上部の8県(チエンラーイ、チエンマイ、ラムプーン、ラムパーン、ナーン、パヤオ、プレー、メーホンソーン)と北部下部の9県(ウッタラディット、スコータイ、ピッサヌローク、ピチット、ターク、カムペーンペット、ペッチャブーン、ナコーンサワン、ウタイターニー)に大きく二分される。主たる産業は農業であるが、ラムプーン、ナコーンサワン、ピチットには工業団地も建設され、工業化の振興も図られている。特にラムプーンの北部工業団地は多くの日系企業も進出し、北部工業界の中心的な位置を占める。またチエンマイを中心に観光も重要な産業となっている。

　歴史的には北部上部は、19世紀末にシャム(ラッタナコーシン朝)に併合されるまで、ラーンナー・タイ王国の支配地であり、独自の文化・伝統(言語・宗教・慣習など)を保持してきた。行政的区分とは異なり、一般的に「北タイ」、「北部」といえば、ラーンナー地方とも呼ばれる北部上部を指す場合が多い。一方、北部下部は中部のデルタ地域との連続性が強く、歴史的

にもスコータイ、シーサッチャナーライ、ピッサヌローク、ナコーンサワンなど重要なムアンが建設されてきた中部タイ人（シャム人）の世界である。

【山脈と河川】北部全体の地理的特徴は、ヒマラヤ山脈から東南アジア大陸部へとつながる2000m級の山脈群が南北に走り、その山脈の間を北から南へと河川が流れるという点である。東端には一部がラオスとの国境をなすメコン川とルアンパバーン山脈、西端には一部がミャンマーとの国境をなすタンルウィン（サルウィン）川とタノントンチャイ山脈があり、その間にチャオプラヤー川がピーパンナーム山脈（東・中央・西）の間を流れ、中部平原に至る。チャオプラヤー川（ピン、ワン、ヨム、ナーン）、メコン川（コック、イン）、タンルウィン川（パーイ、ユアム、ムーイ）の支流沿いには、古来より北部の主要都市が立地しており、この地域で13世紀以降勢力を伸展させたタイ系民族のムアン形成における河川とその周辺に広がる平地の重要性を示している。

ピン川水系にはチエンマイ、ラムプーン、カムペーンペットが、ワン川水系にはラムパーンが属し、ピン川とワン川はタークで合流する。ヨム川水系にはプレー、スコータイが、ナーン川水系にはナーン、ウッタラディットが属し、ピッサヌロークとピチットはヨム川、ナーン川の両水系に属す。ナコーンサワンでヨム、ナーン、ピンの3河川が合流し、チャオプラヤー川本流を形成する。ペッチャブーンを流れるパーサック川は中部のアユッタヤーにてチャオプラヤー川本流に合流する。チエンラーイとチエンセーンはコック川水系、パヤオ、チエンコーンはイン川水系に属する。メーホンソーンを流れるパーイ川やユアム川、メーソートを流れるムーイ（タウンジン）川はタンルウィン水系に属する。歴史的に見て河川はムアン同士をつなぐ重要な交通路の1つであった。

【北部山地と中部平原】地理的な景観から見ると、北部上部と北部下部で大きく異なる。北部上部は、西・北方はミャンマー、北・東方はラオスと接しており、その大半がチャオプラヤー川上流域の北部山地にあたる。その地理的特徴は土地の大半を占める山地とその間を流れる河川沿いの平地や盆地である。平地・盆地は土地面積の4分の1しかない。平地は、主としてタイ・ユワン、タイ・ルー、タイ・ヤイなどのタイ系民族によって小規模灌漑（ムアン・ファーイ）を使用した集約的な農業（水稲耕作中心）が行なわれ、タイ系民族のムアンが形成されてきた空間である。山地は豊かな森林を有し、19世紀後半から20世紀半ばまではチーク伐採が盛んに行なわれた。また数多くの森林産物の産地としても知られている。山腹では山地民による焼畑耕作も行なわれてきた。近年になって山地民の焼畑による森林消失やケシ栽培が社会問題化され、定着化やケシ以外の換金作物の導入が図られている。このような北部上部の生態・社会環境は、タイ系民族の「盆地国家」が形成されてきた中国西南部から東南アジア内陸山地と共通している。

北部下部は、チャオプラヤー川中流域に位置し、西方はミャンマーと国境を接し、東方はペッチャブーン山脈を挟んで東北部と境を接する。この地域では北部山地から流れてきたチャオプラヤー川の支流が合流を繰り返し、北部下部中央には河川沿いに低平地（氾濫原）が形成され、その外側に扇状地や段丘といった山麓傾斜地が広がる。この北部下部の中央平地は、チャイナート以南のチャオプラヤー川下流域のデルタと連続して中部平原を形成し、ナコーンサワンやピチットなど平地で水利に恵まれたところはタイでも有数の米どころとして知られる。その一方で、これらの中央平地を取り囲むように広がる周辺部の山地は北部山地と連続し、豊かな森林資源を抱えており、かつては林業でも栄えた。このように北部下部はチャオプラヤー川上流域の北部山地と下流域のデルタ双方の性格を持つ中間領域である。

（村上忠良）

ほごみん　保護民

19世紀末、タイに流入する中国(清)人のような無条約国人は、領事裁判権を有していた国の領事館に登録することによって保護民の法的地位を取得できた。これ以外にもタイの周辺諸国がイギリスやフランスによって植民地化されると、これらの国の人々は宗主国のアジア臣民となった。1896年のフランス保護民は3万人で、この大半は中国人とヴェトナム人であった。イギリスのアジア臣民と保護民はビルマ(ミャンマー)人、シャン人、中国人などで数千人に上った。彼らはタイの裁判管轄権を免除されていたので、タイ国内治安を不安定にさせる要因となった。　　　　　　　　　　　（飯田順三）

ホーせいばつ　ホー征伐
การปราบฮ่อ

ホーとはラオ系民族の言葉で中国から内陸経由で入り込んできた漢民族を表す語である。1860年代から太平天国の乱の残党や困窮した住人が盗賊となって、ヴェトナム、ラオス方面に入り込んでいた。75年にはシエンクワーン方面に入り込んだホーを征伐するため、ラーマ5世は地方のムアンに命じて最初の征伐隊を派遣した。その後83年にも征伐隊を派遣したが、一掃できなかったことから、85年にはバンコクからルアンパバーン、シエンクワーンへ向けて大規模な征伐隊を派遣した。しかし、征伐隊が引き上げた後にホーが再びルアンパバーンを襲撃したことから、88年に征伐隊が再派遣された。フランスも征伐隊を派遣し、シップソーンチュタイがフランスに割譲される契機となった。　　　　　　　　（柿崎一郎）

ボータン
โบตั๋น(1945〜)

作家(女性)。本名スパー・シリシン。筆名は中国語の「牡丹」を指す。チュラーロンコーン大学修士課程を修了後、女性雑誌『サトリーサーン』や政府系出版社で編集に関わり創作に励む。『タイからの手紙』(1969年)は、タイ社会批判に加え、華人とタイ人が互いの価値観を認め合うことによる調和的発展の必要性を描いた書簡形式の小説で、69年度のSEATO(東南アジア条約機構)文学賞を受賞、作家としての地位を確立した。映画化された『その女の名はブンロート』(81年)のように経済的自立を目指す女性を描くものが多い。短篇小説のほか、英米文学の翻訳、児童文学の出版も手がける。　　　（宇戸清治）

ポット・サーラシン
พจน์ สารสิน(1905〜2000)

元首相。ラーマ5世王時代に政府に仕えた中国系の医師プラヤー・サーラシンサワーミパックの長男。バンコクの生まれ。アメリカで法律学を修め、弁護士開業。1947年クーデタ後上院議員、49年外務副大臣に就任、50年外務大臣に昇進するが、ヴェトナムのバオダイ政権承認問題で対立、辞任する。52年から駐米大使、57年にSEATO(東南アジア条約機構)事務局

長、57年9月クーデタの後選挙管理内閣の首班として約3ヵ月間首相を務めた。63年に国家開発大臣、69年に副首相兼国家開発大臣。実業家でもある。

（加藤和英）

ポップス

ヴェトナム戦争の休暇米兵相手に飲食店やホテルで英米のカバー曲ばかりを演奏していたバンドからも、1970年結成のジ・インポッシブルズのように、タイ語によるオリジナルの歌を歌うバンドが登場した。若者だけを相手にした音楽、タイ・ポップスの誕生である。日本語の「ポップス」に当たる語を、タイ語では「ストリング」と言う。英語のStringが語源だ。管楽器主体のジャズバンドから、電気ギター主体の弦楽器のバンド主体の音楽に変わったということだ。83年創業のレコード会社グラミー・エンターテインメント（現GMMグラミー）は、若者たちが金銭的に豊かになってきた時代に呼応して、ロックやアイドルポップなど続々と音楽市場に送り出した。国民的大スターであるトンチャイ・メークインタイ（通称バード）、兄弟バンドのアッサニー・ワサンなど、売れている歌手やバンドのほとんどがグラミー所属と言ってもいいほど急成長した。80年代は、ミュージック・ビデオが盛んになる時代でもあった。90年代なかばに登場してきたのが、モダン・ドッグのようなインディーズ・バンドである。21世紀に入り、急激にCDが売れなくなり、街のCDショップが次々と閉店している。

（前川健一）

ポーティラック
สมณะโพธิรักษ์（1934〜）

上座仏教系の宗教団体サンティ・アソークの創設者。1970年に僧侶として得度する。プッタタート師の改革的な思想に共鳴したが、厳格な戒律実践を自他に課す独自路線を展開。他僧の戒律実践の不十分さに厳しい批判を行ない、73年にサンガを離脱して活動。後に無資格で僧侶を

ポーティラック

得度させた件が問題となり、89年に大長老会議によって強制還俗後、起訴され有罪となる。現在は僧籍を剥奪され、茶褐色の修行衣を着用しサンティ・アソークの指導者として活動している。ただし、本人は還俗したつもりはないと主張している。

（矢野秀武）

ほどほどのけいざい　ほどほどの経済
เศรษฐกิจพอเพียง

通貨危機に見舞われた1997年の12月4日、国王が誕生日の前日に行なう恒例の講話の中で提唱した新しい理念。タイ語はセータキット・ポーピエン、英語はsufficiency economy、日本では「充足経済」、「足るを知る経済」とも訳している。国王はこの講話の中で、「タイは小さな虎にとどまらず、大きな虎になることに狂奔してきた。…しかし、虎になることは重要ではない。重要なことは足るを知ることである」と主張。その後、この理念を検討する委員会を政府が設置し、同委員会は「ほどほどの経済」の構成要素を(1)節度を守り、(2)道理をわきまえ、(3)外部から襲ってくるリスクに抵抗できる自己免疫力を持つことに求め、知識と倫理に基づいて調和と安全と持続可能性の3つを目指す経済・社会と定義した。こうした考えは、世界のグローバル化や自由化に振り回されるのではなく、仏法（ダルマ）に従って正しい生活を送ることを目指すもので、具体的には環境に優しい農業を重視する経済運営を意味する。第9次5ヵ年開

発計画で「人間中心の開発」と並ぶ柱に設定され、タックシン首相追放を目的とするクーデタの直後に開始された第10次5ヵ年開発計画（2006〜11年）で、計画全体の中心概念に据えられた。　（末廣　昭）

ポーノ
ปอเนาะ

教師（ト・グル）の家のまわりに子供から老人に至る様々な年齢の学生が小屋を建てて住みながら、継続的かつ実践的に書物を学ぶ形式のイスラーム教育機関。ジャウィ語アラビア語等の書物を学ぶ。インドネシア語、マレー語で言う「ポンドック」であり、中東のマドラサおよびインドのアシュラムの流れを受け継ぐ。タイ政府は、1961年からポーノの登録制が始まり、登録されたポーノは65年から私立イスラーム教学校へと順次改編され、学年制、通学生など近代学校的な要素が導入されていったが、その時期には登録や改編されないものを「ポーノ」と呼ぶ傾向があった。しかし、これらも2004年には公式の「ポーノ学校（サターバンスックサー・ポーノ）」として登録する新たな制度が開始された。　（尾中文哉）

ボーラペット（池）
บึงบอระเพ็ด

北部下部のナコーンサワン県にあるタイ最大の沼沢池で、チャオプラヤー川の4支流の1つナーン川の左岸にある。ボーラペット池の面積は約212km²であり、現在148種の動物、44種の植物が見られる。タイ国内に分布する大部分の魚類が生息し、毎年11月〜3月には多くの水鳥が飛来する。池の一部は野生生物保護局の管轄下にあり狩猟禁止区域となっている。水産局はこの沼沢地が魚類の産卵場となることから漁業ステーションを設置して資源管理を行なっている。一方、エコツーリズムの名所として船で観光ができる。　（秋道智彌）

ボーロムマコート（王）
พระเจ้าบรมโกศ（1681?〜1758）

アユッタヤー王朝第33代の王。在位1733〜58年。ターイサ王の弟で、同王の崩御後、その王子を退け王位についた。統治期間は25年にわたり、平和が続き、仏教が厚く信奉され文芸が興隆するなど宮廷文化が開花した時代とされる。後にビルマ（ミャンマー）の侵略からタイを救うタークシン王およびラーマ1世は、共に王の統治初期に誕生し青少年期を過ごしている。王の即位にあたりターイサ王時代の華人系プラクランは失脚し、同職には53年まで王位継承戦の功労者でインド系のバラモンの家系に属する官僚がついたが、対中交易の重要性は変わらず、宮廷における華人系官僚の活躍も前代と同じであった。支配末期には宮廷内の権力闘争が激化し、王子らが相争う有様は、アユッタヤー陥落後にタイ在住華人が語った「老王の王子たちは互いに仲違いを繰り返し、それがビルマの侵略を招いた」という言葉からも窺うことができる。一方ビルマにおいては、タウングー朝を滅ぼしたモン人を退け、52年にアラウンパヤーが新王朝を成立させていた。同王朝がタイの支配領域に進軍を開始し、アユッタヤー王朝が416年の歴史を閉じる日は目前に迫りつつあった。ちなみに、王は同王朝において正式な葬礼により葬られた最後の王であることから、「竪式棺（坐棺）」を指すボーロムマコートの名で最もよく知られている。　（増田えりか）

ボーロムマラーチャーティラートいっせい
ボーロムマラーチャーティラート1世
พระบรมราชาธิราชที่ 1（？〜1388）

アユッタヤー王朝の第3代の王で、旧称クンルアン・パグワ。在位1370〜88年。王位に就く前はスパンブリー領主を務めており、ウートーン王の王妃の兄あるいは弟であった。69年のラーメースワンのクメール攻撃を支援して勝利を導き、同年ウートーン王の死去に伴いラーメースワンが即位するものの、より権力基盤の強

固なパグワが翌年その座を奪還し、ボーロムマラーチャーティラート1世として即位した。スパンブリー王家最初の王であり、以後ロップリー王家との間で王位獲得競争が続くが、1409年にロップリー王家の血筋が途絶え、スパンブリー王家が16世紀後半の第1次アユッタヤー陥落まで王位を継承することとなる。

(柿崎一郎)

ボーロムマラーチャーティラートにせい
ボーロムマラーチャーティラート2世
พระบรมราชาธิราชที่ 2 (？～1448)

アユッタヤー王朝の第8代の王で、旧称チャオ・サームプラヤー。在位1424〜48年。第7代のインターラーチャー王の3男であり、王位に就く前はチャイナートの領主を務めていた。24年に父王が死去すると、3兄弟の間で王位継承争いが発生したが、長男と次男が騎象戦によって命を落としたことから、3男のサームプラヤーがボーロムマラーチャーティラート2世として即位した。王はクメール帝国への攻撃を行ない、31年にアンコールワットを陥落させた。この結果、クメール族はアンコールの都を捨てて東南へと政治拠点を移動させ、アユッタヤーにはクメール人式の王権思想や文化が流入し、従来のタイ族とは異なった「シャム」的な文化が出現する契機となった。(柿崎一郎)

ポンサーワダーン
พงศาวดาร

タイの王朝年代記。国王の治績を中心に歴史を語る「王統史」を意味する。これに対し、パーリ語『ジナカーラマーリー』や北部タイ語『ムーラサーサナー』など、仏教史の枠組みにより歴史を叙述するもう一種の歴史書に「タムナーン」がある。代表的な「ポンサーワダーン」は、『アユッタヤー王朝年代記』と『ラッタナコーシン王朝年代記』である。前者には、略述本と詳述本の2種があり、いずれも小暦712年(1351年)をもって王朝の始まりとする。現在8種類の写本の存在が知られているが、いずれも19世紀に製作されたものである。このほかに16世紀の作とされる断簡の存在が知られる年代記がある。『ラッタナコーシン王朝年代記』には、『1世王年代記(1782〜1809年)』、『2世王年代記(1809〜24年)』、『3世王年代記(1824〜51年)』、『4世王年代記(1851〜68年)』がある。『5世王年代記』と題する年代記もあるが、記述は治世の最初の数年にとどまる。

(石井米雄)

ま行

ま

マイ・ムアンドゥーム
ไม้ เมืองเดิม（1905〜42）

作家。本名カーン・プンブン・ナ・アユッタヤー。ラーチャボーピット旧制中学で英語とフランス語を学び、王宮に勤務した経験を持つ。その後の事業の失敗で9年間を生活苦にあえぐ。のち作家として成功し、アルコール依存で亡くなるまでのわずか6年の作家生活で40編近い小説と評論集を残した。中部の農村をこよなく愛し、『傷あと』（1936年）など農民を主人公とする小説、ビルマ（ミャンマー）と闘う愛国的民衆を描いた『バーンラチャン』（40年）、『クンスック』（42年）など歴史小説を得意とした。中でも『傷あと』はチュート・ソンシー監督によって映画化され、当時最高の興行成績を上げた。（宇戸清治）

マイ・ムアンドゥーム

まさおとうきち　政尾藤吉（1870〜1921）

法学者、外国人顧問。1870年11月17日愛媛県大洲藩の御用商人のうちに生まれたが、廃藩置県をきっかけに没落。そのために苦学しながら東京専門学校を卒業し、関西学院神学部を1年で中退してアメリカに私費留学。エール大学で「民事法博士」を取得した。帰国後ジャパンタイムスに勤務したが、国の近代化に取り組んでいたタイ王室から日本人法律顧問の派遣要請があり、97年政尾がタイに赴いた。28歳であった。外務省書記官として出発し、98年4月にはロラン・ジャックマン総務顧問補佐を経て、1901年4月には法律顧問となった。政尾の赴任以前からベルギーから派遣されていた法律顧問がタイの司法制度の改革に貢献していたが、新しく刑法典を作成することになり、政尾が実質的に草案を作成した。日本、ベルギー、インド、スイスの刑法を参考にして草案を作り、立法評議会に提出されたが、審議が進まなかった。パデューが立法顧問となるなどフランス人の法律顧問が増加し、草案への反対意見が出たが、最終的に彼の案が08年6月1日に公布され、ラーマ5世の誕生日である9月22日から施行された。03年10月から最高裁判所の裁判官となって、近代的な訴訟形式の定着に貢献した。更に、民商法の制定にも参画し、一夫多妻制の維持を主張するパデューの意見と対立したが、決着がつく前に腎臓病の悪化で、13年9月日本へ帰国した。最終的に35年に制定された民商法では一夫一婦制が採用された。シャム古代法の研究が評価され、東京大学から法学博士を送られ、日本でのタイ留学

政尾藤吉

生の支援も行なった。日本に帰国後、衆議員議員を2期務めたが、3期目には立候補を断念し、20年12月20日特命全権公使となって、21年2月25日バンコクに到着した。政尾の任務はタイとの間の不平等条約を廃止することであった。治外法権によって日本人のタイでの自由な移動が規制され、タイでの商業活動が規制されることを批判していた政尾は不平等条約の廃止に全力をあげたが、21年8月21日脳溢血のために、公使館で死亡した。シャム王族勲章第二等、シャム国王冠大授賞を受け、「プラヤー・マヒトーンマヌーパコーンコーソンクン」という欽賜名を受けた。　　　　　　　　　（香川孝三）

まじない　呪い
ไสยศาสตร์

タイ語では「サイヤサート」と呼ばれる。精霊崇拝やバラモン教祭祀などと混じり合って発達した。古典文学には頻繁に登場する。モー・ピーと呼ばれる呪術師によって使用される。また、まじないと同様の知識体系に従い、精霊を憑依させたり、占星術や運勢図などを用いたりすることによって、宝くじの当選番号や将来などを占うこともできる。占い師はモー・ドゥーと呼ばれる。なお、政治家など間でも占いが盛んで、場合によっては、占いによって政治の動向が左右される場合がある。　　　　　　　　　　（加納　寛）

マス・メディア

マス・メディアとは少数の送り手が不特定多数の受け手に対してメッセージを伝達する媒体の総称を言う。典型的なマス・メディアは新聞、テレビ、ラジオ、雑誌の4媒体を指す。タイのマス・メディアは東南アジア諸国の中でもきわめて良く発達している。500あまりに上る新聞、6局体制の地上波テレビ、衛星放送、ケーブルテレビ、500局を超えるラジオ局(総理府広報局に認可されているもの)、数千に上ると見られるコミュニティFMラジオ局(ウィッタユ・チュムチョン)、バラエティに富んだ数々の雑誌など、人々が接触できるマス・メディアは数多い。また、マス・メディア的機能を併せ持ったインターネットも全国へ急速に普及しつつあり、一部の人々にとっては生活の中で最も重要な準拠メディアとして機能するようになっている。更に高架鉄道やスーパーマーケットなどで配布されている無代紙も急速にその紙数を増やし、有力な広告・情報伝達媒体になりつつある。放送系のマス・メディアでは、1990年代以降、衛星放送とケーブルテレビによる多チャンネル化が著しく進んだ。CPグループが所有するTrue Visions UBCや新聞社プーチャッカーン社主のソンティ・リムトーンクンが所有するASTV(Asia Satellite TV)が衛星放送サービスを行なっている。ケーブルテレビは、True Visions UBCが首都圏で局を運営している。タイ全土には500局余りのCATV局が存在しているが、それらは専らテレビ電波の再送信をその業務とするにとどまっており、高度な電気通信サービスの提供には至っていない。また、MMDS(Multipoint Multichannel Distribution System)方式を使用したテレビサービスも見られ、TTV(Thai TV)がネーション・チャンネルという名称で、ニュースなどを放送している。

メディア統制という点から見ると、現行憲法下でも表現の自由は保障されており、その規制は東南アジア諸国の中で緩いほうであると言える。しかし、その一方、王室批判、国家の安全や公的秩序・道徳を乱すこと、仏教への侮辱などの行為は禁じられており、究極的には支配的な道徳的価値や国家・文化体制への服従が求められる。更にマス・メディアへの国家や権力の干渉という点から見ると、地上波テレビ局やラジオ局など放送メディアはその存立を免許という形で国家に握られている上に、経営と運営が国家またはその下部機関のコントロールのもとにあるため、日常的に権力から干渉を受ける素地があり、言論の自由やジャーナリズムの自由は十分保証されていない。一方、

新聞や雑誌は民営であり、言論の自由は比較的確保されている。したがって、タイのマス・メディアは統制・規制の厳しい放送メディアと規制の緩い新聞・雑誌の併存体制にあると見ることができる。

近年におけるタイのマス・メディアの動向において注目されるのは、第1にUHF局iTVの顛末である。この放送局は92年の「暴虐の5月」の後、政府から独立した中立な民間放送局の必要性が叫ばれ、その結果として、95年に開局した。しかし、iTVは放送時間の7割をコマーシャル収入が十分見込めない報道番組にあて、なおかつ年間3億バーツの放送事業権料契約を総理府と結んだことから、当初から経営状態が思わしくなかった。そのため、2000年にシン・コーポレーションによる資本参加を受けて、経営の立て直しを図った。02年にiTVは総理府に、報道番組の放送比率の改正と放送事業権料の大幅減額を要求し、04年にこの要求は認められたものの、総理府はこれを不服として行政裁判所に提訴した。06年に中央行政裁判所は、04年の決定を無効との判決を下した。この決定を06年最高行政裁判所も支持し、その結果iTVは減額された放送事業権22億バーツと違約金を支払うことが確定した。しかし、iTVはこれらの支払いができず、結果的に07年に放送免許を取り消され、局を政府が接収し、TITV（Thailand Independent Television）を経て、08年2月1日、TPBS（Thai Public Broadcasting Service）というタイ初の公共放送局として新たに出発した。iTVは放送自由化の象徴的存在であったが、その消滅によって、タイから純粋民間局がなくなることになったのである。第2に注目されるのは、最近、激増しているコミュニティFMラジオ局である。コミュニティFMラジオ局は1997年憲法第40条を根拠として設立されたが、無線局の開設、電波の発射などの免許事項・運営などを直接規律する法が整備されないまま、全国に乱立しているのが現状である。法的裏付けを持たないがゆえに、現段階ではコミュニティFM局は政府の干渉から自由に放送することができる。こうした事情を背景に、コミュニティFM局では住民や設立団体が自由に番組編成を行なっているが、今後、住民・市民自らが主体的に使える放送媒体として機能できるかが問われている。　　　　　　（岩佐淳一）

マッサージ

アユッタヤー期以降の宮廷医はマッサージを用いていたことが史料により明らかにされている。農村部では主に産婆が、妊産婦のみならず痛みを抱えた人をマッサージによりケアしてきた。近年人気のタイ・マッサージは、体の「セン（すじ）」への加圧と、かつて修行僧が編み出したとされる「隠者の体操」の姿勢を組み合わせて行なわれる。1960年代以降、タイ・マッサージは観光・性産業の中で利用されるようになった。一方、70年代末からの世界保健機関の政策や国内の伝統医療復興運動等の影響により、政府は「タイ式医療」を制度化し、タイ・マッサージをその療法の1つに定めている。　　（飯田淳子）

マナット・チャンヨン

มนัส จรรยงค์（1907～65）

作家。ソムデットチャオプラヤー校を中退。学生時代は音楽やサッカーに打ち込んだ。故郷ペッチャブリー県での役所勤めや音楽教師を経て、複数の新聞社、出版社を渡り歩く。その頃の、小説を地で行くドラマチックな恋愛や人生体験は彼の小説の至る所に生かされている。『月曜

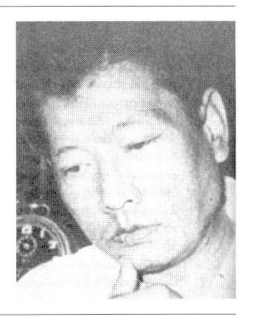

マナット・チャンヨン

『デーリーメール』に掲載された短篇『苦楽の伴侶』(1930年)が処女作品。その後、『週刊サヤーム・サマイ』を中心に精力的な創作活動を行なう。一時はプルーンチット出版社から発行した廉価本で潤った資金で故郷に土地を買い、農園を経営したが失敗、バンコクに戻る。その生涯で短篇1000編以上、長篇20編以上を残し、タイ最初の職業作家と言われる。作品は大別すると、農民気質や農村生活もの、バンコクの風俗に取材したもの、伝統芸能に生きる人間を描いたもの、南部もの、山岳民族もの、小説家の生活を描いたもの、意地悪爺さんを主人公とする諷刺小説に分けられる。代表作は、密林で重労働をさせられている囚人のひたむきな恋を描いた『追い撃ち』(42年)。これは英訳され、オーストラリアの文芸誌『スパン』に掲載された。ほかに、賭けに利用され惨めに死ぬ闘牛の物語『サーコ』(43年)、太鼓打ちの男と義妹の踊り子の悲恋物語『踊り子の腕』(50年)などが知られる。(宇戸清治)

マノーパコーンニティターダー, プラヤー
พระยามโนปกรณ์นิติธาดา (1884〜1948)
政治家。バンコクで誕生。1902年法務省法律学校卒後、法務省入省。06年から3年間イギリスに留学し、バリスターの資格を取得。帰国後、裁判官となる。18年農業省次官、22年商務省次官、26年高等裁判所長。このほかに、法律起草委員会委員、枢密院議員など兼任。妻は王室の女官で、ラーマ7世夫妻の仏領インドシナ訪問に随行中、自動車事故のため死亡した。立憲革命後、人民党はラーマ7世の信頼が厚いことを重視して初代首相に推薦。在任中にプリーディーの提案した経済計画案に反対して、急進派の多い国会を停止し反共法を施行した。33年6月20日人民党若手のクーデタで退陣、ペナンで亡命生活を送った。(村嶋英治)

マハーサーラカーム
มหาสารคาม
バンコクの北東475kmに位置する東北部の県。19世紀半ばに東隣のローイエット領の一部を分割して新たなムアンとして設立され、その後バンコクの直轄となり、県となった。1932年に北のカーラシン県を併合したが、47年に再び分離された。戦後は東北部の教育の中心地とするべく、68年には国立の短期大学が設置され、現在はマハーサーラカーム大学となっている。県内には岩塩が多く産出し、内陸部であるにもかかわらず塩田が広がっているが、塩田からの排水によって水田に塩害が発生するという問題も発生している。(柿崎一郎)

マハータート(寺)
วัดมหาธาตุ
釈迦の遺骨である仏舎利を収めた寺という意味を持ち、タイ各地の重要都市に建設されている。スコータイ最大の寺院マハータート寺は、スリランカから1340年代にもたらされた仏舎利を安置していた。74年から建設が始まったアユッタヤーのマハータート寺にも、地底深くに仏舎利が収められていた。バンコクのマハータート寺は、ラーマ1世王時代の副王マハースラシンハラートによって修復がなされ、現在、マハーニカーイ派の中心寺院の1つとなっている。ただしこの寺がマハータートの名称を得るのは1803年になってからである。(矢野秀武)

マハータムマラーチャー(王)
พระมหาธรรมราชา (?〜1590)
アユッタヤー王朝の第19代の王で、マハ

プラヤー・マノーパコーンニティターダー

ータムマラーチャー（スコータイ）王家の創始者。在位1569～90年。父方がスコータイ王家の血筋、母方がスパンブリー王家の血筋を引いていた。チャックラパット王の時代には北の要衝であるピッサヌロークの領主を務めていたが、63年にビルマ（ミャンマー）軍がピッサヌロークを攻撃するとビルマに忠誠を尽くし、その証として王子ナレースワンを人質としてビルマに差し出す。69年にアユッタヤーが陥落するとマヒン王を廃して即位し、以後ナレースワンが84年に独立を宣言するまでの15年間にわたってビルマの属国の王として機能した。　　（柿崎一郎）

マハーニカーイは　マハーニカーイ派
มหานิกาย

即位前に出家していたラーマ4世王が19世紀中頃にタムマユット派を形成後、在来派に与えられた呼称。両派は同じパーリ律を持っており、在家者は派の相違にかかわらず僧侶を崇敬する。読経の発音様式や僧衣の着用の仕方などにおいて両派の間で相違もあるが、のちにタムマユット派と同じ様式を取り入れた修正マハーニカーイ派なども現れている。マハーニカーイ派は、タイ全国寺院（3万3902寺）の約94％、3万1890寺を占める多数派である（2004年）。同派の大学としてはマハーチュラーロンコーン仏教大学がある。　　（矢野秀武）

マープタープット
มาบตาพุด

バンコクの南東170kmに位置するラヨーン県ラヨーン郡内の区。タイ湾で1970年代に天然ガスが発見されると、天然ガスを原料とする重化学工業の育成計画が浮上し、バンコクへの一極集中を緩和する工業の地方分散、輸出志向工業への産業構造転換も同時に画策された。その結果、第5次国家経済社会計画（82～86年）の中に東部臨海工業開発計画が盛り込まれ、その中心が輸出志向型軽工業のチョンブリー県レームチャバンと重化学工業のマープタープットであった。マープタープット地区にはタイ湾からの天然ガスパイプラインが建設され、石油化学コンビナート、発電所、工業団地など重化学工業が建設された。タイ最大の地域開発計画であり、計画の推進には日タイ経済協力の名のもとで多額の日本からのODAも投入されている。急速な工業開発の陰で、公害問題も浮上している。

（山本博史［茨城大学］）

まやく　麻薬
ยาบ้า

タイ国内で流通する主な麻薬は、アヘン、ヘロイン（アヘンを精製したもの）、覚醒剤、大麻である。アヘンの原料となるケシは冷涼な気候を好む冬作物であるため、北部の山岳地帯で主に冬期の裏作として栽培されてきた。アヘンは交通が不便で医療設備の劣悪な貧しい山岳地帯において、容易に換金可能な商品や鎮痛剤として重宝されてきた。タイではかつてはアヘンの専売制が実施されていたが、1959年にケシの栽培からアヘンの販売、吸飲がすべて非合法化された。政府による取り締まりの強化と代替換金作物の導入により、山地でのケシ栽培は減少傾向にあるが、それに代わり、特に90年代以降は覚醒剤の流通が顕著になっている。これはカフェイン等の化学物質の配合により密造されるメタンフェタミン系の錠剤であり、当初はこれを飲めば馬のように働けるという意味で「ヤー・マー」と呼ばれていたが、中毒症状が問題化するに及んで発狂薬（ヤー・バー）に改称された。なお、アヘン、ヘロイン、覚醒剤はいずれも隣国ミャンマーの武装集団の軍資金となっており、これらと結びついた密売人ネットワークの存在が社会問題となっている。また、チエンラーイ県の黄金の三角地帯の一角に建設されたアヘン博物館は、その歴史などを知る上で、一見の価値がある。　　（片岡　樹）

マーラー・カムチャン
มาลา คำจันทร์（1952～）

作家。チェンラーイ県生まれ。チェンマイ教育大学を卒業後、11年間の教師生活を経て、シンラパコーン大学大学院でタイ碑文学の修士号を修得。タイ商工会議所大学やチエンマイ大学で教鞭をとっていた時期もある。現在は執筆業に専念。最初の短編集は『歩むべき道程』（1980年）。一般のタイ人には縁遠い山岳民族の生活を描いた小説『アープチャン村』（80年）がユネスコ国内委員会優秀賞など3つの賞を受賞したほか、同じく北部に題材をとった悲恋物語『馥郁たる黒髪のチャン姫』（91年）で東南アジア文学賞を受賞。得意の紀行詩（ニラート）が文中で異彩を放つ。　　　　　（宇戸清治）

マーラー・カムチャン

マレーじん　マレー人
มลายู

タイのムスリムは全人口の約5%で（2000年）、ほとんどがマレー人である。ムスリム人口は南部の旧パタニ王国領に集中し、パッターニー、ナラーティワートでは80%を超え、ヤラーとサトゥーンでも70%に迫る。この地域のマレー人ムスリムの主たる日常言語はマレー語のパタニ・クランタン方言である。タイ王朝は13世紀から旧パタニ王国地域、現北マレーシアのクダ州、クランタン州、トレンガヌ州のマレー人ムスリム侯国を朝貢国としてタイの支配地とみなしたが、タイの支配を嫌うパタニ王国を中心に反乱が繰り返された。アユッタヤー、バンコク周辺にもマレー系ムスリムのコミュニティが散在するが、これらの人々はアユッタヤー朝時代や現王朝の初期の戦時捕虜や移住者などの子孫である。南部のマレー人地域ではイスラーム教や言語や文化を共有するマレーシアのマレー人地域への親和性が強く、少数者としてのマレー人の待遇に不公平観を持つものも少なくない。また、マレー系、インド系、中東系のムスリムを表すケークという呼び名があり、タイ中部では蔑称的な意味合いを持つこともあるが、南部ではその限りではない。　　　　　（黒田景子）

マレーはんとう　マレー半島→南部を見よ

まんが　漫画
街中には多くのコミック専門店があり、ほとんどが日本の漫画のタイ語翻訳版である。少年コミック、少女コミック、アニメと多様なジャンルの漫画が揃っている。有料テレビ放送ではアニメ専門チャンネルで日本の漫画アニメが放映されている。コスプレコンテストも開催されるなど日本の漫画文化が浸透をしている。日本語を習う若者の中には日本の漫画がきっかけだと言う者も多い。タイの漫画雑誌は日本の漫画に押されあまり人気がなかったが、近年では注目されるタイ漫画も出現してきた。　　　　（阪口秀貴）

マングローブ
タイのマングローブは沿岸部23県に分布する。マングローブは生物多様性の維持、稚魚育成、生物の避難場などの生態学的機能を持ち、防風、防潮、防音の効果もある。マングローブが過去40年で約37万ha（1961年）から24万ha（2002年）に減少したのは、エビ養殖池への改変、錫鉱採掘、木炭製造、塩田、農地転用などによる。マングローブ保全のため森林局は植林を進め、民間団体も参加している。1998年にマングローブ天然林伐採が禁止された。2004年12月の津波の教訓からマングローブ植林の意義が再評価されて

いる。　　　　　　　（秋道智彌）

マンラーイおうけ　マンラーイ王家
ราชวงศ์มังราย

マンラーイ(1238〜1317年頃)を始祖とするラーンナー・タイ王国の王家。メコン川流域地域のグンヤーンの王であったマンラーイは、西南方に向かってチャオプラヤー川の支流域に進出し、モン人のハリプンチャイ王国を攻略したのち、1297年に新都チエンマイを建設した。チエンマイを中心としたマンラーイの血族による王国支配は、1558年にビルマ(ミャンマー)・タウングー朝のバインナウン王の攻撃を受けて、その支配下に入るまで続き、マンラーイ王朝と呼ばれる。マンラーイ王朝は15世紀半ばの第4代ティローカラート王時代に勢力を拡大して、今日のタイ北部をほぼ従え、シップソーンパンナー地域まで遠征した。山間盆地群に立地した小邑(ムアン)を連合して築かれたマンラーイ王家の支配域は、遅くとも16世紀以降ラーンナーと呼ばれた。マンラーイ王家の諸王はスリランカから導入された上座仏教を擁護して多くの寺院を造営するなどした結果、チエンマイは仏教の教学と布教活動の拠点となった。ルアンパバーンを中心としたラーンサーン王国と関係が深く、16世紀にはチエンマイから仏典が伝えられた一方、ラーンサーンの王子(のちのセーターティラート王)が血縁によりラーンナーの王位に就いた。　　　　　　　（飯島明子）

マンラーイほうてん　マンラーイ法典
มังรายศาสตร์

ラーンナー・タイ王国の伝統的法典。1296年にチエンマイを建都したことで著名なマンラーイ王が編纂したと言われ、その名がある。編纂年は不明であるが、「チエンマイ建都後に、子々孫々の為政者が正しい裁定ができるように定めた」との記述がある。タイ・ユワン語で書かれた写本(4種の写本が存在する)により伝えられ、現在ではタイ語訳がある。戦役、身分、刑、婚姻、相続、債務などに関する雑多な条文の寄せ集めの観があるが、ラーンナー・タイ社会を知る資料としては貴重である。ただし、改変や挿入を含めて資料批判が求められるし、『三印法典』や『マヌ法典』との比較も必要であろう。　　　　　　　（赤木　攻）

み

みず　水
アジアのモンスーン気候下にあるタイでは、4〜10月が雨季で11〜3月が乾季である。このため、水の利用可能性の季節変動は大きい。全国人口の約2割が集中する都市部では上水道整備が進んでいる一方、都市郊外、地方都市、村落部では天水と地下水に大きく依存している。タイでは農業、工業、生活などの目的に応じた水の利用可能性を高めるため、井戸や運河の掘削による水資源開発が古くから進められてきた。特に運河は、農業用水を河川から水田に供給するとともに水上交通と経済活動に重要な役割を果たした。しかし現在、都市化、人口増加による水質汚染が都市部で進行しており、汚染軽減は水資源管理とともに政策上の重要課題となっている。飲料水用として、ペットボトルや蒸留水タンクが普及している。村落部では家庭ごとに大型の水甕に雨水を貯蔵して利用するか、共同体で井戸を共用する慣行が見られる。

タイでは、水田灌漑施設が伝統的に発達してきた。戦後の人口増加、農業生産物需要の増大で水不足が慢性化してきたが、これに対処する水の配分制度の導入が功を奏している。1950〜60年代にはダムによる利水開発が進められた。80年代以降は、小規模な灌漑プロジェクトによる水管理の分権化政策が推進された。ただし、天水農業に依存する東北部では慢性的な水不足にあり、地下水汲み上げに

タイ国には25の主要な河川がある。年間降水量8000億㎥の4分の1にあたる2000億㎥が河川や池などにある。1人あたりの水利用可能量は年間で3300㎥となる。チャオプラヤー川はタイ国第1の河川で、北部のピン川、ナーン川、ヨム川などがナコーンサワン県で合流してチャオプラヤー川となりタイ湾に注ぐ。下流域は広大なデルタを形成する。チャオプラヤー川は水上交通とコメ生産のセンターを形成し、アユッタヤー朝が栄えるなど水を媒介としたタイ文化を育む場となった。

タイ語で水は「ナーム」と称され、水に関する言語表現や伝説も多い。井戸は仏教寺院や村落の中心部、あるいは水田に掘られ、独特の建築を伴う祠が建造されることが多い。旧暦正月(4月13〜15日)には国をあげて祝う水かけ祭り、ソンクラーンが行なわれる。この祭りは特に北部のチェンマイで盛大な行事となっている。タイ系民族の間では、雨を司る水神信仰、ナーガ(龍)信仰が発達しているほか、北部山地のチベット・ビルマ語系の少数民族の間でも水に関わる信仰や儀礼が見られる。　　　　　　　(秋道智彌)

ミット・チャイバンチャー
มิตร ชัยบัญชา(1934〜70)

映画俳優。戦後タイ映画の大スター。ペッチャブリー県生まれ。両親が離婚したため祖父母に預けられ、8歳の時に再び母に引き取られる。1951年アマチュアボクシングフェザー級学生チャンピオン、翌52年ライト級チャンピオンになる。大学予備課程を1年で中退し、志願して空軍に入隊。ドームアン空軍部隊空挺部で任務に就くが、空軍の友達が送った写真でスカウトされる。当時タイでは日本と同様、映画が身近な娯楽として制作され始めており、56年『チャート・スア』でミットがデビューすると、熱狂的な支持を得た。国民的スターの誕生に映画は黄金期を迎える。ミットが59年から女優ペッチャラー・チャオワラートと共演した映画は200本を超えた。しかし、70年10月、初の監督主演作品『インシー・トーン』の撮影中に悲劇が訪れる。ラストシーンはヘリコプターの縄梯子で逃亡する場面だったが、ミットはリアルさを求め、人形ではなく自ら演技する決断をした。ミットが縄梯子に飛びついた直後に操縦士は機体を上昇させ旋回を始めた。ところが風圧に耐えられず、彼は空中に投げ出されて墜落してしまう。即死だった。スターを失ったタイ映画界はその後長く停滞することになる。　　　(阪口秀貴)

ミットラパープ(路)
ถนนมิตรภาพ

中部のサラブリーからナコーンラーチャシーマー、コーンケンを経てノーンカーイに至る総延長約550kmの国道2号線であり、アメリカの援助によって建設されたことを記念してミットラパープ路(フレンドシップ・ハイウェー)と名づけられた。サラブリーでパホンヨーティン路に連絡してバンコクに到達する。アメリカのラオス支援策の一環として整備された道路であり、1958年に最初のサラブリー〜コーラート間が開通し、65年に全通した。タイで最初の時速100kmで走行可能な高規格道路であり、「開発」の時代の象徴と見なされ、その後高規格道路が全国に整備される契機となった。(柿崎一郎)

みんえいか　　民営化

タイでは1980年代後半から民営化が主

ミット・チャイバンチャー

要な政策目標として掲げられるようになったが、石油、電力、電気通信といった主要分野では必ずしも計画通りに進展しなかった。これに対しタックシン政権は、これらの分野の国営企業の株式会社化と上場を一気に進めようとした。タックシン政権成立後すぐの2001年にはPTT（タイ石油公団）の株式上場が断行され、PTTはタイ証券取引所（SET）最大の時価総額を占める企業となった。PTT傘下のPTTケミカル、PTT石油開発なども上場している。タイ発電公団（EGAT）については、05年にいったん株式会社化され、SET上場寸前まで行ったが、勅令による一連の手続きに違法性があるとした消費者団体の上場差し止め訴訟に対して、行政裁判所はこれを認め、上場は白紙に戻ってしまった。電気通信分野では、TOT（旧タイ電話電信公団）とCATテレコム（旧タイ通信公団）が株式会社化の段階まで行っているものの、タックシン政権崩壊の影響もあり、上場にまでは至っていない。同政権下でSET上場を完了したのは、PTT、タイ空港会社（旧空港公社、02年上場）、MCOT（旧マスコミ公社、04年上場）などである。　　（河森正人）

みんしゅきねんとう　民主記念塔
อนุสาวรีย์ประชาธิปไตย

1939年にピブーンは民族主義政策の一環として立憲革命記念日である6月24日を「民族の日」に定めたが、その日に定礎し翌年の同日に完成させた立憲革命の記念塔。バンコクのラーチャダムヌーン路に位置する。中央塔の頂に憲法典が収められた箱が置かれているため、「憲法記念塔」とも呼ばれている。民主制の発展を表す中央塔を囲む4つの翼の高さは24m、周囲に配置された大砲は75基など、デザインのモチーフはすべて32年6月24日の立憲革命（人民党革命）に因んでいる。今日では、民主化運動など政治集会のメッカとして使用されることが多い。（赤木　攻）

みんしゅしゅぎのためのこくみんれんごう
民主主義のための国民連合
พันธมิตรประชาชนเพื่อประชาธิปไตย

英語名PAD（People's Alliance for Democracy）。主として2005年から08年にかけて、タックシン政権およびタックシン派政権の打倒運動を強力に推し進めた政治運動体。06年1月に汚職による黒い噂が絶えなかったタックシン首相一族がシン・コーポレーション株をシンガポール政府系会社に売却し莫大な利益をあげたのを機に、国民の間で一挙に反政府気運が盛り上がった。翌2月、本来タックシンに近い存在であったソンティ・リムトーンクン（経済新聞『プーチャットカーン』の創業者で、マスコミ界の大物）およびチャムローン・シームアン（1992年の民主化運動の立役者で、宗教団体サンティ・アソークの主宰者、元軍人、政治家）を中心に、個人および団体が集合し、発足させた。その後、一貫してタックシンの汚職体質と独裁的な政治体質を糾弾し、戦術として大規模街頭デモを繰り広げた。数万人規模の反政府デモの繰り返しは、同年9月に生じた軍事クーデタによるタックシン政権打倒を導いたとも言われている。クーデタ後しばらく姿を潜めていたが、08年当初に総選挙によりタックシンの傀儡であるサマック政権が発足するや、再度運動を再会した。同年5月には王宮前広場に常設の集会場を設置したほか、8月には総理府を占拠し反政府運動村を運営し、全国から運動員を動員した。サマック政権が9月に退陣するや後継のソ

民主記念塔

ムチャーイ政権を標的に打倒運動を継続し、11月にはスワンナプーム国際空港をも占拠し、世界中を驚かせた。結果として、ソムチャーイ政権も12月に倒れ、連合の勝利に帰した。非暴力主義による街頭デモについてはまだしも、公共施設の占拠などには強い批判が存在する。また、タムマ（正義、倫理）を欠いた政治に対する糾弾には賛意が寄せられているが、国会議員の7割を任命制、3割を公選制にする「新しい政治」案には、民主主義の後退であると懸念する声が多い。プーミポン国王のシンボルカラーである黄色のシャツと「救国」の文字を刷り込んだ鉢巻を着用した姿は、メディアを通して世界的に有名になった。　　　　　　　　（赤木　攻）

みんしゅとう　民主党
พรรคประชาธิปัตย์

1946年にクワン・アパイウォンを党首として結成。32年に立憲革命を実行した人民党の反王室や平等主義に対抗して、勤王主義や自由主義を基本路線とした。タイの政党としては珍しく、党首の私有物の性格が乏しい。60年代までは、首都では人民党政権や軍事政権への批判姿勢ゆえに支持を集め、地方では自由主義ゆえに名望家の支持を得た。70年代の一時期穏健な左派路線をとったことがある。80年代に南部の下院議席をほぼすべて獲得するようになり、その代表チュワンが90年代に2度政権を担当した。南部選出議員の比重が高まると、それ以外の地域での党勢が停滞する傾向にあったが、2008年12月には親タックシン政権の崩壊に伴い、連立内閣の組閣に成功し、党首アピシットが首相に就任した。（玉田芳史）

みんわ　民話

タイの民話には、「ジャータカ（チャードック、本生経）」や「パンチャタントラ（五部書）」などのインドの古代説話に起源を持つものが多く、中国をはじめとする世界的に分布する民話との類話も相当数に上るが、概して他国の類話より仏教的色彩が濃厚である。また、朝の早起き、昼の沐浴、少し捨ててから水を飲む習慣、キンマの葉を噛む作法などの日常生活の由来をテーマにする伝説など、現実的な内容が多いのも特徴である。

タイで有名な『ストン王子』は、『パンヤーサ・チャードック』の中の一説話である。男が動物を助け、羽衣を隠して妻にするが、妻は翼と尻尾を探しあてて飛び去り、男は天界に追いかけていく内容といい、登場人物の人名がサンスクリットの訛音である点など、インド伝来の説話と思わせる。ところが、インドでは天女がかんざしを取り戻して飛び去るのに対し、タイでは翼と尻尾を取り戻す。インドでは、500人のキンナリーから妻を選びだすのに対し、タイは7人の姉妹の中から選ぶ。王子が妻を追い求めて旅する時間についても、インドでは全く言及されないが、タイでは王子の方が7年7ヵ月7日と、7の数字にこだわっている。インドの説話から、中国や日本の星型羽衣説話、浦島説話の2話に近くなっていることに気づく。

『シータノンチャイ』（北部や東北部では『シエンミエン』と呼ばれる）は、機知を操り言葉尻をとらえて、権力者を揶揄し、皮肉や諧謔、エロ、グロを存分に駆使して、次々と人をからかう内容を特徴としている。そこには人間の持つひがみ根性、反秩序的な反骨精神を根底に、悪ふざけが加わった頓知話、艶笑小話とも呼べる要素も見られるが、個々の話には人間の死と再生、浄と不浄、聖と俗、儀礼祭式など様々な要素がこめられており、単なる狡智譚を越えている。　（吉川利治）

む

ムアイ・タイ
มวยไทย

正式な発音は「ムアイ・タイ」に近いが、日

ムアイ・タイの少年選手

本では通称「ムエタイ」として知られている。グローブを着用し、パンチとキックの他に組んでの膝蹴りや肘打ちも認められている。試合時間は、3分5ラウンド制でインターバルは2分である。技法の特徴は、組んでの膝蹴りと横からの回し蹴りが最も多用されている。日本で行なわれているキックボクシングやK-1のモデルになった格闘技である。試合の前には必ず「ワーイ・クルー(師に感謝を捧げる舞い)」を行なわなければならないという厳格な決まりがある。また、男性の闘うリングには女性が入ること許されない。女性がリングに上がることにより男性の武運がなくなってしまうと考えられているからである。バンコク市内のスタジアムでは、毎日のように興業が行なわれている。ルムピニーとラーチャダムヌーンが2大スタジアムであり、ルムピニー・スタジアムは陸軍、ラーチャダムヌーン・スタジアムは王室の出資によって経営されている。1990年代より政府の指示によってアマチュアのムアイ・タイや女子ムアイ・タイも積極的に行なわれるようになった。ムアイ・タイを国際的なオリンピックスポーツにするための働きかけである。スタジアムの中では賭博が特別に認められているために、観客のほとんどが賭博に興じており、テレビの生中継も賭博の対象となっている。また、ラジオ、携帯電話、情報誌でもギャンブル情報が流されている。 (菱田慶文)

ムアン
เมือง

前近代には、タイ系諸族の作った各地の小国は、「ムアン(方言差により、日本語表記ではムオン、ムンなどとしたほうが近い音になることもある)」と呼ばれた。「ムアン〜」のように、ムアンという語のあとに国の名がついて、「〜国」という意味になる。現在もかつてのムアンの名が地名となっているところがある。たとえば、中国雲南省南部のタイ族居住地で、中国語で「勐」、「孟」、「猛」などで始まる地名は、かつてのムアンの名に由来する。ムアンの最高統治者は「チャオ・ムアン(ムアンの主。国主。方言差により、ツァオ・ムンなどとなる場合もある)」と呼ばれ、その近親者を中心にムアンの支配者層が構成されていた。ムアンにはその支配者層の居住する中心地があり、その統治が及ぶ範囲(国)がムアンと呼ばれると同時に、その中心地自体がムアンと呼ばれることもある。中心地は城壁で囲まれていることが多く、その中に複数の集落を含む場合もあった。なお、タイ北部からラオスやミャンマーのシャン州を経て中国雲南省南部に至る地域では、1盆地が1ムアン(国)の単位となることが多い。山がちなこの地域では、タイ族人口が集住するのは盆地であり、盆地はそれぞれ山地によって地形的に隔てられていたからである。なお、この地域において、大きなムアンの中心地で城壁で囲まれたものは、特にチエンと呼ばれていた。国としてのムアンの規模は、数個の村落(バーン、ムー・バーン)からなるものもあれば、100個ほどの村落を含むものまで、様々であった。「バーン・ムアン」という言葉もよく使われるが、それの背後には、バーン(村落)が複数集まってムアン(国)が成立しているという感覚がある。現在のタイ国では、各県(チャンワット)の県庁所在郡(アンプー・ムアン)の呼称として用いられる。一方ラオスでは、県(クウ

ェーン）の下の郡レベルの行政単位を示す言葉として用いられている。

（加藤久美子）

ムエタイ　→ムアイ・タイを見よ

ムスリム

タイのムスリムは、東南アジアの他地域のムスリムと同様、スンナ派のシャーフィー派が主流である。ムスリムの生活においては、男性の割礼、イスラーム法に則った婚姻契約（アカド・ニカ）、相続、土葬による埋葬といった共通する慣行が見られる。約94％以上を仏教徒が占めるタイにあって、ムスリムは最も人口の多いマイノリティであり、人口約280万人、総人口の約4.6％を占めている（2000年）。ムスリム人口の4分の3あまりが南部に居住し、中でも南部国境県と呼ばれるマレーシアとの国境に近い4つの県（パッターニー、ヤラー、ナラーティワート、サトゥーン）ではムスリム人口が県人口の6割から8割以上を占める。このような南部国境県のマレー系ムスリムの存在が、人口の上でも政治的関心の上からも突出しているが、タイ全土におけるムスリムの実態は、それぞれの歴史的・社会的特色によって4つのタイプに分けて捉えることができる。

まず第1に、陸路により中国やミャンマー（ビルマ）の国境を越えてタイに入ってきた北部のチエンマイやチエンラーイなどに居住するムスリムがあげられる。これらのムスリムには、雲南から移住してきた華人系のチーン・ホーと呼ばれるムスリムと、バングラデシュやパキスタンから移住してきたムスリムの2つの系統のムスリムが含まれる。チーン・ホーの多くは19世紀後半に中国の清末に起こった「雲南回民反乱」を契機に雲南から陸路でタイに移住し、更に第2次大戦後に国民党軍の撤退とともにビルマ経由でチエンマイやチエンラーイなどに流入した。インド・パキスタン系のムスリムは移住の始まりは19世紀後半であり、更に第2次大戦後のインドからパキスタンが分離した時期にビルマ経由で流入したものが多い。北部のムスリムは両系統のムスリムを合わせても数の上では数千人単位でタイの全ムスリム人口の0.4％にすぎないが、両者とも仏教徒との通婚も多く、タイにおけるムスリムと仏教徒の共住の1つの事例を示していると言えよう。

第2には、中部のバンコクやアユッタヤーといった都市を中心に居住するムスリムがあげられる。これらのムスリムは、インド系、アラブ系、チャム系など様々な出自を持つムスリムが混住していることを特徴とする。18世紀後半から19世紀前半にかけて、パッターニーからマレー系ムスリムの捕虜を連れてきてバンコク周辺の運河に沿って定住させ、現在でもミーンブリーやノーンチョークといったバンコク東部には多くのムスリム集落が見られる。中部のムスリムは人口では約4分の1を占め、46万人を数える。

第3と第4のタイプが、南部の東海岸と西海岸のムスリムである。両者は近年まで南部のムスリムとして一枚岩的に捉えられがちであった。第3のタイプである東海岸を中心としたムスリムは、主にパッターニー、ヤラー、ナラーティワートの3県のマレー語を話すマレー系のムスリムを指す。この地域のムスリムは、国境を越えたマレーシア側と姻戚関係を持つ者も多い。第2次大戦後、ムスリムの分離独立運動の中心地としてみなされてきたのは、主にこの東海岸の地域である。

第4のタイプは西海岸のサトゥーン県で、仏教徒と同じ南部方言を話すムスリムが大半を占める。タイ語を話すムスリムという意味では、東海岸のパッターニーの北部に位置するソンクラーもこの第4の類型に入れることができるかもしれない。第4のタイプは、言語の違いのみならずタイ政府に対する政治的態度も異なっている。東海岸のムスリムが1960年代から続くムスリムの分離独立運動の中心的な担い手であったのに対し、西海岸のムスリムは政治的に常に問題がなく、タ

イ政府によってもムスリムである模範的なタイ国民であるとみなされてきた。2004年1月から引き続く南部の騒乱においても、西海岸のサトゥーン県では事件はほとんど発生していない。このことから、近年では新聞報道などでも南部国境4県に代わり、サトゥーンを除いて南部国境3県と称されるようになっている。

　この近年の南部で勃発する暴力事件によって、南部のムスリムが多い地域は再び国家統合との関わりで注目を集めている。南部の暴力事件の原因は1960年代には、ローカルなムスリムと仏教徒の対立ではなく、むしろ中央の政府およびその地域で話される言葉（マレー語）を理解できない政府の仏教徒官吏と、ムスリム住民の間の齟齬にあるとされてきた。更に近年では、麻薬や密輸品をめぐる対立や、それを取り締まる警察や軍の権益をめぐる対立などが絡んでおり、宗教が異なることが直接の原因ではないと考えられる。しかし、頻発する暴力が、かつてあったムスリムと仏教徒の相互扶助的な関係を破壊し、相互不信へと変質させつつあるという。安全に暮らすという生活の基盤を脅かすこれらの暴力が破壊するのは、人の生命だけでなく、社会関係や共同性であるという指摘もあり、課題の重さを痛感させる。　　　　（西井涼子）

ムックダーハーン
มุกดาหาร

バンコクの北東642kmに位置する東北部の県。県の東側はメコン川に接しており、ラオスとの国境をなす。かつては北のナコーンパノム県に含まれていたが、1982年に分離して県となった。ラーマ5世王期の統治機構改革でウドーン州に属することになったが、1907年に郡に格下げとなってナコーンパノム県の一郡となった。ムックダーハーンの対岸にはラオスのサワンナケートが立地していることから、メコン左岸がフランス領となってからは国境交易が盛んとなり、ヒトやモノの往来が活発であった。このため、ムックダーハーンにはラオスやヴェトナムからの商品を扱うインドシナ市場が川沿いに立地しており、観光客も多数訪れる。更に、メコン圏（GMS）の東西回廊がムックダーハーンを通過することから、サワンナケートとの間にノーンカーイ～ヴィエンチャン間に次ぐ第2のタイ＝ラオス友好橋の建設が日本の借款を使用して行なわれ、2006年末に開通した。これによってムックダーハーンからラオスを経てヴェトナムのダナン港までの道路が全通し、東西回廊を利用してヴェトナムを訪問するタイ人観光客が増加している。07年1月からは、この橋を経由してサワンナケートの間にバスの運行も開始された。
　　　　（柿崎一郎）

ムラブリ
ผีตองเหลือง

タイ北部のナーン県、プレー県からラオスのサイニャブリー県にかけて暮らす狩猟採集民。現在の総人口は数百人にすぎないが、ムラブリ語を話す。タイ人からは、黄色の葉の精霊を意味する「ピー・トーンルアン」と呼ばれ、2000年に政府により山地民の1つとして認められた。かつては近隣に生活する農耕民との交易関係などを維持しながら、複数の家族を単位として森林の中を移動する生活を送っていたが、森林伐採などの影響を受けて、90年代終わりからは定住生活を始めている。現在、ナーン県の村では、近隣のモン（Hmong）族の農耕の手伝いをして現金を入手することが経済の中心であり、NGOや王室プロジェクトなどの影響を受けて、水牛やブタ飼育なども始めている。　　　　（池谷和信）

ムーン（川）
แม่น้ำมูล

東北部を東流する河川で、総延長750kmのメコン川の支流である。源流はナコーンラーチャシーマー県内のカオ・ラマン山（992m）であり、コーラート高原の南部を西から東に流れて、ウボンラーチャタ

ーニー県コーンチアム郡でメコン川に合流する。ムーン川には雨季にメコン川から多くの魚が遡上して産卵することから、下流域では漁業に従事する住民も多かったが、メコン川との合流点の直前に計画されたパークムーン・ダムがこれに打撃を与えるとして大規模な反対運動が発生した。1994年にダムは完成したが、現在に至るまで期間を限定しながらもダムの水門を開放して魚道を確保している。

（柿崎一郎）

め

めいそうしゅぎょう　瞑想修行
วิปัสสนากรรมฐาน

ヴィッパサナー（タイ語は「ウィパッサナー」）瞑想とは、呼吸と動作に意識を集中してサティ（気づき）を得る観行であり、心を止めて三昧の境地に至るサマーティと共に止観行として実践される。日本の曹洞宗の座禅、臨済宗の公案禅、あるいは欧米のZENとも異なる。近年、森で瞑想修行に専心したマン老師（1871～1949年）の弟子筋の僧侶たちが人々の尊崇を集め、彼らの神通力や霊験に期待する人々が東北部の森の寺に詣でるブームがタイの経済成長期に起こった。急激な社会変動でストレスを抱えるタイ人は地方の山寺や街の瞑想道場に足を運んでいる。

（櫻井義秀）

メオ　→モン（Hmong）を見よ

メークローン（川）
แม่น้ำแม่กลอง

上流は2つの河川に分かれ、クウェー・ヤイ（大クウェー）川とクウェー・ノーイ（小クウェー）川と呼ばれる。クウェー・ヤイ川の源はミャンマー国境のターク県ウムパーン郡、クウェー・ノーイ川はカーンチャナブリー県サンクラブリー郡に発する。この2つの支流がカーンチャナブリーで合流し、そこから河口までがメークローン川となる。川はバーンポーン、ラーチャブリーを通りサムットソンクラームで海に出る。この川の流域では稲作よりも畑作が主流で、サトウキビやキャッサバが栽培されている。また、映画「戦場にかける橋」で有名になったクウェー川鉄橋や、水上マーケットのあるダムヌーン・サドゥアック市場は、多くの観光客を集めている。（山本博史［茨城大学］）

メコン（川）
แม่น้ำโขง

【東南アジア最大の大河】メコン川は、中国のチベット高原（青海省南部）を水源とし、雲南省を南下した後、インドシナ半島を東から南に向かって流れ、半島最南端付近のヴェトナム南部にて南シナ海に到達する総延長約4350kmの大河である。その流域面積約79.5万km²には中国と東南アジア大陸部の5ヵ国が含まれる国際河川であり、タイにとってはラオスとの国境線の役目を担っている。メコン川の語源はタイ系民族の呼称「メーナーム・コーン」すなわちコーン川が短縮されたものであり、中国では瀾滄江、ヴェトナムではクーロン（九龍）川と呼ばれる。

メコン川がラオスとの国境線となる区間は北部上部と東北部の2ヵ所あり、北部上部ではタイ、ミャンマー、ラオスの国境が交わる「黄金の三角地帯」からチェンラーイ県のチェンコーン東方までの105kmが、東北部ではルーイ県チェンカーンのフアン川合流点からウボンラーチャターニー県コーンチアムのムーン川合流点までの825kmとなる。北部上部のメコン川流域面積は約1万9000km²で、チェンラーイ県の大半とチェンマイ、パヤオ県の一部が該当する。主な支流にコック川、イン川があり、この2つの支流がメコン川に合流するチェンラーイ県付近は比較的大きな盆地を形成しており、北部の重要な穀倉地帯である。一方、東北部の流域面積は約16万6000km²と、地域面積と

ほぼ一致している。プー・パーン山脈の北側（サコンナコーン盆地）にはナコーンパノムで合流するソンクラーム川以外には大きな支流はないが、山脈南側（コーラート盆地）は北方をチー川が、南方をムーン川が西から東へと流れ、ウボンラーチャターニー付近で両者が合流し、コーンチアムでメコン川に到達する。水利の便が悪く天水田が広がる地域であるが、タイ最大の穀倉地帯である。

【統合と分断の川】メコン川は、タイ系民族の南下に大きな役割を果たしてきた。雲南や四川方面を出自とするタイ族は、西へ南へと移動しメコン川に到達すると、メコン川の盆地にムアンを形成しながら川沿いに南下を続けていった。12世紀頃に現雲南省景洪の盆地に発生したと言われるシップソーンパンナーがメコン川流域で最初に成立したタイ族の大規模なムアンであると考えられ、やがて次に広大な盆地が現れるチエンセーンにムアンが成立した。ここからメコン川流域を越えてチャオプラヤー川流域へと南下したタイ族が作り上げた王国が、13世紀半ばから末にかけて成立したスコータイとラーンナー・タイであり、更にメコン沿いに南下したタイ族は14世紀半ばにルアンパバーンでラーンサーン王国を興した。その後、タイ族（主にラオ族）はコーラート高原一帯へと広がり、メコン川上流域から中流域にかけてタイ系民族が広く分布することになった。

しかし、19世紀半ば以降の帝国主義の時代に、メコン川の役割は変容した。中国進出を狙うフランスは、メコン川を遡上して南から中国を目指そうとしたが、現在のカンボジアとラオスの国境に位置するコーン滝や、その上流の多数の早瀬や急流の存在を知り、一旦はメコン流域への進出を中止した。しかし、1880年代にヴェトナム全土の宗主権を奪うと再びメコン川流域への進出を目論み、93年のシャム危機によってメコン川を境に左岸（東岸）がフランス領、右岸（西岸）がタイ領と分割されることになった。これによって、川の両岸に分布していたラオ族は分断されることとなり、メコン川は統合の川から分断の川へと変化した。この境界は戦後の国民国家の時代にも継承され、20世紀後半の冷戦下でタイとラオスの歩んだ道は全く異なったことから、メコン川で分割された人々の生活や歴史もまた大きく異なることとなった。

【開発と環境保護】戦後植民地が独立すると、国際河川であるメコン川の活用をめぐって流域国間の調整が必要となったことから、1957年にはメコン委員会が設置され、ダム建設、灌漑整備などからなる総合的な開発計画が国際支援の下で推進されることとなった。タイ国内でも、60年代にメコン川の支流に多数のダムが建設され、水不足地域である東北部の灌漑面積が広がり、メコン川本流に大規模ダムを建設する計画も浮上した。75年のインドシナ共産化に伴って一時頓挫したが、80年代後半にインドシナの戦火が消えると、開発の波が再び到来することとなった。92年に始まったメコン圏構想も、その一例である。

この開発の波は、メコン川にも大きな影響を及ぼすこととなった。中国では90年代からメコン川本流へのダム建設を進めており、計14ヵ所のダムを整備する予定である。かつて交通路としての使用は難しかった上流部においても、雲南からタイ北部上部までの早瀬や岩礁が爆破され、150トン程度の貨物船がタイと雲南の間を往来している。ラオスも「東南アジアのバッテリー」を目指して、タイを中心とする近隣諸国への売電を目的に多数のダムを支流に建設しており、メコン本流にもダム計画が再浮上している。

これらの急速なダム開発はメコン川の生態系への悪影響をもたらすものとの危惧も高まっている。メコン川の淡水魚類は確認されているものだけでも1000種以上あり、メコン川と支流の間を回遊する魚も多く、漁業が沿岸の住民の重要な生業となってきた。94年に建設されたムーン川河口付近のパークムーン・ダムは、

メコン川とムーン川の間の魚の回遊路を遮断するとして大規模な反対運動が起こり、現在も一定期間ダムの水門を開放している。また北部のチェンコーン付近ではプラー・ブックの産卵地である岩礁の爆破計画への反対運動も起こるなど、メコン川の開発に対する反発も増えている。　　　　　　　　　　　　（柿崎一郎）

メコンがわりゅういきかいはつ　メコン川流域開発

メコン川流域国間の利害衝突が懸念される中、タイ、カンボジア、南ヴェトナム、ラオス4ヵ国をメンバーとするメコン川下流域調査調整委員会（通称「メコン委員会」）が1957年に設立された。同委員会の下、ラオスなどでダムが開発されたが、インドシナ情勢不安定化などにより、同委員会は休眠状態となった。カンボジアが和平に向かう中、再開が検討され、95年に前3ヵ国とヴェトナムをメンバーとし、中国、ミャンマーをオブザーバーとするメコン川委員会（MRC）が95年に設立され、メコン川流域の持続可能な水資源開発などが進められている。（石田正美）

メコンけん　メコン圏

1992年にアジア開発銀行の主導でスタートしたGreater Mekong Subregion（GMS）経済協力プログラムの対象地域。当初メコン川が流れる雲南省（中国）、ミャンマー、ラオス、タイ、カンボジア、ヴェトナムから構成される地域であったが、2005年に中国の広西壮族自治区が加えられた。GMSは、「拡大メコン地域」ないしは「大メコン圏」とも訳されている。同プログラムは、交通、エネルギー、通信、環境、人的資源開発、貿易、投資、観光、農業の9分野で実施されてきている。ただし、プロジェクトの原則として少なくとも2ヵ国にまたがること、ないしはその便益が域内全体に及ぶことが条件とされ、一国対象の従来の開発援助とは異なる。同プログラムでは多様なプロジェクトが実施されているが、中でもヴェトナムのダナンからラオス、タイを経て、ミャンマーのモーラミャインに至る東西経済回廊、バンコクから雲南省の昆明を経て、ヴェトナムのハノイとハイフォンに向かう区間とハノイから広西壮族自治区に向かう区間から成る南北経済回廊、ヴェトナムのヴンタウからホーチミン、プノンペンを経てバンコクに至る区間などから成る南経済回廊の交通インフラをベースにした開発が有名である。（石田正美）

メーサーイ
แม่สาย

バンコクの北845kmに位置する北部のチエンラーイ県の郡。チエンラーイ市の北60km、タイの最北端にある。サーイ川をはさんでミャンマー（ビルマ）の町タチレクと接し、国境貿易が盛んである。中国製の安価な家電製品や乾物も流入する。橋の両側にタイとミャンマーのイミグレーションがあり、所定の手続きを踏めば、国境から5km以内に限り短期間ミャンマー側に入国することができる。小高い丘の上にあるドーイ・ワオ寺からは、メーサーイの市街地やミャンマー側が一望できる。チエンセーンの黄金の三角地帯と並んで、チエンラーイ県の主要観光地でもある。外国人観光客も多い。（遠藤　元）

メーソート
แม่สอด

バンコクから北西506kmに位置する北部下部ターク県の西端の郡。ムーイ川をはさんでミャンマーのミャワディと国境を接する。昔からミャンマーとの交流・物流が盛んだった。約100km西方に位置するタンルウィン（サルウィン）川下流モーラミャイン付近のカードーは、かつて上流タイ領土から運搬されたチーク材を検問したタイ政府税関の所在地だった。現在は、タイに流入したミャンマー人正規・非正規労働者の低賃金が魅力で、バンコク周辺から繊維、縫製業などが移転し、ターク県では工場建設が進んでいる。政治亡命者も含むミャンマー人のキャンプや

学校等も多い。　　　　　　（北原　淳）

メー・チー
แม่ชี

寺院内に居住して八斎戒を把持し、出家者に準じた修行生活を送る剃髪・白衣の俗人女性。こうした女性修行者の存在は17世紀の文献にも記されている。メー・チー居住寺院は全国に分布し、メー・チーのみで構成されるサムナック・チーもある。総数は推計1万〜2万人。10代から高齢者まで年齢層は幅広く、寺院生活を始める動機も、教理学習や瞑想実践を目的としたものから、家族問題からの一時的避難、病治し目的の願掛けの一環など様々である。若いメー・チーに対する、恋愛や結婚の失敗者というステレオタイプな言説もあるが、家庭責任を果たし終えた老後を積徳行で過ごす中高年メー・チーが農村部では多数派である。1972年設立のタイ・メー・チー協会財団は、修行者としての規律の徹底、教育の向上、社会奉仕に努めてきた。99年にはメー・チーらを対象としたタイ初の仏教女子大学が創設された。現代のメー・チーには仏教教法諸試験の高段位合格者、瞑想指導者、NGO主宰者などもあり、多様性を増している。一方、僧侶に従属するメー・チーの地位を是としない立場もある。スリランカで受戒しタイで尼僧院を運営するタムマナンター比丘尼を中心に、女性仏教徒の国際連帯の下、尼僧サンガ復興をめざす動きがある。　　　　　（高橋美和）

メディア　→マス・メディアを見よ

メナム（川）　→チャオプラヤー川を見よ

メーホンソーン
แม่ฮ่องสอน

バンコクの北西924km、チエンマイの西約120kmに位置し、ミャンマーに接する北部上部の国境県。土地の約80%が山地（森林）で、人口密度は国内で最も低い。県内を流れるパーイ川、ユアム川はタンルウィン（サルウィン）川の支流である。寒季の霧、乾季の山火事の煙、雨季の雨雲で1年を通して空が霞むことから「ムアン・サーム・モーク（3つの霞のクニ）」と呼ばれる。県庁所在地は県北部にあるメーホンソーン市。県外出身者が多い都市住民を除くと、平地に居住するタイ・ヤイ（シャン）が県人口の約半数を占め、山間部に居住する山地民が残り半数を占める。特に南部はカレンの人口が多い。また南部のメーサリエンや東部のパーイにはタイ・ユワンも居住する。現在人口の大半が農業に従事しており、平地では小規模灌漑による水田耕作と畑作の2期作が行なわれ、裏作のダイズの生産が有名。第2次世界大戦前まではチーク伐採で栄えていたが、戦後は衰退した。ミャンマーとの交易ポイントでは小規模ながら国境貿易も行なわれている。近年では豊かな自然環境や多様な民族文化を利用した観光の拠点としても注目されている。また国境地帯には、カレン系やタイ・ヤイ系の反ミャンマー政府組織の軍事拠点や「難民キャンプ」が点在している。

（村上忠良）

メー・チー

モーケン
มอแกน

タイ領およびミャンマー領アンダマン海域の島嶼と沿岸に暮らす民族。人口はミャンマーに約2000、タイ領に約800。言葉はオーストロネシア語族に属す。タイ語でチャーオ・レー(海民の意)とも呼ばれ、その場合、モクレンとウラク・ラウォイッという別の言語族も含まれる。しばしば「漂海民」として言及されるように、かつては家船を住居に移動性の高い生活をしていたが、近年では国家による法的管理が強まり、定住生活する者がほとんどである。　　　　　　　(鈴木佑記)

モーケン

もじ　文字

タイの国字はタイ文字(シャム文字)である。タイ文字による現存最古の文献であるラームカムヘーン王碑文(1292年)は、王自身が83年にその文字を考案したことを伝えている。その字形の文字はスコータイ文字と呼ばれ、当時のクメール文字(南インド系表音文字)に範をとって作られたと考えられている。ラームカムヘーン王碑文の表記には、クメール語にないタイ語の音を表す文字や声調記号(2種)を新たに加えたり、クメール語では子音字の上または下に書かれていた母音字を子音字と並列して置いたりするなどの

ラームカムヘーン王碑文

現代タイ文字 (上掲碑文の現代表記)

北部タム文字 (ラーンナー文字)

文字

改変が確認される。この碑文をめぐっては、これを後代の偽作とする説(ラーマ4世王製作説など)があり、子音字と母音字の配列法もその根拠の1つとなっている。スコータイ文字が現代タイ文字に変遷する過程で、いくつかの文字改革が試みられたが、いずれも成功には至らず、基本的にはナーラーイ王時代の文字形態が現在に受け継がれている。

現代タイ文字は、子音字42字、母音字(母音記号)、声調記号4つなどから成る。表記上の特徴は、音節(頭子音＋母音＋末子音)が1つの単位として表記されることである。すなわち、頭子音字の上下左右に母音字を配し(位置は母音字によって決まっている)、末子音字がある場合にはその後に続け、必要に応じて声調記号を付ける。綴り字の声調は、声調記号と頭子音字の種類(頭子音字がかつて表していた音の種類に従って、高子音字、中子音字、低子音字の3種が区別される)との組み合わせなどによって決まる仕組みになっている。加えて、多くの同音異字が存在し(たとえば／th／を表す文字は6種ある)、また借用語は原語を重視して表記されるため、綴りと発音の対応は複雑で、学習には困難を伴うが、一方で借用語かどうかの見分けがつきやすいと

いう側面もある。単語は分かち書きせず、大文字と小文字の区別もなく、左から右に横書きし、休止や終止を示すところにスペースを置く。

タイ文字と同じく、スコータイ文字の系統を引く文字に、北部のファック・カーム文字と東北部のタイ・ノーイ文字があり、それぞれ主に宗教活動（仏像や寺院の建立や寄進）と伝承物語の記録を残している。また、仏典の書写を本来の目的とした文字として、北部、東北部ではタム文字（モン(Mon)文字系）が、中部、南部ではコーム文字（クメール文字）が用いられてきた。　　　　　（三上直光）

モスク
มัสยิด

イスラーム教徒（ムスリム）の礼拝所。マスジッド（masjid）。最も重要な平伏（スジュード）を行なう場所。内部にはメッカの方角（キブラ）を示すミフラーブが必ず設けられる。礼拝の呼びかけアザーンはここから行なわれる。金曜昼の集団礼拝のほか、導師イマームによる説経や集会など、ムスリムにとっての地域情報拠点でもある。タイのモスクは宗教局によって登録される。ムスリムが県人口の過半数を越える南部5県では、パッターニー県に544ヵ所、ナラーティワート県に477ヵ所、ヤラー県に307ヵ所、サトゥーン県に147ヵ所、ソンクラー県に293ヵ所（1999年）を数え、集落にほぼ1つ存在する。建築物としては、ナラーティワートのアル・フセイン・モスクが築300年を越える木造建築として知られ、パッターニー郊外のクルセ・モスクが、旧パタニ王宮地域にある17世紀ナーラーイ王時代のペルシア様式の未完の石造モスクとして知られる。クルセ・モスクは芸術局の文化財指定によりモスクとしての使用が禁止された時期にムスリム住民の抗議行動が相次ぎ、2004年以降パッターニーの抱える問題の象徴的存在としても知られるようになった。　　　　　　　　（黒田景子）

モー・ピー
หมอผี

精霊（ピー）を供犠や交信で慰撫、あるいは除霊することによって病を治療し、災厄を祓い、幸福をもたらす知識を持つ儀礼専門家（モー）の一般的呼称。呪医。憑依、託宣、診断、除霊、祈禱を分業することも多く、役割や憑依霊の名前をつけて呼ばれ、実態は多様である。その役割は両義的で、精霊の操作によって災禍をもたらすこともある。儀礼知識は直接師匠から伝授され、精霊を操作する能力を保持するためには定期的な供犠を必要とし、葬式で食事をとらないなどの禁忌を守らなければならない。儀礼は精霊信仰を基盤としつつも、何らかの仏教的要素を包含している。　　　　　（加藤眞理子）

モー・ピー

もめん　木綿

伝統的な主産地は気候がやや涼しい北部。通常、乾季への移行期の10、11月に播種し、乾季末期の4、5月に収穫する1期作。かつては北部産の綿織物は、北部と中国・雲南地方との陸上や河川ルートの通商の重要商品だった。19世紀後半以降はバンコク経由の輸入綿原料が増え、海外輸出向け織物業者も生まれた。戦前はラムプーンが綿織物の一大産地であり、著名な綿業一族も存在した。最近、衰退気味の伝統的デザインの綿織物の中には、装飾品や衣類みやげ品の原料に利用されるものもある。　　　　　　（北原　淳）

モー・ラム
หมอลำ

モーは「達人」、ラムは「歌・詩歌」の意味。ラオスや東北部（イサーン）の芸能である。歌手も芸能も、両方ともモー・ラムと言う。モー・ラム・ピー・ファーのように病人を癒す呪術的なものと、仏教説話の語り芸として始まった芸能が元になっている。時代と共に芸能の形態も変わり、ケーン（笙）を伴奏にしたひとり語りから、男女の掛け合い、そしてミュージカル化したものもある。1970年代バーンイェン・ラークケンが歌謡化したモー・ラムを歌い、ヒット曲が生まれるようになった。全国にイサーン出身の労働者が移住していることもあって、主要歌謡ジャンルに成長している。　　　　（前川健一）

モー・ラムの公演

モン (Hmong)
ม้ง, แม้ว

タイ北部を中心に居住する「山地民」の1つ。タイでの人口は15万3955人（2002年）。言語は、モン・ミエン（ミャオ・ヤオ）諸語に属する。タイでは、白モンと青（緑）モンの2つの自称集団に大別される。ここ200年ほどの間の中国西南部からの移住者で、東南アジアではヴェトナム、ラオス、タイ、ビルマ（ミャンマー）に分布する。開拓者型の移動焼畑耕作が主たる生業だったが、60年代以降の定着居住の推進につれ、常畑での換金作物の栽培に転換しつつある。モンを「焼畑でのアヘン（ケシ）の生産者」などと「内なる他者」の典型として見なす傾向は、タイ社会では今でも根強い。漢民族に類する30ほどの姓があり、それを外婚の単位とする。村落は1つ以上の姓のグループより成る。父系の出自集団を形成し、家族は拡大家族か核家族である。村落では一般に10歳代で早婚し、多産。女性はプリーツスカートを着用するが、クロスステッチの刺繍を多用し、銀や真鍮製の小型の飾りが多数吊り下げられたハンドメイドの民族衣装は特徴的である。刺繍を応用した観光客への土産物も数多く出回る。本来的に無文字で神話伝承や歌謡は豊富であるが、一部のキリスト教徒を中心にローマ字化した文字が通用する。99年に北部で始まった国籍取得と森林・土地・水利利用権の確保を目的とした運動では、モンは主体的な役割を担った。タイ国民として政府に問題の所在を認めさせ、解決への処方を考えさせたという点では意義深いものだった。　（谷口裕久）

モン (Mon)
มอญ

古代王国ドヴァーラヴァティやハリプンチャイを興し、現在ビルマとタイに居住する、オーストロアジア語族モン・クメール語派のモン語を話す民族。早くから上座仏教を受容、モン文字を成立させ、隣接諸民族の文化に大きな影響を与えた。19世紀のタムマユット派成立に、当時存在したモン人サンガの厳格な実践が手本になったと言われる。現在のタイ居住モン人は16～19世紀にビルマから断続的に流入した移民の末裔で、推定人口6万人（1981年）。チャオプラヤー川、メークローン川各流域を中心とする平地稲作地域に分布している。タイへの同化が進むが、父系祖霊崇拝など独自文化を保持する地域もある。バンコク・モン青年協会他の民族団体がモン語・モン文化の保存振興に努めている　　　　　　（高橋美和）

モンクット（王）　→ラーマ4世を見よ

や行

や

ヤオ →ユーミエンを見よ

ヤオワラート（路）
ถนนเยาวราช

チャルーンクルン路の南側を東西に延びるバンコク都内の約1.2kmの道路。ラーマ5世王期の1891年から建設が始まったが、道路用地の確保に時間がかかり、全区間が完成したのは99年のことであった。一帯はサムペンと呼ばれ、華人系タイ人の多く居住する地域であり、この道路の開通後は両側に多数の中国人商店が立ち並び、バンコクの商業センターとなった。現在も多くの商店や金行が立ち並び、派手な中国語の看板が林立する活気溢れる通りである。近年は中華料理を始め多数の屋台が立地するグルメの街としても脚光を浴びるようになり、歩行者天国を実施して道路上に多数の出店が並ぶ催しも開かれる。 （柿崎一郎）

やきはた　焼畑

タイでは北部のカレン族、ユーミエン族などの山地民が営む焼畑がよく知られているが、タイ・ユワンと呼ばれる北部在来のタイ族にも、山間の谷部で水田を営むと同時に、山腹で焼畑をも営む者が見られる。この地域の焼畑での中心的な作物は陸稲で、1年栽培し、10年程度は休閑する方式の焼畑が広く営まれてきた。ユーミエン族の陸稲栽培は、乾季が終わる4月頃に火入れし、植生を焼却して畑を整地し、5月頃に雨季が始まると播種し、雨季は除草作業を行ないながら陸稲を育成し、乾季に入る10月頃から陸稲を収穫する、という作業日程である。この播種と収穫作業は、世帯間の共同労働で行なってきた。北部山間地では、1970年代まで焼畑が広く営まれたが、80年代には、政府の推奨策もあり、果樹園や換金作物用常畑などに代えられた。更に80年代末以降、政府の森林資源管理が強まって、焼畑耕作が困難となり、90年代以降は、北部のごく一部の村だけで営まれている。 （増野高司）

ヤーコープ
ยาขอบ（1907〜56）

作家。本名チョート・プレーパンはダムロン親王の下賜名で、筆名はイギリスのユーモア作家W.W.ジェイコブズを模したもの。幼少よりタイ古典文学や中国歴史小説に親しむ。テープシリン旧制中学校を中退後、数社の新聞社や出版社に勤務しつつ、シーブーラパーが主宰した作家集団「スパープ・ブルット（紳士）」に属し、同名の文芸誌や新聞『プラチャーチャート』などにユーモア小説や歴史小説を連載。代表作に、ワンワイタヤーコーン親王の『ビルマ年代記』にヒントを得て書かれた未完の長篇歴史フィクション『十方勝利者』（1944年、全8巻）がある。この作品は10数版を重ね、映画化もされた。 （宇戸清治）

ヤーコープ

やさい　野菜

一般に食用の草本を野菜（蔬菜とも言う）と言い、葉菜、果菜、根菜に分ける。タイには、白菜、キャベツ、ニンジン、ジャガイモ、サツマイモ、キュウリなど温帯起源の野菜もあるが、サヤダイコン、空芯菜（アサガオナ・ヨウサイ）、シカクマメ、ヘビウリ、ミズオジキソウ、クズイモ、ヤシの新芽、カボチャ、ウコン類、トーチジンジャーの花、ナンバンギセル、ネナシカズラなど、温帯で見慣れない野菜も多い。未熟なパパイヤ、ジャックフルーツ（パラミツ）、マンゴー等の熱帯樹木の葉、花、果実（さや）は、野菜にも利用される。一般に、樹木野菜と呼ばれるのは、実を食するグネツム（グネモンノキ）、豆を食するネジレフサマメやジリンマメ、実（さや）を食するタマリンド、ソリザヤノキ、葉を食するギンネム、タガヤサン、マンゴー、アマメシバ、ワサビノキ、カシューナッツノキ、花を食するシロゴチョウ、インドセンダン、タガヤサンなどである。

（渡辺弘之）

野菜（インドセンダンの花）

やしきちきょうじゅうしゅうだん　屋敷地共住集団

農村社会学者の水野浩一が東北部農村で見出した家族の特殊形態。屋敷地共住結合とも呼ぶ。農業生産における共同関係を軸として構成される親族集団で、屋敷地内に親の世帯家族と娘の世帯家族が共住したり、隣接あるいは近接居住している形態を指す。この傾向は、タイの家族には潜在的に存在するというが、タイ語での適切な表現は存在しない。夫婦を軸とする家族の成長発展、放出、分岐、老化という周期的過程の一定段階に出現する。子供のうち親との生産面での共同関係を保てるのは、結婚後の居住制と密接に関連している。東北部では妻方居住制が一般的なので、娘が結婚後両親と共住し、その後世帯分離をする。末娘は最後まで親と同居することになる。しかし、生産の基盤となる農地は親が老齢になるまで所有し続けるので、娘たちの世帯は親の農地に依拠して生産と消費の共同生活を行なう。娘の世帯は、親族共同体的農業従事者世帯とも呼ばれる。家屋は建築・破棄が容易なため、世帯分離がしやすく、屋敷地も世帯分離の折に親が買い与えたり、自分たちで購入したりと、農地所有の困難さとは対照的である。

（竹内隆夫）

ヤシるい　ヤシ類

熱帯・亜熱帯にある木本性単子葉植物で、世界に約220属、2650種もあるとされる。幹は分枝せず、肥大もしない、いわゆるヤシ型樹形となる。中でも熱帯アジア・太平洋諸島原産とされるココヤシ（*Cocos nucifera*）は枝のない幹を最大30mもまっすぐ伸ばし、その上に傘状に長さ5〜7mにもなる大きな葉を広げる。果実の大きさは人の頭くらいで、重さは3.5kgにもなる。以下のように、種類により、あらゆる部分が生活やビジネスに利用される。

ヤシ類（ココヤシ）

白く固まった胚乳を乾かせばコプラ（ココナッツ・フレーク）となり、カレー料理などには欠かせない。このコプラから油脂を採取して食品・工業用に使う。硬い果皮の繊維はたわしやロープに利用し、炭にして活性炭とし、加工して食器やデコレーションにし、幹の材はそのまま柱にしたり、挽いて板にしたりする。果実の中に溜まった果汁（果水）はココナッツ・ジュースとして飲用し、固めてナタデ・ココに加工し、花穂を切り樹液を煮詰めて砂糖（パームシュガー）を作る。タイでの栽培は高地を除く全域であるが、半島部には大きなプランテーションがある。熱帯西アフリカ原産の油ヤシ（*Elaeis guineensis*）は胚乳から油脂を採取し食品・工業用に、パルミラヤシ（*Borassus flabellifer*）、サラッカヤシ（*Zalacca edulis*）、ニッパヤシ（*Nipa fruticans*）は、果実の中の胚乳を果物・デザートとして食べ、葉を屋根葺き材料にする。サトウヤシ（*Arenga pinnata*）は、花穂を切り樹液を煮詰めてヤシ糖を作り、幹の黒い毛は屋根葺きやロープにする。ビンロウ（ビンロウジュ）（*Areca catechu*）の果実は、石灰などとまぜて、コショウ科のキンマの葉に包んで噛む（ベーテル・チューイング）が、この風習は、特に地方の老齢者の間では、まだ盛んである。（渡辺弘之）

やすいてつ　安井てつ（1870〜1945）
教員、外国人顧問。古河藩士の長女として東京で生まれ、1890年高等師範学校女子部を卒業。母校の助教諭を経て岩手県尋常師範学校付属小学校に赴任後、母校の訓導となる。イギリス留学を命じられ、96年からケンブリッジとオックスフォードで教育学、心理学等を学ぶ。留学中キリスト教の信仰を深め、1900年に帰国後受洗。シャム国（当時）の招聘により、04年2月から3年間の任期で、皇后（ラーチニー）女学校教育主任として同学校の開校準備および教育に従事した。18年東京女子大学創立時に学監に就任し、23年から40年まで第2代学長を務める。
（東京女子大学・大学資料室）

ヤソートーン
ยโสธร
バンコクの北東531kmに位置する東北部の県。1972年に東隣のウボンラーチャターニー県より分離し、1つの県となった。県北部にはプー・パーン山脈、県南部にはメコン川支流のチー川がある。18世紀にラオスから南下した集団が定住し開拓が始まった。その後、チー川沿いに稲作が普及し、県内外を結ぶ交通路が開発された。産業は農業が中心で、コメ、タピオカ、スイカが主要農産品である。ヤソートーン県では毎年5月にロケット花火祭り（ブン・バンファイ）が盛大に行なわれる。この祭りは県最大の観光資源となっており、期間中は大規模な舞踊やパレードが実施され、国内外から多くの観光客が訪れる。　　　　　（野津隆志）

やまだながまさ　山田長政（1590?〜1630）
通称仁左衛門。1590年駿河の国に生まれたとされる（出生地には諸説あり）。沼津

安井てつ

山田長政

藩主大久保忠佐の駕籠かきであり、武士階級の下層に連なっていた。1612年頃新天地を求め、朱印船でアユッタヤーに渡る。日本人町でアユッタヤーから日本への重要輸出品であった鹿皮等の仲買商人として活躍し、ソンタム王の信頼を受けて、日本人町の頭領となる。21年にアユッタヤーからの使節が訪日し、ソンタム王からの国書を将軍に渡した時、老中土井利勝宛に書面を託した。この時代、アユッタヤー王朝では外国人傭兵が国内外の騒乱解決に重用されたが、長政は日本人義勇隊の頭としてチャオプラヤー川の警護等に活躍し、オークヤー・セーナーピムックの欽賜名を賜った。28年にソンタム王が亡くなると、王の遺言に基づきオークヤー・シーウォーラウォン（後にオークヤー・カラーホーム、摂政の位を経て、プラーサートトーン王になる）と共にソンタム王の長子を次の国王として王位につけ（チェーターティラート王）、その後見人となった。チェーターティラート王はシーウォーラウォンが王位を狙っていることに気づき、シーウォーラウォンを攻撃するが、返り討ちにあう。シーウォーラウォンはソンタム王の次男が幼少であることを理由に、次男が成人するまでは自らが王位につくことを提案するが、長政はあくまでもソンタム王の血筋を守り、シーウォーラウォンは摂政になるべきだと主張した。そこでソンタム王の次男が王位につき（アーティッタヤウォン王）、シーウォーラウォンは摂政となるが、長政が邪魔だったシーウォーラウォンは、都から遠く離れた南の地（ナコーンシータムマラート）で起こった領主の反乱鎮圧に長政とその配下の日本軍を派遣する。そしてが鎮圧に成功すると長政をナコーンシータムマラートの新領主に任命し、彼が都を留守にしている間にアーティッタヤウォン王を廃し、自らが玉座に上ってプラーサートトーン王となり、長政を毒殺した。1630年、長政が40歳の時であった。

長政の死後、日本では江戸時代から現在に至るまで長政についての本が数多く書かれ続けている。その時代の思想の影響を受け、長政の生涯がゆがめられて伝えられ、誤った長政のイメージが横行したこともあった。特に1930年代から終戦までの時期には大東亜共栄圏思想を鼓吹するために利用された。　　（土屋了子）

ヤラー
ยะลา

バンコクの南1084kmに位置する南部の県。ナラーティワート県とともにタイの最南端部をなす県である。ヤラーの歴史は古く、ターサープ空港近郊に古代遺跡跡が確認されている。この町は古代からマレー半島を横断する交通の要衝に位置し、シュリーヴィジャヤの重要都市であったようである。住民の約70％がマレー系で、歴史的にタイの支配に対し抵抗したこともあり、ナラーティワート、パッターニー両県とともに反政府活動が頻繁に起こり、バンコクの中央政府には頭の痛い問題となっている地域である。観光地としては、国王60歳を記念して山岳地帯に作られたバーンラーン国立公園が有名。
　　　　　　　　（山本博史[茨城大学]）

ゆ

ゆうぎ　遊戯→遊びを見よ

ユッタナー・ムックダーサニット
ยุทธนา มุกดาสนิท（1952〜）

映画監督。タムマサート大学で新聞学を専攻。チャートリーチャルーム・ユコン監督やチュート・ソンシー監督の助監督を務めた後、タイ映画では珍しいミュージカル形式の『バー 21の天使』（1978年）で監督デビューした。これは社会の底辺に生きる純朴な人間への共感と、そうした人間を搾取する知識人や金持ちへの批判を込めた社会派映画であるが、娯楽とし

ユッタナー・
ムックダーサニット

ても楽しめる。『工場の天使』(81年)も同じ路線の作品である。『ナムプは死んだ』(84年)は女性作家スワンニー・スコンターの実話を元にした、麻薬で自滅する青年の話。南部の貧しいイスラーム教徒の家族を描いた『蝶と花』(85年)、戦時中の日本人将校小堀と女学生アンスマリンの悲恋を描いた国民的メロドラマ『メナムの残照（クーカム）』(95年)も、それぞれニッパーンとトムヤンティーの小説の映画化である。歴史への関心を示す作品に、山岳民族の英雄を扱ったフィクション『勇者の道』(84年)、41年12月8日に南部に上陸した日本軍を迎え撃つ『少年義勇兵』(2000年)がある。チャトーリーチャルーム監督の歴史大作『スリヨータイ』の撮影も手伝っている。スウェーデンのイングマール・ベルイマン、台湾のホウ・シャオシェン、日本の黒澤明や小津安二郎を尊敬する。　　　　（宇戸清治）

ユーミエン
อิ้วเมี่ยน, เย้า

「ヤオ」と他称される。タイのほか、中国、ヴェトナム、ラオス、ミャンマーの山地に居住する民族。モン・ミエン(Hmong-Mien)語族のミエン語を話し、自称はユーミエンあるいはミエン。主に北部（チエンライ、チエンマイ、パヤオ、ナーン、ラムパーンなど）の山地に計4万5571人(2002年)が居住する。主に焼畑耕作に携わってきたが、1990年代以降は常畑耕作へ移行している。換金作物としてかつてはケシを栽培していた。焼畑耕作に伴う

移住を繰り返し、タイへはラオスから19世紀後半以降に移住してきたと推定される。漢民族の文化的影響が強く、父系的な親族組織を持ち、祖先祭祀を重視する。道教的な儀礼体系を伝え、儀礼文書では漢字を用いる。　　　　（吉野　晃）

よ

ようじきょういく　幼児教育
伝統的な幼児教育は、家庭や寺院で行なわれていた。20世紀初頭よりヨーロッパスタイルの私立幼稚園、1940年代より国立園が各地に設立されたが、80年代までの普及率は約3割と伸び悩んだ。その後、各種振興策に加え、村落や家庭の子育て機能の低下により、90年代後半には9割以上という飛躍的普及を遂げた。保育内容としては、身体、感性、知性、社会性の発達のほか、礼儀や仏教的規範も重視されている。一方、都市部に見られる進学重視の私立園では、読み書き計算に加え、英語学習も導入され、高額な保育料にもかかわらず多数の入園者を集めている。　　　　（鈴木康郎）

ヨック・ブーラパー
หยก บูรพา（1947～）

作家。本名チャルームサック・ロンカパリン。サラブリー県生まれ。タムマサート大学法学部卒業。中等教育時代より執筆

ヨック・ブーラパー

よむ ▶

活動を始め、大学時代には文芸クラブ会長などで活躍するとともに、雑誌の編集助手など務める。タムマサート大学生の生活を描いた短編などを発表していたが、2番目の長編小説『中国爺さんとともに』（邦訳『中国爺さんと生きる』）(1976年)が好評を得て、図書週間の優秀賞を受賞した。中国からタイに移り住んだ主人公が、貧しいながらも生涯タイの大地と人々をこよなく愛して謙虚に生きる姿を描いた当作品は、教育省によって高校の課外読本に指定されている。（平松秀樹）

ヨム (川)
แม่น้ำยม

北部の河川。チャオプラヤー川4大支流の1つ。パヤオ県ポン郡の山地を源とする。同県を南流し、プレー県、スコータイ県、ピッサヌローク県、ピチット県を経て、ナコーンサワン県チュムセーン郡でナーン川に合流する。全長700km、流域面積2万3616km²。ナーン川はその後、ナコーンサワン市でピン川と合流し、チャオプラヤー川となる。スコータイ付近は毎年雨季に洪水に悩まされるため、プレー県のケンスアテンにダムを建設する計画があるが、住民の反対運動もある。

（遠藤 元）

ら行

ら

ラオ
ລາວ

タイ・カダイ語族タイ諸語の南西タイ語群に属するラオ語を母語とし、ラオスとタイ東北部などに居住する人々の総称である。ラオス国内には約300万人、タイ国内には東北部を中心に約1500万人がいると推定される。ただしタイには公定民族がないため、国籍上はタイと一括される。19世紀末に国境が確定されてから、ラオスとタイの両国に分かれて帰属することになった。タイに住むラオ人の祖先は、14世紀半ばにルアンパバーンで繁栄したラーンサーン王国を成立させた。しかし王国は18世紀に3王国に分裂し、1779年にはシャム(タイ)の宗主権下に置かれた。タイへのラオ人の移住は、王国内の内紛からの逃避、タイ政府による強制移住だけでなく、よりよい土地を求めた開拓移住であることも多かった。20世紀初頭に始まる国民統合の過程で、言語や生活習慣のタイ化が進み、現在ではタイの東北地方の住人としてイサーン人を自称するようになった。ラオ人を特徴づける文化として、モチ米やパー・デーク(魚醤)を日常的に食すこと、ケーン(笙)とモー・ラム(歌、歌手)に代表される民族芸能、陰暦の各月に行なうヒート・シップソーン(12の慣習)と呼ばれる年中行事がある。　　　　　　　　(加藤眞理子)

ラーオ・カムホーム
ລາວ ຄຳຫອມ(1930〜)

作家。ナコーンラーチャシーマー県生まれ。チュラーロンコーン大学で学んだ後、新聞記者として働くが、1958年サリット首相の言論統制を体験する。高校教科書に選定された名作『空は遮らず』(邦訳『タイ人たち』)(1958年)は、英語、北欧語などの翻訳もある。他にも、『猫』、『風の壁』(随筆)などが有名である。76年10月6日事件で、スウェーデンに亡命(91年帰国)。92年には社会を文学に投影、とりわけ農村の現状と人々の生きざまや伝統文化を文学を通して世界へ発信した功績でタイ国芸術家賞受賞を受ける。タイ・ペンクラブ会長の履歴もある。(吉岡みね子)

ラーオ・カムホーム

ラオスなんみん　ラオス難民
ラオス難民とは、ヴェトナム戦争時や社会主義政権誕生後にラオスを逃れたラオス国籍の人々を指し、タイで一時居住が認められた者を意味する。1970年代にはユーミエン(ヤオ)やカム、モン(Hmong)等の少数民族や多数派のラオが含まれていたが、今日ではモンのみである。2008年末現在432人(UNHCRバンコク調べ)と、過去に比すと既に人口規模は極小である。タイは、難民保護原則の1つ、ノン・ルフールマン原則(国際慣習法上の追放や送還の禁止)でこそ拘束されているものの、難民の地位に関する条約を批准しておらず、国内に政治難民の存在を認めていない。タイ政府は国外から不法に流入した人々について、不法滞在者とし

ての経済移住民と認識しており、この点がUNHCRがタイで難民保護機関としての力を十分に発揮できない遠因でもある。タイに到達後、難民キャンプと呼ばれた収容施設を経由して、彼らは主にアメリカなどへ第三国定住し、コミュニティを形成した。関係施設は95年にすべて閉鎖され、人々はラオスに送還されたが、その後もモンのタイへの流入は止まず、サラブリー県の寺院裏の居住区やペッチャブーン県の国境地域の宿営地などに居住していた。07年5月にラオス・タイ国境安全委員会が両国政府により設置され、その後順次ラオスへの送還が行なわれている。現在の国軍管理型の収容施設での生活は劣悪とされ、改善にはNGOも関与するが、接触の過程で軋轢も発生している。　　　　　　　　　（谷口裕久）

ラコーン
ละคร

演劇・舞踊ジャンルの1つ。舞踊に重きを置くラコーン・ラム(舞踊劇)の最古の様式は、ジャータカに基づく『マノーラー姫物語』を演じた南部地方のラコーン・ノーラー(ノーラー・チャートリー)と言われる。18世紀には、そこからラコーン・チャートリーが生まれた。更に、女性のみによる優雅なラコーン・ナイ(内劇)が宮廷内で、男性のみによる民間向けの快活なラコーン・ノーク(外劇)が宮廷外で、それぞれ演じられた。内劇は『ラーマキエン』、『イナオ』、『ウナルット』、外劇は『カーウィー』ほか多数の演目がある。両者ともピー・パート合奏が付く。高度に洗練された伝統的なラコーンは、近代化・西洋化の波を受けて大きく変容した。19世紀後半には、ラコーン・プート(会話劇)やオペラ風のラコーン・ローン(歌劇)などが生まれ、ラコーンの枠が拡がった。20世紀になると、ラジオ・ドラマ(ラコーン・ウィッタユ)が広く聴かれるようになった。だが、本格的な西洋リアリズム演劇は、中産階級を中心とした知的エリート層向けの公演に限られた。現在では、テレビ・ドラマ(ラコーン・トーラタット)が、現代劇、時代劇を合わせて数多く制作され人気を集めている。　　　　　　　　　（松村　洋）

ラジオ

全国には500を超えるAM・FM局があり、人々の生活の中に溶け込んでいる。バンコクの場合、87.5から107MHzの狭い周波数に40を超えるFM局が集中し、実に多彩である。それらは普通局と専門局に大別され、たとえば音楽専門局の中でもポップス、演歌、民謡など更に細分化されて独自性を重視している。交通情報や電話相談のチャンネルでは、リスナーが電話で参加したり、渋滞の迂回路や病人が乗ったタクシーを誘導するなどの情報を提供したりする。スタジオには警察官や民間救助隊の詰所もある。ラジオは比較的制作費が安く小回りがきく媒体なので、他と違った特色を出すのが容易なのだろう。近年ではコミュニティFMラジオ局(ウィッタユ・チュムチョン)が地方に乱立し、その法規制が問題となっている。　　　　　　　　　（阪口秀貴）

ラーチャダムヌーン(路)
ถนนราชดำเนิน

王宮前広場からドゥシットに至るバンコク都内の約3.3kmの道路。正確には外(ノーク)、中(クラーン)、内(ナイ)の3区間に分けられる。ラーマ5世が王宮とドゥシット宮殿間の移動用としてロンドンのクイーンズウォークを模して建設を命じたもので、1903年に全区間が完成した。バンコクで最も美しい街路となるよう道幅も広く取られており、沿道には官庁街が建ち並ぶバンコクを代表する道路である。40年には中区間に民主記念塔が完成した。73年の10月14日事件以来、ラーチャダムヌーン通りは民主化を求める市民のデモの場としてもたびたび使用される。　　　　　　　　　（柿崎一郎）

ラーチャパットだいがく　ラーチャパット大学
มหาวิทยาลัยราชภัฏ

タイ全土に40校ある国立の高等教育機関。バンコクに6校、地方に34校あり、学生数は全体で41万人。大規模校は3万人を超えるが、その3分の2は社会人である。師範学校を母体とし、1975年の教育大学法によって学位機関となり、84年の同法改正により教育学部の他に人文社会科学部、理工学部、経営学部を共通に持つ地域総合大学となる。92年に国王から現在の名称が下賜され、その後「ラーチャパット大学法」の制定、独立法人化を経て、現在に至る。教員養成だけではなく、地方の人材養成の役割を担っている。（堀内 孜）

ラーチャブーラナ（寺）
วัดราชบูรณะ

バンコク都内オーンアーン運河の河口に立つ2等王立寺院。アユッタヤー時代の創建であると伝えられるが不詳。現在でも旧名ワット・リエップと呼ばれることが多い。ラーマ1世王期に有力な王族の手で大規模な修復が行なわれ、スコータイ、アユッタヤー時代から国王の後援を受ける名門寺院に与えられてきた現在の名前を下賜された。代々の国王の後援は厚く、現在のプラーン型仏塔はラーマ3世の建立による高さ30m余りの大規模なものである。境内の一隅に日本人納骨堂があり、タイで生涯を終えた先人たちの遺骨が納められており、高野山から派遣された僧が供養をしている。（山田 均）

ラーチャブリー
ราชบุรี

バンコクの西100kmに位置する中部（西部）の県。通称ラートブリー。土地面積は森林31％、農地34％で、南接ペッチャブリー県と比べ、西側国境に続く山地森林面積が少なく、メークローン川が流れるタイ湾岸部の平地は大きい。モン、クメール時代の遺跡も多い。山裾から平地はかつてキャッサバ、トウモロコシ、コメ等の産地だったが、近年はGPPの農業比率15.5％（2006年）に対して、製造業比率が28％となり、工業化も進み、たとえば靴製品などの労働集約的製品の産地で、タイ湾岸工業地帯に巻き込まれつつある。19世紀に掘られ、東端でメークローン川に注ぐダムヌーン・サドゥアック運河は有名である。（北原 淳）

ラーチャブリー（親王）
กรมหลวงราชบุรีดิเรกฤทธิ์（1874〜1920）

1874年10月21日生まれ。ラーマ5世の第14子。ラピー親王とも呼ばれる。90年オックスフォード大学に入学し、クライストチャーチカレッジに籍を置く。3年間で法学士を取得しタイへ帰国。96年若干22歳で司法大臣の要職につき、裁判所制度の改革や法制の近代化を進めた。法曹養成を重要視し、97年タイ初の「法律学校」を創設。1920年8月7日病気治療中のパリで逝去。「タイ法律の父」と呼ばれ、毎年8月7日の「ワン・ラピー（ラピーの日）」にはタムマサート大学で記念行事が盛大に催される。（飯田順三）

ラーチャブリー親王

ラック・タイ
หลักไทย

タイの国家や社会を考察する上できわめて重要な概念の1つであるが、その生成の経過はタイの歴史と重なっている。大まかに述べれば、タイという国家は、タイ族が古くから形成していた「ムアン」と呼ばれる小国家群が、バンコクに生じた大権力に吸収されることによって誕生し

たと言えよう。その誕生への本格的転換期は、おおよそラーマ4世からラーマ6世王にかけての時代であったが、タイという国家の正当性を学問的に説明したのが、「ラック・タイ」であった。具体的なその発端は、1つの著作である。1929年にサガー・カーンチャナーカパン(欽賜名クン・ウィチットマートラー、1897～1980年)が応募し、王立学士院により恩賜賞に選ばれた著作が『ラック・タイ』であった。民族、宗教(仏教)、国王の3部から構成される『ラック・タイ』は、漢族より前に黄河流域で栄えたというタイ民族の輝かしい起源、タイ民族を育て繁栄させた民族固有の宗教(仏教)、および民族のリーダーとしてすばらしい統治能力を示した国王の3要素を歴史的に説明し、民族愛、仏教への帰依、国王への忠誠を主張している。この学説に飛びついたのが国家権力であり、「ラック・タイ」を国家の統治原理として採用したのである。これにより、「ラック・タイ」は単なる著作物名から、官製の国家イデオロギーに昇華したと言えよう。タイという民族国家の完成に、この「ラック・タイ」は大きく貢献した。絶対王政が崩壊した後にあっても、このイデオロギーは強化され、今日に至っている。とりわけ、強大な軍事政権を築いたサリットは、クーデタの正当性を国王による認可に求め、仏教の擁護者である国王を守護するのは政府の当然の義務であるとして、「ラック・タイ」の強化に努めた。また、義務教育課程の社会科を中心とする教科書にも「ラック・タイ」の教えが取り込まれた。官庁や学校などを訪れると必ず、国旗、仏像祭壇、国王肖像の3点セットが揃えられていることに気がつくであろうが、それは「ラック・タイ」イデオロギーがほぼ全土を埋め尽くしたことだと言える。タックシン政権とその後がもたらした政治社会の混迷は、これまで安定していた「ラック・タイ」に影響を及ぼす兆候を示している。80年代以降の経済発展を中心とした社会変動とグローバリズムの荒波の中で変容する政治社会の新しい波と、この間ゆっくりではあるが発展してきている社会科学の裏打ちとが一緒になって、この「ラック・タイ」的価値に挑戦を挑み、その変容を迫る日が近づいているのかもしれない。

(赤木 攻)

ラック・ムアン
หลักเมือง

ムアンの守護霊が宿るとされる柱。木柱であることが多いが、石柱やシヴァ・リンガ、神像等がラック・ムアンとされることもある。ムアンを建設する際にラック・ムアンを建立することは、タイ系諸族に共通した風習とされる。タイ国内では各県にラック・ムアン祠が整備されており、近年建立されたものも多い。バンコクでは、ラッタナコーシン朝の創始とともに1782年に王宮の北東に建立されており、1852年に建て直された。現在の柱は高さ5.035m、直径47cmである。退役軍人福祉機構が管理し、常時多くの参拝客で賑わっている。

(加納 寛)

ラック・ムアン

ラッタナコーシンおうちょう　ラッタナコーシン王朝
ราชวงศ์รัตนโกสินทร์, ราชวงศ์จักรี

1782年に始まり現在まで約225年間、バンコクを中心として続いている王朝。政治的には、1932年に生じた人民党革命までは王政であり、それ以後は立憲君主制を敷いており、歴代国王は9名を数える。

1782年に即位した1世の名にちなんでチャックリー王朝とも呼ばれる。ラッタナコーシンとは「インドラ神の宝玉」という意味であるが、この「宝玉」とは、1世が即位前にラオス平定の際にヴィエンチャンに安置されていたのを持ち帰り、後にチャックリー王家の守護寺院として建立したプラケーオ寺院(玉仏寺)の本尊としたエメラルド仏像のことである。つまり、この王朝名は王家の本尊の名に由来している。ラッタナコーシン(チャックリー)王朝が果たした役割は、「タイ国」という国家の創造そのものである。つまり、タイという国家は、チャックリー家の国王の主導の下に形成されたと言っても過言ではない。治世で時代区分すると、(1)核心域の形成(1世〜3世時代)、(2)絶対王政の確立と近代化(4世〜7世)、(3)「タイ」の建設(8世〜9世)ということになるであろう。

(1)18世紀の後半には、東南アジアの3つの河川エーヤワーディー、チャオプラヤー、ソンコイの河口に、今日までも継続している権力の核心域が形成されていった。チャオプラヤー河口の核心域が、1世が都を定めたバンコクであった。この核心域形成の基盤となったのは、交易であった。バンコクは南シナ海を中心とした当時の交易の一大港市として成長した。砂糖やコショウ、更には林産物など中国へ向かう産品もあったが、その交易の形態は集散的要素が強かった。重要なことは、人の流れであった。福建省や広東省を中心に夥しい中国人が流入した。彼らは、貿易に従事したのはもちろんのことであるが、バンコクから地方へ移り住み、商人としてその地域とバンコクを結びつける役割を果たした。もちろん、中部と東部臨海地方に多くが住み着いたが、それはバンコク権力の拡大とつながっていた。加えて、数多く存在した地方国がバンコクに送る税の徴収にも中国人商人が従事し、彼らの多くは徴税請負人として経済的、政治的に重要な役割を果たした。また、バンコクの王朝が必要とした労役の多くは、地方国への遠征で獲得しバンコクに強制移住させた捕虜奴隷によった。ただし、地方の大部分は自給自足生活であった。現在のタイの版図より広大な地域に権威を確立したバンコクの王朝は、交易の独占および地方国との徴税請負を基盤としていたと言えるであろう。

(2)19世紀を迎えてしばらく経過したラッタナコーシン王朝にとって、難問が降りかかり始めた。それは、1819年のイギリスによるシンガポール建設に象徴される、産業革命に成功したヨーロッパ列強のアジアへの進出であった。タイもその標的となり、ビルマ(ミャンマー)を攻略したイギリスは自由貿易を要求してきた。それは、王朝の拠って立つ基盤である王室独占貿易の撤廃を意味した。25年にイギリスとの間に締結されたバーネイ条約は、西欧列強の開国要求に対して、それを容認するという王朝の回答でもあった。4世が55年にイギリスとの間に結んだ修好通商条約(バウリング条約)は全面的な開国を意味し、王朝の経済基盤をどのようにして確保していくかが大きな課題となった。もう1つ、王朝が抱えた難問は、王朝政府内の権力関係であった。実は、王朝の創立以来政府内で実際の権力を握っていたのはペルシャ商人の末裔であるブンナーク家を中心とした貴族官僚層であった。国王を頂点とする王族の間では、現実の政治が意のままにならないことで、この貴族官僚層から権力を奪い返すことが長い間の懸案であった。

この2つの難問を解決したのが、絶対王政の確立と近代化(チャックリー改革)であった。4世と5世を中心とした不断の努力で、政治的独立を死守するため対西欧列強に対しては領土分割を含む妥協を骨子として臨み、貴族官僚層からは親子と兄弟の結束で権力を奪い返すことに成功した。加えて、6世は「タイ民族」というコンセプトを社会の中に持ち込み、「仏教」および「王制」を加えて「ラック・タイ」という形で公定ナショナリズムを完成させた。このように、4世から6世にかけて

は、まさにチャックリー王家の面目躍如といった時代であった。
(3) 王政を崩した1932年の人民党革命は、王朝内でも既に立憲制への準備が議論されている矢先に生じた事件であった。確かに「革命」であったが、一般市民の参加はなく、一部の留学帰りの文官と武官により決行された「おとなしい」革命であった。そのため、33年のボーウォーラデート親王反乱に象徴されるように、王朝政府の糸を引く王族派と人民党革命派の綱引きが、35年の7世の退位まで続いた。39年の「サヤーム(シャム)」から「タイ」への国名の変更は、新しい国家建設に向けた宣言であり、権力を握った軍部を中心にバンコクの権威を全版図に及ぼす国造りが始まった。その過程で彼らが必要としたのは、伝統的文化基盤である仏教と王制であった。とりわけ、学校教育の中に取り入れられたラッタナコーシン王朝の歴史的役割は、国民の中の王制の求心性をより高めた。また、9世はこうした新しい流れに賢明に対応したため、70年代から今日にかけて王制の重みを内外に示す時代となった。だからこそ、現代においても、「タイ式民主主義」と形容されるタイの政治風土を反映した民主主義の中の重要な要素として、王制＝ラッタナコーシン王朝は生きているのである。　　　　　　　　　　（赤木 攻）

ラッタナコーシンれきひゃくにじゅういちねんはんらん　ラッタナコーシン暦121年反乱
ขบถ ร.ศ. 121

ラッタナコーシン暦121年(1902/03年)にタイの周縁部の3ヵ所で発生した反乱。東北部では1901年末から02年5月にかけて、千年王国運動的なピー・ブン(プー・ミー・ブン、有徳者)と称する者を首謀とする反乱が各地で発生した。同じ頃、南部では7つのイスラーム属国のチャオ・ムアン(スルタン)が中央集権化に異を唱えた。更に、北部のプレーでは7月にギアオ(タイ・ヤイ族)による反乱が発生し、警察署などの政府機関を襲撃した。いずれの反乱も間もなく鎮圧され、ラーマ5世が強力に推進した地方統治改革への影響はなかったが、これらの反乱の背景には既得権を失う領主(チャオ・ムアン)など土着権力者の反発があったものと捉えられている。　　　　　　　　　（柿崎一郎）

ラッタニヨム
รัฐนิยม

ピブーン政権によって1939年6月から42年1月にかけて公布された一連の告示。12号まで公布された。日本では当時、「国民信条」として紹介された。ピブーンによれば、国民によい習慣を根付かせるための告示であるという。その内容は、国名のシャムからタイへの変更、国歌の制定とその尊重、国産品の愛用、言語や文字の改定、そして個人の服飾や日課といった、きわめて幅広い範囲にわたって言及したものであり、タイ国民の一体化、国益に対する国民の協力、国民の生活文化の近代化を狙ったものであった。　（加納 寛）

ラノーン
ระนอง

バンコクの南568kmに位置する南部の県。この県の発展は、19世紀初めに福建省から移住したナ・ラノーン家の実質的創始者である許泗漳(コー・スー・ティエン、プラヤー・ラッタナセーティー)と関係が深い。許は錫の徴税請負人から知事となってラノーンの発展に尽くし、その子孫はこの地域に大きな勢力を築きあげた。ラノーン県は降雨量がタイで最も多く、人口は最も少ない県である。山が多く、稲作には適さない。ビルマ(ミャンマー)に国境を接し比較的越境しやすいことから、ビルマ系の人々が流入し、ゴム、錫、漁業など多くの分野で就業し暮らしている。　　　　　（山本博史[茨城大学]）

ラフ
ลาหู่

山地少数民族の1つ。タイ語では「ムーソ

ー」とも称される。中国西南部を原郷とし、現在ではタイ国のほか、中国雲南省、ミャンマー（シャン州）、ラオス、ヴェトナムの各国の山地に、総数60万〜70万人が分布していると推定される。2002年のタイ政府統計によれば、そのうち10万2876人がタイ国内に居住している。チベット・ビルマ語系の言語を母語とし、近年まで焼畑農耕を主体とする生業を営んでいた。親族構造においては双系的傾向が強く、宗教面では至高神崇拝が卓越していることなどが特徴である。　　（片岡　樹）

ラーマいっせい　ラーマ1世
พระบาทสมเด็จพระพุทธยอดฟ้าจุฬาโลกมหาราช, รัชกาลที่ ๑（1735〜1809）

現ラッタナコーシン（チャックリー）王朝の開祖で初代の国王。在位1782〜1809年。アユッタヤー王朝末期にモン（Mon）族を祖先とするアユッタヤーの名門の家柄に生まれる。幼名トーンドゥワン。25歳の時、妻ナークの実家に近いラーチャブリーで検察官として公務に従事していたが、トンブリー時代を迎えて弟と一緒にタークシン王に仕えると、能力を遺憾なく発揮し、武功を立ててスピード出世した。1771年頃には、チャオプラヤー・チャックリーの官位を得ていた。各地に遠征し戦績をあげたが、中でも有名なのは78年のヴィエンチャン攻略であり、エメラルド仏像（現在は、後に述べるように、バンコクのプラケーオ寺に安置されている）を戦利品としてトンブリーに持ち帰った。81年にカンボジアに出征中、王都トンブリーで反乱が生じたため急遽帰還し事態の掌握に努めた。タークシンが処刑された後、王に推挙され、82年に正式に即位する。ラッタナコーシン王朝の始まりである。

　各地での幾多の戦役経験から来る豊富な統治上の知識から、トンブリー王朝の流れを断ち切り、新たな出発をすることの重要性を充分に認識し、その象徴として、王都の移転を断行する。具体的には、トンブリーの対岸の華人居住区を川下に

ラーマ1世

移設し、その跡にアユッタヤーの都を凌駕する王都の建設を行なう。一部はヴィエンチャンあたりからも強制移住をさせるなど、膨大な労働力を注入し、比較的短時間で完成させ、「天子の都（クルンテープ）」との名称（その名称は1編の詩であり、首都名としては世界最長と言われている。名称の始まりが「天使の都」である）を付し、王宮内に建設した最重要寺院のプラケーオ寺にヴィエンチャンから持ち帰ったエメラルド仏像を安置し、そこが王国の中心であることを示した。そして、政治権力の基盤をアユッタヤー王朝下の有力王族や貴族との連携に置いた。旧知の王族や貴族、高級官僚を新王都に呼び、重要なポストを与えた。つまり、王宮を中心とした姻戚ないしは「知り合い」のネットワークを上手に使いこなし、リーダーシップを発揮した。統治理念の根幹にも、旧都アユッタヤーの再生再興を置いた。すなわち、「アユッタヤーを超えるアユッタヤーの再興」であった。

　統治制度はほぼアユッタヤーを踏襲したが、タイにおける伝統的な世界観に基づく宗教圏（プッタチャック）と政治・社会圏（アーナーチャック）のそれぞれにおいて重要な再興作業に取り組んだ。前者に該当するのは仏教改革であり、具体的には、アユッタヤー崩壊から続いてきた混乱で弛緩してしまったサンガ（仏教僧団）の再構築であった。緩んでしまった持戒や組織の秩序の改革に着手した。また、88年には上座仏教の基本テキストとも言える「三蔵」の乱れを正すための結集を

決断し、218名の僧と32名の学者を動員して、5ヵ月をかけて行なわせた。結集には多額の経費を要したが、仏教に帰依する国王の姿を示すことになり、それはとりもなおさず仏教の最大の擁護者としての国王という関係の確立でもあった。後者の政治・社会圏における象徴的出来事は、『三印法典』の編纂作業である。社会の安定のためには法秩序の整備が必要と考え、アユッタヤーから伝承されてきていた伝統法を整備し当時の最新法律集としてまとめ、裁判の公正さと迅速性を確保しようとしたのであった。それは、社会関係を律する規範の確立であり、誕生であった。『三印法典』は、その後、近代法典が整備される20世紀初頭まで基本法として使用される。また、統治の要が労働力の管理であることを見抜き、アユッタヤー時代以来のプライ制度の整備と充実に力を入れた。とりわけ、プライ・ルアンの労働力確保に努め、人民の所属を明確化するため入れ墨制を徹底した。このプライ制度の充実は、政府の統治の力量を養い、ひいては社会の安定をもたらしたと言えよう。

治世下における対外関係も順調に推移した。85年のビルマ（ミャンマー）の攻撃を撃退して、ソンクラーに南部およびマレー諸国支配の拠点を築き、ラーンナー・タイ王国や東北部への支配を確保し、カンボジアのバッタンバンを直接統治下に置いた。当時の国家間の支配・被支配関係は概して不安定だったが、タイ（シャム）の支配圏（版図）はアユッタヤー時代やタークシン時代よりも広大なものとなった。新しい都であるバンコクは、チャオプラヤー川の河口に位置し、対外貿易にとっても適地であった。対中国貿易はますます興隆を見せ、優秀な労働力として中国人移民が増加した。在位期間は27年間であったが、アユッタヤーの再興を目標に用意周到に推進し、ほぼ完璧な姿の1つの王国を東南アジア大陸部に完成させた。それは、単なる再興ではなく、新しい出発であり、その後のラッタナコーシン王朝の継続と繁栄の基礎を見事なまでに築いたと言えよう。　　　　（赤木 攻）

ラーマにせい　ラーマ2世
พระบาทสมเด็จพระพุทธเลิศหล้านภาลัย, รัชกาลที่ ๒（1768～1824）

ラッタナコーシン王朝2代目の国王。在位1809～24年。ラーマ1世の長子として、1768年2月24日に誕生、幼名をチムと称したが、イッサラスントーン王子の称号を下賜される。1806年副王に任ぜられ、王位継承者として認知される。09年の即位後すぐに、タークシン王の子女数名と一部の官吏を謀反罪で処刑して内部の反対派を除去し、権力の安定化を図った。その上で、内政的には父王の統治を継承した。

この治世にも対外関係は流動的であった。当時ビルマ（ミャンマー）は弱体化していたこともあり、紛争は少なかったが、下ビルマあたりから難を逃れてきたモン人約4万人を受け入れ、パトゥムターニーあたりに居住させたという。カンボジアをめぐるヴェトナム（阮朝）との勢力争いは激化し、親タイ勢力の擁立や要衝パタイマート（ハティエン）の確保などに腐心したが、劣勢に立たされた。ヴェトナム勢力進入阻止のためには、ヴィエンチャンを味方につけることに成功した。南部半島部では、19年のシンガポール建設に象徴されるように東南アジアに影響力を及ぼし始めたイギリスとの間で衝突が生じ始めた。クダをめぐる支配権争いなどがその表れであり、21年にはイギリスが派遣したジョン・クローファードと通商や外交関係をめぐって交渉を行なった。タバコ、コショウなどの商品作物栽培の輸出も始まり、貿易が徐々に重要性を持つようになった。そうした潮流の中で、治世末期、実力を持ち始めたのが貴族官僚のブンナーク家一門であった。

王は他方で非凡な詩才を持ち、『イナオ』、『ラーマキエン』、『サントーン』など数多くの佳作を残した。詩人を優遇したが、中でも後に国民的詩聖と称されたス

ラーマ2世

ラーマ3世

ントーンプーを寵愛し、その交流から『クンチャーン・クンペーン』といったタイ文学の最高傑作の1つが生み出された。彫刻にもすぐれた腕を持ち、スタット寺の扉の浮き彫りは、それを今日に伝えている。白象は吉兆の徴として珍重されているが、この治世には3頭も見つかったという。24年7月21日崩御。　　　（赤木　攻）

ラーマさんせい　ラーマ3世
พระบาทสมเด็จพระนั่งเกล้าเจ้าอยู่หัว, รัชกาลที่ ๓（1788～1851）

ラッタナコーシン王朝第3代目の国王。在位1824～51年。1788年3月31日ラーマ2世の側室の子として誕生。幼名タップ。1813年に、チェートサダーボディン親王に叙せられる。20年にはビルマ（ミャンマー）が戦の準備としてカーンチャナブリーに食糧の貯蔵場所を築いたのを逸早く察知し対応をするなど、早くから能力を認められ、港湾局、財務局、警察局などの要職をこなした。ラーマ2世の崩御を受けて、次期国王候補として正室の子モンクット（後のラーマ4世）と競うが、長子であったことと公務の経験が評価され、内政に徐々に大きな影響力を持ち始めたブンナークを中心とする貴族官僚の強い支持を受けて、24年即位する。敬虔な仏教徒で、治世中39もの寺院を修復または建造したほか、40年代にはスリランカに仏教使節団を送り交流を深めた。庶民が困苦を国王に直訴したい時太鼓を打てばいいように、王宮の詰め所に太鼓を掲げたというのは、有名な話である。内政面では、歳入増を図るため、課税対象を従来からの林産品に加え、輸出が伸び始めた農産物に拡大し、徴税請負制度を本格的に整備した。この制度の整備は中国とのジャンク貿易、更には通商一般に従事していた在タイ華人の登用を促し、ひいては中国人および中国文化のより一層の流入となった。文学や陶磁器などを中心とした中国の文物が並行してタイ社会に入り、流行した。数多く建てられた当時の寺院建築にも、中国文化の影響が明らかである。

この治世の新たな状況は、国際環境の大きな変化の兆しである。ラーマ2世時に始まった西欧との接触に本格的な対応を強いられるようになった。即位年の隣国ビルマの対英戦争の敗北は、大きなプレッシャーとしてのしかかった。25年にはイギリスから派遣された自由貿易を求めるヘンリー・バーネイとの交渉に臨み、翌年イギリス商人の自由な商業活動を認める条約を締結する（バーネイ条約）。近隣国の関係では、タイに対して不満を抱いていたラオスのアヌ王が、イギリスがタイを攻略するとの報を得て27年に軍勢を整えタイを攻め入る事件が生じたが、コーラートで撃退した。アヌ王がヴェトナムに逃亡した（翌年捕らわれ、バンコクで処刑された）こともあり、ヴェトナムとの関係は不調となり、くすぶっていたカンボジアの支配権争奪では戦争となった（33年、37～45年）。南部では37年にパッターニーで反乱が起こるが、平定した。仏教への強い帰依心からか、死を覚

悟した51年の2月には、全国の僧約1万名に各5タムルンの喜捨をした。同年4月2日崩御。
（赤木 攻）

ラーマよんせい　ラーマ4世
พระบาทสมเด็จพระจอมเกล้าเจ้าอยู่หัว, รัชกาลที่ ๔（1804〜68）

ラッタナコーシン王朝第4代目の国王。在位1851〜68年。きわめて聡明で、西欧文明の本質を見抜き、その圧力に苦慮しながらも的確な対応でタイの独立維持を可能にした。ラーマ2世の正室の子で、1804年10月18日に誕生。幼名はモンクット。本来であれば、ラーマ2世の後継者として即位して当然であったが、24年当時はまだ若く、しかも既に政界に影響力を持っていた異母兄の存在を無視することはできなかった。当時権力を持ち始めていた貴族官僚の支持を得ることができなかったのである。出家したばかりの王子は、ラーマ3世の即位後も還俗することなく、51年4月4日にラーマ4世として即位するまでの実に27年間僧院生活を送った。この長期間の僧院生活は王自身にはもちろんこと、タイのそのもののあり様に大きな影響を与えたのは間違いない。出家生活は、まさに、学究生活そのものであった。本来明晰な頭脳の持ち主であったが、サンスクリット語、パーリ語、英語、仏教、文学、占星術、数学などなど、実に多くの学問を習得した。中でも、英語の能力に優れ、当時キリスト教の普及のため在住していた神父や宣教師をはじめとする欧米知識人との交流、更には外国の要人との信書の交換やシンガポールあたりから入ってきたであろう英文雑誌の講読を日常化した。それは、ヨーロッパの動静や西欧文化の把握を可能とした。敷衍すれば、近代西洋の本質を理解していたといえ、それが治世中に打ち寄せた西洋の荒波に対抗する様々な施策の基礎となった。

もっとも、即位後に配慮を要したのは、自らが僧院にいたための弱点でもあった内政における権力関係調整で、権勢を誇っていたブンナーク家の実力者シースリヤウォンを兵部卿に登用するとともに、力を持った弟を副王に任じプラ・ピンクラオの称号を付与した。治世中の最大の仕事は、タイの開国を意味した55年4月のバウリング条約の締結であった。イギリス政府からタイとの修交通商条約締結の任を命じられた香港総督ジョン・バウリングとは文通による知己であったこともあり、交渉は順調に進んだ。英緬戦争やアヘン戦争からの学習をも含め、西欧の力を熟知していたため、治外法権を認めるなど不利な条約ではあったが、決断を下した。中国との朝貢貿易を中心とする王室独占貿易の崩壊は王室財政を直撃することになるが、徴税請負制度の徹底化を図った。自由貿易の扉を開けさせられただけではない。西欧の領土的野心に驚かされたのは、従来ヴェトナムとの間で確執のあったカンボジアへの支配権を、ヴェトナムを植民地化したフランスが要求してきたことであった。67年に結んだタイ仏条約はその結果であり、タイはカンボジアへの宗主権を失うこととなった。開国も領土の割譲も、西欧をよく知っていたための背に腹はかえられぬ処置であった。

ラーマ4世の真骨頂は文化面にあったのかもしれない。即位前の出家時に推進した仏教改革運動は、その典型であった。戒律を守らない僧の存在など、仏教界の堕落を目にし、それまでの宗派マハーニカーイに代わって、パーリ語原典に沿った厳正な仏教の教えを実践するタムマユ

ラーマ4世

ット派を結成した。新しい派の結成により仏教界が分裂することを危惧し、分別をわきまえた運動を展開した。タムマユットは次世代に引き継がれ、今日でもタイ仏教界の一翼を担っている。

ラーマ4世王には、1つの謎が付いてまわっている。「ラームカムヘーン碑文」の由来である。スコータイ史そのものを成立させている最重要資料として知られる同碑文について、1980年代末ころから「偽作」説が学界で提出されたのである。しかも、その「偽作」の張本人はラーマ4世であるという。そうした説が出てくる理由は、同碑文の第1発見者でありかつ紹介者であるからだ。真偽のほどはわからないが、万が一にもラーマ4世の手が何らかの形で入っていたとしたら、タイがいかに長い歴史を有する国家であるかを外に示す目的があったとしか考えられない。いずれにしても、「タイ科学の父」と呼ばれるほどその博学はつとに有名であるが、68年には自ら日蝕の時間と観察可能な場所を緻密に計算し、その正確さを証明するために、王子チュラーロンコーンを伴い、プラチュアップキーリーカンに観察に出かけた。その際、親子2人ともマラリアに罹患し、王子は助かったが、王は回復しなかった。68年10月1日崩御。
〔赤木 攻〕

ラーマごせい　ラーマ5世
พระบาทสมเด็จพระจุลจอมเกล้าเจ้าอยู่หัว, รัชกาลที่ ๕（1853〜1910）

ラッタナコーシン王朝第5代目の国王。在位1868〜1910年。1853年9月20日ラーマ4世の子として誕生。幼名チュラーロンコーン。1868年15歳で即位し、42年間在位した。父王が決断した開国がもたらす影響を踏まえて、諸制度の近代化を促進し、結果としてタイの独立維持を可能とした。ラッタナコーシン王朝の歴代国王の中で最も名君としての評価を受け、後世「ピヤマハーラート（愛すべき大王）」との尊称も贈られている。タイ最古の大学であるチュラーロンコーン大学は、創立は次のラーマ6世の時代であるが、その名称の由来はラーマ5世である。

学問の大切さをよく理解していた父王ラーマ4世の配慮で、幼少時代から、伝統的知識の吸収はもちろんのこと、イギリス人家庭教師アンナ・レオノーウェンスのもとで英語および世界諸事情を学習した。15歳の若さで即位することになったが、既に19世紀後半のタイが置かれた諸情勢を的確に把握していたと思われる。ただし、即位時は未成年であり、時の政治を牛耳っていた貴族官僚の最高実力者であるチャオプラヤー・シースリヤウォン（チュワン・ブンナーク）が摂政に就任し、権力を掌握した。ブンナーク家を核とする伝統的門閥政治にラーマ5世は自らの意向を反映することができず、しばらくは我慢を強いられた。しかし、70年にシースリヤウォンが死去し、ブンナーク一族の勢力が減少していくのに伴い、ラーマ5世は近代教育を受けた能力の高い王弟たち（ダムロン親王など）を次々と政府の要職につけ、自らの派閥形成に着手した。成人に達した73年に2回目の正式な即位式挙行するや、留学帰りの王族の登用を図るなど、王弟と王子を中心とした王族の協力体制の構築に努め、国王に権力が集中する絶対王政の理想に近い権力構造を形成した。そして、その権力構造を基盤として、数多くのお雇い外国人を活用し、強力に内政外交の両面にわたる改革を推進していく。92年に中央集権統治制度の整備を行ない、内閣制を発足させるとともに、地方にも中央官僚を

ラーマ5世

駐在させて直接統治(テーサーピバーン制)に踏み切ったのは有名である。また社会経済的側面では、私有奴隷制およびプライによる夫役労働制を廃止し、伝統的身分制の大改革を断行した。そのほか、近代教育制度の発足、近代法典整備、裁判制度の発足、軍隊および警察の整備、兵役制の導入などを行なった。また、生活や経済に直結する鉄道、道路、水道、電信、郵便などの整備や導入が図られ、社会が大きく変動した。これら一連の改革は、チャックリー改革と総称される。

ラーマ5世の最大の苦悩は、押し寄せるヨーロッパ列強による植民地主義の脅威への対応であった。タイが植民地化を回避できた要因を、西と南からのイギリス勢力と東からのフランス勢力が拮抗し、互いがタイを緩衝国として温存したからと、外に求める説がある。確かにその地政学的理由も重要であるが、国内の近代化を断行し、賢明な外交を展開したラーマ5世のリーダーシップをより重要視すべきであろう。その基本的姿勢と聡明さを物語るエピソードがある。

経蔵、律蔵、論蔵からなる「三蔵経」は釈尊の教え(原始仏教)を今日に伝える貴重な聖典であるが、同王は93年にその三蔵のタイ文字版を印刷製本し、研究機関を中心に世界の100ヵ国以上のおおよそ260機関に贈呈している。1セット39巻からなる大著であるが、船舶を利用し時間をかけて配布している。製作にかけた費用も含めると大変な出費であったにちがいない。なぜ、この時期にこのような「タイ文字版三蔵出版・寄贈計画」を敢行したのか。それは、(1)タイも仏教という立派な宗教を持っている、(2)タイはこのような立派な本を刊行できるほどの近代技術を有する国である、(3)タイは平和を希求しているという3つのメッセージを世界に発するためであったと考えられる。折しも93年には「シャム危機」が生じているが、西欧の軍事力に何度かの領土割譲と三蔵出版で対応した王の姿勢に独立維持のカギを読み取ることができる。

ちなみに、王はヨーロッパ諸国への三蔵の贈呈が終了した頃の97年に初めて各国を訪問している。なんとも壮大な外交ではなかろうか。タイの近代化を強力に押し進め、本格的な開国を断行し、国際社会にタイを仲間入りさせ、今日のタイの礎を築いた国王であった。腎臓を病み、1910年10月23日崩御。　　　　(赤木 攻)

ラーマろくせい　ラーマ6世
พระบาทสมเด็จพระมงกุฎเกล้าเจ้าอยู่หัว, รัชกาลที่ ๖(1881～1925)

ラッタナコーシン王朝の第6代国王。在位1910～25年。幼名ワチラーウット。ラーマ5世の第29子として1881年1月1日に生まれる。94年には皇太子に任命され、早くから後継者として嘱望された。帝王学を修めるため、93年に12歳の若さでイギリスに留学し、9年間滞在する。これは、歴代国王としては最初の留学であった。サンドハースト陸軍士官学校で教育を受けたほか、実戦部隊にも配属され将校としての訓練も受ける。また、オックスフォード大学でも歴史学や法律学を修めた。1902年12月の帰国時には、アメリカを経由して、日本に立ち寄り、女子教育事業などを視察した。同月27日に鎌倉大仏殿高徳院で記念植樹した黒松は、現在では大きく成長した姿を見せている。

この留学が王の人間形成に大きな影響を与えた。修めたはずの軍事学や政治学よりも文学や演劇に関心を示し、自らも執筆活動等に力を入れた。シェイクスピアの『ベニスの商人』などの西洋文学やサンスクリット文学の翻訳紹介に努めたほか、数多くの筆名を使って創作・評論活動に精を出した。こうした活動が顕著であるがため、統治者としては低い評価を受けがちであるが、長い留学から、国家に必要なのは、近代的政治制度もさることながら、強固な民族意識であり国民文化であることを学び取り、西洋に比肩する文化的基盤(民族的同一性)の思索と確立に懸命になった。よく知られている『タイよ　目覚めよ!』や華人系タイ人を批

ラーマ6世

判した『東洋のユダヤ人』など民族意識を鼓舞する膨大な著作を残し、思想界に大きな影響を与えた。このタイ人であることの意識を国民に植え付けようとしたナショナリズム覚醒運動は、のちに「ラック・タイ」として成立する「民族・仏教・国王」を至高のタイ的価値とする「公定ナショナリズム」と位置づけることが可能である。そのほかの、義務教育の導入、チュラーロンコーン大学の創立、新国旗の制定、議会制政治実験都市「ドゥシットターニー」の建設、祝日の制定、メートル法の採用、太陽暦の採用、姓の採用、フットボールの振興などの諸策も、王の目指す近代国家像を反映したものと言えよう。

政治外交面でも、第1次世界大戦への参戦とベルサイユ講和会議への出席、国際連盟への加入、不平等条約改正など、国際社会でのタイの地位向上に大きな成果をあげている。ただし、国内統治の実際や権力関係などへの目配りや配慮が不足していた。民族意識の植え付けを意図して肝いりで創設したスアパー(野虎隊)と称する国王直属義勇部隊の隊員を特別に優遇したこともあり、正規軍から反感を買い、即位早々の12年には王政打倒を目指した反乱事件(ラッタナコーシン暦130年反乱)が発生した。この反乱はタイで初めて立憲主義を掲げており、20年後に生じた人民党革命にも影響を与えた。王はこうした動きに対し、持ち前の文才で対応した。特に有名なのは、「アッサワパーフ」なる筆名を使用し、新聞紙上で論戦を挑んだことで、王政がタイに適した政治制度であるとの説を強力に展開した。しかし、晩年には自らの乱費により国家財政に大幅な赤字をもたらし、財政危機を招いた。加えて王位継承の重要性に気がつくのも遅く、晩年に後継男子を望んで、矢継ぎ早に3人の女性と結婚し、一方で24年には「1924/25年王位継承に関する王室典範」を制定するなど環境を整えたが、崩御前日の25年11月24日に誕生した第1子は内親王であった。バンコク都の中心に位置するルムピニー公園の入り口には王の記念銅像が建てられている。

(赤木 攻)

ラーマななせい　ラーマ7世
พระบาทสมเด็จพระปกเกล้าเจ้าอยู่หัว, รัชกาลที่ ๗ (1893～1941)

ラッタナコーシン王朝の第7代国王。在位1925～35年。幼名プラチャーティポック。1893年11月7日に5世の第76子(末子)として誕生する。1906年に13歳でイギリスに留学し、イートン校で中等教育を終えた後、主として軍事学を修め、15年に帰国して陸軍に勤務した。嗣子のいない兄6世の死により、予期せぬ即位となった。元来権力欲の弱い王は、即位すると枢密院を改革するとともに叔父のダムロン親王など5人の王族から成る最高顧問会議を設置し、前王治世末からの財政危機に集団指導体制で臨んだ。しかし、29年に始まる世界恐慌は財政危機に追い討ちをかけた。主要輸出品である米の輸出が困難になり、公務員の給与カットや組織の整理統合で危機を乗り切る以外になかった。王は早くから議会制に関心を示し、眼病手術のための31年の訪米経験を契機に立憲制への移行を真剣に考慮し、憲法草案まで用意したが、時期尚早との最高顧問会議の反対にあい、結局は実現しなかった。減俸や解雇が中下層官吏にも及ぶ財政危機脱出のための一連の行政改革は官僚層全体に不満を蓄積し、その矛先は王政や王族支配に向かった。そうした不満とヨーロッパ留学経験者を中心

らーまはっせい

ラーマ7世

ラーマ8世

とした立憲制志向が結びつき、反政府勢力として人民党が誕生し、32年6月の立憲革命を成功に導いた。立憲制論者であった王は避暑地のフアヒンに滞在中であったが、熟考の上、この革命に武力で対抗することなく、柔軟な対応で接し容認した。しかし、権力を掌握した人民党のその後の専制的政治に王は次第に失望していった。とりわけ、革命のイデオローグであったプリーディーが土地の国有化、全国民の公務員化を骨子とする「国家経済計画大綱」を提案するや、共産化であると猛烈な反論を展開した。

そして、33年10月の王党派による王政復古をめざしたボーウォーラデート親王反乱が失敗したのを機に、翌34年1月眼病治療を名目にイギリスに渡ってしまう。国王不在により公務等に支障をきたす事態に至り、政府は何度も使節団を送り帰国を要請したが、帰国意志はなく、35年3月になり自ら退位を宣した。王はその後も夫妻でイギリスにとどまり、41年に客死した。バンコクのダムロンラック路とラーチャダムヌーン路の交差点に、王の記念館がある。　　　　（赤木 攻）

ラーマはっせい　ラーマ8世
พระบาทสมเด็จพระเจ้าอยู่หัวอานันทมหิดล, รัชกาลที่ ๘（1925～46）
ラッタナコーシン王朝の第8代国王。在位1935～46年。現ラーマ9世の兄。25年9月20日ハイデルベルグで誕生。幼名アーナンタマヒドン。28年に帰国するが、翌年、父ソンクラーナカリン親王が逝去。7歳でバンコクの学校に入学するが、32年の人民党革命後、スイスのローザンヌに移り、現地の学校で勉学を続ける。35年3月のラーマ7世の退位にともない、同月7日の国会で次期国王に推薦される。しかし、まだ10歳で未成年のため、摂政団が置かれる。スキー、スケート、登山、水泳などのスポーツが好きで、切手収集が趣味の青年であった。38年11月に一時帰国するが、スイスに戻り大学で法律を学ぶ。第2次世界大戦終結後の45年12月5日に成年国王として帰国する。海外生活が長かったこともあり、即位後の日課にはタイ語や仏教の学習も組まれていた。また、タイを知るために、首都近くの地方視察も開始された。

帰国時のタイ政界は、第2次政界大戦中に結成され抗日運動を展開し、戦後処理を有利に導いた組織「自由タイ」が実権を握っていた。しかし、戦後直後の時期で社会は混乱しており、45年の9月に就任したばかりのセーニー・プラーモート首相が46年1月には退陣し、新首相に就任したクワン・アパイウォンもわずか2ヵ月後の3月にプリーディー・パノムヨンに交替するなど、政局は不安定であった。

46年6月1日には初めて国会の開会式に臨むなど公務に積極的であったが、2日から腹痛を患い体調を崩していた。9日の朝9時ころ、寝室で、眉間を銃弾が貫通し即死の状態で発見される。その死は政界にも影響を与え、プリーディー内閣は退陣に追い込まれた。死因についても、他殺説、自殺説、事故説などがあげられ

た。公的には側用人など3人の容疑者が起訴され、長期にわたる裁判の末、55年に処刑されている。しかし、この「変死」事件は、まだ歴史として整理されていない。

（赤木 攻）

ラーマきゅうせい　ラーマ9世
พระบาทสมเด็จพระเจ้าอยู่หัวภูมิพลอดุลยเดช, รัชกาลที่ ๙（1927～）

現国王。ラッタナコーシン王朝の第9代目。幼名プーミポンアドゥンラヤデート。ハーバード大学で医学を勉学中であったラーマ5世の第69子であるソンクラーナカリン（マヒドン）親王とシーサンワーン母后の間の次男として、1927年12月5日にアメリカのボストンで誕生する。1歳で帰国。5歳でマーテーデー学園に入学し初等教育を受けるが、人民党革命後の33年9月スイスのローザンヌへ移り、レマン湖辺の邸宅で、母后、姉カンラヤーニワッタナー、兄アーナンタマヒドンの3人で暮らしながら勉学を続ける。幼少のころからすべてに秀でていたが、とりわけ音楽、工作、写真などの面で異才を見せた。38年には一時帰国するが、戦後の45年に兄の国王正式即位に伴い帰国するまでスイスに住む。翌46年6月の兄王の変死により、後継者に推挙され、ラーマ9世として即位。再度スイスへもどり、ローザンヌ大学理学部に学ぶ。48年10月交通事故に遭い長期入院。50年帰国し、即位式典を挙行するとともに、入院中に知り合ったM.R.W.シリキット・キティヤコーン嬢との間にロマンが咲き結婚（ちなみに、2人の間には、ウボンラット王女、ワチラーロンコーン王子、シリントーン王女、チュラーポーン王女の1男3女がある）。挙式後スイスに戻り勉学を続けるが、52年には本格的に帰国し国王として活動を開始した。また、56年には短期間ではあるが、出家した。

突然のしかも未成人での即位であった上に、戦後の混乱はまだ残っており、兄王の死をめぐり国内の政治は混沌としており、即位時の環境は好ましくなかった。

ラーマ9世

その意味では、52年までの多くをスイスで過ごしたのは、青年王としての将来を考える時間となったようである。52年の帰国後、まず始めたのは、地方踏査であった。中部、北部、東北部、南部とほぼ全国を踏査し、タイを知ることを心がけた。この青年期における地方踏査が、その後の9世の諸活動を支えたと言える。確かに、60年代のサリット=タノーム軍部独裁体制は、王制を基本に組み入れる統治理念を有しており、それを現実の政治に生かすために、9世の取り込みを図った。国家式典などをはじめとした多くの機会への国王の参列が要請され、結果として絶対的求心性を有する敬慕の的として9世は国民の間に定着していった。もっとも、9世自身の政治的成熟と社会への働きかけも、その定着に大きく貢献している。とりわけ、国王のイニシアティブによる「王室プロジェクト」と呼ばれる人工雨、土地改良、洪水対策、病院建設、児童百科辞典編集などの多彩な社会活動は、広く国民に受け入れられた。

70年代に入ると、国王の政治介入が問題になってきた。73年の「10月14事件」で果たしたみごとな混乱収支の役割は、政治への深入りを危惧する声はあるものの、カリスマ的国家元首としての一面を垣間見せた。また、76年に生じた「10月6日事件」において右翼や軍警により引き起こされた惨事への国王の無反応へも、

注目が集まった。80年代になると、ゆるやかな民主化路線を試行したプレーム政権に協力した。たとえば、81年と85年の軍部によるクーデタは、9世の拒絶により失敗に帰し、長期プレーム政権が実現した。92年の「暴虐の5月」でも、9世の裁定という形での政治介入は、国民の圧倒的支持を受け、軍部の権力的地位の低下を促した。経済のグローバル化がもたらした97年の通貨危機に際しては、打ちひしがれていた国民に向かって「ほどほどの経済」論を唱え、立ち直りメッセージを国民に送った。9世は国民への直接的語りでも定評がある。とりわけ、毎年の誕生日や新年に際しての言葉は恒例となっており、国民はその言葉の中に隠されているであろう意図の解釈に躍起になる。

2006年には在位期間が歴代最長の60周年を迎え、盛大な歓迎式典が各地で挙行された。タイはラーマ5世期以来の王権の高まりを見せ、9世の権威は絶頂に達した。今日世界で最も強力な王権であると言われる所以でもあろう。しかし、9世も寄る年には勝てず、08年12月の誕生日祝賀会に欠席するなど、ここにきて健康が心配されている。加えて、2000年代に入ってからのタックシン・チンナワット政権のごときまったく新しい政治体制の出現とその後の政治的不安定は、早晩訪れるであろう王位継承問題と重なり合って、9世への重圧となっている。(赤木 攻)

ラーマキエン
รามเกียรติ์

古代インドの一大叙事詩『ラーマーヤナ』は古くから影絵芝居、回廊壁画、壁面浮彫、絵画装飾などの形で東南アジアの人々に親しまれてきた。『ラーマキエン』はそのタイ語版で、「ラーマの栄光」の意味。内容は、ラーマ王子が阿修羅王トッサカン(十頭王)に奪われたシーダー妃を、猿将ハヌマーンの助けを借りて奪い返すというもの。物語の大筋は原典とほぼ同じであるが、モチーフ、エピソード、登場人物、性格、戦術などに付加、転化、土着化などの変容が見られる。『ラーマーヤナ』はヒンドゥー教世界観に基盤を置く秩序や道徳を説く聖典で、主要人物が神々の化身であるのに対し、『ラーマキエン』では聖典としての要素が薄く、英雄伝説が前景化され、王子の偉大さを称えた英雄讚歌の物語となっている。敵味方にかかわらず人物の性格描写はより人間的で、宗教文学の趣は薄い。金剛指で天界の秩序を乱したノントック、水牛王トーラピー、魔法の珠を持つ女神メーカーラーに関するエピソードなど、全体にわたって原典にない挿話が付加されていることも大きな特徴である。

『ラーマキエン』はスコータイ時代(13〜15世紀)には既にタイ人に知られていた。ラームカムヘーン大王やアユッタヤー朝の始祖ラーマーティボディー1世(ウートーン王)の名に見られるように、しばしばタイの国王名に用いられ、国王の神格化に役立った。ちなみに、アユッタヤー朝の王都名も物語に出てくる王都アヨータヤーから来ている。歴代国王は競ってこの物語に手を加え、近世では、全4巻のみのクローン(Klon)詩よりなるトンブリー王本(1770年)、ラーマ1世本、宮廷女官にコーン(仮面劇)を演じさせるためにハヌマーンの加勢からシーダー妃との再会までのハイライト場面を描いたラーマ2世本、ラーマ4世本、ラーマ5世本、サンスクリット語原典との比較研究であるラーマ6世本『ラーマキエンの淵源』(1913年)がある。特にラーマ1世本『劇詞ラーマキエン』(1797年)は、インド人バラモンがベンガル系のサンスクリット本『ラーマーヤナ』を元に口述したものに宮廷詩人がタイ的翻案を加えて完成したもので、その分量は117巻6万7000行にも上り、仮面劇用のクローン(Klon)詩としては、タイ古典文学中でも最長の傑作である。

プラケーオ寺(エメラルド寺院)回廊の178場面のラーマキエン壁画は有名で、ラーマ1世時代に描かれた後、ラーマ3世、5世、7世の時に修復された。最も新

しい修復はバンコク建都100周年を記念した1982年に行なわれている。

なお、北部の『プロムマチャック』、『ウサー・バーロット』、『ホーラマーン』、東北部やラオスの『パラック・パラーム』、『ラーマ・ジャータカ』、北部やラオスの『クワーイ・トーラピー』などの地方版ラーマ伝説もある。 (宇戸清治)

ラム・ウォン
รำวง

複数の男女ペアが輪になって踊る民衆ダンス。1930年代末以降、各地でラム・トーン(トーン太鼓踊り)という踊りが流行した。44年にピブーン政権の指示でこのラム・トーンをもとに教育省芸術局が新曲を制作し、標準となる踊りの形を定め、名称をラム・ウォン(輪踊り)と改めた。もともとトーンやラムマナーなどの太鼓を伴奏に踊っていたが、芸術局制定の標準ラム・ウォンではラナートなど旋律楽器も使った。他に、洋楽バンドによるラム・ウォン歌謡も数多く作られた。ピブーン政権はラム・ウォンを普及させ、そのリズムは多くのタイ人の身体感覚に染みついた。 (松村 洋)

ラームカムヘーン(大王)
พระเจ้ารามคำแหงมหาราช

(?~1299/1317)

スコータイ王朝第3代の王。クメールの支配を脱してタイの独立を達成したシーインタラーティット王の第3子。在位1275~99年ないし1317年。タイ国史上最高の王とされ、「大王(マハーラート)」の尊称で呼ばれる。同王の作とされる文字をもって書かれたスコータイ第1刻文の成立は1219年で、現存する最古の文献とされている。だが、近年これを19世紀の偽作とする説が唱えられ、議論が続いている。同刻文は、1人称「われ(クー)」を主語とする「第1部」、「ポー・クン・ラームカムヘーン」を主語とする「第2部」、王の没後の加筆と見られる「第3部」より成る。第1部は、王自身の履歴と即位の事情、第2部は王国の慣習、首都の概況、石の玉座、文字の創造など、第3部は同王への賛辞と王国の範囲を記す。

王は皇太子時代より武勇に優れ、モン軍の侵略を撃退した功績により父王から「ラーマのごとき強者」を意味する「ラームカムヘーン」という名を与えられた。同王の下、東はラオスのヴィエンチャン、西は下ビルマ(ミャンマー)のマルタバン(モウタマ)、ペグー(バゴー)、北はプレー、ナーン、南はスパンブリー、ペッチャブリーを経て半島東岸のナコンシータマラート(リゴール)にまで勢力を拡大した。スコータイ第1刻文の記述から、後世の史家は同王の統治を仏教思想に基づく温情的な支配ととらえ、しばしばこれを14世紀に成立するアユッタヤー王朝の専制的支配の対局に位置づけている。スコータイは「水に魚住み、田に稲みのる」という刻文の一節に示された豊かな国であり、「庶民でも象を商いたい者は、象を商える」と言われるように交易の自由な国であった。スコータイの仏教は、スリランカ系の上座仏教で、マレー半島沿岸の港市ナコーンシータムマラート在住の高僧によって伝えられた。人々は、上下の区別なく、一様に仏教を信じ、戒を守り、布施を実践したという。同刻文によれば、王宮の門に吊るした鐘を撞くことによって、温情ある仏教王による公正な裁きを受けることができた。

ラームカムヘーン大王像

近隣諸国との関係については、87年に北方のラーンナー・タイ王国のマンラーイ王、パヤオ王国のガムムアン王と友好同盟を結んでいる。スコータイの勢力圏は同王の没後急激に縮小し、すんころく陶磁の輸出などによって経済的にはその後も隆盛を続けたものの、政治的には衰退して、15世紀の中葉に至ると、南方に台頭した強国アユッタヤーによって併合され滅亡した。スコータイ史の中でラームカムヘーン王の治績が傑出して強調される背景にはこうした歴史的状況がある。

(石井米雄)

ラムサム(家)
ตระกูลล่ำซำ

タイ農民銀行(現カシコーン銀行)を中核とし、金融、生命保険、不動産開発などを傘下に収める金融コングロマリットの所有主家族。ワンリー家と並んで100年以上の歴史を誇る。創始者は広東省梅県生まれの客家系華僑、伍森源(伍蘭三、?～1913年)。ラムサムの家名は蘭三から来ている。1901年頃、チーク材貿易を行なう「廣源隆行」を設立。次男の伍毓郎(伍佐南、1879～1939年)が父親の事業を拡大し、五男の伍東白(02～61年)がドイツから機械製品の輸入を始める。伍毓郎はタイ国中華総商会主席、客属総会主席(27～39年)を歴任し、伍東白も客属総会主席(41～46年)を務めた。伍毓郎の長男である伍柏林(チョート、01～48年)は、精米、コメ輸出、製材などの家族事業を発展させると同時に、廣安隆保険(33年)、タイ農民銀行(45年)を設立。伍柏林の弟、伍竹林(チューリン、04～65年)は、ピブーン政権のもとで政府系輸入商社の支配人を務めた。伍柏林の長男、伍捷新(バンチャー、24～92年)はアメリカで保険業を学んだ後、Muang Thai Life Assuranceを設立し、同時にタイ農民銀行の社長・会長に就任。バンチャーの長男、バントゥーン(53年～)が92年に社長を引き継いだ。同行は、97年の通貨危機のあと大規模な経営改革を実施し、カシコーン銀行(略称KBANK)に改組すると同時に、銀行、資産管理、投資ブローカー、証券、リース業を統合するユニバーサル・バンキングへの転換を進めた。2004年にバントゥーンは自ら会長職に退き、タイ証券取引等監督委員会委員長プラサーンを新社長に迎えて、家族銀行からの脱却を図っている。

(末廣 昭)

ラムパーン
ลำปาง

バンコクの北599kmに位置する北部上部の県。古くはラムプーンを中心に興ったモン(Mon)人国家のハリプンチャイ(ハリプンジャヤ)の一部だった。13世紀終わりにラーンナー・タイ王国がハリプンチャイを併合したことに伴い、ラムパーンもその一部となった。ラーンナー・タイは1558年以降、200年以上にわたりビルマ(ミャンマー)の支配下に置かれたが、ラムパーンの支配者の家に生まれたカーウィラが、1774年トンブリー王朝のタークシン王に加勢してビルマ軍を駆逐し、ようやくビルマによる支配から脱した。ただしラーンナー・タイは、トンブリー王朝の下、次いで現ラッタナコーシン王朝の下でもタイ王国の属国としての地位に甘んじ、1892年以降に推進されたテーサーピバーン体制の下で、完全にタイ王国の一部となった。

ラムパーンは天然資源に恵まれ、古くから交通の要衝でもあった。19世紀末から20世紀初めにかけては、同地域の豊富なチーク材を求めて、ビルマ国内で森林伐採業を営んでいたヨーロッパ系企業が、伐採作業に長けたビルマ人を引き連れて、多数進出してきた。その名残で同県には今でもビルマ式寺院が多数残っている。1916年に鉄道が開通すると、ラムパーンは北部上部地方の経済の中心として発展した。鉱物資源も豊富で、特に良質の白陶土と粘土に恵まれ、製陶業が発達している。メーモ郡には、この地方に豊富な良質の亜炭を燃料とする大規模な火力発電所がある。

(遠藤 元)

ラムプーン
ลำพูน

バンコクの北670kmに位置する北部上部の県。県庁所在地のラムプーン市は、北部上部の中心であるチエンマイ市から南へ21kmと近い。ピン川とクワン川に挟まれたこの地を中心に、古くはモン族の国家ハリプンチャイ(ハリプンジャヤ)が栄えた。ハリプンチャイは、13世紀終わりに現在のチエンセーン付近から南下し勢力を拡大してきたタイ族の王国(ムアン)のマンラーイ王によって滅ぼされたが、その豊かな芸術・文化的伝統はその後も継承された。現在でも同県で工芸品や手織り綿布の生産が盛んなのは、その歴史的遺産と言える。ハリプンチャイ寺、チャーマテーウィー寺、ドーイ・ウィエン寺など名刹も多い。農業は稲作、ニンニクなど野菜の畑のほか、果樹栽培が多く見られ、特にラムヤイ(竜眼)の主要産地として有名。毎年7月～8月にはラムヤイ祭が催される。タイ工業団地公団が地方の工業振興の一環で1985年に設立した北部工業団地には、2008年8月現在、エレクトロニクス関連産業を中心に65工場が操業中で、若い女性を中心に約4万7500人を雇用している。　　　　(遠藤 元)

ラーメースワン(王)
พระเจ้าราเมศวร(？～1395)

アユッタヤー王朝の第2代および第5代目の王。在位1369～70年、88～95年。ウートーン王の王子であり、69年には父王の命でクメール帝国を攻撃し、パグワ(ボーロムマラーチャーティラート1世)の加勢でようやく勝利した。父王の死去に伴い同年即位するが、翌年王位をパグワに譲り、ロップリーの領主となる。88年にボーロムマラーチャーティラート1世が死去し、王子のトーンランが王位を継いだが、ラーメースワンはわずか7日で新王を廃し、自ら再び王位の座に就いた。95年に王子のラームマラーチャーティラートが王位を継承したが、1409年にこの王が死去することでロップリー王家は途絶えることとなり、アユッタヤー王朝初期の王家の確執は終焉した。　　(柿崎一郎)

ラヨーン
ระยอง

バンコクの南東179kmに位置する中部(東部)の県。県北は山地であり、県南はタイ湾に面して平地となっている。1767年にアユッタヤーが陥落すると、タークシン軍がこの地を拠点とした。政府の東部臨海開発計画によりマープタープット工業団地が設置され、重化学工業化が進んでいる。日本企業も数多く進出しており、チョンブリー・ラヨーン日本人会が結成されている。また、サメット島をはじめ美しい砂浜はリゾートとして開発され、観光産業も盛んである。タイの詩聖スントーンプーの故郷としても名高い。
　　　　　　　　　　　　　　(加納 寛)

ラワ
ลัวะ

タイの山地に居住する民族。オーストロアジア語族モン・クメール語派カム語群に属するラワ語を用いる。チエンマイ県に多く、その他チエンラーイ、メーホンソーン、スパンブリー、ウタイターニー等の県に分布し、人口は2万2260人(2002年)。山地(山腹部)における定着型焼畑耕作あるいは平地における水稲耕作に携わってきた。タイ民族が勃興する以前からチエンマイ周辺に分布していたと考えられている。4～5世代の世代深度を持つ父系リニージがあり、外婚単位となっている。婚姻居住は夫方居住婚で、父系の直系家族を形成する。　　　　(吉野 晃)

ランガー　Robert Lingat(1892～1972)

法学者、外国人顧問。1925～40年までタイ政府法律顧問を務めたフランス人。タムマサート大学において、タイで初めてタイ法制史の講義を行なう。その教科書として出版した『タイ法制史』(タイ語)は高い学術性を有している。また、タムマサート大学版『ラーマ1世法典』は『三印

法典』の校訂本として著名。その後、41〜55年まで仏領インドシナで法学を教授する。45年日本軍の仏印処理後、カンボジア政府の法律顧問となる。61年ソルボンヌ大学高等研究実習院(現・社会科学高等院)教授。インド古代法や仏教研究でも重要な業績を残している。　　(飯田順三)

ラーンサーンおうこく　ラーンサーン王国
อาณาจักรล้านช้าง

1353年にファーグム王が、ルアンパバーンを都にメコン川中流域のラオ人を統合して樹立した王国。ラーンサーンとは100万頭の象の意味で、その版図は現在のラオス人民民主共和国の領域をほぼ含んでいただけではなく、タイ東北部にまで及んだ。ファーグムの時代にラーンサーン王国にはカンボジアから上座仏教が導入された。1560年ヴィエンチャンに遷都した後、ビルマ(ミャンマー)の侵攻を受けた。17世紀に復興し、仏教芸術の隆盛期を迎えたが、18世紀初め王位継承問題からルアンパバーン王国、ヴィエンチャン王国、チャムパーサック王国に分裂した。18世紀末には3王国ともシャムの属国になり、1893年フランスの植民地となった。　　(菊池陽子)

ランシット(運河)
คลองรังสิต

ドーンムアン空港の北東パトゥムターニー県に広がる大運河網。1888年にラーマ5世は、王族も参加した「サイアム運河水路掘削会社」に対して、このトゥン・ルアン地域一帯の広大な荒蕪地の開発を25年間の期限付きで許可した。同社は1905年ころまでに東西に幹線・支線3本、南北に支線16本が走る大運河網の建設を行ない、運河資金提供者には有料で、また一部特権階級には無料で、運河沿線の土地を分譲した。幹線運河は、東端のナコーンナーヨック川合流点のオンカラックから、タンヤブリーを通って、西端のチャオプラヤー川岸ランシットまでに至る幅8ワー(16m)、長さ約55kmの運河で、通称「ランシット運河」と呼ばれる。　　(北原　淳)

ラーンナーおんがく　ラーンナー音楽

チェンマイを中心とするラーンナー・タイ王国のもとで育まれた音楽。現在見られる撥弦楽器スン、擦弦楽器サロー、真鍮製打楽器チン、両面太鼓クローン、縦笛クイなどで編成される楽団形式は、ラーマ5世の妻の1人となり、タイ中部とラーンナーの交流を促したラーンナー王の娘ダーラーラッサミーの頃に成立したと思われる。男女の歌手により歌われるソーは、チェンマイ様式(スンと横笛ピーの伴奏)とナーン様式(スンとサローの伴奏)がある。近年では、ドラムやベースを交えた形式のソーや、ラーンナー風メロディを用いたフォーク歌手チャラン・マノーペットなどによるポップスも見られる。　　(馬場雄司)

ラーンナー音楽の楽団

ラーンナー・タイおうこく　ラーンナー・タイ王国
อาณาจักรล้านนา

13世紀末から19世紀末までチェンマイを都として栄えた王国。現在では王国の旧版図にあたる北部上部8県をラーンナー地方と呼ぶ。「ラーンナー」とは「100万の水田」を意味する。王国の歴史は、マンラーイ王家(1296〜1558年)、ビルマ(ミャンマー)支配(1558〜1774年)、カーウィラ王家(チェンマイ王家、チャオ・チェット・トン王家、1774〜1899年)の3つの

時代に区分される。

　ラーンナー・タイ王国は、チエンセーン、チエンラーイを基盤とするタイ・ユワンの王マンラーイによるハリプンチャイ王国（ラムプーン）の征服（1292年）と新王都チエンマイ建設（96年）によって成立した。チエンマイ、チエンラーイ、ラムパーンの3盆地を中核とし、タイ北部、シャン州南・東部の諸ムアンを支配下におさめたムアン連合体であった。マンラーイ王（在位1261～1311年）はハリプンチャイの文化遺産（仏教・文字など）を継承しつつ、『マンラーイ法典』の編纂など王国の基盤を整備し、その後マンラーイ王家は17代、約250年続く。クーナー王（在位1355～85年）からパヤーケオ王（在位1495～1525年）の時代までは繁栄期で、特にティローカラート王（在位1441～87年）の時代には、シャン州中部、シップソーンパンナー（西双版納）やルアンパバーンまで影響力を及ぼし、タイ北部のナーンやプレーを直接支配下において、南方のアユッタヤーとも戦火を交えた。またこの時期は仏教教学の黄金期でもあり、ラーンナーの学僧が数多くの仏教書を著作し、1477年にはチエンマイで仏典の結集も行なわれた。

　しかしその後、王位継承をめぐる権力争いで弱体化したところにビルマ軍の攻撃を受けて、1558年にビルマ（タウングー朝）の支配下に入る。ビルマ支配期前半の支配は間接的で各ムアンの国主や王族による統治が認められていたが、後半は中央からの支配が強化され、ビルマ王朝から派遣された官僚が統治を行なった。この時期ビルマ王朝はチエンセーンをラーンナー統治の中心とし、チエンマイの重要性を低下させた。チエンマイという政治中心を失い、ラーンナー・タイの各ムアンは状況に応じて親ビルマ、反ビルマと分裂し、ビルマへの抵抗も断続的に生じたが、全体としては約200年間ビルマ（タウングー朝、コンバウン朝）の支配下にあった。

　18世紀末にシャム軍（トンブリー朝）によるビルマ支配下のチエンマイ攻略に呼応して、チエンマイの官僚チャーバーンとラムパーンの国主カーウィラはビルマ軍に反旗を翻し、チエンマイからビルマ軍を駆逐した（1774年）。その後もビルマ軍とラーンナー・タイ、シャム（トンブリー朝、ラッタナコーシン朝）連合軍との戦いは続き、ビルマ支配から完全に脱したのは、チエンセーンからビルマ軍が一掃された1804年であった。しかしラーンナー・タイは完全な自由を手にしたわけではなく、今度はシャムの朝貢国（プラテーサラート）となる。1781年にはタークシン王によってカーウィラがチエンマイ王に任命された。カーウィラ王（在位1781～1813年）はビルマ軍との戦闘で廃墟となったチエンマイを96年に再建し、以降カーウィラ王とその兄弟の系譜につながる王の治世が9代続く（カーウィラ王家）。18世紀末から19世紀初頭の復興期には、チエンマイの国主や王族は近隣ムアンに頻繁に侵攻して住民を捕らえ、人口が激減したチエンマイ周辺地域に強制入植させた。その後、19世紀後半に英領ビルマ、仏領インドシナとラーンナー・タイとの間の国境画定や北部山地のチーク伐採をめぐる問題が生じる。ラーマ5世はラーンナーへの統制を段階的に進め、最終的には1899年に北部にテーサーピバーン体制を導入し、600年間続いたラーンナー・タイ王国をシャム王国内に完全に編入した。　　　　　（村上忠良）

り

リエムエーン
เรียมเอง（1906～63）
作家。カムペーンペット県生まれ。本名マーライ・チューニピット。中等教育8年を終えた後バンコクで教職に就き、2年間勤めたのち新聞界に入り編集などを手がける。シーブーラパーの若手作家集団

リエムエーン

「スパープ・ブルット」に参加し、タイ近代文学の文芸界を草創期より支えてきた重鎮。タムマサート大学より名誉博士号を授与される。多筆で総作品数は短篇も含めて3000にも及ぶとされるが、代表作に農村社会の問題に真摯に目を向けた『大王が原』(1951年)、メーアノンの筆名を用いた『我々の大地』(32年)などがある。

(平松秀樹)

リケー
ลิเก

民衆向けの歌舞劇。ディケーというイスラームの儀礼から発展したものと言われるが、インドやマレーをはじめ多様な文化の要素が混在している。ラムマナー太鼓の伴奏がピー・パート合奏に代わるなど、様々な変化を経て、19世紀末にほぼ今日の形になった。当初は男優のみだったが、やがて女優も登場した。臨機応変の演出、下世話な笑いを盛り込んだ庶民的な芝居は、舞台やラジオで人気を集めた。1960年代以降はテレビにも登場し、70年代にはルークトゥン歌謡も使うようになった。既に昔日の隆盛は望むべくもないが、現在でもリケーはしぶとく生きのびている。

(松村 洋)

リケーの公演

リサイクル

タイでは、金属、古紙、ペットボトルなどの有用資源の回収作業を、廃品回収業者(サレーン)やウェイストピッカー(廃品回収者)などのインフォーマルセクターが担っている。その一方で、廃品買い取り業者や産業廃棄物リサイクル業者においては、所轄官庁によって急速にフォーマル化が進められており、分別・リサイクル機器の導入など近代化が進みつつある。所轄官庁は、産業廃棄物は工業省工場局、一般廃棄物に関しては天然資源・環境省公害管理局である。

(佐々木 創)

リス
ลีซู

チェンマイ、チェンラーイ、メーホンソーンの3県を中心とする北部諸県山岳部および平野部の約150ヵ村、もしくは都市部に居住する少数民族で、いわゆる山地民(チャーオ・カオ)の中の一民族に相当する。人口は3万8299人(2002年)を数え、その言語はチベット・ビルマ系に属すとされる。1918年頃にタイ=ミャンマー国境を越え、現チエンラーイ県にタイ国内初の集落を構えたと伝えられている。

リス

山地の隣接諸民族に比してキリスト教への改宗率が低く、祖霊祭祀を基本とする自らの信仰体系への執着が非常に強い。殊に、ツォハクワと呼ばれる豚や鶏の供犠を伴う招魂儀礼をきわめて頻繁に行ない、市場経済が浸透した現在でもその傾向は変わっていない。また、リスにはイ・ツと呼ばれる30前後のクラン(父系出自集団)が存在し、男子成員を通じた祭祀権の継承システムとクラン外婚制が今なお維持されている。　　　　　(綾部真雄)

リタイ (王)
พระเจ้าลิไทย (?～1368/1374)

スコータイ王朝の第6代の王で、第3代ラームカムヘーン王の孫。在位1347～68年ないし74年。ラームカムヘーン王の死去以降領域を縮小していたスコータイの劣勢回復に努め、一時離反したピッサヌロークやナコーンサワンを再び配下に治め、北のシーサッチャナーライ、南のカムペーンペットとスコータイを結ぶ陸路プラルアン街道を整備した。同じ頃南のアヨータヤーに勃興したウートーン王のアユッタヤー王朝や、ルアンパバーンに興ったラーンサーン王国に対抗するために、62年に東のピッサヌロークに都を移した。仏教への造詣が深く、仏教の世界観を説く『三界経』を執筆し、自らを正法王(タムマラーチャーティラート)と称した。　　　　　(柿崎一郎)

りっけんかくめい　立憲革命

タイにおける立憲思想の端緒は、1885年1月8日付けで11名が署名してラーマ5世に提出した「国政改革に関する王族・官僚の意見具申書」に見ることができる。これに対して、国王は立憲主義を否定し、反対に絶対王政を確立させた。しかし、5世王末期になると、都市の高学歴層が増加し、世界各国で絶対王政が崩壊する中で、立憲主義を望む世論が出てきた。ラーマ6世治世初期の1912年3月には陸軍若手将校を主とする立憲革命計画、「ラッタナコーシン暦130年の反乱」が発覚した。この反乱者は、中国における辛亥革命の影響を受けていた。6世王は、この事件への反発から、「民族、仏教、国王」の3者を一体とする国体理論の宣伝に力を注ぎ、立憲主義を正面から批判した。しかし、ロシア革命後の世界の趨勢の中で、同王はいずれ立憲主義を実施することが避けえないことを認識するようになったのか、立憲主義政治の訓練の場とも評価できるミニチュア都市、ドゥシットターニーを創設した。

25年に王位を継承したラーマ7世王は、タイもいずれ立憲政治を余儀なくされるという認識を兄王以上に明確にもち、健全な立憲制を育てるために、27年9月には議会制訓練の場として40名の官選議員から成る枢密院議員会議を国王の諮問会議として創設し、また初段階として地方政治レベルで政治参加を進めるため、地方自治制のための法制の整備に着手した。更に32年に入ると、外務大臣らに憲法案を起草させ、これに手を加えて同年4月のバンコク建都150周年式典までに公布しようとしたが、ナコーンサワン親王など有力王族の反対で中断した。しかし、この憲法案は立憲制にはほど遠い代物であった。今日、タイの保守的論者は、もし人民党が時期尚早にクーデタを起こさなければ、いずれ国王が憲法を下賜して、タイの立憲制はより安定的に発展できたはずだと、人民党を糾弾する者が存在するが、7世王が準備した憲法案を見れば、そのような議論は妥当だとは思えない。

経済恐慌の中で特権的王族への国民の不満が高まった情勢を利用して、この年の6月24日早朝、人民党はクーデタを敢行した。ナコーンサワン親王以下の有力王族を人質に取って、国王に立憲君主になるように要求した。フアヒン離宮に滞在中であった国王は、側近の武力反攻論を抑え、憲法公布は自分も考えていたことであるからと、人民党の要求に応じた。バンコクに帰った国王は、6月27日プリーディーが起草した憲法を「臨時」憲法と

して承認した。国王の協力で、無血革命が成功した。12月10日に国王と人民党との合意による恒久憲法が公布された。タイの憲法学者の中で支配的な憲法論では、憲法の起源には、(1)君主が臣民に与える欽定憲法、(2)人民の要求に君主が応じて両者合意のもとに制定された憲法、(3)人民が絶対君主を打倒して一方的に制定した憲法、の3種があり、タイの憲法は(2)にあたる、というものであった。しかし、9世王の威光が増加した90年代以降、タイ憲法の起源をあたかも欽定憲法のごとく説明する王権論者も現れてきた。

32年6月24日の立憲革命後、同年12月の恒久憲法公布まで、人民党と国王の関係は小康状態を保った。しかし、その後、軍部を握り、かつ恒久憲法にも10年間の経過規程(国会議員の半数のみ選挙制、残る半数の国会議員は人民党政府が選任する)を設けて、権力を独占する人民党政権に、国王の不満が爆発した。王族の支持の下に、33年10月にボーウォーラデート親王らが、反共、軍の政治不介入、複数政党制などを掲げて蜂起した。国王と人民党政府間の2年近い戦いののち、35年3月2日に国王は真の民主主義を求めて欧州で退位を宣言した。この後も、ピブーン、プリーディーを中心的指導者とする人民党側は、自らを護憲勢力として正当化し、人民党の非民主的な統治を批判する民選の国会議員をも、旧体制への復帰を意図した立憲制の敵として処断した。このように立憲革命後は、絶対王政を倒した人民党が一党支配を行ない、これに対して立憲革命で権力を失った旧勢力が民選議員とともに、かえって民主主義を要求するという逆転した構図となった。

タイで政党政治が公認されるのは46年まで待たねばならないが、その後も度重なる軍事クーデタが繰り返され、憲法体制は簡単に転覆された。軍部がクーデタで憲法を廃止したのち、それにお墨付きを与えたのは国王であり、度重なるクーデタは、立憲革命で失われた王威を回復させた。その一方、立憲主義の理念は風化した。2006〜08年の政争では、都市中間層を主要な支持者とする「民主主義のための国民同盟(PAD)」は買収選挙に対する不信から選挙議会制を否定し、職能代表制的な議会を「新しい政治」として提案するまでに至っている。(村嶋英治)

りゅうがく　留学

タイ人の外国留学の歴史は古く、1684年のフランス留学が最初であった。その後、国家近代化のための人材養成を目的として国王の恩資金による「キングズ・スカラーシップ」が設けられるなど、1871年より本格化した。日本への留学は1903年が最初であった。2007年現在、留学先国別の留学生数は、アメリカへの8886人、次いで豪、英、日の順になっている。日本留学は2090人にのぼる。伝統的に英語圏への留学が主流ではあるが、「1郡1奨学金」の制度が04年より隔年で実施され、タイ国内の高等教育機関への進学、または非英語圏への海外留学に対し奨学金が授与されている。第1期生921人、2期生915人のうち、約8割が海外留学である。
(スネート・カンピラパーブ)

りゅうがくせいきょうかい　留学生協会
→タイ国元留学生協会を見よ

りゅうきゅうぼうえき　琉球貿易

琉球は中山王による三山統一後、中国、朝鮮、日本、東南アジアを結ぶ中継貿易の分野で活躍した。『歴代宝案』によれば、1425年から1570年にわたる145年間に、琉球から東南アジア諸国に派遣された船数は約150隻。そのうちタイへの派船は58隻で最も多く、全体の4割弱に及び、アジア貿易の中でシャムの占める重要性を示している。これにマラッカへの20隻、パタニへの10隻、ジャワへの6隻が続く。交易の実務は、久米村の移住華僑集団によって担われていた。琉球貿易の隆盛は、首里城正殿に掛けられた「万国津梁の鐘」の銘文に示されている。　(石井米雄)

りゅうつう　流通

【伝統的流通機構の形成】タイの国内流通において古くから重要な役割を果たしたのは、華僑・華人（以下、華人）商人である。18世紀末からバンコクの旧市街地南東に位置するサムペン街はその拠点として栄えた。とりわけ1855年のバウリング条約以降に続々と進出してきたヨーロッパ人商会の多くが両世界大戦を契機に撤退すると、華人商人による国内流通支配が決定的となる。しかし、1960年代に輸入代替工業化政策の下で消費財の生産体制が整うにつれ、サムペンの卸商を中心とする旧来の流通チャネルが機能不全に陥った。その対策として、日用品・加工食品メーカーはそれぞれ独自の販売チャネルの構築を図り、次第にバンコクの卸商への依存から脱していった。ただし、それらメーカーも流通系列化を徹底させることはできず、全国に散在する零細小売店にまで商品を流通させるために、依然として地方卸商の販売力には頼らざるをえなかった。逆に、メーカーと卸売業者、卸売業者と小売業者の間ではそれぞれ信用取引（掛売買）が行なわれており、この信用取引の連鎖が資金力の乏しい中小流通業者の存続を可能とする財務的基盤になってきた。他方同時期に、こうした伝統的流通業とは別に、セントラル百貨店を嚆矢とし、タイ小売業界に事実上初めての近代小売業と言える百貨店が続々と開業した。このように80年代初めまでは、日用品・食品などの最寄り品を取り扱う圧倒的多数の零細雑貨店や生鮮市場と、中間層上層以上の顧客を対象に相対的に高額な買回り品を取り扱う少数の百貨店との間に、明確な棲み分けが見られた。

【消費市場の拡大と流通新業態の台頭】ところが1980年代末以降、流通業の新業態、すなわち、キャッシュ・アンド・キャリー、ハイパーマーケット、スーパーマーケット、コンビニエンスストアなどがタイに続々と登場するにつれて、伝統的な流通機構が大きな変容を迫られるようになった。流通新業態の特徴としてあげられるのは、メーカーとの直接取引、多店舗化による巨大なバイイングパワー、店頭での販売情報を起点とする効率的なロジスティックスとそれを支える情報システムなどである。この仕組みにより低価格販売を実現したキャッシュ・アンド・キャリーとハイパーマーケット、消費者に時間的利便性を提供したコンビニエンスストアなどの台頭は、その店舗周辺の伝統的小売業とそれらを取引先とする卸売業に大きな打撃を与えた。また、80年代半ばに大衆化路線を採用したバンコク郊外の百貨店や80年代後半の投資ブーム期に次々と開設された地方百貨店も、流通新業態との競合により疲弊し、97〜98年の通貨危機・経済危機の前後に店舗売却や廃業に追い込まれるところが続出した。

【消費財メーカーによる販売チャネル再編】消費財メーカーは台頭する流通新業態との間で直接取引を行ない、共同販売促進活動をはじめとする製販連携を試みるようになった。しかし、メーカーにとって流通新業態、特に巨大な販売力を誇るハイパーマーケットとの取引は、様々な手数料やリベートの支払い負担を増大させるだけでなく、ハイパーマーケットが開発したプライベートブランド（自主企画）商品がメーカーブランド商品の市場シェアを侵食する懸念も生んだ。それ以上に重要なのは、メーカーが自社製品をタイ全国の消費市場に流通させるには、こうした流通新業態の「太くて短い」チャネルだけでは不十分と考えたことであった。というのも、流通新業態が主要な顧客層として想定したのは都市中間層であるが、全人口の7割近くが非都市部（＝テーサバーン管轄区以外、2000年人口センサス）に居住し、都市部と非都市部の所得格差が大きいタイでは、流通新業態が顧客に取りこめていない消費市場が依然として広く残されているからである。そこでメーカーは、伝統的な卸売業・小売業チャネルの役割を再認識し、その再編強化を図っている。すなわち、タイの流通機構は

現在、流通新業態が主導権を握りつつある新たなチャネルと、主要メーカーが有力卸売業者との相互依存関係を軸に構築してきた伝統的チャネルとが並存する状況にある。

【政府の流通政策】流通新業態の拡大により打撃を受けた国内業界の一部では、大型小売店の出店に対して反対運動が起こっただけでなく、政府に対して規制政策を要望する声が強まった。そこでタックシン政権下の一時期、ハイパーマーケットを主なターゲットとした不公正取引行為の審査、「卸売業・小売業法」の起草、零細雑貨店向けの共同仕入れ機構であるART（Allied Retail Trade）社の設立など、次々と流通政策が打ち出された。しかし結局、前2者の規制政策は実行に移されず、ART社は開業したものの不成功に終わった。廃案となった「卸売業・小売業法」の代替措置として、政府は「1975年都市計画法」と「78年建造物統制法」を根拠法とする立地規制を敷いたが、それは規制対象外の小型店の積極的展開にハイパーマーケット運営企業を駆り立てることになり、伝統的な零細雑貨店との競合をいっそう激化させる事態を招いた。政府は大型小売店規制より、むしろ伝統的流通業の近代化を促進する方向への政策転換を求められている。（遠藤　元）

りょうどかつじょう　領土割譲

タイのナショナルヒストリーにおいては、ラッタナコーシン朝における「領域」の縮小を、領土喪失の歴史として強調している。タイの「失地」地図に描かれる最初の領土割譲は、1780年代に属国クダがイギリスに引き渡したペナンであったが、列強への直接的な割譲では1863年にフランスの保護国となったカンボジアであった。その後フランスのメコン川流域への興味は薄れ、しばらく領土割譲は止まるが、ヴェトナム全土を確保した80年代後半以降、メコン川流域への関心を急速に高めた。88年には、ホー征伐の進軍を期にシップソーンチュタイがフランスのものとされ、更に93年のシャム危機によってメコン左岸がフランス領となった。担保としてチャンタブリーを占領されたタイは、1904年にルアンパバーン対岸とチャムパーサックをフランスに割譲したものの、フランスは再担保としてトラート、ダーンサーイを占領し、その返還と領事裁判権の一部撤廃のために、07年にカンボジア北西部（バッタンバン、シェムリアップ）を譲り渡した。イギリスとも領事裁判権問題の解決のため、09年にマレー4州（クダ、ペルリス、クランタン、トレンガヌ）を割譲し、最終的に現在のタイの領域が確定した。カンボジアの保護国化以降にタイが割譲した地域は合わせて45.6万km²に上り、タイの「領域」はほぼ半減したことになった。

（柿崎一郎）

りょうり　料理

現在のタイ料理は、もともと山間の盆地の川沿いに暮らしていたタイ族が移動を繰り返しながら、海を知り、モン（Mon）人やカンボジア人と出会い、更に交易を通じてマレー人、インド人、中国人の文化と接触する過程で、用いられる食材の幅を広げ、技法を洗練させながら、発展させてきたものである。タイ料理の原型は、淡水の魚、エビ・カニ、ニワトリ、野ネズミなど小動物の肉、野菜を主な食材として、それを発酵させ、あるいは煮て食べるものだった。保存のために日干しにしたり、それを焼いたりすることも行なわれた。一方、海産物や保存のききにくい大動物の肉は、食品の流通経路が整備された近代以後の食材である。また、メコン流域の文化圏ではタガメやコオロギなどの昆虫食の伝統を持つ。食材を焼いて食べるのは、スナックは別として、料理らしい料理としては、メコン流域の東北部で肉類を薬味につけて焼く以外、あまり行なわれていない。東北部では魚も塩焼きにして食べる。肉類の生食は東北部や北部の一部の例外的な料理を除いて行なわれていないが、食材として動物

の生血を用いるのは東北部では行なわれている。

古くからのタイ料理の根本と言えば、「ナム・プリック」である。ナム・プリックは、様々な食材を台所臼のクロックと杵のサークを使って付き混ぜて作るペーストである。そのままご飯や野菜につけて食べればおかずになり、お湯に溶かして煮ればケーンと呼ばれる汁物を作る具材となる。地方や家庭ごとに無数と言ってよい多彩なバリエーションがあり、まさにタイにおける家庭料理の代表であると言うことができる。クロックとサークのセットは、タイの主婦のシンボルにもなっている。

ナム・プリックに次いで基本的なものは「煮る」料理である。大まかに言って、あらかじめ作ったカレー・ペーストを溶かしこんで具と煮込むのを「ケーン」、煮立った湯に様々なハーブを入れて味をつけ、そこに具を入れるものを「トム」と呼ぶが、厳密な区別ではない。ケーンで代表的なものをあげれば、ケーン・ペット、ケーン・ソム、ケーン・パーなどで、トムではトム・ヤム、トム・チュート、トム・カーなどとなり、そこに中心となる具によってたとえばクン（エビ）ならトム・ヤム・クン（エビのトム・ヤム）などのように呼ばれる。

野菜を薬味と合わせて和えるのが、タイ風サラダの「ヤム」である。ヤムそのものは、古くから親しまれている料理であるが、新しく入ってきた食材もどんどん取り入れることができるので、ヤム・ウンセン、ヤム・ソムオー、ヤム・トゥワプーなど、家庭の中で食べられる渋いものから、外国人向けのレストランで供せられるなものまで、無限の種類を誇る。熟していないパパイアの千切りを搗きこんだソムタムも、湯がいたミンチの肉類を薬味と和えたラープも、ヤムの一種に数えられている。

油で揚げたり煎ったりするのは、中華料理の影響を受けた技法であり、中部を中心に行なわれる。さつま揚げのトートマン、煎り卵のカイチオ、スナックとしてはタイ風フライドチキンのカイトート、カキを卵と煎ったお好み焼き風のホイトートなどがある。炒めるのも中華料理の技法であり、強い火力を必要とするため、家庭料理に入ったのはガスが一般化した後だと考えられる。現在では家庭でも食堂や屋台でも広く用いられており、アレンジの幅も非常に広い。タイ風酢豚のパット・プリオワーン、バジルで炒めたパット・バイカパオ、パット・ペット、パット・キーマオ、パット・メットマムワンなどは外国人にもなじみの深いタイ料理だと言っていい。

麺食も広く行なわれている。米粉で作ったものをクイティオ、小麦で作ったものをバミーと呼ぶ。いずれも華僑によってもたらされたものだが、現在では国民食と言っても過言ではない地位を占めている。汁つきのものと、汁抜きのものがあるほか、麺の太いもの、細いもの、具のいろいろ、汁の濃いもの、薄いものなど、豊かなバリエーションを持つ。また、華僑起源ではない米粉の麺カノム・チーンもあり、こちらは汁とハーブをかけて食べる。カノム・チーンは北部では宴会などにも必ず登場する、一種のフォーマルさを持つ料理とされている。

タイ料理の1つの特徴は、その豊かな地方差である。大平野と海の幸に様々な異文化が出会った複合性を特徴とする中部料理、山に囲まれた小さな盆地を舞台にした古風で地味で繊細な北部料理、くっきりとした力強い味わいと野性味を特徴とする東北料理、豊かな海産物と海を介したインドやマレーの料理ともつながりを特徴とする南部料理など、風土や歴史を反映した風土差はそのままタイ料理の大きな魅力である。
（山田　均）

りんぎょう　林業
タイで近代的産業として林業が始まったのは、19世紀前半の北部でのイギリス企業によるチーク林の伐採だった。長らくチーク材はタイの主要な輸出品だった

が、特に第2次世界大戦以降は資源が枯渇し、天然林の伐採対象はチーク以外の樹種に移った。全国的に森林消失が顕著になった1980年代以降、天然林の伐採に代わって、ユーカリなど早生樹種の造林が進められた。東南アジア他地域と比較すると、企業の大規模造林よりも、小農の農民林業（farm forestry）がやや成功している。

（藤田　渡）

る

ルーイ
เลย

バンコクの北東520kmに位置する東北部の県。県の北側はメコン川およびその支流のフアン川に接しており、ラオスとの国境を成す。かつてアユッタヤーとラーンサーン王国の境界と認識されており、県西端のダーンサーイには16世紀半ばに両国の王が友好関係の促進のために建設した仏塔と石碑が残されている。1960年代に道路が整備されるまでは陸の孤島であり、山地が多いことから開田も限定されたが、その後トウモロコシやキャッサバなどの畑作地が急増した。県南に位置する標高1325mのプー・クラドゥン山は有名な景勝地であるが、歩いて登山する以外に方法はなく、観光開発を推進するためのロープウェイ建設構想が浮上するたびに賛否両論が巻き起こる。

（柿崎一郎）

ルークトゥン
ลูกทุ่ง

1960年代前半からこの名で呼ばれるようになった音楽ジャンル。正式名プレーン・ルークトゥンは「田舎者の歌」の意味。タイの民謡もアメリカのカントリーも、ジャズもロックもラテンも、アフリカ音楽さえも、その時代の流行に合わせてなんでも飲み込む歌謡曲であり、「演歌」という紹介は正しくない。聞き手は農村在住者や労働者たちで、寺祭りの野外コンサートには、ルークトゥンやモー・ラムの歌手が多数出演する。ルークトゥンの歌詞は、田舎を歌うもののほか、都会に出た恋人を慕うものや、男女の愛憎など、生き生きとした生活が歌われることが多い。歌い方の特徴は、程度の差はあれコブシが入ることが多く、若者相手のポップスと違い、はっきりと聞き取れる明瞭な発音で歌われる。

ルークトゥン最大のスターは、男性歌手なら1950年代なかばから60年代に活躍したスラポン・ソムバットチャルーン（1930〜68年）、女性歌手なら80年代に活躍したプムプワン・ドゥワンチャン（1961〜92年）の2人だろう。近代化が急激に進むタイでは、ルークトゥンは一時停滞したが、ポップス専門のレコード会社であるグラミー社がアクのないルークトゥン歌手も送り出しているせいで、現代の若者たちにも聞かれるようになっている。

（前川健一）

ルースなこうぞう　ルースな構造

シカゴ大学出身の人類学・社会学者のJ.F.エンブリーが1950年に*American Anthropologist.*誌上の"Thailand: A Loosely Structured Social System."という論文によって提唱したタイ社会の特徴を示す概念。エンブリーはシカゴ大学人類学科大学院在籍中の1935年〜36年の約1年間、熊本県の須恵村で過ごし、村の総合的なフィールド・ワーク調査を行なって、その成果を*SUYE MURA: A Japanese Village.*（1939年）（植村元訳『日本の村　須恵村』1977年）として出版した。この著作は、専門分野の日本人研究者も少なかった昭和初期の日本の農村調査研究に貢献した。そのエンブリーが、戦後になってバンコクのアメリカ大使館に勤務した際に、自分が毎日働き、暮らすタイ社会が、昔須恵村で経験した日本社会のような集団主義的規律がない個人主義的社会である点にショックを受け、「タイトな日本社会」と「ルース

なタイ社会」とを対比する問題提起を論文で行なったのである。エンブリー自身は、このルースさは、将来予測を困難にし、社会統合を困難にするなどのマイナス面もあるが、変化する状況にすばやく適応できる等のプラス面もあるとする。その後多くの論争があったが、この概念はタイの社会文化の特徴を的確に示したと言える。　　　　　　　　　（北原　淳）

ルムピニーこうえん　ルムピニー公園
สวนลุมพินี

バンコク都パトゥムワン区に存在する公園。南側をラーマ4世路に、東側をウィッタユ路に、西側をラーチャダムリ路に、それぞれ面している。面積は57万6000㎡。1925年ラーマ6世がこの地で物産博覧会を開催しようとしたが、王の死によって計画は頓挫し、後の政府によって公園として整備された。公園南西入口のラーマ6世像は、42年に建造されたものである。現在園内には、池や東屋、図書館、職業訓練センター、トレーニング・センターなどがあり、休日には2万人以上の人が利用しているという。2006年に公園の東端を東西に走るウィッタユ路に日本大使館が移転してきた。　（加納　寛）

ルムピニー公園

れ

レオノーウェンス，アンナ
Anna Leonowens（1834〜1915）

ラーマ4世の子弟に英語教育をした英国領インド生まれの婦人。夫の死後シャム領事の仲介で、1862年から67年まで、ラーマ4世の宮廷で英語教師として働く。彼女のシャム宮廷滞在記は小説化され、アメリカで『王様と私』(1956年)、『アンナと王様』(99年)と2度映画化された。しかし、タイでは、野卑な王の聡明な婦人による教化、王とアンナの親密な感情などアメリカ好みのストーリーが王に対する不敬であり、史実と異なるとして公開禁止されている。　　　（黒田景子）

れきねん　暦年

タイでは長らく太陰暦を用いていたが、1889年にテーワウォン親王考案の太陽暦に変わり、現在に至っている。仏陀の入滅した年を元年とする仏暦がタイの公用暦として用いられており、西暦よりも543年多くなる。従来の仏暦は4月から翌年3月までの期間とされていたが、仏暦2483年（西暦1940年）を4月から12月までの9ヵ月間として、翌年から西暦と仏暦の期間が統一された。かつては、アユッタヤー時代から19世紀末までビルマ（ミャンマー）起源の小暦（西暦−639年）が公用暦として用いられてきたが、1889年の太陽暦採用に際してラッタナコーシン朝の成立年を元年とするラッタナコーシン暦（西暦−1781年）に代わり、更に1913年に仏暦がその座を継いだ。なお、政府の予算年度は1962年より前年10月から9月までの期間となっている。　（柿崎一郎）

レディーボーイ　→カトゥーイを見よ

レームチャバン（港）
ท่าเรือแหลมฉบัง

新たなバンコクの外港として1991年に

開港したチョンブリー県シーラーチャー郡に位置する港。バンコクの南東約120kmに位置し、自動車専用道路や鉄道でバンコクと結ばれており、多数の工場が集積する東部臨海工業地帯の中心でもある。クロントゥーイ港を代替する深水港計画は60年代に浮上し、場所もシーラーチャー付近に決まったが、実際に計画が実行に移されるまでには20年を要した。開港後も設備の拡張を進め、現在はコンテナ埠頭も7ヵ所に増えており、2007年の貨物取扱量は約4500万トン、コンテナ取扱数は約464万TEUである。クロントゥーイ港に代わってタイの海の玄関口として機能しており、メコン圏の外港としての役割も高まりつつある。

(柿崎一郎)

ろ

ローイエット
ร้อยเอ็ด

バンコクの北東512km、東北部のほぼ真ん中に位置する県。県の北部から東部をチー川、南部をムーン川が流れ、農業が盛んである。南部には、東、西、南に隣接する5県にわたってトゥン・クラーローンハイ(クラー族も泣くほど痩せこけた平原)と呼ばれる平原が広がるが、過半が同県に属する。18世紀の初期にラオスのチャムパーサック王がスワンナプームに一族を移住させ、ローイエット市も18世紀後期に町が形成された。1979年に伝統芸能を教える専門学校(ナータシン)が同市にタイで初めて開校したのも、歴史の古さや東北部中央の位置と関係している。ちなみに、バンコクを走るタクシーの運転手の多くがローイエット出身であると言われている。

(竹内隆夫)

ろうどううんどう　労働運動
1958年から72年までは労組結成が禁じられ、労働運動は厳しく弾圧された。70年代に労組結成が再び認められると、民主化の流れの中で労働運動も高揚し、労使紛争が頻発した。77年に首相に就任したクリエンサックは、労組指導者との関係改善に力を入れ、労組指導者を審議会委員などに任命した。プレーム政権下でも、最低賃金の設定や労働裁判所の運営などに関して労組が一定の影響力を持ち、組合数、組合員数とも増加した。しかし、91年のクーデタ直後に国営企業での労組結成が禁じられると、ナショナル・センターは中心的な担い手であった国営企業労組の指導者たちを失い、弱体化した。国営企業労働者の団結権は2000年に回復されたが、ナショナル・センターの求心力は低下し続け、現在は14ものセンターが乱立している。ナショナル・センター弱体化の一方で、民営化に反対する国営企業労組や、深刻な労使紛争を抱える民間企業の労組が地域ごとに結成した自発的なグループが独自に活発な活動をしている。2004年の時点で、労働組合は1386(国営企業労組46、民間企業労組1340)、労働組合員数は49万7999人(国営企業労組17万200人、民間企業労組32万7799人)で、組織率は約3%。

(浅見靖仁)

ろうどうりょく・ろうどうしじょう　労働力・労働市場
労働力については、統計局(NSO)が1971年から農繁期と農閑期の年2回(84年に3回、98年に4回に拡大)、定期的に「労働力調査」(labor force survey)を実施し、この調査に基づいて労働人口(当初11歳以上、89年から13歳以上)、雇用人口(農業人口と非農業人口)、失業者などを推計する。更に雇用人口は、(1)職種別(専門職・技術職、行政職・管理職、事務職、販売従事、サービス職、農林漁業、生産・運搬・単純作業、その他の8分類=ISCO-68)と、(2)地位別(雇用主、政府関係被雇用者、民間企業被雇用者、自営業者、家計補

事業者の5分類)に分けて発表。(1)は国際分類基準の変更に伴い、2002年からは議員職、熟練の農林漁業従事者、熟練職、装置・機械の操作・組立員、初級の職業などに分けた新11分類(ISCO-88)を導入している。

雇用人口は80年2252万人から90年3084万人、2000年3300万人に増加。同期間、農林漁業は71%、64%、49%、生産労働者は13%、16%、20%と推移した。韓国や台湾などと異なり、農業関連新興工業国(NAIC)としての発展もあって、1980年代までは農林漁業従事者の比率の低下は緩やかで、90年代に入ってから急速に低下した。一方、88年から95年の経済ブームのもとで、民間企業被雇用者は618万人(23%)から996万人(32%)に大幅に増え、家計補充事業者は1254万人から796万人へと460万人も減ったが、これは新規労働力だけではなく、農業や自営業の女性が大量に工場労働に向かったことを示している。ただし、97年通貨危機後、農林漁業従事者の比率は横ばいになっている。

最近の傾向は、専門職、管理職、販売職の一部などから成る「都市中間層(新中間層)」の増加(全体の2割)で、これが90年代の民主化運動の支持勢力の1つとなった。そのほか、中等・高等教育の普及に伴う労働人口の学歴の上昇、単純労働力の不足の顕在化、外国人労働者の増加も新たな特徴である。外国人労働者の雇用は90年代半ばから本格化し、タイは「労働輸出国」から「労働輸入国」に転じた。実際、2004年当時の外国人労働者登録数は127万人(ミャンマー人91万人、ラオス人18万人、カンボジア人18万人)に達し、同年のタイ人の海外出稼ぎ労働者14万人を大きく上回った。08年の外国人就労許可数は54万6000人。実際の人数は250万人とも報告されている。　　　(末廣　昭)

ロケットまつり　ロケット祭り→ブン・バンファイを見よ

ろじょうはんばい　路上販売
食べ物の屋台、衣料、雑貨などの露店、修理、靴磨きなどのサービス業など路上で行なわれている零細な自営業。天秤棒や手押し車で移動しながら商うものもある。都市部の繁華街や市場周辺に多く、早朝から深夜まであらゆる種類の物品が販売されており、都市住民の生活には欠かせない。都市のにぎわい、アジアの都市景観の一部を成しているとも言えるだろう。路上販売の仕事は、学歴や特別な技術がなくわずかな資本でも始めることができ、都市貧困層が多く従事するインフォーマル部門の典型的な職業の1つとされ、失業者の受け皿にもなってきた。一方、収入は不安定であるがばらつきが多く高収入を得ることも可能で、自由であることを理由に参入する者も少なくない。　　　(松薗祐子)

路上販売

ロップリー
ลพบุรี
バンコクの北153kmに位置する中部の県。県内をロップリー川やパーサック川が流れ、平地の中に丘陵や山が点在している。稲作が主要産業であるが、そのほかにも織物や清涼パウダーなどが特産品として著名である。遺跡を含む市内に放し飼いされた猿は、ロップリーのシンボルになっている。市の東側はピブーン政権期に都市計画がなされて整備され、ロータリーなども設けられた。市の郊外には広大な陸軍駐屯地が広がっており、砲

兵科のメッカである砲兵センターや、砲兵師団、特殊作戦軍司令部、第1特殊作戦師団などの部隊が駐屯しており、軍都としても名高い。　　　　　　　（加納　寛）

ロップリー（遺跡）
เมืองเก่าลพบุรี

古都アユッタヤーから北東へ約60km、ロップリー川を遡ったチャオプラヤー川段丘部に位置するロップリー遺跡は、西をロップリー川、三方をコの字の濠に囲まれたドヴァーラヴァティ環濠都市跡である。この都市は11世紀にクメール帝国の直接支配下に入り、13世紀半ばまで長くチャオプラヤー川流域におけるクメール支配の中心地、文化センターとして栄えた。12～13世紀のクメール美術の特徴を見せる神殿、寺院が中心部に残っている。中でもロップリー駅前のサーン・スーン（サーン・プラカーン）、ナコーンコーサー寺、サームヨート寺は有名である。駅舎前のマハータート寺は、アユッタヤー初期の王ラーメースワンの造営によるものである。17世紀の大商業時代、アユッタヤーのナーラーイ王はロップリーの離宮でルイ14世の使節団をもてなした。ナーラーイ王に仕えたギリシャ系英人フォールコン（財務卿ウィチャーイェン）の邸宅跡も残っている。ラーマ4世（モンクット王）もこの古都を好み、ナーラーイ王の王宮内に宮殿を築いた。現在ロップリー国立博物館となっていて、ドヴァーラヴァティ・コレクションは一見の価値がある。（レーヌカー・ムシカシントーン）

ロラン・ジャックマン
Gustave Rolin-Jaequemyns（1835～1902）国際法学者、政治家、外交官、外国人顧問。ベルギー、ヘント生まれ。1878～84年までベルギー政府内務大臣。73年設立の万国公法学会（Institut de Droit International）の創始者の1人として国際法の発展に寄与。91年ダムロン親王がタイ政府総務顧問にふさわしい人物をヨーロッパに求めたが見つからず、インド経由で帰国の途に就いていたところ、カイロに滞在中であったジャックマンとイギリス大使館の午餐会で紹介される。ダムロン親王は、ジャックマンの内政統治経験や英仏語が堪能で国際法の専門家であること、またベルギーがタイにとっては中立的立場の国であったことなどから、彼がタイ政府の総務顧問に適任であると判断した。一方ジャックマンは当時、実弟のために多額の金銭を必要としていたので、エジプト政府から司法長官としての招聘があったものの、タイ政府の高給（年3000ポンド）待遇の申入れを受け入れた。こうして、92年9月27日にジャックマンはバンコクに到着。その翌年7月にシャム危機が勃発する。フランスは交渉のテーブルに総務顧問ジャックマンが着くことを拒否。タイ政府はこれに抵抗したが、結局、ジャックマン自身が身を引き、その後はテーワウォン外務大臣を間接的に補佐してこの難局を乗り越えた。96年にタイの主権を維持するイギリス、フラン

ロップリー遺跡

ロラン・ジャックマン

スの秘密協定が成立したが、これは、その前年にジャックマンが欧州各国を回り協定締結への政治的環境を整えたからであると言われている。同年彼は、国王からチャオプラヤー・アパイラーチャーの欽賜名を授かっている。

内政面では、法制度を改革するためにベルギーから法曹実務家を呼び寄せ初期の民事訴訟法、刑事訴訟法、刑法を起草させた。また彼らベルギー人は裁判官として各裁判所に派遣された。ジャックマンは法律学校の設置についても助言し、ラーチャブリー親王がこれを創設してからはジャックマン自ら講義した。国民生活の向上について彼は、教育の普及、道路、水路、鉄道の建設、保健衛生の向上、赤十字の設置などを進言した。このほかにも、警察組織の強化、質屋、鉱山、関税に関する特別法の制定、測量、土地登記制度の確立などについても奏上した。こうして9年間の在タイ中、内政・外交全般にわたりチュラーロンコーン王や政府要人たちを支えタイ近代国家建設に尽力したが、健康を害し1901年4月にベルギーに帰国、翌年1月逝去した。（飯田順三）

ロングステイ

退職者を中心とする中高年者が海外に長期にわたり滞在すること。タイはマレーシア、オーストラリアと並び人気が高い。タイ政府は外国人のロングステイ受け入れを積極的に推進している。そのための政策として従来の年金ヴィザに加え、1998年にはロングステイ・ヴィザが新設された。年金ヴィザの対象者が60歳以上、滞在期間が3ヵ月であるのに対し、ロングステイ・ヴィザの対象者は50歳以上、滞在期間は1年間である。タイにおける日本人のロングステイは増加する傾向にある。その主要な滞在先はバンコクとチエンマイであるが、近年はチョンブリーなど地方に滞在先を広げている。

（高橋由典）

わ行

わ

わかものぶんか 若者文化
いまだ根強く残る階層格差を反映して、大学生など都市部の富裕層と地方農村の若者とでは、生活スタイルは大きく異なる。しかし、テレビの普及により首都発信の情報が地方へも強く及ぶことや、地方の若者による首都圏への一時的労働移住が盛んなことを背景として、若者たちは一様に、グローバル化の影響を強く受けた欲望と消費の空間に取り込まれている。一般に若者文化として言及されるのは消費文化であり、ファッション、ポピュラー音楽、パブやディスコなどのナイトライフ、携帯電話・インターネット、漫画・アニメーション、テレビゲームなどが中心的要素となる。

欧米的な消費スタイルの浸透に加えて、日本のサブ・カルチャーの影響が強く見られ、特に消費財において日本流の「かわいい」デザインが好まれる。バンコクのサイアム・スクエアに代表される流行発信力を持った商業集積が消費の欲望を惹きつけ、郊外や地方では大型のショッピングセンターがその代替となる。携帯電話とインターネットの普及は、性的な親密空間の形成と拡大にも寄与している。欧米流の価値観に基づく男女間の排他的な恋愛関係に高い価値が置かれる一方、性体験の若年化が社会問題化している。
（市野澤潤平）

ワチラーウット（王）→ラーマ6世を見よ

ワチラヤーン（親王）
สมเด็จพระมหาสมณเจ้ากรมพระยาวชิรญาณวโรรส（1860～1921）
ラーマ4世モンクット王の王子。出家してパーリ語試験5段に合格、1891年ボーウォーンニウェート寺の第3代住職となる。同親王はタイ仏教の近代化に絶大な貢献を行なった。新参比丘に対するタイ語による仏教教育を開始し、仏僧のための高等教育機関マハーマクット大学を設立した。仏教教育振興のため仏教書を専門に出版する印刷所を創設し、仏教専門誌『ニッタヤサーン・タムマチャックス』を出版した。

異母兄にあたるラーマ5世王の国民教育振興政策を受けて、地方寺院を中心に全国規模での初等教育の進展に協力し、未組織の状態にあった全国の寺院を「タイ・サンガ」として統一するため、「ラッタナコーシン暦121年(1902/03年)サンガ統治法」を制定施行した上で、「法王(サンカラート)」として初めて自ら全国を行脚し、サンガ統治の徹底に努力した。また、教理試験の制度化のため教科書、参考書を執筆し普及を図った。（石井米雄）

ワチラヤーン親王

ワチラーロンコーン（皇太子）
สมเด็จพระบรมโอรสาธิราช เจ้าฟ้ามหา
วชิราลงกรณ สยามมกุฎราชกุมาร（1952〜）

現ラーマ9世の長男。王位継承候補者。1952年7月28日生まれ。66年からイギリスに滞在し、キングズミード校およびミルフィールド校に学ぶ。70年にはオーストラリアのシドニーに移り、キングス校で陸軍予科課程を修める。72年キャンベラのダントルーン陸軍士官学校に入学し、75年卒業し帰国、陸軍に所属する。76年1月から再度オーストラリアで約8ヵ月間軍事学を修める。77年陸軍参謀学校修了。80年には、近衛師団の大隊長に就任した。82年スコータイ・タムマティラート大学法学部修了。72年12月皇太子に任ぜられる。78年一時出家。77年いとこのソームサワリーと成婚し1女をもうけるが、離婚する。2001年2月に成婚した現在のシーラット妃との間に05年4月男児ティーパンコーンラッサミーチョート親王が誕生し、次期皇太子と目されている。1989年昭和天皇の大喪の例に参列。父王ラーマ9世の高齢と健康が心配される中、次期国王として注目を浴びている。　　　　　　　　　　（赤木 攻）

ワチラーロンコーン皇太子

ワット　→寺院を見よ

ワーニット・チャルンキットアナン
วาณิช จรุงกิจอนันต์（1948〜）

作家、評論家。スパンブリー県生まれ。シンラパコーン大学卒業後、米のUCLAで大学院を修了。帰国後は、新聞や月刊誌『芸術と文化』、女性向け週刊誌『サトリーサーン』、『ララナー』などで短篇やコラムを執筆しつつ、創作に励んだ。現在は作家のほか、週刊誌『マティチョン』のコラムニストとして辛口の文芸評論家としての顔も持つ。都会人の孤立した生活を描いた短編集『同じ横町』（1984年）が東南アジア文学賞を受賞。闘鶏に命をかけた男の物語や小説『メービア 怒りのコブラ』（87年）など動物と人間の関わりに題材をとった小説に冴えを見せる。テレビドラマの脚本も手がけている。
　　　　　　　　　　（宇戸清治）

ワーニット・チャルンキットアナン

ワン（川）
แม่น้ำวัง

北部の河川。チャオプラヤー川4大支流の1つ。チエンラーイ県パーン郡の山地を源とする。同県を南流し、ラムパーン県を経て、ターク県内でピン川に合流する。全長400km、流域面積1万791km²。途中、ラムパーン県チェーホム郡内で、キウロム・ダム湖に流入する。かつてはバンコク〜ラムパーン間の水運と、ラムパーン付近からのチーク材輸送に重要な役割を果たした。　　　　　　　（遠藤 元）

ワン・プラ
วันพระ

ワン・タムマサワナ（説法を聞く日）の略称。仏日。陰暦の8日、15日、23日、月末の日、計4日にあたる。うち陰暦の白分と黒分の15日は布薩日（僧のみが布薩堂に集合し、227戒を暗唱して、日頃の行な

いを反省する）に相当する。在家信徒は朝早くから寺院に参拝し財施や食施を行ない、僧から5戒を授かる。寺院の行事などの連絡事項はこの日に通達される。雨安居期の仏日には、篤信の在家信徒が白衣を着し8戒を守り一晩寺院で過ごす。太陽暦採用以前のタイでは、この日が休日の意味を持った。　　　　　　（泉　経武）

ワンリー（家）
ตระกูลหวั่งหลี
戦前の米財閥。戦後も銀行、農産物輸出、不動産開発などで重要な地位を占める。ワンリー家は中国で300年以上の歴史を誇り、「起家五家」が19世紀後半にシンガポール（陳元利行）、サイゴン（乾元利行）、香港（乾泰隆行）、汕頭（陳萬利行）、バンコク（陳黌利行）に分岐し、アジア全域で事業を展開した。タイの創始者、陳慈黌（1841～1920年）は広東省饒平県生まれの潮州系華僑で、帆船貿易のあと、隆興利などの精米所を設立。次男の陳立梅（1881～1930年）が父親の事業を拡大し、タイ国中華総商会（10年）、タイ火礱（精米）公会（12年）の設立発起人に。3代目の陳守明（04～45年）、弟の陳守鎮（06～82年）は、精米業のほかに銀行（Wang Lee Chan Bank、のちNakornthon Bank）、保険などに次々と進出し、これに海運、貿易を加えて、黌利有限公司（38年）を設立、戦前最大のコメ財閥を誇った。戦後は陳守明の長男スウィット（陳天爵）、次男スキット（陳天慶）が事業を継承し、サートーン路沿いの不動産開発や、タピオカ（キャッサバ）輸出の大手に。しかし、97年の通貨危機で事業が悪化し、ナコーントーン銀行の保有株式をスタンダード・チャータード銀行に売却した。　　（末廣　昭）

ワンワイタヤーコーン（親王）
พระเจ้าวรวงศ์เธอพระองค์เจ้าวรรณไวทยากร กรมหมื่นนราธิปพงศ์ประพันธ์（1891～1976）
外交官、知識人。ラーマ4世の孫。公式名ナラーティップポンプラパン親王。1910年からオックスフォード大学（文学）およびパリ大学（外交学）に留学し、卒業後駐仏大使館で勤務。帰国後、外務省に入り、26年駐英公使。31年にはチュラー大文学部教授に転出するが、外務省顧問も兼任。タイ仏印国境紛争交渉（41年）、大東亜会議への代理出席（43年）、第11回国連総会議長（47年）、外務大臣（52年）、副首相（59年）、タムマサート大学長（59年）などの要職をこなす一方で、政治、外交、法律、文学、言語などの分野の術語の定着に寄与し、その博識とリベラルな見識は、今日でも高い評価を得ている。　（赤木　攻）

ワンワイタヤーコーン親王

ワンリー家（陳慈黌）

主要統計

表番号	タイトル
表 1A	県別人口・面積・人口密度(2007年末)、県総生産・1人あたり県民所得(2007年)
表 1B	県別地方行政体・地方自治体数(2007年)
表 2	人口統計:総人口・合計特殊出生率・幼児死亡率・平均寿命(1965～2007年)
表 3	人口推計:年齢階級別の分布(1970～2020年)
表 4A	地域別の人口分布:人口センサスから(1937～2000年)
表 4B	宗教別の人口分布:人口センサスから(1937～2000年)
表 4C	非識字人口とその比率の推移(1970～2015年)
表 5A	経済主要指標1:1人あたりGNP・経済成長率・物価上昇率(1981～2008年)
表 5B	経済主要指標2:貿易・経常収支・対外債務・外貨準備金・為替レート(1981～2008年)
表 6	国民所得勘定(実質価格)(1980～2007年)
表 7	GDP構成:セクター別の付加価値構成(実質価格)(1970～2007年)
表 8	労働人口と雇用人口(1975～2007年)
表 9	労働人口の構成1:地位別分布(1971～2007年)
表 10	労働人口の構成2:業種別分布(1971～2007年)
表 11	労働人口の構成3:職種別分布(1971～2007年)
表 12	主要農産物の生産量(1970～2007年)
表 13	主要工業製品の生産量:砂糖・ビール・衣類・セメント・自動車・半導体(1970～2007年)
表 14	主要国・地域別輸出額(1980～2007年)
表 15	主要国・地域別輸入額(1980～2007年)
表 16	カテゴリー別・主要商品別輸出額(1970～2007年)
表 17	カテゴリー別・主要商品別輸入額(1970～2007年)
表 18	国際収支(1991～2008年)
表 19	タイへの国籍別観光客数(1980～2007年)
表 20	直接投資1:海外からの対内直接投資(1990～2007年)
表 21	直接投資2:タイからの対外直接投資の推移(1990～2007年)
表 22	直接投資3:投資委員会(BOI)の投資認可額(国別)(1986～2007年)
表 23	金融関係:M2・商業銀行の預金と融資・消費者金融・金利(1990～2007年)
表 24	予算・国家収入・財政支出(1991～2008財政年度)
表 25	機能別財政支出(予算配分)(1991～2008財政年度)
表 26	株式・証券市場の発展(1976～2008年)
表 27	情報通信関係:固定電話回線と携帯電話(1994～2007年)
表 28	教育段階別生徒の在籍数(1990～2005年)
参考	教育段階別就学率(1999～2003年)
表 29	大学の教育段階別機関別学生数の分布(2007年)
表 30	社会福祉関係:公務員年金・社会保障基金・生命保険ほか(1992～2008年)
表 31	社会指標1:病気原因別死亡率(1982～2006年)
表 32	社会指標2:高齢者の病気原因別死亡率(1985～2006年)
表 33	社会指標3:事故死・犯罪・自殺・精神関連病・エイズ罹病率(1986～2006年)
表 34	円借款(OECF/JBIC)と技術協力(JICA)(1974～2007年)
表 35	タイ人労働者の海外就労(2001～2006年)
表 36	海外在留邦人数の推移とタイ(バンコク)(1988～2007年)(各年10月1日現在)
表 37	職業別・地域別在留邦人数(2008年10月1日現在)
表 38	バンコク日本人商工会議所の会員の推移(1955～2008年)(各年4月現在)

表1A 県別人口・面積・人口密度(2007年末)、県総生産・1人あたり県民所得(2007年)

地域と県	人口 人	面積 km²	人口密度 人／km²	県総生産 100万バーツ	県民所得 バーツ
全国	63,038,247	513,120	123	8,469,060	134,348
バンコク首都圏	10,065,126	7,761	1,297	3,599,131	357,584
バンコク	5,716,248	1,569	3,643	2,191,811	383,435
ナコーンパトム	830,970	2,168	383	140,205	168,725
ノンタブリー	1,024,191	622	1,647	112,332	109,679
パトゥムターニー	896,843	1,526	588	200,712	223,798
サムットプラーカーン	1,126,940	1,004	1,123	646,907	574,039
サムットサーコーン	469,934	872	539	307,165	653,634
中部	6,617,660	59,640	111	953,054	144,017
カーンチャナブリー	835,282	19,483	43	69,025	82,637
チャイナート	337,147	2,470	137	25,376	75,267
プラチュアップキーリーカン	494,588	6,368	78	55,215	111,638
ペッチャブリー	456,061	6,225	73	53,241	116,741
ラーチャブリー	831,438	5,196	160	105,955	127,436
ロップリー	749,821	6,200	121	70,434	93,934
サムットソンクラーム	194,212	417	466	15,748	81,087
サラブリー	615,756	3,576	172	129,275	209,945
シンブリー	215,653	822	262	21,487	99,637
スパンブリー	842,584	5,358	157	58,346	69,247
アユッタヤー	760,712	2,557	298	328,846	432,287
アーントーン	284,406	968	294	20,106	70,695
東部	4,443,049	36,502	122	1,389,931	312,833
チャンタブリー	504,003	6,338	80	38,126	75,646
チャチューンサオ	658,966	5,351	123	194,817	295,640
チョンブリー	1,233,446	4,363	283	448,277	363,435
トラート	220,543	2,819	78	21,473	97,364
ナコーンナーヨック	248,496	2,122	117	16,353	65,808
プラーチーンブリー	454,988	4,762	96	74,333	163,374
ラヨーン	583,470	3,552	164	567,961	973,419
サケーオ	539,137	7,195	75	28,593	53,035
北部下部	6,122,112	83,792	73	400,193	65,369
カムペーンペット	725,994	8,607	84	70,780	97,494
ターク	530,928	16,407	32	36,190	68,164
ナコーンサワン	1,073,683	9,598	112	73,048	68,035
ピチット	554,740	4,531	122	29,475	53,133
ピッサヌローク	841,683	10,816	78	54,304	64,518
ペッチャブーン	997,531	12,668	79	62,923	63,079
スコータイ	605,301	6,596	92	28,897	47,740
ウッタラディット	465,277	7,839	59	27,253	58,574
ウタイターニー	326,975	6,730	49	17,323	52,980

主要統計

表1A 県別人口・面積・人口密度（2007年末）、県総生産・1人あたり県民所得（2007年）

地域と県	人口 人	面積 km²	人口密度 人／km²	県総生産 100万バーツ	県民所得 バーツ
北部上部	5,749,822	85,852	67	362,816	63,100
チエンラーイ	1,225,013	11,678	105	53,157	43,393
チエンマイ	1,664,399	20,107	83	120,972	72,682
ナーン	477,381	11,472	42	21,259	44,533
パヤオ	486,579	6,335	77	23,279	47,842
プレー	465,876	6,539	71	22,036	47,300
メーホンソーン	254,804	12,681	20	10,142	39,803
ラムパーン	770,613	12,534	62	46,870	60,822
ラムプーン	405,157	4,506	90	65,101	160,681
東北部	21,385,647	168,856	127	904,611	42,300
カーラシン	977,508	6,947	141	37,017	37,869
コーンケン	1,752,414	10,886	161	126,791	72,352
チャイヤプーム	1,119,597	12,778	88	41,735	37,277
ナコーンパノム	697,105	5,513	126	23,229	33,322
ナコーンラーチャシーマー	2,552,894	20,494	125	149,798	58,678
ブリーラム	1,536,070	10,323	149	51,094	33,263
マハーサーラカーム	936,005	5,292	177	33,075	35,336
ムックダーハーン	336,107	4,340	77	12,639	37,604
ヤソートーン	539,542	4,162	130	19,633	36,388
ローイエット	1,308,589	8,299	158	46,512	35,544
ルーイ	615,538	11,425	54	33,942	55,142
シーサケート	1,443,011	8,840	163	49,254	34,133
サコンナコーン	1,113,064	9,606	116	38,930	34,976
スリン	1,372,672	8,124	169	43,601	31,764
ノーンカーイ	902,618	7,332	123	34,285	37,984
ノーンブアラムプー	497,603	3,859	129	15,144	30,434
アムナートチャルーン	368,915	3,161	117	11,567	31,354
ウドーンターニー	1,530,686	11,730	131	69,644	45,499
ウボンラーチャターニー	1,785,709	15,745	113	66,720	37,363
南部	8,654,831	70,715	122	859,326	99,289
クラビー	410,634	4,709	87	41,343	100,681
チュムポーン	481,298	6,009	80	45,580	94,702
トラン	610,332	4,918	124	62,912	103,078
ナコーンシータムマラート	1,506,997	9,943	152	123,614	82,027
ナラーティワート	711,517	4,475	159	46,468	65,308
パッターニー	637,806	1,940	329	39,534	61,984
パンガー	246,887	4,171	59	29,828	120,816
パッタルン	502,563	3,424	147	33,259	66,179
プーケット	315,498	543	581	62,055	196,689
ヤラー	470,691	4,521	104	39,198	83,278
ラノーン	180,787	3,298	55	17,309	95,743
ソンクラー	1,324,915	7,394	179	168,611	127,262
サトゥーン	284,482	2,479	115	27,217	95,672
スラートターニー	970,424	12,891	75	122,398	126,128

（注）1人あたり県民所得は、県総生産を地方統治局の登録ベースの人口で除して求めた。NESDB自身は、人口センサスに基づいて独自の県別人口推計を行ない、これを使って県民所得を算出しているため、本表の数字とは異なる。
（出所）人口・面積・人口密度は、*Statistical Yearbook of Thailand 2007* (Special Edition). 地方統治局ホームページより柿崎一郎作成。県総生産と県民所得は、NESDBの *Gross Provincial Products (PPP) 2007.* より末廣昭作成。

表1B 県別地方行政体・地方自治体数 (2007年)

地域と県	地方行政体			地方自治体	
	郡・準郡	区（タムボン）	村	テーサバーン（市）	区自治体
全国	927	7,416	69,827	1,285	6,491
バンコク首都圏	79	468	2,857	68	242
バンコク	50	160	727		
ナコーンパトム	7	106	865	16	100
ノンタブリー	6	52	303	10	35
パトゥムターニー	7	60	401	18	46
サムットプラーカーン	6	50	318	17	31
サムットサーコーン	3	40	243	7	30
中部	113	1,102	8,062	223	868
カーンチャナブリー	13	98	894	30	91
チャイナート	8	53	410	14	45
プラチュアップキーリーカン	8	48	410	15	45
ペッチャブリー	8	93	594	11	73
ラーチャブリー	10	104	782	28	83
ロップリー	11	124	1,050	16	109
サムットソンクラーム	3	36	269	5	30
サラブリー	13	111	849	26	82
シンブリー	6	43	335	7	34
スパンブリー	10	110	931	25	101
アユッタヤー	16	209	1,115	34	123
アーントーン	7	73	423	12	52
東部	67	522	4,353	136	440
チャンタブリー	10	76	631	19	62
チャチューンサオ	11	93	804	26	82
チョンブリー	11	92	473	37	60
トラート	7	38	243	9	34
ナコーンナーヨック	4	41	403	5	40
プラーチーンブリー	7	65	697	12	57
ラヨーン	8	58	391	19	48
サケーオ	9	59	711	9	57
北部下部	93	793	7,950	141	720
カムペーンペット	11	78	877	16	73
ターク	9	63	529	14	54
ナコーンサワン	15	130	1,394	18	124
ピチット	12	89	840	19	82
ピッサヌローク	9	93	970	16	86
ペッチャブーン	11	117	1,416	16	111
スコータイ	9	86	771	14	76
ウッタラディット	9	67	563	18	61
ウタイターニー	8	70	590	10	53

主要統計

表1B 県別地方行政体・自治体数（2007年）

地域と県	地方行政体			地方自治体	
	郡・準郡	区（タムボン）	村	テーサバーン（市）	区自治体
北部上部	102	769	7,191	147	668
チエンラーイ	18	124	1,614	27	116
チエンマイ	24	204	1,732	43	167
ナーン	15	99	857	8	91
パヤオ	9	68	706	13	58
プレー	8	78	627	13	70
メーホンソーン	7	45	411	5	44
ラムパーン	13	100	822	19	84
ラムプーン	8	51	422	19	38
東北部	322	2,678	31,257	373	2,574
カーラシン	18	135	1,352	25	125
コーンケン	26	199	2,151	37	187
チャイヤプーム	16	124	1,567	20	122
ナコーンパノム	12	99	1,058	10	93
ナコーンラーチャシーマー	32	289	3,535	53	280
ブリーラム	23	189	2,383	26	182
マハーサーラカーム	13	133	1,904	11	131
ムックダーハーン	7	53	487	6	48
ヤソートーン	9	79	875	9	78
ローイエット	20	193	2,302	18	184
ルーイ	14	90	866	15	85
シーサケート	22	206	2,583	14	202
サコンナコーン	18	125	1,466	16	124
スリン	17	159	2,090	14	158
ノーンカーイ	17	115	1,204	19	107
ノーンブアラムプー	6	59	578	13	54
アムナートチャルーン	7	56	581	9	54
ウドーンターニー	20	156	1,713	31	149
ウボンラーチャターニー	25	219	2,562	27	211
南部	151	1,084	8,157	197	979
クラビー	8	53	385	10	51
チュムポーン	8	70	696	15	63
トラン	10	87	717	14	85
ナコーンシータムマラート	23	170	1,511	26	158
ナラーティワート	13	77	580	14	74
パッターニー	12	115	617	12	101
パンガー	8	48	318	9	42
パッタルン	11	65	661	10	63
プーケット	3	17	69	9	9
ヤラー	8	58	354	10	53
ラノーン	5	30	161	7	23
ソンクラー	16	127	893	29	111
サトゥーン	7	36	265	7	34
スラートターニー	19	131	930	25	112

（注）バンコクの郡は区（ケート）、区（タムボン）は町（クウェーン）となる。
（出所）*Statistical Yearbook of Thailand 2008.* より柿崎一郎作成。

表2　人口統計：総人口・合計特殊出生率・幼児死亡率・平均寿命（1965 ～ 2007年）

年次	総人口 合計	総人口 男性	総人口 女性	合計特殊出生率	幼児死亡率	死亡率	平均寿命
	1000人	1000人	1000人	人	1000人当	1000人当	歳
1965	30,572	15,354	15,219	6.3	31.2	7.1	59.0
1970	34,397	17,124	17,273	5.4	25.5	6.3	⋯
1975	42,391	21,359	21,032	4.5	26.0	5.5	60.9
1980	44,824	22,328	22,496	3.9	13.3	5.3	⋯
1985	51,795	26,059	25,736	2.3	10.8	4.3	66.4
1990	54,548	27,061	27,487	2.2	8.1	4.5	70.1
1995	59,460	29,678	29,782	2.0	7.2	5.5	72.4
2000	60,916	30,015	30,901	1.8	6.2	5.9	73.6
2001	62,309	30,913	31,396	1.8	6.5	6.0	72.5
2002	62,800	31,140	31,660	1.8	6.5	6.1	72.5
2003	63,080	31,255	31,825	1.7	7.2	6.1	72.5
2004	61,974	30,617	31,357	1.7	7.5	6.3	72.5
2005	62,418	30,819	31,599	1.7	7.6	6.4	73.2
2006	62,829	31,008	31,821	1.6	⋯	⋯	73.2
2007	65,694	32,239	33,455	⋯	⋯	⋯	⋯

（注）（1）⋯はデータが不明か利用できない。─は該当数字なし。以下の表もすべて同じ。
（2）人口は1970、80、90、2000年は統計局『人口センサス』、それ以外は推計。幼児死亡率、死亡率は国家統計局の *Statistical Yearbook of Thailand*.（各年版）より。
合計特殊出生率は、Napaporn Chayowan et al., *Economic Crisis, Demographic Dynamics and Family in Thailand*, Bangkok: College of Population Studies, 2003 ほかより。
平均寿命は、2000年まではNESDB, *Warasan Setthakit lae Sangkhom*, Vol.39, No.1 (Jan.-Feb., 2002)。
（出所）末廣昭・大泉啓一郎作成。

表3　人口推計：年齢階級別の分布（1970 ～ 2020年）

年次	全人口	年齢階級別（実数　1000人）			年齢階級別（比率　%）		
		1-14歳	15-59歳	60歳以上	1-14歳	15-59歳	60歳以上
1970	34,355	15,507	17,167	1,681	45.1	50.0	4.9
1990	52,264	15,947	32,299	4,018	30.5	61.8	7.7
2000	63,459	14,844	40,279	5,793	23.4	63.5	9.1
2004	64,195	14,926	42,779	6,490	23.3	66.6	10.1
2005	64,764	14,868	43,204	6,692	23.0	66.7	10.3
2006	65,232	14,792	43,594	6,846	22.7	66.8	10.5
2008	66,147	14,537	44,344	7,266	22.0	67.0	11.0
2010	67,046	14,247	44,957	7,842	21.2	67.1	11.7
2020	70,820	13,455	45,479	11,886	19.0	64.2	16.8

（注）1970年から2000年：統計局の『人口センサス』各年版の数字。
2005年から2020年：国家経済社会開発庁生活と社会の質開発事務所の独自の推計。
（出所）NESDB, *Krop Naeokhit Kan Triam Khwam Phrom Sangkhom Thai su Sangkhom Phu Sung Ayu*, May 2005.に基づき、末廣昭・大泉啓一郎作成。

表4A　地域別の人口分布：人口センサスから（1937～2000年）

年次	全　国	バンコク首都圏	中部	北部	東北部	南部
実数（1000人）						
1937	14,464	890	3,556	3,223	4,952	1,842
1960	26,258	2,136	6,135	5,723	8,991	3,272
1970	34,397	3,077	7,534	7,489	12,025	4,272
1980	44,824	4,697	9,726	9,074	15,699	5,628
1990	54,548	5,882	12,077	10,584	19,038	6,966
2000	60,916	6,355	14,215	11,433	20,825	8,087
比率（%）						
1937	100.0	6.2	24.6	22.3	34.2	12.7
1960	100.0	8.1	23.4	21.8	34.2	12.5
1970	100.0	8.9	21.9	21.8	35.0	12.4
1980	100.0	10.5	21.7	20.2	35.0	12.6
1990	100.0	10.8	22.1	19.4	34.9	12.8
2000	100.0	10.4	23.3	18.8	34.2	13.3

（注）統計局『人口センサス』各年版の数字。
（出所）NESDB, *Demographic, Population and Housing Statistics*, 2007, Table 1.1 にもとづき、末廣昭・大泉啓一郎作成。

表4B　宗教別の人口分布：人口センサスから（1937～2000年）

年次	合計	仏教	イスラーム教	キリスト教	ヒンドゥー教	儒教	その他
実数（1000人）							
1937	14,464	13,751	627	69	-	-	6
1960	26,258	24,563	1,025	150	3	461	35
1970	34,397	32,771	1,325	195	-	-	58
1980	44,803	42,570	1,714	241	4	-	55
1990	54,626	51,937	2,239	290	21	-	83
2000	60,916	57,158	2,777	487	53	7	48
比率（%）							
1937	100.0	95.1	4.3	0.5	-	-	0.0
1960	100.0	93.5	3.9	0.6	0.0	1.8	0.1
1970	100.0	95.3	3.9	0.6	-	-	0.2
1980	100.0	95.0	3.8	0.5	0.0	-	0.1
1990	100.0	95.1	4.1	0.5	0.0	-	0.2
2000	100.0	93.8	4.6	0.8	0.1	0.0	0.1

（注）－は該当数字なし。
（出所）統計局『人口センサス』各年版の数字から末廣昭作成。

表4C　非識字人口とその比率の推移（1970 〜 2015年）

年次	実数（1000人）			比率（%）		
	合計	男性	女性	合計	男性	女性
15歳以上の非識字人口とその比率（adult illiteracy）						
1970	3,936	1,191	2,745	19.8	12.0	27.4
1975	3,661	1,106	2,555	15.6	9.5	21.5
1980	3,505	1,041	2,464	12.5	7.5	17.4
1985	3,189	950	2,239	9.8	5.9	13.5
1990	2,851	855	1,996	7.6	4.7	10.5
1995	2,478	753	1,724	5.9	3.7	8.1
2000	2,087	647	1,441	4.5	2.9	6.1
2005	1,800	557	1,243	3.6	2.3	4.9
2010	1,625	494	1,131	3.1	1.9	4.2
2015	1,386	418	968	2.4	1.5	3.3
15 〜 24歳の非識字人口とその比率（youth illiteracy）						
1970	397	138	260	5.9	4.0	7.7
1975	368	134	235	4.4	3.2	5.6
1980	341	126	214	3.4	2.5	4.3
1985	287	108	179	2.6	1.9	3.2
1990	221	82	139	1.9	1.4	2.4
1995	172	56	116	1.4	0.9	1.9
2000	130	35	95	1.1	0.6	1.6
2005	94	18	76	0.8	0.3	1.4
2010	75	11	64	0.7	0.2	1.2
2015	69	11	58	0.6	0.2	1.1

（注）2005年以降は2002年7月の予測の数字。
（出所）UNESCO Institute of Statistics, *Literacy and Non-formal Education, Thailand,* のデータに基づき、中園優子・末廣昭作成。

表5A　経済主要指標1：1人あたりGNP・経済成長率・物価上昇率（1981〜2008年）

年次	人口	一人あたりGNP	一人あたりGNP	1988年固定価格GDP	実質成長率	市場価格GDP	名目成長率	物価上昇率
	100万人	バーツ	USドル	10億バーツ	%	10億バーツ	%	%
1981	47.87	15,682	632	968	5.9	760	14.7	12.7
1982	48.84	17,012	740	1,019	5.3	841	10.6	5.1
1983	49.51	18,404	800	1,076	5.5	921	9.4	3.7
1984	50.58	19,287	816	1,138	5.7	988	7.2	0.8
1985	51.79	20,141	742	1,191	4.6	1,057	6.9	2.4
1986	52.97	21,157	804	1,257	5.5	1,133	7.2	1.9
1987	53.87	23,910	929	1,377	9.5	1,300	14.6	2.4
1988	54.96	28,256	1,117	1,560	13.2	1,560	19.9	3.9
1989	55.89	33,204	1,292	1,750	12.1	1,857	19.0	5.3
1990	55.84	38,613	1,509	1,945	11.1	2,183	17.5	5.9
1991	57.03	43,655	1,711	2,112	8.5	2,507	14.8	5.7
1992	57.62	48,311	1,902	2,283	8.0	2,831	12.9	4.1
1993	58.44	53,772	2,124	2,471	8.3	3,165	11.8	3.4
1994	59.24	60,865	2,422	2,693	8.9	3,629	14.7	5.0
1995	59.28	69,325	2,782	2,942	9.2	4,186	15.3	5.7
1996	59.90	75,145	2,966	3,115	5.8	4,611	10.1	5.9
1997	60.50	76,057	2,425	3,073	-1.4	4,733	2.6	5.6
1998	61.20	72,979	1,764	2,750	-10.5	4,626	-2.2	8.0
1999	61.80	72,981	1,929	2,872	4.4	4,637	0.2	0.3
2000	62.29	77,756	1,936	3,008	4.8	4,923	6.2	1.6
2001	62.73	79,481	1,787	3,074	2.2	5,134	4.3	1.7
2002	63.21	82,885	1,927	3,237	5.3	5,451	6.2	0.6
2003	63.72	88,595	2,133	3,468	7.1	5,917	8.6	1.9
2004	64.60	95,947	2,383	3,688	6.3	6,489	9.7	2.8
2005	65.15	103,587	2,572	3,858	4.6	7,093	9.3	4.5
2006	65.63	114,647	3,023	4,060	5.2	7,841	10.6	4.7
2007	66.09	123,574	3,575	4,260	4.9	8,493	8.3	2.2
2008	66.53	130,531	3,912	4,370	2.6	9,105	7.2	5.4

（注）（1）実質成長率は、1988年固定価格による国民所得勘定の新シリーズに基づく。
（2）「1人あたりGNP　USドル」は、バーツ貨表示の数字を単純に年平均の為替レートで除した。そのため、国際機関が発表する数字とは異なる。
（出所）国家経済社会開発庁（NESDB）の公表数字、中央銀行の*Economic and Financial Statistics.*（以下、経済四季報と略記）の「マクロ経済指標」より末廣昭・大泉啓一郎作成。

表5B　経済主要指標2：貿易・経常収支・対外債務・外貨準備金・為替レート（1981～2008年）

年次	輸出金額	輸出伸び率	輸入金額	輸入伸び率	経常収支対GDP比	公的対外債務	外貨準備金	為替レート
	10億ドル	%	10億ドル	%	%	10億ドル	10億ドル	対ドル(バーツ)
1981	6.9	7.8	9.9	-3.0	-2.5	6.3	2.7	24.82
1982	6.8	-1.4	8.4	-1.5	-1.0	7.2	2.6	23.00
1983	6.3	-7.3	10.2	-3.8	-2.9	8.1	2.5	23.00
1984	7.3	15.8	10.2	-2.9	-2.1	8.5	2.7	23.64
1985	7.1	-2.7	9.3	-2.2	-1.5	10.6	3.0	27.16
1986	8.8	23.9	9.4	-0.5	0.3	12.1	3.8	26.30
1987	11.6	31.8	13.3	-1.6	-0.3	13.9	5.2	25.74
1988	15.9	37.0	19.8	-3.9	-1.5	13.3	7.1	25.29
1989	19.9	25.1	25.2	-5.3	-2.4	12.1	10.5	25.70
1990	22.9	15.0	32.7	-9.8	-7.1	11.5	14.3	25.59
1991	28.3	23.5	37.8	-9.5	-7.4	12.8	18.4	25.52
1992	32.2	13.7	40.1	-7.9	-6.1	13.1	21.2	25.40
1993	36.6	13.4	45.1	-8.5	-6.1	14.2	25.4	25.32
1994	44.7	22.1	53.4	-8.7	-7.8	15.7	30.3	25.13
1995	55.7	24.8	70.4	31.9	-13.2	16.4	37.0	24.92
1996	54.7	-1.9	70.8	0.5	-14.3	16.8	38.7	25.34
1997	56.7	3.8	61.3	-13.4	-3.1	24.1	27.0	31.37
1998	52.8	-6.7	40.7	-33.7	14.3	31.6	29.5	41.37
1999	56.8	7.4	47.5	16.9	12.5	36.2	34.8	37.84
2000	67.9	19.5	62.4	31.3	7.6	33.9	32.7	40.16
2001	63.1	-7.1	60.5	-3.0	4.4	28.3	33.0	44.48
2002	66.1	4.7	63.4	4.6	3.7	23.3	38.9	43.00
2003	78.1	18.2	74.3	17.4	3.4	17.0	42.1	41.53
2004	94.9	21.6	93.5	25.7	1.7	14.9	49.8	40.27
2005	109.3	15.2	117.6	25.8	-4.3	14.0	52.1	40.27
2006	127.9	17.0	126.9	7.9	1.1	14.1	67.0	37.93
2007	150.0	17.3	138.5	9.1	5.7	12.0	87.5	34.56
2008	175.3	16.8	175.0	26.4	-0.1	13.0	111.0	33.36

（注）（1）経常収支赤字が継続し、かつ名目GDPに対して10％を超えると、国際機関は「要注意国」とみなす。
（2）外貨準備金の目安は、3ヵ月分の輸入金額の支払いに応じることのできる金額以上とみなす。したがって、（外貨準備）／（輸入金額/12）が3.0以上であれば、健全とみなされる。
（出所）国家経済社会開発庁（NESDB）の公表数字、中央銀行の経済四季報の「マクロ経済指標」より末廣昭・大泉啓一郎作成。

表6 国民所得勘定（実質価格）（1980〜2007年）（単位：100万バーツ）

年次	GDP	民間消費	政府支出	固定資本形成	在庫投資	輸出	輸入	誤差脱漏
1980	913,733	607,226	106,938	269,627	6,452	195,231	271,199	(542)
1985	1,191,255	723,199	151,252	333,644	12,230	288,017	290,571	(26,516)
1990	1,945,372	1,110,935	171,944	759,870	20,652	709,649	806,980	(20,698)
1995	2,941,736	1,601,693	232,457	1,236,094	42,892	1,386,107	1,543,604	(13,903)
1997	3,072,615	1,671,178	253,100	1,051,255	(750)	1,404,255	1,360,921	54,498
2000	3,008,401	1,623,716	277,132	597,442	25,636	1,947,081	1,497,672	35,066
2001	3,073,601	1,690,644	284,026	604,215	35,780	1,865,083	1,415,355	9,208
2002	3,237,042	1,782,648	286,059	643,775	34,426	2,088,768	1,609,265	10,631
2003	3,468,166	1,898,464	293,092	721,400	48,432	2,236,542	1,744,468	14,704
2004	3,688,189	2,016,859	309,883	816,351	51,699	2,451,193	1,977,900	20,104
2005	3,858,019	2,109,339	344,922	902,420	76,598	2,554,384	2,155,978	26,334
2006	4,059,645	2,173,060	353,212	937,423	13,392	2,788,007	2,227,577	22,128
2007	4,259,633	2,207,884	385,635	949,283	5,035	2,985,608	2,303,426	29,614

（注）1988年価格基準。
（出所）国家経済社会開発庁（NESDB）の公表数字。末廣昭・大泉啓一郎作成。

表7 GDP構成：セクター別の付加価値構成（実質価格）（1970〜2007年）（単位：100万バーツ）

年次	GDP	農業	製造業	建設業	卸・小売	運輸・通信	金融保険不動産	その他
1970	478,041	130,702	80,838	25,584	87,445	32,931	39,519	81,022
1975	629,858	156,094	132,196	23,694	112,593	40,771	52,155	112,355
1980	913,733	184,576	211,031	41,882	163,680	65,669	71,591	175,304
1985	1,191,255	227,324	268,133	59,269	197,432	85,922	87,578	265,597
1990	1,945,372	263,607	540,932	116,606	338,106	146,796	168,799	370,526
1995	2,933,168	315,572	909,316	184,796	491,604	238,599	302,831	490,450
1997	3,072,615	286,833	1,036,152	146,138	510,586	279,945	312,486	500,475
2000	3,008,401	309,948	1,096,168	76,323	474,789	290,388	204,337	556,448
2001	3,073,601	320,016	1,111,457	76,471	469,569	310,058	208,188	577,842
2002	3,237,042	322,179	1,190,807	80,615	479,725	331,168	224,093	608,455
2003	3,468,166	363,033	1,318,279	82,837	493,719	340,644	246,448	623,206
2004	3,688,189	354,431	1,426,338	88,790	517,310	366,290	269,304	665,726
2005	3,858,019	347,892	1,499,882	93,809	541,934	383,925	287,567	703,010
2006	4,059,645	364,028	1,589,201	97,852	565,889	407,866	300,192	734,617
2007	4,259,633	370,539	1,687,361	99,417	592,144	431,893	314,644	763,635

（注）1988年価格基準
（出所）国家経済社会開発庁（NESDB）の公表数字。末廣昭・大泉啓一郎作成。

表8 労働人口と雇用人口(1975～2007年)(単位：1000人)

年次	人口総数	労働人口*	雇用人口 全体	雇用人口 男性	雇用人口 女性	失業者
1975	40,982	18,255	18,181	9,864	8,317	73
1980	47,282	22,728	22,524	11,866	10,657	204
1985	51,450	27,115	25,852	13,971	11,881	994
1990	56,405	31,749	30,843	16,456	14,387	710
1995	59,451	33,002	32,575	17,779	14,796	375
1997	60,649	33,561	33,162	18,121	15,041	293
2000	62,481	33,973	33,001	18,165	14,836	813
2002	63,527	35,003	34,262	18,872	15,390	635
2005	64,884	36,843	36,302	19,470	16,332	496
2007	65,800	37,612	37,122	19,977	17,145	442

(注)労働人口は、1988年以前は11歳以上、1988年以降は13歳以上、2001年以降は15歳以上。
統計局の労働力調査(Labour Force Survey)のラウンド2もしくはラウンド3(1998年以降)の数字。
(出所)統計局の *Statistical Yearbook of Thailand.*(各年版)と労働省の *Year Book of Labour Statistics.*(各年版)に基づき、末廣昭・大泉啓一郎作成。

表9 労働人口の構成1：地位別分布(1971～2007年)

年次	雇用人口	雇用主	政府被用者	民間被用者	自営業	家計補充者
実数(1000人)						
1971	16,618	165	609	1,564	5,105	9,133
1975	18,182	72	848	2,464	6,141	8,656
1980	22,524	282	1,190	3,727	6,787	10,537
1985	25,852	272	1,606	4,956	9,934	11,085
1990	30,843	380	1,848	6,927	9,176	12,513
1995	32,575	949	2,424	9,189	9,836	10,176
1997	33,162	745	2,426	10,062	9,868	10,059
2000	33,001	1,101	2,719	10,351	9,941	8,888
2002	34,262	1,096	2,672	11,032	10,690	8,771
2005	36,302	1,130	3,063	12,783	11,447	7,826
2007	37,122	1,101	3,246	12,929	11,867	7,928
比率(%)						
1970	100.0	1.0	3.7	9.4	30.7	55.0
1980	100.0	1.3	5.3	16.5	30.1	46.8
1990	100.0	1.2	6.0	22.5	29.8	40.6
2000	100.0	3.3	8.2	31.4	30.1	26.9
2005	100.0	3.1	8.4	35.2	31.5	21.6

(注)表8の注記を参照。
(出所)表8に同じ。末廣昭・大泉啓一郎作成。

主要統計

表10 労働人口の構成2：業種別分布（1971～2007年）

年次	全体	農林水産	製造業	建設業	卸・小売	運輸通信	ホテル・レストラン	金融保険・不動産	サービス関連
実数（1000人）									
1971	16,618	13,158	658	188	1,179	213	…	…	1,172
1975	18,182	13,270	1,356	206	1,378	381	…	…	1,521
1980	22,524	15,943	1,789	436	1,916	456	…	…	1,886
1985	25,852	17,675	2,067	582	2,376	531	…	…	2,436
1990	30,843	19,726	3,133	1,026	2,976	733	…	…	3,065
1995	32,575	16,929	4,376	1,846	4,094	986	…	…	4,121
1997	33,162	16,692	4,292	2,021	4,601	981	…	…	4,342
2000	33,001	16,095	4,785	1,281	4,802	952	…	…	4,865
2002	34,262	15,795	5,037	1,610	4,728	959	1,987	788	3,015
2005	36,302	15,449	5,350	1,853	5,297	1,076	2,300	992	3,547
2007	37,122	15,492	5,593	1,939	5,525	1,027	2,302	1,067	3,737
比率（%）									
1971	100.0	79.2	4.0	1.1	7.1	1.3	…	…	7.1
1980	100.0	70.8	7.9	1.9	8.5	2.0	…	…	8.4
1990	100.0	64.0	10.2	3.3	9.6	2.4	…	…	9.9
2000	100.0	48.8	14.5	3.9	14.6	2.9	…	…	14.7
2005	100.0	42.6	14.7	5.1	14.6	3.0	6.3	2.7	9.8

（注）1）2000年までは、ホテル・レストラン、金融保険・不動産はサービス関連に含まれる。2）表8の注記を参照。
（出所）表8に同じ。末廣昭・大泉啓一郎作成。

表11 労働人口の構成3：職種別分布（1971～2007年）

年次	合計	専門職・技術職	管理職	事務職	販売職	農林漁業	採掘・運輸	生産・運搬・単純労働
実数（1000人）								
1971	16,618	272	121	215	1,234	13,172	234	1,084
1975	18,182	405	123	236	1,472	13,287	407	1,792
1980	22,524	560	294	391	1,877	15,960	490	2,350
1985	25,852	764	347	548	2,191	17,717	604	2,759
1990	30,843	1,032	442	879	2,688	19,755	2,382	4,053
1995	32,575	1,595	716	1,264	3,647	17,021	1,088	6,229
1997	33,162	1,752	803	1,271	3,925	16,765	1,264	5,872
2000	33,001	2,114	921	1,145	4,274	16,178	1,169	5,535
比率（%）								
1971	100.0	1.6	0.7	1.3	7.4	79.3	1.4	6.5
1980	100.0	2.5	1.3	1.7	8.3	70.9	2.2	10.4
1990	100.0	3.3	1.4	2.8	8.7	64.1	7.7	13.1
2000	100.0	6.4	2.8	3.5	13.0	49.0	3.5	16.8
	合計	技術職+専門職	行政・管理職	事務職	サービス・販売職	熟練の農林業	熟練職（商業含む）	装置・機械の操作	初級の職業
実数（1000人）									
2002	34,262	2,330	2,330	1,131	4,249	14,596	3,598	2,570	3,461
2005	36,302	2,938	2,382	1,351	4,868	13,893	3,772	2,911	4,147
2007	37,122	3,047	2,480	1,361	5,186	14,219	3,856	2,966	3,956

（注）2000年までは、ISCO-68の8職分類。それ以後は、ISCO-88の11職分類による。
（出所）表8に同じ。末廣昭・大泉啓一郎作成。

表12 主要農産物の生産量(1970〜2007年)(単位:1000トン)

年次	米	緑豆	サトウキビ	トウモロコシ	キャッサバ	パームヤシ	ココヤシ	天然ゴム
1970	13,570	153	6,586	1,938	2,998	-	754	356
1975	15,300	121	19,910	2,863	10,230	36	842	433
1980	17,368	261	19,854	2,998	17,744	107	671	577
1985	20,264	323	24,093	4,934	15,255	610	1,226	959
1990	17,193	303	40,661	3,722	19,705	1,192	1,426	1,418
1995	22,016	234	57,974	4,155	17,388	1,923	1,413	2,061
1997	22,774	203	59,506	3,791	17,744	2,681	1,419	2,169
2000	24,948	214	44,665	4,492	19,094	3,256	1,400	2,378
2001	28,487	241	50,964	4,516	18,895	4,097	1,396	2,561
2002	27,052	206	61,738	4,189	15,485	4,001	1,418	2,632
2003	29,337	194	81,725	4,081	23,849	4,903	1,957	2,861
2004	29,299	158	69,816	4,124	20,209	5,182	2,126	3,008
2005	29,387	118	43,667	4,037	17,533	5,003	1,871	2,980
2006	29,792	112	56,905	3,909	24,606	6,715	1,815	3,071
2007	30,014	118	68,641	3,523	27,085	6,390	1,722	3,024

(出所)農業・協同組合省の*Agricultural Statistics of Thailand*.(各年版);中央銀行の経済四季報より、末廣昭・大泉啓一郎作成。

表13 主要工業製品の生産量:砂糖・ビール・衣類・セメント・自動車・半導体(1970〜2007年)

年次	砂糖	ビール	衣類	セメント	乗用車	商用車	二輪車	半導体
	1000トン	100万リットル	100万着	1000トン	台	台	1000台	100万個
1970	532	36	...	2,626	6,604	4,063	10	-
1975	1,603	61	...	3,959	15,524	15,467	84	-
1980	1,602	124	...	5,336	23,441	50,544	283	435
1985	2,478	105	...	7,915	23,862	58,244	228	406
1990	3,837	263	...	18,053	73,768	231,377	715	1,301
1995	5,202	647	...	34,051	127,242	398,438	1,618	3,143
1997	6,188	874	2,669	37,115	112,041	248,262	1,056	4,009
2000	6,447	1,165	3,346	25,499	97,129	314,598	916	7,070
2001	4,865	1,238	3,620	27,913	155,942	303,328	1,051	4,400
2002	5,947	1,275	3,881	31,679	169,304	415,593	1,526	5,741
2003	7,766	1,602	4,144	32,530	251,691	490,362	1,908	8,223
2004	7,100	1,632	4,399	35,626	299,039	628,560	2,279	9,848
2005	5,028	1,695	4,697	37,872	277,603	847,712	2,510	11,578
2006	5,719	2,011	4,877	39,408	298,819	889,225	2,340	13,954
2007	7,344	2,161	4,715	35,668	315,444	971,902	1,915	14,333

(出所)中央銀行の経済四季報の生産統計データより、末廣昭・大泉啓一郎作成。

表14 主要国・地域別輸出額(1980〜2007年)

年次	合計	日本	中国	香港	ASEAN	中近東	アメリカ	EU15
実数(100万バーツ)								
1980	133,197	20,098	2,531	6,754	21,787	…	16,834	35,375
1985	193,366	25,828	7,367	7,808	28,011	13,849	38,016	38,140
1990	589,813	101,453	6,815	26,535	67,068	29,811	133,689	133,543
1995	1,406,310	236,099	40,867	72,777	305,660	63,265	250,684	212,203
1997	1,806,700	270,765	55,496	107,538	390,410	59,931	354,551	290,392
2000	2,773,827	408,341	113,282	139,780	537,507	83,785	591,688	437,127
2001	2,884,704	439,830	127,205	146,392	557,801	95,166	584,496	466,434
2002	2,923,941	427,023	152,591	158,165	582,130	105,155	579,071	438,370
2003	3,325,630	471,956	236,058	179,136	684,943	119,595	565,095	488,392
2004	3,873,689	541,487	285,686	198,254	852,487	148,466	622,497	553,964
2005	4,438,691	602,900	367,405	247,036	975,867	179,255	680,322	570,836
2006	4,937,372	623,931	445,978	272,839	1,029,180	217,635	740,696	642,163
2007	5,254,999	625,061	510,756	298,955	1,119,957	256,052	662,741	672,824
比率(%)								
1980	100.0	15.1	1.9	5.1	16.4	…	12.6	26.6
1990	100.0	17.2	1.2	4.5	11.4	5.1	22.7	22.6
2000	100.0	14.7	4.1	5.0	19.4	3.0	21.3	15.8
2007	100.0	11.9	9.7	5.7	21.3	4.9	12.6	12.8

(出所)中央銀行の経済四季報より、末廣昭・大泉啓一郎作成。

表15 主要国・地域別輸入額(1980〜2007年)

年次	合計	日本	中国	香港	ASEAN	中近東	アメリカ	EU15
実数(100万バーツ)								
1980	193,618	39,984	8,535	1,792	22,627	…	32,140	…
1985	251,169	66,587	6,073	2,931	45,815	20,233	28,434	40,501
1990	852,982	259,208	28,284	10,625	104,344	36,282	92,074	138,036
1995	1,763,591	538,711	52,187	18,581	234,981	66,731	211,948	281,409
1997	1,924,283	492,080	69,467	25,405	247,630	144,230	267,302	268,478
2000	2,494,141	615,662	135,700	35,577	415,231	255,685	293,580	254,197
2001	2,752,346	613,499	165,060	36,639	445,931	266,046	318,733	337,484
2002	2,774,840	639,104	211,706	39,046	467,276	244,870	265,804	303,908
2003	3,138,776	755,896	251,071	44,457	522,071	312,356	296,331	314,138
2004	3,801,066	901,119	329,631	53,594	640,316	437,112	291,182	366,728
2005	4,754,025	1,046,875	448,917	60,429	869,710	614,488	349,405	421,195
2006	4,942,025	985,755	521,524	59,227	905,682	696,865	367,063	413,290
2007	4,871,996	988,536	564,591	50,146	872,365	641,649	330,663	403,243
比率(%)								
1980	100.0	20.7	4.4	0.9	11.7	…	16.6	…
1990	100.0	30.4	3.3	1.2	12.2	4.3	10.8	16.2
2000	100.0	24.7	5.4	1.4	16.6	10.3	11.8	10.2
2007	100.0	20.3	11.6	1.0	17.9	13.2	6.8	8.3

(出所)中央銀行の経済四季報より、末廣昭・大泉啓一郎作成。

表16　カテゴリー別・主要商品別輸出額（1970 〜 2007年）

年次	輸出総額	工業製品				農産物		水産物	鉱産物
		合計	繊維・衣類	コンピュータ製品・同部品	自動車製品・同部品	合計	コメ		
実数(100万バーツ)									
1970	14,772	…	1,075			8,335	2,516		1,840
1975	48,438	23,026	3,567			22,209	5,852		3,195
1980	133,197	46,936	9,643	…	…	64,737	19,517	3,665	12,160
1985	193,366	83,484	23,578	…	…	78,728	22,524	6,578	9,384
1990	589,813	403,720	84,472	38,695	5,541	130,826	27,770	29,556	6,817
1995	1,406,310	1,151,370	160,834	131,242	12,638	160,312	48,627	71,190	7,656
1997	1,412,111	1,489,055	147,402	227,783	33,581	183,962	65,088	72,227	16,561
2000	2,773,826	2,371,869	189,167	338,641	101,300	197,117	65,557	91,744	31,425
2001	2,884,704	2,454,988	195,415	342,822	122,871	211,179	70,095	90,748	26,316
2002	2,923,941	2,506,443	183,194	311,798	128,823	222,682	70,004	71,598	30,343
2003	3,325,630	2,857,192	187,668	332,839	171,003	277,587	75,775	73,806	38,171
2004	3,873,690	3,361,361	211,193	357,471	232,472	323,748	108,328	72,349	50,018
2005	4,438,691	3,897,247	219,393	460,559	328,306	313,971	92,994	78,881	80,759
2006	4,937,372	4,305,407	211,017	550,539	380,644	389,769	98,179	84,687	91,319
2007	5,241,963	4631042	191,328	539,367	442,139	408,329	119,215	85,228	74,938
比率(%)									
1980	100.0	35.2	7.2	…		48.6	14.7	2.8	9.1
1990	100.0	68.4	14.3	6.6	0.9	22.2	4.7	5.0	1.2
2000	100.0	85.5	6.8	12.2	3.7	7.1	2.4	3.3	1.1
2007	100.0	88.3	3.6	10.3	8.4	7.8	2.3	1.6	1.8

（注）1995年から中央銀行統計は、農産物から水産物を分離し、工業製品の再分類を行なった。
（出所）中央銀行月報、中央銀行統計（ホームページ）より末廣昭・大泉啓一郎作成。

表17　カテゴリー別・主要商品別輸入額（1970 〜 2007年）

年次	輸入総額	消費財		中間財・原料			資本財	自動車部品	燃料・石油
		合計	耐久消費財	合計	化学製品	電子機器			
実数(100万バーツ)									
1970	27,009	4,139	1,743	6,725	…	…	9,371	574	2,329
1975	66,835	10,318	3,307	15,796	…	…	19,171	1,731	14,424
1980	193,618	31,599	8,895	45,312	…	…	46,075	4,449	58,986
1985	251,169	51,102	11,161	75,772	…	…	75,404	6,095	56,719
1990	852,982	187,778	43,883	281,004	…	…	327,684	41,238	78,346
1995	1,763,587	332,066	…	509,593	…	…	801,813	76,823	115,244
1997	1,924,281	204,839	…	496,328	…	…	941,143	67,976	168,321
2000	2,494,141	265,325	…	672,559	…	…	1,164,483	77,815	275,001
2001	2,752,346	236,726	90,394	1,199,312	255,141	376,837	837,068	87,129	331,992
2002	2,719,439	247,859	97,515	1,236,278	268,093	373,071	810,127	96,391	321,026
2003	3,077,529	264,733	106,454	1,380,170	311,492	388,607	916,295	127,562	373,779
2004	3,764,008	301,299	124,172	1,690,732	387,472	444,761	1,039,515	146,027	531,709
2005	4,733,420	337,206	141,563	1,985,564	437,081	524,749	1,288,023	158,335	838,911
2006	4,803,918	370,559	161,042	2,003,234	452,432	543,213	1,326,894	142,456	961,384
2007	4,773,129	382,157	166,288	2,089,834	488,681	551,911	1,245,966	152,268	894,116
比率(%)									
1980	100.0	16.3	4.6	23.4	…	…	23.8	2.3	30.5
1990	100.0	22.0	5.1	32.9	…	…	38.4	4.8	9.2
2001	100.0	8.6	3.3	43.6	9.3	13.7	30.4	3.2	12.1
2007	100.0	8.0	3.5	43.8	10.2	11.6	26.1	3.2	20.0

（注）2001年から資本財の化学製品や電機・電子部品が「中間財・原料」に再分類されたため、それ以前とは数字がつながらない。
（出所）中央銀行月報、中央銀行統計（ホームページ）より末廣昭・大泉啓一郎作成。

表18　国際収支（1991 ～ 2008年）（単位：100万ドル）

年次	輸出	輸入	貿易収支	経常収支	資本収支	直接投資	ポートフォリオ投資	国際収支
1991	28,330	37,837	-9,507	-7,383	11,338	1,415	48	4,153
1992	32,244	40,115	-7,871	-6,088	9,652	1,544	531	3,043
1993	36,553	45,069	-8,516	-6,126	10,515	1,573	5,465	3,914
1994	44,649	53,379	-8,730	-7,801	12,183	875	2,663	4,175
1995	55,731	70,383	-14,652	-13,234	21,949	1,183	4,116	7,236
1996	54,667	70,815	-16,148	-14,350	19,504	1,406	3,701	2,169
1997	56,725	61,349	-4,624	-3,110	-4,343	3,298	4,558	-10,649
1998	52,878	40,643	12,235	14,291	-9,742	7,360	331	1,734
1999	56,801	47,529	9,272	12,466	-7,908	5,742	-106	4,584
2000	67,889	62,423	5,466	9,328	-10,261	3,371	-712	-1,617
2001	63,070	60,576	2,494	5,114	-3,474	4,631	-881	1,317
2002	66,092	63,353	2,739	4,685	-1,845	3,164	-1,606	4,234
2003	78,105	74,346	3,759	4,784	-4,759	4,614	-73	143
2004	94,941	93,481	1,460	2,767	3,628	5,786	3,071	5,735
2005	109,362	117,616	-8,254	-7,642	11,085	7,545	5,510	5,422
2006	127,941	126,947	994	2,315	6,806	8,487	4,232	12,742
2007	150,048	138,476	11,572	14,049	-2,413	9,381	-6,664	17,102
2008	175,297	175,060	237	-178	12,953	6,999	-5,620	24,693

（出所）中央銀行統計（ホームページ）より末廣昭・大泉啓一郎作成。

表19　タイへの国籍別観光客数（1980 ～ 2007年）（単位：1000人）

年次	総数	日本	台湾	香港	中国	マレーシア	アメリカ	ヨーロッパ
1980	1,859	225	…	…	…	402	115	…
1985	2,438	221	67	64	…	555	171	…
1990	5,299	635	481	265	65	805	292	…
1995	6,951	840	475	221	381	1,102	328	1,686
1996	7,244	940	448	288	470	1,046	348	1,704
1997	7,294	966	448	472	440	1,046	311	1,586
1998	7,843	986	457	517	571	918	362	1,889
1999	8,651	1,065	558	430	776	991	418	1,990
2000	9,579	1,207	712	495	704	1,056	486	2,191
2001	10,132	1,179	729	531	695	1,161	495	2,328
2002	10,873	1,233	679	534	764	1,298	520	2,475
2003	10,082	1,026	526	657	625	1,340	469	2,284
2004	11,737	1,194	560	665	780	1,391	567	2,648
2005	11,567	1,189	378	441	762	1,343	591	2,708
2006	13,821	1,293	473	463	1,033	1,578	641	3,322
2007	14,464	1,249	427	448	1,003	1,552	624	3,690

（出所）タイ観光局（Tourism Authority of Thailand）の資料（2000年以降）、それ以前の数字は、バンコク日本人商工会議所『タイ経済概況』各年版より、末廣昭・大泉啓一郎作成。

表20　直接投資1：海外からの対内直接投資（1990 ～ 2007年）（単位：100万バーツ）

年次	合計	日本	アメリカ	EU	シンガポール	香港	台湾	ASEAN3
1990	64,695	27,931	6,154	4,410	6,136	7,027	7,160	583
1991	51,389	15,593	5,919	4,214	6,469	11,565	2,754	106
1992	53,691	8,660	11,789	7,285	6,767	14,549	2,221	437
1993	43,812	7,733	7,236	6,153	1,545	4,898	1,237	-29
1994	33,241	3,091	3,909	3,050	4,630	8,004	2,074	288
1995	49,887	13,856	6,471	4,479	3,394	6,948	2,405	595
1996	57,472	13,250	10,870	4,256	6,969	5,444	3,492	835
1997	117,696	42,731	25,835	10,713	9,851	14,816	4,605	823
1998	209,888	60,477	51,800	37,570	22,673	16,571	4,073	1,142
1999	134,592	18,558	24,137	51,941	20,047	8,862	4,581	1,213
2000	115,286	35,493	25,577	20,968	15,018	13,355	6,286	1,027
2001	224,842	86,801	17,873	12,789	75,228	6,709	6,977	714
2002	147,526	81,346	8,077	-8,538	43,384	3,698	4,460	-1,105
2003	213,723	95,052	13,983	25,495	41,622	24,873	3,052	2,257
2004	198,880	110,409	21,649	28,238	13,821	5,555	5,014	13,518
2005	262,597	117,815	30,366	13,280	42,748	323	1,105	1,362
2006	399,382	97,422	7,403	35,777	164,316	-3,260	-3,583	11,936
2007	352,894	108,266	20,383	54,200	87,142	13,578	3,138	1,207

（注）ASEAN3は、フィリピン、マレーシア、インドネシアの3カ国。
（出所）中央銀行の経済四季報より末廣昭・大泉啓一郎作成。

表21　直接投資2：タイからの対外直接投資の推移（1990 ～ 2007年）（単位：100万バーツ）

年次	合計	アメリカ	香港	中国	シンガポール	CLMV 合計	うちヴェトナム	EU
1990	3,576	2,119	1,008	0	76	6	0	318
1991	4,279	1,203	1,344	0	688	74	17	407
1992	3,461	824	276	485	497	411	13	277
1993	7,117	1,013	1,226	655	639	464	51	313
1994	10,202	1,783	1,700	1,627	900	706	173	376
1995	19,452	3,553	1,520	1,875	113	1,613	751	3,926
1996	20,014	1,932	4,023	2,443	300	3,719	1,335	856
1997	12,406	1,768	145	990	3,086	2,188	1,369	-1,090
1998	4,298	602	2,060	524	-1,663	705	564	910
1999	12,417	-349	1,123	440	7,730	544	314	994
2000	1,566	-2,480	909	359	232	466	344	-173
2001	8,141	124	335	563	2,232	3,272	585	1,159
2002	6,753	1,480	540	617	2,180	271	276	-1,109
2003	15,623	1,507	322	2,648	7,157	4,462	3,504	1,143
2004	15,792	40	-909	2,058	7,074	3,567	2,847	-81
2005	20,819	911	-16	1,378	15,174	12,160	4,484	-224
2006	26,223	70	-810	2,490	14,636	10,805	2,737	117
2007	14,010	2,829	7,026	-467	6,602	5,298	62	-951

（出所）中央銀行の経済四季報より末廣昭・大泉啓一郎作成。

表22　直接投資3：投資委員会（BOI）の投資認可額（国別）（1986 〜 2007年）（単位：100万バーツ）

年次	総計	外国合計	日本	アメリカ	シンガポール	香港	韓国	台湾
1986	34,860	25,057	14,583	4,311	3,481	1,533	23	1,811
1988	200,894	156,419	77,019	17,028	6,924	11,416	2,758	21,498
1990	474,951	361,470	69,231	27,913	15,115	183,412	6,889	19,567
1991	277,107	127,280	44,908	28,849	15,902	8,677	1,241	14,587
1992	275,390	254,553	49,972	31,321	12,247	3,548	707	7,393
1993	176,352	108,734	68,497	10,919	5,905	3,151	804	5,328
1994	251,218	147,753	64,276	32,915	14,263	5,308	740	11,937
1995	580,058	410,899	196,613	64,335	38,055	6,009	42,467	45,098
1996	531,198	332,593	156,894	70,108	47,152	4,169	22,291	69,630
1997	481,292	333,250	163,683	89,673	73,150	1,572	3,965	12,998
1998	287,327	254,864	67,690	23,020	12,247	5,946	5,946	10,608
1999	162,232	141,489	27,042	46,351	7,003	1,899	981	7,910
2000	279,229	212,649	107,382	37,752	19,910	6,241	1,394	17,632
2001	265,900	209,622	83,369	40,131	8,985	9,710	1,437	6,824
2002	162,532	99,617	38,398	11,113	13,103	1,585	3,213	2,706
2003	285,582	212,589	97,597	24,574	6,730	3,591	3,506	13,553
2004	600,729	317,291	125,932	30,397	18,239	14,317	6,631	10,607
2005	571,300	325,827	171,796	8,689	14,422	2,222	1,485	16,456
2006	373,200	266,643	115,200	71,407	18,750	10,031	4,025	10,472
2007	744,500	205,612	164,323	101,107	34,466	10,125	5,985	8,552

（注）総計はタイ資本と外国資本の合計。合弁企業の場合には、外国合計に外国投資分のみを計上。
（出所）投資委員会（Board of Investment）の資料より末廣昭・大泉啓一郎作成。

表23　金融関係：M2・商業銀行の預金と融資・消費者金融・金利（1990 〜 2007年）

年次	M2 Broad Money	金融深化 M2/GDP	商業銀行 預金残高	商業銀行 融資残高	消費者金融 カード発行数	消費者金融 融資残高	プライムレート	定期預金金利
	10億バーツ	％	10億バーツ	10億バーツ	1000枚	100万バーツ	％	％
1990	1,990	91.2	1,441	1,494	...	...	16.25	13-15.5
1991	2,407	96.0	1,751	1,789	...	...	14.00	10.50
1992	2,814	99.4	2,035	2,162	...	...	11.50	8.50
1993	3,321	104.9	2,427	2,669	...	...	10.50	7.00
1994	3,807	104.9	2,761	3,431	...	...	11.75	8.25-10.25
1995	4,531	108.2	3,250	4,231	...	...	13.75	10.25-11
1996	5,074	110.0	3,683	4,825	...	...	13-13.25	8.5-9.25
1997	5,267	111.3	4,309	6,037	...	...	15.25	10.0-13.0
1998	5,742	124.1	4,688	5,372	...	...	11.5-12	6.00
1999	5,829	125.7	4,672	5,119	1,629	33,600	8.25-8.5	4.0-4.25
2000	6,056	123.0	4,913	4,586	1,766	32,600	7.5-8.25	3.50
2001	6,404	124.7	5,110	4,299	2,568	41,000	7.0-7.5	2.75-3.0
2002	6,488	119.0	5,221	4,603	5,633	72,498	6.5-7.0	2.00
2003	6,886	116.4	5,472	4,764	6,735	94,346	5.5-5.75	1.00
2004	7,281	112.2	5,223	5,142	8,648	118,456	5.5-5.75	1.00
2005	7,737	109.0	5,435	5,551	9,958	143,454	6.5-6.75	2.5-3.5
2006	8,219	105.0	5,990	5,738	10,900	171,005	7.5-8.0	4.0-5.0
2007	8,323	98.3	6,134	6,038	12,003	179,276	6.85-7.13	2.25-2.38

（注）（1）預金、融資残高、カード発行数は第4四半期の数字。（2）消費者金融の数字は基準が変わったため、2001年までと2002年以降はつながらない。（3）プライムレートと定期預金1年物の金利は最低と最高の利率。
（出所）中央銀行の経済四季報などに基づき、末廣昭・大泉啓一郎作成。

表24　予算・国家収入・財政収支（1991～2008財政年度）（単位：100万バーツ）

財政年度／暦年	支出 予算配分	収入（財政年度） 見込み	収入（財政年度） 実績	収入	支出	財政収支（暦年） 財政収支	国内借入	対外借入
1991	387,500	387,500	476,508	462,607	362,241	100,366	-46,874	-3,780
1992	460,400	460,400	525,368	511,317	442,611	68,706	-28,613	-17,354
1993	560,000	534,400	550,601	574,932	521,066	53,866	-44,347	-4,353
1994	625,000	600,000	649,460	683,141	581,047	102,094	-58,868	-17,427
1995	715,000	715,000	756,284	776,681	642,724	133,957	-30,590	-4,855
1996	843,200	843,200	846,566	853,201	819,083	34,118	-25,123	-3,665
1997	925,000	925,000	843,365	847,696	931,705	-84,009	-16,357	-3,761
1998	830,000	782,020	733,463	717,779	842,861	-125,082	-3,081	-4,403
1999	825,000	705,420	709,118	713,079	833,064	-119,985	84,755	50,635
2000	860,000	743,030	750,082	745,138	853,193	-108,055	50,645	16,134
2001	910,000	805,000	772,966	775,802	908,613	-132,811	112,596	925
2002	1,023,000	823,000	851,097	876,901	955,504	-78,603	145,487	-32,048
2003	999,900	825,000	961,365	1,012,588	996,198	16,390	3,579	-38,847
2004	1,163,500	1,063,000	1,114,835	1,109,422	1,109,332	90	21,269	-28,368
2005	1,250,000	1,250,000	1,255,629	1,241,236	1,276,747	-35,511	58,733	-47,055
2006	1,360,000	1,360,000	1,339,690	1,389,546	1,279,715	109,831	47,914	-61,050
2007	1,566,200	1,420,000	…	1,455,059	1,629,101	-174,042	161,119	-39,446
2008	1,660,000	…	…	1,494,693	1,597,792	-103,099	116,914	-28,097

（出所）予算と収入見込み・実績は予算局、Thailand's Budget in Brief. 各年版より、暦年の財政収支は中央銀行統計より。末廣昭・大泉啓一郎作成。

表25　機能別財政支出（予算配分）（1991～2008財政年度）（単位：100万バーツ、%）

財政年度	予算総額	国防	教育	保健	社会保障	経済サービス 小計	農林漁業	運輸通信
1991	387,500	16.0	19.3	5.7	3.1	23.3	9.4	9.0
1992	460,400	15.4	18.6	5.7	3.1	24.3	10.3	9.3
1993	560,000	14.3	19.3	6.2	3.4	25.5	10.2	11.0
1994	625,000	13.8	19.5	6.8	3.6	26.5	11.0	11.0
1995	715,000	12.6	18.9	6.9	3.8	27.0	9.7	11.9
1996	843,200	11.6	19.9	7.1	4.3	28.9	9.2	14.5
1997	925,000	11.0	21.9	7.4	4.2	29.0	8.4	15.7
1998	830,000	10.0	24.9	7.7	4.1	26.0	7.6	14.0
1999	825,000	9.3	25.1	7.3	4.4	24.2	7.4	11.7
2000	860,000	8.9	25.7	7.4	5.4	22.1	7.9	10.0
2001	910,000	8.4	24.4	7.1	5.7	22.5	8.1	8.4
2002	1,023,000	7.5	21.8	7.1	6.9	23.3	7.4	6.3
2003	999,900	7.6	23.5	7.8	7.6	20.6	7.3	5.8
2004	1,163,500	6.4	21.6	7.2	6.5	24.3	5.8	5.4
2005	1,250,000	6.2	21.0	7.1	6.9	23.7	5.6	6.2
2006	1,360,000	6.3	21.7	7.4	7.0	25.0	5.2	6.2
2007	1,566,200	7.3	22.7	9.5	7.2	21.2	6.9	5.4
2008	1,660,000	8.6	22.0	9.3	6.9	19.3	5.4	4.6

（注）国防は「一般政府サービス」、教育・医療保健・社会保障は「コミュニティ・社会サービス」に含まれる。
（出所）首相府予算局、Thailand's Budget in Brief.（各年版）より末廣昭・大泉啓一郎作成。

表26　株式・証券市場の発展（1976 ～ 2008年）

年次	合計上場企業 企業数	新規上場 企業数	上場取消 企業数	年取引額 100万バーツ	時価総額 100万バーツ	SET指標 指標
1976	25	4	0	993	7,260	83
1980	77	8	0	6,549	25,522	125
1985	97	1	0	15,334	49,457	135
1990	214	39	0	627,233	613,515	613
1993	347	55	1	2,201,148	3,325,390	1,683
1995	416	28	1	1,534,959	3,564,570	1,281
1996	454	40	2	1,303,144	2,559,580	832
1997	431	5	28	929,600	1,133,340	373
1998	418	1	14	855,170	1,268,200	356
1999	392	0	26	1,609,790	2,193,070	482
2000	381	2	13	923,697	1,279,224	269
2001	382	7	6	1,578,000	1,607,310	304
2002	389	18	11	2,047,442	1,981,000	357
2003	407	21	5	4,670,261	4,789,857	772
2004	439	36	7	5,024,399	4,521,894	668
2005	468	36	5	4,031,240	5,105,113	714
2006	476	12	4	3,956,262	5,078,705	680
2007	475	13	14	4,188,776	6,636,069	858
2008	476	…	…	…	3,568,223	450

（出所）。タイ証券取引所（SET）データ、同年次報告（タイ語）より末廣昭・大泉啓一郎作成。

表27　情報通信関係：固定電話回線と携帯電話（1994 ～ 2007年）

年次	固定電話加入 件数 1000回線	携帯電話加入 件数 1000件	人口比携帯 電話利用率 ％	月間利用料金 バーツ	コンピュータ 利用世帯 1000世帯	インターネット 利用世帯 1000世帯
1994	2,750	…	…	…	…	…
1995	3,480	707	…	…	…	…
1996	4,200	924	…	…	…	…
1997	4,830	1,106	…	…	…	…
1998	5,040	1,060	1.7	1,196	…	…
1999	5,220	2,620	4.2	1,147	…	…
2000	5,590	4,050	6.5	839	…	…
2001	6,050	8,610	13.8	529	…	…
2002	6,360	18,080	28.8	458	…	…
2003	6,420	22,540	35.7	452	…	…
2004	6,480	27,630	44.6	414	1,949	956
2005	6,670	30,870	49.4	349	2,306	1,047
2006	6,710	40,490	64.4	321	2,783	1,301
2007	6,709	53,487	81.4	…	…	…

（注）2006年現在、バンコクのパソコン利用世帯は66万6000世帯（34％）、インターネット利用世帯は48万8400世帯（25％）で、全国の利用比率15％、7％より高くなっている。
（出所）タイ電信電話局のデータ、岡部大介論文（盤谷日本人商工会議所『所報』554号、2008年6月号）、NESDB四半期報告、IT・通信省のデータ（インターネットなど）に基づき末廣昭・大泉啓一郎作成。

表28 教育段階別生徒の在籍数(1990 〜 2005年)(単位:人)

年次	1990	1995	2000	2002	2004	2005
就学前教育	1,292,593	1,919,639	2,167,651	2,070,760	1,824,650	1,806,282
小学校	6,955,492	5,962,613	6,021,371	6,097,425	5,966,215	5,843,512
中学校	1,394,129	2,363,447	2,339,817	2,368,920	2,672,082	2,761,216
うち普通学校	1,391,610	2,360,568	2,335,983	2,364,872	2,671,981	2,757,091
うち職業学校	2,413	2,879	3,834	4,048	101	4,125
高等学校	833,862	1,320,561	1,725,558	1,699,734	1,672,072	1,767,546
うち普通学校	467,098	733,979	1,111,341	1,101,401	1,046,248	1,064,216
うち職業学校	364,997	584,585	612,800	597,014	622,975	701,499
高等教育	425,276	1,222,317	1,824,919	1,986,439	2,242,560	2,265,220
短大(職業専門)	140,396	257,654	476,850	465,280	338,219	392,876
教員養成	38,501	53,349	59,655	44,198	3,657	543
大学学部	203,484	822,928	1,134,412	1,287,790	1,742,268	1,687,666
修士・博士	24,894	48,993	95,623	137,578	140,562	179,191
生徒・学生数合計	10,901,352	12,788,577	14,079,316	14,223,278	14,377,579	14,443,776

(注)大学には、一般大学のほか、オープン・ユニバーシティ(ラームカムヘーン大学とスコータイ・タムマティラート大学を含む。
(出所)*Education in Brief.*(各年版), *Statistical Yearbook of Thailand 2007.* より、平田利文・末廣昭作成。

参考 教育段階別就学率(1999 〜 2003年)(単位:%)

年次	学齢	1999	2000	2001	2002	2003
就学前	3-5歳	96.8	98.5	93.1	90.6	85.0
小学校	6-11歳	102.5	103.2	103.8	104.8	104.4
中等学校	12-17歳	68.7	69.7	70.6	71.2	72.0
前期(中学)	12-14歳	83.5	82.8	82.2	82.2	84.6
後期(高校)	15-17歳	55.3	57.3	59.3	60.1	59.0
普通高校	15-17歳	33.2	36.6	38.9	39.3	37.5
職業高校	15-17歳	22.1	20.7	20.4	20.2	21.5
高等教育	18-21歳	22.7	24.9	26.1	26.5	35.8
全体	3-21歳	72.4	73.5	74.1	75.7	74.9

(出所)NESDB, *Thailand in Brief 2005*, p.48 より末廣昭作成。

主要統計

表29　大学の教育段階別機関別学生数の分布(2007年)

年次	学校数(校)	学生数(人)						
		学部			修士			博士
		合計	男性	女性	合計	男性	女性	
(1) 国立大学	78	1,513,410	667,200	846,210	162,522	74,147	88,375	14,984
1.1　旧大学庁管轄	18	354,952	139,518	215,434	89,969	40,394	49,575	10,995
1.2　ラーチャパット大学*	40	496,273	213,795	282,478	19,605	9,520	10,085	1,802
1.3　ラーチャモンコン工科大学傘下校	9	105,224	49,710	55,514	1,133	471	662	0
1.4　新規カレッジ	5	13,591	8,316	5,275	2,681	1,591	1,090	0
1.5　ラームカムヘーン大学*	1	369,275	173,002	196,255	36,993	15,912	21,081	0
1.6　スコータイ・タムマティラート大学*	1	142,974	68,270	74,704	4,978	2,050	2,928	0
1.7　自治大学	4	31,139	14,589	16,550	7,163	4,209	2,954	0
(2) 私立大学	67	260,905	112,100	148,805	19,688	9,279	10,409	1,265
合計	145	1,774,315	779,300	995,015	182,210	83,426	98,784	16,249

(注)(1)ラーチャパット大学は、元教員養成学校(2年制)を地域の4年制総合大学に発展させたものを中心とする。(2)ラーチャモンコン工科大学には、トンブリー校など9つの分校がある。(3)ラームカムヘーン大学とスコータイ・タムマティラート大学は、いわゆるオープン・ユニバーシティ。(4)自治大学はタイ版独立法人大学を指す。
(出所)教育省高等教育委員会事務局のホームページ掲載の統計(タイ語)に基づき、平田利文・末廣昭作成。

表30　社会福祉関係：公務員年金・社会保障基金・生命保険ほか(1992〜2008年)

年次	公務員年金基金(GPF)		社会保障基金(SSF)		プロビデントファンド(PVD)		生命保険資産残高
	加入者数	基金残高	加入者数	基金残高	加入者数	基金残高	資産残高
	1000人	100万バーツ	1000人	100万バーツ	1000人	100万バーツ	100万バーツ
1992	−	−	3,867	6,374	−	−	…
1993	−	−	4,625	13,551	−	−	…
1994	−	−	4,973	23,277	−	−	104,517
1995	−	−	5,203	34,147	−	−	126,215
1996	−	−	5,609	46,415	906	91,121	143,173
1997	1,083	69,876	6,109	56,793	1,081	137,198	173,243
1998	1,099	95,375	5,465	67,568	1,170	158,387	204,157
1999	1,132	117,416	5,750	88,563	1,031	182,736	215,342
2000	1,135	135,294	5,900	115,060	1,153	201,303	250,680
2001	1,151	158,769	5,983	143,298	1,220	222,916	296,431
2002	1,160	190,956	7,048	163,391	1,224	244,822	359,896
2003	1,161	238,394	7,609	211,923	1,419	287,329	451,002
2004	1,146	246,691	8,032	270,858	1,518	305,462	528,257
2005	1,164	286,975	8,467	344,604	1,666	345,896	618,210
2006	1,173	320,736	8,860	403,281	1,810	390,928	703,540
2007	1,175	375,440	9,182	499,912	1,915	441,710	815,923
2008	1,179	376,286	9,254	…	1,973	464,587	860,105

(注)プロビデントファンドは、雇用主と被用者(本人)が拠出し、企業の外のファンドマネージャーに資金運営を任せる企業年金。生命保険には貯蓄型保険商品や医療保険と組み合わせた保険商品を含む。
(出所)財務省ホームページ「貯蓄・投資関係データ」(タイ語)、各年金の年次活動報告、商務省のデータ(生命保険)より末廣昭・大泉啓一郎作成。

表31　社会指標1病気原因別死亡率(1982～2006年)(単位:10万人あたり人数)

年次	癌	心臓疾患	マラリア	脳炎	狂犬病	肺炎	下痢
1982	33.5	26.1	32.2	5.9	0.55	0.42	9.6
1986	40.6	27.9	37.4	2.9	0.44	0.42	6.3
1990	41.9	39.3	51.3	2.3	0.23	0.33	6.8
1993	52.7	45.0	58.5	1.7	0.18	0.16	8.5
1995	61.5	50.9	69.2	1.4	0.12	0.13	11.0
1997	49.7	43.8	68.7	1.2	0.10	0.09	9.3
2000	52.5	63.9	31.9	1.0	0.07	0.07	15.0
2001	36.5	68.4	30.3	0.7	0.05	0.05	18.0
2002	38.5	73.3	24.6	0.6	0.07	0.04	21.1
2003	56.9	78.9	27.7	0.3	0.03	0.02	23.9
2004	58.9	81.3	26.8	0.4	0.02	-	26.3
2005	57.6	81.4	28.2	0.3	0.04	-	…
2006	59.8	83.1	28.4	0.3	0.02	-	…

(出所)。Ministry of Public Health, *Kan Satharanasuk Thai 2548-2550*, 2007 ほかより末廣昭作成。

表32　社会指標2：高齢者の病気原因別死亡率(1985～2006年)(単位:10万人あたり人数)

年次	糖尿病	癌	心臓疾患	肝臓病	腎臓病	脳出血	肺炎
1985	28.8	169.1	245.0	…	…	…	…
1990	39.4	248.8	379.2	…	…	…	…
1995	56.2	242.1	440.7	52.2	55.3	…	51.0
1996	57.4	236.2	407.5	41.4	38.2	54.9	46.8
1997	48.5	199.4	356.1	33.1	40.5	49.1	33.7
1998	47.7	213.0	310.0	34.4	46.7	38.0	28.9
1999	74.8	273.7	257.7	34.0	56.1	63.8	61.1
2000	82.1	297.6	179.9	34.0	75.5	79.7	59.9
2001	88.4	218.2	182.2	40.6	89.6	110.1	73.0
2002	72.1	342.6	149.4	35.5	87.2	118.7	85.5
2003	66.7	399.5	177.1	38.3	108.0	166.8	107.4
2004	75.8	393.1	163.8	30.7	98.9	166.3	119.2
2005	73.0	393.6	172.3	39.5	100.3	134.3	107.8
2006	71.3	402.5	175.3	39.2	83.0	110.9	110.3

(出所)Ministry of Public Health, *Kan Satharanasuk Thai 2548-2550*, 2007 より末廣昭作成。

主要統計

表33　社会指標3：事故死・犯罪・自殺・精神関連病・エイズ罹病率（1986 〜 2006年）

（単位:10万人あたり件数）

年次	事故死	殺人事件	傷害事件	自殺者数男性	自殺者数女性	精神関連入院者数	エイズ罹病者数
1986	40.60	3.94	17.45	…	…	63.20	…
1990	41.90	14.20	41.14	…	…	79.40	0.23
1991	45.60	15.11	43.88	…	…	80.00	3.33
1992	48.50	14.16	35.82	2.81	1.08	84.20	…
1993	52.70	16.28	43.42	3.29	1.05	62.90	16.67
1994	61.60	25.68	73.68	3.75	1.19	98.20	…
1995	61.50	28.22	85.56	4.79	1.43	93.07	42.72
1996	64.30	23.96	83.24	5.01	1.58	107.67	…
1997	49.70	22.75	80.09	5.77	1.83	118.25	72.10
1998	35.55	20.00	85.91	7.22	2.30	110.33	…
1999	48.47	19.55	77.58	8.05	2.37	132.39	84.83
2000	52.50	19.41	85.98	7.79	2.02	151.10	85.30
2001	36.50	18.76	86.90	6.95	2.03	151.00	85.50
2002	38.50	20.97	110.80	7.83	2.18	174.35	86.02
2003	56.90	22.26	126.62	9.66	2.64	160.70	81.69
2004	58.90	22.01	150.60	10.50	3.30	186.45	81.45
2005	57.60	20.67	151.72	9.90	2.90	222.20	80.12
2006	59.80	20.27	133.00	9.40	2.40	227.20	78.99

（出所）Ministry of Public Health, *Kan Satharana-suk Thai 2548-2550*, 2007 より末廣昭作成。

表34　円借款（OECF/JBIC）と技術協力（JICA）（1974 〜 2007年）（単位：100万円）

円借款承諾額（OECF/JBIC）				技術協力（JICA）			
財政年度	金額	財政年度	金額	年次	金額	年次	金額
1974	34,000	1991	84,687	1974	1,144	1991	7,579
1975	11,550	1992	127,375	1975	1,294	1992	9,341
1976	13,290	1993	104,462	1976	2,519	1993	8,380
1977	40,888	1994	82,334	1977	2,940	1994	8,102
1978	16,512	1995	61,653	1978	3,509	1995	7,978
1979	49,300	1996	118,381	1979	4,257	1996	9,507
1980	50,000	1997	105,947	1980	5,567	1997	8,905
1981	40,760	1998	147,562	1981	5,567	1998	10,252
1982	84,240	1999	151,790	1982	5,968	1999	6,603
1983	67,360	2000	95,671	1983	6,230	2000	6,639
1984	49,432	2001	6,405	1984	6,727	2001	6,925
1985	60,793	2002	45,170	1985	5,988	2002	10,014
1986	32,489	2003	44,852	1986	6,056	2003	7,815
1987	78,394	2004	0	1987	8,137	2004	8,632
1988	49,493	2005	35,453	1988	8,373	2005	6,029
1989	66,357	2006	0	1989	8,037	2006	2,960
1990	43,773	2007	62,442	1990	7,653	2007	2,447
		累計額	2,107,195			累計額	205,652

（出所）(1)国際協力銀行『対タイ円借款の概要』同銀行、2003年3月、14頁。
(2)外務省『ODA白書、国別』および外務省ホームページに基づき、末廣昭作成。

表35　タイ人労働者の海外就労(2001～2006年)(単位：人)

事項	2001	2002	2003	2004	2005	2006
登録申請者数	210,772	208,580	354,468	444,021	413,389	391,962
求人数	42,754	67,067	65,576	69,144	58,215	38,588
就職数	110,670	75,853	104,145	151,963	145,677	163,657
海外就労者数	160,252	160,807	147,769	148,596	139,672	159,518
日本	4,972	4,701	5,037	5,857	6,585	7,134
台湾	90,358	79,589	75,849	69,982	57,663	61,689
シンガポール	21,351	15,354	12,480	11,338	11,780	14,598
マレーシア	3,457	14,619	7,479	5,833	4,915	3,297
イスラエル	11,256	12,952	6,327	10,611	8,746	9,305
その他	28,858	33,592	40,597	44,975	49,983	63,495

(出所) Bureau of Trade and Indices, Ministry of Commerce の資料より末廣昭作成。

表36　海外在留邦人数の推移とタイ(バンコク)(1988～2007年)(各年10月1日現在)(単位：人)

年次	総数	アジア小計	タイ合計	バンコク	中国	韓国	ブラジル	イギリス	アメリカ
1988	548,404	70,074	11,156	10,053	8,345	4,506	112,979	31,162	189,856
1990	620,174	83,916	14,289	13,879	8,269	5,826	105,060	44,351	236,401
1993	687,579	110,140	19,559	18,164	10,603	8,817	94,322	56,355	252,043
1995	728,268	136,581	21,745	19,644	16,592	10,206	90,890	51,668	263,577
1998	789,534	161,176	22,481	17,809	44,657	14,413	83,803	55,583	289,957
2000	811,712	163,108	21,154	15,785	46,090	16,446	79,560	53,114	297,968
2001	837,744	173,824	22,731	17,481	53,357	17,613	75,318	51,896	312,936
2002	871,751	187,952	26,536	19,343	64,090	18,465	73,492	50,864	315,976
2003	911,062	206,521	28,776	21,728	77,184	19,685	72,343	50,531	331,677
2004	961,307	234,734	32,442	24,260	99,179	20,391		50,845	339,387
2005	1,012,547	260,747	36,327	26,991	114,899	21,968	65,942	54,982	351,668
2006	1,063,695	277,735	40,249	29,919	125,417	22,488	64,802	60,751	370,386
2007	1,085,671	287,157	42,736	31,616	127,905	23,267	61,527	63,526	374,732

(注) 世界の都市別海外在留邦人のランキングによると、バンコクは2001年7位、2003年6位、2004年5位、2005年以降4位。2007年現在、ロサンゼルス、ニューヨーク、上海に次ぐ。
(出所) 外務省『海外在留法人調査統計』各年版、『国際人流』の各年該当月号より末廣昭作成。

表37　職業別・地域別在留邦人数（2008年10月1日現在）（単位：人）

長期滞在者・永住者別および職業別在留邦人数（家族含む）

登録区分		登録地		
		バンコク大使館	チエンマイ領事館	計
長期滞在者	民間企業関係者	32,605	679	33,284
	報道関係者	180	5	185
	自由業関係者	1,360	192	1,552
	留学生・研究者・教師	1,786	306	2,092
	政府関係職員	832	33	865
	その他	3,616	1,601	5,217
	小計	40,379	2,816	43,195
永住者		854	65	919
総数		41,233	2,881	44,114

地域別在留邦人数

都県名	人数
バンコク	32,283
チョンブリー	2,996
チエンマイ	2,284
パトゥムターニー	955
アユッタヤー	836
サムットプラーカーン	589
プーケット	553
ノンタブリー	456
ナコーンラーチャシーマー	384
プラーチーンブリー	347
ラヨーン	325

（出所）在タイ日本国大使館資料より柿崎一郎作成。

表38　バンコク日本人商工会議所の会員の推移（1955～2008年）（各年4月現在）（単位：社数）

年次	総数	製造業	製造業				商業・貿易	金融保険	建設
			自動車	電機電子	繊維	化学			
1955	50	...	...	...	...	...	...	...	...
1975	293	132	17	10	24	18	77	22	11
1980	349	158	31	15	22	16	74	24	18
1985	394	165	33	14	22	16	78	33	39
1990	793	368	46	75	47	44	140	50	78
1995	1,028	490	60	111	61	61	166	60	95
1998	1,178	590	87	149	77	77	191	71	87
1999	1,162	608	99	156	52	76	186	56	76
2000	1,165	597	100	158	49	79	187	55	76
2001	1,164	599	104	158	49	83	187	52	75
2002	1,156	599	105	157	48	85	187	43	71
2003	1,170	605	108	161	48	92	187	41	69
2004	1,207	629	114	168	48	92	186	42	70
2005	1,234	642	165	171	38	83	195	42	73
2006	1,252	647	169	168	41	82	201	45	71
2007	1,278	652	173	163	49	80	208	48	72
2008	1,292	658	178	173	47	79	213	48	72

（出所）盤谷日本人商工会議所編『タイ経済社会の半世紀とともに――盤谷日本人商工会議所50年史』バンコク、2005年、446-447頁ほかの資料より末廣昭作成。

資料

資料番号	タイトル
資料 1	国歌
資料 2	国王賛歌
資料 3	タイ歴史年表(スコータイ朝以降)
資料 4	ラッタナコーシン朝王統譜
資料 5	歴代首相
資料 6	憲法変遷年表
資料 7	クーデタ発生歴年表
資料 8	総選挙と政党別当選者数(1957～2007年)
資料 9	行政機構(2007年)
資料10	軍組織(陸軍中心)
資料11	歴代陸軍総司令官
資料12	警察組織
資料13	軍・警察階級表
資料14	サンガ行政組織
資料15	イスラーム行政組織
資料16	現行教育制度(1999年～現在)
資料17	旧教育制度(1977～1998年)
資料18	タイの気候
資料19	タイの度量衡
資料20	祝祭日と主な祭り
資料21	タイ関係サイト案内(2009年6月現在)

資料1　国歌　เพลงชาติไทย

タイ王国国歌
ประเทศไทย รวมเลือดเนื้อ ชาติเชื้อไทย
เป็นประชารัฐ ไผทของไทยทุกส่วน
อยู่ดำรงคงไว้ได้ทั้งมวล
ด้วยไทยล้วนหมาย รักสามัคคี
ไทยนี้รักสงบ แต่ถึงรบไม่ขลาด
เอกราช จะไม่ให้ ใครข่มขี่
สละเลือด ทุกหยาด เป็นชาติพลี
เถลิงประเทศชาติไทยทวี มีชัยชโย

出所：タイ王国大使館

日本語訳
タイ国はタイ民族の血肉からなり、民衆の国家である。
タイ国民は、誠意を尽くし一致団結して全国土の安定を維持していく。
タイ国は平和を愛するが、いざ戦いとなれば臆することはない。
誰からも独立の自由を脅かされることはない。
タイ国民は血の全ての滴を国に捧げよう。
タイ国に勝利と、さらなる栄光あれ。

資料

資料2　国王賛歌　เพลงสรรเสริญพระบารมี

国王賛歌
ข้าวรพุทธเจ้า　เอามโนและสิรกราน
นบพระภูมิบาล　บุญญะดิเรก
เอกบรมจักริน　พระสยามินทร์พระยศยิ่งยง
เย็นสิรเพราะพระบริบาล
ผลพระคุณธรักษา　ปวงประชาเป็นสุขศานต์
ขอบันดาลธประสงค์ใด
จงสฤษฎ์ดัง　หวังวรหฤทัย
ดุจจะถวายชัยชโย

出所：タイ王国大使館

日本語訳（非公式訳）
我々は、心より平伏致します。
名声があり、仁徳あふれる国王陛下に敬意を表します。
チャックリ王朝の偉大なる国王陛下。
サヤームの尊き神であり、国王陛下の御高位は永遠です。
国王陛下の御加護の御蔭で、国民は平穏でいられます。
国王陛下が国民を御見守り下さり、全ての国民は幸福です。
国王陛下の願いが全てかなえられますように。
我々タイ国民は、国王陛下の御多幸を御祈念致します。
国王陛下に栄光あれ。

457

資料3　タイ歴史年表（スコータイ朝以降）

1240頃	シーインタラーティット王が即位、スコータイ朝成立
1279	第3代ラームカムヘーン王即位
1296	マンラーイ王がチエンマイに王都を建設
1351	ウートーン王がアヨータヤーに王都建設、アユッタヤー朝成立
1353	ファーグム王がルアンパバーンで即位、ラーンサーン王国成立
1378	アユッタヤーの遠征によりスコータイは属国化
1431	ボーロームマラーチャー2世のアンコール遠征によりアンコール朝終焉
1438	スコータイ朝滅亡
1463	ラーンナー・タイ王国攻略のため王都を一時的にアユッタヤーからピッサヌロークに移す
1558	ラーンナー・タイ王国がビルマのタウングー朝により陥落、以後断続的にビルマの属国へ
1569	ビルマのタウングー朝による攻撃でアユッタヤーが陥落、ビルマの属国へ
1584	ナレースワンがビルマから独立を回復
1590	ナレースワン王即位
1612頃	山田長政が朱印船でアユッタヤーへ
1630	山田長政がナコーンシータムマラートで死去
1656	ナーラーイ王即位
1684	2回目の使節をフランスに派遣し成功
1687	フランス使節がバンコクを占拠
1688	ペートラーチャー王即位、バンコクのフランス軍を追放
1767	コンバウン朝ビルマによりアユッタヤー陥落、アユッタヤー朝終焉(4月)、タークシンがトンブリーの要塞を奪還(10月)
1768	タークシン王即位、トンブリー朝成立
1782	タークシン王処刑、トンブリー朝終焉、チャオプラヤー・チャックリーがラーマ1世として即位、ラッタナコーシン朝成立
1785	ビルマ軍タイを再攻撃
1791	クダ領主がイギリスのペナン島租借を了承
1809	ラーマ2世即位
1821	イギリス使節クローファードの来訪、イギリスのペナン領有をタイが了承
1824	モンクット出家、ラーマ3世即位
1826	バーネイ条約締結
1827	アヌ王の「反乱」
1851	ラーマ4世即位
1855	バウリング条約締結、王室独占貿易の終焉
1863	カンボジアのフランス保護国化
1868	ラーマ5世即位
1885	ホー征伐隊の派遣
1887	修好条約締結方に関する日暹宣言書調印により日本との国交樹立
1888	シップソーンチュタイのフランスへの割譲
1892	中央集権化のための省庁再編(チャックリー改革)
1893	シャム危機によりメコン川左岸をフランスへ割譲、フランスによるチャンタブリー占領
1896	英仏宣言にてタイを緩衝国化
1892	中央官庁の再編、チャックリー改革の開始
1897	初の官営鉄道バンコク～アユッタヤー間開通

1898	日暹修好通商航海条約締結
1900	官営鉄道バンコク〜コーラート間全通
1904	メコン右岸のフランスへの割譲、チャンタブリーの返還
1907	カンボジア北西部(バッタンバン、シェムリアップ)のフランスへの割譲
1909	マレー4州(クダ、ペルリス、クランタン、トレンガヌ)のイギリスへの割譲
1910	ラーマ6世即位
1912	若手将校によるクーデタ未遂事件
1914	ラーマ6世による論説「東洋のユダヤ人」発表
1917	第1次世界大戦に参戦、国旗を3色旗に定める
1920	アメリカとの新条約締結によって不平等条約を解消
1921	初等教育法により義務教育施行
1925	ラーマ7世即位
1927	パリにて人民党結成、すべての不平等条約改正により関税自主権回復
1932	立憲革命、プラヤー・マノーパコーン内閣成立(6月)
1933	クーデタによりプラヤー・パホン内閣成立(6月)、ボーウォーラデート殿下の反乱(10月)
1935	ラーマ7世退位、ラーマ8世即位(3月)
1938	ピブーン内閣成立(12月)
1939	国家信条(ラッタニヨム)により国名が「シャム」から「タイ」に変更(6月)
1940	英仏日と不可侵条約を締結(6月)、フランスとの間に失地返還をめぐる紛争勃発(11月)
1941	日本の調停でメコン川右岸とカンボジア西北部の失地回復(5月)、日本軍がタイ領に侵入、日タイ同盟条約を締結(12月)
1942	英米に対して宣戦布告(1月)、アメリカで自由タイ結成(3月)、タイ軍のシャン州進軍(5月)、泰緬鉄道着工(6月)、バーンポーン事件(12月)
1943	東条首相が訪タイしシャン2州とマラヤ4州をタイに「割譲」すると発表(7月)、国内外の自由タイが連絡成功(9月)、泰緬鉄道完成(10月)、ピブーン首相大東亜会議欠席(11月)
1944	自由タイ隊員のタイ密入国開始(3月)、ピブーン首相総辞職、クワン内閣成立(7月)
1945	日本ポツダム宣言受諾、プリーディーの宣戦布告無効宣言、タウィー内閣成立(8月)、占領軍到着、セーニー内閣成立(9月)
1946	クワン内閣成立(1月)、プリーディー内閣成立(3月)、ラーマ8世怪死、ラーマ9世即位(6月)、ルアン・タムロン内閣成立(8月)、国際連合加盟(12月)
1947	軍によるクーデタ、クワン内閣成立(11月)
1948	ピブーン内閣成立(4月)
1949	プリーディー派と海軍によるクーデタ失敗(2月)
1950	アメリカと経済技術協力協定、相互防衛援助協定を締結(9〜10月)
1951	海軍によるクーデタ(マンハッタン号反乱)失敗(6月)、ピブーンのクーデタで議会停止(11月)
1952	日本との国交回復(4月)
1954	SEATO(東南アジア条約機構)設立(9月)、本部をバンコクに設置
1955	特別円問題解決に関する協定に調印(8月)
1957	総選挙でピブーンが大勝するも不正が発覚し市民が大反発(2月)、サリットのクーデタによりピブーン失脚、ポット内閣成立(9月)
1958	タノーム内閣成立(1月)、ミットラパープ路開通(7月)、サリットのクーデタによりサリット内閣成立(10月)
1960	国家教育計画が発表され、義務教育が4年から7年へ(10月)
1961	第1次経済開発計画開始(1月)、特別円問題解決に合意(11月)
1962	産業投資奨励法を改訂し、外資導入を図る(1月)、特別円返済新協定成立(2月)

1963	サリット死去によりタノーム政権成立(12月)
1964	ヴェトナム戦争のため米軍がタイ国内の軍事基地を使用開始(3月)
1965	タイ国共産党の武装闘争開始(8月)
1967	東南アジア諸国連合(ASEAN)成立(8月)
1969	総選挙で第2次タノーム内閣成立(2月)
1971	タノームのクーデタで議会停止(11月)、バンコク県とトンブリー県を合併(12月)
1972	『社会科学評論』に「黄禍特集」(4月)、全国学生センターの反日運動(11月)、バンコク・トンブリー都をバンコク都(クルンテープ・マハーナコーン)に改組(12月)
1973	10月14日事件によりタノーム失脚、サンヤー内閣成立(10月)
1974	田中首相訪タイで再び反日運動拡大(1月)
1975	セーニー内閣成立(2月)、クックリット内閣成立(3月)
1976	セーニー内閣成立(4月)、中国と国交樹立(7月)、10月6日事件を契機に軍がクーデタ、ターニン政権成立(10月)
1977	クーデタによりクリエンサック内閣成立(10〜11月)
1980	プレーム内閣成立(3月)
1981	「ヤングターク」のクーデタ失敗(4月)
1982	ラッタナコーシン王朝200周年を慶祝(4月)、東北部の共産ゲリラが大量投降し、政府が勝利宣言(12月)
1985	マヌーン大佐兄弟のクーデタ失敗(9月)
1986	総選挙によりプレーム内閣
1988	チャートチャーイ内閣成立(8月)、南部豪雨災害で森林伐採全面禁止へ(11〜89年1月)
1991	クーデタによりアーナン内閣成立(2〜3月)
1992	スチンダー内閣成立(4月)、暴虐の5月(5月)、アーナン暫定内閣を経てチュワン内閣成立(9月)
1994	タイ=ラオス友好橋開通(4月)
1995	バンハーン内閣成立(7月)
1996	チャワリット内閣成立(11月)
1997	バーツ暴落による通貨危機(7月)、IMFへの緊急支援要請(8月)、97年憲法成立(9月)、チュワン内閣成立(11月)
1998	タイ愛国党結成(7月)
1999	「宮澤構想」による雇用創出事業開始(4月)、バンコク初の都市鉄道(BTS)開通(12月)
2001	タックシン内閣成立(2月)
2003	プノンペンで反タイ運動(1月)、麻薬撲滅戦争開始(2月)
2004	南部パッターニーなどで大規模反政府襲撃事件(4月)、バンコク初の地下鉄開通(7月)、スマトラ沖地震による大津波被害(12月)
2005	総選挙でタイ愛国党圧勝、第2次タックシン内閣成立(2月)、「メガ・プロジェクト」構想発表(12月)
2006	タックシン一族によるシン・コーポレーションの株式売却(1月)、反タックシン運動の活発化(2月〜)、野党ボイコットの総選挙、タックシンの一時退陣表明(4月)、憲法裁判所による総選挙無効宣言(5月)、クーデタによりスラユット内閣成立(9〜10月)、スワンナプーム新空港開港(9月)
2007	新憲法草案の国民投票(8月)、総選挙でタックシン派政党が第一党に(12月)
2008	サマック内閣成立(2月)、反タックシン運動再燃(5月)、反タックシン派首相府占拠(8月)、サマック失職によりソムチャーイ内閣成立(10月)、タックシン有罪判決(10月)、反タックシン派スワンナプーム空港など占拠(11〜12月)、ソムチャーイ失職によりアピシット内閣成立(12月)

(作成:柿崎一郎)

資料

資料4　ラッタナコーシン朝王統譜

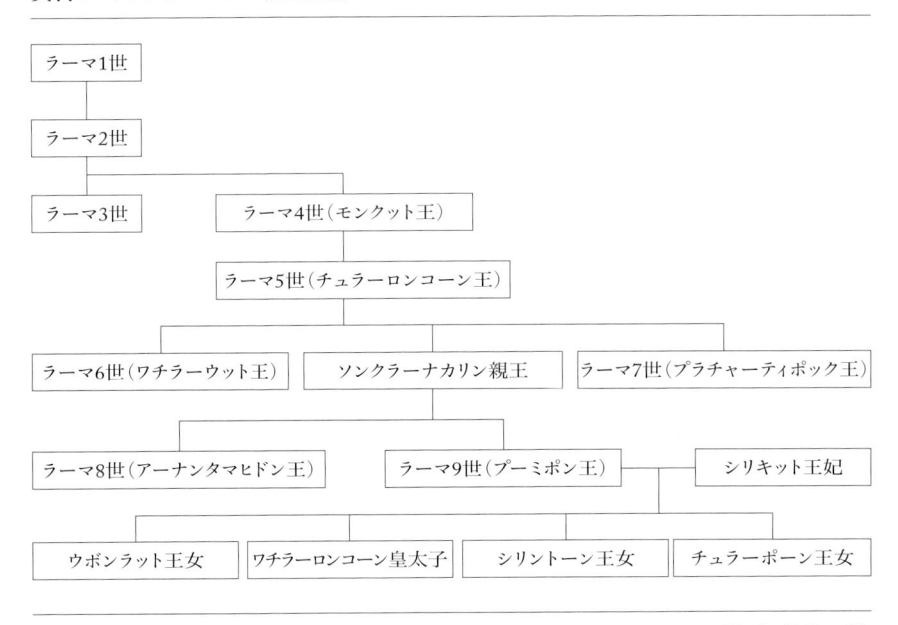

```
ラーマ1世
  │
ラーマ2世
  │
  ├─────────────┐
ラーマ3世      ラーマ4世（モンクット王）
                  │
                ラーマ5世（チュラーロンコーン王）
                  │
    ┌─────────────┼─────────────┐
ラーマ6世       ソンクラーナカリン親王   ラーマ7世
（ワチラーウット王）                （プラチャーティポック王）
                  │
        ┌─────────┴─────────┐
    ラーマ8世              ラーマ9世（プーミポン王）───シリキット王妃
（アーナンタマヒドン王）           │
                    ┌──────────┬──────────┬──────────┐
              ウボンラット王女  ワチラーロンコーン皇太子  シリントーン王女  チュラーポーン王女
```

（作成：柿崎一郎）

資料5　歴代首相

1.	マノーパコーンニティターダー	1932.06.28 〜 32.12.10
2.	〃	32.12.10 〜 33.04.01
3.	〃	33.04.01 〜 33.06.21
4.	パホンポンパユハセーナー	33.06.21 〜 33.12.16
5.	〃	33.12.16 〜 34.09.22
6.	〃	34.09.22 〜 37.08.09
7.	〃	37.08.09 〜 37.12.21
8.	〃	37.12.21 〜 38.12.16
9.	ピブーンソンクラーム	38.12.16 〜 42.03.07
10.	〃	42.03.07 〜 44.08.01
11.	クワン・アパイウォン	44.08.01 〜 45.08.31
12.	タウィー・ブンヤケート	45.08.31 〜 45.09.17
13.	セーニー・プラーモート	45.09.17 〜 46.01.31
14.	クワン・アパイウォン	46.01.31 〜 46.03.24
15.	プリーディー・パノムヨン*	46.03.24 〜 46.06.11
16.	〃	46.06.11 〜 46.08.23
17.	ルアン・タムロンナーワーサワット	46.08.23 〜 47.05.30
18.	〃	47.05.30 〜 47.11.08
19.	クワン・アパイウォン	47.11.10 〜 48.02.21
20.	〃	48.02.21 〜 48.04.08
21.	ピブーンソンクラーム	48.04.08 〜 49.06.25
22.	〃	49.06.25 〜 51.11.29
23.	〃	51.11.29 〜 51.12.06
24.	〃	51.12.06 〜 52.03.24
25.	〃	52.03.24 〜 57.03.21
26.	〃	57.03.21 〜 57.09.16
27.	ポット・サーラシン	57.09.21 〜 58.01.01
28.	タノーム・キッティカチョーン	58.01.01 〜 58.10.20
29.	サリット・タナラット	59.02.09 〜 63.12.08
30.	タノーム・キッティカチョーン	63.12.09 〜 69.03.07
31.	〃	69.03.07 〜 71.11.17
32.	〃	72.12.18 〜 73.10.14
33.	サンヤー・タムマサック	73.10.14 〜 74.05.22
34.	〃	74.05.27 〜 75.02.15
35.	セーニー・プラーモート	75.02.15 〜 75.03.14
36.	ククリット・プラーモート	75.03.14 〜 76.04.20
37.	セーニー・プラーモート	76.04.20 〜 76.09.25
38.	〃	76.09.25 〜 76.10.06
39.	ターニン・クライウィチエン	76.10.08 〜 77.10.20
40.	クリエンサック・チャマナン	77.11.11 〜 79.05.12
41.	〃	79.05.12 〜 80.03.03
42.	プレーム・ティンスーラーノン	80.03.03 〜 83.04.30
43.	〃	83.04.30 〜 86.08.05
44.	〃	86.08.05 〜 88.08.04
45.	チャートチャーイ・チュンハワン	88.08.04 〜 90.12.09
46.	〃	90.12.09 〜 91.02.23

資料

47.	アーナン・パンヤーラチュン	91.03.02 〜 92.04.07
48.	スチンダー・クラープラユーン	92.04.07 〜 92.06.10
49.	アーナン・パンヤーラチュン	92.06.10 〜 92.09.23
50.	チュワン・リークパイ	92.09.23 〜 95.07.13
51.	バンハーン・シンラパアーチャー	95.07.13 〜 96.11.25
52.	チャワリット・ヨンチャイユット	96.11.25 〜 97.11.09
53.	チュワン・リークパイ	97.11.09 〜 2001.02.17
54.	タックシン・チンナワット	01.02.09 〜 05.03.09
55.	〃	05.03.09 〜 06.09.19
56.	スラユット・チュラーノン	06.10.01 〜 08.01.29
57.	サマック・スンタラウェート	08.01.29 〜 08.09.18
58.	ソムチャーイ・ウォンサワット	08.09.18 〜 08.12.02
59.	アピシット・ウェーチャーチーワ	08.12.15 〜

＊1946.6.8〜9：プリーディー・パノムヨンは8日に首相に再任されるが、ラーマ8世の死去(9日)に伴い組閣をしないままに辞任する。

（作成：加藤和英）

資料6　憲法変遷年表

1932.6.27　「仏暦2475年シャム臨時統治憲章」(全39条)
↓
1932.12.10　「仏暦2475年シャム王国憲法」(全68条)
　　1939.10.3　「仏暦2482年国名に関する改正憲法」
　　1940.10.1　「仏暦2483年経過規定に関する改正憲法」
　　1942.12.3　「仏暦2485年人民代表員議員選挙に関する改正憲法」

1946.5.9　「仏暦2489年タイ王国憲法」(全96条)
↓
1947.11.9　「仏暦2490年臨時タイ王国憲法」(全98条)
　　1947.12.5　「仏暦2490年改正臨時タイ王国憲法」(代表院議員の選挙および立候補資格に関する改正)
　　1948.1.23　「仏暦2491年改正(第2号)臨時タイ王国憲法(憲法起草議会の設置に関する改正)
　　1948.8.20　「仏暦2491年改正(第3号)臨時タイ王国憲法」(憲法起草会議員の発言特権に関する改正)
↓
1949.3.23　「仏暦2492年タイ王国憲法」(全188条)
↓
1951.12.6　「タイ王国憲法施行勅命布告」(「仏暦2475年シャム王国憲法」を改正憲法とともに復活施行)
↓
1952.3.8　「仏暦2495年改正仏暦2475年タイ王国憲法」(全123条)
　　1957.9.18　「タイ王国憲法施行布告」(人民代表院議員に関する改正)
↓
1958.10.20　革命団布告第3号により廃止

　　(無憲法期)

1959.1.28　「仏暦2502年王国統治憲章」(全20条)
↓
1968.6.20　「仏暦2511年タイ王国憲法」(全183条)
↓
1971.11.17　革命団布告第3号により廃止

　　(無憲法期)

1972.12.15　「仏暦2515年王国統治憲章」(全23条)
↓
1974.10.7　「仏暦2517年タイ王国憲法」(全238条)
　　1975.1.19　「仏暦2518年改正タイ王国憲法」(上院議員任命手続きに関する改正)

1976.10.6　国家統治改革団布告第3号により廃止

　　（無憲法期）

1976.10.22　「仏暦2519年タイ王国憲法」(全29条)

1977.10.20　革命団布告第2号により廃止

　　（無憲法期）

1977.11.9　「仏暦2520年王国統治憲章」(全32条)

1978.12.22　「仏暦2521年タイ王国憲法」(全206条)
　　1985.8.8　「仏暦2528年改正タイ王国憲法」(下院議員選挙に関する改正)
　　1989.8.24　「仏暦2532年改正(第2号)タイ王国憲法」(国会議長に関する改正)

1991.2.23　国家治安維持団布告第3号により廃止

　　（無憲法期）

1991.3.1　「仏暦2534年王国統治憲章」(全33条)

1991.12.9　「仏暦2534年タイ王国憲法」(全223条)
　　1992.6.29　「仏暦2535年改正(第1号)タイ王国憲法」(国会議長に関する改正)
　　1992.6.29　「仏暦2535年改正(第2号)タイ王国憲法」(国会会期と審議事項に関する改正)
　　1992.6.29　「仏暦2535年改正(第3号)タイ王国憲法」(上院の権限に関する改正)
　　1992.9.10　「仏暦2535年改正(第4号)タイ王国憲法」(首相の資格に関する改正)
　　1995.2.10　「仏暦2538年改正(第5号)タイ王国憲法」(国民の権利と自由、国の基本政策、国会(上院・下院)、内閣ほかに関する改正)
　　1996.9.27　「仏暦2539年改正(第6号)タイ王国憲法」(新憲法起草のための憲法起草会議設置などに関する改正)

1997.10.11　「仏暦2540年タイ王国憲法」(全336条)
　　2005.7.11　「仏暦2548年改正(第1号)タイ王国憲法」(国家汚職防止取締委員会に関する改正)

2006.9.19　国王を元首とする民主主義統治改革団第3号により廃止

　　（無憲法期）

2006.10.1　「仏暦2549年タイ王国憲法(暫定)」(全39条)

2007.8.24　「仏暦2550年タイ王国憲法」(全309条)

（作成：加藤和英）

資料7　クーデタ発生歴年表

1932年6月24日　人民党による立憲革命。
1933年4月1日　プラヤー・マノーパコーン首相は総選挙まで国会を閉会し、内閣に立法権を与える。2日反共法公布。
1933年6月20日　ピブーンら人民党若手がプラヤー・パホンを担いだ反プラヤー・マノーパコーン内閣軍事クーデタに成功。
1933年10月11～25日　王党派ボーウォーラデート親王の乱。
1935年8月3日　下士官の乱。バンコク駐屯の第2、第3歩兵大隊下士官が政府首脳を暗殺し、プラチャーティポック前王かナコーンサワン親王を国王にしようとした陰謀計画が発覚し15名逮捕さる。
1939年1月29日　ピブーン暗殺と旧体制への復帰という陰謀計画容疑によりプラヤー・ソンスラデートの弟子やチャイナート親王ら逮捕さる。18名死刑、25名終身刑。
1947年11月8～9日　ピン中将ら退役軍人を中心とする将校団（カナ・タハーン）、軍事クーデタ成功。プリーディー派政権を打倒。
1948年4月6日　将校団、クワン内閣に24時間内辞職を要求し成功。ピブーンが首相に復活。
1948年9月30日～10月1日　クーデタ計画中の陸軍参謀ケート少将らを逮捕。10月2日早朝にクーデタが予定されていた。目的は47年の不法なクーデタでみだりに政治介入する軍内の一派の一掃。
1949年2月26～28日　王宮の乱。プリーディーを首謀者とする旧自由タイグループが王宮を占拠し、またタハーン海軍少将指揮下のサッタヒープからの海兵隊がバンコクのラーチャプラソン周辺を占拠し、陸軍と戦闘するが敗退。プリーディー派はピブーン内閣の総辞職とディレーク首相任命の王勅をラジオ放送する。
1951年6月29日～7月1日　マンハッタン号反乱。救国党（カナ・クー・チャート）と称する海軍の一部若手将校がピブーン首相を人質にとり、同内閣および陸空軍警察の幹部を辞任させ新内閣を任命するラジオ放送を行なう。陸空軍・警察が応戦し敗退。
1951年11月29日　銃声なきクーデタ。共産主義の脅威を理由として陸軍が49年憲法を廃止し32年憲法を復活させる。
1952年11月10日　平和反乱。警察がタイ国平和委員会、救国運動の成員ら反政府活動家を逮捕。13日反共法が復活。
1957年9月16日　サリット陸軍司令官の指揮下にピブーン首相、パオ警察長官追放。
1958年10月20日　サリット革命。旧憲法を廃止し革命団による軍事独裁となる。
1971年11月17日　タノーム元帥のクーデタ。68年憲法を廃止し軍事独裁復活。
1973年10月14日　学生革命。民主憲法を要求する学生・市民の勢力、国王・軍部内反主流派の支持を得てタノーム、プラパート独裁政権打倒。
1976年10月6日　軍部が国家統治改革評議会の名の下に政党政治と学生運動を打倒し、74年憲法廃止。
1977年10月20日　軍部、反動的ターニン政権を打倒、76年憲法廃止。
1981年4月1～3日　陸士7期生を中心とした「ヤングターク」によるクーデタ、国王の支持得られず敗退。
1985年9月9日　プレーム政権の経済失政を批判したマヌーン大佐兄弟のクーデタ失敗。
1991年2月23日　三軍と警察が汚職追放と王制擁護を理由にクーデタを起こし、「国家治安維持評議会」が全権を掌握。チャートチャーイ文民内閣を打倒し78年憲法廃止。
2006年9月19日　ソンティ陸軍司令官率いる国軍が国内政治の二派分裂、政府の汚職、政党による独裁、国王に対する不敬を理由としてクーデタを決行、タックシン政権を打倒し97年憲法廃止。「国王を元首とする民主主義体制下の統治改革評議会」が全権を掌握。

（作成：村嶋英治、髙橋勝幸）

資料

資料8　総選挙と政党別当選者数（1957～2007年）

(1) 1957年2月26日選挙	
1. セーリー・マナンカシラー党	86
2. 民主党	30
3. 自由民主党	11
4. 経済人党	9
5. 正法党	9
6. 民族主義党	3
7. ハイドパーク運動党	2
8. 独立党	2
9. 無所属	8
合計	160

(2) 1957年12月15日選挙	
1. 国土連合党	44
2. 民主党	39
3. 経済人党	6
4. 自由民主党	5
5. セーリー・マナンカシラー党	4
6. 民族主義党	1
7. ハイドパーク運動党	1
8. 独立党	1
9. 無所属	59
合計	160

(3) 1958年3月30日選挙	
1. 民主党	13
2. 民族社会党	9
3. 無所属	4
合計	26

(4) 1969年2月10日選挙	
1. タイ国民連合党	76
2. 民主党	57
3. 民主戦線党	7
4. 経済人連合戦線党	4
5. 国民党	2
6. 自由民主党	1
7. 農民生活救援党	1
8. 無所属	71
合計	219

(5) 1975年1月26日選挙	
1. 民主党	72
2. 社会正義党	45
3. タイ国民党	28
4. 農業社会党	19
5. 社会行動党	18
6. 社会民族主義党	16
7. タイ国社会党	15
8. 新勢力党	12
9. 社会主義合同戦線党	10
10. 平和人党	8
11. 人民正義党	6
12. タイ党	4
13. タイ民族回生党	3
14. 国民勢力党	2
15. タイ国土党	2
16. 主権党	2
17. 民主主義党	2
18. 県開発党	1
19. 経済人党	1
20. 労働党	1
21. 自由人党	1
22. 農民党	1
合計	269

(6) 1976年4月4日選挙	
1. 民主党	114
2. タイ国民党	56
3. 社会行動党	45
4. 社会正義党	28
5. 農業社会党	9
6. 社会民族主義党	8
7. 新勢力党	3
8. 民衆勢力党	3
9. 県開発党	2
10. タイ国社会党	2
11. タイ防衛党	1
12. 民主主義党	1
13. 社会主義合同戦線党	1
14. タイ社会党	1
15. 正法党	1
16. 社会前進党	1
17. 労働党	1
18. 新シャム党	1
19. 民主合同戦線党	1
合計	279

467

(7) 1979年4月22日選挙	
1. 社会行動党	82
2. タイ国民党	38
3. タイ人民党	32
4. 民主党	32
5. 自由正義党	21
6. 民族国民党	13
7. 新勢力党	8
8. 農業社会党	3
9. 民主主義行動党	3
10. タイ協同党	2
11. 正義行動党	1
12. 社会正義党	1
13. シャム改革党	1
14. クリエンサック政策支持党	1
15. 無所属	63
合計	301

(8) 1983年4月18日選挙	
1. 社会行動党	92
2. タイ国民党	73
3. 民主党	56
4. タイ人民党	36
5. シャム民主主義党	18
6. 国家民主党	15
7. タイ平民党	4
8. 前進党	3
9. 社会民主党	2
10. 自由民主党	1
11. 無所属	24
合計	324

(9) 1986年7月27日選挙	
1. 民主党	100
2. タイ国民党	63
3. 社会行動党	51
4. 連合民主党	38
5. タイ人民党	24
6. タイ協同党	19
7. 民衆党	18
8. 地域行動党	15
9. 前進党	9
10. 国家民主党	3
11. 大衆党	3
12. タイ万民党	1
13. 新勢力党	1
14. 民主労働党	1
15. 自由主義党	1
合計	347

(10) 1988年7月24日選挙	
1. タイ国民党	87
2. 社会行動党	54
3. 民主党	48
4. タイ協同党	35
5. タイ人民党	31
6. 民衆党	21
7. 市民党	19
8. タイ万民党	17
9. パランタム(法力)党	14
10. 地域行動党	9
11. 前進党	8
12. 連合民主党	5
13. 大衆党	5
14. 自由主義党	3
15. 社会民主勢力党	1
合計	357

(11) 1992年3月22日選挙	
1. 正義団結党	79
2. タイ国民党	74
3. 新希望党	72
4. 民主党	44
5. パランタム(法力)党	41
6. 社会行動党	31
7. タイ人民党	7
8. 統一党	6
9. 民衆党	4
10. タイ万民党	1
11. 大衆党	1
合計	360

(12) 1992年9月13日選挙	
1. 民主党	79
2. タイ国民党	77
3. 国家開発党	60
4. 新希望党	51
5. パランタム(法力)党	47
6. 社会行動党	22
7. 統一党	8
8. 自由正義党	8
9. 大衆党	4
10. タイ人民党	3
11. 民衆党	1
合計	360

(12) 1995年7月2日選挙

1. タイ国民党	92
2. 民主党	86
3. 新希望党	57
4. 国家開発党	53
5. パランタム(法力)党	23
6. 社会行動党	22
7. ナムタイ党	18
8. タイ人民党	18
9. 自由正義党	11
10. 統一党	8
11. 大衆党	3
合計	391

(13) 1996年11月17日選挙

1. 新希望党	125
2. 民主党	123
3. 国家開発党	52
4. タイ国民党	39
5. 社会行動党	20
6. タイ人民党	18
7. 統一党	8
8. 自由正義党	4
9. 大衆党	2
10. パランタム(法力)党	1
11. タイ党	1
合計	393

(14) 2001年1月6日選挙

1. タイ愛国党(TRT)	248
2. 民主党	128
3. タイ国民党	41
4. 新希望党	36
5. 国家開発党	29
6. 自由正義党	14
7. 民衆党	2
8. ティンタイ党	1
9. 社会行動党	1
合計	500

(15) 2005年2月6日選挙

1. タイ愛国党(TRT)	377
2. 民主党	96
3. タイ国民党	25
4. マハーチョン党	2
合計	500

(16) 2006年4月2日選挙*

(17) 2007年12月23日選挙

1. 国民の力党(PPP)	233
2. 民主党	164
3. タイ国民党	34
4. 国家貢献党	24
5. 中道主義党	11
6. タイ団結国家開発党	9
7. プラチャーラート党	5
合計	480

＊選挙において、民主党、タイ国民党、マハーチョン党の野党3党がボイコットしている。5月8日憲法裁判所が選挙の無効を裁定したため、公式結果は発表されていない。なお、同年10月15日に選挙が再び設定されたが、9月19日発生したクーデタのため実施されなかった。

(作成：加藤和英)

資料9　行政機構（2007年）

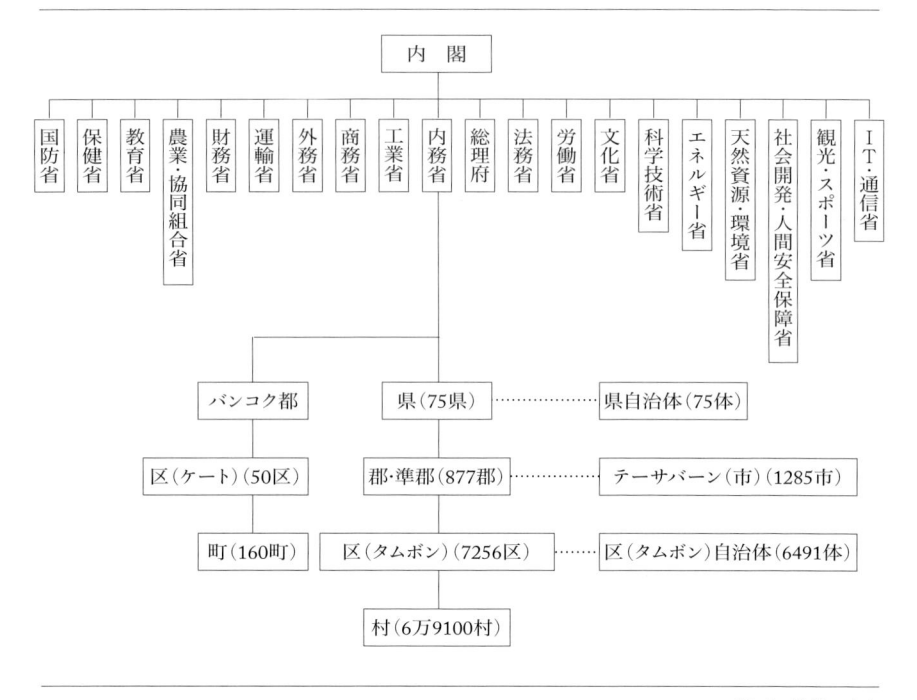

```
                                    ┌─────────┐
                                    │  内 閣  │
                                    └────┬────┘
   ┌──┬──┬──┬──┬──┬──┬──┬──┬──┬──┬──┬──┬──┬──┬──┬──┬──┬──┐
  国 保 教 農 財 運 外 商 工 内 総 法 労 文 科 エ 天 社 観 Ｉ
  防 健 育 業 務 輸 務 務 業 務 理 務 働 化 学 ネ 然 会 光 Ｔ
  省 省 省 ・ 省 省 省 省 省 省 府 省 省 省 技 ル 資 開 ス 通
          協                               術 ギ 源 発 ポ 信
          同                               省 ー ・ ・ ー 省
          組                                  省 環 人 ツ
          合                                     境 間 省
          省                                     省 安
                                                    全
                                                    保
                                                    障
                                                    省
```

```
         ┌────────────┬────────────┐
    バンコク都        県(75県) ………… 県自治体(75体)
         │              │
    区(ケート)(50区)  郡・準郡(877郡) ………… テーサバーン(市)(1285市)
         │              │
    町(160町)        区(タムボン)(7256区) ……… 区(タムボン)自治体(6491体)
                        │
                     村(6万9100村)
```

（作成：柿崎一郎）

資料10　軍組織(陸軍中心)

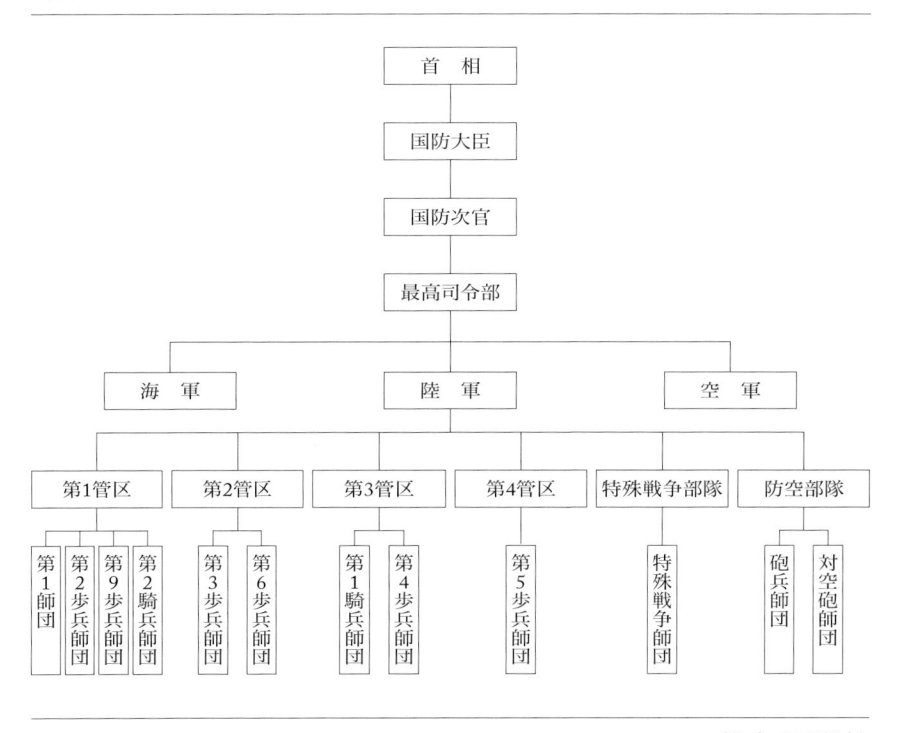

```
                    ┌─────────┐
                    │  首　相  │
                    └────┬────┘
                    ┌────┴────┐
                    │ 国防大臣 │
                    └────┬────┘
                    ┌────┴────┐
                    │ 国防次官 │
                    └────┬────┘
                    ┌────┴────┐
                    │最高司令部│
                    └────┬────┘
        ┌────────────────┼────────────────┐
    ┌───┴───┐        ┌───┴───┐        ┌───┴───┐
    │ 海　軍 │        │ 陸　軍 │        │ 空　軍 │
    └───────┘        └───┬───┘        └───────┘
         ┌──────┬──────┬──┴───┬──────┬──────┐
      第1管区 第2管区 第3管区 第4管区 特殊戦争部隊 防空部隊
```

第1管区	第2管区	第3管区	第4管区	特殊戦争部隊	防空部隊
第1師団／第2歩兵師団／第9歩兵師団／第2騎兵師団	第3歩兵師団／第6歩兵師団	第1騎兵師団／第4歩兵師団	第5歩兵師団	特殊戦争師団	砲兵師団／対空砲師団

(作成：玉田芳史)

資料11　歴代陸軍総司令官

パホンポンパユハセーナー	1932年 8月 6日～ 1933年 6月18日
ピチャイソンクラーム	1933年 6月18日～ 1933年 6月24日
パホンポンパユハセーナー	1933年 6月24日～ 1939年 1月 4日
ピブーンソンクラーム	1939年 1月 4日～ 1944年 8月 5日
ピチット・クリエンサックピチット	1944年 8月 6日～ 1944年 8月24日
ポット・パホンヨーティン	1944年 8月25日～ 1946年 3月29日
アドゥン・アドゥンデーチャラット	1946年 6月26日～ 1947年11月 8日
プレーク・ピブーンソンクラーム	1947年11月25日～ 1948年 5月15日(27日?)
ピン・チュンハワン	1948年 5月28日～ 1954年 6月23日
サリット・タナラット	1954年 6月23日～ 1963年12月 8日
タノーム・キッティカチョーン	1963年12月11日～ 1964年10月 1日
プラパート・チャールサティエン	1964年10月 1日～ 1973年10月 1日
クリット・シーワラー	1973年10月 1日～ 1975年 9月30日
ブンチャイ・バムルンポン	1975年10月 1日～ 1976年 9月30日
スーム・ナ・ナコーン	1976年10月 1日～ 1978年 9月30日
プレーム・ティンスーラーノン	1978年10月 1日～ 1981年 8月25日
プラユット・チャールマニー	1981年 8月26日～ 1982年 9月30日
アーティット・カムランエーク	1982年10月 1日～ 1986年 5月27日
チャワリット・ヨンチャイユット	1986年 5月27日～ 1990年 3月28日
スチンダー・クラープラユーン	1990年 3月29日～ 1992年 4月 6日
イッサポン・ヌンパックディー	1992年 4月 7日～ 1992年 7月31日
ウィモン・ウォンワーニット	1992年 8月 1日～ 1995年 9月30日
プラモン・パラーシン	1995年10月 1日～ 1996年 9月30日
チェーター・ターナチャーロー	1996年10月 1日～ 1998年 9月30日
スラユット・チュラーノン	1998年10月 1日～ 2002年 9月30日
ソムタット・アッタナン	2002年10月 1日～ 2003年 9月30日
チャイヤシット・チンナワット	2003年10月 1日～ 2004年 9月30日
プラウィット・ウォンスワン	2004年10月 1日～ 2005年 9月30日
ソンティ・ブンヤラットカリン	2005年10月 1日～ 2007年 9月30日
アヌポン・パオチンダー	2007年10月 1日～

(作成：玉田芳史)

資料

資料12　警察組織

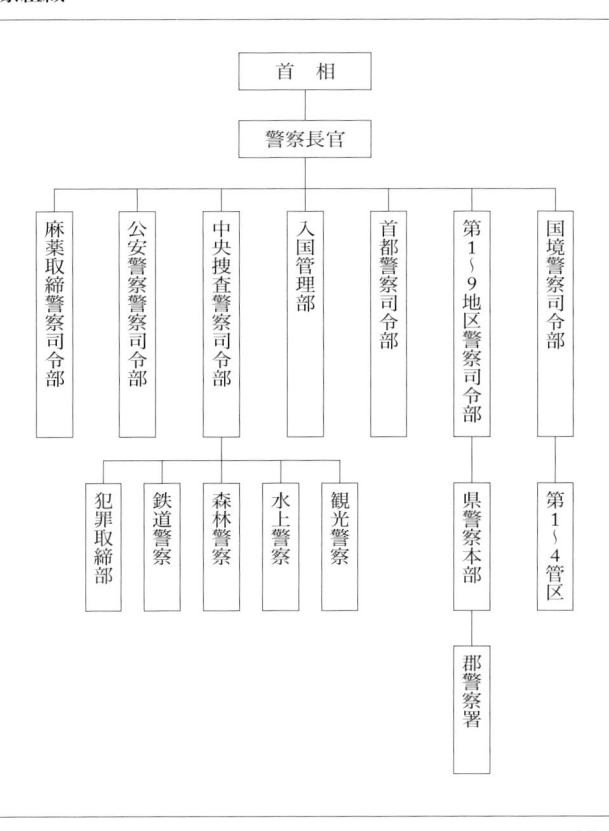

```
                          ┌─────────┐
                          │  首　相  │
                          └────┬────┘
                          ┌────┴────┐
                          │ 警察長官 │
                          └────┬────┘
   ┌──────────┬──────────┬────┼────┬──────────┬──────────┐
┌──┴──┐  ┌──┴──┐  ┌──┴──┐ ┌┴─┐ ┌──┴──┐  ┌──┴──┐  ┌──┴──┐
│麻薬 │  │公安 │  │中央 │ │入│ │首都 │  │第1~9│  │国境 │
│取締 │  │警察 │  │捜査 │ │国│ │警察 │  │地区 │  │警察 │
│警察 │  │警察 │  │警察 │ │管│ │司令 │  │警察 │  │司令 │
│司令 │  │司令 │  │司令 │ │理│ │部   │  │司令 │  │部   │
│部   │  │部   │  │部   │ │部│ │     │  │部   │  │     │
└─────┘  └─────┘  └──┬──┘ └──┘ └─────┘  └──┬──┘  └──┬──┘
            ┌────────┼────┬────┬────┐        │         │
         ┌──┴─┐ ┌──┴─┐┌┴──┐┌┴──┐┌┴──┐  ┌──┴──┐  ┌──┴──┐
         │犯罪│ │鉄道││森林││水上││観光│  │県警察│  │第1~4│
         │取締│ │警察││警察││警察││警察│  │本部 │  │管区 │
         │部  │ │    ││    ││    ││    │  └──┬──┘  └─────┘
         └────┘ └────┘└────┘└────┘└────┘     │
                                          ┌──┴──┐
                                          │郡警察│
                                          │署   │
                                          └─────┘
```

（作成：玉田芳史）

473

資料13　軍・警察階級表

	陸軍	海軍	空軍	警察
元帥	จอมพล	จอมพลเรือ	จอมพลอากาศ	—
大将	พลเอก(พล.อ.)	พลเรือเอก(พล.ร.อ.)	พลอากาศเอก(พล.อ.อ.)	พลตำรวจเอก(พล.ต.อ.)
中将	พลโท(พล.ท.)	พลเรือโท(พล.ร.ท.)	พลอากาศโท(พล.อ.ท.)	พลตำรวจโท(พล.ต.ท.)
少将	พลตรี(พล.ต.)	พลเรือตรี(พล.ร.ต.)	พลอากาศตรี(พล.อ.ต.)	พลตำรวจตรี(พล.ต.ต.)
大佐	พันเอก(พ.อ.)	นาวาเอก(น.อ.)	นาวาอากาศเอก(น.อ.)	พันตำรวจเอก(พ.ต.อ.)
中佐	พันโท(พ.ท.)	นาวาโท(น.ท.)	นาวาอากาศโท(น.ท.)	พันตำรวจโท(พ.ต.ท.)
少佐	พันตรี(พ.ต.)	นาวาตรี(น.ต.)	นาวาอากาศตรี(น.ต.)	พันตำรวจตรี(พ.ต.ต.)
大尉	ร้อยเอก(ร.อ.)	เรือเอก(ร.อ.)	เรืออากาศเอก(ร.อ.)	ร้อยตำรวจเอก(ร.ต.อ.)
中尉	ร้อยโท(ร.ท.)	เรือโท(ร.ท.)	เรืออากาศโท(ร.ท.)	ร้อยตำรวจโท(ร.ต.ท.)
少尉	ร้อยตรี(ร.ต.)	เรือตรี(ร.ต.)	เรืออากาศตรี(ร.ต.)	ร้อยตำรวจตรี(ร.ต.ต.)
曹長	—	—	—	ดาบตำรวจ(ด.ต.)
1等曹長	จ่าสิบเอก(จ.ส.อ.)	พันจ่าเอก(พ.จ.อ.)	พันจ่าอากาศเอก(พ.อ.อ.)	จ่าสิบตำรวจ(จ.ส.ต.)
2等曹長	จ่าสิบโท(จ.ส.ท.)	พันจ่าโท(พ.จ.ท.)	พันจ่าอากาศโท(พ.อ.ท.)	
3等曹長	จ่าสิบตรี(จ.ส.ต.)	พันจ่าตรี(พ.จ.ต.)	พันจ่าอากาศตรี(พ.อ.ต.)	
軍曹	สิบเอก(ส.อ.)	จ่าเอก(จ.อ.)	จ่าอากาศเอก(จ.อ.)	สิบตำรวจเอก(ส.ต.อ.)
伍長	สิบโท(ส.ท.)	จ่าโท(จ.ท.)	จ่าอากาศโท(จ.ท.)	สิบตำรวจโท(ส.ต.ท.)
兵長	สิบตรี(ส.ต.)	จ่าตรี(จ.ต.)	จ่าอากาศตรี(จ.ต.)	สิบตำรวจตรี(ส.ต.ต.)
兵	พลทหารบก(พลฯ)	พลทหารเรือ(พลฯ)	พลทหารอากาศ(พลฯ)	พลตำรวจ(พลฯ)

＊元帥は廃止済み

（作成：玉田芳史）

資料14　サンガ行政組織

仏暦2535（1992）年サンガ統治法（仏暦2505年サンガ統治法の一部改訂版）

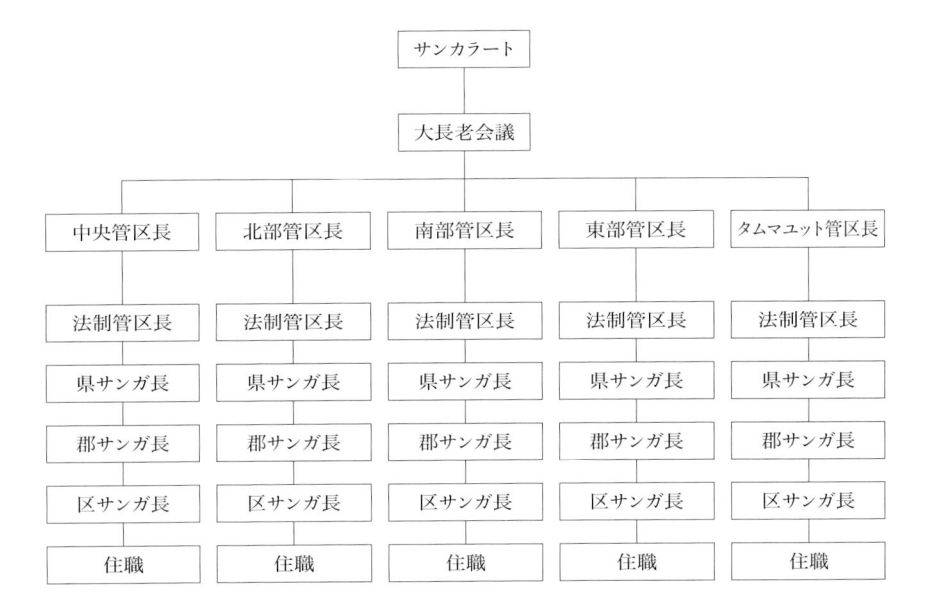

```
                          サンカラート
                              │
                          大長老会議
  ┌───────────┬───────────┼───────────┬───────────┐
中央管区長   北部管区長   南部管区長   東部管区長   タムマユット管区長
  │           │           │           │           │
法制管区長   法制管区長   法制管区長   法制管区長   法制管区長
  │           │           │           │           │
県サンガ長   県サンガ長   県サンガ長   県サンガ長   県サンガ長
  │           │           │           │           │
郡サンガ長   郡サンガ長   郡サンガ長   郡サンガ長   郡サンガ長
  │           │           │           │           │
区サンガ長   区サンガ長   区サンガ長   区サンガ長   区サンガ長
  │           │           │           │           │
  住職        住職        住職        住職        住職
```

　中央・北部・南部・東部管区長は、いずれもマハーニカーイ派。現行サンガ法では、上記4つのマハーニカーイ派管区長ならびにタムマユット管区長といった区分についての記述はない。しかし、管区長（チャオ・カナ・ヤイ）の設置については、改訂版の現行法で明記されており、また以前から実質的に宗派別・管区別の管理が行なわれてきた。

（作成：矢野秀武）

資料15　イスラーム行政組織

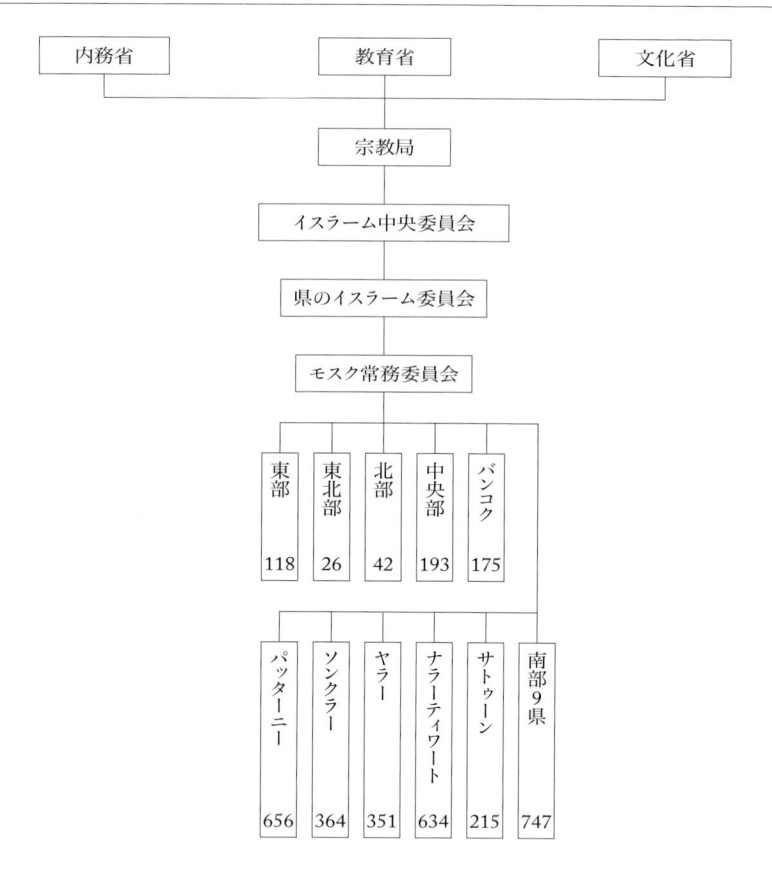

```
┌─────────┐    ┌─────────┐    ┌─────────┐
│  内務省  │    │  教育省  │    │  文化省  │
└────┬────┘    └────┬────┘    └────┬────┘
     └──────────────┼──────────────┘
                    │
              ┌─────┴─────┐
              │   宗教局   │
              └─────┬─────┘
                    │
        ┌───────────┴───────────┐
        │   イスラーム中央委員会  │
        └───────────┬───────────┘
                    │
          ┌─────────┴─────────┐
          │  県のイスラーム委員会 │
          └─────────┬─────────┘
                    │
           ┌────────┴────────┐
           │  モスク常務委員会  │
           └────────┬────────┘
```

東部	東北部	北部	中央部	バンコク
118	26	42	193	175

パッターニー	ソンクラー	ヤラー	ナラーティワート	サトゥーン	南部9県
656	364	351	634	215	747

出所：イスラーム委員会資料部・教育部

（作成：櫻井義秀）

資料16　現行教育制度（1999年〜現在）

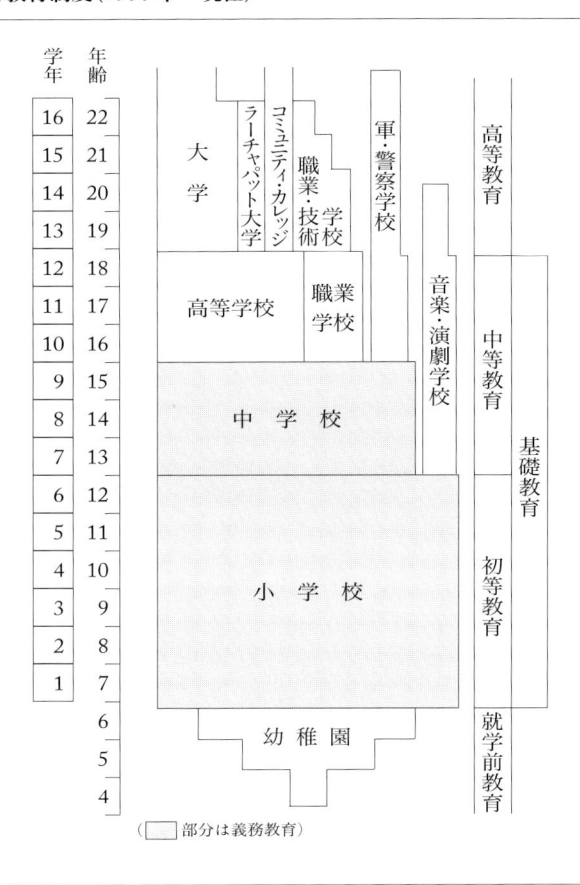

学年	年齢						
16	22	大学	ラーチャパット大学	コミュニティ・カレッジ	職業・技術学校	軍・警察学校	高等教育
15	21						
14	20						
13	19						
12	18	高等学校		職業学校		音楽・演劇学校	中等教育
11	17						
10	16						
9	15	中学校					
8	14						基礎教育
7	13						
6	12	小学校					初等教育
5	11						
4	10						
3	9						
2	8						
1	7						
	6	幼稚園					就学前教育
	5						
	4						

（□部分は義務教育）

（作成：平田利文）

資料17　旧教育制度（1977年～1998年）

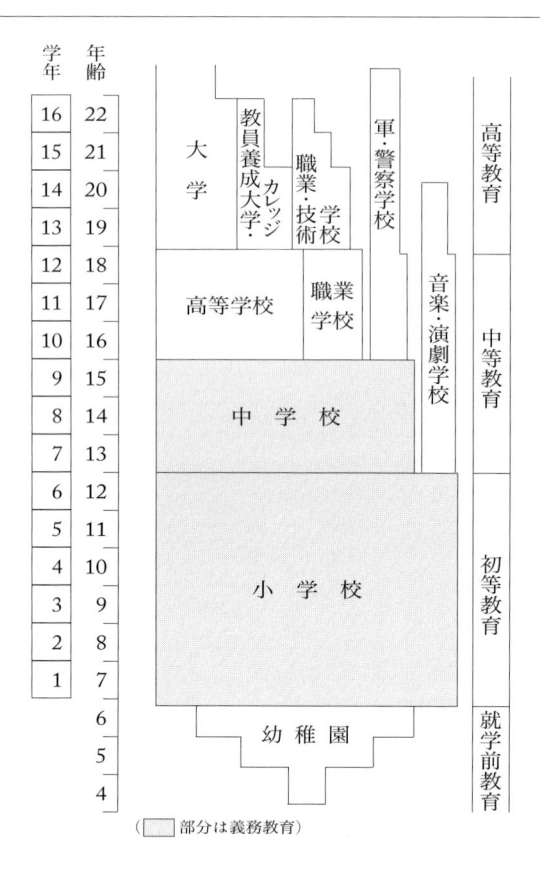

学年	年齢						
16	22	大学	教員養成大学・カレッジ	職業・技術学校	軍・警察学校		高等教育
15	21						
14	20						
13	19						
12	18	高等学校		職業学校		音楽・演劇学校	中等教育
11	17						
10	16						
9	15	中　学　校					
8	14						
7	13						
6	12	小　学　校					初等教育
5	11						
4	10						
3	9						
2	8						
1	7						
	6	幼稚園					就学前教育
	5						
	4						

（□部分は義務教育）

（作成：平田利文）

資料18　タイの気候

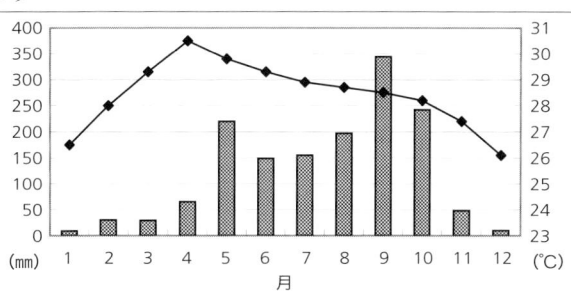

● バンコク

● チエンマイ

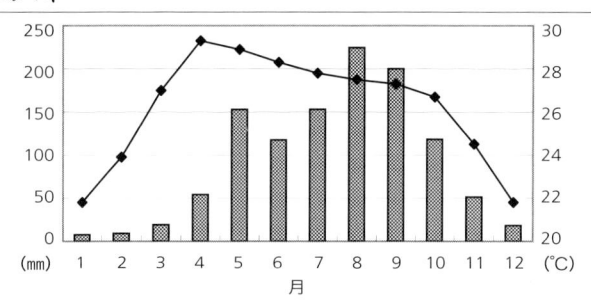

● プーケット

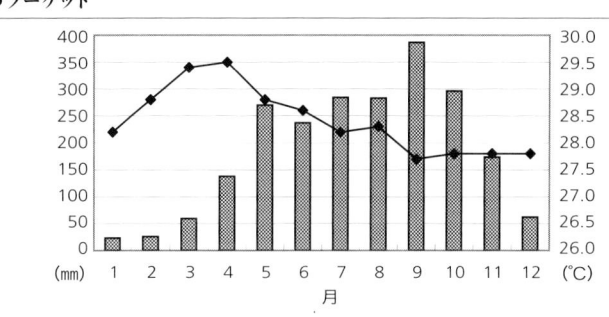

凡例：降水量、気温

出所：世界気象機関

（作成：遠藤　元）

資料19　タイの度量衡

●長さ
1ニウ（นิ้ว）　　　　　　　　　　　　　約2.083cm
12ニウ＝1クープ（คืบ）　　　　　　　25cm
2クープ＝1ソーク（ศอก）　　　　　　50cm
4ソーク＝1ワー（วา）　　　　　　　　2m
20ワー＝1セン（เส้น）　　　　　　　　40m
400セン＝1ヨート（โยชน์）　　　　　　16km
＊現在はヤード・ポンド法の1インチ（2.54cm）も1ニウと称される。

●面積
1ターラーン・ワー（ตารางวา）　　　　　4m²
100ターラーン・ワー＝1ガーン（งาน）　400m²
4ガーン＝1ライ（ไร่）　　　　　　　　　1600m²
＊ターラーン・ワーは単にワーと称される場合もある。

●容積
1タナーン（ทะนาน）　　　　　　　　　1ℓ
20タナーン＝1タン（ถัง）　　　　　　　20ℓ
25タナーン＝1サット（สัด）　　　　　　25ℓ
100タン＝80サット＝1クウィエン（เกวียน）　2000ℓ
＊これらの単位は農作物の重量にも用いられ、籾米の場合1タン＝10kg、1クウィエン＝1トンとなる。

●重量
1パイ（ไพ）　　　　　　　　　　　　　約0.469g
4パイ＝1フアン（เฟื้อง）　　　　　　　1.875g
2フアン＝1サルン（สลึง）　　　　　　　3.75g
4サルン＝1バーツ（บาท）　　　　　　　15g
4バーツ＝1タムルン（ตำลึง）　　　　　60g
20タムルン＝1チャン（ชั่ง）　　　　　　1.2kg
50チャン＝1ハープ（หาบ）　　　　　　60kg
＊チャンまではかつて貨幣単位としても用いられた。現在の貨幣単位バーツもこれに由来する。

（作成：柿崎一郎）

資料

資料20　祝祭日と主な祭り

種類	日取り	場所	名称
A	1月1日	全国(休日)	元旦
C	1月20-22日	チエンマイ	傘祭り
D	1月29-30日	全国	中国正月
B	陰暦3月の満月(09年は2月9日)	全国(休日)	マーカ・ブーチャー(万仏節)
C	2月3-5日	チエンマイ	花祭り
C	2月13-15日	トラン	集団水中結婚式
C	3月4-5日	ヤラー(南部)	ASEAN鳩の鳴き声コンテスト
C	3月17-19日	パッタヤー	国際音楽祭
C	4月1-3日	チエンマイ	芸術文化祭
A	4月6日	全国(休日)	チャックリー王朝記念日
A	4月13-15日	全国(休日)	ソンクラーン(タイ正月・水かけ祭り)
A	5月1日	全国(休日)	勤労の日
C	5月3日	パッタヤー	国際レガッタ
A	5月5日	全国(休日)	ラーマ9世即位記念日
B	陰暦6月の満月(09年は5月8日)	全国(休日)	ウィサーカ・ブーチャー(仏誕節)
A	09年は5月11日	バンコク(王宮前広場)	春耕祭
D	5月8-10日	ヤソートーン	ブン・バンファイ(ロケット祭)
C	6月14日	プーケット	国際マラソン大会
B	陰暦8月の満月(09年は7月7日)	全国(休日)	アーサーンハ・ブーチャー(初転法輪節)
B	陰暦8月の満月の翌日(09年は7月8日)	全国(休日)	カオ・パンサー(雨安居入り)・ろうそく祭り(ウボン)
D	09年は7月26-28日	ルーイ	ピーターコーン祭り
A	8月12日	全国(休日)	王妃誕生日(母の日)
C	8月29,30日	ターク	プーミポン・ダム・国際マウンテンバイク大会
D	9月1-4日	チエンラーイ	アカ族ブランコ祭り
C	9月4-10日	チエンラーイ	象のポロ大会
C	9月12,13日	アユッタヤー	国際ロングボート・レース
C	9月22-23日	バンコク	中華街フード・フェスティバル
B	陰暦11月の満月の日(09年は10月4日)	全国	オーク・パンサー(雨安居明け) ロングボート・レース 灯明船祭り(ナコーンパノム) ろう細工の寺院寄進祭(サコンナコーン) 竜王の火の玉(ノーンカーイ)
C	10月4日	チョンブリー	水牛レース
D	10月21-31日	プーケット、トラン	ベジタリアン祭
A	11月23日	全国(休日)	チュラーロンコーン大王記念日
A	09年は11月2日	全国(スコータイ)	ローイ・クラトン(灯籠流し)
C	11月14,15日	ピマーイ	ピマーイ遺跡祭り
C	11月21,22日	スリン	象祭り
C	11月24日〜	カーンチャナブリー	クウェー川鉄橋祭り
A	12月5日	全国(休日)	国王誕生日
A	12月10日	全国(休日)	憲法記念日
C	12月	アユッタヤー	アユッタヤー世界遺産祭
C	12月	ナコーンラーチャシーマー	国際熱気球大会
C	12月15-17日	バンコク	ジャズ・フェスティバル
C	12月31日	全国	新年カウントダウン

注：種類は、A：祝日系(王室・国家行事)、B：仏教系、C：観光・イベント系、D：民間信仰・少数民族系である。
出所：タイ政府観光庁による2008〜09年の大祭から抜粋

(作成：梶原俊夫)

資料21　タイ関係サイト案内（2009年6月現在）

- ●日本国内
  - タイ王国大使館（http://www.thaiembassy.jp/）
  - タイ王国大阪総領事館（http://www.thaiconsulate.jp/）
  - タイ国政府貿易センター（http://japan.thaitrade.com/）
  - タイ国政府観光庁（http://www.thailandtravel.or.jp/）
  - 日本アセアンセンター（http://www.asean.or.jp/）
  - 日本タイ協会（http://www.nihon-thaikyokai.go-web.jp/）
  - 日・タイ経済協力協会（http://www.jtecs.or.jp/）
  - 日本タイ学会（http://thai.chiiki.tsukuba.ac.jp/）
  - 日本タイクラブ（http://www.nihonthaiclub.com/）
  - タイ国留学生協会（http://www.tsaj.org/）
  - 日本タイ料理協会（http://www.thailand.or.jp/）

- ●タイ国内
  - タイ政府（http://www.thaigov.go.th/）
  - 在タイ日本国大使館（http://www.th.emb-japan.go.jp/）
  - 在チエンマイ日本国総領事館（http://www.chiangmai.th.emb-japan.go.jp/）
  - 国際協力機構（JICA）タイ事務所（http://www.jica.go.jp/thailand/）
  - 日本貿易振興会（ジェトロ・バンコクセンター）（http://www.jetro.go.jp/thailand/）
  - 国際交流基金日本文化センター（http://www.jfbkk.or.th/）
  - タイ国日本人会（http://www.jat.or.th/）
  - 盤谷日本人商工会議所（http://www.jcc.or.th/）
  - 泰日協会（http://www.thai-japanasso.or.th/）
  - 泰日協会学校（http://www.tjas.ac.th/）
  - 泰日工業大学（http://www.tni.ac.th/）
  - 泰日経済技術振興協会（http://www.tpa.or.th/）

- ●タイ主要新聞（オンライン版）
  - Bangkok Post（http://www.bangkokpost.com/）
  - The Nation（http://nationmultimedia.com/）
  - กรุงเทพธุรกิจ（http://www.bangkokbiznews.com/）
  - ข่าวสด（http://www.matichon.co.th/khaosod/）
  - คม ชัด ลึก（http://www.komchadluek.net/）
  - เดลินิวส์（http://www.dailynews.co.th/）
  - ไทยรัฐ（http://www.thairath.co.th/）
  - ประชาชาติธุรกิจ（http://www.matichon.co.th/prachachat/）
  - มติชน（http://www.matichon.co.th/）
  - สยามรัฐ（http://www.siamrath.co.th/）
  - ASTVผู้จัดการ（http://www.manager.co.th/）

文献案内

　この文献案内は、基本的には『タイの事典』（同朋舎出版、1993年）におけるタイ関係主要文献目録を参考にして編纂し、収録期間は1990年から2008年までとした。1980年代後半から始まる日本からのタイ国向け投資の急増と、民間交流の活発化を反映して、あらゆる分野にわたって、非常に多くのタイ関係書籍が出版された。したがって原則として日本で公刊されたタイ関係単行本を中心に収録したが、利用者の利便を考えて、アジアないし東南アジアの中の一部として記述がある文献も、できる限り内容確認の上、掲出してある。なお、この間に優れた雑誌論文も非常に多く発表されたが、紙幅の都合で割愛した。
　分野の区分は、(1)全般・政治、(2)経済・産業、(3)社会・生活・環境・教育、(4)歴史・宗教・文化・芸術、(5)文学・小説・民話、(6)語学、の順に分類した。(6)語学については、現在実に多くのタイ語学習書が発行されているが、辞典類と上級学習書、専門書のみに限った。項目順、発行年順としたのは時代の変化を反映出来るようにし、書名順（あいうえお順）にしたのは、近時の図書館の索引システムを倣い、図書検索の便宜を考えたためである。（資料提供：アジア経済研究所図書館石井美千子氏、アジア文庫大野信一氏）（作成：吉田千之輔、柏原邦彦）。

(1)全般・政治

『外国人労働者と人権——日本・タイ関係研究の現場から』江橋崇編, 法政大学現代法研究所, 1990

『タイ・インドシナ三国間の政治・経済関係新聞記事索引　1975-1989』出井富美編, アジア経済研究所, 1990

『東南アジアの国際関係——講座東南アジア学, 第9巻』矢野暢編集責任, 矢野暢企画・編集代表, 弘文堂, 1991

『東南アジアの政治——講座東南アジア学, 第7巻』矢野暢編集責任, 矢野暢企画・編集代表, 弘文堂, 1992

『アジアの新聞は何をどう伝えているか——"現地紙"で読むアジア最新情報』根津清ほか著, ダイヤモンド社, 1993

『クーデターの政治学——政治の天才の国　タイ』岡崎久彦・藤井昭彦・横田順子著, 中央公論社, 1993

『タイ　開発と民主主義』末廣昭著, 岩波書店, 1993

『タイに民主主義を——清貧の政治家チャムロン闘争記』チャムロン・スィームアン著, 北村元, 佐々木咏子訳, サイマル出版会, 1993

『タイの事典』石井米雄監修, 石井米雄・吉川利治編, 同朋社出版, 1993

『アジア読本　タイ』赤木攻著, 河出書房新社, 1994

『開発と政治——ASEAN諸国の開発体制』岩崎育夫編, アジア経済研究所, 1994

『タイ　暮らしがわかるアジア読本』小野澤正喜編, 河出書房新社, 1994

『タイ政治ガイドブック』赤木攻著, Meechai and ARS Legal Consultants, 1994

『タイ［旅する21世紀］ブック』ガリマール社, 同朋社出版編, 同朋社出版, 1994

『ジャーナリストが歩いて見たODA——タイ縦断800キロの現場レポート』杉下恒夫著, 国際開発ジャーナル, 1995

『タイ現代政治史——国王を元首とする民主主義』加藤和英著, 弘文堂, 1995

『日タイ関係文献目録　1978-1992年』園部益子編, アジア経済研究所, 1995

『発展の岐路に立つタイ』プラサート・ヤムクリンフング著, 松薗祐子・鈴木規之訳, 国際書院, 1995

『微笑みの国タイ——アジアウェーブ臨時増刊　東南アジア通信20号記念号タイ総集版』五十嵐勉編, アジア文化社, 1995

『もっと知りたいタイ［第2版］』綾部恒雄・石井米雄編，弘文堂，1995
『アジアビジネス法務ガイド』東京青山法律事務所編，日経BP社，1996
『ASEAN諸国の官僚制』岩崎育夫・萩原宣之編，アジア経済研究所，1996
『事典 東南アジア――風土・生態・環境』京都大学東南アジア研究センター編，弘文堂，1996
『タイ著作権法 1994年の法律』大山幸房訳，日本ユニ著作権センター，1996
『台頭する非営利セクター――12カ国の規模・構成・制度・資金源の現状と展望』レスター・M・サラモン，H・K・アンハイアー著，今田忠監訳，ダイヤモンド社，1996
『南方地域文献資料目録』大空社編，大空社，1996
『アジア諸国の憲法制度』作本直行編，アジア経済研究所，1997
『外国著作権法令集成――アジア太平洋編』著作権情報センター編，著作権情報センター，1997
『タイ現代情報事典』現代タイ事情研究会編，ゑゐ文社，1997
『タイ 変容する民主主義のかたち』河森正人著，アジア経済研究所，1997
『アジアと市民社会――国家と社会の政治力学』岩崎育夫編，アジア経済研究所，1998
『アジアの大都市 バンコク』大阪市立大学経済研究所監修，田坂敏雄編，日本評論社，1998
『アジアの地方制度』森田朗編，東京大学出版会，1998
『事典 タイで暮らす』小林豊・江口久雄著，中央経済社，1998
『タイの行政制度――地方の行政を中心に』自治体国際化協会シンガポール事務所著，自治体国際化協会，1998
『日・タイ条約関係の史的展開過程に関する研究』飯田順三著，創価大学アジア研究所，1998
『アジア都市の諸相――比較都市論にむけて』友杉孝編著，同文舘出版，1999
『新訂増補 東南アジアを知る辞典』石井米雄ほか監修，平凡社，1999
『東南アジアで良くなる国 悪くなる国――エルサッツ資本主義のゆくえ』吉原久仁夫著，東洋経済新報社，1999
『民主化と軍部――タイとフィリピン』伊藤述史著，慶應義塾大学出版会，1999
『行政事務からみたタイの地方自治』自治体国際化協会シンガポール事務所著，自治体国際化協会，2000
『タイ現代カルチャー情報事典』中村眞弥子ほか著，ゑゐ文社発行 星雲社発売，2000
『タイの地方分権の動きと人材育成』自治体国際化協会シンガポール事務所著，自治体国際化協会，2000
『東南アジア法――「ASEAN法」改訂版』安田信之著，日本評論社，2000
Commodifying Marxism: The Formation of Modern Thai Radical Culture, 1927-1958. Kasian Tejapira, Kyoto University Press, 2001
『アジア諸国の市場経済化と社会法』小林昌之編，日本貿易振興会アジア経済研究所，2001
『アジアの国家とNGO――15カ国の比較研究』重冨真一編著，明石書店，2001
『ASEAN統計データ 2001』エヌ・エヌ・エー編，エヌ・エヌ・エー，2001
『切手に見るタイ』安藤浩著，文芸社，2001
『ナショナルジオグラフィック海外旅行ガイド タイ』フィル・マクドナルド，カール・パークス著，大塚茂夫ほか訳，日経ナショナルジオグラフィック社発行 日経BP出版センター発売，2001
『「領事館報告」掲載タイ（暹羅）関係記事目録 明治30年から昭和18年迄』法政大学比較経済研究所編，法政大学比較経済研究所，2001
『アジア諸国の司法改革』小林昌之・今泉慎也編，日本貿易振興会アジア経済研究所，2002
『講座 東アジア近現代史――東アジア政治のダイナミズム』赤木攻・安井三吉編，青木書店，2002
『タイ行政法』鈴木康二著，ジェトロ（日本貿易振興会），2002
『タイ雑学王情報館』高橋康敏著，ゑゐ文社，2002
『台頭するアジア諸国と岐阜県製造業のグローバル展開』岐阜県産業経済振興センター・日本貿易振興会アジア経済研究所編，岐阜県産業経済振興センター，2002
『東南アジア（東アジアを含む）における規制緩和とその調整』亜細亜大学アジア研究所編，亜

細亜大学アジア研究所, 2002
『メディアにみられるタイの開発イメージ——1958-63年を中心として』河村雅美著, 富士ゼロックス小林節太郎記念基金編, 富士ゼロックス小林節太郎記念基金, 2002
Country study for Japan's Official Development Assistance to the Kingdom of Thailand——from "development assistance" to "new cooperation". Institute for International Cooperation, Japan International Cooperation Agency, 2003
『アジア諸国の紛争処理制度』小林昌之・今泉慎也編, 日本貿易振興会アジア経済研究所, 2003
『アジアの民主化過程と法——フィリピン・タイ・インドネシアの比較』作本直行・今泉慎也編, アジア経済研究所, 2003
『タイ国別援助研究会報告書——「援助」から「新しい協力関係」へ』国際協力機構国際協力総合研究所編, 国際協力機構国際協力総合研究所, 2003
『タイを知るための60章』綾部恒雄・林行夫編著, 明石書店, 2003
『共に歩み, 共に進んだ30年——きづなは海を越えて』日・タイ経済協力協会編, 日・タイ経済協力協会, 2003
『日本とのつながりで見るアジア 過去・現在・未来 第4巻 東南アジアII——カンボジア／タイ／ベトナム／ミャンマー／ラオス』関根秋雄著, 岩崎書店, 2003
『民主化の虚像と実像——タイ現代政治変動のメカニズム』玉田芳史著, 京都大学学術出版会, 2003
『アジアのコーポレート・ガバナンス』佐久間信夫編著, 学文社, 2005
『国際強制移動の政治社会学』小泉康一著, 勁草書房, 2005
『国民の形成——タイ東北小学校における国民文化形成のエスノグラフィー』野津隆志著, 明石書店, 2005
『タイ国地誌』能登志雄著, 大空社, 2005
『タクシン・チナワット——CEO首相のルーツと戦略』アティワット・サッパイトゥーン著, パンダラー出版編集部訳, エヌ・エヌ・エー, 2005
『2010年のアジア——次世代の成長シナリオ』野村総合研究所著, 東洋経済新報社, 2006
『アジア太平洋諸国の収用と補償』小高剛・デービッド・L・キャリーズ編著, 永松正則ほか共訳, 成文堂, 2006
『アジアのガバナンス』下村恭民編著, 有斐閣, 2006
『タイにおける部局別歳出予算配分の変遷——仏暦2477～2501（西暦1934～1958）年』加納寛著, 愛知大学, 2006
『民主化とナショナリズムの現地点』玉田芳史・木村幹編, ミネルヴァ書房, 2006
『アジア諸国の税法[第2版][第4版][第5版]——韓国／中国／台湾／香港／タイ／ベトナム／マレーシア／シンガポール／フィリピン／インドネシア／インド』トーマツ編, 中央経済社, 2007
『アセアン・インド知財保護ハンドブック——フィリピン・ベトナム・タイ・マレーシア・シンガポール・インドネシア・インド』日本貿易振興機構著, 日本貿易振興機構知的財産課, 2007
『国際ルール形成と開発途上国——グローバル化する経済法制改革』今泉慎也編, 日本貿易振興機構アジア経済研究所, 2007
『タイ国の国税法典[タイ語日本語併記]——所得税（個人, 法人）と付加価値税』元田時男・原田いそよ訳, GIPU, 2007
『タイ労働法研究序説』吉田美喜夫著, 晃洋書房, 2007
『パートナーシップと会社法（タイ国民商法典第22編）・1956年法人の違反に関する法律（最終改正2006年）・1992年公開株式会社法[タイ語日本語併記]』元田時男訳, GIPU, 2007
Myths and Realities: The Democratization of Thai Politics. Tamada Yoshifumi, Kyoto University Press, 2008
Thai studies in Japan, 1996-2006. Sato Yasuyuki, editor, The Japanese Society for Thai Studies, 2008
『アジアにおける分権化と環境政策』寺尾忠能・大塚健司編, 日本貿易振興機構アジア経済研究所, 2008

『「経済上の連携に関する日本国とタイ王国との間の協定」及び「経済連携協定に基づく特定原産地証明書の発給等に関する法律」関係規定集』経済産業省貿易経済協力局貿易管理課原産地証明室監修, 日本貿易振興機構貿易投資相談センター貿易投資相談課, 2008
『現代タイ動向 2006-2008』日本タイ協会編, めこん, 2008
『[新版]東南アジアを知る事典』石井米雄他監修, 桃木至朗ほか編, 平凡社, 2008
『タイ社会の全体像——地域学の試み』田中忠治著, 日中出版, 2008
『タイ政治・行政の変革 1991-2006年』玉田芳史・船津鶴代編, 日本貿易振興機構アジア経済研究所, 2008
『タイの政治文化[復刻版]——剛と柔』赤木攻著, エヌ・エヌ・エー, 2008
『仏暦2550年(2007年) タイ王国憲法』加藤和英訳, 日本タイ協会, 2008

(2)経済・産業

『経済発展と技術選択——日本の経験と発展途上国』大塚勝夫著, 文眞堂, 1990
『経済発展と金融政策——韓国・タイの経験と日本』岸真清著, 東洋経済新報社, 1990
『国際経済 タイ特集』国際評論社編, 国際評論社, 1990
『タイ・インドシナ経済の新展開』長谷川潔著, 日本経済新聞社, 1990
『タイ経済の構造変化と工業振興政策』サーマート・チアサクーン,吉田幹正編, アジア経済研究所, 1990
『タイにおける企業設立に関する手続きについて』日本貿易振興会編, 日本貿易振興会, 1990
『タイにおける陶磁製・タイル市場』日本貿易振興会編, 日本貿易振興会, 1990
『タイにおける日系企業の技術移転』日本貿易振興会機械技術部編, 日本貿易振興会機械技術部, 1990
『タイの税務実態調査』日本貿易振興会機械技術部編, 日本貿易振興会機械技術部, 1990
『米産業の国際比較』亀谷昰・堀田忠夫編著, 養賢堂, 1991
『米輸出大国——タイ米産業の光と影』亀谷昰編著, 富民協会, 1991
『タイ稲作の経済構造』松田藤四郎・金沢夏樹編, 農林統計協会, 1991
『タイ 産業立国へのダイナミズム』井上隆一郎著, 筑摩書房, 1991
『タイ農民層分解の研究』田坂敏雄著, 御茶の水書房, 1991
『タイの運輸・通信事情』日本貿易振興会機械技術部編, 日本貿易振興会機械技術部, 1991
『タイの金融事情及び取引慣行実態』日本貿易振興会機械技術部編, 日本貿易振興会機械技術部, 1991
『タイの米と農業を科学する』長谷川善彦著, 全国食糧振興会, 1991
『タイの財閥——ファミリービジネスと経営改革』末廣昭・南原真著, 御茶の水書房, 1991
『熱帯林破壊と貧困化の経済学——タイ資本主義化の地域問題』田坂敏雄著, 御茶の水書房, 1991
『アジア太平洋の経済発展と地域協力』柳原透編, アジア経済研究所, 1992
『国別経済協力指針策定のための基礎調査——タイ・フィリピン』日本総合研究所編, 日本総合研究所, 1992
『タイ』北村守雄著, 総合法令, 1992
『タイにおける原皮, 革, 革製品市場』日本貿易振興会編, 日本貿易振興会, 1992
『タイ農業が警告する——21世紀の食糧問題』長谷川善彦著, 全国食糧振興会企画・編, 農山漁村文化協会, 1992
『タイの公営工業団地入居手続』日本貿易振興会機械技術部編, 日本貿易振興会機械技術部, 1992
『タイの人的資源開発 過去・現在・未来』チラ・ホングラダロム, 糸賀滋編, アジア経済研究所, 1992
『タイの中小企業政策及び中小企業の現状等に関する調査』日本貿易振興会海外経済情報センター編, 日本貿易振興会, 1992
『タイの農林業統計』国際農林業協力協会編, 国際農林業協力協会, 1992

『タイ・香港の蚕糸絹業』蚕糸砂糖類価格安定事業団編, 蚕糸砂糖類価格安定事業団, 1992
『タイ・マレーシアの会計・開示制度』的手美与子・御園恵著, 中央経済社, 1992
『東南アジアの経営風土』伊藤禎一著, 白桃書房, 1992
『東南アジアの日系企業』小林英夫著, 日本評論社, 1992
『ユーカリ・ビジネス──タイ森林破壊と日本』田坂敏雄著, 新日本出版社, 1992
『アセアン諸国の工業化と外国企業』小林英夫・小林倬史編著, 中央経済社, 1993
『タイ王国の資源開発環境［第二版］』金属鉱業事業団資源情報センター編, 金属鉱業事業団資源情報センター, 1993
『第三世界におけるもうひとつの発展理論──タイ農村の危機と再生の可能性』鈴木規之著, 国際書院, 1993
『タイにおける荒廃林地の管理』岡裕泰編訳, 農林水産省熱帯農業研究センター編, 農林水産省熱帯農業研究センター, 1993
『タイの経済発展とインフォーマル・セクター──タイ日本共同研究』パースク・ポンパイチット, 糸賀滋編, アジア経済研究所, 1993
『タイの食品加工機械産業』日本貿易振興会編, 日本貿易振興会, 1993
『タイの人々──グローバル人づくりテキストブック』海外職業訓練協会編, 海外職業訓練協会, 1993
『タイの野菜生産の現状』日本貿易振興会著, 日本貿易振興会, 1993
『バーツ経済圏の展望──ひとつの東南アジアへの躍動』糸賀滋編, アジア経済研究所, 1993
『発展途上国の農業問題──現代の東南アジアと日本』森井淳吉著, ミネルヴァ書房, 1993
『米流通・管理制度の比較研究──韓国・タイ・日本』臼井晋編, 北海道大学図書刊行会, 1994
『タイにおける地方中核経済圏の形成──工業化の地方分散のために』W.サーマコーセート, 谷口興二・巻島稔編, アジア経済研究所, 1994
『タイの米事情　中国の穀物事情』日本貿易振興会編, 日本貿易振興会, 1994
『タイの陶磁器食器産業』日本貿易振興会経済情報部産業情報課編, 日本貿易振興会, 1994
『東南アジアの環境問題と企業──マレーシア・タイ・シンガポール』日本貿易振興会編, 日本貿易振興会, 1994
『2000年に向けてのタイ経済』プラパン・サヴェタナン, 林俊昭編, アジア経済研究所, 1995
『協同組合と農民組織──タイ・インド・日本』久保田義喜・北出俊昭編, 筑波書房, 1995
『タイ経済の変容と政策課題』高梨和紘編著, 文真堂, 1995
『タイ投資で失敗しない法』間米康生・黒田武之助著, 日刊工業新聞社, 1995
『タイの切花産業』日本貿易振興会農水産部編, 日本貿易振興会農水産部, 1995
『タイの工業化と社会の変容──日系企業はタイをどう変えたか』小川雄平編著, 九州大学出版会, 1995
『タイの食品加工業の現状と課題──コメ, ダイズ, 伝統的発酵食品』国際農林業協力協会編, 国際農林業協力協会, 1995
『タイの水産加工業の現状と課題』国際農林業協力協会編, 国際農林業協力協会, 1995
『タイの農林業［1995年版］──現状と開発の課題』国際農林業協力協会編, 国際農林業協力協会, 1995
『タイの労働問題──現地責任者のために』岡本邦宏著, 日本貿易振興会(JETRO)バンコクセンター, 1995
『マレーシア, タイ, 及びインドネシアの株式市場』日本貿易振興会編, 日本貿易振興会, 1995
『緑の革命の稲・水・農民』増田萬孝著, 農林統計協会, 1995
International Input-Output Table: Thailand-Japan, 1990. SanoTakao editor, アジア経済研究所, 1996
『アジアから見た日本の「空洞化」──金型産業の世界地図が変わる』松田健著, 創知社, 1996
『アジアの灌漑制度──水利用の効率化に向けて』堀井健三・篠田隆・多田博一編, 新評論, 1996
『ASEAN諸国における日系家電産業進出に関する調査』日本貿易振興会編, 日本貿易振興会, 1996
『アセアン・パワー──急成長の秘密』A・H・ソムジー, ギータ・ソムジー著, 呉善花監訳, 三交

社,1996
『インドネシア、タイにおける対インドシナ支援に関する産業政策』日本貿易振興会編,日本貿易振興会,1996
『現地日系企業における日本型経営方式の定着と現地化——企業内教育・人事管理を中心として』半田満著,アジア経済研究所,1996
『持続的な経済発展に向けて——タイの経済発展に関する研究』滑川雅士著,滑川雅士,1996
『成長企業のアジア立地戦略』小川政道・鵜飼宏成著,中央経済社,1996
『タイでの事業展開』さくら総合研究所環太平洋研究センター編,さくら総合研究所,1996
『タイのアルコール飲料』日本貿易振興会編,日本貿易振興会,1996
『タイの田舎から日本が見える』山下惣一著,農山漁村文化協会,1996
『タイの対中投資(日本語)』[Kan long thun khong thai nai satharana rat prachachon ciin]』Pacharee Siroros,アジア経済研究所,1996
『タイビジネス文化論』間米康生著,国際語学社,1996
『タイ,香港及び中国の電気製品に関する電気安全性についての調査』日本貿易振興会編,日本貿易振興会,1996
『バーツ経済と金融自由化』田坂敏雄著,御茶の水書房,1996
『バンコク日本人商工会議所会員の動向及び日系企業の賃金動向——「賃金労務実態調査報告書」より』半田満著,アジア経済研究所,1996
『一目でわかるアジアの財閥と業界地図』藤原弘・田中恒雄編著,日本実業出版社,1996
『アジア経済を点検する——共通の構造的課題に挑戦する9カ国』北村かよ子・田中恒雄編,アジア経済研究所,1997
『アジアの次世代ビジネスリーダー——アジアを超えたグローバル戦略』日本貿易振興会編,日本貿易振興会,1997
『アジアの自動車産業[新版]』丸山惠也,亜紀書房,1997
『アジアの食料と環境を考える——地域研究の新たな展開にむけて』広瀬昌平編,竜渓書舎,1997
『アジアのダイナミック企業』井上隆一郎著,NTT出版,1997
『アジアの農耕様式』農耕文化研究振興会編,大明堂,1997
『ASEAN4への資金流入の拡大とその影響』富士総合研究所編,富士総合研究所,1997
『援助の実施と現地行政』佐藤寛編,アジア経済研究所,1997
『サワディ・サハパープ・レンガーン』国島博著,文芸社,1997
『タイ経済・産業データハンドブック[1996年版]』アジア経済研究所編,アジア経済研究所,1997
『タイ国における国内外への労働移動——バンコクおよびウドンタニ地域における出稼ぎの実態』日本労働研究機構編,日本労働研究機構,1997
『タイにおける労務事情』日本貿易振興会機械技術部編,日本貿易振興会機械技術部,1997
『タイの印刷機械産業』経済情報部産業情報課編,日本貿易振興会,1997
『タイの機械工具産業』経済情報部産業情報課編,日本貿易振興会,1997
『タイの通貨不安発生の要因とその影響』富士総合研究所編,富士総合研究所,1997
『タイの農林水産業統計[1997年版]』国際農林業協力会編,国際農林業協力会,1997
『タイのベンダー情報』日本貿易振興会機械技術部編著,日本貿易振興会,1997
『タイのマグロ・カツオ缶詰』日本貿易振興会(農水産部)編,日本貿易振興会(農水産部),1997
『東南アジアの経済開発と土地制度』水野広祐・重冨真一編,アジア経済研究所,1997
『東北タイにおける持続的農業への課題』岡三徳・安藤象太郎編,農林水産省国際農林水産業研究センター,1997
『農業技術移転論——途上国の農業開発に向けて』鈴木俊著,信山社出版,1997
『飛躍期迎えるアジア自動車市場——2005年1400万台市場へのシュミレーション』大和総研調査本部編,大和総研調査本部,1997
『メコン開発をめぐる動き』笠井利之編,アジア経済研究所,1997
『アジア各国の労働法比較——労働条件一覧表』東銀リサーチインターナショナル編,東銀リ

『サーチインターナショナル，1998
『アジア小農業の再発見』岩崎美佐子・大野和興編著，緑風出版，1998
『アジアの環境装置市場』日本貿易振興会海外経済情報センター編，日本貿易振興会海外経済情報センター，1998
『アジアの通貨危機と情報通信産業の展望』国際通信経済研究所編，国際通信経済研究所，1998
『ASEAN4の金融と財政の歩み——経済発展と通貨危機』「東南アジア各国の財政金融政策に関する研究会」編，大蔵省財政金融研究所，1998
『ASEANの技術開発戦略——シンガポール／マレーシア／タイ／インドネシア／フィリピン』三上喜貴編著，日本貿易振興会，1998
『開発における政府の役割——タイにおける知的能力及び労働技術育成政策に関する考察』日本貿易振興会編，日本貿易振興会，1998
『タイからの水産加工品の対日供給可能性調査』日本貿易振興会農水産部編，日本貿易振興会，1998
『タイ経済入門[第2版]——急ぎすぎた失敗からの再挑戦』原田泰・井野靖久著，日本評論社，1998
『タイ地場企業の国際競争力——宝石・貴金属産業およびサイアムセメントグループの事例研究』パチャリ・シロロス，ウィライワン・ワンニティクル著，国際開発高等教育機構国際開発研究センター，1998
『タイ糖業史——輸出大国への軌跡』山本博史著，御茶の水書房，1998
『タイの通貨危機と今後の対応策』海外経済協力基金開発援助研究所編，海外経済協力基金開発援助研究所，1998
『タイのパイナップル産業』日本貿易振興会農水産部編，日本貿易振興会農水産部，1998
『タイ・フルブランチへの道——産業金融の現場から』米田敬智著，中央公論社，1998
『タイへのビジネス・ガイド』タイ王国政府総理府投資委員会編，タイ王国大使館経済・投資事務所，1998
『通貨危機後のタイの経済再建——メキシコとの比較』佐藤亜希子著，富士総合研究所，1998
『東南アジア農業発展の主体と組織——近代日本との比較から』加納啓良編，日本貿易振興会アジア経済研究所，1998
『バンコクにおける軌道系都市公共交通機関整備の現状と課題——財源確保のための施策』海外経済協力基金開発援助研究所編，海外経済協力基金開発援助研究所，1998
『ベトナムとタイ——経済発展と地域協力』磯部啓三編，白石昌也・村嶋英治ほか著，大明堂，1998
The Nation and Economic Growth: Korea and Thailand. Yoshihara Kunio, Kyoto University Press, 1999
『アジア医薬品市場の現状[1999年版]——中国・台湾・韓国・タイ・インドネシア・フィリピン・シンガポール・マレーシア・ベトナム』日本製薬工業協会国際委員会・アジア専門委員会編，医薬出版センター，1999
『アジア市場幻想論——市場のフィルター構造とは何か』川端基夫著，新評論，1999
『アジア通貨危機とIMF——グローバリゼーションの光と影』荒巻健二著，日本経済評論社，1999
『アジアの工業化と農業・食料・環境の変化——タイ経済の発展と農業・農協問題に学ぶ』山本博史著，筑摩書房，1999
『アジアの農業者たち——その支援への道』藤田康樹編著，農林統計協会，1999
『開発と協同組合——タイにおける農漁村協同組合の発展』山尾政博著，多賀出版，1999
『水産業と冷凍加工食品産業[タイ篇]』日本貿易振興会投資交流部編，日本貿易振興会，1999
『タイ経済病と自助努力——成長神話の消失と構造的危機の多面性』阿部清司著，千葉大学法経学部経済学科，1999
『タイの主要農水産物の生産・貿易状況』日本貿易振興会農水産部編，日本貿易振興会農水産部，1999
『タイの投資制度』日本貿易振興会投資交流部編，日本貿易振興会投資交流部，1999

『東南アジアの経済[第3版]——ASEAN4カ国を中心に見た』鈴木峻著,御茶の水書房,1999
『途上国実施機関の組織能力分析——バングラデシュ,タイ,インドネシアの事例研究』海外経済協力基金開発援助研究所編,海外経済協力基金開発援助研究所,1999
『東アジア4カ国からみた経済成長のための課題——タイ,インドネシア,フィリピン,中国のエコノミストの提言と企業アンケートを中心にして』海外経済協力基金開発援助研究所編,海外経済協力基金開発援助研究所,1999
『フィリピン,タイの民間資金等活用社会資本整備(PFI)』国際開発センター編,国際開発センター,1999
『森と人のアジア——伝統と開発のはざまに生きる』山田勇編,昭和堂,1999
『アジア華人企業グループの実力——徹底検証』朱炎編著,ダイヤモンド社,2000
『アジアの金融・資本市場——危機の内層』慶応義塾大学地域研究センター編,慶応義塾大学出版会,2000
『ASEANの金融システム——直接投資と開発金融』奥田英信著,東洋経済新報社,2000
『キャッチアップ型工業化論——アジア経済の軌跡と展望』末廣昭著,名古屋大学出版会,2000
『金融と企業の再構築——アジアの経験』国宗浩三編,日本貿易振興会アジア経済研究所,2000
『タイ近代の歴史像——地域経済と在来市場』菅原昭著,白桃書房,2000
『タイ経済と鉄道——1885～1935年』柿崎一郎著,日本経済評論社,2000
『タイ国への企業進出実務の手引き』元田時男著,元田時男,2000
『タイ大企業のデータと分析 国営企業・多国籍企業・財閥グループ』末廣昭編,東京大学社会科学研究所,2000
『タイ日系製造業における人材育成の研究——日本の現場監督者との比較において』高橋与志著,広島大学大学院国際協力研究科,2000
『タイ農業の成長過程 1950-1996年——長期経済統計の推計と分析』新谷正彦著,西南学院大学学術研究所,2000
『タイの経済政策——制度・組織・アクター』末廣昭・東茂樹編,日本貿易振興会アジア経済研究所,2000
『タイの工業所有権侵害事例・判例集』日本貿易振興会投資交流部編,日本貿易振興会投資交流部,2000
『タイの有機農産物』日本貿易振興会農水産部編,日本貿易振興会農水産部,2000
『東南アジアの経済』北原淳・西口清勝・藤田和子・米倉昭夫著,世界思想社,2000
『農村企業振興に対する金融支援——タイ農業・農業組合銀行(BAAC)を事例に』国際協力銀行開発金融研究所編,国際協力銀行開発金融研究所,2000
『発展途上国の国家と経済』東茂樹編,日本貿易振興会アジア経済研究所,2000
『東・東南アジア農業の新展開——中国,インドネシア,タイ,マレーシアの比較研究』堀内久太郎・小林弘明編著,農林水産省国際農林水産業研究センター,2000
『アジア諸国金融改革の論点——「強固な」金融システムを目指して』国宗浩三編,日本貿易振興会アジア経済研究所,2001
『APEC早期自由化協議の政治過程——共有されなかったコンセンサス』岡本次郎編,日本貿易振興会アジア経済研究所,2001
『工業所有権に関する動向——シンガポール、マレーシア、タイ』日本貿易振興会投資交流部編,日本貿易振興会投資交流部,2001
『自動車の海外生産と多国籍銀行』向壽一著,ミネルヴァ書房,2001
『新興民主主義国の経済・社会政策』佐藤幸人編,日本貿易振興会アジア経済研究所,2001
『第一次世界大戦前のシャム外国貿易統計と通関制度——シャムに関する英国領事報告の分析を通じて』宮田敏之著,法政大学比較経済研究所,2001
『タイ経済危機と企業改革』末廣昭,東茂樹編,日本貿易振興会アジア経済研究所,2001
『タイ土着経済・社会の今日的位相——通貨危機をめぐる変容プロセス』久保文克編著,中央大学出版部,2001
『タイの金融再建の現状と課題』日本貿易振興会編,日本貿易振興会,2001

『タイの農業政策と農業の現状［平成10年度（1998）版——平成13年度（2001）版］』日本貿易振興会農水産部編，日本貿易振興会農水産部，2001
『タイ，フィリピンの映像コンテンツ調査』日本貿易振興会経済情報部編，日本貿易振興会経済情報部，2001
『東アジアの持続的発展への課題——タイ・マレーシアの中小企業支援策』国際協力銀行開発金融研究所編，国際協力銀行開発金融研究所，2001
『路地の経済社会学——タイのインフォーマルセクターについて』不二牧駿著，めこん，2001
『経営技術の国際移転と人材育成——日タイ合弁自動車企業の実証分析』植木真理子著，文眞堂，2002
『国際産業連関——アジア諸国の産業連関構造』中村純・内田陽子編，日本貿易振興会アジア経済研究所，2002
『タイ観光論』岩田隆一著，くんぷる，2002
『タイの工業団地［1990］［1995］［2002］』日本貿易振興会投資交流部編，日本貿易振興会投資交流部，2002
『タイの食品輸出動向』日本貿易振興会農水産部編，日本貿易振興会農水産部，2002
『タイの制度改革と企業再編——危機から再建へ』末廣昭編，日本貿易振興会アジア経済研究所，2002
『定点観測——タイ・中国／冷食事業進出の10年』越川宏昭著，水産タイムズ社，2002
『東南アジアの経済と歴史』鈴木峻著，日本経済評論社，2002
『東南アジアの経済発展——経済学者の証言』安場保吉著，ミネルヴァ書房，2002
『日本とアジアの機械産業——競争力をつけたアジア諸国との共存に向けて』山形辰史編，日本貿易振興会アジア経済研究所，2002
The Process of Agricultural Growth in Thailand——Analysis of Long-Term Economic Statistics for the Period of 1950-1997. 新谷正彦著，九州大学出版会，2003
『アジア経済読本［第3版］』渡辺利夫編，東洋経済新報社，2003
『アジアのエビ養殖と貿易』多屋勝雄編著，成山堂書店，2003
『アジアの企業家』岩崎育夫編，東洋経済新報社，2003
『アジアの自動車・部品，金型，工作機械産業——産業連関と国際競争力』水野順子編著，日本貿易振興会 アジア経済研究所，2003
『金融政策レジームと通貨危機——発展途上国の経験と課題』三尾寿幸編，日本貿易振興機構アジア経済研究所，2003
『進化する多国籍企業——いま，アジアでなにが起きているのか？』末廣昭著，岩波書店，2003
『タイ——技術指導から生活・異文化体験まで』津野正朗著，海外職業訓練協会，2003
『タイ 経済・貿易の動向と見通し 2003』世界経済情報サービス編，世界経済情報サービス，2003
『タイ自動車産業の生産実態と部品需要［2003-2004年版 日本語版］』工業調査研究所編，工業調査研究所，2003
『タイにおける進出日系企業が抱える貿易・投資上の問題点に関する調査報告書』日本貿易振興会経済情報部編，日本貿易振興会経済情報部，2003
『タイの華人財閥57家——タイを創った男達・女達』エヌ・エヌ・エー編，エヌ・エヌ・エー，2003
『タイの食品安全性確保への取組み』日本貿易振興会農水産部編，日本貿易振興会農水産部，2003
『タイの農業［2000］［2003］』日本貿易振興会編，日本貿易振興会，2003
『通貨危機後のアジア経済と改革への展望——タイ・インドネシア・韓国を中心に』平川均，佐藤隆文編著，日本図書センター，2003
『トヨタの海外経営』今井宏著，同文館出版，2003
『日系企業アセアン5ヵ国現地社員給与動向［2003年度版］』エヌ・エヌ・エー編，エヌ・エヌ・エー，2003
『ビジネスガイド タイ［新版］』ジェトロ・バンコク・センター編著，日本貿易振興会（JETRO）バンコクセンター，2003

『模倣対策マニュアル　中国編，タイ編，［改訂版（2003）］』日本貿易振興会経済情報部編，日本貿易振興会経済情報部，2003

『輸入関係制度調査・市場調査　タイ』日本貿易振興会編，日本貿易振興会，2003

『FTA締結による食品産業への影響（タイ）』日本貿易振興機構著，日本貿易振興機構産業技術・農水産部，2004

『FTAとタイ農業・農村』山本博史著，筑波書房，2004

『海外派遣者ハンドブック――ベトナム・タイ労働事情編』日本在外企業協会編，日本在外企業協会，2004

『金融グローバル化と途上国』国宗浩三・久保公二編，日本貿易振興機構アジア経済研究所，2004

『国家の制度能力と産業政策』黒岩郁雄編，日本貿易振興機構アジア経済研究所，2004

『タイの食品市場調査』日本貿易振興機構編，日本貿易振興機構産業技術・農水産部，2004

『タイの税関の役割　［2001年版］，［2004年版］』日本貿易振興会投資交流部ほか編，日本貿易振興会，2004

『ファミリービジネスの経営と革新――アジアとラテンアメリカ』星野妙子編，日本貿易振興機構 アジア経済研究所，2004

『離陸した東南アジア農業』夏秋啓子・板垣啓四郎編著，農林統計協会，2004

Laying the Tracks: The Thai Economy and its Railways 1885-1935. Kakizaki Ichiro, Kyoto University Press, 2005

『アジア金融再生――危機克服の戦略と政策』高安健一著，勁草書房，2005

『アジア市場のコンテキスト――グローバリゼーションの現場から』川端基夫著，新評論，2005

『アジアの農地制度と食糧』大野徹著，晃洋書房，2005

『アセアン自動車産業2005』工業調査研究所編，制作・販売エヌ・エヌ・エー，2005

『タイの投資環境』国際協力銀行中堅・中小企業支援室編，国際協力銀行中堅・中小企業支援室，2005

『タイの農薬使用状況調査』日本貿易振興機構産業技術・農水産部編，日本貿易振興機構産業技術・農水産部，2005

『通貨・金融危機と東アジア経済』伊藤修・奥山忠信・箕輪徳二編，社会評論社，2005

『東南アジアの鉄道――オリエンタル急行　タイ鉄道　泰緬鉄道』秋山芳弘著，こどもくらぶ編，旺文社，2005

『東南アジアの発展に見る薬事開発の展望』濱田彰・脇正雄著，薬事日報社，2005

『トヨタ労使マネジメントの輸出――東アジアへの移転過程と課題』願興寺ひろし著，ミネルヴァ書房，2005

『東アジア自動車部品産業のグローバル連携』小林英夫・竹野忠弘編著，文眞堂，2005

『東アジア鉄鋼業の構造とダイナミズム』川端望著，ミネルヴァ書房，2005

『東アジアの主な工業団地――中国・韓国・台湾・シンガポール・タイ・マレーシア・フィリピン・インドネシア・ベトナム』国際協力銀行中堅・中小企業支援室編，国際協力銀行中堅・中小企業支援室，2005

『東アジアの企業統治と企業法制改革』今泉慎也・安倍誠編，日本貿易振興機構アジア経済研究所，2005

『メコン地域開発――残された東アジアのフロンティア』石田正美編，日本貿易振興機構アジア経済研究所，2005

『アジアの投資環境比較（労働力）――タイ・マレーシア・インドネシア・フィリピン・ベトナム・中国・インド』日本貿易振興機構編，日本貿易振興機構，2006

『アジアの二輪車産業――地場企業の勃興と産業発展ダイナミズム』佐藤百合・大原盛樹編，日本貿易振興機構 アジア経済研究所，2006

『アジアの福祉国家政策』白鳥令，D・サングカワン，S・E・オルソン・ホート編，芦書房，2006

『ASEAN・中国・インド各国の労働力環境比較調査』日本貿易振興機構海外調査部編，日本貿易振興機構 海外調査部，2006

『国際人的資源管理の比較分析——「多国籍内部労働市場」の視点から』白木三秀著，有斐閣，2006
『雇用機会創出によるPro-poor growth——タイとケニアの農産品加工業発展の比較』国際協力銀行開発金融研究所編，国際協力銀行開発金融研究所，2006
『タイ国工業団地調査報告書（2004）（2006）』日本貿易振興機構バンコクセンター編，日本貿易振興機構バンコクセンター，2006
『タイ自動車産業 2006-2007——タイ自動車産業可能性とポテンシャル』工業調査研究所編，エヌ・エヌ・エー，2006
『タイ自動車産業サプライヤ・マップ2006』工業調査研究所編，工業調査研究所，2006
『中国・ASEAN経済関係の新展開——相互投資とFTAの時代へ』大西康雄編，日本貿易振興機構アジア経済研究所，2006
『中国に勝つアセアン自動車業界——いま，東南アジアに何かが起きている!!アセアン日本車メーカー NNA現地総力取材』NNAアセアン編集部編著，エヌ・エヌ・エー，2006
『日本とアジアの農業・農村とグリーン・ツーリズム——地域経営／体験重視／都市農村交流』宮崎猛編，昭和堂，2006
『ファミリービジネスのトップマネジメント——アジアとラテンアメリカにおける企業経営』星野妙子・末廣昭編，岩波書店，2006
『ファミリービジネス論——後発工業化の担い手』末廣昭著，名古屋大学出版会，2006
『風土の経営論——日本とタイの風土が育む企業経営』石川昭・田中浩二著，近代文芸社，2006
『アジアにおける工場労働力の形成——労務管理と職務意識の変容』大野昭彦著，日本経済評論社，2007
『アジア農村発展の課題——台頭する四カ国一地域』久保田義喜編著，筑波書房，2007
『アジアの経営戦略と日系企業』原口俊道著，学文社，2007
『FTAの政治経済学——アジア・ラテンアメリカ7カ国のFTA交渉』東茂樹編，日本貿易振興機構 アジア経済研究所，2007
『外食産業のタイ国進出関連情報』日本貿易振興機構産業技術・農水産部編，日本貿易振興機構産業技術・農水産部，2007
『タイ株入門——割高な中国・ベトナム株からASEANの優等生へ——長期分散投資が成功をもたらす』山野浩二著，情報センター出版局，2007
『タイ国農家家計の合理的行動——スパンブリ県の農家経済調査』新谷正彦著，西南学院大学学術研究所，2007
『タイにおける観光産業の比重』田村紀之，ポートン・パラウィット著，二松学舎大学東アジア学術総合研究所，2007
『タイ見本市ビジネス動向 ［2005］［2006］［2007］』日本貿易振興機構展示事業部編，日本貿易振興機構 展示事業部，2007
『大メコン圏経済協力——実現する3つの経済回廊』石田正美・工藤年博編，日本貿易振興機構アジア経済研究所，2007
『だからタイビジネスはやめられない!』阿部俊之・ブレインワークス著，カナリア書房，2007
『日本人が知らなかったタイ株』阿部俊之著，翔泳社，2007
『アジア諸国の鉄鋼業——発展と変容』，日本貿易振興機構アジア経済研究所，2008
『アジアにおけるリサイクル』小島道一編，日本貿易振興機構アジア経済研究所，2008
『アジアの華人企業——南洋の小龍たち—タイ・マレーシア・インドネシアを中心に』平野實著，白桃書房，2008
『アジアの経済発展と金融システム——東南アジア編』寺西重郎・福田慎一・奥田英信・三重野文晴編，東洋経済新報社，2008
『アジアの農業と農村の将来展望』日本大学生物資源科学部国際地域研究所編，龍渓書舎，2008
『週末1時間からはじめるKOSEI式タイ株勝利の法則——株価チャートが読めれば新興国株は怖くない』石田高聖著，情報センター出版局，2008
『図解「タイ株」安心大儲け入門——割安&高配当! 株価が2倍になる潜在力!!』アジアンバリュー

編,アスコム,2008
『タイビジネス必携[第2版]』元田時男著,GIPU,2008

(3)社会・生活・環境・教育

Migration rates by age group and migration patterns: application of Rogers' Migration schedule model to Japan, the Republic of Korea and Thailand. アジア経済研究所編,アジア経済研究所,1990
『美しきカレン——北タイを訪ねて』やまもとくみこ著,古今書院,1990
『寒い夜空——タイ民主化運動に賭けた青春群像』アムナート・ジェンサバーイ著,佐藤由利江訳,曹洞宗ボランティア会,1990
『タイ娼館(ソン)・イサーンの女たち』富岡悠時著,現代書館,1990
『タイ,水牛のいる風景』松村みか著,勁草書房,1990
『タイ生活事典』山本みどり・酒井美代子著,白馬出版,1990
『タイ楽しみ図鑑』戸田杏子・佐藤彰著,新潮社,1990
『タイにおける環境実態』日本貿易振興会機械技術部編,日本貿易振興会機械技術部,1990
『タイ農村社会論』北原淳著,勁草書房,1990
『タイを歩く——旅行ガイド』山田均著,山と渓谷社,1990
『タマネギ畑で涙して——タイ農村ふれあい紀行』山本惣一著,農山漁村文化協会,1990
『地球の歩き方 フロンティア110——タイ北部山岳民族を訪ねて』,ダイアモンド社,1990
『東南アジアの社会——講座東南アジア学,第3巻』坪内良博編集責任,矢野暢企画・編集代表,弘文堂,1990
『ドンデーン村の伝統構造とその変容』口羽益生編,創文社,1990
『バンコク駐在物語』斉藤親載著,学生社,1990
『バンコクの好奇心——バンコクを窘める・擽る・触る』前川健一著,めこん,1990
『マッサージ・ガール——タイの経済開発と社会変化』パースク・ポンパイチット著,田中紀子訳,同文舘出版,1990
『ムがいっぱい——タイ少数民族カレンの村で』やまもとくみこ著,農山漁村文化協会,1990
『象と生きるスワイ族——スリンの象村』チューン・シーサワット著,野中耕一訳,燦々社,1991
『タイ 燦爛たる仏教の都』羽田令子著,社会評論社,1991
『タイ・黄衣のゆらぎ——戒律の知恵』杉江幸彦著 樋口英夫写真,平河出版社,1991
『タイにおける駐在員の住宅事情』日本貿易振興会機械技術部編,日本貿易振興会機械技術部,1991
『タイにおける理工系人材育成の現状』日本貿易振興会機械技術部編,日本貿易振興会機械技術部,1991
『バンコク探検』下川祐治著,双葉社,1991
『バンコクの匂い』前川健一著,めこん,1991
『アジアの国際労働移動』矢内原勝・山形辰史編,アジア経済研究所,1992
『海外における日本文化の受容に関する実証的研究——タイとその周辺地域の事例』統計研究会編,村嶋英治研究代表者,統計研究会,1992
『セリの熱い夏』森下ヒバリ著,理論社,1992
『タイあたりカルチャー・ショック——若き企業戦士の異文化体験』飯田光孝著,勁草書房,1992
『タイから来た女たち——差別のなかのアジア女性』手塚千砂子編著,三一書房,1992
『タイ読本 絶対保存版!——別冊宝島EX』東京公司編,JICC出版局,1992
『タイの永住日本人』赤木攻著,めこん,1992
『濁流を越えて——南タイ果樹の里』ポンプライ・ルートウィチャー著,野中耕一訳,燦々社,1992
『手さぐりのタイ——不思議の国の驚きレポート』やまもとくみこ著,農文協,1992
『バンコク下町発』友田博著,マガジンハウス,1992
『ホテルバンコクにようこそ』下川祐治著,双葉社,1992
『漫画で読む東南アジア』村井吉敬著,筑摩書房,1992

『ラブ・ジャンキー──日本発タイ行"性"の直行便』家田荘子著，集英社，1992
『エイズと売買春レポート──希望と連帯を求めて』宗像恒次編著，日本評論社，1993
『共同研究 現代タイの家族意識の研究──バンコク・ソウル・福岡調査の比較と共に』チュラロンコン大学社会調査研究所，アジア女性交流・研究フォーラム編，アジア女性交流・研究フォーラム，1993
『少女買春を追って・タイ探索の旅』不二牧駿著，近代文藝社，1993
『少女はなぜ娼婦になったのか──タイの少女の物語』松井浩著，マガジンハウス，1993
『空の民の子どもたち』安井清子著，社会評論社，1993
『タイ・カンボジアを歩く──民から民へ』花崎皋平著，岩波書店，1993
『タイ国都市計画関連資料集』笠原勤等編，国際協力事業団，1993
『タイで考える』今村仁司著，青土社，1993
『タイ鉄道旅行』岡本和之著，めこん，1993
『タイの働く女性とその周辺』名古屋市市民局広報相談部女性企画室編，名古屋市市民局，1993
『ちょっと，タマダー──道草のアジア・タイ』中野穂積・斉藤百合子・中川かずゆき著，早川登編著，三一書房，1993
『東南アジア農村階層の変動』梅原弘光・水野広祐編，アジア経済研究所，1993
『都市に住む知恵──バンコクのショップハウス』安藤徹哉著，丸善，1993
『繁栄はアジアをどう変えたか──インドネシア・タイ・マレーシア』ミニ・ドラゴンズⅡ取材班著，日本放送出版協会，1993
『バンコクの熱い季節』秦辰也著，岩波書店，1993
『南へ行こう，タイランド』熊倉省三著，新時代社（発売），1993
『アジア発，ボランティア日記』秦辰也著，岩波書店，1994
『援助はタイを豊かにするか』ターラー・ブアカムシー著，大倉弥生訳，岩波書店，1994
『語りはじめたタイの人びと──微笑みのかげで』サニッスダー・エーカチャイ著，アジアの女たちの会訳，松井やより監訳．，明石書店，1994
『共同研究 現代中国における都市家族の意識と生活に関する研究──北京調査及びバンコク・ソウル・福岡との比較』中国社会科学院社会学研究所婚姻家庭研究室，アジア女性交流・研究フォーラム編，アジア女性交流・研究フォーラム，1994
『その日，日本で──下館事件・タイ3女性の記録［増補版］』寺川潔著編，下館事件タイ女性を支える会，1994
『タイ買春読本』アジア性風俗研究会編，データハウス，1994
『タイ教師と見た"夢の国"ニッポン』辻淑子著，ビジネス社，1994
『タイこだわり生活図鑑』山田均著，トラベルジャーナル，1994
『タイ 四季暦──雨季・寒季・暑季』熊倉省三・文，ウィス・ピンピモル・絵，東京書籍，1994
『タイ人のライフスタイル──大学生の価値観リポート』富岡悠時著，サイマル出版会，1994
『タイの象』桜田育夫著，めこん，1994
『バンコクのかぼちゃ──女ひとりタイで暮らせば』中川るな著，めこん，1994
『私は娼婦じゃない──タイのメールオーダーブライドの告白』パカーマート・プリチャー著，石井美恵子訳，めこん，1994
Environmental law enforcement in Thailand．アジア経済研究所総合研究部編，アジア経済研究所，1995
『アジアの社会福祉』萩原康生編集，中央法規出版，1995
『イサーンの医者──農村医療と開発にかけたドクター・カセーの半生』スミット・ヘーマサトン著，坂田久美子編訳，大同生命国際文化基金，1995
『お祖母さんの木の遺産──アジアからの贈り物、タイの暮らしの物語』ティップワーニー・サニットゥオン著，中村美津子ほか訳，段々社発行星雲社発売，1995
『現場が語る環境問題──四日市，アジア，そして地球サミット』伊藤章治著，勁草書房，1995
『市場経済化・情報化にゆれるアンカイ村──北タイの未電化村』益本仁雄著，近代文芸社，1995
『新小岩事件報告書──裁かれるべきはタイの女性たちではない』新小岩事件を考える会編，

新小岩事件を考える会, 1995
『好きになっちゃったバンコク——アジア楽園マニュアル』下川祐治・ウエンスディ編著, 双葉社, 1995
『タイ・ギンペット物語——スラムからみた微笑の国』稲垣三千穂著, 明石書店, 1995
『タイ 工業化と地域社会の変動』北原淳・赤木攻編, 法律文化社, 1995
『タイのインド人社会——東南アジアとインドの出会い』佐藤宏著, アジア経済研究所, 1995
『タイの住宅・居住概況』森下恒雄編著, 住宅・都市整備公団建築部, 1995
『タイの職業教育及び日系企業の人材育成に関するインタビュー調査』日本貿易振興会編, 日本貿易振興会, 1995
『タイの職業教育——統計資料で見る』新澤正禎著, アジア経済出版会, 1995
『父と日本にすてられて——瀬戸正夫の人生を通した東南アジアの歴史』瀬戸正夫著, かのう書房, 1995
『東南アジア農村の就業構造』水野広祐著, アジア経済研究所, 1995
『売春社会日本へ——タイ女性からの手紙』下館事件タイ3女性を考える会編, 明石書店, 1995
『バンコク子連れ留学』下川祐治著, 徳間書店, 1995
『バンコク悦楽読本——別冊宝島』宝島社編, 宝島社, 1995
『メコン』石井米雄著, 横山良一写真, めこん, 1995
『アジア・共生・NGO——タイ, カンボジア, ラオス国際教育協力の現場から』曹洞宗国際ボランティア会編, 明石書店, 1996
『アジア・太平洋地域の女性政策と女性学』原ひろ子・前田瑞枝・大沢真理編, 新曜社, 1996
『アジアの子どもと女性の社会学』萩原康生編著, 明石書店, 1996
『アジアの障害者』中西由起子著, 現代書館, 1996
『アジアの中間所得層——タイ・マレーシア』日本貿易振興会海外経済情報センター 編, 日本貿易振興会海外経済情報センター, 1996
『共同体の思想——村落開発理論の比較社会学』北原淳著, 世界思想社, 1996
『幻想の王国タイ——聖なる功徳・俗なる開発』金子由芳著, 南雲堂, 1996
『現代タイにおける「中間階層」の研究』アジア女性交流・研究フォーラム専門委員会著, アジア女性交流・研究フォーラム, 1996
『現代タイ農民生活誌——タイ文化を支える人びとの暮らし』丸山孝一編著, 九州大学出版会, 1996
『国家のなかの民族——東南アジアのエスニシティ』綾部恒雄編, 明石書店, 1996
『取材報告タイのかたち——外信記者が見た融和社会』山田道隆著, 勁草書房, 1996
『少女買春をなくしたい——タイ北部NGOの「小さな」挑戦』稲垣三千穂著, 青木書店, 1996
『新宿リトルバンコク』岩本宣明著, 労働旬報社, 1996
『そして, 村へ——農村医療と開発にかけたドクター・カセーの半生』スミット・ヘーマサトン著, 野中耕一監修, 坂田久美子編訳, 燦々社, 1996
『ソムタムの歌——わたしのタイ30年』荘司和子著, 筑摩書房, 1996
『タイ・うごめく「人」景』北村元著, 現代書館, 1996
『タイ農村の開発と住民組織』重冨真一著, アジア経済研究所, 1996
『タイのくらし』渡辺一夫著, ポプラ社, 1996
『タイのチャイナマン——かき混ぜてドリアン色の夢』友田博著, 新評論, 1996
『タイの屋台の物語』熊倉省三著, BNN, 1996
『タイ・ベトナム枝葉末節旅行』前川健一著, めこん, 1996
『バンコク下町0番地』友田博著, トラベルジャーナル, 1996
『陽気なタイランド——アジアのこどもに帰る旅』森下ヒバリ著, 理論社, 1996
『アジアロード』小林紀晴著, 講談社, 1997
『女の民族誌——1 アジア篇』綾部恒雄編, 弘文堂, 1997
『買われる子どもたち——無垢の叫び』大久保真紀著, 明石書店, 1997
『子どものねだん——バンコク児童売春地獄の四年間』マリー＝フランス・ボッツ著, 堀田一陽

訳,社会評論社,1997
『サワディ・タイランド』清水ケンゾー著,毎日コミュニケーションズ,1997
『タイ王国の光と影』金子民雄著,北宋社,1997
『体験するアジア——ボランティア夫婦の日本・タイ共生論』秦辰也,プラテープ・ウンソンタム・秦著,明石書房,1997
『タイ山岳民族カレン——国際保険医療活動の現場から』大森絹子著,朱鷺書房,1997
『タイ人』ロバート・クーパー,ナンサパ・クーパー著,増永豪男訳,河出書房新社,1997
『タイ「天使の国」から[新装版]——性を売る女たち』大内治著,マルジュ社,1997
『転機に立つタイ——都市・農村・NGOから』新津晃一・秦辰也編,風響社,1997
『東南アジア3カ国の高等教育の現状と課題——学生アンケート調査結果』海外経済協力基金開発援助研究所編,海外経済協力基金開発援助研究所,1997
『やっぱりタイは熱かった』江本正記著,ダイヤモンド社,1997
『アジアの社会と近代化——日本・タイ・ベトナム』竹沢尚一郎編,日本エディタースクール出版部,1998
『北タイ焼畑の村——天地有情』小松光一著,三一書房,1998
『クリヤーの山——タイ・山岳少数民族の暮らし』橋本紘二写真,小松光一著,農山漁村文化協会,1998
『娼婦ノック』富岡悠時著,現代書館,1998
『新アジア生活文化読本タイ——自由と情熱の仏教徒たち』山田均著,三修社,1998
『新・バンコク探検』下川裕治著,双葉社,1998
『タイからのたより——スナック「ママ」殺害事件のその後』女性の人権カマラード編著,パンドラ発行 現代書館発売,1998
『バンコクの容姿』前川健一著,講談社,1998
『マンゴーが空から降ってくる——タイの田舎に暮らすということ』水野潮著,めこん,1998
『メコンにまかせ——東北タイ・カンボジアの村から』森本喜久男著,第一書林,1998
『アジア・シティファイル バンコクのほんと』下川祐治,ぷれすアルファ編著,双葉社,1999
『ガイヤァンを食べに——旅の雑記帳ータイ』新堀通子著,国際語学社,1999
『死ぬなら今——婚殿のチェンマイ日記』坂田米夫著,四谷ラウンド,1999
『セックス「産業」——東南アジアにおける売買春の背景』リン・リーン・リム編著,津田守・さくまゆみこほか訳,日本労働研究機構,1999
『タイ・インサイド・レポート——「成長神話」の夢と裏切り』プラウィット・ロチャナプルック著,永井浩訳,めこん,1999
『タイ語でタイ化』下川祐治著,双葉社,1999
『タイ少女白書/僕らのNGO物語——天使たちの声が聴こえる』藤岡和幸著,文芸社,1999
『タイ人と日本人』斎藤親載著,学生社,1999
『タイ 長期滞在者のための現地情報[改訂最新版]』久保木裕一郎・高橋行雄著,三修社,1999
『東南アジアの三輪車』前川健一著,旅行人,1999
『日本学術振興会拠点大学方式(農学)による学術交流20年のあゆみ』東京農業大学編,東京農業大学,1999
『「農民」が森を見る眼——東北タイ農村の環境認識』藤田渡著,富士ゼロックス小林節太郎記念基金編,富士ゼロックス小林節太郎記念基金,1999
『バンコク・自分探しのリング——ムエタイを選んだ五人の若者』吉川秀樹著,めこん,1999
『バンコク写真博覧会 トムヤム君の冒険——荒木経惟写真集』荒木経惟著,祥伝社,1999
『バンコク発 カオサン通りに吹く熱風』花田一彦著,和泉敬三写真,イーハトーヴ出版,1999
『バンコク発「日本人,求ム」——タイに就職した9人のニッポン人』江本正記著,飛鳥新社,1999
『ほほえみと寛容の国——伝統と変容のはざまに揺れるタイ』大阪府文化振興財団編,大阪府文化振興財団,1999
『ホリディワールド タイ[改定最新版]——長期滞在者のための現地情報』久保木裕一郎・高橋行雄著,三修社,1999

『アジアの高齢者　タイ王国』大竹登志子著，早稲田大学人間総合研究センター流動化社会と生活の質プロジェクト，2000
『当てにならぬがばかにできない時代——タイの社会と文化』ニティ・イーオシーウォン著，吉川利治編訳，NTT出版，2000
『オカマのプーさん』下川裕治著，講談社，2000
『出神——アジアン・トランス』Akira・ミネコ著，太田出版，2000
『出版倫理とアジア女性の人権——『タイ買春読本』抗議・裁判の記録』タイ女性の友編，明石書店，2000
『新・バンコク探検』下川裕治著，(双葉文庫)双葉社，2000
『「正義への義務」——日本の借金地獄へ人身売買されるタイ人女性』Human Rights Watch編，斉藤百合子訳，売買春問題ととりくむ会，2000
『続・タイ農村の構造と変動——15年の軌跡』赤木攻・北原淳・竹内隆夫編，勁草書房，2000
『ソンクラン祭りのころ——難民医療とその周辺』森正樹著，日本図書刊行会，2000
『タイ人と働く——ヒエラルキー的社会と気配りの世界』ヘンリー・ホームズ，スチャダー・タントンタウィー著，末廣昭訳・解説，めこん，2000
『タイ人になろう——婿殿のチェンマイ日記』坂田米夫著，四谷ラウンド，2000
『タイ　旅の雑学ノート——癒しの王国を味わいつくす』えもと正記著，ダイヤモンド社，2000
『タイで働く』佐倉弥生・吉田隆著，めこん，2000
『タイの子どもたち』西村佐二・指導，久島篤・文，学習研究社，2000
『タイのこと，私のこと』藤宮久美子著，ゲイン発行　求龍堂発売，2000
『タニヤの社会学——接待から買春まで…バンコク駐在員たちの聖域』日下陽子著，めこん，2000
『たのしい福祉の旅——オーストラリア・タイ編』仲光志賀子著，海鳥社，2000
『チェンマイ田舎暮らし——微笑みの国で年金生活を充実させる』髙橋公志著，マガジンハウス，2000
『ヌワボーラン——タイ古式マッサージの全て』鯨井伸行著，文芸社，2000
『バックパッカーズ・タウン　カオサン探検』新井克弥著，双葉社，2000
『バンコクなっとく遊歩術』近石広信著，凱風社，2000
『バンコク・ボロアパート奮闘記——ごった煮的タイ人にまみれて次から次へと事件が起こる』岡崎大五著，青春出版社，2000
『魅惑のタイ鉄道』杉本聖一著，多摩川新聞社，2000
『村上サトシ写真集　ソムチャイからの手紙——タイ修業紀行』村上サトシ著，BeeBooks制作　光村印刷発行，2000
『路地裏のタイランド——もう一歩〈冒険〉の旅』江本正記著，青春出版社，2000
『アジア「年金老人」買春ツアー——国境なき「性市場」』羽田令子著，講談社，2001
『インドシナの珠玉——コンプリート・ガイドブック』菊間潤吾監修，新潮社，2001
『おじさんバンコク大脱走——タイ5泊6日おとこ旅』岡崎大五著，トラベルジャーナル，2001
『海外で暮らす Ⅲ——長期滞在最新情報』ビジネス社編，ビジネス社，2001
『新・好きになっちゃったバンコク』下川裕治，ぷれすアルファ編著，双葉社，2001
『スニッキ——タイで日記を書きました』常盤貴子著，角川書店，2001
『空の民の子どもたち（増補改訂版）——難民キャンプで出会ったラオスのモン族』安井清子著，社会評論社，2001
『そんなアジアに騙されて』浜なつ子著，角川書店，2001
『タイの女性』タイ総理府次官室，国家女性問題委員会著，(財)アジア女性交流・研究フォーラム編，(財)アジア女性交流・研究フォーラム，2001
『タイの農村にはまっちゃった——ノンクン村と私の10年』松本一公著，東洋書院，2001
『タイ北部——歴史と文化の源流を訪ねる』谷克二著，鷹野晃写真，日経BP社発行　日経BP出版センター発売，2001
『タイ様式（スタイル）』前川健一著，講談社，2001

『だましだまされ生きるのさ』岡崎大五著,角川書店,2001
『東南アジア諸国の国民統合と教育——多民族社会における葛藤』村田翼夫編著,東信堂,2001
『バイクで回るタイ——こんなに簡単,海外ツーリング!』飯田泰生著,双葉社,2001
『バンコク・カオサン プー太郎読本』ジミー金村著,双葉社,2001
『ひとり歩きのバンコク』仲間美紀・佐倉弥生著,めこん,2001
『マレー鉄道で朝食を[新訂版]』伊藤伸平著,凱風社,2001
『村の衆には借りがある[改訂増補版]——報徳の開発僧』ピッタヤー・ウォンクーン著,野中耕一訳,燦々社,2001
『モタラの涙——地雷を踏んだ象さんの物語』江樹一朗著,廣済堂出版,2001
『1週間からはじめるバンコク・ロングステイ』下川裕治監修,ぷれすアルファ編,ぷれすアルファ発行 キョーハンブックス発売,2002
『アジア・アンダーストリート』藤岡和幸著,明石書店,2002
『アジア中間層の生成と特質』服部民夫・船津鶴代・鳥居高編,日本貿易振興会 アジア経済研究所,2002
『おもてなしのテーブル——タイ・京都 36のテーブルとタイのおもてなし料理レシピ10選』宇野克子著,共立速記印刷株式会社「優しい食卓」出版部,2002
『女二人東南アジア酔っぱらい旅』江口まゆみ著,光文社,2002
『ガジュマルの木の下で——26人の子どもとミワ母さん』名取美和著,奥野安彦写真,岩波書店,2002
『稀少資源のポリティクス——タイ農村にみる開発と環境のはざま』佐藤仁著,東京大学出版会,2002
『史上最強のタイみやげ』やまだひろなが著,旅行人,2002
『タイ怪人紀行』ゲッツ板谷著,鴨志田穣写真,西原理恵子絵,角川書店,2002
『タイ語でタイ化』下川裕治著,双葉社,2002
『タイの屋台図鑑』岡本麻里著,情報センター出版局,2002
『地域文化と学校——三つのタイ農村における「進学」の比較社会学』尾中文哉著,北樹出版,2002
『東南アジア雑貨店ガイド——布製品,雑貨から家具まで』時田慎也・村松雪枝ほか著,日経BP社発行 日経BP出版センター発売,2002
『東南アジアの環境変化』法政大学比較経済研究所・田淵洋・松坂淳也編,法政大学出版局,2002
『年金でもできる海外ふたり暮らし タイ編』中村聡樹著,中央公論新社,2002
『バンコク直送本』ダコ編集部著,ぷれすアルファ発行 キョーハンブックス発売,2002
『バンコク ホアヒン チェンマイ——年金でもできる海外ふたり暮らし タイ篇』中村聡樹著,中央公論新社,2002
『ばんばんバンコク——女たちの過熱灼熱タイ旅行記』Kuma*Kuma&よねやまゆうこ著,光文社,2002
『微笑みの国からの贈り物 タイ・マッサージ』大槻一博著,BABジャパン,2002
『メコン 4525km』管洋志著,実業之日本社,2002
『モンスーン・アジアの水と社会環境』藤田和子編,世界思想社,2002
Gender and Modernity: Perspectives from Asia and Pacific. Hayami Yoko, Tanabe Akio, Tokita-Tanabe Yumiko eds, Kyoto University Press, 2003
『アジアの森と村人の権利——ネパール・タイ・フィリピンの森を守る活動』久保英之著,現代書館,2003
『アメージングタイランド——不思議の国タイで生活する愉しみ』後藤優知吏著,早稲田出版,2003
『生きるって素敵なこと!——名取美和が問いかける「幸せのかたち」』佐保美恵子著,講談社,2003
『エイズ最前線——死の川のほとりからタイの若者を救え!』谷口巳三郎著,熊本日日新聞情報

文化センター (発売), 2003
『ゴーゴーバーの経営人類学──バンコク中心部におけるセックスツーリズムに関する微視的研究』市野沢潤平著, めこん, 2003
『タイでオモロイ坊主になってもうた』藤川チンナワンソ清弘著, 現代書館, 2003
『タイで暮らそう──微笑みの国でのセカンドライフ』布井敬次郎著, ダイセイコー出版発行 ぶんぶん書房発売, 2003
『泰緬鉄道をゆく──戦場にかける橋 六〇年ぶりの再訪の旅』谷津弘著, 朝文社, 2003
『タイ遊学王情報館』高橋由紀雄著, ゑゐ文社発行 星雲社発売, 2003
『バンコク──国際化の中の劇場都市──アジア遊学 57』勉誠出版, 2003
『バンコクに暮らす[第3版]』バンコクに暮らす編集委員会著, 日本貿易振興会, 2003
『バンコク迷走』下川裕治著, 双葉社, 2003
『メーサイ夜話』熊澤文夫著, 国書刊行会, 2003
Between Hills and Plains: Power and Practice in Socio-Religious Dynamics among Karen. Hayami Yoko, Kyoto University Press, 2004
『アジア・オセアニアの高等教育』馬越徹編, 玉川大学出版部, 2004
『アジアの空の下で──タイ・インド編』てらたに健著, 新風舎, 2004
『イサーンの百姓たち──NGO東北タイ活動記』松尾康範著, めこん, 2004
『いつかこの木に見守られて──赤井英和と高校生のタイ植林体験記』財団法人オイスカ企画, 電通EYE・トスプランニング制作, 清水稔Photo, 財団法人オイスカ, 2004
『「インシァ・アッラー」の国・トルコと「マイペンライ」の国・タイ──日本語教師が見た二つの国』藤森和枝著, パレードP.press出版部, 2004
『クメールとシャムの軌跡──タイ王国 微笑みの謎に憑かれて』杉浦實著, 新風舎, 2004
『極楽タイの暮らし方』梅本昌男・岡本麻里著, 山と渓谷社, 2004
『ダーリンは, タイ人──国際結婚レポート&エッセイ』タンタラ京子著, 三修社, 2004
『タイ雑貨紀行[第2版]──アジアの道具, 家具の魅力を探る』邱景一ほか著, 日経BP企画発行 日経BP出版センター発売, 2004
『タイ・スパ・ブック(日本語版)』チャミ・ジョティサリコーン著, 上山恵子訳, ルカ・インヴェルニッツィ・テットーニ写真, チャールズ・イー・タトル出版, 2004
『タイで日本を卒業する』米井雅一著, 文芸社, 2004
『タイでロングステイ』ラシン編集部編著, イカロス出版, 2004
『タイの国JICAそろばん先生奮闘記』西野啓子著, 新風舎, 2004
『闘う女。──そんな私のこんな生き方』下関崇子著, 徳間書店, 2004
『だってここはタイだも〜ん!!──タイ遊学王情報館・続』髙橋由紀雄著, ゑゐ文社発行 星雲社発売, 2004
『熱帯に生きる──在タイ20年, 農村開発に命を捧ぐ』谷口巳三郎著, 北部タイ農村振興支援会, 2004
『年金をもらってシニアライフは海外で──オーストラリアvsタイ徹底比較』シニアライフ研究会編, ビジネス教育出版社, 2004
『「バンコク・ヒルトン」という地獄──女囚サンドラの告白』サンドラ・グレゴリー, マイケル・ターネイ著, 川島めぐみ訳, 新潮社, 2004
『バンコク・ロングステイ』ゼネラル・プレス編, ゼネラル・プレス発行 キョーハンブックス発売, 2004
『変容する東南アジア社会──民族・宗教・文化の動態』加藤剛編著, めこん, 2004
『放浪レディ 続』国井律子著, 求竜堂, 2004
『みたままタイ在記』高村悦子著, 北方新社, 2004
『メコン街道──母なる大河4200キロを往く』鎌澤久也著, 水曜社, 2004
『メコン発 アジアの新時代』薄木秀夫著, 凱風社, 2004
『ロンリープラネットの自由旅行ガイド タイの島とビーチ』ジョー・ビンドロス, ウェンディー・テイラー著, メディアファクトリー訳, メディアファクトリー, 2004

『アジア・太平洋高等教育の未来像』静岡総合研究機構編, 馬越徹監修, 東信堂, 2005
『アジア太平洋地域の人口移動』石川義孝編著, 明石書店, 2005
『アジアにおける環境政策と社会変動――産業化・民主化・グローバル化』寺尾忠能・大塚健司編, 日本貿易振興機構 アジア経済研究所, 2005
『アジア・バロメーター 都市部の価値観と生活スタイル――アジア世論調査(2003)の分析と資料』猪口孝ほか編著, 明石書店, 2005
『ウィエン・ラコール・ホテルの日々――タイ王国紀行エッセイ集』小田俊明著, 文芸社, 2005
『家屋とひとの民族誌――北タイ山地民アカと住まいの相互構築誌』清水郁郎著, 風響社, 2005
『加速化するアジアの教育改革』諏訪哲郎・斉藤利彦編著, 東方書店, 2005
『金なし、コネなし、タイ暮らし!――ゼロからはじめる異国生活マニュアル』藤井伸二著, イカロス出版, 2005
『共生の森――ウィブーン村長の挑戦』ユッタチャイ・チャハーム著, 野中耕一編訳, 佐藤正喜解説, 竹村幸治共訳, タイ燦々社発行 タイ東京堂発売, 2005
『講座 世界の先住民族――ファースト・ピープルズの現在――02 東南アジア』綾部恒雄監修, 林行夫・合田濤編, 明石書店, 2005
『じゃぱゆきさん』山谷哲夫著, 岩波書店, 2005
『スマイル!――タイ「希望の家」の子供たちとの500日』高木智彦著, 角川書店, 2005
『タイ国の社会変動――仕事と環境の問題』青木章之介著, 青木章之介, 2005
『タイ都市スラムの参加型まちづくり研究――こどもと住民による持続可能な居住環境改善策』秦辰也著, 明石書店, 2005
『タイとビルマの国境に暮らして』八坂由美著, 明石書店, 2005
『タイの村から――チャオプラヤ川のほとりで』村井妙子著, 牧童舎, 2005
『タイは今日も海色――田舎町シーラチャー、のんびり暮らし』坂本京子著, 佐藤右志絵, 出版芸術社, 2005
『東南アジアにおける新華人事情』橋廣治著, 近代文芸社, 2005
『東北タイの開発と文化再編』櫻井義秀著, 北海道大学図書刊行会, 2005
『年金・月21万円の海外暮らし1――ハワイ・バンコク・ペナン』立道和子著, 文藝春秋, 2005
『年金・月21万円の海外暮らし2――チェンマイ・ゴールドコースト』立道和子著, 文藝春秋, 2005
『バーンサバイ――タイ・エイズシェルターからの便り』バーンサバイ著, アットワークス, 2005
『バンコクジャパニーズ列伝――いろいろあってバンコクにいます』皿井タレー著, 双葉社, 2005
『東アジアの家族・地域・エスニシティ――基層と動態』北原淳編, 東信堂, 2005
『メナムよ永遠に』岡山真崇・谷中籠三著, 創友社, 2005
『目に棲む童――Thai Light in Their Eyes』広沢和哉著, 碧天舎, 2005
『やっぱ移住はタイだも〜ん!!――こんなロングステイもありでしょう』高橋由紀雄著, ゑゐ文社発行, 星雲社発売, 2005
『誘惑天使――タイ性風俗で生きる女たちの400日を追う』笠原陽介著, 新風舎, 2005
『アジアの開発と貧困――可能力、女性のエンパワーメントとQOL』松井範惇・池本幸生編著, 明石書店, 2006
『アジアの高等教育改革』P・G・アルトバック, 馬越徹編, 北村友人監訳, 玉川大学出版部, 2006
『アジアの子どもと教育文化――人類学的視角と方法』坂元一光著, 九州大学出版会, 2006
『アジアの就学前教育――幼児教育の制度・カリキュラム・実践』池田充裕・山田千明編著, 明石書店, 2006
『今そこにあるタイのエイズ日本のエイズ』谷口恭著, 文芸社, 2006
『現代の奴隷制――タイの売春宿へ人身売買されるビルマの女性たち』藤目ゆき監修, アジア・ウォッチ, 女性の権利プロジェクト, ヒューマン・ライツ・ウォッチ編著, 古沢加奈訳, 明石書店, 2006
『タイの住まい』田中麻里著, 圓津喜屋, 2006
『タイの骨――路地裏から見えるタイの素顔』宮本雄一郎著, ゑゐ文社発行, 星雲社発売, 2006

『タイ・マッサージの民族誌――「タイ式医療」生成過程における身体と実践』飯田淳子著, 明石書店, 2006
『東南アジアの魚(うお)とる人びと』田和正孝, ナカニシヤ出版, 2006
『バンコク危機一髪』岡崎大五著, 角川書店, 2006
『バンコク迷走』下川裕治著, 双葉社, 2006
『南の島で遊んで暮らそう!』西岡史雄著, 新風舎, 2006
『ロングステイならタイだも～ん!!』髙橋由紀雄著, ゑゐ文社発行, 星雲社発売, 2006
『アジアの家族とジェンダ』落合恵美子・山根真理・宮坂靖子編, 勁草書房, 2007
『アジア・バロメーター 躍進するアジアの価値観――アジア世論調査(2004)の分析と資料』猪口孝・田中明彦・園田茂人, ダダバエフ・ティムール編著, 明石書店, 2007
『移動するアジア――経済・開発・文化・ジェンダー』佐久間孝正・林倬史・郭洋春編著, 明石書房, 2007
『異文化接触から見る市民意識とエスニシティの動態』石井香世子著, 慶應義塾大学出版会, 2007
『国境なき山地民――タイ文化圏の生態誌』葫蘆舎編, 葫蘆舎発行 言叢社発売, 2007
『市民性教育の研究――日本とタイの比較』平田利文編著, 東信堂, 2007
『図録 メコンの世界――歴史と生態』秋道智彌編, 弘文堂, 2007
『「セックスワーカー」とは誰か――移住・性労働・人身取引の構造と経験』青山薫著, 大月書店, 2007
『迫りくる東アジアのエイズ危機』山本正・伊藤聡子編著, 連合出版, 2007
『タイ雑貨紀行[第3版]――アジアの道具,家具の魅力を探る』谷克二・時田慎也ほか著, 日経BP企画発行 日経BP出版センター発売, 2007
『タイ山地一神教徒の民族誌――キリスト教徒ラフの国家・民族・文化』片岡樹著, 風響社, 2007
『タイ駐在のタイ入門』桑野淳一・大西純著, 連合出版, 2007
『タイにおける教育発展――国民統合・文化・教育協力』村田翼夫著, 東信堂, 2007
『タイの森林消失――1990年代の民主化と政治的メカニズム』倉島孝行著, 明石書店, 2007
『地域コミュニティの環境経済学――開発途上国の草の根民活論と持続可能な開発』鳥飼行博著, 多賀出版, 2007
『チェンマイアパート日記』なかがわみどり・ムラマツエリコ著, JTBパブリッシング, 2007
『チェンマイに溺れる――上級リピーターのための北タイ紀行』永田玄著, ダイヤモンド社, 2007
『とっておきバンコク――駐妻が教える新しいバンコクの楽しみ方』丹澤あい著, 実業之日本社, 2007
『日本を降りる若者たち』下川裕治著, 講談社, 2007
『ババババババンコク――ハマってカマってタイ旅行』Kuma＊Kuma著, スリーエーネットワーク, 2007
『曼谷シャワー』下関崇子著, 平安工房, 2007
『フェミニストが語るタイ現代史――一〇・一四事件と私の闘い』藤目ゆき監修, スニー・チャイヤロット著, 増田真訳, 明石書店, 2007
『プーケットの逆襲――タイ王国の応援団長が吼える!』西岡史雄著, サオリ漫画, ゑゐ文社発行, 星雲社発売, 2007
『仏都バンコクを歩く』桑野淳一著, 彩流社, 2007
『魔境アジアお宝探索記――骨董ハンター命がけの買い付け旅』島津法樹著, 講談社, 2007
『もっと好きになっちゃったバンコク――癒しの国の体あたり紀行』下川裕治・好きになっちゃった編集部編著, 双葉社, 2007
『旅行人ノート メコンの国 第4版』旅行人編集部著, 旅行人, 2007
『歩いて楽しむ異国の街並み タイ散歩――大通りを横道に入るときっと驚きが待っている!』藤井伸二著, イカロス出版, 2008

文献

『ケアのコミュニティ──北タイのエイズ自助グループが切り開くもの』田辺繁治著, 岩波書店, 2008
『地獄へようこそ──タイ刑務所／2700日の恐怖』コリン・マーティン著, 一木久生訳, 作品社, 2008
『タイ王国の水資源開発──歴代為政者たちの水資源政策』手計太一著, 現代図書発行, 星雲社発売, 2008
『タイの開発・環境・災害──繋がりから読み解く防災社会』中須正著, 風響社, 2008
『地域の再生と観光文化』比嘉佑典編著, ゆい出版, 2008
『チェンマイの水──魅せられたタイに学んで四十年』宗像醇著, 文芸社, 2008
『東南アジア 建築逍遥』長谷川由紀夫・後藤幸三著, 鹿島出版会, 2008
『バンコクの高床式住宅──住宅に刻まれた歴史と環境』岩城考信著, 風響社, 2008
『バンコクバス物語』水谷光一著, めこん, 2008
『フルーツ&ベジタブルカービング[改訂版]初級・入門』岡野範子著, ボイス発行, 星雲社発売, 2008
『メコン・黄金水道をゆく』椎名誠著, 集英社, 2008
『森を使い, 森を守る──タイの森林保護政策と人々の暮らし』藤田渡著, 京都大学学術出版会, 2008
『ロンリープラネットの自由旅行ガイド タイ[第2版]』チャイナ・ウィリアムズほか著, メディアファクトリー, 2008

(4) 歴史・宗教・文化・芸術

『インドシナ半島の陶磁』長谷部楽爾編著, 瑠璃書房, 1990
『オイレンブルク伯「バンコク日記」──ドイツ, アジアで覇権を競う』大西健夫著, リブロポート, 1990
『濁流と満月──タイ民族史への招待』星野龍夫著, 田村仁写真, 弘文堂, 1990
『東南アジアの思想──講座東南アジア学, 第6巻』土屋健治編集責任, 矢野暢企画・編集代表, 弘文堂, 1990
『インド・タイの仏教』藤吉慈海著, 大東出版社, 1991
『NHK 美の回廊をゆく──東南アジア至宝の旅② タイ・バンコク, スコータイ, インドネシア・ボロブドゥール』NHK取材班ほか著, 日本放送出版協会, 1991
『講座 仏教の受容と変容 2──東南アジア編』石井米雄・田ม克己ほか著, 石井米雄編, 佼成出版社, 1991
『シャム旅行記』ジョウジ・タシャール著, 鈴木康司・二宮フサ訳, 岩波書店, 1991
『神話の人々──タイ山岳民族の染織工芸』嘉乃海隆子著, 紫紅社, 1991
『タイ家庭料理入門──はじめての一品から本格ディナーまで』うめ子・ヌアラナント, 安武律著, 農文協, 1991
『タイ仏教入門』石井米雄著, めこん, 1991
『ムエタイ 入門編』山本敏弘編著, エスエル出版会, 1991
『シャムの日本人写真師』松本逸也著, めこん, 1992
『タイ族の歴史──民族名の起源から』チット・プーミサック著, 坂本比奈子訳, 井村文化事業社, 1992
『タイ・マレーシアの女性労働者についての一考察』日本貿易振興会編, 日本貿易振興会, 1992
『タイ料理』ヒレア・ウオルデン著, 野間けい子訳, ピンポイント発行 扶桑社発売, 1992
『難民キャンプのパントマイム』矢野和貴著, めこん, 1992
『水の神ナーガ──アジアの水辺空間と文化』ストーメ・ジュムサイ著, 西村行夫訳, 鹿島出版会, 1992
『私のタイ料理』氏家昭子著, 柴田書店, 1992
『古地図にみる東南アジア』リチャード・ティラー・フェル著, 安藤徹哉訳, 西村幸夫監修, 学芸

出版社, 1993
『酒井美代子の今夜はタイ料理——屋台料理から王宮料理まで』酒井美代子著, 農文協, 1993
『実践宗教の人類学——上座部仏教の世界』田辺繁治著, 京都大学学術出版会, 1993
『とっておきのタイ料理』平松洋子著, 小林淳写真, マガジンハウス, 1993
『バンコクの歩み』マイケル・スミシーズ著, 渡辺誠介訳, 学芸出版社, 1993
『ビルマータイ鉄道建設捕虜収容所——医療将校ロバート・ハーディ博士の日誌1942-45』ロバート・ハーディ著, 河内賢隆・山口晃訳, 而立書房, 1993
『プリンセスからならったタイ王宮料理』酒井美代子著, 白馬出版, 1993
『北上する南風——東南アジアの現代美術』谷新著, 現代企画室, 1993
『ワサナのタイ料理——おかずがごちそうのかんたんメニュー』竹下ワサナ・料理, 大江ふみ・文, 文化出版局, 1993
『図説 バンコク歴史散歩』友杉孝著, 河出書房新社, 1994
『タイは辛いよ美味しいよ』清水ケンゾー著, 集英社, 1994
『泰緬鉄道——機密文書が明かすアジア太平洋戦争』吉川利治著, 同文舘出版, 1994
『泰緬鉄道と日本の戦争責任——捕虜とロームシャと朝鮮人と』内海愛子, G・マコーマック, H・ネルソン編著, 明石書店, 1994
『ドラゴン・パール』シリン・パタノタイ著, ジェームズ・ペック補筆, 田村志津枝訳, 講談社, 1994
『まとわりつくタイの音楽』前川健一著, めこん, 1994
『タイの日常茶飯』前川健一著, 弘文堂, 1995
『タイ文化ハンドブック——道標(みちしるべ)微笑の国へ』松下正弘編, 勁草書房, 1995
『タイ ラオス ベトナム酒紀行』江口まゆみ・小のもとこ著, アリアドネ企画発行 三修社発売, 1995
『歴史の転換を生きて——この五十年』河部利夫著, 玉川大学出版部, 1995
『アジア戦時留学生——「トージョー」が招いた若者たちの半世紀』藤原聡ほか著, 共同通信社, 1996
『北タイの光と風のなかに——仏像の微笑み』金成睦子・金成圭章著, 光村印刷, 1996
『クワイ河の虜——Captive of the River Kwae』ミクール・ブルック著, 小野木祥之訳, 新風書房, 1996
『タイの製鉄・製塩に関する民俗考古学的研究』新田栄治著, 鹿児島大学教養部考古研究室, 1996
『泰緬鉄道——癒される時を求めて』エリック・ローマクス著, 喜多迅鷹・喜多映介訳, 角川書店, 1996
『タイ文字を創れ——発展途上国言語の技術書出版始末記』福居浩一著, 化学同人, 1996
『タイ料理 [再版]』ヒレア・ウオルデン著, 野間けい子訳, ソニーマガジンズ, 1996
『タイ料理の魅力——アジアのフランス料理』中央公論社編, 中央公論社, 1996
『だから, 食べたいタイ料理——やさしくできてこんなにおいしい』氏家アマラー昭子著, 雄鶏社, 1996
『鉄路17万マイルの興亡——鉄道からみた帝国主義』C・B・ディヴィス, K・ウイルバーンJrほか著 原田勝正・多田博一ほか訳, 日本経済評論社, 1996
『東南アジアの古美術——その魅力と歴史』関千里著, めこん, 1996
『トムヤム生活 タイの壺』山田均著, トラベルジャーナル, 1996
『ピブーン——独立タイ王国の立憲革命』村嶋英治著, 岩波書店, 1996
『ラーン・ナーの染織——ユワン, ルー, ラーオ』ソングサック・プラーンワタナクン, パトリシア・ネーンナー著, 坂本真里訳, チェンマイ大学芸術文化振興センター, 1996
『私のタイ・タイ料理』立花えりか著, フレーベル館, 1996
『ウェアリー・ダンロップの戦争日記——ジャワおよびビルマータイ鉄道 1942-1945』E・E・ダンロップ著, 河内賢隆・山口晃訳, 而立書房, 1997
『写真記録 東南アジア-歴史・戦争・日本 4——ビルマ・タイ』根本敬・村嶋英治編著, ほるぷ出版, 1997
『食生活の表層と底流——東アジアの経験から』吉田忠ほか著, 農山漁村文化協会, 1997

『新宮彰のエスニックジャンジャン——タイ・バリ・ベトナム料理』新宮彰著, マガジンハウス, 1997
『図説 東南アジアの食』森枝卓士著, 河出書房新社, 1997
『タイ 自由と情熱の仏教徒たち』山田均著, 三修社, 1997
『タイのこころ——異文化理解のあり方』河部利夫著, 勁草書房, 1997
『タイの大地と共に——星霜移り変わる半世紀』西野順治郎著, 日経事業出版社, 1997
『タイ・やきものロードをゆく』曹洞宗国際ボランティア会広報課編, 曹洞宗国際ボランティア会, 1997
『東南アジアガハハ料理ノート』森優子著, 晶文社出版, 1997
『アロイ——タイ料理メニューブック レストラン篇』チャンタナ著, メタ・ブレーン, 1998
『おいしいタイランド』酒井美代子著 高野たけし写真, 東京書籍, 1998
『黄金の四角地帯——シャン文化圏の歴史・言語・民族』新谷忠彦編, 慶友社, 1998
『女たちのタイ・スタディ・ツアー報告』松井やより監修, 熊谷教枝・羽柴亜紗子編, 青山薫訳, アジア女性資料センター, 1998
『カップルでできるタイ式マッサージ』晴山倫太郎著, 同文書院, 1998
『タイの上座仏教と社会——文化人類学的考察』森部一著, 山喜房佛書林, 1998
『トオイと正人』瀬戸正人著, 朝日新聞社, 1998
『ふたごの象のチムとチュム』田村仁著, 文化出版局, 1998
『ブッダ 大いなる旅路2——篤き信仰の風景』「ブッダ」プロジェクト著, 石井米雄監修, NHK出版, 1998
『揚輝荘, アジアに開いた窓——選ばれた留学生の館』上坂冬子著, 講談社, 1998
『アジアの布』小川圭三, 小林康浩写真, 文化出版局, 1999
『おいしいものいっぱい タイとベトナムのごはん』平松洋子著・構成, マガジンハウス, 1999
『大いなる徒労』篠田庸子著, 編集工房ノア, 1999
『教科書が教えない東南アジア——タイ・マレーシア・インドナシア篇』藤岡信勝編, 自由主義史観研究会著, 扶桑社, 1999
『現代史の断面・死の泰緬鉄道』ねず・まさし著, 校倉書房, 1999
『タイ・演歌の王国』大内治著, 現代書館, 1999
『タイ家庭料理ヘルシーレシピ集——簡単!本場のCooking』安藤ポーンティプ・安藤博著, アスペクト, 1999
『タイ近世史研究序説』石井米雄著, 岩波書店, 1999
『タイとベトナムのごはん——おいしいものいっぱい』平松洋子著・構成, マガジンハウス, 1999
『タイの絹絣 マドミー(写真集)』オフェル・シャガン著, 平田尚加写真, アートダイジェスト, 1999
『東南アジア史〈1〉大陸部』石井米雄・桜井由躬雄編, 山川出版社, 1999
『東南アジアの仏教美術』レジナルド・ル・メイ著, 古米洋監訳, 山田満里子訳, 明石書店, 1999
『アンナと王様』エリザベス・ハンド著, 石田享訳, 竹書房, 2000
『海の帝国——アジアをどう考えるのか』白石隆著, 中央公論新社, 2000
『写真集 アンナと王様——フォトストーリー』セシリア・ホーランド著, 中俣真知子訳, 竹書房, 2000
『タイ式マッサージ——タイ伝統医療の理論とテクニック』リチャード・ゴールド編著, 医道の日本社, 2000
『タイ料理——黄金王国の食をきわめる』ウェンディ・ハットン編, 富田裕子訳, チャールズ・イー・タトル出版, 2000
『NIGHTMARE IN BANGKOK [ナイトメア・イン・バンコク]——タイの週刊誌を飾った原色表紙画集』都築響一編, アスペクト, 2000
『盆地世界の国家論——雲南, シプソンパンナーのタイ族史』加藤久美子著, 京都大学学術出版会, 2000

『ラオ人社会の宗教と文化変容――東北タイの地域・宗教社会誌』林行夫著, 京都大学学術出版会, 2000
『岩波講座 東南アジア史1 ――原史東南アジア世界』山本達郎責任編集, 池端雪浦ほか編集委員編, 岩波書店, 2001
『岩波講座 東南アジア史2 ――東南アジア古代国家の成立と展開』石澤良昭責任編集, 池端雪浦ほか編集委員編, 岩波書店, 2001
『岩波講座 東南アジア史3 ――東南アジア近世の成立』石井米雄責任編集, 池端雪浦ほか編集委員編, 岩波書店, 2001
『岩波講座 東南アジア史4 ――東南アジア近世国家群の展開』桜井由躬雄責任編集, 池端雪浦ほか編集委員編, 岩波書店, 2001
『岩波講座 東南アジア史5 ――東南アジア世界の再編』斎藤照子責任編集, 池端雪浦ほか編集委員編, 岩波書店, 2001
『岩波講座 東南アジア史6 ――植民地経済の繁栄と凋落』加納啓良責任編集, 池端雪浦ほか編集委員編, 岩波書店, 2001
『映画で読むタイランド――『王様と私』から『ザ・ビーチ』まで』原川順男著, 原川順男発行, 2001
『国際理解にやくだつNHK地球たべもの大百科 ――8 タイ トムヤムクン』谷川彰英監修, ポプラ社, 2001
『旬の素材でタイ料理――辛さの苦手な人はご用心!』竹下ワサナ著, 文化出版局, 2001
『死をめぐる実践宗教――南タイのムスリム・仏教徒関係へのパースペクティブ』西井凉子著, 世界思想社, 2001
『世界美術大全集〈東洋編〉第12巻――東南アジア』肥塚隆編, 小学館, 2001
『タイ 工芸の里紀行』江本正記著, 実業之日本社, 2001
『タイ舞踊』秋元加代子著, ウイチャイ・ピャンヌコチョン監修, 日本・アジア芸術協会, 2001
『東南アジア市場図鑑 魚貝篇』河野博編, 弘文堂, 2001
『東南アジア市場図鑑 植物篇』吉田よし子・菊池裕子著, 弘文堂, 2001
『東南アジアの遺跡を歩く』髙杉等著, めこん, 2001
『東南アジアの美術と歴史』オフェル・シャガン著, 里文出版, 2001
『仏教・開発・NGO――タイ開発僧に学ぶ共生の智慧』西川潤・野田真里編, 新評論, 2001
『アユタヤと周辺の歴史地区 タイ――週刊ユネスコ世界遺産80』, 講談社, 2002
『岩波講座 東南アジア史7 ――植民地抵抗運動とナショナリズムの展開』池端雪浦責任編集, 石井米雄ほか編集委員編, 岩波書店, 2002
『岩波講座 東南アジア史 8 ――国民国家形成の時代』後藤乾一責任編集, 池端雪浦ほか編集委員編, 岩波書店, 2002
『岩波講座 東南アジア史9 ――「開発」の時代と「模索」の時代』末廣昭責任編集, 池端雪浦ほか編集委員編, 岩波書店, 2002
『インドシナ王国遍歴記』アンリ・ムオ著, 大岩誠訳, 中央公論新社, 2002
『究極アジアごはん 味わい料理編――現地で学んだ本場のレシピをここに再現!』ロム・インターナショナル編, 東京書籍, 2002
『きょうのごはんはタイ料理』氏家アマラー昭子著, 日本放送出版協会, 2002
『タイ 国別文化事情』国際交流基金編, 国際交流基金, 2002
『タイの歴史――タイ高校社会科教科書』柿崎千代訳, 中央大学政策文化総合研究所監修, 明石書店, 2002
『チェンマイ, アンコール・ワットほか 週刊朝日百科 世界100都市 ――タイ, カンボジア, ミャンマー, ラオス』朝日新聞社編, 朝日新聞社, 2002
『東南アジアのキリスト教』寺田勇文編, めこん, 2002
『東南アジアの人気パン――味は一番, 見た目は二番』田辺由布子著, 文化出版局, 2002
『特命全権公使矢田部保吉』矢田部会編, 矢田部会, 2002
『萬歳(チャイヨウ)』岩崎栄著(復刻版), ゆまに書房, 2002

『仏印・泰・印象記』木村彩子著(復刻版), ゆまに書房, 2002
Practical Buddhism among the Thai-Lao —— Religion in the Making of a Region. Hayashi Yukio, Kyoto University Press, 2003
『岩波講座 東南アジア史 別巻 ——東南アジア史研究案内』早瀬晋三, 桃木至朗編集協力, 池端雪浦ほか編集委員編, 岩波書店, 2003
『世界の食文化⑤タイ』山田均著, 石毛直道監修, 農文協, 2003
『タイの食用昆虫記』渡辺弘之著, 文教出版, 2003
『地図がつくったタイ——国民国家誕生の歴史』トンチャイ・ウィニッチャクン著, 石井米雄訳, 明石書店, 2003
『東南アジアの建国神話』弘末雅士著, 山川出版社, 2003
『東南アジアの歴史——人・物・文化の交流史』桐山昇・栗原浩英・根本敬著, 有斐閣, 2003
『7日間でめぐるインドシナ半島の世界遺産』樋口英夫著, めこん, 2003
『パーフェクト・タイムービー・ガイド』アジンコート出版編, アジンコート出版, 2003
『バンコク カオサン食いたおし読本』ジミー金村著, 双葉社, 2003
『バンコク土地所有史序説』田坂敏雄・西澤希久男著, 日本評論社, 2003
『道は、ひらける——タイ研究の五〇年』石井米雄著, めこん, 2003
『路地裏の激ウマごはん タイ編』中村直也・清水樵編著, シンコーミュージック, 2003
『雲南のタイ族——シプソンパンナー民族誌』姚荷生著, 多田狷介訳, 刀水書房, 2004
『自己開発——上座部佛教の心髄』プラタマ・ピドック師講演, 野中耕一編訳, 野中耕一, 2004
『泰緬鉄道写真集 戦場に架けた橋』菅野廣一編, 菅野廣一, 2004
『タイ／ラオス歴史紀行[第2版]——世界遺産とアジア文化の旅』谷克二著, 鷹野晃写真, 旅名人編集室編, 日経BP出版センター, 2004
『東南アジアの美術』フィリップ・ローソン著, レヌカー・M. 永井文・白川厚子訳, めこん, 2004
『ビルマタイ鉄道に於いて書かれた日記——日記でみる日本占領時代の蘭印』Mariska Heijmans-van Bruggen編纂, Elisabeth Broers編, Naomi Bom-Mikami, Reiko Suzuki訳, オランダ戦争資料研究所, 2004
『ムエタイバイブル』ウィラサクレック・ウォンパーサー著, 愛隆堂, 2004
『蘇るサドック・コック・トム遺跡』まるごと・ウォッチング・タイランド編集部編, 人道目的の地雷除去支援の会, 2004
『ゴールデン・トライアングル秘史——アヘン王国50年の興亡』鄧賢著, 増田政広訳, NHK出版, 2005
『タイの古寺を歩く』桑野淳一著, 連合出版, 2005
『タイの象は生き延びられるか』不二牧駿著, 現代書館, 2005
『タイの屋台ゴハン』鈴木博之著, 北原俊博写真, ピエ・ブックス, 2005
『タイ・マッサージ・バイブル——ワットポースタイル』大槻一博著, BABジャパン出版局, 2005
『旅して見つけたベトナムとタイ 毎日のごはん』平松洋子著, 集英社, 2005
『東南アジア樹木紀行』渡辺弘之著, 昭和堂, 2005
『比較の亡霊——ナショナリズム・東南アジア・世界』ベネディクト・アンダーソン著, 糟谷啓介・高池薫ほか訳, 作品社, 2005
『やすらぎのタイ食卓——55品の親切レシピ・日本で手に入る食材で本物のタイ料理を』ラッカナー・パンウィチャイ, 藤田渡・河野元子著, 山口きよ子イラスト, めこん, 2005
『現代タイにおける仏教運動——タンマガーイ式瞑想とタイ社会の変容』矢野秀武著, 東信堂, 2006
『宗教を生きる東南アジア——アジア遊学89』勉誠出版, 2006
『タイ国——近現代の経済と政治』パースック・ポンパイチット, クリス・ベーカー著, 北原淳・野崎明監訳, 日タイセミナー訳, 刀水書房, 2006
『仏法——自然の法則と生きることの価値』プラプロム・クナーポン著, 野中耕一編訳, 野中耕一, 2006

『歴史叙述とナショナリズム——タイ近代史批判序説』小泉順子著, 東京大学出版会, 2006
『アユタヤ——Discovering Ayutthaya』チャーンウィット・カセートシリ著, 吉川利治編訳, タイ国トヨタ財団／人文社会科学教科書振興財団, 2007
『気づきの瞑想で得た苦しまない生き方』カンポン・トーンブンヌム著, 上田紀行監修序, プラ・ユキ・ナラテボー監修, 浦崎雅代訳, 佼成出版社, 2007
『ジェンダー人類学を読む——地域別・テーマ別基本文献レヴュー』宇田川妙子・中谷文美編, 世界思想社, 2007
『戦争の記憶を歩く 東南アジアのいま』早瀬晋三著, 岩波書店, 2007
『タイ三都周郵記——バンコク・アユタヤ・チェンマイ＋泰緬鉄道の旅』内藤陽介著, 彩流社, 2007
『タイの染織』スーザン・コンウェイ著, 酒井豊子・放送大学生活文化研究会訳, めこん, 2007
『テーラワーダ仏教の実践——ブッダの教える自己開発』ポー・オー・パユットー著, 野中耕一編訳, サンガ, 2007
『東南アジア年代記の世界——黒タイの「クアム・トー・ムオン」』樫永真佐夫著, 風響社, 2007
『東南アジア美術史』伊東照司著, 雄山閣, 2007
『文化の政治と生活の詩学——中国雲南省徳宏タイ族の日常的実践』長谷千代子著, 風響社, 2007
『物語 タイの歴史——微笑みの国の真実』柿崎一郎著, 中央公論新社, 2007
『国民語が「つくられる」とき——ラオスの言語ナショナリズムとタイ語』矢野順子著, 風響社, 2008
『シュリヴィジャヤの謎——海のシルクロードの要』鈴木峻著, ㈱朝日クリエ, 2008
『世界の宗教教科書——タイ編』チャラット・パヤッカラーチャサック, カウィー・イッシリワン著, 矢野秀武訳, 大正大学出版会, 2008
『戦後アジアにおける日本人団体——引揚げから企業進出まで』小林英夫・柴田善雅・吉田千之輔編, ゆまに書房, 2008
『タイ族が語る歴史——「センウィー王統記」「ウンポン・スィーポ王統記」』新谷忠彦著, 雄山閣, 2008
『タイのごはん』銀城康子企画・文, いずみなほ・星桂介絵, 農山漁村文化協会, 2008
『東北タイの開発僧——宗教と社会貢献』櫻井義秀著, 梓出版社, 2008
『仏法——テーラワーダ仏教の叡智』ポー・オー・パユットー著, 野中耕一訳, サンガ, 2008
『歴史和解と泰緬鉄道——英人捕虜が描いた収容所の真実』ジャック・チョーカー, 小菅信子・朴裕河・根本敬著, 根本尚美訳, 朝日新聞出版, 2008

(5) 文学・小説・民話

『タイのむかし話——ストン王子とマノーラー姫ほか』吉川利治編訳, 偕成社, 1990
『タイ・ホース』ウイリアム・デイル著, 田村源二訳, 角川書店, 1990
『ナーンラム』タイ国言語・図書協会編, 吉岡みね子訳, ㈶大同生命国際文化基金, 1990
『ぼくも, シャム行きさん』岩城雄次郎著, 近代文芸社, 1990
『夜明けのうた』ミンフォン・ホー著, 飯島明子訳, 佑学社, 1990
『最後のパトロール 上・下——タイ国境警備警察隊』ゴー・バンコク著, 野中耕一訳, 燦々社, 1991
『タイ・プーケットツアー殺人事件』谷恒生著, 勁文社, 1991
『タマリンドの木』池澤夏樹著, 文藝春秋, 1991
『地, 水そして花』吉岡みね子訳, 大同生命国際文化基金, 1991
『妻喰い男——マナット・チャンヨン短編集』マナット・チャンヨン著, レヌカー・ムシカシントー訳, 井村文化事業社, 1991
『バンコク狙撃指令』中津文彦著, 角川書店, 1991
『ちいさなチャンタら』狩野富貴子絵, 女子パウロ会著, 女子パウロ会, 1992

『蛇』ウィモン・サイニムヌアン著，桜田育夫訳，めこん，1992
『村は自立できる――東北タイの老農』セーリー・ポンピット著，野中耕一編訳，燦々社，1992
『日本人ごっこ』吉岡忍著，文芸春秋，1993
『走る馬から花を見る――東南アジア取材交友記』橋田信介著，新潮社，1993
『ピラ・スダム短編集』杵淵信雄訳，彌生書房，1993
『文学で読むタイ――近代化の苦悩，この百年』吉岡みね子著，創元社，1993
『村の衆には借りがある――報徳の開発僧』ピッタヤー・ウォンクーン著，野中耕一編訳，燦々社，1993
『タイ現代詩選』岩城雄次郎編訳，大同生命国際文化基金，1994
『風雲児　上・下』白石一郎著，読売新聞社，1994
『メナムの河の流れ』愛田紀章著，花伝社，1994
『暹羅国武士（もののふ）盛衰記――真説 ヤマダナガマサ』岩城雄次郎著，光和堂，1996
『ゲーム・アムナート――自らを政治権力の道具とした男の物語』チャルームサック・ンゲームンガーム著，桜田育夫訳，大同生命国際文化基金，1997
『タイ現代文学案内――変動する社会と文学者たち』岩城雄次郎著，弘文堂，1997
『メナムの残照』トムヤンティ著　西野順治郎訳，アジア文庫，1997
『巨象の舌を引き千切れ　上・下――タイ国最高秘密情報機関』ワシット警察大将著，野中耕一訳，燦々社，1998
『「タイ文学を味わう」報告書』国際交流基金アジアセンター編，国際交流基金アジアセンター，1998
『アユタヤの十字架のもとに』羽田令子著，社会評論社，1999
『空劫の大河――タイ民主革命綺談』ウィン・リョウワーリン著，野中耕一訳，燦々社，1999
『タイの大地の上で――現代作家・詩人選集』吉岡みね子編訳，大同生命国際文化基金，1999
『タイ文学の土壌――思想と社会』吉岡みね子著，渓水社，1999
『最後の儀式』クリストファー・ムーア著，井坂清訳，講談社，2000
『詩集 君の名は，タイの文学』岩城雄次郎著，花神社，2000
『ヨム河』ニコム・ラーヤワー著，飯島明子訳，段々社発行 星雲社発売，2000
『竜王のメコン河』ポール・アディレックス著，野中耕一訳，燦々社，2000
『アジア行きの男たち』浜なつ子著，太田出版，2001
『アユタヤから来た姫』堀和久著，毎日新聞社，2001
『業火の海――タルタオ島の海賊』ポール・アディレックス著，野中耕一訳，燦々社，2001
『ゴールド』響堂新著，幻冬舎，2001
『赤道』明野照葉著，光文社，2001
『瀬戸正夫の人生　上・下』瀬戸正夫著，東京堂書店（Thailand），2001
『東南アジア文学への招待』宇戸清治・川口健一編，段々社発行，星雲社発売，2001
『ニッタヤーを世の光に――地上に降りた天使たちに捧ぐ』讃уる万大著，チョウタリィ文庫，2001
『アジア家族物語――トオイと正人』瀬戸正夫著，角川書店，2002
『インモラル・アンリアル――現代タイ文学ウィン・リョウワーリン短編集』ウィン・リョウワーリン著，宇戸清治訳，㈶国際言語文化振興財団発行 サンマーク出版発売，2002
『地獄のかがり火――泰緬（タイ―ビルマ）鉄道』吉田一法著，草の根出版会，2002
『地雷をふんだ象モタラ――モタラとローンムの物語』えぎいちろう文，はしもとけんじ絵，廣済堂出版，2002
『バンコク楽宮ホテル残照』谷恒生著，小学館，2002
『バンコクの灯』瀬戸正夫著，東京堂書店（Thailand），2002
『マンゴー・レイン』馳星周著，角川書店，2002
『ミミ』内山安雄著，毎日新聞社，2002
『メナムの濁流』鬼島紘一著，双葉社，2002
『闇の子供たち』梁石日著，解放出版社，2002
『悪魔のダーツ――プーケット島の陰謀』ポール・アディレックス著，野中耕一訳，燦々社，2003

『女スパイ,戦時下のタイへ』羽田令子著,社会評論社,2003
『時』チャート・コープチッティ著,岩城雄次郎訳,大同生命国際文化基金,2003
『カラワン・ソングブック』森下ヒバリ編,ビレッジプレス,2004
『地球で最後のふたり』プラープダー・ユン著,吉岡憲彦訳,ソニーマガジンズ,2004
『ちび象ランディと星になった少年』坂本小百合著,文藝春秋,2004
『敗者の勝利』セーニー・サオワポン著,吉岡みね子訳,大同生命国際文化基金,2004
『メナムの濁流――国際謀略企業小説』鬼島紘一著,双葉社,2004
『闇の子供たち』梁石日著,幻冬舎,2004
『第2詩集 ぼくはタイランド』岩城雄次郎著,花神社,2005
『マンゴー・レイン』馳星周著,角川書店,2005
『越境陀羅尼』佐藤トモヒサ著,講談社,2006
『奇跡の名犬物語――世界一賢いロイヤル・ドッグ トーンデーン』プーミポン・アドゥンヤデート国王陛下著,赤木攻訳,世界文化社,2006
『タイの少女カティ』ジェーン・ベヤジバ著,大谷真弓訳,日置由美子絵,講談社,2006
『タムくんとイーブン』ウィスット・ポンニミット著,新潮社,2006
『マムアンとマナオ』ウィスット・ポンニミット著,ミリオン出版発行,大洋図書発売,2006
『鏡の中を数える』プラープダー・ユン著,宇戸清治訳,タイフーン・ブックス・ジャパン,2007
『観光』ラッタウット・ラープチャルーンサップ著,古屋美登里訳,早川書房,2007
『帽子の下の煙』ウィスット・ポンニミット著,マガジン・ファイブ発行,星雲社発売,2007
『アジアン・ルーレット』岡崎大五著,祥伝社,2008
『老いて男はアジアをめざす――熟年日本人男性タイ・カンボジア移住事情』瀬川正仁著,バジリコ,2008
『座右の日本』プラープダー・ユン著,吉岡憲彦訳,タイフーン・ブックス・ジャパン,2008
『外こもりのススメ――海外のほほん生活』安田誠著,幻冬舎コミックス発行,幻冬社発売,2008

(6)語学

『タイ日辞典[改訂版]』冨田竹二郎編,養徳社,1990
『マイペンライ――タイ語ってどんな言葉』荘司和子著,筑摩書房,1990
『プリヤーのタイ語会話』インカピロム・プリヤー,水野潔著,めこん,1993
『タイ語辞典』松山納著,大学書林,1994
『タイ山岳民族言語入門』戸部実之著,泰流社,1994
『タイの人々のためのタイ日辞典』冨田竹次郎編,タイ文化教育発展協会(バンコク),1994
『新 すぐに使える日本語-タイ語辞典』小此木国光著,国際語学社,1995
『法廷通訳ハンドブック タイ語』最高裁判所事務総局編,㈶法曹会,1995
『マイペンライ――タイ人の言語行動を特徴づける言葉とその文化的背景についての考察』堀江・インカピロム・プリヤー著,国立国語研究所編,くろしお出版,1995
『簡約タイ語辞典』松山納著,大学書林,1996
『すぐにつかえる日タイ辞典〈ポケット版〉』小此木国満著,ジェーシーシ出版,1996
『日タイ実用辞典』岡滋訓著,国際語学社,1996
『日タイ辞典』松山納著,大学書林,1996
『日泰小辞典』清水道之助著,清水道之助,1996
『法律用語対訳集 タイ語篇』法務省刑事局外国法令研究会編,商事法務研究会,1996
『ASEANの言語と文化』小野沢純編著,高文堂出版社,1997
『カナ引きタイ語実用辞典』高橋康敏編,大学書林,1997
『すぐにつかえるタイ語-日本語辞典』小此木国満編著,国際語学社,1997
『タイ語の言語表現』宮本マラシー著,大阪外国語大学学術出版委員会,1997
『タイ日大辞典』冨田竹二郎編,日本タイクラブ発行,めこん発売,1997

『日タイ辞典［ポケット版］』松山納著, 大学書林, 1997
『日タイ・タイ日辞典 ──タイの人々のための』富田竹次郎編, タイ教育文化振興協会, 1997
『タイ語ことわざ用法辞典』岩城雄次郎・斉藤スワニー著, 大学書林, 1998
『タイ日・日タイ簡約タイ語辞典 合本』松山納著, 大学書林, 1998
『タイ語読解力養成講座』赤木攻監修, 野津幸治, 佐藤博史・宮本マラシー著, めこん, 1999
『誰も教えてくれなかったタイ語スラング辞典（CD付き）』ポンパン・レプナグ著, ポンパン・レプナグ発行, 国際語学社発売, 1999
『日タイ辞典［改訂増補版］』松山納著, 大学書林, 1999
『タイ文字練習帳』諸江ボウォン著, めこん, 2000
『日・タイ表現例文集』宮本マラシー, 一宮孝子共著, 大阪外国語大学学術出版委員会, 2000
『日本語タイ語新辞典』小此木國満著, ジェーシィーシィー出版(Thailand), 2000
『マイペンライ(2) ──タイ人の言語行動を特徴づける言葉とその文化的背景についての考察・その2』堀江・インカピロム・プリヤー著, 国立国語研究所編, くろしお出版, 2000
『これは便利！日タイ・タイ日辞典』小此木國満編著, 国際語学社, 2001
『タイ人がよく使う！辞書にはないタイ語スラング辞典（CD付き）』ポンパン・レプナグ著, TLS出版社, 2001
『タイ日ポケット辞典』ポンパン・レプナグ著, TLS出版社, 2001
『日英タイ医学辞書』宗像醇編著, Cham Sathapanakul監修, メヂカルフレンド社（製作）, 2001
『日タイポケット辞典』タイ・ランゲージ・ステーション編, TLS出版社, 2001
『タイ国民のための日・タイポケット辞典』ポンパン・レプナグ編, TLS出版社, 2002
『タイ語・タイ あるある！キーワード事典』堤克裕著, TLS出版社, 2003
『東南アジア大陸部言語調査票──カンボジア語, ラオス語, タイ語, ベトナム語』上田広美編, 東京外国語大学外国語学部, 2003
『タイの文字と言葉』宇戸清治監修, こどもくらぶ著, 小峰書店, 2004
『デイリー日タイ英・タイ日英辞典』宇戸清治監修, 三省堂編修所編, 三省堂, 2004
『日タイ・タイ日ポケット辞典』タイ・ランゲージ・ステーション編, TLS出版社, 2004
『間違いだらけのタイ語』赤木攻監修, 中島マリン・吉川由佳著, めこん, 2004
『中級タイ語総合読本（CD付き）──タイの社会と文化を読む』斉藤スワニー・三上直光著, 白水社, 2005
『何から何まで言ってみる暮らしのタイ語単語7000』佐藤正透著, 語研, 2005
『美味しいタイ語』西尾知子, アマラ・テワシラチャイクン著, 技術評論社, 2006
『挫折しないタイ文字レッスン』赤木攻監修, 中島マリン著, めこん, 2006
『東南アジア大陸部諸言語の名詞句構造』東南アジア諸言語研究会編, 慶應義塾大学言語文化研究所, 2006
『タイ語上級講座 読解と作文』宮本マラシー著, めこん, 2007
『タイ語で書こう！グリーティングカード』中島マリン著, めこん, 2007
『日タイMini辞典』岡滋訓著, ボイス発行 星雲社発売, 2007
『ニューエクスプレス タイ語』水野潔著, 白水社, 2007
『はじめての外国語（アジア編） タイのことば』宇戸清治監修, こどもくらぶ編著, 文研出版, 2007

索引

IMF……18, 19, 98, 134, 220, 231, 262
ILO……60, 61, 163
愛国党……44, 15, 205, 211, 215, 237, 254
挨拶……44, 24, 179, 223
iTV……268, 367
IT産業……44
アカ……45, 10, 11, 51, 77, 157, 163, 178, 245
アカ語……12
暁の寺→アルン寺(55)
アーカートダムクーン親王……45, 30, 122, 215
ACMECS……45, 39, 84, 233
アグリビジネス……45, 305, 306
アグロインダストリー……45, 46, 124, 147, 164
朝市……242
アーサンハ・ブーチャー(→初転法輪日)……303
アサンプション校……50, 197
アジア開発銀行……228, 380
アジア極東経済委員会……70
アジア工科大学……318
アジア太平洋経済協力……47
アジア太平洋経済社会委員会→ESCAP(70)
アジア・ヨーロッパ会議(ASEM)……47
亜洲信託グループ……146, 326
アショーカ王……28, 271
ASEAN……46, 20, 21, 38, 39, 45, 47, 51, 59, 163, 200, 220, 224, 225, 238, 272
ASEAN憲章……47
ASEAN自由貿易地域→AFTA(51)
ASEAN地域フォーラム(ARF)……47
ASEAN＋3……47
遊び……47, 27, 48, 196, 328, 388
『アタック・ナンバーハーフ』……69
亜炭……408
アーチン・パンチャパン……48, 31
アッサニー・ポンラチャン→ナーイ・ピー(288)
アッサム……12, 221, 222, 247, 327, 351
アッシリ・タムマチョート……48, 31
圧力集団……48, 49
アーティッタヤウォン王……388
アナーキズム……107
アナンタサマーコム宮殿……75, 133
アーナンタマヒドン王→ラーマ8世(404)

アーナン・パンヤーラチュン……49, 47
アヌ王……49, 198, 248, 291, 292, 310, 355, 399
アヌマーンラーチャトン, プラヤー……49, 50
アピシット・ウェーチャーチーワ……50, 205, 338, 374
アピチャートポン・ウィーラセータクン……50
AFTA……51
油ヤシ……246, 305, 324, 387
アヘン……51, 77, 120, 258, 314, 369, 384, 400
アヘン博物館……51, 77, 369
アホム……13, 221, 222
雨乞い……299, 307, 352
雨水……371
アマリンタラウィニッチャイ宮殿……74, 75
アムナートチャルーン……51, 66, 121
アムプー(→郡)→行政(16)
アメリカ……35, 38, 39, 46, 47, 64, 70, 82, 84, 85, 86, 90, 104, 108, 118, 125, 140, 154, 158, 172, 173, 186, 195, 206, 209, 227, 229, 230, 231, 232, 238, 239, 243, 260, 268, 274, 285, 297, 310, 313, 314, 321, 332, 338, 342, 343, 372, 392, 414, 418, 419
アユッタヤー……51
アユッタヤー遺跡……52
アユッタヤー王朝……53
アユッタヤー銀行……146
アユッタヤー時代……55, 65, 67, 73, 76, 91, 137, 138, 148, 152, 155, 160, 176, 186, 192, 196, 202, 249, 250, 251, 253, 258, 267, 281, 283, 286, 287, 289, 296, 324, 328, 329, 330, 355, 367, 393, 398, 419
アユッタヤー美術……28, 340, 341
アヨータヤー……52, 53, 54, 66, 250, 406, 413
アヨータヤー寺……52, 53
アラウンパヤー……363
アランヤプラテート……55, 114, 148, 266
アルコール飲料……55, 160
アル・フセイン・モスク……383
アルン寺……55, 286
泡盛……55
アンカーン・カンラヤーナポン……56, 31, 84
アンカーン・ルアン→インタノン, ドーイ(59)
安居(→雨安居)……83, 95, 304
アンコール……8, 9, 54, 73, 81, 113, 114, 153,

512

193, 194, 221, 271, 275, 291, 321, 323, 333, 340, 364
アンコール王朝……113, 114
アンコール・ワット……53, 55, 73, 74, 88, 114, 321, 332, 345
アーンシラー……261
安息香……54
アンダマン海……86, 115, 194, 197, 290, 324, 338, 382
アンチャン……56
アーントーン……56, 255, 256
アーントーン諸島……152, 198
アンナ→レオノーウェンス，アンナ（419）
『アンナと王様』……419
アンナン山脈……114
按摩術……355

い

イエズス会……52, 108
イエムシー家……146
イカ類……46, 259
位階……76, 176, 213, 341
位階田……54, 77, 78, 148
医学……55, 58, 104, 116, 166, 217, 243, 257, 355, 405
イギリス……18, 30, 35, 62, 64, 69, 70, 75, 85, 86, 96, 100, 106, 108, 114, 119, 137, 150, 158, 170, 172, 188, 196, 214, 218, 229, 232, 246, 268, 269, 299, 300, 301, 313, 314, 315, 320, 321, 336, 338, 342, 343, 348, 351, 355, 356, 361, 368, 385, 387, 395, 398, 399, 400, 401, 402, 403, 404, 416, 417, 422, 425
イギリス商館……52, 53
イギリス東インド会社……284, 320, 321, 336
イーグル・デーン・ジュンラパン→デーン・チュンラパン（269）
イサーン→東北部（273）
イサーン語……10, 273
イサーン州……66
イシャナヴァルマン王……65
移住者……24, 64, 81, 98, 128, 143, 248, 370, 384
イスラーム→ムスリム（376）
イスラーム学校……57
イスラーム教育……56, 57, 363
イスラーム大学……57, 172
イスラーム法……166, 270, 359, 376
井堰……98, 190
1院制……133, 210
一時的先占証書（バイ・チョーン）……281
市場……57

一村一品運動→**OTOP**（79）
伊藤金之助……300
伊藤兆司……301
『イナオ』……138, 139, 392, 398
稲垣茂樹……301
稲垣満次郎……57
『田舎の教師』……31, 69, 97
稲作→**水稲栽培**（190）
稲魂……96, 306, 307, 330
イネ（稲）……172, 190, 191, 193, 274, 306, 307, 407
衣服……150, 200, 212, 235, 252
移民……23, 59, 60, 88, 89, 91, 93, 121, 130, 131, 163, 197, 202, 248, 297, 323, 328, 350, 384, 398
入安居→雨安居入り
医療……58, 19, 23, 59, 76, 87, 94, 101, 108, 128, 135, 156, 168, 175, 183, 184, 207, 272, 307, 344, 346, 367, 369
岩本千綱……59, 197
イン川……360, 378
インターネット……59, 22, 27, 44, 45, 91, 156, 234, 263, 337, 338, 366, 424
インタノン，ドーイ……59, 245
インタラーチャー……194
インタラーチャー王……364
インド……12, 24, 28, 29, 39, 50, 60, 71, 72, 81, 83, 95, 114, 127, 138, 142, 148, 156, 164, 169, 173, 176, 177, 192, 222, 223, 236, 246, 268, 271, 289, 299, 307, 310, 322, 323, 333, 334, 340, 345, 351, 353, 363, 365, 370, 374, 376, 382, 406, 410, 412, 417, 419, 422
インドシナ……46, 47, 64, 83, 90, 115, 171, 212, 220, 224, 228, 230, 231, 253, 259, 260, 291, 296, 332, 368, 377, 379, 380, 410, 411
『インドシナとインドネシアのインド化された諸国』……208
インドシナ半島……6, 12, 45, 113, 259, 378
『インドシナ文明史』……28
インドシナを戦場から市場へ……38, 220, 221, 233, 253, 260
インド人……59, 11, 13, 24, 60, 146, 406, 416
インド神話……75
インドネシア……38, 46, 58, 60, 127, 139, 140, 177, 196, 208, 227, 246, 284, 313, 339, 363
インド美術……28, 271, 340
インド洋……54, 55, 114, 196, 232, 234, 296
インドラ神……395
インフォーマル経済……60, 61
インフォーマル・セクター→インフォーマル

経済(60)
インフラストラクチャー……136, 154, 239
インフレ……18, 19, 64, 134, 135, 227, 339
韻文学……138, 262
『インモラル・アンリアル』……31

う

ウア・スントーンサナーン……82, 201
ウアブ・サーナセーン……84
ヴィエンチャン……49, 66, 142, 193, 198, 200, 233, 236, 248, 291, 310, 311, 341, 344, 355, 357, 377, 395, 397, 398, 407, 410
ウイキョウ……259
ウィークエンド・マーケット→**チャトゥチャック市場(252)**
ヴィクトリア女王……268
ウィサーカ・ブーチャー(→仏誕節)……271, 302
ウィシット・サーサナティエン……61, 310, 311
VCD……27
ヴィシュヌ神……29, 73, 147, 321, 323, 330
ウィスキー……55, 151
ウィチットワータカーン, ルアン……62, 30, 50, 72, 226
ウィチャイチャーン副王……62
ウィッタヤコーン・チエンクーン……62, 297
ウィナイ・ブンチュワイ→**シラー・コームチャーイ(181)**
ウィパッサナー(→瞑想修行)……87, 378
ウィマーンメーク宮殿……246
ウィモン・サイニムヌワン……63, 31
ウィモン・チエムチャルーン→**トムマヤンティ(282)**
ウィン・リョウワーリン……63, 31, 122, 347
ウィンヤーン(死霊)……117, 263
ウェステンガード……63, 64, 86, 196, 206
ヴェーダ……322, 323
「ウェートサンドーン・チャードック」……169
ウェートサンドーン本生話……83
ヴェトナム……12, 37, 38, 45, 47, 49, 59, 64, 85, 90, 96, 108, 114, 116, 118, 142, 143, 170, 171, 177, 212, 220, 221, 222, 226, 227, 230, 232, 233, 235, 236, 296, 303, 310, 334, 348, 357, 361, 377, 378, 379, 380, 384, 389, 397, 398, 399, 400, 416
ヴェトナム語……12, 235
ヴェトナム人……64, 10, 232, 361
ヴェトナム戦争……64, 29, 38, 46, 66, 82, 84, 158, 165, 202, 220, 224, 227, 230, 239, 256, 291, 362, 391

ヴェトナム難民……130
雨安居……169, 174, 303, 426
雨安居明け(オーク・パンサー)……95, 303, 304
雨安居入り(カオ・パンサー)……303, 304
雨季……6, 51, 102, 111, 140, 141, 171, 243, 249, 250, 255, 303, 343, 371, 378, 381, 385, 390
浮稲……141, 256, 304
雨季作……140, 141
牛……20, 90, 94, 95, 143, 148, 186, 273, 275, 304, 305, 317, 368, 377, 401, 406
ウタイターニー……65, 6, 237, 276, 359, 409
ウータパオ空港……150
ウッタラディット……65, 159, 193, 295, 330, 350, 357, 359, 360
ウート・サーオ……121
ウートーン……65, 29, 53, 196, 271
ウートーン王……65, 66, 340, 363, 406, 409, 413
ウートーン王家→ロップリー王家
ウートーン仏……29, 340
ウドーン→**ウドーンターニー(66)**
ウドーン州……66, 310, 377
ウドーンターニー……66, 29, 143, 145, 149, 265, 310, 311, 327, 342, 346
ウバーシカー・チャン……240
ウパチャー……213
ウボン→**ウボンラーチャターニー(66)**
ウボンラーチャターニー……66, 51, 83, 96, 97, 121, 143, 243, 377, 378, 379, 387
ウボンラーチャターニー大学……66
ウボンラット王女……67, 405
ウボンラット・ダム……142, 143, 342
海塩……159, 160
『生み捨てられた子供たち』……31, 165
ウミツバメ巣……67, 115
占い……60, 207, 366
漆細工……126, 301
ウルチ米……26, 140, 141, 143, 245, 309
運河……67
雲南……8, 12, 77, 81, 93, 137, 162, 172, 177, 193, 221, 222, 224, 228, 233, 245, 261, 295, 352, 357, 375, 376, 378, 379, 380, 383, 397
雲南会館……93

え

AIS……183, 263
エアポートリンク……279
映画……68
エイズ……69, 23, 25, 253, 333
衛生区……247, 265
エーオ・サーオ……121

エーカートッサロット王……69, 218, 345
ECAFE(→アジア極東経済委員会)……70
エコツーリズム……70, 363
ESCAP……70
NGO……70, 23, 25, 41, 44, 49, 85, 87, 101, 107, 163, 167, 168, 173, 175, 184, 185, 186, 189, 199, 297, 308, 311, 344, 377, 381, 392
『絵の裏』……165, 257
エビ……71, 20, 26, 46, 124, 147, 160, 164, 188, 190, 217, 234, 259, 295, 356, 370, 416, 417
FTA……71, 20, 39, 47, 51, 135, 228, 297
エメラルド・トライアングル……67
エメラルド寺院→プラケーオ寺(344)
エメラルド仏……55, 72, 245, 341, 344, 395, 397
エーヤーワディー……157, 221
エーヤーワディー・デルタ……157
エーラワンガス田……208, 270
塩害……99, 249, 368, 372
沿岸漁業……20, 190
円球石(ルークニミット)……120
園芸……290, 320
演劇・舞踊……71, 392
円借款……84, 85, 263, 273, 306
援助→外国援助(84)
エンターテイメント産業……22
塩田……152, 159, 160, 368, 370
エンブリー……418, 419

お

王位継承……69, 76, 161, 182, 218, 289, 336, 337, 363, 364, 390, 398, 403, 406, 410, 411, 425
黄衣献上祭(トート・パーパー)……303
黄衣……73, 162, 303, 330
王宮……73
王宮前広場……75, 74, 150, 252, 373, 392
王権……75, 62, 72, 76, 77, 96, 108, 177, 274, 293, 364, 406, 414
黄金の三角地帯……77, 51, 67, 120, 243, 245, 369, 378, 380
『王様と私』……285, 419
王室……14, 15, 41, 55, 68, 75, 77, 82, 89, 106, 113, 132, 146, 147, 154, 158, 170, 171, 179, 186, 192, 241, 268, 293, 304, 307, 323, 336, 337, 338, 350, 355, 356, 365, 366, 368, 374, 375, 400, 403
王室財産管理局……145
王室独占貿易→王室貿易(77)
王室プロジェクト……76, 182, 377, 405
王室貿易……77, 9, 78
王制……62, 75, 132, 182, 395, 396, 405

王族……78
『王朝四代記』……30, 112
王妃誕生日(ワン・メー)……304
王立学士院……78, 50, 121, 309, 394
大重弥手次……300
大山兼吉……300
オキサイド・パン、ダニー・パン兄弟……79, 311
沖縄……40, 55, 299
オーク・パンサー(→雨安居明け)……303
オークヤー(官位)……176
オークヤー・シーウォーラウォン→プラーサートトーン王(345)
オークヤー・セーナーピムック→山田長政(387)
汚職……79, 15, 111, 151, 186, 205, 226, 237, 264, 373
汚職防止取締委員会……79
オーストラリア……36, 37, 47, 58, 127, 158, 232, 233, 297, 338, 368
オーストロアジア語族……10, 110, 114, 265, 384, 409
オーストロネシア語族……11, 382
ODA→外国援助(84)
OTOP……79, 80, 126, 135, 167
オートバイ……21, 93, 312
『同じ横町』……425
オフショア市場……110, 262
オープン・ユニバーシティ……80, 32, 126, 127, 242
お守り……80, 81, 149
お雇い外国人→外国人顧問(85)
オランダ……69, 70, 77, 85, 116, 194, 218, 232, 248, 284, 293, 294, 342, 343, 345
オランダ商館……52, 53
オランダ人町……54, 301
オランダ東インド会社……9, 293
オーリエン……160
オリエンタル・ホテル……31, 50, 285, 329
織物……18, 26, 29, 103, 126, 132, 179, 200, 245, 292, 308, 337, 383, 421
オルターナティブな開発・発展……81, 166
オーンアーン運河……148, 393
音楽……81, 22, 27, 41, 72, 82, 120, 181, 182, 197, 201, 285, 288, 292, 299, 344, 362, 367, 392, 405, 410, 418, 424
オンブズマン……82

か

カー……96, 126

絵画……83, 84, 406
外貨……98, 129, 176, 220, 262
海外出稼ぎ……265, 421
貝殻通貨……96
海軍→軍(117)
海軍士官学校→士官学校(160)
外交……38, 39, 46, 49, 54, 58, 85, 86, 89, 112, 116, 118, 161, 172, 181, 195, 196, 206, 208, 225, 227, 230, 231, 233, 236, 238, 242, 252, 253, 268, 269, 283, 284, 287, 298, 313, 314, 343, 349, 354, 398, 401, 402, 403, 422, 423, 426
外国援助……84, 205
外国為替……98
外国為替管理法……98
外国銀行……18, 110
外国語教育……85
外国裁判所……342
外国資本……147, 259
外国人……9, 22, 34, 37, 52, 53, 54, 55, 68, 81, 82, 88, 119, 124, 129, 132, 143, 145, 161, 162, 176, 191, 197, 202, 225, 235, 241, 248, 260, 281, 285, 293, 301, 315, 318, 324, 333, 338, 339, 380, 388, 401, 417, 423
外国人顧問……85, 63, 86, 195, 206, 252, 269, 282, 365, 387, 409, 422
外国人事業法……124, 259
外国人職業法……259
外国人投資……176
外国人登録証……64
外国人労働者……86, 20, 421
外資導入……40, 41
海水魚……86, 147, 242
カイチオ……417
『怪盗紳士スアタイ』……68
『怪盗ブラックタイガー』……62, 69, 311
カイトート……417
海南(系)……91, 212, 224, 351
海南会館……92, 93
海南語……13
開発援助……86, 168, 205, 380
開発計画……18, 37, 46, 60, 87, 104, 106, 107, 134, 135, 154, 181, 183, 192, 219, 261, 272, 273, 274, 278, 279, 307, 308, 334, 362, 363, 369, 379, 409
開発政策……84, 87, 90, 142, 143, 155, 157, 307
開発僧……87, 25, 81, 158, 178, 189
開発独裁……154
戒律……87, 25, 155, 156, 157, 176, 177, 213, 240, 356, 362, 400

貝類……46
下院……14, 15, 44, 117, 122, 123, 133, 135, 151, 210, 211, 215, 253, 258, 328, 357, 374
『カーウィー』……138, 392
カーウィラ王……87, 88, 408, 410, 411
華裔……89
カオサーイ・ギャラクシー……88, 269
カーオソーイ……26, 271
『カーオソット』……187
カオ・ノーイ遺跡……29, 114
カオ・パンサー(→雨安居入り)……303
カオ・ピー……216
カオ・プラウィハーン……88, 29, 39, 114, 161, 209, 220, 221, 321, 350
カオラック……324
カーオラーム……261
香り米(カーオ・ドーク・マリ)……140, 141, 142, 191, 200, 273
化学肥料……147, 273, 305
『鏡の中を数える』……31, 347
華僑・華人……88, 18, 146, 153, 224, 244, 415
学位……45, 90, 257, 263, 393
核家族……93, 384
学生運動……90, 122, 167, 181, 208, 224, 242, 282
学生革命→10月14日事件(170)
覚王山日泰寺→日泰寺(298)
革命団……115, 130, 154, 358
革命団布告(プラカート・コーン・カナパティワット)……358
学歴……50, 61, 133, 160, 174, 178, 180, 185, 225, 261, 328, 413, 421
学歴社会……90, 159, 183
影絵芝居……90, 68, 81, 91, 142, 256, 290, 296, 406
賭け事……91, 282
カシコーン銀行……408
華人→華僑・華人(88)
華人コミュニティ……91
華人宗教……92
華人団体……92, 89, 91
カースト・ヴァルナ制度……323
カセートサート大学……257
『華暹新報』……159
火葬……75, 148, 214, 219, 263
家族・親族……93, 166, 319
家族計画……94, 93, 134, 178, 183
ガソリン……99
カダイ語……10, 12, 13, 114, 221, 222, 391
家畜・家禽……94, 247

索引

楽器……81, 82, 91, 132, 362, 407, 410
カティナ衣……95, 303
カティナ祭……95, 303
カトゥーイ……95, 419
カトリック……53, 108, 284
カナ……48
カニ（蟹）……416
カノックポン・ソンソムパン……95, 31
カノーム……290
カノム・クロック……259
カノム・チーン……26, 417
カノムパン・サンカヤー……160
カビンブリー……346
カープ……138
株式市場→**証券市場(175)**
株式投資……259, 260
貨幣経済……64, 302
貨幣制度……96
紙細工……126
過密地区（チュムチョン・エーアット）……199
カム……96, 157, 178, 265, 294
カム・ムアン……10, 12, 357
カム語……12, 13, 265, 409
カム・タイ語派……10
カムナン（→区長）……17, 111, 218
カムプーン……31, 96, 97
カムプーン・ブンタウィー……96, 31
カムペーンペット……97, 68, 193, 208, 236, 252, 286, 333, 359, 360, 411, 413
カムペンレーン寺……114
カムマーン・コンカイ……97, 31
ガムムアン王……322, 408
仮面劇……406
仮面舞踏劇→**コーン(142)**
カラオケ……22, 27, 69, 354
カーラシン……97, 368
カーラーチャカーン→**官僚(101)**
唐船……9, 77
カラーホーム（兵部局）……161, 251, 283, 352, 388
カーラーワーン・バンド……197
カリエン→**カレン(97)**
火力発電……408
カルン……273
カレー……26, 71, 171, 256, 317, 387, 417
カレン……97, 10, 11, 23, 86, 98, 108, 157, 178, 216, 231, 235, 238, 276, 297, 302, 381, 385
カレン語……12, 97, 216
カレン国民戦線（KNU）……296
為替制度……98, 227

官位……78, 148, 176, 197, 248, 301, 345, 397
簡易裁判所（サーン・クウェーン）……166
肝炎……333
岩塩……125, 159, 160, 273, 368
灌漑……98, 6, 20, 67, 68, 76, 84, 97, 134, 135, 140, 141, 149, 155, 188, 190, 191, 212, 237, 239, 244, 248, 249, 304, 306, 309, 333, 343, 360, 371, 379, 381
灌漑組合……173
乾季……6, 102, 103, 111, 152, 160, 249, 250, 273, 304, 371, 381, 383, 385
乾季作……98, 140, 141, 249, 250, 306
環境問題……98, 23, 70, 81, 99, 167, 279
観光……34
観光客……34, 35, 37, 59, 60, 67, 88, 143, 153, 163, 245, 246, 252, 255, 257, 285, 296, 300, 301, 315, 318, 319, 324, 335, 336, 339, 341, 347, 377, 378, 380, 384, 387
観光警察……34, 119
観光産業……34, 35, 339, 409
観光収入……34
環濠……97, 190, 243, 254, 271, 290, 318, 324, 325, 340, 422
環濠集落……97, 290
韓国……35, 39, 120, 124, 129, 184, 194, 273, 300, 318, 421
緩衝国……100, 170, 252, 402
関税……18, 21, 47, 51, 64, 69, 71, 96, 124, 136, 203, 228, 259, 297, 298, 313, 314, 315, 342, 343, 423
関税局……50, 136, 203
関税自主権……314, 342, 343
間接税……130, 136
間接選挙……210
官選議員……123, 133, 210, 413
官選議会……113, 328
乾燥常緑林……188
乾燥フタバガキ林……188
カンタララック……88
カーンチャナブリー……100, 101, 114, 152, 157, 211, 255, 256, 267, 276, 288, 297, 344, 359, 378, 399
缶詰……20, 46, 124, 147, 190, 194, 305, 356
カントゥルム……81
広東……13, 26, 91, 92, 93, 138, 150, 151, 314, 319, 395, 408, 426
広東語……13
カンハー・キエンシリ→**コー・スラーンカナーン(132)**
旱魃……99, 141, 191, 273, 274

517

カーン・プンブン・ナ・アユッタヤー→**マイ・ムアンドゥーム**(365)
カンボジア……12, 23, 37, 38, 39, 45, 47, 53, 55, 66, 67, 73, 81, 84, 86, 88, 90, 105, 106, 111, 114, 116, 137, 144, 148, 161, 162, 170, 171, 177, 184, 200, 208, 209, 212, 218, 220, 221, 227, 228, 230, 231, 236, 241, 251, 265, 266, 283, 284, 286, 294, 296, 310, 321, 332, 334, 349, 379, 380, 397, 398, 399, 400, 410, 416
カンボジア国境……29, 55, 102, 148, 255, 266, 285, 345
カンボジア人→**クメール**(113)
カンボジア難民……55
カンボジア紛争……38, 84, 220, 221, 227, 230, 231
カン・マーク……121
カンラヤーナミット寺……286
管理フロート制……19, 262
官僚……101, 15, 16, 17, 19, 48, 54, 102, 106, 108, 119, 122, 123, 124, 132, 145, 161, 168, 176, 187, 197, 215, 218, 225, 235, 236, 246, 247, 251, 287, 292, 293, 315, 345, 348, 354, 363, 395, 397, 398, 399, 400, 401, 403, 411, 413
官僚政体……102, 101

き

ギアオ→**タイ・ヤイ**(232)
生糸……283
『消えた木の葉』……261
気候……102, 6, 26, 51, 59, 77, 94, 99, 188, 217, 239, 244, 256, 295, 320, 353, 369, 371, 383
儀式……53, 73, 75, 76, 81, 83, 120, 121, 127, 131, 132, 154, 276, 277, 299, 306, 323, 337, 344
技術協力……84, 85, 86
寄進……29, 83, 95, 114, 151, 155, 173, 177, 189, 330, 341, 383
『傷あと』……30, 69, 256, 365
季節風……6, 102, 256
基礎教育……102, 32, 33, 85, 103, 104, 105, 127, 172
規則(コー・バンカップ)……359
北ヴェトナム……64, 220
北タイ→**北部**(359)
北ベトナム→北ヴェトナム
基地……40, 64, 66, 162, 208, 217, 220, 228, 230, 239, 256, 261, 287, 291, 326, 342
キッティサック・ミーソムスープ→**サックシリ・ミーソムスープ**(149)
規定(ラビアップ)……359
絹……103, 26, 126, 143, 200, 245, 285, 291, 292, 308, 337
義務教育……18, 32, 33, 103, 104, 105, 394, 403
キムポン・トーンタット……119
客属会館……93
キャッサバ……103, 20, 65, 148, 161, 188, 239, 245, 248, 273, 280, 284, 289, 292, 304, 309, 316, 378, 393, 418, 426
キャピタル・ライス……46
キャベツ……386
旧石器……211
旧中間層……185
宮廷詩人……202, 406
宮廷文学……137
宮殿……73, 74, 75, 132, 133, 225, 246, 290, 302, 325, 328, 355, 392, 422
教育……32
教育改革……104, 106
教育カリキュラム……105, 32, 33, 58, 85, 102, 172
教育協力……105, 106
教育局……102, 241
教育計画……106, 32, 104, 105
教育省……17, 28, 32, 72, 83, 102, 105, 106, 127, 179, 215, 300, 308, 311, 340, 356, 390, 407
教育制度……102, 106, 402
教育地区……33, 102, 105
教科書……391, 394, 409, 424
狂犬病……333
共産ゲリラ……46, 197, 350
共産党→**タイ国共産党**(223)
教師の日(ワン・クルー)……304
僑生……89, 351
行政……16
行政改革……106, 16, 17, 32, 152, 244, 263, 274, 315, 348, 403
行政裁判所……106, 16, 82, 101, 107, 124, 166, 367, 373
行政裁判所設置・行政事件手続法……16
行政村……174, 219, 308
行政手続法……16
キョウダイ→**ピー・ノーン**(330)
経典……24, 132, 155, 177, 313, 323, 341
共同作業……107, 173, 219, 309
共同体……22, 46, 47, 69, 107, 135, 169, 206, 207, 312, 331, 332, 371, 386
共同体復興運動……107
魚介類……71, 152, 190
漁業→**水産業**(190)
魚醬(→ナムプラー)……86, 259, 391
許心美(コーシムビー・ナ・ラノーン)……284

キリスト教……**108**, 24, 45, 53, 64, 81, 172, 213, 222, 286, 336, 341, 354, 384, 387, 400, 413
儀礼……24, 71, 72, 73, 80, 92, 96, 112, 117, 120, 121, 132, 133, 147, 154, 157, 177, 179, 192, 203, 207, 208, 214, 216, 219, 240, 263, 265, 276, 296, 303, 306, 307, 323, 330, 331, 333, 347, 354, 372, 374, 383, 389, 412, 413
金……96, 108, 109, 125, 248
金貨……96
銀河系政体論……**108**, 251, 314
緊急勅令……76, 358
金銀細工……126
金行……**108**, 109, 385
銀行→**金融**（109）
銀細工……245, 290
欽賜名……82, 176, 182, 289, 322, 331, 349, 366, 388, 394, 423
金樹・銀樹……75
金属器……327
近代法……155, 269, 270, 281, 342, 358, 398, 402
勤王派……14, 112
キンマ……**109**, 160, 335, 337, 374, 387
キンマ漆器……126
キン・ムアン……**109**
金融……**109**
金融コングロマリット……147, 325, 326, 408
金融自由化……110
近隣組（クルム）……173, 219
近隣諸国経済開発協力機構（NEDA）……85, 87

く

区（タムボン）→**行政**（16）
クーイ……**110**, 10, 12, 111, 200, 273
クイ（楽器）……410
クーイ語……12, 110
クイティオ……26, 417
クイニョン……118
クウェー川鉄橋……101, 378
クウェー・ノーイ川……100, 114
クウェー・ヤイ川……378
空軍→**軍**（117）
空軍士官学校→**士官学校**（160）
空港……35, 36, 66, 85, 115, 125, 126, 143, 149, 150, 151, 167, 200, 201, 244, 279, 287, 310, 319, 325, 330, 373, 374, 388, 410
阮朝……398
『クーカム』……282, 285
クカン……161
区自治体……**111**, 17, 210, 218, 219, 247, 275, 308

クダ……**196**, 216, 217, 229, 295, 296, 319, 370, 398, 416
果物……**111**, 26, 34, 48, 57, 83, 115, 228, 245, 293, 313, 329, 387
区長（カムナン）……17, 218
クックリット・プラーモート……**111**, 30, 112, 122, 142, 204, 209, 220, 227, 230, 307, 352
クディーダーオ寺……52, 53
クーデタ……**112**
功徳……95, 155, 169, 174, 177, 213, 214, 240, 263, 303, 341
クーナー王……270, 411
区評議会（サパー・タムボン）……219
クームアンドゥーム運河……318, 324
クメール……**113**
クメール遺跡……**114**, 23, 34, 161, 200, 321, 332, 349
クメール語……12, 110, 114, 223, 382, 384, 409
クメール帝国……8, 113, 114, 153, 159, 192, 321, 332, 340, 364, 409, 422
クメール美術……28, 29, 271, 340, 422
クメール文字……114, 222, 313, 382, 383
供養……53, 214, 330, 393
クライカンウォン離宮……335
『クライトーン』……138
『クライバーン（故郷遙かに）』……138
クラスター戦略……125
クラターイ……259
クラ地峡……**114**, 115
クラビー……**115**, 196, 290, 297
クラープ・サーイプラディット→シーブーラパー（165）
クランタン……196, 296, 370, 416
クリエンサック・チャマナン……**115**, 350, 420
クリッサナー・アソークシン……**115**, 31
クルイ……81
クルセ・モスク……319, 383
クルーバー・シーウィチャイ……**116**, 271
クルム……95, 122, 173, 178, 219
クルワ・インコーン……83
クルンカセーム路……318
クルンタイ銀行……110, 129
クルンテープ・マハーナコーン→**バンコク**（324）
Credit Union……70
黒タイ語……13
クロック……259, 417
クローファード……**116**, 398
クロープ・クルア→**家族・親族**（93）
クローン→**運河**（67）

519

クローン（Khlong）（詩）……138
クローン（Klon）（詩）……138, 202, 406
クローン（楽器）……410
クロントゥーイ港……116, 249, 325, 420
クワイ→クーイ（110）
クワン（魂）……40, 111, 116, 117, 205, 207, 208, 209, 229, 263, 306, 307, 323, 332, 374, 404, 409
クワン儀礼……117, 207, 208, 263
クワン・アパイウォン……116, 117, 205, 209, 332, 374
クワーン・パヤオ……322
軍……117
郡（アムプー）→行政（16）
クンイン……176, 282, 314
クン・ウィチットマートラー（→サガー・カーンチャナーカパン）……133, 394
クン語……12
軍事援助……228, 238
軍事政権……14, 16, 23, 104, 112, 113, 170, 171, 204, 227, 230, 231, 242, 276, 280, 374, 394
『クンチャーン・クンペーン』……196, 399
郡長……218

け

景洪（ツェンフン）……163, 190, 379
珪砂……125
経済……18
経済回廊……118, 37, 228, 245, 380
経済技術協力協定……84
経済協力……38, 39, 40, 45, 46, 47, 84, 85, 228, 229, 233, 369, 380
経済計画大綱……349, 404
経済社会開発計画→国家経済社会開発計画（134）
経済進出……40, 41
経済成長率……124, 131, 134, 135
経済ナショナリズム……119, 18
経済連携協定（EPA）……39, 71, 297, 298
警察……119
警察士官学校→士官学校（160）
刑事裁判所……166
刑事訴訟法……359, 423
芸術局……28, 50, 62, 65, 72, 83, 131, 132, 327, 383, 407
経常収支……124, 129, 130, 131, 262
携帯電話……22, 183, 237, 263, 309, 375, 464
芸能産業……120
芸能人……120
刑法……40, 79, 299, 337, 342, 365, 423

刑法典……337, 359, 365
『劇詞ラーマキエン』……406
ケーク……59, 370
ケシ……120, 51, 77, 243, 360, 369, 384, 389
結界……120, 158, 192, 276, 344
結界石（シーマー）……120
結婚……120, 22, 67, 81, 88, 90, 93, 94, 117, 121, 122, 129, 145, 162, 173, 174, 183, 202, 206, 215, 216, 217, 237, 239, 257, 261, 263, 269, 277, 303, 316, 330, 331, 347, 351, 381, 386, 403, 405
結婚式……81, 90, 117
結集……73, 112, 156, 177, 224, 227, 397, 398, 411
血統主義……130
ケナフ……121, 161, 188, 273, 280, 316
ケーマラート……121
ケーン（笙）……143, 274, 384, 391
ケーン（料理）……417
兼業農家……309
言語……12
言語政策……121, 122
県裁判所……166
県自治体（PAO）……122, 210, 247
原子力発電……270
建造物統制法……416
還俗……157, 174, 263, 264, 348, 362, 400
現代文学……122, 31, 252
県知事……16, 17, 106, 122, 139, 198, 251
ケントゥン……221
憲法……122
憲法記念塔→民主記念塔（373）
憲法裁判所……123, 82, 151, 166, 205, 237
原油→石油（208）
言論の自由……242, 366, 367

こ

業（カルマ）……214
公害……98, 99, 243, 273, 369, 412
公開株式会社法……110
高學修……224
高架鉄道……252, 267, 279, 325, 366
公企業→国営・公企業（128）
恒久憲法……122, 123, 239, 349, 414
工業……124
鉱業……125, 20, 86, 134, 192, 194, 270
工業化……18, 41, 60, 90, 93, 100, 107, 122, 124, 125, 129, 130, 134, 135, 145, 147, 150, 154, 186, 209, 251, 256, 259, 262, 278, 279, 308,

索引

326, 353, 356, 359, 393, 409, 415
工業省……124, 125, 210, 412
工業製品……124, 125, 139, 338
工業団地……**125**, 7, 124, 137, 152, 181, 244, 250, 261, 272, 273, 292, 318, 359, 369, 409
航空……**125**, 36, 37, 126, 149, 287, 291, 339
工芸品……**126**, 79, 109, 182, 245, 252, 290, 345, 409
香菜→パックチー（317）
耕作済証明書（ノー・ソー 3）……282
公社……18, 109, 128, 373
香辛料……**126**, 26, 34, 144
洪水……99, 141, 171, 189, 239, 243, 255, 256, 273, 319, 333, 343, 390, 405
降水量……102, 273, 372
廣西会館……93
合成繊維……209, 210
広西壮族自治区……118, 380
江浙会館……93
構造調整……18, 124, 134, 263, 264, 298
高速道路……36, 37, 115, 191, 199, 275, 276, 319, 325
高速道路公団……275
控訴裁判所……166
耕地……20, 144, 188, 189, 191, 281
交通……36
高等教育……**126**, 32, 33, 57, 72, 80, 101, 102, 106, 127, 155, 172, 179, 257, 318, 348, 393, 414, 421, 424
高等裁判所……368
高度経済成長……163, 189
抗日運動……112, 172, 173, 224, 404
河野清子……300
広肇会館……93
荒蕪地……67, 250, 281, 309, 318, 410
鉱物……125, 134, 137, 192, 408
合弁企業……124
広報局……82, 201, 268, 366
香木……127
公務員……16, 17, 22, 26, 59, 76, 82, 91, 101, 159, 168, 337, 403, 404
公務員違法責任法……16
小売業→**流通**（415）
香料→**香辛料**（126）
高齢化……127, 23, 128, 136, 184, 274
高齢化社会……23, 94, 127, 128
高齢社会……23, 127, 128, 169, 184
高齢者クラブ……128
高齢者福祉……**128**, 23
高齢者法……128

5戒……87, 151, 177, 303, 426
5月の暴虐→**暴虐の5月**（357）
5月流血事件→**暴虐の5月**（357）
国営企業→**国営・公企業**（128）
国営・公企業……**128**, 18, 129
国王……14, 16, 24, 26, 53, 54, 67, 73, 75, 76, 77, 78, 81, 82, 90, 96, 104, 106, 108, 112, 113, 120, 131, 135, 137, 148, 152, 154, 155, 156, 158, 166, 171, 176, 177, 182, 186, 196, 201, 214, 217, 226, 236, 251, 268, 281, 287, 292, 293, 294, 315, 323, 336, 337, 338, 343, 344, 345, 348, 349, 350, 356, 358, 362, 364, 366, 374, 388, 393, 394, 395, 397, 398, 399, 400, 401, 402, 403, 404, 405, 406, 413, 414, 423, 425
国王賛歌……133, 268, 337
国王誕生日（ワン・ポー）……146, 304
国王布告（プララーチャ・クリッサディーガー）……358
国王令（プラカート・プラボーロムラーチャオンカーン）……358
国軍→**軍**（117）
国軍最高司令部……115, 117
国際関係……38
国際結婚……**129**, 316
国際交流基金……299, 300
国際収支……**129**, 134, 260
国際連盟……403
告示（プラカート・クラスワン）……359
国主→**チャオ・ムアン**（250）
国税……136, 203, 204, 258, 259
国税局……203, 259
国籍……**130**, 60, 64, 86, 88, 89, 121, 129, 185, 190, 232, 235, 319, 384, 391
国籍法……89, 130
国礎柱→**ラック・ムアン**（394）
国道1号線→**パホンヨーティン路**（322）
国道3号線→**スクムウィット路**（191）
国道2号線→**ミットラパープ路**（372）
国道4号線→**ペットカセーム路**（354）
国内総生産……**130**, 7, 131, 178
国防省……112, 117, 208, 307
国防大臣……117, 118, 154, 238, 239, 254, 289, 350
国民芸術家賞……31, 48, 56, 97, 116, 132, 195, 209, 288
国民健康保障事務局（NHSO）……156
国民所得……130, 131
国民信条→**ラッタニヨム**（396）
国民総生産→**国内総生産**（130）

521

国民党軍……130, 376
国民統合教育……131
国民の力党……44, 205
国立公園……**131**, 34, 51, 59, 83, 152, 189, 248, 254, 284, 285, 346, 388
国立公園・野生動物保護局……131
国立公文書館……132
国立大学……32, 33, 127, 244, 246
国立図書館……**131**, 28, 208, 241, 313
国立博物館……**132**, 28, 53, 75, 83, 241, 271, 319, 422
国立舞台芸術高等専門学校……72
国連……46, 49, 51, 70, 127, 162, 178, 184, 185, 229, 238, 242, 272, 334, 426
国連アジア太平洋経済社会委員会→ESCAP（70）
国連難民高等弁務官事務所……297
ココナッツ・ミルク……26
ココヤシ……7, 152, 198, 293, 295, 315, 386
小作農……280, 309
「小作料統制法」……280
伍佐南……224, 408
コジェネレーション発電……270
コーシムビー（許心美）……284
護呪経典……**132**, 177
コショウ……18, 109, 126, 255, 256, 258, 259, 284, 387, 395, 398
呉譲……216
伍辰屏……224
伍森源……408
コー・スラーンカナーン……**132**, 30
コー・ソー・ロー・クラープ……**132**
コー・チョー・コー……168
国歌……**133**, 82, 268, 396
国会……**133**, 14, 15, 26, 75, 76, 85, 90, 112, 113, 115, 119, 124, 131, 135, 166, 168, 199, 209, 210, 211, 234, 239, 242, 254, 328, 332, 335, 337, 338, 348, 349, 350, 352, 358, 368, 374, 404, 414
国会議事堂……**133**, 75
国会議長……85, 133, 234
国家環境の質保全向上法……98, 99
国家教育基準評価事務局……127
国家教育法……32, 33, 102, 103, 104, 105, 106, 127
国家行政組織法……16
国家経済開発庁（NEDB）……87, 124, 134, 351
国家経済社会開発計画……**134**, 60, 104, 135, 192, 307
国家経済社会開発庁（NESDB）……87, 127, 130, 134, 135, 154, 168, 184
国家経済振興公社……18
国家警察……119
国家原理→ラック・タイ（393）
国家公務員……101
国家高齢者委員会……128
国家財政……**135**, 128, 403
国家農村開発委員会（コー・チョー・チョー）……308
国家保全林……188, 189
国旗……**137**, 394, 403
国境警察……120, 171
国境紛争……255, 426
国境貿易……**137**, 380, 381
コック川……245, 360, 378
古典音楽……81, 182, 201
古典文学……**137**, 138, 139, 169, 202, 288, 366, 385, 406
伍東白……408
子供……22, 25, 27, 31, 47, 67, 70, 82, 86, 93, 94, 101, 117, 151, 159, 165, 178, 183, 184, 206, 207, 213, 264, 274, 299, 312, 333, 355, 356, 363, 386
『ゴ・パー』……138, 329
コプラ……387
コブラ・ゴールド軍事演習……231
コー・マーラークン……119
ゴミ……100, 199, 244
コミュニティ開発局（CDD）……307
コミュニティ組織開発機構（CODI）……199, 264
コミュニティ林……189
コミュニティ林法……168, 189
コミュニティFMラジオ局（ウィッタユ・チュムチョン）……366, 392
コーム→**クメール**（113）
コーム文字……357, 383
ゴム……**139**, 7, 18, 20, 45, 48, 60, 115, 124, 140, 150, 190, 198, 246, 256, 257, 270, 284, 290, 293, 295, 305, 306, 309, 319, 324, 338, 356, 396
『コム・チャット・ルック』……187
コメ……**140**, 18, 20, 26, 45, 51, 54, 55, 56, 62, 66, 67, 69, 92, 100, 119, 120, 124, 139, 141, 142, 143, 146, 152, 164, 190, 191, 206, 210, 224, 229, 230, 245, 248, 249, 250, 274, 281, 289, 290, 291, 292, 293, 304, 305, 309, 314, 318, 356, 372, 387, 393, 408, 426
コメ銀行……173, 308
暦→**暦年**（419）

コーラート→**ナコーンラーチャシーマー**（291）
コーラート高原→**東北部**（273）
コリアンダー→**パクチー**（317）
コレラ……333
コロンボ計画……84
コーン……**142**, 72, 406
コーン・ウォン（楽器）……81
コングロマリット……145, 147, 325, 326, 408
コーンケン……**142**, 6, 143, 167, 199, 243, 310, 330, 342, 372
コーンケン大学……50, 142, 338
混交落葉林……188, 246
コン・スック（成熟者）……263
コーン滝……67, 121, 379
コーンチアム……**143**, 66, 67, 83, 378, 379
昆虫……143, 144, 188
昆虫食……**143**, 416
コンチーン……89
コン・ディップ（未熟者）……263
コンテナ……37, 116, 181, 266, 273, 420
コンデンセート……208
コンドミニアム……27, 244
コンバインサイクル発電……270
コンバウン朝……9, 55
コンビニ……21, 160, 213, 415
コンムアン→**タイ・ユワン**（232）
昆明……118, 143, 245, 380

さ

サイアム→**シャム**（169）
サイアム・スクエア……174, 424
サイアム運河水路掘削会社……68, 410
サイアム商業銀行……49
サイアムセメント・グループ……**145**, 146
サイアム・ソサイエティ……**145**, 50
サーイ川……77, 380
在家仏教……323
債券市場……176
最高顧問会議……241, 403
最高裁判所……158, 166, 337, 365
財政危機……403
最低賃金……261, 420
在日タイ人社会……**145**, 146
歳入……135, 136, 203, 314, 321, 399
財閥……**146**, 60, 110, 147, 150, 164, 260, 262, 263, 302, 426
裁判……101, 107, 124, 166, 196, 211, 215, 218, 238, 269, 342, 343, 361, 365, 368, 398, 402, 405, 416, 423
裁判所……14, 16, 44, 82, 88, 101, 106, 107, 123, 124, 151, 155, 158, 161, 165, 166, 205, 209, 211, 221, 237, 288, 337, 342, 343, 365, 367, 368, 373, 393, 420, 423
砕米……26, 141, 205
債務……18, 124, 129, 135, 136, 220, 262, 263, 273, 277, 284, 359, 371
財務省……86, 87, 98, 119, 124, 135, 203, 220, 226, 306, 309, 351
債務累積問題→**対外債務**（220）
サイヨーク洞穴……211
在留邦人→**日本人社会**（301）
サオ・チンチャー……**147**, 323
サガー・カーンチャナーカパン……394
魚→**海水魚**（86）、**淡水魚**（242）
サクディナー……**147**, 9, 54, 77, 148, 247, 283, 284, 288, 344
酒……22, 55, 77, 87, 107, 143, 151, 160, 200, 202, 204, 216, 258
サケーオ……**148**, 29, 55, 114, 255, 328, 345
サケート寺……**148**
鎖国……40, 77, 301
サコンナコーン……**148**, 75, 145, 149
サコンナコーン盆地……342, 379
サダオ……217, 316, 354
サタン……96
サックシリ・ミーソムスープ……149
サックチャイ・バンルンポン→**セーニー・サオワポン**（208）
雑誌……**149**, 30, 31, 48, 56, 62, 80, 95, 96, 97, 133, 195, 198, 282, 299, 302, 313, 314, 361, 366, 367, 370, 390, 400
サッタヒープ港……**149**, 256
砂糖……18, 45, 111, 124, 147, 150, 160, 259, 305, 387, 395
サトウキビ……**150**, 20, 55, 65, 97, 143, 148, 152, 191, 237, 261, 280, 289, 292, 304, 305, 316, 378
『砂塔造り』……312
サトゥーン……**150**, 24, 196, 359, 370, 376, 377, 383
サート・チーン（→秋節）……303
サナーム・ルアン→**王宮前広場**（75）
The Nation……187
『裁き』……31, 122, 252
サハ・グループ……**150**
サハット・マハークン（張蘭臣）……**151**, 225
サハユニオン……49, 210
サパーンヒン寺……192
サービス業……64, 86, 125, 129, 152, 199, 326, 421

サファイア……359
サブ・カルチャー……22, 299, 424
ザボン……111, 245, 290
サマック・スンタラウェート……151, 19, 49, 136, 215, 223, 258, 279, 373
サマーティ……378
サマナサック……176
サーマネーン……151, 152, 155, 169, 174
サムイ島……152, 198, 234, 315
『サームコック（三国志演義）』……138
サームセーン路……131
サムットサーコーン……152, 7, 52, 57, 115, 160, 249, 255, 256, 283
サムットソンクラーム……152, 255, 335, 378
サムットプラーカーン……152, 7, 52, 191, 199, 200, 208, 249, 252, 255, 256, 266, 278
サムパオ・チーン（唐船）……77
サムハナーヨック……283
サームプラーン……290
サムペン（三聘）街……153, 57, 212, 415
サームヨート寺……422
サーム・ロー……153, 60, 61, 154, 218, 235
サメット島……409
サヤーム→シャム（169）
『サヤームプラペート』……133
『サヤームラット』……149, 170
『サーラシン橋心中』……329
サラブリー……153, 56, 62, 218, 249, 255, 256, 275, 245, 315, 322, 372, 389, 392
サリット・タナラット……153, 14, 18, 34, 61, 62, 68, 87, 98, 104, 106, 110, 112, 124, 129, 134, 136, 142, 151, 154, 155, 165, 170, 204, 209, 225, 226, 227, 230, 234, 238, 239, 244, 252, 277, 288, 292, 314, 332, 335, 346, 351, 391, 394, 405
サル（猿）……48, 421
サルウィン川（→タンルウィン川）……221, 228, 360, 380, 381
サルン……96
サレーン……412
サロー……410
サワンカロ―ク……194, 201, 236, 286
サワンナケート……121, 233, 377
三印法典……155, 78, 148, 170, 269, 281, 284, 344, 371, 398, 409
サンガ……155, 24, 25, 73, 87, 104, 116, 120, 151, 154, 156, 157, 170, 174, 177, 178, 189, 213, 226, 240, 276, 331, 362, 381, 384, 397, 424
サンカーラーキーリー山脈……293
三界……155

三界経……155, 138, 156, 193, 195, 344, 413
サンカーティ……73
サンガ統治法……116, 155, 156, 177, 424
サンガ法……154, 155, 213
サンガラージャ……156
サンカラート……156, 155, 177, 241, 424
産業……20
蚕業……40, 85, 282, 300
産業構造……84, 125, 130, 264, 369
産業振興機構……125
産業投資奨励法→投資奨励法（272）
30バーツ医療制度……156, 19, 58, 59, 135, 168, 307
3色旗……137
3審制……166
サンスクリット語……138, 175, 201, 203, 206, 223, 271, 273, 312, 400, 406
サンスクリット文学……402
サーン・スーン……114, 422
三蔵経……156, 73, 132, 177, 218, 240, 402
散村……174, 309
山地民……156, 12, 51, 96, 97, 98, 108, 116, 120, 131, 157, 178, 232, 239, 311, 360, 377, 381, 384, 385, 412
サンティ・アソーク……157, 25, 177, 254, 362, 373
暫定憲法……122, 123, 154
『サンティとウィーナー』……68
暫定保有証（トラー・チョーン・チュアクラーオ）……282
サンデー・マーケット→チャトゥチャック市場（252）
『サントーン』……138, 398
サンパートーン……59
三仏塔峠……157, 100, 267
サーン・プラプーム→土地神祠（280）
散文学……138
3暴君……347
サンヤー・タムマサック……158

し

CIA……64, 285
SEATO……158, 46, 154, 230, 272, 361
SEATO文学賞……115, 201
シアヌーク……220
シーロム路……325
寺院……158
寺院委員会……173
寺院建築……29, 83, 148, 399
シーインタラーティット王……158, 159, 193,

407
寺院壁画……83, 156
シヴァ神……88, 147, 273, 321, 323
シーウィチャイ→シュリーヴィジャヤ(175)
シエオ・フットセン・シーブンルアン(蕭佛成)……159
ジェマー・イスラミヤ……39, 231
シェムリアップ……55, 161, 162, 196, 236, 416
CLMV……260
シエンクワーン……222, 361
ジェンダー……159, 95, 116, 185
シエンミエン……374
塩……159, 9, 71, 86, 99, 111, 114, 125, 152, 160, 190, 217, 234, 242, 249, 259, 273, 280, 368, 370, 372, 416
持戒……177, 303, 397
士官学校……160, 59, 115, 154, 182, 195, 199, 217, 237, 238, 252, 253, 289, 290, 314, 321, 331, 346, 350, 402, 425
事業税……203, 204
シーク教徒……60
嗜好品……160, 109
シーコーラプーム遺跡……200
シーサケート……161, 29, 88, 114, 200
シーサッチャナーライ……161, 34, 83, 159, 193, 194, 201, 360, 413
シーサワイ寺……192
シーサンペット寺……52, 53
地震……196, 324, 339
『詩人の願い』……56
シースリヤウォン，ソムデットチャオプラヤー・ボーロム・マハー……161, 197, 352, 400, 401
詩聖……138, 202, 398, 409
シーソーポン……196
シーダーオルアン……162, 31, 195
シータノンチャイ……138, 374
『シータノンチャイ・シェンメン』……138
師団……118, 154, 238, 293, 346, 422, 425
シーチエンマイ……310
自治大学……33, 127
シーチャン島……116
市長……210, 254
10戒……177, 213
失業者……265, 420, 421
失地回復紛争……162, 212, 226
シップソーンチュタイ……170, 269, 361, 416
シップソーンパンナー……162, 163, 221, 233, 371, 379, 411
シーテープ……353

自動車……19, 21, 36, 37, 59, 80, 124, 134, 143, 147, 163, 191, 204, 229, 267, 275, 276, 279, 292, 298, 302, 325, 356, 368, 420
自動車産業……163, 125, 260, 273, 276
自動車専用道路(モーターウェイ)……275, 276
児童保護法……163
児童労働……163
市内軌道……154, 254, 267, 325, 329
ジナカーラマーリー……164, 323, 364
シーナカリンウィロート大学……63, 182, 312
シーナカリン・ダム……100
シナ・チベット語族……10
師範学校……97, 256, 387, 393
CPグループ……164, 147, 366
シーファー……164, 31, 165
シプソンパンナー……→シップソーンパンナー(162)
シープラート……165
『シープラート悲歌』……138, 165
シーブーラパー……165, 30, 45, 48, 122, 208, 215, 257, 385, 411
紙幣……96, 272
司法顧問……40, 176
司法省……165, 348, 349
司法制度……165, 365
死亡率……23, 93, 183
資本家……181, 185, 205, 224, 265
資本財……130, 277, 356
島崎千六……300
シミラン諸島……324, 339
市民社会論……166
ジム・トンプソン→トンプソン，ジェームズ(285)
ジム・トンプソン屋敷……83, 285
社会……22
社会運動……167, 168, 264
社会開発……37, 60, 70, 76, 84, 87, 104, 107, 127, 130, 134, 135, 154, 166, 167, 168, 183, 184, 192, 307, 308
社会開発・人間安全保障省……128, 157, 175, 264
『社会科学評論』……195, 198, 300
社会行動党……112, 352
社会主義……14, 30, 90, 119, 131, 198, 222, 247, 274, 334, 349, 391
社会保障……168, 59, 60, 61, 101, 135, 136, 137, 169
社会保障法……168
爵位……176

525

ジャスミン……320
ジャスミン米……273
ジャータカ……**169**, 55, 82, 91, 138, 303, 330, 374, 392, 407
ジャーナリスト……159, 165, 185, 186, 208, 338
ジャパナイゼーション……169
ジャポニカ……141
沙弥→サーマネーン（151）
シャム……169
『シャム王国誌』……284
シャム危機……**170**, 59, 66, 100, 153, 195, 269, 283, 310, 315, 375, 379, 402, 416, 422
シャム語……10, 13, 170, 357
『シャム・ラオス・安南 三国探検実記』……59
シャム湾→タイ湾（233）
シャモ……95, 272
ジャヤヴァルマン7世……8, 114, 193, 321, 332, 340
ジャワ……81, 90, 116, 139, 150, 175, 216, 246, 289, 317, 340, 414
ジャンク船……152, 283
シャン語……10, 12, 13
シャン州……8, 12, 40, 221, 228, 229, 232, 233, 332, 350, 375, 397, 411
シャン族……86
首位都市……7, 278
朱印船……9, 40, 54, 388
朱印船貿易……40, 301
州（モントン）……251
集会所（サーラー）……158, 178
重化学工業……18, 125, 129, 145, 147, 259, 262, 273, 369, 409
就学率……104, 127
10月14日事件……**170**, 14, 75, 122, 134, 171, 208, 239, 264, 346, 351, 392
10月6日事件……**171**, 134, 151, 167, 181, 230, 242, 351, 391, 405
『週刊サヤームラット』……48, 112
『週刊マティチョン』……149, 187, 209, 425
住居……**171**, 26, 93, 134, 172, 280, 297, 327, 382
宗教……**24**
宗教教育……**172**, 57, 178, 311
宗教局……120, 383
修好条約締結方ニ関スル日暹宣言書→**日暹宣言書**（298）
修好通商条約……313, 314, 342, 395
重晶石……125
秋節（サート・チーン）……303
充足経済→**ほどほどの経済**（362）
集村……174, 309

自由タイ運動……**172**, 40, 173, 349
住宅公団（NHA）……264
獣皮……291
自由貿易協定……39, 51, 60, 71, 297→FTA
住民組織……**173**, 80, 168, 178, 295, 307, 308
住民登録……**173**, 199, 265, 274, 324
集落……**174**, 53, 59, 67, 97, 142, 143, 144, 173, 189, 206, 219, 286, 290, 309, 375, 376, 383, 412
儒教……24
受験戦争……**174**
守護神……80
樹脂……273
呪医→**モー・ピー**（383）
出家……**174**, 24, 59, 90, 116, 151, 152, 155, 157, 176, 177, 182, 200, 213, 239, 240, 241, 263, 264, 276, 277, 283, 288, 303, 313, 323, 341, 344, 348, 356, 369, 381, 400, 405, 424, 425
出生率……24, 94, 178, 183, 184
出生地主義……89, 130
出版……58, 59, 90, 95, 104, 107, 121, 132, 145, 149, 169, 179, 187, 215, 226, 241, 282, 299, 302, 313, 314, 332, 361, 367, 368, 385, 402, 409, 418, 424
ジュート……121
首都警察……119, 120
首都圏水道事業公団（MWWA）……128
須弥山……75
呪文……80, 81, 132, 207
シュリーヴィジャヤ……**175**, 28, 198, 226, 248, 289, 296, 340, 388
シュリーヴィジャヤ（シーウィチャイ）美術……28
狩猟……11, 13, 157, 211, 309, 363, 377
春節（トゥルット・チーン）……303
上院……82, 117, 122, 123, 131, 135, 210, 211, 338, 361
障害者の生活の質の向上および開発に関する法律……175
障害者福祉……**175**
商業→**流通**（415）
商業銀行……18, 21, 49, 109, 110, 255, 262, 263, 325, 326
商業銀行法……18, 109, 110
証券市場……**175**, 96, 109, 110, 129, 147, 263
証券取引監視委員会（SEC）……175
証券取引法……175
称号……**176**, 50, 54, 64, 193, 198, 206, 282, 292, 293, 294, 349, 398, 400
商工会議所→**タイ国商業会議所**（224）

招魂儀礼……117, 307, 413
上座仏教……**176**, 24, 29, 59, 87, 90, 155, 156, 157, 177, 178, 192, 193, 216, 221, 226, 232, 236, 240, 273, 296, 323, 339, 341, 362, 371, 384, 397, 407, 410
少子化……**178**, 174, 274
小乗仏教→上座仏教（176）
少数民族……**178**, 12, 13, 23, 59, 67, 82, 86, 107, 108, 121, 122, 130, 182, 197, 231, 245, 272, 322, 357, 358, 372, 391, 396, 412
小説……30, 31, 62, 63, 96, 112, 132, 137, 138, 139, 162, 164, 165, 179, 201, 208, 215, 252, 253, 277, 282, 285, 302, 361, 365, 367, 368, 370, 385, 389, 390, 419, 425
小選挙区……210, 211
少年家庭裁判所……166
小農民会議……49
消費……**178**, 20, 22, 37, 66, 70, 81, 86, 100, 107, 120, 124, 130, 131, 150, 157, 160, 169, 185, 190, 200, 203, 304, 305, 339, 356, 373, 386, 415, 424
消費市場……178, 179, 415
消費者物価……339
消費者物価指数（CPI）……339
消費税……203
城壁都市……216, 244
正法王……54, 76, 177, 193, 413
商務省……120, 141, 197, 206, 300, 309, 339, 368
条約改正……64, 85, 196, 206, 342, 343, 403
省令（コット・クラスワン）……358
省令（コット・コーバンカップ）……358
小暦……8, 54, 364, 419
暑季……6
職業教育……**179**, 32, 182
食習慣……**179**
食品加工業……244, 289
植物園……245
植民地主義……402
女性作家……30, 31, 56, 132, 162, 389
書籍……**179**, 156, 302
食国制→キン・ムアン（109）
ショッピング・センター……27
ショップハウス……27
初転法輪日（アーサンハ・ブーチャー）……302, 304
初等教育……32, 102, 103, 104, 105, 155, 311, 405, 424
初等教育法……103, 104
所得……37, 61, 101, 128, 130, 131, 136, 160, 183, 184, 199, 203, 204, 264, 272, 273, 274, 278, 292, 305, 309, 333, 334
所得格差……**179**, 18, 134, 180, 181, 415
所得税……136, 203, 204, 272
シラー・コームチャイ……181
シーラーチャー……181, 190, 261, 326, 420
シリキット王妃……**181**, 26, 67, 126, 182, 257, 304, 337, 405
シリキット・ダム……65, 249, 295
シリキット油田……208
私立大学……32, 90, 127
シリラート医学校……217
シリラート病院……58, 300
シリントーン王女……**182**, 90, 405
シー・ロー……218
シンガポール……35, 38, 46, 51, 63, 114, 116, 118, 183, 184, 194, 224, 260, 265, 319, 329, 348, 373, 395, 398, 400, 426
新客……89
SHINグループ……183
人口→人口動態（183）
ジンコウ（沈香）……127
新興住宅地……173, 255
人口センサス……7, 60, 183, 415
人口増加率……94, 134, 278
人口動態……**183**, 184
人口ボーナス……184
人口抑制策……183
人身売買……**184**, 85, 185, 202
人身売買防止および制圧法……185
深水港……217, 273, 420
『人生の珠玉』……56
新石器……196, 327
親族→家族・親族（93）
シン・ソート……93, 121
新中間層……**185**, 15, 22, 27, 157, 167, 168, 177, 186, 240, 255, 421
深南部……56, 57, 319
神王思想……73
神父……323, 400
シンブリー……186, 56, 255, 256, 271
新聞……**186**, 30, 95, 112, 132, 149, 151, 159, 165, 170, 185, 187, 208, 215, 223, 227, 230, 234, 310, 313, 327, 332, 366, 367, 373, 377, 385, 388, 391, 403, 411, 425
人民代表院……133, 358
人民党……**187**, 14, 62, 112, 116, 119, 133, 159, 204, 218, 264, 292, 331, 349, 368, 373, 374, 394, 396, 403, 404, 405, 413, 414
人民党協会……187
シンラパコーン大学……50, 56, 61, 84, 182, 201,

370, 425
森林……188
森林局……131, 188, 189, 246, 370
森林僧……189
森林伐採……377, 408
森林法……20, 188
森林問題……189
真臘……114
神話……8, 75, 96, 323, 384

す

スアパー(野虎隊)……403
水運……190, 36, 37, 119, 243, 249, 275, 315, 324, 425
水牛……20, 90, 94, 143, 273, 317, 377, 406
水産業……190, 20, 107, 129
水質汚染……98, 99, 100, 143, 188, 243, 278, 371
水上マーケット……57, 378
水田……6, 7, 9, 65, 67, 97, 98, 144, 148, 149, 188, 191, 217, 232, 237, 243, 244, 250, 255, 256, 279, 280, 281, 290, 295, 304, 305, 306, 309, 316, 348, 368, 371, 372, 379, 381, 385, 410
水田面積……66, 148, 191, 250, 283, 305
水稲耕作民……157, 232
水稲栽培……190, 191
水力発電……270, 343
枢密院……76, 158, 197, 199, 200, 226, 309, 350, 368, 403, 413
スガイコーロック……191, 266, 293
スーカーファー……221
スカンヤー・チョンスック→**クリッサナー・アソークシン**(115)
スキー(タイスキ)……26
スクムウィット路……191, 181, 255, 261, 275, 325
スー・クワン→**クワン儀礼**(117)
スコータイ……191
スコータイ遺跡……192, 193, 340
スコータイ王家……283, 369
スコータイ王朝……193, 114, 158, 191, 249, 358, 407, 413
スコータイ時代……28, 97, 138, 156, 192, 193, 275, 289, 323, 329, 330, 406
スコータイ・タムマティラート大学(STOU)……80, 115, 425
スコータイ美術……28, 29, 194
スコータイ文字……222, 382, 383
錫……194, 18, 20, 125, 146, 196, 290, 295, 319, 324, 338, 339, 351, 356, 370, 396
スタット寺……195, 147, 399

スチャート・サワッシー……195, 31, 162, 297
スチンダー・クラープラユーン……195, 14, 167, 223, 253, 254, 357
スックリー……131, 210
ストリング……82, 362
ストローベル……195, 63, 64, 86, 196
『ストン王子』……374
スパー・シリシン→**ボータン**(361)
「スパープ・ブルット」……30, 165, 385, 412
スーパーマーケット……57, 199, 366, 415
『スパンの血』……30, 62, 257
スパンブリー……196, 8, 54, 65, 66, 140, 193, 197, 202, 250, 255, 256, 294, 328, 354, 363, 407, 409, 425
スパンブリー王家……9, 54, 66, 251, 283, 364, 369
スパンブリー川→**ターチーン川**(237)
スピリット洞穴……211
スープ・ナーカサティエン……276
スポーツ……196, 41, 67, 91, 187, 225, 268, 350, 375, 404
スマトラ……175, 196, 296, 324, 339
スマトラ沖地震・津波災害……196
スラサックモントリー，チャオプラヤー……197
スラシット・サオコン……84
スラ・セーンカム→**カオサーイ・ギャラクシー**(88)
スラチャイ・チャンティマートーン……197
スラック・シワラック……197, 24, 81, 337, 342
スラートターニー……198, 152, 248, 315, 340
スラナーリー……198, 200, 267, 291, 292
スラナーリー技術大学……291
スラポン・ソムバットチャルーン……418
スラム……199, 22, 61, 64, 70, 116, 163, 173, 317, 320, 325, 334
スラユット・チュラーノン……199, 19, 200, 264
スリイェンタラーティボディー王→**虎王**(283)
スリチャイ・ワンケーオ……81
スリーパゴダ→**三仏塔峠**(157)
スリヤーヌワット，プラヤー……119
スリヨータイ王妃……200, 53, 69, 199, 251, 253, 267, 389
『スリヨータイ』……69, 200, 253, 389
スリランカ……73, 81, 83, 132, 155, 156, 164, 176, 177, 192, 193, 194, 196, 271, 334, 340, 348, 359, 368, 371, 381, 399, 407
スリランカ仏教……164
スリン……200, 29, 34, 111, 114, 161, 214, 273
スルタン……316, 353, 396

528

スールヤヴァルマン(2世)……88, 321
スレード……246
スワイ……111, 273
スワイ(貢納物)……344
スワイ語……12
スワン(園地)……316
スワンクラープ校……111, 214, 264, 350
スワンドーク寺……244
スワンナダーラーラーム寺……52, 53
スワンナプーム……28, 38, 142, 201, 271, 374, 420
スワンナプーム空港……200, 85, 279, 287, 325, 351
スワンニー・スコンター……201, 31, 56, 253, 389
スワンモーク寺……288
スン……81, 410
すんころく焼……201, 161, 194
スンダ海峡……115
スンタラーポーン楽団……201, 82
スントーンプー……202, 138, 398, 409
スンナ派(スンニ派)……376
スンフアセン(順和成)……46

せ

製塩……159
性産業……202, 95, 191, 367
聖糸……202, 132, 177, 203
政治……14
政治家……14, 16, 44, 79, 106, 111, 113, 118, 123, 151, 168, 179, 189, 206, 210, 211, 227, 230, 246, 250, 253, 258, 313, 314, 328, 330, 335, 346, 347, 351, 357, 366, 368, 373, 422
聖水……203, 75, 132, 177
税制……203, 69, 124, 204, 259, 272
製造業……7, 20, 51, 56, 100, 124, 125, 129, 145, 146, 147, 150, 152, 153, 186, 190, 235, 260, 261, 262, 272, 273, 290, 292, 298, 326, 346, 353, 393
西双版納→シップソーンパンナー(162)
政党……204
青銅器……29, 211, 327
青銅器時代……327
西部……255, 256
政府開発援助→**外国援助**(84)
政府企業→**国営・公企業**(128)
制服……26, 337, 356
政府住宅銀行……264
政府貯蓄銀行(GSB)……109, 136, 264
精米……18, 20, 92, 140, 141, 146, 205, 224, 292, 304, 408
精米業……205, 20, 141, 159, 289, 426
精米所……119, 173, 205, 206, 426
姓名……206, 90, 173
姓名法……206
セイヤー……206, 86, 343
西洋文化……333
西洋列強……72, 292, 320
精霊……25, 96, 174, 203, 206, 207, 221, 263, 280, 303, 331, 366, 377, 383
精霊信仰……206, 45, 207, 330, 383
西暦……8, 302, 419
世界遺産……66, 161, 191, 193, 221, 276, 292, 330
世界恐慌……14, 403
世界銀行……18, 19, 84, 102, 124, 131, 134, 175, 262
『世界史』……62
赤十字……182, 423
石油……208, 18, 37, 97, 115, 129, 136, 190, 203, 204, 217, 256, 263, 270, 297, 373
石油化学……19, 21, 125, 134, 145, 147, 164, 273, 298, 369
石油危機……18
赤痢……333
セークサン・プラスートクン……208, 261
セーターティラート王……371
石灰岩……125, 192, 340
石膏……125
摂政……62, 68, 76, 161, 172, 182, 229, 230, 337, 349, 352, 388, 401, 404
絶対王政……9, 14, 16, 72, 78, 112, 119, 198, 264, 394, 395, 401, 413, 414
セデス……208, 28, 65, 114, 164, 170, 271
セーニー・サオワポン……208, 30, 122, 209
セーニー・プラーモート……209, 112, 172, 205, 234
セーパー……138
セーリー・マナンカシラー党……204, 314
繊維産業……209, 20
セーンウィー……221
選挙……210
宣教師……161, 222, 293, 333, 400
専業農家……280, 290, 309
選挙管理委員会……211, 44
選挙区制……133, 210
センサス……7, 24, 47, 60, 93, 183, 278, 290, 305, 415
先史時代……211, 65, 66, 83
戦勝記念塔……212, 162

『戦場にかける橋』……232
前進党……204
占星……269, 323, 366, 400
センーセーブ運河……212, 190
セントラル・グループ……212
千年王国運動……213, 396
センープー王……243
遭仏事件→シャム危機(170)
『千夜一夜物語』……139
遭羅→シャム(169)
遭羅国日本人会……225
戦略局(OSS)……172, 197

そ

ソー(楽器)……81
ソー(音楽)……410
僧……213
象……213
僧衣→黄衣(73)
双系……94, 159, 221, 320, 397
相互扶助……92, 308, 377
葬式……214, 128, 173, 179, 241, 383
葬式本(ナンスー・チェーク)……179, 214, 241
宗親会……93
装身具……87, 151, 327
相続税……69, 137
僧房……158
象祭り……214, 34, 200
僧侶→僧(213)
即位式……75, 132, 323, 401, 405
ソー・セータブット……214
ソット・クーラマローヒット……215
ソット・チャンタサロー……215, 240
ソートーン寺……251
『その手は白い』……149
『その名はカーン』……31, 201, 253
ソフトウェア……45
蘇木……54, 77
ソーポンパニット家……146, 326
ソムタム……22, 26, 259, 265, 274, 417
ソムチャーイ・ウォンサワット……215, 49, 136, 254, 373, 374
ソムデットチャオプラヤー・ボーロム・マハーシースリヤウォン……352
ソムデットチャオプラヤー・ボーロム・マハーピチャイヤート……352
ソムデットチャオプラヤー・ボーロム・マハープラユーラウォン……161, 352
ソムブーンスック・ニヨムシリ→ピアック・ポースター(329)

ソムボーン・パラスーン→**カムマーン・コンカイ**(97)
祖霊……94, 207, 216, 240, 330, 331, 384, 413
祖霊祭祀……216, 94, 413
祖霊崇拝……94, 384
ソンクラー……216, 7, 63, 87, 92, 154, 187, 199, 217, 228, 238, 279, 289, 290, 295, 296, 299, 312, 314, 316, 317, 318, 319, 331, 350, 354, 372, 376, 383, 398, 405
ソンクラー湖……217, 216, 318
ソンクラーナカリン親王……217, 404
ソンクラーナカリン大学……95
ソンクラーム川……379
ソンクラーン……6, 303, 321, 323, 347, 372
ソンコイ川(紅河)……395
『存在のあり得た可能性』……347
ソンスラデート, プラヤー……217, 187, 322, 331
ソンタム王……218, 293, 345, 388
村長……17, 81, 111, 173, 210, 218, 219, 292, 330
ソンティ・リムトーンクン……366, 373
ソーン・テオ……218, 316
村道局……275, 276
孫文……92, 159
村落……19, 65, 87, 158, 167, 173, 199, 218, 219, 256, 274, 308, 309, 314, 331, 335, 371, 372, 375, 384, 389
村落基金……19, 167, 199, 219
村落構造……218
村落社会……158, 274

た

タイ・シルク……103, 143
タイ・フェスティバル……299
タイ＝アメリカ新条約……343
タイ＝イギリス条約……342, 343
第1次世界大戦……64, 137, 228, 269, 403
第1審裁判所……166
太陰暦……269, 419
対ヴェトナム関係……220
『大王が原』……412
対外債務……220, 124, 129, 273
タイ開発研究所→**TDRI**(264)
タイ学士院→**王立学士院**(78)
大学庁……32, 106
泰華グループ……146
タイ・カダイ語族(諸語)……10, 12, 13, 114, 221, 222, 273, 391
『タイからの手紙』……31, 361
対カンボジア関係……220

索引

大気汚染……23, 99, 100, 135, 143, 278, 325
タイ銀行協会……49, 224
タイ系民族……221, 10, 25, 157, 222, 232, 233, 265, 360, 372, 378, 379
タイ語……222
タイ工業団地公団……125, 409
タイ工業連盟……223, 49
タイ貢献党……44, 205
タイ港湾公団（PAT）……129
タイ国観光振興機構……34
タイ国共産党……223, 90, 92, 171, 200, 204, 208, 227, 228, 247, 261, 274
タイ国際開発協力機構（TICA）……87
タイ国際航空……36, 126
タイ国商業会議所……224, 176
タイ国政府観光庁……34
タイ国籍非保持者カード……130
タイ国石油公団（PTT）……129
タイ国中華総商会……224, 408, 426
泰国徳教慈善総会……92
泰国日本人会……225, 300
タイ国農村復興財団（TRRM）……70
タイ国汎山地民教育・文化協会（IMPECT）……178
タイ国民党……253, 314, 328, 335, 348
タイ国元日本留学生協会……225
タイ国有鉄道……129, 265
タイ国立銀行→タイ中央銀行（226）
『タイ語辞典』……78, 121
『タイ語文法』……165, 324
ターイサ王……225, 363
『タイ・サクディナー制の素顔』……247
第三国定住……297, 392
タイ式民主主義……225, 154, 155, 226, 396
タイ資産管理会社……263
隊商……275
タイ正月（→ソンクラーン）……6, 303, 321
タイ将棋（マークルック・タイ）……196
タイ商業会議所連合……224
大城グループ……146
タイ証券取引所（SET）……58, 109, 175, 270, 373
大乗仏教……226, 65, 90, 175, 176, 295, 296, 333, 339, 340
タイ・シルク→絹（103）
『タイ人たち』……31, 391
大臣令（コット・セーナーボディー）……358
ダイズ……97, 191, 245, 350, 381
タイ全国学生センター……48, 90, 264, 300
タイ族→タイ系民族（221）
『タイ族（Tai Race）』……222

『タイ族の歴史―民族名の起源から』……247
大タイ主義……226, 38, 170, 222, 228, 229, 332
タイ中央銀行……226, 98, 119, 129, 339, 350, 351
対中関係……227, 236, 287
タイ電話電信公団（TOT）……129, 263, 373
大東亜会議……40, 229, 332, 426
大東亜共栄圏……232, 388
大東亜戦争→第2次世界大戦（228）
第2次世界大戦……228, 29, 48, 64, 68, 89, 114, 117, 140, 157, 162, 172, 181, 186, 206, 209, 231, 232, 238, 246, 249, 277, 282, 290, 314, 316, 325, 328, 332, 341, 353, 381, 404, 418
第2タイ＝ラオス友好橋……37, 118
対日関係……116
泰日協会……326
泰日協会学校→バンコク日本人学校（326）
泰日協会学校シーラーチャー校……326
泰日経済技術振興協会……229
泰日工業大学……229
タイ・ノーイ文字……357, 383
タイ農民銀行（→カシコーン銀行）……146, 408
タイ農民連合……49, 167
タイ発電公団（EGAT）……128, 270, 373
タイ＝ビルマ戦争……230
タイ・プアン……222
タイ＝フランス条約……342
対米関係……230, 231
太平洋戦争→第2次世界大戦（228）
『タイ法制史』……409
対マレーシア関係……231
対ミャンマー関係……231
大メコン圏→メコン圏（380）
泰緬鉄道……232, 100, 114, 157, 229, 256, 329
タイ文字→文字（382）
タイ・ヤイ……232, 10, 12, 83, 157, 178, 358, 381, 396
タイ・ヤイ語（シャン語）……10, 12, 358
ダイヤモンド……97
タイユニオンフローズン（TUF）……46
タイ・ユワン……232, 10, 221, 222, 294, 360, 371, 381, 385, 411
太陽暦……269, 403, 419, 426
『タイよ　目覚めよ！』……402
対ラオス関係……233
タイ＝ラオス友好橋……233, 291
タイ・ラック・タイ党→愛国党（44）
『タイラット』……187
大理……295
大理石寺院→ベンチャマボーピット寺（355）

531

大量輸送電気鉄道（MRTA）……265, 279
タイ・ルー……233, 10, 83, 163, 178, 221, 222, 232, 322, 358
タイ・ルー語……163, 233, 358
タイ湾……233
台湾……35, 58, 69, 89, 92, 93, 120, 124, 184, 224, 260, 265, 292, 300, 347, 389, 421
タウィー・ブンヤケート……234
タヴォイ（→ダウェー）……55, 100, 218
タウングー朝……251, 294, 363, 371, 411
タウンハウス……27
タオ島……86, 198, 214
ターオ・スラナーリー→スラナーリー（198）
ターオ・トーンキープマー……301, 336
高床式住居……26, 171, 172
宝くじ……234, 80, 91, 204, 366
ターク……234, 65, 193, 232, 238, 276, 322, 333, 343, 357, 359, 360, 378, 380, 425
タクシー……235, 60, 61, 69, 153, 253, 312, 392, 420
タークシン王……235, 9, 91, 216, 234, 236, 244, 248, 283, 286, 287, 348, 363, 397, 398, 408, 411
タクシン・チナワット→**タックシン・チンナワット**（237）
托鉢……236, 73, 157
タクルット……80
タクロー……47
ターケーク……233, 291
凧……47, 75, 196
打製石器……211
ターチーン川……237, 152, 196, 248, 250, 255, 256
タチレク……380
タックシン大学……319
タックシン・チンナワット……237, 15, 19, 38, 39, 41, 44, 45, 50, 58, 60, 61, 76, 79, 84, 106, 113, 125, 126, 128, 129, 135, 136, 151, 156, 157, 167, 168, 183, 186, 200, 201, 205, 211, 215, 219, 224, 228, 231, 232, 233, 238, 247, 254, 263, 264, 267, 279, 287, 297, 308, 350, 363, 373, 374, 394, 406, 416
タックシン離宮……75
タック・チャルームティアラナ……226
タッタチーウォー師……240
ターティアン……57
タディカー……57, 172
タート→**奴隷**（284）
タートゥーム……200, 214
タートパノム……291

ダト・ユティタム……166
タナット・コーマン……238, 46, 227, 230
ターナーレーン……266, 310
ダナン……37, 118, 119, 143, 377, 380
ターニン・クライウィチエン……238, 49, 104, 115, 164, 171, 230
ターニン・チアラワーノン……164
タノーム・キッティカチョーン……238, 90, 154, 155, 158, 171, 209, 239, 276, 346, 347, 405
タノントンチャイ山脈……360
タバコ……239, 107, 129, 160, 191, 204, 245, 258, 304, 329, 350, 398
タピオカ→キャッサバ（103）
タービー川……198, 289
ダビンシュエティ……230, 251
タポーン……81
タマリンド……126, 160, 386
ダム……239
ダムヌーン・サドゥアック市場……378
ダムヌーン・サドゥアック運河……393
タム・ヒープ寺……192
タム・ブン……240, 95, 174, 177, 189, 214
タムボン（→区）……16, 58, 111, 128, 218, 219, 308
タムボン自治体→区自治体（111）
タムマカーイ寺……240, 25, 177, 215
タムマチャヨー師……240
タムマユット派……240, 83, 158, 177, 241, 277, 369, 384, 400
タム文字……221, 313, 357, 383
ダムロン親王……241, 8, 16, 65, 268, 385, 401, 403, 422
タムロンナーワーサワット，ルアン……241, 242
溜池……190, 192
田山九一……300
タラート→**市場**（57）
堕羅鉢底……271
タラーン……267, 338
タルタオ（島）……214
『ダルノーワート』……30
足るを知る経済→ほどほどの経済（362）
タレーサープ・ソンクラー……217
タレー・ノーイ……217, 318
タレー・ルアン……217
タワーラワディー→ドヴァーラヴァティ（271）
タワン・ダッチャニー……84
ターン・サラーカパット……303
淡水魚……242, 66, 86, 147, 149, 245, 379
タンバイア……108

タンプーイン……176
タンブラリンガ……289
タムマサート大学……**242**, 62, 63, 75, 115, 142, 151, 158, 171, 195, 208, 209, 215, 238, 258, 265, 282, 288, 297, 300, 301, 318, 349, 350, 351, 388, 389, 390, 393, 409, 412, 426
タンルウィン川……360

ち

チー川……**243**, 6, 66, 142, 379, 387, 420
地域開発……87, 107, 178, 189, 273, 369
地域総生産……180
チーウォーン……73
チェーターティラート王……345, 388
チェットテオ寺……83
チエンコーン……**243**, 233, 245, 347, 360, 378, 380
チエンセーン……**243**, 28, 190, 244, 245, 270, 340, 360, 379, 380, 409, 411
チエンセーン王国……243
チエンセーン仏……29
チエンマイ……**244**
チエンマイ条約……333, 342
チエンマイ大学……62, 244, 370
チエンラーイ……**245**
治外法権……85, 313, 314, 366, 400
地下水……371
地下鉄……252, 267, 279, 325, 336
『地球で最後の二人』……347, 354
チーク……**246**, 18, 20, 188, 249, 350, 360, 380, 381, 408, 411, 417, 418, 425
地区委員会……173, 199
畜産→家畜・家禽(94)
地券……281, 282, 315
地券交付法……281
地租……281
チット・プーミサック……**247**, 8, 30
チットラッダー宮殿……75
チベット・ビルマ語派……10, 12, 45, 97, 295, 372, 397, 412
地方行政……16, 17, 106, 152, 173, 218, 219, 244, 274
地方自治……16, 17, 100, 349, 413
地方自治体……33, 100, 101, 119, 135, 136, 175, 199, 211, 218, 247, 265
地方税……136
地方統治局……173, 275
地方分権……**247**, 14, 16, 17, 101, 104, 105, 106, 123, 136, 167, 210, 219, 335, 357
茶……**247**, 160, 163, 169, 201, 245, 248, 265, 299, 362
チァム……39, 336, 353
チャイナート……**248**, 51, 65, 149, 237, 249, 250, 255, 256, 308, 360, 364
チャイヤー……**248**, 198, 226, 340, 352
チャイヤプーム……**248**, 243, 261
チャイヤラーチャー王……251
チャオ・カオ→山地民(156)
チャオ・サームプラヤー→ボーロムマラーチャーティラート2世(364)
チャオ・ファー……78
チヤオプラヤー(官位)……176
チャオプラヤー川……**248**
チャオプラヤー・ダム……**248**, 249, 250, 343
チャオプラヤー・デルタ……**250**, 67, 157, 174, 190, 248, 249, 255, 256, 304, 314, 318, 343
チャオプラヤー・ティッパーコラウォン……352
チャオプラヤー・パーサコーラウォン→パーサコーラウォン, チャオプラヤー(315)
チャオプラヤー・パーヌウォン……268
チャオプラヤー・アパイラーチャー→ロラン・ジャックマン(422)
チャオプラヤー・スラサックモントリー→スラサックモントリー, チャオプラヤー(197)
チャオプラヤー・チャックリー→ラーマ1世(397)
チャオプラヤー・パーサコーラウォン→パーサコーラウォン, チャオプラヤー(315)
チャオ・ポー……**250**, 206, 292
チャーオボン……10
チャオ・ムアン……**250**, 109, 163, 200, 206, 241, 246, 251, 375, 396
チャーオ・レー→モーケン(382)
チャケー……81
チャチューンサオ……**251**, 52, 255, 328, 345
チャックラパット王……**251**, 200, 286, 369
チャックラパットピマーン宮殿……74, 75
チャックリー王朝→ラッタナコーシン王朝(394)
チャックリー王朝記念日(ワン・チャックリー)……304
チャックリー宮殿……73, 74
チャックリー改革……**251**, 78, 100, 109, 155, 170, 217, 241, 246, 252, 269, 395, 402
チャッティップ・ナートスパー……81
チャップ・チョーン……281
チャトゥカーム・ラーマテープ……80
チャトゥチャック市場……**252**, 57

チャート・コープチッティ……252, 31, 122
チャートチャーイ・チュンハワン……252, 14, 38, 220, 221, 224, 228, 231, 233, 254, 291, 335, 347
チャードック→ジャータカ(169)
チャートリーチャルーム・ユコン殿下……253, 69, 200, 388
チャーマテーウィ……323, 409
チャム……11, 170, 376
チャムパーサック……67, 111, 162, 236, 410, 416, 420
チャムローン・シームアン……253, 157, 357, 373
チャルームサック・ロンカパリン→ヨック・ブーラパー(389)
チャルームチャイ・コーシットピパット……84
チャルーンクルン路……254, 324, 329, 385
チャワリット・ヨンチャイユット……254, 38
チャーン島……254, 284
チャンタブリー……255, 170, 195, 235, 236, 256, 283, 286, 287, 328, 359, 416
チャンタラック……56, 138, 202
チャーンローム寺……194
中央銀行→タイ中央銀行(226)
中央銀行法……226
中央集権化……109, 136, 188, 246, 251, 252, 396
中華(中国人)街……89, 91, 108, 153, 226, 324
中華会館……92
中華人民共和国……89, 163
中華民国……89, 92
中華門……90, 91
中間層→新中間層(185)
中国……10, 12, 20, 26, 29, 30, 35, 38, 39, 53, 54, 55, 57, 67, 69, 81, 83, 88, 89, 90, 91, 92, 96, 108, 109, 112, 114, 121, 129, 137, 138, 139, 140, 150, 152, 158, 160, 162, 163, 164, 165, 171, 172, 177, 190, 194, 200, 210, 212, 220, 221, 222, 224, 226, 227, 228, 230, 231, 232, 233, 236, 240, 243, 245, 247, 248, 256, 259, 260, 264, 265, 272, 284, 286, 287, 288, 289, 295, 296, 298, 300, 303, 314, 318, 328, 339, 349, 350, 352, 353, 357, 360, 374, 375, 376, 378, 379, 380, 383, 384, 389, 397, 399, 400, 413, 414, 426
中国共産党……224, 227
中国語……13, 65, 77, 85, 89, 90, 91, 92, 170, 223, 235, 286, 361, 375, 385
『中国爺さんと生きる』……390
中国人→**華僑・華人**(88)

中小企業……80
中進国……18, 23, 85
沖積平野……6, 7, 8, 54, 250, 295
中選挙区……210, 211
中等教育……32, 57, 102, 103, 104, 105, 135, 179, 181, 277, 389, 403, 411
中部……255
チュット・プララーチャターン……337
チュート・ソンシー……256, 69, 365, 388
チューム・センチュートー→スラサックモントリー,チャオプラヤー(197)
チュムセーン……390
チュムチョン……167, 169, 173, 199, 366, 392
チュムペー……142
チュムポン……257, 114, 267, 295, 354, 357
チュムポン親王……257
チュムポン・ナ・ラムリエン……145
チュラーポーン王女……257, 405
チュラーポーン大学院大学……257
チュラーロンコーン王→ラーマ5世(401)
チュラーロンコーン大学……257, 32, 44, 48, 50, 56, 63, 164, 182, 247, 261, 271, 272, 300, 361, 391, 401, 403
チュー・レン……206
チュワン・ブンナーク→シースリヤウォン,ソムデットチャオプラヤー・ボーロム・マハー(161)
チュワン・リークパイ……258, 13, 161, 197, 205, 221, 231, 263, 264, 280, 352, 374, 401
朝貢……16, 54, 67, 108, 163, 217, 236, 274, 295, 296, 316, 353, 370, 411
朝貢貿易……400
潮州……91, 92, 93, 151, 164, 224, 235, 236, 286, 325, 326, 338, 348, 426
潮州語……13
徴税請負制度……258, 259, 321, 399, 400
徴税請負人……395, 396
朝鮮戦争……38, 212, 230
『蝶と花』……299, 389
徴兵制……213
調味料……259
調理用具……259
チョーク……26
直接税……136
直接選挙……122, 210, 247, 265
直接投資……259, 98, 124, 125, 130, 134, 260, 262, 272, 278
勅令(プララーチャ・カムノット)……358
チョークワッタナー……150
貯蓄組合……173, 199

チョート・プレーパン→ヤーコープ(385)
チョーンクラベーン……26, 337
チョン・サガム峠……161
チョン・タコー峠……321
チョンナボット……143
チョンノンシー寺……83
チョンパオ・プーン・ムアン(先住民)……178
チョンブリー……261, 7, 116, 125, 149, 181, 191, 211, 215, 234, 255, 272, 273, 276, 278, 315, 318, 326, 328, 346, 351, 369, 420, 423
チョンブリー・ラヨーン日本人会……181, 261, 409
チョン・ボック峠……67, 321
チラナン・ピットプリーチャー……261, 208
地理……6
チン(楽器)……81, 410
賃金……261, 19, 20, 60, 61, 145, 210, 259, 265, 380, 420
賃金労働者……20, 61
陳慈黌……426
陳守鎮……426
陳守明……224, 225, 426
チン・ソーポンパーニット(陳弼臣)……325, 326, 352
チンダーマニー……261
チンナラート仏……29, 330, 341, 355
チーン・ホー……376
陳立梅……224, 426

つ

通貨危機……262, 21, 35, 84, 109, 110, 125, 129, 130, 131, 136, 145, 147, 163, 164, 178, 210, 213, 220, 226, 227, 231, 258, 260, 263, 266, 279, 298, 326, 339, 356, 362, 406, 408, 415, 421, 426
通過儀礼……263, 24, 179
通信産業……263
ツナ缶……20, 46, 190
津波……67, 99, 196, 197, 324, 339, 370
粒銀……96

て

出安居(→雨安居明け)……83
TICA(タイ国際協力機構)……87
TRRM(タイ国農村復興財団)……70, 308
ティエム・チョークワッタナー……150
ティエン・チラーティワット……212
ティエンワン……264
ティエン・ワンナーポー→**ティエンワン**(264)
泥灰土……125

低価格住宅供給政策……264, 199
定期市(タラート・ナット)……57, 252
ディスコ……27, 87, 424
TDRI……264, 49
TIPCO……46
ティーラユット・ブンミー……264, 166, 167, 171
ティローカラート王……283, 371, 411
ティン……265, 10, 11, 157
ティン語……12
出稼ぎ……265, 22, 61, 81, 82, 86, 91, 95, 107, 139, 158, 174, 274, 303, 309, 421
テクノクラート……154, 185, 239
テーサバーン……265, 122, 173, 244, 247, 275, 277, 278, 415
テーサーピバーン……16, 241, 251, 402, 408, 411
テーチャパイブーン家……146
鉄器……212, 327
デック・ワット……151, 208, 236
鉄鋼……19, 21, 60, 125, 145, 147, 194, 273, 298
鉄道……265, 36, 37, 52, 66, 68, 85, 86, 100, 114, 119, 129, 142, 149, 151, 157, 162, 196, 206, 217, 229, 232, 244, 246, 249, 252, 256, 266, 267, 269, 273, 275, 276, 279, 290, 291, 293, 310, 311, 316, 318, 319, 322, 325, 329, 333, 335, 336, 338, 348, 349, 354, 366, 402, 408, 420, 423
テート・マハーチャート……169
テナッセリム……55, 267
テナッセリム山脈……267, 345
デパート……22, 325
テープクラサットリー・シースントーン姉妹……267, 199, 200, 338
デュアル・トラック政策……19, 135, 264
テーラヴァーダ→**上座仏教**(176)
『デーリーニウ(デイリーニュース)』……187
デリバティブ取引……176
テレビ……267, 20, 22, 27, 48, 69, 82, 88, 112, 149, 183, 215, 234, 257, 268, 274, 347, 366, 370, 375, 392, 412, 424, 425
テロ……39, 182, 231, 233, 319, 353
テーワウォン親王……268, 58, 241, 269, 298, 419, 422
テン……72
デング熱……333
電子機器……20
天水田……97, 379
デーン・チュンラパン……269
伝統法……269, 270, 398

天然ガス……270, 18, 20, 21, 115, 125, 129, 208, 234, 260, 272, 273, 369
天然ゴム→**ゴム**（139）
天然資源・環境省……99, 412
デンマーク……85, 86, 145, 182, 238, 322, 342, 343
電力……270, 84, 115, 128, 134, 224, 240, 373
転輪聖王……76

と

ドーイ・インタノン→**インタノン，ドーイ**（59）
ドーイ・ステープ寺……270, 116, 244, 245, 271
ドーイ・トゥン……320
トイレ……271, 27
ドーイ・ワオ寺……380
ドヴァーラヴァティ……271, 28, 65, 97, 142, 196, 237, 290, 323, 327, 340, 341, 353, 384, 422
ドヴァーラヴァティ美術……28, 271, 340
同化政策……272, 13, 178, 353
トウガラシ……111, 126, 259
闘魚……47, 91
闘鶏……272, 47, 91, 95, 294, 425
統計局……6, 60, 61, 163, 334, 339, 420
東西回廊……37, 118, 143, 233, 235, 330, 377
籐細工……126
投資……7, 18, 19, 45, 46, 60, 71, 77, 98, 119, 124, 125, 129, 130, 131, 134, 135, 145, 147, 150, 164, 168, 169, 175, 176, 194, 224, 233, 244, 259, 260, 262, 264, 270, 272, 277, 278, 297, 298, 300, 305, 308, 326, 380, 408, 415
陶磁……132, 201, 399, 408
投資委員会（BOI）……124, 136, 154, 259, 272
投資奨励法……272, 18, 40, 124, 154, 259, 298, 351
『島夷志略』……54, 170
ドゥシット宮殿……74, 355, 392
ドゥシットターニー……204, 403, 413
ドゥシット地区……75, 325
唐船……9, 77
トゥックトゥック→**サーム・ロー**（153）
陶土……125, 192, 408
東南アジア集団防衛条約……158
東南アジア条約機構→**SEATO**（158）
東南アジア諸国連合→**ASEAN**（46）
東南アジア文学賞……31, 48, 56, 63, 96, 149, 181, 252, 261, 288, 297, 312, 313, 347, 370, 425
東南アジア友好協力条約……46
東南アジア連合（ASA）……46, 220
東部……6, 7, 18, 255, 256, 272, 326, 369
東部臨海工業開発計画……18, 369

東部臨海工業地域……272, 326
東北高原→**東北部**（273）
東北タイ→**東北部**（273）
『東北タイの子』……31, 96
東北部……273
トウモロコシ……274, 20, 65, 97, 188, 245, 248, 275, 280, 289, 292, 304, 306, 309, 315, 316, 350, 353, 356, 393, 418
『東洋のユダヤ人』……403
トゥルット・チーン（→春節）……303
道路……275
灯籠流し（ローイ・クラトン）……303, 304
道路局……191, 275, 354
『道路上の家族』……31, 181
ドゥワンチャイ……271, 272
トゥン・クラーローンハイ……420
トゥンソン……290
トゥンヤイ・フアイカーケン……276
トカゲ……111, 188, 297, 317
土器……29, 211, 327
徳教……24, 90, 92, 178
徳宏……221
得度式……117, 120, 213, 263, 276, 277, 344
特別円問題……277, 40, 229
ドークマイソット……277, 30, 122
特務作戦執行部（SOE）……173
都市……277
都市計画……279, 199, 216, 318, 416, 421
都市計画局……279
都市交通……37, 250, 266, 325
都市雑業層……60
都市中間層……19, 70, 107, 179, 357, 414, 415, 421
都市鉄道……279, 37, 85, 265, 266, 267, 276, 311, 316, 325
土壌……279, 99, 100, 141, 143, 188, 191, 273, 280, 309
土葬……214, 376
土地改革……280
土地改革法……280
土地開発……99, 136
都知事……151, 157, 253, 254
土地神祠……280
土地制度……280, 281
土地登記制度……282, 423
土地利用……189, 279, 353
トッケー……317
トート・カティン→**カティナ祭**（95）
トートマン……417
賭博→**賭け事**（91）

ドミニコ会……52, 108
トム……417
トムヤンティ……282
トム・ヤム・クン……69, 71, 317, 417
『**トム・ヤム・クン**』……69
外山亀太郎……282, 40, 58, 300
トライプーム・カター→三界経(155)
トライプーム・プラルワン→三界経(155)
トライローカナート王……283, 9, 54, 148, 330
虎王……283, 225, 354
トラック……19, 21, 135, 163, 217, 218, 264, 305, 316, 319
トラート……283, 191, 254, 255, 275, 359, 416
ド・ラ・ルベール……284
トラン……284, 139, 196, 234, 258, 261, 295, 296, 338
トランスジェンダー……95, 185
鳥……284, 67, 83, 217, 318, 363
鳥インフルエンザ(SARS)……333
ドル・リンク制……262
奴隷……284, 96, 148, 251, 264, 283, 285, 292, 309, 344, 352, 395, 402
トレンガヌ……196, 236, 370, 416
トーン(楽器)……81, 407
ドーンチェーディー……196, 294
トンチャイ・メークインタイ……285, 362
ドンパヤーイェン・カオヤイ……285, 292
ドンパヤーイェン山脈……153, 290, 321
トンプソン, ジェームズ……285, 103
トンブリー……285, 8, 55, 56, 132, 138, 153, 158, 215, 235, 236, 249, 253, 283, 286, 324, 325, 344, 349, 355, 397, 406
トンブリー王朝……286, 8, 9, 65, 72, 87, 89, 91, 177, 244, 397, 408, 411
トンブリー派……83
ドーンムアン空港……287, 36, 115, 151, 201, 325, 410
ドンラック山脈→パノム・ドンラック山脈(321)
トンレサップ……194

な

ナー……148, 316
ナ・アユッターヤー……78, 365
ナーイ・ピー……288, 30
内務局(マハートタイ)……251
内務省……16, 17, 45, 104, 119, 122, 130, 157, 171, 173, 211, 218, 219, 241, 279, 292, 297, 300, 301, 307, 308
ナオワラット・ポンパイブーン……288, 31

ナーガ(龍)……73, 213, 340, 372
長崎……57, 77
中島富子……300
中村明人……329
ナーク……213, 276
ナコーンサワン……288, 6, 149, 191, 209, 236, 248, 249, 286, 295, 304, 322, 333, 359, 360, 363, 372, 390
ナコーンサワン親王……289, 413
ナコーンシータムマラート……289, 6, 54, 56, 80, 118, 126, 165, 175, 181, 193, 215, 216, 221, 228, 235, 290, 295, 296, 318, 345, 388, 422
ナコーンチャイシー……28, 237, 290
ナコーントーン銀行……426
ナコーンナーヨック……290, 160, 255, 285
ナコーンナーヨック川……328, 410
ナコーンパトム……290, 7, 28, 29, 63, 151, 195, 237, 250, 255, 271
ナコーンパノム……290, 162, 227, 233, 236, 254, 291, 351, 377, 379
ナコーンラーチャシーマー……291, 6, 7, 118, 142, 143, 153, 198, 200, 235, 266, 267, 278, 279, 292, 332, 346, 356, 372, 377, 391
ナショナリズム……292, 14, 18, 28, 29, 40, 64, 89, 119, 124, 212, 221, 257, 395, 403
ナータシン→演劇・舞踊(71)
ナック・レーン……292
ナマズ……83, 217, 242, 245, 347
ナームサクン……206
ナム・ソム……259
ナム・ナオ……30, 282
ナム・ブードゥー……259
ナム・プラー……26, 86, 259
ナム・プリック……26, 417
ナム・ポーン川……142
ナム・マナオ……160
ナム・モン→聖水(203)
ナム・ラムヤイ……160
ナーラーイ王……293, 138, 165, 176, 262, 283, 286, 291, 301, 336, 354, 382, 383, 422
ナラーティップ親王→ワンワイタヤーコーン親王(426)
ナラーティワート……293, 24, 75, 150, 191, 316, 317, 359, 370, 376, 383, 388
ナリット親王……72, 355
ナレート親王……348, 356
ナレースワン大王……294, 9, 68, 69, 138, 196, 330, 369
『ナレースワン大王』……253

ナレースワン大学……330
ナロン・キッティカチョーン……239, 346, 347
ナワナコーン……292, 318
ナワニヤーイ……30, 138
ナワポン……171
ナーン……**294**, 65, 83, 96, 193, 233, 265, 295, 359, 360, 377, 389, 407, 410, 411
ナーン川……**295**, 6, 191, 194, 248, 249, 289, 294, 329, 330, 333, 360, 363, 372, 390
南詔国……**295**
南西タイ諸語……12, 221, 222
ナン・タルン……91, 290, 296
南伝仏教→**上座仏教**(**176**)
『ナーン・ナーク』……69
南南協力……45, 84
南部……**295**
南部民俗文化研究所……319
南部臨海工業地域……273
南北回廊……118, 119, 190, 243, 330
難民……**296**, 23, 55, 64, 85, 130, 182, 233, 297, 391, 392
難民キャンプ……297, 381, 392
ナン・ヤイ……90, 91, 142
ナーンローン……290, 349

に

2院制……122, 133, 210
ニエロ……126, 290
2期作……20, 97, 143, 309, 381
ニクズク……126, 284
ニクソン・ドクトリン……230
ニコム・ラーイヤワー……**297**, 31
西ドイツ……49
二者関係……49, 251, 319, 320
『二重の幸運』……68
尼僧……381
日タイ経済連携協定……**297**, 298
日貨排斥運動→**日本商品不買運動**(**300**)
日系企業……**298**, 21, 41, 124, 152, 153, 255, 261, 290, 292, 326, 327, 359
日暹寺→**日泰寺**(**298**)
日暹宣言書……**298**, 40, 269
日タイ協会……58
日・タイ経済協力協会……229
日泰寺……**298**, 146, 299
日タイ文化交流……**299**
ニッパヤシ……387
ニッパーン……**299**, 300, 389
日本……9, 18, 20, 34, 35, 38, 39, 40, 41, 47, 55, 58, 68, 69, 71, 79, 84, 85, 103, 105, 109, 120, 124, 125, 129, 134, 140, 145, 147, 150, 160, 161, 162, 163, 164, 169, 170, 179, 181, 184, 193, 194, 201, 205, 210, 216, 217, 224, 225, 228, 229, 231, 233, 240, 260, 262, 263, 265, 268, 272, 273, 277, 292, 294, 298, 299, 300, 301, 302, 306, 315, 320, 322, 326, 327, 329, 332, 342, 343, 347, 359, 365, 366, 369, 370, 375, 377, 388, 396, 402, 414, 418, 419, 424
日本軍……40, 64, 100, 114, 157, 162, 172, 173, 217, 226, 228, 229, 232, 241, 277, 285, 290, 326, 329, 332, 349, 388, 389, 410
日本語……85, 169, 223, 225, 229, 259, 300, 302, 326, 370, 375
日本語教育……**300**, 85
日本商品不買運動……**300**, 41, 169, 298
日本人会→**泰国日本人会**(**225**)
日本人学校→**バンコク日本人学校**(**326**)
日本人義勇隊……301
日本人顧問……**300**, 58
日本人社会……**301**, 146, 225
日本人商工会議所→**盤谷日本人商工会議所**(**326**)
日本人納骨堂……**301**, 393
日本人町……**301**, 40, 51, 52, 53, 54, 296, 317, 345, 388
日本暹羅修好通商航海条約……40
日本タイ協会……**301**, 302
日本文化……**302**, 225, 299
ニミット・プーミターウォーン……**302**, 31
ニャークール……10
入魂儀礼……80
ニュージーランド……39, 47, 106, 158
ニューロード→**チャルーンクルン路**(**254**)
ニョー……273
ニワトリ（鶏）……20, 23, 35, 47, 91, 94, 95, 164, 272, 275, 294, 305, 416, 413, 425

ぬ

沼……64, 71, 94, 142, 289, 322, 363, 387
ヌン（儂）族……221

ね

熱帯雨林……232, 256, 295
熱帯モンスーン気候……6, 102
ネットワーク……59, 87, 91, 92, 93, 127, 146, 166, 173, 174, 178, 179, 206, 224, 236, 244, 295, 369, 397
ネートナーリー（ガールスカウト）……355
涅槃……156, 177, 302

涅槃仏……53, 355
ネーン（沙弥）→サーマネーン（151）
年中行事……**302**, 24, 83, 90, 219, 303, 304, 330, 391
年代記→**ポンサーワダーン**（364）

の

ノーイ川……100, 114, 186, 248, 249, 378
農家……22, 103, 107, 139, 168, 280, 290, 304, 305, 306, 309, 313, 331
農閑期……174, 265, 420
農協……**304**, 109, 129, 140, 173, 305, 306
農業……**304**
農業移民……59
農業開発……**305**, 84, 272, 306
農業関連新興工業国（NAIC）……356, 421
農業・協同組合省……17, 140, 141, 304, 308
農業省……86, 140, 234, 282, 306, 368
農業協同組合→**農協**（304）
農業・農協銀行……**306**, 109, 129, 304, 305
農耕……20, 45, 144, 211, 215, 303, 327, 377, 397
農耕儀礼……**306**, 71, 307
農産物……46, 115, 124, 137, 143, 146, 148, 190, 198, 228, 273, 292, 305, 309, 350, 399, 426
農村医療……**307**
農村開発……**307**, 18, 31, 70, 84, 87, 104, 107, 174, 219, 276, 302, 308, 309, 344
農村開発計画……219, 308
農村開発促進事務所……276, 307
『農村開発顛末記』……31, 302
農村工業……**308**, 56
農村資金還流計画……112
農地……51, 56, 65, 94, 100, 152, 186, 189, 215, 255, 256, 271, 279, 280, 281, 284, 290, 305, 306, 345, 349, 353, 370, 386, 393
農地改革……280
農民……**309**
農民運動……167
農民文化……309
農林業……245, 292
ノー・モー・ソー……**309**, 310
ノーンカーイ……310, 66, 138, 142, 233, 266, 275, 351, 372, 377
『ノーンカーイ紀行』……138
ノーングーハオ空港→**スワンナプーム空港**（200）
ノンシー・ニミブット……310, 62, 69, 311
ノンタブリー……**311**, 7, 250, 254, 255, 278, 331
ノーンハーン湖……148, 149
ノーンブアラムプー……**311**, 66

ノン・フォーマル教育……**311**, 57, 172, 179

は

パーイ……381
パーイ川……360, 381
廃棄物……98, 99, 100, 122, 143, 265, 412
バイク・タクシー……**312**, 60, 61, 235
パイサーンタックシン宮殿……74, 75
ハイデ……248, 249, 404
パイトゥーン・タンヤー……**312**, 31
ハイパーマーケット……21, 57, 66, 213, 244, 415, 416
ハイフォン……118, 380
パイプライン……115, 217, 270, 369
貝葉……**312**, 156, 247, 313
バイラーン……313
パイワリン・カーオガーム……**313**, 31
パインナウン王……251, 294, 371
バウリング……**313**, 75, 150, 314, 400
バウリング条約……**314**, 9, 18, 30, 78, 83, 137, 161, 246, 250, 313, 342, 395, 400, 415
パオ・シーヤーノン……**314**, 227, 230, 267, 332, 335, 348
墓……**314**, 53, 90, 92, 93, 315, 319, 327
パー・カーオマー……26, 337
バガン……45, 84, 170, 194
バガン（→パガン）……39, 45, 84, 170, 194
パガン島……**315**, 198
パーククローン……57
パークサン……351
パークセー……67
白象……**315**, 137, 173, 214, 399
『白象王』……68
パークナーム→**サムットプラーカーン**（152）
パークナーム事件→**シャム危機**（170）
パークナーム鉄道……266, 267, 336
パークナーム寺……146, 215, 240
パークナーム寺院日本別院……146
パークナームポー→**ナコーンサワン**（288）
パークムーン・ダム……66, 143, 168, 378, 379
バグワ→**ボーロムマラーチャーティラート1世**（363）
バゴー……9, 193, 294, 407
パーサコーラウォン、チャオプラヤー……**315**, 352
パーサック川……**315**, 52, 53, 153, 249, 256, 353, 357, 360, 421
パーサックチョンラシット・ダム……315
破産裁判所……166
ハジスロン……353

ハジャイ→ハートヤイ(318)
パー・シン……26, 337
バス……316, 37, 67, 212, 218, 266, 303, 310, 312, 319, 377
畑作……316, 65, 97, 148, 191, 235, 245, 248, 256, 280, 294, 304, 309, 315, 350, 378, 381, 409, 418
パタニ王国……316, 57, 216, 296, 317, 353, 370
葉タバコ……350
パーダンベーサー……316, 266
パー・チャー……314
爬虫類……316, 317
パー・チョーンクラベーン……26, 337
バーツ……19, 96, 98, 110, 130, 262
客家……91, 93, 319, 408
客家語……13
パック・ターイ……10, 221
パックチー……317, 126, 142
パッターニー……317, 24, 150, 175, 216, 236, 294, 296, 316, 319, 359, 370, 376, 383, 388, 399
パッターニー州……296
パッタヤー……318, 34, 191, 202, 243, 247, 256, 261, 335, 336, 339
パッタルン……318, 91, 95, 216, 217, 312, 354
バッタンバン……55, 116, 162, 196, 236, 398, 416
発電所……134, 270, 343, 369, 408
パット・タイ……26
パット・バイカパオ……417
パット・プリオワーン……417
ハティエン……236, 398
パー・テム……67, 143
バード→トンチャイ・メークインタイ(285)
ハードウェア……45
パトゥムターニー……318, 7, 57, 141, 240, 255, 398, 410
パトゥムワン……119, 257, 419
パー・トゥン……26, 337
パドゥンクルンカセーム運河……318, 212, 324, 336
ハードディスク・ドライブ……20
ハートヤイ……318, 92, 217, 290, 315, 319
パトロン＝クライアント関係……319, 331
パートンコー……26, 160
花……320, 34, 51, 83, 84, 120, 121, 163, 295, 386, 387
バナナ……320, 47, 71, 111, 247
『バナナの葉柄の木馬』……313
バーネイ……320, 314, 321, 395, 399
バーネイ条約……320, 314, 395, 399

ハノイ……59, 118, 208, 380
パノム・ドンラック山脈……321, 66, 88, 114, 161, 200, 275, 349
パノム・ルン遺跡……321, 114, 349
パプアニューギニア……150
パブーオン……88, 114, 321, 332, 340
バプテスト教会……108
バブル経済……19, 147, 220
パホンポンパユハセーナー，プラヤー……321, 212, 322
パホンヨーティン路……322, 153, 252, 275, 318, 325, 372
バミー……26, 417
パームアン……159, 193
パーム油……20, 46, 115, 198, 257
パヤオ……322, 145, 233, 359, 360, 378, 389, 390, 408
パヤーケーオ王……411
パーヤップ……335, 356
バヨン期……192, 340
バラモン教→バラモン・ヒンドゥー教(322)
バラモン僧……323
バラモン・ヒンドゥー教……322, 323, 335
パランタム党……237, 253
パーリ語……54, 62, 138, 156, 164, 169, 213, 223, 240, 241, 277, 364, 400, 424
パーリ語経典……24
ハリス……140
パリット……132, 177, 202, 203
ハリプンジャヤ→ハリプンチャイ(323)
ハリプンチャイ……323, 138, 164, 193, 194, 244, 371, 384, 408, 409, 411
パルゴア……323, 324
パーレーライ寺……196
パローン……10, 178
バーン・ウアアートン(慈悲の家)……264
パンガー……324, 48, 194, 196, 338
反共……38, 46, 49, 72, 104, 112, 115, 158, 171, 178, 220, 227, 230, 238, 247, 274, 368, 414
バーンクラーンターオ→シーインタラーティット王(158)
バンコク……324
バンコク王朝→ラッタナコーシン王朝(394)
バンコク銀行グループ……325, 326
バンコク宣言……46
バンコク大量輸送公団(BMTA)……266, 316
バンコク日本人学校……326, 300
盤谷日本人商工会議所……326, 229, 261, 327
バンコク美術……28, 341
バンコクメトロポリタン銀行……146

バーンコークノーイ運河……249
バーンコークヤイ運河……249
Bangkok Post……187
犯罪……119, 146, 149, 185, 199, 301
バーンサイ……126
バーンセーン……191
バーンチエン……**327**, 29, 66, 211, 212
「パンチャタントラ」……374
バーンチャン……125
バンディット・リッタコン……**327**
反日運動→**日本商品不買運動**（300）
万人のための教育世界会議……102
バーンパイ……142
バーンパイン……**322**
バーンパイン離宮……**328**, 52
バーンパコン川……**328**, 99, 148, 208, 251
バンハーン・シンラパアーチャー……**328**
万仏節……302, 304
バーン・プルアン遺跡……200
バーンプルールアン王家……9, 354
バーンポーン事件……**328**, 40, 229
バーン・マンコン（安定の家）……199, 264
『パンヤーサ・チャードック』……374
バーンラチャン……186, 365
バーンラック……**329**, 254
バーンラムプー運河……318, 356

ひ

ピー（楽器）……81, 91, 142
ピー→**精霊**
ピア……96
ピアック・ポースター……**329**
ビエンチャン→**ヴィエンチャン**
「東アジアの奇跡」……131
東アジア・ラテンアメリカ協力フォーラム（FEALAC）……47
東森蔵……301
比丘→**僧**（213）
美術……**28**
『密かな動き』……**31**, 288
ピチット……**329**, 295, 359, 360, 390
ピチャイ……65, 236, 352
ピチャイ・ダープハック、プラヤー……65
ピック→**僧**（213）
ピックアップ・トラック……21, 163
ピッサヌローク……**330**, 118, 162, 192, 194, 201, 235, 251, 283, 294, 295, 304, 312, 318, 331, 341, 355, 357, 359, 360, 369, 390, 413
ピッタヤーロンコーン親王→**ノー・モー・ソー**（309）

ピット・ピー……207, 216
BTS……252, 279
ビデオ……27, 310, 362
ヒート・シップソーン……**330**, 391
『人と呼ばれる生き物』……63
ピー・トーンルアン→**ムラブリ**（377）
ピー・ノーン……**330**
ピー・パート……81, 91, 142, 392, 412
ピーパンナーム山脈……360
ピーピー島……115, 339
ピー・プー・ター……**331**
ピー・プーニャー……207, 216
碑文……8, 28, 132, 145, 170, 177, 191, 193, 208, 239, 247, 370, 382, 401
ピー・ブン……213, 396
ピブーンソンクラーム（ピブーン）……**331**, 18, 29, 38, 40, 62, 68, 72, 82, 109, 116, 117, 119, 129, 146, 154, 162, 170, 172, 187, 201, 204, 212, 218, 226, 227, 228, 229, 230, 238, 247, 252, 292, 314, 322, 332, 335, 337, 341, 346, 349, 353, 373, 396, 407, 408, 414, 421
ピー・ポープ……207
ピマーイ遺跡……**332**, 114, 291, 321, 333
ピー・ムアン……206
ビャクダン（白檀）……127
病院……58, 66, 143, 158, 178, 300, 307, 319, 333, 405
票頭→**フア・カネーン**（335）
病気……**333**, 94, 117, 146, 203, 213, 216, 306, 393
兵部局（カラーホーム）……161, 251, 352
ビール……55, 143
ビルマ（ミャンマー）軍……51, 53, 56, 65, 186, 192, 196, 200, 231, 235, 236, 244, 249, 251, 255, 267, 286, 294, 338, 408, 411
ビルマ戦争→**タイ＝ビルマ戦争**（230）
比例代表制……133, 210, 211, 328
ピン川……**333**, 97, 191, 244, 248, 249, 289, 295, 322, 343, 360, 372, 390, 409, 425
ピンクラオ副王……**333**, 62, 400
貧困層……61, 76, 87, 99, 182, 205, 334, 421
貧困問題……**333**
ビンタバート→**托鉢**（236）
ピン・チュンハワン……**335**, 252, 314, 347
ヒンドゥー教→**バラモン・ヒンドゥー教**（322）
貧民フォーラム（AOP）……23, 168
檳榔子→**キンマ**（109）

ふ

ファーイ……192, 360

ファイコーン……295
ファイサーイ……233, 243, 245
ファイナンス会社……21
プアイノーイ……142
ファ・カネーン……**335**, 210, 250
ファーグム王……410
ファーストフード……302
ファック・カーム文字……357, 383
ファッション……19, 22, 149, 150, 169, 299, 302, 424
ファ・ハリピタック……83
ファヒン……**335**, 241, 256, 336, 345, 352, 404, 413
ファマーク……212
『ファー・ムアンタイ』……31, 48
ファラムポーン……**336**, 265
ファーン……208, 245
ファン川……378, 418
プアン語……12
『ファン・バー・カラオケ』……69, 354
フィリピン……46, 129, 158, 206
風土病……333
夫婦……22, 94, 159, 216, 263, 309, 311, 355, 386
フェミニズム……25, 162
フォールコン……**336**, 283, 293, 301, 354, 422
プーカオ・トーン仏塔……53
付加価値税……96, 136, 203
『馥郁たる黒髪のチャン姫』……370
副王……62, 75, 78, 132, 148, 294, 330, 333, 356, 368, 398, 400
プーク・クワン……117
服飾……**337**, 245, 332, 396
福田ドクトリン……84
プー・クラドゥン……418
父系……89, 94, 130, 159, 221, 320, 384, 389, 409, 413
不敬罪……**337**, 198, 338
プーケット……**338**, 34, 67, 86, 152, 194, 196, 198, 199, 200, 202, 267, 296, 324, 339
布薩堂……53, 55, 73, 83, 148, 158, 161, 192, 213, 344, 355, 356, 425
『不死』……63
藤井兼一……300
婦人会……173
布施……76, 113, 138, 169, 218, 236, 240, 283, 303, 407
ブタ（豚）……20, 26, 94, 95, 164, 206, 216, 305, 377, 413, 417
プー・ター（祖父）……331
プー・タイ……12, 273, 358

プー・タイ語……12, 358
フタバガキ……188
仏印国境紛争→**失地回復紛争**（**162**）
仏印進駐……162, 228
物価……**339**, 90, 180, 229, 334
仏教→**上座仏教**（**176**）、**大乗仏教**（**226**）
福建……91, 93, 139, 159, 216, 217, 224, 319, 338, 395, 396
福建会館……93
福建語……13
仏像……**339**, 29, 53, 55, 65, 73, 80, 126, 127, 149, 177, 192, 194, 202, 271, 280, 322, 330, 340, 341, 345, 355, 383, 394, 395, 397
仏足石……218
プッタタイソン……349
プッタタート・ピック……**341**, 198, 226
プッタモントン……341
仏誕節（ウィサーカ・ブーチャー）……271, 302, 304
仏典……371, 383, 411
仏塔……29, 52, 53, 55, 65, 73, 80, 83, 100, 143, 148, 157, 158, 161, 192, 193, 194, 196, 226, 237, 245, 267, 270, 271, 290, 291, 294, 314, 323, 345, 355, 393, 418
物納税……344
ブッパー・ニムマーンヘーミン→**ドークマイソット**（**277**）
仏日→**ワン・プラ**（**425**）
物品税……136, 203, 204
物品税局……136, 203
仏暦→**暦年**（**419**）
舞踏→**演劇・舞踏**（**71**）
船……9, 11, 20, 26, 36, 40, 53, 54, 77, 78, 83, 115, 116, 137, 152, 165, 181, 190, 212, 245, 246, 249, 250, 273, 283, 301, 321, 325, 339, 363, 379, 382, 388, 402, 414, 426
プノンペン……118, 218, 221, 380
プー・パーン山脈……**342**, 51, 148, 149, 248, 311, 379, 387
プー・パーン離宮……75, 149
不平等条約……**342**, 18, 86, 269, 313, 314, 321, 349, 366, 403
プー・ピン離宮……75
プー・ミー・ブン……213, 396
プーミポンアドゥンラヤデート王→**ラーマ9世**（**405**）
プーミポン・ダム……**343**, 249, 333
プーミンタラーチャー王→**ターイサ王**（**225**）
プムプワン・ドゥワンチャン……**343**, 418
プームポン遺跡……114, 200

索引

フモン族→モン（Hmong）（384）
プラ→僧（213）
『プラ・アパイマニー』……138
プライ……344, 54, 148, 251, 284, 398, 402
プライ・スワイ……344
プライマリ・ヘルスケア……58
プライ・ルアン……344, 398
プラウェート・ワシー……344, 24, 81, 166
プラオン・チャオ……78
プラクラン（財務卿）……54, 77, 152, 336, 352, 363
プラ・クルアン……80, 149, 177, 331
プラ・クルアンルーン……80
ブークラン家……146
プラケーオ寺……344, 55, 73, 395, 397, 406
プラザ合意……18, 41, 81, 84, 124, 134, 169, 327
プラーサートトーン王……345, 301, 388
プラーサートトーン王家……53, 345
プラ・サーラサート……119
プラサンペット3世→エーカートッサロット王（69）
プラシーラッタナ・マハータート寺……330
プラシン寺……244
プラタムサート……170, 358
プラ・チェーンドゥリヤーン……82, 133
プラチャーコム……166, 167
『プラチャーチャート』……48, 385
プラチャーティポック王→ラーマ7世（403）
プラチュアップキーリーカン……345, 48, 98, 204, 255, 267, 335, 401
プラチュンラチョムクラオ士官学校……160
プラーチーンブリー……345, 29, 148, 247, 255, 328
ブラックタイガー……62, 69, 71, 311
ブラッドレー……346, 186
プラディットマヌータム，ルアン→プリーディー・パノムヨン（348）
プラテーサラート（朝貢国）……411
プラトゥムポーン・ワッチャラサティアン→ドゥワンチャイ（271）
プラ・トライピドック→三蔵教（156）
プラナコーン県→バンコク（324）
プラパーイルアン寺……192
プラパート・チャールサティエン……346, 209, 239, 347
プラパトム……29, 271
プラ・パリット→護呪経典（132）
プラーブダー・ユン……347, 31, 122, 354
プラー・ブック……347, 83, 243, 245, 380

プラプッタバート寺……153
プラフマー（梵天）……280, 322, 323
プラプラデーン……153
プラ・ホーラーティボディー……262
プラボーロムマタート・チャイヤー寺……198
プラマーン・アディレークサーン……347, 335
プラモンコン・テープムニー→ソット・チャンタサロー（215）
プラヤー・カンラヤーナマイトリー→ウェステンガード（63）、セイヤー（206）
プラヤー・ソンスラデート→ソンスラデート，プラヤー（217）
プラヤー・ターク→タークシン王（235）
プラヤー・パホンポンパユハセーナー→パホンポンパユハセーナー，プラヤー（321）
プラヤー・マノーパコーンニティターダー→マノーパコーンニティターダー，プラヤー（368）
プラヤー・マヒトーンマヌーパコーンコーソンクン→政尾藤吉（365）
プラヤー・ラッサダーヌプラディット……139
プラユーラウォン……161, 352
プラユーン・パモンモントリー……187, 348
プラー・ラー……259
プラルアン……193, 275, 413
プラーン……53, 55, 172, 290, 345, 393
ブランコ……147
フランシスコ会……52, 108
フランス……55, 59, 62, 64, 70, 77, 100, 106, 138, 152, 158, 162, 170, 195, 196, 208, 209, 212, 228, 229, 255, 269, 274, 283, 284, 286, 293, 310, 313, 332, 336, 342, 343, 349, 354, 361, 377, 379, 400, 402, 410, 414, 416, 422
フランス人……52, 53, 54, 59, 85, 108, 271, 293, 323, 342, 343, 365, 409
フランス領インドシナ（仏印）……162, 212, 410, 426
プランテン……320
プリチャー・ピエムポンサーン……81
プリッサダーン親王……348
プリーディー・パノムヨン……348, 14, 38, 112, 116, 117, 119, 154, 162, 172, 173, 187, 220, 227, 229, 230, 242, 331, 349, 368, 404, 413, 414
ブリーラム……349, 29, 114, 161, 200, 321
プレー……349, 65, 193, 359, 360, 377, 390, 396, 407, 411
プレア・ビヒア遺跡→カオ・プラウィハーン遺跡（88）
プレーク・ピブーンソンクラーム→ピブーン

ソンクラーム(331)
プレーム・ティンスーラーノン……350, 14, 18, 223, 224, 238, 253, 254, 258, 261, 273, 308, 406, 420
プレーン・タイ・サーコン……82
フレンドシップ・ハイウェー→ミットラパープ路(372)
プレーン・プア・チーウィット……82
プレーン・ルーククルン……82
プレーン・ルークトゥン……82, 418
ブロイラー……46, 95, 124, 147, 164, 304, 356
ブロックラバー(TSR)……139
プロテスタント……24, 108, 346
ブローデル……8
プワイ・ウンパーコーン……350, 351
フン(人形劇)……81
ブン(功徳)……31, 95, 169, 174, 177, 189, 213, 214, 240, 303, 396
文化……26
文学……30
ブンカーン……351
ブンチュー・ローチャナサティエン……351, 326, 327, 352
ブンナーク家……352, 268, 315, 395, 398, 400, 401
ブン・パウェート……169, 303, 330
ブン・バンファイ……352, 307, 330, 353, 387, 421
ブンピン……198
ブン・ボーラペット→ボーラペット池(363)
ブン・マハーチャート(ブン・パウェート)……303
分離運動……353, 272, 318

へ

『平行線上の民主主義』……63
平民→プライ(344)
ペグー(→バゴー)……9, 193, 294, 407
ベタグロ……46
ヘッジファンド……262
ペッチャブリー……353, 8, 114, 152, 193, 255, 267, 319, 345, 367, 372, 393, 407
ペッチャブーン……353, 88, 229, 248, 249, 315, 332, 342, 359, 360, 392
ペッチャラー・チャオワラート……68, 372
ペットカセーム路……354, 237, 275
ベッドタウン……311, 318
ペプブリー→ペッチャブリー(353)
ベトナム→ヴェトナム
ベトナム人→ヴェトナム人(64)
ベトナム戦争→ヴェトナム戦争(64)

ベトナム難民→ヴェトナム難民
ペートラーチャー王……354, 283, 293, 336
ペートリウ→チャチューンサオ(251)
ペナン……116, 217, 234, 241, 319, 338, 339, 368, 416
ヘビ……316, 317
ベルギー人……85, 423
ペルシャ……54, 293, 352, 395
ペルシャ商人……395
ペルリス……196, 216, 416
ヘロイン……51, 77, 120, 253, 369
ヘン・サムリン……227
ペンエーク・ラッタナルアン……354, 69
ベンチャマボーピット寺……355, 233
ベンチャロン……29

ほ

ポー寺……355, 55, 74, 289
ホアビニアン……211
ボーイスカウト……355, 104, 131, 356
ポイペット……55
貿易……356
貿易赤字……124, 129, 273
貿易収支……129, 356
貿易不均衡……40
法王……54, 76, 156, 177, 193, 299, 413, 424
ボーウォーラデート親王……356, 198, 214, 331, 349, 396, 404, 414
ボーウォーンニウェートウィハーン寺……356
暴虐の5月……357, 14, 49, 75, 117, 122, 128, 166, 231, 280, 367, 406
方言……357, 12, 13, 90, 91, 92, 93, 121, 222, 236, 292, 296, 309, 317, 358, 370, 375, 376
封建制……224
帽子……337
法人税……136, 203, 204
法制度……358, 103, 123, 165, 188, 365, 423
宝石……359, 124, 126, 192, 255, 257, 269, 309
放送大学……80
法定最低賃金……261
報徳善堂……92
法律(プララーチャ・バンヤット)……358
法律学校……158, 209, 348, 349, 368, 393, 423
法律顧問……300, 342, 365, 409, 410
法律制度→法制度(318)
『他の大地』……96
ボクシング……88, 269, 372
北部……359
北部下部……6, 359, 360
北部工業団地……137, 359, 409

北部上部……6, 359, 360
母系……94, 207, 216, 265, 320
保健所（サターニー・アナーマイ）……58, 155, 307, 333
保健ボランティア（オー・ソー・モー）……307
ボー・コー・ソー（輸送会社）……316
保護民……361, 86, 196, 269, 342, 343
祠……88, 206, 216, 257, 280, 321, 331, 372, 394
保護林……135, 246
ホー征伐……361, 197, 266, 416
保全林……188, 189
ホタル石……97, 125, 192
ボタン……361, 31
ホーチミン（地名）……118, 380
ホーチミン（人名）……220, 224
ポット・サーラシン……361, 158
ポット・パホンヨーティン→パホンポンパユハセーナー，プラヤー（321）
ポップス……362, 22, 82, 300, 392, 410, 418
ポーティラック……362, 157
ほどほどの経済……362, 76, 102, 106, 107, 135, 406
ポーノ……363, 24, 57, 317, 353
ポピュリズム……76, 107, 308
ホープウェル計画……266, 279
ポム・ペット要塞……52, 53
保有権証書（トラー・チョーン）……281, 282
ボラペット池……363, 289
ボランティア……83, 168, 307
ポリエステル……21, 210
捕虜……100, 232, 284, 285, 329, 370, 376, 395
ボーリング→**バウリング**（313）
ボーリング条約→**バウリング条約**（314）
ポルトガル……58, 77, 85, 108, 169, 218, 286, 294, 339, 342, 343, 345
ポルトガル人町……52, 53, 54, 301
ボルネオ……246
ポル・ポト……55, 88, 221, 227, 296
ボーロムマコート王……363, 72
ボーロムマラーチャー1世……363, 66, 364
ボーロムマラーチャー2世……364, 194
ホワイトカラー……185
翻案小説……30, 137
ポンサーワダーン……364, 8, 54
本生話……83
盆地……6, 11, 67, 98, 157, 162, 163, 190, 221, 232, 244, 295, 304, 342, 360, 371, 375, 378, 379, 411, 416, 417
ポンドック→**ポーノ**（363）
ポーン・ブンナーク→**パーサコーラウォン**，チャオプラヤー（315）

ま

マイ・サック→**チーク**（246）
マイ・ムアンドゥーム……365, 30, 256
マーカ・ブーチャー（→万仏節）……302
マグサイサイ賞……254, 344, 351
マクット・オーンルディー→**ニッパーン**（299）
政尾藤吉……365, 40, 58, 299, 300
まじない……366
マスコミ……48, 112, 121, 242, 347, 373
マスジッド→**モスク**（383）
マス・メディア……366, 15, 63, 186, 367, 381
磨製石器……211
『まだ私を愛しているなら』……253
マッサージ……367, 204
『マッハ』……69
『マティチョン』……187, 209, 425
マナット・チャンヨン……367, 30
マニラ条約……158, 230
『マヌ法典』……371
マノーパコーンニティターダー，プラヤー……368, 119, 187, 349
『マノーラー』……138
マノーラー……81, 296
『マハーウェートサンドーン・チャードック』……138
マハーサーラカーム……368, 97, 142
マハーサーラカーム大学……312, 368
マハータート寺……368, 52, 53, 83, 114, 192, 194, 195, 290, 330, 422
マハータムマラーチャー王……368, 69, 193, 251, 294
マハータムマラーチャー王家→スコータイ王家
マハーチャイ→**サムットサーコーン**（152）
マハーチャイ運河……283
『マハーチャート・カムルアン』……169
マハーチャードック……169
マハーチュラーロンコーン仏教大学……369
マハートタイ（内務局）……251
マハーニカーイ派……369, 158, 240, 277, 368
『マハーバーラタ』……138
マハーマクット仏教大学……241
マヒドン……405
マヒドン親王→**ソンクラーナカリン親王**（217）
マヒドン大学……166, 217, 257, 344
マープタープット……369, 272, 273, 409
マヘーヨン寺……52, 53
マホーリー……81

豆……26, 126, 289, 386
豆銀……96
麻薬……369, 51, 64, 119, 146, 154, 157, 199, 231, 232, 243, 250, 253, 301, 377, 389
マーラー・カムチャン……370, 31
マラッカ海峡……114, 115, 175, 217
マラリア……45, 333, 401
マルタバン（→モウタマ）……407
マレーシア……12, 35, 39, 46, 102, 137, 139, 140, 150, 176, 177, 184, 191, 194, 196, 198, 216, 217, 227, 231, 234, 266, 275, 284, 285, 293, 306, 316, 319, 334, 339, 354, 370, 376, 423
マレー人……370, 11, 60, 217, 296, 316, 416
マレー半島→**南部**（295）
マレー4州……229, 269, 416
漫画……370, 22, 179, 299, 300, 302, 424
マングローブ……370, 188, 190, 234, 255, 256, 295
マンコーン・サームセーン……119
マンダラ型国家……251, 314
マンハッタン号反乱……117, 154, 332
万仏節（マーカ・ブーチャー）……302, 304
マンラーイ王……243, 244, 245, 322, 323, 371, 408, 409, 410, 411
マンラーイ王家……371, 410, 411
マンラーイ法典……371, 270, 281, 411
マン老師……378

み

ミエン……160, 247, 248, 265, 391
ミエン語……12, 389
三木栄……300
水……371
水甕……371
水資源……99, 135, 371, 380
水谷ミッション……84
水野浩一……386
三井暹羅室……302
密教……333, 340
ミット・チャイバンチャー……372, 68
ミットラパープ路……372, 36, 66, 142, 153, 266, 275, 276, 310, 350
密貿易……191
南ヴェトナム……64, 90, 230, 380
南回廊……118
南シナ海……54, 114, 233, 236, 287, 296, 378, 395
南タイ→**南部**（295）
南ベトナム→南ヴェトナム
見習僧……155, 177
三原新三……301

身分制度……62
ミャオ語……12
ミャオ・ヤオ語族（→モン・ミエン語族）……12, 384
宮澤構想……84, 263
ミャワディ……380
ミャンマー（ビルマ）……8, 9, 11, 12, 20, 23, 30, 37, 38, 39, 45, 47, 50, 53, 54, 55, 67, 68, 72, 77, 84, 86, 87, 98, 100, 118, 120, 137, 138, 155, 157, 162, 170, 177, 189, 196, 209, 214, 218, 221, 222, 226, 228, 230, 231, 232, 233, 234, 235, 243, 244, 245, 246, 248, 251, 253, 257, 265, 267, 271, 281, 283, 290, 294, 296, 297, 307, 313, 314, 320, 323, 330, 338, 345, 353, 357, 359, 360, 361, 363, 365, 369, 371, 375, 376, 378, 380, 381, 382, 384, 389, 395, 396, 397, 398, 399, 407, 408, 410, 419, 421
ミャンマー国境……20, 100, 102, 194, 256, 378, 412
『未来を見つめて』……30
民営化……372, 19, 129, 266, 420
民間資本……18, 124, 154
民事裁判所……166
民事訴訟法……359, 423
民主化……14, 16, 19, 31, 64, 69, 70, 76, 79, 102, 113, 117, 122, 123, 148, 166, 170, 171, 185, 195, 197, 204, 205, 209, 210, 211, 227, 230, 231, 232, 247, 253, 264, 280, 288, 338, 346, 350, 351, 357, 373, 392, 406, 420, 421
民主記念塔……373, 392
民主主義……9, 14, 49, 63, 105, 112, 123, 133, 135, 151, 154, 155, 162, 165, 167, 178, 186, 225, 226, 242, 258, 350, 373, 374, 396, 414
民主主義のための国民連合……373, 151, 167
民主党……374, 50, 115, 117, 151, 205, 209, 211, 238, 258, 280
民商法典……166, 359
民選議員……14, 15, 117, 133, 210, 357, 414
民族……10
民話……374, 169, 310, 330

む

ムアイ・タイ……374, 88, 91, 196, 269, 375, 376
ムアン……375
ムアン・シン遺跡……114
ムアン・ボーラーン……153
ムーイ川……234, 380
ムエタイ→**ムアイ・タイ**（374）
ムスリム……376, 24, 53, 56, 121, 150, 216, 217, 272, 296, 299, 316, 317, 319, 353, 370, 377,

383
ムーソー→ラフ（396）
ムックダーハーン……377, 118, 154, 233, 291
村（ムーバーン）→行政（16）
村委員会……173, 219
『ムーラサーサナー』……364
ムラブリ……377, 10, 11, 13, 157, 178
ムーン川……377, 6, 66, 67, 143, 243, 321, 342, 378, 379, 380, 420
ムン・マオ……221
『ムーンラボット・バンパキット』……262

め

メイズ……20, 274, 304, 306, 309, 315, 356
瞑想修行……378, 177, 189
メオ→モン（Hmong）（384）
メオ・ヤオ語族→モン・ミエン語族
メガ・プロジェクト……136
メークローン川……378, 28, 98, 100, 152, 256, 384, 393
メコン川……378
メコン委員会……379, 380
メコンオオナマズ→プラー・ブック（347）
メコン川委員会……380
メコン川流域開発……380
メコン圏（GMS）……380, 37, 118, 125, 143, 184, 190, 228, 233, 243, 377, 379, 420
メコン左岸……59, 100, 152, 170, 269, 377, 416
メコン・デルタ……234
メーサーイ……380
メーサリエン……381
メーソート……380, 118, 234, 235, 297, 360
メー・チー……381, 25, 87, 174, 177
メーチェーム……59
メディア→マス・メディア（366）
メナム川→チャオプラヤー川（248）
『メナムの残照』（→『クーカム』）……31
メーファールアン大学……246
メーファールアン庭園……320
メーホンソーン……381, 211, 232, 297, 359, 360, 409, 412
メーモ……408
メーリム……245
メルギー（→ベイッ）……55
綿→木綿（383）
綿織物……383

も

モウタマ……407
木彫……126, 245
モーケン……382, 11, 178
文字……382
モスク……383, 24, 57, 150, 172, 286, 319
モチ米……26, 48, 111, 140, 141, 143, 191, 232, 244, 261, 304, 309, 391
モー・ドゥー（占い師）……366
モノカルチャー……18
モー・ピー……383, 207, 307, 333, 366
モー夫人→スラナーリー（198）
籾……140, 141, 205, 206, 304
モーム・チャオ……78
モーム・ラーチャウォン……78
モーム・ルアン……78, 277
木綿……383
モーラマイン……37, 100, 118, 119, 143, 234, 330, 380
モー・ラム……384, 22, 27, 81, 274, 391, 418
モールメイン→モーラマイン
モン（Hmong）……384, 11, 51, 77, 178, 322, 377, 391
モン（Mon）……384, 10, 11, 12, 28, 29, 114, 139, 193, 216, 251, 271, 286, 311, 323, 357, 371, 397, 408, 416
モンクット王→ラーマ4世（400）
モン・クメール語系……12, 96, 110, 114, 216, 221, 384, 409
モン（Mon）語……12, 384
モン（Mon）文字……383, 384
モンスーン……6, 102, 188, 217, 246, 371
モン・ミエン語族……10, 11, 12, 384, 389

や

ヤオ→ユーミエン（389）
ヤオ語→ユーミエン語
ヤオワラート路……385, 90, 91, 108, 153, 318
焼畑……385, 10, 11, 45, 77, 96, 157, 245, 265, 316, 360, 384, 389, 397, 409
ヤーコープ……385, 30
野菜……386, 46, 104, 120, 164, 188, 228, 305, 316, 320, 409, 416, 417
屋敷地共住集団……386, 94
ヤシ類……386
安井てつ……387, 40, 56, 58, 299, 300
安井勇次郎……300
野生動物保護区……189, 276, 318
ヤソートーン……387, 66, 96, 299, 353
屋台……21, 61, 143, 160, 163, 199, 259, 385, 417, 421
ヤート→家族・親族（93）
ヤーナット……160

ヤー・バー→麻薬(369)
山田長政……387, 51, 54, 176, 218, 289, 301, 345
ヤム(料理)……26, 71, 317, 417
ヤム・ウンセン……417
ヤラー……388, 24, 150, 251, 293, 294, 316, 317, 359, 370, 376, 383
ヤン(護符)……80

ゆ

ユアム川……360, 381
ユーカリ……23, 418
遊戯→遊び(47)
輸出→貿易(356)
輸出加工区……124
輸出指向工業化……124, 134
ユッタナー・ムックダーサニット……388, 69
ユニセフ……163
輸入→貿易(356)
輸入代替工業化……124, 134, 150, 415
ユーミエン……389, 11, 12, 51, 77, 157, 178, 245, 294, 322, 385, 391
ユーミエン語→ミエン語
ユワン→タイ・ユワン(232)
ユワン語……13

よ

養鶏……164, 273, 275, 305
養蚕……40, 103, 300
幼児教育……389
用水路……67
幼稚園……174, 181, 182, 337, 389
養豚……95, 164, 305
『妖魔(ピーサート)』……30, 122, 209
ヨー語……12, 358
横田兵之助……300
予算外支出……136
予算局……135, 351
ヨック・ブーラパー……389
予備校……174
ヨム川……390, 161, 191, 192, 193, 194, 248, 249, 289, 329, 330, 350, 360, 372
『ヨム河』……31, 297
4大女傑……199, 200, 267

ら

ライ(畑地)……316
ラオ……391
ラオ・カムホーム……391, 31
ラオ語……10, 12, 13, 114, 273, 352, 357, 391
ラオス……6, 7, 11, 12, 20, 23, 35, 37, 38, 39, 45, 47, 49, 51, 59, 64, 65, 66, 67, 77, 84, 86, 96, 105, 106, 111, 114, 118, 120, 121, 137, 143, 152, 158, 162, 171, 177, 184, 189, 197, 198, 200, 220, 221, 222, 227, 228, 230, 233, 241, 243, 245, 246, 251, 265, 266, 270, 274, 286, 288, 291, 294, 295, 296, 310, 313, 321, 322, 330, 334, 344, 351, 352, 357, 360, 361, 372, 375, 377, 378, 379, 380, 384, 387, 389, 391, 392, 395, 397, 399, 407, 410, 418, 420, 421
ラオス難民……391
ラーオパアン州……66, 310
ラカン寺……83, 286
『落日』……115
酪農……304
羅斛……8, 54
ラコーン……392, 72, 81, 138, 142, 289, 290
ラコーン・ナイ……72, 142, 392
ラコーン・ノーク……72, 392
ラコーン・ノーラー……392
ラコーン・ラム……392
ラジオ……392, 82, 112, 149, 172, 201, 227, 237, 267, 332, 366, 367, 375, 412
ラスク・タナット共同声明……227, 230
ラーチニー校……181
『ラーチャキッチャーヌベークサー(Royal Gazette)』……186
ラーチャクルー・グループ……335
ラーチャダムヌーン路……392, 318, 325, 373, 375, 404
ラーチャダムリ路……419
『ラーチャーティラート(王中の王)』……138
ラーチャパット大学……393, 127
ラーチャブーラナ寺……393, 52, 53, 83
ラーチャブリー……393, 83, 100, 152, 255, 256, 267, 378, 397
ラーチャブリー親王……393, 45, 423
ラーチャプルック……320
『ラック・タイ』……394
ラック・タイ……393, 104, 131, 137, 154, 205, 268, 292, 394, 395
ラック・ムアン……394, 206
ラッタナコーシン王朝……394, 8, 9, 11, 28, 76, 78, 152, 192, 202, 244, 251, 252, 281, 291, 292, 318, 325, 341, 364, 395, 396, 397, 398, 399, 400, 401, 402, 403, 404, 405, 408
ラッタナコーシン島……324
ラッタナコーシン暦112年事件→シャム危機(170)
ラッタナコーシン暦121年反乱……396, 241
ラッタナコーシン暦130年反乱……403

ラッタナラック家(李姓)……146
ラッタニヨム……396, 170, 332
ラートナー……26
ラナート(楽器)……81, 407
ラノーン……396, 114, 194, 196, 267, 284
ラバム(踊り)……72
ラビエン……171, 172
ラピー親王→**ラーチャブリー親王**(393)
ラフ……396, 10, 11, 12, 51, 77, 157, 163, 178, 245
ラフ語……12
ラープ……26, 417
ラーマ1世……397, 53, 73, 87, 116, 148, 155, 177, 192, 195, 244, 249, 267, 269, 286, 316, 318, 324, 344, 345, 352, 355, 363, 368, 393, 398, 406, 409
ラーマ2世……398, 55, 72, 138, 152, 161, 195, 196, 202, 209, 315, 333, 341, 399, 400, 406
ラーマ3世……399, 9, 55, 83, 91, 148, 152, 177, 195, 198, 202, 212, 248, 258, 292, 296, 321, 324, 333, 341, 348, 355, 356, 393, 400, 406
ラーマ4世……400, 9, 28, 55, 65, 73, 75, 76, 96, 132, 161, 170, 177, 186, 197, 202, 240, 241, 254, 268, 291, 311, 313, 314, 315, 323, 324, 328, 333, 336, 337, 342, 345, 352, 356, 358, 369, 382, 394, 399, 401, 406, 419, 422, 424, 426
ラーマ5世……401, 9, 16, 17, 40, 62, 66, 73, 75, 78, 96, 104, 112, 131, 132, 133, 138, 145, 152, 153, 161, 170, 177, 186, 188, 197, 217, 237, 241, 244, 248, 249, 251, 257, 258, 268, 269, 285, 289, 290, 292, 298, 299, 309, 311, 315, 318, 319, 323, 328, 337, 348, 349, 352, 355, 358, 361, 365, 377, 385, 392, 393, 396, 402, 405, 406, 410, 411, 413, 424
ラーマ6世……402, 30, 58, 68, 72, 133, 137, 138, 154, 186, 192, 197, 204, 206, 241, 248, 257, 268, 269, 290, 292, 319, 329, 336, 337, 343, 355, 394, 401, 403, 406, 413, 419
ラーマ7世……403, 68, 76, 96, 173, 241, 309, 335, 338, 348, 349, 368, 404, 413
ラーマ8世……404, 112, 242, 349
ラーマ9世……405, 76, 135, 177, 181, 182, 217, 241, 257, 304, 315, 337, 338, 404, 425
『ラーマ1世法典』……409
ラーマーティボディー1世→**ウートーン王**(65)
ラーマキエン……406, 73, 91, 138, 142, 345, 392, 398
『ラーマキエンの淵源』……138, 406

ラーマ9世即位記念日(ワン・チャットラモンコン)……304
『ラーマーヤナ』……73, 138, 142, 406
ラーマ4世路……254, 336, 419
ラム・ウォン……407, 72
ラームカムヘーン大王……407, 177, 191, 193, 322, 382, 408, 413
ラームカムヘーン王碑文……193, 382
ラームカムヘーン大学……80, 181, 313, 328
ラムサム家……408, 146, 224
ラム・タット……47, 81
ラム・トーン……407
ラムパーン……408, 87, 88, 211, 233, 243, 249, 322, 359, 360, 389, 411, 425
ラムプーン……409, 7, 88, 116, 137, 164, 233, 244, 299, 323, 333, 359, 360, 383, 408, 411
ラムヤイ(竜眼)……245, 304, 409
ラーメースワン王……409, 66, 194, 363, 422
ラヨーン……409, 7, 125, 150, 181, 202, 234, 255, 261, 272, 273, 363
ラワ……409, 10, 11, 12, 157, 178, 294
ラワ語……12, 409
ランガー……409
ランカスカ……317
ラーンサーン王国……410, 221, 371, 379, 391, 413, 418
ランシット運河……410, 249, 250, 255, 282, 309, 318
ランスワン……257
瀾滄江→**メコン川**(378)
ランター島……115
ランタウパンジャン……191
ラーンナー音楽……410
ラーンナー語……12
ラーンナー・タイ王国……410, 6, 12, 26, 87, 163, 221, 222, 232, 243, 244, 245, 270, 294, 322, 323, 350, 357, 371, 398, 408
ラン・ノック→**ウミツバメ巣**(67)
ランブータン……111, 198

り

リアス式海岸……7
リエムエーン……411, 412
リエン・ピー……207, 216
離宮……52, 75, 149, 256, 294, 328, 335, 413, 422
陸軍→**軍**(117)
陸軍司令官……18, 38, 154, 200, 218, 227, 238, 239, 252, 322, 332, 335, 346, 347, 350
リケー……412, 27, 72
リゴール(→ナコーンシータムマラート)……

216, 407
離婚……67, 88, 159, 202, 257, 372, 425
リサイクル……**412**, 100
リス……**412**, 10, 11, 51, 77, 157, 178, 322, 413
リス語……12
リタイ王……155, 177, 192, 193, 195, 413
リッグス……102
立憲革命……**413**
立憲君主制……14, 32, 126, 394
立法……76, 113, 122, 123, 133, 365
立法顧問……365
留学……**414**
留学生……9, 40, 64, 90, 105, 106, 146, 172, 173, 225, 229, 257, 300, 302, 331, 348, 365, 414
留学生協会→タイ国元留学生協会（225）
琉球……9, 40, 51, 54, 77, 414
琉球貿易……**414**, 54
流通……**415**
領事裁判権……196, 269, 342, 361, 416
領土割譲……**416**, 269, 402
料理……**416**, 26, 34, 67, 71, 126, 143, 245, 259, 274, 275, 299, 302, 317, 319, 320, 385, 387, 417
リリット……138
『リリット・タレーン・パーイ』……138
『リリット・プラロー』……138
『リリット・ユワン・パーイ』……138
林業……**417**, 20, 86, 245, 256, 292, 360, 418
林産物……360, 395
リンチー（茘枝）……111, 245
リンテル……29, 114

る

ルー→タイ・ルー（233）
ルアン・ウィチットワータカーン→ウィチットワータカーン，ルアン（62）
ルアン・タムロンナーワーサワット→タムロンナーワーサワット，ルアン（241）
ルアンパバーン……162, 236, 294, 295, 360, 361, 371, 379, 391, 410, 411, 413, 416
ルアンパバーン山脈……360
ルアン・プラディットマヌータム→プリーディー・パノムヨン（348）
ルイ……**418**, 315, 378
ルイ14世……138, 284, 293, 422
ルー語……12, 13, 163, 233, 358
『ルークイサーン（東北タイの子）』……31, 96
ルークスア→ボーイスカウト（355）
ルークチーン……89
ルークトゥン……**418**, 69, 81, 82, 329, 343, 344,

412
ルースな構造……**418**, 319
ルータイ王……193
ルビー……256, 359
ルムピニー公園……**419**, 403
ルンマイ……31, 62, 195

れ

霊魂（ウィンヤーン）……263
冷戦……38, 46, 47, 64, 113, 117, 118, 178, 220, 222, 227, 228, 230, 231, 233, 294, 379
『レイン』……69, 79, 311
レオノーウェンス，アンナ……**419**
歴史……8
歴史小説……63, 112, 139, 365, 385
『歴代宝案』……9, 77, 414
暦年……**419**, 142, 203
レーク・ナー……306, 307
列状村……174
レディーボーイ→カトゥーイ（95）
レームシン……255
レームチャバン港……**419**, 116, 181, 261, 266, 325
レームトーンサハカーン……46
聯合グループ……146
連合軍……172, 173, 229, 329
レン・サーオ……93, 121
連立政権……14, 112, 122, 205, 210, 237

ろ

ローイエット……**420**, 142, 313, 368
ローイ・クラトン（→灯籠流し）……303, 323
老人会……173
労働運動……**420**
労働組合……49, 420
労働交換→共同作業（107）
労働裁判所……166, 420
労働者……11, 20, 22, 23, 31, 48, 50, 59, 60, 61, 82, 86, 90, 91, 100, 139, 158, 162, 163, 171, 180, 181, 185, 197, 199, 202, 224, 232, 235, 261, 265, 274, 290, 295, 297, 329, 380, 384, 418, 420, 421
労働保護法……163
労働力……20, 61, 86, 107, 159, 177, 183, 184, 194, 232, 265, 305, 309, 331, 397, 398, 420, 421
労働力調査……420
労働力・労働市場……**420**
労務者……229, 232
老齢年金基金……128

ローカヤスター寺……52, 53
ロケット祭→ブン・バンファイ(352)
ローコストキャリア……37, 126
路上販売……421
ロータリー……90, 212, 421
ロッブリー……**421**, 8, 9, 54, 56, 66, 114, 118, 255, 256, 315, 323, 340, 354, 422
ロッブリー遺跡……**422**, 271
ロッブリー王家……9, 54, 364, 409
ロッブリー川……51, 52, 53, 421, 422
ロッブリー美術……28, 29
露店……21, 143, 421
ロープムアン運河……324
ロラン・ジャックマン……**422**, 85, 86, 365
ロングステイ……**423**, 301
ロンケーク→共同作業(107)
ローンコーン……293

わ

若者文化……**424**
ワチラーウット……72, 192, 402, 424
ワチラーウット王→ラーマ6世(402)
ワチラヤーン親王……**424**, 356
ワチラヤーン図書館……131
ワチラーロンコーン皇太子……**425**, 405
ワチラーロンコーン・ダム……100
ワット→寺院(158)
ワット・アルン→アルン寺(55)
ワット・サケート→サケート寺(148)
ワット・スタット→スタット寺(195)
ワット・ドーイ・ステープ→ドーイ・ステープ寺(270)
ワット・プー……67, 114
ワット・プラケーオ→プラケーオ寺(344)
ワット・プラチェートゥポン→ポー寺(355)
ワット・ベンチャマボーピット→ベンチャマボーピット寺(355)
ワット・ポー→ポー寺(355)
ワット・ボーウォーンニウェートウィハーン→ボーウォーンニウェートウィハーン寺(356)
ワット・マハータート→マハータート寺(368)
ワット・ラーチャブーラナ→ラーチャブーラナ寺(393)
ワット・リエップ→ラーチャブーラナ寺(393)
ワニ……48, 153, 316, 330
ワーニット・チャルンキットアナン……**425**
ワーリンチャムラープ……66
ワン川……**425**, 248, 322, 333, 360, 409
ワン・クルー……304
ワン・タムマサワナ→ワン・プラ(425)
ワン・チャックリー(→チャックリー王朝記念日)……304
ワン・チャットラモンコン(→ラーマ9世即位記念日)……304
ワンナカディー……137
ワンナカム……137
ワンナ・サワッシー→シーダーオルアン(162)
ワン・プラ……**425**, 87, 303
ワンブーラパー……212
ワンリー家……**426**, 146, 224, 408
ワンワイタヤーコーン親王……**426**, 385

執筆者・図版資料協力者

青木伸也	阪口秀貴	東　茂樹
赤木　攻	坂本比奈子	東　智美
秋篠宮文仁	櫻井義秀	菱田慶文
秋道智彌	佐々木　創	平田利文
浅見靖人	佐藤一朗	平松秀樹
綾部真雄	佐藤　仁	深見純生
飯島明子	佐藤正文	福井捷朗
飯田順三	佐藤康行	福田　升
飯田淳子	重冨真一	藤田　渡
池本幸生	柴田和夫	不二牧駿
池谷和信	渋川浩一	船津鶴代
石井米雄	清水郁郎	堀内　孜
石田正美	末廣　昭	前川健一
泉　経武	鈴木規之	牧　貴愛
市野沢潤平	鈴木康郎	増田えりか
伊藤友美	鈴木佑記	益田　岳
今泉慎太	須永和博	増野高司
岩城考信	スネート・カンピラパーブ	松井智子
岩佐淳一	園江　満	松園祐子
上田曜子	タイ王国大使館	松野洋平
宇戸清治	高井康弘	松村　洋
江藤双恵	高橋勝幸	松本　淳
遠藤　元	高橋正樹	三重野文晴
遠藤　環	高橋美和	三上直光
圓入智久	高橋由典	峰岸真琴
大泉啓一郎	竹内隆夫	宮島良明
大野　浩	谷口裕久	宮田敏之
尾中文哉	玉田芳史	宮本マラシー
香川孝三	土屋了子	村上忠良
柿崎一郎	東京女子大学	村嶋英治
笠井直美	永井史男	村田翼夫
柏原邦彦	中嶌知義	森下　稔
梶原俊夫	中島マリン	矢野秀武
片岡　樹	中須　正	山尾政博
加藤和秀	中園優子	山影　進
加藤久美子	南原　真	山岸　哲
加藤眞理子	新見道子	山田　均
角海老宝石ジム	西井涼子	山本博史［茨城大学］
加納　寛	西澤希久夫	山本博史［元東洋大学］
川口洋史	新田栄治	湯浅浩史
河森正人	野津幸治	吉岡みね子
菊池陽子	野津隆志	吉川利治
岸守　一	野中健一	吉田千之輔
北原淳	野中耕一	吉野　晃
倉島孝行	橋本（関）泰子	吉原和男
黒田景子	馬場雄司	レーヌカー・ムシカシントーン
小泉順子	林謙一郎	渡辺弘之
斉藤百合子	速水洋子	

図版出所一覧

赤木攻…………ソー・セータブット
綾部真雄…………リス
飯島明子…………貝葉
泉経武…………カティナ祭、結界、出家、托鉢、得度式
岩城考信…………住居
宇戸清治…………アピチャートポン、チャート・コープチッティ
柿崎一郎…………アユッタヤー遺跡（写真）、ウートーン王、王宮、王宮前広場、黄金の三角地帯、絹、サーム・ロー、シーサッチャナーラーイ、スコータイ遺跡、スリヨータイ王妃、戦勝記念塔、セーンセープ運河、ソーンテオ、タイ＝ラオス友好橋、タムマサート大学、ドヴァーラヴァティ、トライローカナート王、バイク・タクシー、ハリプンチャイ、バーンパイン離宮、フアラムポーン、プラケーオ寺、ベンチャマボーピット寺、路上販売
梶原俊夫…………カオ・プラウィハーン遺跡、象祭り、年中行事、パノムルン遺跡、ピマーイ遺跡、ブン・バンファイ
加藤眞理子…………聖糸、聖水、モー・ピー
角海老宝石ジム…………デーン・チュンラパン
加納寛…………国立博物館、サオ・チンチャー、すんころく焼、調理用具、土地神祠、ナレースワン大王、日本人町、墓、ラック・ムアン、ルムピニー公園、ロップリー遺跡
川口洋史…………日泰寺
阪口秀貴…………宝くじ
櫻井義秀…………ピー・プー・ター
佐藤康行…………農耕儀礼
鈴木佑記…………モーケン
タイ王国大使館…………ウボンラット王女、シリキット王妃、シリントーン王女、チュラーポーン王女、ラーマ9世、ワチラーロンコーン皇太子
高井康弘…………お守り
高橋美和…………メー・チー
玉田芳史…………チャムローン・シームアン
東京女子大学…………安井てつ
野中健一…………昆虫食
馬場雄司…………ラーンナー音楽
菱田慶文…………ムアイ・タイ
前川健一…………影絵芝居、モー・ラム、リケー
松野洋平…………アルン寺、チュラーロンコーン大学、民主記念塔
宮本マラシー…………挨拶
矢野秀武…………タムマカーイ寺
吉川利治…………アユッタヤー遺跡（図版）、王宮（図版）
吉原和男…………華人宗教
渡辺弘之…………キャッサバ、果物、香辛料、タバコ、茶、トウモロコシ、爬虫類、パックチー、バナナ、野菜、ヤシ類
岩本千綱『シャム・ラオス・安南三国探検実記』中公文庫、1989.…………岩本千綱
大林太良編『東南アジアの民族と歴史』山川出版社、1984.…………言語（タイ・カダイ語族系統図）
『サザンウィンド：アジア映画の熱い風』凱風社、1992.…………チュート・ソンシー
佐藤忠男編『新世紀アジア映画』キネマ旬報社、2000.…………オキサイド・パン
スラック・シワラック『タイ知識人の苦悩』井村文化事業社、1984.…………スラック・シワラック、プワイ・ウンパーコーン
坪田五雄編『異郷の人々』暁教育図書、1975.…………山田長政

中村孝志「シャムにおける日本人蚕業顧問について――明治期南方関与の一事例」『南方文化』第五輯、1978.…………外山亀太郎

ニミット・プーミターウォン『農村開発顚末記』井村文化事業社、1983.…………ニミット・プーミターウォーン

政尾隆次郎編『政尾藤吉追悼録』1922.…………政尾藤吉

Achin Chantharamphon. *Nakkhian Thai Nai Suan Nangsu*. Dokya, 1996.…………マイ・ムアンドゥーム、ヤーコープ

Aldrich, Richard J. *The Key to the South*. Oxford University Press, 1993………ウィチットワータカーン

Atsiri Thammachot. *Khun Thong Chao cha Klap Mua Fa Sang*. Samnakphim Ko Kai, 1978.…………アッシリ・タムマチョート

Banthuk Rak Phumphuang Chaemchan. (VCD). METRO Picture, 2000.…………プムプワン・ドゥワンチャイ

Bradley, William L. *Siam Then*. William Carey Library, 1981.…………シースリヤウォン

Carter, A. Cecil ed. *The kingdom of Siam 1904*. The Siam Society, 1988.…………ラーマ5世

Chamnongsi Rattahin. *Dut Nawa Klang Mahasamut*. Nanmi Books, 1998.…………ワンリー家

Changwat Nakhon Ratchasima. Krasuang Suksathikan, 1985.…………スラナーリー

Chit Phumisak. *Phasa lae Niruktisat*. Duankamon, 1979.…………チット・プーミサック

Cho Karaket. Vol. 46, 2008.…………セークサン・プラスートクン

Feature Magazine. Vol. 150, 1997.…………チャートリーチャルーム・ユコン

60 Pi Samnak Nayok Ratthamontri. Samnak Nayok Ratthamontri, 1992. …………アーナン・パンヤーラチュン、ククリット・プラーモート、クリエンサック・チャマナン、サンヤー・タムマサック、スチンダー・クラープラユーン、セーニー・プラーモート、タムロンナーワーサワット、チャートチャーイ・チュンハワン、プリーディー・パノムヨン、プレーム・ティンスーラーノン

Hugh V. Clark. *A Life for Every Sleeper: A pictorial record of the Burma -Thailand railway*, Allen & Unwin Ausralia, 1986.…………泰緬鉄道

Insight Into Santi Asoke Part 1. Dharma Santi Foundation Press, 1989.…………ポーティラック

91 Pi Mahatthai. Krasuang Mahatthai, 1983.…………ナコーンサワン親王、パオ・シーヤーノン

Khamphun Bunthawi. *Lao Ruang Wannakam Rangwan SEA Write Luk Isan*. Poisian, 1990.…………カムプーン・ブンタウィー

Khatha Saek Ma Hai Pen Thewada. Starpics, 2003.…………ノンシー・ニミブット

Kobkua Suwannathat-pian. *Thailand's Durable Premier*. Oxford University Press, 1995.…………ソンスラデート

Kuson Iam-arun ed. *Phuket*. Sarakhadi, 1992.…………テープクラサットリー・シースントーン

Lok Nangsue. Vol.4,No.4, 1981.…………コー・スラーンカナーン

Mananya Thanaphum. *Ko.So.Ro.Kulap*. Chulalomgkorn University Press, 1996.…………コー・ソー・ロー・クラープ

Manat Chanyong. *Nok Bot Ruam Ruangsan An Pen Thirak*. Phraeo Samnakphim, 2007.…………マナット・チャンヨン

Naeo Phraratchadamri Kao Ratchakan. Krasuang Suksathikan, 1984.…………ラーマ1世、ラーマ2世、ラーマ3世、ラーマ4世、ラーマ6世、ラーマ7世、ラーマ8世

Nakkhian 100 Pi: 4 Nakkhian Thai. Samakhom Nakkhian haeng Prathet Thai, 2005.…………アーカートダムクーン親王、ソット・クーラマローヒット

Nam Chom Phraratchawang Doem. Kong Thap Rua, 2002. …………タークシン王

Nangsu An Phoemtoem Klum Sang Soem Prasopkan Chiwit Ruang Changwat Samut Songkhram. Krom Wichakan, 1987.…………塩

Naraniti Setthabut. *10 Pi SEA Write*. Dokya, 1982.…………アンカーン・カンラヤーナポン、パイトゥーン・タンヤー

Nithi Iaosiwong. *Kan Muang Thai Samai Phra Narai*. Matichon, 1994.…………フォールコン

Phaibun Kanchanaphibun ed. *Anuson Khrop Rop 100 Pi Phana Chonphon Po Phibunsongkhram*, 1997.

............ピブーンソンクラーム

Phailin Rungrat. *Kae Lai Mai Hom: Kritsana Asoksin*. P.S Printing, 2006.............クリッサナー・アソークシン

Phenphisut Intharaphirom. *Siao Hut Seng Sibunruang*. Chulalongkon University, 2004.............シエオ・フットセン・シーブンルアン（蕭佛成）

Phin Chunhawan. *Anuson nai Ngan Phraratchathan Phloeng Sop Chomphon Phin Chunhawan*. 1973 ....ピン・チュンハワン

Phon Ngan khong Ratthaban Chomphon Thanom Kittikhachon pen Nayok Rathamontri. Samnak Nayok Ratthamontri, 1967.............タナット・コーマン、プラパート・チャールサティエン

Phramongkhon Thepphamuni. Samakhom Sit Luang Pho Wat Paknam, 1984.............ソット・チャンタサロー

Pinyo Traisuriyathamma ed. *Khatha Sek Ma Hai pen Thewada*. Openbooks, 2003.............ペンエーク・ラッタナルアン

Post Gallery 3: Thai Movie Poster 100 Years in Thailand. Starpics, 1993.............ピアック・ポースター

Prakat Watcharaphon. *Nak Watthanatham Thai Radap Lok*. Dokya, 1998.............アヌマーンラーチャトン

Praman Adireksan. *Chiwit Mua Phan Pai 64 Pi*. 1997.............プラマーン・アディレークサーン

Prathip Muannin. *100 Nak Praphan Thai*. Suriyasan, 1999.............スチャート・サワッシー、ナオワラット・ポンパイブーン

Prawat lae Phonngan khong Chao Tangchat nai Prathet Thai. Krom Sinlapakon, 1990.............バウリング、パルゴア、ブラッドレー

Prawat lae Phonngan khong Chao Tangchat nai Prathet Thai. Lem 2. Krom Sinlapakon, 1996.............ストローベル、セデス

Prawattisat: 12 Khun Phon To Phua Chiwit.（CD）. Planet Media, 2003.............スラチャイ・チャンティマトーン

Ruam Phap Chut lae Prawat Yo 80 Phra Kammathan. Lokkathip.............クルーバー・シーウィチャイ

Ruang Chaloem Phrayot Chaonai Chabap Mi Phrarup. Phra Tamnak Chitlatdarahothan, 1995.............ウィチャイチャーン副王、ダムロン親王、テーワウォン親王、ピンクラオ副王、プリッサダーン親王、ワチラヤーン親王

Ruang Chaloem Phrayot Chaonai. Lem 2. Kong Thap Rua, 1995.............ソンクラーナカリン親王、ボーウォーラデート親王、ワンワイタヤーコーン親王、

Saiphum La-O. *Sen Thang Chiwit Nakkhian*. Dokya, 1994.............アーチン・バンチャン

Samnak Nayok Ratthamontri Pi thi 64. Samnak Nayok Ratthamontri, 1996.............チャワリット・ヨンチャイユット、バンハーン・シンラパアーチャー

Samnak Nayok Ratthamontri Pi thi 68. Samnak Nayok Ratthamontri, 2000.............チュワン・リークパイ

San Phakdikham. *Sunthonphu*. Matichon, 2007.............ストーンプー

Sarit Thanarat. *Prawat lae Phonngan khong Chomphon Sarit Thanarat*. 1964.............サリット・タナラット

Satchaphum Lao. *SEA Write Diary*. Sukkhaphapchai, 2008.............アンチャン、ウィモン・サイニムヌアン、プラープダー・ユン

Sombat Chansuang. *Chumchon Pathom Asok*. Munlanithi Thammasanti, 1988.............サンティ・アソーク

Suan Nangsu. Vol. 9, 1991............ティエンワン

Suan Nangsu. Vol. 24, 1997............ノー・モー・ソー

Sukhot Chuphinit et al. *100 Pi Malai Chuphinit*. 2006.............リエムエーン

Suphang Chanthawanit ed. *Sampheng*. Chulalongkon University, 2006.............金行

Surasakmontri, Chaophraya. *Prawat khong Chomphon Chaophraya Surasakmontri*. Lem 1. Ongkankha khong Khurusapha, 1961.............スラサックモントリー、チャオプラヤー

Suwanni Sukhontha. *Suwanni Sukhontha*. 1984.............スワンニー・スコンター

Talk Time 1 Cho Chai Khon Dang. Si-etyukhechan, 2000.……ウィン・リョウワーリン
Tamara Loos. *Subject Siam: Family, Law, And Colonial Modernity in Thailand*. Cornell University Press, 2006.……ウェステンガード
Tawatchai Tangsiriwanit. *Krung Si Ayutthaya nai Phaenthi Farang*. Matichon, 2006.……ナーライ王
Thai Film Quarterly. Vol. 12, 2001.……バンディット・リッタコン
Thai Rat. 1983/04/05……カオサーイ
Than Khun Bunrasi. *Mit Chaibancha: Phra-ek Talot Kan*. Samnakphim Komen-ek, 2005.……ミット・チャイバンチャー
Thanawat Sapphaibun. *Thanin Chiarawanon*. Dapboennai Printing, 1999.……CPグループ
Thiao Muang Thai Phak Isan. Kan Thongthiao haeng Prathet Thai, 1980.……バーンチエン
Thiao Muang Thai Phak Nua. Kan Thongthiao haeng Prathet Thai, 1981.……ラームカムヘーン王
Thida Saraya.(*Si*)*Thawarawadi*. Muang Boran, 1989.……ウートーン
Witthayakon Chiangkun. *Ngan Khatsan nai Rop 30 Pi khong Witthayakon Chiangkun*. Mingmuang, 1999.……ウィッタヤコーン・チェンクーン
Writer Magazine. Vol. 3, 1992.……サックシリ・ミーソムスープ
Writer Magazine. Vol. 14, 1993.……シラー・コームチャイ
Writer Magazine. Vol. 24, 1994.……シーファー、マーラー・カムチャン
Writer Magazine. Vol. 28, 1997.……カノックポン・ソンソムパン
Writer Magazine. Vol. 40, 1996.……パイワリン・カーオガーム
Writer Magazine. Vol. 42. 1996.……ラーオ・カムホーム
Writer Magazine. Vol. 45, 1997.……チラナン・ピットプリーチャー
Writer Magazine. Vol. 52, 1997.……ナーイ・ピー
Yot Khon Phu Phlik Prawattisat Thai. Pachera, 2008.……ドークマイソット
クラブ・バード・ホームページ……トンチャイ・メッキンタイ
国立国会図書館ホームページ……稲垣満次郎
国民芸術家賞(タイ)ホームページ……ボータン
サクン・タイ・ホームページ……ドゥワンチャイ
タイ教育省ホームページ……ソムチャーイ・ウォンサワット
タイ作家コミュニティ・ホームページ……シーダーオルアン、スチャート・サワッシー、ヨック・ブーラパー、ワーニット・チャルーンキットアナン
タイ詩人協会ホームページ……シーブーラパー
タイ司法博物館ホームページ……ラーチャブリー親王、ロラン・ジャックマン
タイ総理府ホームページ……アピシット・ウェーチャーチーワ、クワン・アパイウォン、サマック・スンタラウェート、スラユット・チュラーノン、タウィー・ブンヤケート、タックシン・チンナワット、ターニン・クライウィチエン、タノーム・キッティカチョーン、パホンポンパユハセーナー、マノーパコーンニティターダー
タムマ・タイ・ホームページ……プッタタート・ピック
ナンディー・ホームページ……トムマヤンティ
ノックノーイ・ホームページ……ニコム・ラーイヤワー
『ハプニング』ホームページ……ニッパーン
バーンオーンソーン・ホームページ……カムマーン・コンカイ
『プラチャーチャート・トゥラキット』ホームページ……ブンチュー・ローチャナサティエン
マティチョン出版社ホームページ……セーニー・サオワポン

日本タイ学会 1999年に創立され、今年10周年を迎える。会員は若手研究者を中心に200名を超え、文字通り日本における「タイ学」の中心となっている。夏の研究大会と『年報タイ研究』を活動の核とし、タイの学界との交流にも力を入れている。

タイ事典

初版第1刷発行　2009年9月10日

定価5000円+税

編　　日本タイ学会

装丁　　菊地信義

発行者　桑原晨

発行　株式会社めこん
〒113-0033　東京都文京区本郷3-7-1
電話03-3815-1688　FAX03-3815-1810
URL：http://www.mekong-publishing.com

組版　　字打屋仁兵衛
印刷　　太平印刷社
製本　　三水舎

ISBN978-4-8396-0226-0　C0522　¥5000E
0522-0907226-8347

JPCA 日本出版著作権協会
http://www.e-jpca.com/

本書は日本出版著作権協会（JPCA）が委託管理する著作物です。本書の無断複写などは著作権法上での例外を除き禁じられています。複写（コピー）・複製、その他著作物の利用については事前に日本出版著作権協会（電話03-3812-9424 e-mail：info@e-jpca.com）の許諾を得てください。

分県地図（1都75県）

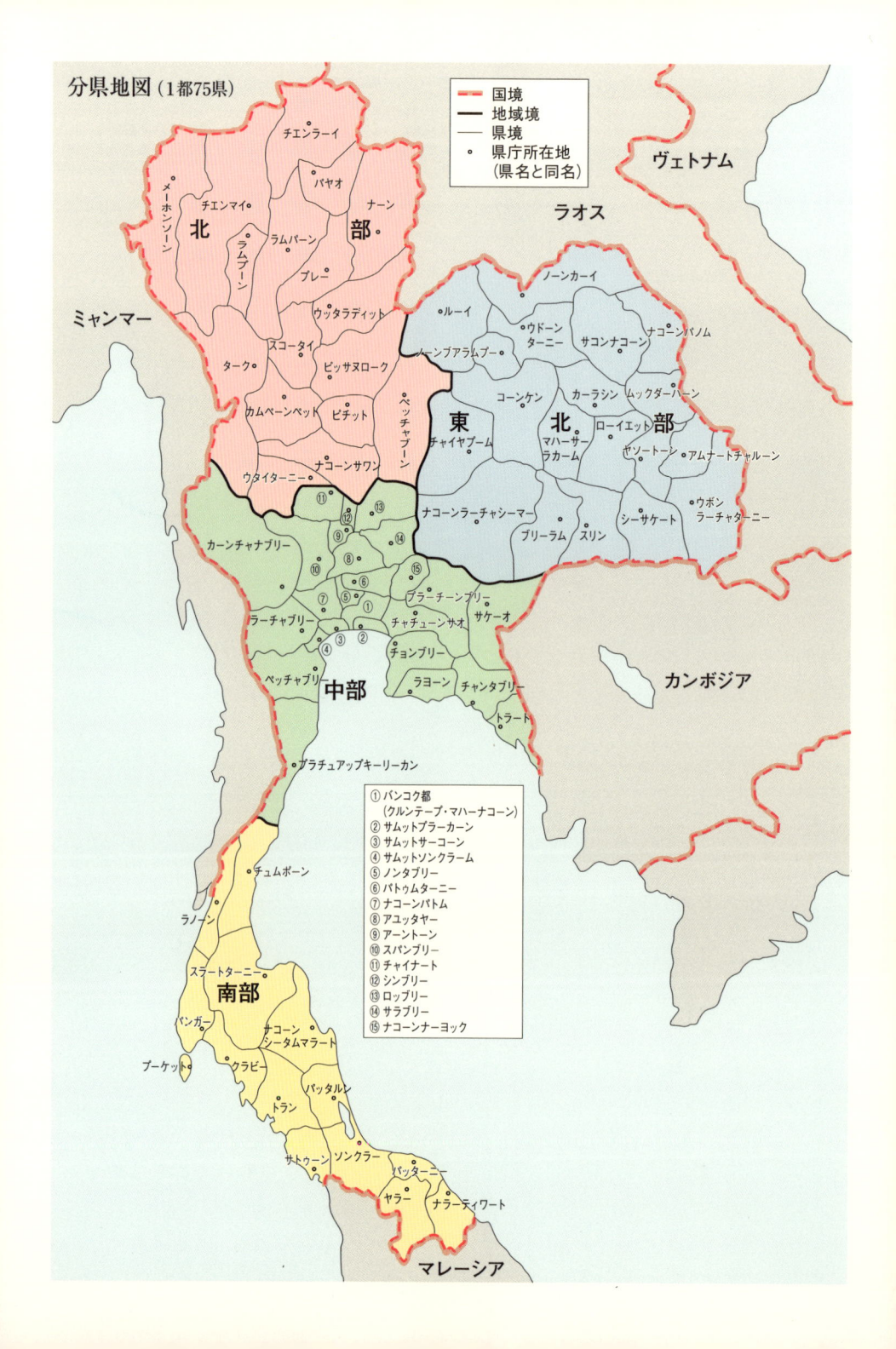

凡例
- 国境
- 地域境
- 県境
- ● 県庁所在地（県名と同名）

地域区分
- 北部
- 東北部
- 中部
- 南部

周辺国
- ミャンマー
- ラオス
- ベトナム
- カンボジア
- マレーシア

北部
メーホンソーン、チエンライ、チエンマイ、パヤオ、ナーン、ラムパーン、ラムプーン、プレー、ウッタラディット、スコータイ、ターク、ピッサヌローク、カムペーンペット、ピチット、ペッチャブーン、ナコーンサワン、ウタイターニー

東北部
ノーンカーイ、ルーイ、ウドーンターニー、サコンナコーン、ナコーンパノム、ルーンプアラムプー、コーンケン、カーラシン、ムックダーハーン、チャイヤプーム、マハーサーラカーム、ロイエット、ヤソートーン、アムナートチャルーン、ナコーンラーチャシーマー、ブリーラム、スリン、シーサケート、ウボンラーチャターニー

中部
カーンチャナブリー、ラーチャブリー、ペッチャブリー、プラチュアップキーリーカン、チャチューンサオ、サケーオ、プラーチンブリー、チョンブリー、ラヨーン、チャンタブリー、トラート

① バンコク都（クルンテープ・マハーナコーン）
② サムットプラーカーン
③ サムットサーコーン
④ サムットソンクラーム
⑤ ノンタブリー
⑥ パトゥムターニー
⑦ ナコーンパトム
⑧ アユッタヤー
⑨ アーントーン
⑩ スパンブリー
⑪ チャイナート
⑫ シンブリー
⑬ ロップリー
⑭ サラブリー
⑮ ナコーンナーヨック

南部
チュムポーン、ラノーン、スラートターニー、パンガー、プーケット、ナコーンシータマラート、クラビー、トラン、パッタルン、サトゥーン、ソンクラー、パッターニー、ヤラー、ナラーティワート